[内部资料　注意保密]

CHINA CONSTRUCTION BANK ALMANAC

中国建设银行年鉴

2008

中国金融出版社

责任编辑：肖丽敏　童祎薇　董　飞
责任校对：孙　蕊
责任印制：裴　刚

图书在版编目（CIP）数据

中国建设银行年鉴. 2008（Zhongguo Jianshe Yinhang Nianjian. 2008）/中国建设银行年鉴编辑委员会编. —北京：中国金融出版社，2009. 7

ISBN 978 - 7 - 5049 - 4989 - 9

Ⅰ. 中…　Ⅱ. 中…　Ⅲ. 建设银行—中国—2008—年鉴　Ⅳ. F832. 33 - 54

中国版本图书馆 CIP 数据核字（2009）第 034555 号

出版发行　中国金融出版社
社址　北京市广安门外小红庙南里 3 号
邮编　100055
印刷　北京佳信达欣艺术印刷有限公司
尺寸　205 毫米 × 280 毫米
印张　44. 5
插页　20
字数　1297 千
版次　2009 年 7 月第 1 版
印次　2009 年 7 月第 1 次印刷
印数　1—3500
定价　139. 80 元
ISBN 978 - 7 - 5049 - 4989 - 9/F. 4549
如出现印装错误本社负责调换　联系电话(010)63263947

《中国建设银行年鉴 2008》编委会

《中国建设银行年鉴 2008》编辑部

本年鉴数据使用责任说明

本年鉴为中国建设银行股份有限公司内部刊物，不对外发行。本年鉴中的部分数据在使用之初仍处于审计过程中，为了在年鉴中真实体现当时数据使用环境的历史面貌，我们保留了这些数据。这些数据与本行公布的招股说明书、定期报告和临时公告有差异的，应以招股说明书、定期报告和临时公告的数据为准。因此，本年鉴使用者不得以任何形式复制、打印、转发、分发或以其他任何方式使用这些数据。如有违反，责任自负。

卷首语

2007 年，中国建设银行认真学习贯彻党中央、国务院的方针政策，全面落实科学发展观，服务于国家宏观调控大局，积极推进体制机制改革，业务转型取得了实质性突破，各项业绩均处于国内同业领先水平，成为现阶段综合竞争力最强的一家大型银行。

一、新战略纲要为建设银行改革与发展导航

2007 年，董事会通过了新的战略纲要，对建设银行的市场定位、业务转型、能力建设提出了新的要求。正因为有正确的战略指导，建设银行的改革与发展才取得了辉煌的成绩。2007 年可以说是一个史无前例的丰收之年。

——业务转型成效显著。2007 年全行公司、个人和资金业务的利润贡献度分别为 55.9%、24.1%、20.0%。个人银行业务比 2006 年上升了 7.89 个百分点；在公司业务中，小企业贷款异军突起，贷款余额达到 2 244.77 亿元。同时，综合化、国际化经营实现了新突破。

——资产负债管理效益最好。全行资产质量持续改善，2007 年不良贷款率为 2.60%，比 2006 年下降了 0.69 个百分点。净利息收益率达到 3.18%，在国内同业中处于最好水平。

——信贷结构进一步优化。近年来，建设银行严格执行国家宏观调控政策，积极推进结构调整，基础设施贷款优势得到加强。2007 年，我行内部评级 A 级及以上公司类客户贷款余额占比较上年提高了 5.04 个百分点，达到 88.61%。

——中间业务发展又好又快。2007 年，全行中间业务净收入比上年增长 127%，居四大国有商业银行首位，净手续费及佣金收入为 313.13 亿元，占经营收入的比重从上年的 8.95% 提高到 14.19%。

——综合盈利能力达到国内同业领先水平。2007 年，实现净利润 691.42 亿元，较上年提高 49.27%；平均资产回报率为 1.15%，平均股东权益回报率为 19.50%，分别比上年提高 0.23 个百分点和 4.50 个百分点。

二、转变发展方式成果显著

2005 年，我们提出“以客户为中心”的指导思想，强调转变经营机制。三年来，全行各项改革稳步推进，特别是在刚刚过去的 2007 年，我们的改革取得了新的更大成果。

——初步建立起符合现代银行制度要求的公司治理结构，股东大会、董事会、高管层和监事会各司其职，各尽其责，决策、执行和监督能力不断增强，公司透明度和市场美誉度稳步

提高。

——对经营管理体制进行调整，并积累了宝贵经验。在层级管理和垂直管理相结合的矩阵式组织架构下，推进扁平化改革，对调整经营重心和集中利润中心进行探索，推行了信用卡和资产保全业务单元制，个别分行进行了个人业务和公司业务事业部制试点。

——集约管理能力大大增强。加快了中心城市行网点管理、财务会计、档案、计算机管理、党政工团的“大集中”。网点现金集中配送覆盖率达95%。

——流程银行建设取得良好开端。尤其是柜面流程优化成效突出，2006年确定的60个前台、后台分离项目，已完成49个，就分离和集中的工作量而言，已完成50%左右。

——零售网点转型成绩显著。已完成转型的零售网点，约占全部网点的40%。其中1 000多家已经通过验收的转型网点，日均产品销售量69笔，比转型前增长115%，客户平均等候时间缩短41%。

——风险收益平衡能力得到巩固和提高。风险条线的垂直管理和平行作业得到不断完善，对部分行业开始实行限额管理。审计管理体制得到理顺并加强。

——激励约束机制进一步完善。在完善内部转移价格和成本核算工具的基础上，持续改进了经济增加值考核体系，启动了员工股权激励计划、一线员工薪酬直接挂钩产品销售和工作实绩的分配政策。

三、深化改革取得新成果

——成功回归A股市场。2007年9月25日，我行成功回归A股市场，进一步拓宽了资本补充的渠道，确立了我行在国内市场的品牌形象。

——综合化经营试点取得新进展。2007年，建信基金公司树立了良好的品牌形象，实现净利润2.24亿元，进一步坚定了我行推进综合化经营的信心。2007年12月，建设银行和美国银行共同发起设立的金融租赁公司正式挂牌营业。洽谈并购信托公司也取得了阶段性的成果。

——内部配套改革启动。2006年我行启动的深化人力资源改革、组织架构再造、产品研发与创新机制、IT项目开发与整合、信息整合和管控、业务流程优化、全面成本管理、全面风险管理八个重点基础建设项目，是确保我行可持续发展、提高综合竞争实力的基础工程。2007年这八项工程顺利推进，个别项目已经取得明显成效。

——业务流程再造效果显著。2007年，我行制订了《中国建设银行流程管理规划》。总行部门共提出63项流程方面的改革安排，正在全行有序地推进。各分支行主动开展并完成了312项流程改进工作，取得了阶段性成果。

四、强化风险管理的基础工作，内控水平全面提升

——新的风险管理体制运行状况良好。建成了以一级分行为主体的柜面业务操作风险非现场集中监控体系，风险监控能力显著增强。垂直报告线路进一步明确，确保了总行风险管理政策和偏好传导顺畅。风险管理立足于了解客户、把握市场，逐步从被动规避风险、事后处理风险，向积极经营风险、主动管理风险转变。风险管理基础工具的研发和运用取得了阶段性成果。

——多策并举，不良资产处置加快。全行以不良贷款盘活处置为重点，扎实工作、艰苦攻坚，全年共处置不良贷款数百亿元，比上年多处置几十亿元。启动了国内商业银行第一单不良资产证券化项目。

——推进合规管理，案件防控实现了“四个下降”。全行深入开展“三查一审”活动，对于中国银监会2006年现场检查发现的问题，平均整改完成率达到98%，获得了监管机构的认可。2007年全行内审整改完成率达93.1%，比上年提高5.2个百分点。组织“平安建行”创建活动，案件呈现大幅下降的良好态势。

我行改革与发展的良好表现，以及在国内银行中的综合实力，受到了市场和业界的充分肯定。2007年获得各种奖项82个，包括美国《环球金融》的“中国最佳银行奖”、香港《资本》的“中国杰出银行奖”、香港《财资》的“中国最佳银行奖”、《亚洲风险》的“中国最佳金融风险管理奖”等。同时，连续两次荣获中国红十字基金会“最具责任感企业奖”。

2007年，我行取得了前所未有的良好成绩，这得益于党中央、国务院的正确领导，得益于政府部门、国内外股东、合作伙伴的关心和帮助，得益于广大客户的长期支持，得益于全行员工的共同努力和无私奉献，让我们振奋精神，共同努力，把全行的经营水平提到更高的层次，为股东、为国家创造出更大的价值，以此来推进我们实现世界一流银行的目标！

2009年3月

董事长　郭树清

行长　张建国

监事长　谢渡扬

2007年4月16日，董事长郭树清、行长张建国一行在香港出席中国建设银行股份有限公司2006年度业绩发布会。

2007年6月27日，董事长郭树清在四川省分行基层网点调研。

2007年8月8日，董事长郭树清在北京出席中国建设银行与Bank of America建信金融租赁股份有限公司《发起人协议》签字仪式。

2007年9月25日，中国建设银行在上海证券交易所成功挂牌上市。在上海证券交易所交易大厅，董事长郭树清敲响了开市锣声。

2007年12月6日，董事长郭树清在北京出席中国建设银行与中国延安精神研究会捐赠仪式。

2007年1月11日，行长张建国在香港出席《财资》颁奖晚会。

2007年4月28日，行长张建国、副行长赵林出席中国建设银行与中国三峡总公司的战略合作协议签字仪式。

2007年5月22日，行长张建国在北京出席中国建设银行支持特殊奥林匹克运动会“用行动关爱社会”系列活动启动仪式。

2007年9月14日，行长张建国一行在北京出席中国建设银行姚明VISA信用卡宣传仪式。

2007年11月22日，董事长郭树清、行长张建国在北京出席“中国贫困英模母亲”建设银行资助计划启动仪式。行长张建国代表中国建设银行向中国妇女发展基金会捐赠5 000万元人民币。

2007年3月8日，监事长谢渡扬一行在湖南省分行调研。

2007年3月21日，监事长谢渡扬出席中国建设银行与澳大利亚国民银行合作协议的签字仪式。

2007年4月27日，监事长谢渡扬同“第六届中国建设银行十杰”合影。从左至右依次是：王汝成、李栋、纪朝晖、何晓、孙剑波、朱军、周沨、林顺辉、刘赖荣、陆怡烽。

2007年12月19日，中国建设银行监事会换届工作完成。监事长谢渡扬与第二届监事会全体成员合影。

2007年12月19日，监事长谢渡扬视察厦门市分行集美支行。

2007年6月9日，副行长赵林在杭州出席中国建设银行和阿里巴巴（中国）有限公司新一轮全面合作启动仪式。

2007年10月14日，副行长赵林出席在南昌市召开的铁路资金归集工作会议。

2007年12月19日，副行长赵林在厦门市出席中国建设银行与厦门大学战略合作签约仪式。

2007年1月10日，副行长罗哲夫在北京国贸饭店出席中国国际贸易中心与中国建设银行国贸三期项目贷款合同签字仪式。

2007年9月22日，副行长罗哲夫在新疆维吾尔自治区分行经办的新疆八一钢铁厂项目进行调研。

2007年12月19日，副行长罗哲夫在厦门思明软件园调研。

2007年2月，副行长辛树森在哈尔滨出席中国建设银行纪检工作会议。

2007年7月23日，副行长辛树森在西藏自治区分行基层网点调研。

2007年11月9日，副行长辛树森在广东省分行网点调研。

2007年5月17日，副行长陈佐夫在信用卡中心苏州运行中心视察。

2007年7月16日，副行长陈佐夫在北京出席中国建设银行私人银行揭牌暨建设银行北京私人银行开业仪式。

2007年9月20日，副行长陈佐夫在长春市出席长春名城卡揭幕仪式。

2007年1月12日上午，副行长范一飞在深圳出席中国建设银行与广东省联泰集团有限公司的战略合作协议签字仪式。

2007年1月26日，副行长范一飞在深圳出席深圳市分行VIP客户与员工新春联谊会。

2007年8月，副行长范一飞在西藏自治区分行拉萨市城西支行调研。

“全国五一劳动奖”获奖单位

全国五一劳动奖状

中华全国总工会

2008年4月

厦门市分行

宁夏区分行

全国“工人先锋号”

河南省郑州绿城支行新密支行储蓄专柜

青海省西宁城东支行业务部

“全国五一劳动奖章”获得者

北京市分行个人金融部财富管理中心　王汝成

苏州市分行干将支行
顾智勇

西藏拉萨市娘热路支行
任桂东（藏族）

从20世纪60年代开始，中国建设银行倾力支持胜利油田开发。图为胜利油田海上石油钻井平台。

中国建设银行支持建设的黄河李家峡水电站。

青藏铁路是世界上海拔最高、线路最长、施工难度最大的高原铁路。格尔木至拉萨段长达1 142公里，总投资265亿元。建设银行是青藏铁路的主办行，为铁路建设提供了全方位的金融服务。

中国建设银行提供金融服务的新疆风力发电项目。

中国建设银行提供工程咨询等金融服务的厦门海沧大桥项目。

目 录

中国建设银行年鉴

2008

CHINA 中国建设银行年鉴
CONSTRUCTION BANK ALMANAC 2008

第一部分　战略决策与战略管理

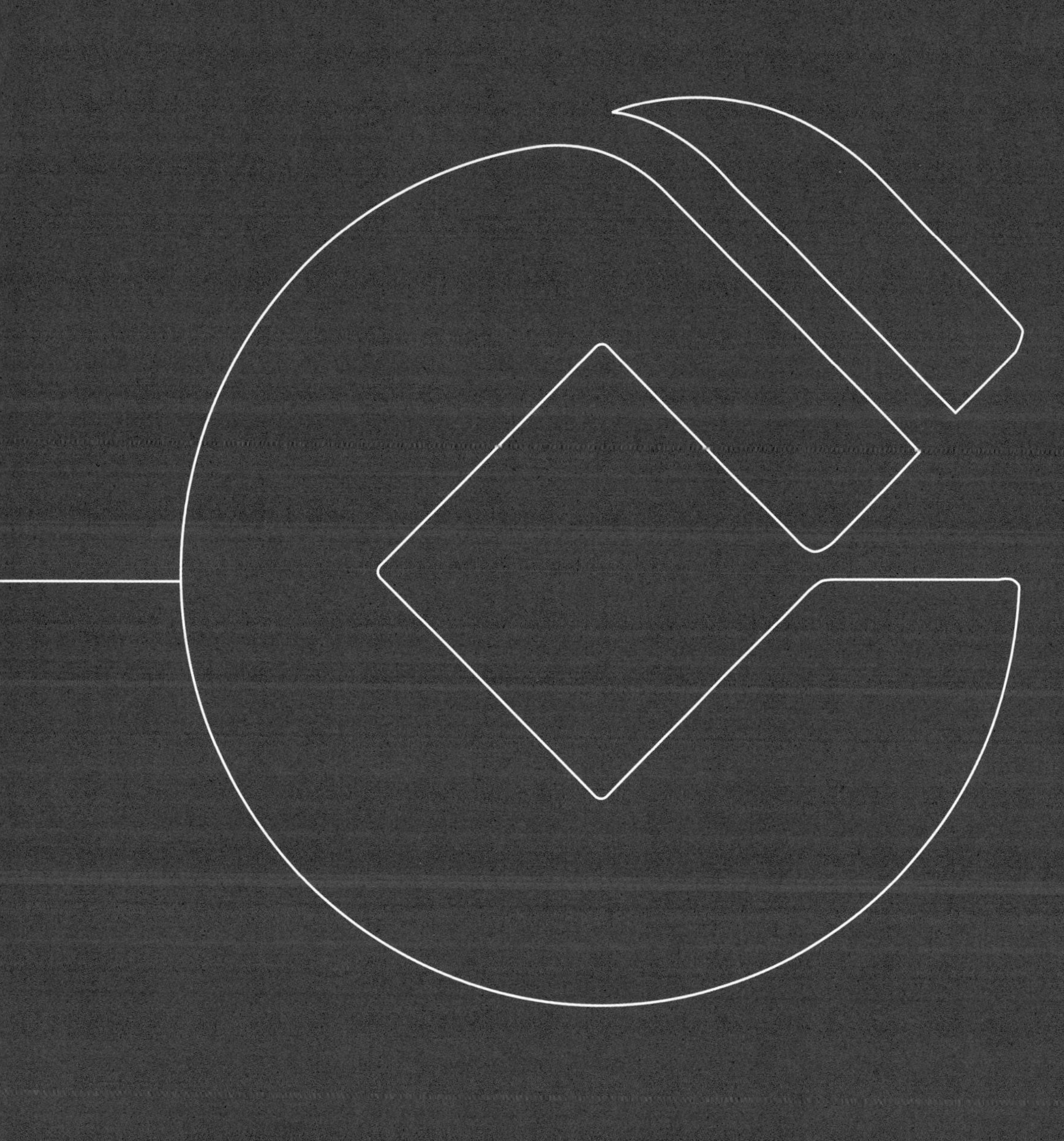

董事会的改革与成就

2007年，建设银行董事会进一步完善公司治理，修订发展战略纲要，大力推动业务转型，稳步推进内部改革，管理水平、盈利能力和经营绩效持续提升。

一、进一步完善公司治理

2007年，建设银行董事会共召开会议11次，审议议案64个；召集股东大会会议2次；召开专门委员会会议23次，审核或预审议题56个，听取各类汇报71个。议题涉及公司治理文件修订、董事和高管聘任、发展战略制定、股权投资、预算及业绩审查和外部审计师聘用等各类重大事项。一年来，在监管机构、股东单位的指导帮助下，董事会、监事会及管理层共同努力，积极探索，在完善国有控股银行公司治理方面取得了新的成效。

（一）进一步规范公司治理

在公司章程和股东大会授权范围内，董事会加强与控股股东之间多层次的沟通。特别是在章程修订、年度预算、利润分配方案、对外股权投资等公司重大事项上，均做了大量的说明和沟通工作。

董事会坚持独立性和集体决策机制，依法行使决策权力。

董事会明确要求每位董事全面了解银行经营情况，代表所有股东的利益尽责履职，独立审慎决策，恪守保密义务。

（二）充分发挥专门委员会作用

董事会各专门委员会成员根据不同的工作侧重点和专门领域，深入调查研究和讨论董事会相关议题，充分发挥了对董事会决策的支持作用。

（三）顺利完成董事会换届工作

2007年是建设银行董事会成立后首次换届选举之年。董事会依据法律法规的相关要求，借鉴国内外大型上市公司的成功经验，提前与相关各方充分沟通，制定严密周详的选举程序，确保了董事会换届选举的顺利进行。

新一届董事会中独立董事占比超过三分之一，董事组成结构更加符合公司治理的国际惯例。新一届董事会产生后，各专门委员会也及时进行了调整和充实，保证了工作的延续性，有利于更有效地发挥决策支持作用。

（四）修订完善公司治理规则

根据股份公司成立以来的公司治理实践，依据国内相关监管规定，董事会全面修订了公司章程、股东大会议事规则、董事会议事规则和各专门委员会工作细则等八个公司治理文件。修订后的治理文件进一步明确了董事、监事的相关权利和工作程序，实事求是地调整了各专门委员会的职责，完善了各专门委员会的议事规则。

（五）健全与相关各方的沟通机制

董事会注重与监管机构、股东单位建立良好的互动关系，按照权力制衡机制的要求，自觉接受监事会监督。同时，密切关注管理层的经营活动，2007 年专职董事和独立董事列席各类管理层会议 116 次，及时了解银行经营状况和重大事项。此外，董事会建立了审计委员会与外部审计师闭门会议制度，定期听取外部审计师的独立意见。

二、研究制定新的发展战略纲要

董事会将修订发展战略纲要作为年度工作重点。成立发展战略纲要修订小组，广泛研究和分析国际与国内经济金融形势，深入调查研究建设银行改革发展中出现的新情况和新问题。同时，专职董事和监事组成七个战略调研专题组，深入分行和基层网点，围绕网点转型、人力资源改革、专业团队建设、信用卡业务、理财业务、电子银行业务和信息技术等重要问题开展调查研究，提出一系列意见和建议。

在深入调查研究的基础上，董事会组织起草了发展战略纲要修订草案。新的发展战略纲要提出“始终走在中国经济现代化的最前列，成为世界一流银行”的战略愿景，明确了未来发展的重点业务领域、重点目标客户和重点发展区域。新的发展战略纲要还对贯彻落实工作提出了具体要求。

三、全力推进战略转型

针对银行业务结构较为单一，收入来源过分依赖于批发业务、利息收入、传统产品和国内市场的现状，董事会全力推进战略转型。

（一）加快拓展海外业务

在海外分支机构建设方面，董事会确立了“做强亚洲、巩固欧非、突破美澳”的策略，鼓励管理层积极拓展海外市场。同时，通过研究和调查，加深了对国际市场的分析和认识。

（二）确定国内业务发展方向

大力发展零售业务。董事会将发展零售业务作为战略转型的关键内容。

加速发展中间业务。董事会明确要求抓住市场机遇，推动完善中间业务管理与销售体系，确立中间业务超常规发展的目标，改变盈利模式脆弱、过分依赖利差收入的局面。

调整批发业务结构。董事会强调批发业务在新时期要取得新的发展，在保持传统业务优势的前提下，建立专业化团队，再造业务流程，加大产品创新力度，努力调整批发业务结构，实现批发业务转型。

稳健推进综合经营。董事会深入研究在投资银行、资产管理、信托、保险、租赁和汽车金融等领域的投资策略，寻找合作机会。

四、科学制订年度经营计划

2007 年年中，董事会认真分析上半年资本市场行情，结合中央银行频繁加息等市场变化，适时调整年度综合经营计划，对经营目标和资源作出更为合理的安排，引导全行创造了超预期的业绩增长。同时，董事会贯彻国家宏观调控政策，要求加大结构调整力度，采取有保有压的方针，主动将新增贷款总量压缩到 3 500 亿元以内。截至年底，建设银行信贷结构进一步优化，新增基础设施贷款和个人住房贷款占比为 73.98%，比上年上升 7.25 个百分点。

五、深化内部管理体制改革

董事会强调深化内部改革是实现战略转型的关键，督促管理层深化内部管理体制改革，转换经营机制，取得了很好的成效。

（一）深化机构和人力资源改革

推动机构改革和人力资源管理改革。一是加快机构扁平化改革步伐，要求把城市行管理层级由目前的三级甚至更多压缩到两级或两级半。二是深化人力资源管理改革，实施合理的薪酬分配制度，形成有效的激励约束机制；加强员工队伍结构调整，鼓励和引导人员充实到一线工作中。三是在中心城市行集中中台、后台事项，把大量操作性、重复性的工作从基层行集中到省、市分行，提高集约管理能力，释放基层支行营销潜能。四是在部分分行开展公司事业部制和个银事业部制试点，为扩大试点范围提供了宝贵的经验。

（二）加快渠道建设步伐

推进网点转型工作，完善网点、自助设备布局，加快电子银行发展，不断提高物理网点和网上银行、电话银行等渠道的销售能力、服务质量和效率。

（三）探索专业化团队建设

董事会组织专题调研，深入分析个贷中心、小企业中心、财富中心和理财中心等专业化团队建设现状，在此基础上提出建立专业化和差别化的营销服务体系，要求尽快取得突破性进展。

（四）进一步加强与战略投资者的合作

建设银行建立了与美国银行董事长每年定期会晤机制。全年战略合作成果显著：网点转型、个贷中心和呼叫中心等战略合作项目成效显现，双方合资的金融租赁公司正式创立，在全球现金管理、国际业务和合格境内机构投资者等业务领域取得一系列成果。

美国银行入股建设银行，提升了国际资本市场对建设银行未来价值的信心，提高了建设银行股票的发行与上市价格；在双方的战略合作中，美国银行在转移技术和管理经验、帮助拓展海外业务与提高全球品牌知名度等方面作出了努力，进一步提升了建设银行的市场价值。

（五）再融资充实银行资本

董事会认为作为国有控股银行，建设银行应当与国内投资者共享银行改革和发展的成果，并根据经营发展的需要，作出在国内发行次级债和在国内公开发行股票的决定。2007年9月25日，建设银行在上海证券交易所成功上市，搭建起境内和香港市场多元化融资平台。

六、健全风险内控机制

（一）全面加强风险管理

董事会积极推动风险管理体制改革，强化风险条线独立性，逐步统一全行风险文化、风险偏好和风险管理政策。2007年，董事会制定操作风险管理与零售信贷政策，完善以经济资本为核心的风险约束机制；进一步强化风险集中管理；以六西格玛为工具进行操作风险管理，组织开展基层机构关键风险点检查等。

（二）积极应对次贷危机

美国次贷危机引发的全球金融动荡引起董事会的高度警觉和密切关注。董事会多次听取管理层关于次贷危机的专题汇报，紧密关注市场变化，责成管理层按照审慎经营原则，及时计提充足的损失准备。

（三）推进新资本协议的实施

董事会高度关注新资本协议的施行，积极开展实施新资本协议的探索工作。尤其是中国银监会发布《中国银行业实施新资本协议指导意见》之后，董事会进一步加快了新资本协议实施步伐。2007年12月，董事会审议通过《中国建设银行实施新资本协议总体规划》，要求管理层合理安排资源，统筹布置相关工作，确保新资本协议顺利实施。

（四）加强内控体系建设

董事会积极开展内控体系评价工作，指导全行持续改进内控体系建设；全面落实中国银监会发布的《商业银行合规风险管理指引》，改善和加强合规管理体系建设；提升内部审计的独立性和有效性，定期跟踪审计整改落实情况；认真做好外部审计师的选聘工作，强化对外部审计的监督和评价。

七、加强投资者关系与信息披露工作

（一）构建良好的投资者关系

2007年，投资者关系管理工作注重做好对投资者预期的有效管理，努力维护建设银行稳定的市场表现。针对汇兑损失、次级债损失等市场关注的热点问题，利用业绩发布会和会见分析师及机构投资者的各种机会，在法律法规允许的范围内，本着信息披露真实、准确、完整的原则，及时向投资者予以说明和解释，避免了市场误解和疑问，坚定了投资者信心。2007年，董事长、副董事长、执行董事和高管人员亲自参加业绩发布会和路演活动，高管人员多次在国内外大型投资者论坛上与投资者见面，接待境内外机构投资者与分析师来访。同时，建设银行还通过投资者关系网页、投资者热线电话与电子邮箱等途径，与广大投资者和分析师建立了良好的沟通渠道。建设银行良好的投资者关系管理得到资本市场的认可，获得《亚洲金融》授予的最佳投资者关系奖。

（二）进一步提高信息披露的专业水平

2007年，董事会认真研究拟披露事项，保证信息披露的真实、准确和完整；努力增强信息披露工作的前瞻性，建立信息披露应急机制，提高应对突发事件的能力，尽可能减小负面影响；设立信息披露回顾检查机制，保证信息披露的合规性；组织专业培训，提高全行员工的信息披露意识。

八、全面履行企业社会责任

2007 年，建设银行发布了《2006 年度企业社会责任报告》。这是国内商业银行界第一份企业社会责任报告书，引起社会各界和银行同业的关注和好评，也得到监管机构的认可和鼓励。

董事会自觉推进以改善民生为重点的社会建设，坚持以质优价廉的金融产品和服务满足广大普通客户的基本需求，最大限度地使银行发展成果惠及普通百姓。建设银行所有网点均免费提供零钞、破钞兑换及零钞清点等服务，无偿为民政部门代发养老金与低保费等社会保障类资金，在部分省市免收老人、低保户和学生等特殊群体的小额账户管理费，对农民工的异地汇款给予了价格优惠。

2007 年，董事会审议通过多项公益捐赠议案：批准出资 1.2 亿元人民币，资助贫困高中生；与美国银行共同出资 400 万美元，作为合作伙伴和主办银行，为 2007 年世界夏季特殊奥林匹克运动会提供赞助和金融服务；批准出资 5 000 万元，启动实施“中国贫困英模母亲”资助计划；支持“中国村落工程”绿色电脑扶贫行动，支持灾区重建等。

建设银行对社会公益事业的贡献得到社会各界的认可，被中国红十字会总会授予“2007 年度最具责任感企业”的称号，获得中国扶贫基金会颁发的“第二届中国消除贫困特别贡献奖”，获得香港上市公司公会颁发的“企业社会责任奖”。

董事会办公室
审稿：徐漫霞

监事会的改革与成就

2007年，监事会依据法律法规和银行章程的规定，勤勉尽责、锐意进取，以维护股东和银行利益为己任，围绕战略转型、内部改革、结构调整等银行核心任务，以依法合规、风险防范为监督重点，扎实开展监督工作，各项监督工作更具敏锐性、前瞻性、有效性，促进了公司治理结构的进一步完善和建设银行业务的健康发展。

一、监事会内部运作及自身建设情况

（一）按照有关规定完成监事会换届工作

根据银行章程规定，第一届监事会成员于2007年任期届满。经过充分酝酿，按照规定的提名与选举程序，在2007年6月12—13日的建设银行第一届职工代表大会第二次会议上，选举产生了第二届监事会职工代表监事；在其后6月13日举行的2006年股东周年大会上，选举产生了股东代表监事和外部监事，顺利完成监事会换届工作。第二届监事会共有八名监事，其中包括谢渡扬、刘进、金磐石三名股东代表监事，程美芬、孙志新、宁黎明三名职工代表监事，郭峰、戴德明两名外部监事。第二届监事会以原有监事会成员为主体，较好地保持了工作的连贯性。

在第二届监事会第一次会议上，选举谢渡扬担任监事长，并选举产生了新一届监事会各专门委员会委员。按照银行章程的规定，谢渡扬监事长兼任履职尽职监督委员会主席。在第二届财务与内部控制监督委员会第一次会议上，选举戴德明担任该委员会主席。

（二）根据监督需要召开监事会会议

2007年，监事会共召开五次会议，审议通过十六项议案，专题研究讨论四个议题。其中，第一届监事会召开两次会议，审议通过七项议案；第二届监事会召开三次会议，审议通过九项议案。审议通过的议案包括《中国建设银行股份有限公司2007年财务预算报告》、《中国建设银行股份有限公司2006年年度报告》、《中国建设银行股份有限公司2007年中期报告》、《中国建设银行股份有限公司2007年第三季度报告》等。专题研究讨论的议题包括《中国建设银行股份有限公司第一届监事会2006年度工作情况及相关监督意见》等。此外，监事会还听取了全行个人类贷款风险管理、不良资产管理等情况的汇报。年内，第一届监事会履职尽职监督委员会召开了三次会议，审议通过八项议案；财务与内部控制监督委员会召开了两次会议，审议通过六项议案。第二届监事会履职尽职监督委员会召开了一次会议，审议通过两项议案；财务与内部控制监督委员会召开了三次会议，审议通过六项议案。

监事会及其专门委员会会议的召开、议事方式和表决程序均严格遵循相关法律及公司治理文件的规定，体现了重要性和及时性的原则，决策效率与议事质量均有所提高。两个专门委员会在深入基层调研检查、与相关各方充分沟通的基础上，对有关监督事项进行认真研究、讨论和审议，各有侧重地协助监事会履行监督职责。股东代表监事、职工代表监事和外部监事充分发挥了各自的专业优势，积极建言献策，保证了监事会议事的科学性、民主性。

（三）不断加强监事会自身建设

为满足资本市场特别是A股市场监管要求，结合监督工作的实际需要，监事会对银行章程中监事会部分的内容提出了修订的具体意见和建议，并按照修订后的银行章程，对《中国建设银行股份有限公司监事会议事规则》、《中国建设银行股份有限公司监事会财务与内部控制监督委员会实施细则》、《中国建设银行股份有限公司监事会履职尽职监督委员会实施细则》进行了适当修订，确保了相关制度与银行章程的统一性，增强了制度的可操作性，为提升监事会运作效率创造了条件。

监事会十分注重业务学习和培训工作。监事会成员多次参加各方面组织的相关培训和考察，学习研究经济金融、公司治理和银行业务理论与实务，考察国际先进银行在监督方面的做法和经验，并在工作中予以借鉴和吸收。

（四）加强对监事会办公室的指导和管理

2007年，在监事会领导的指导和帮助下，监事会办公室的整体工作效率和质量得到提高，针对以往存在的工作时效性差等问题下工夫，在会议筹办、配合监督检查和调研以及日常协调服务等方面有了进一步改进，较好地完成了监事会领导布置的各项工作任务。

二、开展监督工作的情况

（一）切实履行财务监督职责

2007年，监事会进一步加强了对银行重要财务活动的跟踪了解，分析财务指标的变化情况，密切关注信贷资产风险分类、减值准备等有可能影响财务报告真实性、准确性、完整性的重大事项。针对信贷资产风险分类情况，组织聘请了两家会计师事务所分别对湖北省分行、苏州市分行的2006年表内对公贷款风险分类进行了专项检查，在董事会专门委员会有关会议上对检查情况进行了通报，建议董事会和管理层对分类不准确的贷款及时进行调整。

监事会保持与董事会、总行相关部门和外部审计师的沟通，组织了多次工作访谈或座谈，就新《企业会计准则》实施所带来的重大问题，如债转股核算、执行新准则的保证措施，以及美国次贷危机对建设银行相关债券的影响等提出了建议。监事会对银行定期报告编制流程的合规性进行了监督，认真审核了年内编制的利润分配方案和定期报告，并负责任地发表了监督意见，有效地履行了财务监督职责。

（二）持续开展风险与内部控制监督

为促进全面内部控制体系的整体建设，监事会以调研检查、访谈等多种形式深入了解银行经营管理各层次、各环节的内部控制体系的健全性、有效性等，提出了有价值的意见或建议。

结合监管规定要求，监事会和监事个人一方面认真遵守并严格按规定履行信息披露义务，另一方面加强了对银行信息披露工作的监督。监事会将董事会履行信息披露职责的情况作为年度履职评价的一项内容，对年报披露的流程、独立董事在年报披露方面履行职责的情况等进行了重点监督。按照A股年报披露格式的要求，监事会对银行出售和收购资产的情况进行了认真调查和分析，就银行关联交易的公允性书面征询了董事会关联交易控制委员会的意见，了解并监督独立董事对重大关联交易发表独立意见的职责履行情况。

（三）继续改进履职尽职监督工作

监事会总结以往工作经验，进一步调整和完善履职尽职监督方法，重点加大了对董事会、高级管理层决策与经营合规性的监督力度；适度拓宽工作访谈的范围，广泛听取不同层面对董事会、高级管理层及其成员履职尽职情况和全行经营管理情况的意见。

日常监督中，监事会成员列席了股东大会、董事会会议、董事会专门委员会会议以及经营管理层的经营形势分析会、分行行长座谈会、部分总行行长办公会等会议。在列席会议前，监事会对照相应的监管规则，对各项议案、议题认真研究审阅；在会议期间，对决策程序、议事内容的依法合规性以及董事和高级管理人员履行职务的情况等进行认真监督，对发现的问题及时提出监督建议和意见；调阅、审核董事会和高级管理层及其专门委员会的有关会议记录、纪要、签报等资料；跟踪监督董事会执行股东大会决议、高级管理层执行董事会决议的情况。

在年度监督方面，制定了详尽的监督工作方案并认真组织实施。如对境内董事、高级管理人员、部分分行负责人、部分部门主要负责人共 53 人进行了访谈；组织了董事、高级管理人员的自我评价，在一定范围内组织了无记名监督测评；要求董事会及其专门委员会、高级管理层、董事个人、高级管理人员个人提交年度工作述职报告，并对报告进行了认真的审阅。

在日常监督和年度监督工作的基础上，结合财务与内部控制监督情况，监事会经过反复慎重的研究，提出了对董事会及其专门委员会、高级管理层履职情况以及董事、高级管理人员个人履职情况的年度监督意见。

（四）加大调研检查工作力度

2007 年，监事会围绕监督工作重点和全行经营管理工作的特点，加大了专题调研检查的力度，调研检查项目较以往明显增加。

例如，通过组织对建设银行亚洲等四家子公司的公司治理情况的调研，建议董事会、高级管理层加强对子公司的指导、管理和监督，继续完善子公司的公司治理。首席财务官组织有关部门制定了《中国建设银行子公司管理暂行办法》，吸取了调研报告中的有关建议。通过组织对外汇资金风险管理状况的调研，指出了香港分行和全行市场风险管理需要重点改进的问题，建议理顺市场风险的管理架构，将海外分行的风险管理纳入全行统一的风险管理体系。牵头组织董事会、监事会对专业团队建设情况进行联合调研，指出建设银行专业化服务机构的功能定位、管理模式有待进一步明确，人力资源配置矛盾比较突出，建议加强对组织体制改革和专业化服务机构建设的系统研究和统筹规划等。通过组织对信息技术应用情况的调研，提出了影响建设银行信息技术应用能力提升的七个主要问题，建议促进信息技术与业务发展战略的紧密融合，有效防范信息系统运行的风险。通过组织对个人贷款业务的调研，对建设银行个贷业务客户群体结构、客户结构与贷款质量的相关性以及客户定价等情况进行了分析，指出了需要关注的问题。通过组织对信用卡业务的调研，指出建设银行信用卡业务在发卡质量、客户结构、信用卡融资功能发挥等方面仍存在一些值得关注的问题，建议采取措施有效提高信用卡的融资功能及收益水平，保持足够的抗风险能力等。

（五）抓住监督重点及时进行提示和建议

在日常监督过程中，监事不仅通过列席有关会议及时提出监督意见和建议，同时在监测分析和检查调研的基础上，对一些全局性、趋势性的重要事项，通过书面或口头形式及时向董事会、高级管理层进行了提示和建议。例如，在美国次贷危机尚未对建设银行造成实质性影响时，谢渡扬监事长即多次提请管理层高度注意；在损失发生后，又多次从监督角度提出建议，加强对宏观经济的分析预测研究和对国际金融市场与新型产品的了解和研究，进一步提高风险识别技术和完善风险报告制度。针对个人住房贷款业务快速发展的情况，监事长提示管理层要尽快提升针对个人贷款特别是个人住房贷款的风险识别能力，为防范风险夯实管理基础。根据 A 股上市后适应监管要求的需要，监事会向董事会、高级管理层发出了《关于完善我行定期报告和信息披露管理的建议》等。

（六）指导内部审计工作

监事会认真履行对内部审计工作的指导职责。在谢渡扬监事长的关心和指导下，内部审计系统着力巩固和扩大审计体制改革成果，进一步理顺了相对独立、垂直管理的管理模式；加大了培训力度，审计人员的整体素质得到提高；积极创新审计技术，优化审计流程；完成了建设银行第一个海外审计分部——香港审计分部的筹建工作。

2007 年，内部审计系统继续秉持风险导向的原则，紧密结合全行经营管理的重点，组织了对个人负债、部分中间业务、集团客户业务、小企业信贷业务等的专项审计，为董事会、监事会和高级管理层全面、及时地掌握建设银行的风险状况提供了重要依据。一系列重要审计发现和相关审计信息，特别是揭示出的多项重大风险隐患，有效地遏制了风险的蔓延和扩大。

三、关于监事会工作的几点经验和体会

（一）适应新的形势，把科学发展观和宏观调控政策落实到监督工作中

作为国有控股的大型银行，建设银行必须坚决贯彻国家的宏观调控政策，维护经济健康稳定的大局，同时也要对 2007 年宏观经济形势的变化及其带来的影响予以高度关注，提早研究和采取应对措施。谢渡扬监事长利用多种方式和场合，督促管理部门加强对宏观经济形势走向、行业发展走向特别是一些过热行业变化情况的跟踪研究，适时调整政策导向和具体管理政策。

贯彻落实科学发展观是建设银行自身全面协调发展、可持续发展的内在要求。监事会自觉地把贯彻落实科学发展观和监督工作有机结合起来，以此作为全年监督工作的一个切入点，关注和了解董事会、高级管理层为此所采取的措施及其效果，有针对性地组织开展了相关监督活动。

（二）跟进监管和改革发展的新情况、新要求，提高监督工作的敏锐性和前瞻性

2007 年，监事会的外部法律法规环境发生了新的变化，对监督工作提出了新的更高的要求。监事会以落实新的监管要求为契机，对新的法律法规及时进行了跟进，在细化和深化监督方面又向前迈进了一步。

监事会积极参与和支持改革发展，从监督制衡的角度服务和配合好全行中心工作，正确地理解监督和服务的辩证关系，为战略转型、结构调整、内部改革作出了自己的贡献。监事会注意研究全行业务发展特别是发展战略实施过程中出现的新情况和新问题，密切关注一些带有全局性、趋势性的问题和隐患，促进了内部控制和风险管理的及时跟进。

（三）把握监事会工作的特点，探索发挥制衡作用的有效手段和途径

通过这几年的不断摸索，监事会不断拓宽监督手段和途径，持续加大监督提示和建议的力度，形成了发挥监督效能的几种主要渠道和载体，取得了宝贵的经验。经过监事会和各方面的共同努力，2007 年，建设银行公司治理进一步完善，内部监督工作更为全面和扎实。监事会对于促进公司各方认真履行职责、依法合规运作、提高决策水平和经营管理工作绩效，对于促进全行进一步规范公司治理，加强风险管理和内部控制，增强综合实力、市场竞争力和可持续发展能力发挥了积极作用。

监事会办公室
执笔：毛　可
审稿：车新亭

CHINA 中国建设银行年鉴 2008
CONSTRUCTION BANK ALMANAC

第二部分　战略部署暨文献资料

继续深化改革　加快战略转型

——在2007年工作会议上的讲话

(2007年2月1日)

郭树清

刚才，张建国行长作了一个很好的工作报告。我完全同意建国行长对2006年全行工作的回顾总结、对当前形势的分析判断和对2007年经营管理工作的安排部署。

在过去的一年里，我们抓住机遇，深化改革，加强营销，改进管理，各项业务健康发展，结构调整效果显著，质量效益稳步提高，我们的经营业绩受到了同业、市场、股东、社会的广泛赞誉。在可比的几家银行里，我行的各项财务指标差不多都是最好的。

然而，我们都十分清楚，与国际一流银行相比，建设银行还存在许多缺点和不足。前不久，国务院召开了全国金融工作会议。按照温家宝总理的讲话，我们的目标是建设成为资本充足、内控严密、运营安全、服务优质、效益良好、创新能力和国际竞争能力强的现代化大银行。我们的改革显然是任重而道远，容不得半点松懈。

根据全国金融工作会议精神，2007年全行要以科学发展观为指导，进一步落实“以客户为中心”的经营理念，继续深化改革，加快战略转型，强化基础管理，提高内控水平，促进各项业务健康持续快速发展。这是我们总的要求。

下面，我就全行落实科学发展观，加快体制机制转换面临的几个大的问题谈一些看法，希望能作为研究讨论今年全行改革发展工作的基础，请大家批评、修改、补充、完善，形成共识后，作为我们的重点任务，认真予以落实。

一、完善公司治理

全国金融工作会议上，温家宝总理对已上市的几家国有银行的进一步深化改革提出了具体要求。他指出，“深化改革的关键是继续完善公司治理，加快转变经营机制，健全有效的制衡机制，强化内部控制和风险防范机制。要深化分支机构和基层改革，做到上下联动，推进新体制、新机制在全行的有效运行”。

尽管建设银行在国有商业银行中率先完成了改制上市工作，初步建立起现代商业银行的治理结构，董事会、监事会、高管层开始独立运作，利益主体各方关系基本理顺。但从全行来看，完善公司治理的任务依然非常艰巨。最突出的问题是，作为一家统一的法人实体，各地分支机构的客户服务、风险内控和战略实施的实际水平参差不齐，制度和决策的执行随意性较大，制衡机制不能同等落实。许多时候我们的这些分支机构看起来不像是一家银行，倒像是几十家、几百家，甚至是几千家银行。为此，我们需要从全行范围来看待公司治理，建立完善的现代银行制度。

第一，要在总行层面完善公司治理。进一步提高董事会的战略把握能力和决策水平，加大监事会的监督职能，强化高管层对全行经营工作的领导、协调、管理职能。充分发挥公司治理各方机构之间的制衡作用，同时降低不必要的协调成本。在工作中，要妥善处理好与政府部门特别是与监管部门的关系。在完善现代银行公司治理制度上，既要依法合规，又要勇于探索和创新。

第二，全行上下要进一步增强统一法人意识。各级分支机构都要认识到我们是一个不可分割的有机整体，不是装在同一个口袋里的土豆。每一个机构都代表建设银行，都应该完成建设银行赋予的责任。银行每一分钱的资产都属于客户和股东，每发生一分钱的损失，都会减少建设银行的价值。要把法人治理的内在要求传导到全行各个机构，渗透到各个环节，形成建设银行1万多家分支机构、33万人的共同观念和自觉行动。

第三，必须坚定不移地压缩管理层级。去年我们部署的几项大的改革，绝大多数都进展得不错，但机构扁平化改革进展较为缓慢。我们提出城市行的机构要压缩到两级或两级半，但实际上在不少大城市还是三级甚至更多。过多的层级机构设置，造成了政策传导迟缓、协调成本高、工作效率低，而且增加了风险隐患。

机构改革不是简单的撤并，需要通盘考虑，特别是要考虑业务的发展，满足市场竞争的需要。从一些改革比较成功的分行的经验来看，有几个方面对机构简化很关键：一是客户服务模式要转变，建立和完善专业化的营销团队和营销机构；二是业务流程要再造，前中后台要分离；三是对现代化技术手段的运用，IT方面要改进。在这几个方面同时得到改进的前提下，机构改革就会比较容易。因此，我们要同时从这几个方面下工夫，使机构改革更加平稳、顺利和水到渠成。

第四，要强化总行业务条线的管理力度。垂直管理有利于加快信息在系统内的流转传递，减少信息衰减和失真。要在完善风险、审计、会计营运等集中垂直管理的同时，逐步加强纪检监察、法律服务、信息技术、人力资源等方面的统一领导、统一管理。对各项工作的操作流程，要逐步建立统一的标准，实行统一的要求，对内加强控制力，对外提供规范的服务、给客户一致性的体验。还有资金业务的管理，海外分行的资金管理是与总行金融市场部完全合并，还是给予指导或者委托？我们正在研究，但总的原则应当是加强统一协调。

第五，继续调整完善激励约束机制。要提高一体化经营水平，必须对相应的领导体制、报告路线、考核和激励机制进行改革。特别是考核机制和激励机制，关系到员工的切身利益。为什么说机构扁平化改革的推行比较困难呢？除了业务本身以外，考核、绩效、工资分配现在都是按层级进行管理的，一级分行、二级分行、支行都是利润中心。这种逐级考核、“分灶吃饭”的模式，在改革前期发挥了积极作用。但是，在一个统一的银行里，过于分散的利润中心和过多的利益实体也带来了不少副作用，比如各自为政、协调困难、自挖墙脚、苦乐不均等，已经严重影响了我们的整体竞争力和管理水平的提高。为此，需要高度重视过渡时期分支行的绩效考核问题。分支行原来都是利润中心，加强垂直管理、建立任务团队后业绩如何考核，要有过渡办法，既要有利于促进业务转型和机制转变，又要有利于调动各方面的积极性。

第六，要把握好过渡的步骤。层级管理和垂直管理相结合的矩阵模式，在相当长的时间内都是我们的基本组织架构。因此，在改革过程中，始终需要把条条和块块协调好，发挥层级和条线两个方面的能动作用。

在公司治理方面还有很多事情要做，包括投资者关系管理、媒体监督、公共关系等都是现代公司治理的组成部分。为了进一步加强市场和公众对我行的监督制约，提升品牌影响力和资本充足率，我们还会考虑在其他地方上市，这项工作一直在研究，但还没有时间表。

总之，我们要按照全国金融工作会议提出的“规范、严格、彻底、创新”的要求，坚持高标准、高质量、高水平，进一步改进建设银行的公司治理。

二、转变经营模式

近两年，我们在建立“以客户为中心、以市场为导向”的理念和机制方面取得了很大成绩，业务发展形势很好，结构调整成效显著。2006年，负债业务不仅增长较快，而且结构得到优化，定期存款的比重下降了3%；贷款业务重点突出，个人贷款增长28.9%，小企业贷款增长26.4%，中长期贷款增长20.4%，而公司贷款总的增长率只有12.5%；从收入方面看，对存贷款收入的依赖性略有减轻，中间业务增长了56.9%，占全部收入的比重提高了2%。

但是，总体上来说，我行的业务结构还比较单一，盈利模式存在较大的脆弱性。一是过分依赖批发业务，也就是公司业务和传统的资金投资业务，二者合计占到全行收入的80%左右，零售业务和其他业务对收入的贡献还不够大；二是过分依赖利息收入，中间业务尽管增长很快，但仍不到总收入的10%，和中国银行相比，有较大的差距；三是过分依赖传统产品，对公司客户也主要是传统的结算、贷款、信用证、票据等，现金管理、结构融资、财务顾问等新兴业务还刚刚起步；四是过分依赖客户的上门需求，引领市场的能力很弱，完全自主开发的产品几乎没有，市场渗透力处于较低层次；五是过分依赖国内市场，来自海外的业务收入不足2%。

因此，我们必须根据市场、客户的需要，加快发展个人业务、中间业务，积极开展综合化经营。有的同志说，强调发展个人业务，是不是公司业务不重要了。不是这样的，建设银行在相当长的时期内以批发业务为主的格局不会改变，将来公司业务也必然是一个重要支柱。事实上，目前我们总行领导营销的客户，也大都是公司客户。我们强调战略转型，不仅是指总体上的业务转型，而且更要强调公司业务、零售业务自身的转型。

对公司业务来说，由于受外部宏观调控和内部经济资本双重约束的影响，信贷增长必然放慢速度，这既是压力也是机遇，迫使我们必须加快金融创新，加快业务转型。一方面要发展直接融资、信托、租赁等业务，满足企业投资筹资的有效需求；另一方面要为客户提供现金管理、财务顾问等综合服务，满足客户的多元化金融需求。这样，我们才能密切客户关系，提升盈利水平和抗风险能力。

对个人业务来说，储蓄存款、代收费业务还会增加，但贡献度肯定会越来越低。个人银行业务的重点将集中在消费金融、投资理财领域。消费金融包括买房、买车、旅游、教育等，这些方面的需求会越来越旺盛。投资理财不是简单的变相高利率存款。国际部和香港分行最近写了一份关于花旗（香港）银行理财业务的报告，建议每位总经理、分行行长都看一看。花旗银行的网点主要就是做个人理财业务，他们把客户分得很细，一般要求客户在银行的管理资产超过3万港元，然后再分20万港元、50万港元、200万港元、300万港元、500万港元几个档次，由不同的机构和人员提供服务。我们肯定不能照搬他们的架构，但必须分析清楚，真正赚钱的业务在哪里，客户的个性化服务如何才能做得更好。

所以，调整结构、综合经营不是赶时髦，不是由于人家都搞，我们也搞，确实是关系到建设银行下一步发展的长远目标，甚至是关系到我们能不能形成核心竞争力、有没有持久的生命力、能不能生存下去这样的基本问题。在转变经营模式上，以下5个方面的业务可能是至关重要的。

一是投资银行业务。从发达国家的成熟机构来看，投资银行的业务范围很广，包括股票发行、债券承销、银团贷款、企业并购、政府和企业财务顾问、资产证券化，还有私人股本投资、信托、租赁、金融市场、商品市场、房地产投资等。去年高盛、摩根士丹利两家公司最赚钱的业务是自营投资、商品市场交易和资本市场业务。从未来我国经济金融改革发展的前景来展望，这些业务都有巨大的机会。建设银行在投资银行方面起步很早，后来又搞了基金公司，在短期融资券、资产证券化、银团贷款方面也有一定的市场优势。我们要牢牢把握客户需求导向和风险可控的原则，进一步开拓视野，大胆创新，将投资银行业务做出品牌。去年以来总行在这方面做了大量的工作，包括恢复工程造价咨询资质、探索专业化的年金管理、筹备融资租赁公司、协商收购信托投资公司，更重要的是我们已经与信达公司、建银投资、中金公司开展了多方面的协同业务。

二是消费金融。在这方面，建设银行也是先行者。我们最早开办了个人住房贷款业务，贷款余额曾经一度被工商银行超过，但去年又回到了第一的位置上。尽管这样，在建设银行贷款的客户也只有300多万户，同业全部也不过1 600万户左右，而全国家庭总户数有4亿多户，需要银行贷款的应该是一个很大的数字。目前，真正在银行能贷到款、买得起房子的，大部分还是中等偏上收入家庭。正好结合中德住房银行的出路问题，我们可以研究一下为中低收入家庭提供住房贷款的可能性。按照先进国家的经验，特别是在高度市场化的美国和欧洲，大部分住房贷款需求是可以通过市场化方式解决的。前些天，我们去香港也拜访了一个有政府背景的住房抵押保险公司。它完全是市场化运作，给中低收入客户提供住房保险，有了保险，客户购房的首付比例就可以从原来的30%降低到20%、15%甚至5%，已累计为八九万户居民提供了服务，而且风险控制得很好。诸如此类的办法还有很多。我们应该勇于开拓这样的领域，使得城镇居民、进城农民的住房需求得到满足，这既是我们的社会责任，也是我们的商业机会。

消费金融还有一个重要产品是信用卡。美国银行2005年非利息收入300亿美元，其中信用卡占80亿美元左右。我们非常高兴地看到，建设银行去年的信用卡发卡量突破了1 000万张，其中活动卡的卡均消费量达到1.4万元，超过了雄踞市场首位的招商银行，足以证明这块市场我们是完全可以做好的。但我行的信用卡业务仍然处在十分关键的起步阶段，一定要抓紧抓好各项工作，特别是与美国银行的全面合作，争取使信用卡成为与住房贷款相提并论的收入来源。

三是小企业金融业务。在以前的会议上我们专门研究过，总行也正在研究制订新的方案。这块业务的潜力非常大，既要大胆探索，又要控制好风险。小企业和个人金融还有一部分重合，我觉得没有必要严格区分开来，主要是看风险点如何把握，风险控制如何落实。

四是资产管理。分为公司机构理财和个人理财两块。首先，需要认真分析现有的客户，在此基础上要分析所处的市场，参考国内外同业的先进经验制订差别化的服务方案。各级分行可能都需要建立专门的公司机构理财团队或综合服务团队。对个人客户则要建立科学合理的客户细分标准，完善理财室、理财中心和财富中心三级架构。普通客户由一般网点提供服务，中高端客户由理财中心提供服务，高端客户由财富中心提供服务。其次，要加快产品开发和服务创新，全力提高服务水平，最主要的是产品的多样化，争取尽快能为理财中心客户提供较高水平的组合产品，尽快能为财富中心客户提供稳定优质的增值服务。

各分行要高度重视理财服务机构的整合，集中资源，抢占市场制高点。一提到财富中心或理财中心，许多人就想到高档写字楼，其实这不是最重要的，最重要的还是人才即理财师和客户经理，要舍得花点本钱培养和引进市场上的优秀人才。

五是金融市场业务。金融市场业务是现代金融企业的制高点。随着利率市场化、汇率改革步伐的加快，客户在套期保值等方面的需求会急剧增长，我们必须跟上潮流，尽早准备引进、开发适合市场需要的各种基础产品和衍生产品。同时我们也必须充分认识到金融市场业务仍是我们的弱项，经验积累不足，人员严重短缺，对风险的把握能力还不强。为此，一要充实培养专业人员队伍，按照市场化的原则建立更加合理的职务聘任与考核机制，以吸引和留住人才；二要借鉴国际先进银行经验，提升我行的资金交易能力；三要健全风险管理与内控体系，加强交易管理和操作风险控制。

对于怎样更有效地发展以上这些新业务，我也提几点要求：第一，要把传统业务和新兴业务紧密结合起来，使新老业务相互带动，相互促进；第二，总分行要协调，各级行要承担好自己的责任。去年，我们尝试了总行、北京分行的联动，由总行领导和部门负责人到北京分行任职，效果正在显现；第三，地区之间要广泛联动。去年我们已经建立起长三角、珠三角、环渤海3个区域联动协调组织，要进一步发挥好作用；第四，要加强部门之间的主动配合。我们已经做了很多工作，也有一定的基础，但真正突破传统的边界，组织跨部门合作，实现无缝隙连接，仍然需要作出巨大努力。

三、优化人力配置

所谓核心竞争力，尽管有市场定位问题、管理技术问题、制度规章问题，但一切都要落到人的身上。金融机构对机器、对大楼的依赖度越来越低了，最依赖的是员工，是管理人才，是金融专才。

全国金融工作会议提出，“建立健全符合现代金融企业制度要求的选人用人机制”，“造就一批具有创新意识和国际视野的职业金融家”，“深化人力资源管理改革。积极运用市场化机制选聘高级管理人员，对高级管理人员实行目标管理，完善科学、有效的考核评价机制。推行市场化用工人事制度，实行全员劳动合同制。健全金融从业人员管理和技术职称系列，完善资格认证制度。健全金融企业员工社会保障制度，完善处理人员分流问题。实施合理的薪酬分配制度，形成有效的激励约束机制”。今后人力资源管理方面的改革显然还是一个巨大的工程。

近一年来金融市场发展非常快，开放的速度也大大超过了我们许多同事的预期。外资银行来了之后确实对我们有很大的影响，去年第四季度，上海地区外资银行新增人民币贷款数额已经超过了中资银行。在高端客户和私人理财业务方面外资银行拥有绝对优势，所以确实不能掉以轻心。我在前面说的那些新业务，投资银行、资金交易、信托理财、金融租赁，都需要人来做，还有市场营销、产品开发更是需要人。我们新的人才培养没有跟上，但既有的优秀员工却在流失。比如，广东分行个人业务条线去年到11月份就流失了10个有经验的客户经理，其中还有一位上年度被评为总行级“十佳客户经理”。上海分行被外资银行及其他金融机构挖走的人才也明显增加。这方面的形势可以说是非常严峻。

从总量上来说，我们还是33万多人，其中合同制员工30多万人、派遣制员工2万多人，与前一年度相比变化不大，但是结构上问题很大。我行人力资源配置不合理可以概括为三个方面：

一是大量的事情没人做。所有的新兴业务，都面临着专业人才缺乏的问题。我们已有700多个理财中心，但理财师调配得很少。市场研究开发、客户挖掘细分、产品设计创新，许多分行没人做，总行也只有很少的人在做，而且传统业务在有的地方也忙不过来，比如北京市分行，有的网点工作时间长达11～12个小时。尽管全行2006年增加了4 000多台ATM，到2006年底达到近2万台，但许多网点还是忙不过来，主动营销、开发新市场、维护老客户、了解新需求、回应客户之声，都被摆在后面了。

二是相当多的人没事做。从总行到分行、二级行，甚至到基层网点，也确实有一些人没做什么事。比如有的分行司机就有700多人，哪里有那么多的事情要做？管理机构重重叠叠，有的支行就有十几个部门。总行这次人力资源改革前也是忙闲不均，不少部门忙的是少部分人。

三是大量的事情没有必要做。文山会海、统计报表、各种检查，基层行整天忙于应付。客户经理、风险经理案头工作没有标准化、电子化，守着最先进的计算机，却在用最原始的办法来处理信息。

总行党委最近几次专门研究了人力资源配置问题。大规模的集中下岗分流要告一段落了，但是正常的市场化流动还是必要的。像我们这样的大型商业银行，员工不能流动是很可怕的。美银亚洲每年平均20%的人是流动的，当然我们可能不需要这么高的流动率。现在我们努力的方向是建立一个市场化的机制，使人员能够正常地进出，特别是不能胜任岗位工作的人，应该能够正常地流出。因此，分流工作要经常化、制度化，保持员工队伍的生机和活力，但是操作上要慎重，要严格按照制度规范办理，新的劳动合同法出台之后，要求会更加严格。还可以考虑抓住农村金融体制改革、农业银行改革、金融市场降低准入标准的机会，调整分流我行富余机构和人员，但这样做也需要许多条件。

要加强员工队伍结构调整。一是业务条线内部要调整。例如零售业务，要在保证一般性网点正常健康运转的同时，将更多专业人才集中到专业化机构或团队；二是部门之间要调整。一般管理、行政后勤人员要大幅度削减，专业人才像产品经理、风险经理、客户经理、金融理财师、资金交易员、IT工程师，都要持积极增加的态度；三是地区上要调整。人均金融资源相对较少的地区，还是要减人，金融资源密集的地方，特别是中心城市、特大城市像北京、上海这些地方还需要加人。

要通过改革和业务流程优化减少各种无效低效的人力资源需求。去年以来进行的业务流程再造、机构整合，以及中后台业务集中改革，已经收到良好成效。比如会计制度改革，实行集中稽核，就精减了大量稽核人员。2006年3月，在推行会计制度改革之前，全行专职的稽核人员是5 054人，到9月底精减为4 200人，减少了854人，兼职的稽核人员原来是5 165人，到9月底精减为2 284人，减少了2 881人，而同期的工作质量没有受到影响。今年要继续做好业务流程再造和机构整合工作。业务流程梳理改造要制度化、规范化，总行要定期召集相关部门进行研究，明确目标要求，统一部署，有序开展。服务外包，行政后勤、安全保卫、守库押运等都要积极实行社会化。北京分行有17个金库，都是自己办、自己管，需要认真借鉴同业和外地分行的经验，制订科学合理的调整方案。

优化人力资源配置不能坐而论道，也不能凭空想象，最好的办法是市场导向，业务带动。从适应市场形势、客户需要的角度考虑问题，可以兼顾各个方面，也容易做到平稳推进，顺利调整。专业化服务不仅有利于节约人力资源，更重要的是有利于提高全行的市场竞争力，有利于提高工作效率，各分行都要加大工作力度。各中心城市尤其要走在前列。例如个人住房贷款，各地都要加紧推进集中审批，受理和调查也要相对集中，而且要把一级市场和二级市场结合起来。大客户业务，要把总分支行三级打通，组建能够对大客户提供个性化服务的团队，为公司机构量身定做金融服务方案，尽快改变一两个客户经理维护一个大公司客户的不利局面。各分行要从自身实际情况出发，抓紧组建和完善大公司营销团队、小企业信贷中心、个人贷款中心、财富中心、理财中心、信用卡团队、电子银行团队等专业机构。原有的普通网点的业务集中于现金及转账交易和一般产品的销售。

人力资源管理、计划财务管理，都要探讨如何派驻到业务条线和管理单元，共同研究加强系统的垂直管理，有效调动整体的积极性。我们目前在人力资源上还是分级管理的，一级分行的领导干部由总行来管，二级分行由一级分行来管，基本上沿用了党政机关的做法。应该说比过去还是有很大的进步，但存在的问题也比较多。比如干部管理，总行人力资源部就几十人，而全行一级分行行长、副行长、总行部门总经理、副总经理，加上后备干部有上千人，考察一个干部只能在很短的时间内找有限的人谈谈话，这种传统的考核方法和培养方式就显得很不细致。加强人力资源的条线管理，做到用人、管人相结合，责、权、利对等，对于我们转变经营模式是非常重要的，必须积极探索。

同时，要加强人才培养。要借鉴美国银行人才规划和领导力开发的成功经验，探索改进建设银行人才培养的流程和方法。员工培训应当采取企业主动培养和员工自主学习相结合的方式，鼓励员工参加与建设银行业务发展需要相关的各类证书的学习和学历教育。我们鼓励在职学习，绝大部分人员要靠这种方式不断提高，同时也鼓励一部分员工离职去学习。现在有相当数量的员工在职攻读学位，可能不是一个好办法，因为很难兼顾，不如专门去读书。其中，少数特别优秀的员工可以由公司派出，签订长期服务协议，多数则属于自主行为，可能需要暂时解除劳动合同。

此外，要完善薪酬和考核制度。我们应当以事业、舞台来吸引人才，也要以独特的企业文化来吸引人，但是薪酬待遇也必须有竞争力。全行薪酬总量的大幅增长不太现实，只能是渐进式增长，但对关键专业岗位人员和特殊人才的待遇要逐步与市场接轨。同时，薪酬制度设计要有利于引导人员的合理流动，促进内部人员分流计划的实施。战略转型、新业务发展和流程改造，需要大量人员充实到营销服务一线，岗位工资和绩效工资都要有利于专业人才向一线流动。去年的业绩挂钩工资分配已取得突破，今年要继续深化完善。

在考核方面，我行目前的考核体系不够严格，也不够全面。国外银行的考核覆盖从经营成果到个人表现各个方面的内容，我们对此要加强研究。要完善一级分行领导人员的业绩评定办法，改进城市分行的评比分级办法，建立包含财务、客户、流程和学习发展、体现区域差异的关键业绩指标体系。

四、强化风险内控

去年，我们风险内控的几个重要方面都有新的进展，风险文化建设和风险管理体制改革走在国内其他银行的前面，技术工具方面也奠定了一定的基础，特别是在经济资本和经济增加值的研究和应用方面。但仍存在明显的薄弱环节。

第一，对市场环境方面的研究分析比较薄弱，对宏观经济走势、行业前景、地区状况及对我们自身的资产质量情况的研究还不够深入。

第二，基础管理比较薄弱。对操作风险、市场风险的管理不够细致深入，有章不循、违章操作的现象时有发生，甚至出现了很不应该出现的案件，包括一些非常容易防范、堵截的案件。

第三，风险管理的技术手段还较为落后。我们有很多数据，但分析应用不够，处理数据的能力比较弱，许多管理工作还是以定性为主，缺乏定量的分析判断。

第四，对客户的风险提示还差得很多。例如对公司客户、个人客户的组合存款的利率风险，代销债券、基金的收益率波动风险，往往不是没有说明，就是说得太简单、太笼统，有的甚至还存在着误导客户的嫌疑。特别是这一两年，银行理财业务市场竞争激烈，普遍存在着夸大收益水平、忽视风险提示的现象。

为此，全行要继续强化全员风险管理文化和理念，深化风险管理体制改革，夯实技术队伍基础，持续提高风险内控水平。

一是落实风险管理体制改革。要进一步做好客户经理和风险经理的平行作业，注意打通业务流程的每一个环节。落实平行作业，光前移风险关口还不够，“四只眼睛”既要盯住贷前环节，还要关注贷中的平行作业和贷后的平行作业。

二是进一步完善经济资本和经济增加值管理方法。把加快战略转型、强化风险控制的战略方针，通过经济资本配置的手段落实到分行、业务单元、产品、客户和员工等各个层面，引导全行业务结构、客户结构、区域结构和收入结构的调整，提高风险回报水平。

三是加强风险预警和客户提示。要及时向分支机构通报市场风险研究预测情况以及行业、企业的风险动态。我们销售产品不能随意承诺高收益，要注意向客户作必要的风险提示。

四是学习新的风险管理技术。要加强与美国银行在风险管理方面的合作，将美国银行的经验应用于我行的风险管理工作之中。加快风险管理技术、工具和系统的开发，提升风险管理的精细化水平。

五是加强基层网点的操作风险管理。我行80%以上的操作风险存在于县级支行以下机构，如果我们把精力集中在这一块，工作的重心落实在基层，案件发生的大头就控制住了。要整合基层行风险管理和监督检查资源，搭建以委派会计主管、风险经理、纪检监察特派员为主体的监督平台。要统筹安排，既不能“看得多，干得少”，更不能留有管理监控“死角”。

六是合规经营，抓好案件综合治理。要强化员工的依法合规经营意识，培养员工自觉遵守法律规范的行为习惯，防范和减少各类违规违章事件的发生及其可能造成的不良影响和损失。

七是进一步加强审计监督，充分利用审计成果。内部审计工作要以风险为导向，集中力量于最突出的问题和薄弱环节，加大审计力度和深度，全面发挥监督、评价和建设职能。业务经营管理要充分利用审计信息，加强整改，完善内控。

八是继续研究细化实施《巴塞尔新资本协议》的步骤和措施，从多个方面做好准备工作。

此外，要继续做好资产保全工作，实现不良资产集中经营，提高不良资产处置效率。全行各级各部门都要积极配合，加大不良贷款的回收力度，按照审慎经营的原则，及时进行重组、转让、调级、核销，使不良资产保持在正常合理水平。

五、加强基础设施

银行基础设施是指银行的信息科技、网点渠道这些运行条件和技术手段。正如一个国家一样，基础设施建设也是一家企业的大事，关系到企业的长远竞争力。

（一）加强网点建设

零售业务，渠道为王。首先，完善我行的网点布局规划。经过近两年的研究论证，我行现阶段已确定的方针是保持1.4万个物理网点的总量不变，加大结构调整力度。有些发展比较快、市场潜力比较大的地区，像北京、上海、广州等特大城市，可能还需要增加；金融资源比较贫乏、人员比较多、机构多年亏损的，还是要减少。但是，要有前瞻性，不能简单“一刀切”，要逐一分析对比。布局调整和重新装修一定要和网点转型紧密结合，及早制订计划，落实责任机构和人员。

银行网点设置，要考虑当地渠道建设的全局。要研究当地目标客户的消费行为和消费心理，深度挖掘客户对银行的贡献程度。应考虑网点所处位置可能带来的市场效应以及品牌形象的辐射效应。

其次，网点布局要体现以客户为中心，满足人性化服务的要求。根据网点类型及客户群体合理设计营业网点的内部功能分区，做到不同区域不同机构为不同类型的客户提供服务。总行和分行今年要特别重视专业化营业网点的规划与建设，将其作为网点改造的重点任务来落实。

物理网点是银行全部服务的基础，不仅个人和微小企业，就是大公司和机构，也会有一定数量的交易需要通过这个平台进行。有的地方需要把对公司机构提供交易服务的网点单独分离出来，大多数地方还需要维持综合服务，采取何种方式，不能一概而论，应当取决于质量效率要求。

最后，服务标准要统一。通过实施客户服务标准化作业流程，来整合提高网点的销售能力，提高网点服务质量和效率。

过去两年里，网点的业务流程和服务质量有了很大提高，但是仍然不尽如人意。各方面反馈的情况表明，大堂经理经常在岗的只有一半左右，自助设备故障比率仍然偏高，专门协助客户的员工太少，一些网点排队等待的时间仍然过长，客户放弃后也无人劝说，投诉时有发生，晨会制度有待普及，这些都不是小事情。

（二）加强电子渠道建设

2006 年我们加强了自助渠道建设，新安装运行的 ATM 超过 4 000台、新版个人网络银行也顺利上线。这些自助渠道对柜台交易的分流作用日益明显，自助交易已经占到柜面交易的 31%。但我行的自助渠道建设与国内同业竞争力最强的对手、国际先进零售银行相比仍有差距，特别在配置理念、布局选址、交易功能等方面仍必须着力加强。

同时，要加强推介力度，提高自助设备使用率。电子银行业务要尽可能多地搭载各类产品，凡是适合客户自助办理的业务都可以考虑通过电子银行渠道实现。尤其是对低端客户和交易比较简单的业务，要尽量向自助、电子渠道引导，降低柜面业务量。

（三）改进运行系统

近年来，我行信息技术开发应用水平有较大提高，数据集中、核心业务系统优化，特别是上年开始的业务流程再造，都取得了显著成效。但总体上信息技术建设与国际先进银行相比还存在较大差距，对市场营销、操作营运、产品创新、风险内控、管理决策的支持还远远不够。

有的分行反映，现在业务量越来越大，现有的网络系统已经不堪重负，出现了系统堵塞问题，引起了客户不满和投诉。我们过去在市场上领先的系统现在都面临压力，比如重客系统，当时推出的时候还不错，由于时间较长、更新缓慢等原因，现在市场影响力已经越来越弱了。还有，我们建了很多系统，但系统之间没有完全打通，比如龙卡系统、个贷系统之间不能实现客户信息共享，给综合营销、交叉销售的全面开展带来了困难。

产生这些问题的原因是多方面的，不仅是系统建设的问题，也反映出业务整合能力的不足，特别是缺乏对跨条线的产品组合、客户信息、服务和管理流程的整合。业务流程再造及由此引起的运行系统升级，在相当时期内都是我行的一项重点工作。

要加快信息技术系统的开发和完善，为业务流程再造提供物质技术支持。当前要抓紧重客系统、证券基金系统的升级改造，为零售业务发展提供更好的服务设施。

（四）统筹管理信息技术资源

国际一流银行的信息技术是一个完整的体系，服务于全行业务部门和分行。信息技术部门应当集中负责信息技术的执行和管理，对应用交付、成本和运行安全全面负责。要改革全行分散的信息技术组织机构和管理模式，坚定不移地实行集中管理。逐步实现信息技术的垂直管理，集中管理信息技术人员、设备、软件和财务资源。首先要做到的是一级分行范围内的集中。

六、提升企业文化

企业文化是企业用于规范员工行为的一个强有力的规则体系和价值观念，包括企业的核心价值观、企业精神与作风、企业经营哲学和企业为人处事之道等。

在当今社会，许多知名企业都把企业文化作为“企业的灵魂，行为的基因”，是企业凝聚人心、提升核心竞争力的重要手段，也是体现企业特点和“软实力”、决定企业生存和发展的关键因素之一。可以说，没有卓越的企业文化，就没有卓越的企业。国内外的知名企业都形成了自己的特色文化，支持这些企业成为长盛不衰的“百年老店”，像花旗银行、美国银行、海尔、同仁堂等。

建设银行作为一个有着 50 多年光辉历程的大型商业银行，在长期的改革发展中形成了独具特色的企业文化，在凝聚人心、规范经营管理、促进业务发展等方面发挥了积极作用。面对我国金融市场全面开放后的新竞争环境，建设银行要保持持续发展，更需要有优秀的企业文化来教育和引导员工，激发广大员工的积极性、创造性。上市前后，我们对企业文化又进行了一些提炼。这次会议印发了一个参阅材料，进一步征求大家意见。企业文化不仅仅是总行机关的事情，而是所有分支行，可以说是所有员工的责任。企业文化建设必须坚持来源于基层，来源于全体员工，否则就是“无源之水”，没有生命力。因此，今年还要继续做好，动员大家积极参与，贡献智慧。

在这里，我要特别强调一下社会责任问题。目前，企业社会责任已成为社会关注的焦点，体现了企业对股东、客户、员工、国家、社会等各方所承担的义务和责任。对于银行来说，不仅要做好自己的本职工作，促进业务稳步健康发展，为股东创造最大价值，还要关注社会的进步与和谐发展，关注弱势群体，关注环境、教育、文化、体育等事业。去年我们在这方面做了不少努力，包括支持贫困地区脱贫致富、资助贫困大学生、援建希望小学、向南方6省区灾区捐款，赞助2007年上海特殊奥运会等。最近我行因此获得“2006最具责任感企业”称号。建设银行是入选的唯一一家银行，这与我们多年来的努力是分不开的，表明我们的工作得到了社会、公众的承认。

履行社会责任，是一个提升企业精神和思想品位的过程，是一个增强我们内部凝聚力的活动，也是提升我行知名度、市场号召力的重要举措。新的一年，我们将进一步加大这方面的工作力度，规范全行的捐赠赞助工作，并将承担社会责任与树立良好的品牌形象、促进业务发展紧密结合起来。比如，对清华大学的赞助，要与我行为高校提供综合性、特色化、全方位的金融服务结合起来，为我行服务高校提供经验；对上海特奥会的赞助，要努力挖掘相关金融服务商机，提供特色产品和服务。

最后，要强化品牌建设，增强市场影响力和竞争力。有关方面的研究表明，建设银行目前的品牌建设落后于中国银行和工商银行。我们要高度重视品牌建设，把我们的品牌在国内外市场上宣传出去。各分行要继续在重点城市的机场、主要街道和繁华闹市、主要高速公路加大形象宣传工作，并充分利用好我行的办公楼、营业网点、ATM等自有资源，强化我行的视觉形象，打造蓝色银行的整体品牌。

再过十几天，就要过春节了。借这个机会，向大家，也通过大家向所有分支机构的员工以及家属，致以新春的问候！祝大家在新的一年里，身体健康，工作顺利，创造新的成绩，取得更大进步！

（根据录音整理）

以党的建设促进上市后的改革和发展

——在2007年党的工作座谈会上的讲话

（2007年2月2日）

郭树清

同志们：

刚才党委副书记、监事长谢渡扬同志讲了监事会工作，同时强调了我们的监督工作、纪律检查工作、人才和培训工作，以及今年的一项特殊任务即十七大代表选举工作。监事长的讲话很重要，大家一定要认真学习、贯彻。

在党中央、国务院的领导下，在全行30多万员工的努力下，我们在过去一年里取得了骄人的业绩。建设银行是一家国家控股的大型上市银行，而且是一家海外上市、拥有众多国内外投资者的银行。按可比口径，建设银行的资产规模在国内银行中名列第二，股票市值稳定地保持在全球前10名的行列。目前建设银行在国内市场占据着12%左右的份额，以任何一个国家的标准看，这样一家银行对国民经济的影响都是举足轻重的。在全国金融工作会议上，在温家宝总理讲话引用的一些例子中多次提到建设银行取得的成绩，这说明党中央、国务院对我们这几年的工作是充分肯定的。但是我们不能骄傲，不能自满。

全国金融工作会议后，银行改革进入了一个新的时期。我们要清醒地认识到建设银行的改革总体上还处于起步阶段，要实现国际一流银行的目标，还任重而道远。随着金融业进一步对外开放，我们会遇到更多的竞争压力。要应对好这些挑战，必须继续深化改革，要搞好改革，必须充分发挥党组织的政治领导核心作用。

全国金融工作会议对党建工作作了新的要求和部署，有关内容我们已经传达。下面结合学习贯彻全国金融工作会议精神，就建设银行的党建工作谈几点意见。

一、加强全行系统的党组织建设

各级党委自身的建设。不论是一级分行还是二级分行，各项工作面貌在很大程度上是党组织和领导班子面貌的反映。加强领导班子建设，最主要的是不断提高领导人员的素质，只有素质提高了，才能增强领导班子执行党的路线、方针、政策的自觉性，才能提高领导班子的经营管理能力和开拓创新能力。提高素质没有别的办法，主要是靠努力学习，大胆实践，勤于总结，互相帮助。领导班子一定要树立正气，去年夏天在济南会议上我讲了许多，政者，正也，如果不正，班子一定会乱会散。团结一致非常重要，关键是相互理解，互相体谅，有意见，可以互相交流，及时沟通。如果都能出以公心，就不会搞成死结。有的分行工作上不去，最主要的一个原因就是班子内部闹不团结。

党委内部必须严格执行民主集中制。从现在的情况看，一些班子执行不好的主要问题是少数人说了算，甚至是“一把手”一个人说了算。因此，要把整改的重点放在充分发扬民主上来，完善民主决策和民主监督机制，营造讲实话、讲真话、讲心里话的宽松环境。我们作为在海外上市的大型商业银行，根据监管条例和市场惯例，对外不能把全部实情和盘托出，因为必须考虑上市公司股价敏感、商业竞争等因素。但是我们内部必须讲实话、讲真话、讲心里话，否则我们的经营管理就很难落到实处，我们的风险内控就会留下隐患。在分行一级，我们要严格执行经营管理的行长负责制，但在党委工作方面绝不能一个人说了算，更不能独断专行。

要从战略的高度重视和加强干部队伍建设。干部队伍也是个人才问题，是领导人才问题。党委决定 2007 年 3 月在国家行政学院组织一个培训班，把一级分行行长和总行部门总经理集中起来学习一个星期。我们要请中央党校、监管部门以及几家国际知名金融机构的人士前来授课，其中有美国银行的专家讲授如何提高我们的领导力、创造力。

在干部问题上，需要把党管干部原则与经营管理者依法行使用人权结合起来，把组织考核推荐和引入市场竞争机制结合起来，不拘一格选用人才，把那些政治上靠得住、工作上有本事、作风上过得硬的干部选拔到各级领导岗位上来，充实领导干部队伍。这次金融工作会议提出，要“建立健全符合现代金融企业制度要求的选人用人机制”，这是非常重要的方针，包含着广泛而深刻的改革内容。这首先是指总行领导层，同时也包括各级领导班子。总行正在研究如何深化这方面的改革，具体方案的出台可能还需要一段时间。分行也不要完全等待，有些工作可以先做起来。有一些领导班子年龄偏大，平均年龄在 50 岁以上的班子一定要坚决地将平均年龄降下来。还有个别分行的副职在一个班子、一个分行里工作很长时间了，10 年左右了，如果没有特别原因也应该和正职一样进行调整，这样对增强班子的活力有好处，对本人的工作也有好处，基本待遇可以不变。希望大家都能从建设银行事业的大局出发来对待这些问题。

改进和加强干部队伍管理。我们是国家控股的商业银行，与政府机关不同。在干部选拔任用、组织考核推荐上，我们既要坚持执行党政干部管理条例，还要注意在具体做法上结合企业实际，不能简单照搬部委的经验和做法。我们作为现代商业银行，要加强一级法人体制，干部管理必须与一级法人体制要求相一致，与推进各项改革特别是机构和条线改革相协调，逐步加强干部管理的集中程度。要探讨人力资源主管派出制，可以先试点探索，积累经验，然后在全行推开。

二、坚持不懈地抓好作风建设

在今年 1 月上旬召开的中央纪律委员会七次全会上，胡锦涛总书记发表了重要讲话，特别强调全面加强新形势下的领导干部队伍作风建设，大力倡导8个方面的良好风气。这8个方面大家一定要认真学习，熟悉牢记，贯彻落实到实际行动当中去。第一是要勤奋好学、学以致用；第二是要心系群众、服务人民；第三是要真抓实干、务求实效；第四是要艰苦奋斗、勤俭节约；第五是要顾全大局、令行禁止；第六是要发扬民主、团结共事；第七是要秉公用权、廉洁从政；第八是要生活正派、情趣健康。这个讲话已经公开发表了，一定要组织各级党组织认真学习贯彻。

从建设银行总的情况来看，应该说我们在作风建设方面已经做了大量工作，取得了明显的成效。我们这支干部队伍和员工队伍的素质总体上是很好的，特别是在座的各位高层、中层领导同志更是经过长期培养锻炼的，各方面素质更好一些。但是我们也必须看到确实还存在一些不良的表现，有一些不好的苗头，这些问题一定要引起大家的高度重视。

第一是我们一些干部的学习自觉性不强，不思进取，不钻研问题，有一点浑浑噩噩，做一天和尚撞一天钟。

第二是脱离群众，脱离实际，不关心基层员工的疾苦。我们的一些领导同志实际上并不熟悉下面的情况，调查研究做得很少，基层单位去得很少。

第三是形式主义，爱做表面文章，爱搞花架子。这个问题在相当一部分同志身上表现得还比较严重。

第四是个人主义，自私自利，一事当前，先替自己考虑，患得患失。

第五是争名夺利，闹不团结，不尊重同事、下属，甚至搞“小圈子”、“小山头”。

第六是热衷于搞关系，特别是遇到提拔晋级、调动工作时，跑门子，找路子，轻者是打电话、写条子，重者则请客送礼，虽然是比较少，但还是有的。特别不合适的是，帮外部人员来向我们内部领导同志打招呼，要求给他本人以特殊照顾。

第七是生活趣味不高，吃吃喝喝，玩玩闹闹，热衷于交酒肉朋友。这些在我们系统内也是有的。

第八是公私不分，不能严格执行《廉洁自律六项规定》，特别是在有些工作中，没有按规定做到亲友回避，没有回避的也未报告、未登记，这个问题还是存在的。

在廉洁自律方面还存在着性质更严重的问题。极少数地方、极少数人有些时候搞权钱交易，以公谋私。有的人参加社会上的乱集资，谋取高额回报。银行从业人员对这种有固定高回报并且声称没有风险的产品应该更敏感、更予以提防。还有人参加赌博或变相赌博，这样的活动对银行从业人员是非常危险的，因为一旦发生亏损，就有可能运用自己的权力，动用银行的资金，我们过去已经有不少这方面的教训。总行领导还时常接到一些举报信，有反映个别干部利用职务之便为亲戚朋友办公司提供便利的，最主要的就是装修、采购，也有反映个别干部生活作风问题的。从纪检监察调查了解的结果来看，应该说情况还好，大部分匿名信没有得到查实，但是这些问题还是需要引起我们的重视和警觉。

清正廉洁、情趣健康、求真务实，是加强干部队伍作风建设的重要方面。要进一步完善教育、制度、监督并重的惩治和预防腐败体系。在此强调如下几条：

第一，各级领导干部必须不断加强自身修养，牢固树立艰苦奋斗的思想，始终坚持讲学习、讲政治、讲正气，大力弘扬求真务实精神。

第二，领导干部一定要正确对待成绩。要看到成绩的取得不仅仅有现任领导的因素，更是广大员工共同奋斗的结果，也是与前人打下的基础分不开的。要正确对待成绩，正确对待历史，正确对待员工，这样才能正确对待自己。遇到问题，出了差错，领导同志要主动承担责任，而不是争功诿过，这是领导干部应有的品质。

第三，加强领导干部作风建设，必须把倡导良好的生活作风和健康的生活情趣作为一个重要方面。要树立正确的人生观，自觉加强思想道德修养，讲操守，重品行。业余活动一定要健康向上，我们提倡多读书、多学习、除了金融、经济、法律外，多学点科学、历史、文学、艺术、多参加些文艺活动、体育活动，培养高尚的情操和健康的情趣。要注意净化自己的社交圈，上海的社保基金案以及其他的许多领导干部腐败案，都是与交友不慎、与“傍大款”有很大关系。作为金融从业人员，尤其要注意不能沾染任何黄、赌、毒习气，不能参与任何非法集资等活动。

银行工作一个很重要的特点是要营销，要接待客户。接待客户组织一些活动是必要的，但是要尽可能地组织能够增长知识、提高修养、健康高雅的活动，尽可能不去娱乐城、夜总会、洗脚屋，我们组织的活动应与我们银行的身份相符。

第四，要严格遵守中央和建设银行有关廉洁自律方面的规定，严格执行《廉洁自律六条规定》，不能松懈。在客户营销中一定要掌握好原则，把握好分寸，不搞变相贿赂和商业利益输送。

第五，要进一步完善规范党员干部行为的相关制度，健全监督制约机制。用制度管权，用制度管人，用制度管事。规范权力运用，防止滥用权力。

要进一步巩固先进性教育成果。总行要进一步推行集中采购制度，扩大集中采购范围，把这个制度搞得更合理，真正做到阳光透明，也请大家配合。

三、各级党委要处理好改革中的突出问题

建设银行作为已实现海外上市的银行，现阶段的中心任务还是深化改革。全国金融工作会议指出了今后一个时期金融工作的总体要求和主要任务，明确了国有银行深化改革的方向。党的工作特别是各级党委的工作，必须紧紧围绕深化改革这个中心任务，发挥好把关定向、领导协调、推动落实的作用。

与国外的银行相比，为什么我们每次开会都比较复杂，时间都很长，最重要的一个原因是我们的体制改革任务很重，每次我们都得研究很多体制改革的事情。改革涉及体制、涉及人员、涉及稳定，问题十分复杂。

建设银行在过去的20多年时间里，一直走在银行改革的前列，我们之所以有今天的成绩，最重要的原因就在于始终不渝地坚持改革。在今后深化改革的过程中，我们依然要力争走在前头。

要做到改革先行，各级党委必须进一步解放思想，大胆实践，这是衡量一个班子思想政治方面强不强的重要标志。我们的改革举措，已经有了许多成功的经验，但是在一些分支机构里仍然进展缓慢，甚至是停滞不前，主要是领导班子思想不统一，畏首畏尾，拖延等待，坐失许多良机。凡是改革搞得不好的地方，内部管理和业务发展也没有多少活力。例如，业务流程再造、前中后台分离、机构扁平化、建立营销团队等，总行早有部署，要求各分行结合自己实际，积极制订实施方案，可是仍然有一些分行消极对待，强调客观理由。由于各分支机构有许多差异，总行并不要求所有改革都齐步走，因此必须要有主动探索，这样才能因地制宜，才能符合实际，但是这不能成为拖延行动的理由。

当然，鼓励积极探索并不是提倡瞎干蛮干。改革必须求真务实，循序渐进。改革工作是大型工程，也是精细工程，必须认真筹划，充分准备，周密部署，许多时候需要试点、试验或演练。改革的方案要充分考虑各种因素，要耐心细致地研究起草方案，还要耐心细致地解释说明改革内容，以及目的意义，要做好培训。总之，改革工作十分复杂，需要谨慎、细致、系统、周全。正因为如此，也可以说，改革工作是检验领导班子驾驭能力、执行能力的重要尺度。我去年就讲过，衡量评价一个分行的绩效，不能只看业务发展，还要看改革。业务发展慢的地方，改革的难度往往也比较大，在班子和干部考核中要考虑这些因素，薪酬分配时也要考虑这些因素。

尽管改革有许多技术层面和操作层面的问题，但是更关键的是思想层面和认识层面的问题，特别是与利益调整、个人或小团体地位发生变化有关的时候，矛盾和抵触就出现了。解决这类问题的办法只有一个，就是把建设银行的事业放在第一位，把国家利益放在第一位。例如，统一法人体制，大家都知道是必须做的，否则服务质量上不去，风险也控制不住，因为分支机构过度自由，你不知道会出什么案件，而且对市场和信用条件把握的尺度本身就千差万别。如果考虑这会减少自己权力的自由度，因而就不推进这方面的体制改革，那么后果会如何呢？再如减少管理层次，势必会要求相当一部分中层管理者转变工作方式，这就增加了这些同志的学习压力，但是维持原来的格局，我们建设银行迟早会被市场淘汰，你的利益最终会受到损害。

我们提倡党员领导干部把事业放在第一位，并不是不考虑大家的个人利益，事实上还要搞好激励机制。目前面临的一个大的难点在于，我们相当长一段时间以来推行的对分支机构进行利润考核、工资与之挂钩的做法，尽管曾经发挥了很大的积极作用，但是消极影响也越来越突出。这就是过多的利润中心或者说过低层次的利润中心，违反了市场规律，违反了企业内部的统一性。省级分行、市级分行可能在相当长时间内还需要如此，但市级以

下机构就需要探索调整，主要问题是不公平、不合理、苦乐不均，导致高成本、低效率。市场和客户在区域之间差异很大，金融资源的丰富程度很不一样，都用一个利润指标或收入指标来衡量，或者用交易规模来衡量，显然不合适，以此决定工资收入更会造成扭曲，以后应逐步和实际工作量挂钩，和成本控制挂钩。

当务之急是建立专业化的机构或团队，例如个贷中心、理财中心、财富中心、小企业中心、公司团队、信用卡团队等，而且要按营销和客户服务情况分配绩效工资，希望各分行都来研究这个问题，做好必要的调整，平稳地衔接和过渡。总的原则是要切实保证战略转型和机制转换。

四、党员和党组织要在构建和谐企业中发挥主力军作用

要深入学习贯彻党的十六届六中全会精神，努力建设一个和谐建行，进而为构建和谐社会作出贡献。

第一，要发挥党员领导干部和党组织的作用，以领导班子和谐促进企业和谐。要提倡团结、实干、奉献，反对斤斤计较，特别是领导干部，要有宽广胸怀，勇于承担责任，做点自我牺牲，要舍得吃亏，受得了委屈。当然，也要实事求是，及时交流，有话说出来。只要真正出以公心，襟怀坦白，就不会破坏团结，批评和自我批评也不会引起误会。要与人为善，顾全大局，坚决反对搞远近亲疏、搞山头主义和以人划线。选人用人要坚持五湖四海，坚持德才标准，以建设银行利益为重，以国家利益为重。要及时研究解决突出问题，不要久拖不决，见怪不怪。

第二，要关心员工，爱护员工。这一点非常重要，很多发言的分行都讲到了员工满意度的问题，讲到了怎么为员工服务好，怎么为基层行服务好。提高员工满意度是很重要的，员工不满意，很难让客户满意。我呼吁过很多次，这个情况在各地都有好转，但是一些分行、支行还存在着很多问题，没有得到解决。即使采取了改进措施，优化了业务流程，现在还有很多员工工作非常辛苦，工作条件较差。我们刚到北京分行调研过，有的网点员工每天工作十一个半小时，长此以往肯定是不行的。要研究一些办法。建议所有的分行领导都要下去调研，切实解决这些问题。像一些交易量比较大的支行网点，员工吃饭、上厕所的时间都很紧张，能不能考虑调整一下，扩大经营场所，补充一些人员，或实行几班倒，还可以增加一些自助设备。

希望我们在新的一年里能够改变这种局面。偶尔加班是正常的，但是我们不要使加班成为常态，每天加班效率会不高，创造性会下降，差错率会提高。这个问题希望大家实实在在地去研究解决。我们总行党委也会带头下去了解情况，我在党委会上也说过几次了，我们党委同志也要尽可能地多作些调研，到基层看看员工的情况，了解一些真实的问题。

商业银行的经营有自身特点，基层情况千差万别，我们必须要下去了解情况。各级分行党委的同志、管理人员，一定要认真地建立这样一个制度，养成这样一种工作习惯和工作作风，切实解决这些问题，不要再拖。

第三，要健全职工代表大会制度和工会制度。充分发挥职工代表大会制度、工会的作用，让广大员工参与企业治理，完善民主管理和民主监督，推行行务公开制度。工会要把维护员工的权益放在首要位置，要切实替大家考虑，特别是员工的切身利益和长远发展问题。同时工会要花更大精力，组织员工提出更多改进建设银行经营管理、搞好各项改革的建议。工会还要努力做好下岗分流人员的工作，积极组织大家参加履行建设银行社会责任的各项活动。积极开展丰富多彩、健康向上的文体活动，培养员工的健康情趣和业余爱好。还要搞好特困职工的救助工作。

第四，要进一步完善激励先进的制度。我们已经有许多好的做好。去年设立的突出贡献奖在行内外引起了较大的反响，尽管个别同志也有一些意见，但是大多数同志和机构还是认可的。我还请刘淑兰同志专门去做了个调研，反映是正面的，认为还是应该继续开展的。但是我们也有一个完善的过程，评选过程应该更透明一些，上下反复的次数更多一些，充分起到教育员工爱岗敬业的作用，引导员工奋发向上。分行也可以设立类似的奖项，但是要注意把握好，不要搞得过于宽泛。

第五，做好稳定工作。当前最主要的是做好下岗分流人员的工作，不能让已有的矛盾和问题进一步激化，而是要缓解，要逐步地消解。这几年我们动了不少脑筋，总结起来有这么几条：

一是积极寻求与地方政府合作，在落实生活保障、推荐再就业等方面为下岗分流人员提供帮助。

二是有的分行也已经开始尝试了，就是在我们推行新的灵活营销模式时，能否把下岗分流人员也纳入行外营销团队，进入我们的统一考核，根据营销业绩派发推销费或手续费，使下岗分流人员和内退人员能有一些正常的收入。

三是各分行都有很多小的外包服务，比如为网点送水、送餐、派发广告和宣传品等。购买这些服务时，在依法合规的前提下，适当照顾我们的下岗分流人员或者他们所在的小企业。

四是总行一些新的基础设施项目的选址和建设，应适当向下岗分流人员比较多的地区，特别是经济落后地区倾斜，为分流人员创造再就业的机会。从客观上看，经济落后地区的劳动力成本、水电成本、土地成本都较为低廉。

五是是否可以研究在行外设立一个基金，定向扶助我们的下岗分流人员，解决他们最担忧的、已有的社会保障不足以解决的特殊困难，例如重大意外事故或疾病导致的生活困难及特困家庭的子女上学问题。现在的有利条件是，国家规定公益性捐赠可以进一步提高免税比例，但问题在于公益基金原则上是不能指定受益人群的，我们咨询了相关机构和部门，政策上存在一定难度，这件事还需要大家一起探讨。人力资源部也提出了在行内搞困难职工救助基金的方案，事实上前年我们已经设立了一个这样的基金，也明确规定包括下岗分流人员，但是门槛比较高，总的规模和力量都有限。无论采用内部设立或在社会上设立，都面临一些问题需要解决。但是总行不会放弃努力，一定会找出一个办法来。

辛行长刚刚收到最新情况，12 名前建设银行员工在中南海附近上访闹事，被警方拘留了。听到这样的事情很痛心，从什么角度来说，都不应该发生这样的事情。不论是从对国家社会负责的角度来说，还是从对建设银行负责、对这些原来的同事负责的角度来说，我们都不能推脱。我们应该一道努力来把这些问题解决好。

大家要认真研究维护稳定工作的特点和规律，增强主动性和预见性，要注意发现问题，并及时、妥善地处理好，不要把矛盾和问题都集中到总行、集中到北京。

感谢大家参加今天的会议，感谢发言的同志作了认真的准备，今天我们党的建设工作座谈会就开到这里，希望大家在新的一年里继续保持 2005 年股改上市以来高昂的斗志、振奋的精神，在深化改革、加强管理、发展业务等方面取得新的更大的成绩，以实际行动迎接党的十七大胜利召开。

提前给大家拜年！谢谢！

（根据录音整理）

适应上市后新的形势 进一步搞好反腐倡廉工作

——在中国建设银行纪检监察工作会议上的讲话

（2007 年 2 月 27 日）

郭树清

同志们：

这次全行纪检监察工作会议，是要结合我行实际，贯彻落实中央纪委七次全会、国务院第五次廉政工作会议精神。总行党委高度重视，会前做了专门研究。按照会议议程，今天上午我先讲一讲，下午辛树森同志还要作工作报告，总结去年的纪检监察工作，部署今年的任务。对本次会议精神，各级分支机构要认真贯彻落实。

下面我讲三个问题。

一、搞好反腐倡廉，是造就现代银行和职业金融家队伍的需要

当前，建设银行的事业发展势头良好。2006 年，全行各项业务都得到了快速健康的发展，建设银行的大多数财务指标都在同业中处于领先地位，股票价格持续走高，总市值保持在全球十大银行之列，获得了最佳公司治理、最盈利银行、最具社会责任企业等光荣称号，这反映了国内外投资者和社会各界对我们的努力给予了充分肯定。

但是，根据党中央、国务院的要求，以国有银行改革的最终目标来衡量，我们还差得很远。不久前召开的全国金融工作会议号召我们，要建设现代商业银行。要实现这个目标，我们还面临着艰巨的挑战，主要有三个方面的挑战：一是深化改革的挑战。作为在境外上市的国有控股大型银行，我们必须按照国际一流银行的标准，继续完善公司治理，建立健全相关配套制度，深化内部管理体制和运行机制的改革。同时必须继续大力开拓业务，保持业务又好又快地发展。这是国家对我们的要求，也是投资者对我们的期望。要改革就难免遇到阻力，难免出现很多新的矛盾。发展也有制约因素，内部人才储备不足，外部市场增量有限，银行的发展还受国际收支、流动性变化等因素的影响，存在着许多变数。二是市场竞争的挑战。我国履行加入世界贸易组织的承诺，金融业进一步对外开放，使我们面临的竞争更加激烈。去年 12 月《外资银行管理条例》已颁布和实施，在我们今后的竞争对手中，将有众多的外资银行加入，特别是在中心城市和经济发达地区，我们将面临外资银行争夺高端客户的激烈竞争。我们的队伍素质、科技手段、激励机制等，与国际先进银行相比，都不在同一起跑线上。在上海、广东、北京等地，外资银行发展得很快，争夺高端客户的能力很强，除此之外，争夺人才也是我们面临的问题。三是内部管理的挑战。我们的总体管理水平还不高，内部管理还存在不少薄弱环节，特别是基础管理和基层管理相对薄弱，既妨碍了我们对客户服务质量的提高，又增加了我们的经营风险。每次行内行外的审计和各种检查，都会发现大量的违规违章问题。尽管 1996 年以来我行案件总数和涉案金额都在逐年下降，但仍有一些基层机构案件和违规问题连续发生，个别分支机构发生的重大案件和重大违规问题，对我行的有形资产和无形资产都造成了非常严重的损害。

应对挑战的关键，是要造就一支能适应新形势需要的职业金融家队伍。造就职业金融家队伍，是最近召开的全国金融工作会议提出的新要求。就市场价值而言，建设银行已是世界级的大银行，必须培养一批与世界级大银行相称的职业金融家。改革发展和改善内部管理需要人才，迎接激烈的市场竞争更需要人才。现代商业银行之间的竞争，说到底是人才的竞争，是职业金融家之间的竞争。决定现代企业强大的标志，不是简单地看拥有多少资本，而是看拥有多少一流的职业经理人。商业银行作为一个高智力、高风险、高创造性的行业，必须拥有大批职业金融家和专业经理人。造就这样一支队伍，是我们顺利推进改革、提高管理水平和综合竞争能力的需要。

职业金融家是专门从事金融企业经营管理工作的专家。职业金融家既要精通金融业务，又要有较高的思想政治素质和职业道德素质。职业金融家的思想政治素质，包括有思想远见，有政治头脑，能够准确把握政策和法律，善于规避各种外部风险。我们是国有控股银行，我们对职业金融家的思想政治素质要求，最重要的是始终能够把国家的利益和人民的利益放在第一位。职业金融家的职业道德素质体现在有较好的道德修养，爱岗敬业，遵法守规，廉洁从业，对国家、对股东、对客户、对员工诚实守信，有社会责任感，不做损害国家利益、股东利益、客户利益和员工利益的事等。

加强反腐倡廉工作，有助于我们培养和造就职业金融家队伍。时势造英雄。职业金融家的优良品质不是天生的，而是通过环境影响和职业素养培训而形成的。银行管理人员经常接触巨额资产，没有强烈的应对风险的意识、严谨依法办事的意识、正确对待财富的意识、严格的自我防范和自我保护的意识，闪念之间就容易出问题。我们既要通过加强在国内和国外的学习、培训、锻炼，提高各级领导人员的业务素质，还要通过加强思想政治教育，加强反腐倡廉工作，提高各级领导人员的思想政治素质和职业道德素质，增强其综合管理能力。要进一步建立健全教育、制度、监督并重的惩治和预防腐败体系，坚持不懈地开展法纪教育、廉洁从业教育、职业道德教育，经常开展对各级领导人员履行职责情

况、遵法守规情况、廉洁自律情况的监督检查，建立领导人员廉洁诚信档案，加强不良行为记录和任职审查，加大对违法违纪人员的惩处力度，推进反腐倡廉制度建设和廉洁文化建设，营造以艰苦奋斗为荣、以廉洁自律为荣、以诚实守信为荣的文化氛围。采取这些措施，对于造就思想政治可靠、道德作风优良、综合管理能力强的高素质职业金融家队伍，保障建设银行事业持续健康发展，具有十分重要的作用。

二、从实际出发，全面加强建设银行领导人员的作风建设

加强领导人员作风建设，是提高领导人员综合素质的需要，是造就职业金融家队伍的需要，也是从源头上预防腐败的需要。

在中央纪委七次全会上，胡锦涛总书记重点强调了加强新形势下领导干部的作风建设问题。本月初，在全行党的工作座谈会上，我们已作了传达贯彻。对胡锦涛总书记讲话中提出应当大力倡导的八个方面的良好风气，全行各级领导人员一定要落实到行动上。

在本月初全行党的工作座谈会上，我们结合建设银行实际，列举了领导人员作风上存在的一些问题，并提出了加强作风建设的几点要求。这次会上，我们根据建设银行的情况，再提几点要求，希望各级党委以此为基础，全面推进领导人员作风建设。

第一，求真务实，稳健经营。当前，在一部分领导人员中，还存在搞形式主义、做表面文章、不求真务实的情况。比如，“文山会海”的问题仍然很突出，开会多，发文多，深入基层调查研究、有针对性地解决实际问题少。领导人员应该多抽出时间下去了解基层的管理情况，员工的工作、生活和学习情况，客户的经营状况，做到心中有数，这是搞好经营和管理的前提，也是提高我们的会议质量和发文质量的基础，因为没有调查研究就没有发言权。再如，有的检查喜欢追求轰轰烈烈，实际却是走马观花。各种检查和重复检查多，基层负责人疲于接待，基层员工正常的工作和学习也受到影响。每次检查发现的老问题多，整改工作总不到位。我们应该多搞点综合性突击检查、微服私访和“神秘人”暗访。检查重在落实责任，发现问题重在整改。

对于银行工作，稳健经营十分重要。有的同志在成绩面前飘飘然，忘乎所以，缺乏风险意识和忧患意识。特别是最近一两年，国民经济形势比较好，增长速度比较快，这同时也意味着信用风险、市场风险和操作风险都可能增加。在这样的形势下，需要我们保持冷静。有的机构在开拓业务中急躁冒进，或在市场竞争中放弃原则、违反制度地去迎合一些客户的不合理要求，这是导致案件多发的重要原因之一。各级机构领导班子特别是“一把手”真正做到以科学发展观为指导，必须树立正确的经营指导思想，注意正确处理好改革、发展、稳定的关系，正确处理好速度、质量、结构、效益的关系，正确处理好发展业务与反腐倡廉的关系，正确处理好追求效益与控制风险的关系。对于银行，发展业务、提高效益是第一位的，是我们经营的出发点和归宿。但加强领导人员队伍建设，抓好基础管理工作，强化监督制约措施，预防腐败行为、案件和其他风险的发生，是保证业务健康发展、效益持续提高的基础。妥善处理好上述关系，才能防止短板效应的发生。

第二，诚实守信，依法合规。上市以后，我行严格按照境内外的有关法律和监管机构的要求办事，专门成立了合规管理部门，进一步完善了内部审计体制，在诚实守信，依法合规经营方面有了明显进步。但是，去年我们还是发现有少数分支机构仍然存在弄虚作假、虚报浮夸、报喜不报忧、欺上瞒下的情况。特别严重的是，去年在治理商业贿赂的清理中，发现个别机构为了小团体的利益，还在搞账外经营和“小金库”之类的事情。对这类问题，必须彻底清理，坚决杜绝。弄虚作假，不仅影响内部的考核评价，还关系到对社会的诚信问题，虚假信息披露出去，对股民、对客户就有欺诈嫌疑。在诚实守信方面出了问题，是上市企业的丑闻，会严重影响我们的声誉。搞违法违规经营，不仅关系银行自身的运营安全，还会受到监管部门的处罚，也会严重影响我们的声誉，使我们失去客户的忠诚和股民的信任，进而影响银行的长远发展。各级领导人员必须牢固树立诚信意识和法纪意识。任何欺诈行为和违法违规行为，都是自我毁灭。

第三，加强学习，勤奋敬业。现代社会，知识日新月异，建设银行的改革和发展对领导人员的素质也提出了更高的要求，领导人员必须自觉加强学习，才能不落伍于时代，才能胜任领导工作和管理工作。我们要有强烈的竞争意识和危机意识。不思进取、

得过且过，就容易在改革中被淘汰。职业金融家的创新意识和国际视野的培养，主要依靠领导人员坚持不懈的学习和实践来实现。学习的目的是为了更好地工作，要学以致用，理论联系实际，理论用于实践。各级领导人员都要爱岗敬业，努力做好本职工作。领导人员的重要职责是抓好管理，带好队伍，执行好上级的决策，落实好规章制度，控制好辖内的风险，保一方平安，努力促进经营效益的提高。

第四，爱护员工、关心基层。有的领导人员高高在上，对员工信赖不够，没有真正把员工当主人、让员工参与和监督企业经营管理。领导与员工本来应该是相互信任、相互依赖、亲密无间的关系，但有的机构的领导人员存在官僚主义，总是以管理者自居，使领导与员工的关系变成了老板与打工仔的关系。这是一种不正常的现象。我们要以人为本，首先就要爱护员工，在职业发展上，要多为员工提供学习、培训和实际工作锻炼的机会，为员工创造更多的施展才干的舞台。去年，我们第一次选派一些基层网点的骨干到香港培训，对基层员工是一个很大的鼓舞和鞭策。我到网点座谈时，基层员工给予了很高的评价，认为这不仅是一次学习机会，更是一种表彰和奖励，同时体现了总行党委和高管层对基层员工的关心和爱护。一线员工、基层员工是银行收入的直接创造者，他们工作非常辛苦，在利益分配上，要适当向他们倾斜，基层员工的收入，不应低于当地同业的水平。有的基层网点的工作条件较差，工作时间太长，有的员工每天工作11个小时，这种情况必须想办法改善。

建设银行能发展到今天，离退休老同志和其他一些曾在建设银行工作过的同志都作出了贡献。对离退休老同志，要经常了解他们的生活情况，帮助他们解决一些实际困难。对在机构调整、人员分流中离开建设银行的同志，我们也要通过不同的方式加以关心，特别是对一些就业有困难，子女上学、家人生病难以负担，基本生活不能保障的分流人员，我们要尽最大可能给予帮助。

第五，尊重同事，民主决策。领导人员要正确对待成绩、正确对待别人、正确对待历史。一个机构成绩的取得，不仅仅有现任领导的因素，更是广大员工共同奋斗的结果，也与前人打下的基础分不开。不要否定同事的功劳，否定前人的成绩，只强调自己的作用。建设银行的事业是几十年艰苦奋斗积累起来的，是一个连续的过程，我们应该充分肯定前人的贡献。反过来说，工作中出了差错，领导人员要主动承担责任；遇到历史遗留的问题，新官要理旧账。推功揽过，而不是争功诿过，这是领导人员应有的品质。争名夺利，一事当前，先替自己打算，考虑自己多，考虑别人少，缺乏大局意识和全局意识，或在小问题、非原则问题上固执己见，都容易造成班子不团结。班子不团结，互相拆台，互相告状，往往会使整个队伍不和谐，最终使事业受到影响。

民主决策是科学决策的前提，也是党的民主集中制原则和党的群众路线的要求。对重大体制改革、重大项目决策、重要人事任免，我们要坚持民主决策，防止独断专行、个人说了算。坚持民主决策，一是决定重大事项时要充分听取群众意见，特别要注意发挥好职工代表大会的作用。二是要发挥好专门机构和专家团队的作用。比如人事考察上要发挥好组织人事部门和纪检监察部门的作用；信贷经营决策上要发挥好客户经理、风险经理、审批部门和审批中心专职审批人的作用。三是班子内部研究决定重大事项时，要多酝酿、多沟通，尽可能采纳多数人的意见。四是要严格按程序、按标准办事。不能省程序操作、逆程序操作或“暗箱操作”，不能以个人的好恶决定重大事项，多数人同意的事项也必须符合制度规定或原则、标准。这一点，需要“一把手”严格把关。比如，搞违规经营的事情，即使多数人同意也不行，“一把手”必须坚持原则。在经营管理方面，我们始终强调“一把手”负责制，这是坚定不移的。各级机构和有关部门的“一把手”要出以公心，真正以企业的利益为重，以国家的利益为重来对待民主决策。

第六，回避亲友，廉洁从业。有的领导人员对“廉洁自律六项要求”执行不严，特别是在执行回避制度方面，应该回避的亲友没有回避，不能回避的也没有按规定登记和报告。有的甚至假公济私照顾亲朋好友，搞利益输送，违规干预贷款发放、资产处置、集中采购，从中谋取不正当利益。有的热衷于拉关系、托人情，特别是在提拔、调动时，总有人托系统外的人打招呼，要求特殊关照，有个别的还请客送礼。这是对组织不信任的表现，这样做会适得其反，使组织对他的工作表现和动机产生怀疑。拉关系、托人情也是一种变相的跑官要官。有的以家属、亲友名义变相参与社会上的集资，牟取高额回报。这些都是不廉洁自律的表现。

各级领导人员要认真执行中央和我行对领导人员廉洁从业的规定和要求。2005年我们结合建设银行实际，提出了“廉洁自律六项要求”。2006年下发了《简化公务接待的补充通知》。今天下午在辛树森同志的工作报告中还将重申和提出“八项要求”。“八项要求”中包含了“廉洁自律六项要求”、中央纪委的一些新要求以及我行针对新发现的问题提出的一些要求，全行各级领导人员必须严格执行。

随着业务的不断发展和效益的提高，我行各级领导人员和一般员工的薪酬待遇都在逐步提高，每个人的事业前景都充满光明，只要自己努力，大家都可以做许多有益的事情。我们一定要珍惜自己的工作岗位，一定要自重、自省、自警、自励。这既是对组织负责，也是对自己负责和对家庭负责。从中央反腐败的决心看，违法乱纪的贪官，不论其职务多高，功劳多大，手段多高明，都逃脱不了法律的严惩。中央一再强调，领导干部要“常修为政之德，常思贪欲之害，常怀律己之心”，这几句话，各级领导人员应该熟记在心。

第七，情趣健康、慎交朋友。领导人员应该培养良好的习惯和爱好。我们主张多读书、读好书，除了与银行业务直接相关的知识外，一些能够提升我们的思想品位和生活质量的知识，也可以广泛涉猎。业余生活应多参加些健康有益的文艺、体育活动，而不能放纵欲望，追求不健康的刺激。尤其作为金融从业人员，不能沾染任何黄、赌、毒行为，这对银行的风险巨大。对“瓜田李下”容易招惹嫌疑和是非的地方，最好不去。营销客户可以组织一些能够增长知识、提高修养的健康高雅的活动，尽量不去娱乐城、夜总会、洗脚屋。别人邀请我们到不合适的地方去，我们也要婉言谢绝。节假日要多去书店、博物馆，多去工厂、农村，多搞体育锻炼，多亲近大自然。如果能够结合搞点社会调查，参加一点公益活动，那就更好了。党团组织和工会、妇联在丰富职工的业余生活方面，都要更积极主动一些。

领导人员要多同辛勤工作的一线员工交朋友，多同各行各业守法经营的客户交朋友，多同善于学习钻研、勇于开拓创新的管理人员和科技人员交朋友，而不要专去结交酒肉朋友，更不要结交想从银行得到特殊利益的商人。要注意净化自己的“社交圈”，社会上一些领导干部“傍大款”被拉下水的现象，要引起我们的高度警惕。

生活方式是否健康不仅关系到银行的利益和声誉，实际上也关系到领导人员自己和家庭的幸福。会前讨论稿子的时候，总行的几位领导同志都要我借这个机会给大家说一说，要求全行各级领导人员和全体员工都把提倡健康的生活方式作为一件大事来对待。在生活起居方面，有的暴饮暴食，有的打扑克、打麻将昼夜连转，有的酒后驾车。这些看起来都是小问题，但造成的后果有的非常严重。全行都需要增强科学保健知识，加强身体的自我保养和坚持定期的健康检查。

第八，热爱国家，回报社会。积极参与公益事业，可以更好地了解国情、熟悉民情，更好地接受思想教育，净化我们的心灵，提高品德修养，培育良好的道德风尚，这也是爱国家、爱人民的具体表现。我们个人的成长和建设银行事业的发展都离不开国家和人民。知恩图报、助人为乐是中华民族的美德。在关系国计民生的教育、文化、体育、医疗、环保、“三农”、“老少边穷”等方面，我们都可以献爱心，扶贫济困。特别是对一些特困家庭上不起学的孩子，我们要尽可能伸出援手，这不仅关系到孩子们个人的前途，而且关系到我们国家的未来。建设银行在这方面有良好的传统，十多年前就设立了爱心基金。我们的机构和网点要为社区建设作出贡献，要遵章守规，文明礼貌，环境整洁，在各方面做社区或街道的模范。

第九，勤俭节约，反对浪费。在一些分支机构，花钱大手大脚、大吃大喝、互相攀比、追求奢华、铺张浪费的现象比较严重。银行要营销客户，有时要请人吃饭，这是工作需要，但是请客户吃饭也要掌握一定的标准，不要追求排场、大吃大喝、挥霍浪费。有的领导人员还在搞内部营销，超规格接待，花公款很慷慨。现在，建设银行的效益比较好了，大家的收入也在提高，但是，艰苦奋斗、勤俭节约的优良传统我们不能丢。现在总行在勤俭节约方面已经有了一些改进，比如纸张双面打印、双面复印，非涉密文件全部电子发文，节约了不少钱。能够节约的地方还有很多。

勤俭节约不但可以使企业的效益和员工的收入进一步增加，还可以对构建节约型社会作出贡献。

对领导人员的作风情况，各级党委、组织人事部门和纪检监察部门要加强监督检查。通过加强监督检查，要及时纠正领导人员在思想作风、学风、工作作风、领导作风和生活作风等方面存在的突出问题。对问题严重、涉及违规违纪的，要按照有关规定严肃处理。

三、深化改革，推进反腐倡廉的制度建设

反腐倡廉工作要坚持标本兼治、综合治理、惩防并举、注重预防的方针。预防腐败，防控案件，是银行反腐倡廉工作的重点。我们要通过深化改革，进一步推进反腐倡廉的制度建设，努力从源头上预防腐败和案件的发生。

2007 年，我们要重点采取以下治本措施。

第一，梳理再造业务流程。要精简一些冗余的操作环节，环节越多，风险点越多，工作效率越低，运行成本越高。同时，要加强关键环节的监督制约，以防范操作风险和道德风险。尤其要注意充分运用科技手段来简化业务流程和强化过程控制。储蓄、会计、个人贷款、公司贷款，要优先推进流程再造。

第二，建立专业化团队，减少管理层级。目前，我行的管理层级从总行到基层网点多达五级，层级多，管理效率低、成本高，对基层的控制力弱，对市场的反应慢，同时内外部干预多，透明度低。另外，我们的网点业务又太多太复杂，不分客户、不分产品，所有业务都搁在一起办理，效率低，客户满意度差，自己压力大，风险点多，防范案件能力弱。我们要通过建立完善专业化的营销团队和服务团队，如建立小企业经营中心、大企业服务团队、个人贷款中心、贵宾理财中心、财富管理中心以及信用卡团队等，来压缩管理层级，特别是城市行的管理层级一定要压下来，这是业务发展的需要，也是防范风险的需要。

第三，清理修订规章制度。目前，在基层一线员工中，违规违章的较多，全行每年受到各种处理的有上万人次。大家都知道法不治众的道理，处理人多了绝不是好事。一线员工违规违章多，除了因工作忙想“偷工减料”、能省就省外，还有一个重要原因，就是我们的规章制度太浩繁、太分散、太不方便员工查找和学习。我们现在的制度，一个通知接一个通知地发，都是按业务、按产品制定，没有从方便员工的角度按岗位制定，没有明确每个岗位具体业务的详细操作方法和步骤，导致全行的业务操作方法和步骤不尽一致。因此，我们要结合流程再造，修订完善规章制度，使每个岗位的员工一看就知道自己应该怎么操作，哪些控制和防范风险的事项要特别注意。规章制度的形式可以做成活页手册，也可以做成口袋小本，不同岗位的员工只用本岗位的手册或小本。同时，以岗位业务为核心的规章制度要实现电子化、网络化，使一线员工在个人计算机上可以通过菜单调阅或网络查询。

第四，进一步改革信贷管理制度。大力推进客户经理与风险经理平行作业。小企业贷款和个人贷款要积极推行审批中心集中审批的办法，贷与不贷由专职审批人集体决策。公司信贷业务、个人信贷业务都要积极推行标准化、流程化、电子化管理。这样做，可以从根本上抑制弄虚作假和以贷谋私。

第五，积极探索人力资源管理改革。在分级管理基础上加强人力资源的集中管理程度，积极探讨人力资源主管派出制，使对干部的短暂考察变为经常性考察。目前的干部考察方式有一定的局限性，比如总行派人下去考察了解分行领导人员的情况，找有关人员座谈，时间不可能很长，很难作全面深入的了解，很难避免个别人弄虚作假、跑官要官。因此，我们要积极探索用一种新的形式来解决这一问题。

第六，进一步强化财务管控能力。要根据上市公司强化财务管理和控制的要求以及财政部颁布的《金融企业财务规则》，完善财务制度和政策，细化、统一流程，增强财务的集中管控能力。积极探索对分行和对垂直管理部门的财务主管或财务经理的派出制。

第七，进一步完善集中采购制度。总行已设置专门的集中采购部门，以加强对集中采购工作的管理。要进一步扩大集中采购范围，完善集中采购制度，规范管理程序，严格按程序办事。能招标的尽量招标，推介客户的要登记，一视同仁，防止少数人“暗箱操作”，防止来自内部和外部的干预。

第八，规范职务消费。国务院第五次廉政工作会议特别强调，要严格管理和规范国有企业的职务消费行为。目前，我行有不少

一二级分行的领导人员配备了商务卡用于公务消费，总行计财部门要研究加强管理的措施，各分行要从制度上规范公务消费行为，严格控制消费额度，完善报账制度，防止商务卡用于家庭消费、朋友消费或内部营销。对外营销要注意把握好分寸，不要搞成商业贿赂，影响同业之间的公平竞争，扰乱金融市场。最近银行业协会正在制定《银行业从业人员职业操守》，我行也在制定《中国建设银行员工行为规范》，其中有的也涉及机构的经营行为，这两个规范从业行为的文件颁布后，各级机构和全体员工都要自觉遵守。

第九，改进福利分配办法。今后各级机构不再搞实物分配。该发福利补贴的就发福利补贴。实物分配劳民伤财，采购环节容易出现漏洞，分东西浪费大家的时间，分配不均还引起不必要的矛盾，有的员工不需要或不喜欢的东西，分了也造成浪费，特别是对下岗人员和社会造成负面影响。

第十，进一步推进后勤服务社会化。守押能够社会化的都要社会化。公务用车要逐步推进车改。有的一个分行有几百部车，购置成本和养护成本都很高。

全行纪检监察队伍在党风建设和反腐倡廉工作中担负着重要职责，为维护党纪行规、加强内控管理、防范道德风险和操作风险作出了重要贡献。建设银行上市后，加强党风建设和反腐倡廉工作的任务更加繁重，各级党委要高度重视加强纪检监察队伍建设，建立健全纪检监察组织机构，配精配强纪检监察人员。有党委的机构都要设立纪委。要加大纪检监察系统垂直管理的力度，积极探索纪检监察人员的上下交流、纪委书记异地任职工作方式，加大纪检监察与业务部门的人员交流，把纪检监察岗位作为培养锻炼干部增强风险意识和综合监督能力的一个平台。各级机构纪检监察部门要加强自身建设，不断提高综合素质和工作水平，以不辜负总行党委和全行干部员工的厚望。

加强领导人员作风建设和反腐倡廉工作，各级党委要担负起主要领导责任。“一把手”要负总责，班子成员要对分管工作负责，部门领导要对条线负责。各部门要抓好本系统的管理。特别是垂直管理的部门，要加强整个条线的管理，保证整个条线有一个好的作风和形象。通过全行上下的共同努力，要争取以新的作风、新的形象迎接党的十七大的胜利召开。

在全行公司及机构业务工作会议上的讲话

（2007 年 3 月 22 日）

郭树清

同志们：

今天的会议是全行第一次集中召开的公司及机构业务工作会议。会议的召开，对我们贯彻全国金融工作会议精神，全面深化内部改革，特别是推进公司、机构业务的体制改革和业务转型，具有重要的意义。总行对这次会议十分重视，张建国行长将提出明确要求，赵林副行长对今年的工作还要进行具体部署，希望大家认真学习和贯彻执行。下面，我先讲几点意见。

一、全面理解和实践“以客户为中心”的经营理念

在过去的一年里，全行公司、机构条线的广大员工勤奋工作、开拓进取，抓住市场机遇，加快发展，市场份额进一步提升，经营效益和资产质量都明显提高，为我行圆满实现各项经营目标作出了巨大贡献，获得了股东、社会、客户的高度认可。总行党委和董事会对大家的工作和取得的成绩是充分肯定的。

大家都是从事前台市场业务的，直接对客户提供服务，对“以客户为中心”的经营理念体会最深。我们强调“以客户为中心”的经营理念，不仅是希望前台部门，更重要的是各级机构、各个业务条线、前中后台各部门、每个任务团队，都要全面理解

"以客户为中心"的实质和内涵，把这个经营理念切实落实到实际行动中去。

第一，要从战略高度认识客户的重要性。银行是服务业，银行的每一分钱都是从客户服务中收获的，没有客户，银行的利润就是"无源之水、无本之木"。赢得客户的满意和信任就是赢得市场，就是占据了最有利的商场地形。客户的重要性毋庸置疑。所以，银行的业务模式、业务流程、制度安排、产品创新，都要围绕客户来设计。我们抓产品、抓技术、抓投入都是必要的，但是如果没有抓好客户，其他的事情就都成问题，都会失去意义。在我国向外资银行全面开放人民币业务之后，市场竞争形势非常严峻，可以说争夺客户的激战已经打响。谁能拥有强大的客户基础，谁就能在未来金融业发展中获得成功。

第二，真正把客户满意度作为根本的检验标准。"以客户为中心"是否做得好，检验标准就是客户满意度的高低。我们的战略投资者美国银行定期测量"客户满意度"，用各种指标评价客户对银行的满意程度，这也是国外先进银行的通行做法。美国银行倾听客户之声，用六西格玛方法优化客户服务流程，他们考虑问题的周密、细致，确实是我们没有的。长期以来，在我们的批发业务中，官商习气最严重、垒大户现象最突出。直到现在，还有相当一部分分支机构和领导同志，依然只热衷于做"大买卖"，不愿精耕细作；总希望放笔大贷款，不想费力劳神为客户设计综合方案；只是跟在市场后面，从来没想过走到前面。我们也进行客户满意度调查，但还有很多的细致工作要做。客户满意度是一项综合指标，零售业务和公司业务衡量客户满意度的指标有所不同。

第三，"以客户为中心"必须做到替客户着想和为客户分忧。不仅要"想其所想"，还要努力做到"想其所未想"，有预测性、前瞻性，能帮助客户把握机遇，规避损失，规划未来，赢得永久。我们不少同志在过去的服务中，积累了丰富的专业经验，对客户的情况非常了解，甚至成了某些行业某些项目的专家，这是需要继续提倡和保持的。但是，还要更进一步，要争取使每个客户经理、风险经理，都能成为企业的好顾问、好参谋，及时向我们的公司客户提供投资与运作的意见和建议。当然，我们的行为要符合自己的身份，不能代替客户决策，也不能强迫客户接受自己的方案，更不能模糊风险及内控的责任。

第四，只有具备极强的创新能力才能真正满足客户的要求。客户的需求是多样性、个性化、不断提升的，有的对效率要求高，有的对价格和贷款条件敏感，有的对产品和服务功能有特殊要求，这就需要银行不断创新产品和服务、改进流程效率、合理进行风险定价，提高综合服务和全球服务能力。此外，还需要主动引导、激发客户的潜在需求，并主动提供相应的产品和服务。例如，现在许多公司客户都拥有大量的外汇资产，在以前人民币汇率较为稳定的时候，利用各种金融衍生工具规避汇率风险的需求不大，而随着人民币的不断升值，这方面的潜在需求实际上就很大了，就需要我们银行开发大量的外汇理财产品及规避汇率风险的工具，并引导我们的客户使用这些产品。同样，利率风险、流动性风险的存在也为我们开发相应的产品并引导客户的潜在需求提供了大量机会，就看我们是否有能力去把握。

第五，"以客户为中心"需要全新的经营管理技术和本领。一方面，要通过银行的服务提升客户的价值，满足客户在财务、市场和内控方面的合理需求。另一方面，也应该看到，银行是按照市场规则经营的商业组织，我们为客户提供服务的最终目标是实现自身盈利。"以客户为中心"，不是说我们为了满足客户的需求，就在定价、风险控制等方面降低我们的门槛，无条件、无原则地迎合客户。这不是"以客户为中心"，也不符合市场规则，不可能为客户提供持久的、高质量的服务。因为，这是不能持续下去的，不是科学发展。而且，并不是所有服务或所有环节都要收费。对于银行来说，只有为客户提供专业化、综合化和高效化的服务，满足客户合理的需求，才是真正体现"以客户为中心"。细分客户、规避风险、灵活多样的产品、高超的定价能力，都非常重要。

第六，"以客户为中心"需要全行各个部门、各级机构、每位员工的身体力行。"以客户为中心"，不仅是前台客户部门和员工的事，而应该是全行前中后台、总分支行的事。全行的共同目标是实现价值的最大化。从这个意义上讲，不管是前台还是后台，目标都是一致的。各部门既要履行好自己的职责，又要站在全行的角度配合好、支持好其他部门的工作，尤其要积极支持前台经营部门的工作。只有真正做到"二线为一线服务"，才能做到

“全行为客户服务”。

二、切实抓好业务转型，实现传统业务与新兴业务的有机结合

总体来讲，因为我们过去主要是为公司客户服务的，需要特别强调发展零售银行业务。但是，并不是说可以忽视公司业务。我们要建立国内第一流的零售银行，我们也要建立第一流的批发银行，第一流的投资银行，第一流的私人理财银行。现阶段，对于批发和零售业务来讲，各自都存在业务转型的问题。

第一，我想讲讲建设银行为什么要转型。业务转型的提出，并不是某个人突如其来的新想法，而是决策层在充分考虑金融市场发展进入新阶段、根据金融业发展规律作出的战略选择。比尔·盖茨曾经预言：“传统意义上的商业银行将是21世纪的恐龙”。今天，利率汇率的市场化、直接融资的发展、客户需求的多样化等经济金融领域的深刻变化，将对我们传统银行的盈利模式带来巨大冲击。

利率市场化必然迅速缩小利差。当前，我行90%以上的收入来自于利差收入。这些利差收入很大程度上是依托国家规定的、非市场化的存贷款利率差而取得的。2006年，我行公司贷款收息率与存款付息率之间相差4.55个百分点，这在很大程度上是因为我国当前存款利率有上限、贷款利率有下限的政策规定，不是我们经营水平和管理能力有多高。这种利差可能还会维持一段时间，但可以肯定的是，绝对不会长久维持。在利率市场化的国家和地区，利差水平普遍只有80～100个基点，甚至更低。如果我们的利差降到这个水平，我们将失去近3/4的收入。当前，我国金融监管当局正在为利率市场化进行一系列技术和政策准备。今年1月份，上海同业拆借利率（SHIBOR）已开始正式运行，以此为标志，我国的利率市场化进程又向前迈进了一大步，利率市场化的脚步已经越来越快。此外，一些信贷产品定价已经市场化了，如票据贴现。这项业务近年来发展迅猛，去年全国企业累计贴现8.49万亿元，增长速度达26%，已经高于贷款。贴现产品的定价已接近于市场化运作，目前直贴的市场利率只有3%左右，远远低于贷款。还有外汇存贷款业务已基本是市场化定价，外汇业务存贷利差对大客户仅有40个基点、中型客户70～80个基点、小客户100多个基点，远远低于人民币存贷利差，利率市场化的加快已经使银行业务转型迫在眉睫。

直接融资市场的发展将影响传统信贷业务增长。在2007年初召开的第三次全国金融工作会议上，温家宝总理在讲话中特别强调要大力发展资本市场，扩大直接融资规模和比重。他还特别指出：“加快发展债券市场。扩大企业债券发行规模，大力发展公司债券，完善债券管理体制。”欧美的债券市场融资占全部融资的比重多在50%以上，美国的这一比重高达60%～70%，而我国的这一比重不到10%。近两年，在短期融资券的带动下，我国企业债券市场发展迅猛，年均增长率高达163.2%。可以预见，今后债券市场的发展将会更快。我国的股票市场也在快速增长。根据最新统计数据，中国证券市场的总市值已经突破10万亿元。直接融资的快速发展，必然影响银行贷款业务增长，银行以信贷业务增长维持快速发展的方式将会受到更大的限制。如果我们的转型步伐跟不上资本市场的发展步伐，必将被市场所淘汰。

客户的多元化需求要求银行提供综合化服务。经济在发展，我们的客户也在成长。今天的对公客户对银行业务的需求，已不仅限于简单的存款、贷款，而是要求银行站在企业投资、融资、运营和财务管理的角度，提供投资银行、结构融资、财务顾问、现金管理等全面的金融服务。从本质上看，银行提供的存贷款服务除了金额、效率和价格外，差别不大。如果我们还是延续10年前的做法，满足于为客户提供简单的存款、贷款产品，必将为客户所抛弃。只有在深入理解客户经营状况、财务状况、市场情况的基础上，为客户提供综合性的专业金融服务方案，有效地满足客户多元化需求，我们才能在竞争中立于不败之地。总之，要满足客户不断提升的金融需求，也需要银行加快业务转型的步伐。

第二，我们向何处转型。从市场发展趋势分析，我们要在继续做好现有传统优势业务的基础上，逐步向直接融资、利率市场化影响较小的市场和业务转型，实现两条腿走路。在客户定位方面，在继续服务好大型客户的同时，逐步加大向中小企业提供服务的能力；在继续做好对工业、房地产业金融服务的同时，做到第二产业、第三产业并重，尤其是要大力拓展服务业，如过去我们较少关注的医疗、教育、文化、体育等产业。在盈利模式方面，要逐步从以利差收入为主的模式向以利差和收费收入并重的模式

转变。具体来讲，要在做好、做优信贷业务的同时，向包括现金管理、国际结算在内的 GTS 业务、财务顾问、理财、投资银行、投资托管、基金、养老金、租赁等产品和服务转型。现在金融监管部门的政策是鼓励商业银行开展综合化经营，实际上也是在政策层面上为商业银行的转型作准备。在经营模式方面，要从被动经营向主动经营转变，从满足客户既有需求向挖掘客户潜在需求转变。在客户服务模式方面，要从单一客户经理向综合服务团队转变，团队成员要各有特长，各有专业。

第三，如何实现业务的转型。首先，要从根本上认识到银行业务转型的重要性和必要性，在思想上、战略上，以及目标、举措上都要体现出真正的转型。其次，在保证传统业务稳定发展的基础上，在资源投入上要向结构调整倾斜，这也是对银行未来的投资，对持续经营、可持续发展的投资。在业务转型过程中，特别要加大创新力度，产品和服务的创新只有围绕业务的转型来展开，我们的转型才能落到实处。

三、切实转变经营模式，优化业务流程

我们要从根本上改变以信贷资产规模扩张为主要特征的粗放型增长方式，从根本上改变流程效率低下、内部控制不严、管理基础薄弱等问题，必须要通过深化改革，建立现代商业经营机制和经营模式。现阶段有三个重点。

一是要由层级制向矩阵制和单元制过渡。综合性现代商业银行大多实行单元制，这是金融业发展到今天的必然选择。我国的商业银行都是层级制，授权分散，内部控制难度大；资源配置分散，难以提高资源配置效率；经营分散，难以发挥整体优势。因此，我们必须朝单元制这个方向走。

向单元制过渡是个重大的系统工程，涉及授权体系、责任体系、业务流程、报告关系的重大调整，必须做好充分准备，统筹规划，分步实施。美国银行的单元制过渡用了五年时间，平稳过渡，获得成功。我国的情况不同，我们的总体思路是，先从完全的层级授权和层级责任的模式向层级和业务单元双向授权、双向责任体系的矩阵式模式过渡，最终如何过渡到以单元授权和单元责任体系为主的模式，可放在以后再研究，也许将来形势还会有新的变化。矩阵模式不仅是层级和单元的关系问题，还包括业务条线与风险、财务、人力资源、信息技术等后台支持部门的关系问题，也包括业务条线内市场销售团队与产品团队的关系问题，需要认真研究，妥善安排，分步实施。

去年以来，零售业务开始在事业部试点，公司机构业务条线也在部分城市行进行试点，总行公司部、机构部都进行了组建团队开展客户服务的试验，都取得了有益的经验。应该说，批发业务更有条件加快推行专业化营销服务，机构改革可以更简单一些，步子更快一些。

二是要建立客户分层的经营模式。通过市场细分，就会发现不同的客户有不同的需求特征、风险特征，银行的盈利模型也会不同。例如，大集团、大客户，在其未来以直接融资为主的市场特征下，要求银行提供的主要是投资银行、财务顾问、GTS 等产品，需要我们通过经营模式的转变提供更加专业化、综合化的金融服务，提升全国乃至全球的金融服务能力；中型客户，其中只有少部分可以进入资本市场，大部分是未来的贷款主体，但对价格和贷款条件敏感，市场竞争激烈，要求我们提升风险识别、风险定价和风险控制能力；小型客户，其业务需求特点是“小、频、急”，额度小、频率高、要求急，风险较大，交易成本较高，但对于价格和贷款条件不太敏感，要求我们能够通过建立专门的流程来保证其效率的要求，通过科学定价覆盖风险和成本。这就需要根据不同层级的客户设计不同的经营模式，按照差别化的流程，提供有针对性的产品，进行专业化营销和服务，建立客户分层经营模式。

我们有几千个网点办理对公信贷业务，大中小客户业务都做，一个模式、一套流程、一个政策，只能是顾此失彼。不是出现重点大客户差别化服务不够、客户和基层普遍反映的服务效率低的问题，就是出现小客户风险控制不好、不良率高的问题。这些问题，只有通过客户分层经营模式来解决。建立客户分层经营模式的基础性工作可以早点安排，如城市行网点转型和功能整合问题，公司业务横向集中、纵向提升是个很好的思路。总行有个方案，正在征求分行意见，大多数分行认为可行，方向正确。看准了就可以做，再给分行留点灵活性，可以先试点，不断改进和完善方案，然后组织实施。

三是要流程再造，建立团队服务模式。流程银行不仅要求流程的清晰明了和不断优化，更重要的是要求流程的专业化分工和执行流程的团队整合。中资银行的业务流程都存在着重大弊端，只是“部门银行”，而不是“流程银行”，流程没有专业分工，全部流程在一个部门内完成，甚至由客户经理个人完成。部门银行会造成两个问题：一个是全部流程在一个封闭环境里完成，操作风险不易控制，即使有外部监督，也常是事后发现问题，银行内部相互制衡机制难以有效发挥作用；另一个是服务的效率和专业性水平难以提高，难以得到外部有效的支持。金融产品和服务越来越复杂，不能指望一个部门或一个人完成全部的作业。因此，流程再造要按照专业、专注的原则，对流程的主要环节进行细化，把流程中的专业环节，分别由产品经理、客户经理、风险经理来完成，形成由不同的专业人士或专家专注于市场营销、产品设计、销售支持、项目实施、售后服务、风险控制等环节，提高银行专业服务的整体实力。

流程专业分工后，几个角色共同完成一个流程，就需要按照团队的模式提高流程的效率。因此，我们要大力推进客户服务团队模式，前中后台、总分支行形成一个整体，为客户提供专业、高效的服务。去年，总行机构部牵头，集合十多个部门和分行的力量组建了清华大学服务团队，开展与清华大学全方位的战略合作，为我行的金融创新和业务转型积累了经验。这一团队运作模式，有助于打破部门之间、总分行之间的边界，促进团队成员间的高效联动和合作，推进我行向流程银行转变的步伐。这就是一种很好的尝试，值得倡导和推广。

四、加大产品创新力度，拓展新的利润增长点

产品创新是我行取得竞争优势的基础和手段，也是落实发展战略的重要举措和基本途径。目前，中国经济增长和对外开放步伐的加快、资本市场的高速发展、同业竞争的加剧，以及我行战略转型的需要，都对产品和服务提出了更高的要求，产品创新刻不容缓。我们的银行要继续办好，回报要继续提高，必须拓展新的业务领域，创造和开发新的产品。具体到公司及机构业务的产品创新工作，根据当前的经济形势和宏观调控的要求，金融市场的发展趋势，以及我行业务转型的要求，要重点做好以下几个方面的产品创新工作。

一是信贷衍生产品的研发。今年贷款规模比上年减少了一些，很多分行就不知道怎样赚钱了。在上周举办的学习贯彻全国金融工作会议精神专题研究班上，人民银行行长周小川重点讲了信贷衍生产品问题。银行持有信贷资产，当然会获得利差，但同时占用较多资本，还要承担过多风险，尤其是规模限制，也不允许持有更多贷款。信贷业务怎么做，还有三条路可走：第一，发起银团贷款，再配售出去，赚取银团安排费，开发银行这方面做得很好；第二，信贷资产证券化，尤其是基础设施项目、商用物业项目，现金流稳定，贷款资产证券化容易操作；第三，信托理财产品，通过信托计划加理财计划，将贷款配售给个人投资者或机构投资者。还有很多其他方法，人民银行鼓励这方面的创新。争取在信贷衍生产品创新上取得新的突破，关键是要把风险转移出去，要有收益。还有，各分行都要转变业务增长方式，不能只靠贷款赚钱，要舍得把贷款资产拿出来。去年 200 亿元的信托理财业务没有完成，有市场原因，也有分行不愿拿出基础资产的原因。听说今年大家积极性很高，公司部、投行部、个金部要牵头组织好，落实好。

二是加大直接融资市场相关产品的研发。扩大直接融资规模和占比是大势所趋。我们要分享这个蛋糕，就要加大直接融资相关产品的研发。在资本市场上，要与建银国际联动，做好客户海外上市的保荐和承销业务。最近公司部牵头组织各分行推荐了 160 多个客户的海外上市业务，投资银行部要协调建银国际跟进。还有大量的私募股权投资机会、公开上市前的投资机会等，也应该抓紧做起来。在债券市场上，短期融资券承销业务要继续保持市场领先优势，同时要积极争取进入公司债、项目债的承销和分销市场。要抓住直接融资的发展机遇，大力拓展投资托管和服务，如证券投资基金、产业基金、信托、年金、保险资产等投资托管服务业务。

三是要做好 GTS 业务产品研发。收款业务和付款业务是银行传统的基础产品，也要根据客户的需求创新，如账户信息报告服务很多客户就需要，美国银行的客户应收账款管理、锁箱业务就很有特色，深受客户欢迎。当然 GTS 业务很重要的一个产品就是

现金管理，它是现金管理方案和电子银行渠道的结合产品，做好了就会形成难以模仿的竞争优势。

四是资产管理相关产品的研发。随着客户对资产保值、增值需求的增加，资产管理已成为银行吸引客户和增加收入的重要产品。如代客理财、专户资产管理等，另外与之相关的养老金的受托人业务、账户管理人业务等，都是与资产管理业务相关的重要业务。这些业务的成长性很高，市场前景很好，一定要把握先机，做好产品研发和市场拓展，争取形成领先优势。

此外，在综合经营方面也要重点推进，如金融租赁业务、信托业务等，国际业务、小企业业务的创新也要继续加大力度。

五、树立正确的风险观，切实做好内部控制工作

银行是高风险行业，经营银行就是经营风险。信贷业务主要是信用风险，中间业务主要是操作风险，资金业务主要是市场风险。对于银行来说，只要做业务就有风险，风险无处不在。风险是一种不确定性，但银行能够承担的风险必须是可预期的，就是风险的大小和发生的概率是可预见的，否则银行就会承受意想不到的损失，从而带来灾难性后果。全行要树立正确的风险观，培育良好的风险文化。

一是不能回避风险。回避风险的表现之一就是追求零风险。某项业务或产品，只要有风险就不准做，这种观念不正确。如果完全没有风险，恐怕也就无利可图了。还有一种表现就是怕担风险，怕担责任，不求有功，但求无过。这主要是激励约束机制还不健全造成的。过去我们对从事信贷业务的人员，讲责任、讲约束的时候多，讲激励的时候少，今后我们要在这方面下工夫，使每个人的责权利匹配起来。

二是不能无视风险。无视风险的倾向主要存在于经营部门的人员中。有些同志出于经营压力、业绩等方面的考虑，存在一定的短视倾向，无视风险，对于客户不合理的要求一味地退让，甚至为了可批性，不充分调查或披露客户的风险，造成银行的潜在损失或直接损失。对于这种情况，我们也绝不客气，发现一起，处理一起。

三是完善内部控制。既然风险客观存在，就要有有效的内部控制体系去管理风险。内部控制体系也是一个复杂的系统工程，包括先进的风险识别和评估技术，完整的、全过程的风险控制流程，还包括关键风险环节的作业标准以及健康的风险文化。内部控制体系的有效性，就是要求在上述体系认真执行的前提下，不会发生系统性风险。

四是抓住风险点。我们提倡全面风险管理，但是并不是在所有环节上平均使用力量。必须分析出最主要的风险点，否则搞得非常繁杂，漏洞更多，反倒不能有效控制风险。总之，要苦干，也要巧干。

五是要处理好风险控制和流程效率的关系。风险控制与流程效率是辩证的关系，没有风险控制的流程效率，只会带来更大的损失；没有流程效率的风险控制，也不可能赢得市场和效益。因此，不能片面追求效率，牺牲风险，破坏来之不易的风险体制的改革成果；也不能出了问题，不分析深层次原因，没有针对性地采取措施，一味“加锁”。

此外，做好风险防控工作，要充分运用现代技术手段，不断完善、提高我们的风险管理和控制能力。我们已经开发了信贷业务流程系统、客户关系管理系统，还要在此基础上建立远程风险监控系统，各级行都要学好用好，努力提高我行对公业务风险防控能力。风险管理能力也是银行竞争能力的体现，也能够为我们创造效益，银行前中后台目标是一致的，就是要实现银行价值最大化。

六、加强队伍建设，提高人员素质

建设银行的所有干部员工，是我们最具价值创造力的资源。如何利用好我们的这项资源，对建设银行的未来发展有着举足轻重的作用。公司业务发展和转型的成败归根到底取决于队伍、取决于人才。在加强对公队伍建设工作方面，要解决好素质和结构两个问题。

一是努力提高客户经理的素质。对公业务系统的人员，总体来说素质较好。但是当前我们的业务发展很快，客户的要求也在不断提高，尤其是业务转型、产品创新等方面需要一大批高素质专业人才。这就要求我们员工自身要不断加强学习，各个部门和分行要加大对人员的培训力度，建设学习型企业，进一步提高员工素质。同时，对于复杂的业务和产品，可以考虑运用市场化手

段，引进紧缺的高级管理人才和专业技术人才。

二是要逐步解决客户经理数量不足的问题。近年来，对公业务人员流失较为严重，目前公司机构业务客户经理不足 2.4 万人，只占全行人员的 7%，一线市场营销服务人员不足的矛盾日益突出。这是一个需要我们重视的问题。这个问题主要应通过结构调整来解决。当前，我行的员工总数高达 33 万人，与欧美银行比，总量绰绰有余。但为什么很多业务条线都说人员不足呢？关键在于结构不合理，我们的管理层级太多，加上我们的薪酬体系不合理，许多优秀的人才不愿到一线去工作，造成管理人员多、一线人员少，后台部门人员多、前台经营部门人员少。要彻底改变这一问题，需要我们改变当前的管理方式和业务运营模式，改革薪酬体系和用工体系。各级行要切实重视这一问题，要进行结构性调整，合理精减各类管理人员，不断把人力资源从管理岗位和人员富余岗位解放出来，充实公司客户经理、产品经理和经营一线人员队伍。

同志们，在新的一年里，建设银行将面临更多的机遇和挑战，也赋予我们每一个建行人更大的职责和使命。希望在座的每一位同志、公司及机构业务系统的每一位员工，以建设银行的发展为己任，努力工作、开拓进取，为把建设银行建成国际一流银行而努力奋斗。

在中国建设银行工作座谈会上的讲话

（2007 年 6 月 1 日）

郭树清

昨天，张建国行长对今年前 5 个月的全行经营情况进行了回顾总结，对当前经济形势进行了分析判断，对后几个月的经营工作作了安排部署，我完全同意张建国行长的意见。今天，我扼要地讲四个问题。

一、当前的货币金融形势

今年以来，国民经济增长速度进一步加快，目前可能已达高峰，而货币金融形势则延续了近几年流动性过多的现象。尽管经济界的看法不完全一致，但我个人认为国民经济和金融市场都有一点过热了。无论是资本市场、货币市场，还是信贷市场，都存在过热现象。过热的主要原因是国际收支顺差继续扩大，而国际收支顺差又是我国经济结构本身产生的。多年来的经常项目和资本项目都是顺差。经常项目的主要构成部分是商品贸易，今年1～4 月贸易顺差为 633.1 亿美元。资本项目也是顺差，加在一起有 1 000多亿美元。预计全年贸易项下的顺差在2 000亿美元左右，加上资本项目，全年顺差可能在 3 000 亿美元左右。我国采取的是有管理的浮动汇率制度，除个别项目外，企业和居民个人的外汇收入只要是有理由用于国内，商业银行必须结汇，然后商业银行要卖出，中央银行就有义务把外汇买下来。目的是为了稳定金融市场，稳定汇率。这样就造成市场上有多少外汇，银行就要买多少，商业银行买了，再把外汇卖给中央银行。用一个形象的说法就是中央银行“发票子”——有多少钱中央银行都得垫上，付给商业银行。如果全年是 3 000 亿美元顺差的话，粗略计算，中央银行要支出 2 万多亿元人民币。这样就会造成银行流动性过多。

货币政策的主要工具之一就是利率。中央银行从 1997 年开始下调利率，到 2002 年调到最低点，一直持续到最近两三年利率才开始略有回升。由于利率长期维持在低水平，特别是在 2003 年国内需求明显回升之后，利率没有及时调高，等于是在较长的时间内实行宽松的货币政策，造成经济过热、投资增长很快。今年1～4 月固定资产投资增速比去年同期降低 4.1 个百分点，但仍然高达 25.5%。资本市场价格、房地产价格继续上涨。上海房价在经过一段时间的平稳后又开始上涨，甚至出现通宵达旦排队买房的现象。沪深股市指数居高不下，虽然中央银行释放了那么多的政策信号，仍然没有明显效果，一直到近日财政部出台提高印花税政策后股市才开始有所调整。商品价格也开始上涨，消费物价涨幅有可能超过4%。比较典型的是最近猪肉价格、鸡蛋价格大幅上涨。这些情况说明，整个宏观经济确实存在很大的不稳定性、不确定性。在最极端、最恶劣的情况下有可能形成资产泡沫、通货膨胀同时发生。其根源就是持续多年的货币供应超常规增长以及持续多年的低利率政策。

这个情况和其他一些经济体曾经出现过的泡沫经济、高通货膨胀很相似。为了保证汇率的稳定，货币政策丧失了使用部分工具和手段的灵活性，加上扩大内需的要求，货币政策就更显得捉襟见肘。扩大内需就需要采取低利率政策，鼓励贷款、鼓励投资。2002年以前，由于总体上需求不足，这个问题并不突出。从2003年开始，经济逐渐开始热了起来，一直保持着两位数的增长率，今年第一季度的GDP增长速度是11.1%。房价、股价处于高位，能不能恢复正常，现在还很难说。当然，如果发生很大的调整，也是我们难以承受的。最理想的就是可以调控、比较稳定的盘整，逐步回落到可持续的增长速度上来。这里涉及很多问题，首先就是我们银行贷款的安全性。

至于利率的走势，显然是我们必须非常关注、认真分析的。现在中央银行对利率工具使用得比较少，主要的考虑就是不能让外部投机资本获利更多。本来人民币的升值压力就已经很大，如果再把利率水平提高，外汇就更要进来了。希望Libor美元利率和Shibor人民币利率的利差维持在2.5%～3%，外资就不会蜂拥而入。这个政策的前提是市场没有障碍，跨国交易很容易，但这个前提实际上只是个假设。我们实行了外汇管制，对美元的流入流出有很多限制。现在进入国内的外资多数不是追逐短期利差，还是中长期投资，是看中了中国经济发展向好，人民币升值、房地产升值的趋势。投资于中国的房地产更合算，所以他们根本不在乎这点利差。目前外汇主要是以投资的方式进来，即使以贸易的形式进来，也不是在货币市场上购买短期债券，最终还是要购买资产，包括基金、股票或者是房地产。权衡利弊，中央银行可能不得不再次提高存贷款基准利率。我们今年的经营要考虑这个因素，做两手准备，将利率提高作为一种可能性考虑进来。

对于中国这样一个国家来说，经济长期高速增长，本国货币升值是必然的，没有一个国家例外。经济长期走强的国家，货币肯定走强，除非经济走强是虚假的。中国改革开放28年了，经济一直高速增长，所以货币走强是必然的。但最终决定汇率水平的，还是实际的购买力平价。汇率实际上是一个购买力的度量。目前这个购买力平价与汇率的差距是非常大的，但是，人民币购买力平价究竟是多少，也有许多不同的测算。日本、原联邦德国第二次世界大战后货币都升值了200%，美元兑日元汇率由360变成了120。这里面有个调节因素，就是物价、通货膨胀率，实际的物价水平决定了购买力。我国现在的物价上涨水平从正式的统计来看还是比较低的，只有2%或3%。这个数字可能没有完全反映实际物价上涨水平。占比越来越大的服务性消费没有完全统计进去。比方说教育，各种各样的补习班、家庭教师、择校费、学校里随时收取的各种费用，基本上不会在统计中反映。再如医疗费用，专家门诊号以前是5元钱一个，现在最高的达300元，已经涨了60倍。不是说涨得不合理，只是说统计没有反映出来。最近有一个研究报告说，中国普遍低估了高收入阶层的水平，中国高收入阶层的平均收入水平比统计到的数字要高得多。个人收入和个人消费不一样，物价肯定就不一样了。将来汇率的走势、升值快慢取决于政府的调控政策和物价上涨速度。如果物价上涨较快，涨幅比较大，人民币升值幅度就会小一些。韩国在经济高速增长以后，货币升值很少，就是因为长期通货膨胀。我国台湾地区后来货币升值也不多，主要是物价涨幅比较高。

总之，预计国家今后可能采取更加严厉的货币财政政策，因为这样一个过热的走势无法维持下去，环境资源压力也达到了难以持续的程度。经济运行中的不确定性因素进一步积累，有可能导致较明显的波动，将增加银行的经营风险。同时，利率、汇率的走势变化，也将直接影响到银行的经营和利润。经验表明，在经济周期达到高峰时期，信贷容易增长过头，因为项目的效益看上去都很好，一旦出现调整，就会水落石出。希望各级行在现阶段尤其要保持清醒头脑，结合各地情况，抓紧研究制定应对措施，及早入手，未雨绸缪，统筹安排好今年后半年的工作。对于贷款的发放，尤其要慎重决策，应反复比较，优中选优，不要一哄而上，追求规模扩张，不顾今后的质量。

二、关于修订业务发展战略纲要的问题

大家对《中国建设银行业务发展战略纲要（草稿）》的讨论非常热烈，提了很多不同的意见和建议，这是非常好的。正如庞首席在发言中所说的，制定战略的过程比战略本身的文字材料更重要。希望全行员工一起来分析形势，关心和参与战略纲要的修订工作，集思广益，反复论证，找准我们的市场定位、客户细分、产品选择和经营策略。这才是最重要的。

什么是战略？到现在为止，我查了很多书，没有一个统一的说法。对于一个企业来说，首要的目标是利润最大化、市场影响最大化、持续的价值创造能力最大化。但随着企业越来越演变为一个综合的实体，应该有一个综合的目标，不能是一个单一的目标，不能只追逐利润。尽管如此，企业确实应该把利润最大化、市场影响最大化，或者说持续的价值创造能力最大化，当做一个战略目标。实现这个目标的步骤、方法、措施就是战略。制定一个切合实际的战略，对一家企业的兴衰发展是至关重要的。

大家对“愿景”、“使命”的表述有不少建议，我们可以再比较。有人提出，我们现在的“愿景”也不错，战略纲要印发也就3年的时间，上市之后作了修改，为什么现在又要修改？这是因为我行现行的业务发展战略纲要自实施以来，我们面临的外部环境发生了很大变化，自身的改革发展也有了很大进展。总行组织修订战略纲要，是为了使战略纲要更切合我行改革发展的实际，对全行具有更强的指导作用。这次修改战略纲要的时间是这样安排的，这次会议讨论修改之后要提交董事会批准，最快也要到下半年了。提交这次会议讨论的是个草稿，修改后再发一个征求意见稿。战略要反映情况的变化，不是绝对不能修改。即使下半年纲要由董事会通过了，还可以根据形势的发展变化边执行边调整。

大家都注意到对“使命”的提法与现行的提法有一些差别，多了一句对公众要承担全面的社会责任。对于社会责任的必要性，我在最后一个问题中还会展开讲。总之，因为与我们利益相关的方面很多，不可能不兼顾。

另一个修改的地方是现在“为客户提供最好的服务”、“为股东创造最大的价值”的提法，改为“为客户提供更好服务，为股东创造更大价值”，从“最高级”变成“比较级”了。直观上看似乎我们把水平、要求降低了。这主要是考虑到不能把话说得太满，而且要和同业、客户有一个交流和互动的空间。但任何事物都是相对的，“比较级”可以超过“最高级”，比方说我们在一个地方的银行业中服务水平已经达到最好，按过去的说法，目标已经实现了，但按现在的说法则目标还没有实现，因为要求的是“更好”，永远没有顶峰，没有止境。

大家意见比较多的是“市场定位”。战略纲要草稿中提到的重点业务领域有5个：基础设施融资、住房金融与消费信贷、小企业金融服务、公司和个人理财、金融市场和投资银行业务。有的同志以为其他没有提到的业务是不是就不做了。战略纲要草稿提出的市场定位只是业务重点，不排斥其他的业务，其他的金融业务在我们力所能及的条件下，还要去发展。

另一个比较集中的意见是“逐步从一般制造业、建筑业、房地产开发等领域退出”。不少同志认为许多业务如房地产业务是我们的重点业务，不应该退出。这句话的表述有一些问题，应该是调整、收缩。但是大家一定要树立“有所为、有所不为”的思想，不能离开自己的特长、优势，见什么抓什么，更不能见什么抢什么。

最近一家英国研究机构的研究报告指出，中国已经成为全球第二大制造业国家。美国是第一制造业大国，占全球制造产业的24%。中国占12.4%的份额，已经非常大了。这里面可能还有一个汇率和定价因素的影响，我们的产品定价可能是低了一些。美国的定价较高，高附加值的产品也很多。一架波音飞机是我们5 000万双鞋子的价值，我们出口5 000 万双鞋子才能买一架波音飞机。尽管有定价的问题，但不容否认的是中国确实是世界上第二大制造业国家。

逐步退出一般制造业，不排斥我们发展很多很好的制造业客户。业务方针的第二条就是“正确处理行业、区域、客户之间的关系，原则上行业服从区域，区域服从客户”。行业、产业要服从于客户，客户是第一位的。从总体来看，我行在制造业领域没有优势，所以制造业的不良贷款率要高于平均水平。建筑业、房地

产开发也是这样，我们贷款的不良率都是最高的。

战略纲要就要体现有所为有所不为，必须考虑哪些能做，哪些不能做。以我们放贷的能力、资金成本、管理水平要考虑哪个更需要做，做哪个更合算。前面说的五大重点业务领域也不是就没有风险了。比如基础设施领域，有的公司、有的项目也不好。高速公路收费还贷在个别地方就出现了问题，一级公路、二级公路收费还贷出现风险的比率可能更高一些。还有电厂、电力公司的一些项目也有问题。但总体上来比较，我们在这些行业、这些领域更强一些，所以我们应该把能力、资源投入到强项里面，其他领域不是说绝对不做，只是相对倾斜的问题。

还有一个意见比较集中的就是区域发展战略问题。战略纲要草稿中提出："着重解决北京、上海、广州、天津、苏州等特大城市行竞争力相对薄弱的问题"。大家觉得这个提法有些负面影响，特别是所在行的员工知道了可能有些泄气。这个意见是对的，可以改成正面的表述，如"加强、提升这些城市行的竞争能力"等。之所以战略纲要中提到这个问题，是因为我们在地域结构和布局上确实存在明显的不利因素。在全国经济最发达、金融资源最丰富的地区，我行在人员、机构、网点、电子银行和科技手段方面都没有优势。这不是经营管理的问题，是一个普遍现象，或者说是历史形成的。2006年，工商银行在北京、上海、江苏、浙江、广东5个地区的利润都超过了100亿元，但他们在中西部的很多地方不如我们。我们的很多中西部行在当地是第一位的，像四川、湖南、新疆等都不错，这样的分行我们能数出十来个，但在沿海地区能数出来的只有一个省的两家分行，就是福建省分行和厦门市分行。竞争是要靠物质、靠手段、靠渠道、靠途径的，我们必须正视这个现实。工商银行在北京有600多个网点，而我们只有300多个网点。不是说网点多就行，也不是说他们每一个网点都比我们强，但毕竟他们的网点比我们多一倍，况且在电子银行、电话银行这些方面工商银行也都很强。

大家可以看到，这次的发展战略纲要把行业战略的内容删除了，但区域战略的内容还是保留了，就是想凸显这个问题。2006年我们考核利润排前10位的分行，浙江第一，实现考核利润60.5亿元；上海第二，59亿元；广东第三，42亿元。以下依次为：北京42亿元、江苏41亿元、四川27亿元、福建25.8亿元、湖南25.5亿元、深圳25.4亿元、山东19.4亿元。四川、湖南能进前10位，确定很不容易，四川虽然是大省，湖南人口也比较多，但毕竟是中西部地区，金融资源比它们好的有的是，比如沿海那么多省市，广东、江苏、山东、天津、河北等，我们在当地同业可能只处于第三、第四的位置。我没有批评大家的意思，不是大家做得不好，只是说明我们在布局上还需要进一步调整，加大对经济发达、金融资源丰富地区的投入力度。这几年我们在网点购建、进人政策上给了一些倾斜，但还不够。

大家还提到IT方面的问题。有的同志反映业务越发展，系统越跟不上。IT确实是一个薄弱环节。跟美国银行合作以后，它们的首席技术官给我们提了很多有益的意见和建议。总体上认为我们的集中程度太低，各地都在搞小打小闹，开发能力、维护能力都不强，科技人员总体上偏少。美国银行的25万员工中，IT开发和维护的人员就有二万六七千人，我们最多大概有1万人。外购也是可以考虑的方式之一。过去大家争论了很久，到底是外购还是自己搞开发。我看还是要兼而有之，系统和软件要在能够确保安全的前提下加大外购的力度。

开发中心是搞一个还是搞几个，长期以来大家也有不同的看法。根据需要，搞几个也是可以的。但一定要考虑市场资源和便利程度。美国银行以及一些知名大公司的软件开发、系统开发都是全球布点。美国银行把金融市场、资本市场的系统开发放在伦敦，因为在当地能找到熟悉这些业务的人才。他们在印度也有开发中心。我们过去的布点可能主要不是考虑这个因素，而是过多考虑了其他不重要的因素。如果我们在武汉设立备份中心、开发中心，应主要考虑武汉有许多大学，高科技人才多，不能光考虑武汉房租便宜、电费便宜等不重要的因素。

IT方面要按我们的设想加大力度实施，希望总行各部门同心协力，分行大力支持。过去二级分行有业务开发的机构，也有自己的维护队伍，系统整合、调整后可能会带来业务不方便等情况，希望大家顾全大局。

电话银行、网上银行也是比较突出的问题。总行对这个问题很重视，去年在河南召开的秋季分行行长座谈会的主题就是电子银行和IT技术。现在看来我们抓得还不够，魄力和超前性都不足，力度不够大，落后了一些。

对于电话银行和坐席员的情况，昨天陈行长专门讲了，希望各个部门、各个分行全力支持，尽快充实“95533”人员，争取在今年8月前能够有所缓解。对于信用卡业务，总行进行了调研，张行长还专门开会作了研究，成立了专门的管理委员会。管理委员会要切实负起责任，也请人力资源部、计财部等部门给他们开绿灯，尽快把信用卡业务搞上去。今年财富中心的建设计划是80个，至于利益如何调整，计财部已经有一个方案，如果论证后基本可行，就要抓紧实施。

实现业务转型是非常重要而且是近期必须要做的事情。我们探索了一条路子，就是通过组建专业化机构、专业化团队来解决二级分行、管理型支行如何消化、分流一般管理人员的问题。最近，北京分行去上海分行、浙江分行学习考察，效果很好。这种行内的交流应该大力提倡。

三、关于人力资源管理

人力资源管理问题无论从长远发展来说，还是从近期改革来说，都是非常重要的一个方面。没有一支优秀的员工队伍，就无法适应市场的需要，更无法提高和改善市场竞争力。全国金融工作会议对人力资源改革讲了许多重要内容，我将其概括为四个方面的重点：一是建立符合现代金融企业制度要求的选人用人机制，培养职业金融家、专业经理人；二是加大人才的培养、交流、引进和公开招聘的工作；三是推行市场化用工制度，实行全员合同制；四是建立有效的激励约束机制，包括考评等。这也是我行人力资源管理改革的重点任务。

我行系统的改革搞了好多年，目标还没有完全实现，但人力资源改革方面确实有了很大的进展。我们在人力资源方面有不少新成绩，人力资源结构有一些好的转变、好的势头。

一是表现在员工学历、素质方面。从中国人民银行公布的2005年年报来看，工行、农行、中行、建行四家银行大学本科及以上人员占比，我行是28.6%，中国银行是27.3%，工商银行是26.3%，农业银行是19.4%。研究生学历以上人员占比也是我行第一。当然学历不能说明一切，也不是所有的岗位都需要高学历的人。但毕竟是一个说明基本素质的方面，说明建设银行的长远发展是有后劲的。把这些人才培训好、使用好，我们成为国际一流银行就有了最基本的把握。

二是劳务用工比例大大提高。劳务用工和过去的合同工、正式工相比更灵活一些，人员结构也比较年轻，薪酬也比较灵活。这几年，劳务用工的每年增长率都在10%以上。尽管这种用工形式也存在一些问题，但是毕竟从现在来看增加了我们的活力。

三是中后台人员开始向前台流动。2006年全行前台人员比2005年增加了3 192人，占到了全部员工总数的63.3%。其中，个人银行业务人员增加最多，增加了3 200人，风险和审计条线增加了1 493人，行政管理、工会减少了2 200人，这个力度也是比较大的。

四是客户经理、风险经理等专业化人才形成了一定的规模。全行专业技术岗位职务人员共计32 012人，比2005年增加了10 438人，增幅是48.4%，进步很大。增幅最大的是审计师队伍。目前有审计师1 351人。其他岗位的专业人才都有增加，目前风险经理有3 731人，个人业务经理、客户经理有7 612人，产品经理有1 094人，信息技术工程师有1 957人。

五是人力资源开始向金融资源密集区域倾斜。近几年长三角、珠三角、环渤海经济区域分行人员的增加还是比较明显的。2006年长三角地区人员增加了1.5%，珠三角地区人员增加了0.5%，环渤海地区和上年持平，其他区域是净减少。我们说过人员要有进有出，经常流动。尽管不再搞大规模的撤点减员了，但是正常的网点布局调整、人员调整还是必需的。我到分行调研的时候有的同志提到，有些网点条件很差，周边的客户也不富裕，业务量在萎缩，能不能调整到别的地方？我觉得，这是可以的，在同一个城市调整网点完全是可以的，也是必要的。

尽管人力资源管理有进步，但存在的问题也很严峻。

一是员工总量仍然很大，人力资源投入产出偏低。从人均资产规模来看，交通银行是2 800万元，中国银行是2 290万元，工商银行是2 136万元，我行只有1 631万元。我们和同业存在较大差距。从人均利润来看，中国银行最高，人均利润为20.7万元，交通银行为20.2万元，工商银行为14万元，我们也只有13.9万元。

二是员工队伍在逐步老龄化。预计2022年到2032年的10年间，我行平均每年退休的人员将达到1.27万人，这说明我行在职人员年龄比较集中，结构不尽合理。要注意这个问题，从长计议和规划我们的人才梯队。

三是业务发展急需的专业人才队伍仍显不足。特别是对于客户经理、产品经理、风险经理、资金交易员、信息技术工程师要大力培养和引进。各分行要根据自己的情况制订相应的培养计划。

四是薪酬改革还没有到位。比如，在薪酬分配上，分行之间、地区之间差距过大，人均工资水平最高的分行和最低的分行相差4倍多，这不能完全说是工作成果的体现，也不完全是生活费用差异的原因。我想，在我们这样一个国家、这样一个统一法人的银行里面，内部工资差异不应该这么大，也请人力资源部、计财部改进。绩效考核没有十全十美的方案，但该调整的时候就得调整。

四、关于履行社会责任的问题

有的同志以为社会责任就是捐钱，这种理解是不对的。社会责任和慈善捐赠有关系，但没有太大的关系，从根本上说没有关系。我们可以不搞慈善捐赠，但必须要承担应该承担的社会责任，不能把社会责任和慈善捐赠画等号。

企业的社会责任从字面上看大家都不陌生，都会觉得承担一定的社会责任是义不容辞的。但仔细研究，企业的社会责任是非常广泛的，不是单独的某一个方面。企业社会责任相关理论最早是在1932年由经济学家开始提出来的，当时认为企业的社会责任只是为股东服务，只有利润最大化一个目标。但从实践上来说，企业的社会责任从企业一成立就有了。企业的社会责任指的是企业对所有利益相关者的利益给予尊重和保护的义务。企业作为一个社会市场主体，除了要考虑大股东的利益外，必须同时考虑和企业利益相关的各个方面，如小股东、债权人、消费者（客户）员工、所在的社区、所在的国家、商业伙伴、还有自然环境。只有所有的利益相关者都能够得到公平、平等的对待，企业才能够得到更好的发展。企业的社会责任是一个广义的概念。欧洲的法律法规明确要求董事会决策时不能只考虑股东利益，同时还要考虑员工、消费者的利益。这也是当今世界的一个潮流，表明企业承担的社会责任在逐步扩大。

国资委主任李荣融谈到国有企业的社会责任时认为，国有企业的社会责任有五个方面：一是深化改革，加快发展，把国有企业做大做强；二是依法经营，自觉维护社会主义市场经济秩序；三是以人为本，善待员工；四是节能减排，保护环境；五是积极参与公益事业。我觉得，比较全面地概括了当前我们国有企业的社会责任。

从建设银行的情况来说，我们的标准提得应该还要高一点。我们要坚持一条，就是社会责任和企业利益的统一，不是两回事、两张皮。

第一，要把我们的经营搞好，把服务搞上去，使客户得到满意的服务，为客户提供高质量的产品，这是我们最基本的责任。作为一个企业，履行社会责任首先就是要把自己的本职工作做好。这里，最重要的是真正落实“以客户为中心”，真正做到“一流服务”。依法合规，公开透明也是企业社会责任的重要体现，我们必须是市场经济秩序的建设者、维护者，做到这些是非常不容易、非常了不起的，也是非常基本的。

第二，要以人为本，善待员工。现在全国劳工问题非常严重。商务部关于农民工的调查显示，农民工平均每天的工作时间达9.7小时，70%的农民工月工资低于1 000元，只有30%的农民工享有基本的养老保险。在纺织行业、服装行业，农民工平均每周工作57小时，最长的达77小时；超过55小时的占到了56.3%；真正实行8小时工作制的不到4%，而超过12小时以上的有7%。在我们内部应该没有这么严重，要好得多，待遇也高不少，但也要看到我们的问题。劳务用工起点工资同工不同酬，还有的地方没落实社会保障。我们的董事下去调查了解到，一些短期合同工工作八九年了，眼看超过10年就要签长期合同了，有的分支行找个借口就把人家解雇了。我们大公司不能这么做。这不是我们社会主义企业的行为，就是资本主义企业也不能这么做。我们不能等到有一天有人把建设银行告上了法庭，我们才去考虑这些事情。如果出现那样的情况，我们的名誉损失、市场形象损失要比现在解决这个问题付出的代价大得多。

在美国和欧洲一些国家所作的消费者调查表明，在性能价格比差不多的情况下，消费者买哪一家公司的产品，80%取决于对这家公司有没有好感。看这家公司有没有社会责任，是不是歧视弱势群体，是不是违法。最近有人起诉肯德基、麦当劳公司在中国的用工工资低于中国的最低工资标准，尽管肯德基、麦当劳赢了这个官司，但现在这两个公司的市场形象很差。

第三，要保护环境。我们从事的是银行服务业，不直接污染环境，但我们要尽可能节约使用资源，包括用电、用水、用纸等细小的环节，要减少环境污染。同时，对那些不符合国家环保政策的企业，我们就不能给它贷款。这个问题必须引起高度重视，这也是我们社会责任的一个很重要的方面。

第四，要和我们的商业伙伴、金融同业和谐共处。前年在一次大会上我就讲过，银行要在商言商，也要提倡王者风范。所谓王者风范，也就是大家风范。不要在同业竞争中搞小动作，更不能采取不合法的手段。我们合作的伙伴很多，要处处维护建设银行的形象。

除上述几个方面外，还要考虑到国家、社区等，这样建设银行才能体现出承担了全面的社会责任。不是说对所有的公益事业我们都要捐款，但是捐款活动一定要搞好。事实上，我们做的公益事业都是有回报的，这也是为什么说社会责任和企业的利益是一致的原因。比方说，我们向清华大学捐款。虽然大家说清华大学很有钱了，实际上清华大学也有它的难处，清华大学承担了很多国家尖端技术的研究和人才的培养，国家拨款只占其全部经费的20%左右，其他的都要靠自己筹集。所以，对清华大学的捐款支持，也可以说是“雪中送炭”。况且我们所扶助的不仅仅是贫困学生，更重要的是支持了先进的科技、先进的生产力、先进的文化，对提升建设银行的形象非常有好处。丰田汽车在中国的慈善捐赠不太多，几年下来才几千万元，但它捐赠了20多所大学，差不多每个中西部省份都有一所大学得到赞助。大学生中有各方面的人才是社会的精英，也是未来的高端客户、富裕客户，我们有必要加大这方面的力度，这比我们简单地立个广告牌子要强得多。

总之，在社会责任方面还有很多工作需要大家去做。最近我们编发了第一份社会责任报告，请大家会后阅读，提出改进意见。

我就讲这么多，不是十分系统，请大家批评指正。

（根据录音整理）

实施全面风险管理　提升银行核心竞争力

——在全行风险总监座谈会上的讲话

（2007年9月19日）

郭树清

同志们：

去年上半年实施了风险管理体制改革，一年多来这项工作取得了多方面进展，可以说是硕果累累。以垂直管理和平行作业为核心的风险管理体制初步确立；提出了边界管理和统一偏好为重点的风险政策标准；内部评级法等风险计量技术的运用取得长足进步；对重点行业、客户、区域和业务的风险监控体系不断健全；以结构调整和精细化管理为导向的审批指引和标准体系进一步完善；明确了“风险管理部定规则、资产负债管理部管战略、金融市场部在边界内开展业务”的市场风险管理模式；以案件专项治理、操作风险自评估、业务持续性计划为主要内容的操作风险治理体系进入运行阶段；以实施《巴塞尔新资本协议》为契机的全面风险管理体系建设有序推进。

总体来看，改革已取得实效，风险管控能力有了质的提升，保障和促进了全行各项业务特别是信贷业务的快速健康发展。全行资产质量稳步提高，不良贷款率从去年初的3.84%稳步下降到今年6月底的2.95%。这些成绩的取得是全行上下共同努力的结果，特别是在座的各位风险总监，全行风险管理、信贷审批人员以及审计条线人员共同努力的结果。这里我代表总行党委、董事会、管理层和监事会，对大家的工作表示衷心的感谢！

推进全面风险管理、深化风险管理体制改革还任重而道远。如何做好新形势下的风险管理工作，朱小黄同志还要具体布置，借这个机会，我就改革发展谈几个方面的问题，务虚和务实相结合，供大家讨论。

一、有效的风险管理体制是良好公司治理结构的重要组成部分

建设银行已经建立起比较规范的现代公司治理结构，包括董事会、管理层、监事会的互相制衡和监督机制，独立的内部审计体系，通过完善定期信息披露制度提高了透明度，主动接受公众和媒体的监督以及与国际接轨的外部审计和检查。公司治理结构的正常运行保障和促进了业务的健康发展。我行改制已经 3 年，大多数同志对新的治理结构已有全面认识。为了增强大家的体会，我们每次召开董事会、股东会都邀请分行的同志列席，董事、监事也经常到基层调研。大家可能已经切实体会到不同治理结构的功能、作用和运行方式，特别是对“新三会”、“老三会”如何依法合规地发挥作用理解比较深刻。但是，还是有一些同志认识跟不上，认为现在机构越来越多，影响了效率。为什么设这些机构，为什么要反复强调制衡，根本的原因还是为了防范风险、化解风险。

加强风险管理与建立完善的现代公司治理结构是完全一致的。应该看到，我们银行长期存在的管理分散问题还没有完全解决。为什么我们要强调统一法人，要在层级的基础上引进集中管理、条线垂直，就是因为过去过于分散，过于松懈，管理成本很高。去年以来，我们推行风险条线垂直管理，主要目的就是为了把风险管理集中起来，强化风险条线的独立性，这样才能统一风险文化，统一风险偏好，统一风险政策。

当前，要以深化改革为着力点，通过进一步强化风险集中管理，提升公司治理水平。下一步要强调三项工作：一是积极研究讨论分行风险管理部门和人员的垂直管理模式，进一步明晰考核机制、汇报线路和报告范围，保证风险和审批条线的独立性。当然也还有一些问题没有完全解决，例如对风险人员的考核要不要与业务发展挂钩以及如何挂钩，需要进一步研究。从一年多的改革实践来看，全行总体上的贯彻情况是好的，但是也有的地方出现了这样或那样的问题。例如，有的分支机构负责同志觉得风险管理人员有点碍手碍脚，出现不同意见时就想拿“党委决定”压人，或者是拿地方政府压人，这些做法都是不妥当的。商业银行独立自主经营业务是法律规定的，对地方政府加快经济发展的愿望要尽量做好服务，但不能以“地方需要”作为信贷决策的标准或依据。“独立性”是特别要强调的问题。也许个别地方发生过风险管理人员越位的问题，但是我担心的主要还是风险管理不到位的问题，风险管理人员有不同意见可能没有表达出来。当然，风险管理人员也要主动处理好与经营负责人和业务部门的关系，不能总是板着面孔，要依照“依法合规、有理有据、与人为善、主动交流”的原则开展工作。二是风险管理队伍的专业化问题。我们的风险管理队伍是从多个部门抽调人员组成的，专业素质差距比较大，有关的风险管理理念和技术都不足，需要加大力度进行培训和提高，在工作中学习，在工作中提高。三是扩大覆盖范围，包括理顺市场风险管理框架，明确海外分行风险报告线路，加强海外业务风险管理并考虑在主要海外分行设立风险总监，配合业务单元制改革试点研究如何加强风险集中管理等。

深化风险管理体制改革，进一步完善公司治理结构，还有很长的路要走，这不仅仅是总行层面的事情，需要全行上下的共同努力。希望各级行同志一定要有大局意识，继续把这项工作做好。

二、良好的风险文化是持续有效增强风险管理能力的基础工程

近年来我们在改革转型方面做了大量工作，改革成效得到了股东、公众和广大员工的广泛认可。相对来说，制度移植和技术引进并不困难，但是简单的移植可以解决“形似”的问题，要做到“神似”，还需要从根子上进行企业文化的再造。相对于风险管理体制、技术工具而言，成熟的风险文化的形成是最难的。

以“客户为中心”、了解客户是做好金融服务的前提，也是做好风险管理的基础。西方先进银行非常强调 KYC（Know Your Customers）的原则。对客户的风险识别和区分是做好风险管理的基

础。过去我们国内的商业银行有比较浓厚的“抵押文化”，有抵押就万事大吉，好像已经完全控制住了风险，不太关心客户的市场地位、内部经营管理、现金流、信用记录等到底怎么样。最后客户还不了款，银行收了一堆抵债资产，变起现来十分困难。银行不是当铺，还是要重点关注第一还款来源，要了解客户，对客户的风险识别要放在首位。

当前，由于客户违约带来的信用风险仍是我们面临的主要风险。我们强调“以客户为中心”，首先就是对客户群体作出有效的风险识别和区分，说到底，就是基于风险回报分析，以能够给银行带来价值创造的客户为中心。无论是提高客户服务能力还是强化风险管理，关键都在于要以客户为中心，要准确区分客户。不了解客户，就谈不上细分市场，谈不上风险定价，谈不上高水平的风险管理，谈不上具备核心竞争力。

银行是经营风险的企业，风险文化是商业银行企业文化的重要范畴。致力于发展具有建设银行自身特色的风险文化，是我们风险管理体制改革的一个突出的特色和亮点。一年多来，通过对风险管理实践以及国际先进银行经验的总结、创新和升华，建设银行风险文化的内涵逐步清晰。我们提出的风险理念是“了解客户、理解市场、全员参与、抓住关键”。“了解客户、理解市场”已经讲过了，“全员参与”就是所有员工在所有环节和岗位上都要对风险管控负责，不能把风险管理仅仅当做一两个部门或一部分人的事情，更不能完全依赖少数专业管理人员。“抓住关键”强调的是控制主要风险点，不是漫无目的、遍地开花、到处设卡，这样不仅影响运行效率，而且反而会削弱风险管理，战线拉得越长越容易出现漏洞，再监督的成本更会翻番。

围绕“全面风险管理”、“风险收益平衡”、“边界管理”的思路，我们提炼出了“统一、均衡、边界、独立、坦诚、宽容、暴露、审慎、无例外、真实、愧悔、警醒、务实”13个风险文化关键词，丰富和发展了建设银行风险文化以及企业文化的内涵。通过凝练、鲜活、明晰的表述，风险文化在全行上下得以广泛传播，很好地促进了前中后台风险共识以及共同价值观的形成，对改革的平稳、有序推进发挥了积极作用。

文化再造是长期的、潜移默化的过程，非一日之功。全行上下要把风险文化建设作为基础工程。在座的每一位风险总监，既是总行决策的执行者，也是先进文化的传播者，希望大家都身体力行地做好先进文化的宣讲教育和理念灌输，要将其融汇于日常管理细节中，渗透到客户服务中，贯穿于队伍建设中。持之以恒地抓下去，我相信一定会有令人满意的、更大的新变化、新气象。

三、流程再造不仅是提升银行服务水平的关键，也是提高风险管控能力的关键

卓越的银行服务和有效的风险控制是通过流程来实现的。我们在美国银行的帮助下引入了六西格玛管理，对流程进行了优化再造，取得了很大进步。网点转型也得到了客户的好评。去年开始的个人住房贷款流程优化项目，总行和分行投入很多精力，在美国银行专家的帮助下，取得了很好的成果，从试点推广的情况来看，新流程运行效率、风险管控能力以及客户满意度都得到明显提升。

风险管理不能游离于业务流程之外。我们推行的“平行作业”模式，就是风险管理融入流程的一个标志性转变，从运行情况来看效果很好。风险经理、客户经理以及产品经理在流程中分工协作的团队服务模式，将是以后的主流模式。风险管理要针对流程特点找到最佳的风险控制点，采取最有效、成本最低的控制方式和手段。特别是操作风险管理，要强调控制关键风险点，简化不必要的控制环节。不能沿袭过去事后管理、层层加锁、“人盯人”的老套路。实践证明，这些都起不到治本的效果，而且随着控制环节的增多和流程链条的加长，反而容易滋生新的操作风险。国外审计专家指出，无效的风险控制过程，本身就是不断增加的风险来源。

因此，流程优化和风险控制并不矛盾。要以流程梳理为切入点，借助六西格玛工具，把最关键的风险点找出来，取消不必要的控制环节以及对客户的不必要的要求，对多年习以为常的风险控制办法也要敢于提出疑问。今年总行组织开展的基层机构13个关键风险点检查、不相容岗位的梳理工作等，都是非常有针对性的管理措施。从业务流程的角度切入，才能发现问题，抓住关键。

我们到分行调研考察，每次都能发现许多业务流程不合理的

问题。所谓不合理，就是既不方便客户，又不利于风险控制。比如说，这次我们来广西，就遇到网点同志反映我们的证券卡很不方便，既不能查询，对风险控制也没有什么用处；还有就是每次利率提高后都有客户来办理转存，手续十分麻烦，工作量大，而且容易出差错。针对这些问题，要研究怎么来优化改进。

四、以实施《巴塞尔新资本协议》为契机，推进全面风险管理体系建设

《巴塞尔新资本协议》（以下简称新资本协议）不属于具有国际法效力的法律性文件，但是它反映了国际主流银行风险管理的最佳实践和发展方向。新资本协议已经得到国际银行业以及包括我国银监会在内的银行监管机构的广泛认可，成为公认的国际银行监管的权威性文件，也是银行业风险管理的指南。

新资本协议的主要内容是“三大支柱”。第一支柱是“最低资本要求”，涵盖了信用风险、市场风险和操作风险，并要求银行根据自身风险管理能力选择不同的资本充足率计算方法；第二支柱是“监管当局的监督检查”，明确了监督检查的主要原则、风险管理指引；第三支柱是“市场纪律”，明确了一套信息披露要求，强调市场约束和市场监督。

根据监管部门的要求，国内大型银行在2010年底开始实施新资本协议。对于建设银行来说，实施新资本协议不仅是外部监管要求，更是我们自身提高全面风险管理能力的内在需要。不能简单地把新资本协议看做是一套风险计量技术标准，它包含了现代商业银行成熟的管理机制和制度以及先进的观念和原则。实施新资本协议实际上是对传统银行经营管理模式的再造。

在新产品层出不穷、新业务不断涌现的金融市场上，控制风险不能靠一成不变的做法，必须与时俱进。但是，根本的东西不能变，这就是对待风险的基本态度。从监管角度来看，国际上有所谓基于原则的监管和基于法规的监管，我想这两个方面都重要，但是更重要的是基本理念、基本倾向。审慎、务实，以最小的损失换取最大的收益，这是实施新资本协议的根本，也是我们控制和化解风险的核心。

总行党委对实施新资本协议非常重视，去年7月份成立了以张建国行长为组长，罗哲夫副行长、朱小黄首席风险官为副组长的“新资本协议和内部评级法推进领导小组”，负责统筹规划、组织推进建设银行实施新资本协议的各项工作，目前已取得了阶段性成果。希望全系统对这项工作给予高度重视，确保实施新资本协议项目的顺利推进。

五、完善以经济资本为核心的激励约束机制，实现业务发展和风险控制的内在统一

经济资本的实质就是风险资本，是指在给定的置信水平下，用来抵御非预期损失的资本。通常来说，银行对于预期损失采取减值准备来覆盖，因此预期损失已不是风险，是业务的成本；而对于非预期损失，需要通过经济资本来覆盖。

建设银行2001年引入经济资本的概念，2004年开始正式实行经济资本预算管理，虽然采用的是比较初级的“系数法”，但是在控制风险资产总量增长、引导资源配置等方面发挥了非常积极的作用。随着风险计量技术的进步，从今年开始，我们引入了国际上比较先进的“资产变动法”，使经济资本的计量真正与风险挂上钩。简单地说，风险大小可以通过经济资本的量化指标直观地显示出来，风险大的业务占用经济资本就多，风险小的业务占用经济资本相应就少。

经济资本作为银行承担风险水平的客观标尺，直接体现了平衡风险和收益的本质要求。风险和收益是一个硬币的两面。发展业务、增加收入与控制风险不是完全对立的事情，通过经济资本为核心的激励约束机制，可以实现内在的高度统一。什么样的业务可以做，什么样的业务不可以做，或者以多大的代价来做，取决于风险收益的平衡。国外很多先进银行采用风险调整后资本收益率（RAROC）的管理和考核指标，从计算公式来看，它的分母就是经济资本，分子中收益部分扣除了预期损失，因此它既反映了银行的收益水平，又充分考虑了收益背后所承担的风险。

过去我们管理和考核偏重利润和市场份额，没有把风险因素合理地反映进来，在一定程度上风险和收益是割裂的。因此，一些分支机构往往通过大量承担风险来提升业绩，最终导致风险失控。一旦业务出现问题，要强调风险管理，就处处谨小慎微，不敢开展工作，该营销的不营销，该审批的不审批。可以说，我们

是左摇右摆，跳独脚舞。

这几年，我们经过摸索引入了以经济增加值（EVA）为核心的绩效考评体系、以关键业绩指标（KPI）为核心的岗位绩效考核体系等，成效非常明显。下一步还需要更好地运用经济资本管理工具，将决策层确定的风险偏好和战略转化为便于执行的政策、指引和标准，实现业务发展战略和风险管理战略的有机统一。比如说，今年我们依托经济资本计量实现了对部分行业的限额管理就是很大的进步，说明我们已经逐步摆脱过去“分规模、切块块”的发展模式，开始走向科学平衡风险收益的内涵式发展道路。

当然，完善经济资本管理和经济增加值考核，还有大量的工作要做。比如说，我们所鼓励的中间业务、零售业务在一些分行的发展状况还不是那么尽如人意，一个很重要的原因就是利润中心的设置问题。现在大多数支行还是以利润为中心，我看是弊大于利。对于公司客户特别是大客户的营销和管理，应该以总行和省市分行为主，支行根本无法组织起来满足客户需求的服务团队，更没有能力分析和管控好这类客户的风险。公司业务重心要上移，支行应专注于小企业、个人业务以及中间业务，如代理销售基金、保险等。但是，现在我们对支行要考核利润，而目前利润的来源主要还是依靠贷款、依靠利差收入，因此支行对于经营维护大企业客户当然是舍不得让出来，而对于个人和小企业业务则不会那么全心全意。支行作为利润中心的观念，必须要改过来，这样才能使我们的激励约束机制更加科学。

六、熟悉和掌握风险管理技术工具，提高对风险的驾驭能力

从商业银行发展和金融创新的历程可以看出，技术工具的进步是提升银行经营效率的重要驱动引擎。先进技术工具的运用，使得经营管理的科学决策成为可能，增强了对风险的驾驭能力，同时也使得员工得以从烦琐、重复的操作性业务中解脱出来，解放了生产力。

与国际先进银行相比，我们在技术工具方面的差距很大，技术落后，管理工具匮乏，很多业务还基本停留在纯粹定性或经验管理的初级阶段。因此，先进技术工具的引进和自主研发是当前以及今后相当长一段时间需要给予资源倾斜、优先发展的领域。

近年来，以现代金融理论、数理统计分析、IT技术为基础的风险量化管理技术工具得到飞速发展，并成为西方先进银行赢得市场竞争的利器。西方一些金融专家甚至认为，“凡是无法计量的，就是无法控制的”。这观点虽然有些绝对，但是不无道理。新资本协议鼓励银行采用先进的风险计量技术，例如内部评级法等，从监管角度明确了风险量化技术的发展方向。对于我们来说，作为一家拥有6万多亿元资产、3万多亿元贷款、近8万公司贷款客户、450万个人贷款客户（不含贷记卡客户）的大型活跃银行，在授信决策、贷款定价、组合管理、风险监控、贷后管理、减值计提、资本管理、绩效考核等方面必须要有现代风险计量技术工具的有力支撑。现在的突出问题是人才不足、队伍不强。美国银行收购的美信银行，信用卡业务团队中专门做客户分析的就有几百人，其中不少是著名大学数学系毕业的博士。得益于良好的客户分析技术，美信银行信用卡业务的利差收入、手续费收入在美国是最高的。

在风险管理工具技术研发过程中，要立足自主创新，充分借鉴国际先进银行的成熟经验，同时通过与战略投资者合作、外部咨询等多种途径实现技术转移，培养自己的专业技术团队。我们原先在风险管理计量技术领域十分薄弱，这是短处，但是从另一种角度来看，由于不存在“路径依赖”，可以解放思想，站在较高的起点上，选择最适合我们需要、最适合我们实际情况的技术工具和研发路径。

需要特别强调的是，研发和运用先进技术和方法，基础数据的积累非常重要。例如，内部评级法对商业银行的数据积累的长度和质量都提出较高的要求，比如说，公司敞口违约率建模的数据积累至少要5年。目前我们在基础数据管理方面还很薄弱，有效数据的时间跨度较短，不少数据还属于台账管理，没有进入信息系统；有的数据错录、遗漏较多，数据的完整性和标准化程度较差。当前，要抓紧做好数据积累和数据清理，满足风险计量技术发展的需要，同时加快建立健全数据管理制度，优化信息系统，整合全行的基础数据。当然，我们也没有必要一切都从头做起，要善于利用其他机构、部门积累的数据和材料，找到一些比较科学合理的简化方法或替代方案。

七、信息技术是银行业务竞争和风险控制的战略制高点

现代商业银行是信息密集型企业，无论是客户服务、产品创新还是风险管控，很大程度上都是基于对信息的处理，都高度依赖信息技术。信息技术已经渗透到银行经营管理的每个领域，成为现代商业银行竞争的战略制高点。

近年来，我们在信息化建设方面取得很大成绩，但是与先进银行相比差距还不小，在相当长一段时间内可能会拉风险管理的后腿。要把信息化建设作为战略重点提上日程。近期开了几次会，决定要加大信息技术投入。在软件方面，还需要业务部门、风险管理部门提出相应的业务需求，不能光靠技术人员。搞业务、搞技术的人员要共同参与，提出更好的系统需求，这非常重要。

需要指出的是，在信息化的大背景下，银行业务对IT系统的依赖程度越来越高，IT风险的影响也越来越显著。前不久，我们一个分行的大额支付系统出现故障，时间不算长，我们为此要赔付客户的损失。虽然直接损失并不大，但是对于我们这样的大银行来说，由此带来的声誉损失更值得我们警惕。应该看到，由于不少IT系统过去是分散开发的，集成度低，标准不统一，系统之间存在兼容性和衔接性的问题，日常维护和管理困难，存在很多风险隐患，很难保证能够有效应对突发性、灾难性事件。另外，有的IT项目采取外包的方式，这一方面节约了成本，但另一方面也带来了外包风险。如果没有完备的预案，过于依赖外包服务商，一旦出现问题，很容易导致IT系统失控，使得银行的财产和声誉蒙受损失。对这些新的风险形态，必须给予高度重视。

对于IT风险的防控应该贯穿于IT系统的规划、设计、运行、维护全过程。在系统规划设计阶段就要将风险防控的要求融入系统之中，提高系统的稳定性和抗风险能力。同时，要将业务持续性计划（BCP）的建设作为现阶段的工作重点。目前我行的灾难备份系统仅覆盖CCBS系统，而且限于同城，这是远远不够的。要积极推进与美国银行合作的IT灾备体系规划项目，有计划、分步骤地完善应急预案，加强预案演练，验证灾备体系的有效性，加快构建保障全行IT系统安全运行的风险管控框架体系。

八、风险管理能力的提高也要靠大胆探索和积极创新

既要控制风险，又要发展业务，是一对矛盾，但是可以做好平衡，这需要结合市场实际不断探索创新。引进先进的风险管理经验和技术只是一个方面，不能代替我们自己的工作，因为大家面对的市场和客户不一样。这方面我们已经做了不少工作，而且取得很大成效。如新疆维吾尔自治区分行对新疆生产建设兵团开展的小额农户贷款就很典型。2001年4月，新疆生产建设兵团实行了农户土地承包30年不变的政策，推行土地承包费用与生产资料费用由农户自理的政策，赋予农户在生产经营和土地流转等方面更大的自主权。这一政策的推出，为广大兵团的农户提供了广阔的发展空间，但也使他们面临资金筹措的困难。在缜密调研的基础上，新疆维吾尔自治区分行结合农户需求推出了“小额农户贷款”这一全新的金融产品。按照“限制额度、专款专用、有效担保、资产保险、按期偿还”的原则控制风险，为农户提供小额贷款服务。

他们首先从借款人资格准入开始，严把“入门关”。规定贷款发放对象应是与建设银行建立合作关系的团场的正式职工，申请人必须与团场签订土地承包合同。在实际操作中，推出了零售信贷业务批发化经营管理运作模式，要求贷款农户所在的团场为农户提供担保，并在建设银行预存不低于本团场职工贷款总额10%的保证金；贷款农户必须拿出贷款金额30%的自有资金配合生产，并在贷款前预交当年的土地承包费或租金；农户须为作为还贷来源的农牧业产品办理保险，并在保险中明确建设银行为第一受益人。这一系列措施在很大程度上降低了小额农户贷款违约风险。2002年以来，在这个被同业视为畏途的领域，新疆维吾尔自治区分行已累计向兵团农户投放小额贷款达13亿元，迄今保持了本息100%的回收，没有出现一笔坏账。

这样的例子还有黑龙江分行为省农垦系统农场职工搬迁提供的新农村个人住房贷款业务以及辽宁铁岭分行为当地农民提供的农用车贷款业务等。因此，关键是要结合市场实际进行大胆探索和积极创新，切实找到防范风险的措施。

对于小企业客户，也要探索新的风险管理手段。例如，我行与阿里巴巴合作的小企业“e贷通”业务，借助阿里巴巴交易平台中的小企业信用和交易数据库，可以弥补我们在小企业客户信

息方面的不足，降低贷款调查和评估成本，在有效控制风险的基础上做大小企业业务。小企业客户信用评估，不一定要从最原始的环节入手，像阿里巴巴这样在市场中积累下来的小企业信用资源是很有价值的，当然我们也要筛选，要完善配套的评价标准。此外，还可以与产业链的龙头企业、政府牵头部门合作，向产业链、供应链上的中小企业提供金融服务。这也是借用产业链龙头企业的信用管理能力、节约自己进行中小企业信用管理成本的好办法。

金融创新的一个重要趋势是要与客户分享风险管理知识。与供应商和合作伙伴建立有效的知识分享流程是提高企业核心竞争力的重要措施。丰田公司之所以能成为全球第二大汽车生产企业并成为利润最高的汽车企业，其重要的核心竞争力之一就是有效分享知识的能力。根据麻省理工管理评论上的研究，为丰田供货的生产部门的库存平均下降了35%，而为美国三巨头供货的生产部门的库存仅下降6%。同时，为丰田供货的生产部门的生产效率提高了36%，而为美国三巨头供货的生产部门的生产效率仅提高了1%。应该说丰田公司抓住了知识经济的核心，所以才创造了巨大的收益。

如果一家银行能够把风险管理能力和技术向客户传播，向资金链下游的信用平台、下游的融资或担保主体提供风险管理和信用评估技能，帮助客户提升风险管控能力，让合作伙伴与我们共同管理风险，那么就可以在风险可控的范围内网罗更多的客户资源和潜在市场，用更低的风险管理成本创造更多的利润。

九、研究调整信贷政策既是贯彻宏观调控的需要，也是自身实现业务可持续发展的需要

今年以来，全球经济总体上保持了增长势头，尤其是新兴市场和发展中国家增势强劲。但是由于受到美国次贷危机的影响，全球金融市场波动性加剧，对我国金融也产生了一定的影响。中国经济总体来看发展态势良好，上半年 GDP 同比增长 11.5%，创近 10 年来新高。但是，经济运行中的结构性矛盾也逐渐凸显，出现的一些新变化值得我们密切关注。

一是通货膨胀率大幅上扬，对中国经济的持续稳定高速增长形成巨大压力。8 月的消费物价指数同比上涨 6.5%，创 10 年来的新高，状况令人担忧。9 月 14 日晚，人民银行宣布上调金融机构人民币存贷款基准利率 27 个基点，距离上一次加息不到一个月，这是今年以来的第 5 次加息。另外，人民银行多次提高了存款准备金率。虽然学者对物价上涨有不同的看法，有的认为问题不大，但是总体来看，通货膨胀的预期进一步加强，长期以来保持的“高增长、低通胀”局面可能会发生变化。

二是资产价格持续快速上涨，对金融体系安全运行构成潜在威胁。虽然资产价格上涨由于有实体经济持续向好的基本面作为支撑而存在一定合理性，但是从目前股票和房地产价格快速上涨的态势来看，资产价格泡沫正在形成和积累。8 月份，全国 70 个大中城市的房屋销售价格同比上涨 8.2%，超过去年同期 3 个百分点。昨天，上证指数收于 5 425 点。应该说，资产泡沫的潜在风险需要引起高度警惕。上半年上市公司业绩普遍很好，但是有调查报告显示，上市公司的利润中有 24% 来自于资本市场，如果进一步分析，另外有 1/4 属于投资收益等，也间接来源于资本市场。这样的业绩是靠不住的。当前我国仍以间接融资为主，银行是最主要的融资渠道，因此风险实际上高度集中在银行。一旦资产泡沫破裂，银行必然是首当其冲。对此我们需要密切关注、未雨绸缪。

三是以节能减排为重点，产业结构调整步伐加快。长期以来国民经济的快速增长主要依赖于投资和出口拉动，资源消耗巨大、环境污染严重等负面效应在逐步显现，已经影响到经济社会的可持续发展。实践证明，这种以高能耗、高污染为代价的经济增长模式是难以持久的。随着能耗、环保等技术标准的强制执行以及落后产能淘汰力度的加大，“两高”产业投资增长可能放缓，内部结构调整的进程将进一步加快，有的企业今天还是我们的优良客户，明天也有可能就关停或倒闭了。

四是外贸和外资政策有新的调整，经济增长将进一步依赖国内需求。上半年，外汇储备增加了 2 663 亿美元，说明国际收支不平衡问题进一步恶化，流动性过多的压力继续增大，这是整个宏观经济形势紧张的总的根源。贸易顺差和外商直接投资的持续扩大对国内经济增长提供了强有力支撑，但是其负面效应也正在逐步显现。一方面，中国出口快速增长引发国际贸易摩擦升级；另

一方面，低技术、低工资、低税收的加工贸易比重较大，制约了可持续发展。目前，国家正逐步取消外资在税收、土地等方面享受的超国民待遇，由此可能导致部分以“三来一补”、“两头在外”为主要特点的出口加工型企业遇到困难。同时，国家鼓励企业由依靠廉价劳动力向依赖科技转型，这将为具备自主创新能力的企业和行业提供新的发展机遇。

五是生产成本的上升将进一步加剧企业分化。当前，国家对能源节约、环境保护、安全生产、员工权益等方面越来越重视，相关领域的强制标准将逐步推行。可以预见，长期以来被忽视的能耗、环保、安全等外部成本将逐渐实现内部化并在产品成本中得以体现。同时，随着员工的工资水平整体上的提升，可能带来生产成本的进一步上升。生产成本的提高将加剧企业分化，在不同行业中，由于产业组织结构不同，不同企业向上下游转嫁成本的能力也不尽相同，生产成本提高可能改变某些行业目前的竞争格局。部分企业难以承受成本上升压力，可能出现盈利能力下降乃至倒闭；部分企业则由于在产业链中占据有利位置，也可能从成本上涨中获利。

近期胡锦涛总书记在主持中央政治局集体学习时强调指出，要充分发挥金融配置资源、调节经济、服务发展的功能，运用金融手段搞好宏观调控，推动解决经济运行中的突出矛盾和问题。金融企业要围绕国家发展战略和目标任务，积极为调整经济结构、推动自主创新、节约能源资源、保护生态环境、促进区域协调发展、改善人民生活作出贡献。随着国家宏观调控力度不断加大，建设银行的信贷政策也需要作出相应调整，这既是商业银行贯彻宏观调控、履行社会责任的需要，也是自身调整优化信贷结构、增强资产组合抗风险能力、实现业务可持续发展的需要。

通过主动的结构调整降低经济波动带来的负面影响。这里我要重申一下去年就提出的几点政策倾向，也算是我们的风险偏好。一是要进一步压缩流动资金贷款，二是控制向制造业、批发零售业、建筑业的贷款投放，三是信贷资源重点向基础设施建设包括能源、交通、通信、水利及城市基础设施等领域倾斜；四是大力拓展个人住房贷款业务和小企业信贷业务；五是对于房地产行业要进一步优化客户结构，对其行业风险不能心存侥幸。另外需要指出的是，对于高科技高风险投资项目要审慎介入，比如“煤变油”，毕竟商业银行不是风险投资公司。当然，不是说对上述限制行业一概都不能贷款，只不过客户准入门槛要相应提高。在控制贷款行业投向的同时，要突出对客户的选择，我们前面已经谈到，要对客户作出有效的风险识别和区分。

要拿出切实的措施，加大结构调整力度。近年来，全行信贷业务结构的调整取得了一定的成效，但是与我们的目标还有差距。结构调整要果断，要有前瞻性，该退出的要及时果断地退出。现在很多分支机构还喜欢“垒大户”，单一行业、客户的贷款集中度太高，想退出都困难。这方面我们是有过不少教训的，要切实转变经营观念。要大力发展理财、信托等中间业务，一方面是扩大非利差收入、减小信用风险敞口，另一方面是在信贷规模有限的情况下，满足客户的融资需求，维护好客户关系。

抵御经济周期波动并确保银行价值的持续稳定增长是银行风险管理的核心价值之一。风险管理本身是对不确定性进行管理的科学。我们认为，真正成熟的风险管理体系必须能够经受住市场波动乃至一个完整经济周期的考验。通过对不确定性的管理可以确保银行价值创造能力的持续稳定增长，增强对经济萎缩所带来冲击的抵御能力，这是银行风险管理的核心价值，也是当前全面风险管理体系建设的重要任务。

同志们，全面风险管理体系建设是一项长期、艰巨的任务。当前面临的困难和挑战还很多，随着市场波动以及外部竞争的加剧，要保持住重组上市以来良好的发展势头和资产质量水平，还有许多艰苦细致的工作要做。希望大家再接再厉，扎实工作，全面提升风险管理能力，以此巩固和增进建设银行的核心竞争力，促进我们的业务发展再上新的台阶！

深入学习党的十七大精神 把科学发展观落实到建设银行工作的各个方面

——在中国建设银行秋季工作座谈会上的讲话

（2007 年 11 月 1 日）

郭树清

同志们：

上午好！根据会议安排，今天上午由我和张建国同志作报告。首先，由我向大家传达党的十七大精神。我讲四个问题。

一、全面准确学习领会党的十七大精神

学习领会党的十七大精神，要把握几个重点，有的同志作了概括，就是“一面伟大旗帜，一个思想体系，一个宏伟目标，一套战略部署”。

（一）深刻领会十七大的主题

胡锦涛总书记在报告中明确阐述党的十七大的主题是：高举中国特色社会主义伟大旗帜，以邓小平理论和“三个代表”重要思想为指导，深入贯彻落实科学发展观，继续解放思想，坚持改革开放，推动科学发展，促进社会和谐，为夺取全面建设小康社会新胜利而奋斗。

对这个主题的概括，会前是经过反复酝酿和充分讨论的。表述主题的词语是经过反复推敲过的，词序排列也是很有讲究的。大家要认真学习，深入体会。

中国特色社会主义伟大旗帜，是当代中国发展进步的旗帜，是全党全国各族人民团结奋斗的旗帜。解放思想是发展中国特色社会主义的一大法宝，改革开放是发展中国特色社会主义的强大动力，科学发展、社会和谐是发展中国特色社会主义的基本要求。全面建设小康社会是党和国家到2020 年的奋斗目标，是全国各族人民的根本利益所在。

解放思想、改革开放、科学发展与社会和谐、全面建设小康社会，这四个方面相互联系，相互促进，构成了在新的历史条件下发展中国特色社会主义的主要内容。

胡锦涛同志在报告中特别强调的是，要继续解放思想。把解放思想放在非常突出的位置上，是有着深刻意义的。新时期建设中国特色社会主义，最重要的一条就是思想路线端正。所谓思想路线端正，就是坚持解放思想、实事求是。这既是马克思主义的认识观，也是毛泽东思想的认识观，也可以叫做思想路线。

（二）深刻领会十六大以来党和国家取得的新成就

党的十六大以来的五年，中国特色社会主义事业蓬勃发展。十七大报告对此有非常精辟的概括。在座的每一个人都是当事人，亲身见证了取得这些新成就的历程。这五年，是我国综合国力提升最快的五年，是人均收入水平增长最快的五年，是人民群众得到实惠最多的五年。在这五年里，人均 GDP 在 2002 年首次超过1 000美元，到 2006 年又超过 2 000 美元。这个实质性的变化，说明我国已经由低收入国家步入了中等收入国家行列。如果考虑购买力平价，考虑汇率进一步升值的可能，人均 GDP 还不止 2 000 美元，世界银行和国际货币基金组织的估计是 5 000 ~ 6 000 美元。当然，货币因素是多年积累起来的，不是这几年才发生的。另外，平均数还不能保证每个人都达到中等收入水平，就是说收入差距的问题没有反映出来，还有相当大比例的人口生活比较困难。

（三）深刻领会改革开放的伟大历史进程和宝贵经验

胡锦涛同志在报告中总结了改革开放近 30 年的伟大历史进程和宝贵经验，他指出其中最重要的是：实践雄辩地证明，改革开放是决定当代中国命运的关键抉择，是发展中国特色社会主义、实现中华民族伟大复兴的必由之路；只有社会主义才能救中国，只有改革开放才能发展中国、发展社会主义、发展马克思主义。改革开放以来我们取得一切成绩和进步的根本原因，归结起来就是：开辟了中

国特色社会主义道路，形成了中国特色社会主义理论体系。

改革开放在取得辉煌成绩的同时，也出现了这样或那样的问题，工作中还有这样或那样的失误。所以，在社会上，包括在党内，有各种各样的议论，对改革开放有一些不同意见。针对这些问题，十七大作出了科学的回答。

中国特色社会主义是实行改革开放的社会主义，改革开放贯穿于社会主义社会发展的全过程，是加快我国发展的必由之路。改革开放作为一场新的伟大革命，不可能一帆风顺，也不可能一蹴而就。改革发展本身就是一个不断化解矛盾和解决问题的过程。最根本的是，改革开放符合党心民心、顺应时代潮流，方向和道路是完全正确的，成效和功绩不容否定，停顿和倒退没有出路。改革开放的方向必须坚持，不能有丝毫的动摇。没有改革开放，就没有中国特色社会主义。

在当代中国，坚持社会主义，坚持马克思主义，就要坚持中国特色社会主义，走中国特色社会主义道路，坚持中国特色社会主义理论体系。高举中国特色社会主义伟大旗帜，最根本的就是要坚持这条道路和这个理论体系。

（四）深刻领会实现全面建设小康社会奋斗目标的新要求

十七大立足于社会主义初级阶段这个最大的实际，全面认识工业化、信息化、城镇化、市场化、国际化深入发展的新形势新任务，在十六大确立的全面建设小康社会目标的基础上，在五个方面对我国发展提出了新的更高的要求。

一要增强发展协调性，努力实现经济又好又快的发展。在优化结构、提高效益、降低消耗、保护环境的基础上，实现人均国内生产总值到2020年比2000年翻两番。社会主义市场经济体制更加完善。进入创新型国家行列。形成消费、投资、出口协调拉动的增长格局。城乡、区域协调互动发展机制和主体功能区布局基本形成。城镇人口比重明显增加。

二要扩大社会主义民主，更好地保障人民权益和社会公平正义。公民政治参与有序扩大。法治政府建设取得新成效。基层民主制度更加完善。政府提供基本公共服务的能力显著增强。

三要加强文化建设，明显提高全民族的文明素质。覆盖全社会的公共文化服务体系基本建立，文化产业占国民经济的比重明显提高，适应人民需要的文化产品更加丰富。

四要加快发展社会事业，全面改善人民生活。现代国民教育体系更加完善，终身教育体系基本形成。社会就业更加充分。覆盖城乡居民的社会保障体系基本建立，人人享有基本生活保障。中等收入者占多数，绝对贫困现象基本消除。人人享有基本医疗卫生服务。

五要建设生态文明，基本形成节约能源资源和保护生态环境的产业结构、增长方式、消费模式。循环经济形成较大规模，可再生能源比重显著上升。生态环境质量明显改善。

到2020年全面建设小康社会目标实现之时，我国将成为工业化基本实现、综合国力显著增强、国内市场总体规模位居世界前列的国家，成为人民富裕程度普遍提高、生活质量明显改善、生态环境良好的国家，成为人民享有更加充分的民主权利、具有更高文明素质和精神追求的国家，成为各方面制度更加完善、社会更加充满活力而又安定团结的国家，成为对外更加开放、更加具有亲和力、为人类文明作出更大贡献的国家。

总之，党的十七大根据治国理政实践作出的总结和阐述，非常全面、系统、科学和深刻。我们在学习时，需要深入领会。

二、深刻把握十七大关于社会主义经济建设、政治建设、文化建设、社会建设的新思想、新论断、新要求

（一）在经济建设上，要促进国民经济又好又快地发展

国内生产总值翻两番的经济发展目标由“总量”改为“人均”，既体现了科学发展观的要求，又体现了以人为本。十七大在8个方面对经济建设的战略任务进行了重点部署，并提出了很多新观点、新论断、新要求。

1. 提高自主创新能力，建设创新型国家

提高自主创新能力、建设创新型国家，是国家发展战略的核心，是提高综合国力的关键。这是基于我国经济发展到目前这个阶段，过去长期以来依靠引进、学习、模仿来促进工农业生产和服务业发展的模式已经达到难以为继的程度而提出的。今后，特别是到2020年的经济发展，要保持高速度高质量高效益的增长，依靠过去的方式已经不可行了。全球最佳品牌百强，主要集中在

美欧，日韩有一些，中国一个也没有。占我国出口量最大的大众产品，像服装、鞋帽，几乎没有一个能在国际上打响的自主品牌，都是贴人家的牌子生产。现在所说的高科技产品，手机、摄像机、DVD、摩托车等，中国基本上都没有什么自己的品牌。我国每年生产出口近百亿双鞋子，出口单价平均只有2.5美元，出口金额一共200多亿美元；而一架波音747飞机售价是1亿多美元。我们要卖多少双鞋才能换一架飞机啊！

所以，十七大把自主创新放在特别突出的位置，特别强调加快建立以企业为主体、以市场为导向、产学研相结合的技术创新体系；创新要素要向企业集聚，促进科技成果向现实生产力转化；注重培养一线的创新人才。

所谓创新，就是能够增加价值的新的思想、新的方法。创新不仅包括工业产品创新、农业产品创新，还包括服务业创新。创新与我们银行紧密相关。事实上，我们已经有很多创新了。我们引入大堂经理，实行弹性排班，结合自身情况合理划分功能区，这些都是创新。我们的服务创新在很多地区都有所不同，包括青海分行、甘肃分行都在积极创新。

2. 加快转变经济发展方式，推动产业结构优化升级

在“九五”计划时，国家提出要转变经济增长方式，十七大对此提法改了两个字，提出要转变经济发展方式。显然，发展的概念要比增长的概念更加宽广。

党的十七大报告指出，加快转变经济发展方式，推动产业结构优化升级，是关系国民经济全局紧迫而重大的战略任务。具体来说，要实现“三个转变”：促进经济增长由主要依靠投资、出口拉动向依靠消费、投资、出口协调拉动转变；由主要依靠第二产业带动向依靠第一、第二、第三产业协同带动转变；由主要依靠增加物质资源消耗向主要依靠科技进步、劳动者素质提高、管理创新转变。

从世界经济发展的历史来看，新中国成立以后特别是改革开放近30年来，中国的工业化与一两个世纪以前的欧美工业化相比，产业结构的升级转移步伐明显缓慢，地区同构情况严重。欧美当时的技术水平虽然非常低，但产业升级转移的速度非常快，比我国现在的速度还快。这些国家第三产业的发展与工业化基本上是齐头并进的。而我国近30年来，工业化畸形发展，工业在整个GDP的比重不断上升，占据绝对主导地位，占比一度还达到50%，第三产业却没有同步跟着一起往上走。这个现象的背后是一系列的深层次问题，包括城镇化的问题、户籍制度、劳动力的二元结构、对农民的严格限制和排斥等。这些问题逐步积累起来，并使我们尝到了苦果——沿海最发达地区，要素成本本来应该很高的地方，发展的工业还是劳动密集型产业，还是重化工业。所谓高科技，名不副实。一年进口上千亿美元IT产品到国内组装加工，出口后还是只有1 000亿~2 000亿美元。这也算是高科技，统计的数字还很高。可是，实际上大都是将国外科技含量很高的元器件拿过来进行组装而已，即使是搞一个集成电路的封装，也仍然属于劳动密集型。

连最发达地区的产业结构都没有及时升级，这与政府主导的不合理政策相关。直到2004年，个别沿海发达地区还提出“零地价招商”，而土地的市场价格本来应该是几十万元、几百万元一亩。在国内，生产要素价格长期不反映市场供求关系，不反映资源稀缺程度，不反映环境成本。香港油价是内地油价的3倍就是一个明显的例子。价格扭曲，当然没法推动产业结构的升级。

3. 统筹城乡发展，推进社会主义新农村建设

对我们常说的“三农”问题，党的十七大提出统筹城乡发展事关全面建设小康社会大局，必须始终作为全党工作的重中之重。

党的十七大在这方面的新观点、新论断、新要求有：走中国特色城镇化道路，按照统筹城乡、布局合理、节约土地、功能完善、以大带小的原则，促进大中小城市和小城镇协调发展。以增强综合承载能力为重点，以特大城市为依托，形成辐射作用大的城市群，培育新的经济增长极。

重视发挥市场对城市布局的基础性作用，既是我国对长期以来探索工业化、城镇化道路的经验教训的总结，也是对世界各国城市化进程的借鉴。其实，马克思、恩格斯早在一百多年前总结欧洲工业化的经验时就指出：人口的高度集聚仅仅在思想互相促进互相激荡、增强创造性方面，就使所有过去的乡村和城镇都无法与其相提并论。

4. 加强能源资源节约和生态环境保护，增强可持续发展能力

党的十七大报告强调了必须把建设资源节约型、环境友好型

社会放在工业化、现代化发展战略的突出位置，落实到每个单位、每个家庭。要完善有利于节约能源资源和保护生态环境的法律和政策，加快形成可持续发展的体制机制。落实节能减排工作责任制。发展环保产业。促进生态修复。对此，建设银行一定要认真贯彻落实，要搞绿色信贷，搞绿色金融。

5. 推动区域协调发展，优化国土开发格局

遵循市场经济规律，突破行政区划界限，形成若干带动力强、联系紧密的经济圈和经济带。

6. 完善基本经济制度，健全现代市场体系

深化垄断行业改革，引入竞争机制，加强政府监管和社会监督。加快形成统一开放竞争有序的现代市场体系，发展各类生产要素市场，完善反映市场供求关系、资源稀缺程度、环境损害成本的生产要素和资源价格形成机制。

7. 深化财税、金融等体制改革，完善宏观调控体系

围绕推进基本公共服务均等化和主体功能区建设，完善公共财政体系。

推进金融体制改革，发展各类金融市场，形成多种所有制和多种经营形式、结构合理、功能完善、高效安全的现代金融体系。提高银行业、证券业、保险业的竞争力。优化资本市场结构，多渠道提高直接融资比重。加强和改进金融监管，防范和化解金融风险。完善人民币汇率形成机制，逐步实现资本项目可兑换。

党的十七大报告对未来金融改革重点强调的是市场的完善，形成结构合理、功能完善、高效安全的现代金融体系。

8. 拓展对外开放广度和深度，提高开放型经济水平

坚持对外开放的基本国策，把“引进来”和“走出去”更好地结合起来，扩大开放领域，优化开放结构，提高开放质量。深化沿海开放，加快内地开放，提升沿边开放，实现对内对外开放相互促进。

以上 8 个方面的工作部署，紧紧围绕促进国民经济又好又快地发展，突出了转变经济发展方式和完善社会主义市场经济体制两大工作重点，是党在新阶段更加全面地把握发展规律的深刻反映。

（二）在政治建设上，要坚定不移地发展社会主义民主政治

党的十七大报告，对社会主义民主政治建设有很多新观点、新论断、新要求。

将长期以来“积极稳妥地推进政治体制改革”的提法改为“坚定不移发展社会主义民主政治”。这样的表述更主动、更积极、更鲜明。

人民民主是社会主义的生命。

人民当家做主是社会主义民主政治的本质和核心。

坚持国家一切权力属于人民，从各个层次、各个领域扩大公民有序的政治参与，最广泛地动员和组织人民依法管理国家事务和社会事务、管理经济和文化事业，保障公民合法权益。

保障人民的知情权、参与权、表达权、监督权。

建议逐步实行城乡按相同人口比例选举人大代表。提出加强人大常委会制度建设，优化组成人员的知识结构和年龄结构。把政治协商纳入决策程序，完善民主监督机制，提高参政议政的实效。加强公民意识教育，树立社会主义民主法治、自由平等、公平正义理念。支持工会、共青团、妇联等人民团体依照法律和各自章程开展工作，参与社会管理和公共服务，维护群众合法权益。

人民依法直接行使民主权利，管理基层公共事务和公益事业，实行自我管理、自我服务、自我教育、自我监督。提出把城乡社区建设成为管理有序、服务完善，文明祥和的社会生活共同体。完善以职工代表大会为基本形式的企事业单位民主管理制度，推进厂务公开，支持职工参与管理，维护职工合法权益。

依法治国是社会主义民主政治的基本要求。建设公正高效权威的社会主义司法制度，保证审判机关、检察机关依法独立公正地行使审判权、检察权。加强政法队伍建设，做到严格、公正、文明执法。尊重和保障人权，依法保证全体社会成员平等参与、平等发展的权利。

选拔和推荐更多优秀的党外干部担任领导职务。

加快推进政企分开、政资分开、政事分开、政府与市场中介组织分开，规范行政行为。减少和规范行政审批，减少政府对微观经济运行的干预。加大机构整合力度，探索实行职能有机统一的大部门体制，健全部门间协调配合机制。加快推进事业单位分类改革。

确保权力的正确行使，必须让权力在阳光下运行。要坚持用

制度管权、管事、管人，建立健全决策权、执行权、监督权既相互制约又相互协调的权力结构和运行机制。要健全质询、问责、经济责任审计、引咎辞职、罢免等制度。落实党内监督条例，加强民主监督，发挥好舆论监督作用，增强监督合力和实效。

（三）在文化建设上，要推动社会主义文化大发展大繁荣

胡锦涛总书记在报告中指出：当今时代，文化越来越成为民族凝聚力和创造力的重要源泉、越来越成为综合国力竞争的重要因素，丰富精神文化生活越来越成为我国人民的热切愿望。在文化建设方面，党的十七大提出了很多新观点、新论断、新要求。

坚持社会主义先进文化的前进方向，兴起社会主义文化建设新高潮，更加自觉、更加主动地推动文化大发展大繁荣。

社会主义核心价值体系是社会主义意识形态的本质体现。用以爱国主义为核心的民族精神和以改革创新为核心的时代精神鼓舞斗志，用社会主义荣辱观引领风尚，巩固全党全国各族人民团结奋斗的共同思想基础。

主动做好意识形态工作，既尊重差异、包容多样，又有力抵制各种错误和腐朽思想的影响。

激发全民族的文化创造活力，提高国家文化软实力。

以增强诚信意识为重点，加强社会公德、职业道德、家庭美德、个人品德建设，发挥道德模范榜样作用，引导人们自觉履行法定义务、社会责任、家庭责任。加强和改进思想政治工作，注重人文关怀和心理疏导，用正确方式处理人际关系。

解放和发展文化生产力，是繁荣文化的必由之路。始终把社会效益放在首位，做到经济效益与社会效益相统一。完善扶持公益性文化事业、发展文化产业、鼓励文化创新的政策。

大力发展文化产业，实施重大文化产业项目带动战略，加快文化产业基地和区域性特色文化产业群建设，培育文化产业骨干企业和战略投资者，繁荣文化市场，增强国际竞争力。运用高新技术创新文化生产方式，培育新的文化业态，加快构建传输快捷、覆盖广泛的文化传播体系。设立国家荣誉制度，表彰有杰出贡献的文化工作者。

（四）加快推进以改善民生为重点的社会建设

在社会建设方面，党的十七大也有很多新观点、新论断、新要求。

优先发展教育，建设人力资源强国。教育是民族振兴的基石，教育公平是社会公平的重要基础。加快普及高中阶段的教育。保障经济困难家庭、进城务工人员的子女平等接受义务教育。

就业是民生之本。建立统一规范的人力资源市场，形成城乡劳动者平等就业的制度。完善和落实国家对农民工的政策，依法维护劳动者权益。

健全劳动、资本、技术、管理等生产要素按贡献参与分配的制度，初次分配和再分配都要处理好效率和公平的关系，再分配更加注重公平。逐步提高居民收入在国民收入分配中的比重，提高劳动报酬在初次分配中的比重。逐步提高扶贫标准和最低工资标准，建立企业职工工资的正常增长机制和支付保障机制。创造条件让更多群众拥有财产性收入。打破经营垄断，创造机会公平。

建立覆盖城乡居民的社会保障体系，探索建立农村养老保险制度。制定全国统一的社会保险关系转续办法。健全廉租住房制度，加快解决城市低收入家庭的住房困难。

坚持公共医疗卫生的公益性质，实行政事分开、管办分开、医药分开、营利性和非营利性分开，建设覆盖城乡居民的公共卫生服务体系、医疗服务体系、医疗保障体系、药品供应保障体系，为群众提供安全、有效、方便、价廉的医疗卫生服务。

完善社会管理。最大限度地激发社会创造活力，最大限度地增加和谐因素，最大限度地减少不和谐因素。加强流动人口服务和管理。

总之，党的十七大关于社会主义经济建设、政治建设、文化建设、社会建设的新思想、新论断、新要求，是对建设中国特色社会主义总体布局的各项任务作出的新的战略部署，我们必须深刻把握。只有全面、系统、深入地加以研究和学习，才能真正做到消化吸收。

三、在建设银行的各项工作中更加自觉地贯彻科学发展观

科学发展观，是对党的三代中央领导集体关于发展的重要思想的继承和发展，是同马克思列宁主义、毛泽东思想、邓小平理论和“三个代表”重要思想既一脉相承又与时俱进的科学理论，

是我国经济社会发展的重要指导方针，是发展中国特色社会主义必须坚持和贯彻的重大战略思想。

科学发展观，第一要义是发展，就是坚持把发展作为党执政兴国的第一要务；核心是以人为本，做到发展为了人民、发展依靠人民、发展成果由人民共享；基本要求是全面协调可持续，促进现代化建设各个环节、各个方面相协调；根本方法是统筹兼顾，就是要统筹城乡发展、区域发展、经济社会发展、人与自然和谐发展、国内发展和对外开放，统筹中央和地方关系，统筹个人利益和集体利益、局部利益和整体利益、当前利益和长远利益，充分调动各方面的积极性。

深入学习党的十七大精神，全面贯彻落实党的十七大精神，最重要的就是要在建设银行的经营管理各项工作中更加自觉、更加坚定地贯彻科学发展观，坚持走科学发展的道路，以改革创新的精神切实提高经营能力和竞争实力，促进各项业务又好又快地发展。

从今年前三个季度全行经营数据来看，我行的各项指标都非常优秀，股票价格表现良好，竞争优势得到进一步的巩固和提高。这里面有我们努力的结果，这是不容置疑的，但更主要的是客观环境因素所发挥的作用，特别是金融市场的快速发展、资本市场需求比较旺盛。

全行在经营管理的各个方面都取得了突破性的进展。比如，部门条块分割的局面开始被打破，专业化服务机构和团队正在建立，“流程银行”改造有了良好开端，网点转型正在稳步推进。

但是，越是在我们经营效益比较好、成绩比较突出、投资者和市场对我们非常信任的时候，我们越应该认识到自己的不足。所以，我在这里还是要讲一讲存在的问题，提醒大家注意。

一是全行的客户服务能力与市场需求相比，还是不足。我们的服务改进了很多，工作效率也提高了很多，但还是难以满足不断增加的客户需求。主要体现在客户在网点的排队等候时间较长。据北京分行统计，第三季度柜员服务压力比第二季度上升了一倍，第二季度是5.39，第三季度是10.1；第二季度客户平均等候时间为22.5分钟，第三季度为45.6分钟，高于工商银行的41.8分钟和招商银行的34.8分钟。在服务方面还存在一些具体问题，像最近在一个沿海地区分行网点发生了拒收社会捐助客户7 000多元零钞的事件。

二是业务转型进展还不够理想。突出的表现是，在总体格局上对存贷款业务的依赖性还太大。到第三季度末，受加息等宏观调控政策的影响，我行的存贷款利差扩大到4.68%，净利息收益率达到3.21%，尽管中间业务发展速度很快，但利差收入仍占有绝对的比重。

三是风险隐患有减有增。存量资产结构调整速度偏慢，新增资产结构存在一定的不合理成分，部分行业、产品的不良贷款率有上升的势头，总体形势还非常严峻。

四是IT对业务营运的支持保障构成“瓶颈”。我们IT系统有很多，但好用的不多，彼此间的数据共享和支持也不够充分。更严重的是，还隐藏着相当大的风险。比如，有客户反映我行系统提供的基金查询服务总出现查不了的问题。

五是总体市场布局当中的结构性矛盾突出。比如，区域市场份额占比存在“西高东低”现象，西部地区分行市场份额高、增长速度快、竞争力相对较强，而东部发达地区分行的市场表现反而相对较弱。虽然我们已经取得了很大进步，但这个不合理的格局在总体上还没有改变，总行党委和董事会对此高度关注。

六是一些深层次的体制机制问题可能被表现良好的业绩所掩盖。我们在体制变革、产品和服务创新、流程再造等方面，虽然有不同程度的改进，但是核心矛盾还没有得到有效解决。比如，前台、中台、后台人力资源配置的优化和激励约束机制的改革如何到位；如何进行中后台的管理流程再造；组织架构和业务模式如何调整才能更好地适应市场竞争和满足客户需求等。

上述问题都是我们在发展中遇到的问题。要破解这些发展难题，必须更加自觉、更加坚定地走科学发展的道路，切实把握发展规律。我们要认真学习领会胡锦涛同志提出的4句话：第一要义是发展，核心是以人为本，基本要求是全面协调可持续，根本方法是统筹兼顾。

第一，要坚持发展，在发展中分析研究和解决问题，不能把业务停下来搞改革。要进一步深化内部的体制机制改革和流程再造，提高市场竞争能力和风险内控水平，统筹兼顾各方利益关系，建立互利共赢的持续发展模式，为客户提供更好的服务，为股东创造更大价值，为员工搭建广阔的发展平台，为社会承担全面的企业公民责任。

第二，发展要以人为本。队伍建设关系到建设银行事业的兴衰。建设银行今后的发展最终还要取决于员工队伍整体素质的提高。近两年，总行党委十分重视加强人力资源队伍建设。比如，最近出台了《核心人才管理办法》，连续两年对作出突出贡献的员工予以表彰和奖励。这项工作要继续加强。要进一步优化人力资源配置，建立科学的人才引进、培养、使用、流动机制，加强人才培养，完善薪酬和考核制度，激发广大员工的积极性、创造性，实现员工与企业的共同成长。

第三，发展要全面协调可持续。当前，国际国内金融市场及融资结构正在加速变化。利率、汇率市场化的推进，企业短期债的发行，QDII 的推出，股指期货、“港股直通车”的呼之欲出等，都预示着间接金融市场将会随着金融市场总量扩大而不断相对缩小。银行的存贷款利差收窄是必然趋势。政府未来扩大居民收入、增加社会保障、促进居民消费率稳步提高的政策导向，更会改变我国储蓄率长期居高不下的现状。为保证社会稳定，国家宏观调控也将必然贯穿于经济金融发展的全过程。我们必须加快业务战略转型的步伐，创新发展理念，转变发展方式。要协调处理好速度和结构、质量和效益、存量和增量的关系，依法合规审慎经营，支持并推进我国金融生态环境建设，不断开拓创新，提高持续盈利能力。

第四，发展要搞好统筹兼顾。现在，东、中、西部分行之间的差异很大，当地的金融资源和经营环境也非常不同。如何统筹东、中、西部地区分行的协调发展，如何兼顾相对发达地区和不发达地区分行的投入需要，如何推动海外业务与国内业务均衡发展，如何大力支持产业结构升级调整和循环经济的发展，都是需要我们统筹考虑并积极解决的紧迫问题。

四、按照中央新的部署，认真做好建设银行系统党的建设工作

党的十七大提出了新世纪新阶段党的建设要求，要“使党始终成为立党为公、执政为民，求真务实、改革创新，艰苦奋斗、清正廉洁，富有活力、团结和谐的马克思主义执政党”。必须把党的执政能力建设和先进性建设作为主线，坚持党要管党、从严治党，贯彻为民、务实、清廉的要求，以坚定理想信念为重点加强思想建设，以造就高素质党员、干部队伍为重点加强组织建设，以保持党同人民群众的血肉联系为重点加强作风建设，以健全民主集中制为重点加强制度建设，以完善惩治和预防腐败体系为重点加强反腐倡廉建设。

关于党的建设工作，党的十七大也有许多新观点、新论断、新要求。

思想理论建设是党的根本建设，党的理论创新引领各方面的创新。要按照建设学习型政党的要求，紧密结合改革开放和现代化建设的生动实践，在全党开展深入学习实践科学发展观活动。

党内民主是增强党的创新活力、巩固党的团结统一的重要保证。要以扩大党内民主带动人民民主，以增进党内和谐促进社会和谐。尊重党员主体地位，保障党员民主权利，推进党务公开，营造党内民主讨论环境。完善党的代表大会制度，实行党的代表大会代表任期制，选择一些县（市、区）试行党代表大会常任制。完善党的地方各级全委会、常委会工作机制，发挥全委会对重大问题的决策作用。

严格实行民主集中制，健全集体领导与个人分工负责相结合的制度，反对和防止个人或少数人的专断。推行地方党委讨论决定重大问题和任用重要干部票决制。

改革党内选举制度，改进候选人提名制度和选举方式。逐步扩大基层党组织领导班子直接选举的范围，探索扩大党内基层民主的多种实现形式。

不断深化干部人事制度改革。完善公开选拔、竞争上岗、差额选举办法。增强干部工作的民主性，增强民主推荐、民主测评的科学性和真实性。坚持正确的用人导向，按照德才兼备、注重实绩、群众公认原则选拔干部，提高选人用人的公信度。

优良的党风是凝聚党心民心的巨大力量。要坚持群众路线，真诚倾听群众呼声，真实反映群众愿望，真情关心群众疾苦，多为群众办好事、办实事，做到权为民所用、情为民所系、利为民所谋。多干打基础、利长远的事。加强调查研究，改进学风和文风，精简会议和文件。全党同志特别是领导干部都要讲党性、重

品行、作表率。

把反腐倡廉建设放在更加突出的位置，旗帜鲜明地反对腐败。

联系建设银行实际，学习党的十七大精神，加强党的建设，有两条特别重要：

一是加强学习。学习是做好一切工作的前提。我们要按照党的十七大对建设学习型政党的要求，建设学习型党委和学习型团队，首先从总行党委做起。加强学习绝不是一句应景的话。在计划经济向市场经济进一步转轨的过程中，在向现代商业银行转变的探索实践不断深入的过程中，我们无论是否学过金融，其实都是外行，都需要继续学习。总分行的同志都需要加强学习，而且要体现在经营管理的各项工作之中。我们还要向客户、向同业、向市场认真学习，要找出差距，迎头赶上。

二是切实改进作风，了解实际情况。下基层是我们当前加强党建工作的一个根本要求。我们很多最近新任命的一级分行行长，在这方面做得不错。他们到基层与员工座谈，在节假日微服私访，当“神秘人”，和客户沟通，有的还亲自担任客户经理、大堂经理，这些都是很好的做法。河北省分行发动所有机关干部深入网点当一两天大堂经理。他们回来以后感受就大不一样，体会很深刻。很多过去基层长期向上级反映的关于流程、科技、中后台支持服务等悬而未决的问题，很快都解决了。现在，很多领导同志的官僚主义作风还很严重。我希望大家都去当一天大堂经理，借此真正了解实际。

建设银行正处在深化改革、转换经营机制的关键时期，面临许多前所未有的新课题、新考验，党建工作还有一些与新形势不相适应的地方，特别是在反腐倡廉方面存在一些亟待解决的突出问题。以改革创新精神来加强全行系统的党建工作，既十分重要，又十分紧迫。

2005 年，总行党委提出了《廉洁自律六项要求》；2006 年，制定了节约从简做好内部接待工作的“七条补充规定”；今年又制定下发了《领导人员廉洁合规从业八项要求》。从执行的情况看，总体效果良好。经过近几年的努力，领导人员遵纪守法、廉洁从业的意识进一步增强，勤俭办行、艰苦奋斗的风气得到恢复，迎来送往、公款宴请、赠送礼品、公私不分等不良风气有了好转。

但是，我们还要看到，在执行上述规定的过程中，还存在一些问题。例如，分行行级领导到机场迎送总行领导的现象基本杜绝了，但却出现了迎送总行部门领导的现象；有的分行还在超规格安排上级机构出差人员的食宿；向上级机构人员赠送礼品和土特产品的现象也还时有发生。还有，少数人打着总行领导、分行领导的旗号，活动项目或者包揽工程。我已说过多次，党委的同志也声明过多次，现在再重申一次：今后凡是打着我的亲戚、朋友、同学旗号的，一律不要理睬，而且要赶快向总行办公室报告。这个要求对总行的其他领导同志也一样。由这个问题引出来的不公平竞争、商业贿赂，谁办的追究谁的责任。

另外，还有两个新情况需要引起大家注意。

一是“在职投入、离职产出”问题。有少数分支机构的负责人和信贷部门的负责人在职期间，帮助一些房地产公司、民营企业从建设银行获得信贷支持。在这些企业发展壮大后，这些分支机构负责人、信贷部门负责人提出离职，接受这些企业的一次性高额补偿和高薪聘请，到这些企业担任高管。中央纪律检查委员会已经明确规定：“严格禁止利用职务上的便利为请托人谋取利益之前或之后，约定在其离职后收受请托人财物，并在离职后收受”。对这个问题，我们要从严掌握。纪检监察部门和人力资源部门在摸清情况的基础上，要研究一些限制性措施，规定要细化，至少要有一个解密期和回避期，尽可能地防范道德风险，切实避免出现利益输送的问题。

二是亲属回避问题。今年 5 月，总行人力资源部作了一个统计，全行 33 万员工中有 44 113 人互为亲属关系，占员工总数的 13%。有这么高比例的亲属关系，领导人员的任职回避制度就显得尤其重要。中央和总行对领导人员的任职回避都有明确的规定，各级领导人员要认真清理，严格执行任职回避制度。

对党风廉政建设和反腐败工作，全行上下必须有清醒的认识，尤其是各级领导人员要时刻保持清醒的头脑，抵制各种利益诱惑。特别是“一把手”，如果“决策一人拍，花钱一支笔，用人一句话”，自律性再差一点，就容易出问题。所以，必须严格执行民主集中制，坚持重大问题由领导班子集体讨论决定。要发挥职工群众在民主管理、民主监督、民主决策中的作用。同时，加强对权力运行的制约和监督，加强对领导班子和领导干部特别是主要领导干部的监督。要认真抓好商业贿赂治理，对经营活动中违反商业道德和市场规则的不正当交易行为，要认真整改，坚决纠正。

同志们，我们要深入学习贯彻党的十七大精神，坚定不移地把科学发展观落实到经营管理的各个方面，进一步加快战略转型，持续提升核心竞争力，以更好的金融服务促进国民经济健康发展和社会主义和谐社会建设，向着世界一流银行的目标奋进！

坚持以人为本 构建和谐建行 为实现建设银行战略目标而努力奋斗

——在中国建设银行股份有限公司第一届职工代表大会第三次会议上的讲话

（2007 年 11 月 2 日）

郭树清

各位代表、同志们：

今天，在党的十七大胜利闭幕和建设银行股份成功回归 A 股之际，我们召开了中国建设银行股份有限公司第一届职工代表大会第三次会议。会议听取了张建国行长的工作报告，听取了人力资源部关于《贯彻劳动合同法实施意见》和《员工之声项目》的报告，表彰了荣获本年度中国建设银行突出贡献奖的员工。这次会议对于我们全面贯彻落实党的十七大精神，进一步确立以人为本的科学发展观，统筹协调股东、员工、企业、客户等各方面的利益，构建和谐建设银行，建设国际一流商业银行都具有十分重要的意义。

下面，我结合学习十七大精神，就做好思想政治工作、搞好民主管理及加强员工队伍建设谈几点意见，供大家参考。

一、认真贯彻党的十七大精神，切实从政治上保障员工的民主权利

随着我国经济社会的快速发展和改革开放的不断前进，广大人民群众对社会主义民主有了新的更高的期盼。党的十七大报告紧扣社会脉搏，顺应人民政治参与积极性不断提高的新情况，将“扩大社会主义民主，更好地保障人民权益和社会公平正义”作为全面建设小康社会的 5 项新要求之一。为扩大社会主义民主，党的十七大报告从多个方面进行了全面而又具体的部署。一是扩大人民民主，保证人民当家做主。党的十七大报告把人民当家做主界定为社会主义民主政治的本质和核心，提出要健全民主制度、丰富民主形式、拓展民主渠道，依法实行民主选举、民主决策、民主管理和民主监督，使人民的知情权、参与权、表达权和监督权得到更加充分的保障。二是加强公民意识教育，树立社会主义民主法制、自由平等、公平正义理念。三是发展基层民主，让人民依法直接行使民主权利，管理基层公共事务和公益事业，实行自我管理、自我服务、自我监督，对干部实行民主监督。四是全面落实依法治国基本方略，完善社会主义法律体系，加强宪法和法律实施，坚持公民在法律面前一律平等，维护社会公平正义，加快建设社会主义法治国家。五是壮大爱国统一战线，促进政党关系、民族关系、宗教关系、阶层关系、海内外同胞关系的和谐，团结一切可以团结的力量。六是加快行政管理体制改革，建设服务型政府。七是完善制约和监督机制，突出强调“必须让权力在阳光下运行”，保证人民赋予的权利始终用来为人民谋福利。八是积极推进党内民主建设，以扩大党内民主带动人民民主，以党内和谐促进社会和谐。党的十七大报告提出的关于社会主义民主政治建设的新思路、新论断、新举措，反映了我们党对发展社会主义民主政治的认识上升到了一个新的高度，同时也为全党全国人民指明了中国特色社会主义民主政治的发展方向。我们要认真学习并结合实际加以贯彻。

第一，要牢固树立依靠职工群众办企业的思想。我们全行有

30多万名员工，其中党员就有近14万名。从政治上讲，他们是国家的主人，也是我们企业的主人。这与股东的资本所有权和董事会的决策权并不矛盾，与公司是用人单位、员工与公司有劳动关系并不矛盾。我们要充分保证职工群众的主人翁地位，尊重和维护职工民主管理、民主监督的权利，善于把职工群众的智慧集中起来，把职工群众的力量凝聚起来，把职工群众的积极性调动起来，形成我们改革发展的整体合力。

第二，要领导和支持工会依法独立自主地、创造性地开展工作。要尊重工会在组织上的相对独立性，尊重法律赋予工会的地位、权利和义务，支持工会依法维护职工群众的合法权益。要进一步完善以职工代表大会为基本形式的民主管理制度，大力推行行务公开，支持职工参与管理。要为各级工会配备德才兼备且业务素质精良的优秀干部，使他们能够切实担当起工会所面临的愈益艰巨而复杂的工作重任。同时，各级党委也要加强对工会工作的领导，保证工会工作的正确方向。

第三，要进一步加强全行党的建设。要认真落实《中国共产党党员权利保障条例》，保证党员权利的正常行使和不受侵犯。要深化人力资源改革，建立健全科学的干部选拔任用决策机制，扩大干部工作中的民主，增强干部工作的公开性和透明度，防止选人用人上的不正之风。要坚持和完善党员领导干部民主生活会制度、巡视制度、领导干部个人重大事项报告制度、述职述廉制度、民主评议制度、谈话诫勉制度和经济责任审计制度，切实加强对领导干部的监督。要进一步转变工作作风，坚持和完善行长接待日制度，坚持深入基层调查研究，真诚听取员工呼声，真实反映员工愿望，真情关心员工疾苦，真心为员工办好事、办实事。

二、加强职工民主管理，全面调动员工参与建设银行事业的积极性

总行党委十分重视职工民主管理，自2005年11月在全国金融系统率先建立了职工代表大会制度，随后又建立了职工监事制度。经过两年多的实践，已经建立了较为完整的组织结构和工作制度，积累了一定的经验。我们要结合学习贯彻党的十七大关于加强基层民主建设的要求，继续加强职工民主管理。

第一，进一步提高职工代表大会的质量。一是凡是关系到全行发展战略的重大问题和涉及员工切身利益的大事，都要提交职工代表大会审议或讨论。根据《工会法》、《公司法》、《劳动法》和《劳动合同法》的有关规定，关系到全行发展战略的重大问题主要包括全行的发展战略、经营方针、长远和年度计划、体制改革方案和经济责任制方案等。涉及员工切身利益的大事主要有员工培训计划、集体合同草案、机构调整减员分流方案、劳动保护措施方案、工资改革实施方案、奖惩办法以及有关员工生活福利的重大事项等。二是要健全和落实职工代表大会的有关制度。近几年，在加强职工代表大会建设方面，我们建立了一系列制度，总体上执行得不错，但有些制度也落实得不够好。例如，职工代表提案制度落实得就不是很好。职工代表提案是职工代表议政谏言，是企业了解群情民意的重要渠道，是企业民主管理和民主监督的重要形式与内容。近年来，我行职工代表提案的数量在逐年增加，提案的质量也越来越高，但提案没有做到条条有着落和件件有回音。据统计，我行一届二次职工代表大会的回复率为80.6%，尚有近20%的提案没有回复，且许多回复的提案也仅仅停留在回复阶段，并没有具体的落实措施，职工代表对提案回复的满意率为78.5%。三是要努力提高职工代表的素质。职工代表要有强烈的责任意识，要从有利于全行改革发展和维护员工的合法权益出发，通过各种民主渠道，按照规定程序，多提合理化建议和提案；要有突出的争先意识，在建设银行的改革和发展中走在先，干在前，在员工中起到示范和导向作用；要有浓厚的学习意识，不断学习企业民主管理理论知识，树立并掌握先进的、科学的企业民主管理的理念及其手段和方法，从而提高参政议政的水平；要有强烈的服务意识，主动深入地做好服务基层、服务员工的工作。

第二，大力推行行务公开。行务公开就是建设银行依据有关法律法规规定，将涉及全行的重大决策问题、经营管理方面的重要问题、员工切身利益方面的问题以及与领导班子建设和党风廉政建设相关的问题，通过适当的形式向广大员工公开，吸收广大员工参与决策、管理和监督的民主管理制度。实行行务公开制度，是新形势下企业民主管理的实现形式和途径，是职工代表大会制

度在新形势下的完善和发展，对于推进基层民主政治建设，维护员工的合法权益，密切党群关系，保护、调动和发挥广大员工的积极性，都具有十分重要的意义。行务公开需要制度保证。要结合实际尽快制定《中国建设银行行务公开实施办法》，对行务公开的原则、内容、形式及程序等进行规范。在执行行务公开制度时，要处理好两个关系，一是要处理好行务公开与商业秘密的关系。行务公开并不等于什么问题都要公开，也不是公开的范围越大越好。如企业的科技机密、商业秘密、人事档案等就不能随便公开，应该在一定的范围内加强保密。对属于法律规定的个人隐私权，也不应该要求其公开。二是要处理好职工满意与企业发展的关系。行务公开是生产力发展的客观需要，代表和反映了广大员工的愿望和要求，员工满意与企业发展是一致的。

第三，充分发挥职工监事的作用。职工监事制度是依照法律规定，通过职工代表大会民主选举一定数量的职工代表进入监事会，代表员工发挥监督作用的制度。我行上市后，根据国家有关规定，建立了职工监事制度，依法选举产生了3名职工监事。职工监事要充分认识肩负的重大职责，努力学习，提高自身素质，特别要关注董事会、高级管理层涉及员工切身利益的重大决策及其执行情况，在维护员工权益方面发挥作用，根据有关要求向职工代表大会报告工作，接受监督、质询、评议。

三、加强和改进我们的学习，不断提高员工的创新能力

科学发展观，第一要义是发展，核心是以人为本。发展必须依靠创新。党的十七大报告中的“促进国民经济又好又快发展”部分，第一段就谈到提高自主创新能力，建设创新型国家。因此，任何一个公司和企业，要想健康、快速地发展，必须不断提高创新能力。从全球经济发展来看，近几十年来，全球的经济增长以及相应的生活水平的提高，在很大程度上并且越来越多地要归因于创新。从我们建设银行的历史来看，特别是股份制改革以来，我们之所以能成为在香港和A股成功上市的大型国有控股的股份制商业银行，之所以能够在很多方面处于国内同业中的领先地位，很大程度上也是取决于我们的创新。这里面不但有总行在宏观方面的创新，也有各分支机构结合实际在微观上的创新；不但体现在金融产品上的创新，而且体现在组织结构、流程等方面的创新。实践证明，创新是我们发展的不竭动力。广大员工是创新活动的主体，而员工创新能力的提高依赖于学习能力的提升。因此，我们要进一步加强和改进员工的学习。

第一，树立新的学习理念。党的十七大报告中提出了建设全民学习、终身学习的学习型社会的要求。我们要引导广大员工树立牢固而执著的学习信念，把学习从少数人的学习扩展到所有人的学习，从阶段的学习扩展到人的终身学习，从被动学习发展到主动学习，从继承性学习发展到创新性学习，努力形成人人学习、时时学习、处处学习和终身学习的理念，把学习当成一种全新的生活方式。

第二，改善学习过程。无论是个人还是组织，学习的关键是要用学到的知识改变自己，通过学习使行为产生变化，这才是真正意义上的学习。因此，我们要通过学习促进以下的变化：一是使心智模式得到改善。心智模式决定人们的行为方式。要通过学习改善传统的思维方式，培育积极心态，带动思维方式、管理方式和工作方式的转变。二是要推动工作的创新。学习的最终目的是为了实现工作的创新。如果没有创新，学习就失去了发现、失去了动力，也不能使知识转化为生产力。因此，要引导员工在学习中系统地思考本职工作，解决工作中遇到的难点问题，采取新举措，提出新办法，努力开创工作的新局面。

第三，创新学习途径和载体。抓工作要有抓手。要推动学习活动，就必须建立一些行之有效的载体。要深入开展“创建学习型组织，争做知识型员工”活动，将学习与工作有机地结合起来，使员工个人和整个组织得到共同发展。要深入开展业务竞赛活动，让员工在学中干、在干中学。例如，今年由总行工会牵头，总行会计部、个金部等13个部门参与，在全行开展的“柜面业务竞赛”活动，就是一项很好的岗位大练兵活动，这项活动的开展有力地提高了柜面业务人员的素质，提升了全行的服务水平。

第四，建立有效的学习激励机制。为使员工由“要我学”向“我要学”转变，必须建立鼓励员工不断自我超越的学习激励机制。要进一步完善现有的员工学习培训积分制度，将员工的学习态度、学习成绩作为年度考核、任职、晋升职务的重要依据之一。

要大力宣传和奖励勤奋学习并学有所成的员工，特别是要加大对在各类业务竞赛中取得优异成绩的员工的奖励力度。要建立以学习为导向的用人机制，对学习努力、爱岗敬业、业绩突出的员工优先选用，合理安排，做到人尽其才、学有所用，从而更好地激发员工的学习热情。

四、贯彻《劳动合同法》，建立和谐劳动关系，维护员工合法权益

在社会主义市场经济条件下，劳动关系已成为最重要、最基本的社会关系之一。劳动关系和谐是社会和谐的重要基础。党中央、国务院始终高度重视这一关系民生的问题，全国人大和国务院通过的一系列的法制政策和法规有力地确保了我国劳动关系总体上的稳定协调。2007 年 6 月 29 日，全国人大又审议和通过了《劳动合同法》，并将于 2008 年 1 月 1 日起施行。《劳动合同法》的颁布，不但为我行构建和谐的新型劳动关系提供了法律依据，同时也对我行用工管理制度产生了深刻的影响。刚才，人力资源部从劳动合同管理、用工形式、工作方式、用工成本和员工流动五个方面论述了这种影响，对此，我们要有清醒的认识，要结合我行的实际，抓好《劳动合同法》的学习贯彻。

第一，提高对贯彻落实《劳动合同法》重大意义的认识。《劳动合同法》是协调劳动关系，形成和谐稳定的新型劳动关系，妥善处理企业与员工的利益关系，实现互利共赢，坚持以人为本，依法维护员工合法权益，保护、调动和发挥其积极性的重要法律依据。能否认真贯彻好《劳动合同法》，也是检验各级党组织、各级领导干部贯彻落实党的十七大提出的积极构建社会主义和谐社会要求的标准之一。因此，我们必须从构建和谐社会的高度出发，认真学习《劳动合同法》，牢固树立依法治行、依法用工的意识。

第二，认真履行建设银行在构建和谐劳动关系中承担的责任和义务。建设银行在构建和谐劳动关系中居于主导地位，起着支配作用。因此，建设银行劳动关系是否和谐，建设银行作为企业要自觉地承担更多的责任，主动地履行更多的义务。相关部门要认真总结和汲取过去我们在处理劳动关系方面的经验教训，根据新颁布的《劳动合同法》尽快制定和完善《中国建设银行劳动合同管理办法》（以下简称《办法》）。这个《办法》目前已经有了一个初稿，并在这次职工代表大会上也征求了意见。会后相关部门要认真整理各位职工代表对《办法》提出的修改意见和建议，对《办法》进行完善。要通过这个《办法》切实解决我行现行的用工制度中不符合《劳动合同法》要求的问题，进一步规范我行的劳动用工形式。同时，我们还要积极探索和逐步完善科学有效的利益协调机制、诉求机制、矛盾调处机制、权益保障机制等配套措施，推动建设银行新型劳动关系的建立。

第三，工会要在贯彻《劳动合同法》中充分发挥作用。《劳动合同法》赋予了工会很多职责。《劳动合同法》共 8 章 98 条，其中有 4 章共 11 条涉及工会。例如，在《劳动合同法》总则第四条中规定“用人单位在制定、修改或者决定有关劳动报酬、工作时间、休息休假、劳动安全卫生、保险福利、职工培训、劳动纪律以及劳动定额管理等直接涉及劳动者切身利益的规章制度或者重大事项时，应当经职工代表大会或者全体职工讨论，提出方案和意见，与工会或者职工代表平等协商确定。在规章制度和重大事项决定的实施过程中，工会或者职工认为不适当的，有权向用人单位提出，通过协商予以修改完善。”在第四章第四十三条中规定：“用人单位单方解除劳动合同，应当事先将理由通知工会。用人单位违反法律、行政法规规定或者劳动合同约定的，工会有权要求用人单位纠正。用人单位应当研究工会的意见，并将处理结果书面通知工会。”在第五章第五十一条中规定：“企业职工一方与用人单位通过平等协商，可以就劳动报酬、工作时间、休息休假、劳动安全卫生、保险福利等事项订立集体合同。集体合同草案应当提交职工代表大会或者全体职工讨论通过。”等等。《劳动合同法》赋予工会这么多职责，对工会组织来讲，既是要求，也是机遇。全行各级工会组织要认真学习《劳动合同法》，加强对全行履行劳动合同、集体合同情况的监督，依法维护职工的合法权益。

五、坚持以人为本的管理理念，给员工更多的人文关怀

党的十七大提出，要大力弘扬爱国主义、集体主义、社会主义思想；以增强诚信意识为重点，加强社会公德、职业道德、家庭美德、个人品德建设；加强思想政治工作，注重人文关怀和心

理疏导，用正确方式处理人际关系。

美国奥辛顿工业公司总裁曾提出一条“黄金法则”：“关爱你的客户，关爱你的员工，那么市场就会对你倍加关爱”。客户是企业的外部客户，员工是企业的内部客户，只有兼顾内外，不顾此失彼，企业才能获得最终的成功。员工的心，企业的根。只有满意的员工，才能创造满意的客户。我们在任何时候都要把关心员工、关爱员工放在心上。

第一，要进一步优化员工的工作环境。一个健康、优雅、良好、和谐的工作环境会激发员工对生活的无限热爱和对事业的美好追求，才能使员工以百倍的精力投入到工作中去，并且会把企业当做自己的“家”，它给企业带来的经济附加值是不可估量的。因此，我们要把改善员工的工作环境作为一项基础性工作来抓。要结合业务发展战略转型科学合理地制订营业网点装修改造计划，解决好基层网点员工更衣室、午餐、取暖、空调等问题。要努力营造一种公平、公正、宽容、和谐、稳定的人文环境。要结合网点转型后人手紧缺和员工工作压力大的实际，在深入调查研究的基础上，积极探索在我行部分岗位实行弹性工作制，使部分员工在完成规定工作任务的前提下，可以灵活自主地安排工作时间，以代替统一、固定的上下班时间。

第二，要进一步关心员工的生活。近年来，总行党委始终坚持以人为本的理念，在关注员工个人成长进步的同时，也十分关心员工的生活。我们在全行范围内实施了首期全员股权激励计划，建立了企业年金制度，组织了住房分配货币化改革，特别是对困难员工建立了以职工互助基金为主要形式的帮扶机制。今天上午在预备会上工会报告了职工互助基金的筹集使用情况。职工互助基金自建立以来，全行各级互助基金共筹措资金 8 000 多万元，慰问和救助员工 2.3 万多人次。今后，我们要继续关心员工的生活，特别要继续加强职工互助基金管理，积极筹集帮扶资金，加大对分流内退、离退休人员和特困员工的帮扶力度，为他们解决实际困难。

第三，要关心员工的精神文化生活。胡锦涛总书记在党的十七大报告中谈到推动社会主义文化大发展大繁荣时指出，当今时代，文化越来越成为民族凝聚力和创造力的重要源泉、越来越成为综合国力竞争的重要因素，丰富精神文化生活越来越成为我国人民的热切愿望。各单位要结合实际，开展丰富多彩的群众性文化体育活动。文化体育活动主题要鲜明，格调要高雅，要弘扬主旋律。文化体育活动要与业务工作紧密结合，与促进市场营销结合起来，推动各项业务的开展。要加强文化体育活动阵地建设，配备完善必要的活动设施，为开展文化体育活动创造必要的条件。要通过组建职工爱好者协会、兴趣爱好小组和建立文体人才库等形式，发现和培养文化体育活动骨干。要适当加大对文化体育活动的经费投入。

第四，要关心员工的身心健康。我们不仅要关心员工的工作和生活，更要关心员工的身心健康。员工是建设银行的财富，员工有健康的体魄才能为建设银行创造更大的经济效益。关心员工的健康，就是提升我们的绩效。关心员工的身心健康，也是对员工最大的爱护。要通过开展健康知识讲座，引导员工形成健康文明的生活方式。要做好员工定期体检，建立员工健康档案，帮助员工及时了解身体状况，做到有病早预防、早发现、早治疗。要有效地疏导员工因压力而产生的负面情绪，让员工以更加积极和乐观的精神状态面对工作及生活中的种种挑战。

我们在关心员工的同时，也要充分履行我们的社会责任。福特汽车公司董事长福特先生说得好：一个好企业和一个伟大企业的区别在于：一个好的企业能够给客户提供好的产品和服务，而一个伟大的企业不仅提供好的产品和服务，而且还竭尽全力使这个世界变得更加安全、更加和谐美好。社会是企业的依托，企业是社会的细胞。一个企业如果不能融入社会、承担责任、创造价值，也就失去了企业发展的原动力。企业履行社会责任的过程同时也是树立自身良好形象的过程，也是增强企业自身市场竞争力的过程。那么，作为一个国有商业银行如何履行社会责任呢？第一，建设银行作为一个企业的主体，特别是作为一个股份制上市公司，应该给股东提供最大的回报；第二，金融作为高风险行业，社会责任是尽最大努力保证公众的资产安全；第三，建设银行作为一个服务性行业，应该创新服务，真心诚意地为客户提供最优质的金融服务；第四，建设银行作为企业公民应该为社会奉献爱心，要饮水思源，知恩图报，因为我们建设银行的发展离不开社会各界的支持，所以，我们要向当年孟子所说的“穷则独善其身，达者兼济天下”，为社会作出自己的贡献。前面三条我不多说了，我重点讲一下第四条。我们有一个“爱心基金”，“爱心基金”已连续10年向中国青少年发展基金会捐款，截至2006年底，累计捐款人民币500万元；我们积极帮助困难家庭的学生完成学业，在贫困受灾地区建立了“建设银行希望小学”25所，最近我们又实施了贫困高中生援助计划，我们还将实施对贫困母亲的资助项目。2007年5月24日，我行正式向社会发布了《2006年度企业社会责任报告》，这是我国国有控股商业银行第一份企业社会责任报告书。在“2007年企业社会责任与构建和谐社会论坛”上，我行荣获了“企业社会责任贡献奖”，这是社会对我们履行社会责任的肯定，也是对我们全行的鼓励。我们建设银行的每一名员工都是公民，也要履行公民的社会责任，在行内做文明员工，在社会做文明公民。

各位代表、同志们：党的十七大为我们描绘了构建社会主义和谐社会的美好蓝图，党中央带领我们踏上了新的历史征程。让我们以更加昂扬的精神状态，为全面实现建设银行“始终走在中国经济现代化的最前列，成为世界一流银行”的美好愿景而努力奋斗！

以创新打造世界一流银行

——独家专访中国建设银行董事长郭树清

（《中国证券报》专访　2007年9月21日）

郭树清

中国建设银行将于9月25日中秋佳节在沪挂牌上市，这预示着我国大盘蓝筹“海归”的序幕已经拉开。按照建设银行90亿元A股的IPO计划，本次筹集的资金最高将达到580.5亿元，创A股募资的历史新高。上周五，在本报圆满结束网上路演后，建设银行董事长郭树清接受了本报记者的独家专访。

从股改重组到H股、A股先后上市，建设银行走出了一条金融创新之路。郭树清表示，上市后，建设银行将一如既往，加快战略转型，积极探索综合经营，向着世界一流银行的目标奋进。

银行发展离不开金融创新

记者：建设银行上市期间，不少银行业分析师对建设银行在金融创新方面的成果给予充分肯定，请您谈谈这方面的体会？

郭树清：在银行业全面开放的今天，金融创新的迫切性日益增强。只有不断创新，才有可能抵御各类风险，满足客户的服务需求，提高综合竞争实力。就内部风险而言，我国金融体系存在服务能力差、银行自主经营权不落实、内控机制不健全、社会信用体系缺失、市场结构不合理等问题，其中最突出的问题是间接融资比重过大。从外部来看，资本跨境流动和外资金融机构的竞争压力很大，我国利率、汇率市场化过程中的波动风险也应高度重视。

2005年3月，我刚到建设银行不久，印象最深的一次是去北京分行营业网点考察，发现公司业务网点宽敞、窗口多，但经常处于闲置状态；而个人业务网点狭窄、窗口少，排队的人却非常多。这种明显的资源错配现象，促使建设银行从整合营业网点入手，推进创新转型。

循着专业、专注的思路，建设银行对零售网点实施前后台分离。账务核算、客户信息维护等大量业务从前台剥离，连同稽核、对账等内部控制事项统统上移分行后台集中处理。后台业务分类集中，同质同类业务被纳入同一职能模块，形成流水线式的后台作业模式。

与此同时，建设银行从业务分类、业务流程、技术系统、客户需求、员工素质等多方面，对客户排队问题进行了全面分析和研究，组织技术力量在国内同业中率先研制开发出了网点客户分类排号机。这一技术和服务创新的特点在于，能有效分类客户的简单和复杂业务，及时引导客户到指定柜台办理业务。不仅大大减少了客户排队现象、节约了客户排队时间，也大幅提高了网点柜面业务办理效率。更主要的是网点的营销能力、价值创造能力均居同业领先水平。如今，在建设银行的所有转型网点中，这种深受客户欢迎的排队机已经广泛普及。

除物理网点之外，建设银行还开辟了多样化的电子服务渠道。包括电子银行、网上银行、电话银行、重客系统、自助设备在内的多样化电子服务渠道。目前，建设银行自助设备系统集中化程度位居同业前茅。

在此基础上，建设银行出台了个人客户细分标准，完善了理财室、理财中心和财富中心三级理财机构。普通客户由一般网点提供服务，中高端客户由理财中心提供服务，高端客户由财富中心提供服务。与此同时，大力提高产品差异化能力，为理财中心客户提供较高水平的组合产品，为财富中心客户提供稳定高质的增值服务。

目前，建设银行已有财富管理中心 20 多个、理财中心 702 个、理财室 3 177 个。今年还将完成 60 多个财富管理中心和 300 个理财中心的建设，每个改造后的个人金融中心等其他类型网点都设有销售理财区，面积超过 300 平方米的网点还辟出 30% 以上的面积设独立理财区。

网点转型带动了建设银行中间业务的创新发展。今年上半年，建设银行中间业务的增幅高达 101. 79%。净手续费及佣金收入、基金销售收入、资金结算网络大幅增长。与保险公司、证券公司搭建了广阔的合作平台。

建设银行今后将有更多利润来源于综合化经营收益。目前，建设银行正在研究建立金融控股集团的可行模式，在现有业务领域的基础上，组建金融租赁公司、保险公司、年金管理公司、信托公司及资产管理公司等。建设银行是我国第一批资产证券化试点银行之一，成功发行了“建元”个人住房抵押贷款支持证券，今后还将继续尝试这种创新业务。

“次按债券”风波挡
不住创新步伐

记者：“次按债券”风波一度引起国际资本市场的恐慌，它对建设银行有何影响？

郭树清：就整个“次按债券”事件来看，尽管未来存在不确定性，但范围有限，目前仍在可控范围内，不会对全球经济产生太大影响。建设银行投资美国次级抵押贷款相关债券 10. 62 亿美元，占其外币债券投资总额的 2. 75%，目前债券账面损失约为 1 亿元人民币，占上半年净利润的 0. 3%。建设银行持有的大部分债券是具有 AAA 级和 AA 级以上评级的优良债券品种。按照国际会计准则，个别债券评级降低或市值低于成本不构成拨备条件，但如果未来现金流产生风险，建设银行就会增加拨备，目前还看不出拨备大幅增长的必要。

可以说，“次按债券”风波挡不住银行业的创新步伐。但它提示银行要更加重视用于证券化的基础资产，即贷款的质量。吸取美国的教训，对于银行业进一步创新是大有好处的。

记者：风险控制能力是银行持久竞争力的重要保障。建设银行在有效管理风险的同时，在支持和服务新农村建设方面有什么特色？

郭树清：建设银行是率先设立首席风险官的国有控股大型商业银行。建设银行颁布的《风险管理体制改革方案》规定，总行设立首席风险官，一级分行设立风险总监，二级分行设立风险主管，同时向县级支行派出风险经理。

银行业是和风险打交道的行业，关键是如何经营风险。就拿建设银行在新疆兵团所做的小额农户贷款来说，在实际操作中，建设银行创造性地推出了零售信贷业务批发化经营管理运作模式。2002 年以来，建设银行新疆维吾尔自治区分行累计向兵团农户投放的小额贷款达 13 亿元，迄今保持着本息 100% 回收的记录，没有发生一笔不良贷款。

在许多金融同业眼中，支农贷款，特别是小额农户贷款是一块高风险地带。从小额农户贷款产品研发伊始，建设银行新疆维吾尔自治区分行的经营部门就会同风险管理部门，对产品和流程中可能存在的经营风险和操作风险进行了缜密研究，并凭借在个人贷款业务中丰富的风险管理经验，采取了一系列行之有效的风险管控措施。

建设银行要求，贷款农户所在团场需为农户提供担保，并在建设银行预存不低于本团场职工贷款总额 10% 的保证金；贷款农户必须拿出贷款金额 30% 的自有资金配合生产，并在贷款前预交当年土地承包费或租金；农户须为作为还贷来源的农牧业产品办理保险，并在保险中明确建设银行为第一受益人。这一系列措施在很大程度上降低了小额农户贷款的违约风险。

建设银行类似支持和服务新农村建设的事例比比皆是。新疆、黑龙江等地区的生产建设兵团、大型农业基地，不仅一直是我国现代农业建设的“航空母舰”，也是带动和促进周边农村现代化建设的领军企业。多年来，建设银行主动上门提供各种急需的信贷服务，在企业的发展壮大中倾注了无限深情。建设银行还结合兵团多元化的服务需求，组织设计开发了应收账款买方信贷产品，如天业节水买方信贷、天富电力买方信贷、封闭贷款业务、师统贷信贷业务和循环额度贷款业务等，重点选择支持节水滴灌、农副产品深加工等优势企业。近6年来，先后累计为兵团发放贷款258亿元。其中，去年仅支持农业种植、食品加工业、酿酒制造、纺织、建筑业、化工制造、水泥、果蔬深加工及农资采购等服务领域的累计发放贷款就达63.83亿元。

为支持北大荒集团的集约化经营，建设银行仅在去年一年就为其授信40.67亿元。同时，先后为黑龙江九三油脂有限责任公司、哈尔滨龙垦麦芽有限公司、黑龙江省北大荒米业有限公司、黑龙江省完达山乳业股份有限公司等大型农副产品加工型企业，提供了基本建设、原料收购资金贷款累计44亿余元；为中油黑龙江农垦石油有限公司、黑龙江农垦北大荒商贸集团有限责任公司等贸易企业提供周转资金累计15亿元。在支持垦区现代化建设方面，为北大荒集团提供了进口大型农机具的代理服务，并为垦区企业提供信用证、海外代付等多种国际业务。该集团首次上市募集资金3.3亿元，也由建设银行黑龙江省分行独家提供了服务，显示了建设银行全方位的服务能力。

在辽宁铁岭，以大地物资有限公司等企业为代表的一些乡镇大型农资公司，其销售的农用车很受当地农民欢迎，但由于农民资金紧张导致其销售渠道难以拓展。建设银行在市场调查中获悉这一情况后，及时上门征求意见，主动在辽北地区率先开办了以农用车贷款为主的个人汽车消费贷款业务。截至2006年底，该行7年间累计向农民发放个人汽车消费贷款8.4亿元，推动各企业销售农用车辆8 580多台。在原来生产比较落后的铁岭开原镇中固村，全村70多户，现在有20多户在建设银行贷款买了车，走上了致富路。

以创新打造一流企业文化

记者：*建设银行是我国大型银行中最先启动股权激励方案的，激励方案具体情况如何？对建设银行的企业文化有何促进作用？*

郭树清：启动股权激励方案有助于建立稳定的管理团队和基础员工队伍。这也是一项重要创新。

建设银行首期员工持股计划于7月6日在香港联交所公告之日正式开始实施，符合条件、自愿参加首期持股计划的员工共约27万人，可供分配的股份共8亿股。由于建设银行员工持股锁定期为3年，且员工持股数量较小，相对于建设银行H股平均日交易量3亿~4亿股来看，不会对股价构成冲击。

在企业文化方面，建设银行的愿景是：走在中国经济现代化的最前列，成为世界一流银行。以这个目标为核心，建设银行的员工一直在默默耕耘，建设银行的每一份成果都与他们的奉献分不开。我认为，建设银行的企业文化建设，与我国改革开放相伴生，随着经济体制改革步伐加快而加快。在从专业银行向国有商业银行直至上市银行转轨的过程中，其内涵不断得到发展和丰富。因为敢于挑战、勇于创新，才最终蜕变成现在的重视风险管理与内控、培育竞争力、富有凝聚力的企业文化。

在与战略投资者的合作过程中，建设银行在业务创新方面也得到了宝贵启示。目前，建设银行和美国银行已在公司治理、风险管理、个人银行业务、全球资金服务、信息技术等26个领域开展合作，今后合作领域将扩大到债券资本市场、资金业务、信用卡业务以及成立合资租赁公司等。

除网点转型等战略合作外，美国银行还协助建设银行快速搭建了建设银行港澳发展平台。去年，根据双方协议，建设银行收购了美国银行在香港的全资子公司美国银行（亚洲）有限公司及其附属公司的全部股权，成立了“中国建设银行（亚洲）股份有限公司”，使建设银行在香港的业务规模迅速扩大为原来的2倍，客户贷款余额规模在当地同业中由原来的第16位升至第9位。

我们有能力建设国际一流的商业银行

（原载《卓越理财》2007年1月）

张建国

2006年12月11日，我国世界贸易组织过渡期已经正式结束，中国金融业的大门正向所有合格的国际金融机构敞开。在改革开放中成长、在市场风雨中历练的中国国有商业银行准备好了吗？我们是否有信心、有能力与外资银行全面竞争并建设国际一流的商业银行？

随着改革开放的持续推进，我国银行业的总体实力和抗风险能力明显增强，中国的银行体系正在趋于强健。从实现改革的目标来看，现在的问题不是竞争对手太多，而是竞争对手太少！

在国家政策的支持下，中国银行、中国建设银行、中国工商银行相继进行了股份制改造，初步构建了较为规范的现代公司治理框架，体制、机制和竞争手段较从前更加灵活。2005年，交通银行和建设银行先后在海外成功发行股票与上市交易，2006年中国银行、工商银行又相继在深沪两地成功上市，这标志着我国国有商业银行改革取得了实质性进展。股份制改革实际上是我国国有银行管理体制和经营机制的一次制度创新，通过改革重塑的四大国有商业银行将成为全新的现代金融企业。

我相信，通过深化改革，国有商业银行的风险控制能力会更强，服务水平会更高，不良资产率会更低，产品创新会更快，恶性案件会更少、案件造成的损失会更小。目前很多人善意地为我们如何面对日趋激烈的竞争而担心，不过从宏观上说，从实现改革目标来看，现在的问题不是竞争对手太多，而是竞争对手太少！我们希望能有更多的多种所有制和各种形态的金融机构出现。

因为当前经济社会发展对金融服务的需求很大、很急迫，现有的所有金融机构只能满足实际需要的1/3，其中银行服务也只能满足50%，社会上的大量需求满足不了，许多企业找不到融资的渠道，很多企业重组、兼并、换股的想法都因为缺少金融工具无法实现，可供选择的个人理财产品也很少。这充分说明了银行业、金融业的供给不足。

实际上，竞争对手不怕多。外资银行进来与中资银行同台竞争，新经验、新产品普及会更快，我们银行的技术水平势必会提高得更快，金融市场会成熟得更快，金融生态会改善得更快。充分的竞争有利于我们做大做强，降低风险，因为企业直接融资多了，自有资金多了，转嫁给银行的风险就会减少。而且小的金融机构一方面是我们的对手，另一方面也是我们的客户，它也有支付、结算的需求，我们可以为其提供服务，这反而增加了我们的市场机会。

尽管外资银行有许多优势，但是，中国的银行在中国的市场上竞争不过外国银行，是没有道理的。为什么这样说呢？放在国际背景下，我们熟悉中国市场、熟悉中国文化、熟悉我们的客户。几大国有商业银行拥有庞大的网络和众多的客户，像建设银行有1.3亿多个人客户，和几乎所有的中国大公司都有业务往来。更为重要的是，不管是国际还是国内，不管是宏观还是微观，有许多有利因素支持着我对“将建设银行建成世界一流商业银行”的信心：

信心来自国家良好的经济发展趋势。改革开放28年来，我国经济长期高速增长，充满活力，企业生机勃勃；

信心来自中央倡导的科学发展观和以人为本的理念，这些已深入到我们的基层机构，在员工的头脑中开始扎根；

信心来自我们以开放的心态对待商业银行改革，善于学习世界上先进的东西；

信心来自过去十多年银行改革过程中，特别是最近两三年改革所取得的快速进步；

信心来自外国投资者和国际资本市场对中国银行业的认可；

……

不下水游泳，永远学不会游泳。在竞争中把中国的银行建设成为世界一流的商业银行，是中国银行家的梦想。我们有充分的理由相信，在改革开放中成长壮大的中国银行业一定能够建成国际一流的现代商业银行。

中国银行业改革取得了举世瞩目的巨大成就，但与整个经济体制改革进程相比，中国银行业的改革还是滞后。尽管已经经历了许多的艰难曲折和酸甜苦辣，但是前面还会遇到一系列困难。

从银行自身来看，主要有四个方面的制约因素：一是历史遗留下来的机构过多、人员过多、结构不合理的问题仍然没有完全解决，员工队伍的整体素质不适应现代商业银行的要求，复合型专业技术人才和高级管理人才严重缺乏。二是长期形成的“官商”、“坐商”作风还没有完全清除，银行的业务流程和经营机制不能真正体现“以客户为中心”的要求，市场反应滞缓，客户服务需求的满足度较低。三是风险管理观念淡薄，计量和控制的手段落后，风险防范、评估、补偿水平较低。四是业务创新能力不足，产品规划、研发、定价和营销能力弱，品牌效应不强。

从外部环境看，也有四个方面的制约因素：一是行政限制和干预方面，由于政府部门的职能转换还没有到位，银行经营自主权受到一定程度的限制。二是税收政策不合理，虽然几经调整，但是目前针对银行的营业收入仍然征收高达5.5%的营业税及附加。在所得税方面，中资银行的所得税税率都是33%，外资银行的人民币业务所得税与中资银行相同，但其主要的外币业务所得税是15%。三是社会信用缺失还比较严重。目前我国企业的信息披露机制还不健全，信息披露的真实性、完整性缺乏法律约束，个人征信系统刚刚建立，还需要不断完善，企业及个人的信用管理体系尚未完全建立。四是司法环境仍需改善。法律对客户和债权人的保障仍然比较薄弱，例如许多欺诈行为没有被界定为犯罪。一些借款人利用重组、合并、破产进行逃废债的情况也时有发生，法律及司法执行对信用缺失者的惩罚，不足以真正起到惩戒失信者和维护当事者正当权益的效果。

发展中国的银行业，需要引进外来投资、外来经验，也需要国外专家的帮助，但真正实现中国银行业长期稳健发展，归根结底还要靠自身强身健体。

中国银行业的改革和发展，始终面临着一个如何处理好与外部世界的关系的问题，这确实是一个高度复杂的问题。事实证明，在从外部世界引进积极因素的同时，可以把消极影响控制在最低限度。中国过去将近30年的改革历程更应当使我们对此充满信心。我们在开放经常项目交易的同时，也逐步有选择地开放了一部分资本项目交易，迄今为止，我们的外部金融安全得到了充分的保障。对于要不要对外资开放国内金融市场，一直存在着激烈争论。中国的银行业与国际先进银行相比，最基本的差别有两点，一是服务水平低下，二是风险管理薄弱。过去几年里，这两个方面都发生了巨大的变化，如果没有开放和竞争的环境，也许再有几十年也不会有这样的进步。

由于在观念、管理、技术上的现实差距，外资银行的进入对中国银行业的冲击是客观存在的。但全球化不是洪水猛兽，冲击可以带来“鲇鱼效应”。外资金融机构带来的压力和挑战，有利于促使中国银行业加快改革与创新。与外资银行同台竞技，国内银行身边就有了一面镜子，可以经常看看自己与国际一流银行的差距。这有利于中国银行业更好地学习、借鉴世界一流银行的管理经验和技术，改进公司治理结构，丰富金融产品、引进管理人才，并借助股东约束、市场约束等外部力量推动内部改革。世界上最发达、最稳健、最富有效率的金融体系恰好是国际化程度最高的金融体系，如中国香港、新加坡、瑞士等。

建设银行在去年10月成功地完成了重组改制和发行上市。建设银行的股票在国际资本市场受到热烈追捧，并且建设银行成为首家进入恒生指数成分股的H股公司。挂牌至今，市场交投踊跃，价格稳步上涨。按目前的市值计算，建设银行已跻身全球十大公众上市银行。这是中国经济良好发展和银行业巨大增长前景的反映，也是国际投资者对中国银行业改革与进步的信任投票。

2005年我们在引进境外战略投资者、实现投资主体多元化的基础上，初步建立起各尽其责、相互制衡的公司治理结构。股东大会、董事会、监事会和高管层各司其职，有效运转。“以客户为中心”的经营理念和服务文化建设已提上日程，各级分支机构对面向客户的产品、业务流程和管理制度作了大量改进，服务效率、服务质量明显提高。全面启动了审计、风险条线垂直化管理改革，增强了风险管理和内部审计的独立性和有效性；机构扁平化改革、优化网点布局、改善人员结构等工作持续推进，近3年精简了1/3的机构和超过20%的富余人员，这在国际上也是不多见的。

当然，目前建设银行的改革还只是取得了阶段性的成果，下一步改革，我们准备突出几个重点：一是进一步完善公司治理结构，有效发挥治理架构中各方面的职能，保持内部审计部门和风险管理部门的独立性，真正形成业务经营和风险控制的一体化，提高公司透明度和信息披露水平。二是继续加快市场化转轨步伐，尽早从“官商”彻底转变为“以客户为中心、以市场为导向”的公众服务公司。为此，我们要以客户需求为出发点和归结点，对操作规章和业务流程进行彻底改造。三是提高战略执行能力，加快完善业务创新和产品创新机制，全面增强建设银行的市场竞争能力和盈利能力，为全球成千上万的股东提供满意的投资回报。四是深化人力资源管理体制改革，要积极引进国内外优秀人才，充分发挥现有人才的作用，改变政府机关式的人事管理休制和激励机制，为全行员工提供发挥才能的平台。我们将通过不断的改革和发展，使建设银行成为为客户提供最佳服务、为股东创造最大价值、为员工提供最好发展机会的国际一流商业银行。

按照中国加入世界贸易组织的承诺，现在我国将全面开放金融业。我们站在了一个新的历史起点上。只要坚持正确的方向，因地制宜，一行一策，稳步有序地推进银行业改革，并与资本市场、保险市场、利率市场化和汇率形成机制等改革有效配合、互相促进，假以时日，我们的改革一定能够成功，一个既与国际接轨、又能适应中国经济发展需要、有中国特色的银行体系和金融体系就一定能够建立。

坚持科学发展　夯实管理基础
提升经营水平

——在中国建设银行工作会议上的报告

（2007年2月1日）

张建国

同志们：

今天，我们在这里召开2007年全行工作会议，主要任务是学习贯彻全国金融工作会议精神，总结回顾全行2006年经营成果，研究分析当前面临的形势，安排部署2007年工作任务。郭树清董事长将针对全行工作作重要讲话，我从经营的角度对去年的情况、今年的形势和工作安排谈些意见。

一、2006年全行经营成绩显著，牢固树立了打造国际一流商业银行的信心

去年，是我行完成财务重组、引入外资、整体上市后的第一个完整的经营年度。全行上下抓住市场机遇，坚持科学发展观，深入推进各项改革，在经营、管理、发展、改革等各个方面都取得了非常好的成绩。总的来说，2006年全行工作措施得力，重点突出，特点鲜明，成效显著。可以概括为八大亮点。

（一）贯彻宏观调控政策坚决有力

2006年，我们自觉服从国家宏观调控大局，很好地遵从了国务院和相关监管机构的各项要求，适时调整贷款投放进度，有效地把握住了信贷节奏，全年贷款投放先快后缓，各项贷款保持了稳定有序的增长。截至2006年底，全行贷款余额增加3 878亿元，新增额在四行中居第一位，增幅为15.77%。其中，境内贷款增加3 781亿元，控制在3 800亿元的计划之内。

上半年，根据市场的需要，各分行本着“早投放、早受益”的策略加快贷款投放，全行人民币贷款增加了3 400多亿元。这不是因为我们有放款的冲动，而是我行股改上市成功以后焕发出了强大的竞争实力，在中国银行、工商银行等银行忙于改革的时候，一大批优质客户需要有效的信贷支持和服务，我们及时地捕捉了市场时机。

下半年，为贯彻落实国家宏观调控政策，全行采取了四项措施控制贷款总量：一是严格执行经济资本约束制度；二是按月控制人民币贷款投放；三是着力控制向产能过剩行业和制造业的贷款投放；四是注重把有限的规模用于调整信贷资产结构。下半年全行贷款只增加了350多亿元。

总的来讲，去年全行既抓住了发展时机，又严格落实了宏观调控的要求。

（二）结构调整成效显著

截至2006年底，全行境内外总资产余额达到54 262亿元（未经审计数据，下同），较去年初新增8 332亿元，增长率为18.14%。资金营运如债券投资业务快速增长，投资新增4 931亿元，增幅为35%。总负债余额50 969亿元，新增7 984亿元，增长率为18.6%。其中，存款余额48 606亿元，新增7 775亿元，居同业第一位。2006年底，全口径存贷比为61.26%。在总量较快增长的同时，结构调整取得新的成效，主要体现在以下几个方面。

——资产结构不断改善。个人类贷款的新增、发放、余额三项指标均居同业第一位。个人贷款新增1 312亿元，增长率达到28.9%，个人贷款新增超过了贷款新增总量的1/3。全行个人类贷款余额5 851亿元，在各项贷款余额中占比为20.86%，比上年提高2.15个百分点。商业性个人住房贷款余额超过工商银行，重新回到了最大住房按揭银行的位置。2005年，我行在上市路演时，向潜在投资人、向市场承诺2006年个人业务增幅要超过20%，我们实现了这一承诺。在小企业业务方面，我们创新了“速贷通”、“成长之路”等产品，小企业贷款增速达到26.4%。注重严格控制房地产等风险提示行业的贷款，把大量贷款投向优质的集团客户和重大项目，在中长期贷款比例、行业和产业结构调整方面取得了一定成效。

——客户结构继续优化。银行的经营是否能体现科学发展观，实现又好又快地发展，归根结底要看客户。去年，我们的客户结构得到很大的改善。高信用等级客户贷款占比上升，A级（含）以上对公客户贷款占比为83.56%，比上年提高了5.7个百分点。

——负债结构更趋合理。一般性存款高速增长，增量与增速均创近5年新高。截至2006年底，一般性存款余额46 275亿元，比年初新增6 861亿元，增速为17.41%。实施了主动负债管理，低成本的活期存款增长明显强于定期存款，活期存款当年新增4 446亿元，大体上占到一般性存款新增额的2/3，定期存款只增加2 415亿元。主动释放减少同业定期存款，同业定期存款下降了257亿元，使得我们的筹资成本有所降低，存贷利差得到了很好的巩固和维护。

——收入结构明显改善。全年实现经营收入1 507.67亿元，较上年增加220.57亿元，增幅为17.1%。实现净利息收入1 399.65亿元，增幅为20.1%。债券投资收益在净利息收入中的占比上升至35.9%，比上年底提高4.7个百分点。中间业务有了超常规、跨越式的发展，实现中间业务净收入135.05亿元（权责发生制口径），同比增长56.87%，增幅居同业第一位。手续费及佣金净收入在全行主营业务净收入中的占比达到8.76%，比上年

底提高了2.19个百分点。

（三）战略转型取得突破

——零售业务成绩喜人。除个人存贷款增长迅速外，信用卡业务发展良好。信用卡（含准贷记卡）发卡量国内首家突破1 000万张。其中，双币种信用卡累计发卡634万张，市场占有率达到22.5%，消费交易额405亿元。

——机构业务取得重大进展。301医院、协和医院、阜外心血管医院、清华大学等重点著名机构客户营销取得很大成功。去年10月份，我行正式启动了“八一工程”，在短短的3个月之内，市场占比由3.9%上升到8.72%。托管业务规模快速扩大，打出了市场品牌。2006年新增托管基金20只，与工商银行并列市场第一位，实现托管费收入2.06亿元，较上一年增长53.8%。

——国际业务快速发展。去年，总行研究确定了海外发展战略，适时并购了美银亚洲。2006年8月24日，正式与美国银行签署了收购协议。12月29日，完成了所有法律上的交割程序。今年1月中旬，正式更名并启用建行亚洲的标识。由此，我行初步搭建起在港澳拓展零售市场的平台。国际结算业务增长良好，2006年国际结算量为1 903亿美元，较上年增加了近500亿美元，增长率达到35.11%。

——电子银行业务发展迅速，主要业务指标实现翻番。新版网络银行顺利上线，电子银行客户达到4 329万户，当年新增1 190万户。实现交易量8.1亿笔，交易额30.7万亿元，实现直接业务收入1.3亿元。

——资金和理财业务健康发展。资金条线直接经营资产规模达14 084亿元，占全行总资产的28.7%，实现本外币投资组合收益450亿元，收益率3.15%，较上年有一定改善。代客外汇买卖、结售汇业务量1 276亿美元，同比增长32%，实现收入15.72亿元，增长了60%。这要归功于全行在资金业务上很好地贯彻了“集中经营，统一管理”的原则，在理财业务上打好了基础，取得了突破。

（四）自主创新活力显现

——零售业务创新效果明显。率先在同业中开通全国范围内的人民币个人存款通存通兑业务。与美国银行合作推出ATM免费取现和直联汇款业务。两行间直联汇款产品于10月下旬试点推出以来，汇款424笔、金额70.35万美元，两个月的汇出笔数已经超过以往一年的总量，表现出很好的增长趋势。

——理财业务创新起步良好，利润大幅增长。连续成功发售16期“利得盈”人民币理财产品，滚动发行17期“汇得盈”产品，吸引了一大批优秀客户。适时推出QDII，实现了代客境外理财业务零的突破。

（五）质量效益稳步提高

——利润大幅增长。2006年，全行境内外业务实现税前利润660.4亿元，比上年增长106.7亿元，增幅为19.3%。平均资产回报率为0.93%，比上年提高0.01个百分点。由于受上市筹资股本增加的因素影响，股东权益回报率比上年下降2.85个百分点，为15.14%，但在国际上也属于比较好的水平。成本收入比为43.96%，比上年有1.17个百分点的改善。

——资产质量不断提升。经过全行的努力，不良资产额和不良资产率实现“双降”。截至2006年底，全行境内不良资产额1 226.63亿元，较年初减少93.58亿元；不良资产率为2.28%，同比下降0.62个百分点。其中，不良贷款余额927.37亿元，比年初减少了5.96亿元，不良贷款率为3.26%，比年初下降了0.54个百分点，改善的幅度非常明显。拨备覆盖率明显提升，境内贷款拨备余额849.71亿元（含一般拨备），拨备覆盖率为91.65%，较年初上升16.04个百分点。

（六）体制改革向纵深推进

——推进风险管理体制改革。在总行设立首席风险官，向38家一级分行派出风险总监，向二级分行派驻538名风险总管，向县级支行派驻494名风险经理。垂直管理、平行作业的风险管理体系逐步建立。

——进一步深化审计体制改革。实现了审计分部与所在地一级分行总审计室的整合，理顺了垂直管理模式。打破了多年来的审计辖区概念，交叉开展全面业务审计项目，内部审计工作集约化水平和审计能力持续增强。各级审计机构发挥体制优势，突出审计重点，完成了一批高质量的审计项目，提供了多项重大审计信息。

——资产保全业务单元制改革成效显著。强化了一级分行资产保全部门的直接经营职能，不良贷款集中经营度达到80%。不良资产催收处置工作创近年来的最好水平，对全行实现不良贷款"双降"起到了重要作用。资产保全条线全年共处置各类不良资产525.1亿元，其中处置不良贷款本金383.8亿元；现金回收340.7亿元，实现超值现金回收71亿元。

——稳妥推进会计、营运体制和资金条线改革。推进前中后台分离，后台相对集中，促进了批量业务的专业化、后台化，简化了前台业务操作，大大提高了全行的运营效率。在资金业务方面，2006年11月，将总行资金部更名为金融市场部，把金融市场部的职责定为负责前台经营和中台保障，实施了后台业务的分离划转。

——网点战略布局积极推进，加强了自助渠道建设。2006年完成网点改造建设2 733个；自助银行达到1 646家，比年初增加765个；ATM达到19 490台，比年初增加4 388台。自助渠道对柜台交易的分流作用明显，自助交易占全部交易的比重达到31%。

——推进人力资源管理体制改革，健全激励约束机制。员工总量得到控制，结构得到优化，素质有一定程度的提高，对客户服务的水平和效率不断改善。重奖了有突出贡献的优秀员工，来自基层一线的12名员工荣获了"中国建设银行突出贡献奖"和有史以来最高的物质奖励，在全行营造了积极向上、为建设银行事业发展贡献聪明才智的良好氛围。员工持股计划取得了实质性的进展。员工培训工作得到空前重视，全行举办各类脱产培训项目7 071期，比上年增加3 384期，培训人数达40.22万人次，比上年增加8.26万人次。

（七）基础管理有所加强

——加强制度建设。实行了先评价、后授权的方法，进一步加强了授权的差别化、精细化管理。注重合规管理制度建设，反洗钱意识增强，授信业务责任认定工作取得新进展。适应了新实施的《企业会计准则》，修订了相应财务管理制度。

——信息技术开发能力和应用水平有所提高。全年续建和新建项目127个，其中50个项目已正式交付运行。持续开展核心业务系统的优化工作，个贷系统成功上线，ERP系统、数据仓库一期上线试点。在22个分行完成了对公信贷流程系统（CLPM）的推广上线。

——商业贿赂专项治理工作扎实推进，案件专项治理工作取得新成效。与2005年相比，实现了案件总数、涉案金额、百万元以上案件"三个下降"。全行操作风险损失事件1 596起，比上年减少326起；立案55件，减少17件；涉案金额0.86亿元，减少1.27亿元。

（八）与战略投资者的合作取得实质性进展

——协助型项目进展顺利。2006年，我行与美国银行重点在零售业务、风险管理和IT方面实施了14个协助型项目，零售网点转型等6个首期协助项目均已完成，成效显著。比如，在江苏分行、四川分行试点的网点转型项目，对业务流程和硬件环境等方面实施了32项改进措施，试点网点日均客户增长25%，客户等候时间明显缩短，96%的客户等候时间在10分钟以内。

——广泛开展经验分享和业务合作。学习分享了美国银行、淡马锡在风险管理、资金交易、全球现金管理等方面的管理经验，举办了"六西格玛"倡导者培训和"绿带"培训。启动了多项业务的合作，与美国银行联合中标英博啤酒中国区的现金管理业务，签署了外币买卖协议。双方共同完成了第一期QDII的募集工作，发售金额达8 545.65万美元。

以上八个方面的亮点只是概括总结，还不足以全面展示去年我们经营工作取得的成绩。但从中已经能够看出，全行上下确确实实在改革以后焕发出了非常好的精神风貌，很好地提升了经营管理水平。去年，之所以取得这样好的成绩，得益于中央、有关部委、监管机构和股东对我行的关心、指导、支持和帮助，与全行员工的共同努力也是分不开的。在此，我代表总行管理层向各方的关爱和大家的辛勤努力表示衷心的感谢！

二、提高把握金融形势的能力，妥善处理各种关系

进入2007年以来，国民经济平稳健康发展，全国上下正以饱满的热情迎接党的十七大的胜利召开。但是也要看到，在大好形势面前，我国银行业的经营环境正在发生着深刻的变化，面临着严峻的挑战。

——宏观调控更加严格。中央要求进一步改善和加强宏观调控，我们必须增强大局意识和责任意识。中央领导强调，结构调

整和宏观调控不是一朝一夕的事情，它会贯穿于我们整个社会主义经济的全过程。在前不久召开的中央经济工作会议和全国金融工作会议上都提出，今年仍要坚持加强和改善宏观调控，实施稳健的财政政策和货币政策。近期召开的中央政治局会议再次强调在新的一年要更加有效地运用金融手段搞好宏观调控，合理控制信贷规模，调整信贷结构。在这样的背景下，虽然经济的整体形势很好，但结构性的问题仍然存在。有些结构性的问题得到了重视，但还没有解决好，潜在的风险可能发生在房地产业、产能过剩行业等盲目投资形成的项目和低水平重复建设的投资上。中央强调要实现节能降耗的目标要求。上个星期，国家统计局宣称2006年我国各项年度指标都完成得很好，但是节能降耗没有实现原定目标。还有“两高一资”的问题，就是高能耗、高污染和资源型出口仍比较突出。国家外汇储备已经超过10 000亿美元，连续几年贸易顺差，特别是2006年贸易顺差数额巨大。巨额的外汇储备，增加了控制基础货币投放的压力。人民银行将全国2007年人民币贷款新增目标定为2.9万亿元，而去年实际增长了3.3万亿元左右，信贷增速将明显放缓。对于形势的变化，我们要有充分的认识和正确的把握。作为公众持股上市银行、国有控股金融企业，我们承担的社会职责依然是至高无上的，这不仅包括我们的企业和员工要一如既往地承担社会责任，也包括要认真执行国家的宏观调控政策。

——银行业竞争空前激烈。2006年中国银行、工商银行忙于改革，取得了上市成功，今年它们会集中精力，努力拓展市场，银行间的竞争将更加激烈。这里有两个例子。一个是铁道部项目，我国铁路事业在“十一五”期间将有很好的成长，是我行要积极争取和支持的领域。建设银行在各地都是传统的铁路主办银行，但中国银行大力营销，已经捷足先登地进入了一个大项目。如果我们的高层营销再晚一步，很可能会失去参与这个项目的机会。另一个例子，工商银行对发展中间业务雄心勃勃，提出2007年的计划增长目标是58%。对此，我感到了巨大的压力。全国金融工作会议决定，推进国家开发银行商业化改革，设立邮政储蓄银行，这将进一步加剧国内市场的竞争。再看看外资银行。2006年12月11日，即加入世界贸易组织过渡期结束的当天，就有8家外资金融机构向中国银监会提交了在华设立全资子公司的申请。据了解，目前已有14家外资银行在中国设立了子银行，除此之外还有242个外资金融企业的代表处，252个外资银行的分支行，另有27个中资银行引入了外资。外资会透过各种平台，努力拓展在华业务。有资料表明，2006年11月和12月，上海市外资金融机构连续两个月新增贷款超过100亿元，占全市新增贷款的58%，首次超过了中资银行。今年，外资银行一定会进一步加快业务拓展步伐，而且市场不仅仅局限于上海。整个银行业竞争已经非常激烈，近乎白热化。

——流动性过剩压力持续增加。前面讲过，2006年底我行境内外存贷比为61.26%，整个银行业的情况也大体如此。而且，根据全国金融工作会议精神，今后一个时期要大力拓展优秀企业的直接融资渠道，发行债券、整体上市，金融脱媒趋势将越发明显。毫无疑问，这会减少对银行的有效信贷需求。近期，股市火暴，基金理财产品热卖，其后果是一批优秀的公司客户将走入资本市场，一大批优秀的个人客户会转向投资这些金融工具和产品。今年，我行在公司贷款上压力巨大，在个人存款上面临的形势也极其严峻，1月份，全行存款新增仅54亿元，与去年同期相差甚远。

面对巨大的市场压力，我们必须抓住机遇，紧跟市场变化，进一步转变观念、统一思想，在内部妥善处理好以下几个关系。

一是要处理好业务发展和严格风险内控的关系。银行业是风险行业，经营管理更是一门艺术。银行经营就是要在质量成本控制与效益增加之间寻求最佳的平衡。不讲质量、不计成本、盲目发展是无效数字的堆积，在这方面许多银行都有惨痛的教训。但是从另一个角度来说，畏首畏尾、不敢发展、求全责备、丧失业务机遇，也会在激烈的竞争面前败下阵来，绝不能这样对待我们的事业。这两种偏向都要摒弃。

二是要处理好传统业务和战略转型的关系。传统业务是当前全行经营收入的主要来源，也是战略转型的基础。战略转型是为了改善结构，实现未来可持续的发展。两者是相辅相成、互相促进的关系。传统业务需要做大做强、做好做优，要为业务转型创造更多的客户，更多的机会。目前，无论是企业还是个人，金融意识都普遍提高，对银行的服务要求也更高了，如果我们不能提供全面的金融服务，就不能很好地发展自己。如果投资银行业务、理财业务不能适时跟进，传统业务也会丢失。二者之间的辩证关系，希望大家都要认识和重视。

三是要处理好重点区域和全面发展的关系。我们有以“两洲一海”为重点的区域战略，但是也发生过资源分配以后用不了又缴回总行的现象。同时，也要看到其他地区的经济也在加快发展，重大项目、基础建设项目有逐渐向中部和西部转移的趋势。我们要搞好重点区域的发展，同时要在全国各地捕捉良好的发展机遇。正如董事长曾经讲过的，最终还是要注重客户和项目的质量。

四是要处理好业务条线垂直管理和分行经营目标责任的关系。总行目前在一些条线上实行了垂直管理，但无论你在哪个位置，是什么身份，建设银行的员工，都要为建设银行事业发挥自己的聪明才智。派驻的同志和分行的领导要形成合力，互相之间要紧密配合，互相支持，避免对立现象的发生。

三、明确2007年工作目标，提升经营管理水平

根据当前的经济金融形势和我行的工作实际，2007年全行的主要经营目标初步确定如下。

——2007年底，全行总资产力争超过6万亿元，贷款余额力争超过3万亿元，存款余额力争突破5万亿元。境内人民币贷款计划新增3 500亿元，增长12.7%。其中，个人贷款增长20%以上。人民币存款余额达到52 500亿元，计划新增5 520亿元，增长11.7%。

——成本收入比计划控制在44%以内，与上年基本持平。

——2007年，全行计划实现税前利润760亿元，比2006年增长15%以上；计划实现税后利润530亿元，总资产净回报率保持在0.93%左右，与上年持平；股本净回报率达到15.6%，增长0.46个百分点；不良贷款率计划控制在2.9%左右的水平，比上年下降0.36个百分点。

为实现上述任务目标，需要坚持科学发展，强化基础建设，进一步提高风险管理和内部控制水平。

（一）提升市场竞争实力

——巩固传统优势。要妥善处理好传统业务与战略转型的关系，继续做大做强存款、贷款、结算等传统业务，要认真分析，加大力量，增强对资金营运业务的管理。现代商业银行资产经营有三大类业务，包括公司类资产业务、个人类资产业务和资金营运业务。董事长多次要求，董事会、监事会也特别关注，要加强对资金营运市场风险的管控。今年要在控制住风险的基础上，努力提升资金营运的效益水平。

——加快发展机构业务。机构业务重点有4个：全国著名的“211”高校都应该成为我们的基本客户；全国所有的“三甲”医院都要成为我们努力营销的顶端客户；对全国军队、武警部队资源我们要进一步努力争取；优质金融机构客户也是我们争取的对象。今年金融期货有望正式开启，我们要积极准备，争取成为第一批开办相关业务的银行。

——加强小企业业务。经过去年几个月的筹备以后，希望今年建立起小企业业务发展机制，取得更好的成效。

——加快海外业务发展。一要“做强亚洲、巩固欧非、突破美澳”；二要立足自身发展，适时开展并购业务，不断做大做强。这不是心血来潮，更不是权宜之计。海外是我们的一块短板，不要说跟其他银行相比，就是跟我们自己的国内业务比，海外业务也需要很好的发展。党委、董事会、高管层已经制定了海外发展战略，我们要抓紧执行。中小股份制商业银行还没有哪家在海外设立分支机构，这正是发挥大银行优势的领域。要把国内的一大批中小股份制商业银行作为我们的客户，代理它们的海外业务。

——大力发展电子银行和网上银行业务。虽然我们的电子银行业务有了很快地发展，但是有些功能还没有开启。与竞争对手相比，如果不加倍努力，差距可能不是缩小而是扩大，一定要看到这一点。作为现代商业银行，必须要通过电子化渠道，拓展优秀客户，提高收益水平。

——大力拓展中间业务。中间业务尽管竞争激烈，但是潜力依然巨大，总行将择时召开全行视频会议进行具体部署。我们也不可能在所有方面都成为最优，但一定要做出自己的特色。

——积极发展投资银行业务，探索综合经营。投资银行将越来越成为商业银行创新产品、争取优秀客户的重要领域，我行要特别在IPO、企业年金、融资租赁、短期债券发行和理财业务上抓住机遇。

——进一步加快个人业务的发展步伐。个人业务对于商业银行的未来成长至关重要。个人业务今年面临的形势会完全不同，

我们要更加努力。要切实增强重点地区的市场竞争力，提高重点地区的市场份额。通过在全行开展“学业务、练技能、比服务、防风险”为主题的柜面业务竞赛活动，提高人员技能，促进柜面服务水平的提高。

（二）强化基础管理

基础管理是能够使我们顺利转型、良性发展、打造国际一流商业银行的至关重要的一项工作。今年，有几项基础工作要认真做好。其实，这些工作大家都在做，但是应改进工作机制和资源整合，组织专门的项目组，明确相应的领导和专门的负责人来推进。

——切实做好产品管理。我们现在最欠缺的是产品的整合，欠缺的是将现有的产品打造成有市场影响力的品牌产品。在产品研发的机制上，也要重新安排。

——做好实施《巴塞尔新资本协议》的准备工作。一方面是制度性的安排，另一方面是系统的建设。内部评级工程的建设已经有了一定的基础，不能落后于其他任何一家银行。

——提高信息技术的服务能力。去年有几十个 IT 项目取得了成功，现在仍有上百个项目正在建设之中。我很关心三件事情，第一个是我们的 IT 系统要能为服务全行、服务市场、服务优秀客户提供强大的支撑；第二个是要使 IT 系统能够成为一个管理系统，对全行各项战略、各项政策制度的实施提供实时监控平台；第三个是在 DCC 系统优化完善之后，重视我们海外系统的建设。我行的海外机构，包括建行亚洲在内，目前一共有 3 个系统，但是哪一个也不能担当起承载整个海外总中心的职责。推进海外发展战略，没有这个平台不行。即使海外这个平台搭建完善起来，也需要与国内挂钩，实现境内外信息共享。

——实施数据管控，提高信息数据质量。信息工作不是简单的数据统计，而是一个系统的管理工程。要推进数据整合、共享管理和挖掘应用工作，确保信息的准确性和一致性，为银监会的“1104”工程提供数据基础。优化客户信息处理流程，提高客户数据信息质量。利用数据仓库，加强全行报表的集中统一管理，最大限度地提高报表的自动生成能力，减轻一线人员的负担。

——探索实施全面成本管理。借助 ERP 系统建立经费共享中心，加强财务集中管控。推行新的运营成本分摊机制。自上而下建立成本控制议事决策机构，将成本管理重点前移。研究制定有效的成本控制效果评价体系。从网点建设、项目开发、集中支出等多方面入手，探索多方位的成本控制措施。

——改进人力资源管理，完善激励约束机制。坚持用工总量控制，继续推进员工队伍结构的调整，引导富余人员充实业务一线。研究落实人才战略规划，进一步营造有利于人才涌现和成长的良好氛围，提高员工满意度。要加强员工培训。按照分级分类和全员培训的原则，抓好管理人员、专业人员和一线员工的教育培训。增强 KPI 考核与激励约束力度，以一级分行领导人员和业务条线的关键业绩指标考核为突破口，强化业绩合约管理，健全绩效管理体系，将关键岗位人员与建设银行的价值创造及发展战略目标的实现更紧密地结合起来。

（三）确保经营安全

——加强合规管理，严防操作风险。深入开展商业贿赂专项治理和案件专项治理工作，构建防范案件的长效机制。操作风险案件对我们建设银行的品牌形象损害严重。前年，银监会在整个银行业领域启动了查防操作案件的专项治理工作，对这项工作我们要连抓三年，今年是第三年。要以加强案件整改为重点，组织开展案件整改方案落实情况的效能监察，巩固前两年的工作成果。要继续深入开展治理商业贿赂的工作，巩固成果，进一步抓出成效。

——巩固和扩大审计改革成果，进一步提高内部审计的有效性。要针对突出问题和薄弱环节，合理调度审计资源，有效开展全面业务审计、财务管理审计、项目开发和运行审计，加大对内部控制和审计整改效果的关注程度。

——严格控制市场风险。利率、汇率的市场变化节奏越来越快，我们要认真研究，加强分析，在经营中把握时机，准确应对。

——加强信用风险管理。不断更新风险理念，引入风险管理的先进工具和手段，增强全行风险意识，使风险管理成为全行的自觉行动。

——防范理财产品推介过程中的风险。理财产品的宣传资料和申请书、单证票据等需要进一步规范。要统一全行的产品推介，规范营销流程，明示产品风险，注意维护我行自身利益及品牌形象。

在全行各项事业健康发展的同时，我们要更加关心一线员工以及曾经共过事的员工，调动一切积极因素，使建设银行的事业走向更高水平。建设银行的特点突出，优势明显，方向正确，举措清晰，正朝着国际一流现代商业银行的方向不断地迈出坚实步伐。在新的一年里，我们要凝聚精神，坚持科学发展，夯实管理基础，提升经营水平，全面完成全年的各项经营目标，在迈向国际一流现代商业银行奋斗目标的进程中取得新的进展！

（根据录音整理）

统一认识　明确方向　提升能力 进一步发挥计财管理工作的战略支持和战略执行作用

——在2007年全行计财工作会议上的讲话

（2007年3月1日）

张建国

同志们：

前不久结束的全行工作会议明确了今年全行工作的四大主题任务，即继续深化改革、坚持科学发展、加强基础管理、强化风险内控。今天，在这里召开的全行计财工作会议是贯彻全行工作会议四项任务的一次重要专业会议。关于2007年综合经营计划和计财管理工作任务安排，刚才秀生首席财务官已经作了详细部署，佐夫副行长也就发展个人金融业务、推动全行战略转型作了重要讲话。他们说的我都赞成，希望大家回去认真组织贯彻。利用这个机会，我想就全行计财管理工作的改革与发展，特别是关于进一步加强计财工作在执行全行战略中的作用讲几点意见，供大家参考。

一、充分认识计财管理在全行经营管理工作中的重要性

随着中国商业银行体系改革和发展的整体推进，不断瞄准一流、规范自身管理、努力打造核心竞争力已经成为各家银行共同努力的目标。在这个过程中，计财工作扮演了非常重要的角色，概括地看有以下三个方面。

（一）计财管理为建设银行的整体业绩表现作出了重要贡献

去年，建设银行股份公司的财务表现非常出色，利润大幅增长，各项业务健康发展，战略结构调整进展顺利。这些成绩，我在行长会的讲话里归纳了八个方面。比较而言，在国内的同类银行中，建设银行的总体业绩表现是最好的。对于这一点，外部人士包括投资人、分析师等也都非常认同，因此建设银行在香港交易所的股价表现也相对比较好。虽然我本人一直不太重视股价的绝对水平，但是就相对表现来说，股价还是能够在总体上说明问题的。一般在竞争和信息披露充分的情况下，股价会把市场对一个企业经营管理中各种因素的综合判断反映出来。应当看到，建设银行去年这份业绩的取得是依靠了正确的经营战略和管理层对战略的有力推进，依靠了全行各个层级和各个条线的艰苦工作和努力，同时也凝聚了全行计财管理工作的重要贡献：在经营机制方面，计财管理坚持了全行以经济增加值为核心的价值理念和考核评价机制，作为基础机制平台对全行的价值创造发挥了巨大的作用；计财管理应用以经济资本为核心的风险与效益平衡机制，坚持风险回报的经营导向，在确保风险资产总量合理增长的同时，促进了全行资产结构、业务结构和收支结构的调整；计财管理借助关键绩效指标体系，强化了战略导向，落实了经营管理责任。在计划安排和资源配置方面，去年为落实结构调整和业务转型，大幅增加了对中间业务、个人贷款、信用卡等战略业务的资源倾斜和激励力度，为这些业务的超常发展提供了有力支持。在基础

管理和风险管控方面，去年成功组织上线了企业资源计划系统一期项目，实现了统一总账集成，强化了经费财务的集中管控，完善了用于绩效评价的成本分摊基础；根据加强风险控制、规范流程、建设专业化供应链管理体系的要求组建了相对独立的采购部等。总之，计财管理在计划安排、绩效评价、资源配置、财务激励、经营分析、基础信息、规范管理等方面做了大量深入细致的工作，为全行经营目标的实现提供了有力的支持，很好地服从和落实了全行的战略大局，很好地巩固和维护住了全行在实施股份制改造、推进三部曲改革过程中所努力获得的成果。

（二）计财管理是一项全行性的工作

财务工作具有综合性、全局性的特征。财务管理的重要性在于它是银行价值目标实现的基础手段，要使财务观念成为我们银行内部普遍的行为准则。银行的经营过程，就最高的目标而言，应该归结为价值创造的过程。银行在为客户提供增值服务的同时，也为企业自身和员工创造价值。银行的服务链，就是价值创造链。包括各级管理人员在内的所有员工，不论身处哪一个岗位、哪一个流程中，都是整体价值链中的一个作用点，都应该为整体价值链作出贡献。因此，所有员工在所有的业务经营和管理活动中都要讲求成本效益，都要有正确的财务观念，都要成为财务管理的实践者和财务责任的承担者。与此同时，财务观点或财务效果应该成为经营行为"好"或"坏"的核心判断标准。譬如我在全行工作会议上讲的需要处理好的几个关系，诸如业务发展和风险内控、传统业务和战略转型、对公业务和零售业务之间的关系等，对于其中平衡的把握，很大程度上都要基于成本效益考量的财务判断，准确地说，是基于长期考虑的战略财务判断。进一步而言，具体到对客户、对行业、对地区、对业务的进退取舍，也都要取决于是否能给银行带来长期价值的财务判断。因此，财务职能的行使，不能仅限于财务部门和专职的财务人员。要使财务观念成为一种普遍的理念和文化，在每一项经营活动中都讲求成本效益，人人都来践行财务管理，人人都支持财务管理，只有这样，才能搞好财务管理，才可能把我们的银行办成一个有竞争力的、好的银行。

（三）计财管理要更好地发挥对全行战略的支持和执行作用

计财管理通常是商业银行的核心管理职能之一，我曾在不同场合多次谈到计财工作在全行管理体系中的重要性。客观地讲，这种重要性是由计财管理的职能特性决定的。首先，计财管理可以为决策提供比较综合全面的管理信息。计财管理的过程就是综合利用分析、预测、规划、控制、评价、考核等手段推动银行战略目标实现的过程。这个过程需要收集内外部、各层级、各条线、各产品的大量信息，并进行分析和整合。通常，综合的信息能够产生优于局部信息的判断，经过分析整合的数据也必然更准确，反映的情况也更全面。这些信息可以有效地支持各个层面的管理决策。其次，全行各项政策目标可以通过计财管理得到协调和综合。银行经营中存在多重目标，如局部和全局、长期和短期、业务增长和财务盈利、总量发展和结构优化、效益提升和风险控制目标等。这些目标需要计财管理合理运用战略规划、全面预算、投入产出分析等管理工具来平衡衔接，将多元化的政策目标有机地统一到全行的总体发展战略之中。最后，也是最重要的，是计财管理通过计划安排、政策设计、资源配置、绩效评价等，成为对全行战略支持和战略执行的最直接、最有效的手段。因此，在建设银行向国际一流银行迈进的过程中，在当前特殊的战略转型期，计财管理对全行管理决策和业务发展的支持和服务作用特别突出，特别重要。

二、正确理解2007年计财管理的几项重要政策

在讨论管理政策问题之前，我们先要分析形势和政策背景。关于建设银行面临的总的形势，我在全行工作会上已经作了全面分析，这里侧重从计财管理的角度讲一下面临的主要问题。

（一）国内金融市场的日益开放、资本及债券市场等直接融资渠道的不断完善以及利率、汇率市场化改革的稳步推进，使得我行整体盈利能力的脆弱性开始逐步显现出来

目前，我们的盈利严重依赖利差收入，利润对利率的波动高度敏感。2005年，我行非利息收入仅占利息收入的7%，而同期，花旗银行的非利息收入达到利息收入的58%。我们算过一笔账，按全行现在的资产规模，如果平均利差降低1个百分点，那么全

行利润就要减少200多亿元，大约占了2006年全行税前利润的30%，可见影响之大，而利率市场化和利差收窄几乎是一个必然的趋势。同时，目前我们贷款利息收入的来源还主要依赖对公客户，具有长期增长潜力的个人客户的贷款利息收入仅占到14%，而同期花旗银行的数字是51%。此外，汇率的波动对收入的影响也很大。按照目前的敞口计算，美元兑人民币汇率降低1个百分点，全行的汇兑损失就会增加约4亿元。因此从总体上看，由于金融脱媒、利率与汇率市场化的影响，我们的业务结构和收入结构对长期的盈利增长是缺乏支持的。

（二）从成本方面看，我们的成本竞争优势正在逐步削弱，而由于未来的收入增长空间受到挤压，将会给成本管理带来巨大压力

2006年，全行成本收入比为43.96%，与工商银行和中国银行已十分接近，与同在香港上市的汇丰银行41.2%的水平相比还有差距。在员工的成本产出效率方面，我行也不具备整体优势。2005年我行员工成本/主营业务收入指标为21.21%，高于工商银行的19.1%和交通银行的16.4%的水平，人均员工成本和人均工资水平也都略高于工商银行。相应地，在成本管理的理念、手段和能力方面，我们也存在着诸多不足。客观地说，近年来业务和收入的快速增长很大程度上掩盖了我们在成本管理方面的问题和不足。反过来，我们应该清醒地认识到，由于未来的收入快速增长空间受压，我们面临的成本管控压力将大大增加。

（三）日益加大的竞争和资本回报压力，要求我们进一步完善绩效评价机制和资源配置机制，促进全行提升价值创造能力

在绩效评价方面，我们以经济增加值这一概念为核心，在纵向上对分行及横向上对业务条线的总量绩效评价方面做了很多基础性的工作，全行纵横交错的绩效评价体系和框架已经初具雏形。但必须指出，这个框架还是很不平衡的，“块块考核强，条条考核弱”是我们一直没有解决好的问题，同时块块考核也存在方法、指标选择的合理性问题。对于在新的矩阵组织形式下的团队制的绩效考核，还缺乏成型的解决方案。对于个人，特别是一线人员的绩效评价方面相当薄弱。内部价格体系和市场价格的脱节，也还在产生不合理的激励等。

（四）在国家宏观调控和经济结构调整过程中，潜在的信贷风险压力不可忽视，银行内部的风险意识和风险计量应用水平有待提高

我们的风险管理意识和风险管理能力还有待进一步加强。对风险成本特别是信贷业务经济资本成本的认识还不到位，部分分行的信贷扩张冲动，追求短期盈利目标的愿望仍然比较强烈，风险定价能力较弱。在对市场风险和操作风险的管理方面还缺乏成熟的手段。内部原因加上外部影响，潜在风险损失的压力还相当大，并对建设银行的长期盈利能力构成重大威胁。

上述问题表明，为了保持建设银行业绩增长的持续性，结构调整和业务转型刻不容缓。加快计财管理改革、提高风险管理能力、推动战略转型、建立对市场环境变化的生存适应能力是一项十分紧迫的任务。为适应这一任务要求，我们必须对相关计财管理政策进行改革和调整。

1. 在计划安排上，保持中间业务40%左右的超常增速、安排对个人业务的超常激励是必要的，是实现战略性结构调整所必需的。在把握市场先机、做好综合化经营改革的同时，努力推动全行个人金融业务、国际业务、小企业业务、中间业务和资本市场创新业务的战略转型，这是改善全行盈利结构、实现可持续增长的基本途径，计财管理应当在资源配置和激励约束等方面给予必要的支持。我听到今年分行普遍反映中间业务计划增长压力大。但是大家想一想，即使去年我们有58.7%的中间业务增幅，但中间业务收入占比仍然不足9%，相比较而言，美国和欧洲的银行平均水平在45%左右，香港的银行也在35%左右，我们和国际一流银行的差距是很大的。因此，从结构调整的紧迫性来理解，目前的计划安排水平是必要的和合理的。而且，就我所知的同业情况，比较我们的竞争对手的计划安排水平，我们的计划安排并不具备很强的竞争力。比如工商银行今年中间业务收入增长的目标是56%。我希望这个计划不仅要确保完成，还要努力争取多完成。当然在保证整体增长水平时可以根据实际增长潜力对不同的产品安排不同的增长水平。同时，要大力拓展新业务，大力推进新产品的研发，为收入增长提供支持。另外，从推动业务转型考虑，今年计划对个人业务作比较大的倾斜安排，无论是新增信贷规模的满足还是资源配置、激励政策的安排都是如此。这样做，不是我们不重视对公业务，我们非常明白，对公业务仍然是目前建设银行重要的甚至是主要的盈利来源。但是我们要为未来的增长打好基础，创造空间，从这个意义上讲，我们现在对个人业务的超激励安排是非常合理的，也是必需的。

2. 今年，我们下大决心推出了内部资金全额计价的初步改革。这项改革的意义在于理顺内部资金（转移）的价格体系，使得内部资金价格贴近市场价格水平，引导分行和部门按照市场价格信号进行合理决策。由于改革后的贷款资金成本相应提高，改变了因原先内部资金价格不合理而形成的对盲目信贷冲动的不合理激励，并能有效发挥资金价格对业务转型的合理驱动作用。虽然因技术条件等方面的限制，目前实现的还只是初步的准全额计价，但是实际上已经迈出了关键的一步。由于价格体系的调整，实行全额计价后各分行间利润水平的结构会发生一定的变化，部分分行相对差额计价情况下的利润水平有一定的降低，但希望大家能够理解和支持，因为改革后的分行利润相对过去而言更为客观和真实。同时，总行也考虑了相关参数调整，以适当减少对分行的利益影响。

3. 为促进对分行绩效评价管理的科学化，总行研究提出了改进等级行管理的初步方案，这次将提交会议讨论。等级行办法一直是分行反映较多、也是我比较关注的问题。这次改革的基本思路是引导和鼓励分行做强，提高竞争能力。办法的最大改变是去掉了资产规模这一单纯的业务规模指标，在保持效益贡献能力核心指标的同时，引入了分行当地市场竞争力指标，在指标的取舍上偏重反映战略转型要求，同时通过增加部分过程性指标如执行力、合规性等，使得评价更加全面。经过调整，作为分行整体经营状态评价体系的等级行办法和作为年度目标业绩评价体系的分行关键绩效指标（KPI）形成了更为合理的互补定位，构成了相对完整的分行业绩评价体系。希望大家能在会上认真讨论，从完善全行业绩管理的角度对新办法的合理性提出意见和建议。

4. 今年实行经济资本新的计量方法，改系数法为资产波动法计量信贷非预期损失，对提高全行风险管理水平而言，是一个大进步。新方法更加科学合理，对信贷风险有更真实、准确的揭示，这对于在信贷经营中更好地平衡风险与效益的关系、防范风险、促进真实有效的价值创造，具有重要的作用。新方法的应用提高了各分行的信贷经济资本总量，一定程度上增加了经济资本成本并影响了分行的经济增加值水平，对部门产品的盈利性评价也会产生一定影响。但这是客观计量的结果，我们必须认可和坚持，尤其是在信贷经营定价决策层面，必须坚持应用客观计量结果，把风险成本正确地反映到经营决策中，切实提高风险管理水平。当然，目前的计量也存在不完善的问题，需要持续改进和完善。在具体应用方面，风险部门要做好对经营部门定价决策阶段的风险计量支持，确保风险控制关口前移，真正发挥好科学计量工具的作用。

三、大力提升建设银行的计财管理能力

为了将建设银行打造成为具有国际竞争力的现代股份制商业银行，计财管理的改革与发展必须先行，以充分发挥计财管理对全行战略执行的支持和推进作用。在这个过程中，需要计财管理的能力有一个大的提升。在当前及今后一段时期，要重点加强以下几个方面的能力。

（一）增强财务集中统一管理的能力

实现财务集中统一管理，这是国际先进银行在管理上的一条成功经验，也是我行未来计财管理发展所必须坚持的基本方向。目前我们在财务集中统一管理方面已经有了一个不错的基础，但是还要继续推进。当前，统一集中的重点应在这几个方面：一是全行财务政策要统一，预算管理要集中；二是财务处理要集中上移；三是采购要尽可能集中上移。这里我想特别强调一下财务政策和预算管理的统一集中。因为这不仅涉及一个规范性的问题，还直接涉及在全行统一的法人体制下政策能否在全行有效传导、战略执行是否有力的问题，是一个内部治理水平和能力的问题。比如资源配置政策，今年的综合经营计划中总行统一了战略性业务激励费用配置方法并明确了在全系统纵向传导的要求，通过这种方式来保证总行战略在全行得到统一的贯彻。同时，财务政策的统一性往往要通过预算的集中管理来实现，借助预算的集中管理保障财务政策在横向执行上的平衡性和一致性，以免各行其是

导致激励政策政出多门。今年总行在计划预算管理上作了这方面的调整，这个方向是对的，这也是保证“财务一支笔”的一项制度性安排。当然，在集中时，也要坚持实事求是的原则，要结合我行现行的管理体制和技术条件，不能搞“一刀切”。比如在经费管理上，由于主客观条件的限制，我们还不能做到像美国银行那样将全行的经费处理都集中到总行层面，但通过在二级行设立经费共享中心、首先实现经费在二级行层面的集中统一管理，待积累经验、优化系统后再逐步向更高的管理层级集中，应该说也是一个很好的思路。

（二）加强资源整体配置能力

资源配置过程是一个动态优化、持续改善的过程。外部市场环境的变化和企业竞争策略的调整，都要求资源配置方式作出相应的改变。对建设银行而言，要做好配置，最重要的就是要跟随战略、支持战略、服务和实施战略。具体而言，需要重点把握以下三个方面。一是要坚持以价值创造为核心的导向，统筹规模、效益与质量。说到底，这是一个如何处理好短期利益与长期利益、风险与效益、利润与价值创造的关系的问题。资源配置政策要在其中发挥积极的引导作用，通过具体管理参数的持续改进，充分发挥经济资本配置和经济增加值考核的杠杆作用，在促进全行业务增长的同时，有效控制风险，合理优化结构。二是要在促进全行业务均衡发展的同时，突出战略转型要求。各项业务的均衡发展是达到“以客户为中心，为客户创造价值”这一目标的内在要求，同时也是降低系统性风险、发挥规模经济优势、扩大利润来源渠道、提升全行价值创造能力的基础。作为一个大型的现代商业银行，我们不能在主要业务品种上出现明显的短板，因此对于各类业务都要保持适度的资源投入力度。但与此同时，对于总行战略已明确重点发展的业务，如个人银行业务、中间业务，则要在财务可承受的范围内尽可能加大资源倾斜力度、促进其加快发展，而绝不能把资源配置搞成“撒胡椒面”。三是要坚持“效率优先，兼顾公平”。“效率优先”重点解决集中有效资源加快发展的问题，资源要重点向中心城市行、三大重点区域和重点区域的重点分行、重点产品、重点客户倾斜，体现资源对战略转型目标的保障作用。与此同时，还要考虑兼顾公平，特别是对于经济增加值总量较低但增量取得明显进步的分行，也要给予适当奖励。

（三）全面提升成本管理能力

推进实施全面成本管理，是总行认真分析外部形势和内部现状、经过慎重研究作出的一项重要管理决策，意在应对竞争，着力提升建设银行的成本管理能力。客观地说，我行的成本管理空间还很大，今年全行必须下决心，花大力气，抓出实效来。应该看到，成本管控能力是构成企业核心竞争力的重要方面，在银行业竞争加强、服务同质化的条件下，成本管控能力是决定银行长期盈利能力甚至长期生存能力的主要因素。全面成本管理，就大的方面考虑，要解决成本管理意识、责任和成本管理方法等问题。首先要解决成本意识和成本责任问题。要纠正成本管理只是计财部门的事、与其他部门无关的错误观念，把其他部门拉到与财务部门一致的统一立场上来。全面成本管理是一项系统工程，必须全员参与，必须切实落实各个成本中心和每一个员工的成本责任，要真正做到“让每个人对自己花的每一分钱负责”。其次要解决方法和手段的问题。不仅要完善传统的费用定额和成本管理标准体系方法，利用财务应用系统进行成本的分摊计量，进而为成本考核提供基础信息；更重要的是要从业务流程的分析和重整入手，向流程、向压缩管理层级要成本缩减的空间，从源头上控制成本的发生。这方面，目前我们已有一些初步的尝试，要继续坚持并向更广的领域推广开去。再次要正确处理全面成本管理与银行发展和价值创造的关系。全面成本管理并不是简单机械的成本降低，不是单纯要“勒紧腰带过日子”，而是通过全方位、全过程、全员工的成本管理，在成本管理的各个环节达到投入的科学化和产出的最大化，简单地说就是让不该花的钱一分都不要花，该花的钱也要精打细算。最后，我想特别强调的，就是成本管理首先要从总行本身做起，各级行也要先从本级做起，作出表率来。

（四）强化管理会计核算能力

财务管理对于战略执行力支持的一个重要方面，是提供基础核算和分析能力，提供对客户、渠道、产品、机构盈利性的评价信息。我在分行调研中发现，我们在这方面的能力建设特别薄弱，差距特别大。我们要从推进管理会计在全行范围内的应用入手，加强财务管理的基础能力建设。当前重点要做两方面的工作，一是进一步夯实管理会计所需的信息基础，二是加快管理会计方法的研究和应用。在信息基础方面，重点是要利用好企业资源计划系统（ERP）这个基础平台，在认真做好现有功能模块的推广优化的基础上，尽快完善系统的整体规划和设计，加快预算管理、集中采购等其他功能模块的开发推广步伐，争取用2～3年的时间，总体上改变我行目前在管理信息上所存在的不完整、不准确、不统一的现象，为管理会计的应用提供一个比较可靠的信息来源。在管理会计方法的研究与应用方面，重点是要利用与美国银行等战略投资者合作的契机，结合我行内在的管理需求，探索建立具有我行特色的管理会计体系；在此基础上，通过及时启动管理会计系统建设的试点工作，逐步构建起我行实施多维度盈利分析和多层次的绩效评价的基本框架，初步实现为管理提供可以信赖的分条线、分产品的分析结果这一目标，为业务发展和管理决策提供更新、更有效的服务手段和管理工具。

（五）大力提升计财部门、人员的服务支持能力

要适应全行战略转型这个总要求，计财部门和计财人员就要相应进行职责转型，要强化自身的服务支持能力。首先要更新思路、找准定位。在职责定位方面，计财部门应当把自己定位成财务专业化服务的提供者，要树立服务意识，强调协作精神。在工作重点上，要从事后的控制和监督为主转向以事前和事中的分析、规划和预测为主，将管理的链条延伸到业务发展和经营决策的全过程。在工作内容上，要通过开展产品定价、客户盈利性分析、个人绩效评价、项目投入产出分析等工作，将财务分析和服务逐步深化，细化到产品、客户等最基本的管理层级。在工作流程上，要在合理控制风险的前提下，着力提高流程的运作效率，减少信息传递的障碍。其次要提高计财人员的业务素质和服务能力。在这方面要区分不同的层次。对于分管领导而言，除了应该是业务经营方面的管理者之外，还应该成为计财专业的行家里手；对于计财部门的负责人而言，既要成为计财管理的专家，又要成为全行业务经营的骨干；对于计财条线的全体同志而言，重点要提高综合业务素质，包括对财务理论和财务政策的把握能力，对财务方法和财务模型的操作能力和对产品与业务的理解能力。过去，我们对前两个方面的能力强调得比较多，而对第三个方面没有给予足够的重视，使得这方面的能力明显不足。很多财务人员只擅长与财务数据和报表打交道，对产品特性、业务流程不熟悉、不了解，制约了作用的发挥。要弥补这块短板，计财人员要努力学习相关业务知识，要密切业务部门的信息沟通，积极推行跨部门人才流动。最后要改进财务支持服务的组织形式。在这方面我们已经有了一些探索，例如在中心城市行个人银行事业部试点方案中，已经采取了计财部门派驻专业的财务人员到事业部工作、为事业部提供财务服务的做法；在总行层面，计财部专门明确了相关处室负责对口支持不同的业务部门，并指派专门的人员与相关业务部门共同完成年初计划的编制等。下一步，总行在对上述经验进行总结的基础上，还将考虑借鉴美国银行向业务条线派驻财务总监的做法，着手研究向部分条线派驻财务总监的方案，在确保财务集中、统一管理的前提下，提高财务管理对业务经营的支持力度。

（六）切实提高财务规范管理能力

财务规范性是一个需要特别强调的问题。总的来看，全行在执行财经纪律方面的总体情况是好的，但个别违规现象仍未得到根除。所发现的不合规问题，除了个别是由制度本身不完善引起之外，主要的还是由于制度不落实或者落实得不全面不彻底等原因造成的。甚至还存在恶意违反规定、虚构或变更经济事实而形成的账外资产、小金库等严重违规问题。仅在去年全行的审计检查中就发现上述严重违规问题477笔，金额达到6 451.5万元。财务的规范性问题不仅仅是一个风险损失问题，还牵涉内控管理、财务数据真实性和股份公司形象等问题，各级领导及财务主管务必高度重视，并要将其作为风险内控方面的一件大事长抓不懈。这里，关键是要解决制度、执行和责任约束的问题。总行的财务管理制度要及时进行修订和完善，不能出现制度上的漏洞和空白。已经颁布的政策、制度和授权方案，全行必须严格执行，不能打折扣。同时，要加强责任约束，要将规范性责任落实到每一个具体的管理环节和每一个管理主体，特别是要明确各级行财务部门负责人的管理责任，明确财务活动合规性是各级财务主管不可推卸的职业责任。要强化监督检查和责任追究，进一步规范财务检查制度和流程，强化整改事项追踪和后评价制度。要健全责任认定和责任处理程序，对于重大的财务违规事项，必须提请一级分行或总行纪检监察部门按规定进行责任追究，不能仅以经济处罚代替责任追究。

同志们，建设银行的计财管理已经有了一个比较好的基础，也造就了一支素质较高的人员队伍，面对挑战，我对我们的计财管理、对大家充满了信心。只要我们努力工作、敢于创新，我们一定能够打造出一个既先进又具有鲜明特色的现代商业银行财务管理体系，为建设世界一流的商业银行作出更大的贡献！

谢谢大家。

在2007年风险管理工作会议上的讲话

（2007年3月20日）

张建国

同志们：

这次风险管理工作会议很重要，主要任务是学习贯彻全国金融工作会议和年初全行工作会议精神，努力提高全行风险管理及经营水平。

本次会议我们邀请到了银监会监管一部的领导以及张向东、景学成两位专职董事，参加会议的人员还有一级分行风险总监和风险管理部门总经理。这是我们整个风险板块集中召开的一次会议，这种会议方式便于沟通情况、形成合力，共同把全行的风险管理工作落到实处。

本次会议罗哲夫副行长的讲话代表了总行党委、董事会和高管层的声音。朱首席代表管理层作了一个非常重要的讲话，体现了总行党委、董事会的要求，他的讲话是一个工作部署，非常具有可操作性。会议期间，大家要对他们两位的讲话认真学习、深入领会，会后抓好落实，相信全行特别是风险条线的领导人员和同事有着非常强大的执行能力。我主要谈三个方面。

一、充分肯定全行风险管理的成绩，不断坚定做好风险管理工作的信心

去年是我们上市后第一个完整的经营年度，全行的经营管理特别是风险管理工作做得怎么样，具有重要的标志性意义。应该说，在总行党委、董事会、高管层的领导下，2006年建设银行的风险管理工作向监管机构、广大的投资人、全行的员工交出了一份令人满意的答卷，罗哲夫副行长刚才也从不同的角度肯定了我们去年的工作。在这里我对去年的风险管理工作再做三点概括。

（一）很好地巩固了改革成果

前年在完成了财务重组和引入外资以后，在海外上市时，全行的资产质量、整体财务指标、经营指标都是比较好的，在上市后能不能巩固和维护住改革的成果，将对建设银行未来的发展产生重大的影响。在成为上市公司以后，我们以国际标准作为榜样，将监管机构的要求和股东的利益作为我们工作的出发点，继续巩固了改革取得的重大成果。

一是既很好地执行了国家宏观调控的要求，又保持了合理增长。实事求是地讲，虽然去年我们的资产质量不错，风险管理水平显著提高，但是跟国际先进银行相比，差距还非常明显。国外的监管机构承认我们通过改革焕发了活力，在资产质量、风险管理上取得了很好的成效，但同时也指出，美国商业银行的不良贷款率普遍在零点几、一点几，我们和国际先进银行相比差距依然十分明显。那么在这种情况下，为什么世界上有那么多的投资人要投资到中国的银行？我们几家在海外、在国内上市的商业银行的股票价格为什么还能够平稳上升？就是因为投资人看到了中国商业银行的增长潜力。去年我们很好地执行了国家宏观调控的要求，保持了适度的增长，海外的投资人就是看到了我们的增长势头，看到了中国商业银行的发展趋势和这个卖点。去年全行的境

内机构贷款新增了3 781亿元（上半年增长了3 425亿元，下半年只有356亿元），我们既全面贯彻落实了监管机构、中央银行和国务院的要求，同时也实现了投资人对我们经营发展的要求。

二是既注重了阶段性目标，也确保了战略决策的实施。去年上半年我们发展很好，但这绝不是盲目发展和冲动扩张，而是适时地抓住了其他银行忙于改革的市场时机，基本做到了中央要求的又好又快发展。去年全行的存贷款明显增加，增量与增速均创近5年来的新高。我们在保证为优质客户提供金融服务外，还积极地实施战略转型，结构调整取得了明显进展，经营转型取得了明显收效，行业收入、产业收入在结构上明显改善。去年A级（含）以上对公客户贷款占比提高了近6个百分点，首次突破80%，达到了83%，成绩来之不易。从去年我们的战略转型情况看，在银监会表彰的把小企业作为经营重点的商业银行名单中，建设银行名列其中。在去年下半年贷款增量只有300亿元的情况下，个人业务每个月的贷款新增都超过了百亿元；去年前9个月，中间业务增幅都在百分之三十六七，全年中间业务收入增幅超过了50%；资本市场创新的业务产品中，比如短期债券发行，去年建设银行完成了658亿元，市场份额达到23%。我们在经营转型上取得了成果及实质性的进展，这些都具有重要的战略意义。

三是去年的风险管理既让投资人看到了建设银行的希望，又使我们全体员工树立了信心。去年，在面对建设银行改革取得的成功时，我们的投资人、潜在的投资者、海外的监管机构和海外市场一定会有这样的质疑：中国银行业能不能不断提升其经营管理水平？建设银行能不能延续良好的经营发展势头？我想，今天上述几个方面的质疑声音一定会弱下来。事实证明，建设银行在朝着一流国际上市银行的方向不断地行进，未来的建设银行一定会成为优秀的商业银行。对此，海外对我们充满希望。去年我们取得的这些成绩，为今年乃至今后奠定了坚实的基础。今天一大批爱建设银行、忠实于建设银行的员工对建设银行充满了信心。当然，也有一部分同志担心我们落实业务转型，特别是推动中间业务发展困难太大。但事实证明，今年前两个月我们的中间业务增速都超过了60%，全行经营出现了新的良好势头。

（二）坚决推动了风险管理体制改革的基础性工作

罗行长、朱首席在刚才的讲话中，都讲到了去年全行风险管理体制改革取得的成绩。在总行设首席风险官，一级分行设风险总监，二级分行设风险主管，向基层行派出风险经理，集中全行的风险管理资源，在矩阵式的先进风险管理模式下，把全行风险管理工作做得更好。与此同时，在体制初步建立并投入运行的时候，就注重制度的建设、机制的创新和完善。全行各级领导、风险条线全体员工的风险管理观念在不断转换。风险条线也在不同领域不断地使用新的风险管理工具，像风险预警、风险提示和计量模型等。

（三）全面完成了年度目标

去年，我们实现了管理层、监管机构在风险总量和控制方面的要求。不良贷款和不良资产实现“双下降”，拨备水平进一步提高，按国际会计制度的要求，拨备覆盖率提高了15.46%，得到了银监会主席刘明康的多次表扬和鼓励。各项反映效益的财务指标都完成得很好，总资产回报率（ROA）和股本净回报率（ROE）均接近或达到了上市银行平均水平，ROA达到0.92%，ROE水平已经达到国际上市公司的一般标准。这些成绩的取得得益于党中央、国务院的领导，得益于全体员工尤其是风险管理条线同事们的努力，也得益于董事会的正确领导和监管机构对我们的关怀、指导和严格要求。在此，我代表罗行长、朱首席向银监会监管一部的领导、各位董事和全体同事表示真诚的谢意。

二、以国际先进银行为榜样，努力提高全行的风险管理水平

（一）要看到我们与国际一流商业银行相比还有较大的差距

上周我们非常荣幸地邀请到银监会主席刘明康在建设银行高级研修班上进行了授课。刘主席在肯定建设银行在过去几年的改革、发展、经营、管理等方面所取得的6项明显成效的基础上，也指出了我们自身存在的不足，尤其指出了与国际优秀现代商业银行之间的差距，对此，我们是非常认同的，也是心悦诚服的。

首先，在观念上我们还有明显差距。欧美一些商业银行在风险管理和提高内部运行质量方面提出了一些新的理念和方法，而且有的已经向巴塞尔委员会提出了建议。多年来我们一直在转变

观念，但总是亦步亦趋地根据西方商业银行过去的做法来改变自己，这就决定了我们的观念不可能超前。要承认我们在这方面的差距，只有这样，才能够正确面对现实，不断转换观念。

其次，要看到我们在基础管理上与国际一流商业银行差距明显。与国际一流商业银行相比，我们在市场风险、信用风险管理水平上还有很大的差距，操作风险管理差距尤为突出。去年，我们抓住刁娜案件，梳理、分析了过去5年所发生的案例，在整改和加强内控建设方面采取了一些有效措施，但还是有几十起操作案件发生，去年超过百万元的案件就有13起。这对全行的市场、地位、品牌、声誉，甚至对我们全体员工特别是管理人员的自信心产生了严重的影响。我们的管理基础还是比较脆弱的，个别坏人混在我们的队伍里，利用了这些管理上的薄弱环节。近期全行要启动一项专项治理，吸取刁娜案件给我们带来的教训，希望通过一段时期的努力改变我们这种差距。

（二）做好当前工作，实现全年目标

今年前两个月我行的不良资产额、不良贷款额都在进一步减少，不良率持续下降。我们要继续保持这种良好的势头，要有大局意识、责任意识，共同把风险管理工作做好。这关系到建设银行的品牌形象、核心竞争力，关系到各方面对我们的信任。当前我们国家的经济金融整体形势很好，但是结构性、行业性、产业性的问题依然比较突出。在这样的背景下，加强宏观调控就会成为这一时期的工作重点。去年温家宝总理讲到，结构调整、宏观调控依旧会贯穿于整个社会主义市场经济的全过程。从长期看，宏观调控对于我国经济保持良性的持续发展一定是有百利的，但是从短期看它也必定会对商业银行的经营形成重大挑战，近期一系列的政策信号也都证实了这一点。在宏观调控的作用下，部分集团客户长期积累的问题随着市场的不断变化逐渐暴露。有的集团客户内部互开发票、乱作担保，有的盲目投资、隔行取利、主业不强、投资分散，这些都会对银行的资金安全构成威胁。

当前，首先要对集团客户进行全面分析，对去年初以来集中发放的贷款作一个梳理，这也是为了保证我们的资产质量，保证我们能够及时发现问题、采取措施保证资金安全。像房地产行业、电力行业，都需要我们进行认真的研究和分析。其次，要实现今年不良资产、不良贷款和案件发生的三个“双下降”，应该说难度很大，但是希望大家能够按照总行确定的目标，从年初就抓落实，力争实现去年那样的成果。最后，整个金融市场变化很大，跌宕起伏。自去年下半年以来，人民币利率3次上调，人民币币值持续上升，在信用风险、操作风险不断加大的同时，市场风险也在加大，希望大家能够对我行的市场风险控制提出积极有益的建议。

三、坚定不移地推动全行经营管理水平的提高

（一）统一和提高对宏观调控的认识，端正对实施宏观调控的态度，做好我行的贯彻落实

当前的宏观调控与以往有所不同。一是今年宏观调控从中央到监管机构抓得很紧；二是针对性很强，多管齐下，对银行来说，监管机构用了“组合拳”。银监会对工商银行、农业银行、中国银行、建设银行、交通银行5家银行分别制定了监管办法，人民银行也出台了窗口指导意见，希望大家高度重视。作为银行自身，要采取有力措施，坚决执行宏观调控的要求。当前贷款资源稀缺，希望我们能够抓住这个机遇，把有限的资源用于对优质客户的服务，用于调整业务结构，推进战略转型。以往我们的议价能力、谈判能力仍然不够，希望我们能抓住现在这个时机，做出新的举措。

（二）继续加强基础建设，继续加强条线管理

总行即将启动旨在使全行未来发生重大变化的八个基础性项目建设工作，包括全面风险管理、全面成本管理、IT的优化升级、产品的研发机制、资本管理、组织架构再造、人力资源管理等，这几个项目中有好几项与全行的风险管理密切相关。我们鼓励在风险条线上加强基础建设，鼓励适时创新，如建立银企合作机制、建设实时监控体系和行业、产业信贷政策等。

（三）加强队伍建设

去年，总行在推行风险体制改革时，有一大批优秀的人员走上领导岗位成为风险总监。据罗行长、朱首席以及人力资源部介绍，大部分风险总监在过去半年的时间里，履职情况良好，为我行经营管理水平的提高作出了贡献，取得了很好的成绩。但新体

制的运行时间尚短，未来加强体系、条线建设的任务还十分艰巨。首先，作为一个领导人员，风险总监要具有很好的专业素质，要有相当强大的执行能力，也要有相应的协调沟通能力。大家的政策水平、专业水平普遍都不错，但个别同志还需要加强协调沟通能力。矩阵式管理既强调条线专业职责，也要承认每个分行都是一个经营单位，风险总监与分行领导班子的经营目标、责任应该是一致的。希望大家履行好自己的职责，做出更大的努力。其次，分行风险板块的总经理是我们条线的骨干，是全行风险管理水平不断提高的关键所在。希望大家从建设银行的整体利益出发，不断提高自身素质，发挥带头作用，为全行管理水平的提升作出更大的贡献。

这次风险管理工作会议从继续深化改革、坚持科学发展、加强基础建设等几个方面出发，提出了努力使建设银行保持良好的发展势头、不断提升自身实力、更快接近国际一流水平的目标要求。希望大家能够切实按照全国金融工作会议和年初全行工作会议的要求，履行好职责，为建设银行的广大股东、全体员工，为建设银行未来的发展和中国银行业的发展作出历史性的新的贡献。

在全行公司及机构业务工作会议上的讲话

（2007 年 3 月 22 日）

张建国

同志们：

刚才董事长代表党委、董事会对全行业务，特别是公司业务及机构业务的发展、改革、转型、管理发表了重要讲话，对全行转换经营理念、落实战略转型、严格防控风险提出了整体要求，希望大家在会议期间认真学习、深入领会，在实践过程中深入贯彻、抓好落实。接下来，赵林副行长还要代表总行高管层对今年的公司及机构业务提出具体的工作部署。明天在会议总结的时候，顾京圃总监也会就大家关心的问题和在会议中提出的创新举措同大家一起讨论，也希望大家把他们的讲话结合全行的工作一并抓好落实。

实践证明，我行具备公司及机构业务经营工作的良好基础。在他行工作的时候，我就知道建设银行在市场拓展上具有强大的竞争实力。成为建设银行的一员之后，我更加切身感受到了我行特点突出、优势明显。在党委、董事会的领导下，我行确定了清晰的发展方向，制定了明确的战略举措，只要大家抓好贯彻落实，建设银行的未来一定会更加美好。从 2006 年的实际经营情况来看，我行在海外整体上市之后的第一个完整经营年度中，焕发出了强大的竞争实力，向各方交出了一份非常亮丽的答卷。成绩的取得要归功于党中央、国务院，归功于大股东以及各方面的支持帮助，归功于党委、董事会的正确领导，也要归功于我们公司及机构业务各部门、各条线为全行经营作出的巨大贡献。借这个机会，我代表高管层，向全行公司及机构业务条线的同志们表示衷心的感谢！

成绩的取得只能代表过去，摆在面前的竞争形势非常严峻，各方面对我行在新的一年里取得更大的成绩充满了希望，也有新的要求。刚才董事长从战略层面讲了很多内容，我深受启发，接下来我从经营角度、从贯彻落实层面谈几点意见。

一、努力发挥优势，促进公司及机构业务又好又快地发展

我们总说建设银行有优势、有特点，这些优势特点究竟是什么？我觉得优势是我行与外资银行、中小股份制商业银行相比，网络完善，人才济济，客户基础扎实，如全行 33 万名员工中有大量懂得现代商业银行经营，特别是公司类业务营销和金融服务的人才，全行仅对公客户经理就有 2.4 万多人。

特点是什么？特点是我行在基础设施重大项目建设的融资和金融服务上有专长，尤其是擅长做项目评估、造价咨询等业务。

更重要的是在过去的几年中，我行在国有商业银行中率先改革，最早认识到实施经营转型将确保我行在激烈的竞争当中抢占到有利的市场地位，最早认识到只有注重结构调整、不断地优化经营结构，才能尽快成为真正一流的上市银行。

当前我国整体经济形势良好，产业结构不断升级，行业结构不断细化。中央在继续坚持做好东部地区的开发开放、鼓励沿海地区快速发展的同时，提出了西部开发、振兴东北、中部崛起以及加快环渤海整个经济圈的开发开放等适合不同地区特点、不同地区基础的重大区域战略。良好的经济形势和这些发展战略为我们建设银行未来的经营发展特别是对公业务的发展提供了良好的发展机遇，同时也应该看到银行间的竞争形势更为激烈，对我们是一次非常严峻的考验。

二、加强市场营销，努力提高市场竞争能力

在新的一年中，我们要创新营销方式，努力提高市场竞争能力。刚才董事长对营销方式的创新作了重要论述，我从不同角度谈一些想法。

1. 加强领导营销。今年1月份，董事长率队前往铁道部进行高层营销，取得了良好的成效，铁道部当即承诺建设银行与中国银行一起成为重大项目建设的两个投资方和融资行。正是我行高层的及时主动上门营销，把握住了这个稍纵即逝的商机，这充分说明了高层营销的重要性。郭董事长、赵林副行长以及其他几位行领导经常强调，我们是建设银行的员工、是建设银行的领导层成员，但我们首先是建设银行的第一客户经理。希望在座的各位分行主管行长、相应部门的总经理，都要亲自带头营销，作出表率，在当地的市场中成为我行的第一客户经理。

2. 加强交叉营销。交叉营销是优秀的外资银行长期以来积累下来的经营经验，我们现在很难做到对所有的市场、所有的客户进行团队营销，但在营销优质公司类客户的同时，不要忘记营销我行的创新类业务、个人业务以及各方面的产品和业务。在联动营销方面，我们有着优良的传统，总分行联动、海内外联动、部门之间的联动、各分行间的联动都取得了良好的成效。希望在今年激烈的市场竞争形势下，全行公司及机构业务条线能通过各种方式的联动，争取更多拓展业务的机会。

3. 加强总部营销。大家对于总部营销的认识，往往局限于总部位于北京的集团客户，其实在北京、上海乃至各个地方都有优质的集团客户总部，需要各分行加强联动，共同营销。最近，总行发现尽管在全行实施了统一授信管理，强调了总部所在地分行的牵头管理，我们在集团客户的市场营销和防控风险方面仍存在一些问题，如集团客户在不同地区、不同市场的公司未能纳入整体授信管理当中。在总部营销方面，我们仍有欠缺，但也有较大潜力。

4. 加强团队营销。我们过去是分部门、按层级进行市场营销，现在我们鼓励并推动团队营销。董事长对此非常重视，赵林副行长正在牵头制定团队营销的机制。今后我们还要继续加强研究，并在有条件的地方实施客户经理的牵头营销。

三、抓住机遇，努力调整结构

去年我行各项贷款新增3 800亿元，今年我们计划新增3 500亿元，一些分行的贷款新增计划少于去年，对此我们有些失落。事实上，宏观调控的要求越来越高，形势与往年有所变化，往年的宏观调控一般发生在春夏之交或6月以后，今年从年初开始，中央以及各监管机构就提出了明确要求。温家宝总理在两年前就提出，结构调整和宏观调控将贯穿于社会主义市场经济的全过程。对于宏观调控，我行在思想认识上一直比较统一，贯彻落实有力。今年宏观调控来得更早，措施更为具体，我们作为国有大银行，必须落实好中央和监管机构的要求。同时，作为上市公司，我行的经营必须保持适度的增长。去年我行的贷款投放实现了15%的增长，今年如果增长速度降到1位数，会影响投资人的信心。因此，我行今年计划新增贷款3 500亿元。其中个人贷款安排了1 200亿元，整个公司及机构业务板块的贷款计划新增2 300亿元，比去年有所减少。希望各位充分利用好这有限的信贷资源，带动各项业务的结构调整。

1. 大力促进中间业务的发展。2006年全行中间业务增长强劲，增幅达到了58%，其中公司及机构客户的中间业务收入超过60亿元，比上年增加近23亿元，增长61%，成绩突出，令人振奋。今年前两个月，中间业务也保持了这样的发展势头。但我们

的中间业务与国际先进银行相比差距很大，美资银行的中间业务收入在总收入中占比在45%以上，欧洲商业银行的中间业务收入占比也在38%左右，香港当地银行的中间业务收入占比在34%左右。我们去年的中间业务收入虽然有58%的增幅、在总收入中的占比提高1.9个百分点，但是仍没有达到10%。因此，要大力促进收入结构的调整。今年中间业务收入的增长目标是40%以上，其中公司类板块中间业务收入计划增幅47%，希望大家坚定信心，抓早抓实，通过信贷业务促进中间业务的快速发展。

2. 调整行业结构和客户结构。去年我行在行业结构和客户结构调整上取得了良好的成效，A级以上（含A级）客户的信贷余额占比达到84%，提高了近6个百分点，适当控制了对产能过剩行业、一般加工制造业、房地产业的信贷投放。今年总行正在制定全行的行业信贷政策指导意见，各分行要严格遵守，继续优化客户结构和行业结构。

3. 调整资产结构。2006年我行的存款增长较快，今年我行的存款新增计划目标小于去年，但值得注意的是，今年我们的贷款新增计划也少于去年，今年的贷存比例不会比去年高，因此依然存在资产摆布的问题。

2006年我行在短期债券主承销业务上占据了市场第一的地位，今年从年初开始，我行的拓展能力有了新的提高，大家要共同努力，保持住市场领先地位。从市场形势来看，长期债券市场业务机会正在显现，据了解，今年的发行计划就是3 000亿元，希望在座的各位对此给予足够的关注，要力争成为长期债券发行体的主承销商，借此实现多重收入，解决贷款规模较少的问题。

4. 促进资产质量的优化。工商银行、中国银行、建设银行三行在历史上经历了三次集中的不良资产打包处置，其中股改重组时的不良资产处置是最后一次，日后不会再有这样的机会。银行作为经营风险的企业，必然会发生坏账损失，但目前我国相应的法律、规定、政策、制度这些配套条件并不完备，坏账核销难度较大。前年底，我行坏账科目下共有105亿元，去年我行仅核销了20亿元左右，其余大多数并不符合坏账核销的基本要素。郭树清董事长在担任银行业协会理事长期间，曾多次向国务院、财政部、中国人民银行、银监会反映坏账核销政策的相关问题，但至今尚无变化。因此，尽管我行现在拨备覆盖率比较高，但在无法自主核销的情况下，我们只能靠利用有限的信贷资源，拓展优秀的客户，盘活不良资产存量。提高资产质量就是增加收益，希望各级行不仅保证新发放贷款的质量，同时要借此良机解决好不良资产的存量问题。

四、落实战略要求，推进公司类业务经营转型

与同业相比，我行有优势，也有劣势。优势是存贷款业务发展很快，中间业务发展也很快。但我行的劣势也显而易见，如人民币业务可谓既大又强，但外币业务市场份额较低；境内业务优势明显，海外业务虽然质量不错，但规模较小，发展速度相对较慢；我行的大企业、大项目发展不错，但对小企业的金融业务重视不够。因此，我们要在巩固现有优势的同时，特别注重经营的转型。

1. 加快小企业业务发展。小企业业务对于我行来说，发展潜力大、议价能力强、综合贡献大。在我行成为上市公司之后，海外投资人对我行提出了更高的要求，不仅仅关注总资产回报率（ROA）、股本净回报率（ROE）、不良贷款比率等指标，同时对成本收入比、存贷利差、关注类贷款占比等指标也非常关注。虽然我行的存贷利差在同业中居于领先地位，但从内部结构来看，不同客户的差异较大。我行的集团客户的贷款平均利率是基准利率下浮10%，而小企业业务虽然总量不大，但贡献较大，其平均利率是基准利率上浮29%。因此，发展小企业业务有着深远的战略意义。

据统计，全国有400多万公司法人中小客户，我们全行有信贷关系的公司客户只有7万户左右，市场潜力很大。2006年底，我行中小企业贷款余额2 390多亿元，仅占公司类贷款余额的10%左右，2007年我行计划增加小企业贷款500亿元。今年小企业业务发展战略是“抓好试点、分批推广”，在经济环境好、管理基础好的分行率先启动。总行最近专门召开了专题会议、行长办公会议，对小企业的业务发展作出了全面安排，下发了新的指导意见。配合指导意见的46项制度安排在淡马锡的协助下，正在加紧制定。希望有条件的分行在总行相关部门的指导下，抓紧试点，适时推广。

2. 实现中间业务超常规、跨越式发展。前面已经提到了今年我们要大力促进中间业务的发展，这里我想再强调的是，总行已经在绩效考核、等级行管理上进一步完善了有利于全行推动中间业务发展的激励约束机制。总行也正式启动了旨在使我行在成为上市公司之后实现脱胎换骨的8项重点项目建设，其中有几项都是对中间业务的未来发展起到重大支撑作用的，如产品研发，IT升级等，从制度上和硬件上保证中间业务的快速发展。

3. 进一步提高机构业务的竞争实力和市场占比。机构业务是对公业务的重要一极，机构业务有一大批客户是各商业银行的传统客户，如保险类、证券类机构客户在资金营运等方面就有求于商业银行。值得关注的是，机构业务也出现了一些新的领域，经营难度较大，如军队、武警、名校、名医院等。从去年开始，我行对此类业务非常重视，并正式启动了“八一工程”项目，并很快取得了成效，军队武警在我行的业务从3%迅速提高到8%，激发了大家做好此类业务的信心。

机构类客户应该说既是我行的优秀客户，同时也是我行经营转型的平台。国家发改委和相关监管机构认定了10多个行业为风险行业，在贷款投放中优秀客户的选择和认定成了一个大难题，但“211”高校、全国的“三甲”医院、军队和武警部队都是潜在的优秀客户，我们的结构调整有赖于机构业务的拓展。

机构客户也是展示我行风采、提升我行品牌形象的载体。每年我行都对社会公益事业作出大量捐赠，今后我们将继续坚持，这是我行的社会职责所在。同时，我们也可以寻找更多地为国家、为社会作出贡献的途径，机构客户涉及卫生医疗、文化体育、教育科研、社保事业、军队武警等关乎国计民生、国家安全的行业，在为这类客户提供金融服务、获取盈利的同时，我们也可以直接或间接地为国家的国防事业，为社会的各项事业作出应有的贡献，同时提升我行的品牌形象。

4. 支持个人业务的持续发展。去年我行的个人业务取得了优异的成绩，个人贷款新增了1 300亿元，增幅达到27%，占各项贷款新增的1/3强。在资产规模小于工商银行，贷款余额小于工商银行、农业银行的情况下，我行的个人贷款余额及当年新增都位居同业第一。这得益于去年的强劲发展，今年前两个月的个人业务也保持了良好的发展势头。

个人业务是未来商业银行实现可持续发展的重要保证。今年我们要继续重视个人业务的发展，公司类业务要继续提供强大的支撑。今后只要发放房地产开发贷款，我们就应该确定系数，相应的按揭贷款必须在我行办理，这对于防范房地产开发贷款的风险有百利而无一害，有利于全行经营的和谐发展。

5. 加快外汇业务和海外业务的发展。在经济全球化时代，新兴市场不断出现，客户的跨国经营和对外往来不断增多，我行的国际业务和海外业务要适应形势、加快发展。国际业务、海外业务不仅在经营上是一个重要的领域，对于我行的自身创新也是很好的机会。我们的海外分行的外币业务是经营的新亮点，也是我们创新的不竭源泉。

近年来，总行在海外机构创建、加强内外联动方面有构想、有举措，也取得了一定的进展。国内各分行要继续对海外分行提供支持，继续向海外分行提供结算、清算、内保外贷、外保内贷这样的业务机会。2006年，我行的国际结算业务量增长了35%，结售汇业务增长了近30%，今年前两个月的进出口贸易形势依然不错，希望大家继续重视这项业务。去年我们的结算总量增加了近500亿美元达到1 900多亿美元，今年肯定会超过2 000亿美元，从而进一步缩小与中国银行、工商银行的差距。总行正在进一步研究具体措施和产品。

6. 大力发展资本市场的创新业务。首先，要大力发展投资银行业务。投资银行业务是改善经营、满足优质客户需求的重要业务。去年10月，总行重新组建了投资银行部，并在短期债券的发行、理财产品的发行上取得了一定的成绩。具备条件的分行要尽快拓展业务，希望今年所有分行在投资银行业务上能取得新的进展。

其次，要做好资产证券化业务。目前我国只有国家开发银行和我行具备资产证券化业务试点的资质，今年初以来，多家银行向中国人民银行提出了试点的要求，对我行的业务运营提出了新的挑战。今年我行不仅要做好一部分优秀资产业务的证券化工作，也要在不良资产处置等方面作出有益的尝试，希望各分行做好配合工作。

最后，要做好托管业务。我行的托管业务基础良好，规模不断扩大，投资基金、保险资金、企业年金、养老金等托管业务都有了新的进展。近期创新的QFII和QDII对我行以及其他商业银行都是全新的业务，大家处在同样的平台上，谁认识得早，行动得快，谁就能占得先机。希望大家予以重视，提早研究，力争在竞争中立于不败之地。总行各业务部门和各分行要协同配合，加强与国家发改委和各部委以及各地方政府主管部门的联系，了解国家有关产业基金政策的制定情况，了解各部门、各行业及地方政府对设立基金的动向，捕捉商业机会。此外，保险资金进入基础设施领域作专门投资已经进入了大保险公司和保监会的议事日程，也向商业银行提供了新的经营机会。

五、不断完善管理，提高公司类业务风险管理和内控水平

在全国金融工作会议上，温家宝总理在讲到深化国有商业银行改革时指出，国有商业银行的股份制改革虽然取得了很大成就，但公司治理还不完善，内控机制仍不健全，基础管理依然比较薄弱，分支机构和基层网点改革明显滞后，金融服务水平不高，与现代银行制度的要求和国际先进银行相比还有很大差距。具体到公司及机构业务，我们应按照温家宝总理的要求和行内的部署，进一步增强风险内控意识，切实做到依法经营、合规操作、严格内控、强化管理。

1. 规范业务操作，提高内控水平。加强基础管理，防范操作风险，一是必须培育遵规守法的信贷文化和风险文化。各级领导、管理者要利用会议、培训班、调研等一切机会，向广大员工宣传遵规守法的文化，培养合规操作的意识，形成我们的管理文化。二是加强制度建设，完善业务流程，对任何环节的操作作出明确的规范和作业标准，对关键风险点作出岗位制约的安排，防止系统性风险发生。三是加强信息技术的应用。2006年，公司业务部牵头开发的对公信贷业务流程管理系统开始在全行推广上线，今年3月在全行推广完成。其他业务也要加强信息技术的应用，从技术手段上提高操作风险的监督能力和控制能力。

尽管我们不断强调防范操作风险，我行每年仍有几十起操作案件发生，去年超过百万元的案件依然有13起之多，对我行的整体形象造成了负面影响。值得欣慰的是，去年案件总量、涉案金额、百万元以上案件都有所降低，今年要继续做好相关工作。

2. 加强集团客户的管理，防范集团客户的信用风险。操作案件非常可恶，但在资金营运方面，信用风险对商业银行的损害更大。截至2006年底，我行对集团客户的贷款余额已达9 700亿元，占全行公司及机构客户贷款总额的43.7%。但是，我们不能不正视的是，集团客户的风险比较大，近期有两个动向请大家密切关注。一是近两三个月来，总行几乎每周都向全行发出集团客户的风险提示，因为许多地方的集团客户出现了问题。在这方面，我行与其他许多商业银行一样有惨痛的教训，德隆集团、啤酒花集团等给我们造成了严重的损失；去年以来，又有一些企业集团发生风险，比如泰跃集团、宝硕集团等。二是有关部门的分析研究显示，集团客户内部存在着互开发票、虚增销售、虚增利润的现象，乱作担保、挪用资金的情况屡见不鲜，盲目投资、隔行取利的问题比较突出。

对集团客户的信用风险，要主动管理、及时控制、有效化解。首先是要加强监控。很多集团客户在发生重大状况，甚至于资金链断裂、被迫破产清盘之前，就显现了很多蛛丝马迹。只要我们从银行的利益出发，做个有心人，就能通过各种信息渠道捕捉到第一手信息，从而最大限度地保全我行的利益。其次要做好贷后管理。长期以来，我们重视前台营销和中台审查，对贷后管理的重视不够。最后是要认真分析，提高预见能力和指导实践的能力。

同志们，2007年公司及机构业务任务繁重，希望全行公司及机构业务系统继续发挥特别能战斗的精神，不辜负总行领导的期望，做好各项工作，努力提升经营水平，在新年度作出更大的贡献。

在海外机构负责人座谈会上的讲话

（2007 年 5 月 30 日）

张建国

同志们：

总行对海外工作十分重视。去年我刚到建设银行，就立即看到了来自各个层面的调研报告，我们正是据此勾画出了全行的海外发展战略，形成了《海外发展战略纲要》。总行领导、国内分行的同志们对海外机构都非常关心。从目前来看，全行对海外机构的经营、发展和管理，整体上是满意的，我行的海外业务虽然规模不大，但是质量不错。谚语讲“没有消息就是好消息”，海外机构无论是在建设银行的上市过程中，还是在建设银行成为上市公司以后，都没有出现需要总行全力应对的紧急状况，这说明海外经营保证了安全，值得肯定。同时，总行对海外工作也给予了更大期望，希望海外业务有更好、更快的发展，也希望海外机构在全行经营转型及未来可持续发展的过程中扮演越来越重要的角色。

常言道“坐而论道不如起而行之”，实干兴邦、实干兴行。今天讨论的主题就是抓好落实。海外机构对国内总行、分行应该怎么支持，国内总行、分行应怎么配合海外业务发展都提出了明确的意见和建议，因此必须抓好落实。我们把海外业务当做一个战略来考虑，不是权宜之计，更不是心血来潮，而是有特定的原因、背景和战略安排的。

落实战略构想、切实推进海外业务发展的前提之一是我国经济金融的对外依存度已经达到了前所未有的高度。目前股份制中小商业银行都在努力争取发展海外业务的机会。浦发银行从 5 年前就想在香港设立分行，去年招商银行在众多银行中率先向美联储和 OCC 递交了设立分行的申请。国内各家银行都十分重视发展海外业务，都认识到没有海外业务的发展，就难以巩固和维护境内的优质客户，难以更好地满足客户对银行提出的金融服务需求。

我们之所以要推进海外业务的发展还在于，经过 10 多年的建设与发展，我行在海外已经有了坚实的基础，积累了一定的管理海外分行、子公司的经验和一批优秀的海外业务人才，包括在当地招聘的员工和国内派出的人员。正因为有了这样的基础，我行海外业务的整体质量不错，我们才可以深入地讨论海外战略，讨论加快发展的问题。

此外，我们还要看到，把海外业务当做战略来发展，做大做强，其根本原因是国内发展太快。从目前的情况看，海外与国内发展的速度和差距不是缩小了，而是越来越大了。我们在与同业的竞争当中，特别是在海外的竞争当中，也存在明显的差距。中国银行在海外业务领域一枝独秀，其地位未来几十年也不容挑战。但恰恰是在过去的十几年间，工商银行明显地超过了我们。我们必须认识到，发展海外业务也是竞争的需要。

为此，今后全行要从以下几个方面采取措施，抓紧落实海外发展战略，切实推进海外业务的发展。

一、合理安排，搞好布局，扎实推进海外机构建设

1. 代表处应该切实履行应有的职责。我认为代表处的职责主要有两个：一个是代表总行维护客户、拓展市场；另一个是以不断提高我行的经营水平、增强盈利能力为目的，积极争取升格为经营性机构。

2. 抓紧推进海外机构的网络建设工作。今年 3 月，银监会批准我行在澳大利亚悉尼设立代表处，5 月 16 日，赵林副行长率团正式向澳大利亚监管当局递交了申请。澳大利亚审慎监管局主席亲自出席会议，并询问了未来我行将代表处升格为经营性机构的计划，希望悉尼代表处筹备组抓紧做好前期准备工作，争取在第

三季度正式开业。4 月 24 日，银监会正式批准了我行在越南胡志明市设立分行的申请，因此今天的座谈会也邀请了越南分行筹备组的负责人一起参加、共同讨论，希望在全行股东大会后能够正式向越南监管当局递交申请，并力争在今年年底或明年春季正式开业。关于在纽约、伦敦设立经营性机构的问题也已经董事会审议通过，下一阶段，我们要择时推进相关工作。去年我行董事会、党委、高管层以及海外机构的同志，对并购问题也给予了积极关注。通过各方努力调查和研究，我们目前已经有了一个今后可能深入推进的并购对象清单。考虑到并购工作十分复杂，我们还是要立足自身发展，适时寻求并购目标。

3. 提高现有机构的经营水平。除了做好海外布局，我们现有的海外经营性机构也要努力争取扩大经营范围，完善客户服务功能。上周，新加坡金管局放宽了对我行新加坡分行吸收亚元存款及为客户开立本币账户等方面的限制，可喜可贺。在投资银行业务方面，新加坡分行已经积极开展了相关业务，首尔分行、法兰克福分行也都在积极关注。个人业务是未来我行海外业务发展的潜力所在，但目前我们的海外机构中除了香港分行，其他都没有开办零售业务。我们要看到，没有一定数量的有形网点，海外业务发展起来会特别艰难。因此，现有的经营性机构今后要加强有形网点的建设工作，积极创造条件、争取机会，实现机构落地。

要实现各项海外发展的战略构想，首要条件是把我们自己做大做强、做好做优。基础好的经营性机构，要力争融入当地主流市场或者依托当地的中资企业及金融企业，尽量做大做强。条件不具备、受到严格限制的机构也要实事求是，保持业务持续、稳定增长。对于今年的海外业务经营目标这个问题，我希望各海外机构从全行角度正确看待、理解并支持。随着国内宏观调控力度的不断加大，我行在国内的贷款规模不可能增长过快，但是作为上市公司，我行必须保持一定的增长速度。海外机构作为全行整体发展格局中的重要组成部分，有必要也有条件为全行发展、股价提升作出更大的贡献。

二、落实战略纲要要求，努力建立适合海外业务发展的机制

要切实贯彻落实战略纲要要求，总行各部门、各位领导和同事必须进一步关心和支持海外业务，同时建立起适合海外业务发展的机制和体制。

第一，要建立海外人才激励机制。总行党委、高管层、人力资源部都非常关心大家。这些年来，我们全行一大批优秀的骨干、专才在工作中展示了才华，做出了成绩，也得到了晋升，但这方面的工作在海外有所欠缺。自去年年底以来，我们一直在积极关注并分批解决了这一问题。我认为，解决问题只是个开头，重要的是在今后建立起一整套人尽其才、人才辈出的机制。关于海外内派员工的薪酬问题，我看也是如此，相关的激励机制还有待进一步健全与完善。

第二，要合理考核海外分行营运资金的使用效率。我翻阅了一下本次会议的参阅材料，发现目前总行在对各家海外分行拨付的营运资金上存在较大差异，其原因可能是多方面的。但在考核时应充分考虑这一差异，设定相应系数，建立起对多作贡献的分行给予相应激励的机制。

第三，要加大对海外机构的资金支持力度。从目前海外经营性机构的资产负债结构来看，资产总额为 167 亿美元，其中就有 36 亿美元来自同业拆借，这还没有包括建行亚洲的同业拆入。今后为充分满足海外机构在当地做好、做优、做大的要求，一方面，可考虑在确保及时高效以及资金价格优于总行的前提下，适度提高海外分行从当地拆入资金的额度；另一方面，总行也应在条件允许的前提下，进一步加大对海外机构的资金支持力度，做到“肥水不流外人田”。

第四，要加强海外 IT 系统建设。IT 系统一直是影响我行未来海外业务发展的一个重要的基础性问题。去年在郑州海外业务座谈会上我就在问，能不能统一各海外机构的 IT 系统，能不能由一个地方代行海外分中心的职责，海外能不能与国内系统互联，实现信息实时共享？目前看来，尽管我行的海外业务已经有了 10 多年的发展，IT 系统建设仍然是个难题。总行今年三四月份已拿出一个整体方案，我希望有关部门切实抓好落实与推进工作。

第五，要进一步深化境内外业务联动。现阶段加强境内外业务联动已刻不容缓。首先，总行全球统一授信要尽快将海外机构纳入，要包括国内大型企业在海外的分公司和子公司，要做好提

前授信，并要有合理授权。其次，要进一步提高境内机构在去往业务方面对海外的支持力度。目前我行境内分行通过海外分行办理的进口开证业务占比仅为16.1%，比例太低，境内分行不能因为一些局部利益影响对海外分行的支持工作。下一步总行要加强对境内分行的教育和管理，要求其进一步加强对海外业务的支持力度，切实推动“双50%”比例要求的实现。各海外机构也应进一步加大对境内分行的营销力度，提高服务水平，增加互惠安排，为境内分行提供更多的人员交流与培训机会。此外，我们还要看到，境内众多同业真正在海外拥有机构的屈指可数，这些银行也要办理外币业务，他们的客户也有对外金融服务的需求，因此我们要进一步拓宽联动范围，特别是对于一些在海外没有机构的国内同业，总行国际业务部和机构业务部要积极营销，力争通过我行的海外分支机构为其境外业务需求提供金融服务。

第六，要进一步完善海外人才培养制度。经历了十几年的发展，目前我们派到海外工作的同志仅30余人，我觉得这个数量太少。从统计数据看，香港分行内派员工的数量这些年非但没有增加，还在减少。派往海外的同志包括在座的各位海外机构负责人都是优秀人才，你们在外工作很不容易，为建设银行海外业务的发展作出了巨大牺牲和贡献。当前，海外业务人才是稀缺资源，是更好地实施海外发展战略的基础，培训培养、安排使用好优秀的海外业务人才至关重要。今后总行要积极选拔，加强储备，加大海外人才的培训培养力度，要根据人才特点，合理安排使用，做到人尽其才。

三、落实年初全行工作会议精神，确保全年经营目标的实现

各海外经营性机构在业务发展过程中，既要努力实现全年经营目标，也要重视发展的质量和内涵。目前从整体来看，海外分行的经营目标与实际情况基本相符，但对于个别业务压力较大的分行，也可以本着实事求是的态度，重新分析调整。在积极发展常规业务的同时，各海外经营性机构要充分认识到目前全行正处于经营转型期。截至今年4月底，我行境内中间业务收入增幅为65%，到5月下旬已达到73.8%，但海外中间业务收入增幅明显落后于境内，下一阶段应给予重点关注。同时，我们在强调做大做强海外业务的同时也要做好做优海外业务。各海外经营性机构要注意严格控制风险源，切实防范风险，保持良好的经营水平和盈利状况，使海外业务的发展与全行的整体发展协调一致。

总结经营情况　分析当前形势　坚持科学发展

——在中国建设银行工作座谈会上的讲话

（2007年5月31日）

张建国

同志们：

这次会议的主要任务是：全面总结今年以来的全行经营形势，深入分析当前和今后一段时间面临的经济金融环境，进一步贯彻落实国务院、监管部门以及年初工作会议的有关要求，努力把全年的各项工作做得更好。

按照会议议程，今天下午还有三位高管层领导就相关专题作大会发言，在会议结束时郭树清董事长将就经济金融形势、战略纲要修订、人力资源改革等内容作重要讲话，我先讲一讲全行的经营情况和下一阶段的工作安排。

一、抓好落实，全行经营实现了既好又快发展

（一）资产负债业务稳步增长

截至5月29日，全行一般性存款余额为49 262.66亿元，接

近5万亿元大关，比年初新增2 606.23亿元。按照年初工作会议的部署，全行抓住市场有利时机以较低成本大力吸收同业存款，同业存款余额达到4 326.94亿元，比年初新增2 158.07亿元，增幅达99.5%。境内本外币贷款余额达到30 543.01亿元，比年初增加2 246.99亿元。全行贷存比例达61.7%，在同业保持了比较合理的水平。

今年以来，我国经济发展偏快，为防止过热，政府较以往年度更早地出台了加强和改进宏观调控的措施，监管机构对商业银行加强了窗口指导、监管谈话，并发行了定向票据。5月19日，中国人民银行宣布同时上调存款准备金率、基准利率和扩大银行间即期外汇市场人民币兑美元汇率的浮动幅度，罕见地同时使用了三大货币政策。针对这些情况，我行自觉服从宏观调控要求，很好地控制了贷款投放总量，把握了放款节奏，从产能过剩行业中逐步减少甚至退出贷款。目前，我行对产能过剩行业的贷款余额为5 616.05亿元，比年初下降了0.1个百分点。同时，加强了对高污染、高耗能行业的贷款控制，对这些行业和企业的贷款增幅明显回落。

对于一家在国际资本市场上市的公司，保持适度的增长是必需的，我行很好地坚持了稳健发展。5月21日，全行境内外资产规模达到60 007亿元，历史性地突破6万亿元大关。过去四大国有商业银行的排序是“工农中建”，从资产规模上看，我行过去一直排在第四位，现在我行的资产规模已上升到第二位，前5个月的业绩表明，我行既很好地执行了宏观调控的要求，又相对满足了投资者的要求。这样的增长和发展是与全行的管理基础和市场竞争力相吻合的。

（二）结构调整和经营转型快速推进

客户结构日益优化。到5月末，公司类A级及以上客户贷款余额占比87.9%，较年初增长0.83个百分点。

贷款结构不断改善，个人类贷款发展迅速，个人类贷款余额达到6 596亿元，比上年同期多增355亿元。自年初以来，在全行新增贷款2 200亿元中，个人类贷款增加了804亿元，占比为36.55%。我行曾经向投资人和市场承诺大力发展个人业务，上市以来我们很好地履行了诺言。小企业贷款增长较快，小企业贷款余额达2 199亿元，比年初增长了177亿元。

收入结构进一步改善。中间业务实现收入70.6亿元，比上年同期增加30亿元，增幅达到73.8%。

资本市场相关业务以及部分代理服务实现跨越式发展。一是基金销售成绩显著。前5个月销售基金21只，认购及申购金额达到2 231亿元，较上年同期增加1 940亿元，增加了6.7倍。实现收入31亿元，同比增加29.4亿元，增加了18倍。

二是理财产品发行顺利。前5个月共发售本外币理财产品35期，金额共计222.12亿元。投资银行部、金融市场部等多部门配合，总分行联动，保证了自今年1月以来每周至少推出一期理财产品。

三是代理保险销售同业领先。与全国40多家保险公司搭建了合作平台，前5个月代理销售保险218亿元，较上年同期增长39%，实现手续费收入3.31亿元，同比增长35%。销售量、销售收入均列同业第一，一改长期以来同业第三的位次，这是一个很大的成绩。

四是资产托管业务抓住了市场机遇，托管余额达到4 566亿元，比上年底增加2 045亿元，同比增长227%。实现收入2.25亿元，超过了去年全年的收入。

机构业务稳步增长。4月3日，我行与清华大学签署了银校战略合作协议，清华大学创新试点结出硕果。今年以来，又有一批“211”的重点大学成为了我行的客户。积极参与“三甲”医院金融服务投标，成效不错。军队武警客户长期是我行的短板，从去年“八一工程”启动以来取得了有效进展，今年已争办了在国内外有重大影响的048项目两个指挥部的基本账户，争取了总参谋部二部的基本结算账户和总后勤部卫生部专用账户。

国际业务增长迅速，海外机构申设顺利。前5个月实现国际结算量973亿美元，达到去年全年结算量的51%，同比增长37%；海外机构总资产达到167亿美元，比年初增加12%；提取准备金后的税前利润达到了7 127万美元。今年3月和5月，银监会已批准我行在悉尼设立代表处、在越南设立分行，目前各项境外申设工作正在积极推进。

金融市场业务取得了新成绩。由金融市场部营运的资产量约占全行资产总量的28.86%。截至5月29日，已实现收入227.6

亿元，比上年同期增长了32%。本外币投资组合按日年化收益率比上年底提高20BPS，投资组合收益明显提高。

网点转型顺利推进，网点功能显著增加。目前，我行可办理外币储蓄业务的网点有8 482个，比年初新增174个；可办理结售汇业务的网点有6 264个，比年初增加240个。前5个月个人结售汇业务快速发展，收入达到1.1亿元，同比增长307.41%，全行的网点建设工作全面推进，理财中心达到914个，较年初增加212个，完成全年计划的71%；已正式开业的财富中心达到20个，比年初增加14个。全行自助银行达2 103家，比年初新增457家；前5个月ATM存取现交易量达32 000万笔，较上年同期增长27%，全行自助渠道账务类交易量与柜面交易量之比达到47%。自助业务手续费收入达3.18亿元，月均手续费收入较上年增长了34%。

个人业务旺季营销效果显著，产品创新能力有所提高。截至5月末，全行个人本外币存款余额达22 814亿元，比年初新增764亿元，新增居同业第二位。借记卡发卡量和消费额创历史最好水平，总发卡量1.97亿张，比年初增加1 768万张；消费交易额1 345.77亿元，较上年同期增加594.87亿元，增幅为79.22%。双币种信用卡发卡量831万张，较年初新增197万张。我行在同业中率先实现了人民币定期存款在全国通存通兑，5月又适时推出了个人支票业务。

电子银行业务保持快速增长。截至5月30日，全行网上银行客户数共计1 404万户，比年初增加292万户。网上银行的交易笔数达到26 876万笔，实现交易额8.25万亿元。其中个人网上银行的交易笔数比上年同期增长161%，公司客户增长153%。

各项业务的快速发展，说明我行的市场拓展能力明显增强，进一步增强了全行实现健康发展和经营转型的信心。

（三）风险内控水平和获利能力不断提高

风险控制得力，不良贷款实现“双降”。在建银投资的支持配合下，完成了原建设银行自办实体不良债权的打包处置，当期账务处理金额（表内部分）约31亿元，占到了第一季度处置不良资产总额的29%，较为成功地解决了长期困扰我行的历史遗留问题。前5个月，全行共处置不良资产156.05亿元，其中处置不良贷款121.98亿元。截至5月30日，全行不良贷款余额为891.27亿元，较年初减少35.86亿元；不良贷款率为2.96%，较年初下降0.35个百分点。拨备覆盖率由82.24%提高到89.74%，增加了7.5个百分点。

案件专项治理和长效机制建设收效良好，全面实现了案件数量、涉案金额、百万元以上大案数量的“三下降”。前5个月，全行共发生8起案件，比上年同期减少11起，同比下降57.9%；涉案金额921万元，比上年同期减少4 153万元，同比下降82.3%。其中，百万元以上案件1起，比上年同期减少6起，同比下降85.1%。总行成立了落实整改工作领导小组，从年初开始逐笔逐案地分析过去5年我行发生的案件，找出案件发生的规律，并针对性地制定整改防范措施。同时，在内部明确了各部门、各条线、各分支行的职责。今年银监会提出金融机构案件的发案数量、涉案金额要下降20%，对完成这个任务，我们已经打下了坚实的基础。

获利能力明显增强。截至5月21日，全行实现经营收入694亿元，比上年同期增加191.5亿元，同比增长38.1%。实现税前利润447.2亿元，比上年同期增加158.6亿元，增幅为55%。到5月30日，全行净利差为2.73%，预测上半年净利差能维持在2.80%～2.90%，较上年有一定的改善。预计上半年年化资产回报率和股东权益回报率可分别达到1.11%和18.31%。

今年以来的经营业绩说明全行很好地巩固和维护了改革成果，很好地延续了去年以来的良好经营形势。由于业绩良好，市场也迅速作出正面反应。4月中旬，我行于京港两地同时发布2006年经营业绩后，股票价格在第二天就上涨了7分钱。今年以来，我行还获得了多个奖项，在《福布斯》杂志评选出的“2007年全球上市公司2 000强”中列第69位，被《财资》杂志评为“2007年度最佳公司治理企业”，获得英国《环球金融》杂志授予的“中国最佳银行”称号，《亚洲银行家》赋予我行“中国按揭业务成就奖”。

前5个月的整体经营形势很好，是由于我们得到了国务院、人民银行、银监会等各方面的关怀支持，也要感谢总行党委、董事会作出的正确战略决策，更要感谢全行员工的不懈努力。在此，我代表总行管理层向银监会的同志，向各位董事、监事，向全行员工表示真诚的谢意！

第一季度、前5个月的经营成绩很好，亮点也很多，但是全行经营形势不是1乘以4的关系，前5个月经营形势好也不等于全年就一定好。同时，我们更要看到，今年以来各家商业银行经营形势普遍较好，我行后7个月面临的市场竞争形势仍然十分严峻。全行各级管理人员对此一定要保持清醒的头脑。

二、把握形势，积极应对业务发展面临的机遇与挑战

今年以来，国民经济和社会发展总体形势良好。经济保持了平稳快速增长势头，就业和城乡居民收入明显增加，各项社会事业加快发展。但是，经济增长偏快，国际收支不平衡、流动性过剩、产业结构不合理等经济发展中比较突出的矛盾和问题依然没有得到有效解决。节能减排任务繁重，货币信贷增长过快，股市和房市等资产价格高位震荡，经济运行中不稳定和不可持续性的风险在逐渐积累，银行业风险防范的任务仍然非常艰巨。因此，我们必须密切关注、持续跟踪政策和市场变化，提高经营管理的主观能动性和前瞻性，尤其要提高对新的市场机会和风险隐患的预见及把握能力，提前采取应对措施。

（一）注意行业产业结构调整所带来的经营风险

首先是关于"节能减排"的影响。今年4月27日，国务院召开了电视电话会议，重点研究推进搞好"节能减排"工作。温家宝总理亲任节能减排工作领导小组组长，强调要"狠抓落实，以更大的决心、更大的气力、更有力的措施，确保'十一五'期间节能减排目标的实现"。国家发展改革委也要求上万家企业表态，保证在节能减排上拿出实际行动。5月23日，国务院下发文件要求调查、清理全国各行业的高耗能、高污染企业。有关部门规划在"十一五"期间关停小火电总量超过5 000万千瓦，淘汰落后炼钢能力4 167万吨、炼铁能力3 986万吨。这些高耗能、高污染甚至面临关停并转的企业，许多是我行的客户，我们要密切关注相关产业政策带来的影响，提前采取措施，维护我行信贷资金安全。

其次是关于出口退税政策调整的影响。近几年，国际收支顺差不断扩大，外汇储备持续增加，各方面对人民币升值的预期依然很高。这种局面直接造成一些负面影响，如对外贸易摩擦加剧，占用基础货币压力加大，银行业甚至整个国民经济的流动性过剩进一步显现。财政部、国家税务总局决定对"两高一资"产品取消退税或降低出口退税率。我行有一批客户主要是靠出口退税实现盈利的，一旦面临出口退税率降低甚至是取消退税的情况，其经营情况将会发生重大变化，我们要及时研究并采取有效措施以应对这些市场变化。

最后是少数集团客户风险凸显。在历史上，包括我行在内的多家商业银行，都曾遭受过德隆系、啤酒花等事件的损害。最近，又发生了泰跃、宝硕集团经营巨额亏损从而伤及银行资金安全的问题。到5月28日，总行就集团客户已发布35期风险提示。集团客户风险的成因很多，银监会在4月19日召开的电视电话会议上分析归纳为：多头授信，过度融资；盲目担保、关联企业互保；统借统还、短贷长用；变相悬空银行债权，在集团内部靠兼并收购、破产、内部转移资产债务粉饰财务状况来延缓整个集团的风险暴露等。这些都值得我们认真研究，总结经验教训。

（二）资本市场变化巨大，新的业务机会和经营风险并存

资金营运受到资本市场活跃的挑战。一段时间以来，证券市场火暴，股指高位运行。从2006年6月6日的历史低点998点到前不久的4 300点，A股市值由2万3千亿元到超过16万亿元，仅用了不到一年的时间。我们要认真研究资本市场给商业银行经营提出的新课题。它提供了大量新的经营机会，比如基金、理财产品热销；但由此也产生了一些问题，比如存款大进大出。我行的同业存款前5个月增加了2 400多亿元，增幅近1倍，而储蓄存款比上年同期有明显减少，同时还伴随着存款活期化十分明显的现象。当然这是一个机会，筹资成本有所降低，但我们认为这不会长期持续下去。全行的资金运用经历着大起大伏的考验，资金经营难度明显加大，我行必须根据资金市场情况变化的形势及时调整，进一步改善资金营运管理的对策。

要警惕个别员工盗用、挪用资金搞博彩和投资。3月，银监会发出通知要求各家银行自查员工盗用、挪用资金购买彩票的情况。总行布置不仅要查员工盗用、挪用资金购买彩票，还要查盗用、挪用资金买股票、基金、理财产品，搞赌博以及其他方面的投资，或者帮助个体户搞经营的情况。在这方面要防微杜渐，不

能再出现漏洞。

同时要规范员工借款问题。商业银行在发展个人贷款业务时都存在本行员工借款的情况，我们要进一步完善内部员工借款的操作流程，严格每一个环节的管理要求，不能在这一问题上出现漏洞和风险。

（三）跟踪市场变化，努力抓住商机

首先，要合理安排资产负债结构。我国的利率市场化进程加快，在未来一定时期内人民币利率将处于上升的通道之中。自年初以来，中国人民银行已多次上调人民币存贷款基准利率，这有利于我行维护甚至扩大利差水平，扩大经营收益。我们要认真研究存款政策，通过调整内部定价来鼓励多增加定期存款尤其是个人储蓄存款。要注意把握贷款的期限结构，对贷款期限的结构调整安排要留有更大的余地。同时，在资金营运上，一定要安排好债券投资和市场运作的期限、品种、对象，确保资金的安全和投资收益水平。

其次，要加大公司类理财产品的研发力度。当前企业效益普遍较好，资金充裕，但是受财经纪律的限制，企业的投资途径受到局限，致使大量资金闲置，不利于这些企业提高盈利水平，因此呼唤银行为其量身定做一些新的理财产品。目前，我行销售的理财产品绝大部分都是针对个人客户的，在针对公司客户的产品研发、销售方面还有很大的潜力可以挖掘，有关部门要加快研发适合公司客户需求的理财产品。

再次，要争取为客户提供全面的金融服务。许多优秀企业正在努力推进重组改制，不断做大做强，需要银行提供除贷款以外的全面金融服务。我行是商业银行中唯一拥有工程咨询造价资质的银行，有一批既懂基建财务、又积累了丰富经验的专家型人才，而且我们的投资银行业务也有一定的基础，受到了许多大企业的称道。要充分发挥这些优势，在企业新建项目、发行债券、IPO等方面，为其提供更广泛的金融服务。

最后，由于对人民币升值和对国内投资增值预期较高，许多华侨、在海外学习工作的人员把外币汇入国内，来华外国人士也越来越多，这些都为我们搞好汇入汇款、个人结售汇、增加储蓄存款、代理外卡收单等业务提供了大量机会，要适时地抓住这些商机，推动外汇业务快速发展。

三、增强信心，努力做好全年各项工作

（一）坚定不移地坚持科学发展

第一，要坚决服从宏观调控的要求，同时要坚持不懈地把传统业务继续做大做强，做好做优。既要守好传统对公业务的高地，又要不失时机地加快发展个人银行业务和小企业业务。今年我行贷款计划新增3 500亿元，其中个人类贷款安排了1 200亿元，小企业贷款安排了500亿元，二者合计约占新增规模的一半。我们一定要做到全年控制住总量，分季按月把握好节奏。到6月末，全行贷款投放要控制在70%的水平。

第二，不遗余力地推进各项结构调整。全行要坚决执行好行业产业政策，继续改善客户结构。当前许多客户有借款需求，正是调整结构的好时机，对客户的选择要好中选优。在收入结构上，中间业务在全年总收入的占比要争取达到或超过10%。在网点结构上，要实现建成80个财富中心的目标。

第三，持之以恒地落实经营转型。中间业务在增幅上要赶超工商银行。工商银行中间业务的增长计划是57%，对于如何在增幅上赶超工商银行，我们要根据实际研究有力对策。中间业务的绝对额要全面超过中国银行，实现这个目标还需要继续努力。短期融资券承销要争取夺回行业第一的地位，基金销售、理财产品销售和代理保险等转型产品的经营要继续保持行业领先地位。

第四，切实搞好境内外联动，支持海外分行发展。去年，董事会、高管层研究提出了新的海外发展战略。要落实好战略的各项要求，就必须加强内外联动，请各位分行行长关心这项工作。以进口开证业务为例，到目前为止，全行办理的海外分行所在地的去委业务中，通过海外分行的业务平均只有16.61%。38个分行中，有9个分行在办理信用证对外结算业务，没有一笔给我们的海外分行；有7个分行给我们的海外分行的业务只占其去往当地业务的2%～9%之间。“肥水不流外人田”，要研究改进这一状况，大力支持海外分行的经营发展。

（二）坚定不移地加强基础建设

在完成财务重组、引入外资和海外整体上市的“三部曲”改革后，全行已发生了深刻的变化，但要真正发生脱胎换骨的变化，完成由形似到神似的转变，还需要踏踏实实地进一步加强全行经

营管理的基础性建设。

经过一段时间的准备，总行从2月开始，正式启动了8个基础项目建设，即深化人力资源改革、全行组织架构再造、建立产品研发与创新机制、IT项目的开发和整合、信息整合和管控、梳理优化业务流程操作手册、全面成本管理、全面风险管理。其实，这8个基础项目在过去几年间都在建设之中，只是现在把它们当做重点基础项目来对待，并由高管层的领导分别担任项目的主要负责人。目前，8个项目已陆续提出了工作规划，有的已经提出了工作方案，正式组建了工作团队，希望经过一段时期的努力，我行的基础建设能有大的起色。

（三）坚定不移地严格风险管理

一是要搞好稳定工作。今年是十七大召开之年，我行有责任、有义务维护稳定团结的大好局面。在这个问题上，我们各级行的领导同志已经做了大量的工作，还要进一步予以重视。要主动应对，区别情况，有针对性地处理不同的问题，特别要应对好聚众上访事件，确保全行改革发展的大局。面对过去几年间解除劳动合同、内部退养的十多万名原来的同事，要做好大多数人的教育工作，要动之以情，晓之以理，这其实也是对他们的关怀和爱护。针对少数人生活确实困难的情况，我们要伸出友爱援助之手。过去10年间，建设银行爱心基金向社会各界提供了3 400多万元的捐赠，捐建了26所希望小学，帮助了16 000名贫困大学生，向遭受了自然灾害等不可抗力伤害的弱势群体献出了我们的爱心，那么当我们原来的同事在生活上发生困难时，就更应该给予关怀。当然，我们也注意到，在上访人员当中有极个别人生活并不困难，他们别有用心地在幕后策划，组织牵头。对于这样的极个别人，我们要配合公安机关等有关部门，严肃处置，不能手软。

二是要做好安全保卫工作，保护员工生命和全行的财产安全。自2002年守押体制改革以来，我行守押用枪由15 882支减少到2006年底的5 382支，减少了66.11%。枪支管理无小事，各级行要继续按照社会化、集约化的要求，加强与当地公安机构的协调沟通，进一步减少枪支数量。对于一时还不能完全实现守押社会化的分支机构，要继续认真做好安全检查和安全教育工作，及时发现问题堵塞漏洞。

要加强交通安全管理，防范交通事故，降低事故发生率、杜绝特大伤亡事故发生。据总行统计，过去5年间，建设银行系统共发生交通事故51起，造成84人受伤，41人死亡。经公安交通管理部门认定，绝大部分事故是由于驾驶员违章操作、驾驶时处置不当等原因造成的。交通安全必须要引起各级行的高度重视。

三是要控制市场风险。利率变化、汇率变化越来越大，市场风险的管理越发重要。把握、控制住市场风险，总行和相关部门负有不可推卸的责任。要加强市场风险基础管理和内部控制建设，着力制定全行市场风险管理政策框架，优化市场风险管理流程，建立系统化的市场风险识别、评估、监测预警机制。

四是要严防操作风险。前5个月，整体上操作风险管理水平有了很大的提高，希望后7个月要维护这样的成果。要积极探索操作风险管理工具和方法，健全操作风险管理的持续改进机制。

五是要把握信用风险。真正对我行资产质量、获利能力、健康经营提出最大挑战的还是信用风险。要高度关注宏观调控政策和新的市场变化，加强行业研究，明晰我行的行业、客户进入退出标准。落实集团客户授信风险管理，健全集团客户关系树信息库，建立对主要大客户的直接监管模式，提高集团客户授信风险监测和预警能力。坚持不良贷款“双降”工作不动摇，加强对关注类贷款的管理，积极推进不良资产证券化，做好“假个贷”的风险排查和还原工作。

同志们，对于做好全年的经营工作，把建设银行打造成国内最优、国际一流的上市银行，我们信心坚定，豪情满怀。同时，更要凝聚精神，勤奋工作，为实现我们的目标作出自己更大的努力和更多的贡献！

（根据录音整理）

在“落实银监会要求，全面加强案件防控”视频会议上的讲话

（2007年7月10日）

张建国

同志们：

今天是总行今年以来第二次召开以案件防控为主题的全行视频会议，直接扩大到基层行。对做好案件防控工作，总行是高度重视的，也是有决心、有信心的。刚才，朱小黄首席风险官通报了上半年的案件情况，辛树森副行长传达了银监会会议精神，提出了贯彻落实的要求。两位领导的讲话体现了总行高管层对案件防控工作的思路和要求，非常深刻、准确，极具针对性，我完全赞同。会后，请各一二级分行组织会议，认真学习和领会，并对照全行案件以及同业案件进行深入剖析，提出贯彻落实的具体措施和意见，确保银监会和总行本次视频会议精神在各级分支机构得到真正的贯彻落实。这里，我再强调几点。

一、充分认识案件的恶劣影响，进一步贯彻落实好银监会要求

我们总说案件影响恶劣。那么，案件究竟会产生哪些恶劣影响呢？我认为，可以从以下几个方面来理解。

第一，案件关乎国家金融体系与金融市场的稳定与安全。党中央、国务院和有关部委领导同志高度关注银行案件，胡锦涛总书记曾作过重要批示，温家宝总理作了多次重要讲话和重要批示，其他国务院的领导同志也经常了解银行案件情况。为了遏制银行案件的多发势头，从2005年开始，银监会连续召开了10次银行业案件专项治理工作会议。自今年以来，银监会每个季度都召开案件防控专题会议，并经常与各家银行的总行领导和有关部门保持紧密联系，随时提出有针对性的案件防控要求。从中央领导和监管部门的角度看，银行案件频发是关乎国家金融体系、金融市场安全和稳定的大事情。

第二，案件关乎银行业改革的成果能不能得到有力维护。上半年，几家大型银行已经3次到全国人大财政经济委员会作专门汇报。财政经济委员会的领导连续3年都表达了同样的关心，就是国有商业银行在股改上市后，案件高发的势头能否得到有效遏制，银行的经营是否安全。海内外的同业、投资者也对中国银行业能否巩固和维护改革成果心存疑虑。在他们眼中，银行案件是衡量中国银行业改革成功与否的重要标志。

第三，案件关乎建设银行在市场上的地位和品牌形象。当我还在交通银行任职的时候，有一次在美国进行上市路演，就有一个基金经理直言不讳地质问我，你们一直在说中国银行业取得了重大成就，但为什么你们的银行案件还在反复发生，高管接连出事？不仅国外的质疑之声不断，国内的批评也不绝于耳。对于我行发生一起案件，绝不仅仅只是造成多少资金损失的问题，它还关乎建设银行能否成为一流银行、能否将建设银行的品牌形象牢牢扎根于客户心中这样一个大问题。

第四，案件关乎全体员工打造一流银行的信心。案件一旦发生，将极大地牵涉方方面面的精力，发案的分支机构、总行部门以至于总行领导对此疲于应对，多方协调挽回资金损失，消除社会影响，导致难以将精力集中于正常的经营和管理。在这种情况下，谈何发展和效益？谈何打造一流银行？因此，防控案件，必须在平时多下工夫，千万不能等到事发后再后悔莫及。

第五，案件关乎个别员工的切身利益。大家把建设银行当做自己的事业来对待，个人的职业生涯和建设银行息息相关。但一旦发生案件，个别员工的职业生涯就会受到很大影响，一些人要丢官弃职，养家饳口都成问题，有些人甚至还要身陷图圄，家破

人亡。这些教训都十分惨痛，极其深刻。

二、正确对待已经取得的成绩，进一步坚定抓好案件防控的信心

上半年，全行案件量下降很大，成绩可观。这是全行共同努力的结果，我代表总行高管层对大家表示感谢。但是对于成绩，大家一定要正确对待，保持清醒的认识。一是上半年的案件量下降，并不必然意味着下半年的案件量也一定下降。案件与经营业绩一样，不能简单地一乘二，上半年好，下半年就一定好。相反，根据历史经验，下半年特别是临近年底往往是案件高发期。如我行在2005年12月发生了13起案件，2006年12月发生了15起案件，分别占当年案件的17%和27%，仅一个月就比今年上半年的6个月发生案件的总和都多。因此，我行下半年面临的任务还非常艰巨，大家千万不能掉以轻心。二是在案件之外，我行上半年还发生了多起重大违规问题。这些重大违规问题的风险虽然得到及时化解，但其暴露出来的问题，与案件相比，同样不容小视，有的甚至还更为严重。三是与同业相比，我行案件仍然较多。与同业进行比较，不能简单地看案件的绝对数量和金额，还应透过现象看本质。与工商银行相比，初看起来，我行的案件数量仅多一起，涉案金额也只多400多万元，但工商银行的人员、网点数量和资产规模都要比我行大得多，从案件人均、网均以及单位资产发案率来看，我行与工商银行的真实差距要大得多。交通银行上半年没有发生案件，我们的差距就更大了。四是低水平、同质同类案件仍在反复发生。上周银监会的会议，以我行山东省分行的刁娜案件为例，对案件低水平、同质同类案件反复发生的问题进行了重点提示和强调。大家可以看一看，上半年发生的案件，有哪一起不是似曾相识，有哪一起不是过去反复发生过的。案件发生后，如果我们不吸取教训，引以为戒，举一反三，认真整改，案件就不可能得到根本遏制。

同志们，对于案件防控工作，银监会的要求非常清楚，就是要使案件数量、涉案金额和百万元以上案件量下降20%以上。总行的目标也很明确，就是要保持住上半年案件量下降的良好势头，使案件得到更大幅度的下降。要实现银监会和总行的目标，就必须坚定信心，做好充分准备，认真打好案件“查、防、控”这场艰巨的战役。

第一，案件防控必须全员参与。案件防控不仅仅是哪个领导的责任，也不仅仅是纪检监察、风险监控、会计、个人金融等一两个或几个部门的责任，而是全行三十多万员工的共同责任。当然，各级领导首当其责，必须在案件防控这场战役当中承担好指挥员的责任，发挥支柱的作用。

第二，案件防控是场持久战，要有长期作战的准备和决心。从2005年开始，银监会组织开展了两年多的案件专项治理活动。去年底今年初，总行在辛树森副行长和朱小黄首席风险官的直接领导下，组织多个部门的同志对近年来的全行案件进行了集中梳理和全面分析，找出了案发规律和潜在的风险隐患，并据此提出了工作要求，形成了《案件防控及整改方案》。可以说，方案凝结了全行同志的辛勤劳动和聪明才智，来之不易。现在方案已经正式印发给大家，请同志们严格贯彻执行好。我相信，只要大家认真，长期坚持，我们的案件防控工作就一定会取得更大成绩。

第三，案件防控还是场攻坚战，应充分认识工作的艰巨性和复杂性。近年来在大家的艰苦努力下，我行的案件防控工作虽然取得了很大的成效，但更要看到这项工作的艰巨性和复杂性。我们现在面临的问题很多，有些还比较突出，有些还特别严重。对此，我们绝不能心存侥幸、掉以轻心，更不能熟视无睹、听之任之。对发现的问题，一定要认真检查，及时纠正，全面整改。

三、各司其职、各尽其责，进一步把案件防控工作落到实处

对于这个问题，刚才在谈到打好案件防控战争时已经涉及了。因为它很重要，这里再重点强调一下，主要有两点。

第一，高度重视“一把手”在案件防控中的作用。大家平时都说，案件防控工作很难做。“难”在哪里？我想主要有三点：一是案件防控涉及的面很广，任何机构、部门、岗位、业务部位、产品以至于任何一个操作环节稍有不慎都可能会出现案件，可以说是防不胜防。与此相关，为了防止案件的发生，需要方方面面同时采取措施，需要大家协调一致、共同行动。二是案件的防控效果不明显，很难像抓业务发展一样立竿见影。案件总体上是“小概率事件”，有时费了很大劲，但还是发生案件，容易使人泄

气，不知所措。三是案件防控与业务发展之间有时也存在一些矛盾。业务发展强调的是“便捷快速”，案件的风险防控强调的是“稳健制衡”；业务发展体现出来的是“产出”，案件的风险防控更多地表现为“成本”。处理好两者的关系有一定难度，容易顾此失彼。

正是因为案件防控工作很难抓，才更需要各级“一把手”的高度重视和大力支持。在案件防控中，“一把手”要发挥什么样的作用呢？我这里提几条原则性意见。

一要统一思想。在发展业务时，我们提倡开拓创新，不同地域、不同机构、不同时间、不同的人，尽可以“百花齐放、百家争鸣”，尽可以有不同的发展思路和想法。但在案件防控这个问题上，却只能有一个思路、一种想法，就是要千方百计地把案件数量降下来，把不利影响控制住。统一思想，首先要从班子内部做起，凡开会研究问题、部署工作，都要谈谈业务发展与风险内控的关系，都要敲敲案件防控这个警钟。只有班子的思想统一了，一个口径说话，工作才好开展。其次要注意利用各种机会不时地激发员工参加案件防控的热情和动力。我们现在反复强调要重视“操作疲劳”、“管理疲劳”现象，怎么“抗疲劳”？就得多弹案件防控这根弦。员工对领导尤其是“一把手”的每句话、每个字都很重视，平时要多注意自己的言行，有利于加强内控、防范案件的话要多讲，对于可能误导员工、不利于统一思想的话尽量不要讲。

二要亲历亲为。我们常说“一把手”要对案件防控工作负总责。话是不错，但要怎样才能负起总责来呢？我看，关键就得亲历亲为。对于案件防控工作，“一把手”一定要亲自过问、主动协调、直接参与，不要完全“放手”给副手甚至某个部门去做，自己也得多了解、多过问、多督促。对于涉及多个分管领导的事项，要主动加以协调。对于一些重大关键项目，“一把手”还要直接参与进去。我们讲亲历亲为，就是要转变工作作风。有些同志，官僚主义习气很重。去年有个县级支行发生了千万元的案件，该行行长居然给自己定位于“只管宏观、不抓微观”，令人匪夷所思。在这种人的领导下，不发生案件才怪。大家要引以为戒。

三要深入基层。从分布情况来看，案件九成左右发生在基层机构及以下网点。基层是我们防控案件的主战场。要想打胜仗，就得多视察战场，就得多到基层去。只有深入基层，才能了解到真实情况，才能与员工心贴心。大家都明白一个很浅显的道理，经商的只有了解他的客户才能致富，我们做管理的也只有了解你的员工才能把队伍带好。我们经常到基层去，至少有两个好处：一是密切干群关系，真正体会到一线员工的困难，帮助他们解决实际问题。这对员工是一种激励，对想做坏事的人也是一种感化。二是领导特别是“一把手”经常出现在基层，对少数想作案的坏人来说，就是一种威慑。很多人作案都是一念之间的事，如果上级领导去了，他可能就打消了作案念头。我们现在绞尽脑汁想找出防控案件的灵丹妙药，我倒认为，领导人员多到基层转转，他的作用可能比一般的药更要灵一些，比一般性的监督检查还要管用得多。

四要理好旧账。自去年以来，全行从总行部门到一级分行再到二级分行和县级支行，调整交流、使用、提拔了一大批领导干部。对于我们这些走上新岗位的领导同志特别是“一把手”，我有两句话奉送给大家：一是“新官要理旧账，更要理好旧账”。你的前任交给你的，肯定不只有好的一方面，恐怕同时也还会有一些棘手的问题有待解决，有一些旧账需要你去清理。请大家抱着对前人负责、对全行负责、对历史负责的态度，不要简单地推诿于前任，要勇于面对，认真加以解决。二是“旁观者清”。古人有句名诗，叫“不识庐山真面目，只缘身在此山中”。大家到新的岗位，要超脱于“山”外，更容易发现问题所在，希望大家认真履行职责，及时发现问题，切实堵塞漏洞，共同把建设银行经营得更好。

第二，理顺案件防控职责，筑牢“三道防线”。对于案件防控格局和防控职责，过去我们有些片面的认识。不少同志认为案件防控只是纪检监察部门等一两个部门的事。他们的工作做得很好，但从另外一个角度讲，案件的原因存在于业务管理之中，而让纪检监察部门冲在防控案件的第一线，是不是也有些强人所难、勉为其难了？它们不是业务管理部门，毕竟不能代替业务管理部门的作用，不可能包打天下。经过总行领导的几次批评，现在有这种想法的人已经越来越少了。这里我再强调一次，这种现象必须得到根本扭转。必须明确纪检监察部门只是负责管理和查处内部人员涉案的案件，在案件查防体系中，他们的工作主要是应对好案件发生后的情况，做好案件查处、统计分析、提出防范建议以及督促案件整改等综合性的案件防控工作；至于具体整改，完善体制机制、制度流程、IT系统、抓好员工教育培训等工作，还要靠各级领导和各职能部门来承担，还要靠“三道防线”中的前两道防线来完成。

关于“三道防线”，总行年初出台的《中国建设银行操作风险管理政策》中有明确界定。“第一道防线”是业务管理部门，这些部门是操作风险的直接承担者和管理者，负有对操作风险进行管理的重要职责；风险管理、法律事务、合规等职能部门作为防范操作风险的第二道防线，负责协调、指导、评估、监督各业务部门及后台保障部门的操作风险管理和案件防控活动；审计、纪检监察部门作为防范操作风险和案件的第三道防线，负责对操作风险管理、控制、监督体系进行再监督和责任追究。

需要强调的是，“三道防线”只是分工，而不是分家，相互之间要加强配合，实现信息共享、有效联动。要通过“三道防线”的共同努力，使各级单位真正做到“做好自己的事、看好自己的门、管好自己的人”，将各种风险因素和案件隐患予以坚决消除。

四、抓好合规文化建设，夯实基础管理，有效化解案件风险

商业银行的经营，我们历来讲两句话，即坚持两手抓：一是坚持科学发展观，创造更大价值；二是严格经营管理，确保经营安全。两者相互促进，互相依存，都很重要，缺一不可。这里重点强调三点。

第一，抓好合规文化建设，创造“依法合规、遵章守纪、规范操作”的内部经营管理环境。据我了解，总行会计部、个金部、信息技术管理部等部门都在抓紧进行流程优化，加强系统开发。各分行也在总行制度、流程和系统的基础上，结合本行实际，制定了切实可行的实施细则和操作手册。这些工作都做得非常好，应当给予充分肯定。现在大家都在谈科学发展观，但落实科学发展观不能只停留在口头上，而要面向一线员工，及时让其掌握应知应会、工作职责、操作流程和制度要求并确保执行到位。唯有如此，才真正符合科学发展观的要求。希望各位，特别是基层领导同志在这方面多下工夫、多做工作。

第二，抓好基础建设。从春节开始，为了加强基础管理，总行确立了八大基础建设项目，具体包括深化人力资源改革、全行组织架构再造、建立产品研发与创新机制、IT项目开发与整合、信息整合和管控、业务流程操作手册、全面成本管理、全面风险管理。这八大项目直接由总行领导牵头，目前正在努力推进过程中。抓基础建设与抓业务发展不同，不可能指望其今天下工夫明天就见成效。但只要坚持下去，经过一段时间的艰苦努力，在未来一定会使全行受益，一定会为我行成为国际一流的上市银行打下坚实基础。希望大家都来关心、支持这些基础建设项目。

第三，提高案件查办效果，有效化解各类风险。刚才重点强调了“一把手”和各业务部门在案件防控体系中的责任。案件防控工作重在“防”和“控”，但如果没有防控住，最终还是发生了案件，那该怎么办？我想至少有三项工作要做：一是认真查办，将案件带来的各类风险化解；二是严肃问责，对各类违规、失职人员严惩不贷；三是举一反三，严肃整改。问责和整改的问题我们已经反复强调过，这里重点谈一下案件查办问题。

大部分分行近几年都发生过案件，对于案件查办工作，大家都不陌生。总体来看，案件发生后，大家都非常重视，积极采取应对措施，较好地控制了案件带来的不利影响，也总结出了一套比较好的案件查办经验、办法。这些都值得充分肯定。但是，也存在一些不好的倾向需要注意。案件发生后，有些同志首先想到的不是如何查清案情、控制涉案人、追回资金损失及减少社会影响，而是过多地关注案件对自己的“乌纱帽”和KPI考核的影响，将很多精力纠缠于要不要立案、以什么性质立案和立案金额等技术性问题，有的甚至还试图蒙蔽总行，不惜违反案件管理纪律，拖延报案或压案不报。媒体上闹得沸沸扬扬，而总行却还不知情。

对于这个问题，我这里强调三点：一是重申报案纪律。凡发现案件线索，案发行必须按照总行《重大案件应急处置预案》的

要求，以规定的形式、在规定的时限内逐级上报至总行。二是加强分工合作。我们说，案件防控不能靠纪检监察部等一两个部门单打独斗；同样地，案件查办也不能只靠纪检监察部门，重大案件应急处置领导小组的各成员部门，都要充分发挥自己的专业优势，从控制相关人员、查账、谈话、追索资金、做好应诉准备、防止不利影响等方面出发，紧密合作，努力提高案件的查办效果。三是全力化解案件风险。案件的本质就是风险。它既包括人员上的风险，也包括财务上的风险，但最主要的恐怕还是声誉风险。为此，我们查办案件的重点不仅要放在控制涉案人潜逃、追回涉案资金等工作上，还要处理好与当地司法机关、银行监管部门和新闻媒体的关系，最大限度地消除案件可能带来的声誉损失及负面影响。

认真落实科学发展观要求 努力提升全行经营水平

——在中国建设银行秋季工作座谈会上的讲话

（2007 年 11 月 1 日）

张建国

同志们：

上午好！

举世瞩目的党的十七大于10月21日胜利闭幕。在这次会议上，我行党委书记、董事长郭树清同志光荣地当选为中国共产党第十七届中央委员会候补委员。这是党中央对他的信任，是全体代表对他的信任，更是建设银行的骄傲和光荣。

这次秋季工作座谈会的任务之一是传达学习党的十七大会议精神。刚才，董事长向大家作了传达，谈了个人体会，也对未来全行的改革发展提出了要求。大家一定要深入学习、认真领会、全面贯彻和落实十七大精神。这次座谈会的另一项任务，就是回顾总结自年初以来的全行改革发展情况，深入分析我们面临的经营形势，集思广益，研究如何做好今年后两个月的工作，圆满完成全年的目标任务。

一、今年以来全行改革发展概况

（一）继续深化改革，努力打造国有控股大银行形象

1. 继续深化改革

今年以来，我行的经营管理情况与几年前相比有了质的飞跃。之所以发生这么大的变化，得益于党中央、国务院及国家有关部门的关怀指导，得益于我行这几年矢志不渝地坚持改革。在完成了“三步曲”的改革以后，摆在我们面前的任务就是不断深化改革，巩固改革成果。今年，我们紧紧围绕以下 3 个方面开展了工作。

——顺利回归 A 股市场。9 月 25 日，我行正式在上海证券交易所上市。一段时期以来，我行 H 股、A 股总市值已居全球上市银行第二位。由于我行的良好经营业绩得到社会各界的充分肯定，我行回归 A 股工作非常顺利，A 股上市后股价一路平稳上扬。回归 A 股是我行深化改革的重要步骤，是为了让我们的投资人、潜在的朋友分享我行改革发展的成果。对我行自身来说，则是拓宽了资本补充的渠道，进一步树立了我行在国内市场的品牌形象，扩大了在国内市场的影响。

——综合化经营试点取得新进展。前年，建设银行和工商银行、交通银行一起被获准发起设立基金公司。去年建信基金管理公司实现了投入产出的平衡，盈利 169 万元。今年以来，建信基金管理公司抓住资本市场活跃的机会，得到了很好的发展，实现利润已超过了 1 亿元。由于建信基金管理公司在市场上树立了良

好的品牌形象，培育了稳定的客户，也培养了自己的专业人才，进一步坚定了母公司推进商业银行综合化经营的决心与信心。

作为新一轮第一家被批准设立金融租赁公司的商业银行，我行和美国银行一起发起设立了金融租赁公司。到目前为止，中国银监会、国家外汇管理局、工商管理局等部门已正式批准，设立租赁公司的各项准备工作已经就绪，明天将召开公司创立大会。我行金融租赁公司是这一轮监管机构批准的唯一的合资租赁公司，也是注册资本最大的公司。我们相信，金融租赁公司将会在市场上有卓越的表现。

与此同时，总行正在继续努力推进综合化经营的其他工作。在“三步曲”的改革过程中，我行走在了国有商业银行的前列。综合化经营是商业银行未来的发展方向，我们仍将走在这项改革的前列。

——内部配套改革扎实推进。业务的稳健可持续发展，必须建立在科学、高效、可靠的内部管理基础之上。为此，今年我行启动了深化人力资源改革、全行组织架构再造、建立产品研发与创新机制、IT 项目开发与整合、信息整合和管控、业务流程操作手册、全面成本管理、全面风险管理 8 个重点基础建设项目。目前，人力资源管理改革、营运体制改革、组织架构再造和业务流程再造等已经取得了明显成效，进一步提升了全行基础管理水平。

2. 认真执行宏观调控要求，自觉服从大局

今年以来，国家为了保证经济能够实现长期、健康、持续稳定的增长，采取了一系列宏观调控的新举措。我行自觉服从国家大局，认真执行宏观调控要求，控制信贷投放，确定年内人民币贷款增量控制在 3 500 亿元以内。我行还严格控制了高污染、高耗能以及产能过剩行业的资金投入。

3. 积极履行国有控股大银行职责

充分运用服务、资金支持国家的科技、文教、卫生、体育、国防等各项事业的发展，积极履行国有控股大银行的社会职责。以服务军队为例，自去年 9 月我行正式启动“八一工程”以来，全行服务军队武警业务的市场占比从去年年初的 5% 上升到今年 9 月末的 11.44%，直接或间接地为我国的国防建设作出了贡献。我行还赞助了今年 10 月在上海召开的世界特殊奥林匹克运动会；支援了西藏以及安徽、重庆等受灾地区和亟待援助地区的贫困人群。今年以来，我们在着力打造国有控股大银行形象方面还做了很多工作，获得了海内外市场机构和专业媒体的认可和赞扬。许多国际评优机构继续看好我行，授予了我行不少新的奖项。

（二）经营情况全面向好，竞争实力不断提高

1. 主要经营指标创历史最好水平，传统业务实现了又好又快发展

截至 10 月 30 日，全行的总资产已经超过了 6.5 万亿元，比年初增加了 1.2 万亿元。截至 9 月末，境内外本外币贷款余额为 31 731亿元，比年初增加了 3 772 亿元。其中，境内人民币贷款新增 3 396.72 亿元，严格控制在人民银行要求的 3 500 亿元以内。

结构调整效果明显。全行公司客户结构持续改善。截至 9 月末，A 级及 A 级以上的客户占比达到了 89.22%，比年初提高 2.14 个百分点。行业结构、产业结构有所改善。基础设施贷款新增、个人住房类贷款新增、小企业贷款新增占全部贷款新增的 71.91%。产能过剩行业贷款占比较年初下降 0.18 个百分点，高污染高耗能行业贷款占比较年初下降 0.02 个百分点。收入结构明显改善。净手续费及佣金收入在经营收入中的比重达到 14.17%，比去年同期提高了 4.29 个百分点。

资产质量不断改善，风险抵御能力继续增强。按披露口径，9 月末建设银行集团不良贷款余额为 924.44 亿元，比年初减少 19.55 亿元，不良贷款率为 2.83%，比年初下降 0.46 个百分点。不良贷款拨备覆盖率为 97.01%，比年初上升 14.77 个百分点。

经营效益大幅提升。前 9 个月，全行净利息收益率水平继续拓宽，净利息收益率达到 3.21%，比去年同期提高 0.47 个百分点。并表后，建设银行集团税前利润达到 838 亿元，同比增幅达 57.1%；全行实现税后利润 571 亿元，比去年同期增长 52.9%。前 9 个月全行共核销呆账 54 亿元；与去年同期相比，全行还计提了 80 多亿元的拨备。主要财务指标在同业中表现优异。截至 9 月 30 日，平均股东权益回报率（ROE）为 22.52%，同比提高 6.15 个百分点；平均资产回报率（ROA）为 1.26%，同比提高 0.26 个百分点；成本收入比为 35.86%，比上年降低了 5.20 个百分点。

2. 经营转型迈出了坚实步伐

——零售业务发展顺利。零售业务坚持“以市场为导向”的

策略，加强销售，狠抓存款，巩固客户基础，筹资成本创历史最低。

营销渠道建设进一步增强。从年初以来，全行上下共同努力，加紧推进零售网点的流程建设、网点改造，增加了一大批自助设备，改善了网点的服务功能，服务效率、服务质量有了一定的提高。截至10月30日，开办外币储蓄网点8 716个，比年初新增408个；开办结售汇网点6 579个，比年初新增555个；全行已建成1 144家理财中心，比年初新增442家；正式营业或试营业的财富管理中心达40家，预计年初规划的80家财富管理中心年内将全部对外营业；已投入经营的自助银行达到2 501家，较上年同期增长62.8%；已安装运行的ATM达到22 125台，较上年底新增2 635台。截至9月30日，全行网点建设已开工项目2 502个，开工率达到93.7%，较上年同期提高了27.51个百分点。个人VIP客户结构及资产规模得到了持续优化及提高。截至10月30日，我行VIP客户已达257万人，VIP客户的个人金融资产总值（AUM）达到9 679.5亿元。全行个人高端客户（AUM 300万元以上）达31 891人，比年初增长127%。

零售业务销售能力增强，基金等理财产品的销售业绩同业领先。前9个月共销售基金208只，销售金额达6 254.5亿元，同比增加15倍；代销基金实现手续费收入90亿元，较去年同期增加了17倍。全行发行理财产品165期，累计销售875亿元。代理保险业务表现良好。截至9月末，全行代销保险业务量已达211.8亿元，同比增幅为38%，在四大国有商业银行中的占比已经达到22.43%；代理保险业务收入达6.98亿元，同比增幅为38%，同业新增排名第一位。

信用卡业务健康快速发展，截至9月末，全行信用卡累计发卡突破1 000万张，当年新增400万张；实现有效交易额超过600亿元，业务收入超过10亿元，新增发卡量、消费交易额、业务收入等主要业务指标均以95%左右的增幅快速增长。借记卡主要业务指标创历史最好水平。前9个月借记卡累计发卡2.15亿张，较年初新增3 572万张，同比增长19.96%。截至10月29日，全行外币卡商户收单业务收入3 351万元，比上年同期增长15%。

——创新业务健康发展。全行上下积极推进业务流程再造，探索、创新科学有效的专业化产品研发和经营管理模式，投资理财等经营转型产品的研发和营销取得了突破，产品和服务的创新能力不断增强，客户服务能力显著提升，市场竞争力明显增强。

机构业务突破传统思维，着力在与资本市场相关的金融机构业务上进行转型和创新。全行把证券资金银行独立存管业务（CTS业务）作为改善经营的一个重要产品，通过全行的共同努力，客户数量继续在同业中保持领先。截至9月末，我们已与全国104家证券公司中的98家签约，新增市场占比达到36%。继续拓展了一大批优秀的“211”高校和“三甲”医院、信托公司、军队武警等政府事业法人客户，使它们成为我行优质的合作伙伴，增量市场排名第一位。托管资产规模快速增长，托管费收入大幅度上升。截至9月30日，我行托管资产总额为9 142亿元，比年初增长285%；托管费直接收入5.65亿元，是上年托管费收入的2.74倍。

公司业务在认真执行宏观调控要求的前提下，注重推进区域结构和客户结构调整。9月末，小企业业务贷款余额突破2 200亿元，增量达到了460亿元。公司业务条线还与零售业务条线合作，将个人假按揭贷款还原为公司类房地产开发贷款。即使在这种情况下，公司类贷款的质量仍然继续提高，实现了不良资产余额、不良资产比率的双下降。

投资理财、短期融资券承销等经营转型产品的研发取得突破，投资银行理财产品体系逐步建立，投资银行业务发展迅速。总行投资银行部自去年10月恢复组建以来，创新研发、联动营销，在IPO业务、直接投资、并购重组和项目融资等与资本市场有关的新型财务顾问业务方面取得了实质性突破。我行成功担任了江苏船务的上市财务顾问和中国淀粉控股有限公司IPO的主承销商，受到客户的好评。今年前9个月，投资银行部与金融市场部等部门研发推出了165期理财产品。

电子银行业务保持快速增长，业务规模进一步扩大。全新改版的企业网上银行正式上线，改版后的网上银行增加了25项功能，较好地满足了客户需求。截至9月末，我行网上银行客户为1 771万户，比年初增加659万户，增长了54%；网上银行交易金额为40万亿元，比去年同期增长219%。前9个月，全行电子银行交易量与柜面业务量之比达33.4%，在分流柜面压力、促进网点转型、提高服务质量方面发挥了重要作用。重客系统的服务优势进一步显现。依靠重客系统先进的现金管理功能，成功入围中石油集团现金管理项目，打破了多年来工商银行的垄断局面。

——积极发展国际业务，稳步推进海外发展战略。国际结算量是金融同业都非常看重的国际业务考核指标，今年我行国际结算量增长势头良好。截至9月30日，国际结算量达到2 035.79亿美元，同比增加638.34亿美元，增幅为46%，超过同期外贸进出口增速22.18个百分点；外汇中间业务收入为27.64亿元，同比增长54%。实施海外发展战略有了新的进展。前9个月，我行在香港地区的机构和业务资源整合工作上取得了阶段性成果，确定了我行在香港市场的整体架构和下属机构各自的业务发展方向。澳大利亚悉尼代表处将于11月30日正式开业。在得到中国银监会批准后，今年夏天我行正式向越南监管当局提出了设立服务机构的申请。海外分行积极落实境内外联动，国内分行对海外分行给予了大力支持。到9月末，我行去委业务市场份额达到了28%，尽管与年初预定50%的计划尚有一定差距，但与年初相比业务份额增加了1倍。

——稳健发展金融市场业务。金融市场业务已为越来越多的中资银行所重视。今年，我行采取了主动型投资组合管理策略，积极应对国内外金融市场的变化，适时调整资产配置结构，提高了收益水平。截至9月30日，全行金融市场业务实现收入543亿元，直接经营的本外币资产日均余额为17 105亿元，占全行总资产的29.77%。全行本外币债券投资收益率为3.23%，同比提高了35个基点。在金融市场部、国际业务部及各级分支行的共同努力下，全行代客结售汇、外汇买卖业务交易额显著提升，前9个月代客结售汇、外汇买卖业务量达到1 347亿美元，实现收入16.13亿元，同比增长56%。

3. 中间业务发展取得突出成效

全行上下加强协调、配合，发挥联动优势，抓住市场契机，改善经营管理，中间业务管理与销售体系逐步完善，中间业务迅猛发展，取得了突出成效。前9个月的中间业务毛收入为234.26亿元，同比增速为126.14%，同比增速在四大国有商业银行中排名第一位，收入总量稳居同业第二位，市场占比比去年底提高了3.91个百分点。前9个月，全行实现净手续费及佣金收入223亿元，同比增加127.9亿元，同比增速为134.4%。中间业务收入占比已经提高了4.29个百分点，超额实现了中间业务收入占比每年改善1.5~2个百分点的目标。今年年初，我行制定了中间业务收入增幅超过工商银行、中间业务收入总量超过中国银行的目标。现在，我很自豪地告诉大家，今年6月末我行已经实现了这个目标，9月末又进一步巩固了这个目标！

4. 案件防控取得明显效果

全面推进案件防控及整改工作，全行案件呈现出了“大幅下降”的良好态势。截至10月底，操作风险案件发生15起，同比减少29起，同比下降了66%；涉案金额1 464万元，同比减少6 951万元，同比下降了83%；百万元以上案件发生了2起，同比减少11起，降低了85%。案件指标的下降幅度都达到并超过了银监会提出的下降20%的工作目标。

今年以来，全行上下坚持科学发展观，抓住市场机遇，广大员工团结奋进，焕发出了强大的竞争实力。全行业务快速增长，资产质量稳步提高，盈利能力大幅提升。这些改革发展的良好表现、经营管理上取得的良好业绩，令人鼓舞、催人奋进。更让我们高兴的是，这些经营数据以及改革的阶段性成果反映了全行上下观念在转变，反映了全行执行能力在逐步提高，更反映了我行市场地位、品牌形象在进一步提升。在肯定成绩的同时，我们要认清形势，保持清醒，查找差距，弥补不足。

二、分析经营形势，提高管理水平

十七大报告中指出：“当今世界正在发生广泛而深刻的变化，当代中国正在发生广泛而深刻的变革。我们面临的机遇前所未有，挑战也前所未有，机遇大于挑战。”这段话全面概括地描述了我们国家所处的地位、我们党面临的形势。我行面临的经营形势也是如此，目前的经营形势确实很好，但是遇到的问题也很多。如果把握得好，就可以把面临的挑战转化为机遇。

（一）预见经济金融趋势，不断提高经营能力

当前我国经济总体形势发展很好，但是产业性、行业性的问题时有暴露，经济增长存在由偏快转向过热的隐患。今年第三季度GDP增长11.5%，已连续3个季度增长率在11%以上，是过去

10年来增长最快的时期。9月，全国居民消费价格指数（CPI）虽略有回落，但仍高达6.2%，通货膨胀预期明显增强。国际市场的油价在上周已超过94美元，未来短时期内有可能达到100美元。10月31日，国家决定上调成品油价格。高企的石油价格对于我国相关的商品生产、商品销售的影响是巨大的。前9个月，国际收支顺差过大，由此造成国家外汇储备增长过快，与国外贸易伙伴的贸易争端也在增多。"两高"行业的产能以及在建工程的增长速度依然很高，节能减排任务依然繁重。今年以来，楼价、股价增速过快，存在"泡沫之忧"。这些情况都对我行的经营构成了一定影响。

我国经济发展确实存在着周期性。虽然目前整体经营形势很好，但我们要居安思危。在经营上要坚持发展，坚持把业务做好做优。要调整结构，进一步加强信贷风险的管理和监控。10月末，银监会监管一部通报我们两个分行前几年的两笔贷款被企业逃废债，造成了不良贷款。在A股路演中，有些投资者和分析师质疑为什么我行在批发零售、商贸餐饮等领域的不良贷款比率偏高，而这些行业的贷款增量却仍然较多。这些现象都反映出我们在贷后管理，在制定信贷政策，特别是在行业、产业细分上做得不够。尽管今年以来我行中间业务收入大幅提高，但与外资银行相比，中间业务收入在总收入中占比还很低，差距明显。我们需要更好地坚持实施经营转型的既定战略。

深入了解我们自身和同业，有利于提高分析判断能力，有预见性地做好应对安排。今年1月，我行预见到随着市场变化，负债业务将发生变化，全行大力拓展第三方存管业务，取得了市场绝对控制地位。2月，我行组织了对个人贷款业务的检查，看是否有信贷资金用于股票、基金买卖和博彩活动上，以便发现问题及时纠正。这项工作我们走在了同业前面。9月中旬，我行主动提出进一步执行宏观调控要求，调整个人住房贷款的按揭成数，又一次取得了主动。因此，超前预见、胸怀全局、把握整体的能力，决定了我们的经营水平。大家要加强学习，更好地做好经营工作。

（二）正确理解、自觉执行宏观调控要求

首先，宏观调控是一项长期政策，不是权宜之计。正如温家宝总理曾经指出的，宏观调控、结构调整会伴随和贯穿于整个社会主义市场经济的全过程。10月25日，银监会主席刘明康在第三季度形势通报会上传达了前一天国务院常务会议的精神：要改变安排明年国民经济增长率的方法，不再像以前那样，在年初制定出7%或8%的增长目标。改变成按照2007年的实际增长速度，在新的年度调低1～2个百分点来安排。人民银行总行与银监会的领导同志表示，国家都这样做，我们银行业也应该遵循执行。尽管大家期盼着明年能有更多的信贷投放，但是，明年的宏观调控形势仍然严峻，信贷总量控制会更加严格。

其次，宏观调控的手段日益丰富。一段时期以来，针对经济增长偏快的形势，国家采取了一系列的调控措施，如降低出口退税比率、节能减排、调整住房供应结构以及稳定物价等政策，人民银行和银监会对商业银行采取了多元化政策工具加大流动性回收力度，包括风险提示、窗口指导、5次提高存贷款利率、8次上调存款准备金率、发行6期定向票据、加强商业性房地产信贷管理、调高第2套住房贷款首付比例和贷款利率等多项调控措施。温家宝总理在10月24日召开的国务院常务会议上要求，继续抑制固定资产投资增长过快和信贷投放过多，密切监测贷款投放进度和投向。党的十七大报告强调，要坚定不移地贯彻科学发展观，加快转变经济发展方式，推动产业结构优化升级，实现国民经济又好又快的发展。当前的经济走势和经济发展方式与又好又快的要求还有相当的距离。预计未来一段时期，国家还将进一步加强和改善宏观调控，调控的手段和工具会更加完善，会有新的措施陆续出台。

最后，宏观调控对于我们的经营，既有不利的影响，也有正面的影响。不利的一面主要在于：贷款规模的刚性控制会使我们在信贷资金上不能满足一部分客户的需求，有可能使一些客户流失，对客户关系的维护面临巨大压力；有的企业可能会发生资金营运的困难，对银行的信贷资金安全产生负面影响；个人客户的违约率可能会有所增加，相应地银行与个人客户的纠纷也有可能上升。

但是更要看到，宏观调控更有积极影响，为银行提供了结构调整的有利时机。过去，对于一些优秀客户，我们在谈判中处于劣势，在价格上、在服务上、在服务品种上，我们都处于不利地位。现在是我们掌握主动权，进行谈判的好时机，也是加强创新的好时机。很多企业在得不到银行信贷资金直接支持的情况下，必然会选择使用银行的其他工具来满足融资需求，这为我们发展新兴业务提供了机会。今年以来，我行积极推进理财产品、资产证券化，取得了一定成效，未来一个时期依然是很好的机会，对改善整体经营是有利的。对于信贷投放，要总量控制，把握节奏，有保有压。与此同时，要强调全面改善业务经营，继续提高中间业务收入占比；通过国内分行加大对海外机构的支持，进一步推动海外战略的实施，使海外机构有更好更快的发展。因此，尽管宏观调控政策的要求越来越严，我们在贷款增量上也确实遇到了难题，但我们在经营上还是可以大有作为的。

（三）要辩证地看待自身优劣，在更加激烈的同业竞争中维护好我们的有利地位

第一，通过近期对上市银行的比较，我行的主要业绩指标确实好于同业，但是要进一步保持和改善这样的优势很难。换句话说，同业的业绩指标在9月末可能不如我们，但是，同业的发展改善空间更大。比如说，目前，我行中长期贷款比例高达68%，工商银行为62%，中国银行为56%，交通银行为44%，招商银行为37%。由于中长期贷款比例较高，我行的贷款净利差高于同业。如果同业相应地提高中长期贷款比例的话，就会扩大其利差，而我行的中长期贷款比例已没有多少提高的空间了，我行与同业的利差水平会逐步接近。再比如，预计到年底，全行票据业务余额在1 000亿元左右，但是工商银行在9月末还有3 000多亿元的票据业务规模。许多分行领导向总行反映工商银行、中国银行等同业在当地市场上有着很强的竞争实力，我们的一些客户成为了人家的贷款对象，就是由于他们资产结构的调整空间远远超过了我们。对于建设银行这样的大型商业银行来说，很多优秀客户有票据业务的需求，我们不可能让这样的资产降为零，需要有一定的量。但是，我们已没有多少空间了，而竞争对手的可改善空间却很大。我行在调整结构、经营转型，其他各家商业银行也都开始重视结构调整和经营转型，我们的竞争优势在逐步衰减。

第二，我行今年以来的经营全面向好，但在内部存在着严重的不平衡。比如，尽管前9个月中间业务收入增长了134%，而在产品间存在着严重的不平衡。代销基金增加了15倍，代销基金的收入增长了17倍，个人结算产品收入却负增长6.74%。这可能受小额账户收费和电子银行交易量明显上升的影响，而它们对银行业的影响应该是一致的。但是，只有我行的个人结算产品收入是负增长，其他银行都是正增长。

中间业务的发展在行际之间也很不平衡。一批分行的中间业务收入增幅超过了200%，有的甚至更高；有一批分行的经营实力明显上升，在当地的市场排名上升了一位，更有上升两位或三位的。但也有个别分行在当地的竞争实力、发展状况每况愈下，由过去的第三位变成了今天的第四位。我行开展短期融资券承销这一创新业务已经3年了，开展得很好，位居市场前列，但全行38家分行中至今仍有一半分行没有实现零的突破。这说明我们过度依赖少数分行、少数产品来支撑全行的经营转型。为了让大家更好地掌握具体情况，执行好总行的要求，本次会议请资债部提供了《2007年前三季度全行中间业务运营分析》的参阅材料，介绍中间业务的整体发展情况和每一项产品的统计对比分析，请大家认真研究。

第三，不良贷款反弹压力较大，不良贷款结构恶化。今年前9个月，资产保全系统辛勤努力，通过清收、盘活、以物抵债、处置和核销等多种手段，共处置了不良贷款275.82亿元。但是，9月末的不良贷款余额仅比年初减少了19.55亿元，说明不良贷款又出现了250多亿元，不良贷款反弹的势头令人关注。前9个月，共核销呆账54亿元，是去年全年核销金额的2倍，但是到9月末，损失类贷款余额比年初又增加了25.87亿元，说明不良贷款的结构在恶化。

通过与同业相比较，可以更好地分析自身的优势和不足。在充分肯定我行良好经营业绩的同时，要保持头脑清醒，找准我行的不足，努力维护住我行在市场上通过长期努力取得的有利地位。

三、做好旺季工作，为未来发展打好基础

（一）服从大局，严格执行宏观调控要求

要严格控制贷款增量，将我行全年人民币贷款新增控制在3 500亿元以内。总行在9月已向全行明确了公司类贷款、个人类

贷款的增量控制和结构调整的具体要求。后天的会上，赵林副行长和朱小黄首席风险官也会提出具体的安排意见，大家一定要认真执行。要坚决推进结构调整，执行好行业限额，坚持实施经营转型，实现年初确定的不良贷款余额和不良贷款比率“双下降”的目标。

（二）加强服务，努力维护好优质客户

我们的总体要求是既要执行好宏观调控要求，也要留住优质客户，并争取为明年的发展储备客户。当前，仅仅靠贷款已难以改善维护银行与客户之间的关系了，要通过优质的、全面的服务来留住客户。要用由收回再贷、结构调整获得的资源来满足基本客户的需求，通过加强营销拓展新的客户，要靠投资理财、财务顾问、资产证券化等产品的创新吸引留住客户。

（三）强化管理，确保全行改革发展安全

一是要维护稳定大局。今年以来，全行发生了180多起进京上访事件。尤其是有几个分行总是不断地进京上访，引起了监管机构、中央有关部门和北京市的高度关注。特别是在党的十六届七中全会和十七大期间，仍有个别人进京上访。在此，拜托大家对曾经是我们同事的原建设银行员工，本着对总行负责、对全行负责的态度，认真地履行好职责，继续耐心地做思想工作，作一些适当的安排，避免这样的问题再次发生。

二是要防范年末案件突发。今年以来，全行发案数量、涉案金额、百万元以上的案件量都有了很好的控制，取得了明显的成效。但是，第三季度以来案件有所反弹。今年上半年，全行发生了9起案件，其中3起是以往年度发生的个人受贿案件，还不完全是真正意义上的操作案件。但是，第三季度就发生了6起案件，案件数量是上半年的总和。回顾以往，年末是案件的高发期。前年12月我行发生了18起操作案件，去年12月发生了13起，尽管今年前10个月我们的案件防控很有成效，但要高度警惕年末案件突发。

三是要保证CIS等IT系统安全稳定运行，迅速完善应急机制。在此，我代表总行高管层向大家道歉。在今年7月发生了CTS系统宕机事件以后，10月，就在党的十七大期间，CTS系统又再次宕机。总行党委高度重视。10月31日下午，总行党委会专门听取了10月宕机事件原因的汇报。我行CTS系统已经老化了，已经不能支撑业务量骤然增加的要求。因此，总行党委确定了两件事情：其一是努力巩固现有的系统，努力做到运行安全稳定；其二是加快新的CTS系统建设，预计在明年春天新系统可以上线。在这期间，我们要千方百计、下大力气避免宕机事件的再度发生。但是，也要考虑到万一。如果万一再发生，从总行这个角度，正在建立紧急应对机制，包括补偿机制和控制影响等一系列措施。

四是要做好可能到来的外部审计的准备工作。前年，国家审计署对工商银行、农业银行作了全面的审计检查，去年对中国银行、交通银行、招商银行作了审计检查，今年再次对农业银行作了重点检查。我们要有这样的思想准备，明年国家审计署可能对我行进行全面的审计检查。于永顺总审计师正在牵头制订配合审计检查、加强整改的方案。今后，总行可能作具体部署。各分行要全面回顾检查过去几年的经营管理状况，及时发现漏洞，加强整改，确保我行在未来可能的审计检查中，能够向市场展现经营合规、积极向上、整体水平很高的正面形象。

（四）统筹安排，做好全年工作，研究明年的发展目标和措施

距年底只有两个月的时间了，我们要抓住这两个月的机会，确保今年收好官，明年开好门。请各分行、各部门抓紧做好后两个月的工作，同时谋划明年的经营安排和具体举措。

一是要夯实全行的经营管理基础。要切实推进8个重点基础项目建设。切实推进会计和营运体制管理改革，建设全行统一的后台业务集中处理系统，提高业务处理效率，降低操作风险。推进与战略投资者的项目合作，如期完成4 000个网点转型和80个财富管理中心的建设计划。

二是认真做好2007年度年终决算。年终决算进入11月就要开始试算，到12月末将正式决算。要严格执行各项财务制度，确保费用列支的合规性。有效推进财务报告内控制度的试运行，保证财务报告的真实完整和信息披露质量。

三是做好2008年综合经营计划编制工作。会后，总行将对明年的综合经营计划作全面研究。年初以来，总行多次征求分行意见，试图进一步完善经济资本、经济增加值、年度绩效考核目标等管理办法，以合理配置政策资源，进一步推动全行经营水平的提高。

有的同志心有忧虑，认为今年我们的经营特别是有些领域的业务取得了超常规、跨越式、前所未有的增长，未来发展压力过大。其实市场机会总是有的，而且总是给予有准备的人。市场火暴的时候有机会，市场低迷的时候也有机会，市场在跌宕起伏的时候依然有机会。我们的理财产品和基金销售火暴，市场是一个重要原因。但是，如果没有全行同事的积极准备、共同努力，也不可能有这样的结果。在同样的市场环境下，各家银行的经营结果并不一样。希望大家坚定信心，总行会实事求是地考虑经营指标。比如说，今年前 9 个月中间业务增长了 134%，明年总行不会按照这个增长幅度下达计划。

同志们，党的十七大刚刚胜利闭幕。十七大为全党全国未来的改革发展指明了方向，也为建设银行的改革发展指明了方向，进一步坚定了我们改革发展的信心。前 9 个月的经营业绩和 9 月下旬 A 股市场的回归，使我行的改革发展又跃上了一个新台阶，在市场上有了新的品牌形象。让我们进一步振奋精神，发挥整体优势，共同把全行的经营工作提高到一个新水平！

在中国建设银行党建工作座谈会上的讲话

(2007 年 2 月 2 日)

谢渡扬

同志们:

在昨天上午召开的全行工作会议上，总行党委书记、董事长郭树清同志作了重要讲话，深入分析了我行当前面临的内外部形势，提出了今后工作的思路和要求。总行党委副书记、行长张建国同志作了工作报告，对去年全行的业务发展情况进行了全面回顾，对 2007 年的主要任务作出了安排。今天上午，张建国行长对全行工作会议作了总结讲话，郭树清同志还要作党的工作座谈会的总结讲话。希望各部门、各分行的同志认真学习领会郭树清董事长和张建国行长讲话，结合实际抓好贯彻落实。

下面，我就公司治理和经营机制、人才工作和员工培训、党的建设和组织工作谈几点意见。

一、关于公司治理和经营机制

最近召开的全国金融工作会议，总结了近几年来的金融工作，分析了存在的矛盾和问题，指出国有银行改革还处于起步阶段，任重道远，要巩固改革成果，继续深化改革，强调改革的关键是完善公司治理，加快转变经营机制，健全有效的制衡机制，强化基础管理、内部控制和风险防范机制。

党中央、国务院对国有银行改革的判断和评价完全符合我行的实际。经过努力，建设银行完成了股份制改造并在境外成功上市，初步建立起相对规范的公司治理结构，包括公司治理的组织体系和制度框架。董事会、监事会和管理层发挥了各自的作用，职责边界正在逐步理顺。当前和今后一段时间，是我行的公司治理从开始建立逐步走向规范运作的关键时期，全行要认真学习贯彻这次金融工作会议精神，采取扎实有效的措施，加快建设现代银行制度的步伐，提高我行的综合实力、竞争力和风险防范能力。

一要健全制衡机制。在公司治理中，形成有效的制衡机制非常重要。制衡机制包括多个方面、多个层次 ，其中有董事会及独立董事的监督，有监事会的监督，有经营管理层内部的相互监督，如审计、风险、法律、合规、监察等部门的监督等。因此，健全制衡机制的工作需要各方面一起努力、合力推进，强化各自监督职责的履行，有效发挥监督制衡的作用。

监事会制度是公司治理的一项重要制度安排，我行监事会成立以来，按照《公司法》和银行章程的要求，积极探索监督的方式方法，监督工作逐步深入。今年以来，监事会通过书面提示、列席会议、发表意见和专题调研检查报告等多种形式，对一些重要问题及时地提出了意见和建议。董事会和管理层对此作出了积极回应，并采取了相应的措施。这说明监督工作产生了实质性的效果，在决策层和经营管理层面上起到了较好的制衡作用。下一步，监事会将继续加强对董事会执行股东大会决议和规范运作、履行应尽职责的监督，加强对高级管理层执行董事会决议与决策的监督，注意把握经营管理的新情况、新特点，开展对公司财务、风险管理与内部控制的监督，针对一些重点领域、重要事项组织调研检查。加大提示、建议的力度，同时，加强对各类监督意见落实情况的跟踪，促进公司各方依法合规运作、提高工作绩效，强化风险管理和内部控制，更好地发挥监事会建设性的制衡作用。

二要加快转换经营机制。改制上市以来，我行根据商业银行经营管理的内在要求和建设国际一流商业银行的战略目标，制定和落实战略规划，调整经营理念，大力推进各项改革，许多重要方面发生了积极的变化。但也必须看到，经营机制的转换还刚刚开始，不是一朝一夕所能够完成的，一些旧的观念、传统的管理方式和非审慎的经营行为依然存在。面对竞争日益激烈的市场形势，全行上下需要进一步提高认识，统一思想，主动加快转换经营机制的步伐。要坚持以科学发展观为指导，坚持按商业银行的规律办事，正确处理规模与质量的关系，正确处理长远利益与短期利益的关系，调整和优化资产、负债、市场和客户结构，转变增长方式，走可持续发展之路。

三要强化基础管理、内部控制和风险防范机制。近两年，我行大力推进风险管理体系、审计体系等方面的改革，建立健全风险控制的制度、政策和业务流程，采取多种措施防范和化解经营风险，取得了明显成绩，尽管如此，我们面临的内部控制、风险防范压力仍然很大。监管部门的检查、内外部审计的结果表明，我行的内部控制状况并没有发生根本性的改变。比如，去年我行内部审计共发现问题70 800多个，绝大多数都是基础管理方面的问题，其中，还发现了几起较大的案件线索和重大违规问题。这说明内部控制状况还不能令人满意，让人放心。同时，市场风险、操作风险等问题仍然比较突出，从现阶段情况看，一些产能过剩行业的贷款风险可能会逐渐显现，对资产质量构成持续的压力；随着业务向综合化、信息化、国际化方向发展以及新业务、新产品的推出，各类风险相互交织，变得更为复杂；去年以来，快速攀升的股票市场吸引大量资金入市，对规范信贷管理、确保银行资产安全提出了新的课题。对此，我们一定要保持清醒的认识。

关于强化内部控制和风险防范机制的问题，董事长、行长已经讲过了。这里我想强调几点，一是要始终把风险防范放在重要位置，健全内部控制制度，规范业务流程，把制度建设的工作做在前面。二是以内部控制薄弱环节和案件、风险高发部位为重点，加强监督检查和审计，查找、分析制度执行中存在的问题，分门别类地制定对策措施，着力落实整改。三是研究确定适当的风险偏好政策，在既定的、明晰的风险政策指导、约束下开展经营活动，把风险控制在可承受的范围内。四是适应新的发展趋势和竞争环境，加强对宏观形势研究和微观环境变化的分析和预测，关注影响银行经营风险的新情况、新问题，及时提出对策。五是着力落实已推出的各项风险管理措施，在确保分类真实性和准确性的前提下，努力提高资产质量，严防隐瞒资产风险的现象发生，夯实发展的基础。

二、关于人才工作和员工培训

全国金融工作会议明确提出，要着力提高金融从业人员的思想政治素质、业务素质和职业道德素质，大力实施金融人才发展战略，建设一支高素质的金融队伍。目前，建设银行正处在一个重要的转折期和发展期，我们要加快建立一支精通业务、善于经营、长于管理的人才队伍，为推进战略转型、实现建设国际一流商业银行的目标提供支持和保障。

1. 善于发现人才、使用人才、调配人才。建设银行有30多万名员工，其中有很多优秀的管理人才和各方面的专业人才，建设银行的发展和业绩就是靠这支员工队伍创造出来的。要充分挖掘现有的人才资源，以品德、知识、能力和业绩作为主要标准，以公开、平等、竞争、择优为导向选拔人才，使优秀人才脱颖而出。建立和充实多层次、多专业、多类型的人才库，形成人才发现、储备和任用的畅通渠道。重点加强公司、个人银行、资金、信息技术等业务条线的人才队伍建设，逐步提高业务条线中市场营销、产品创新、资金交易、风险管理等专业人才的占比，优化人力资源的配置。

进一步完善激励约束机制，建立体现岗位职责和工作绩效、分级分类管理的收入分配制度，充分调动各类人才的积极性和创造性。要为优秀人才搭建可以施展才华、实现价值的平台，使他们真正感受到建设银行的吸引力、凝聚力，精神饱满地投身于建设银行的事业，实现与建设银行的共同发展。

2. 加强人才培养，提高员工素质。人才培养工作要立足于人力资源的实际情况，重点做好现有管理人员和员工的培训工作，形成了多梯次、多渠道、多形式的全员培训工作局面。2006 年，全行共举办各类脱产培训项目 7 071期，培训 40.22 万人次，人均 2.92 天。总行尝试把香港培训资源扩大运用于对基层网点负责人和优秀业务骨干的培训，采用深港联动的培训模式举办了 12 期大堂经理、个人客户经理、基层网点负责人培训班，培训业务骨干 480 人。

今年，我们要在扩大培训规模的同时，着力提高培训的集约度和培训质量。一是突出员工培训的职业化特色，做好培养对象的分类细化，根据中高级管理人才、基层管理人才、专业人才、一线员工的不同需求，确定和开发差异化的培养项目和课程，选择相应的培训方式，提高培训的针对性。二是加大和优化培训资源的投入，加强培训基地建设，发挥总行高级研修院、哈尔滨培训中心、常州培训中心、香港培训中心的作用，进一步挖掘一级分行培训基地的潜力，同时要利用战略投资者美国银行和淡马锡的优势资源，各有侧重地开展培训合作。三是采用集中培训、网上远程学习、业余自修、岗位考试等多样化的培训形式，扩大人才培养的覆盖面，使培训资源可以惠及更多的员工。

今年，总行将举办 10 期一级分行行级、总行部门级等领导人员专题研究班，在纽约举办 2 期青年管理人员境外培训，委托香港大学举办 4 期二级分行行长培训班。委托高校举办7 ~ 8期总行高级经理、一级分行相关部门总经理、风险主管参加的各类培训班。在行属培训中心举办 10 期经营管理案例专题研究培训班，举办 2 期新任二级分行行级管理人员培训班。配合网点转型工作，在行属培训中心举办 10 期基层机构负责人示范性培训班。总行和各级分行以提升专业知识和技能为重点，对 4 万名客户经理、产品经理、风险经理等专业技术岗位人员进行分类轮训。

3. 配合业务发展，有序引进人才。在这个问题上，要进一步解放思想、拓宽思路、放宽眼界，学会从市场的角度考虑和解决人才问题，探索人才的市场化引进和管理。按照突出重点、按需引进、讲求实效的原则，对业务急需、内部短缺而培养周期又较长的人才，比如投资银行、资金交易、财富管理、国际金融、信息技术、法律等方面的专业人才和高级管理人才，可以通过国内外人才市场进行招聘。

要把引进人才这件事情办好，必须建立健全相应的管理制度、工作流程和评价机制，对应聘人员按照规定程序考试、面试、考察、了解，做好综合素质测评；规范劳动合同，明确责任义务；实施绩效管理，严格绩效考核。确保能够通过市场机制引进有真才实学和良好职业操守的专业人才，有效发挥他们的专业优势和作用。

发展战略确定以后，人才就是决定性的因素。我们要树立人才资源是第一资源的观念，把人才工作作为提高核心竞争力的战略制高点，以事业、以机制、以报酬、以真情来吸引人才、培养人才、使用人才、激励人才、凝聚人才，形成人尽其才、才尽其用、群贤毕至、人才辈出的大好局面。

三、关于党的建设和组织工作

去年，全行系统开展了党员先进性教育“回头看”活动，检查和评估了突出问题整改措施的落实情况，党员先进性教育活动期间制定的整改措施已经大部分落实到位。总行党委制定下发了《关于加强党员学习的意见》等 6 个文件，建立保持共产党员先进性的长效机制的工作取得新的进展。全系统开展了推荐评选先进基层党组织、优秀共产党员和优秀党务工作者的活动，开展了“四好”领导班子创建活动。各级党组织认真开展了党的十七大代表候选人推荐提名工作，经过自下而上、上下结合、反复酝酿，基本完成了代表候选人的推荐工作。

今年，党的组织工作要着重做好以下工作。一是认真贯彻中央《关于党的十七大代表选举工作的通知》精神和工作部署，在前期工作的基础上，组织开好分行和总行的党代表会议，圆满完成选举党的十七大代表的任务。要扎实细致地做好党的十七大思想宣传、组织方面的有关准备工作，紧紧围绕迎接党的十七大胜利召开这个主题，加强组织工作的宣传和调研。对党的十六大以来的组织工作进行全面系统的回顾和总结，适时宣传组织工作取得的新成就、新经验，宣传基层党组织和党员干部队伍中的先进典型，宣传党的十七大代表的先进事迹，为党的十七大胜利召开营造良好的思想舆论氛围。要做好党内民主建设、干部人事制度改革、党风廉政建设与干部监督等重要课题的调研工作，切实加强领导班子建设，进一步加强和改进党的基层组织建设和党员队伍建设，落实党建工作责任制。

二是进一步巩固和扩大党员先进性教育活动成果，切实把保持共产党员先进性的长效机制建设工作落到实处，要更好地落实党要管党、从严治党的方针，坚持不懈地加强党建工作，发挥各级党组织特别是基层党组织的战斗堡垒作用和广大党员的先锋模范作用。以改革的精神探索加强党的先进性建设的新方法新途径，努力实现党建工作的科学化、规范化、制度化，不断提高全行党建工作水平，为改革和发展提供坚强的政治保证和组织保证。

三是加强领导班子思想作风建设。要按照胡锦涛总书记提出的8条要求，培养“要勤奋好学、学以致用；要心系群众、服务人民；要真抓实干、务求实效；要艰苦奋斗、勤俭节约；要顾全大局、令行禁止；要发扬民主、团结共事；要秉公用权、廉洁从政；要生活正派、情趣健康”的良好作风和风气。各级领导班子要继续抓好四好领导班子建设，真正树立科学的发展观、人才观和正确的政绩观，切实增强政治意识、大局意识和责任意识，不断提高战略对策能力、经营管理能力、市场竞争能力、开拓创新能力和风险管理能力。

2007年全行改革和发展的任务十分繁重，我们要在总行党委的统一领导下，进一步深化体制改革，推进战略转型，提高基础管理水平，确保全年经营目标的完成，向建设国际一流商业银行的战略目标迈出坚实的一步！

再接再厉　持续提高内部审计工作水平

——在中国建设银行审计工作会议上的讲话

（2007年3月8日）

谢渡扬

同志们：

这次全行审计工作会议的主要内容是贯彻落实全国金融工作会议和全行工作会议的精神，总结2006年审计工作，分析当前审计工作面临的形势，研究和部署2007年审计工作。

2006年，是建设银行垂直管理审计体制全面运行以后的第一年，按照审计体制改革的总体安排，在总分行及相关部门的协同配合下，审计分部与驻地总审计室的整合优化工作在2005年改革的基础上又向前迈进了一步，将46家审计机构整合为38家；根据实际情况又撤销了20个审计办事处，集中管理水平进一步提高；落实和完善了体制改革配套措施，进一步理顺了审计工作垂直管理模式；着力完善了审计规范，创新了审计技术，优化了审计流程，强化了队伍建设，审计工作精细化管理得到进一步加强，审计能力持续提高。

各级审计机构围绕全行中心工作，充分发挥体制优势，加强质量管理，集中力量组织开展了15个大类的系统审计项目以及各类自选审计项目，审计力度、深度和质量与以往相比均有较大进步。为董事会、监事会和高级管理层全面及时地掌握我行的风险状况提供了重要依据，对促进全行提高风险防范能力、规范经营管理发挥了非常重要的作用。一系列重要的审计发现和相关审计信息特别是揭示出的多项重大风险隐患，引起了总分行领导的重视，促进了相关整改工作的开展。

总之，2006年审计工作成绩显著，改革成果得到巩固和扩大，审计独立性逐步增强，圆满完成了年初确定的工作任务，借这个会议的机会，我代表总行党委，向全行审计人员，向支持审计工作的各级机构和相关部门表示诚挚的慰问和衷心的感谢！

下面，我就当前建设银行审计工作面临的形势和2007年的审计工作，谈一些原则性的意见。接下来，永顺同志还要进一步全面地总结去年的工作，布置2007年的工作，希望大家利用这次会议机会积极思考，认真探讨，集思广益，形成共识，在实际工作中认真贯彻落实。

一、关于审计工作面临的形势

（一）外部环境对内部审计工作提出了更高要求

当前，我国正处于全面贯彻落实“十一五”规划、全面构建社会主义和谐社会的重要战略发展时期，金融作为现代经济的核心，也正处于一个重要的转折期和发展期。

外部经济金融环境的变化与银行的经营发展有着紧密的关系。一方面，国家继续加强和改善宏观调控，着力调整经济结构，转变增长方式，势必对银行的经营特别是信贷业务产生重要影响。当前流动性过剩、利率市场化、汇率改革及人民币升值、世界经济面临的一些矛盾和不确定性，也对银行经营形成新的考验。另一方面，加入世界贸易组织的过渡期基本结束，从去年底开始，随着对外资银行人民币业务的全面开放，外资银行与我们的竞争日趋激烈；去年工商银行和中国银行完成股改上市，将会更加专注于市场开拓和业务发展；邮政储蓄银行的成立和这次金融工作会议上部署的政策性银行的商业化改革特别是国家开发银行的商业化改革以及中小型股份制商业银行的快速成长，都将加剧同业的竞争；去年资本市场情况发生了较大变化，多年熊市之后股市发生了令人瞩目的增长。资本市场也是国家金融改革的重要领域，其发展不仅是股票市值和股价指数的变化，更重要的是带来了直接融资规模和比重的扩大，这将对同业竞争格局产生较大影响。

如何抓好宏观调控下的风险防范和化解工作，如何在激烈的竞争环境下保持和扩大银行改革发展的良好势头，这些现实的问题和挑战对银行的经营管理水平提出了更高要求，也对内部审计工作提出了更高要求。内部审计部门必须正确把握宏观形势和竞争环境的变化，关注银行经营中出现的新情况、新问题，加强分析研究，提高工作的前瞻性，保持对风险的敏感性。要进一步强化审计的评价和建设职能，在促进全行风险防范和内部控制整体水平的提高、业务运作效率、效果的改善和提升市场竞争力等方面发挥更为积极的作用。

（二）全行改革发展需要内部审计工作发挥更大作用

内部审计是公司治理当中监督制衡机制的重要组成部分，是全行风险管理和内部控制不可或缺的重要环节。我行股改上市以来，内部审计工作越来越受到全行的关心和重视，去年评选的“中国建设银行突出贡献奖”和“中国建设银行十大杰出青年”都有内部审计系统的代表。总行领导高度重视审计发现问题的整改工作，多次作出重要批示，主持和组织制订整改方案，使审计成果得到了有效利用，下一步还要在等级行评定、一级分行主要负责人KPI考核中加大对审计结果的使用，更多地参考审计结果进行评定和考核。董事会、监事会和高管层的关心和支持，目的就是希望内部审计发挥更大作用。

今年年初召开的全国金融工作会议明确指出，要加快建设现代银行制度，关键是继续完善公司治理。今年的全行工作会议对经营管理工作进行了全面研究和部署，从强化风险内控和基础管理的角度，提出要“进一步加强审计监督，充分利用审计成果”。内部审计工作与董事会、监事会工作有着密切的关系，同时也是直接接触各业务部门、广大分支机构和基层的重要通道，要在促进公司治理进一步完善、促进经营机制转换方面，在支持和保障全行中心工作任务的落实和完成方面，发挥更加具有建设性的作用。特别要注意针对突出问题和薄弱环节，卓有成效地组织开展审计项目，加大对内部控制和审计整改效果的关注程度，及时向决策层、高管层提供高质有效的审计信息和建议，促进经营管理机构和部门处理好改革发展与风险防范的关系，全面实现经营发展目标。

（三）内部审计工作水平需要持续提高

审计体制改革以来，审计工作在很多方面发生了可喜变化。

同时我们也要看到，我行的内部审计工作中还存在不少矛盾和不足需要克服，例如：审计队伍的人员结构和专业水平仍不能完全适应审计工作的需要；审计技术手段与国际先进水平相比，还有不小的差距；审计质量和审计效率有待进一步提高。

内部审计系统的全体员工一定要认真学习和贯彻全国金融工作会议和全行工作会议的精神，认清内部审计工作面临的形势和挑战，进一步增强做好内部审计工作的紧迫感和责任感。要进一步深化体制改革，完善激励约束机制，做好人才培养工作，不断提高审计队伍的综合素质和专业能力。注意总结和推广行之有效的质量管理方法，努力提高内部审计工作的层次和效果。我们在应用先进理念和技术方面取得了明显成绩，但范围和深度还有一定局限性，还有一些领域没有覆盖，还需要进一步提升功能、改进效果。要对国际先进的审计理念和方法作更为细致、深入的了解和研究，继续大力引进、研发和推广先进审计技术，缩小与国际先进水平的差距，力争使我行的内部审计工作走在国内同业的前列。

二、关于改进和提高审计工作水平

2007 年建设银行内部审计工作的总体要求是：认清形势，明确目标，理顺工作思路；突出重点，严格管理，确保项目质量；立足现实，着眼长远，加强队伍建设；创新技术，加强运用，提升审计能力；夯实基础，强化执行，持续提高内部审计工作水平。

相对于审计工作的要求和任务，审计资源总是有限的。在这种情况下保证内部审计的质量和效率，改进工作方法就显得非常重要。也就是说，内部审计也要转变“增长方式”，走“内涵式”的发展道路。这方面所包含的内容非常丰富，需要集中集体的智慧。就此我谈几点意见，希望大家研究探讨，以推动审计工作水平的改进和提高。

第一，突出重点，合理配置审计资源。要把有限的审计资源向最需要审计的业务领域和部位集中，集中力量于最突出的问题和最薄弱的环节。无论是在制订审计项目计划、选择审计机构和业务单元的过程中，还是在具体实施审计方案、选择抽样样本和测试环节时，突出重点都是非常关键的。毛主席讲过没有重点，就没有政策。这有非常深刻的道理。具体到审计工作，2 000 多人面对 30 多万人的大机构以及每年以 10% 的速度增长的业务，这个矛盾的解决就是要把有限的力量用在最需要的重点部位、问题和项目上。

突出重点，既要运用分析工具，又要借助专业判断。各级审计人员特别是领导干部，要在认真把握全行工作重心和宏观形势的基础上，注重对整体经营管理情况和具体业务环节的日常研究分析，注意积累情况和数据，及时总结审计经验和教训，同时完善风险评估、审计抽样等工具。我们强调加强专业化建设，强调做好审计准备工作，提高专业判断水平，要求充分运用审计计划体系、非现场审计系统等工具提高分析能力，目的就在于提高把握重点的能力。

解决好我们经常面对的这个问题，首先从总行这个层面来讲，确定系统项目要建立在抓住全行工作重点、合理配置审计资源这个基础上；其次从审计分部和总审计室层面来讲，在确定自选审计项目和组织实施具体项目时，也有结合被审计对象的实际情况配置审计资源、抓重点的问题。例如，去年上海审计分部对河南省分行进行全面业务审计时，总行要求审计组重点关注河南的票据业务。河南票据业务量很大，票据业务风险已引起总行领导的注意，河南省分行也希望借助异地审计的方式和力量进行梳理。上海分部在审计中合理配置审计力量，借助非现场审计手段，顺藤摸瓜地发现了重大问题，为我们挽回损失、防范类似风险起了重要作用。这说明选准重点、有针对性地配置审计资源对提高审计效果非常重要。

第二，加强合作交流，形成合力。审计机构之间、审计组之间、审计人员之间，需要建立有效的专业分工协作关系，在人才、信息、知识、技术等方面开展充分必要的合作交流，实现知识方法经验的共享。要发挥先进集体和业务骨干的引领作用，集中一部分优势资源，完成重要审计项目，组织审计技术、方法和工具的统一开发，从而形成系统合力，提高审计资源的利用效率。

在这方面，垂直管理模式为我们创造了有利条件。总行在重要审计项目方案的研制试点、非现场审计模型开发等多方面进行了有益尝试，今后要进一步加大力度和深度，扩大合作交流的范围。各级审计机构和人员要树立全局观念，在项目安排和资源使用上服从统一调配；总行审计部要科学安排，合理调度力量，加大专业指导和服务力度，积极帮助下级审计机构解决实际困难；全系统要加强分工协作，大力总结推广好的经验，逐步建立不同层级、范围的共享和交流平台。

同时，要注意加强与被审计对象的沟通交流，实现信息的共享。这样更有利于工作的开展，也便于得到审计对象的理解配合。审计对象也能通过充分沟通掌握审计信息，有针对性地开展整改工作，共同实现改进经营管理的目标。

我们的38个审计机构是一盘棋，加强交流和协作非常重要。从去年的工作来看，我们有些项目搞得比较好，交流协作搞得好是一个重要原因。全面审计项目虽然都是异地交叉地去做，但实际离不开当地审计机构的配合和支持，这本身也是全行的一个大协作。总行安排的很多工作，也是借助全系统的力量，各审计分部和总审计室给予了很大支持。虽然作为一个体系来讲，审计系统实行总行垂直领导，但是由于我们的审计是服务于全行经营、服务于审计对象的；同时我们和审计对象的根本目标是一致的，都是为了防范风险、加强内控、搞好经营，只不过工作职责不同、角度不同，所以加强和审计对象的交流与协作也是非常必要的。做好交流的同时，还要注意坚持审计的独立性，这与加强交流是一致的。

第三，运用先进理念和技术，完善创新审计方法和手段。这是我们提高审计效率的有效途径，也是促进内部审计发展的原动力。近几年，总行研究开发的多项审计体系以及非现场审计系统、审计管理信息系统，对于提高审计效率帮助很大，大家也从中获益匪浅。

利用信息技术手段开展非现场审计是一个总的趋势，这是提高审计效果和效率的需要，今后将逐步成为主要的审计手段。对审计工作发展的这个基本趋势大家要有清醒的认识。当前一要加强研发工作，结合审计工作的实际需要优化系统，包括优化非现场二期系统、完善审计监测模型等；二要扩大非现场审计的覆盖范围；三要提高各项技术方法的运用水平，开展技术学习、技术练兵，使更多的审计人员掌握非现场审计系统等先进技术和手段。

我们的愿景是要把建设银行建设成国际一流的商业银行。就审计而言，国际一流包括的内容很多，就审计工作来说，一个基本的特征，就是非现场审计要成为主要的审计手段，且在审计工作中所占比重呈现扩大化的趋势。建设银行在业务管理处理上的信息化水平已经有了长足的进展，特别是DCC全面上线后，为更多地通过非现场审计手段实施审计任务创造了前提和条件。在这种情况下，越来越多的工作量过渡到非现场，运用非现场发现问题、发现苗头、发现迹象，最后通过必要的现场检查进行核实、揭示。各审计分部、总审计室和全体审计人员对这一趋势要有非常清醒的认识，这是一个不可逆转的趋势，审计人员必须掌握这种技术手段才能胜任将来的工作。

第四，认真落实各项管理制度和措施，坚持审计独立性原则。审计体制改革以来，总行在审计业务、人员和财务管理方面陆续推出了一系列制度办法，在审计规范、手段、队伍建设等方面采取了诸多措施，改革效果比较明显，为我们做好工作创造了比较有利的条件。要继续巩固和扩大改革成果，关键是持续稳定地执行已经明确的相关制度、政策和措施，全面深入落实并不断总结完善。

从去年的情况看，我们发现个别机构在执行政策制度、遵循审计规范以及人员、财务的日常管理等方面，存在一定的随意性。在此，我着重讲讲审计独立性的问题。一年来，这方面总的情况比较理想，审计发现得到了董事会、监事会和高管层的充分肯定，但有些情况还不够理想。例如，在全面业务审计等总行直接组织实施的审计项目中，对于有的重大违规问题和重要风险事项，驻地审计机构未能发现，或者发现了未向总行报告；在其他审计项目中，有的机构存在对重要问题轻描淡写，不愿意明确问题性质或避重就轻等现象；有的机构一直没有向总行提供过有价值的审计信息。分析原因，可能有审计能力不足、审计深度跟不上的问题，这需要在技术方法、人员素质等方面下工夫，提高审计能力和水平，但也不排除有些重要审计发现由于坚持独立性原则不够，没有充分、如实上报。

审计体制改革根本目的之一就是提高审计机构的独立性，通过建立垂直管理体制，从制度上为审计的独立性提供保证。现在的问题是要求各级审计机构不折不扣、坚定不移地落实体制改革的要求，在审计工作中切实坚持独立性原则。如果放不下情面，对一些问题不查深查透，在审计报告上避重就轻、大事化小、小事化了，不仅有悖于改革初衷，也背离了审计人员的基本职业操守。作为审计机构负责人，对坚持审计独立性这一原则问题，必须有清醒明确的认识，有鲜明的态度，不能有丝毫含糊。要引导全体审计人员加深对审计体制改革的认识，牢固树立审计独立性的观念，真实、准确、全面、及时地报告各类审计信息。

审计和业务发展并不是矛盾的。审计部门是监督保障部门，通过审计发挥“保健医生”的作用，实际上是保障服务。这就要求我们必须将查出的体检结果向上报告，目的也是为了服务对象有了毛病能提早治疗，从而保证机构的健康运转。我们坚持独立性与为审计对象做好服务、积极提出改进建议是不矛盾的。

今后，总行将进一步完善考核办法，加大重要审计信息在审计机构考核中的权重，并通过多种渠道与方法衡量和评估各机构审计独立性的执行情况。总之，要求大家把坚持审计独立性作为一个重要问题来对待，而且要体现到工作当中。

第五，继续做好审计办事处的整合工作。2006 年底，全系统已有 29 个审计分部或总审计室实行了处室和人员的集中管理。目前还有 9 家机构下设了 25 个审计办事处，其中有的已经开始或准备进一步整合。整合撤并审计办事处，减少了管理层级，有利于提高管理的集约化水平，对于统筹审计资源、降低审计成本、提高审计效率都很有好处。要继续积极稳妥地推进这项工作，研究制定切实可行的办法，加强部门协调，保证机构整合与业务发展的“两不误，两促进”。驻地一级分行要从全局出发，按照总行的统一政策，做好审计机构整合的人财物交接和调整工作，特别要妥善安排好回分行工作的审计人员，这是审计机构整合工作的重要保障。相关的一级分行领导对此要给予大力支持，认真落实相关政策。

第六，加强队伍建设。提高审计工作水平，关键在于提高审计人员的素质。今年，要着重从以下几个方面加强队伍建设：

一是通过完善用人制度和薪酬制度，倡导勤奋敬业、开拓进取的良好职业精神，有意识地培养各类专业人才，为鼓励优秀人才脱颖而出创造条件。总行相关部门、各一级分行要继续在人员交流、薪酬管理等工作上给予大力支持，各审计机构要继续加强工作联系与沟通，促进相关事项的解决与落实，为审计队伍建设创造良好的环境。

二是加强培训工作。在实际工作中存在干与学的矛盾，干得好的没时间去学，或者舍不得派出去学。磨刀不误砍柴工，一年当中让业务骨干抽出一定时间参加培训，对于提高本机构的工作质量很有帮助。今年，我们将给审计人员提供更多的培训机会，培训方式和内容会更加丰富。各审计机构要加强与驻地分行的联系，积极争取派员参加分行的业务培训，并采取措施加大机构内部培训和业务交流讲座的力度。

三是要提高学习的主动性，加强专业化建设。这一点，领导干部要带头。去年在哈尔滨的审计人员轮训班上，总行对审计系统处级干部进行了摸底考试，很多人感受颇深。审计工作的专业性非常强，各级审计人员必须熟悉基本的审计程序，掌握相关的审计技术和银行业务，否则很难适应工作需要。希望全体审计人员，切实提高学习的主动性，培养钻研专业的精神，共同努力打造一支高素质、职业化的审计队伍。

四是要加强作风建设。良好的风气有利于形成公平合理、积极上进、团结和谐的工作环境，这是有效组织和推动各项工作的保障。在总行垂直管理的审计体制下，各审计机构负责人相对独立地对审计业务以及人财物等多方面的事项进行了具体管理，领导干部要带头加强作风建设，才能带好队伍，才能充分调动全体审计人员的积极性和主动性。

作风建设当中要严格遵守中央纪律检查委员会和总行关于党风廉政建设的各项要求。审计系统本身在银行内部就是一个监督部门，这就要求我们自己应该在执行党风廉政建设和行内廉洁自律规定等方面作出典范。应该说，绝大多数同志都是能够严格遵守相关规定的，但也要警钟长鸣。在这里我必须严肃地提醒大家绝不要在审计系统内发生任何违反党的纪律、违反廉政纪律的问题。

同志们，2007 年全行工作和审计工作的主要任务和目标已经确定，关键是要抓好落实。我们一定要充分认识内部审计系统肩负的重要责任和使命，统一思想，克服困难，迎接挑战，继续加大审计工作力度，持续提高内部审计工作水平，为建设银行的改革和发展作出更大贡献！

在中国建设银行秋季工作座谈会上的讲话

（2007 年 11 月 2 日）

谢渡扬

同志们：

昨天，郭树清董事长传达了十七大会议精神，张建国行长报告了经营情况，安排了后两个月的工作。与会代表在会上进行了热烈的讨论，发表了很多好的意见。今天，郭树清董事长还要作会议总结。希望大家能够认真学习领会这次会议的精神，切实加以贯彻落实。

下面，我就相关问题谈几点看法，供大家参考。

一、关于贯彻科学发展观

科学发展观是十七大报告重点论述的一个问题，而且被写入了修改后的党章，具有非常重要的意义。科学发展观是对毛泽东思想、邓小平理论和“三个代表”重要思想的继承和发展，闪耀着马克思主义哲学思想的伟大光辉，是在新的历史发展时期，中国共产党人科学地运用辩证唯物主义和历史唯物主义的世界观和方法论，从理论高度分析、研究实际问题，解决、处理实际问题的杰出典范。

党的十七大再次强调要努力实现经济又好又快发展，又好又快体现了科学发展观对经济发展的要求。从商业银行的特点和特征来看，实现又好又快发展也是经营管理的本质要求。好和快是辩证统一的关系，发展得好才能真正实现发展得快。面对具体工作时，经常会遇到如何理解、如何把握、如何处理两方面关系的问题。用科学发展观来指导经营管理工作，要求做到好和快同时兼顾，不可偏废，要坚持把好放在前面，作为基础，在好的前提下实现持续快速发展。对于好和快，不能静止地看，不能只从当前和近期看，要学会用动态和长远的观点去看。在处理规模、速度与质量、效益的关系时，要坚持以科学发展观为指导，统筹兼顾各方面关系，把质量、效益摆在最重要的位置。

传达好、学习好、领会好、运用好科学发展观，是当前全行一项重要的工作。学习和掌握的目的在于贯彻落实，科学发展观的贯彻落实对于建设银行的改革和发展具有决定性的意义。不仅对总行的决策层面非常重要，对各级行和各部门也是如此，大家都要学会用科学发展观统领全局，统领一切经营管理活动，结合实际创造性地开展工作。要按照科学发展观的要求总结和审视自身工作，发现存在的问题和差距，寻求改进和提高的途径。希望各级行、各部门在贯彻落实科学发展观上下一番大的工夫，把学习领会和贯彻落实统一起来，努力把科学发展观落到实处。

二、关于 A 股上市后监管方面新的要求

我行在 A 股市场上市后，需要同时满足 H 股市场和 A 股市场的监管要求。香港市场相对比较成熟，有比较完整的监管规则；国内资本市场则是一个正在快速发展的新兴市场，在监管方面有许多针对国内资本市场特点的具体明确的要求。比如，关于定期报告的编制，H 股市场要求编制和披露半年报和年报，而 A 股上市公司还要求编制和披露季度报告。季报由银行负责编制和披露，外部审计师只提供专业咨询，不进行审计和出具审计意见。因此，季度报告的编制，银行自身要承担主要的责任。再如关联交易问题，A 股市场和 H 股市场的监管规则都是非常重视的，但是，关于关联方的界定标准、关联交易披露的范围和要求又有一些差异，这就增加了工作的复杂性。对于 A 股上市公司监管方面的新要求，我们要尽快熟悉和适应，并严格遵守。

按照 A 股监管规则的要求，董事会、监事会和高级管理层都负有重要责任，有关的责任范围也比较明确。有关各方都应切实履行好法律法规赋予的职责，相关部门要把信息披露的基础性工

作做扎实，抓好编制、审核和披露等环节，做到合法、合规、合理和稳妥。要加强信息披露工作的内部控制，避免出现不应有的疏失。对于信息披露工作的管理，各分行、各部门同样要予以高度重视，形成规范的工作机制，把好信息输出的关口。我们的机构和业务大部分在国内市场，在A股上市后，与国内媒体可以说是零距离接触。对此，总行要高度重视，各分行、各部门同时也要予以高度重视，一定要学习和执行好有关制度规定，分清哪些信息可以披露，哪些信息应该由谁来披露，哪些信息规定在什么时候披露，哪些信息用什么方法和渠道披露，恪守规则，谨言慎行，共同维护好我们的利益和声誉。另外，这次会议上印发了关于持有、买卖建行股票需要注意事项的材料。最近，律师也就这个问题对参加董事会会议的人员作了培训，在这方面，我们都要严格按照有关规定执行。

三、关于美国次贷危机的警示

前几个月，美国次级抵押贷款暴露出严重问题，这个问题给我们以诸多警示。当前，经济全球化、金融国际化的步伐越来越快，正朝着更为广泛、深入的方向发展。我行作为一家国际化的大型银行，对于国际金融市场和新型产品，要加紧进行了解、学习和研究。现在，新的金融产品、衍生工具层出不穷，设计得越来越复杂，包装得越来越“完善”。从这次次贷危机来看，至少有几个方面值得引起我们的注意：第一，我们购买次贷的衍生品是以评级机构的评级作为依据，但从次贷危机来看，仅仅依靠评级来管理风险，可能在某些情况下是不够的，还要注意对产品背后的实质和内容进行分析。第二，从市场风险控制角度看，近两年我们在这方面取得了较大改进，但面对新的市场、业务和产品，风险识别技术需要进一步提高，在风险管理和报告等方面需要进一步完善。第三，美国的市场是比较成熟的市场，金融机构对个人贷款客户通过评分卡等进行细分，对次级贷款客户的风险进行识别，但在美国房市持续上涨、又可以利用衍生品通过证券化转移风险的情况下，金融机构做了大量次级客户的住房抵押贷款业务。相对而言，我们在客户细分和客户信用风险的评估方面还比较薄弱，目前正在推进评分卡的工作，试点的情况不错，但还没有全面推行。所以，我们要尽快提升个人贷款特别是个人住房贷款的风险识别能力，细化个人客户信用等级，为防范风险夯实基础。

四、关于审计发现问题的整改

今年前9个月，我行内部审计系统围绕全行中心工作，针对全行经营目标的关键因素和环节，组织开展了一系列审计项目。特别是按照郭树清董事长关于“适应各方面的改革和政策调整，集中力量于最突出的问题和最薄弱的环节”的指示精神，突出了对高风险业务、基础管理和案件易发产品和环节的审计。审计发现各类问题近27 000个，其中重大问题660余个，包括3起案件和1起重要案件的线索，揭示出了一些性质比较恶劣、容易引发案件风险的违规问题。

审计发现的问题有一些是系统功能和流程缺陷等新问题，但大量的还是屡查屡犯的老问题，如网点基础管理、财务管理薄弱、松懈，在客户服务方面违规操作，放松个贷条件和假个贷、骗贷等等。近期，银监会对我行2 000多个机构开展了5项专项检查，并对2003年以来检查发现问题的整改情况进行了后续跟踪检查，指出了5个方面的问题，并提出5条监管意见。今年，银监会组织开展了对我行内部审计独立性和有效性的现场检查，对做好审计发现问题的整改提出了明确要求，再次强调要完善整改机制，加大对审计发现问题的整改和处罚力度。

郭树清董事长对审计发现问题的整改工作十分重视，批示要求“对审计报告反映出的问题，逐一进行分析并作出处理，保证切实有效地进行整改，研究解决屡查屡犯的问题”。张建国行长也批示要求“对审计发现问题要统一规范，管理要严格、严肃”。近期，审计系统加强了对审计发现问题，特别是近两年来屡查屡犯问题整改情况的追踪评价，对问题的成因进行了多方面的剖析，提高了整改效果。在今年后两个月，内部审计系统要进一步加强这方面的工作，组织力量对审计发现问题的整改效果与内部控制改进情况进行审计评价，督促被审计单位切实整改。各分行要进一步重视和加强这一方面的工作，切实按照银监会和总行的要求，健全审计整改机制，加大审计发现问题的整改力度，开展自查自纠，切实做到举一反三，以整改促进健全和完善制度，促进转变经营管理机制。

五、关于加强一线员工的培训

十七届中共中央政治局第一次会议指出，当前和今后一个时期的首要政治任务，就是学习宣传和全面贯彻落实党的十七大精神，并对抓好学习宣传工作提出了要求。我行的培训教育工作要把学习十七大精神作为一项重要内容，做好相关安排，要把学习十七大精神和各类业务培训有机地结合起来。在这里，我侧重从业务培训的角度，谈一下一线员工教育培训的问题。

对一线员工的教育培训，党委一向很重视，郭树清同志和张建国同志都曾多次强调过，今年以来这方面的工作取得了长足的进步。今后，我行要根据中央关于大规模培训干部、大幅度提高干部素质的要求，结合自身改革创新和业务发展的需要，大力加强培训工作。总分行在研究制订相关计划、确定培训方向和重点时，要面向业务需求，面向现实问题，面向未来发展，把各类培训资源向优先发展的业务倾斜，向战略重点倾斜，有效地服务于全行发展战略、中心工作和人才队伍建设，形成对业务发展的有力支持和保障。

在继续做好中高级管理人员培训的同时，要高度重视一线业务骨干的教育培训。继续做好深港联动培训，使更多的大堂经理、客户经理、基层柜员等一线优秀业务骨干有机会到金融前沿阵地去学习。结合培训工作，开展对一线业务骨干职业生涯规划的辅导，提升他们的综合能力，努力形成一支稳定的、高素质的业务骨干队伍和核心人才后备力量。要办好各类业务短训班，根据业务推进的需要及时地组织培训，紧跟业务发展，解决当前业务发展中亟待解决的问题，为业务发展提供直接有效的服务。

要进一步完善针对一线员工的岗位资格培训，坚持员工自学、分行助学、总行考试、达标上岗的原则，坚持总行统筹规划管理、业务条线主导、分行具体组织实施的原则。各业务条线要尽快明确岗位资格标准，做好编写培训用书、建立考试题库和考试组织等基础性工作，把岗位资格培训的工作做实。

最后，就监事会履职尽职监督工作安排向大家通报一下。年底年初是履职尽职监督工作事项安排比较密集的一段时间，监事会将根据新的形势需要，进一步改进监督方式，提高监督工作的针对性。监事会将采用座谈、问卷等多种形式，收集和听取总行部门和分行层面的意见和建议，希望大家给予积极配合和支持。

同志们，今年前3个季度，我行的改革取得了重要进展，业务发展保持了非常良好的态势，我们一定要再接再厉，再鼓士气，以贯彻落实科学发展观为动力，出色地完成全年的工作任务。

关于子公司公司治理情况的调研报告

谢渡扬　孙志新　刘　进

随着建设银行综合化经营步伐的加快和海外发展战略的实施，建设银行控股参股的子公司逐步增多，涉及新的业务领域越来越广，如何指导子公司完善公司治理，加强对子公司的管理与控制是需要关注的一个问题。

一、基本情况

建设银行全资及控股的子公司主要有中国建设银行（亚洲）股份有限公司（以下简称建行亚洲）、建银国际（控股）有限公司（以下简称建银国际）、建信基金管理有限责任公司（以下简称建信基金）、中德住房储蓄银行（以下简称中德储蓄银行）。其中，建设银行对建行亚洲、建银国际拥有100%的股权，对建信基金、中德储蓄银行分别拥有65%和75.1%的股权。香港业务整合之后，建行亚洲的营业网点在中国香港有18个、在中国澳门有3个，全资拥有建行证券和建行代理人2家公司，参股昆士兰联保保险公司；建银国际全资拥有资产管理、证券、咨询等5家子公司。

截至2007年6月31日，各子公司的经营情况如下表：

	建行亚洲	建银国际	建信基金	中德储蓄银行
总资产	407.38亿港元	13.18亿港元	3.74亿元	6.53亿元
总负债	323.96亿港元	9.2亿港元	0.86亿元	5.39亿元
股东权益	83.42亿港元	3.98亿港元	2.88亿元	1.14亿元
实现利润	3.94亿港元（税前）	1.61亿港元（税前）	0.84亿元（净利润）	-65.32万元（净利润）
主要业务	商业银行	投资银行	基金管理	住房储蓄

二、公司治理情况

（一）建行亚洲

建设银行对建行亚洲单独行使股东权利，派出或选聘董事，并通过董事会聘任高级管理人员进行经营管理。该行董事会现有10名成员，由2名执行董事、5名独立董事和建设银行派出的3名非执行董事组成。收购建行亚洲以来，董事会召开了3次会议，审议了成立薪酬委员会等事项。高级管理层下设执行委员会、营运委员会、资产负债委员会、信息技术委员会。以CEO为主席的执行委员会行使董事会休会期间的职权，为公司日常经营决策机构。收购以来至2007年10月，执行委员会共召开了21次会议。建行亚洲在被建设银行收购前，CEO在公司治理中占主导地位，根据美国银行的授权行使对公司的管理与控制，董事会及专门委员会作用相对较弱。收购之后，建设银行进一步完善其公司治理结构，突出董事会的决策主导地位，注重发挥专门委员会的作用。近期，先后设立了董事会审计委员会和薪酬委员会。同时，明确香港分行承担对建行亚洲的内部审计职能。在与总行的沟通方面，建行亚洲参照总行下发的《关于海外机构对总行请示报告程序有关事项的通知》要求，向总行报告相关事项。

（二）建银国际

建设银行对建银国际单独行使股东权利，派出或选聘董事，通过董事会聘任高级管理人员进行经营管理。董事会现有13名成员，由4名执行董事、3名独立董事和建设银行派出的6名非执行董事组成。董事会下设战略及人事薪酬委员会、稽核合规委员会、风险管理委员会。2006年以来，董事会召开了5次会议，审议了公司年度预算决算等重要事项；专门委员会召开了8次会议。公司高级管理层下设有管理委员会、承诺委员会、投资委员会和风险管理委员会，根据总行《关于海外机构对总行请示报告程序有关事项的通知》的要求，公司建立了重大经营风险及事项的报告制度。目前，公司的内部审计工作由香港分行负责，日常事项的联系与沟通主要通过总行投资银行部来进行。

（三）建信基金

建设银行是建信基金的控股股东，按股权比例提名董事、监事人选并行使表决权。按照《公司法》和公司章程的规定，建信基金设立了股东大会、董事会、监事会、高级管理层，制定了股东大会、董事会、监事会议事规则和董事会专门委员会工作细则。董事会现有9名成员，由建设银行派出的4名执行董事（包括董事长和总经理）、其他股东派出的2名非执行董事和3名独立董事组成。董事会下设战略规划委员会、薪酬与提名委员会、审计与风险控制委员会。监事会有 5 名成员，由 3 名股权监事和 2 名职工代表监事组成，监事会主席由建设银行派出的股权监事担任。高级管理层下设投资决策委员会和风险管理委员会，并按照证监会的要求设立督察长，负责风险管理与内部控制等工作。股东大会、董事会、监事会、高级管理层按照《公司法》和公司章程的规定履行各自的职责，运作规范，得到证券监管部门的较好评价。成立以来，公司共召开股东大会 9 次，董事会会议 16 次，董事会专门委员会会议 4 次，监事会会议 6 次。建信基金以定期提交月度形势动态信息等方式向总行报告经营管理的有关信息。

（四）中德储蓄银行

建设银行是中德储蓄银行的控股股东，派出董事并通过董事会行使股东权利。按照《中外合资企业法》的规定，中德储蓄银行设立了董事会，董事会现有 7 名董事，由建设银行派出的 4 名非执行董事和德方派出的 2 名非执行董事、1 名执行董事组成。董事长由建设银行董事长郭树清兼任，董事会成立以来共召开会议 7 次，审议了年度经营计划等事项。高级管理层现由 3 名人员组成，其中德方派出 2 名，分别任行长、控制与精算总监，建设银行派出 1 名任副行长。高级管理层采取层级授权制度，按照《中德住房储蓄银行经营管理规则》和董事会的授权开展工作。目前主要由总行住房金融部和个人信贷部与中德储蓄银行保持日常联系。

三、需要关注的几个问题

（一）子公司的公司治理需要继续完善

1. 依据有关法律法规，总行向子公司派出了部分兼职董事和监事，其中多数为总行部门或分行的负责人，目前建设银行尚未制定相应的制度对兼职人员的履职提出要求，同时也缺乏有针对性的监督考核和必要的激励机制。兼职董事一般在会议期间才获得相关资料，决策所需的经营管理信息未见有相应的办法予以落实和保障，不利于兼职董事对决策事项的深入了解，客观上会影响董事会决策水平的提高。

2. 有的子公司内部监督与约束机制不够健全，如中德住房储蓄银行依据《中外合资企业法》的规定构建了公司治理架构，设立了董事会和高级管理层，但未依《公司法》要求设监事会，董事会成员中也没有独立董事，履行监督职责的主体不明确，不利于对公司的重大决策和经营活动进行监督。

3. 子公司的公司治理制度建设等基础性工作需要重视和加强。2006 年 9 月，中德住房储蓄银行董事会对“德方注册资本出售给中方的选择权延长”事宜作出了相关决议，并已经监管机构批准，但未见公司章程的相应条款有相应变更。中德住房储蓄银行没有制定董事会议事规则。

4. 在中德住房储蓄银行的董事会组成中，建设银行派出董事 4 名，德方派出董事 3 名。根据该行的章程规定，有关年度预算、利润分配方案及决算的批准，银行行长、副行长及其他管理人员的任免等事项必须由董事会会议上至少 5 名董事投票赞成才可通过，如果双方对某项议题存有争议，董事会决议可能难以形成，应予以关注。

（二）总行对子公司的管理与控制应进一步加强

1. 子公司的对外投资权限和报批程序尚不够明确。《建银国际总裁及委员会业务审批权及财务授权》显示，建银国际总裁有权审批对外直接投资不超过6 000万美元的项目，但董事会的对外投资权限未见有相关制度规定予以约束。据了解，在实际运作中，建银国际采取签报方式向总行报批或报备，其中6 000 万～3 亿美元的对外投资，向总行报备；超过 3 亿美元的，报总行领导审批。另外，建银国际总裁对外投资的审批额度超出了建设银行董事会对行长的对外股权投资 2 亿元人民币的授权额，相关安排是否合适需要研究和关注。

2. 对子公司在境内外设立下一级子公司的数量、规模、经营范围等事项，未见制定相应规定予以管理和规范。如建银国际目前拥有5家子公司，成立欧洲公司也在计划当中，子公司层级增多，数量增多，管理与控制的难度将随之加大，风险也会相应增大，总行应适当予以引导。

3. 子公司向总行的信息报告制度需要规范和完善。目前，建行亚洲和建银国际参照《关于海外机构对总行请示报告程序有关事项的通知》向总行报告有关信息，但该通知的许多条款仅适用于海外分行。针对境内子公司的信息报告制度未见制定建立。

4. 对子公司的内部审计监督应适当加强。在被建设银行收购前，美银亚洲董事会未单独设立审计委员会而是由美国银行董事会审计委员会履行相应职责，审计委员会对内部审计的指导和监督较弱，据了解，美国银行近3年未对其信贷业务等进行审计。银监会正在研究制定《银行并表监管指引》，该指引对子公司的审计监督提出了明确的要求，建设银行也应对子公司的内部审计作出相应的安排或规定。

（三）总行董事会、高级管理层在管理子公司方面的职权不够清晰，相关的决策机制需要完善

1. 建设银行作为单一股东或绝对控股股东，依法享有对各子公司的发展战略、经营计划、利润分配等重大事项的决策权。但目前总行对子公司行使股东职权的主体不够明确，职权事项不够清楚，内部报告及审批程序不够清晰，如建设银行收购建行亚洲后，该行将目标客户群体从高端客户转向中高端客户（从TOP20%至TOP40%）；再如建信基金选择了与总行不同的会计师事务所做外部审计师，诸如此类事项，是否应该由总行决定，未见有相关制度予以明确和规范。

2. 对子公司增资的决策不够规范。2007年7月，建设银行完成对建银国际增资3亿美元，根据建设银行章程等有关规定，该增资项目属于重大股权投资，应该提请董事会审议。该事项只是在董事会审议建设银行海外发展战略的议案说明材料和2007年度资本性支出预算中有所提及，对于类似的重大投资决策事项是否需要提交董事会另行审议，应予以研究。

3. 对子公司退出的相关规定有待完善。近期，建设银行在港业务整合取得进展，建银亚洲被注销，其主要业务和资产负债并入建行亚洲。对于像建银亚洲这样一定规模以上子公司的退出，在决策主体、审批程序、审计监督、总结分析报告等方面总行尚未制定相关制度予以明确。

四、建议

（一）董事会、监事会、高级管理层及有关各方要切实履行职责，加强对子公司的指导与监督。建议对子公司的公司治理情况进行定期评价，子公司须按照《公司法》规定建立健全内部监督机制。抓紧完善对派出子公司的董事、监事、高级管理人员的相关管理制度，促进子公司的治理结构不断完善，支持子公司依法行使职权。

（二）依据银监会等监管部门有关加强对子公司管理与控制的要求，抓紧研究董事会、高级管理层及有关各方在管理子公司方面的职权，完善决策机制，建立健全授权体系，规范和加强对子公司的管理。

1. 进一步规范对子公司增资和子公司退出等的决策行为，对于属于董事会职权范围内的事项，应提交董事会进行专项研究与审议，确保董事会更好地行使投资决策职能。明确子公司退出的审批程序及相关事项，对退出的子公司，有关部门应进行认真总结，分析投资回报情况，吸取经验教训，为今后并购决策和加强子公司管理提供参考。

2. 研究确定对子公司的管理模式，明确总行对子公司行使股东职权的主体、事项及审批程序，必要时，设立专门的股权投资管理部门，在总行董事会、高级管理层、股权管理部门、派出人员之间建立清晰的授权体系与审核报批程序，并建立起相应的监督机制。子公司的管理模式，应充分考虑各子公司不同的战略地位、发展目标、外部经营环境等因素，因企制宜地确定。

（三）随着综合化经营的推进，建设银行子公司逐步增多，规模不断扩大，业务领域逐渐拓宽，要高度关注由此带来的风险，未雨绸缪，进一步加强管理控制，规范子公司的经营行为，做好风险防范工作。

1. 完善对子公司经营管理事项的授权，明确对外投资的授权范围、事项、额度及审批程序，并建立监督约束机制；制定必要的制度，规范子公司在境内外设立下一级子公司的规模、数量及经营范围等事项，避免因层级及数量过多而导致的管理失控；完善子公司向总行信息报告的制度及流程，确保母公司与子公司之间的信息畅通。

2. 建议董事会审计委员会和内部审计部门，将对子公司尤其是全资子公司的内部审计纳入工作范围，并研究制定有针对性的制度予以指导；董事会风险管理委员会督促指导风险管理部门，定期对子公司的流动性风险、市场风险、操作风险、法律风险、声誉风险等进行评估，并研究在总行与子公司之间采取审慎的风险隔离措施，建立健全“防火墙”制度。

在2007年银行保险业务视频会议上的讲话

(2007年2月9日)

赵 林

今天我们召开全行保险代理业务的视频会，主要是为了贯彻落实全行工作会议精神，对2007年的银保业务工作进行安排部署。下面，我讲两个方面的问题。

一、近几年来我行保险代理业务发展的基本情况

近几年，伴随着我国保险业的快速发展，银行保险代理业务作为银行一项重要的中间业务和产品得到了快速发展。我行的保险代理业务经过9年的不懈努力，也取得了长足的进步，成为我行重要的战略性中间业务产品。

（一）业务发展取得的主要成绩

一是与多家保险公司建立了良好的业务合作关系，合作范围进一步拓宽。总行先后与11家保险公司签订了全面业务合作协议，各分行与40多家全国性或区域性的保险公司建立了业务代理关系；合作范围由最初的代理财产保险，逐步扩大到代理销售个人寿险、家庭财产险、企业财产险与团体寿险、代收代付保险金、资金结算、协议存款、外汇结构性存款、基金销售、保险资产托管、次级债、联名卡等方面。

二是管理与销售体系初步建立。大多数分行均有专门的管理人员，部门间分工明确；全行有1.2万多个营业机构和网点开办了保险代理业务，通过代理资格考试的人员已经突破1万余人，队伍和体系已初步建立。

三是管理力度逐步加大，制度建设日益完善。总行先后下发了《保险代理业务管理暂行办法》等一系列制度性文件，对业务的规范化发展起到了重要的作用。2006年，我行手续费收入的入账比例与其他行相比是最高的，说明我行在手续费的管理方面还是比较规范的。

四是银保通系统的建设和一期的上线推广，为客户提供了更为便捷高效的服务。经过各部门的共同努力，总行与五大寿险公司、三大财产保险公司均签订了《银保通使用协议》，目前全行银保通的覆盖率已经达到30%以上，系统的功能与服务质量也得到客户的一致好评。

过去一年，在全行的共同努力之下，我行的保险代理业务取得了较好的成绩，代理业务量和手续费收入都有较大幅度的增长，

在全行中间业务收入的占比也从1997年的0.4%提高到4.4%。2006年全行代理保险业务规模达到437亿元，比上年增长了26%，其中代销保险业务193亿元，代收代付保险金244亿元；全行代理手续费收入达到6.45亿元，比上年增长63%，吸收保险公司存款达349亿元，业务发展初具规模，成效较为明显，为今后银保业务的发展打下了良好的基础。上述成绩的取得是大家共同努力的结果，在此我代表总行，向各分支行、特别是一线的广大员工表示衷心的感谢！

（二）目前工作中存在的主要问题

在看到成绩的同时，我们也要看到存在的问题，与同业之间存在的差距，以及市场正在发生的一些变化。

一是在认识上还有差距，各地发展也不平衡。这些年随着全行业务的发展，特别是中间业务的快速发展，绝大多数分行在发展保险代理业务上积极性很高，也很重视，业务较快增长。但也有一部分分行认识不到位，组织和落实力度不够，营销力度也比较弱，还没有真正地把保险代理业务当做我们发展中间业务的一项非常好的产品。

2006年保险代理业务收入排在前10位的分行分别为：上海、广东、北京、河北、河南、江苏、辽宁、四川、山东和福建，共实现收入43 163.04万元，占全部收入的66.82%；代销保险业务量达到137.2亿元，占全部业务量的71.07%。这10家分行无论是代理业务量还是收入基本上都占全行的70%，其中上海分行去年代理业务量达到51亿元，广东分行达到63亿元，河北分行达到42亿元；上海分行手续费收入达到7 930.87万元，广东分行达到6 021.16万元，北京分行达到4 945.68万元，河北分行达到4 922.85万元。有些分行与之相比，存在很大的差距。

二是利益分配机制还有待完善，激励政策还没有完全落实到位，在一定程度上影响了一线人员的积极性。总行几年前就下发了文件，制定了政策，也提出了一些激励措施。总的来看，有的分行政策比较到位，但有的分行在落实上还不够到位，没有体现向基层和一线的倾斜。这里有多方面的原因，既有部门之间在考核、利益分配等方面的原因；也有未能根据业务快速发展的需要，及时调整、完善有关的奖励政策和措施，在一定程度上影响了有关部门和基层营销人员积极性的因素。

三是协调配合的工作力度不够，市场竞争力不强。与我们自身相比，银保业务有了较大发展，特别是近两年的进步比较快。但是与其他行相比较，无论是代销业务量、手续费收入、市场占比都是排在第三位。其中，代理业务量不到工商银行的一半，与农业银行比较也有较大的差距。2006年寿险代理业务量，工商银行为368亿元，农业银行为253亿元，建设银行为152亿元；寿险代理的手续费收入，工商银行达9.1亿元，农业银行达7.2亿元，建设银行达4.7亿元。从寿险和财险的收入占比上来看，去年寿险的手续费收入4.7亿元，财险的手续费收入1.7亿元。大家知道，在业务发展初期，财险代理业务一直是我行收入的最主要来源。但近几年随着柜面代销寿险业务的发展，我行保险代理业务的收入结构也发生了根本性的变化，从财险的收入占比来看，说明我们的财险业务还有很大的发展潜力。应该讲建设银行拥有国内最优秀的客户群体，客户的结构也在不断地优化，如何运用现有的客户群体来发展我们的财险业务，是大有文章可做的。从寿险业务来看，我们去年的个人贷款等业务发展很快，在个人贷款中有一些比较优质的个人客户，我们怎样利用这些优质客户群来发展保险代理业务，值得我们认真地思考。虽然网点、激励机制、人员等因素影响我们业务的发展，但这不是最主要的因素，最主要的因素是对该项业务的重视程度不够，组织、营销等方面还比较薄弱，我们还需要提高认识，努力做好这方面的工作。

（三）今年我们所面对的市场环境

一是基金热销、股票火爆、个人理财产品的不断推出，给保险行业带来较大的影响。据不完全统计，今年1月，全国银行保险代理业务的规模比去年同期下降了15%左右，数据未必十分准确，但业务规模下降是一个客观事实。有很多客户都将资金投向了股市、基金以及购买理财产品，这是由于以前理财产品不丰富，客户比较重视保险产品的理财功能的原因。

二是满期给付保险产品收益偏低，对客户吸引力下降。从2006年下半年开始，一些保险公司5年期趸交产品已陆续进入给付期。由于分红率偏低，一些公司产品的分红率还不及同期银行的储蓄利率水平，与客户的预期有较大的差距，这对新的保险产品的销售将是不利的。

三是银行保险代理市场竞争激烈。目前，各家银行都在进行业务的转型，大力发展中间业务，而保险代理业务已经成为各行的一项战略性中间业务产品，市场竞争激烈，形势异常严峻。

二、关于做好2007年保险代理业务的几点意见

根据全行发展战略和刚刚结束的全行工作会议精神，为了进一步搞好业务转型，大力发展中间业务，增加我行新的利润增长点，保险代理业务将在中间业务的发展中起到重要的作用。今年保险代理业务收入要达到10亿元，与去年相比增长率超过50%，任务十分艰巨，必须采取有力措施，加大工作力度，来推动这项业务的发展。

（一）提高认识，加大力度，采取措施，加快银行保险业务的发展步伐

1. 我国保险市场潜力巨大。2006年全国的保费收入达到5 641亿元，增长14.4%，其中寿险的保费收入3 592.6亿元，增长了4.7%；健康意外险收入为539.4亿元，增长了19%；财险的收入为1 509亿元，增长了22.6%。从以上数据看，寿险收入占总收入的比重较大，但财险的增长幅度大于寿险，同时一些财产保险公司也加大了与我行在财险代理业务方面的合作，市场潜力是很大的。从我国保险业与国际比较来看，差距也是很大的。我国的GDP在国际上排第四位，保费总收入排在第11位，保费收入占GDP的比例，世界平均值为8%，我国仅为2.8%；人均保费世界平均为512美元，我国仅为55美元，相差近10倍；保险资产占金融总资产的比率，发达国家的平均水平为20%左右，而我国仅为3.1%。以上数据可以看出，我国的保险业与国际保险业的差距很大，同时也说明我国保险业的发展潜力也是巨大的。保险业的发展必然带动银行保险的发展，去年整个银行保险的销售规模历史性地突破了1 000亿元，市场前景很广阔。从我行的发展战略看，建设银行的客户群体是非常优秀的，客户的保险意识在不断增强，个人资产业务发展也很快，吸引和集聚了大量的优质个人客户，这为我们大力发展保险代理业务提供了基础和保障。

2. 要站在全行业务战略转型和发展中间业务的角度，切实抓好银保业务的发展。这项业务的发展，不仅有利于完善银行的服务功能，为我们的客户提供更多的金融产品，满足客户需求，稳定和扩大我们的客户资源，同时也有利于充分利用银行的资源来发展中间业务，扩大我们的收入来源。这项业务的发展，可以把我们现有的网点资源、客户资源、渠道资源都充分利用起来，既能提高投入产出率，增加收入，也有利于更好地为客户提供服务。

3. 切实做好组织和推进工作。要重视客户、市场的细分，加强对产品的研究，以及配备和充实销售人员，把任务分解、落实到部门、落实到基层机构及营销人员。希望各分行根据今年下达的目标任务，采取切实有效的措施，把这项工作组织好，推动好。同时，保险代理业务的专业性和技巧性都比较强，要加大培训力度，一方面，要加强与保险公司的配合，加大宣传力度；另一方面，可以组织一些人员，进行培训，并提出要求，做好销售工作。要把我们的资源充分利用起来。

（二）加强协调和联动，充分挖掘银行保险业务的发展潜力，努力提高市场竞争力

1. 部门之间要加强协调、配合，发挥联动优势。银行保险业务不仅仅是机构业务部、个人金融部的工作，而且还涉及很多的资源配置部门、渠道部门以及人力资源等各个方面。无论是银保业务、公司业务、个人业务、投资银行业务、中间业务还是其他业务的发展，都越来越需要各个部门之间的紧密配合和联动。机构部要做好保险公司和保险产品的管理工作和准入工作，个金部要做好对个人客户的营销和服务，公司部、集团客户部以及机构部要做好对公司客户的营销和服务，各部门之间要加强协调、联动，真正发挥整体优势，提高市场竞争力，更好地为客户服务。

2. 寿险、财险业务要一起抓。近几年，尤其是2006年寿险业务的发展还是很快的，在总收入6.45亿元中寿险占4.7亿元，财险只有1.7亿元，财险所占的比重较小。从全国的保险市场情况来看，财险增长幅度还是较快的，达到22.6%。因此，既要做好寿险的代理业务，也要做好财险的代理业务。要做好产品的精选工作，真正以客户为中心来选择产品，推出客户欢迎的产品。现在保险公司的产品很多，要对保险公司的产品认真进行分析，选择出最适合客户需要的产品，如近期推出的交强险、责任保险。还有贷款的质押、抵押物办理保险的问题，这都需要与保险公司密切配合，设计、开发一些好的产品，虽然产品主要由保险公司

来负责，但我们要积极参与一些产品的设计。

3. 积极拓宽销售渠道。要充分发挥全行的整体优势，逐步改变目前销售渠道单一的现状，积极拓展新的销售渠道，如电话银行、网上银行、信函等方式，逐步在全行建立起立体的、全方位的销售体系，增加收入来源，提升我行的市场占比。

4. 加大营销和宣传力度，加强队伍建设。总行机构部与个金部已经联合下发了2007年旺季营销方案，各分行要按照总行的统一部署，积极落实营销措施，确保保险业务开门红。从以往的经验看，旺季营销的效果还是比较好的，各分行要抓住年底年初的大好时机，积极做好营销工作。同时，要加强对营销人员的培训，真正做到了解客户、了解产品，以便更好地开展工作。

5. 加大银保通推广力度。2006年，总行已与五大寿险公司、三大财产保险公司签订了《银保通使用协议》，银保通系统覆盖率已接近30%，目前各家公司的上线工作和推广工作正在按计划实施，客户们反映效率较高，比较便利。今年，要加大银保通系统的推广力度，力争在全行网点的覆盖率达到50%以上。采用此系统既提高了为客户提供服务的效率，也减少了网点的手工操作，节约了人力资源。希望大家加强对银保通业务的培训和推广，尽快提高网点覆盖率。

（三）切实落实好激励政策，充分调动部门、基层机构和营销人员的积极性

为了调动一线人员的积极性，总行早在2002年7月就下发了全行统一的柜面代销保险业务的激励文件。文件下发后对促进我行的保险代理业务有一定的作用，但有些分行政策落实不到位，特别是没有体现向基层一线倾斜的要求。各分行要认真研究，激励机制不到位，就会影响积极性，业务发展受制约。还有一个是考核和利益分配机制问题，这个问题如果处理不好，也会影响积极性。经过对以上两个问题的研究，我们再次明确：一方面，在利益分配方面，今年采取一个临时性的措施，即“双边记账”；另一方面，对个人的激励政策，各分行要落实到位，一定要体现向基层一线倾斜的要求，这点非常重要。

（四）进一步加强和完善与保险公司的合作，积极拓展新的业务，扩大合作领域

据统计，目前保险公司的个人客户资源超过1.5亿人，企业客户资源接近100万家。银行和保险公司作为两类不同的金融机构，在金融产品、服务、销售渠道上具有很强的互补性，特别是随着国家对保险公司投资渠道的放宽，双方的合作领域将更加广泛。我们要在巩固现有业务合作的基础上，积极创新，勇于探索，交叉销售，努力拓展合作领域。初步考虑可以在以下三个领域进行尝试。

1. 加强在资产业务方面的合作。随着国家对保险公司资金用途的放宽，双方在这一领域的合作空间广阔。目前总行对中国出口信用保险公司的评级、授信工作已经完成，对平安保险集团公司的授信工作也基本完成。建设银行通过股份制改革上市后，在社会上特别是国际上的知名度在不断提高，很多公司都想与我行合作，这是一个非常好的现象，所以在资产业务上的合作要进一步扩展。

2. 注意挖掘保险公司的个人客户资源。保险公司在个人客户资源方面也具有一定的优势，可在联名卡、个人类资产业务、理财业务等方面进行尝试。我行不仅为保险公司代销保险产品，也要充分利用保险公司的销售渠道和客户资源，为我行销售各类金融产品，以实现客户共享、交叉销售、互惠共赢。

3. 积极争办资产托管业务。我行在基本建设、项目管理等方面具有传统优势，自《保险资金间接投资基础设施暂行办法》颁布后，国内大中型保险公司已开始在铁路、公路等项目上积极推进，我们要敏锐捕捉各种信息，积极营销，争取更多保险公司的资产托管业务在我行办理。

（五）规范管理，推动保险代理业务的健康发展

1. 逐步建立保险公司及产品的准入与退出机制。准入与退出是动态的、发展的。对公司的准入我们要考虑偿付能力、公司信誉、经营规模与区域、客户认知度、账户开立、发展前景等因素，要充分考虑对我行的综合贡献度；对于产品，要选择好的产品，在选择产品时要考虑手续费率、产品功能、销售能力、售后服务等因素，要对保险公司进行考察和分析。

2. 业务管理要规范。2006年7月，保监会、银监会联合下发了《关于规范银行代理保险业务的通知》（保监发［2006］70号），对代理机构的资格管理、内部管理、手续费管理、销售人员资格管理、产品销售、监督检查等提出了明确的要求。在我行的两次内部审计中也发现保险代理业务中存在一些问题，其中手续费的问题最突出。总行再次重申，业务收入一定要全额进账，激励政策和措施也要落实到位。我们既要规范管理，也要切实落实相关政策，只有这两方面都做到了，才能保证业务的健康发展。

同志们，我们今年银保业务所面临的任务很繁重，业务发展既有很多有利因素，也面临严峻挑战。我相信，在总行的正确领导下，在各部门的密切配合下，经过全行同志的共同努力，我行的银保业务就一定能够取得更大的成绩，上一个新的台阶。

加快转型 优化结构 强化管理 全面提升对公业务市场竞争力

——在全行公司及机构业务工作会议上的讲话

（2007年3月22日）

赵 林

同志们：

刚才，郭树清董事长和张建国行长的讲话非常重要，充分肯定了长期以来公司及机构业务条线在全行业务发展中的地位和作用，并对下一步对公业务深化改革，加快转型，开拓创新，强化管理提出了更高的要求，大家要认真学习、深刻领会、贯彻落实。这次会议的主要任务是贯彻落实全行工作会议精神，总结2006年对公业务工作，分析面临的形势，明确2007年我行公司及机构业务发展思路、工作任务和工作重点措施，推进公司机构业务转型与持续健康发展。下面我讲几点意见，供大家讨论。

一、2006年对公业务工作简要回顾

2006年，全行公司及机构业务条线认真贯彻落实全行发展战略，坚持以客户为中心，加大客户营销力度，提高服务质量，增强产品创新能力，强化基础管理，各项业务保持了快速增长，资产质量和经营效益进一步提高，取得了很好的成绩。

（一）各项业务全面完成计划任务，资产质量和财务效益贡献继续提高

对公业务财务效益显著。截至2006年底，全行累计实现对公贷款净利息收入979.8亿元，占全行贷款净利息收入的70%。公司类存贷款净利差率为4.55个百分点，比上年提高了0.14个百分点，高于全行平均水平0.43个百分点；在为全行资产负债管理贡献收益和承担较多成本的同时，对公业务实现拨备前利润519.3亿元，占全行拨备前利润的62%。与此同时，对公中间业务收入也快速增长，占比大幅提高。全年累计实现对公中间业务收入60.45亿元，比上年增加22.9亿元，增幅达61%。对公中间业务收入在全行中间业务收入中占比达到46%，比上年提高了12个百分点。

业务指标完成良好，市场占比上升。贷款新增总量控制在预期目标之内，高收益产品占比上升。截至2006年底，全行对公贷款余额为22 200.6亿元，比年初新增2 463.5亿元，比上年多增了587.9亿元，完成全年新增控制计划的99.85%。为贯彻落实国家宏观调控政策要求，去年下半年全行共压缩转贴现977.6亿元，释放出规模用于满足高收益的优质客户的非贴现贷款需求。下半年非贴现贷款新增683.8亿元，对提高全行NIM水平起到了积极作用。全年对公非贴现贷款新增在四大国有商业银行中占比29.6%，位居第一。

对公存款增长强劲，结构得到优化。全行对公存款余额为24 224.8亿元，比年初新增3 774.5亿元，完成全年新增计划的170%，增幅为18.5%，高于上年3.5个百分点。对公存款余额在四大国有商业银行中占比28.03%，位居第二；新增占比

30.12%，位居第一。

对公存款中，定期存款余额为6 688.9亿元，比年初新增670.7亿元，新增占比为17.8%；活期存款余额为17 535.9亿元，比年初新增3 103.8亿元，新增占比为82.2%。在保证存款稳定性的前提下，进一步降低了存款成本。受新股发行恢复网上申购制度及相应利好的刺激，证券、基金存款大幅增长。截至2006年底，同业存款余额为2 131.15亿元，比年初新增875.22亿元，增幅为69.69%。其中，活期存款余额为1 269.28亿元，比年初新增1 132.09亿元，定期存款余额为106.23亿元，比年初减少256.88亿元，实现了同业存款结构的有效调整。与同业相比，我行同业存款余额及新增在四大国有商业银行中均居第二位。

外汇业务发展势头良好，收益显著。实现外汇净利润21.3亿美元，在全行利润中占比达到35.34%；外汇中间业务收入为25.3亿元人民币；累计完成国际结算业务量1 903.2亿美元，同比增长35.05%，完成全年计划的114.01%；贸易项下国际结算量在四大国有商业银行中占比13.51%，比年初上升了1.51个百分点；完成结售汇业务量1 076.99亿美元，较上年同期增长了29.42%；外汇一般性存款在四大国有商业银行中占比较年初增长1.05个百分点，新增占比在四大国有商业银行中居第一位。

加强管理，不良贷款额和不良贷款率实现"双降"，资产质量继续提高。认真贯彻落实国家宏观调控要求，加强贷款投放管理，采取"有保有压"的调控政策，充分利用内部资金利率杠杆的导向和调节作用，有效地控制了贴现业务的快速增长，取得了良好的调控效果。针对房地产贷款增长较快、风险突出的问题，提出了房地产贷款投放的总量、区域、结构调整和准入退出要求，优化了房地产贷款的资产质量。为优化行业信贷结构，制定了21个行业的准入退出标准，并对部分具备条件的行业实行名单制管理，进一步规范了行业管理。

截至2006年底，对公不良贷款余额为830.95亿元，比年初下降了24.02亿元，有力地支持了全行不良贷款额整体下降了5.47亿元；对公贷款不良率为3.74%，比年初下降了0.59个百分点。其中，十大产能过剩和潜在过剩行业的不良贷款余额为80.54亿元，比年初下降了39.05亿元，不良贷款率为1.55%，比年初下降了1.26个百分点。

（二）对公信贷业务结构进一步优化

高信用等级客户占比继续提高。A级（含）以上客户对公贷款余额在全行对公贷款余额中的占比为83.56%，比上年提高了5.7个百分点。

小企业业务快速发展。全年共办理"速贷通"和"成长之路"业务198.7亿元，两项业务贷款的不良率仅为0.13%。

重点区域分行对公贷款的同业份额得到巩固。根据人民银行统计数据，截至2006年底，我行重点区域分行对公非贴现贷款余额在四大国有商业银行中的占比为24.83%，比上年略有提高。其中，长三角和珠三角地区分行市场份额分别比上年提高了0.25个和1.1个百分点。

贷款向重点优质行业倾斜。"两基一柱"行业贷款余额为15 513.99亿元，较上年增长了2 190.47亿元；贷款余额占全行对公贷款余额的69.9%，较上年提高了2.35个百分点。新增机构客户贷款中，"三甲"医院和"211"高校等重点客户占比达81.57%。

房地产贷款增长得到有效控制，贷款投向有所优化。房地产类贷款四科目合计比年初新增385.8亿元，完成全年新增计划的81.9%。新增贷款在四大国有商业银行中的占比为21.9%，居第三位；增幅为14.9%，在四大国有商业银行中居末位。新增贷款进一步向住宅类项目集中，并有效支持了个人住房贷款业务的发展。其中，国家鼓励的住宅类项目贷款余额为1 916.6亿元，较上年新增504.8亿元，占房地产贷款新增的130.8%。

固定资产贷款占比有所提高。全行固定资产贷款余额为10 383.4亿元，在对公非贴现贷款余额中的占比为50.41%，比上年提高了3.04个百分点。其中，基本建设贷款占比较上年提高了3.57个百分点。

（三）市场营销、业务联动和重点产品推进取得新进展

加大营销力度，实现合作共赢。组织策划了与13个省（市）政府的银政合作活动；积极推进对铁道部、中船重工等30多家重要客户和重点项目的总部营销；加强对跨国公司的营销，与三星电子和GE中国签署了"战略合作协议"和"现金管理合作协议”；成功地与中国航天科技集团公司、中国化工集团公司、中广核工业集团公司等大型集团客户签署“战略合作协议”或“银企合作协议”；证券、期货保证金独立存管业务稳步推进，成功地争取到非上市公司股份转让交易市场的唯一结算银行资格；获得B股客户交易结算资金银行第三方存管的唯一试点银行的资格，创造了市场的先发优势；利用成为首家标准仓单质押试点的机会和有利条件，及时进入金融期货交易的前期工作，为丰富发展我行金融产品占领市场先机。

有效推动区域和境内外业务联动工作。组织召开了长三角、珠三角、环渤海区域协调委员会例会，完善了重点区域业务联动机制；与建银国际、香港分行联动开展财务顾问业务，与美国银行证券亚洲有限公司合作为客户发行债券融资；与美国银行联合中标英博现金管理业务，推进与美国银行GTS项目的合作；组织全行公司业务系统交叉销售基金、信用卡等个人银行产品，有力地支持了个人银行业务发展。

任务型团队的探索和实践收到实效。去年初在北京地区实施“三甲”医院和军队业务任务型团队营销试点，12月份连续在中国医学科学院协和医院、阜外心血管医院这两个医疗卫生行业标杆医院的基础账户招标中，结束了他行在两家医院长达50年的垄断服务，改变了北京医疗卫生行业的金融服务格局，为我行拓展在医疗卫生领域的金融服务产生了积极影响和示范效应。军队武警客户市场份额占比也从原来的3.9%提升到2006年底的8.72%。清华大学创新服务团队提出的个性化“一揽子”金融服务方案，得到清华大学的高度认可，近期将签署“银校全面合作协议”，成为用创新模式和综合化优质服务提高竞争力的重要案例。

托管规模快速扩大，托管费收入持续增长。托管证券投资基金资产总净值由2005年底的796亿元增长到2006年底的1 924亿元，增长了142%，同业市场占比由2005年的第三位上升到第二位。全年累计实收托管费收入2.09亿元，比上年增长了56%。合格境外投资者（QFII）资金托管、合格境内投资者（QDII）托管、保险资金、企业年金托管等各类托管业务都取得了可喜成果。全行共有28家分行开办了年金业务，存量客户已达174户，资金存管总量67.56亿元，超额完成全年计划。保险资金投资基础设施建设领域等非证券类资金托管业务也开始起步。

（四）产品创新取得新的进展，销售支持得到加强

针对专业性强、技术含量高、操作复杂产品的开发，总行组建了10个产品专家团队，对相关产品进行创新研发，为客户经理的营销和产品销售提供支持；推出以信贷资产为基础资产的理财产品，全年共发行理财产品50亿元；全年累计发行短期融资券650亿元，市场占比22%，继续保持了在市场领先的优势地位；小企业“速贷通”业务被国家发展改革委员会中小企业协会和银行业协会评为“最佳中小企业融资方案”；推出了海外融资保、出口信贷再融资、非信用证项下海外代付、海外代付与NDF组合的“汇付赢”等外汇业务新产品。

（五）对公业务信息技术应用取得重大进展，为业务发展和风险管理提供了有力支持

完成了OCRM系统一期的全行上线推广工作，为全方位透视客户信息，优化销售流程和建立专业的销售模式奠定了基础；经过全行的共同努力，信贷流程系统前天也完成了最后一批分行的上线工作，基本实现了信贷业务全流程的电子化操作，全流程风险控制为提高信贷业务效率、改善信贷风险监控创造了条件；依托新一代贸易融资系统建立了国际贸易单证处理中心，使我行在四大国有商业银行中率先实现了单证集中处理；我行成为国家外汇管理局指定的新版国际收支统计监测系统全国首家上线银行；银行保险系统（BIS）上线工作顺利，覆盖率达30%；证券资金银行存管系统、银行保险系统分获人民银行创新成果鉴定一等奖、二等奖；企业年金基本账户管理系统完成验收、投产和试运行工作，并荣获2006年度中国建设银行金融科技进步三等奖。

回顾一年多来的工作，全行公司业务及机构业务取得的成绩令人鼓舞。这些成绩的取得是在总行党委、董事会、监事会和高管层的正确领导下，依托我行多年来形成的对公客户基础和业务优势，全行上下一心，各条线相互支持的结果。这次在会上我们对在2006年中表现突出的分行和个人颁发了综合贡献奖、先进集体奖和先进个人奖等奖项，希望全行向他们学习，也希望获奖的集体和个人在新的一年中再接再厉，再创新高。在此我谨代表总行向你们并通过你们向辛勤奋斗在公司业务及机构业务战线上的广大员工表示衷心的感谢！

在肯定成绩的同时，我们也要清醒地认识到，在对公业务的发展中还存在一些问题和不足。一是对业务转型的重要性和紧迫感认识不足，市场竞争力面临严峻挑战。二是现有对公业务的体制和机制还不能适应金融市场发展、客户需求提升和我行业务转型的需要，要进一步深化改革，优化经营模式和业务流程，加大创新力度。三是中间业务发展虽然有了新的突破，但对公中间业务收入在营业收入中的占比仅有5%，与国际先进银行相比还有很大差距。四是信贷管理需要进一步强化，信贷结构有待进一步优化，重点地区市场占比有待提高；产能过剩行业、制造业、房地产业贷款增长较快，还需合理控制；防止不良贷款反弹，防范化解信贷风险的任务仍很艰巨。五是队伍建设需要进一步加强，人员素质亟待提升。这些方面都需要今年下大工夫加以改善。

二、2007 年对公业务发展思路和主要目标

今年对公业务发展面临很多新情况，机遇和挑战并存。一是中央要求继续加强和改善宏观调控，实施稳健的财政政策和货币政策，加快构建和谐社会，推动国民经济又好又快发展。预计今年我国 GDP 的增长率为 8%，这为我行对公业务快速发展、调整业务结构创造了良好的外部环境，但与此同时，宏观调控继续实施，房地产业、产能过剩行业、制造业等行业可能会出现波动，我行不良贷款反弹的压力将会增大。二是全国金融工作会议提出要大力发展资本市场，扩大直接融资的规模和比重，这将对传统信贷业务的增长构成压力，但同时也为我们提供了进入资本市场、发展投资银行业务的机会。三是随着中国银行、工商银行的相继上市对经营业绩和股东回报的追求以及我国全面履行加入世界贸易组织承诺，外资银行抢滩国内市场对优质客户的争夺，今年的同业竞争将会更加激烈，竞争领域也会继续扩大；但这也将成为我们加快业务转型、提高竞争力的强大推动力。四是随着我国进出口贸易的快速发展，贸易顺差继续扩大，预计流动性过剩问题短期内不会有明显改善，但这也是我们拓展负债业务、理财业务和现金管理业务的有利时机。我们要根据新的形势，抓住机遇，加快发展，面对挑战，沉着应对，研究新的思路，谋划新的发展。

（一）2007 年公司机构业务发展思路

2007 年对公业务的发展思路就是要在认真分析对公业务发展面临的宏观形势和微观形势的基础上，紧紧围绕全行发展战略，秉承“以客户为中心”的经营理念，坚持发挥传统优势，加快推进对公业务转型，加大客户结构和收入结构调整力度，深化对公业务各项改革，优化经营模式和业务流程，强化风险管理和内部控制，整合客户线、产品线和客户服务团队，提高产品和服务创新能力、市场细分和定位能力、优质客户的营销服务能力、基础管理和风险定价能力、联动和交叉销售能力、对公业务新技术应用能力、对公业务条线人员素质和专业能力，全面提升我行对公业务的核心竞争力。

（二）2007 年公司机构业务发展主要目标

今年对公业务发展的主要目标是：对公贷款本外币新增 2 336.1亿元。其中，非贴现贷款新增 2 536.1 亿元，票据贴现负增长 200 亿元。在非贴现贷款中，固定资产贷款计划新增 1 523.4 亿元，流动资金贷款新增 571.6 亿元，贸易融资新增 31.3 亿元；房地产类贷款新增 407.8 亿元，其中房地产开发贷款新增 400 亿元，为下游个人住房贷款增长提供足够的项目支持；外币贷款新增折合人民币 59.5 亿元。对公存款本外币新增 2 740 亿元，外币存款新增折合人民币 26.7 亿元；同业存款新增 145.21 亿元。实现对公中间业务收入 90 亿元，增幅 47%。承兑业务新增 362.6 亿元，担保业务新增 623.8 亿元。

（三）公司机构业务条线主要经营指标

为配合业务条线改革的推进，今年总行在分行 KPI 指标的基础上增加了公司机构业务条线效益指标、风险指标、战略指标三大类经营指标。

财务指标包括：实现经济增加值 185.64 亿元；主营业务收入为 1 062.5 亿元，其中净利息收入为 993.9 亿元，手续费净收入为 68.6 亿元；税前利润为 657.2 亿元；公司业务贷款收益率为 5.93%，存款付息率为 1.31%，存贷利差为 4.62%；机构业务贷款收益率为 6.24%，存款付息率为 1.25%，存贷利差为 4.99%。

质量指标包括：新发生不良贷款额控制在 217 亿元以内；房地产类不良贷款额下降 45 亿元，不良贷款率下降 2 个百分点。

战略指标主要包括：A 级以上客户非贴现贷款余额占比达到

87.2%；小企业贷款新增500亿元，客户新增7 000户；全日制高校及“三甲”医院贷款新增111亿元；“八一工程”市场份额新增4.7%；代理保险市场份额占比达到15%；国际结算新增673亿美元；新设立基金托管只数市场占比达到21%；贷记卡发卡量净新增266万张；单位电子银行客户新增16万户。

与往年相比，今年对公业务条线的任务更加繁重，压力也更大。这既体现了总行对我们整个对公业务条线的充分信任，同时也是对我们执行能力的一次考验，相信大家能够把任务完成好。

三、2007年对公业务主要工作措施和要求

要实现我们提出的发展目标，必须继承以往好的经验和做法，发扬对公业务条线特别能战斗的优良传统；同时还要有大局意识，以大局为重，要深刻领会总行战略转型的重要意义，积极推进业务转型，开展业务联动和交叉销售，努力完成共担指标；要有前瞻意识，眼光要放长远，业务发展和产品创新不要局限于传统业务，加快对前瞻性业务领域的研究，尽早打破产品同质化竞争格局；要有风险意识，时刻牢记风险意识和成本观念，促进业务高质量发展。

（一）发挥传统优势，加大结构调整力度

加强“两基一柱”行业优质客户的营销力度，保证业务稳定增长。“两基一柱”行业是我行的传统优势行业，具有抗风险能力强，收益率高等特点。长期以来，我行在该领域保持了领先的市场地位。随着消费结构的升级，工业化、城市化步伐的加快，区域经济的发展带来了基础设施建设的巨大需求。据初步统计，七大电力集团、三大石油公司、四大电信运营商、铁道部等30多家大型企业和单位，目前在建或拟建项目共100多个，项目总投资预计达2万亿元，融资需求约5 000亿元，其中今年融资需求预计2 500亿元，市场潜力巨大。在中西部地区也集中了大批资源型和能源型项目，金沙江、澜沧江等大型水电基地建设项目、西南天然气管网工程、武广铁路等专线铁路项目、国家干线高速公路建设项目等都蕴藏着旺盛的基础设施贷款需求。各分行要抓住商机，加强项目跟踪管理，加大营销攻坚力度，通过提供内外部银团贷款等形式在内的贷款产品来加大投放力度，为客户提供“一揽子”金融服务，提高我行市场份额。为做好“两基一柱”领域优质客户的贷款投放，在今年综合经营计划编制中总行对各分行上报的优质客户基础设施建设贷款规模需求给予了充分考虑，大家一定要用好用足，存量贷款收回后规模也要向“两基一柱”领域的优质客户倾斜。

抓住有利时机，加大结构调整。经济的高位运行为我们调整业务机构提供了有利时机。根据国家宏观调控要求，今年对公贷款新增总量较上年有一定程度的减少，为满足客户需求，提高收益，必须进行结构调整。

在行业结构调整方面，一是要压缩制造业贷款，2007年制造业贷款余额占比下降了2～3个百分点，重点是压缩加工制造业占比，围绕6个装备制造子行业开展信贷业务。二是要加强对产能过剩行业的贷款调控力度，2007年贷款余额占比下降了2个百分点。按照《公司客户信贷准入退出标准》的要求，严格按名单实施准入管理，对钢铁、纺织等行业要求退出的客户要加大退出力度；严格禁止向铁合金、电石行业新增信贷投放；适当压缩焦炭、水泥、电解铝、汽车等行业的贷款规模。三是控制房地产业的贷款增长，余额占比维持2006年底的水平。积极支持A级（含）以上、规模大、综合实力强、经营业绩良好的房地产企业（集团）；加快退出信用等级低、财务状况差、资金实力弱、规模小、缺乏竞争优势的房地产企业（集团）；重点发展投向具有区位优势、适销对路的中低价位、中小户型住宅项目的房地产开发贷款，审慎发放土地储备贷款和单位购房贷款；重点投向市场秩序规范、具有后发优势、房价平稳增长的地区中心城市，审慎投向房价高企、房价波动幅度大的城市，严格控制投向房地产投资过热、房价上涨过快、房地产市场秩序混乱的地区。四是积极支持服务业，2007年贷款余额占比提高了1～2个百分点。要优选服务业中的规模化企业，如仓储、新闻出版、广播电视等行业中已具有一定规模、市场化运作程度较高的行业“排头兵”企业。

在客户结构方面，一是要继续扩大高信用等级客户占比，确保2007年A级以上客户非贴现贷款余额占比达到87.2%。二是各分行要加大对小企业客户的贷款投放，保证小企业客户新增7 000户、贷款新增500亿元目标的实现。

在区域结构方面，重点地区特别是环渤海地区要进一步提高

市场竞争力，以促进全行整体竞争力的提高。

（二）采取切实有效措施，加快对公业务转型

1. 加快小企业业务发展。小企业业务发展是今年对公业务发展的重点。全行要实现新增小企业信贷客户 7 000 户以上、贷款余额新增 500 亿元的目标，并纳入各分行 KPI 体系进行考核。纯新发放的小企业贷款不良率要控制在 0.2% 以内，两年内累计纯新发放贷款不良率控制在 1% 以内，3 年内累计纯新发放贷款不良率控制在 2% 以内，3 年后不高于对公贷款不良率的平均水平。今年小企业业务发展任务较重，但总行相应制定了配套的激励政策，安排 1 亿元专项费用用于激励小企业业务发展。在品牌建设方面，各分行要继续深化“速贷通”和“成长之路”的建设。在运营模式上要实现专业化经营，构建“总行小企业中心—一级分行小企业中心—二级分行小企业经营中心”的三级基本组织结构，挂靠公司业务部，形成层级管理下相对独立的业务考核单元，对于部分小企业业务发达、管理水平高的县级支行，经批准可以设立小企业经营中心。在市场营销方面要进一步明确小企业业务市场定位和客户定位，构建标准化的业务流程，建立差别化的风险管理政策，加强小企业贷款定价管理，原则上小企业贷款综合定价不低于在同期贷款基准利率基础上上浮 10% 的水平。学习借鉴美国银行等国内外同业在小企业业务方面的先进经验，积极推进与淡马锡在小企业业务领域的合作，加快小企业业务的发展。

2. 大力推进中间业务的快速发展。要大力调整业务结构和收入结构，提高中间业务和收费业务的占比。今年全行要实现中间业务超常规发展，对公业务条线中间业务收入的任务比较重，计划增幅高于近几年的平均水平。对此，各分行一定要有清醒的认识，正确对待，要把这项工作作为业务转型的重点来抓，克服畏难情绪，依托对公业务多年来积累的客户基础和业务优势，拓宽收入来源，落实总行下达的计划。各分行要按照总行的要求，在加快发展国际结算、投资托管和各类投资银行业务的同时，大力发掘传统中间业务的潜力，培育新的利润增长点。单位结算、保证、造价咨询、单位结售汇和各种代理业务是对公中间业务收入的重要来源，2006 年，仅上述 5 类产品的收入就占全部公司机构中间业务收入的 75%。今年，总行在全行推行人民币对公通存通兑业务，这是我行对公人民币支付结算业务的一项重要创新，将有力地提高我行对公支付结算业务的市场竞争力，各分行要加大这一业务的营销宣传力度，力争实现通兑业务签约账户占存量单位银行结算账户总和的 15% 以上；要以此为契机，加大对基本结算户的营销，加强对公结算收费管理，确保实现单位结算业务收入增长 40% 的计划目标。要加强保证业务的营销和管理，在积极拓展优质客户和优质项目、力争实现全年保证业务收入增长 54% 的计划目标的同时，采取有效措施确保质量、防范风险，促进保证业务的持续健康发展。要利用我行成功承继工程造价咨询甲级资质的有利条件，继续发挥我行品牌优势，紧密依托资产负债业务，加强联动营销，研究探索出既符合建设行业主管部门要求又紧密依托建设银行的造价咨询业务运行模式，逐步理顺和规范财务管理体制，促进造价咨询业务的持续健康发展。要抓住客户防范汇率风险的有效需求，结合国际结算与贸易融资业务，加大对单位结售汇业务的营销；要积极拓展各种代理业务，加强交叉营销，提高代发工资、代扣税费、代理保险等各项代理业务的中间业务收入。要加大保理、企业年金、单位电子银行业务的营销力度，实现高速增长，增加对公中间业务新的收入增长点。要多渠道开展业务经营，继续加强与美国银行的 GTS 业务合作，加快我行 GTS 业务的推进步伐，促进我行资金管理服务组织体系建设，提高我行现金管理业务方面的服务能力和水平。

3. 加快机构业务组织模式和营销策略转型。组织模式转型就是要更加突出任务型团队作用，突出业务联动和总体效益提升。2007 年将加大总行级任务型团队的推广力度，分季度明确阶段性目标和标准，通过任务派遣单和季度考核使团队自上而下任务更清晰、措施更落实，以此进一步促进拉动区域型团队和分行任务型团队目标任务的落实，以团队工作模式解决攻坚问题，实施业务流程和经营方式的根本转变。

营销策略转型就是对重点地区、核心领域、重要客户进行细分和差异化管理。2007 年各分行要以清华大学创新试点推广与协和医院、阜外医院的成功中标为契机，重点拓展“211”高校、“三甲”医院中属于行业制高点和当地“排头兵”的顶端客户，例如复旦大学、同济大学、华山医院等"排头兵"客户，力争形成效应，打造品牌。积极推进"八一工程"，按照"八一工程"实施方案，有重点、有步骤、有策略地落实，务求实现年度目标，争取在年底市场份额占比达到13.1%，比上年提高4.7个百分点。各分行要关注新兴市场和前瞻性业务，加大对以教育、文化、卫生、旅游为代表的服务业客户的前端研究和前期介入，以期实现客户结构的根本转型。

4. 加强外汇业务营销和产品创新，提高外汇业务市场份额。目前我行外汇业务与同业相比业务量小，市场份额不高，竞争力不强。随着我国对外开放程度的深化，进出口贸易得到了迅速发展，为我行发展外汇业务提供了良好的市场环境。发展外汇业务是我行业务转型的重要内容之一，2007年要重点做好营销工作和创新工作。

在营销方面，一是要组织好重要客户外汇业务产品推介，制订重点客户拜访计划，组织对货押融资业务及网上开证等贸易融资产品的营销宣传。二是继续拓宽现有"海外融资保"产品的覆盖范围，为中国企业在境外的进出口贸易、工程项目、劳务输出等提供融资支持；对贸易项下付款保函、中东地区转开保函业务进行跟踪研究。三是要抓住"十一五"期间铁路投融资体制改革和全行铁道部整体业务推进的契机，积极争办境外筹资转贷款大项目。利用我行人才优势加大对航空公司的营销力度，灵活运用税务租赁等各种创新方式，在飞机融资产品上实现突破。

在产品创新方面，一是完善现有外汇业务产品功能，适应外汇管理政策的变化，对海外代付产品进行更新升级，与差额交割远期外汇交易（NDF）结合推出大额结构性组合产品。二是积极推广新产品，尽快在全行推广货押融资、出口直接保理、船舶出口保理等贸易融资新产品；加强对台业务指导，积极推广"两岸汇款即时通"产品的使用范围，在政策允许的条件下，逐步推进对台新产品的研发推广。三是研究推出创新产品，研究推广信用保险项下的应收款买断业务，开发非信用证项下的福费廷业务，探索为国际贸易服务的付款保函、信用风险担保保函等新品种，开发针对边贸外资银行的借记卡业务。研究与外资银行合作提供境外现金管理服务的可行性，建立与外资银行在香港区域的信用证利益共享。

5. 大力拓展各类投资托管服务业务，推动该项业务向广度和深度发展。2007年需要总行和分行加强联动协调，共同努力开拓投资托管服务市场。要抓住我国证券市场向好的时机，继续做大做强证券投资基金托管业务。同时加强QFII和QDII托管业务的营销和服务，深化与境外托管银行的合作。积极拓展保险、证券、信托等机构和社保及养老金机构的证券投资托管业务，努力扩大市场份额。积极关注投融资体制改革政策和各类机构非证券投资动态，选择与信用度高、公司治理有效的机构合作，积极参与产业基金、保险基础设施投资、房地产基金等各类投资委托托管业务的试点工作，力争在该领域有所突破。要根据市场发展加强托管服务产品的创新研发工作，根据不同的业务制定或梳理业务流程，实现运行顺畅、服务高效、风险可控的目标。

6. 做优做强投资银行业务。2007年投资银行业务要巩固市场份额和客户关系，拓宽经营范围，加强产品创新，提升价值贡献。今年要实现短期融资券承销780亿元，比上年增长20%，承销量和占比都继续保持市场领先地位；财务顾问业务进一步规范发展，收入增幅不低于90%；信托理财业务计划安排200亿元，争取做到300亿元。发展理财业务，各分行不但可以分享收益、维护客户关系、增加中间业务收入，还可以释放贷款规模，一举多得，大家一定要重视，要积极向总行推荐客户和贷款。今年还将要推出"网上新股申购理财产品"、"境外股票结构性理财产品"、"基金类理财产品"，以及不同期限、不同结构可循环滚动发行的理财产品，进一步丰富理财产品品种。要推动境外IPO业务发展，前一阶段，总行对客户境外IPO业务需求进行了摸底调查，目前能够基本确定发行金额的有55个客户，合计IPO金额为460亿元。下一步各分行一方面还要继续推荐客户，同时还要与建银国际、投资银行部门做好已有客户需求的衔接工作，稳步推进此项业务的发展，满足客户需求。

（三）深化对公业务改革，优化业务运营模式和流程

根据全行整体改革要求，今年对公业务改革的重点是优化业务运营模式和业务流程，通过梳理客户分层的经营方式，实现专业专注的产品服务模式，逐步调整各层级机构的相应职能，推进各种专业团队服务模式，并相应优化业务流程。

1. 整合城市分行对公信贷业务经营职能，提升集约化水平。以城市二级分行或部分城区支行为基本平台，整合我行在城市主城区对公信贷业务经营职能，将大中型对公客户集中到二级分行或部分城区支行及以上机构经营，实现大中型对公客户在一级分行所在城市及二级分行辖区内集中、规模化经营，提升对公大中型客户经营重心。这样做的目的是为了提升我行的集约化经营水平，提高对大中型客户的服务效率和服务水平，加强信贷风险的管理和防范，不会改变现有的层级经营管理模式。对公信贷业务经营职能整合是对公业务单元制改革的重要探索，总行已就城市分行对公信贷业务经营职能整合制定了一个指导意见，并征求了各分行的意见，从分行反馈的情况看，大部分分行是赞同整合方案的，有些分行对业务考核和利益分配方面提出了一些疑问，在会上大家还可以讨论，今年总行将稳步推进此项工作。

2. 整合客户线，建立客户分层经营模式。根据不同客户群体的需求特征、风险特征、交易特点、财务模式和盈利模式等特点，确定不同的经营模式，以提高组织效率、银行价值和客户满意度。客户分层经营模式的整体思路是将大中型客户的经营重心上移，提高我行的市场反应速度，增进客户满意度，促进对公业务销售；将中小型客户经营重心下移，采用标准化的流程来解决中小型客户业务拓展的效率和成本问题；强化对公业务条线的内部协调，发挥联动优势；集中对公业务经营资源，提高资源配置效率，追求价值最大化。

3. 按专业专注的原则整合产品线。“专业专注”是指业务流程中角色的专业化分工以及产品线的整合，突出专业专注的服务特色。基于专业专注的原则，产品整合是对关联度较大的我行现有的对公业务产品进行归类，按照整合后的产品单元建立产品线。经过整合，我行对公业务产品有若干条产品线，如信贷业务产品线、投资银行产品线、全球资金管理 GTS 产品线、养老金产品线、托管业务产品线、租赁业务产品线和造价咨询产品线等。产品线及产品单元清晰了，就可以独立成单元作为利润中心，并进行垂直化管理，完全承担销售支持、产品研发、服务实施等责任，为将来的业务单元制奠定基础，彻底改变目前对公产品管理分散弱化的现状。

4. 整合客户服务团队，建立团队服务模式，提升服务质量。随着信息技术的广泛应用和金融服务的不断创新，越来越多的金融产品，如全球现金管理、投资银行服务、财务顾问服务、融资租赁产品等的复杂性和专业性不断提升，通过培训和学习期望客户经理成为全能型的银行通才是不现实的。为了向客户提供更加专业专注的服务，有必要将客户经理职责中专业性较强的职责进行分离，组建专业性的包括客户经理、产品经理、风险经理和其他支持保障人员在内的服务团队。客户经理将更多的精力专注于客户关系的建立和维护上，并组织各种产品线为客户提供整体的金融解决方案，提升客户服务体验，实现一流的产品和服务交付。

5. 扩大联动范围，实现交叉销售。要加强上下级行的业务联动，针对重点客户建立起的跨区域跨层级的客户服务团队，各成员单位要各司其职，为客户提供整体服务；要加强重点区域分行之间的联动，重点推进区域内客户的整体营销，改善区域内客户授信流程，根据区域特点加快产品创新；要加强各部门委员会之间的横向联动，促进资产、负债与中间业务的交叉销售，人民币业务与外汇业务的交叉销售，落实外汇业务共担指标，对今年对公业务部门实现发卡量净新增 266 万张的目标，各分行要早计划、早安排；要加强境内外机构的联动，通过“内保外贷”等形式满足境内“三资”企业客户的外币贷款需求。我们作了初步统计，这部分贷款需求有 180 亿元左右，会议期间，总行将牵头组织各分行做进一步沟通，尽快加以落实。

（四）加快业务和产品创新，满足客户多样化需求

要明确产品创新重点，加快产品创新步伐。2007 年，要重点推进租赁、理财、小企业产业链融资、现金管理等产品的研发和销售，加快货押融资、出口直接保理、船舶出口保理等贸易融资新产品以及“汇得全”全额到账汇款产品的推广；要加强与政府主管部门的沟通，全力争取年金业务受托人和账户管理人两项资格，获取新的业务机会，为客户提供全方位、“一揽子”的企业年金服务；要做大做强证券投资基金和 QFII、QDII 托管服务业务，大力拓展各类投资托管业务；要加快产品的品牌化建设，形成我行独特的产品品牌优势。今年总行根据客户和市场的需要，确定了 78 项对公产品创新计划，既包括新产品开发，也包括对原有产品和流程的优化。总行各产品团队要切实运转起来，积极展开研发或指导分行研发，拿出高质量的经得起市场检验的产品。承担研发任务的分行，要尽快拿出设计方案，积极试点。不承担研发任务的分行，要提供市场信息，提出优化意见。信息技术、会计、风险、法律、审计等部门要大力支持，通过总分行和各部门的共同努力，争取早日完成计划目标。

要注重跨市场产品研究，加大综合经营力度。一方面，要加大对证券保证金独立存管业务的营销力度，做好金融期货交易所结算会员筹备工作，开展对财务公司、汽车金融公司等客户的产品创新，加深银行保险业务合作的深度和广度。另一方面，要深入开展对金融机构业务的研究和渗透，通过成立新的金融机构来逐步加快实施综合化经营步伐。总行今年将继续大力推进企业年金和融资租赁业务，力争在同业内率先设立养老金公司，并成为首批设立租赁公司的商业银行之一。通过这些手段进一步提升我行对公业务的核心竞争力，满足客户的综合性金融需求，实现向收益结构多元化、业务结构多样化的转变。

（五）强化信贷基础管理，提高风险防范能力

近年来，与票据业务、贷款业务、负债业务相关的案件、操作风险时有发生，不仅给我行造成了直接损失，而且损害了我行作为上市公众公司的市场形象。集团客户造成的大额风险、部分行业经济波动造成的系统性潜在风险也是我们面临的巨大挑战。2007 年，加强基础管理、提高风险防控能力是全行的重要任务。

要加强风险文化建设，减少和杜绝违规操作。依法合规是我们经营活动和业务操作的基本准则，任何人不能以任何借口进行账外经营、越权审批、逆流程和不按作业标准操作。尤其是前台经营人员，作为风险的第一道防线，不能因为经营目标和客户需求的双重压力，不揭示客观存在的风险，或不按规定操作去争取业务。各级公司机构业务管理部门要加强对客户经理的风险文化、信贷文化教育，强化合规经营理念。要加强流程的风险控制，利用流程系统加强远程风险监控，各级管理部门要有专人通过 CLPM 系统，对每笔信贷业务交易进行实时监控，发现问题的要立即要求更正，并严格查处相关责任人员。各级管理部门，尤其是制度和流程安排部门，要以客户为中心，优化流程，提高效率，细化关键风险环节的作业标准，并严格监督执行。

加强集团客户风险管理。当前跨地区、跨行业甚至跨国界经营的集团客户风险日益凸显，这些客户尤其是民营集团客户内部股权结构复杂，经营范围跨多个领域，关联企业众多，关联交易频繁，风险计量难，一旦某个环节出现问题，就会导致风险的产生，这方面的教训是深刻的，加强集团客户的风险管理已刻不容缓。要全面开展集团客户清理核查工作，理清集团客户关系树结构，并尽快在 CLPM 系统和 OCRM 系统中录入集团客户关系树等信息资料，各分行要高度重视此项工作，指定专门人员落实。要加快推进集团客户的统一授信管理，纳入总行级和分行级重点客户的都要进行统一授信，提高统一授信覆盖率，对民营集团客户必须实行统一授信，严格控制单独授信；要加强对集团客户的信贷尽职调查，提高对集团客户总体风险的识别能力和把握能力；要加强集团客户的统一授信的动态跟踪和管理，加大授信执行的监管力度，对出现股权异常变动、非主营业务超常发展的集团客户要密切关注，一旦发现问题，立刻中止授信，保全我行资产。要建立健全集团客户重大风险事项的快速处置机制，加强对相关媒体和内外部审计与监管信息的跟踪分析，严格按规定及时上报集团客户重大风险事项报告，建立关联交易风险预警机制，从产业链条和上下游关系来把握风险，提高集团客户风险防范能力。

完善客户准入标准，加快推进行业客户的名单制管理。总行已经制定下发了 21 个行业的准入退出标准，今年总行会继续推出更多行业的准入标准，各级行要严格遵照执行；对还没有统一制定标准的行业，各分行要结合本地区实际加快制定。对具备条件能实行名单制管理的都要制定准入退出名单，2007 年将对煤炭、烟草等 5 个行业实行名单制管理。各分行要根据总行的信贷客户准入标准，通过对当地市场、客户的细分，确定各自的目标客户，在辖区内逐步实行名单制管理，并报总行备案。去年我们发现有个别分行仍存在向不符合国家环保政策的项目，向总行准入客户名单以外焦炭、水泥、钢铁等企业发放贷款的情况。请这些分行的负责同志回去以后，尽快制定信贷退出方案或资产保全措施。今年如果还有这样的情况发生，总行将追究相关人员的责任，并调减分行信贷资源，取消各项评比资格。

加强委托贷款管理。从去年进行的专项审计来看，各分行对于对公委托贷款业务的风险认识普遍不足，在经营管理和内部控制方面存在较多的问题和缺陷，如有的集团客户利用委托贷款手段将信贷资金用于发放委托贷款、部分基层行弄虚作假、资金来源违反政策规定、资金用途违反法律和政策要求等问题比较突出。从业务性质来讲，对公委托贷款是一项低风险业务，但经过审计和清理，发现不少问题。有的分行无视法律法规和行内规章制度的要求，违规发放委托贷款；有的分行管理不到位，不了解情况，个别经办行基本处于失控状态。因此，在这里我强调一下，各行应严格执行建总函［2006］844号文的管理要求，切实将对公委托贷款业务的核准工作纳入风险管理与内控委员会的管理平台。要建立对公委托贷款业务经营主责任人机制，加大对违规操作的责任追究和惩处力度。对于严重违规的情况，该处理责任人的一定要严肃处理；对于不具备风险管理能力的分支行，该整顿的要彻底整顿。对清理中发现的违规问题，各分行要及时整改，限期在四月底以前整改完毕。

（六）加强对公条线队伍建设，加大业务培训力度

随着现代金融的快速发展和我行对公业务转型的不断加快，人员素质和结构问题将直接影响到我行对公业务的发展和转型。总行早就制定下发了公司机构业务队伍建设规划，但从落实情况看，有的行进展不大。加强对公条线队伍管理，加强对公司机构业务客户服务、市场营销、持续发展、风险控制等都是至关重要的。按照规划，今年底公司机构业务队伍总人数争取达到3万人左右，占全行员工总数10%的目标大家要一起努力实现。要通过深化改革，提升经营中心，减少管理层级，优化业务流程，改善人员结构，增强前台营销队伍力量。要加大各分行客户经理、产品经理等专业技术职数配置力度，规范对公业务系统技术职务聘任的定期化和连续化，调动一线工作人员的积极性。

要进一步完善培训计划，丰富培训内容，特别是要针对我行迈向国际一流商业银行的目标，加强国际业务和外汇知识培训。总行今年计划举办境内外培训班30期，培训客户经理1 500人次。各分行也要制订相应的培训计划，组织适应形势需要的培训班，开展分行与分行、境内与境外机构以及国内外同业间的学习交流，全面提升全行对公条线客户经理的整体素质和综合营销服务能力。

同志们，2007年我们的任务十分繁重，要继续发扬对公业务系统特别能战斗的优良传统，坚定信心，振奋精神，坚持以客户为中心的经营理念，加快业务转型，深化各项改革，提高管理水平，为全面提升对公业务综合竞争力而努力。

在2007年全行集团业务座谈会上的讲话

（2007年9月4日）

赵　林

同志们：

这次会议很重要，参加会议的有一级分行的分管领导、集团部或公司部的负责人，还有二级分行的代表，大家一起共同研究如何进一步做好集团客户业务工作，如何在全行业务发展中更好地发挥集团客户的重要作用。刚才，更生总经理对集团业务一年来的工作进行了全面总结，分析了当前面临的形势和问题，对下一步如何做好集团业务工作提出了具体要求，我完全赞同。希望大家认真贯彻落实这次座谈会的精神，把集团客户业务工作提高到一个新水平。

一年来，全行集团业务条线认真贯彻落实全行发展战略，坚持以客户为中心，以市场为导向，加大营销工作力度，加强内部基础管理，贷款结构不断优化，资产质量不断改善，经营效益不断提高，保持了市场领先优势，特别是利用集团客户这个业务平台，积极推进业务的转型，努力拓展新兴业务和中间业务，为其他业务板块的发展提供了有力的支撑。特别突出的有如下几个方面。

一是在提高市场竞争力方面，特别是在牵头营销、联动营销、团队营销等方面，做了很多工作，也探索了很多有效的营销方式和技能，使得我行对重大项目和优质大客户的营销工作取得很大进展。对于这点，大家体会很深。从总行领导、集团客户部到各分行和相关部门，对营销工作都很重视，做得很到位。一年来，我也走了不少分行，和大家接触不少，大家一致反映，集团客户部成立以来，认真贯彻“以客户为中心”的经营理念，致力于“服务客户、服务分行”，在牵头营销方面做了大量工作，非常关心各分支行在营销重点客户方面的进展情况，积极努力帮助各行做好客户营销和客户维护工作。

在联动上，总分行之间，海内外分行之间，总行集团部、公司部、投资银行部、国际部、基金托管部等部门之间，积极开展联动，客户反响很好。从客户来看，他们的需求往往不仅仅是融资，而是需要多品种、全方位的服务，靠一个部门是很难做到的。通过加强联动营销，取得了很好的效果。

团队管理模式是适应集团客户业务需求而创建的，这种形式非常好，对于提高营销效果起到了积极作用。对于集团客户多方位、多品种的需求，我们必须通过团队把各方面的专业人才聚集起来才能更好地为他们服务。在与客户包括海外的大跨国公司客户的交谈中，他们感觉建设银行在这一点上做得不错，很满意。

二是在集团客户管理与风险防范方面，认真落实国家的宏观调控政策，建立了严格的准入退出制度，对国家宏观调控行业和产能过剩行业，建立了名单制，进一步强化了贷后管理与突发风险事件的处置，使客户结构不断优化，资产质量不断提高，实现了“双降”。刚才，在会上表彰了集团客户关系树清理工作先进集体和先进个人。这项基础工作非常重要。大家知道这两年集团客户的风险有所抬头，很重要的原因就是我们对集团客户的关联关系控制和掌握得不是很清楚，一旦某个下属分公司出问题，往往会带来整个集团的风险。清理集团客户关系树，对我们下一步加强集团客户管理是非常必要的。

在集团客户的统一授信管理方面，也做了大量工作，特别是在适应集团客户的特点、提高工作效率和服务质量、提高风险控制水平、更好地满足客户需要等方面，我们做了很多工作。

三是在利用集团客户平台、全面拓展新兴业务和中间业务方面取得了较好成绩。我们现在掌握的集团客户资源是全行非常重要的一个资源，我们很多业务的拓展都是基于这些集团客户。截至今年8月，我们发行基金2 000多亿元，投资银行业务进展也很快，信用卡业务、个人零售业务、高端客户理财业务、结售汇业务、国际结算业务等，也有长足发展。这些业务都在利用集团客户这个平台，利用我行优质的客户来进行拓展，如果没有了这些优质客户，就没有了基础。我们在联动营销、交叉营销等方面做了很多工作，效果正逐步显现。

总的来说，这一年多来，集团业务取得了很好的成绩，也推动了行内其他业务的发展，这点是必须要肯定的。在此，我代表总行向在座的各位，并通过大家向辛勤工作在集团业务条线上的全体同志表示诚挚的谢意和问候！

在充分肯定成绩的同时，我们也要看到，集团业务和公司业务，从全行角度看，还存在一些不足。我想，至少有这么几个方面需要和大家一起研究。

一是对集团客户也包括公司客户的经营管理模式还有待进一步优化，集约化经营水平有待进一步提升。

二是对集团客户推进业务转型的认识还有待进一步提高，产品创新、新业务拓展有待进一步加大工作力度。最近总行召开了产品创新会议，全行产品创新工作完成了计划的80%多，但公司业务方面的产品创新工作计划完成得不够理想，还需要加大工作力度。

三是基础管理还有待进一步加强，集团客户的风险防范能力有待进一步提高，包括风险管理、风险定价能力、利益分配机制、效益考核等方面。

四是信息技术的运用还有差距，系统渠道的建设有待进一步加强，尤其要重视电子银行系统的稳定性和先进性。

五是客户经理队伍建设有待进一步加强，经营管理水平有待进一步提升。现在越是好的客户，对我们的要求就越高，不仅要求融资、结算等传统业务，对我们的客户经理的素质也提出了更高的要求。由于传统观念、知识结构以及营销技巧等问题，目前我们还不能很好地适应大客户的要求。

所以，我们要认真思考和研究，下决心来解决当前集团业务和公司业务方面存在的不足和差距。

下面我想就当前集团业务所面临的形势和工作重点谈几点意见。

今年上半年，全行取得了非常好的经营业绩。8月27日，郭树清董事长带一队在香港召开业绩发布会，张建国行长带一队在国内召开业绩发布会，香港和国际投资者以及新闻媒体一致反映建设银行的业绩非常可喜，很多指标都处于同行领先位置，发展速度、资产质量、利差水平等在同业中是最高的，中间业务收入增长1倍多，在同业中增长率也是最高的，资产回报率、资本回报率在大银行中也是最高的，接近国际先进水平。这些国际上关注的核心指标，我们在国内同业中都处于领先位置。

建设银行的股价在业绩公布后持续上涨，说明市场对我们的认可度很高，国际投资者对建设银行的评级或是投资建议都是买入，说明看好建设银行的发展态势。当前我们正在积极推进A股的发行，各项准备工作正在有序地进行，在不长的时间内就要发行，相信市场的反应一定会很好。

在全行这样好的经营形势下，集团业务怎样更好地发展，怎样为全行发展作出更大的贡献，这是值得我们去认真研究和思考的。首先我们要分析当前面临的形势。

第一，我国的经济在高位运行，国家的宏观调控力度不断加大，这既给我们集团业务的发展和结构的调整创造了良好的外部环境，同时也给我们的客户竞争和风险防范带来了严峻的挑战，机遇和挑战并存。总的来看，国民经济保持着一个良好的发展态势，当然经济运行中也还存在一些问题。看一个银行或企业能不能经受住考验，有时候在经济好的状态下是看不出来的，关键要看在经济发生波动的情况下是否能保持良性循环，能保持稳步健康的发展。现在经济在高位运行，股市火暴，市值不断上升，企业表现大都不错，很多利润实际上都是通过股市市值的提升取得的。但是，一旦经济发生波动，就会对企业的经营造成影响。目前，国家进一步加大了宏观调控的力度，对产能过剩或潜在过剩的行业，对“两高”行业，都制定了严格的限制条件。还要看到，国务院对节能减排下了硬指标，对房地产业也采取了很多限制政策和措施，这都会对企业的经营带来一定影响。在这样的情况下，怎样把握机遇、拓展业务，同时有效地控制风险，这是我们面临的问题，需要大家特别关注。

在业绩发布会上，有记者问建设银行对宏观调控、节能减排、“两高”行业、房地产行业的风险控制做得怎么样，我们的回答是非常正面的。比如，我们对产能过剩或潜在过剩的行业以及“两高”行业的业务，一是增长速度低于全行的平均增长速度，也低于公司业务的增长速度，说明我们进行了有效的控制；二是A级以上的客户已达到86%，客户结构在不断优化，说明抓的都是最好的客户；三是资产质量在不断提高，这些客户的不良资产率不到1%，低于全行的平均水平，也说明我们抓的是最好的客户。房地产也同样，因此他们觉得很有说服力。在目前整个大环境比较好的情况下是这样的结果，但是如果发生经济波动会怎么样？所以，这些问题是需要大家认真思考的。

第二，资本市场快速发展，金融脱媒现象显著加快，既给传统业务的增长带来了很大的挑战，同时也为拓展新兴业务和中间业务提供了机遇。现在越是好企业，越在加大直接融资的力度。全国金融工作会议明确提出要大力发展资本市场，国家的审批体制也在逐步完善。过去，我们在短期融资债券上占有优势，现在还要借助资本市场促进包括投资银行业务、投资管理业务等在内的新兴业务的发展。目前，银行竞争很激烈，各银行纷纷推出各种新产品和新服务，不仅在传统业务上，而且在新兴业务上大做文章，这也正是客户的需求，越大的客户就越有这方面的需求。我们的优势是在传统的融资方面，我们的客户经理队伍大部分是擅长于传统业务的。如果我们仍固守在传统的方式上，下一步就会落后。所以，我们必须要推进业务转型，加快中间业务和新兴业务的发展。

第三，同业竞争日趋激烈，金融创新层出不穷。现在不仅是几家大银行，招商银行、民生银行等股份制银行也推出了不少金融产品。外资银行现阶段实际上是抢两头，一头是优质的跨国公司客户或国内的大公司客户。随着其在中国布点的增多和网络的逐步深入，跨国公司也在逐步依靠国际上的大银行，因为它的产品、渠道和技术确实比国内银行先进。另一头是抓高端的个人客户，做深做细理财业务，比如中信银行有许多产品创新，包括融资方面。大客户都非常欢迎信托理财等产品，因为可以降低成本。当然，在这方面我们做得也是相当不错的，基本上每周会推出一期产品，包括我们的投资银行、代理保险、基金托管等。这给我们的传统业务带来了冲击和挑战。现在一些监管制度和法规在逐步放宽，我们筹办的租赁公司可能很快会批下来。我们的一些大客户，如铁道部、电力部门、电网公司等对金融租赁的需求很大，对银行来说，我们不做，别人也会来做。竞争日趋激烈，金融产品不断创新，在产品方面我们还是有些落后。

以上这几点，跟我们的业务关系很大。大家必须要关注，要重视，并相应地采取一些对策。面对这样一个形势，我们下一步工作应该怎么做，我再强调几点。

一是要坚持发挥优势，积极营销优质客户，加大结构调整力度。最近，董事会在原有业务发展战略的基础上作了大量调研，对发展战略进行了修订。首先是市场定位问题。重点业务领域首先要发展的就是基础设施的融资，我们在大中型基础设施、公用事业和基础产业及配套工程建设中，要继续发挥主力银行的作用，这也是在发挥我们的优势。其次从重点目标客户来看，信用评级好的公司客户要放在第一位，包括世界500强公司在华企业、中国500强企业、国内绩优的上市公司，以及其他具有市场竞争优势的优质公司客户。最后是重点区域，包括城市行、城市带、城市群和龙头大城市等。

现在是结构调整非常有利的时机，因为现在需求很大，而且总量也在进行控制。在这个时候，我们要有进有退，把我们的客户结构进一步优化。今年，我们提了几个方面的指标：第一个是整个A级客户占比要提高2.57个百分点；第二个是对产能过剩和潜在产能过剩、“两高”行业的贷款比例要下降；第三个是房地产客户的不良贷款率要下降。这些都已列入了KPI指标。在这方面，大家要把握住时机，在当前经济比较好、竞争比较激烈的情况下，我们要知道哪些是我们的目标客户，不在目标客户里面的，我们要趁这个时候退出来。如果出现了资金普遍吃紧、市场已经出现波动的情况下，怕是想退都退不出。在资源有限、总量控制的前提下，我们要把资源合理配置到最优质的客户上去。

关于为什么要建立名单制，年初在研究今年的贷款规模分配时，曾经考虑按照客户的优先来分配资源，就是将全行客户大排队，谁好就支持谁。只有这样做，我们才能选择和支持最好的客户。考虑到区域的管理、层级的管理、利益的考核等都是紧密交织在一起的，要完全这么做，目前还很难做到。因此，我们首先在一些重点行业，特别是国家严格控制或禁止的行业，实行名单制管理。现在，出台了20多个行业的名单制管理措施，就是在朝这个方向迈进。新增资源要选优质的客户，存量资源也要不断地优化，收回后再贷就要考虑结构调整。只有这样，才能做到不论发生什么情况，我们都能“稳坐钓鱼台”。

既然有退就要有进，往哪进？我们要积极地营销好客户，要储备优质客户、优质资源，这一点很重要。现在铁道、电信、石油等行业中，应该有很多优质的客户。我们对这样的好客户就要敢于去突破，特别是我们过去未深入涉及的客户。集团客户部今年在这方面做了许多探索，效果很明显。必须进一步发挥联动的作用，加大联动营销，包括总行、分行、境内、境外、部门之间的联动。集团部组建的客户团队的经营模式非常不错，效果也很明显。在这样的环境下，我们既能抓住好的客户，又能控制我们的风险，使我们的收益不断提高，同时也可利用这个平台来拓展多种新兴业务。

二是要加快推进业务转型，加大产品创新力度，积极拓展新兴业务和中间业务。要拓展新兴业务，产品研发至关重要。在这方面，有投资银行业务、各种代理业务、国际业务等。国际业务部在浙江开了座谈会，肯定了成绩，也反映了当前存在的一些问题。从纵向来看，我们自我感觉不错，增长速度也很快。但从市场占比来看，我们有许多分行在当地只排在第四位。我们在国际结算业务等方面实际上有很大的潜力，关键是要充分利用我们的优质客户。与工商银行相比，我们的人民币结算业务，不论是对公还是对私，差距都很大。

国际上先进银行普遍重视两大块业务，一块是现金管理，另一块是理财业务。现金管理又衍生出许多产品。工商银行、交通银行、招商银行都有专业的团队。在这方面我们过去重视不够，差距非常明显。总行正在研究，准备成立GTS专业部门来统筹加强这方面的业务。这是两大趋势业务，国际上大银行这两方面的业务都非常强，产品也非常多。在这两块业务上，我们的研究和开发都不够。因此，一方面，要充分了解客户需求，开发有针对性的产品；另一方面，把我们研发出的产品及时推销给客户。产品部门与客户部门要信息共享，相互联动。投资银行业务、投资托管业务、国际业务所依托的客户大多都是公司客户和集团客户，必须加强联动，依托我们的客户开拓业务，希望大家下工夫去做好。

三是要优化经营模式和业务流程，提升集团客户经营重心和集约化水平。对于这个问题，我们一直在研究。现在我们一方面感到客户经理欠缺，人手紧张，资源不够；另一方面存在着经营分散、集约度不高等问题。有些分行的集团客户、大中型客户并不是太多，可能许多支行都在管一个客户，都在做营销、维护与管理等工作，实际上耗用的资源是非常多的。集中管理、经营重心上移，这是客户对等关系的需要，也是解决效率问题的需要。一方面要提高资源利用效率，另一方面要提高客户服务效率，而且要更有利于我们去营销和控制风险。当然，还要考虑如何更好地发挥各个层级的积极性，这就涉及考核问题、利益分配问题。对大客户集中后，营销和信贷审批工作集中了，但负债业务、中间业务还是要到网点去办，怎样处理好这种关系？现在有些城市行已经开始做了，并且做得也不错，我们准备抓一些试点。

还有一个问题要跟大家探讨：今后公司类客户的管理模式可能要作一些调整，可能要将客户集中管理，然后再进行分类分层管理，建立统一的客户管理部门，比方说有大客户、中客户、小客户，然后对不同行业的客户，进行专业化、规范化管理。我们强调以客户为中心，为客户提供更好、更高效的服务，就要发挥大家的积极性。怎样提升经营重心，怎样提高专业化的管理水平，怎样实施团队的管理模式，这些都值得我们认真研究。下一步，总行会考虑找一些分行进行试点。

四是要强化集团客户的基础管理，提高风险防范能力。集团部成立以来，一直在抓这方面的工作。我们的优势在集团客户，必须进一步强化基础管理。目前，我们统计数据很困难，统一授信管理也存在一些不足。为什么银监会这么重视集团客户风险管理，就是因为集团客户的风险往往给我们带来十分巨大的损失，在这方面我们有深刻的教训。所以，集团客户管理必须要强化，风险控制能力必须要加强。国有大公司客户的需求往往是多样化的，要求多种服务；有些民营集团的关系很复杂，很难被理清，特别是没有上市的，就其一点来看，可能没问题，经营得还不错，但如果某一点出了问题，就会发生连锁反应。

集团客户关系树清理工作做得很及时，做得很好，就应该把集团客户的关系弄清楚。我们要加强统一授信，加大授信管理力度，严格限额管理，严格按条件准入退出，推行名单制管理，严格执行国家宏观政策，防范政策性风险，对那些高耗能、高污染或严格禁止准入行业的贷款，必须严格控制，对房地产开发、环保等有严格要求的行业，必须执行相关贷款条件要求。这一点，希望大家从全局来考虑。

五是要加强客户经理的队伍建设，完善激励机制，包括充实人员，加强培训，加强作风建设。昨天我们参观了新疆维吾尔自治区分行营业部，他们的考核机制搞得不错，我看后感受很深。在考核系统里，每一个员工都能看出自己的经营绩效，能够自动排队，包括营销的产品，做的业务，以及如何分摊，在每个人的考核表里非常明晰。这个考核体系比较全面，而且与绩效紧密挂钩，能做到这一点是很不容易的。我们对客户经理的考核也要参考这种激励机制，真正使贡献大的能多拿报酬。现在竞争很激烈，许多外资银行、中小银行都千方百计地挖我们的人才。所以，要加强研究能真正留得住优秀人才的机制。在这方面，我们有许多的规章制度正在建立与完善。企业经营最关键的还是人，真正要把我们的业务搞起来，最终要靠人，要靠我们这个队伍，靠大家努力。

要抓好队伍培训工作，现在新业务、新产品比较多，客户需求也发生了很大变化，必须加强客户经理的培训，加强作风建设。

大家非常辛苦，取得的成绩也非常可喜。希望大家再接再厉，把我行的集团客户业务做得更好，为全行业务发展作出更大的贡献。

在加强铁路系统银行账户监管和实施资金归集工作会议上的讲话

（2007年10月14日）

赵　林

同志们：

今天，铁道部与工商银行、建设银行两行在这里联合召开“加强银行账户监管和资金归集工作会议”，总结通报试点工作进展情况，交流银行账户监管和资金归集试点工作经验；研究铁路系统银行账户监管和资金归集工作的重要事项，安排部署下一阶段的工作。

铁道部是建设银行的重点客户，是建设银行贷款余额最大的客户。首先，请允许我代表建设银行感谢铁道部及各铁路局对我们的信任，将账户监管和资金归集这么重要的工作交给我们办理。

我行对这次会议十分重视，张建国行长会前要求我们一定要将本次会议开好，配合铁道部切实将铁路的账户和资金管好。我们参加会议有两个目的：一是接受任务，二是学习取经。我行参加这次会议的有总行会计部、公司业务部、集团客户部、信息技术部、营运管理部、电子银行部等部门，以及18个铁路局（公司）所在地主办行及20个相关协办行。建设银行上下决心通过我行“重要客户服务系统”和DCC集团账户理财功能，高标准、高质量地把铁路局及其所属单位在建设银行账户的资金管理好，将服务于铁路的各项工作做好。借这个机会，我谈几点意见。

一、建设银行系统要统一思想，充分认识加强铁路账户监管和资金归集工作的重要性

铁路是国民经济发展的大动脉，是国民经济的重要基础设施。近几年我国铁路行业发展迅速，“十一五”时期是我国铁路大发展的黄金时期，按照铁路中长期发展规划，“十一五”期间，全国铁路总投资将达1.25万亿元。当大量资金用于铁路建设时，以铁路局为主体，以铁路局资金结算所为平台，对铁路单位银行账户和资金实施集中统一管理和监控，能够有效地规避铁路单位的资金风险、保障资金安全、提高资金使用效率。因此，加强铁路银行账户监管和实施资金归集工作，对于铁道部“积极完善铁路财务管理体制，加强资金归口、集中管理和资金监管，提高存量资金使用效益”具有重要意义。

铁路行业是各家银行积极服务的重点领域。铁路投融资体制改革和资金集中管理改革的变化，对我们的工作和服务提出了新的更高的要求，同时也为我们与铁道行业加强合作、推进业务发展提供了良好的机遇。

利用我行“重要客户服务系统”和DCC系统集团账户理财功能对铁路单位在建设银行的账户实施集中监管和资金归集，既有利于我们利用先进的技术手段和功能，为铁路行业提供优质高效的服务、深化合作关系，也有利于我们自身提高客户服务能力和价值创造力。各分行要充分认识铁路账户监管和资金归集工作的重要性，切实把这项工作抓紧抓好，抓出成效。

二、加强领导，精心组织，切实保障铁路账户监管和资金归集管理工作的顺利进行

铁道部对本次银行账户监管和资金归集的全面推广工作非常重视，要求各铁路局主要负责人亲自领导，推动落实推广工作。今年4月，建设银行总行就铁路单位资金集中归集需求专门成立了由会计部、公司业务部、集团客户部、信息技术部、营运管理部、电子银行部及北京市分行等相关部门（分行）专人参加的铁道部需求项目工作小组。各个铁路局所在地分行和相关协办行也

要由主管行领导亲自负责，加强领导，精心组织，尽快成立项目工作团队，配置专职的铁路行业客户经理、项目经理，形成有效的工作机制，以“特事特办”的方式完成铁路银行账户监管和资金归集工作。

目前，18个铁路局所在地一级分行都有专门服务铁路的支行。下一步，要尽快把包括协办行在内的铁路客户服务体系建立完善起来。各行要加大对铁路业务支持服务的力度，在人力上加大投入，高度重视并加强铁路专职客户经理的配备工作。同时，要形成有效的工作机制，落实人员配置，积极有效地协调、组织、推动辖区内铁路账户监管和资金归集业务的开展。

铁路账户监管和资金归集是一项系统性工作，涉及系统开发与完善、人员培训、会议协调、业务调研等多个方面，除了在人力设置、机构设置上给予必要的保障外，各行也要在财力费用上给予支持，保障本次铁路账户监管和资金归集工作专项经费的需要。

三、加强协调配合，提供优质高效的服务

本次铁路银行账户监管和资金归集工作时间紧、任务重、情况复杂，要求建设银行与铁路客户之间、建设银行内部之间做好“三个配合”。

一是建设银行与铁路系统的配合。总行与铁道部，主办行（协办行）与铁路局、资金结算所、资金结算室及铁路单位要加强联系，相互配合，建立日常沟通渠道。对客户反映的问题要及时整理，加紧研究，尽快解决。要相互理解支持，以积极主动的态度，以优质高效的服务，配合客户做好铁路银行账户监管和资金归集的各项服务工作。

二是总行与分行的配合。要有统一法人意识，树立大局观念。总行、主办行及协办行之间要密切配合，加强信息沟通，对试点过程中出现的和将来可能遇到的问题，要提出改进意见和建议，及时反馈总行，认真研究解决。

三是部门之间的配合。本次铁路银行账户监管和资金归集工作，涉及会计部、公司业务部、集团客户部、信息技术部（北京运行中心和上海运行中心）、营运管理部、电子银行部等多个部门，集团客户部负责客户需求采集及与铁道部的总体协调与沟通，负责组织各项业务的推进；会计部负责非我行开立二级账户结算业务的自动处理项目；信息技术部和电子银行部负责优化集团客户系统功能和DCC关注账户的主动推送功能。各部门之间要相互配合，各司其职，联合研究解决工作中的问题。

要形成快捷服务铁路的绿色通道。首先是在座的分行在办理业务的各环节上要快，其次是相关部门也要提高效率，对铁路行业要形成一个“绿色通道”，切实做到特事特办，急事快办，优质高效，客户满意。

四、切实加强资金监管，确保系统安全运转

近年来，铁道部对铁路资金的安全十分重视，力求通过银行加强对其资金的监管。我们一定要将监管工作做好，这是大局。要求各行在账户监管和资金归集过程中严格执行测试、上线的相关操作程序，注意防控资金风险。同时，当客户遇到资金困难时，为客户出主意、想办法，利用我行资源为客户提供资金解决方案，通过产品组合提供多种服务。要做好系统的监控和维护工作，确保系统安全高效运转，以我们的良好服务和安全运转赢得客户的信任。

五、加强信息沟通，及时反映和处理工作中出现的问题

各行要加强信息沟通，对工作中出现的问题，要第一时间向相关部门和管辖行反映，总行、分行、经办行及相关部门要相互配合，及时处理解决问题。尤其要重视与铁路部门的信息交流和工作沟通，经常主动听取他们的意见，我们的工作有不对的地方，要立即改进，不断提高我们的服务水平。

六、学习借鉴试点行经验，做好下一步推广工作

在铁路账户监管和资金归集前期试点推广工作中，哈尔滨、上海、南昌三个试点铁路局主办行和相关协办行作为试点行，已取得很多好的经验，为下一步全面开展工作奠定了基础。今天，铁道部和我们联合召开会议，决定对全铁路局及其所属单位在银行开设的账户加强监管和实施资金归集。对此，一是各主办行、协办行要与各铁路局及其所属单位多联系，充分协商，补充完善相关协议，不断学习总结经验，包括学习借鉴工商银行的经验。

二是试点铁路局以外的其他15个铁路局所在地分行，要向哈尔滨、上海、南昌三个试点铁路局主办行学习好的经验，加强资金归集工作经验的总结和交流推广。

会后，建设银行与会代表要认真领会这次会议的精神，各铁路局主办行和相关协办行要明确各自的工作任务，确定工作重点，组织专门团队，编制需求方案。同时，要做好会议精神的传达，结合本行情况向主管领导汇报会议精神和要求，配合铁道部和18个铁路局（公司）及其所属单位做好银行账户监管和资金归集工作。

最后，希望铁道部与建设银行相互配合，共同努力，顺利完成铁路银行账户监管和资金归集的全面推进工作，实现“银企互联互控、交易数据集中、资金归集统筹、财务统一管理、稽核实时监督”的目标，取得银企合作的更大成果。

加快处置　深化改革　精细管理 为改善全行资产质量作出更大贡献

——在2007年资产保全工作会议上的讲话

（2007年2月8日）

罗哲夫

同志们：

这次会议的主要任务是认真贯彻全行工作会议精神，总结2006年资产保全工作，表彰先进集体和先进个人，分析资产保全工作当前面临的形势，部署2007年工作任务。

下面，我讲几点意见。

一、全行资产保全工作回顾

2006年，在总行党委的正确领导下，在有关部门的大力支持和帮助下，全行资产保全系统坚决贯彻落实总行党委的战略意图，以不良贷款的盘活处置为重点，以体制改革和机制创新为动力，扎实工作，艰苦攻坚，全面超额完成了全年资产保全工作计划，为实现全行不良贷款“双降”作出了重要贡献。

2006年，全行共处置各类不良资产525亿元，完成全年计划的135%。其中：处置不良贷款本金384亿元，完成年初计划的137%，完成力争计划的120%；处置不良非信贷类资产102亿元，完成全年计划的113%；核销呆账50亿元，完成全年计划的146%。累计现金回收不良资产341亿元，完成全年计划的162%；实现超值现金回收71亿元，完成全年计划的237%；完成不良资产回收贡献（KPI考核指标）207亿元，完成全年计划的172%。

（一）不良贷款处置创历史最好水平

财务重组后，全行的不良贷款余额降至历史最低水平。2006年初的不良贷款余额为932亿元，制订并完成280亿元的不良贷款处置计划已实属不易。第三季度，总行决定要力争实现不良贷款“双降”目标后，全行坚决贯彻落实总行的战略意图，充分挖掘一切潜力，综合运用各种手段，全年处置不良贷款本金384亿元，超计划处置104亿元，不良贷款处置比率达到年初余额的41%。剔除消包、剥离等政策性因素，2006年不良贷款处置额、处置比率均创历史最高水平，对不良贷款率下降的贡献度达70%，对全行实现不良贷款“双降”起到了关键作用。

（二）业务单元制改革稳步推进

2006年，资产保全业务单元制改革围绕“统一归口、集中经营、单独核算、垂直管理”的改革思路，按照向董事会战略委员会汇报的实施步骤，先后在山西、吉林召开改革推进工作座谈会。各分行根据本行实际，认真研究，积极探索，稳步推进。一是进一步扩大了改革范围。北京、山东等20家试点分行启动了改革，其中四川、重庆分行率先实现了资产保全部门的单独核算。此外，浙江等5家非试点分行也出台了改革方案。上述分行结合自身实际情况，积极尝试不良资产的直接经营、联合经营和委托经营方式，基本完成了省会城市不良资产的集中经营，重大不良贷款项目的集中经营度超过80%。二是初步形成了多样化的改革模式。根据改革的总体目标和原则，各分行因地制宜，因行制宜，积极探索各具特色的改革模式。北京等5家分行设立了不良资产处置专业支行（或处置中心），强化了直接经营职能；上海等9家分行对部分直接经营项目进行了账务划转，实现了不良资产账务、核算和考核的“三集中”。各分行普遍组建了项目团队，任务落实到人，并实行工资与绩效挂钩，调动了员工的积极性，为全年工作目标的完成起到了有力的促进作用。三是明确了分步实施的改革步骤。在以层级管理为主导的架构下，由于内外部条件尚未成熟，“单独核算、垂直管理”的改革目标必须分步实施、循序渐进。总行在去年召开的山西座谈会上进一步明确，近期改革的主要任务是启动模拟考核、测算处置成本和费用。去年年底，总行研究制定了一级分行资产保全业务模拟考核办法，并启动了2006年度考核工作，各分行保全业绩的评价已逐步步入客观化、数量化、规范化的轨道。

（三）不良资产专业化处置能力进一步提高

2006年，通过继续推进重点联系行制度，建立和完善业务联动机制，大胆尝试处置新手段，全行资产保全系统在实践中进一步提升了专业化处置能力。一是重大项目的处置力度有了明显提高。132户亿元以上的不良贷款项目中，83户取得重大进展、20户处置完毕，处置金额突破100亿元。集团性不良客户德隆系企业的重组工作基本完成，全行前三大不良贷款户——华能伊敏煤电有限责任公司、兰州铁路局及大唐辽源热电有限责任公司共48亿元的不良贷款全部处置完毕。各分行对辖内重大项目也实施了直接经营，处置效率和效果明显提升，如甘肃省分行年初确定了82户重点项目，2006年底有56户取得了进展，共处置不良贷款本金18亿元，占全部不良贷款处置额的75%。二是重点联系行制度取得明显成效。2006年，由总分行资产保全部门负责人牵头，对重点联系行继续采取现场办公、工作交流、建立信息传递绿色通道等多种方式，加大指导和支持力度。北京等10家重点联系行全年累计处置不良贷款192亿元，全行占比50%，回收现金150亿元，全行占比53%。三是新机制、新手段的促进作用突出显现。2006年，总行正式启动不良贷款的跨区域联动处置机制，有效整合了区域分行的资源优势，取得了多头不良贷款处置的重大突破。如中关村开发建设股份有限公司在北京分行、天津分行2.4亿元的不良贷款，通过两级三方的协调行动，成功回收现金1.74亿元。总行还启动了专家咨询诊断机制，组织专业能力强、经验丰富的员工对部分复杂项目进行了分析评价，为制订科学、合理、可行的处置方案提供了专业技术支持。2006年，网上资产推介平台的营销范围有所扩大，由抵债资产拓展到了不良贷款抵押品和债转股资产。北京分行通过买断型信贷资产转让方式回收星美传媒不良贷款本金1.7亿元，实现了通过商业化债权转让方式处置不良贷款的突破。

（四）个人类贷款标准化催收作业流程体系成功建立

2006年，由总行资产保全部牵头，会同住房金融部与个人信贷部、电子银行部和信息技术管理部等部门共同合作，成功建立了个人类贷款标准化催收作业流程体系（以下简称流程体系）。流程体系于2005年12月正式启动，去年4月在北京、上海、广东、四川4家分行试点，11月在全行正式推广，历时近一年的时间。流程体系通过整合总分行95533呼叫中心和短信网络平台等渠道资源，统一了全行个人贷款催收处置手段的流程与标准，规范了全行个人贷款的贷后管理和催收程序。流程体系的推广使用，真正实现了我行个人贷款从发放、管理到催收处置各环节工作的“无缝隙连接”。从4家分行的试点情况看，流程体系集中催收金额达121亿元，催收成功率高达41%，效果十分明显。

（五）“资产包”处置和实体移交工作全面完成

2006年，我行不良资产批量处置工作取得显著成效。一是“广东包”于2006年11月成功交割。该资产包共处置了广东省分行和总行本级的144项、9.6亿元抵债资产，其中95%为收取两年以上的逾期待处置资产。从申请立项至资产交割时间短，在不良资产交易保证金托管及交易结构设计等方面实现了多项创新，为不良资产的批量处置又增添了新的成功案例。二是彻底解决了"国际包"已交割资产的过户问题。2004年10月交割的"国际包"，因存在问题过多、涉及情况复杂，我行履行承诺过户较为困难。为减少交易风险，降低管理成本，总行与相关分行积极采取措施，与两家买受人多次谈判，最终达成了一揽子解决方案，提前解决了全部资产承诺过户的问题，大大压缩了"国际包"项目后续问题的处理时间。三是完成了原建行自办实体的不良债权的处置报批工作。经缜密研究和反复论证，总行最终确定了向中国建银投资有限公司整体转让的处置方案。目前，该方案已基本得到国家有关部门的认可，交割前的各项准备工作已基本就绪。

我行经与中国建银投资有限公司反复沟通与协商，全面完成了原建行2 318户自办实体和904笔对外投资的移交工作，较为妥善地解决了历史遗留问题，规避了我行对原自办实体的法律风险。全行受托处置原中国农业发展信托投资公司的资产和企业债券投资，累计回收现金1.3亿元，实现代理费收入850万元。

2006年是我行自行管理和处置债转股资产的第一年，在既无处置经验又未增加费用的情况下，取得了显著成绩。一是成功取得了银监会的正式批复，具备了直接持有并管理债转股资产的合法资格，为顺利办理债转股工商变更登记扫清了政策障碍。二是加强沟通与协调，累计完成了124户债转股项目的工商变更登记工作，完成率接近3/4。三是债转股的现金回收率达87%，在形态结构恶化、预期损失加大的情况下，仍超过了委托管理和处置的效果。同时，节约委托管理费和奖励费用6 000多万元。

（六）基础管理迈上了新台阶

为适应不良资产的集中经营，提高管理的效率和效益，2006年10月，资产保全业务管理系统（以下简称SARM系统）在全行正式推广。SARM系统的成功上线，凝结了全行资产保全人员的智慧和心血，34家分行先后抽调了63名业务骨干参加了系统的开发、测试，上千名员工参加了数据清洗、补录，及时、准确地录入数据共5万笔。该系统是第一个覆盖全部资产保全业务的信息系统，是第一个将流程管理和MIS系统相结合的业务管理系统，也是同等开发工作量中资金投入最少的项目，全部开发费用不足900万元。该系统的上线推广，将结束手工操作的历史，促进资产保全业务管理发生质的飞跃，为实现粗放管理向精细化管理的转变奠定了基础。

2006年，总行结合内外部实际和业务发展的需要，及时出台了假按揭贷款还原、损失类抵债资产处置、无本有息户清理等15项规章制度，内控防范体系进一步完善。同时，根据金融系统开展治理商业贿赂专项工作的要求，全行资产保全系统针对不良资产处置的关键环节和风险点，对易发、多发不正当交易行为的环节、部位，进行全面清理和自查自纠，进一步提高资产保全业务的合规性。2006年初，总行还组织各分行开展了抵债资产、呆账核销、减免息及现金回收的真实性、合规性检查，以消除风险隐患。分行自查、总行抽查共发现问题328个，涉及金额14亿元，目前，上述问题的整改已基本完成。

2006年是全行保全系统承受压力最大的一年，也是工作成果最多的一年。这些成绩的取得，得益于总行党委、董事会、监事会、高管层的高度重视和各有关部门的大力支持；得益于各一级分行"一把手"和分管行领导的精心指导和直接参与；得益于各级行对资产保全业务的激励措施到位；得益于总分行资产保全部门的精心组织和认真落实；也得益于资产保全条线全体员工"锲而不舍、努力拼搏"的精神，以及"不畏艰辛、真抓实干"的工作作风。

在此，我代表总行党委、高管层，向工作在全行资产保全战线上的广大干部员工表示衷心感谢！向2006年资产保全工作先进集体和先进个人表示热烈祝贺！

二、当前资产保全工作面临的形势

（一）认清形势，积极应对，增强做好资产保全工作的紧迫感和责任感

近几年，随着外部环境的改善、管理体制和经营机制的完善以及风险控制能力的提高，全行资产质量得到明显改善，但仍然存在着一些外部因素，对资产保全工作形成不小的压力和挑战。第一，部分贷款质量受政策影响较大。去年上半年，国家针对经济运行中出现的固定资产投资增长过快等突出问题，出台了一系列调控政策。尽管我行积极采取应对措施，及时调整信贷结构，严格控制对产能过剩行业、潜在产能过剩行业的贷款投放，但由于新增贷款绝大部分于上半年发放，且信贷资产比重较大，国家宏观调控的结果将在今年起逐步显现。第二，企业的整体抗风险能力较弱。部分企业资本金不足，融资渠道窄，资产负债率高，一旦遇到经济大幅波动，效益可能迅速下降，这将对我行的信贷资产质量产生不小的压力。第三，信用环境和法律体系还有待完善。有法不依，执法不严，诉讼难、执行难、执行周期长的现象比较突出；企业通过关联方转移资金，以重组、分立、收购、兼并等手段逃废银行债务的现象时有发生；个别地方还存在着政府行政干预银行经营、阻挠银行依法收贷的问题。第四，不良资产处置手段单一。银行保全资产目前仅限于清收、诉讼、重组、减免息、收取抵债资产及核销等传统方式，借鉴国际经验的市场化处置手段尚有政策限制，处置盘活效率难以提高。第五，不良贷款连续“双降”难度较大。我行的不良贷款额和不良贷款率在四大国有商业银行“双低”的情况下，继续实现监管部门提出的“双降”要求，困难和压力将进一步增大。

从内部情况看，存量不良资产的处置难度进一步加大，完成全年的处置任务仍十分艰巨。一是不良贷款形态恶化。2006 年底，可疑类贷款和损失类贷款余额达 641 亿元，约占不良贷款余额的 70%，比 2006 年初增加了 110 亿元。二是重大不良贷款项目的比重较大。集团性不良贷款余额为 207 亿元，占公司类不良贷款的 1/4；单户在 5 000 万元（含）以上的不良贷款余额为 418 亿元，占比接近 50%。这些项目的可控性差，受政策性因素影响大，短期内难以处置。三是未到期不良贷款项目占比高。未到期不良贷款余额 238 亿元，约占全部不良贷款余额的 30%，受法律法规和合同约定的限制，银行难以要求债务人提前偿还贷款。四是不良贷款的处置周期较长。目前，近 60% 的不良贷款采用诉讼等法律手段清收处置。受地方保护、法院执行程序及时限的影响，从内部交接到处置完毕平均耗时在两年以上，有的甚至更长。

此外，资产保全工作当前也存在一些困难和不足，主要表现在：部分分行对巩固资产质量成果的长期性、艰巨性认识不到位，不良资产数额大但不良资产比率低的分行缺乏处置的紧迫性；有的分行保全部门负责人变动比较频繁，业务骨干调离较多，不利于专业化水平的提升；管理体制、经营机制和激励约束机制还不能适应“又快又好”地处置不良资产的需要；操作风险时有发生，内控防范有待进一步加强。这些问题必须引起高度重视，并要采取有效措施加以解决。

（二）坚定信心，迎接挑战，提高资产保全工作的贡献度

我们在增强做好资产保全工作的紧迫感和责任感的同时，也要看到当前的内外部环境正在发生积极的变化，这给资产保全工作带来了机遇和动力。

第一，全行上下对资产保全工作的重视程度不断提高。总行党委高度重视资产保全工作，郭树清董事长、张建国行长曾多次出面，与政府有关部门沟通协商，研究解决重大项目及实体类不良资产处置等有关问题，并指示行内有关部门在资源配置等方面给予倾斜。各分行也将资产保全工作作为重点工作之一，对于大项目的处置，始终给予重点关注，个别项目甚至由分行“一把手”亲自挂帅、全程跟踪。有的分行不仅将总行配置的专项激励费用全额兑现到保全业务条线，还另外配套增加了费用和奖励，为资产保全工作的开展创造了良好条件。今年，为调动全行员工的积极性，总行将专项配置 3.5 亿元战略性费用，以便进一步加大激励力度。

第二，资产保全条线的专业化处置能力和价值贡献进一步提高。近年来的业绩表明，我行的资产保全队伍经过多年的工作实践，初步具备了专业化的处置能力和工作水平。几年来，资产保全工作不但直接影响资产质量的高低，对全行财务效益的价值贡献也在逐步加大。主要表现在：通过实现超值现金回收，降低了信贷成本，直接增加了利润；通过回收现金、核销呆账，盘活了低效、无效资产，为上游部门拓展了新增贷款空间，为提高全行效益奠定了基础；通过重组实现了不良贷款向上迁徙为正常类、关注类贷款，相应回拨已计提的拨备，间接增加了利润。2005 年以来，全行资产保全系统累计回收现金 690 亿元，年均 345 亿元；实现超值现金回收 130 亿元，年均 66 亿元，其中 2006 年为 71 亿元；150 亿元不良贷款成功向上迁徙为正常类、关注类贷款，年均 75 亿元，其中 2006 年为 95 亿元。可以预见，资产保全队伍在我行的价值创造方面将发挥越来越大的作用。

第三，全行整体财务实力显著增强。2006 年，我行各项业务呈现快速良好的发展态势，各项业务指标和财务指标均处于同业领先水平。税前利润 660 亿元，总资产净回报率、股本净回报率分别为 0.93% 和 14.95%，不良贷款率为 3.26%，均位于四大国有商业银行的首位。全年新提拨备 177 亿元，拨备覆盖率达 85.46%（不含一般拨备），比去年底提高了 18.68 个百分点，信贷成本率为 0.62%，与去年基本持平。全行整体财务状况的显著增强为不良资产的消化处置提供了支持和保障。

第四，外部政策环境不断完善。一是国家新出台的《破产法》将劳动债权和抵押债权的清偿顺序进行了新老划断，金融机构的债权得到了一定程度的保障。今年，《物权法》也有望出台，企业和个人的财产范围、归属、保护将得到进一步的明晰和界定，这也将有利于维护银行的合法权益。二是国家司法机关近年来一直致力于解决执行难的问题，先后出台了一系列司法解释。2006 年，最高人民法院又正式出台了关于法院执行公开、案件执行期限等相关规定，这将进一步保障银行合法权益，有效缩短诉讼周期。三是有关金融监管部门也在积极研究解决银行自主核销呆账的问题。同时，随着不良资产证券化试点的成功，商业银行也有望采取新手段处置不良资产。四是不良资产市场发育不断完善，随着四大资产管理公司的政策性处置任务全面完成，市场化将成为不良资产处置的主旋律。

根据我国加入世界贸易组织的承诺，我国金融业已全面对外开放，今后，银行业的竞争将更加激烈。提高综合竞争能力的关键之一，就是要不断加强风险控制能力、提高资产质量水平。2007 年继续保持不良贷款额和不良贷款率“双降”，将是一个强烈的监管信号，也是今年监管部门的监管重点，防止不良资产反弹、改善资产质量、加大处置力度，仍是我行今后工作的重中之重。

三、2007 年资产保全工作的基本思路和安排

2007 年资产保全工作的基本思路是：认真贯彻全行工作会议精神，继续以不良贷款处置为重点，以体制改革和机制创新为动力，加强精细化管理，提升专业化水平，为改善全行资产质量作出更大贡献。

根据全行的资产质量控制目标，2007 年全行资产保全业务的主要计划指标是：

——处置不良资产 398 亿元，其中确保处置不良贷款 280 亿元，力争达到 300 亿元；处置非信贷资产 118 亿元（其中债转股 80 亿元）。

——现金回收不良资产 229 亿元，其中现金回收不良贷款 180 亿元。

——实现不良资产超值现金回收 50 亿元。

为完成全年计划目标，今年要重点做好以下几方面的工作：

（一）周密部署，确保完成全年各项工作任务

当前，控制不良资产反弹、实现不良资产“又快又好”地处置，是今年乃至今后一段时期的重点工作之一，也是国内外投资者关注的焦点。2007 年，在全行不良资产处置计划安排中，不良贷款处置任务超过 70%，任务十分艰巨。对此，各分行必须高度重视，要继续把不良贷款处置放在突出位置，在控制新增不良资产产生的同时，加快存量不良贷款的处置。特别是“额大率低”的分行，要胸怀全局，利用一切有利条件，加快回收处置。

第一，要抓好重点分行的处置工作。今年，总行资产保全部将对环渤海、东北区域分行给予重点关注，同时将广东、北京、山东、河北、湖南、辽宁、天津、甘肃、江西、山西 10 家分行作为重点联系行，部门负责人要进行现场指导和服务，及时解决不良贷款余额大行的困难和问题。各分行也要根据所辖不良贷款的分布特点，以“不良资产余额大”且“不良资产率高”的中心城市分行为重点，加大沟通和指导力度，提高对完成全年处置任务的贡献度。

第二，要抓好重点不良贷款项目的处置。总行资产保全部将单户 1 亿元以上的 143 户不良贷款项目，作为直接参与经营的重点。各分行也要根据实际情况，确定重大项目的标准，做好直接经营工作，充分发挥大项目的龙头带动作用。

第三，要重点抓好中小企业及房地产行业不良贷款的处置。据统计，2006 年底全行中小企业、房地产行业不良贷款余额分别达 447 亿元和 186 亿元，不良贷款率分别为 8.62% 和 6.12%，高于全行平均水平 4.88 个和 2.38 个百分点。为适应我行中小企业

业务发展战略要求，合理调整房地产信贷结构，总行资产保全部要在调研的基础上加强政策研究，提出有效解决措施。各一级分行要认真分析情况，采取不同方式，抓住时机，加大两类不良贷款的处置力度，为落实信贷业务发展战略创造良好的条件。

（二）全面推进资产保全业务单元制改革

2007年，资产保全条线要继续按照“统一归口，集中经营，单独核算，垂直管理”的改革思路，在巩固前期改革成果的基础上，在38家分行全面实行业务单元制改革。未启动改革的分行，要出台改革方案；已实施改革的分行，要及时总结经验并加以完善。改革的模式可以多样化，全行不搞“一刀切”，各分行可根据自身实际情况，因地制宜地选择最适合的改革模式。无论哪种改革模式，各分行都要做好以下几点：一要继续加强不良资产的集中经营。通过提高经营重心和决策层次，不断提升处置能力，提高处置效率和效果，并减少操作风险。二要进一步整合资产保全机构和人员。结合不良资产规模及地域分布等实际情况，优化二级分行资产保全机构设置，并根据不良资产的金额及笔数，做好资产保全部门的定编定岗工作，强化不良资产的集约经营处置；同时要切实强化各分行资产保全部门的经营职能，真正实现从“管分（支）行”向“管项目”的转变，从管理职能向经营职能转变。三要进一步完善激励约束机制。各一级分行资产保全部门要负责直接经营项目的尽职调查，处置方案的研究制订、申报审批和组织实施，承担主经营责任。同时，要将处置效率和效果与二级分行、项目组及成员等相关各方的经营业绩、费用分配进行挂钩，加大考核激励力度，提高各方的处置积极性。四要逐步树立成本控制观念。为不断降低处置成本，总行资产保全部正与计划财务部积极协商，研究模拟测算各一级分行不良资产处置费用率和现金回收费用率的方法和手段，今年力争实现资产保全条线成本费用的模拟考核。各分行也要积极探索成本控制方法，不断积累处置成本费用数据。

（三）继续完善经营机制，加强处置手段创新

2007年，资产保全条线要及时总结经营机制的运作效果，进一步补充、完善相关规则，并加大实施力度。首先，要强化考核机制。今年，为突出不良贷款处置的重要性，对一级分行行长KPI指标进行了调整，将“不良资产现金贡献度”调整为“不良资产处置贡献度”，其中，不良贷款处置额占70%，超值现金回收占30%，并首次下达了资产保全条线KPI指标，同时调整了战略性费用分配原则，2007年按不良资产处置和超值现金回收计划，设置差别化挂钩系数，以激励分行不断提高不良资产处置的效率和效果，各分行也要出台配套的奖励政策和措施，并确保奖励兑现到人。其次，要创新联动机制。总行要在去年启动的区域分行处置不良资产联动机制的基础上，积极探索联动的有效方式；继续完善大项目专家诊断制度，吸收具有多年丰富处置经验的分行员工参与大项目处置方案的诊断；研究建立与公司业务条线的联动机制，重点做好关联类不良贷款的处置工作。此外，与外部的信达公司、中国建投等单位也要加强沟通与互动。通过不同层次的联动，实现优势互补和资源共享，不断提高不良资产的处置效率和效果。最后，要完善问题客户提前介入机制。总行资产保全部要结合信贷资产风险十二级分类，会同有关部门尽快研究出台相关办法，明确介入关注类贷款拟退出客户的管理办法和流程。各分行要根据总行有关规定，进一步完善资产保全部门参与全行重大风险事项处理的机制，充分发挥资产保全部门的事前保全职能。

要积极拓展处置手段的创新与研究，在灵活运用直接催收、诉讼、减免息、以物抵债等传统手段的基础上，尝试运用投资银行工具，以多种方式推进市场化重组，提高复杂不良项目尤其是集团性问题客户的运作能力。要着手启动不良资产证券化方案的研究和制订，为批量处置不良资产闯出新路。要进一步加强对个人类不良贷款催收处置的政策研究，积极探索不良个人类贷款处置政策，不断拓展处置渠道。要集中资源，加强部门协调，实现个人类贷款标准化催收处置工作的制度化和常态化。

（四）多渠道消化非信贷不良资产，加大核销力度

债转股资产的处置任务较为紧迫，明年4月是银监会确定的最后处置期限，今年处置计划的完成与否，将直接影响整个处置目标的顺利实现。各分行要充分认识该项工作的重要性和紧迫性，主动与债转股企业控股股东、各级国有资产经营管理部门、当地政府、行业龙头企业等有关各方加强联系，力争又好又快地处置，努力实现多方共赢。对于部分目前经营状况良好企业的债转股，各分行要早下决心，不要错过最佳处置时机。

各分行要认真做好抵债资产管理和处置工作，在严格收取抵债资产的同时，按照“快进快出”原则，加大抵债资产的处置力度。要充分利用SARM系统提供的信息，发挥网络推介作用，提高抵债资产的市场化处置水平。

近几年，年底集中申报核销的问题仍然比较突出。各分行要继续坚持“早计划、早准备、早申报”的原则，实现核销季度均衡，并确保核销计划圆满完成。

（五）加强基础管理，防范和控制风险

近年来，内外部审计检查发现，资产保全业务存在操作风险，特别是收取、处置抵债资产以及核销呆账等环节发现的问题较多，甚至发生案件。今年1月，中央纪律检查委员会第7次会议将违规贷款核销作为党风廉政建设和反腐败工作的重点之一。我们在处置不良资产、化解风险的同时，必须充分认识到加强基础管理的重要性，必须坚决杜绝任何新风险的产生。一要坚持按业务流程规范操作。总行要抓好SARM系统的推广使用和日常维护工作，确保系统平稳运行，适时启动二期优化项目。全行资产保全系统要组织员工用好SARM系统，通过发挥系统强大的数据统计、流程监控等功能，规范处置流程，提高精细化管理水平。二要加大业务检查力度。第一季度，总行要组织全行开展资产保全业务大检查，重点检查呆账核销、抵债资产的收取及处置、内外部审计检查已发现问题的整改等。通过对关键环节、关键部位、关键岗位的检查，及时发现问题、堵塞经营漏洞。三要完善各项规章制度。全行资产保全系统要重新梳理不良资产的经营管理流程，进一步完善资产保全业务内控体系。同时要结合业务发展需要，及时出台新办法、新制度，确保提高效率、规范操作。

（六）加强专业化队伍建设

保全工作的专业性、复杂性与日俱增。为增强保全队伍的战斗力，首先，要通过多种渠道建立相对稳定的专家型队伍。各一级分行要保持资产保全部门负责人和业务骨干的相对稳定，同时，要注重培养、调配、引进一批具备金融、法律、财务、投资银行等专业技能的复合型人才。需要强调的是，一级分行资产保全部门主要负责人的工作调整，仍需按照规定征求总行资产保全部的意见；新调入人员要进行资格审查。其次，要继续强化业务培训力度。总行今年将在境内外举办业务骨干培训班，并着手组织不良资产处置案例的编写工作。各分行也要通过“走出去、请进来”等多种方式，加强培训频率和力度，同时要注意区分不同对象，注重培训效果和实用性。最后，要加大专业技术职务的评聘力度。根据总行专业技术职务聘任办法，“风险经理”序列应涵盖资产保全岗位。各一级分行要加大专业技术职务的评聘力度，拓宽资产保全岗位员工的晋升通道。

同志们，2007年的资产保全工作非常艰巨，我们要统筹兼顾，突出重点，继续发扬“特别能吃苦、特别能战斗、特别能钻研、特别能奉献”的精神，勤勉敬业、扎实工作，为改善全行的资产质量作出更大的贡献！

总结经验　坚定方向
以高质量的风险管理促进高质量的发展

——在2007年风险管理工作会议上的讲话

（2007年3月20日）

罗哲夫

同志们：

刚才，小黄同志对今年的风险管理工作作了布置和安排，一会儿，张建国行长还要发表重要讲话。这里，我主要讲四个方面的内容：一是对去年的风险管理工作进行回顾；二是分析当前风险管理工作面临的新形势；三是实施新资本协议和推进全面风险管理；四是提出今年风险管理工作应重点关注的几个问题。

一、2006 年我行风险管理成绩显著

去年，全行风险管理和信贷审批部门在践行先进风险管理理念、推进体制机制改革、提高资产质量、加强政策制度建设、夯实管理基础、严格内部控制以及推进管理计量技术发展和工具开发应用等风险管理基础设施建设方面，做了大量的工作，有力支持了全行经营管理整体水平的提高，促进了行业、产品等信贷结构的调整优化，巩固了总资产回报率（ROA）和股本净回报率（ROE），保障了我行的安全稳健运营，为顺利推进业务战略转型和提高市场竞争力打下了良好基础。主要表现在以下 6 个方面。

——不良资产额和不良资产率控制措施得力。针对不良贷款反弹的严峻形势，去年我行在提高资产质量、降低不良贷款方面采取了多项措施，取得了较好成效，全行不良资产额和不良资产率实现“双降”。截至 2006 年底，全行境内外机构不良资产余额为1 243. 49亿元（均为审计后数据，下同），比年初减少 88. 8 亿元（同口径相比，下同）；不良资产率为 2. 28%，比年初下降了 0. 62 个百分点。其中，全行境内外机构的不良贷款余额为 943. 99 亿元，比年初减少 0. 70 亿元；不良贷款率为 3. 29%，比年初下降了 0. 55 个百分点。全行境内机构非信贷不良资产余额为 299. 50 亿元，比年初减少了 88. 1 亿元；非信贷不良资产率为 1. 1%，比年初下降了 0. 56 个百分点。实现“双降”是银监会着重强调的，去年我们实现了这个目标，这与在座各位的努力是分不开的。

——风险管理体制改革成效明显。2006 年是我行风险管理体制改革全面展开并取得突破性进展的一年，各项改革推进顺利。截至 2006 年底，总行向各一级分行派出了 38 位风险总监，全行共配备风险主管 538 人，派驻县级支行专兼职风险经理1 883人，全行集中、垂直的风险管理组织架构和报告路线已经基本形成。平行作业方面，有 35 家分行进行了贷前平行作业，36 家分行实施了贷中和贷后平行作业，平行作业范围开始由大中型企业向小企业和个贷业务方向拓展，风险管理工作开始更多地融入业务流程之中。从实施情况看，绝大部分一级分行对风险总监的工作给予了高度评价和肯定，各分行的风险总监也能很快转变工作角色，积极主动与所在行班子成员进行沟通，较好地履行了工作职责。

——风险监控实效性增强，报告机制逐步完善。针对风险监控工作中存在的问题，去年总行对不同类别的资产业务、不同资产的风险程度制定了差别化的监控流程，提高了监控工作的风险敏感度。建立了十大不良客户定期监控制度，大客户风险预警和重大风险事件快速响应及处置工作得到强化。逐步完善了监测考核机制，对分行资产质量计划的执行情况实行了动态监控。在加大风险分析和报告力度的同时，扩展了风险分析报告的范围，对表内外、境内外，银行账户和交易账户中的各类风险进行了系统分析和提示，初步建立了适应风险管理需要的风险监控和报告机制。

——信贷审批体制改革不断深化。近年来，信贷审批部门在提高信贷审批质量与效率方面做了大量的改革和创新工作。去年 7 月，全行系统积极推行方案审批模式，通过审批方式改革提高了经营部门授信谈判和风险定价能力。在统一基本审批流程的基础上，加强了关键环节的风险控制。个贷审批资源得到整合，开始建立专业化的个贷审批团队。制定了行业审批指引，进一步提升了信贷审批对全行信贷业务健康发展的保障能力。

——风险管理政策、制度进一步完善。围绕促进业务发展和风险管理精细化的要求，总行去年集中梳理现有政策制度，重点重检行业和客户选择政策、贷后管理办法、额度授信管理办法、客户评级办法、非信贷资产风险分类细则以及信贷业务手册等基础管理制度，提高了政策制度的适应能力。同时，制定了《十二级风险分类管理办法》、《公司及机构业务信贷管理政策》、《零售信贷政策》、《操作风险管理政策》、《风险监控操作规程》等多项规章制度，完善了风险政策制度和管理体系，优化了风险管理工作流程。

——风险管理工具的开发与应用取得突破。在进一步加快风险计量工具和系统建设的基础上，去年我行在改进风险管理工具方面做了一些开创性的工作，大大提高了风险管理技术含量。2006 年，对公敞口系统得到升级优化，与美国银行的零售敞口系统建设取得突破，推出了经济资本计量方案，为下一步实施以风险调整后收益为核心的绩效考核机制、完善以风险成本为基础的

产品定价模式、建立严格的资本和风险成本约束机制奠定了良好基础。

二、适应新形势，处理好业务发展与风险管理的几个关系

（一）当前我行风险管理面临的形势

去年，在国民经济较快增长和金融运行总体平稳的背景下，我行保持了快速发展的良好势头，在增加信贷投放的同时，资产质量继续改善，经营绩效进一步提升。当前，随着我国金融业全面开放，资本市场加快发展，利率市场化迅速推进，外部环境变化对我行的经营形势提出了严峻挑战，我行的风险管理工作也面临着一些突出问题。

一是宏观政策变化的影响。近年来，针对部分行业产能过剩矛盾进一步加剧的情况，国家加大了对产能过剩行业及其上游行业的调控力度，最近一段时间，又把钢铁、冶金、火电、石化行业等高耗能、高污染项目作为宏观调控的重点。针对产能过剩行业贷款增加较多的情况，总行提出了有保有压控制贷款投放的要求，明确了宏观调控行业的客户准入标准，对贷款投放行业和客户结构作了安排，总体效果明显，但任务还很艰巨。应该看到，我国宏观经济形势变化与经济金融体制改革的推进、经济增长方式的转变以及和谐社会的建设等密切相关。这些因素推动了国家宏观经济政策的调整，并对银行的风险管理能力提出了新的要求。因此，防范系统性风险，增强抵御经济周期性变动的能力，将是今后一个时期我行风险管理工作的一项重要任务。

二是市场竞争形势日益严峻。今年，国内市场已向外资银行全面开放，政策性银行开始向商业银行转轨，流动性过剩带来了投资压力，再加上中国银行、工商银行上市后集中精力加大营销等一系列新情况，将使整个银行业的竞争更趋激烈。在今年的全国金融工作会议上，温家宝总理指出我国资本市场的直接融资能力还很弱，与整个经济进程很不适应，今年将继续加大直接融资比例，这对间接融资也是一个考验。最近发展改革委员会在企业债审批方面的速度明显加快了，影响还是比较明显的。面对这样的形势，如何既能实现有效的风险管理，又能促进各方面业务的健康快速发展，是我们当前急需研究的问题。

三是利率、汇率改革继续深化，市场的不确定性增加。随着利率市场化的加速推进，利率风险对商业银行净利差收入的影响日益显著。同时，人民币汇率形成机制的改革也在提速，客户的外汇风险和我行自身的外汇敞口不断增加，汇率风险管理也面临着严峻挑战。与此同时，在流动性过剩和贷款规模增长受限的情况下，我行投资类资产增长很快，全行利率、汇率敏感性资产比重不断提高，对利率、汇率变化的及时应对能力，直接关系到全行的盈利水平。随着利率汇率的波动性加大，怎样运用风险管理工具安排好风险敞口，有效规避汇率风险和利率风险，是摆在我们面前的一项迫切任务。

四是风险管理体系还不完善。我行风险管理水平在国内同业中一直保持领先位置，总体情况良好，但与国际一流银行相比还有较大差距，实际运行中还存在一些不完善的地方。第一是条线和层级之间、风险管理部门与业务部门之间的关系还未理顺，平行作业在多数分行还没有实施到位。第二是风险管理理念、工具、手段和机制还没有及时跟进。风险管理部门要根据外部形势变化和内部管理要求，创新风险管理手段，开发风险管理工具，经营部门也要转变观念，用好工具。第三是我行一些业务存在环节过多、手续烦琐的问题，影响了工作效率，限制了市场营销的空间；一些业务制度随着各方面的情况变化，已不能起到防范风险的作用，需要及时进行梳理和调整。第四是全面风险管理体系还不完备，市场风险管理体制还未理顺，系统化的操作风险管理也刚刚起步。

五是操作风险和案件防控任务艰巨。自股改上市以来，我行重大风险事项和案件始终是监管机构和投资者关注的焦点。去年我行出现的一些案件，反映出基层行制约机制失衡、管理基础薄弱、对审计和检查发现的问题整改不力等较严重的问题。应该认识到，在现有的层级组织管理框架下，处于结构末端的众多的支行、分理处仍是内部管理的薄弱环节，仍是案件高发的风险点，在当前经济和金融生态还不乐观的情况下，我行防范操作风险和案件的形势依然严峻。

（二）正确处理好业务发展和风险管理中的几个关系

在市场竞争日趋激烈、经营环境日渐复杂的形势下，要确保我行各项业务持续、健康、快速发展，需要以实施新资本协议为

契机，通过加强全面风险管理、整合风险管理要素和资源，发挥风险管理体系的整体效能。为此，要转变观念，着力处理好业务发展和风险管理中的几个关系。

独立性与开放性的关系。风险管理的独立性，就是要由独立的机构、人员，以独立的视角对业务发展中存在的风险进行客观识别、度量和控制，风险管理要守住底线，以高质量的风险管理保证高质量的发展。在保证独立性的前提下，要保持风险管理的适度开放性，始终面向不断变化的市场、客户和同业，与时俱进，顺势而为，服务业务健康发展。风险经理不能简单地否定项目，简单地回避风险，而应当主动经营风险，要从化解风险的角度，实事求是地分析判断风险，帮助客户经理识别、防范、覆盖风险。风险管理部门和业务部门要加强沟通，要探索制度化的沟通机制，建立高效率的沟通模式和沟通渠道。

统一性与差别性的关系。统一的风险管理理念、战略和偏好是各项具体风险管理活动的指南，是实现风险管理目标的根本保证。在统一的风险管理前提下，实行差别化的风险管理政策，是风险管理得以有效贯彻的重要条件。我行实施业务转型战略后，经营领域的广泛性、业务产品的多样性、客户需求的复杂性会逐步增加，客观上也要求进一步实行差别化的风险管理政策和制度，在零售业务、小企业业务等方面要有差别化的政策措施和流程安排。

业务转型与风险管理支持的关系。长期以来，我们在信贷业务方面积累了很多经验，形成了一套相对成熟的风险管理制度和标准。上市以来，我们的资产结构发生了很大变化，利率汇率敏感性资产比重不断增加，零售资产比重不断增加，表外资产比重不断增加，收购美银亚洲后海外资产也增加了很多。在业务转型和资产结构调整过程中，除了继续加强公司贷款业务的风险管理外，还亟须提升全行资金业务、零售业务和中间业务的风险管理能力，培育与我行资产结构、业务结构和收益结构调整相适应的风险管理能力。不仅要管好信贷风险，还要管好全行的本外币、海内外、表内表外、银行账户和交易账户中所有业务的风险，不留死角。

条线管理与层级管理的关系。在当前“层级管理”向“垂直集中”转换的过程中，条线与层级要从各自独立的角度，按照共同的风险标准，对风险回报进行全面把握。客户经理侧重于挖掘客户的市场价值，风险经理侧重于揭示其中的风险因素，二者是功能互补和业务协同的关系。分行要认真领会总行风险体制改革的精神，支持风险总监履行职责；风险条线要在主动进行风险管理、自觉保持独立性的同时，要与分行做好沟通，共同承担风险责任。总之，关键是要处理好风险总监与分行的关系，在风险总监上岗之前，我在会上、学习班上也给大家强调过这一点。从目前来看，总监的履职情况还是比较好的，多数分行对各位风险总监到位之后的工作都给予了充分的肯定，但也有个别关系处理得不太好，这还要引起大家的重视。

三、以实施新资本协议为契机，提高建设银行的全面风险管理能力

新资本协议引入了以资本为核心的全面风险管理体系，提出了包括市场风险和操作风险在内的一整套风险管理框架安排，凝结了国际先进银行风险管理的最佳做法，是否有能力采用新资本协议明确的风险管理方法，已经成为国际金融市场判断一家银行管理能力的标志。银监会已经明确要求国内主要商业银行在2010年左右实施新资本协议。作为一家大型上市银行，实施新资本协议，加强全面风险管理体系建设，能够使我行在提升管理水平、推进战略转型和业务创新的同时，进一步获得投资者的认可，进一步提高对国际金融市场的适应能力。

总行党委对实施新资本协议工作非常重视，去年7月成立了以张建国行长为组长，我和小黄同志为副组长的新资本协议和内部评级法推进领导小组，负责统筹规划、组织推进建设银行实施新资本协议的各项工作。下一步，要抓紧启动新资本协议实施总体规划，各项工作要快速到位，人财物配备要及时跟进。针对目前的风险管理状况，要争取尽快在以下几个方面取得突破。

（一）快速提高风险管理技术水平

实施新资本协议，要充分借鉴国际先进银行的成熟经验，通过与美国银行战略合作、外部咨询等多种途径实现技术转移，快速提高风险管理技术水平。一是要通过风险管理工具的研发应用，

改变目前业务操作中高成本、低效率的人工作业模式，提高作业效率。二是要依托内部评级技术，增强客户细分能力和风险定价能力，进一步增强对目标客户的营销能力和服务能力。三是要提高组合管理能力，实现既定风险下行业、区域、产品、客户的结构优化和动态调整，通过经济资本管理工具，降低组合风险，提高整体资产组合的回报水平。

（二）逐步建立与实施新资本协议相适应的管理体制和运行机制

新资本协议不仅仅是风险计量技术体系，同时也是一套成熟的管理机制和制度体系，蕴涵了一套完整的技术标准和制度标准。要以实施新资本协议为契机，持续优化业务流程，建立面向客户和市场、以不同业务风险特征为基础的弹性业务流程；要以实施新资本协议为契机，改进运行机制，进一步健全风险识别和管控体系，建立对市场需求敏锐感知、对风险有效管理、对收益准确计量的良性运行机制；要以实施新资本协议为契机，完善组织体系，进一步提升建设银行的核心竞争力，实现市值的长期稳定增长。

（三）把实施新资本协议和推进战略转型结合起来

在实施新资本协议的总体规划下，要根据现有管理基础和业务需求的迫切程度，抓紧进行零售敞口计量、小企业评级、组合分析和抵押品评估监测等系统和工具的开发应用，为客户选择、产品研发、市场营销、产品定价、风险管控、营运管理等各个环节提供支持，进一步服务于全行发展战略，促进全行业务快速有序转型。

四、今年风险管理工作应重点关注的几个问题

（一）进一步深化风险管理体制改革

在总行党委的高度重视和分行领导班子的大力支持下，全行风险垂直管理和平行作业改革推进工作进展顺利。总行相关部门和各分行要总结前一段时间的情况和问题，研究继续推进改革和改进风险管理工作的措施，并重点做好以下几项工作。

一是全面推进和深化平行作业。平行作业的推行效果直接决定了本次风险管理体制改革的成败。总行相关部门要做好技术支持和业务指导工作，各分行要高度重视，密切沟通，做好联动，确保平行作业的顺利推进。二是完善风险管理人员的激励约束机制。如何客观、科学地评价风险管理人员的工作业绩，是改革推进中必须重视并加以解决的问题，要研究和探索相应的配套制度，使风险经理和客户经理的责权利关系更加明确。三是加强风险管理的队伍建设。推进平行作业以后，风险经理将承担起原来客户经理在贷前的大部分案头工作，各行在配备风险经理的过程中，不仅要追求数量，更要保证质量。要进一步加强培训，有效提升风险条线人员的专业素质和履岗能力。

（二）充分发挥风险管理对业务转型的支持功能

目前总行将结构调整、推进战略转型作为今后一个时期经营工作的重点，从长远看，商业银行竞争力的关键在于转型的速度和质量，必须充分认识风险管理对业务转型的有力支持，只有奠定良好的风险管理基础，建立良好的风险管理机制，我行业务结构才能持续、健康、有序地转型。具体表现在以下几个方面。

政策指导方面。建设银行在大企业和大项目上优势非常明显，原因之一是我们在风险管理上有一套好的政策和做法，与其他银行相比，我们在客户和项目定位上更精准，风险控制措施更有效，在风险收益权衡方面做得更好。现在，我们要大力发展小企业业务和零售业务、国际业务和海外业务，也需要风险管理运用掌握的经验、技术和信息，判断不同客户的交易风险程度，为客户部门开展业务明确方向，为市场细分和差别化管理提供依据。

流程再造方面。业务流程的设计要有效平衡服务、效率、成本和质量几大要素，最大限度地适应顾客、市场竞争和变化着的经营环境。风险管理要选择成本最低、操作最简单、最能满足客户需求、效率最高的风险控制方法，避免流程中控制过度和控制不足两种倾向，支持流程价值创造功能的实现。风险管理要通过支持流程标准化处理和差别化应用，进一步满足客户在时间和质量方面的要求。例如在贷款申请受理环节，就可根据客户或交易风险的大小设计低、中、高三种风险类别的流程，对低风险客户通过低风险流程以更简化、迅速的方式办理；对于中度风险按例行的标准化程序办理；对于高风险客户，则可按标准化流程附加特殊处理机制加以办理。

工具支持方面。通过加强零售、小企业、利率、汇率和主权风险管理方法和技术、手段和工具的研究建设，支持市场部门进

行精确的风险评估和定价，从而进一步提高作业效率，促进零售业务、小企业信贷、国际业务和中间业务的快速健康发展。比如，在消费信贷的申请和审批方面，通过借助风险评级模型系统，原来的信用审查、抵押品估价等多个专业人员的工作就可由风险经理一人来完成，减少了业务的传递环节，提高了流程效率。

（三）实施流程优化，开展政策重检和制度梳理

外部经营环境变化很快，新产品、新业务、新的服务方式、新的业务模式不断出现，如果银行的业务流程和规章制度的更新速度跟不上市场需求的变化，就会贻误业务发展的时机，必须抓紧开展流程优化工作。实施流程优化，一是要尽快建立对政策和制度的评估反馈机制，把政策重检、制度梳理和流程优化结合起来，机构的意见和建议要能够及时、顺畅地反馈到上级制度制定部门。二是制度流程过程中注意要建立明晰的岗位分工体系和岗位责任体系，打造无缝隙流程，减少管理空隙和失误，兼顾流程质量与效率。三是要加强对宏观经济政策和市场的研究，根据产业政策导向，完善信贷政策体系，根据市场变化，及时开展风险预警和提示，防止市场波动引发的信贷风险和宏观调控带来的系统性风险。

（四）适应利率、汇率市场化，增强市场风险管理能力

目前全行的投资类资产及货币市场类资产已经占到了总资产的1/3强，我行的息差水平也与利率风险管理密切关联，随着利率、汇率市场化改革进程的加速，市场风险对我行的影响日益显著，我们已经遭受了一些损失，必须拿出具体措施，加强市场风险管理。首先，根据监管机构的要求，结合我行实际，尽快明确全行市场风险管理框架体系，理顺市场风险管理体制，明确总行层面市场风险管理的归口部门和职责，董事会专业委员会也提出了相关问题，对我们这个职责不清的问题也是有疑虑的。同时要将境内外分支机构的市场风险管理纳入统一的市场风险管理中，并尽快建立统一的市场风险管理信息系统。其次，适应利率市场化改革的要求，建立浮动利率下的价格管理模式；适应存款利率市场化发展趋势，探索建立负债业务低成本稳定增长机制，大力发展以资产管理、财富管理为主体的负债替代型产品。最后，要加强本外币投资组合风险管理，加快建立和完善市场风险计量工具，科学、准确地衡量市场风险敞口，设定市场风险限额，在风险可承受的范围内优化本外币投资组合管理，获取更大收益。

（五）改进风险管理手段，促进资产质量长期稳定向好

大力推进风险管理基础设施建设。要充分认识到新资本协议、产品创新、流程再造、IT 系统、计量技术和工具以及配套政策制度等基础设施建设对风险管理工作的长期功效以及促进风险管理持续发展能力的重要作用，要通过基础设施建设推动风险管理再上一个新台阶。今年，控制不良贷款反弹、提高信贷资产质量的任务依然繁重。全行要在继续加快推进风险管理体制改革、全面落实强化风险管理各项措施的基础上，加大压缩处置存量信贷资产和非信贷不良资产的力度，同时着力保证新发放贷款的质量。在贷后管理上，要进一步加强和细化关注类贷款的管理，在考核办法和机制上有所区别，要集中人力和物力管好关注类贷款，切实防止贷款质量向下迁徙。各位风险总监回去之后，要向分行党委汇报一下这次会议的内容，特别是要让分行党委解决一下管理关注类贷款的激励约束机制问题。现在我们只对不良贷款有一些激励政策，对于关注类贷款今年要重点加强管理，分行要出台政策来解决机制上的问题。另外，贷后管理方面要探索一些好的经验、技术和方法，可在试点基础上在整个系统进行推广。风险监控方式要有所突破，要安排具体人员负责媒体信息收集和监测，发现贷款客户风险信号，及时做好内部风险提示；快速应急反应机制要真正落到实处，不断总结经验教训，风险处置手段要灵活多样，尽最大可能减少实际损失。对于资产质量较好的分行，在计划和费用安排、评价、考核、授权、经济资本分配等方面要有差别化安排。经营部门和风险管理部门、信贷审批部门、资产保全部门要密切配合、统筹安排，严格防控不良贷款反弹，力争超额完成今年不良资产控制计划。

（六）加快形成覆盖全行机构、全部业务和贯穿业务全过程的操作风险管理体系和内控管理机制

在操作风险和案件管理方面，我行采取了重大风险事件报告、案件专项治理、现场检查等积极措施并取得一定成效，但内部控制措施零散间断、监督检查环节不到位的状况依然存在。应该看到，操作风险分布于银行所有的工作岗位，自始至终与业务活动相伴随，操作风险的这种分散化特征决定了每一个业务点都是操作风险点，每一名员工都是防范操作风险的第一责任人。要把基层机构操作风险管理和案件防范作为重点，风险经理要重点督察已经发布的13个风险点，要提高检查的频率和效率，不走过场，讲求实效。操作风险管理必须建立主动的风险识别评估机制和对内部控制持续改进的驱动力，从根本上建立风险管理的长效机制。要在继续深入推进案件专项治理工作的同时，加快操作风险管理体系建设，总行已经出台了操作风险管理政策，各分行和总行各部门要抓好落实。

同志们，2007年我们面临着全新的形势，对我行风险内控管理提出了新的要求。我们要适应形势变化，以实施新资本协议为契机，进一步转变观念，统一认识，扎实工作，推动我行风险管理水平迈上新台阶。

在柜面业务监测系统推广应用动员视频会议上的讲话

（2007年3月30日）

罗哲夫

同志们：

经过近4个月的紧张工作，建设银行柜面业务监测系统就要在全行范围推广上线了，这是我行风险管理建设工作的一个重要举措，对于增强全行对交易风险操作风险的识别、监测、预警和控制能力具有重要意义。下面，我就系统的推广和应用谈几点意见。

一、柜面业务监测系统对控制交易操作风险具有重要现实意义

自去年以来，我行在会计和营运管理体制改革方面迈出了坚实的步伐，基于以前后台分离为核心的交易操作风险控制体系建设也进入了实质性阶段，不仅提高了业务处理效率和服务水平，也有效地增强了风险控制能力。但是，当前我行操作风险管理的基础仍然比较薄弱，风险控制的手段还不完备，有章不循、违规操作的现象一直得不到根治，恶性案件还时有发生，形势不容乐观。因此，建立一套能有效控制操作风险的体系是摆在我们面前的一项十分紧迫的任务。

从风险特征分析，交易操作风险具有明显的过程性和行为性特征。前者要求多维度地设计控制体系和手段，建立事前、事中和事后有机统一的风险管理和控制体系。后者要求强化对交易操作行为的实时监测和预警功能。为此，2006年11月1日，总行召开的“加强风险和案件控制”专题会议，提出了把IT系统建设与业务流程改造、案件防范结合起来，利用信息技术解决异常业务预警和违规操作无法通行的问题，以提高IT系统支持业务运行和风险控制的能力。信息技术管理部和营运管理部会同有关部门，论证和完善了陕西省分行开发的柜面业务监测系统。

经过改造、优化之后的柜面业务监测系统，是一套运用实时数据采集、数据同步存储、报文解析等技术，将CCBS业务的实时交易数据，同步、完整地备份还原成原始的操作记录和交易记录，由后台及时梳理出可疑交易、违规交易信息，实时预警和处理的控制系统。这套系统具有四个特点。一是实时性，即时截留交易数据，实时监测、发布预警信息。二是针对性，以规则和参数为手段，实现了从海量数据中过滤出有效的预警信息，提高了管理效率。三是强制性，预警信息可以通过流程逐一得到核实和反馈，有效降低管理疲劳带来的疏漏。四是专业性，从规则参数管理到具体的监测运作，都体现出了专业化作业和管理的特点。因此，系统不仅从技术手段上解决了前后台之间、上下级行之间交易信息的实时共享难题，而且还有效地发挥了数据集中和后台

集中控制的优势。

我相信，系统的推广上线，必将完善我行的操作风险控制体系，丰富风险控制手段，对于控制违章操作、降低交易操作风险、防范案件都将起到重要作用。

二、建立监测预警体系，增强交易操作风险的事中控制能力

信息技术部和营运管理部就系统功能、实现途径、监测规则、运作模式和管理要求等核心问题，充分听取了分行和总行相关部门的意见，并在上海、山西和重庆等分行作了前期的试点运行，柜面业务监测系统达到了设计的目标。但系统仅仅是一种工具，要真正发挥系统的作用，更需要明确工作职责，建立作业与管理机制，落实工作责任。

（一）建立监测预警处理机制，规范作业管理流程

监测预警涉及规则、参数、监测、分类、发布、核实、控制与反馈等多个环节，是一项跨部门、跨层级的管理活动。严密的监测处理机制、规范的作业管理流程，是监测预警工作的质量保证。营运管理部门要建立监测预警信息处理和管理制度，规范预警信息的分析、传送、反馈与解除等工作流程。会计、个人金融、电子银行等部门和二级分支行，要建立信息接收、核实、控制、督促与反馈等管理机制。前台网点要建立预警控制的责任人制度，重点规范信息处理的权限、记录、核实与控制。

（二）建立监测预警责任制，严格工作问责

营运管理部负责柜面业务监测系统的集中作业与管理；信息技术部负责系统的技术维护，保障系统正常运行；会计、个人金融和电子银行等部门，负责本条线监测规则的管理，预警信息的跟踪、控制、反馈和督促整改。二级分支行和前台网点是核实控制的主体。各部门、各层级，要树立全局观，加强协调与配合。

各级行领导要加强对监测预警工作的领导，督促工作责任制的建立与落实，过问和研究重要预警信息的处理。经核实属于正常交易的事项，要及时反馈，解除预警；经核实属于责任心或操作水平的问题，要组织研究、落实改善管理的措施；在预警、核实过程中发现的风险或案件线索，要采取果断措施，化解或控制风险。凡是预警信息揭示出来的各类问题，特别是管理问题、制度问题，要建立严格的核实、检查、整改责任制，把责任落实到部门、机构和相关人员，从而提高管理水平。

（三）加强前后台与部门之间的联动，提高风险的综合控制能力

从风险形成的角度分析，操作既是一个动作，更是一个过程，只有实现了过程控制，才能将风险有效地消灭在萌芽状态。交易风险也好，操作风险也好，它的原发端都在交易发起环节，严格前台的交易授权、事前审批以及岗位制约是控制的关键。会计检查、业务检查同样是不可或缺的风险控制手段，具有其他控制无法替代的威慑力。只有部门之间，前后台之间共同作用、互为补充，才能真正形成过程控制。后台要及时提供监测信息，通报监测分析，定期与相关部门研究与调整规则和参数；相关部门要认真落实预警信息的核实、跟踪、督促与反馈，深入分析条线的风险管理信息，将管理信息、预警信息与监测规则有机地结合起来，提高监测的针对性。因此，在这里我也要提醒大家，系统只是一种工具和手段，一个分析和识别风险的平台，不能代替日常的内部管理。过度依赖于这套系统，以至于放松对交易发起环节和操作处理环节的控制，是非常错误的，也是十分危险的。

（四）应势而变，不断优化和完善柜面业务监测系统

风险不是一成不变的，管理也不是一劳永逸的。一套系统，一项制度，都有其局限性，柜面业务监测系统也不例外。上线之后，我们还需要结合应用实践，不断地优化改造这套系统，使之功能更强大，覆盖更广泛，效率更高。其一，随着业务与技术的发展变化，风险的暴露形式也在不断变化之中，要结合变化的情况，特别是检查发现的问题和暴露的案件，及时优化调整监测规则，使监测预警更具针对性。其二，要通过系统优化，逐步扩大监测范围，提高信息接收、核实、控制和反馈的自动化处理能力，要适时引入分交易、分网点、分时段和分客户的多维监测规则。

总之，系统上线使我们取得了识别和预警的先机，拥有了一套可以同步监测一定业务范围、一定风险目标的工具，进而为控制风险赢得了最佳时间。

三、周密部署，精心组织，确保系统顺利上线

（一）成立柜面业务监测系统推广应用领导小组，落实推广责任

按照推广计划，在5月底之前，全行分两批完成系统的推广上线。时间紧，任务重。目前，总行已成立了柜面业务监测系统推广应用领导小组及其办公室，统一协调与落实系统的推广应用工作。各分行按照要求，成立由分管行长任组长，营运管理部、信息技术部和会计部、个人金融部、电子银行部等部门负责人为成员的领导小组和推广应用办公室，统一部署，各司其职，认真落实各项准备工作，确保柜面业务监测系统在全行成功上线。

（二）切实做好上线前的准备工作，确保系统平稳上线

一是做好上线培训，保证运行、监测质量。

4月上旬，总行举办两期培训班，培训对象为技术人员和营运管理、会计、个人金融等业务人员。各行也要组织系统作业及管理团队、相关部门和二级分支行管理人员的培训，确保系统上线后的正常运行。

二是定制监测规则与参数，完成系统初始化。

每个行的业务结构不尽相同，交易的特征和管理水平也存在差异，在系统推广上线前，各行要根据统一要求，结合自身情况完善监测规则和预警参数的设置。

三是做好技术准备，确保系统按时上线和日常运行。

总行信息技术管理部已完成了总行监控根节点的部署工作，项目启动后，完成了软件版本和标准预警模板的制作。有关设备的采购已经启动，上线前都会陆续到位。各行应根据计划和要求，完成分行端系统和网络环境的搭建和调试，并根据运行管理要求和安全管理规范，制定分行柜面监测系统运维制度和流程，保障系统的日常运行。

四是建立工作机制，完善作业和管理制度。

总行将于近期下发监测管理办法和操作规程，各行要认真组织学习，按制度要求建立相应的工作机制，落实工作责任制。

五是设立监测作业管理岗位，确保监测顺畅运作。

按照作业与管理要求，在一级分行营运管理部稽核中心内部，设立3～6人的监测业务岗位，负责监测预警信息的处理和管理。会计部、个人金融部和电子银行部等部门，要指定相应的岗位和人员，负责监测规则、参数和预警信息的处理工作。

同志们，在不到4个月的时间里，项目组的同志先后完成了项目论证、优化改造、分行试点和制度编写，工作是卓有成效的。在此，我要向他们尤其是对系统建设作出重要贡献的陕西省分行的同志们表示衷心的感谢！

最后，预祝柜面业务监测系统推广应用圆满成功！祝大家工作顺利！谢谢大家！

在IT集中管理与资源整合工作动员视频会议上的讲话

（2007年4月23日）

罗哲夫

同志们：

IT集中管理与资源整合是我行继数据集中工程完成后又一全行性的系统工程。随着全行数据集中工程的完成和项目群工程的实施，全行的数据分布、应用部署、开发主体、运维主体已逐步由分行集中到总行，总分行IT工作的职责发生了重大的变化。特别是随着我行股改上市的成功，更迫切地需要我们进一步提升全行的核心竞争力，发挥大型银行的整体竞争优势，因此IT的集中管理与资源整合已成为适应业务发展和IT应用的必然趋势。

一、IT 集中管理与资源整合对提高我行的科技应用水平具有十分重要的意义

目前我行的开发、运维已逐步上移到总行，但是 IT 资源的分布和管理模式仍停留在各层级分行。主要问题表现为：人力资源分散、开发资源分散、风险隐患多。特别是在 IT 人力资源方面，全行科技人员不足 6 000 人，其中总行只有 900 多人（含开发中心、数据中心），在开发和运维主体已集中到总行的情况下，总行 IT 人员只占全行科技人员的 15%，大部分的 IT 人员集中在二级分行。系统部署方面，二级分行的服务器数量占整个分行服务器数量的 43%。在各级行分散配置 IT 人力资源和环境资源，从局部看是便于当地业务支持与技术服务，但是从全局看，机构重复设置、岗位重复设置、应用与系统分散部署、重复开发且各自开发系统不能发挥规模效益。因此 IT 集中管理与资源整合不仅十分必要而且必须加快实施。

IT 集中管理和资源整合的目的是将有限的资源作为有机整体进行统一配置、合理使用和有效管理。其重要意义主要表现在以下几个方面。

一是有利于改善资源组合，提高资源配置的效率，通过产品创新和对新技术的应用为建设银行创造更大的价值。通过集中管理和资源整合将全行 IT 资源按照业务发展需要进行统一调配和有效使用，特别是要改变目前人力资源的布局，加大总行和一级分行的 IT 人力资源配置，从而加强总行对全行性项目和产品的开发以及对全行 IT 的有效管理。二是有利于业务应用的统一部署和产品的快速推出，减少重复开发和资源浪费。通过服务器上收使应用部署得到进一步的集中，从而使产品的推出更加快速、便捷和统一，从而充分发挥规模效益。在人力资源和环境资源被集中管理后，重复开发被有效控制，资源浪费减少。三是有利于贯彻总行统一的技术架构与标准规范。集中管理与资源整合可以使全行基础设施和系统在总行统一的技术架构和应用架构的规范与标准下进行部署，并为今后应用部署的统一奠定了基础。四是有利于对全行 IT 成本进行有效控制，降低 IT 成本。集中管理可以在业务需求与 IT 投入之间建立平衡和制约机制，从而合理利用 IT 资源，进行成本控制。同时开发和运维的集中管理，可大大降低 IT 成本。五是有利于 IT 安全和风险的集中管控。集中管理可以统一实施全行网络规划，规范安全标准，对风险集中管理和控制。六是有利于 IT 队伍建设。集中管理和资源整合可以使全行的 IT 人员在更大的平台上发挥作用，有更多的机会得到锻炼和提升，有利于队伍的专业化培养和个人职业生涯的更好发展。

二、一级分行 IT 集中管理和资源整合的主要内容和工作任务

一级分行 IT 集中管理与资源整合工作目前主要分为两大部分：一是一级分行 IT 集中管理，二是分行 IT 基础设施资源整合。

（一）关于一级分行 IT 集中管理

今年 2 月总行印发了《中国建设银行一级分行 IT 集中管理指导意见》，明确了一级分行 IT 集中管理的目标、目的、实施原则、主要任务、职责以及实施步骤。目前，38 家一级分行已经全部上报了分行 IT 集中管理实施方案，并成立了 IT 集中管理领导小组。今年上半年集中管理的主要任务是一级分行所辖机构的业务需求和开发的集中管理，一级分行 IT 部门内设机构的统一调整，一级分行对所辖机构 IT 预算、IT 资产、IT 工作考核等的集中管理，建立辖内统一规范的技术支持流程等。目前各分行正在按照总行的指导意见和集中管理的工作要求落实相关工作。

我在今年 4 月初就 IT 集中管理到上海、广东、浙江等分行进行了调研。大家对 IT 集中管理的意义和迫切性已达成共识，分行领导和相关部门也十分重视。近期总行信息技术管理部分别组织了中南地区、华北和东北地区、西北和西南地区分行的 IT 部门负责人召开座谈会，就一级分行 IT 集中管理实施中的相关问题进行交流和座谈。但是从整体上看，各分行的情况不同、认识不同、推进程度不同；从实施上看，部分一级分行的 IT 集中管理工作已基本落实，如新疆维吾尔自治区分行和部分直辖市和总行直属分行；从方案上看，有部分分行在总行指导意见的基础上进一步加大了集中管理力度，如辽宁省分行和湖北省分行。目前存在的主要问题是：一是对集中管理的认识不同、决心不同。个别分行认为 IT 集中管理责任大、压力大、任务重、困难多，形式上实施集中，而在实际工作的落实上能等则等，采取观望、维持现状的状态。二是集中管理要求一级分行 IT 部门的职责和任务增加，管理

范围增大，因此要充实一级分行技术力量，加强技术资源配置。但从目前情况来看，有些分行IT职责调整后二级分行人员减少，但一级分行IT人员并没有增加，使一级分行IT部门难以承担全辖IT集中管理的职责。三是有些分行担心二级分行的开发职责上收到一级分行后，会影响对市场、对客户需求的反应效率。我在这里想强调的是，集中管理是趋势，目前分散的管理体制和分散的资源配置越来越不能满足快速、多样的业务发展需要。从局部看分散开发是有利的，响应感觉快，但从全局看，可能是无益的、重复的、浪费的、低水平的。资源配置也是如此，资源分散使得全行硬件多个型号、软件多个版本、多次开发，造成资源不能共享、部署效率降低、运维风险加大、信息技术成本提高。

全行上下要高度重视IT集中管理和资源整合工作，通过集中管理理顺流程，提高效率，进一步提高科技对业务的支持力度，提高对市场的反应速度。

（二）关于分行IT基础设施资源整合

分行基础设施资源整合，首先要上收在二级分行部署的服务器。前期美国银行的专家帮助我们对二级分行的服务器等设备资源进行了调查，发现这些设备占用了一半的分行科技资源。二级分行IT环境资源不上收，IT集中管理就比较困难。这个任务各分行在2007年一定要完成。总行在2007年同时要推动分行基础设施架构的建设和网络优化工作，2008年完成网点服务器的整合和标准化建设以及总分行应用架构的建设工作。

总行已经为分行基础设施整合进行了大量的前期准备工作。包括信息技术产品分类目录和配置规范、分行应用架构规划文档、分行基础设施目标架构设计等，这些标准和文档是我们进行资源整合的前提，各分行必须严格在目标架构的框架内完成整合工作。

三、几点要求

同志们，IT集中管理和资源整合工作是一个系统工程，任务重大而且实施涉及面广、复杂度高，各分行务必加大力度，积极推进。

1. 各行信息技术工作领导小组要高度重视此项工作的实施，同时要明确各相关部门在实施过程中的职责分工，要确保实施所需人力资源、财务资源等能够及时到位。

2. 要严格按照总行的相关要求和规范，统一实施。各分行要按照总行关于IT集中管理和服务器上收的任务要求和时间进度要求、规范和标准要求落实各项工作。集中管理与资源整合在一定意义上是为了规范和统一，因此在实施过程中不能以特殊情况为由，各行其是。要加强总分行联动和沟通，在总行层面要任务明确、职责明确，要有明确的问题反映和反馈机制；在分行方面有问题要及时与总行沟通，总分行协同解决实施中出现的各种情况和问题。

3. 认真总结服务器上收试点行的经验，通过试点以点带面。对已经完成服务器上收工作的分行，要及时总结经验，分析工作中出现的问题是否存在普遍性，为全行服务器上收提供经验。

4. 精心组织，周密部署，控制风险，确保生产系统的安全运行。分行基础设施的资源整合是在生产系统正常运行的前提下，对现有的基础设施进行重新架构的建设。因此，任何微小的错误都可能会导致生产系统出现问题。各分行在实施过程中一定要从经营角度出发，严守工程纪律，服从总行的统一指挥和调度。同时在实施架构和时间框架内兼顾实际环境和业务发展的客观需要，在最大限度上保证生产系统的安全稳定运行。

5. 高度重视IT集中管理和服务器上收过程中IT队伍的稳定问题。不能因集中管理和资源整合造成人员流失。我们的科技队伍目前还不能满足业务发展的需要，总行要建立IT队伍人员档案，随着二级分行服务器上收，除在二级分行保留必要的维护人员外，IT人员也要逐步向上集中。

同志们，今天我们召开IT集中管理与服务器上收的动员会，目的是统一认识、加快推进。各分行要积极行动起来，按照总行的统一要求扎扎实实地落实各项工作任务，确保各项任务的顺利完成。最后，预祝全行IT集中管理与服务器上收工作的圆满成功！

加强合规体系建设
切实推进合规管理工作

——在合规管理工作座谈会上的讲话

(2007 年 5 月 10 日)

罗哲夫

同志们：

本次座谈会的主要任务有三项：一是总结 2006 年全行合规管理工作，座谈交流一些分行的先进经验和体会，研究合规部门扩大管理职责后的体系建设和机制建设问题；二是表彰 2006 年反洗钱先进集体和个人；三是研究如何贯彻落实银监会《商业银行合规管理指引》和总行关于整改工作的要求，进一步推动合规管理工作的有效开展。

一、2006 年全行合规管理工作简要回顾

2006 年，全行的合规管理部门克服了人员少、任务重等困难，开拓进取，做了许多深入、具体、有效的工作，促进了全行员工合规风险意识的提高和合规文化理念的增强，我行在合规管理和合规文化建设等方面的进步得到了银监会主要领导的肯定和鼓励，在同业内也得到广泛的认同和好评。

（一）合规管理制度体系逐步健全

2006 年以来，总行先后制定了 10 多个合规管理规章制度，这些制度都是基础性、开创性的，如《合规政策》、《合规工作管理办法》、《关联交易管理实施办法》、《关联交易申报登录管理办法》、《授信业务经营、审批责任认定办法》等。这些规章制度的建立和实施，为我行推进和加强合规风险管理奠定了规范、统一、坚实的制度平台，也为各级分支行有效开展合规管理工作指明了方向，基本做到了用制度引路，用制度管人，用制度管事。

（二）合规管理机构平台逐步夯实

第一，在总行层面上，合规部是独立设置的一级部门，其职责不断拓展，除部门初建时期的几项职责外，今年又承担了牵头合规风险管理和牵头组织整改的职责，除了为董事会关联交易控制委员会服务外，今后还要定期向董事会风险管理委员会汇报工作。

第二，在一级分行层面，现在已有 18 个一级分行组建了合规部或法律合规部，其余大多数分行，有的是设立合规部作为二级部门，与纪检监察部合署办公，有的是在纪检监察部内设立合规团队等，合规管理力量在逐步增强。

第三，在二级分支机构以下层面，部分二级分行也设立了合规部门，大多数分支行虽然没有设立合规部门，但一些分行在相关部门内设立了合规岗位，配备了专职或兼职的合规管理人员，有的分行采用由二级分行向基层机构派驻合规监察特派员的方式履行合规管理职责。

经过近两年的努力，我行已经有了一支从事合规业务和履行管理职责的队伍。据初步统计，各类专职和兼职的合规人员（含反洗钱、关联交易信息员）已有 1 万多人，其中专职合规人员 740 人，占全行员工的比例为 0.2%。可以说合规管理队伍实现了从无到有、从小到大的转变。

（三）合规风险管理工作成效初步显现

一是反洗钱工作意识全面增强，规范管理水平逐年提高。表现在各级领导对反洗钱工作的重视程度日益增强，基层单位对反洗钱的规范管理、合规操作、尽职报告等工作有了较大改善，规章制度逐步建立健全。如重庆市分行制定了《反洗钱宣传培训管理暂行办法》，在前台网点柜员和网点负责人中建立了反洗钱义务履行责任书制度。新疆维吾尔自治区分行制定了《反洗钱工作评

估指引（试行）》，以此评价所辖机构的反洗钱工作开展情况等。湖北、云南等分行借助科技系统将反洗钱非现场检查与现场检查相结合，提高了自我检查的质量。广东、山西等分行建立了反洗钱通报制度，对报送中存在的明显错误以及外部典型案例等按季进行通报，减少了分支机构被外部检查处罚的情况。

在反洗钱管理工作中，全行还在完善和落实大额交易和可疑交易报告工作上作了许多改进，如2006年6月，对大额交易报告系统进行升级完善，减少了对无效数据、不规范数据的报送；着手开发反洗钱“黑名单”检索系统，现已投入试运行；从2006年11月开始，组织可疑交易监测系统的开发等。与此同时，我行一些分支机构还积极协助监管部门做好反洗钱行政调查工作。其中，仅广东省分行2006年就完成协查事项168项；上海分行在协助中国人民银行上海总部调查某地下钱庄案件时，全国建设银行共有10多个一级分行参与协助调查，完成了对数千个账户资金流向的调查工作，高质量地完成了协查任务，为最终破获这个地下钱庄的洗钱活动作出了应有的贡献。

2006年，我行共有22个一级分行辖属的518个分支机构接受人民银行反洗钱检查，有10个一级分行的43个分支机构受到不同程度的处罚，其中罚款278.3万元，行政警告11行次。与2005年同口径比较，被处罚分支机构减少68个，减少比例61.3%；罚款减少464.6万元，减少比例达62.5%；受到的行政警告减少6行次，减少比例为35.2%，实现了被罚机构、罚款金额、警告次数“三个同时下降”，与2005年相比取得了进步。

二是积极稳妥地开展关联交易日常管理和业务支持工作。2006年，合规管理条线在关联交易管理工作中较好地发挥了归口指导、日常监督、定期报告、服务支持等方面的作用。主要体现在：1. 每季度向董事会关联交易控制委员会书面报告关联交易发生情况和相关工作进展。2. 积极开展对涉及关联交易的各部门业务进行的合规性审核、鉴别等工作，同时提出意见或建议。3. 与相关部门配合，协助内外部审计做好年度审计、年报审核披露等工作。4. 根据董事会关联交易控制委员会的要求，完成关联交易申报、登录有关管理规程的草拟及送审工作。5. 完成关联交易申报和信息披露系统（一期工程）的开发及试运行、正式运行等工作，并为2007年进行二期开发作了必要的准备。

三是在授信业务责任认定工作上取得新进展。根据业务形势发展和组织结构的新变化，总行于2006年6月制定了新的《授信业务经营、审批责任认定办法》，从7月1日起正式施行。目前已有北京、山东、青岛等9家分行制定了《实施细则》。总的来看，该《办法》的实施情况良好。此外，由总行牵头，2006年对银监会上年度检查发现的问题、内审部门全面审计发现的问题、“假按揭”贷款问题、部分承兑汇票垫款问题、分行上报《重大信贷风险事项情况简报》中反映的突出问题、部分损失类贷款项目6大类型的问题开展了责任认定工作。据统计，完成责任认定业务31 300笔，涉及信贷金额544亿元，涉及责任人员18 776人。经认定，应承担主观责任的人员为6 333人，目前已落实责任处理4 369人。大多数分行都完成了总行在合规工作会议上提出的当年新发生的责任认定业务，当年要完成80%以上的目标。为帮助大家做好责任认定管理工作，总行组织人员汇编了《责任认定案例集》，为各分支行开展责任认定工作提供了样本。在开展责任认定工作中，湖南、福建、内蒙古、大连等分行都创造了一些好的做法，取得了积极效果。

（四）合规培训、宣传工作日渐深入

日前，中国银监会主席刘明康在出席我行高级研究班的主题讲课时指出，建设银行在股改上市以来有6个方面取得了显著进步，其中就包括了对我行合规文化建设取得显著进步的肯定和鼓励。实事求是地说，2006年，从总行到分行，合规部门在培训宣传工作方面也是多有尝试、多有收获。

一是通过各种形式广泛宣传《合规政策》。自2006年5月《合规政策》、《合规工作管理办法》颁发后，总行通过召开会议、组织培训班、为分行培训班授课、下发培训教材等方式，广泛向一级分行及下属机构管理人员和经营人员宣讲合规政策，拓宽管理视野，统一合规观念。一级分行也通过集中培训、以会代训、学习研讨、知识竞赛、发布信息、转载课件、发放宣传品等方式向所属机构宣讲总行《合规政策》和《合规工作管理办法》等，把合规管理要求和合规文化理念深入到各级领导和员工中去，取得了较好效果。

二是组织境内外培训，提高合规人员的业务素质和管理能力。2006年总行单独组织的合规培训班有2次，培训一级分行领导、合规部门负责人、业务骨干、总行有关人员近200人次。一级分行利用总行培训教材，结合自身实际，采取集中培训、现场交流、电子课件等多种方式，在本系统内开展转培训工作，全行各层级参加合规培训达1.9万人次。各级合规人员的合规理念和业务素质普遍有了提高。

三是大力开展理论探索和信息交流。2006年各级合规部门通过《中国金融》、《金融时报》、《建设银行报》等公开发行报刊以及总行网站、《合规管理参考》、《每日动态》、部门和分行网页等传播媒介，以及出席有关年会、研究论坛等多种途径，开展合规理论探索，广泛宣传介绍我行合规管理实践和成果，反映基层员工对合规管理的体会及思考，增强了合规工作在行内外的渗透力和扩散面。如广东分行开展合规文化建设年、定期发布《合规管理专刊》，陕西分行利用《警钟长鸣》刊物进行合规教育警示，宁波分行举办合规守纪知识竞赛、发放多媒体宣传资料等，都做得有声有色，既有影响，也有成果。

（五）积极探索有效实施合规管理的多种途径

2006年，总行和一级分行合规部门积极探索有效实施合规管理的途径。如配合、参与业务部门对完善业务管理和新产品开发方面的规章制度研讨或修改工作，有效发挥参与、服务、提示、建议的作用。广东分行合规部门多次为本行辖属机构和员工提供咨询建议，对所辖二级分行作出投资和电子银行业务等合规风险提示等；新疆维吾尔自治区分行与二级分行以及分行部门主要负责人签订《合规承诺书》，明确合规经营责任、权利、义务和相关奖惩规定；宁波分行制定《诚信举报实施办法》，鼓励实名举报，并拟根据举报所避免或挽回的风险、损失、社会影响等对举报有功人员实行奖励；三峡分行制定合规工作介入业务经营活动的实施办法，明确界定了合规部门提前介入业务经营管理，扩大了风险事前防范的范围和职责，强调了合规部门对前台部门的合理制约和积极服务等作用。这些都是各行主动探索、创造出来的一些行之有效的做法，通过本次座谈会，大家还可以结合本单位实际，扬长避短，努力创新，不搞形式，多出实效。

二、2007年合规管理工作的主要考虑

2007年，商业银行将全面贯彻执行《反洗钱法》，落实中国银监会《商业银行合规风险管理指引》，我行合规部门的工作职责也在逐步扩展。今年3月，总行党委、高管层专门听取了合规部门关于《落实银监会〈合规指引〉，改善和加强合规管理体系的几点建议》。郭树清董事长对做好我行合规管理工作也提出了新的要求。从巴塞尔银行监管委员会文件和中国银监会的《合规指引》看，商业银行的合规经营是一个大概念，它包括了对商业银行遵循法律、规则、准则等的统一要求，其覆盖范围包括了商业银行业务管理的各个方面。因此，我行的合规管理也要逐步从目前相对较为狭窄的范围进行拓展。2007年，合规部门要在继续做好原来的那几项专业性工作的基础上，解放思想，大胆探索，进一步健全我行的合规管理体系，加强机制建设，理顺合规管理关系，明确和落实合规管理责任，按照郭树清董事长的指示精神，逐步形成我行完整的有特色的合规管理体系。

我行在经营管理的合规性方面还存在一些问题，某些分支行的违规问题还比较突出。因此，召开这次合规管理工作座谈会是非常必要的。希望这次座谈会可以在全行的合规经营上给分支行提个醒，敲敲警钟。

目前，合规部门开展合规管理工作还有许多困难，主要有几个方面：一是合规制度建设还需进一步完善；二是基层行对合规管理的重视不够，合规执行工作比较薄弱；三是对内外部审计、监管检查发现问题的整改落实比较差，一些问题经常反复出现，整改后仍然屡查屡犯；四是反洗钱违规受罚情况虽有减少，但个别分行的情况仍比较突出，尤其是在账户基础管理上有待加强；五是关联交易管理在制度执行、技术维护、系统保障、信息披露等方面的有效性不够；六是一些分行对责任认定工作仍有顾虑，推进迟缓，处于“问责不易，追究更难”的局面。在今年的合规管理工作中要着力解决上述几个方面的困难和问题。

关于2007年的具体工作，总行在年初下达了工作要点，已经作了部署和安排，我就不再重复了。我主要强调以下几个方面。

（一）合规管理的职责体系更加完善

建设银行董事会已经审议通过了加强合规管理方面的一些建议，将按照银监会《合规指引》的要求，明确董事会对全行经营活动的合规性负最终责任，并履行好董事会的合规管理职责，包括审议批准合规政策并监督实施、对管理合规风险的有效性作出评价、董事会授权风险管理委员会定期听取合规情况报告以及对合规风险管理进行监督等。

从今年起，总行合规部将定期向董事会风险管理委员会汇报工作，并把有关信息抄报董事会审计委员会。一级分行的特大合规事项，除上报总行高管层外，还要同时报告董事会专门委员会和监事会。年度终了，合规部门应代表高管层写出合规风险管理报告，经高管层审核通过后，向董事会或专门委员会报告。这些内容都是按照银监会《合规指引》的要求，进一步明确对商业银行董事会、专门委员会以及监事会、管理层在合规风险管理方面应尽的职责。

相应地，总行高管层对全行经营活动的合规性负日常管理的直接责任。监事会也要监督董事会和高级管理层合规管理职责的履行情况。这里所讲的合规，包括了合规经营管理的各个方面，不单是合规部门的那几项具体合规工作。

今后，总行将在进一步梳理合规部门现有职责的基础上，根据总行部门机构设置的情况进行职责归并、整合和充实，作出新的职责描述。

总行其他部门也要履行好自己的合规管理职责。包括对本部门或业务条线的合规管理负主要责任和直接责任；对本部门的重大以上合规风险事项，及时向高管层报告并通告合规部门；制定落实本部门合规管理职责的制度、流程、业务手册等，并对本部门业务条线进行检查督促。有关制度、手册、检查情况等要抄告合规部门。

（二）合规管理的组织机构建设需要进一步加强和调整

一是总行合规部门的力量将进一步加强，总行其他相关部门和管理部门（以下简称其他部门）要明确一名总经理或副总经理负责本部门的合规管理工作，指定一名工作人员作为合规联系人，与总行合规部保持日常联系。这是合规管理组织机构建设的一个重大调整。在全行合规管理组织架构上，不仅仅包括合规部门，还包括所有的业务部门和管理部门都要有负责本部门合规工作的人员。

二是一级分行已经设立合规部或法律合规部的应该保留，并根据工作需要适当充实或调整与其承担职责相适应的工作人员，一级分行尚未成立合规部或法律合规部的，可以按照法律与合规合署办公的形式设立对应的部门，分别承担与总行合规部、法律事务部对口的管理职责。

三是一级分行的其他部门，也应设立专职或兼职的合规人员，承担与总行其他部门合规联系人对应的职责。

四是一级分行对辖属机构合规部门或岗位的设立，由一级分行按照银监会《合规指引》和总行《合规政策》的要求，自行组织实施并将实施方案报总行合规部备案。

（三）合规部门与其他部门的关系

合规部门是全行全面风险管理体系的一个重要组成部分，各层级的合规部门应作为本层级管理机构风险与内控管理委员会的一个组成单位，参与全面风险管理和内控建设的规划、组织和实施。

合规部（或法律合规部）与其他部门的关系仍按总行《合规政策》文件的有关要求执行。其中，重大合规管理事项的关系协调由合规部门提出处理建议，与有关部门协商后报管理层审议决定；日常事务性协调由合规部与其他部门协商办理。合规部门要主动处理好与其他业务部门的关系。因为就合规部门承担的几项合规管理职责，有大量的工作要由其他部门来完成。合规部门主要起牵头、指导、服务、协调的作用。比如反洗钱工作，关键是要发挥柜面业务管理和营运管理、会计、个人金融等部门的作用，第一线的柜面人员是反洗钱的主要力量。合规部门主要提供服务、制度建设和识别等的指导，包括一些业务系统的应用等。又如关联交易管理，也不是合规部门直接去办理的，而是其他业务部门在业务处理过程中涉及关联交易，要及时向合规部门报告，或者在相关业务系统中做好交易录入工作。合规部门则承担牵头管理、数据收集和整理的工作。还有授信业务的责任认定也是如此。我想强调一下，责任认定这项工作非常重要，我们在工作中一定要实事求是，考虑历史和现实的不同政策环境、法律环境等，出发点是要为授信业务的健康发展起保障、支持、促进作用。合规部门要做好判断、识别工作，正确区分主客观、有否违规等因素，不宜扩大范围。

对于经内外部审计、监管检查发现的问题，仍应由被审计、监管检查的部门（分支行）负责进行整改。合规部门在此过程中，主要承担牵头协调、转达、分工、跟踪、督促、检查、考评、反馈、报告等工作。合规部门已经草拟了该项工作的管理实施流程，待正式批准后请各行、各部门实施。

全行上下，应在总行管理层的统一领导下，建立健全相互联系、相互促进、相互协同、相互支持、各尽其责、共享信息、共保安全、共促发展的合规团队合作机制。

（四）关于合规绩效考核

总行已经初步决定，把原拟对一级分行进行的合规绩效评价统一纳入总行对一级分行的等级行评定中去，在相关的评价内容中增加由合规部门承担管理职责的指标，明晰标准，公正评价，体现鼓励合规和惩戒违规相结合的合规创造价值的理念。在合规问责体系中也要突出激励、约束、惩戒相结合的原则。总行鼓励全行工作人员对各类违法、违规、违章等行为进行抵制、检举和堵截，对举报有功人员将给予奖励。

（五）关于合规队伍管理上需要进一步明确的几个问题

一是各级合规部门负责人，可以列席研究合规及风险管理工作的同级行管理层或相关委员会的会议，提出意见或建议。

二是明确各级合规部门、合规岗位人员，可以参照风险经理人员的标准，评定或聘任风险经理的技术职务，在相关的职级、薪酬、福利等待遇上与风险管理部门保持一致。

三是各级行任命或调离合规部门负责人，应在规定时间内向当地银行监管部门报告或备案，并向上级合规管理部门报告或备案。

另外，今年在合规业务和管理培训方面，适当增加合规培训的次数、人员或合规考察的机会。

同志们，加强合规体系建设，适应境内外监管要求，提高我行的市场竞争能力、合规管理能力、资产质量效益等是我行持续性的工作任务，挑战和机遇并存，责任和使命重大，希望合规部门的全体工作人员苦练内功、敢于负责、扎实工作，推进全行合规风险管理工作的深入开展，为我行实现争做国际一流商业银行的战略愿景作出更大的贡献！

勇于探索　精益求精
全面深化会计及营运管理体制改革

——在全行会计及营运管理体制改革暨营运工作会议上的讲话

（2007年7月19日）

罗哲夫

同志们：

这次会议的主要任务是贯彻落实全行工作会议精神，回顾和总结会计及营运管理体制改革工作，分析、研究当前面临的形势和挑战，部署下一阶段会计及营运管理体制改革与管理工作。下面，我讲三个方面的意见。

一、会计及营运管理体制改革初见成效

2006年4月，全行启动了会计及营运管理体制改革，确立了构筑以信息披露为核心的会计管理体系和以集约化为核心的业务营运体系的改革目标，明确了改革任务、推进措施和实施要求。一年多来，全行上下按照改革的总体部署，积极探索，扎实推进，改革取得了重要进展，效果初步显现。

（一）实施前后台分离，前台营销服务能力有效释放

为有效释放前台营业网点产品营销和客户服务能力，经过深入调查研究和业务流程梳理，总行制定了《中国建设银行核心业务系统前后台分离暂行办法》及其实施方案，重新界定了前后台的主要职责和功能定位，确定了60个前后台分离、后台业务集中项目。前台突出产品营销和客户服务功能，后台则发挥集约化优

势，对非实时和非交易性业务进行标准化和专业化处理。各级会计和营运管理部门在保证业务正常运作的前提下，创造性地开展工作，分项落实前后台分离事项，推动了前后台工作界面、业务流程、作业模式、运行机制的转变，成效明显。如北京分行将票据交换业务从前台转移到后台集中处理，前台对公业务工作量减少约 40%，交换业务人员由 350 人减少到 80 人，效率提升了 71%。广东分行经过多年的努力，建立起了涵盖对公业务、对私业务、电子银行业务、特色业务以及中间业务的后台运作体系，后台集中处理业务笔数占分行账务性交易量的 16% 以上，大大减轻了营业网点工作量，释放了前台生产力。

（二）后台业务集中稳步推进，集约化成效逐步显现

2006 年，按照改革方案要求，多数分行完成了参数维护、运行监控、资金清算等方面的 15 项后台业务集中项目。

——后台集约化处理能力不断增强。经过努力，全行外汇清算账户业务处理全部集中到了总行，人民币汇划业务基本实现了由一级分行“一口入和一口出”，汇划速度和清算效率大大提高。一些业务实现了一级分行集中核算，既减少了前台工作量，降低了柜员操作难度，又提升了后台集约化处理能力，增强了风险控制能力。

——稽核监督集约化和有效性大幅提高。按照统一组织架构、统一作业模式、统一风险模型管理的总体要求，全行构建了以一级分行为主体的集中稽核体系，共建成集中式稽核（分）中心 146 个，目前有专职稽核人员 1 373 人，稽核人员减少约 3 800 人。会计档案管理系统和会计稽核系统在全行上线推广，创立了以风险预警和数据分析为基础的统一规范的预警模式，稽核工作的有效性、集约化程度大幅提高。重庆市分行集中稽核后，发现的差错是原来分散稽核的 3～10 倍；陕西分行集中稽核后，对网点实施分类稽核，分类督改，柜面操作差错率由上线初期的 3.5‰下降到 0.6‰。

——现金集中配送体系建设稳步推进。为加快集中配送体系建设，总行下发了《中国建设银行现金集中配送实施方案》和《中国建设银行离行式自助设备集中维护操作规程》，设计开发了统一的出纳业务综合管理系统，举办了 4 期出纳综合系统培训班和 1 期集中配送业务管理培训班，明确和统一了现金集中配送管理模式及其作业流程，规范了配送作业的风险控制要求。目前绝大部分一级分行和二级分行实现了金库集中管理和现金集中配送，金库数量由 2005 年底的 1 147 座降低到 905 座。集中配送模式的建立，有效整合了金库、车辆和人力等资源，也促进了现金备付率的降低。

（三）调整优化业务流程，柜面服务与后台营运效率大幅提升

前台方面，实施了调整柜面业务操作复核授权控制体系、整合交易单证和系统交易界面、清理压缩前台打印资料等多项流程改造项目，大幅度简化了前台操作，明显提高了业务处理速度和服务质量。

后台方面，强化了“后台为前台”的服务意识，通过建立快速响应机制、延长运行时间、提高运行标准、推动系统优化等方式，提高了业务运行效率。部分交易系统的业务运行时间由 5×8 小时延长到了 5×12 小时或 7×24 小时。特别是去年以来，重要客户系统、证券业务系统、清算系统承载的业务量大幅增长，远远超出了系统设计能力，面对骤然加大的运行压力，各行营运管理部门群策群力，强化应急管理，灵活调度资源，延长营运时间，妥善解决了数起系统运行突发事件，在一定程度上化解了系统超载运行的矛盾，有力地支持了业务发展。

（四）扎实推进基础管理，风险管理水平得到提升

针对前后台分离、业务处理模式变化带来的风险特点，各级会计、营运管理部门高度重视风险管理，持续加强基础管理，从管理体制、控制手段、运行机制等方面进行了探索，初步建立了事前事中事后全过程的风险分析、预警和控制体系，提高了操作风险控制能力。完善规章制度，优化系统控制功能，推广柜员身份指纹认证系统，建立作业规范，提升制度执行力，强化了对风险的事前控制。组织推广了柜面业务交易监测系统，实现了柜面业务的实时监测，在风险控制时效上取得重大突破。完善了稽核体系，建立了风险分析例会制度，定期组织分析业务运行、会计核算、交易结算的风险点，并且针对性地提出防控措施。2006 年以来，全行组织了多次金库特别检查和案件防查专项检查，狠抓问题的跟踪核实和整改，堵塞了漏洞，规范了业务行为。通过严格审查和加强预防，全行柜面堵截了未遂案件 585 起，涉及金额

5.52亿元，避免了资金损失。

（五）改进结算手段，完善核算制度，信息披露质量不断提高

为充分应用科学技术改进管理和创新业务，全行在会计营运领域积极推进信息技术应用工作。一年多来，全行成功上线了全国支票影像交换系统、财税库行横向联网、现金出纳系统、小额支付系统等应用系统，这些新系统丰富了支付结算手段，提高了业务处理效率和会计营运的科技应用水平。

在提高会计信息披露质量方面，ERPF系统在全行如期上线运行，为提升全行的财务管理水平奠定了坚实基础。为保证业务核算及时跟进交易产品创新、准确反映资产价值和经营成果，制定并下发了《衍生金融工具会计核算暂行规定》、《调整中间业务收入会计科目设置及核算办法》等多项制度办法，有力地支持了产品创新、交易创新，规范了业务核算。

2006年2月，财政部颁布推行新的《企业会计准则》，为保证向新准则顺利过渡，核算不乱，风险可控，信息披露不受影响，总行及时制定了《中国建设银行会计基本政策》，配套调整了会计核算规定、会计科目，修订了业务管理办法，确保了新会计准则的顺利实施。为建立财务会计报告信息质量控制长效机制，启动并完成了财务会计报告内控体系建设试点，通过风险评估、穿行测试等方法，财务报告的信息质量控制机制更趋完善，有效地促进了财务报告信息披露质量的提高。

同志们，在过去的一年多时间里，会计、营运战线的广大员工，做了大量艰苦细致的工作，为推动改革、防范风险，支持和保障全行业务发展付出了巨大努力，作出了积极贡献，为此，我代表总行党委向你们，并通过你们向全行会计、营运战线的同志们表示衷心的感谢！

二、当前会计及营运工作的形势与挑战

当前，我国金融业全面开放，同业竞争更为激烈，金融监管不断加强，全行实现业务战略转型、提升客户服务能力、加强交易风险控制的任务更为艰巨，这些都对会计工作和营运工作提出了新要求。

（一）防范会计、营运操作风险的压力仍然突出

近年来，通过加强管理和规范操作，会计结算、出纳的部位案件事故逐年减少，风险控制成效明显。但从2006年下半年以来的情况看，随着外部形势的变化，案件事故又出现一定程度的反弹。今年初我行案件数量已居国有商业银行前列，形势严峻，值得全行高度警惕。此外，近期案件还呈现内部人员作案、节假日和年末等重点时段作案集中等特点；加上近期股市火暴，社会上博彩行为、投机行为蔓延，对银行员工的思想稳定冲击很大；部分机构有章不循、违规操作还相当普遍，屡查屡犯，甚至成为一种“顽症”，无不反映了操作风险管理的严峻形势。全行上下要高度重视，积极应对，既要把案件频发的势头压下来，更要从管理理念、管理手段、控制方法、操作流程、考核机制等方面作深层次、系统性的思考与研究，逐步建立操作风险控制的长效机制。

（二）流程银行建设和网点转型提出了新要求

流程的科学性对现代商业银行越来越重要，银行产品容易模仿，但内部流程很难复制，流程建设关乎银行的核心竞争力，建设银行已明确把建设流程银行作为今后一段时期的重大战略任务。会计营运业务流程是银行基础性业务流程，既直接关系到交易速度和客户服务效率，也影响到操作风险的控制能力与水平。因此，以会计和营运管理体制改革为载体的交易业务流程改造，必须抓紧、抓实、抓好。

网点转型是建设银行经营管理改革的重大举措，目标是要推动网点由交易核算主导型向营销服务主导型转变，释放其产品销售能力和客户服务效率。目前，网点转型进入推广阶段，能否取得突破性进展，不仅取决于业务流程的持续改造与优化，同样有赖于后台业务处理能力与效率的有效提升。因此，会计营运条线要把能否有效释放前台生产力，提供高品质、高效率的后台服务解决方案作为衡量自身改革成败的重要标志，积极配合、落实网点转型相关举措，增强服务意识，充分发挥整体效能。

从同业的实践看，国际先进银行普遍建立了前台、后台业务的有效分离，集中化、专业化、规模化的后台业务处理模式成为其核心竞争力的重要基础。如美国银行的后台营运部门约有员工18 000名，在美国29个州设置了多个后台处理中心，构筑了强大高效的支持保障平台，承担了网点的大量操作性业务和非交易性

事务的后续处理。国内不少商业银行也在前后台分离、后台业务集中处理和前后台分工协作机制建设方面迈出了重要步伐，取得了重大进展。国内外同业的成功实践为我们提供了有益的借鉴，促使我们明确了方向，了解了差距，坚定了信心，我们要进一步加快改革，奋起直追。

（三）深化会计及营运管理体制改革任重而道远

一年多来，尽管改革取得了一定的成果，会计、营运模式发生了很大变化，但是，与改革目标比还有较大距离。主要表现为：业务处理对前台的过度依赖还没根本改变，前后台合理划分、协作顺畅的作业机制尚未完全形成，改革中许多新问题也不断出现，如后台业务处理集中带来的风险集中控制问题，系统改造和功能优化滞后问题，业务变革中管理衔接和制度更新不到位问题，以及员工观念转变和业务素质提高等问题还比较突出，这些问题都有赖于深化改革去解决。由于现行会计营运体制和业务运行模式在多年的发展中逐步形成，并已经固化在我们的思维、制度、流程和应用系统中，改革不可能一蹴而就，改革深化过程必然复杂而艰巨。此外，随着改革的深入，前期虽然完成了机构建立、职责调整和部分流程改造项目，但后期改造项目难度更大、影响更深，对以上几点，大家要有清醒的认识，对改革困难有充分准备，以更大的决心和百倍的努力继续抓好改革的深化工作。

三、下一阶段的工作任务和要求

下一阶段会计及营运管理体制改革的总体思路和要求是：强化服务理念，提升服务品质，防范操作风险；深化改革，加快推进前后台分离和后台业务集中；优化流程，有效提高业务营运效率；积极探索，建立健全后台逐步集中后的风险控制体系；完善制度，加强财务会计报告控制体系建设，不断提高全行会计信息披露质量。

（一）统一思想，统筹规划，做好改革深化的组织工作

2007年及今后一段时间，会计及营运管理体制改革的任务十分繁重。各行要落实郭树清董事长对营运工作的指示精神，勇于探索、精益求精。要统筹规划，提高会计及营运管理体制改革的计划性。分离什么，哪些应用系统需要改造、优化，要有事先安排，要给技术部门改造系统留出时间。后台事项集中到哪个层面、组织架构需作哪些调整，一次能调整到位的，要尽量做到一次性调整。要积极推进已看准和确定的项目，特别是一些被实践证明行之有效的后台集中项目，如现金集中配送、票据交换、批量业务后台集中处理等，要加快进度，尽早见效；要引入质量管理理念和方法，提高业务处理质量与效率，把握好工作中的风险控制，扎扎实实地稳步推进。

会计及营运管理体制改革要分级负责，上下联动。总行统一部署和明确的改革项目，一级分行要结合本行实际，有效组织实施；各分行也要积极探索，创造性地工作，深入细致地分析研究前后台的交易流程、核算流程以及资金流、信息流的处理模式，依托信息技术，探索建立集约化的作业模式。要借鉴运用“六西格玛”的一些方法和工具，采集基础数据，通过测算、分析、对比，确定改革的重点内容和重点环节，检测改革的效果。要加强部门间的沟通，组建任务型团队，团结协作，形成合力，共同推动和深化改革。

（二）积极稳妥，突出重点，有效推进前后台分离和后台业务集中

2007年全行要完成60个分离项目中的45个，占比75%，各级会计部门、营运部门要树立全局意识，增强服务观念，优化前后台业务流程，加大集约化处理力度，扩大后台处理的业务范围，提高营运条线的生产与控制能力。以网点满意、有效减轻网点工作量作为改革的重要目标，重点抓好以下五项工作。

一是电子汇划和外汇清算的后台集中。要巩固、提高人民币汇划由一级分行批量处理的能力，建立统一的电子汇划后台集中处理模式，进一步提高汇划来账的自动识别与自动入账水平；建立汇划与紧急止付处理机制，10月底之前要全部实现一级分行层面的“一口入一口出”。

在外汇清算方面，外汇汇款及其清算实行总行层级的集中处理与响应，年内要基本完成。将分散在前台的大量交易事务以及一二级分行的中间审核环节，向总行后台处理中心集中，实现前台处理的简单化、工序化，后台功能从清算为主向综合处理与控制转变。

二是票据交换的集中。建立影像系统，实施后台验印，制定相关操作规程和电子验印管理办法，实现区域管辖行票据集中提入、清分、清算、核算，探索建立票据集中提出处理机制。总行开发推广统一的票据交换集中作业系统，各分行要结合当地人民银行票据交换的有关要求，做好特色业务的接口开发和组织实施工作。

三是围绕网点转型，同步跟进前台事务分离。建立批量业务后台集中处理作业流程，加大前台事务剥离力度，扩大业务后台批量处理量，加快实现代发工资、签约账户、代收代付、账户信息、交易信息和业务信息的后台集中补录与维护等业务集中处理。要采取切实有效的措施，减轻前台统计、报表、凭证整理等非交易性事务量，能够取消的要尽快取消，必须保留的要尽量后移。要加强对改革的过程控制，已经实现后台处理的事务不得再回流网点。

四是错账调整和查复处理集中。要建立统一的后台错账调整操作流程和响应机制，优化系统，实现龙卡交易、通存通兑交易、中间业务联网交易以及ATM交易的错账调整、隔日冲正、交易查复的后台集中处理。

五是提升会计核算层级，增强专业化处理能力。要继续提升系统分级的自动核算处理能力，通过调整控制流程、跨级记内部账等手段，实现暂收暂付类、损益类、债券类、减值类会计核算等非客户交易业务的后台集中处理，建立以一级分行为主，二级分行为辅的内部账集中处理模式。一级分行、总行集中专业化的核算人员负责统一处理复杂的或需人工判断的账务核算，提高专业化处理能力。总行相关部门要尽快出台相应规章制度，各分行要进一步规范账户的清理核算等内容。

（三）加快进度，强化管理，不断完善现金集中配送体系

各行要不断完善现金集中配送体系建设，依托现金出纳系统的推广应用，加快建立集约化、标准化的现金配送体系。总行将建立定期通报制度，加强督导落实。10月份之前，尚未完成金库集中和现金集中配送的二级分行要全部实现城区金库及配送集中工作，年内大中城市要实施到位。已经实现集中配送的，要按统一方案调整完善作业流程，加强精细化管理，提高配送效率。年内要实现重要物品统一配送和离行式ATM等自助设备的集中清机与配钞。各行要加快推进现金集中清分与整点，有效减轻网点压力。

要加强推进过程中的风险管理，细化操作规程、制度，完善岗位责任制，严密作业操作与交接管理，依托现金出纳综合业务系统，加强现金交接、出入库、柜员尾箱管理等重要作业环节的风险防控与监测。

（四）优化业务流程，强化后台建设，有效提升前后台营运效率

提升前台服务效率和营运效率是会计及营运管理体制改革的主要目标，各行要通过流程优化、制度调整和系统改造，改进处理手段，增强作业能力，不断缩短业务处理时间，提高劳动生产率，降低运行成本。

要继续落实前台业务流程改造项目。对已完成系统改造的凭证整合、授权复核调整、交易界面整合等柜面流程改造项目，要加大培训力度，尽早完成在全行的推广。要继续加强结算产品创新，积极做好对公通存通兑业务推广，加快制定集团客户集中结算服务指引，研发推出“买卖通”、支票圈存等结算业务，提升结算服务的能力和水平。

要进一步提高后台业务的科技应用水平，实现后台业务由物理集中向逻辑整合的转变。建立后台业务作业平台，逐步统一后台业务作业规则、操作流程和操作界面，实现票据交换、内部账务、批量业务、信息补录维护等劳动密集型业务的工厂化生产，建立作业流水线，细化分工，提高后台作业人员的专业化程度。在作业方式上，要按模块化组织生产，突破传统的“串行”式依次作业模式，推行“平行”式同步加工作业，缩短流水线长度，压缩处理时间。同类业务尽可能纳入同一职能模块，生产系统的业务管理与操作性业务、值班性工作尽可能分离。

要加快系统的整合优化，逐步消除系统间的断点和重复，减少落地手工处理环节，提高业务处理速度；要统一数据标准，实现系统之间数据交换的自动化处理。年内要力争将目前分行负责的证券系统日始、日终操作，重客系统中资金日终对账和清算业务全部上移到总行，变重客系统分步式的两次记账处理的步骤为集中式一次记账。要研究实施清算系统与CCBS系统、人民银行支付系统的无缝对接，通过系统改造，实现渠道系统与CCBS系统间账务信息的自动接入和处理。要开发与推广营运管理系统，改变业务运行信息纸质传输和手工处理的作业方式，加强表单记录、问题管理、参数维护、任务分配、绩效评价等业务管理，提高系统的业务运行效率。

（五）改进控制手段，完善管理机制，构建有效的业务风险控制体系

要创新风险控制方法和管理机制，通过流程重组实现对风险的过程控制，提高风险的“机控”水平。依托后台作业平台与营运管理系统建设，实现后台业务流程的标准化、自动化处理与控制。在后台票据交换、内部账务及批量业务处理、批量信息录入维护等业务领域，要最大限度地分解作业动作和操作权限，将交易性业务由单人发起转变为多人、多岗位协同发起，减少风险源。要优化系统接口，实现跨系统的自动连接，减少手工作业导致的数据失真问题。要根据业务交易规则，建立交易异常数据的系统管控机制，以参数设置等方式对超过正常值和合理值的交易数据实行系统自动控制或报警，防止重大交易事故和差错的发生。要建立业务营运质量管控体系，加强营运工作质量检验，引入连带责任追究机制，推行工作质量评价制度，建立岗位责任清晰、环环相扣的风险控制责任机制。

要在年内完成对账管理系统的推广，提高对账信息管理的自动化水平，增强集中对账的独立性和客观性。按照重要性原则，要客观分析与研究回收率与对账成本的匹配问题，建立分类管理标准，提高集中对账效果。

要加强稽核和柜面业务监测体系建设，增强后台对前台操作风险的控制能力。加快完成柜面交易实时监测系统的推广上线，建立预警风险分析、核查、反馈的快速反应机制，有效控制化解风险。要提高事后稽核集中度，统一风险模型管理；实施常规稽核与复杂稽核分类作业，区分合规性稽核与风险性稽核，确定分类抽样比例和稽核信息的分类督改反馈模式。要加强稽核系统与柜面交易实时监测系统的互动，在风险控制模型设置上互为补充，发挥两套系统在风险预防和控制方面的协调能力。要抓紧建立后台风险分析专家队伍，不断研究调优稽核模型和监测规则，提升全行会计、营运风险分析控制的专业化水平。

要加强对外包业务的管理，制定外包业务管理制度，规范外包业务的种类、方法与流程，统一外包业务合同文本，明确外包机构准入标准、权利与义务，强化外包业务执行中的检查与监督。

要改进监督管理机制，提高检查效果。根据不同时段的会计、营运工作的要点和风险特点，组织不同类型的检查，强化现金业务、金库、柜员尾箱的特别检查，提高检查的综合效果。要加强柜员身份管理，严格落实岗位职责，切实解决柜面操作管理中的风险隐患问题。要严格执行会计委派制，认真做好委派会计主管的委任、轮换、监督和管理。改革检查人员管理体制，探索建立特别检查员制度，提高检查人员的独立性和权威性。

（六）完善规章制度，推行新会计准则，积极推进财务会计报告内控体系建设

新会计准则的推行对全行会计核算、财务管理、信息披露、绩效评价乃至经营行为都将产生深刻的影响。特别是我行作为上市银行，新准则的实施效果将直接关系经营成果的准确反映，投资者、监管机构也十分关注，全行上下要高度重视新准则的推行，抓好业务培训，按照新准则不断完善有关核算制度和财务报告制度，努力提升全行的会计管理能力。

要根据前后台分离等业务模式的变革，抓紧梳理、调整、修订、补充现有的规章制度，尽快建立符合新业务流程、处理模式和控制要求的制度体系，满足业务管理和风险控制的需要。要加快完成《会计检查制度》、《会计基础工作规范化管理办法》和《外币现钞运送管理办法》等相关制度的修订工作。

要进一步完善财务报告内部控制体系建设。认真分析总结财务报告内控体系建设试点分行的推进情况，调整完善后，2007 年底前在全行试运行，明年在全行正式实施。要通过财务报告内控体系建设，建立风险评估、缺陷纠正机制，将财务报告信息质量控制贯穿于各个经营环节和业务处理行为当中，有效提高财务报告的信息披露质量。

（七）强化服务理念，构建前后台联动机制，加大支持力度，提高服务能力和水平

要重视员工的职业道德建设，切实树立“以客户为中心”的服务理念和意识，努力为客户、前台、业务部门提供优质、高效的服务。要建立前后台、部门间的联动协调机制，明确责任分工，加强交流沟通。在交易响应方面，重点从流程银行的角度，挖掘后台资源，逐步探索与建立分条线的服务团队和响应渠道，支持客户、前台或条线的交易查询、数据支援以及交易咨询等响应服务。在内部机制建设方面，要建立规范、高效的内部报告体系，完善层级间的沟通、交流、跟踪、督促、反馈等工作机制。要积极探索开展签订内部服务协议及营运成本定额分摊试点，为建立服务质量与营运绩效评价机制奠定基础。在风险管理方面，重点利用风险控制系统与手段，建立风险管理的前后台共享机制，满足多维度风险管理在信息共享、解决处理、跟踪改进等方面的需要，使前后台交易风险控制形成合力。

（八）加大培训力度，完善管理机制，全面提升员工队伍素质

员工素质提高是管理进步、业务发展的保障，对面临体制改革、流程改造、产品创新和服务提升多重任务的会计营运条线来说，更是关键，更需要下大力气抓紧抓好。要实施多层次培训，在总行及一级分行尽快培养出一批熟悉国内外会计准则，掌握商业银行会计管理经验的高级会计管理人员；在基层机构加强会计人员操作能力和操作技能的培训，培养出一批精通各项会计规章制度及 CCBS 系统业务管理与操作的专业人才，并提高全行柜员的业务素质和操作技能；要适应营运部门的管理专业型和操作密集型特征，探索建立以岗位为基础的人员分类管理办法，逐步建立操作技能等级制度，完善营运管理的人员管理制度，建立营运作业与管理、一般业务与复杂业务的分类培训制度，建立营运管理操作人员培训课程体系，尽快提升营运管理和操作人员的业务素养和专业技能。

同志们，会计及营运管理体制改革是建设银行的战略转型和管理变革的重要内容之一，对于全面提升建设银行核心竞争力具有重要意义，全行上下要抓住机遇，迎接挑战，积极探索、精益求精，为开创会计及营运管理工作的新局面而努力奋斗！

深入推进反腐倡廉工作 为建设银行创造良好的内部运营环境

——在中国建设银行纪检监察工作会议上的工作报告

(2007 年 2 月 27 日)

辛树森

同志们：

这次全行纪检监察工作会议的主要任务是：认真学习贯彻中央纪委第七次全会、国务院第五次廉政工作会议精神和全行工作会议、党的工作座谈会精神，总结 2006 年全行党风建设和反腐败工作，研究部署 2007 年的工作任务。

一、2006 年纪检监察主要工作回顾

2006 年，在总行党委的领导下，全行认真贯彻落实中央纪委六次全会和国务院第四次廉政工作会议精神，坚持标本兼治、综合治理、惩防并举、注重预防的方针，适应建设银行上市后新形势的需要，进一步加强反腐倡廉工作，取得了良好成效。通过认真贯彻落实廉洁自律各项规定和要求，加强教育和监督，使领导人员廉洁从业意识进一步提高；通过加大案件防查力度，认真开展治理商业贿赂专项工作，使案件风险得到进一步遏制；通过加强对违规问题的管理，加大问责和整改力度，使审计和各类检查工作的严肃性进一步体现；通过加强信访核查，既惩治腐败又保护干部，使信访工作的作用得到进一步发挥。党风建设和反腐倡廉工作的深入开展，为上市后建设银行的持续健康发展创造了有利的内部环境。

（一）对领导人员的教育和监督进一步加强。各级行加大了反腐倡廉学习、宣传、教育的力度，许多分支机构专门组织领导人员学习有关法律法规和建设银行规章制度，学习中央和总行有关领导人员廉洁从业的规定和要求，重点检查总行党委提出的“廉洁自律六项要求”的贯彻落实情况，使领导人员遵纪守法、廉洁从业的意识进一步增强，艰苦奋斗、勤俭节约的优良传统得到恢复，迎来送往、公款宴请、赠送礼品、公私不分等不良风气有了明显好转。据统计，二级分行行级以上领导人员中有 236 人主动上交现金、有价证券和支付凭证 77.89 万元。

总行加强了对一级分行领导班子的巡视监督。总行纪律检查委员会会同组织部、审计部组成 2 个巡视组，分别对辽宁、黑龙江、江苏、广西、甘肃、新疆 6 个分行的领导班子进行了巡视，促进了被巡视分行领导班子的思想作风建设。

党内监督的各项制度得到落实。各级党组织认真组织学习党章，贯彻落实党内监督条例，坚持和完善了对领导人员的谈话、述职述廉、民主生活会等制度，加强了同级和上下级的监督。全年各级行谈话9 167人次，述职述廉18 420人次。

对领导人员的问责力度进一步加大。总行出台了《中国建设银行领导人员问责办法》，各分行结合实际制定了问责的实施细则，对领导人员违反廉洁从业规定、用人失察失误、管理失职渎职等方面加大了问责力度。2006年，全行因各种问题被追究责任的一级分行行级领导人员有8人，二级分行行级领导人员和分行部门总经理级领导人员有543人。

（二）案件专项治理工作取得新的成效。实现了案件总数、涉案金额、百万元以上案件数量“三个下降”。全行系统共立案查处各类案件55件，比上年减少17件；涉案金额8 632万元，比上年减少12 717万元，下降60%。其中，百万元以上案件13件，比上年减少6件；涉案金额7 456万元，比上年减少11 669万元，下降61%。

在各类案件中，违法违纪案件40件，比上年减少16件；涉案金额7 632万元，比上年减少4 234万元。其中，百万元以上案件10件，比上年减少3件；涉案金额6 738万元，比上年减少3 393万元。全行通过查处案件，直接挽回经济损失3 293万元。全行还成功防范和堵截各类案件64件，避免或挽回经济损失14 443万元。前些年几个案件高发的分行经过全面整治，案件数量和涉案金额都大幅度下降。

在案件专项治理工作中，一是全行组织开展了“防范案件风险，确保资金安全”的大检查。山东德州平原支行发生案件后，郭树清董事长多次作出重要批示，张建国行长亲自主持会议专题研究整改措施并亲赴德州分行实地调查案件查处情况。总行下发了紧急通知，在全行组织开展了“防范案件风险，确保资金安全”的大检查，各级行共派出检查组4 000多个，检查人员35 000多人次，发现了大量的问题，其中总行会计部、个金部、营运部、纪检监察部共同组织了4个检查组，对8个分行开展了突击性抽查，发现问题数百起，有关行对能整改的问题及时进行了整改。二是总行有关部门组织全行系统开展了票据承兑贴现业务、资产保全“三项业务”（呆账核销、抵债资产、减免贷款利息）、IT项目、DCC操作系统、会计应收应付科目等专项检查或审计，以提高基础管理水平，增强防案能力。三是针对2005年案件专项治理发现的问题，开展了案件专项治理“回头看”活动，检查整改落实情况，确保整改到位。有的分行结合实际开展了“管理年”、“安全年”等活动，效果明显。四是继续加大案件查处力度，坚持“三个防止”的办案策略，防止涉案人员潜逃，防止涉案资金转移，防止不良影响扩大，成效显著。五是开展了案例警示教育活动。各级机构以总行编写的《代价——中国建设银行警示教育案例》为主要材料，结合实际开展警示教育活动，共举办各种形式的警示教育报告会1 386场次，参加听讲人员39 807人次。六是加强案件分析和预警。通过案件专题剖析、编发《案件风险提示》等方式，促进案件防范能力进一步提高。

（三）治理商业贿赂专项工作扎实推进。全行按照中央纪委和银监会的统一部署，结合实际开展了治理商业贿赂专项工作。一是清理了“三类行为”，即清理了不正当交易行为、私设“小金库”和账外资产的行为、向外单位和下属机构借车的行为。二是开展了“三项排查”，即排查商业贿赂案件、排查员工投资办企业行为和排查员工“黄、赌、毒”等违法违规问题。通过自查自纠和排查，发现不正当交易行为43起，能够整改的29起当即完成了整改；发现并纠正了15起私设“小金库”问题。总行和各分行专门设立了举报电话和电子邮箱。总行主要业务部门在本业务系统开展了清理工作，制定了相应的内部管理制度。有的分支机构还制作了反商业贿赂宣传挂图，与员工签订了《杜绝商业贿赂承诺书》。三是就相关政策界限问题开展了广泛的调查研究。在各分行撰写30多篇调研报告的基础上，总行起草了《关于不正当交易行为和正常商务活动政策界限的指导意见》和《关于员工经商办企业的若干规定》，征求了各分行和总行各部门意见，并听取了中央纪律检查委员会有关部门和银行业治理商业贿赂领导小组办公室的指导意见，待进一步修改完善后下发。

通过专项治理，初步实现了“两个规范”，即规范了各级机构的经营行为，规范了各级领导人员的从业行为；“两个促进”，即促进我行业务持续健康发展，使我行树立了更好的社会形象。

（四）案件和审计发现问题得到严肃问责和整改，积分管理初见成效。据统计，全行共处理违法违纪违规人员 11 603 人次。其中，政纪处分 1 585 人次，党纪处分 94 人次（含并处）。因发生案件处理涉案人员及相关责任人 473 人。2006 年发生的 13 起百万元以上案件和 1 起重大违规问题，总行纪检监察部于当年全部审理完毕，共处理了 251 人，同时各分行按照总行要求一一进行了整改，并向总行写出了整改报告。

对审计发现的问题，总行纪检监察部牵头组织了两次整改工作，一次是对第二季度审计部门全面审计 13 个一级分行发现问题的整改，整改率达到86%；另一次是对风险管理部门收集整理的2005 年 1 月至 2006 年 8 月内外部审计、检查发现问题的整改，涉及总行 22 个部门，整改率达到 90%。两次整改共处理 348 人，其中纪律处分 18 人，罚款处理 135 人，罚金共计 11.5 万元。针对某些集体违规行为，责令其退还不当得利，体现了整改工作的严肃性。

2006 年是全行推行违规行为积分管理工作的第一年，全行有 43 311 人共被积分 101 852 分，有 7 979 个分支机构共被积分 83 982分。被积分的员工占全行员工总数的 14.3%。通过积分管理，广大员工按章操作的自觉性得到增强，违规违章问题屡查屡犯的现象得到初步遏制。

（五）群众信访举报的突出问题得到认真查办。2006 年全行系统共受理信访举报 1 741 件次，其中总行受理 807 件次。中央纪委、银监会等上级领导机关转我行查报结果的 25 封举报信，在规定时间内全部办结。对总行领导批转的 60 封举报信进行了认真的办理。一些内容具体、线索清楚、署名真实、可查性强的信访举报，总行直接组织力量核查或转分行查报结果。各分行按照“多查少转”的要求加大了直接核查力度，核查质量有所提高。有的分行“一把手”亲自对举报问题作出批示、听取汇报，有的纪委书记亲自带队进行现场核查。核查后，对确有违规违纪行为的人员进行了严肃处理；对有苗头性问题的领导人员进行了提醒谈话；对反映不实的问题在一定范围内进行了澄清；旗帜鲜明地支持和保护因锐意改革、严格管理而被人恶意中伤的领导人员。为配合治理商业贿赂专项工作的开展，总行和分行集中力量对群众反映的领导人员不廉洁行为及商业贿赂问题进行了专门核查，按时办理了银行业治理商业贿赂领导小组办公室转我行查报结果的 10 封举报信件。全行通过办理信访，给予党纪政纪处分共 44 人次，进行信访诫勉谈话和提醒谈话 481 人次。去年 7 月总行信访办公室从纪检监察部划出去以后，纪检监察部突出了查处违法违纪违规行为的职能，集中力量对做好新形势下信访举报工作的方式方法进行了探索，围绕畅通信访举报渠道、强化对信访举报线索的综合分析、加强督促检查、严肃责任追究这 4 个关键环节，做了大量的基础性工作。

（六）反腐败抓源头工作有了新的进展。一是各级行认真贯彻落实中央的《实施纲要》和总行党委的《实施意见》，结合各项具体工作，大力推进教育、制度、监督并重的惩治和预防腐败体系建设。二是召开了全行职工代表大会，各级行充分发挥职工代表大会民主管理的职能，积极推行行务公开，广大员工的知情权、参与权和监督权得到了更好的保证。三是进一步发挥审计部门、风险管理部门、合规部门以及纪检监察特派员、委派会计主管的监督作用。四是规章制度进一步建立健全，全行共出台新的规范性文件 1 885 个，补充完善规章制度 1 353 个。五是总行设立了集中采购部门，加强了审计部门和纪检监察部门对采购活动的监督，不少分行制定了专门的集中采购监督办法。去年仅总行纪检监察部对集中采购事项的监督就多达 280 余项，其中现场监督 170 余项，非现场监督 110 余项，促进了集中采购工作的规范开展。

此外，各级行根据总行指导意见，结合专项治理及各行实际，精心选题立项，开展了效能监察。通过参加民主评议行风活动、“行风热线”受理问题、安排“神秘人”暗中察访以及利用广播电视等新闻媒体解答客户咨询，推进了纠风工作，员工的合法权益和客户的正当利益得到了更好的维护。

纪检监察队伍自身建设得到加强。截至 2006 年底，全行有纪检监察机构 726 个，配备专职纪检监察人员 2 318 人，兼职人员 2 152人。实行纪检监察员派驻制的基层机构 1 466 个，配备纪检监察特派员 891 人。各一级分行报送了年度纪检监察工作总结，多数一级分行纪委书记报送了述职报告。二级分行以上纪委书记和纪检监察部门负责人撰写调查报告和研究文章 1 608 份，其中一级分行纪委书记和纪检监察部总经理向总行报送 58 份，这些总结、报告和文章，既反映了各分行的纪检监察工作水平，又反映了纪委书记和纪检监察部总经理个人的政策理论水平和工作能力。2006 年，总行启动了纪检监察信息管理系统的开发工作，完成了前期立项、需求论证及招标事项。总行在深圳、香港两地成功举办了纪委书记培训班，各分行也加强了纪检监察人员培训。

过去的一年，我行党风建设和反腐倡廉工作取得了明显成效。但问题也不可忽视：一是个别分行管理不到位，监督力度不够，重大案件或重大违规事件时有发生，造成了重大资金损失和不良社会影响。二是有章不循、违章操作现象在各级行还不同程度地存在，基层机构网点管理仍然比较薄弱。三是体制机制还不够完善，监督制约机制还不健全，权钱交易、腐化堕落等现象还时有发生。四是从群众举报反映的情况看，少数领导人员的廉洁自律意识仍不强，执行总行党委"廉洁自律六项要求"及其补充规定还不够坚决，迎来送往、超规格接待、请客送礼、公私不分等现象还没有完全杜绝，有的在工作作风和生活作风上还存在一些问题。对上述问题，各级行要有清醒的认识，要进一步采取有力措施加以解决。

二、2007 年主要工作任务

全行纪检监察工作要认真贯彻落实中央纪律检查委员会七次全会和国务院第五次廉政工作会议精神，围绕我行中心工作，紧密结合业务经营管理实际，坚持标本兼治、综合治理、惩防并举、注重预防的方针，以加强对领导人员的监督和深化案件防控及整改工作为重点，深入推进反腐倡廉工作。

（一）加大监督力度，促进领导人员遵纪守法、廉洁从业

在中央纪律检查委员会七次全会上，胡锦涛总书记深刻阐述了加强新形势下领导干部作风建设的极端重要性和紧迫性，强调要大力倡导 8 个方面的良好风气，全面加强领导干部作风建设。为构建社会主义和谐社会提供有力保障。全行各级领导人员要认真学习领会，坚决贯彻执行。关于领导人员作风建设问题，郭树清董事长在上午的讲话中作了全面阐述，提出了明确要求。在这里，我重点强调一下对领导人员严格要求和加强监督的问题。

1. 领导人员要严格执行廉洁从业的规定和要求。根据中央纪律检查委员会七次全会对领导干部廉洁自律提出的新要求，结合我行实际，我们对领导人员廉洁合规从业重申和提出以下八项要求：第一，要严格执行总行党委提出的《廉洁自律六项要求》和《简化公务接待的补充通知》，不得以各种理由拒不执行或变通执行。第二，要通过合法渠道获得报酬或收入，不准参与本行贷款客户、商品和劳务供应商等利益上相关联的企业的投资活动和集资活动；不准借委托他人投资证券或其他委托理财的名义获取不正当收益；不准为本人谋取预期的不正当利益或以各种形式为配偶、子女和其他亲友谋取不正当利益。第三，要按房改规定或正常渠道购置住房，不准利用职权和职务影响，在商品房买卖置换中以明显低于市场价格购置或以劣换优谋取不正当利益；不准参与违规集资建房或参与变相集资获取高额回报；不准借用、占用客户和下属单位及个人的住房；不准让可能影响正确执行公务的客户和下属单位及个人为自己装修住房；易地调动的干部，只能在一个地方享受房改优惠政策。第四，要按规定配备工作用车，不准以借用等名义占用客户和下属单位及个人的汽车；不准超标准配备使用汽车；不准擅自动用抵债车辆；异地交流的领导人员，不得继续占用原工作单位的车辆；严格控制节假日公车私用，坚决遏制重大恶性交通事故的发生。第五，要一心一意搞好本职工作和维护建设银行的利益，不准以个人名义经商办企业或从事有偿中介、代理活动；不准擅自在其他经济实体中兼职；不准利用职权为配偶、子女及其他亲友的生产经营活动提供便利。第六，要参加合法合规、健康有益的文体娱乐活动，严禁参与"黄、赌、毒"活动；严禁用公款游山玩水或以学习考察等名义出国（境）公款旅游。第七，要依法合规经营和诚实守信，严禁账外经营和设立"小金库"；严禁超越授权处理业务；严禁在信贷审批、集中采购中利用职务影响干预正常的贷款发放和招投标工作；严禁为完成考核指标而虚构交易量、虚假签约、人为调节指标；严禁虚报浮夸骗取荣誉、奖励。第八，要认真执行中央和总行有关厉行节约、反对铺张浪费的规定和要求，严格控制会议费、接待费和差旅费用；今后各级行不得搞福利性实物分配。各级领导人员要严格自律，管好自己、亲属和身边工作人员。对违反上述规定和要求的领导人员，要严肃查处。

2. 强化对领导人员监督的五项措施。第一，继续开展对一级分行的巡视工作。2007 年，总行将选择部分一级分行开展巡视，

重点加强对领导班子特别是“一把手”的监督，及时掌握群众反映的苗头性、倾向性问题，早发现、早纠正。有条件的省分行，在报经总行研究同意后，可以对所辖二级分行开展巡视试点工作，取得经验后再扩大范围。

第二，充分发挥信访监督的作用。信访既是我们联系群众的桥梁，也是加强对领导人员监督的重要途径。对上级部门和总行领导批示查办以及反映问题重大、线索清楚的信访举报件，总行和一级分行要直接查办。在信访核查中，坚持该处理的处理、该纠正的纠正、该提醒的提醒、该澄清的澄清。要完善信访督办制度，提高信访核查质量。对上级要求查报结果的信访件，有关机构领导要亲自签发核查报告，机构领导和组织核查的部门要对核查结果负责。要拓宽信访举报渠道，积极探索和推广网上举报。去年，广东、新疆等部分分行已经开通了网上举报功能，正面效果比较明显。今年，要结合纪检监察管理系统的开发，认真研究全行开通网上举报功能的可行性，条件成熟就及时推广。

第三，坚持和完善对领导人员的谈话制度。通过各种监督检查渠道，发现领导人员有苗头性、倾向性问题，党委、纪检监察部门和组织人事部门要及时进行提醒谈话和诫勉谈话，防止小的缺点或错误转化为重大违规问题或违法违纪案件。

第四，进一步强化问责制。要按照《中国建设银行领导人员问责办法》的规定，对领导人员在合规经营、廉洁自律、管人用人、内控管理等方面出现的重大问题，进行严肃处理。

第五，做好纪检监察部门配合组织人事部门考察领导人员的工作。根据中央的有关精神，纪委和监察部门要配合组织人事部门考察干部，以防止领导干部“带病提拔”、“带病上岗”。在领导人员提拔任用前，组织人事部门要征求纪检监察部门的意见。纪检监察部门要通过参加领导班子民主生活会、向组织人事部门提供拟提拔领导人员的有关情况等活动，参与和配合好组织人事部门对领导人员的考察工作，以更好地保证领导人员队伍的纯洁性和战斗力。

要认真执行中央下发的《关于党员领导干部报告个人有关事项的规定》，纪检监察部门和组织部门要加强对本规定执行情况的监督检查。此外，还要坚持和完善领导人员民主生活会制度、领导人员述职述廉制度、职工代表大会制度、行务公开制度等，充分发挥上级监督、同级监督、下级监督的作用。

（二）以落实《案件防控及整改方案》为重点，全面推进案件查防工作

去年 11 月 17 日，银监会第 10 次银行业案件专项治理工作会议要求银行业各金融机构要精心设计和制订切实可行的案件防控和整改方案，经董事会审议通过并报银监会审核后执行。根据银监会的要求，总行纪检监察部会同 11 个部门成立了工作团队，对全行近 3 年来发生的 200 起案件进行了多维度分析，查找出了案件暴露出的突出问题和深层次问题，有针对性地制定了《中国建设银行案件防控及整改方案》。该《方案》是全行今后 3 年案件防控及整改工作的指导性文件，总行各部门、各级行都要严格按照《方案》确定的工作内容和时限，逐项贯彻落实到位。

《方案》确定，通过 3 年左右的时间，力争案件防范“每年都见成效，三年见大成效”：一是案件数量、涉案金额和百万元以上案件数量继续保持“三个下降”，其中全行当年作案的案件数量力争下降 20%，案件高发行案件数量力争下降 50%。二是坚决遏制亿元以上特大案件新发。三是内控管理水平明显改善，员工合规守法意识明显提高，案件防控的长效机制基本形成。围绕这一目标，2007 年要重点抓好以下工作。

1. 狠抓基础管理，大力提升制度执行力。据对近 3 年案件的分析，有章不循、违章操作、制度执行不力引发的案件高达 95%。为确保制度执行，必须大力抓好基础管理工作。一是要实现规章制度手册化、活页化。由风险管理部和法律事务部牵头，总行所有业务部门参与，集中梳理、整合、精简、完善各项规章制度，并使之手册化、活页化，以便基层员工易学易懂、易查易用。这项工作在 2007 年第一季度启动，在年底前要取得阶段性成果。二是加强“三查一审”。“三查”指每年由总行会计部、营运部、个金部牵头在全行开展会计与营运风险大检查，由总行风险监控部牵头在全行开展信贷业务大检查，由总行合规部牵头在全行开展合规综合大检查。“一审”指由审计部门在“三查”之外组织的专项审计或全面审计。原则上总行和一级分行组织的各种业务检查活动都应纳入“三查一审”范畴。三是要落实好“六项制度”。实践证明，岗位分离与制衡制度、岗位轮换和交流制度、员工不良行为排查制度、基层机构网点会计主管委派制度、尾箱金库管理制度、营业录像专业人员定期抽查制度“六项制度”，对于强化内控管理、防范案件风险具有十分重要的作用，各级行要将这“六项制度”落到实处。四是提升惩戒措施的震慑力。要进一步加大问责力度，因多个环节有章不循、违章操作引发亿元以上案件或两起五千万元以上案件的，一级分行主要负责人引咎辞职，二级分行主要负责人给予撤职以上处分，县级支行主要负责人给予开除处分；引发千万元以上案件的，二级分行主要负责人给予撤职以上处分，县级支行主要负责人给予开除处分；引发百万元以上案件的，二级分行主要负责人引咎辞职，县级支行主要负责人给予撤职以上处分；为了鼓励查处案件，同时规定，案发后能够及时控制人员、挽回损失、减轻影响的有功人员，可以适当从轻处理。要调整重大违规问题和案件问责手段的适用政策，原则上对重大违规问题和案件的责任人，主要适用“警告、记大过、撤职、开除（辞退）”这四档处分。同时加大案件与有关机构和个人绩效分配挂钩的力度，以增强各级机构主要负责人及其他管理人员的管理责任心。加大对违规问题的惩处力度，对合规部门和业务部门经责任认定后移送的相关责任人，纪检监察部要依规依纪进行严肃问责。总行将根据上述原则，研究制定相关制度。

2. 整合基层监督管理资源，提升风险内控水平。一是基层行搭建以委派会计主管、风险经理、纪检监察特派员为主体的监督平台，进一步明确三者的职责分工，使对基层监督的内容不交叉，监督的范围不留死角。委派会计主管、风险经理和纪检监察特派员是基层主要的监督力量，应确保其主要精力放在内控管理上，原则上不得承担营销任务。二是管理行统一组织对基层行的检查，不同部门相同或相近的检查内容要归并，明确一个牵头部门统一组织检查，集中调配力量，制订合理的检查计划，将各种检查抓实抓细，避免出现上级行重复检查、下级行频繁接待、各部门发现问题信息不共享、整改和问责不到位等问题。

3. 提升IT系统对风险的预警和控制能力，形成防范案件的技术屏障。针对案件暴露的问题和在日常经营管理中发现的问题，启动DCC系统优化项目，开发上线柜面业务实时监控系统和现金出纳管理系统，加快柜员指纹身份认证系统在全行的上线运行，抓紧推广上线对公信贷业务流程管理系统，逐步上线运行新的个贷系统。

4. 加大案件查处力度，提高案件应急处置能力。一是继续重点查办领导人员滥用职权、贪污贿赂、腐化堕落、失职渎职的案件以及利用审批权、人事权、财务权等职权谋取私利的案件。严厉查办内外勾结、权钱交易的案件，特别是违规发放、核销贷款的案件以及在资产处置中隐匿、私分、转移、贱卖国有资产的案件。二是继续推行对案件形势严峻分行的重点整治。根据2006年的案件情况，总行明确，黑龙江、山东、河南、贵州四个分行为重点整治行。今后，总行每年都将根据上一年的案件情况确定重点整治行。三是进一步完善制度，严密程序、提高案件检查和审理工作质量，充分发挥查办案件打击犯罪、减少损失，惩前毖后、治病救人，堵塞漏洞、防范风险等功能。四是发挥案件应急处置机制的作用，提高案件应对能力。2006年底，总行下发了《中国建设银行重大案件应急处置预案》，各级机构都要按要求成立重大案件应急处置领导小组，建立和完善重大案件应急处置机制，明确有关部门的责任，坚持重大案件总行调查，实现上下联动和部门联动，从案件查处、资金追缴、案件报送、信息披露、诉讼应对等多方面提高对各类重大案件的反应能力和处置速度。

5. 健全工作机制，强化案件整改。针对过去案件管理工作重查处、忽视整改的问题，今后要大力加强案件整改工作。一是对以后新发现的案件，要做到“一案一整改、一案一验收”，既要解决案件暴露的个性问题，又要举一反三，有效地解决案件暴露出的普遍问题。二是要探索建立标准化的案件分析框架和案件整改流程，案件发生后，除对重大、突出风险隐患进行应急整改之外，还应及时召开相关部门都参加的案件分析整改联席会，提出长效的整改措施，从根本上堵塞风险漏洞。三是健全案件整改工作机制。确保整改效果。案件整改过程中，要建立督办跟踪机制，由专人实时监控整改进度；整改结束后，要及时对整改结果进行评估和验收，发现整改不及时或不到位的，还应对有关责任人予以严肃处理。

（三）深入开展治理商业贿赂专项工作，继续抓好惩治和预防腐败体系建设

要按照中央纪委和银监会的统一部署，继续深入开展治理商业贿赂专项工作。重点关注代理中间业务收入、营销费用、不良资产处置、信贷审批发放、集中采购招投标及商务谈判等容易形成商业贿赂的业务环节，继续开展不正当交易行为查纠，规范经营行为。深入排查贿赂案件线索，严肃查处商业贿赂案件。要进一步搞好专题调查研究，解决正常商务活动与不正当交易行为的政策界限以及员工经商办企业的政策界限等问题，积极探索建立预防商业贿赂长效机制的具体措施。

要继续贯彻落实中央颁发的《建立健全教育、制度、监督并重的惩治和预防腐败体系实施纲要》及总行党委下发的《实施意见》，拓宽从源头上防治腐败工作领域，努力从源头上预防和治理腐败。2007 年，各级行要把开展思想道德和法纪教育作为加强惩防体系建设的一项重要内容，把各级领导人员作为重点对象，加强三个方面的教育：一是加强经营理念教育，引导各级领导人员端正经营指导思想，按照科学发展观的要求，正确处理改革、发展、稳定的关系，正确处理提高效益与运营安全的关系，正确处理抓好改革发展的中心工作与搞好反腐倡廉、强化风险控制的关系。二是加强遵法守规教育，促进各级领导人员增强法制观念，作依法合规经营的表率，带动全行员工增强合规操作的自觉性，提高防范风险的意识。三是加强党章和荣辱观教育，使广大党员进一步增强党性，永远保持党的优良传统和政治本色，起表率带头作用。要整合教育资源，公共关系部门和企业文化部门要发挥统一管理和组织协调的作用。要注意抓好先进典型的总结宣传和案例的警示教育，通过正反两方面的思想教育，达到弘扬正气和震慑犯罪的效果。要区分领导人员、中层管理人员、基层员工开展针对性的教育，增强教育的效果。要通过建设银行报、企业网等载体和专题会议、专题演讲等形式，加大宣传教育力度，营造崇尚清正廉洁、自觉遵纪守法的企业文化氛围。

在加强教育的同时，继续改革完善体制机制制度，努力从源头上预防腐败。要积极推进机构扁平化改革。要进一步改革信贷管理制度。减少弄虚作假和以贷谋私的现象。要积极推进人力资源管理体制改革，加强人力资源系统垂直管理的力度。要强化财务管理和控制，积极探索对分行和垂直管理部门财务主管的派驻制问题。要完善福利分配制度。要进一步推进后勤服务社会化。

要继续加大监督力度，强化对“权、钱、人”等各种权力运行的监督制约。当前尤其要加强对信贷决策、财务分配、集中采购、资产处置、选人用人以及营销费、招待费、宣传费支用等环节的检查监督力度，防范道德风险。

（四）抓好以落实《案件防控及整改方案》为重点的效能监察和积分管理工作，促进提高内部管理水平

2007 年，全行要结合案件防控和整改工作，组织开展以落实《案件防控及整改方案》为重点的效能监察，以促进整改方案落到实处，取得成效。具体方案由总行制订。在抓好《案件防控及整改方案》落实情况效能监察的基础上，各分行可结合实际，针对辖内发生的突出违规问题、员工反映强烈的热点问题、重大经营决策过程及执行效果、项目和经营活动的投入与产出、业务管理部门履行管理职责情况等，开展单项或综合事项的效能监察。

继续推进违规行为积分管理工作。各级机构要继续坚持并完善这一制度，确保积分管理工作落到实处。各级行业务部门要带头运用积分管理手段，抓好积分管理在本业务条线的落实，各级行纪检监察部门要督促业务部门落实积分管理办法，总行将重点对一级分行业务部门落实积分管理办法的情况进行检查。要通过对积分管理信息系统数据的分析，及时掌握全行经营管理中的薄弱环节，为业务部门加强管理提供依据，并有针对性地采取整改措施。对于《积分管理办法》和《积分管理系统》中存在的一些问题，总行将在充分调研、听取各行意见的基础上及时进行补充完善。

各级行要继续抓好纠风工作。通过坚持职工代表大会制度、积极推行行长接待日制度、参加当地的民主评议行风活动、主动征求员工和客户意见等方式，及时了解员工和客户的诉求，及时纠正各种损害群众利益的不正之风，切实维护好员工的合法权益和客户的正当利益。

三、进一步加强纪检监察自身建设

总体上看，建设银行的纪检监察队伍是一支政治可靠、作风良好、业务熟悉、秉公执纪、乐于奉献、勇于创新的队伍。但是，建设银行股改上市后，社会公众监督加强，企业经营管理透明度提高，对我行的党风建设和反腐倡廉工作水平提出了更高的要求。为了适应新形势和新任务的需要，全行必须进一步加强纪检监察队伍建设。

（一）纪检监察人员要严格要求自己，在反腐倡廉工作中发挥表率作用。纪检监察人员是从事监督工作的，必须要高标准、严要求。一是要政治坚定。做党的忠诚卫士和群众的贴心人，敢于同各种腐败现象作斗争，坚决严惩腐败分子，切实维护党的先进性和纯洁性，维护客户和广大员工的利益。二是要严守纪律。讲党性、讲原则，扶正祛邪、惩恶扬善，坚持纪律面前人人平等，切实维护公平与正义，避免发生冤案、错案。三是要作风过硬。大力弘扬党的优良传统和作风，艰苦奋斗，勤俭节约，谦虚谨慎，廉洁从业，律人先律己，事事处处严格要求自己，模范遵守党纪法规，自觉接受党组织和广大员工的监督。

（二）加强纪检监察组织机构建设，管好用好纪检监察特派员队伍。要继续贯彻落实总行下发的《纪检监察组织机构设置方案》，健全纪检监察组织机构，配齐配强纪检监察人员，加强纪检监察部门与业务部门的人员交流。

要加强对纪检监察系统的管理，加大垂直管理的力度。各级行纪委和纪检监察部门在接受本级行党委领导的同时，还要自觉接受上级行纪委及纪检监察部门的领导和工作指导。各级行纪委书记和纪检监察部负责人要增强系统管理的观念，服从上级行纪委的领导和安排，认真完成上级行纪委和纪检监察部门布置的工作任务，定期或不定期地向上级行纪委和纪检监察部门汇报工作，重大问题要及时报告。上级行纪委和纪检监察部门要加强对下级行纪委和纪检监察部门的领导、指导和信息沟通，通过考核、评价、培训、直接交办工作任务、交叉检查等多种方式，整合和调动系统的资源和力量。郭树清董事长强调，要加强纪检监察系统垂直管理的力度。为此，除对基层机构实行纪检监察员派驻制外，总行将着手研究纪检监察系统的垂直管理问题。

基层机构案件多发，违规违章问题较多。各分行的实践表明，在基层机构推行纪检监察员派驻制，是防范案件风险的有效举措。为了使基层行委派会计主管、风险经理、纪检监察特派员三位一体的监督平台落到实处，2007 年底前，各分行对基层机构推行纪检监察员派驻制的工作要全部落实到位，规模较小的基层机构，纪检监察特派员可与风险经理相互兼任。新聘特派员一律要按照《中国建设银行纪检监察特派员管理办法》的要求，进行公开竞争、择优选聘，并加强上岗前的培训。纪检监察特派员要加强对领导岗位和重要业务岗位员工从业行为的监督，对其在工作表现、经济往来、家庭状况、社会交往和八小时内外的思想动态等方面的异常现象及时予以掌握和排查。2007 年，总行将在山东省分行召开纪检监察特派员推进工作现场会，并将组织专题调查研究，制定对特派员管理使用的新办法，进一步明确和细化特派员的职责和具体工作内容。

（三）加强学习和业务能力培养，努力建设一支开拓进取、奋发有为的纪检监察队伍。纪检监察人员要带头学习中央有关党风建设和反腐倡廉工作的方针政策，学习反腐倡廉理论和纪检监察专业知识及其他相关知识，了解、熟悉现代商业银行业务，努力把握纪检监察工作的特点和规律，提高预防和治理腐败的能力。各级机构要加强对纪检监察人员的培训。要坚持纪委书记和纪检监察部总经理向上级行纪检监察部门述职和每年至少报送 1 篇调研报告的制度。要经常深入基层、深入业务一线，加强调查研究，联系实际探索新形势下做好纪检监察工作的有效途径和方法。

今年全行反腐倡廉工作任务十分繁重。各级纪检监察部门要发挥好组织协调作用，大力发扬求真务实、开拓创新精神，坚定信心，扎实工作，努力为全行加强内控、防范风险创造佳绩，为建设银行的改革发展创造良好的内部运营环境。

在建设银行信访工作座谈会上的讲话

（2007 年 5 月 15 日）

辛树森

同志们：

这次会议是贯彻中央最近下发的《关于进一步加强新时期信访工作的意见》，适应全行信访工作特别是妥善处置群体和非正常上访形势需要召开的一次座谈会。这次会议请了 17 个一级分行分管信访工作的行级领导和分管部门的同志参加，主要是系统地学习党中央和国务院的有关文件和政策规定，深刻理解、领会中央的精神，探讨、交流信访工作中化解矛盾纠纷、处置群体上访的工作情况和体会，进一步规范信访处置管理，加大信访处置力度，为建设银行的改革发展创造一个良好的环境。我们还特意邀请了国家信访局、北京市公安局的同志亲临会议指导，就信访应急处置工作的原则、方法等进行授课。希望通过座谈、授课、交流，进一步统一认识，有所启示和收获，使我行信访处置工作向有序、严谨、依法、合理、健康的方向进一步推进。

下面，我就当前的信访形势和信访处置工作，尤其是群体性上访问题讲几点意见。

一、正确认识和把握当前信访工作形势，进一步增强做好信访工作的政治责任感

在党中央、国务院的高度重视和坚强领导下，各地各部门认真贯彻落实科学发展观，坚持以人为本，统筹各方面利益关系，积极化解各类矛盾纠纷，解决了一大批群众最关心、最直接、最现实的利益问题，也推动了全国信访形势继续向好的方向发展。2006 年，全国信访总量同比有所下降，集体上访、非正常上访、群体性事件在一些地区也得到控制，信访秩序有所好转。但是，影响社会和谐稳定的因素依然存在，信访总量仍在高位运行。军队退役人员、企业离退休人员群体聚集上访处置难度越来越大；境内外敌对势力和一些别有用心的人相互勾结，插手利用信访问题比较突出；信访处置中出现的问题日趋复杂、矛盾多重交织。信访工作面临的任务依然十分繁重而艰巨。

今年 3 月 10 日，中央下发了《关于进一步加强新时期信访工作的意见》。这是新中国成立以来第一次以中央文件名义下发全党、全国的关于信访工作的指导性意见，是新的历史时期加强和改进信访工作的纲领性文件，具有十分重大的意义，为我们做好信访工作明确了方向，奠定了基础，提出了新的更高的要求。

信访工作作为构建社会主义和谐社会的基础性工作，是党和政府密切联系群众的桥梁，在维护社会稳定、营造良好的外部环境中担负着重要的责任。近年来，总行党委对信访工作非常重视，根据工作需要，成立了总行信访办公室，配备了专职工作人员，专司信访工作。郭树清董事长也非常关注信访工作，经常批阅有关信访文件、资料，亲自过问、了解群众上访的处置情况。今年春节后，他在到黑龙江省参加会议和调研期间，专门与分流人员进行了座谈，面对面了解情况，听取意见。张建国行长多次听取信访工作汇报，要求上下联动，切实做好维护稳定的工作。他多次表示，只要工作需要，他随时可以出面做工作。去年底，张建国行长亲自主持信访工作视频会议，作了重要讲话，强调“一把手”是信访处置工作的第一责任人，对妥善处置群体上访提出了具体要求。郭树清董事长和张建国行长对信访工作人员的工作给予了充分肯定，要求进一步加强对信访处置工作的指导，想方设法积极化解矛盾，尽力防止在分行所在地或进京聚集上访问题的发生。

信访办公室按照总行党委的要求，认真贯彻《信访条例》，妥

善办理各类来信，热情接待来访群众，积极协调主管工作部门依法合规处置信访事项，做了大量的工作，为保障我行良好的办公环境、树立良好的社会形象、促进和谐稳定发展，发挥了积极作用。针对当前全行信访工作的特点，信访办公室起草了《关于加强非正常上访处置工作的意见》，明确了处置非正常上访的基本原则与办法，要求各分行建立群体性上访情况与有关信息的报告制度；为了进一步健全、完善机制，还起草了《中国建设银行来访处理工作流程》和《中国建设银行总行处置群体性上访应急工作预案》，待征求意见后整理下发，使信访工作进一步向规范化、制度化方向发展。

各级分行党委按照总行部署，认真贯彻中央领导对信访工作的指示，对信访工作尤其是群体上访问题非常重视，从组织建设、人员配置、处置方案的制订与实施等方面做了大量工作。河北、辽宁、陕西、内蒙古、吉林、四川等分行针对群体上访问题较多的情况，加强组织领导，认真排查、化解矛盾，热情接待、答复上访人员提出的诉求，及时依法进行处置，阻止、减缓了进京上访的发生。河北地处北京周边，省分行系统分流人员进京上访频繁，工作难度大。他们加强了与当地党委政府部门的联系沟通，上访人员的教育、稳控以及接返工作得到了地方公安、信访等有关部门的大力支持，处置工作有一定力度。河南省分行针对协解军转干部因对地方党委政府出台的企业军转干部有关解困政策不满、继而把矛盾转向建行的情况，积极与当地政府有关部门进行沟通和协商，已产生了积极的作用。

几年来，我行各级党委、领导加强了对信访工作的领导，分管和兼管信访工作部门的同志们在一线不辱使命，任劳任怨，忍辱负重，群策群力，带着深厚感情，努力工作，取得了明显的成绩，得到了党委及各级领导的肯定。全行信访工作形势总得来讲是好的。但是，伴随着我行改革的深入发展，经济纠纷、物质待遇方面的诉求增多，市场与客户对银行的服务要求日益提高，分流协解人员的矛盾凸显，影响社会和谐稳定的突出问题也时有发生，社会各种矛盾的关联性、聚合性、敏感性、多发性不断增强。

目前，全行群众信访总量特别是上访问题仍在高位运行，集体访逐年上升，群体性聚集上访增多，形势依然严峻。2006 年，总行共接待群众来访 194 批次、1 363 人次，比 2005 年分别增加了 19.8% 和 76.6%。今年第一季度共接待 41 批次、173 人次，与去年同期相比来访批次增加了 64%。由于分流协解人员上访诉求基本相同，容易形成聚集，组织化、规模化倾向明显，加之少数上访人员相互串联，去年到总行和一级分行的集体访和群体性聚集上访增多。2006 年，全行共发生集体访 255 批次、5 518 人次，比 2005 年分别增加了 23.2% 和 64.7%。其中到总行上访 61 批次、1 144 人次，同比分别增加了 90.6% 和 96.9%。今年第一季度到总行的集体访 17 批次、141 人次，同比批次增加了 142.9%。尤其是从去年 4 月出现第一批协解人员跨省、区串联到总行聚集上访以来，到今年 4 月的一年间，已发生 8 批1 266人次，涉及 16 个省区分行，每批次平均在百人以上，最多时达 300 多人。他们围堵和冲击总行办公大楼，严重阻碍客户和工作人员出入，影响总行办公及周边地区社会秩序，造成交通堵塞、群众围观和很坏的社会影响。这些问题，引起了有关方面的严重关注，中央领导同志曾多次批示，要求我行高度重视，妥善处置，严防矛盾进一步激化，严控进京群访问题的发生。

在部分分行，群体性和非正常上访问题依然比较突出。据不完全统计，近一两年来，很多省区分行及二级分支行长期出现群体性聚集上访现象，有的分行办公大楼被上访人员围堵、占据七八天之久；有的分行领导被上访人员围堵在办公室长达十几个小时；不止一个分行反映机关食堂被上访人员一抢而空，办公用品被严重损害，当地社会治安受到严重影响，等等。这些非正常上访，不仅导致我行在当地的社会形象受到严重损害，而且由于多次发生串联和组织跨省区的进京聚众上访，甚至出现冲击和围堵中南海、聚集天安门广场等敏感地区的问题，致使整个建设银行的改革发展和社会形象受到不同程度的负面影响。

在群体性上访等应急处置工作中，我们还存在一些值得注意的问题。有的分行信访工作组织不够严密，相关部门职责不够明确，任务分工不够清晰；个别分行对来访人员接待、接谈或对来访反映问题的处理不够及时，有的方法不尽妥当，引发矛盾上升甚至激化；少数分行对信息通报未能引起足够重视，反应不够灵敏，上下沟通不力，信息不够畅通；一些分行对群体性上访和应急情况的处置经验不足，事发前后准备和措施还不够得力，不能及时启动或正确实施应急处置预案，与地方政府有关部门协调联动不够，不能及时取得执法部门的支持与帮助，必要的联动工作机制还不够健全；个别分行接到总行有关本地区参与大规模进京聚集上访通报后，接返工作人员进京迟缓或工作缺乏力度，不能与驻京有关部门及时衔接配合开展工作。

对于信访特别是非正常群体上访面临的形势，各级行党委、领导，特别是分管负责人及工作部门必须引起高度重视，切实增强政治责任感，严肃履行职责，从维护社会稳定的大局出发，想方设法做好工作。

二、妥善处置群体上访矛盾，积极缓解非正常群体事件的发展势头

（一）提高思想认识，把信访工作摆到重要位置

中央明确指出，信访工作是党和政府的一项重要工作，是构建社会主义和谐社会的基础性工作。建设银行作为国有控股的大型上市金融企业，信访工作同样也是我行党的群众工作的重要组成部分，是党组织和各级经营管理者联系群众的桥梁、倾听群众呼声的窗口、体察群众疾苦的重要途径，在正确处理人民内部矛盾、加强党风廉政建设和反腐败斗争、推进银行产品创新与客户服务、维护社会和谐稳定中具有重要作用。今年下半年，党的十七大将要召开，还将举办香港回归10周年、建军80周年等重大纪念活动，北京奥运会的筹备工作也进入关键时期，首都必须有一个和谐稳定的社会环境。切实提高思想认识，加强并进一步做好信访工作，对于维护我行良好的办公秩序和首都社会稳定，有着极为重要的意义。

全行各级党委和领导要从立党为公、执政为民的高度，从全面落实科学发展观、促进经济和社会事业又好又快发展的高度，从提高党的执政能力、巩固党的执政地位的高度，从维护建设银行稳定与发展的高度，深刻认识做好新时期信访工作的重要性，进一步增强责任感和使命感，自觉把信访工作放在构建社会主义和谐社会的重要位置，切实抓紧抓好。

（二）做好来访接待处置工作，坚持依法按政策解决问题

胡锦涛总书记指出：妥善处理好人民群众上访问题，既是保持社会稳定大局的需要，也是贯彻落实“三个代表”重要思想的体现。必须提醒各级党委、政府高度重视；必须带着深厚感情做工作；必须坚决贯彻党的政策；必须努力把问题处理在当地；必须加强协调配合。各级行党委和领导，要按照总书记的要求，高度重视、认真做好群众来访工作。主管信访工作的部门和人员要坚持以人为本，真诚相对、热情接待来访群众，按照《信访条例》的规定，及时协调主管工作部门接谈答复。同时，要依法合规地解决他们的合理诉求。要做到案案有人管、件件有着落、事事有回音，确保“案结事了”。对法规政策有明确规定的，要依法按政策抓紧解决；对群众要求合理、但法律法规和政策没有明确规定或规定不够完善的，要抓紧研究、完善解决办法；对应当解决、但因客观条件不具备、一时难以解决的问题，要耐心说明情况，解释清楚，取得群众的理解和支持。这就需要我们做大量耐心细致的解释工作，要求做这项工作的同志对政策要清楚，拿政策说话，这样我们的工作才能主动。

（三）加大应急工作力度，妥善处置群体性上访

群体性上访牵扯人员多、影响面大、情况复杂，是来访接待工作的难点、重点，必须高度重视。对上访群众的合理诉求要解决到位，对要求过高的要教育到位，对无理纠缠的要稳定到位，对触犯法律的要处置到位。在发生群体性聚集等非正常上访时，事发行要按规定启动应急工作预案，领导和有关部门要迅速到现场处置。要继续坚持“及时、果断和可散不可聚”的原则，防止事态扩大和上访人员到敏感地区和重点部位聚集。各级行要十分重视与当地政府政法、维稳、公安、信访等有关部门的协调联动，及时通报情况，取得他们的帮助、支持，以便及时妥善处置问题。

在总行发生群体性聚集上访时，相关一级分行的分管领导要亲自带队或根据情况及时指派得力人员来京，协调配合本省区党委政府有关部门做好劝返接回工作。要按照“属地管理、分级负责”和“谁主管、谁负责”的原则，在当地有关部门特别是公安部门的支持帮助下，尽快将上访人员接回原地，做到现场接人及

时到位，随有随接，随到随送；返回途中要注意稳定上访人员的情绪，防止失控，确保不发生问题；接回后要进一步做好工作，尽量不倒流。实践证明，只要组织得力，思想重视，加大工作力度，“上下左右”协调联动，群体性上访问题会在事发前有所控制，事发后能够得到及时妥善处置。

（四）加强排查化解矛盾工作，努力把问题解决在基层

排查化解矛盾是事关全局的一件大事，是预防和超前处置群体性组织串联上访的有效措施。各级领导要强化大局意识、服务意识和实效意识，从办理好群众信访反映的每一件小事、急事、难事做起，全面深入做好矛盾排查化解工作。要着力解决群众最关心、最直接、最现实的利益问题，注重预防、解决影响社会和谐稳定的突出矛盾纠纷和问题隐患。我在今年初的全行工作会议上讲过，我们一定要建立一个渠道，要把解决问题的重心下移。据我们了解，上访人员大多是来自地级、县级行，省分行的比较少。所以，二级行和县支行的领导同志的责任重大，一定要负起责任来。

从目前建设银行的群众来访情况看，主要问题集中在协解人员当中。对这部分人员中出现的问题，我们不能简单地以“这些人和我们没关系”为由，光是强调“他们不是我们管的人了”而一推了之。现实生活中，我们回避不了这些矛盾。各行要结合本行实际，对近几年来协解人员的情况进行认真排查，摸清底数，掌握他们就业、生活和家庭状况，特别要了解协解人员的思想与上访动向，做好上访处置情况的跟踪调查。对未就业人员，基层分支行可以通过所掌握的信息和银行现有的关系提供可能的帮助；对患病、子女上学等生活确实困难的，要有计划地发动在职员工在自愿的基础上捐款或利用互助基金等方式给予一定的帮助；对上访人员提出的信访事项，要依法合规处理，不能“躲”、“拖”、“推”、“激”，防止意外情况发生。对于没有失业保险、查找党组织关系以及军转干部生活困难补助等问题，在深入做好解释工作和思想工作的同时，要积极与地方有关部门联系、协调，尽力帮助反映和疏通解决渠道。对少数组织策划上访的重点人员，要加强教育与心理疏导，消除其对立情绪。同时，要积极协调公安部门和住地派出所出面，对其进行警示和必要的监控，注意及时收集、固定、移交证据。必要时，请司法部门依法处理。各级行要增强政治意识、大局意识、忧患意识和责任意识，居安思危、未雨绸缪、狠抓落实。认真做好排查化解矛盾工作，从基层发现苗头，把问题解决在萌芽状态，防止进京群体性上访问题的发生，确保社会大局的和谐稳定。

（五）严密组织领导，协调有序，齐抓共管，形成合力

各级行领导在抓好改革和发展的同时，要切实加强对信访及群体性上访应急处置工作的组织领导，切实落实领导负责制和部门负责制。对历史积累和遗留的信访问题，新官要理好旧账，历史性地履行好我们的职责。在强调“一把手”负总责的同时，分管领导要抓好具体工作，加强组织协调，各级组织也都要负起责任。要把能否减少和有效化解基层或本地区矛盾纠纷、妥善处置非正常上访问题，列入对各级领导班子和领导干部工作业绩的考核范围。

各级行要落实信访主管的部门，并根据实际情况，配备专人负责处理来信、接待群众来访。信访反映事项的主管工作部门要依法解答、处理问题。真正做到组织领导到位，政策措施有力，解决问题彻底。

要严格执行报告制度，一旦发生群体性聚集上访和突发问题，要按照规定时间及时向上级行报告，便于我们更好地上下联动，一起来处理解决好这些问题。同时，要加强与外部有关部门的沟通。

我行的改革发展正向着预期的目标稳步推进，希望大家再接再厉，把信访工作做实做好，为维护建设银行的改革发展，促进社会和谐进步作出更大的努力和贡献。

在工会工作座谈会上的讲话

（2007年6月12日）

辛树森

今天借召开职工代表大会联席会议的机会，我们座谈一下工会工作。今天参加联席会议的都是省分行的工会主席、副主席，刚才大家已经就工作情况和工作中存在的问题及对总行工作的建议作了很好的发言。听了大家的发言，我感到很振奋，也很受鼓舞，同时也很受启发。主要一个感觉是，我们大家在积极地做工作，各行都围绕中心工作开展了很多不同形式的活动，工作积极主动，扎扎实实，很有成绩。简单地说就是：积极主动，求真务实，各有特色，开拓进取，围绕中心，服务大局，卓有成效。

刚才大家谈了很多情况，信息量很大，对当前工作也提了很多建议和意见，很好，我们要梳理一下，有些建议我们回去后要向有关部门或党委反映。如营销大客户、员工的文体活动、员工的健康特别是体检问题，其中的有些问题以前也反映过，反映上来的材料我也看过。还有其他几个建议也应该重视，如全行性的文体活动，总行工会一直呼吁多搞些活动，今年因为搞了全行柜面业务大赛，其他大的活动尤其是大的文体活动就不能一起搞了。

我从大家的发言中，第一是感到大家的工作是深入的，对基层工作都很了解，掌握了第一手资料，有发言权。第二是大家在繁忙的工作中还在思考深层次的问题。第三是跟上了总行的步伐，大家都在不同程度地提高，因此才提出了这些问题。包括这次的会，会不在于开几天而在于精，会不在于多，而在于效率。大家说的问题都是实际的也是很重要的，如基层员工工作时间长、网点客户排队的问题，另外希望在网点转型当中适当考虑为员工的休息和活动留点空间。一线员工工作压力大、工作任务重、工作时间较长，这的确是个问题。郭树清董事长下去调研发现了这个问题并多次提过，这个问题是大家反映比较多的并且是全行比较关注的，总行各部门也很重视，希望各行也要给予重视并逐步解决。

刚才大家的发言都有很多创新和探索，这点很好。工会工作在我们行是纳入重要日程的，职工代表大会制度已经是我行法人治理结构不可缺少的一部分，是很重要的。我行职工代表监事要经职工代表大会民主选举后才能产生，股东大会开会之前让我们履行这个程序，如果我们不履行这个程序，股东大会就不能按时召开，所以确实很重要。职工代表大会从一建立就进入了法人治理结构，党委会、董事会、监事会、股东代表大会、职工代表大会，还有高管层，这几个管理层面的机构形成了现代企业法人治理结构的一个模式，而我们的这个模式在几家银行中走在了前面。作为有中国特色的银行来讲，我行的法人治理结构应该是比较完整的。在总行党委的领导下，特别是在郭树清董事长的倡导下，我行的职工代表大会建立起来，而且各行都在通过职工代表大会解决一些问题，所以在这一方面应该说我们走在了前面，而且，两年来的工作我们也做得不错，取得了很大的成绩。

以前讲到维权问题，党委有同志说了党委本身就是代表广大人民群众最根本利益的。我认为，我们工会的维权与国外是不一样的，国外工会与我们工会的特点也不一样，我们的工会是党联系职工群众的桥梁和纽带，所以说工会维权问题要好好研究，准确定位。

年初，我们已经把2007年工会的工作要点发下去了。有几个突出的问题，下半年我们要搞全行柜面业务决赛，另外各省还要开职工代表大会、进行特困救助，搞一些各种形式的活动，工作任务还是很重的。各行的工会都搞得比较活跃，我们下去调研的时候，同时也了解工会的工作情况，一般我到哪儿去开会，或者去调研，都要问问工会的工作，我们有的行的工会主席是由副行长兼任，有的是专职工会主席，大家都尽心尽职地工作。工会工作看起来没有很多硬指标，但工会确实是起了重要的作用，这个作用就是帮助党委做群众工作。所以在以往的工作中，我们工会根据总行的精神并结合自己分行的特点，搞了很多各种形式的活动，调动了大家的积极性，同时在业务部门营销市场方面，工会也是积极主动地参与，围绕中心，服务大局。另外，工会也在做员工思想工作，特别是对我们过去分流的员工，我们也在帮着做工作。在生活困难职工的救助方面大家也都做了很多工作，也解决了很多问题。

我们现在提倡的作风建设，就是要务实，要说实话，讲真话，办实事。刚才有同志讲到，有些员工反映：在幸福的时候想到工会，困难的时候想到工会，痛苦的时候也想到工会。这对我们来说就是一种肯定。另外，我们工会和地方工会的组织关系也不能脱节。条线、块块结合起来才能使我们的工作更加生动活泼，丰富多彩。

我们在座的同志都很努力，也付出了很多艰辛，我们首先要思考，要琢磨，并结合行里的实际情况把工作做好。总行已经作出榜样，两次职工代表大会总行党委从书记到行长都很重视，而且行长直接作报告，并由职工代表讨论通过，这本身就是示范。各行都要这样做，要积极主动去争取，不能等着领导重视你，要把工作做到家，去向党委汇报，争取党委的支持。总行也不断发出信号，比如说特困员工的救助活动，关心员工生活的活动，各项文体活动，总行都在做。对于今年全行的柜面业务比赛，总行工会不断提出一些好的建议和要求，下半年我们集中精力把这个大赛的决赛搞好，这样的比赛3年前搞过，这次比赛是全行规模比较大的一次比赛。

各行的业务比赛都在积极准备，这个问题我过去多次讲过，大赛最后的比拼是在决赛，比赛只是形式，但过程非常重要，过程实际上是层层选拔，在选拔的过程中提高了大家对于技术能力的认识，然后自己也把技能提高了。这既能使我们的业务处于同业领先地位，又能防范操作风险，所以意义很大。我觉得搞这次业务比赛是一项全行性的活动，通过这次活动可以提高全行的整体技能水平，因为现在很多员工是劳务派遣制，有一些还是新来的员工，需要这样的培训和比赛。比赛内容还可以增加一些，可以组织比较熟悉这方面业务的人员，多出些切合实际的题目，考虑要全面。更重要的是处理业务的能力，几分钟能处理一笔业务，这是综合素质的体现，现在我们不断地在柜台上增加很多新的业务产品，由于操作技能的问题或管理不到位等方面的原因，导致了一些案件的发生，当然这也涉及道德风险的存在。

工会要围绕业务发展，采取不同的形式，开展各项活动，但不同的形式、不同的内容都要归结到一点，就是围绕中心，服务大局，为全行的发展服务。我们现在搞的文艺活动都不是单纯的文体活动，都是和业务发展、市场营销联系在一起的。大家都能积极参加，客户也欢迎。随着现代社会的发展，人们对健康的重视程度也越来越高。这些都是目前工会做得比较好而且有亮点的地方。刚才说到文体活动、协会、俱乐部，这也是和大客户、市场、业务工作紧紧联系在一起的，同时又考虑了自身特点，在这方面总行工会一直做得很好。

工会是在党委领导下做群众工作的，党委好多工作需要这些部门去支持、支撑，因为好多业务都要在前线做，我们工会在后面把这些工作做好了，才能使我们前面的业务工作做得更好，使领导更有精力去考虑占领市场、将各项业务在打赢市场方面做得更好更强。在不久前召开的行长会上，可能各分行已经传达了，我行的业绩是不错的。我们工会同志也做了很多工作，所以军功章也有我们的一份。这方面我们总行工会和行领导以及党委都清楚，跟党委汇报的时候，我也经常讲，我们工会在发挥着很大作用。在这方面总行党委特别是郭树清董事长非常关心，今年可能在适当的时候，我们还要开职工代表大会，因为我们每年都要开一次。所以应该说，新一届党委成立以来，在建设银行重组改制上市、新的法人治理结构实施以后，我们工会的工作也摆到了一个重要的位置。明天开股东代表大会，董事、监事换届，一定要求工会、职工代表大会履行这个程序，这就是把我们摆在了一个重要的位置。我觉得这个会召开的本身，大家不要觉得就是去投个票，这个投票本身是我们履行了这个程序，说明我们工会的位置还是很重要的。

希望大家不光拘泥于开个座谈会，大家考虑的一些问题随时要向我们反映，多提建议，共性的我们要积极地向党委、职能部门反映。比如刚才谈到的体检的问题，回去我就跟相关部门商量怎么解决，现在工会也在反映这个问题比较突出，能解决的我们尽量解决。希望大家在今后的工作中，有什么好的做法，有什么建议意见，都及时地沟通，跟总行工会包括直接向我反映，我们工会也有网页，可以直接在信箱里写建议，我们共同的目标就是把工会工作做好。今天这个座谈会等于我到11个行去了解了情况，等于去调研了，听到了好的方面和建议，我觉得收获特别大，也很受感动。希望大家继续努力工作。

（根据录音整理）

在“落实银监会要求，全面加强案件防控”视频会议上的讲话

（2007年7月10日）

辛树森

同志们：

刚才朱小黄首席风险官对上半年全行案件情况进行了通报。现在我先传达一下银监会7月3日大型银行案件防控工作专题（电视电话）会议的主要精神，再结合我行实际，提几条贯彻落实意见。

一、银监会7月3日大型银行案件防控工作专题（电视电话）会议情况

7月3日，银监会组织召开了大型银行案件防控工作专题（电视电话）会议。张建国行长、我、金磐石监事以及总行纪检监察部、会计部、风险监控部、审计部、个人金融部、营运管理部、合规部和安全保卫部7个部门的负责同志参加了会议。会议由刘明康主席主持并作总结讲话，蒋定之副主席发表了题为《加强执行力建设，努力提高银行案件防控水平》的重要讲话，监管一部杨家才主任通报了工商银行、农业银行、中国银行、建设银行、交通银行5家大型银行的上半年案件情况，农业银行和中国银行的负责同志发言介绍了本行案件防控工作情况。

（一）5家大型银行上半年案件情况

根据银监会通报，今年上半年，5家大型银行各类案件及涉案金额均有较大幅度的下降。具体数据刚才朱小黄首席风险官已经通报了，我这里不再重复。我行案件的特点是，在5家大型银行当中，各项案件指标基本上都处于中间位置，不冒尖，也不垫底，比较突出的是我行百万元以上案件数量降幅较大，达到85.7%，比工商银行、农业银行和中国银行的降幅都要大。这说明在总行党委、董事会、监事会和高管层的高度重视下，各级机构领导带领全行员工经过艰苦努力，使我行的案件防控工作特别是在防控大案方面已经取得了阶段性的进步，希望大家再接再厉，保持住这种好的势头。

关于分地区案件情况，银监会在通报中提到，今年上半年，5家大型银行共有24个省区的分支机构发生了案件，其中，最多的省区是辽宁（5件）、云南、贵州和新疆（三省均为4件），这4个省区的案件数量占全部案件数量的32%。在这些省区，我行有的也发生了案件，如辽宁和贵州，但也有未发生案件的，如云南和新疆，无论是否发生案件，都要引以为戒。刚才朱小黄同志也提到，我行也存在个别分行案件风险相对集中的特点，因此，因地制宜地采取“重点整治”的方针，对于防控案件是很有必要的。

（二）蒋定之副主席讲话精神

蒋定之副主席在《加强执行力建设，努力提高银行案件防控水平》的讲话中认为，案件之所以频频发生，犯罪分子之所以屡屡得手，一定意义上讲，不是因为制度不全，也不是因为措施不严，而是因为一些分支机构贯彻不够、管理不细、执行不力。他说：“加强执行力建设，已成为我们防控案件的重要任务、当务之急。”围绕执行力建设这个主题，蒋定之副主席重点讲了三点意见。

一是列举了执行力不强的主要表现。他说，从案件分析解剖和基层调研情况来看，执行走样、监督走神、贯彻走调等执行力不够的问题随处可见，突出表现为以下六个方面：第一，简单化执行，对上级要求不结合实际进行细化；第二，逐级递减执行，对上级要求层层打折扣，到基层有的已经是强弩之末；第三，抵触性执行，片面强调执行中的困难和特殊性；第四，表面化执行，纸面上花团锦簇，实际上形式主义；第五，选择性执行，执行时断章取义，以偏概全，片面执行为我所用；第六，被动式执行，上级不推不动，缺乏主动性，敷衍了事。

二是剖析了执行力不强的主要原因。他说，执行力不强，原因是多方面的，既有主观原因，也有客观因素，主要有以下五个方面：第一，大型银行管理链条过长，造成案件防控的执行力逐级衰减；第二，分支机构负责人对案件的易发性认识不足，致使案件防控的执行力大打折扣；第三，银行的业绩考核指标单一，方法简单，使案件防控执行力受到严重冲击；第四，银行从业人员缺乏遵章守纪、合规操作的意识，使案件防控失去执行的基础；第五，责任追究不及时、不到位，使案件防控失去执行的保障。

三是对提高执行力提出了明确要求。他说，如何提高执行力，从当前情况看，重要的是抓好五个“统一”。第一，把抓认识与抓行动统一起来，增强执行的主动性。他强调，案件防控绝不是某个层级、某个部门的事情，而是全局统筹、全盘动员的事情，是贯穿于银行各个业务领域和环节、渗透于每个员工思想和工作中的事情，要把案件防控变成每个人的自觉行动。第二，把抓制度建设与抓制度执行统一起来，增强执行的有效性。他说，希望各家银行对现有的规章制度进行再评价，看看这些制度是否与实践相符合。过了时的，就要及时修订，防患于未然。第三，把抓个案整改与抓案件防控工作的全局统一起来，增强执行的针对性。他说，今年发生的案件有一个明显特点，就是同质同类案件反复发生，说明银行在举一反三、亡羊补牢方面还有很多工作要做。各家银行要对案件追根溯源，当好观察员和分析员，运用好放大镜、显微镜和望远镜，在可能出现案件的业务、环节、机构、地区，加大防控力度。第四，把抓查防案件与追究责任人统一起来，增强执行的约束性。不问责、不处罚或处罚不到位，再严的禁令、再好的制度，也会失去效力，流于形式。所以，对于案件问责，一定要严字当头，严肃、严格、严厉、严明、严查彻处，不能失之于宽、失之于软、失之于情。第五，把抓案件防控工作同争取外部支持统一起来，增强执行的协调性。他说，各银监局和商业银行在查防案件时，要主动争取地方党委、政府的理解、关心和支持，要加强同公安、司法、纪检、审计等部门的协调配合，形成监管合力。

（三）刘明康主席讲话精神

刘明康主席在最后的总结讲话中，着重讲了以下三个方面的意见。

一是认清形势，防患于未然。他说，前几年案件多，还可以说是旧体制的问题，是改革中暴露出的问题。但现在主要商业银行都完成了股改上市，如果旧案还屡查不完、新案又屡防不止，就无法交代了。现在中央和公众都十分关心银行案件，希望大家从巩固我国银行业改革发展成果的高度来认识案件问题，做好案件防控工作。他强调，国家对经济的宏观调控力度将逐步加大，股市、房市的震荡幅度肯定会越来越大。现在社会上赌风很盛、投机欲望很强。什么时候经济出现大的调整，银行案件就将面临很大的反弹压力。对此，各银行必须未雨绸缪，做好充分估计，防患于未然。

二是加强合规文化建设。他说，合规是银行一切工作的最基本要求，使每一个员工尽职尽责，是任何一家银行都必须培养的文化。国外银行大都制定了相关的操作手册，对银行的每一项业务、每一个产品、每一个业务环节都有详细的操作规范。操作手册怎么规定，员工就怎么做，做错了，员工免责，定规则的人受罚。没有操作手册指导的业务，再好的收益也不能办理。这是合规文化的基础，没有这个基础，合规就无从谈起。所以，各家银行要花大力气，尽快把各项业务的操作手册完善起来。他说，古人有“小智者治事、大智者治人，睿智者治法”的哲言，就是说，凡事要讲规矩、立法制。各商业银行要从总行做起，做好建章立制工作，事事处处用制度来说话，使之成为习惯，这样才能形成文化。

三是高度重视违规惩戒和问责。他说，要通过责任追究，惩罚犯错的，威慑有错误动机的，告诫没犯错的，真正做到处理一个，警示一批，教育全体。他强调，今后在案件责任追究上，要在“赔、罚、走、送”四个字上做文章，建立好违规赔罚制度、走人制度和移送司法制度。所谓“赔罚制度”，就是对于员工的违规行为，不仅要加大处罚力度，使其不敢作案，对于其造成的损失，还要责令其承担赔偿责任。“走人制度”，就是对于违规责任人的处理，不要轻描淡写，该撤职的要撤职，该除名的要除名，谁要违规，就砸谁的饭碗。“移送司法制度”，就是触犯刑法的，一律移送司法机关，判刑坐牢，不能让其逍遥法外。

二、落实银监会要求的几点意见

同志们，银监会大型银行案件防控工作专题（电视电话）会议的情况和主要精神就传达到这里。银监会领导的讲话很重要，揭示了案件防控工作中的一些规律性的东西，是长期工作经验的积累，对提升我们的案件防控工作水平有很强的指导意义，我们一定要贯彻落实好。对如何落实银监会领导的要求，我先谈几条意见。接下来，张建国行长还要作重要指示。

（一）认真学习，深刻领会银监会领导讲话精神

银监会领导的讲话，从国家宏观调控形势出发，立足于整个银行业的案件，高瞻远瞩，指出的问题切中要害，提出的要求有很强的针对性和指导性。如执行力不足问题、员工炒股和赌博问题，问责不严问题等，都是我们当前急需研究和解决的重大课题。针对这些问题，总行已经研究出了一些改进措施，目前正在努力推进。请分行也多动动脑筋，加强探索和研究，按照银监会领导讲话和本次会议要求，扎实、认真地提出一些过硬的措施来。

银监会领导的讲话，大家要用来检验一下我们工作的有效性。如银监会领导提醒我们关注员工沉溺于炒股、赌博的问题，总行在3月29日也专门开了一个全行的视频会议，部署了专项排查和清理，现在是不是已经清理完毕？将来还会不会发生因赌博、买彩票等博彩行为以及大额炒股、炒期货、经商办企业等风险投资行为引发的案件？今天立此存证，回头再看。到时出了问题问谁的责，就不要再喊冤鸣屈了。再如执行力不足问题，以会计主管委派制为例，看看将来是不是还会发生应委派不委派、假委派、不及时进行交流等问题。上半年，我们就有案件吃了委派会计主管等重要岗位不执行交流制度的大亏。对于员工博彩和风险投资行为，以及会计主管委派等问题，各级分行和总行条线主管部门，会后还要作进一步认真清理。

（二）提升制度执行力，严肃问责

执行力不足是目前管理工作中存在的一个“顽疾”，也是导致案件发生的一个重要而根本的原因。过去我们常讲“十案九违规”，现在看来，应该是“十案十违规”，几乎没有案件不涉及有章不循、违规操作问题。蒋定之副主席说：“加强执行力建设，已成为我们防控案件的重要任务、当务之急。”我认为，蒋副主席的讲话是一针见血、切中要害。再好的机制、制度和办法，如果不执行或执行不到位，就不可能有好的效果。蒋副主席讲话中提到的执行力不足的具体表现形式，如简单化执行、逐级递减执行、抵触性执行、表面化执行、选择性执行、应付式执行等，我看这些现象在建设银行都存在，在一些单位特别是基层机构甚至还很严重和普遍。因此，全行必须大张旗鼓地提升执行力，必须将提升执行力放到关系建设银行命运这样一个高度来强调。

那么，如何提升执行力呢？我看不仅要靠继续推进各项体制机制改革，加强教育和引导，还必须加大问责力度，特别是加大对各级领导人员和管理人员问责的力度。

对于违规人员，尤其是对案件负有责任的违规人员，我行历来坚持从严问责的原则，严肃处理。通过总结和反思近几年来的案件，大家一致认为，要想防住案件，关键是提高执行力；要想提高执行力，就必须做到令行禁止；要想令行禁止，没有严明的纪律是万万不能的。严肃问责对于规范经营秩序、防范操作风险有着非常重要的作用。有个别分行历史上曾经违规盛行，正气不张，后来采取“乱世用重典”的办法，效果明显。案件的教训，是用银行的财产损失和信誉损失换来的，代价很大。如果发生案件后，搞好个人主义，“一风吹”，结果只能是损害银行的利益，伤害守法的员工。

我们一向倡导将教育作为治本的重要措施之一，其实案件就是很好的教材。发生一个案件，有人要坐牢，搞得家破人亡；有人要受处分，轻者丢官，重者被开除，一生辛苦，前功尽弃；还有一些员工跟着受牵连，减少工资收入。用发生在员工身边的案例来开展教育，说服力强，震慑力大。去年，总行精心编写了《代价》一书，印发全行人手一册，就起到了很好的警示作用。

现在的案件形势并不好，所以，问责的力度只能加大，不能减弱。今后，对于案件和重大违规问题责任人，一是要严格按照《中国建设银行案件防控及整改方案》要求，对因多个环节有章不循、违章操作引发亿元以上案件或两起五千万元以上案件的，一级分行主要负责人引咎辞职，二级分行主要负责人给予撤职以上处分，县级支行主要负责人给予开除处分；引发千万元以上案件的，二级分行主要负责人给予撤职以上处分，县级支行主要负责人给予开除处分；引发百万元以上案件的；二级分行主要负责人引咎辞职、县级支行主要负责人给予撤职以上处分。为什么在《案件防控及整改方案》中写这么一条呢？这是我们反思总结近几年200起案件得出的教训，也是我们从同业、同行中借鉴来的。总行写这一条的初衷，就是要“严”，“严”字当头，才能明法纪，严法度，才能震慑人、教育人。在案件责任追究这个问题上 一定要坚持原则，绝不能不疼不痒。二是要按照刘明康主席7月3日在银监会电视电话会议上的要求，运用好“赔、罚、走、送”这四字要诀。这个“赔、罚、走、送”制度，在我行的领导人员问责办法中都有规定，请大家认真学习，严格执行。三是要进一步修改、整合、完善好纪律惩戒和问责的有关制度。现在总行法律事务部和纪检监察部正在抓紧做这方面的工作，我看这项工作很有必要，一定要做好，使我行纪律惩戒和问责制度成为一部“良法”和“活法”，解决好处罚种类过多、幅度过大所带来的处理上“不疼不痒”的弊端，充分发挥288条和积分管理办法等违规惩戒制度在防控案件、遏制违规中的作用。

总之，要像刘明康主席所说的那样，通过责任追究，惩罚犯错的，威慑有错误动机的，告诫没犯错的，真正做到处理一个，警示一批、教育全体，有效增强执行的约束力。

（三）不折不扣地抓好《案件防控及整改方案》的贯彻落实

总行在对近3年全行案件进行集中梳理和系统分析的基础上，精心制订了《案件防控及整改方案》。6月21日，本《方案》在经董事会、高管层审议通过并报银监会审核同意后，已经正式印发全行执行。在此之前，我们将此《方案》提前进行了预发。从现在掌握的情况看，各项工作都在有条不紊地推进当中，进展比较顺利，没有出现措施落空现象。

为了制订和落实好这个《方案》，总行花费了很大的精力，董事会、高管层高度重视，郭树清董事长亲自修改，张建国行长多次主持会议研究，我和朱小黄首席风险官具体组织协调，总行11个部门成立了专项任务团队，有22个部门提出了整改措施，付出了很多心血。《方案》出来后，得到了银监会的高度评价。《方案》来之不易，请大家精心组织，关键要抓好落实。

虽然《方案》得到各方的好评，但也只是万里长征才迈出的第一步。正如刘明康主席3月15日在建设银行贯彻落实中央金融工作会议精神高级研究班上指出的：“《方案》能否取得成效，还有待时间的检验，需要真抓实干”。为此，我提几点要求。

一是《方案》的执行不是一项短期工作，不可能一蹴而就，大家要做好长期作战的准备，连抓3年，争取每年都见成效，3年大见成效。

二是《方案》中每一项措施确定的牵头部门、协办部门和督办部门都要真正负起责任，要严格按照规定的工作内容和实施步骤按期完成所承担的任务。各分支行、各部门的“一把手”就是第一责任人，要负起责任。总行和各级机构的牵头部门，不仅要按照《方案》要求，修订制度、优化流程、完善系统，建立健全案件防控的长效机制，还要按照“部门抓系统、部门对条线负责”的要求，履行好系统管理职责，组织、指导、监督好本业务条线落实《方案》的工作，对主管条线落实《方案》的真实性和有效性负责。

三是不论是否发生过案件，所有的分支机构都要按照《方案》做好执行。特别是发生过案件的分支机构，更要扎扎实实地做好整改工作。对于案件发生行，总行要做好重点督办。

四是要对《方案》执行情况进行跟踪检查，确保各项措施和要求都能不折不扣地得到贯彻落实。对于《方案》的执行情况，纪检监察部门作为《方案》的总协调和总督办部门，要做到情况掌握及时、督办有力。审计部门也要将《方案》的执行情况作为一项重要内容，或进行专项审计，或纳入全面审计范畴进行重点关注。

银监会已经多次强调，将把今年的监管检查重心放到督促《方案》的贯彻落实上来，对《方案》逐条进行跟踪和评估，并对整改过程进行监督和抽查。

同志们，银监会的电视电话会议，是在银行业案件出现大幅下降、但银行内控水平仍然不高的情况下召开的。这个会议开得很及时，很有针对性。请大家结合自己的实际，按照这次视频会议的要求，抓好贯彻落实，把我们的案件防控工作做深、做细，最终做出实效来。

统一思想 树立形象
全面开创公共关系与企业文化工作新局面

——在全行公共关系与企业文化工作会议上的讲话

（2007 年 7 月 12 日）

辛树森

同志们：

全行公共关系与企业文化工作会议今天在大连召开。这是适应我行股改上市、战略转型的新形势，进一步推进公共关系与企业文化工作的一个重要举措。会议的主要任务是深入学习贯彻胡锦涛总书记 6 月 25 日在中央党校的重要讲话精神，按照总行党委有关指示要求，全面、系统地回顾总结近年来全行公共关系与企业文化工作，交流经验，分析形势，进一步统一思想，创新思路，研究部署下一步工作任务，为全行的改革与发展提供服务和支持。

下面，我讲四点意见。

一、积极探索，扎实工作，全行公共关系与企业文化工作取得新成效

近年来，特别是股改上市以来，在总行党委、董事会、监事会、高管层的高度重视和正确领导下，在各级行领导的关心和各部门的支持下，全行公共关系与企业文化系统解放思想，开拓创新，求真务实，积极进取，按照“对内振奋员工精神，对外树立企业形象”的工作宗旨，认真贯彻落实中央精神和总行党委有关要求，结合实际，做了大量富有成效的工作，在促进我行改革发展方面发挥了积极的重要作用。

（一）贯彻“以客户为中心”理念，服务文化建设取得明显成效

一是加大教育和宣传力度，“以客户为中心”的经营理念日益深入人心。郭树清董事长在 2005 年春季行长座谈会上提出树立“以客户为中心”的经营理念后，总行及时出台了《关于推进“以客户为中心”服务文化建设的实施意见》，对全行强化服务意识，转变经营理念，推进服务文化建设进行了全面部署。各级行积极响应，采取多种形式，深入开展学习教育和宣传活动，统一员工思想，强化服务意识，充分利用内部信息渠道，及时交流学习讨论情况，推动服务理念的认知认同，为改进服务奠定了思想基础。

二是群策群力，集中解决制约服务质量和效率的“瓶颈”问题。为从制度和流程上解决问题，全行广泛深入地开展了改进客户服务的“合理化建议”征集活动。在各行的精心组织下，广大员工踊跃参与，梳理、归纳出涉及制度流程、产品创新、科技支撑、服务管理、资源配置等方面上千条问题和建议。经分析汇总，将最为突出的 106 条建议印发全行，并分解到相关部门狠抓落实。各分行配合总行各条线在完善制度建设、优化业务流程、解决“瓶颈”问题的同时，积极推进分行层面问题的查摆和整改。上海市分行引入第三方监测评价体系，及时了解客户所关注的排队时间长等问题，采取相应的改进措施。厦门市分行率先采取“神秘人”暗访形式，收集客户意见和建议，解决服务问题。福建省分行加大个人客户经理和大堂经理队伍建设，提高服务能

力，满足客户需求。大连市分行研发了服务需求响应系统，运用科技手段提高了二线为一线服务、一线为客户服务的质量和效率。

三是加强“以客户为中心”服务文化长效机制建设。2005年底，总行在山东聊城召开了服务文化长效机制建设座谈会，研究了服务文化长效机制建设的对策，为促进服务水平的不断提高，实现服务文化建设长期化、制度化，进行了有益的探讨。新疆维吾尔自治区分行探索建立服务标准和规范管理机制，山东省分行制定了《服务积分管理办法》，都收到了较好效果。同时，借鉴美国银行及其他企业的先进经验，积极研究开展“客户满意度”和“员工满意度”测评工作，从客户和员工的视角来客观评价我行服务水平，查找问题与不足，持续改进服务工作。目前，已在9个分行顺利完成了试点工作。

四是加强企业文化“示范点”建设，发挥示范引路作用。制定了《中国建设银行企业文化建设“示范点”管理暂行办法》，会同外聘的服务管理咨询公司对总行级“示范点”和新申报单位进行了专业化、规范化审核。审核突破了传统检查模式，用事实和数据说话，将审核与咨询指导相结合。各行对此高度重视，加大“示范点”的培养和建设力度。几年来，上海第一支行、北京东四支行、辽宁沈阳铁路支行、江苏直属支行、青岛高科园支行等“示范点”在人本管理、服务营销、产品创新、风险内控等方面都创造出了很好的做法，并在全行系统进行交流与传播，起到了以点带面的积极效果。

（二）新闻宣传为全行深化改革、加快业务发展营造了良好的舆论氛围

一是围绕业务发展，积极宣传我行改革发展新举措。总分行围绕我行推进战略转型、改进业务流程、强化风险内控、创新服务产品、提升综合竞争力等方面的改革成效，深化主题、丰富手段，推出了“倾听先行者的足音”、“春天的消息”、“开辟成长之路”等一批有分量、有影响的重点报道，为树立我行的国有商业银行改革先行者形象发挥了积极作用。业务宣传重点突出，零售银行、投资银行等业务成为宣传的“重头戏”，及时宣传了开通跨一级分行通存通兑业务、信用卡发卡量突破一千万张、短期融资券承销份额市场第一等业务拓展创新的内容。体制改革宣传力度进一步加大，风险管理体制改革、网点转型及业务流程再造、员工激励约束机制改革等，都得到了及时有效的宣传。整体业绩宣传效果有了提高，总行利用每年两次的业绩发布时机，以多种文字、多种形式向海内外上百家媒体集中展示了我行业务发展整体概貌和经营亮点。针对群众关心的热点问题，组织了有关缓解客户排队问题、率先停收跨行查询费、改进支付结算手段等内容的宣传报道，使宣传工作贴近业务发展，及时向广大客户传递了建设银行服务的新举措。

二是加强新闻宣传工作的指导和协调，全行新闻宣传工作取得新进展。全行不断强化新闻宣传工作的管理和协调，进一步提高依法合规披露信息的意识和水平，逐步完善“归口管理、统一对外”的工作机制。我行已经建立起新闻发言人制度，确保重要信息及时准确发布。全行新闻宣传制度建设逐步完善，针对上市银行信息披露要求以及社会对银行关注度提高的实际，总行制定了《新闻宣传管理办法》、《突发事件新闻发布管理规定》等文件，使各级行宣传工作任务明确，定位清晰，职责分明。全行已建立起新闻宣传工作日常指导、联系机制。总行加强了对分行新闻宣传工作的具体指导，特别是在媒体危机处理方面，制定了《关于向新闻媒体发布信息的工作指引（试行）》和《突发事件新闻媒体应对指引（试行）》，规范了全行对媒体危机的处理，促进了全行应对能力的提高。实际工作中，上下联动，力争把危机事件的负面影响降到最低限度。近年来，及时化解了服务价格调整等引发的危机公关事件。各分行也加大力度，积极主动与当地媒体保持联系沟通，在新闻宣传和危机公关方面做了大量的工作。总行还建立了各部门的通讯员队伍，及时做好部门之间的信息沟通工作，强化新闻宣传工作的整体性。

三是适应上市公司的新形势新要求，创新新闻宣传手段和方式。股改上市后，媒体监督和公众监督成为我行公司治理的重要内容。各级行都能正确对待媒体监督，做好媒体应对，正确引导舆论。针对上市过程中出现的“定价是否合理”、“引进战略投资者值不值”、“国有资产流失没有”、“资产质量是否真实”等一系列社会议论较多的问题，通过与媒体沟通及公开发表谈话等方式，及时予以解释和澄清。为适应互联网快速发展的新形势，在总行层面建立起网络评论员队伍，开展对网上舆情的监测和有效引导，取得了初步效果。各级行加强了对境内外媒体的实时监测，总行还在监测的基础上进行舆情的深度分析和综合，及时向有关方面提供信息参考。改进与媒体关系的维护手段，寓媒体关系维护于新闻宣传工作之中，寓媒体报道需求于我行宣传计划之中，邀请媒体记者参与策划报道方案，体验我行金融服务产品，在组织记者对我行采访报道中进一步密切与媒体的关系，调动记者报道的积极性。今年年初，总分行联动在北京、上海、广州、香港等地举办媒体新春联谊会，与当地媒体及新闻主管部门进行联谊交流，收到了预期的效果。

（三）以促进业务发展、配合股改上市为重点，加大品牌建设力度，打造“蓝色银行”企业形象

一是修订、完善了营业网点视觉形象体系，“蓝色银行”形象渐入人心。及时制定、下发了《营业网点视觉形象建设指引》，在总行相关部门的大力支持和各行的积极配合下，2006 年，全行按照“蓝色银行”形象和标准建成了 2 700 多个营业网点，使我行的网点视觉形象在同业中跃居前列，得到广大客户以及社会的普遍认可。个人出入境金融服务中心、财富管理中心等视觉形象规范也于今年先后出台并开始执行。整体和谐、互为补充的营业场所视觉形象体系已初步形成。今年 5 月，统一的网点员工职业装款式和制作标准正式下发，目前各行正在积极推进换装工作，这将进一步提升我行网点的对外服务形象。

二是加大广告宣传力度，促进业务发展，提升品牌形象。近年来，配合股份公司成立、香港上市等重大事件，推出了全行统一的企业形象宣传广告。同时，结合业务发展需要，推出了信用卡、汽车卡、理财卡、电子银行等一批统一设计、富有新意的产品广告。注意将电视、报刊、广播等传统媒体与互联网等新兴媒体有机结合，将广告投放与新闻宣传、公关活动等手段相结合，使得广告的覆盖面增大、到达率提高，形象宣传手段更丰富。去年以来，全行调整投放策略，加强了户外形象广告的投放，在重点城市的机场、高速公路、繁华路段等处投放户外广告 240 多块。同时，我行在香港地区的广告宣传也取得了较好的效果。统一的广告设计和较大规模的媒体传播，进一步提升了我行品牌的知名度和美誉度。

三是开展品牌诊断，初步明确品牌建设方向。为进一步理清品牌建设思路，2005 年，总行聘请专业咨询公司对我行品牌建设现状进行了诊断，并初步确定了“重点打造母品牌、适当辅以子品牌”的品牌策略，为今后的品牌建设工作明确了基本方向。

（四）提高认识，努力实践，承担企业公民责任工作有了良好开端

一是全行上下对承担企业公民责任认识统一，较好地兼顾了国家、客户、股东和员工的利益。上市以来，我行高度重视承担企业公民责任工作，自觉地为社会承担全面的企业公民责任；从分散地捐款捐物，逐渐转变到有计划地关心、支持与民生有关的重大公益项目；对于企业可持续发展的认识，从关注企业自身的利润增长，逐渐转变为关注国家、股东、员工、客户、商业合作伙伴以及社会公众等各方利益相关者的共同利益。今年上半年，我行对外发布了《中国建设银行企业社会责任报告》，对我行近年来支持经济社会发展、推动诚信建设、维护金融稳定、服务百姓生活、关心社会公益、促进社会和谐发展等方面的努力，进行了全面的概括和总结。这是我行也是国内大型商业银行对外正式发布的第一份企业社会责任报告。

二是积极回馈社会，大力支持社会公益事业。2006 年，我行向中国扶贫基金会捐款，支持中国扶贫基金会的扶贫项目创新和项目宣传推广工作；向残疾人联合会捐资，支持其开展“心系残疾人，法律援助爱心”活动；捐款成立的“清华之友——建设银行奖学金”，资助了 526 名品学兼优、家境贫困的学生；向受台风影响遭受洪涝灾害的南方 6 省区捐款 450 万元，帮助灾区重建了 3 所乡镇中小学和 7 所卫生院，广东省分行及受灾地区其他分行的广大员工也积极捐款捐物，为灾区人民奉献爱心。今年，作为主办银行和合作伙伴，我行还将赞助上海世界特殊奥林匹克运动会，在北京、上海、香港等 12 个相关城市的近 3 000 个网点，开展了发行关爱卡、零钱募捐、赠送彩虹明信片等系列公益活动，为特奥会募捐。我行在支持社会公益事业方面付出的努力，得到了社会各界的称赞和鼓励。2006 年，我行先后获得“关爱儿童突出贡献奖”、“第二届中国消除贫困特别贡献奖”等多个奖项和荣誉，并作为唯一一家银行入选“2006 最具责任感企业”。

（五）坚持以人为本，充分发挥党团工作优势，促进了队伍思想建设

一是加强和改进中心组理论学习，有力地推动了班子思想政治建设。新一届总行党委成立以来，先后开展了30多次学习活动，邀请各相关领域的专家、学者为中心组成员讲课，并通过视频方式向全行转播，分享学习资源和研究成果。由党委书记郭树清同志带头，指导学习计划的拟订，邀请专家学者讲课，交流思想、探讨问题，为推动全行学习型组织建设作出了表率。其他中心组成员也为改进中心组学习发挥了积极的作用。各一级分行党委中心组积极适应股改上市后的新要求，普遍提高了学习的紧迫感和自觉性，有效克服了工学矛盾，开展了内容丰富的学习活动，较好地促进了班子思想建设和经营管理能力的提升。

二是加强思想教育，员工思想道德素质明显提高。全行将学习贯彻中央精神与落实建设银行战略愿景、推进建设银行改革发展紧密结合起来，开展了卓有成效的员工教育活动。及时宣传贯彻党的十六大以来重大战略思想和决策部署，深入学习贯彻中央金融工作的指示精神，认真开展保持共产党员先进性、树立社会主义荣辱观等集中教育活动，分析形势，解读政策，强化责任。各级机构结合本单位实际，组织开展了“落实战略愿景大宣讲”、法制教育、思想道德教育等主题教育实践活动，有力地促进了员工大局意识、服务意识和合规意识的提高。

三是宣传先进典型，调动员工的积极性和创造性。总行党委明确提出，员工是建设银行最宝贵的资源和财富，是决定建设银行改革和发展的关键。为此，各级行在企业文化建设中把关心员工，提高员工忠诚度、满意度，为员工创造更好的发展平台作为重要内容，强化服务基层、服务一线、服务员工的大服务意识，挖掘、培养和宣传各类先进典型，较好地调动了基层员工参与和支持改革的积极性和创造性。近年来，先后推出了“向党工作站”、“红梅理财室”、“何晓工作法”、“天龙在线”、“南大支行”等一批先进典型。2006年，总行首次设立“突出贡献奖”，首次组织开展了总行级文明单位评选表彰活动、年度人物推选与宣传活动，对促进和激发全行员工拓展业务、创新产品、改进服务起到了积极作用。

四是不断创新共青团和青年工作。围绕全行中心工作，先后组织开展了“青春在改革中飞扬”、“青春建行”和“青春炫服务，满意在建行”、青年营销宣传等主题活动，举办了青年风采大赛、节约增效“金点子”建议等与业务结合紧、创新性强的特色活动，有效地凝聚和带领团员青年投身全行的改革与发展。持续开展了“中国建设银行十大杰出青年”、“青年文明号”创建、“青年岗位能手”评选等青年品牌活动，一大批青年先进典型脱颖而出。目前，我行全国级青年文明号单位达到216家，李向党获得“中国十大杰出青年”金融系统唯一提名，李春峰荣获“中国青年五四奖章”。

回顾近年来特别是上市以来公共关系与企业文化工作，我们深切体会到，所有成绩的取得是总行党委、董事会、监事会、高管层正确领导的结果，是各级机构、各个部门大力支持、积极配合的结果，是从事公共关系与企业文化工作全体同志辛勤努力的结果。在此，我谨代表总行党委和高管层，向在座的同志们并通过你们，向所有关心、支持、从事公共关系与企业文化工作的各级领导和同志们表示衷心的感谢！

二、认清形势，统一思想，从推进建设银行和谐发展的高度充分认识加强公共关系与企业文化工作的重要意义

企业文化建设是市场经济运行和企业发展中的一个重要课题，同时也是建设社会主义和谐文化、促进社会和谐发展的应有之义。最近，胡锦涛总书记在中央党校省部级领导干部进修班上的重要讲话，从经济、政治、文化、社会等方面，明确提出了我们党今后一个时期的奋斗目标和行动纲领，对于我们做好公共关系与企业文化工作有着重要的指导意义。讲话指出，科学发展、社会和谐，是发展中国特色社会主义的基本要求，是实现经济社会又好又快发展的内在需要，必须坚定不移地加以落实。科学发展观与邓小平理论、“三个代表”重要思想是一脉相承的，是构成中国特色社会主义理论体系的重要组成部分。全行系统必须认真学习胡锦涛总书记的重要讲话，坚定不移地加以贯彻落实。全行公共关系与企业文化系统同时又是党委宣传部门在学习贯彻胡锦涛总书记讲话方面负有双重职责。一方面，要在学习的基础上全面准确地做好宣传工作，让讲话精神深入人心；另一方面，要结合实际

抓好贯彻落实，不断增强用科学发展观统领工作的自觉性和坚定性。当前，建设银行处在重要的发展时期，面对新形势，我们必须牢固树立科学发展观，坚持以人为本，统筹好发展中的各种关系，夯实全行员工思想道德基础，以企业文化凝聚人、鼓励人、培养人，促进全行业务发展。

（一）做好新形势下公共关系与企业文化工作，是弘扬先进文化、构建和谐建行的内在要求

中外著名企业的成功实践反复证明，卓越的企业离不开卓越的企业文化。企业文化是一个企业的灵魂、行为的基因，是一个企业"软实力"的集中体现。郭树清董事长多次强调加强我行的企业文化建设，特别是愿景、理念的确定要具有一定的高度，要加强全体员工对企业文化的认同感，增强企业文化的凝聚力。在全行第一届职工代表大会第二次会议上，郭树清董事长又提出了要"全面建设和谐企业与现代银行"的要求。张建国行长也在多个场合强调推进企业文化建设、统一经营理念的重要性。因此，我们要充分发挥企业文化强大的作用，用共同的价值观规范员工行为、凝聚员工智慧、振奋员工精神，调动和凝聚一切有利于企业和谐发展的积极因素，营造良好的环境和氛围，为全行各项工作的开展提供思想动力和行为支持。

（二）做好新形势下的公共关系与企业文化工作，是应对国内外同业竞争、建设世界一流银行的必然选择

我国金融业全面对外开放后，中外银行同台竞技。银行同业竞争已不仅仅是产品、价格和服务的竞争，更深层次的是企业文化和品牌形象的竞争。企业文化对于提升企业凝聚力和竞争力的作用日益受到人们的重视。加强公共关系管理和企业文化建设，已经成为企业提高管理水平、打造核心竞争力的重要举措。因此，要实现"始终走在中国经济现代化的最前列，成为世界一流银行"的战略愿景，就必须借鉴国内外同业先进经验，大力推进企业文化建设，打造具有建设银行特色的企业文化，树立建设银行健康良好的企业品牌形象，确保企业在激烈的市场竞争中处于主动和领先的地位。

企业文化的实践性很强，与业务发展的关系密不可分，渗透在每项具体业务流程之中。在一些成功的企业，产品创新、市场创新、企业制度创新往往源于企业文化的创新。我们要深刻认识企业文化建设的重要性，运用科学发展观指导企业文化建设。首先，要坚持员工在企业文化建设中的主体作用，鼓励和动员员工参与其中，让发展的成果惠及全体员工。其次，要致力于建设银行核心价值体系的建设，培育共同的价值基础，促进企业文化建设全面、持续、和谐开展。同时，要统筹协调银行与股东和客户、管理者与一般员工、服务质量与服务价值、企业利益与职工利益、企业利益与社会利益以及局部利益和整体利益、当前利益和长远利益等方面的关系，使企业文化在业务经营中进一步发挥导向作用。

（三）做好新形势下的公共关系与企业文化工作，是适应战略转型、提升我行品牌价值、树立良好公众形象的迫切需要

作为一家正在积极融入国际化竞争舞台的公众上市银行，我们必然会接受更高标准的行业监管和更加广泛的公众舆论监督，必须最大限度地争取股东、客户、员工、社会对企业的信赖和支持。同时，全行正在大力推进战略转型，思想观念的转变、经营管理方式的变革以及各种利益的调整，不可避免地带来了矛盾和问题。面对这样的新形势、新问题，我们要进一步发挥公共关系与企业文化工作的作用，统一思想，凝聚人心，加强品牌建设，全面履行社会责任，在促进改革发展各项工作的同时，在社会公众面前树立建设银行良好的形象。

在当前新的形势下，从战略的高度审视我行公共关系与企业文化工作现状，我们还存在着一些不足和问题，主要表现为：一是认识不到位。部分同志对公共关系与企业文化工作的重要性理解不深，对规律性的东西把握不够，将这一工作游离于经营管理和各项制度流程建设之外，"两张皮"的现象比较突出。二是机制不健全。在经费投入和保障机制上尚有差距，缺乏一套科学的考核评价体系和有效的激励机制，这在很大程度上制约了工作的有效开展。三是规范不统一。多年来，各级行在企业文化建设方面进行了认真探索，在长期的经营管理中形成了很多好的行为规范。但基本上处于分散、自发的状态，没有得到系统的总结、提炼和升华，文化的继承和创新没有有机融合，全行尚未真正形成统一、规范的企业文化体系。四是队伍不适应。人员配备不足，专业化程度不够，工作理念、工作方法、创新能力和工作载体都有待于进一步创新和改进。针对以上问题，各级管理者一定要认真研究和思考，结合实际，采取有效措施加以解决，为全行公共关系与企业文化工作创造良好的环境和条件。

三、创新思路，明确任务，努力开创公共关系与企业文化工作新局面

当前和今后一个时期，全行公共关系与企业文化工作的指导思想和主要任务是：以邓小平理论和“三个代表”重要思想为指导，深入贯彻落实科学发展观，按照总行党委“对内振奋员工精神，对外树立企业形象”的总体要求，紧密围绕全行发展战略和中心工作，积极推进企业文化和品牌形象建设，大力加强新闻宣传、思想教育、文明创建和青年工作，认真履行企业公民责任，为实现全行战略愿景和各项工作目标提供强有力的服务和支持。

（一）全面推进企业文化建设，为提升全行经营管理水平提供支撑和服务

一是要大力开展“企业文化要素”和“员工行为规范”的学习与实践活动。在总行党委、董事会的直接领导下，经广泛征求全行意见和建议，已完成“企业文化要素”和“员工行为规范”的修订工作，将于近日下发试行。新修订的愿景是“始终走在中国经济现代化的最前列，成为世界一流银行”；使命是“为客户提供更好服务，为股东创造更大价值，为员工搭建广阔的发展平台，为社会承担全面的企业公民责任”；其他还有经营、服务、风险、人才等理念及作风和宣传用语等。这是全行企业文化建设的重要成果，是全行智慧的结晶，体现了我行上市后发展战略和工作目标的内涵，兼顾了建设银行企业文化的继承与创新，为统一全行员工价值观与行为理念，进一步约束与规范全行经营管理行为奠定了基础。推动学习和实践“企业文化要素”和“员工行为规范”，是今后一个时期全行企业文化建设的一项重要任务。各级行要加强领导，精心组织，认真制订活动方案，运用多种形式，广泛深入地开展学习与实践活动。要对所有员工进行学习培训教育，充分利用内部网站、报刊、宣传栏等载体，营造学习与实践建设银行价值理念的浓厚氛围，将建设银行愿景、使命、价值观等转化为员工的实际行动，促进全行经营管理水平和服务质量的不断提高。各行在贯彻落实的过程中，要及时把遇到的情况和问题反馈总行，以便进一步修订完善。

二是要深入推进“以客户为中心”的服务文化建设。要继续推进服务文化管理的长效机制建设，进一步抓好文明规范服务，完善服务标准和考核办法，力争在服务的态度、质量、效率、环境等方面再上新台阶。要进一步解决服务中存在的“瓶颈”问题，认真听取客户意见，向员工征求合理化建议，会同有关部门做好客户满意度调查、神秘人暗访、日常督促检查等工作。要将提高服务能力与提升风险管理能力相结合，以贯彻落实《中国建设银行案件防控及整改方案》为契机，广泛、深入地开展合规文化宣传教育活动，引导全行员工真正树立依法合规的意识，养成依法经营、合规操作的行为习惯。要进一步抓好服务典型的培育、宣传和提升，在继续学习推广“向党工作站”等已有典型的基础上，适应网点转型、业务发展的需要，及时培育和推出一些特色鲜明、成果突出、影响较大的服务典型，充分发挥服务典型的群体示范和辐射效应。要继续征集典型服务案例和文化故事，并做好提炼、加工和传播工作。

三是要加强“对标”管理，进一步推进企业文化“示范点”建设。要进一步加强管理与指导，制定和完善总行级“示范点”的标准和考核办法；要重点做好“对标”管理工作，总结并推广“示范点”的经验做法，以点带面，促进整体提高；要将我行企业文化“示范点”建设与全国银行业协会“文明规范服务示范单位”、全行系统文明单位评选表彰工作紧密结合起来，使“示范点”成为名副其实的全行企业文化建设示范单位。

四是要积极探索建立企业文化建设与管理的长效机制。要对股改上市后全行企业文化建设进行统一规划，制定《关于加强建设银行企业文化建设的指导意见》，明确工作目标和主要任务，提出有效措施。要结合全行风险与审计体制改革和案件防范长效机制的构建，积极探索和开展风险文化、合规文化建设，将企业文化建设融入强化基础管理工作之中。在7月10日下午总行召开的“落实银监会要求，全面加强案件防控”的视频会上，张建国行长结合部署全行案件查防整改工作，明确提出要抓好合规文化建设，核心是依法合规，遵章守纪，规范操作。全行上下要在推进企业文化建设中认真贯彻落实。要保持企业文化建设的统一性和连续

性，积极探索建立企业文化测评标准与考核制度，客观、完整地评价企业文化建设基本状况与阶段性成果，引导并激励各级管理人员自觉倡导并实践建设银行价值理念，积极推进企业文化建设。

（二）紧紧围绕战略实施，不断提高新闻宣传工作水平

一是要围绕中心工作，打好主动仗，唱响主旋律。新闻宣传工作一定要认真贯彻落实党中央的路线方针政策和总行的战略决策，对全行的发展方向要了然于胸，不断强化宣传工作的计划性，主动策划和组织宣传我行的发展战略和业务发展成就。要结合全行业务发展战略转型，在做好传统优势业务宣传的同时，进一步加大零售银行、中间业务、投资银行等新兴业务的宣传力度。要结合当前银行排队等群众关心的热点问题，突出宣传网点转型、“流程银行”建设及服务水平的提升，尤其要注重挖掘来自一线的生动典型事例。要持续宣传我行风险内控体制、人力资源等方面的改革创新，做好服务、营销等方面的宣传。今后，总行将定期或不定期地下发宣传工作要点，对分行宣传工作及时进行指导。各分行一方面要配合总行进行联动宣传，另一方面要立足本行实际，积极宣传报道当地在业务拓展、客户服务方面的新进展、新亮点。

二是要适应媒体发展的需求，增强宣传的针对性和有效性。要遵循新闻宣传规律，不断改进宣传手段，在组织和策划上讲究针对性，注重宣传效果。目前，我们面临的媒体环境日趋多样，既有国内媒体也有境外媒体；国内既有中央媒体又有市场化程度较高的财经类媒体和社会新闻类媒体，还有传播覆盖面更广、影响力更大的网络媒体。不同的媒体关注点、侧重点不同，这就需要我们多研究媒体，不仅要研究其特点和偏好，还要研究其读者结构；不仅要研究境内媒体，还要研究境外媒体。现在已进入北京奥运会筹备期，开放了对境外媒体的管理，金融服务行业接触境外媒体记者的机会将会明显增多。加强媒体研究，我们在宣传上就能做到有的放矢。与老百姓关系密切的金融产品服务新闻，应多投向社会新闻类、网络类媒体；金融专业性比较强的新闻，可以侧重财经类媒体；同样是时尚类报刊，读者群往往不一样，拥有高端读者群的报刊对高端理财信息就会比其他报刊有更大更多的需求。因此，我们在宣传上要逐步做到差别化、个性化，尽量避免一篇新闻通稿“吃遍天下”的做法。今后可以考虑总行有关新产品新服务新举措的新闻，不仅向北京及香港媒体投放，也可以向上海、广州等金融资源比较丰富的地区同步投放，以进一步扩大我们新闻宣传的覆盖面。

三是要正确认识和对待媒体监督，切实做好危机预防和处置工作。要进一步提高对媒体和社会大众监督的认识，以诚恳和开放的心态接受监督。各级行要强化员工特别是一线员工的“公关意识”，进行必要的媒体应对培训，提高应对技巧，不能遇到媒体采访就一味躲避、推诿或者打“官腔”。特别是在危机事件发生后，更要有大局意识、责任意识，保持清醒头脑，敢于担当；要及时向总行报告，及时与当地新闻宣传主管部门沟通，早发现、早反映、早处理。要继续扎实地做好媒体监测和信息收集工作，以有效的舆情分析和健全的运行机制，有针对性地处理和维护媒体关系，做好危机防范和处置，支持和服务全行改革和发展。各分行的领导要关心和爱护从事新闻宣传工作的同志，放手让他们大胆工作，出了成绩要肯定、鼓励；出了问题不要一味指责，求全责备，要帮助他们查找原因，提高认识。

四是要学习借鉴世界一流商业银行和国内同业的先进经验，完善制度、机制，进一步规范全行新闻宣传管理工作。我行新闻宣传工作要有宽广的视野、崭新的思维，探索和把握上市公司新闻宣传的规律及发展趋势，结合我行改革发展的实际，贴近全行中心工作和发展战略，谋划、组织新闻宣传工作。要注意学习国内外同业比较成熟、有效的方式方法，取长补短，尽快提高新闻宣传工作水平。要进一步完善上下联动的共享机制，使之在日常宣传和危机事件处置上均能发挥作用。各分行之间也要加强互动和交流，还可以分区域、跨区域联动，既充分沟通信息、资源共享，又能发挥宣传的整体优势。

（三）大力推进品牌建设，积极支持业务发展和战略转型

一是要不断完善视觉形象建设标准，加大执行力度。要配合相关部门，加快建设规范统一的“蓝色银行”网点。对暂时尚未列入改造计划的网点，可采取先外后内、先局部后整体的方法，先统一更换网点门楣招牌，力争今年年底前完成中心城市行所有网点的门面招牌改造，先让网点亮起来，明年按新标准全部推广完毕。对新建的个人出入境金融服务中心、财富管理中心，要严格执行视觉形象标准。要积极稳妥、规范有序地做好网点员工换装工作，力争明年年底前完成。要把完善并严格执行统一的VI标准作为推进品牌建设的重要环节和基本要求。总行将持续修改和完善VI标准；各行要强化对VI标准的执行和检查监督，确保所有对外使用的物品均严格执行VI标准，并充分利用信纸、信封、笔记本等各类办公、宣传用品及电子渠道，加大形象宣传的广度和深度。

二是要加大广告营销力度，促进业务发展，提升品牌价值。要明确广告营销策略，加强规划，分年度、分季度制订广告营销方案及投放计划，提高广告营销质量，提升广告管理水平。要突出重点，以上海特奥会、北京奥运会、我行回归A股市场、营销旺季等为主要宣传时段，加强宣传，积极营销，进一步巩固和提升我行的品牌影响力。要进一步加大在重点城市的机场、高速公路及闹市区的广告投放，同时，结合网点及自助银行布局，增加广告投放，做到在这些重点地段“要么有网点，要么有自助设备，要么有形象广告”。要探索实施差别化营销策略，对若干重点城市给予政策倾斜。要保证一半以上的广告费投向形象广告，产品广告要着眼于目标客户，将信用卡、个人住房贷款、电子银行、个人金融、投资银行等战略性业务和新兴业务品种作为广告投放重点，压缩一般性、非重点业务的广告投放，代之以宣传折页和产品宣传手册。

三是要继续发挥整体优势，提高形象宣传和广告营销效果。要把广告投放与新闻宣传、履行企业社会责任等有机结合起来，相互配合，资源共享，提升品牌形象。要整合广告需求，研究不同渠道、不同区域、不同产品、不同客户群对广告投放和营销宣传的不同特点与规律，选择合适的内容和投放渠道，降低成本，提高相关工作的针对性和效益。

四是要加强品牌建设基础工作，完善运行机制，提高品牌质量。这次会议印发的《关于进一步加强品牌管理工作的指导意见》（征求意见稿），初步提出了品牌管理的指导思想、工作思路和具体措施。下一步，要出台《品牌管理手册》、《品牌管理办法》，制定《品牌发展战略和规划》。要建立品牌分级管理工作体系，实行归口管理、分工负责，归口管理部门应设专岗，并逐步配备品牌经理。要继续强化母品牌形象，避免设立过多、过散的子品牌，并逐步对现有子品牌进行清理和整合。要选择与我行整体形象及具体产品相称、性价比较好的媒体，并维护好与媒体的关系。利用网络、手机等新兴媒体互动性强的特点，进行深度的宣传营销，提高广告投放的效果。要探索建立品牌传播和广告投放效果的监测、评估体系，逐步提高品牌传播及广告投放决策的科学性。要注重开展品牌维护，建立品牌常规维护体系和危机预警、监测和自我诊断系统，及时化解品牌危机。要建立、健全品牌管理规章制度，建立品牌管理工作考核评价体系，对各级行品牌管理工作进行考评，并逐步与资源配置挂钩。

（四）进一步提高认识，自觉承担全面的企业公民责任

一是要深入理解全面履行企业公民责任的内涵和重要意义。在今年五月召开的全行工作座谈会上，郭树清董事长明确指出：建设银行的企业公民责任工作要始终坚持“社会责任与企业责任的统一”，充分考虑和妥善处理股东、客户、员工、社区、合作伙伴、金融同业等利益相关者的关系，这是我行搞好经营管理，保持长期持续发展，提升核心竞争力的关键之一，也是树立企业公众形象、凝聚员工力量的重要途径。我们要加大宣传教育力度，引导全行各级管理人员和全体员工深入理解和全面认识履行企业社会责任的内涵和重要意义，自觉地将履行社会责任贯穿在各项工作中。

二是要积极行动，将企业公民责任工作落到实处。履行企业公民责任是一项需要长期坚持的工作，并贯穿在经营管理的各个环节。作为金融服务企业，首先是要依法合规地把业务经营好，为客户提供高质量的产品，提供满意的服务，这是我们最基本的责任。其次，要关注员工的利益，维护员工的合法权益。最后，要积极参与公益事业。我们在支持公益事业上已经做了大量工作，今后还将加大这方面的力度，重点为贫困地区的教育、医疗、扶贫脱困等关系民生的事业提供帮助。总行目前正在这方面进行调研策划，希望各分行积极配合，共同做好相关工作。这里需要强调的是，有关分行要高度重视和做好特奥会的系列公益活动。特奥会将于今年10月2日至11日在上海举行。支持、赞助这一盛事，是我行今年履行企业公民责任的重大实践活动，将会产生广泛的社会影响。有关分行要按照总行统一部署，在行内广泛发动员工特别是团员青年，因地制宜地开展系列公益活动。要通过开展这项活动增强公民责任意识，培养员工爱心，展现建设银行良好的企业形象。

（五）做好新形势下的思想教育和文明创建工作，为推进全行改革与发展提供精神动力和思想保障

一是要根据新的任务和要求，进一步加强和改进各级党委中心组的理论学习。胡锦涛总书记6月25日在中央党校省部级干部进修班上发表的重要讲话中提出了“四个坚定不移”，即坚定不移地坚持解放思想，坚定不移地推进改革开放，坚定不移地落实科学发展观和社会和谐，坚定不移地为全面建设小康社会而奋斗。在今年年初召开的全国金融工作会议上，中央明确提出，要着力提高从业人员的思想政治素质、业务素质和职业道德素质，建设一支高素质的金融队伍。各级行党委中心组要组织领导人员认真学习胡锦涛总书记的重要讲话精神，深刻领会“四个坚定不移”对保持党和国家事业发展大局的重大意义，以讲话精神统一思想、指导行动。要不断丰富学习内容，紧紧围绕全行中心工作，精心策划，通过及时学习贯彻中央的路线、方针、政策，广泛涉猎各个学科领域的前沿成果，探讨社会热点焦点问题，充实经济、金融及管理知识，着力提高各级领导人员的政策理论水平和综合素养，使建设银行的各项工作能够更好地体现时代性，把握规律性，实现又好又快的发展。要不断创新学习形式，在坚持落实“重点发言人”制度、提高集中研讨质量的基础上，采取“走出去”和“请进来”、增加学习的参与性、推进“上下互动”等方式创新学习活动，增强学习的吸引力。要坚持发扬求真务实、理论联系实际的学风，将学习研讨与深入调研结合起来，与拓展思路、解决突出问题结合起来，将学习的成果自觉运用到工作实践中去，提高经营管理的能力和水平。

二是要继续坚持以人为本，进一步加强和改进员工思想教育工作。要把关心一线员工作为当前和今后的一项重点工作来抓。基层一线处于服务客户和防范风险的最前沿。市场的急速变化、竞争的日益加剧、银行改革的不断深化，这些都给广大员工特别是基层一线员工的思想教育工作带来了前所未有的挑战。今年上半年，由总行牵头、各分行共同参与，对全行基层员工的思想和工作状况进行了广泛调查。其中，劳动强度大、工作压力大，是反映较为普遍和突出的问题。各级管理者要认真落实总行党委关于“关心员工、爱护员工”的要求，采取切实有效措施，努力改善基层员工的工作状况和生活状况。要建立起经常性的沟通机制，倾听员工呼声，有针对性地开展工作，不断提高员工的满意度和归属感。要采取员工喜闻乐见的方式，深入开展职业道德教育，规范员工职业行为，以防范道德风险和操作风险，提高服务水平，促进业务发展。要针对网点转型、岗位竞聘、薪酬分配等矛盾容易集中的环节，依据法律、政策，做好加强沟通、解疑释惑、化解矛盾、稳定人心的工作。要重视正面激励，通过开展各种有益的宣传教育活动，弘扬正气，鼓舞士气，最大限度地调动起广大员工的积极性和创造性。

三是要深入开展文明创建活动，营造和谐的内部环境。各级行要按照总行《评选表彰文明单位暂行办法》的要求，围绕我行战略愿景、业务发展、员工队伍素质等主题，大力开展形式多样的文明创建活动。要坚持以系统评选为主、系统评选与参加当地评选相结合的办法，做好文明单位的评选表彰工作。总行明年将进行第二届总行级文明单位的评选表彰工作，各分行在做好分行级文明单位评选表彰工作的基础上，做好总行级文明单位的推荐工作，确保评选工作的质量和效果。

（六）切实关心青年成长，注重发挥团员青年的生力军作用

一是要深入了解青年需求，关心青年生活和成长。今年“五四”前夕，郭树清董事长、张建国行长、谢渡扬监事长联名向全行团员青年发出慰问信，这充分体现出总行党委对共青团和青年工作的高度重视。全行上下要认真学习和贯彻落实，切实重视加强共青团和青年工作。当代青年在价值观念、生活方式、行为方式等方面都具有鲜明的时代特征。我们必须深入到青年中去，掌握青年员工的思想动态，了解青年的需求，解决他们在工作上、思想上和生活上的实际问题，为他们搭建更加广阔的发展平台。要加强青年的思想政治教育，树立青年榜样和典型，积极引入职业生涯规划的理念，引导青年员工将个人的成长与建设银行的发展紧密结合起来。

二是要开展丰富多彩的青年主题活动。要围绕党委的中心工作、业务发展以及青年的需求，精心策划组织开展形式多样的青年主题活动，将青年凝聚到全行的中心工作和业务创新发展上来。要持续开展青年文明号创建、青年岗位能手评选和“十大杰出青年”评选等活动，并不断创新与提升。今年要认真开展“青春建行——我与建行共成长”主题活动，围绕价值理念提升、成才之路启迪、青年创新创效、岗位成长成才、健康快乐生活、成长风采展示等内容，组织和引导青年员工主动适应全行改革发展的要求，不断提升素质，努力创新业绩。

三是要加强组织建设，构建良好的青年工作体系。总行将于下半年筹备成立“中国建设银行青年联合会”，建立青年对内对外沟通和联络的平台，从而构建起完整的青年工作体系。各行也要不断加强青年工作和团的组织建设，配齐配强干部，创造良好的工作条件和环境，促进全行共青团和青年工作的全面展开。

四、加强领导，狠抓落实，切实提高公共关系与企业文化工作水平

总行党委对公共关系与企业文化工作给予了高度重视。近年来，总行领导多次在全行工作会以及分行行长座谈会上就加强这方面工作提出了明确要求。各级行要认真贯彻落实总行党委的有关要求，统一思想，提高认识，振奋精神，抓好落实，把全行公共关系与企业文化工作提高到一个新的水平。

（一）提高思想认识，切实加强组织领导

各级党委要充分认识公共关系与企业文化工作的重要性，明确职责，抓好落实。这项工作不仅仅是职能部门的事，也是全行各级领导和各部门的重要工作内容。各级公共关系与企业文化部门要切实担负起组织协调、策划传播、考核评价等职能，推进本单位的公共关系与企业文化工作。

（二）强化研究探讨，不断创新工作方式方法

一是加大工作研讨力度。在新的形势下，公共关系与企业文化工作涉及面广，内容丰富，面临着许多新任务、新课题，必须加强工作研究。要了解和把握全行战略转型和业务发展要求，密切关注经营发展的新动向、新需求，谋划好各项学习、实践活动，配合和推动中心工作的开展。要积极探索、创新有效的工作方法，教育引导员工自觉实践建设银行核心价值观，遵守行为规范，并使之贯彻落实到各项经营管理活动和日常工作中去。

二是认真学习借鉴同业先进做法。要开阔视野，创新思路，学习借鉴同业的先进经验和做法。要善于发现和总结本单位、本系统的经验和做法，及时发现问题和不足，总结推广经验，加强信息交流，实现资源共享，提高工作效果。

三是大力加强基础管理。当前不少工作处于起步阶段，有些制度规定还不够健全、完善，有些关系还没有完全理顺，基础管理水平需要进一步提高。各分行要大力加强管理，提高工作效率、质量和规范化水平。最近，总行结合当前管理和发展要求，组织开发了公共关系与企业文化工作管理系统，各级行要充分利用好这个系统管理平台，加强相互沟通，推动工作落实。

（三）加强学习培训，努力建设一支高素质、专业化的队伍

一是落实工作职责，加强协调配合。总行对各分行公共关系和企业文化部门的工作职能不作统一要求，由各分行根据实际情况，按照“有利于发挥职能作用、有利于促进工作开展、有利于提高工作效能”的原则，合理界定工作职能，明确责任。但是，不管机构如何设置、职能如何划分，必须保证工作不受影响。各职能部门与企业文化部门要相互支持，相互配合，必要时可按任务组成团队。

二是充实专业人员，优化队伍结构。各级行要选拔政策理论水平高、文字功底好、研究策划能力强、专业素质过硬并热爱此项工作的员工，把他们充实到公共关系与企业文化条线，积极为他们开展工作提供条件。新闻宣传和品牌广告工作对我们这样的上市银行非常重要，必须尽快引进、充实和培养专业人才。

三是要加大培训力度，提高综合素质。各级行要加强对条线人员的培训工作，既要提高他们的专业水准，又要促进他们的思想道德素养、廉洁自律能力、反商业贿赂本领等综合素质的提高。总行今年加大了培训力度，计划举办 5 个培训班，6 月已经办了 1 个，下半年还有 4 个培训班。要进一步提高培训质量和效果，增强培训的针对性和务实性，使大家通过培训，真正学有所获、学有所用。要在全行系统中进一步强化和倡导勤奋学习、爱岗敬业、

团结协作、进取奉献的职业精神，带头实践建设银行核心价值观及其理念，作落实员工行为规范的表率。

同志们，我行正处在改革发展和加快战略转型的重要时期，加强公共关系与企业文化工作，对于促进实现全行发展战略和工作目标具有重要意义。我们一定要认真落实总行党委的要求，认清肩负的责任和使命，进一步振奋精神，上下一心，创造性地开展工作，保证我行的改革发展目标的实现，以优异的成绩迎接党的十七大胜利召开。

维护稳定　保障安全
扎实深入开展创建“平安建行”活动

——在全行安全保卫工作会议上的讲话

（2007 年 8 月 20 日）

辛树森

同志们：

这次会议的主要任务是，认真落实《中央政法委员会、中央社会治安综合治理委员会关于深入开展平安建设的意见》的精神，总结建设银行近年来开展平安建设的情况，进一步部署在全行开展创建“平安建行”的活动。下面我讲几点意见，供大家讨论。

一、近两年来全行开展平安建设的主要情况

2005 年 10 月 21 日，中央办公厅、国务院办公厅转发的《中央政法委员会、中央社会治安综合治理委员会关于开展平安建设的意见》（以下简称《意见》）要求：各级党委和政府要从实践“三个代表”重要思想、坚持立党为公、执政为民、落实科学发展观，维护改革发展大局的高度，充分认识平安建设的极端重要性，进一步完善平安建设的各项措施，努力为实现全面建设小康社会的宏伟目标创造和谐稳定的良好社会环境。要按照“属地管理”和“谁主管谁负责、谁经营谁负责”的原则，层层落实领导责任制、部门责任制和单位责任制，把平安建设的各项任务落实到基层，落实到部门（单位），落实到责任人。全行各级党委按照《意见》的要求，以维护稳定、保障安全为主线，在加强治安保卫和安全生产管理，打击金融违法犯罪，防止各类案件和安全责任事故发生，积极预防和妥善处置突发事件等方面做了大量工作，保障了全行的经营安全和内部稳定。山东、浙江等分行在当地党委、政府的统一部署下，在所辖分支行开展了“平安创建”活动，取得了一定成效，为进一步开展创建“平安建行”活动打下了良好的基础。今年 5 月，总行下发了《关于深入开展创建“平安建行”活动的通知》，决定在全行系统深入开展创建“平安建行”的活动，进一步推动了“平安建设”活动的开展。

（一）加强内部安全管理，安全防范水平显著提高

一是全行进一步建立健全了安全管理规章制度，总行先后下发了《中国建设银行办公楼安全管理暂行办法》、《中国建设银行安全事故预防和处置暂行办法》、《中国建设银行突发事件应急预案》、《中国建设银行预防和处置群体性事件暂行办法》、《中国建设银行涉外安全管理暂行规定》等多项安全保卫规章制度，使全行各项安全操作基本做到了有章可循。各分行也根据本行的实际情况，制定了相应的实施细则。目前全行安全管理已经形成了一套比较完善的制度体系。二是开展全员安全教育，各级行通过案例教育、安全知识竞赛、专题学习等活动组织广大员工学习国家法律、法规和建设银行安全管理规章制度，增强了广大员工对遵守规章制度重要性和违章操作危害性的认识。2006 年全行共组织有关安全知识培训 14 799 次，参加培训的安全保卫人员达到 48 641 人次。三是做好办公区域、营业场所、金库等要害部位和重要设施设备的安全管理。全行加强了对要害部位人员出入的管

理和控制，全行有2 796栋办公楼设置了门卫，占99.3%；2 179栋办公楼安装了报警装置，占77.5%；1 283栋办公楼设置了视频控制室，占45.6%。全行6 907个营业场所配备了保安员维护秩序，占50.9%。全行金库均按国家规定配备了守库员或实行了视频远程监控。全行现有的电梯、锅炉等特种设备和自备发电机、油库、变电设备的合格率达到99.3%。与此同时，全行加强了安全检查，发现各类安全隐患33 714起，到2006年底已整改32 574起，整改率达96.6%。四是加强物防和技防建设。根据国家有关规定和安全需要，各级行投入大量资金，进一步加强了防护设施建设，2006年全行共投入安全防护设施建设费用73 975.44万元，比上年提高了12.7个百分点。到2006年底，全行营业网点安装防弹玻璃、电视监控、“110”联网的比例分别达到了99.71%、99.93%、95.61%；金库安装电视监控、“110”联网的比例分别达到了97.32%、82.44%。安全保卫部门加强了对安全防护设施的日常管理和维护，保证了各项防护设施的正常运行。

（二）落实案件查防措施，四类案件的发案数量和涉案金额大幅下降

各级行按照银监会《案件专项治理工作方案》、《“降不良、防案件、抓管理、促发展”攻坚战总体方案》以及《治理商业贿赂》的要求，加强了金融案件和安全事故的查处和防范工作。

一是按照“谁主管，谁负责”的原则，落实安全管理和案件查防责任制。在守护押运等各个重点岗位开展了“有章不循、违章操作专项治理”活动，加强了对岗位操作的检查和监督，严肃处理了违章操作和失职、渎职行为。2006年全行共查处各类违法、违纪、违规人员11 603人。其中，受到政纪处分的共计1 585人次，党纪处分94人（含并处）。因发生案件处理涉案人员及相关责任人473人。二是积极协助公安机关侦破我行刑事案件，严厉打击各类违法犯罪活动。全行协助公安机关、检察机关查处各类违法违纪和金融犯罪案件55件，涉案金额8 632万元，其中百万元以上的重大案件13件。三是建立了案件管理责任制，把案件查防工作纳入经营业绩的考评内容，并作为各级领导班子年终评价的重要依据。2006年，有11个一级分行领导班子由于案件高发在KPI考核中被扣分。经过全行的努力，2006年全行发生已遂金融诈骗、盗窃、抢劫、涉枪案件（即四类案件，下同）15件，涉案金额999.8万元，发案数和涉案金额分别比上年下降6%和89%，是近10年来最低的。与此同时，全行成功堵截和防范四类案件64起，避免损失14 442.8万元。

（三）妥善处理群体性事件，维护了全行工作秩序

近年来全行加强了内部矛盾纠纷的调解工作，及时化解、妥善处置了因人民内部矛盾引发的群体性事件，维护了全行的正常经营秩序。近年来，越级、赴京聚众上访等群体性事件增多，各级行按照“人要回去，事要解决”的原则，做了大量艰苦细致的政策解释和思想疏导工作，积极配合地方党委、政府及信访机关、公安机关妥善处理群体性上访事件。去年发生了涉及10个分行的多起赴京聚众上访事件，有关分行的领导和安全保卫等相关部门同志迅速来京，配合总行和北京市公安机关做好聚集人员的劝返工作。对少数违反《治安管理法》和《信访条例》滋事闹事、影响正常工作秩序的人员，依照法定程序报公安机关进行了处理。2006年，在各级行和有关部门的共同努力下，全行共处理群体性上访事件116批次。其中，总行本部处理群体性上访事件52批次，参与人员在100人以上的有4批次。由于处理及时、应对妥当，既保证了工作的正常运行，又维护了我行的形象。

（四）适应银行安全管理需要，守押社会化和远程监控建设得到广泛推行

一是积极推行守押体制改革。各级行根据本地保安市场发育状况和建设银行实际，按照《中国建设银行守押体制改革意见》的统一部署，积极稳妥地推行了包括对外委托、同业联合、集中守押等方式的守押体制改革。截至2006年底，全行已有6 907个营业场所、920栋办公楼、481座金库委托保安公司守护，委托率分别达到50.9%、32.7%和44.5%。9 183个营业场所接送款实行了社会化押运，占67.7%。随着我行守押体制改革的推进和安全保卫社会化程度的提高，全行的金库、运钞车和枪支大幅减少，达到了降低风险、节约成本的目的。二是把网络技术和视频科技手段运用于安全防护和内部控制。自2005年总行在福建召开安全保卫工作现场会，推广福建省分行金库远程异地监控的经验以来，已有河北、江苏、浙江、安徽、江西、山东等省的分行对部分营业网点、金库、ATM 机及自助银行等部位实现了远程异地监控。截至 2006 年底，全行有 140 个金库实行了异地守护方式，占 12.94%。

我行在平安建设方面取得的初步成绩，是各级行领导高度重视、全行安全保卫和综合治理成员部门的工作人员努力工作的结果。许多同志在本职岗位上，不顾个人得失和安危，任劳任怨，恪尽职守，勇于奉献。在此，我代表总行党委、高管层向参加会议的同志，并通过你们向战斗在第一线的安全保卫和综合治理成员部门的同志表示亲切的慰问和衷心的感谢!

建设银行的平安建设工作得到了综合治理委员会、银监会、公安、国家安全生产监督管理等部门的精心指导与大力支持，特别是公安部门不论在外地还是在北京，遇到情况都及时赶赴现场帮助我行化解矛盾。借此机会，我代表建设银行向多年来关心、支持我行的有关部门表示衷心的感谢!

在充分肯定成绩的同时，也要清醒地看到全行在平安建设上还存在不少问题，一些不安全、不稳定因素仍然存在，与建设世界一流银行的要求还有一定差距。主要表现在以下几个方面。

（一）内控管理存在薄弱环节，刑事犯罪案件时有发生

近年来，全行在案件防控方面做了大量工作，效果明显，但仍有部分基层行防范意识薄弱，各项规章制度不落实，员工违章操作严重，给犯罪分子作案以可乘之机。去年全行发生各类刑事犯罪案件 55 件，涉案金额 8 632 万元，其中百万元以上的重大案件 13 件。今年上半年全行又发生 9 件，涉案金额 978.89 万元，其中百万元以上的重大案件 1 件，金额 668 万元。案件虽然比往年有下降，但时有发生，已经成为当前影响全行安全稳定的重大风险问题，仍不能掉以轻心。

（二）全行还存在不稳定的因素，群体性事件时有发生

近年来不少一级分行和总行多次发生聚众上访群体性事件，群体性事件的组织策划者利用移动电话、互联网跨地区跨行际串联，煽动少数人静坐、示威，围堵银行办公营业场所。要妥善处理历史遗留问题，消除不稳定因素，工作难度很大。

（三）部分基层机构安全防护设施和消防设施尚未达标，交通事故突出

截至 2006 年底，全行尚有 17.56% 的金库未与“110”联网，16.17% 的金库未设震动报警；有 12.17% 的 ATM 机没有安装电视监控；有 8.11% 的自助银行没有安装电视监控；有 29.41% 的网点没有安装联动互锁门；全行有 32.20% 的办公楼消防设备不符合标准等，这些都是隐患。与此同时，全行交通事故频频发生，造成重大人员伤亡和财产损失，2003—2007 年，全行共发生交通事故 51 起，死亡 84 人，受伤 41 人。其中一次死亡 1 人以上的交通事故 29 起，死亡 41 人，受伤 58 人。

产生上述问题既有内部的原因，也有外部的原因，从内部来讲：一是目前我行的经营管理和内控机制建设虽然取得了明显进展，但还存在不少薄弱环节，执行力不强、我行我素的现象在一些基层机构仍然存在；二是一些领导和员工的风险意识还比较淡薄，合规文化还没有真正建立起来；三是全行风险防范和安全管理技术手段、控制工具还比较落后。解决这些问题，需要全行在前段工作成绩的基础上，进一步深入开展创建“平安建行”活动，为建设银行营造一个安全稳定的良好环境。安全保卫关乎全行的经营安全，一时一刻也不能放松，各级行领导和安全保卫等部门的同志要认清形势，把握时机，把创建“平安建行”作为全行内部治安保卫和安全管理的主线，进一步做好维护稳定和保障安全的各项工作。

二、认真贯彻总行《通知》精神，深入持久地开展创建“平安建行”活动

为了进一步贯彻党中央、国务院关于开展“平安建设”的指示，今年 5 月，总行根据中央政法委、综治委《意见》的精神，下发了《关于深入开展创建“平安建行”活动的通知》（以下简称《通知》）。《通知》决定，从 2007 年起，在全行深入持久地开展创建“平安建行”活动，并对创建活动提出了具体要求。下面，结合总行《通知》精神，我就全行开展“平安建行”创建活动讲几点意见。

（一）充分认识深入开展创建“平安建行”活动的重要意义

1. 创建“平安建行”是建设银行应尽的社会责任。《意见》指出：“平安建设是构建社会主义和谐社会、促进经济社会协调发展的保障工程，是维护广大人民群众根本利益、为人民群众所期

盼的民心工程，是提高党的执政能力、巩固党的执政地位的基础工程。”几年来的实践证明，开展平安建设活动，对于加强我国的安全和稳定，保证改革和发展的顺利进行有着重要作用。创建“平安建行”活动是全国“平安建设”活动的重要组成部分，通过创建“平安建行”活动维护建设银行的安全和稳定，是各级党委、政府和人民群众对建设银行的要求，也是建设银行应尽的社会责任。

2. 创建“平安建行”是建设银行改革和发展的需要。当前，我行各项改革和业务取得了重大成绩，总的形势是好的。但是也要清醒地看到，全行当前所面临的内部治安和安全生产形势比较严峻，影响我行日常安全和稳定的因素仍然存在，大案要案还时有发生，安全防范的任务仍然十分艰巨。不解决这些问题，就没有一个安全稳定的环境，就会影响全行改革和业务发展的进程。因此，在全行开展创建“平安建行”活动，对于加强基层机构建设，增强全员的安全防范意识和防范能力，降低各类案件和安全事故，保障建设银行的安全和稳定有着十分重要的作用，也是建设银行改革和发展的基础。各级行、各部门要牢固树立“安全第一”、“稳定压倒一切”的大局意识，全行上下要共同努力，把创建“平安建行”的各项措施真正落到实处。

3. 创建“平安建行”是服务客户的基本要求。为客户提供更好服务是建设银行的一项重要使命，也是银行核心竞争力的体现。经营是否安全可靠、交易是否安全稳定、环境是否安全整洁，是客户选择银行的重要标准。通过创建“平安建行”，改善全行工作和交易环境，更好地为客户提供优质的安全服务，树立建设银行优质、安全、和谐的企业形象，是建设银行的职责，也是提高我行市场竞争力的要求。

总之，开展创建“平安建行”活动，对于加强基层机构建设，增强全员的安全防范意识和防范能力，降低各类案件和安全事故的发生，减少不和谐因素，保障建设银行的安全和稳定，提高建设银行的社会形象有着十分重要的作用。

（二）认真把握创建“平安建行”活动的指导思想和目标任务

开展创建“平安建行”活动，要坚持以邓小平理论和“三个代表”重要思想为指导，全面落实党中央关于构建社会主义和谐社会的重大战略决策，以建立健全长效安全管理机制为核心，以加强基层行的基础工作为重点，以落实社会治安综合治理各项措施为主线，构建“安全制度完善、安全管理规范、安防设施达标”的安全保卫体系，防范刑事案件、治安案件和安全事故的发生，保障员工生命和银行财产安全，维护全行正常的生产经营秩序，为客户和员工提供优质的安全服务。

通过创建“平安建行”活动，全行要在保持业务较快稳健发展的前提下完成如下目标：全行各级领导和员工依法行事、遵纪守法的自觉性明显提高，全员防范意识和能力进一步增强；合规经营、按章操作成为各级领导和员工的行为准则；刑事案件、治安案件、安全事故发生率和损失率在银行同业处于较低水平；营业场所、金库、办公楼等要害部位的安全防护设施设备、消防设施设备达到了国家规定的标准；各种突发事件能够得到及时和妥善处理，人员、财产损失和负面影响降到最低限度，成为银行同业和当地安全、稳定、和谐的团队。

（三）切实落实创建“平安建行”活动的各项措施

1. 加强安全与法纪教育，提高全员遵纪守法意识和应对突发事件的能力。一是认真学习贯彻《公民道德建设实施纲要》，弘扬社会公德、家庭美德和职业道德，倡导社会主义道德规范，使员工牢固树立以“八荣八耻”为主要内容的社会主义荣辱观，不断提高我行员工的道德素养。二是经常组织员工学习《中华人民共和国安全生产法》、《中华人民共和国消防法》、《企业事业单位内部治安保卫条例》等相关法律、法规和内部安全管理规章制度，教育员工依法履行职责，严格依法办事，引导员工自觉遵守法律法规，严格按章操作，运用法律武器维护自身合法权益，通过正当渠道反映和解决遇到的矛盾和问题。三是经常向员工进行防诈骗、防盗窃、防抢劫、防破坏等的宣传教育，提高员工风险意识和防范能力。

2. 加大刑事案件防查力度，坚决遏制案件高发。各级行要严格内部控制和岗位监督，尤其要做好银行票据、现金、印鉴卡、印章、重要凭证、款箱（包）以及计算机密码的保管、使用、审核等风险环节的安全管理，严格执行各项管理规定，严禁违章操作和混岗行为。要加大案件防查力度，严防重大金融案件发生。

切实抓好贪污、挪用、受贿、诈骗、盗窃、抢劫、涉枪和其他案件的预防和查处工作。认真落实各项管理制度，做好重点部位、重点环节、重点机构和人员、重点区域和时段的安全防范。当前，特别要做好守护押运等重要部位和环节的安全防范工作。坚持依法经营、按章操作，严格内部控制，加强信息技术在案件防范中的应用，提高业务自动化处理水平，实现人防与技防相结合。要健全科学合理的内部控制和考核机制，认真落实各项案件查防制度，不断巩固案件查防工作的成果。

3. 做好维护稳定和内部治安管理，积极预防各类治安案件。各级行党委要正确处理改革、发展、稳定的关系。要坚持科学决策、民主决策、依法决策。对于新政策、新产品，要充分估计实施后对客户和员工的心理影响，对可能出现的不稳定因素和负面影响，在依法合规的基础上，制订应对方案。要加强思想政治工作，教育员工树立正确的名利观、金钱观。要加强信访和纠纷调解工作，及时、妥善处理客户投诉和群众来信来访提出的问题，力争把矛盾、纠纷化解在萌芽状态。要加强内部治安管理，切实维护好正常办公和营业秩序，防止聚众闹事等治安案件的发生。

4. 切实加强安全生产管理，杜绝重大安全责任事故。各级行要认真组织员工学习消防、交通、电气设备、特种设备、危险物品、食品、药品、饮用水等安全管理的法律、法规和建设银行安全管理制度，掌握基本的安全常识和自救技能。加强对公务车、电气电机设备、特种设备、危险物品、食品、药品、饮用水的安全监督管理，发现故障和安全隐患要限期解决。加强对办公大楼的安全管理，落实办公楼安全管理的各项措施，保障员工生命安全和财产安全。

5. 加强武器装备和安全防护设施的建设和管理，提高装备和设施的使用效率。要认真贯彻落实国家有关武器装备和安全防护设施的法律、法规和建设银行安全保卫规章制度，加强我行武器装备和安全防护设施、消防设施的建设，努力争取到2007年底使全行营业网点、金库等重点部位基本达到《规定》要求的标准。要加强武器装备和安全防护设施的管理，确保正常使用和运行，特别是金库管理要举一反三，吸收他行教训。

6. 做好应急管理，妥善处理各类突发事件。各级行要认真贯彻《中国建设银行突发事件应急预案》和其他应急管理的规章制度，加强对刑事案件、治安案件、安全事故、自然灾害等突发事件的预防、控制、处置、报告等项工作。办公楼、营业场所和金库、计算机房等要害部位要根据总行有关规定和实际情况，制定防火、防盗、防骗、防群体性事件等突发事件应急预案，并定期组织演练。要建立健全统一指挥、功能齐全、反应灵敏、协调有序、运转高效、责任明确的应急管理组织体系和工作机制，加强突发事件的信息分析和处置过程的组织、协调等工作，提高各级行应急管理和突发事件处置能力。

三、加强领导，精心组织，确保创建“平安建行”活动的顺利进行

创建“平安建行”活动是建设银行经营管理的一项重要内容和长期性工作，各级行党委要提高认识，加强领导，把创建“平安建行”活动纳入党委议事日程。各级行主要领导是创建“平安建行”活动的“第一责任人”，要亲自过问“平安建行”创建活动的开展情况。根据各地平安建设和部分行创建“平安建行”的经验，要抓好创建“平安建行”活动，关键在于要切实贯彻执行中央政法委、综治委《意见》及总行《通知》精神，科学安排，精心组织，把创建“平安建行”活动的各项目标任务和工作措施认真落到实处。为此，各级行在创建活动中要注意以下几点。

（一）把握原则，突出重点，讲求实效

创建“平安建行”是一项系统工程，不仅涉及全行工作的各个方面，而且与当地党委、政府及公安等部门也有工作联系，工作面广、难度大、矛盾多，情况可能比较复杂。因此，各级行领导和有关部门在创建活动中，要妥善处理遇到的各种矛盾，自始至终坚持以下四项原则。

一是坚持统筹兼顾的原则。创建活动要紧紧围绕全行的中心工作，以为建设银行的改革和发展提供安全稳定的良好环境为出发点。要处理好业务工作和创建活动的关系，指导创建活动融入日常工作中去，真正做到创建活动和业务发展两不误。要处理好地方党委、政府开展的“平安建设”活动和我行创建“平安建行”活动的关系。各级行在创建“平安建行”活动过程中，要主

动向地方党委、政府及相关部门汇报工作，征求他们对创建“平安建行”活动的意见，必要时可以邀请地方党委、政府及有关部门派员参加“平安建行”的检查、考核和评审工作，将“平安建行”的创建和当地党委、政府的“平安建设”活动及公安、银监部门组织开展的“银行业金融机构安全评估活动”有机结合起来。

二是坚持以人为本的原则。搞好创建“平安建行”活动，关键是广大员工的自觉参与，尊重员工的创造精神，进一步为员工提供安全的工作环境。要充分利用报刊、企业网等媒体，大力宣传创建“平安建行”活动的重大意义、指导思想、目标要求和基本原则等，提高广大员工对创建活动的认识，把创建活动的各项措施落实到每个岗位和操作环节中。

三是坚持注重实效的原则。创建活动要严格执行中央和总行有关规定，认真落实创建活动的各项措施和要求，力求讲实效，防止走过场。各行要按照创建“平安建行”活动提出的目标要求和本行的实际情况，确立方案并认真执行。实施方案要符合本行和本地区的实际，目标要实在，措施要落实，效果要真实。要定期对所辖机构的创建活动进行检查指导，及时总结推广创建活动中涌现出来的典型经验，发现问题及时纠正，把全行创建“平安建行”活动不断引向深入。总行将在适当时机表彰在创建“平安建行”活动中成绩突出的分支机构和个人。

四是坚持狠抓基层的原则。创建活动的重点要放在基层支行和营业网点，有关领导和部门要经常深入基层调查研究，切实解决基层机构存在的安全隐患和问题。要从政策指导、人员配置、经费安排等方面保障基层创建活动的正常开展，争取用较短的时间在基层机构创建一批“平安支行”、“平安网点”。基层的创建活动搞好了，全行的“平安建设”工作就有了坚实可靠的基础。

（二）认真抓好学习宣传、检查整改、考核审查、批准授予、复查验收五个环节

学习宣传是创建活动的先导。各级行要组织广大员工认真学习中央关于开展“平安建设”的相关文件和总行《通知》，学习国家有关治安保卫、安全生产和突发事件应急处置的法律、法规和建设银行安全保卫规章制度，大力宣传创建“平安建行”活动的目标、原则和重要意义。通过学习，提高员工的安全意识和对创建“平安建行”活动的认识，使广大员工主动、自觉地投入到创建活动中来。各级领导要以身作则，作学习和宣传创建“平安建行”活动的表率。

检查整改是创建活动的基础。各级行尤其是基层支行和营业网点，要对照“平安建行”的要求和标准，认真搞好对照检查，对发现的安全隐患和问题，要制订整改计划，跟踪整改。只有经过对照检查符合“平安建行”条件的分支机构，才具备申报资格。

考核审查是创建活动的关键。在创建“平安建行”活动中，上级行要组织安全保卫等部门深入到申报机构的现场，按照总行和一级分行关于创建“平安建行”的考核要求和条件，逐项调查核实，提出考核和审查意见。考核审查要实行责任制，对工作敷衍塞责，考核审查不实的，要追究有关考核审查人员的责任。总行也要负起责任，到现场进行检查考核。

批准授予是创建活动的重要关口。批准授予“平安建行”称号的权力由一级分行和总行直属机构行使，未经总行同意，不得下放或转授下级机构。各一级分行、直属机构的安全保卫部门要对申报“平安建行”的相关材料进行初审，提出意见后报综合治理领导小组或行长办公会议决定。经综合治理领导小组或行长办公会议同意授予“平安分支行”的，经公示后由一级分行或直属机构正式下发通知授予。

复查验收是创建活动质量的保障。“平安支行”和“平安网点”不是终身制，一级分行对已授予“平安建行”的分支机构，要定期组织复查验收，发现不符合“平安建行”标准的，要按程序撤销已授予的称号。对因发生刑事案件、治安案件、安全生产事故等不符合“平安建行”标准的分支机构，经确认后直接撤销。只有这样，才能持续保证“平安建行”的质量。

（三）加强组织领导，充分发挥社会治安综合治理领导小组和安全保卫部门的作用

总行《通知》明确规定：创建“平安建行”活动由各级行社会治安综合治理领导小组负责，日常工作由安全保卫部门承担。各级行党委要加强对综合治理领导小组及安全保卫部门的领导，充分发挥其作用。各级行综合治理领导小组及其成员部门要坚持

"勤奋严谨、求真务实"的作风，认真履行职责，切实承担起创建"平安建行"活动的组织、领导作用。领导小组要定期开会，研究创建活动中的实际问题，提出解决的措施和方案，重大问题要向党委和主要负责人汇报。各一级分行要根据总行《通知》精神和本行、本地区的实际情况，制订创建"平安建行"活动的实施方案，经分行党委审定并报总行备案后组织实施。目前全行已有10个一级分行上报了创建活动的方案，开展了创建活动。目前仍未开展创建活动的分行，要按总行《通知》的精神要求，抓紧制订方案，争取早日将创建活动开展起来。要按照"谁主管、谁负责"的原则，逐级签订综合治理或安全管理责任书，把创建"平安建行"活动的任务和措施具体落实到每一个部门和岗位。

安全保卫部门作为内部治安管理和安全生产监督管理的职能部门，既承担着建设银行维护稳定、保障安全的重要任务，也是创建"平安建行"活动的日常办事机构。安全保卫部门除了要完成自身治安保卫、安全生产监督管理和突发事件处置任务外，要承担起创建"平安建行"活动的具体日常工作，做好创建活动各环节的策划、组织、检查、指导等具体工作。要经常请示汇报，做好与上下级、地方有关部门、行内各部门之间的协调，保证创建活动和日常安全保卫工作两不误。

党的第十七次全国代表大会即将召开，做好党的十七大期间的安全保卫工作，是今年维护稳定、保障安全的一项主要工作，也是创建"平安建行"活动的一项重要内容。各级行领导和有关部门要以高度的政治责任感，对党的十七大安全保卫工作进行周密部署，并抓好各项措施的落实，确保万无一失。要切实做好维护稳定的工作，保持良好的社会治安秩序，为党的十七大胜利召开和北京奥运会的成功举办创造良好的治安环境。

同志们，当前我行内部治安管理和安全生产的形势还很严峻，安全管理和维护稳定的工作任重而道远，各级行领导和安全保卫部门的同志一定要认清形势，统一思想，强化管理，把创建"平安建行"活动扎扎实实地开展下去，为实现我行"始终走在中国经济现代化的最前列，成为世界一流银行"的愿景而不懈努力。

以十七大精神为指导 推动新闻宣传工作迈上新台阶

——在全行新闻宣传与媒体关系管理培训班上的讲话

(2007 年 11 月 13 日)

辛树森

同志们：

去年大约这个时候，我们在长春举办了新闻宣传工作培训班。在去年和今年先后召开的全行办公室工作会议、公共关系与企业文化工作会议上，也都就全行新闻宣传工作提出了要求并作了部署。当前，全行上下正在深入学习贯彻党的十七大精神，并按照秋季工作座谈会的部署和要求，加快推进全行的改革和发展。作为实现在境内外成功上市的公众公司，我行受到了媒体和公众的高度关注，新闻宣传和企业形象维护面临着新的环境和挑战。在这个大的背景下举办全行新闻宣传与媒体关系管理培训班，有着非常重要的意义。本次培训班一是要进一步部署深入贯彻落实十七大精神；二是要总结股改上市以来我行在新闻宣传工作中的经验，查找不足，不断提升新闻宣传工作水平。我想借此机会，代表总行党委和管理层，就如何做好我行新闻宣传工作，为全行的改革和发展创造良好舆论环境，讲几点意见。

一、新闻宣传工作在服务和支持全行中心工作方面发挥了较好的作用

自股改上市以来，新闻宣传系统的同志们积极探索，勇于创

新，在适应海内外两个资本市场要求，更好地服务于全行改革和发展方面做了大量工作，付出了艰辛的劳动，取得了有目共睹的成绩。

一是从支持和服务全行改革发展出发，主动做好宣传报道。全行上下进一步强化主动宣传意识，围绕中心工作，大力宣传我行股改上市以来坚持稳健经营、大力推进战略转型的新成就、新经验，突出宣传“以客户为中心”的经营理念，在网点转型、流程银行建设、风险内控体制改革、人力资源管理改革、完善法人治理结构等方面所取得的成果，在《人民日报》、《经济日报》、《金融时报》等主要媒体上相继刊发了《倾听先行者的足音》、《春天的消息——中国建设银行改革发展报告》、《全面履行社会责任 共绘和谐社会蓝图》、《客户满意度：改革的试金石》、《建设银行积极支持新农村建设》、《又是金秋收获时——建设银行实施风险管理改革纪实》等一系列有分量的深度报道，实事求是地反映了我行的改革发展成就，在社会上引起了较大的反响。各分行也在当地主要媒体刊发了许多介绍我行发展成绩的报道。这些报道进一步提高了政府、投资者、公众和员工对我行改革发展的信心。

二是抓住有利时机，加大集中宣传、深度宣传的力度。特别是利用今年资本市场火暴、客户金融服务需求井喷的机会，围绕我行抓网点转型、抓客户服务、抓解决排队问题等方面的举措进行重点宣传，较好地树立了建设银行良好的品牌服务形象。配合A股上市，组织了系列宣传，在境内投资者中进一步宣传了建设银行的改革成就和业务特色。在培养、宣传和推广先进典型方面，也取得了较好成绩。在继续做好李向党、王红梅等先进人物宣传的基础上，宣传了何晓、李春峰等一批新涌现的优秀员工，凝聚了人心，鼓舞了士气。

三是积极主动地应对危机事件，维护建设银行形象。进一步强化了全行统一法人意识，上下联动，互相配合。在正面宣传成绩的同时，妥善处理了某支行人员酒后驾车肇事、某支行运钞车被盗、提高部分个人住房贷款首付款比例、CTS系统出现异常情况等媒体危机事件，尽最大努力将危机事件的负面影响降到最低限度。

四是不断创新，探索有效宣传的方式方法。坚持贴近媒体、贴近群众、贴近市场，积极创新宣传报道形式，强化新闻宣传的主动策划意识，找准新闻宣传与媒体和民生关注的结合点，在增强新闻宣传的有效性和影响力上下工夫；针对银行排队、网上银行安全性、基金理财等金融服务热点问题，通过组织策划媒体集中采写、记者亲身体验等报道形式，解疑释惑，引导舆论，为全行业务发展营造了较为和谐的舆论氛围。

各分行的新闻宣传工作也取得了很大进步，不少分行探索通过广告营销、年会庆典、节日联谊等公关途径做好媒体关系管理工作，多渠道、全方位地进行与业务活动紧密联系的营销宣传。同时，在如何妥善处置媒体负面报道方面也进行了很好的尝试，注重提高宣传人员对危机事件的应对和处理能力，在全行新闻宣传工作中发挥了重要作用。

近两年来，社会各界对我行改革发展的良好表现给予了充分肯定。外界评价我行是“亚洲最赚钱的银行”，英国《银行家》杂志去年在“中国银行业100强”排名中将我行评为第一名。今年以来，我行被美国知名的《环球金融》杂志评为“亚洲新兴市场银行奖——2007年度中国最佳银行”；被《财资》杂志评为“2007年度最佳公司治理企业”等。这些成绩的取得，是总行党委、董事会、监事会、高管层及全体员工共同努力的结果，也与我行新闻宣传系统同志们的努力工作是分不开的。

在这里，我代表总行党委向全行新闻宣传系统的同志们表示衷心的感谢和诚挚的问候！

二、紧密联系我行实际，切实担负起宣传好十七大精神的历史重任

党的十七大是在我国改革发展关键时期召开的一次十分重要的会议。大会所完成的重大使命、所作出的重大决策、所采取的重大举措，都是关系我们党和国家事业发展全局的，对统一全党思想、凝聚各方面的力量、团结带领全国各族人民夺取全面建设小康社会新胜利、开创中国特色社会主义事业新局面必将产生重大而深远的影响。十七大描绘了在新的时代条件下继续全面建设小康社会、加快推进社会主义现代化的宏伟蓝图，也为建设银行的改革发展指明了前进方向。总行党委对全行学习贯彻十七大精

神作出了整体部署，提出了具体要求。在前不久召开的秋季工作座谈会上，党委书记郭树清同志强调，全行要深刻把握十七大关于社会主义经济建设、政治建设、文化建设、社会建设的新思想、新论断、新要求，要非常全面、系统、深入地学习，做到真正消化吸收。

在全行学习贯彻十七大精神过程中，新闻宣传部门担负着十分重要的使命和任务。一是要按照中央部署和总行党委要求，做好宣传十七大精神的组织工作。要在总分行党委的领导下，制订宣传方案，加强组织协调；根据不同阶段，相应策划一批重点选题、撰写一批重点文章、邀请一批理论专家讲课，使宣传工作有节奏、有层次地逐步走向深入；统筹整合宣传资源，充分发挥内部刊物、局域网、宣传栏和视频会议等多种载体的优势和特色，形成宣传合力。二是要联系实际，宣传我行在学习贯彻十七大精神过程中取得的新成效、新进展。我行自股改上市以来，在公司治理、风险内控、服务水平、盈利能力等方面都取得了长足的进步，日前按市值计算已经跻身世界十大银行前列。这些骄人的成绩、新鲜的经验，是对我们党高举中国特色社会主义伟大旗帜，解放思想，坚持改革开放，贯彻落实科学发展观最有说服力的例证和说明。在深入贯彻落实十七大精神中，全行 30 多万员工必将在总行党委领导下，以更加高昂的热情，不断改革创新，加快业务发展，创造新的业绩。宣传工作要在大力宣传十七大报告和党章、宣传十七大重大意义和历史贡献的同时，紧密联系我行改革成果，紧密联系本单位、本部门的工作实际，紧密联系广大员工的思想实际。对内，要通过宣传进一步增强广大员工贯彻科学发展观的坚定性和自觉性，起到凝聚人心、鼓舞干劲的作用。对外，既要宣传我行坚持改革、实现科学发展，又要宣传我行以人为本、为员工搭建成长平台；既要宣传我行推进业务转型、提高服务水平，又要宣传我行积极履行企业社会责任、推动社会和谐发展。特别是要及时挖掘业务拓展、产品与服务创新等方面的新成绩新进展，挖掘新的先进典型，进行深度宣传。通过这些宣传，进一步巩固和提高我行作为国有控股商业银行的良好公众形象。三是要讲求实效，改进宣传手段和方法。宣传十七大精神要贴近实际、贴近生活、贴近员工，善于用事实说话、用典型说话、用数字说话，做到既全面准确又深入浅出，使十七大精神真正进基层、进员工头脑，把全行员工的思想统一到十七大精神上来，把力量凝聚到实现十七大确定的各项任务上来。四是要加强学习，更好地宣传贯彻十七大精神。宣传的过程也是不断学习、深入思考的过程。宣传好十七大精神，自己首先要认真研读十七大的文件，原原本本学习党的十七大报告和党章，全面准确领会党的十七大精神。其次要围绕十七大提出的一系列新思想、新观点、新论断，围绕学习贯彻过程中遇到的难点问题，勤学勤思，学以致用，用以促学，这样才能更好地担负起宣传十七大精神的崇高使命。

总之，深入学习、宣传、贯彻党的十七大精神，是全行新闻宣传部门当前和今后一个时期的头等大事，务必高度重视，抓实抓好。

三、贯彻十七大精神，创新新闻宣传工作，不断适应时代发展要求

十七大报告作出了新时期最鲜明的特点是改革开放、新时期最显著的成就是快速发展、新时期最突出的标志是与时俱进这一精辟论断。新闻宣传工作贯彻落实十七大精神，就要认清时代特点，紧扣时代脉搏，以改革和创新的精神开创新局面。

距离上次培训班已有一年多的时间。这段时间里，我们所处的内外大环境都发生了变化。从外部来看，国家宏观调控的力度不断加大，中央银行实施货币政策进行调控越来越频繁，人民币升值速度明显加快，资本市场非常活跃，公司、个人的金融需求日趋丰富和多元化。去年底，我国金融市场对外全面开放，一批外资法人银行的加入使国内银行业的竞争更加激烈。从内部来看，去年以来，我行加快推进战略转型、网点转型，海外业务发展、风险控制和人力资源改革等取得了突破性进展，今年又提出了努力实现向批发业务与零售业务并重转变、向传统业务与新兴业务并重转变、向利息收入与非利息收入并重转变、向多功能银行和国际化银行转变的经营思路。9 月成功回归 A 股市场，我行具备了进一步深化改革和科学发展的有利条件，拥有了多层次的融资平台，抵御各种风险的能力进一步增强；全行改革不断向深层次推进，在大型国有商业银行中率先实施了员工股权激励计划；为

应对外部市场的竞争和挑战，我行主动进行了内部结构调整，业务流程、管理体制都较以前发生了很大的转变。

上述这些变化，为新闻宣传工作既提供了丰富的题材和广阔的空间，同时也提出了许多崭新的课题让我们去思考、去探索。随着金融走进更多百姓生活，银行作为金融服务企业越来越受到社会和媒体的关注，媒体对银行的报道在数量上越来越多、内容上越来越充分。前一段时间，媒体对银行排长队现象进行了持续的集中的报道，在社会上引起了很大的反响，这其中传递出的信号很值得新闻宣传系统的同志研究和思考。同以前相比，现在银行和媒体之间的互动变得更频繁，关系也更密切。我行在四大国有商业银行中最早实现海外上市，经营管理"亮点"比较多，因而对媒体记者和公众更具有吸引力。现在，总行基本上每天都会接到媒体记者要求采访的函电，这些媒体既有国内的，也有国外的。根据总行监测，媒体几乎天天都有建设银行的新闻，大多是正面的。这说明我们的新闻宣传工作总的来说是有成效的，同时也说明了我行在社会上所受到的关注度是很高的。

在这种情况下，新闻宣传工作沿用老办法肯定是行不通的，必须从观念上、管理体制机制上、手段方法上寻求新的转变，以顺应宏观形势和银行业务的发展。

（一）在观念上，首先要有创新意识。创新不是简单地表现为对原有体制、方法的突破和改造，而是看是否符合时代的需要，是否在工作上行得通、做得到，是否有利于推动工作

创新过程中，首先要注意借鉴、学习国内外同业的先进经验。既要有善于发现的眼光，又要有兼收并蓄的态度。其次要有平等对待媒体的意识。这里有两层意思。一是在大媒体和小媒体之间、在中央媒体和地方媒体之间、在传统媒体和新兴媒体之间，不能厚此薄彼，要平等对待，一视同仁。现在信息传播途径很多、速度很快，地方媒体报道的新闻事件也有可能在全国范围内产生热播效应。对网络媒体尤其要重视。有人作过这样的统计：一条消息一旦登录新浪网，平均每5分钟就有可能被转载400次以上。二是平等地同媒体交往。对待媒体特别是进行负面报道的媒体，既不要态度傲慢，也不要惊慌失措，要落落大方，不卑不亢。在与媒体的交往中要讲求策略，以实现与媒体的"双赢"。再次要有尊重媒体报道权和公众知情权的意识。当今社会是法治社会，信息公开、透明，媒体的报道权和公众的知情权应得到尊重和保护。作为负责任的大型国有控股的上市公众银行，理应在这方面做得更好。要有王者风范。简单地把有没有、"压"没"压"住的负面新闻报道，作为评判新闻宣传工作做得好与不好的标准，这有失偏颇。不应仅仅去"压"负面报道，而应与媒体积极沟通、对其进行疏导，最大限度地降低负面事件的影响，防止媒体炒作。媒体监督、公众监督已经成为我行公司治理的一部分，对来自媒体、公众的批评和监督要持正确的态度。近期我行CTS系统出现故障，张建国行长在《建设银行报》发表《致全行员工的道歉信》，并指示有关部门在部分媒体上公开向客户致歉和说明，这就显示出了我行的大行风范以及虚心接受公众监督的态度。最后要有培养和提高全行员工应对媒体能力的意识。新闻宣传工作不是新闻宣传部门的"专利"。银行是服务企业，每天面对成千上万的客户，有的记者直接到网点采访，甚至以客户的身份向员工了解情况、打听消息。从某种意义上说，建设银行的新闻宣传工作要靠全行员工来做，否则"独木难支"，单靠新闻宣传部门是难以做好的。既要建立专门的新闻宣传队伍，又要将员工应对媒体的相关培训纳入业务培训的框架内。

（二）在体制机制上，要加强和完善统一、协调、高效的新闻宣传管理体制和工作机制

这里要讲的重点主要是统一。股改上市后，总行明确了新闻宣传工作"归口管理、统一对外"的原则，建立了新闻发言人制度。从这两年的实践来看，总的情况是好的，全行新闻宣传工作开展得比较规范、有序。但是，全行范围内的新闻宣传资源整合、协调管理尚待进一步加强。各自为政，只能分散有限的资源，不能发挥出大行的优势，甚至有可能出现步调不一致的问题，从而造成工作上的被动。例如，总行新政策出台，并未要求对外发布，但有的分行业务部门擅自对外发布信息，造成工作上的被动。这些都暴露出管理上存在的问题。在这里，我强调一下，必须严格实行归口管理，总行就新闻宣传工作所制定的一系列规章制度，必须严格遵守执行。总行新闻宣传主管部门要严格管理、加强指导，切实地负起责任来；各部门、各分行遇事要向新闻宣传主管部门通气、报告，要"慎"字当头，守土有责，形成按章办事、按程序办事的观念和习惯。比如对外提供我行情况、数据及研究成果，必须经过归口管理部门审核，以免造成难以挽回的不良影响，这一点应引起同志们的重视。

（三）在方法上，要及时总结、提炼实际工作中的成功经验和做法，使之制度化、规范化并在条件成熟时推向全行

近些年来，许多分行创新工作方法，在新闻宣传和媒体关系管理方面探索出新路子。譬如，有的分行建立假日或敏感期通知和提醒制度，在春节、“五一”、“十一”、静默期等时段发出通知，要求妥善处理媒体来访，强化了各级人员维系媒体关系的意识。有的分行和媒体建立起知识导向型关系，搭建多种平台让媒体记者学习和积累金融专业知识，在维护关系中帮助媒体记者提高金融报道水平。有的分行采取淡化负面新闻主体法，通过沟通要求媒体隐去我行的名称和标识，在尊重媒体的同时有效地维护了我行的形象。还有的分行确立了内部重大事项沟通机制，通过典型宣传打造金融服务品牌等。这些做法都凝聚了分行同志的智慧和心血，表明我行新闻宣传和媒体关系的管理手段和方法正不断丰富、成熟起来。经过实践检验并证明了是行之有效的做法，要及时总结、提炼，使之成为全行的财富。只有这样，新闻宣传工作才充满活力，更符合实际。

四、加深认识，努力提升新闻宣传对银行价值创造的贡献水平

新闻宣传是上层建筑的重要组成部分。唯物辩证法告诉我们，经济基础决定上层建筑，上层建筑反作用于经济基础。如果把新闻宣传的作用，仅仅理解成“为改革发展营造良好的舆论氛围”，那是远远不够的。对于成功进入境内外资本市场的大型国有控股商业银行而言，新闻宣传还必须参与到银行的价值创造中。

在现代社会里，企业形象日渐成为一笔宝贵资产。新闻宣传做得如何，会在很大程度上影响企业的形象、知名度和美誉度，进而影响着企业的经营和发展。美国纽约大学商学院的一项研究发现，拥有良好声誉的企业的业绩往往高于行业的平均水平。1987年美国股市大滑坡时，10家最受尊重的企业恢复得最快，遭受的损失最小；相反，10家名誉最差的公司却遭受了超出平均值3倍以上的损失。企业形象对经营的影响力可见一斑。从某种意义上说，新闻宣传也是生产力。如同文化创造价值一样，企业的新闻宣传也能创造价值。“纤笔一支谁与似，三千毛瑟精兵”，从毛主席的诗词中可以看出舆论宣传的作用和力量。

近年来，总行提出“大宣传、大营销”的思路，就是将宣传活动同经营活动紧密联系起来，做到宣传中有营销、营销中有宣传，以宣传促营销、以营销带宣传，共同促进业务发展。从已有的实践看，新闻宣传工作在这方面的作用还是比较明显的。把新闻宣传同价值创造这四个字连在一起，就是要体现出新闻宣传的客观作用，让大家换一个角度来认识新闻宣传的重要意义，从而更加重视和自觉运用新闻宣传手段为银行创造更大的价值。

（一）贯彻中央路线方针政策，依法合规披露信息，确保新闻宣传导向正确、内容准确，这是新闻宣传工作创造价值的前提和基础

新闻宣传要牢固树立政治意识、责任意识、大局意识、合规意识，着眼于服从国家宏观形势，着眼于维护金融稳定和安全，着眼于推动我行的改革发展。我行在海内外两个资本市场上市，是A+H股的上市公司，在信息披露方面同时受到两地监管机构的监管。有关上市企业信息披露准则的规定，特别是其中一些限制性、禁止性的规定，对新闻宣传工作来说，都是不可触及的“高压线”。每个担负这方面工作的同志都要熟悉这些规定，脑子里始终绷紧这根弦，对哪些信息该不该披露、什么时候可以披露要了然于胸。打个比方，如果今天向媒体透露了今年全年的经营业绩，被媒体报了出去，那么，按照有关信息工作披露的规定，这是在不恰当的场合和时间对公司的业绩进行了预测及营利性描述，属于披露了股价敏感资料，股票是要停盘一天的。有同业在这方面的教训不可谓不深刻。

另外，再讲一点关于新闻宣传要尊重和维护社会公序良俗的问题。所谓公序良俗，是人们在长期的社会生活中形成的具有广泛认同性的行为规范，属于民间性、非强制性的规范。它是和谐社会的道德支撑。讲遵纪守法，我们容易理解，也容易做到；但是讲尊重和维护公序良俗，我们容易忽视。今天为什么讲这个问题？因为近年来所处理的影响比较大的媒体危机事件中，有相当一部分是属于没能较好地处理与弱势群体的关系所引发的。换句

话说，就是没有很好地尊重公序良俗。在和弱势群体发生纠纷时，银行不管有没有理，先天的强势形象就让它处于舆论下风。这类事件往往容易博得人们的同情心，产生的社会反响广、影响深，对银行形象有不小的“杀伤力”。新闻宣传的同志在这方面要有敏感性，要研究对策。

（二）更深程度地融入业务活动中，共同实现价值创造，应该成为新闻宣传工作的重要目标之一

现代战争强调多兵种协同作战；现代企业的发展，同样需要集中多类专门人才共同推动。新闻宣传工作自有其规律性、专业性和特殊性，具有不可替代的作用。在市场竞争日益激烈的今天，银行金融产品、服务的营销，同新闻宣传有效地结合起来，就容易收到事半功倍的效果。实际工作中，业务部门同新闻宣传部门虽有合作，但大多还处在较浅的层次上。现阶段，扩大合作领域、提高合作层次，新闻宣传部门要有主动、积极靠前服务的意识和行动。一方面要做好信息服务工作，在监测媒体的基础上对信息作进一步的筛选、分析，提炼出有价值的内容供业务部门参考；另一方面从专业角度提出建议方案，帮助业务部门完善营销活动的形象宣传、媒体关系管理等。在合作途径上，今后还可以考虑组成任务团队，平行作业。

（三）大力建设社会主义核心价值体系，增强全行员工的凝聚力，是新闻宣传工作的一项重要内容

人是价值创造的主体。要把30多万员工的意志和力量凝聚起来，靠的是统一的指导思想、共同的理想信念、强大的精神支柱和基本的道德规范，也就是社会主义核心价值体系。新闻宣传工作要用马克思主义中国化的最新成果武装党员、教育员工，用中国特色社会主义共同理想凝聚力量，用以爱国主义为核心的民族精神和以改革创新为核心的时代精神鼓舞斗志，用社会主义荣辱观引领风尚，不断增强广大员工建设世界一流银行的信心。通过宣传教育，从根本上减少操作风险、道德风险，最大限度地提升价值。

总而言之，随着业务的迅速发展，新闻宣传工作的空间非常广阔。只要转变观念，勇于跳出旧有的圈圈、块块，就会发现新的天地，就会有新的收获。

五、正确认识和对待媒体监督，切实做好危机预防和处置工作

作为上市公众公司，我们要接受来自投资者、客户、媒体等方面的监督，媒体危机事件的应对工作也愈加频繁，这都对我们的宣传工作提出了新要求、新挑战。从我国目前的情况来看，媒体控制进一步放开，舆论监督力度越来越大。企业的一举一动，特别是企业发生的服务、安全、质量、环保等事件，随时都会被媒体曝光。如果突发事件处理得不好，就会给企业造成很大的被动、损失，甚至导致企业的消亡。具体到我们建设银行，信息披露出现极其微小的差错，一则微不足道的负面报道或突发事件，都可能会引发股价波动，给国家和银行带来损失。因此，我们要站在事关改革发展成败的高度，切实做好危机事件的媒体应对工作。

做好危机事件的媒体应对工作，要切实树立全行统一法人意识。全行从事新闻宣传工作的同志一定要认真执行总行的有关制度规定，对涉及宏观经济、金融政策措施及我行经营管理方面的重要信息、敏感信息，要由总行负责统一管理并由总行负责新闻宣传的主管部门对外披露和发布，各级分行不能自行其是，随意对外提供或以建设银行名义发表看法。各一级分行要落实人员，完善危机事件的监测、预防制度，扎实做好媒体监测和信息收集工作，尤其要对春节前后、“两会”期间、我行业绩发布等重要时段的舆情动向保持高度敏感性，及时梳理易引发媒体负面报道、群众比较关注的线索，建立健全行之有效的危机事件报告、处理、监测和预防制度，增强应对媒体危机的预见性。同时，还要进一步完善上下联动、信息共享机制，注意收集、关注、研究危机事件的处置方法，举一反三，提高危机事件应对、处置水平。在危机事件处理中，我们还要重视加强与当地政府宣传主管部门、人民银行、银监会（局）等上级部门和监管机构的沟通联系，做到发现问题，迅速反映，及时上报，争取有力的工作支持。

六、精心打造一支思想好、素质高、懂业务的新闻宣传队伍

推动全行新闻宣传工作健康发展，队伍是根本，人才是关键。在这里强调三点。

（一）各部门、各分行要从银行持续发展的战略高度，进一步重视和支持新闻宣传工作

新闻宣传工作在现代企业中的作用越来越明显，已逐渐成为价值创造的一部分。同时，新闻宣传本身又是一种软实力。银行持续稳健发展、综合竞争力的提高，都离不开软实力的提高。总行党委把新闻宣传工作摆到更加突出的位置，加强了新闻宣传制度建设以及对新闻宣传重大问题的研究和指导。郭树清同志对事关改革发展大局的新闻宣传亲自指挥，几篇重要稿件均经他亲自动笔修改，确保了新闻宣传沿着正确方向前进。近年来，全行新闻宣传工作在各部门、各分行的大力支持下，建立起通讯员、信息员队伍，搭建起有效沟通交流的平台，完善了日常工作联系机制。希望今后在此基础上进一步加大支持力度，使部门之间、上下级行之间的沟通更顺畅，更有效率。近年来，各分行积极向《建设银行报》提供稿件，在这里要向大家表示感谢。

（二）各部门、各分行要为新闻宣传工作提供必要的资源保障

各分行要加大新闻宣传的人力资源投入，充实新闻宣传队伍，按照德才兼备的原则，建设一支政治强、业务精、纪律严、作风正的新闻宣传队伍，将熟悉新闻宣传业务的同志选拔到新闻宣传岗位上来；要建立健全长效工作机制，研究完善包括新闻发布、新闻宣传考核、通讯员（信息员）考核奖励、媒体监测管理、负面报道应对管理等制度，按照新闻宣传规律指导工作；要建立培训制度，制订培训计划，定期培训与不定期培训相结合，理论培训和实践培训相结合，专家授课和调查研究相结合，争取使每位从事新闻宣传的同志都能得到培训。要确保财力投入，以利开展工作。新闻宣传培训要坚持年年办下去，新加入新闻宣传队伍的同志要通过培训迅速熟悉业务，长期从事新闻宣传工作的同志则应从培训中受到新的启发。

（三）新闻宣传系统的同志要加强自我修养，锻炼、提高新闻宣传工作的综合素质和能力

党中央提出建设学习型政党。新闻宣传部门在这方面要大兴学习之风，在部门内形成浓厚的学习气氛。刚才我讲了要学好十七大精神，同时还要学习新闻宣传理论、银行业务。学无止境，要不断学习新业务知识。希望大家通过培训班更上一层楼，将新闻宣传工作做得更好，使新闻宣传工作更好地为银行价值创造作出贡献！

在业务创新与六西格玛质量效率管理专题研究班上的讲话

(2007 年 7 月 17 日)

陈佐夫

同志们:

大家好!很高兴来参加这一次总行举办的金融创新与“六西格玛”质量效率管理专题研究班的开班仪式。刚才进来的时候看到许多熟悉的面孔,有很多同志已在高级研修院见过好几次面了,这说明建设银行的全面转型取得了初步效果,大家在研究班、培训班上比开会时见面的机会多了,这是一个好现象。总行举办这次研究班,主要解决两个问题。第一是提高对金融创新和业务创新的认识,更新观念,增强金融创新的紧迫感。第二是解决勇于创新和愿意创新的问题。今天根据自己平时对金融创新的学习和了解,讲几点看法供大家参考。

一、提高认识,更新观念,增强业务创新的紧迫感

创新是一个国家、一个民族生存、发展并走向强盛的基础和灵魂,也是一个企业,尤其是金融企业在激烈竞争当中生存发展、做大做强的基础和灵魂。当前,金融创新更具有迫切性。首先,金融创新是世界金融业的潮流和趋势,不论是银行、保险、证券,还是投资银行业,创新都是头等大事,都在进行金融创新。其次,金融创新是国有商业银行在股份制改造完成、成功上市以后深化改革的必然要求。最后,金融创新是商业银行提高竞争力的必然要求和关键所在。

(一)金融创新的概念和内涵

金融创新源于 20 世纪 60 年代,至今已有 50 多年。但是,不论是理论研究者还是从事实际经营管理的银行家,对金融创新的概念仍然没有一个统一的定论。外国学者认为金融创新是金融机构为了适应金融环境的变化而创造开发的新理论、新业务和新方法的总称;也有人认为金融创新是指各种金融工具、金融市场和金融服务方式的发展。我国著名经济学家厉以宁认为,金融创新就是金融体制和金融手段的改革和发展。

我个人认为金融创新是金融工作者或者金融家将各种金融要素进行开创性组合的行为。这个概念主要包括两方面的内涵:第一,创新的主体是金融工作者;第二,创新是把金融要素进行组合的行为,而且这种组合是具有开创性的。金融创新早期主要源于美国。20 世纪 60 年代美国经济快速增长,金融业日趋发达和壮

大。为了维护客户的利益，政府对利率进行强力管制，盈利的空间收窄，压力加大，金融业必须寻求新的盈利模式和盈利渠道。经济、金融环境的根本变化促使银行家们积极探索和大胆突破，任何创新的行为都最终指向银行的盈利、生存和发展。因此，金融创新实际上是金融环境和金融行为发生冲突的必然结果，是一种环境逼迫机制下的生存和突破机制。再者，随着经济和金融的发展，以前对于金融业的时间、空间和地域的限制客观上要求放开，这就为金融创新提供了广阔的空间和适宜的土壤。基于上述两个因素，金融创新在美国开展得如火如荼，而且随着时间的推移席卷全球，迄今为止将近50年，方兴未艾。同时，金融创新发展如此之快、时间如此之长、影响如此之大，也得益于信息技术和通讯技术的发展，尤其是计算机和网络技术的应用和迅猛发展。计算机及网络技术的普及、应用对金融创新起到了极大的支撑作用。

金融创新促使金融业尤其是银行发生了巨大变化，一个是效率的提高，另一个是效益的增加，再就是流程更加合理，服务更加便捷，更具人性化，促使其核心竞争力进一步增强。具体来看，金融创新主要包括制度创新、组织创新和业务创新。制度创新也可被称为管理创新，实际上很多管理都是通过规章制度来实施的；组织创新则是银行为了满足业务发展的需要，对组织架构进行优化、调整和全新设计的行为，包括矩阵式管理、机构增加或减少、组织扁平化等；业务创新的内涵更丰富，包括产品的创新、渠道的创新、服务的创新以及流程的创新等。

（二）业务创新是国有商业银行的软肋，是一个沉重的话题

这是我们国有商业银行不愿意提起的一个沉重话题，但是不得不提起它，即业务创新是国有商业银行的软肋。

改革开放以来，国有商业银行的发展取得了巨大成就，无论是经营的产品、服务，还是经营的规模和运行网络的发展、变化都非常大。国外的同行、同业听到我们的介绍都感到非常震惊。中国银行业从专业银行发展为国有商业银行、再成为股份制商业银行，直到现在成为公众上市公司，整个历程仅仅用了20多年的时间，发展非常快。许多专家学者对我国银行业进行了分析。从优势层面上看，一是它的信誉好，国家的支持实际上是赋予它国家信誉；二是客户资源丰富，网点众多。更重要的是它致力于在中国本土市场经营，有着几十年的经验和长期的客户关系，优势非常明显。但是，它的劣势也非常明显，产品单一、业务雷同、服务缺位成为劣势的突出表现。我认为造成这种结果的关键是金融创新、业务创新的能力严重不足。国有商业银行的产品、服务以及流程的科技含量、技术含量相对比较低，容易被金融同业模仿。如果推出一个新的业务，新的产品，长则几个月，短则几个星期，同业就会很快复制，就会推出相应的产品和服务。所以，如果没有持续有效的金融创新能力，就很难在同业竞争中保持自己的优势，更难“一枝独秀”。以创新能力相对较强的招商银行为例，它的最大特点就是不断创新，敢于创新，也能够创新。它在很多方面不但强于一般的股份制银行，也强于一些国有商业银行。国际一流商业银行对业务创新更加重视。根据有关资料的统计，国外领先商业银行每年来自业务创新的当期收益已经能够占到全年收益的10%左右，创新带来的累积效益和后发优势极为显著。可以说，业务创新是包括我行合作伙伴美国银行在内的国外领先商业银行区别于国有商业银行的最大特点，也是它们的核心优势所在。这也是我们突出强调重视创新、勇于创新和必须创新的很重要的实证。总之，创新对于国有商业银行来讲意味着持续发展的能力，意味着竞争优势，意味着能否赢得客户和市场。

（三）国有商业银行创新不足的历史原因和现实条件的制约

一是创新的动力不足。长期以来，国有商业银行的盈利主要靠利差，大约70%的利润来源于利差收入。我行第二季度业务经营分析情况表明，今年上半年，通过全行的努力，中间业务收入，即非利差收入有很大的增长变化，取得了骄人的成绩。但是统计下来，中间业务收入和非利差收入仅仅占到总收入的12%，这已是历史上的最好成绩了。据我们统计，建设银行的净利差保持在4.57%，这是比较高的利差了，但也直接导致了内部创新的动力不足。二是外部的压力不足。虽然中国的金融市场是开放的，但严格讲这只是相对的开放，实际上有好多非制度性的障碍限制着外资银行发展业务。再加上传统因素，四大国有商业银行加上交通银行，在中国的市场上在很多方面仍占有相当的优势，外资银行进来以后很难改变这个现状。所以，银行业的竞争还不是很充分，也不是很激烈。客观上这种外部竞争压力不足也导致了我们内部创新的动力不足。三是金融创新比较难，比较苦，容易导致墨守成规，循规蹈矩。我们传统的看家业务——存款、贷款、汇款和结算业务，是大家比较熟悉的，能够得心应手地去开展，总体发展是比较好的，所以金融创新的压力尚没有更强烈的凸显。这也是金融创新动力不足很重要的一个因素。四是现在的金融环境还不太利于金融创新，甚至客观上有些因素还阻碍了金融创新。仅从行政管理方面看，直接管理和间接管理国有商业银行的政府部门有十几个，银行的人员、工资、贷款投向等各个方面都要受到相关的管制。五是金融创新的人才不足。刚才见到银监会创新协作监管部的主任，他也感觉到国有商业银行观念变过来了，有创新的积极性，但是找不到创新的方法和渠道，其中很重要的一个原因就是人才匮乏，心有余而力不足，导致了创新难。六是监管偏严，金融监管部门基本上还是从控制风险、防范风险、防止出案件的角度来进行监管。

二、强化创新的责任意识，扎扎实实推进业务创新

（一）把握业务创新机遇，发扬建设银行自身优势

业务创新既是对国有商业银行的客观要求，也是我们的一种责任。前面我讲了许多不利于金融创新的条件和因素，但是也有很多有利于金融创新的条件。从某种角度来说，现在我们处于金融创新的“盛世”，我认为主要有两个原因。

一个原因是金融需求的旺盛和金融监管的放松。随着中国经济的发展，富裕起来的企业和老百姓，对金融需求非常旺盛，所以往往银行与金融机构推出的一项新的金融服务与金融产品都能得到客户和市场的积极响应，新服务与新产品都能找到自己的市场。所以，需求旺盛是拉动我们金融创新的一个很重要的条件。同时，监管的趋势是越来越放松，尤其是我们主要的监管部门——银监会非常注重、也非常支持商业银行进行金融创新。银监会自成立以来，除了坚持审慎监管的职责以外，还专门成立了创新协作监管部门，这在监管部门里面也是首创。其目的是在监管的同时，促进国有商业银行的业务创新和金融创新。银监会主席刘明康曾多次在各种场合倡导、呼吁并要求商业银行进行金融创新，他有一句话是比较有名的，他认为金融创新是商业银行发展的“纲”，“纲举”才能“目张”，只要抓住金融创新这个“纲”，商业银行的各项业务就能健康发展，就能做大做强。我觉得这个不无道理，所以说又适逢“盛世”给我们创造了比较好的金融创新条件。

另一个原因是建设银行在金融创新方面也具有我们自己的特点和优势。建设银行有创新的传统，也有创新的能力。第一，建设银行具有多年经营商业银行的经验，包括在座的各位都是建设银行长期从事业务经营管理的同志。我们在经营方面，熟悉我们的市场，熟悉我们的客户，也熟悉我们的竞争对手，这是我们的一个优势。第二，确实有外部竞争的压力。股份制商业银行也包括外资银行不断推出新的产品，迫使我们不得不进行金融创新。第三，我们还具有一批既熟悉业务，又能够创新的人才。第四，总行党委的高度重视。今年总行先后举办了7期高级管理人员研讨班，其中一期就是这次研究金融创新与“六西格玛”质量效率管理的研讨班，这体现了总行党委对金融创新的重视。第五，监管部门对我们的积极支持。这几年来，在各种因素的促成下，我们在金融创新方面也做了不少工作，包括我们的产品创新、服务创新、流程创新。比如说，我们率先在同业当中实行了网点转型，这一步我们走得是比较早的。目前，我们正在实施的业务创新包括网点的改造和业务转型、质量效率管理部组织实施的客户之声、内部流程用户之声、为提高服务质量实施的神秘人调查、对公业务中的保理业务和福费廷业务等。尽管这些业务在国外都是成熟的，但是在中国范围内，在国有商业银行当中，我们是率先“走出来”的。我认为这都是创新。

（二）知难而上，扎扎实实地推动业务创新

创新苦，创新难，客观上要求我们要知难而上，要有勇于创新的决心，也要有敢于创新的干劲，要扎扎实实地推进创新。我记得比较清楚、比较深刻的是在2005年推出的住房按揭贷款资产证券化。实际上这项业务是当年周小川同志当建设银行行长的时候提出来的，一直到2005年国务院才明确将建设银行作为试点来实施，建设银行负责对私信贷资产证券化，国家开发银行负责对公信贷资产证券化，持续了整整8年。我们可以用“八年磨一剑”来形容金融创新之难。建设银行能够坚持不断地求索而不放弃，

我觉得这充分体现了建设银行坚持金融创新和能够金融创新两个方面。当年，我们做这项业务并不是一般意义上的为了营运、为了赚点手续费和解决资本充足性比率和流动比率的压力，实际上是想通过这项业务、通过这种创新，来转变我们的观念，培养我们的创新意识，锻炼我们的队伍，完善我们相关的业务，树立建设银行的创新品牌。应该说，当年这项业务的发展是比较好的，顺利推出了第一期住房信贷资产证券化，这也证明了建设银行有创新的传统，更有创新的能力。

金融创新给我们带来的效益往往是成倍的。有人曾经讲过，金融创新一小步，业务发展就会一大步，我想这个道理在座的每一位同志都知道。我们现在的竞争非常激烈，我曾在前年的一次业务分析会上讲过，建设银行股份制改造完成以后，在参与市场竞争、推进业务发展的过程中，我们的竞争对手不是招商银行，不是民生银行，也不是外资银行，真正的竞争对手是工商银行。实际上，工商银行去年主要集中精力抓股份制改造上市，但是今年工商银行完成上市以后，全面启动了它们的业务，很多业务都对我们造成了很大的压力，而且有很多业务都想超过建设银行，包括我们传统的房贷业务以及新发展起来的信用卡业务，今年工商银行的发卡量已经超过建设银行100万张。所以说，现在的竞争压力非常大，逼迫我们在现有工作的基础上加大创新的力度，通过创新全面增强我们的竞争力。

在座的各位都是来自各分行的副行长、总行部门的副总，都是建设银行相关业务部门的骨干，我觉得创新也是我们在座的每一位的责任。要树立创新的意识，扎扎实实地推动业务创新，要做好以下三个方面。第一，要做业务创新的倡导者，所谓倡导者就是要带动、鼓励、支持和促进创新。第二，要做业务创新的学习者。因为任何一项创新，都离不开新技术、新知识、新方法的运用，必须要去学习、了解这些新技术、新知识和新方法，你才能去创新。第三，要做业务创新的实践者。所谓实践者，就是要积极地参与创新，通过我们具体的工作，身体力行、扎扎实实地去推进创新。我认为不仅仅是我们自己，也不仅仅要带领我们的工作团队，还要说服相关的部门，创造有利的条件来推动创新。

最后，我想就这个班提出几点要求。第一，希望在座的每一位同志充分利用这次研讨的机会，集中精力，开动脑筋，高质量地完成这次研讨任务。党委对此次研究班十分重视，能够在现在一线业务竞争非常激烈的情况下，在营销旺季，把大家从各地的重要工作岗位上请到北京来，脱产进行学习、研讨，大家应当珍惜这个机会。这5天的时间，说长也长，能够了解很多东西，可以探讨很多问题；说短也短，一晃就过，希望大家利用好这个平台，集中精力进行研讨。第二，希望大家在研讨的过程当中，敞开思想，积极参与，相互交流，取长补短，教学相长，学学相长。通过我们的研讨来形成共识，提高认识，真正使我们学有所获，论有所获，圆满地完成这次研讨任务。

同志们，回顾过去，展望未来，要使建设银行立于不败之地，保持建设银行的业务优势，根本的出路就是加大金融创新的力度，坚持不断的金融创新，只有通过持续不断的创新才能保证我们的业务持续、健康、快速地发展，把建设银行做大做强。

在部分重点分行信用卡业务座谈会上的讲话

（2007年7月27日）

陈佐夫

同志们：

今年上半年，全国经济保持了健康快速发展的良好势头，GDP增长了11.5%，稳中偏快，为金融业的发展提供了良好的机遇。建设银行抓住了全国经济快速发展的机遇，加快了各项业务的发展，取得了骄人的业绩。上半年税前利润505.42亿元，同比增加177.28亿元，增幅为54.03%；资产规模突破6万亿元，全面达到监管部门划定的7项指标要求，资本充足率为11.34%，股本回报率（ROE）为20.88%，相当于国际一流商业银行的水平；总资产净回报率（ROA）为1.18%，不良贷款率为2.95%，在四大国有商业银行中资产质量最好；拨备覆盖率为95.47%，成本对收入的比率为37.35%，在同业中处于较好的水平。

全行的各项改革、业务转型顺利推进，成效突出，主要表现在以下几个方面。

1. 业务转型得到全面落实，从偏重对公业务向对公业务、对私业务、投资业务并重发展。新增贷款2 772.21亿元，其中个人贷款余额达到959.96亿元，同比增长292.17亿元，占比40%左右；中间业务取得超常规业绩，境内收入132.17亿元，居同业第二位，首次超过中国银行，同比增速为93.92%；代销基金总量达到3 194亿元，尽管工商银行网点比我行多，但也达到了与工商银行相当的代销规模，这些成绩来之不易。

2. 网点转型取得成功，销售能力显著提高，各项业务流程梳理也在抓紧进行中。我行的市场形象迅速提升，业务竞争力显著提高。

3. 得到了政府管理部门、监管部门的肯定，业内口碑不错。香港股价表现良好，目前股价已突破6元，创历史新高，与同业拉开差距，超过了工商银行、中国银行，说明了投资者和市场对我行的认可。

4. 前不久推出的员工持股计划，总体反映良好，也得到了政府、监管部门的认可，在资本市场率先开了个好头，这些都将激励全行员工努力工作，再创佳绩。

事实证明我们的方向是对的，我们要增强信心，坚定不移地走下去。下面，我就加快全行信用卡业务推进再提几点意见。

一、审时度势，找准差距，增强业务加快发展的紧迫感和责任感

（一）上半年取得的主要业绩

和全行业务形势一样，在全行员工的努力下，信用卡业务也取得了较好的成绩。信用卡运营系统正常，服务质量不断提高。今年上半年新增发卡249万张，累计发卡超过883万张，深圳、湖南、福建、厦门等分行新增发卡完成任务过半，浙江、山东、福建、河北、湖南、厦门等分行仍处于当地领先地位，成绩有目共睹。消费交易额实现324亿元，计划完成率为46%；账户活动率达到47.5%，高于去年同期水平；业务收入6.2亿元，其中信用卡业务收入4.8亿元，完成全年计划的48%；贷款余额63亿元，完成全年计划的82%；迟缴60天以上的贷款不良率为1.75%，迟缴180天以上的贷款不良率为0.97%，均低于国际成熟市场的平均水平。

这些成绩的取得离不开全行员工的共同努力，这里我代表总行向大家表示感谢！

（二）发展中存在的问题和与同业存在的差距

总行对信用卡业务上半年所取得的成绩是充分肯定的，不过在这里我主要讨论一下存在的问题。

1. 时间过半，年初确定的全行发卡任务未过半。通过与竞争对手的比较来看，我行的发卡进度不是很令人满意。

2. 重点地区的竞争力下降。作为商家必争之地，北京、上海、重庆、天津等地区的市场份额下降。个别重点城市行完成任务不到20%，这和建设银行的整体业务发展是不相称的。

3. 业务收入大幅增加的计划未实现。我行原定目标是第一年、第二年打基础、第三年争突破、第四年实现盈利。今年是第四年，能否盈利，目前来看难度非常大，未来应有明显的提升。

4. 在去年有关部门所做的国内信用卡业务测评中，包括了用户满意度、用卡环境等多项指标，我行排名靠后，要引起注意。

5. 发卡程序、后续服务、后台支持方面还存在许多问题。后台支持时间长，比如301医院是总行重点营销的公司客户，医院员工来我行办卡却遇到困难，迟迟拿不到卡。我们争办的名企、名校共200多家，但不少项目发卡规模小，从几千张到几百张都有，而且后续维护跟不上，而我们的目标是几万张甚至几十万张。另外，发卡时间较长，从填表到出卡需要25天左右，甚至长达一两个月，我们要认真研究，缩短发卡时间。

6. 发卡质量问题。今年有部分行销卡问题突出，其中相当部分为客户主动销卡，这样不仅丢失了客户资源、增加了工作量，还耗费了成本，也说明当年的发卡对象有问题，必须给予高度关注。

（三）当前市场形势

1. 当前我国正处于信用卡发展的最佳时期。我国正在推进城

市化，经济持续快速发展，人均GDP逐年上升，国内不少城市的人均GDP超过3 000美元，这是推广信用卡消费的重要条件，而人均超过4 000美元即标志着进入信用卡消费的高速发展期。现在人均持卡不足1张，发卡空间非常大。

根据国家统计局的调查，2007年上半年，包括绍兴、上海、杭州、宁波、苏州、南京、无锡、嘉兴、常州、湖州等在内的长三角地区16个城市的人均收入突破了万元大关，这些数字对发展信用卡具有重要的意义，这些城市都应该是我们发卡的重点地区和区域，而不仅仅是省会城市。

2006年旅客运输总量200亿人次，其中航空运输1.59亿人次，这些都是很好的用卡客户、潜在目标客户。全国出境人数达3 452万人次，其中因私出境2 880万人次。这些人应该说经济条件很好，如果他们都用卡，我们的信用卡就会有很好的发展。以上这些数据都说明我们发展信用卡业务的空间和前景非常广阔。

2. 国内同业竞争的态势。目前招商银行发卡量超过我行400万张，工商银行也声称发行了1 600万张。我们要一直紧盯着市场上表现最好的竞争对手，目前的主要竞争者就是招商银行和工商银行。招商银行在市场上占有优势，我行与招商银行的差距有扩大的趋势，工商银行与我行只有100多万张的差距，工商银行只要稍一发力就会超过我行。相比较而言，招商银行在重点地区优势明显，我行相对优势在非重点地区，而我行在重点地区较工商银行的优势明显低于招商银行较我行的优势，在非重点地区甚至劣于工商银行。

现在外资银行也加入了发卡大战，花旗银行与浦发银行合作发卡，还有交通银行与汇丰银行、恒生银行与兴业银行、德意志银行与华夏银行等的合作发卡。外资银行也在成立独立子银行，2007年底外资银行都在准备单独发行信用卡。市场一旦开放，外资银行将成为我国信用卡市场的重要竞争者和参与者。摩根、花旗、汇丰、渣打等一流银行，凭借其技术、经验，必将在中国市场占有一定份额，竞争将更趋白热化。

3. 与美国银行合资的战略考虑。基于我们面临的压力，总行党委认为有必要加强与美国银行的合作。美国银行是我们的战略合作伙伴，引进其先进的理念、管理、技术，将有利于提高我行竞争力，同时也有利于提升我们的品牌价值。与美国银行合资，符合建设银行的长远利益，各行要站在战略高度，从大局出发，支持并加快信用卡业务的发展。各行不能含糊、不要怀疑，这不仅仅是任务，而是责任。

二、不断创新，努力工作，确保业务健康、快速发展，保证今年任务的圆满完成

要进一步提升对加快发展信用卡业务重要性、紧迫性的认识。总行多次强调，信用卡业务不仅仅是信用贷款问题，还是银行未来利润的重要来源，要上升到维系和发展银行与中高端客户关系的高度，还是银行管理个人客户风险和销售其他重要个人金融产品的平台。这已被国际成熟信用卡市场的实践所证明，也已成为国内信用卡同业决策层的共识，我国信用卡业务发展才几年就形成了激烈的竞争态势充分证明了这一点。信用卡业务竞争的本质是对中高端客户的争夺，是对未来银行新的利润增长点的争夺。我们只有尽快把信用卡业务规模做大，才能更快地发展并维护好优质客户群体，才能为未来的高盈利打下良好的基础，实现“建设国际一流零售银行”的战略目标。从某种意义上讲，大力发展信用卡业务对我行成功进行业务战略转型具有特殊重要意义，也是我行作为上市的大型股份制商业银行实现业务持续快速发展、大幅提升盈利能力的必然选择。

建设银行的信用卡业务要立于不败之地，就要做到以下两条：一是不断创新，创新是企业生存、发展、做大做强的基础，也是在激烈的竞争中打败对手的利器。国有银行的劣势在于产品单一、业务雷同、互相模仿。招商银行是个典型的例子，即勇于创新、善于创新，我们在这方面的差距非常大。信用卡做得还不错，名校卡、名企卡、名城卡、商务卡都是创新，要坚持下去，持续创新。缺乏持续创新的能力就会失去优势，甚至难以生存。信用卡的发展过程就是不断创新的过程，比如汽车卡、名校卡、名企卡、联名卡等，没有创新就没有信用卡的今天。目前，我们正处于创新的“盛世”，一来客户的金融需求十分旺盛，二来监管部门也支持创新。二是加快发展、超常规化发展是我们制胜的唯一出路。我们有加快发展的条件和基础，只要充分动员公司业务条线、

14 000个网点就能够超额完成任务。销售渠道打开了，还要加大力度。争办大项目、跑马圈地是完全必要的，但希望圈好“绿地”，可以开垦创造价值的地而不是毫无价值的荒地。要通过我们扎扎实实的工作，找到好的方法。

三、总行党委领导班子的重视是我们完成任务的坚实基础

总行党委、董事会对这项业务高度重视，董事长非常重视信用卡业务，对队伍、市场的情况很关心，给予了很大支持。体制改革首推信用卡中心，要成立管理委员会，试行单元制改革，改革人事、财务管理体制；同时，大力支持信用卡中心的基础建设，比如苏州、天津呼叫中心的建设；激励政策也向信用卡中心倾斜，率先实现购买制。今年上半年，董事会还责成部分董事和监事对信用卡业务进行专题调研，通过调研提交了很有针对性的调研报告，这个报告值得我们重视。7 月 30 日，郭树清董事长将亲自到信用卡中心调研，现场解决一些问题。这方方面面都体现了总行党委、董事会对信用卡业务的重视。大家既要有紧迫感，也要有责任感，我们没有理由不做好或做不好这项业务。

四、当前需要加强推进的重点产品和业务

一是加快公务卡的推进。公务卡是包括政府财政部门和人民银行都在力推的一个项目，这不仅是推进政府部门的公务用卡，而且要提高到反腐倡廉的高度。我们要抓住当前国家财政部门和人民银行大力推进公务用卡的契机，加大公务卡项目争办的力度。现在各家银行对这块市场抢得很厉害，希望我们大家回去以后，多花一些精力，加大投入，依托我行的优质公司机构资源优势，加快推进公务卡的争办和发卡。

二是重点名企卡项目的推进，比如铁路龙卡。这些项目均需要加强总行联动、分行联动，加快推进，哪家银行服务好，哪家银行动作快，就会抓住市场和客户。我们的重点要放在全国性或区域性的大行业、大集团上来。最近，总行推出了“八一”龙卡，各行也要加大对军队系统、武警系统的发卡力度。

三是加大名校卡的组织推进力度。目前名校卡总发卡量仅 41 万张，校均发卡量仅 5 000 余张。我行在选择名校卡客户时是非常慎重的，已经营销过的 78 所高校都是比较好的院校，绝大部分都是国家“211 工程”重点院校。但也要看到，其他同业银行在面向学生发卡方面的工作也做得非常细致到位，有些学生在今年高考录取通知书里会同时收到两张卡片，一张是信用卡、一张是借记卡，同时附带了卡片密码，因为此类地址错误的可能性非常小，安全性较高，同时给学校、学生、家长的感觉也是很不一样的。如果是困难的学生，可以在开学初期使用信用额度消费，可以通过在免息期内同时申请国家助学贷款等方式缓解资金需要。同时，他行的工作效率也非常高，因为从确定分数线到寄出通知书仅仅 7 天的时间，而他行在这段时间内制出了卡片。与之相比我行的办卡速度缓慢了许多，应该提高发卡速度，要利用新生录取、报到、开学等有利时机，迅速扩大发卡规模。同时要加大校友发卡，深入挖掘客户资源，改善卡片结构，提高卡片贡献度。

四是要改善用卡环境，部分分行发展的商户存在着刷卡产生的手续费需由客户承担的现象，这对信用卡消费业务产生了非常不好的影响。尤其是重点地区，要规范、迅速地推进信用卡收单业务的发展。

五是加快重点产品研发，尤其是面向高贡献客户的产品，如针对高端客户的白金卡、钻石卡，以及面向成功中小企业主发行的信用卡产品。一旦推出，也是抢占先机、抢占客户市场的有利契机，要及时把握机会，迅速占领市场。

五、明确政策，加强组织推动，确保完成全年任务

下半年要完成全年发卡计划，还有 350 万张的发卡任务，比上半年要多发 100 万张卡，任务确实不轻松。请各行这次会后尽快研究落实，有困难直接与总行沟通，一起想办法推进。对于如何加快发卡组织推进，要有具体渠道分解计划和时间分解计划安排。尤其是发卡情况与全年任务差距较大的分行更要正视差距，找出不足，采取有效措施，尽快扭转下降态势，要勇于争先，迎头赶上，确保全年信用卡年度计划圆满完成，完不成信用卡年度计划的分行要向总行作专题报告。目前发卡进度较快的行也不能放松，要盯紧市场，注重质量，封顶不要紧，可以在下年初清算。只要不是虚假发卡，总行应该能够支持，要再接再厉，有潜力的行争取为全行多作贡献。

总行明确了重点分行必须要建立信用卡直销团队。关于直销队伍问题，大家已经形成共识，方式方法可以多一些，可以给重点分行增加编制，也希望分行在现有人员里进行调剂。

总行年初已将激励费用拨到分行，各行要配置到位，落实到人，不能挪用。同时，对不同地区、不同产品的激励要有所区别，考核要不断完善，体现发展战略的重点，请信用卡中心给予考虑。

同志们，今年是我行信用卡业务发展的关键时期，各行一定要正确理解和把握总行的战略意图，承担起全行信用卡市场拓展的重任。无论是做得比较好的、还是差距较大的分行都需要咬紧牙关，脚踏实地，全行上下团结一致，再接再厉，全力以赴完成全年目标。我相信在全行的共同努力下，一定能够再创佳绩，圆满完成今年任务，向总行党委交出满意的答卷！

加快业务转型　提高盈利能力
为建设一流的零售银行而共同努力

——在2007年全行个人银行业务座谈会上的讲话

（2007年12月6日）

陈佐夫

同志们：

这次我们请分行分管个人银行业务的副行长、总行有关部门的负责同志以及建银亚洲的同仁，聚集到云南昆明，想和大家共同学习领会党的十七大精神，回顾和小结今年11个月的工作，在分析当前经济形势的基础上，研究讨论2008年个人银行业务尤其是中间业务如何发展，共商发展大计。

昨天中央经济工作会议刚刚闭幕，我们正好按照会议的有关要求和精神来召开这次会议。

一、学习贯彻党的十七大精神

在前不久召开的全行秋季工作座谈会上，董事长、党委书记郭树清同志已经传达了党的十七大精神，对学习贯彻会议精神提出了具体的要求。我将十七大精神归纳为“五个一”。

一是一面伟大的旗帜——高举中国特色的社会主义旗帜，是建设社会主义初级阶段始终要举起的一面旗帜。

二是一个思想体系——马克思列宁主义、毛泽东思想、邓小平理论、三个代表的重要思想、科学发展观和建立和谐社会。这五个部分一脉相承，要贯穿于我们整个社会主义初级阶段，包括全面建设社会主义小康社会。

三是一个宏伟目标——全面建设小康社会。到2020年，全国人均GDP要在2000年的基础上翻两番，真正进入中等发达国家或中等收入国家的行列。

四是一套战略部署——十七大从我国的经济建设、政治建设、文化建设和社会建设的很多方面对我们的下一步工作都作出了具体部署。

五是一个工作要求——又好又快、协调发展。昨天的经济工作会又作了进一步的注解，好中求进，好字优先。

十七大会议的精髓就是24个字：继续解放思想，坚持改革开放，推动科学发展，促进社会和谐。这是今后相当长的历史时期里指导我们工作的一个根本原则。

二、正确认识当前的宏观经济形势

11月27日，中央政治局召开专门会议，又分析了当前的经济形势，研究了明年的工作。会议在肯定前11个月各项工作尤其是经济工作取得显著成绩的基础上，指出了当前国家经济运行中存在的问题。会议明确提出，要把防止经济增长由偏快转为过热、防止价格由结构性上涨演变为明显的通货膨胀，作为今后宏观调控的首要任务，并要求严格控制固定资产投资增长过快的势头，认真贯彻落实宏观调控的各项措施。根据会议精神，下一步宏观调控的力度可能还会加大。温家宝总理在有关场合明确提出，明年全国经济发展增速要低于今年1~2个百分点。明年的宏观调控，要实行稳健的财政政策和从紧的货币政策，这两个提法和前两年是不一样的，从积极到稳健，从适度从紧变为从紧。现在我国宏观调控的措施相对比较单一，对象也相对单一，调控的首要对象肯定是银行，尤其是我们国有控股银行。下一步，监管部门、综合管理部门对银行各方面的要求和调控可能会更严一些，更多一些，尤其是对明年信贷和货币的调控。

根据中国人民银行反馈的信息，明年四大国有商业银行贷款的增速必须低于今年，而且中国人民银行在贷款投放的进度上也有严格要求。一旦有银行超出就将发定向票据进行惩罚，而且惩罚的力度会比较大。因此，明年我们的相关业务很难像前两年特别是今年这样快速发展。

综观当前的形势和今后经济的走势、宏观调控的要求，通过传统业务来增加收入的路子已不可行，必须要加快全行业务的转型，努力创新，尤其是要通过改善和提升服务来增加收入，创造新的效益。我们在工作中要有新思路、新方法、新渠道、拓展新的收入来源。希望大家对当前的形势要有深刻的认识及忧患意识，根据明年竞争更激烈的新情况，扎实、深入地做好工作。

三、今年的主要业绩

今年是全行包括我们个人银行业务板块的丰收年，也是业务转型并取得显著成效的一年，具体在六个方面最为突出。

一是中间业务收入，同比增加最多，在四大国有商业银行中增幅最高；二是基金产品和理财产品的销售量是历年来最大的；三是个人贷款同比发放最多，个人住房按揭贷款仍是四大国有商业银行新增第一；四是双币种信用卡发卡在四大国有商业银行中最多；五是网上银行新增业务量最高；六是高端客户新增同比最多。

（一）基金产品、理财产品销量最大

前10个月，基金产品和理财产品的销售合计达到7 866亿元，其中代销基金7 105.47亿元，同比增长15倍，销售理财产品540亿元，同比增长84%，销售国债220.76亿元。按照权责发生制，实现中间业务收入已超过100亿元。特别是基金产品的销售，现在账上收入是91亿元，同比增加12倍，业绩在同业中领先。

能取得这样好的业绩，主要有两个方面的因素：一是紧跟市场，抢占先机，尤其是在代销基金方面。总行相关部门及各分行，抓住了资本市场快速升温、客户投资意识逐渐增强的机遇，积极营销，在同业当中也是有口皆碑。二是根据市场和客户的需求，适时推出理财产品。今年的理财产品从创新到销售是历年来做得最好的，无论与我行历年比还是与同业比，业绩都非常好。总分行共同在做产品，平均每周有一只新产品面世，销售的情况也不错。

（二）个人贷款新增历史最好，有效实现了规模控制，不良贷款实现“双降”

个人贷款尤其是住房贷款是我行的传统优势业务，今年保持了较好的增长势头。虽然今年下半年受宏观调控的影响规模受到了限制，但到10月份，个人贷款新增仍和去年全年持平，创历史最好水平，而且资产质量也非常好。

前10个月的个人住房贷款余额超过6 000亿元，位居同业第一。在新增的个人贷款中，个人住房贷款占了91%，贷款结构也比较理想。

按照宏观调控和总行党委的要求，有效地控制了当前的规模。上半年我们主要是启动市场、作营销，下半年的主要精力就放在了调控方面，包括结构调整、区域调整。有关部门和分行做了大量艰苦细致的工作，达到了总行党委要求的目标。作为国有大银行，这是我们负有的不可推卸的社会责任。

尽管整个业务发展受到控制，但资产质量是向好的，不良率和不良额前10个月都实现了“双降”。目前个人贷款的不良率全口径为1.25%，在同业当中是比较好的。尤其是我们的住房贷款，不良率仅为1.05%。38家分行中，有22家分行的住房贷款业务实现了不良额和不良率的“双降”，有16家分行实现了个人消费贷款不良额和不良率的“双降”。

（三）借记卡发卡量快速增长，对稳定个人存款及促进中间业务的增长作用明显

今年前10个月借记卡发卡和交易业务也是一大亮点。今年借记卡发卡增加了3 900多万张，是近几年来最多的。各行抓住了启动市场的大好时机，并借助了我们的一些新产品、包括“支付宝”这样的产品和一些平台。截至10月底，全行借记卡发卡量累计已达21 832万张，较年初增加了3 935万张，同比增长22%；消费交易额3 295亿元，同比增加1 614亿元，在去年的基础上翻了一番；实现借记卡业务收入29.98亿元，同比增长56.13%。新增发卡带来了约800亿元的个人存款。借记卡成为今年投资理财的好载体。通过发卡我们不仅争取了新的业务和客户，也给我们带来了存款，效益非常可观。

（四）信用卡业务实现快速均衡发展，在基数增加的前提下，连续4年翻番，业务收入显著增加

今年的信用卡发卡量、消费交易额、业务收入都非常好。截至10月底，信用卡累计发卡超过1 000万张，达到1 106万张，实现同比翻番增长；实现消费交易额610亿元，同比增长96%；实现业务收入9.2亿元，同比增长92%，估计到年底还会更好一些。根据最新数据，发卡总量突破了1 200万张，消费交易额突破了700亿元，创历年来最高。

发卡形势这样好，主要得益于几个强项。

一是不断推出新产品，包括在行业当中叫得比较响的联名卡、名校卡、名企卡、名城卡以及与社会知名人士共同推出的联名卡——“姚明卡”等。这次“姚明卡”无论从宣传、策划到营销，都成为我们双币种信用卡的一个亮点，很受消费者欢迎。

二是在快速发展市场的同时，有效地控制了风险。按国际标准，我行逾期60天和180天以上的信用卡不良率大大低于国际同业水平，资产质量非常好。

我们现在发卡的时间还不长，还不到5年的时间，但发卡量、交易额度、资产质量都非常好。

（五）代销基金等主体业务收入大幅增长，对全行的效益贡献快速提升

今年的中间业务收入也是全行业务最大的亮点，特别是代销基金。由于资本市场大幅波动，客户投资意识增强，今年的基金销售形势出乎意料得好，对全行中间业务收入的贡献大幅提升。前10个月，按照权责发生制，基金销售收入已超过100亿元；银行卡及收单实现中间业务收入42.04亿元，同比增长了32.95%，银行卡的收单在相关业务里面增幅相对低一点；个人结售汇实现收入2.4亿元，同比增长174%，翻了一倍还多，也成为今年的亮点。

预测到年底全行中间业务收入会突破300亿元，增幅约为130%，成为今年各项业务当中的亮点，达到了党委年初提出来的要大幅增加非利差收入、改变收入结构的要求。

（六）高端客户增加最多

在高端客户部和分行的共同努力下，今年高端客户新增较好。全行高端客户数达到3.2万人，比年初增长了127%；客户的金融资产规模达到1 109亿元，人均金融资产349万元；为高端客户服务的财富管理中心的建设推进顺利，全行已经有42家财富管理中心建成开业，年底将完成80个财富中心的建设。今年财富管理和高端客户业绩较突出。

（七）电子银行业务全面推进，交易量成倍增长

今年的电子银行业务无论新增客户数还是交易量，增势都非常好。截至10月底，全行电子银行客户数已经超过6 600万户，比上年增加了2 300万户；实现交易额77.4万亿元，与上年相比增长了46.7万亿元。

年初由于受案件的影响，在安全方面出了些问题，我们的电子银行业务一度处于低迷状态。党委对此十分重视，尤其是张建国行长。下半年，整个电子银行业务情况发展较好，尤其是推出了新的安全措施以后，市场和客户的反响非常好，业务快速增长。

前10个月，全行上下对电子银行业务的重视程度显著提高，相互协调、紧密配合的工作机制进一步强化；电子银行业务继续保持高速增长，业务收入显著增加；产品创新速度加快，关键功能和应用取得突破；市场营销力度加大，市场影响力和品牌知名度显著提升；95533客户服务体系建设取得阶段性成果，服务能力进一步提高；风险防范工具和手段不断加固，风险防范能力不断加强。

（八）自助渠道建设快速推进，自助交易量大幅提升

这几年总行特别是董事会对全行自助渠道的建设非常重视，在财力上给予了大力支持。截至10月底，全行已安装运行的ATM达到22 125台，和去年底相比新增了2 635台；已投入运营的自助银行超过了2 500家，主要是附行式；自助银行同比增长达63%。

由于自助设备的大量投入和运行，自助交易量也大幅提升。全行自助交易业务量和柜台业务量相比已达46%，较年初提高了15个百分点。前不久资本市场比较活跃的时候，银行排队的压力较大，监管部门很重视通过自助设备来分流客户和业务，我们在这个方面推进得比较快。现在我行通过自助设备处理业务实现的收入是6.77亿元，和去年同期相比，增幅达63.8%。今年我们的自助设备采购量要达到8 000台，随着自助设备的增加，管理问题、运行的质量问题包括风险防范问题都需要提到议事日程上来。

（九）推进实施质量效率管理

质量效率工作在全行业务发展过程当中也发挥了很好的作用，尤其是在按照六西格玛的理念和标准规范促进相关业务发展方面，都做了大量的工作。归纳起来有这样六个方面：

一是定规划，就是围绕着建设银行业务流程的规范和管理制订规划，而且明确了这种流程管理的目标、原则、主要任务以及工作要求。

二是建手册，就是根据党委和董事会的要求，开展建立《业务流程操作手册》。

三是做项目，就是围绕着这个操作手册确定的几十项具体项目，质量效率管理部在分行的配合下，都在一点点抓，一点点推进。

四是听声音，主要是通过在美国银行协助下建立的客户之声，了解客户需求，梳理和改进流程，创新产品；推行神秘人检查工作。

五是搞创新，通过梳理流程，规范管理，促进产品创新、业务创新。

六是促能力，通过六西格玛的理念和确立的有关标准，提升我们的管理水平，促进业务发展。

针对六个方面质量效率管理部都做了大量的工作。

回顾和总结前11个月的工作，今年的成绩显著，甚至有些业绩超出了总行董事会和管理层的预期。但在有些方面也有些变化，如传统业务的储蓄存款，由于受资本市场波动的影响以及客户投资意识的增强，和历年相比，出现了自建设银行开展零售业务以来的第一次负增长。在四大国有商业银行的储蓄存款中，我行下降的幅度比较小，工商银行下降最大，其次是中国银行。今年正增长相对较多的是农业银行，按统计数字现在新增800多亿元。

鉴于现在客户金融资产相对单一、存款占90%以上的情况，年初总行提出了相关的要求，希望能稳定客户和业务，把存款转化为理财产品。今年按预计要新增的存款现在可能变成了我们销售的理财产品。但储蓄存款仍是发展的重要基础，是很重要的低成本资金来源。因此，我们从今年年底就要开始做工作，还是要抓旺季营销，在年初就把存款抓到手。按照我们的业务周期，每年第一季度旺季吸收的储蓄存款能够达到全年的70%～80%。回顾前11个月的工作，与中央经济工作会议定的调子是一致的，整个业务运营情况包括我们的个人银行业务板块，基本面是好的，是健康的，成绩显著，得到了市场方面和投资者的认可。我行的资产质量、盈利能力、服务变化、发展趋势都比较好。

当然我们在发展当中也有隐忧，要正视存在的问题。

四、关于明年发展计划

对于明年的业务计划总行已经有了一个初步的框架，但这个框架还没有经过董事会讨论和批准，今天大家共同讨论一下。

明年全行资产规模要从今年年底预计的65 000亿元增加到74 000亿元，计划新增9 000亿元。贷款规模在3 500亿元以内（不包括外币贷款）。现在我行的外币贷款乏力，存贷比已经接近100%，监管部门对存贷比和外汇敞口都有硬指标，所以上升的余地不大。明年全口径存款计划要达到8 200亿元。其中，储蓄存款1 200亿元。与前几年相比，新增是最少的。但考虑到现在资本市场波动的幅度和客户投资理财意识的增强，明年的储蓄存款新增任务是不轻的。另外明年总行给网点和一线的资本性投入支持力度也较大。前一段时间，总行管理部门多次向综合部门特别是向董事会提出建议，我也代有关部门给董事长、行长写了一封信，强调要抓住机遇，增加投入，改善网点，全面改变我行的形象。明年对网点的投入大致是62亿元，其中网点改造31亿元，网点购置22亿元，这是近10年来在资本性投入方面向一线倾斜、向网点倾斜最多的。另外投入9亿元建立财富管理中心和完善个人贷款中心，投入18亿元购置和完善自助设备，包括调拨13亿元购买ATM，5亿元充实和完善柜面机具如POS机等。另外，科技上的投入仍保持在每年30亿元左右，主要用于开发及优化项目、升级和购置设备。

另外，还将投入34亿元建立综合后台基地，包括呼叫中心、后台服务中心、备份中心，包括在武汉、成都、广州建立相对规模比较大的综合后台中心，以及在北京、上海和其他一些地方建立有一定规模的中心。这些资本性投入在支持一线、支持生产发展方面力度较大。刚才提到的都是和个人银行业务板块相关的投入计划，还没有经过董事会最后讨论批准。

关于明年业务发展打算和要求，主要有以下几个方面。

（一）关于中间业务收入

按照25%的增速，明年全行中间业务收入不能少于375亿元。分解到个人板块要超过208亿元，其中，个人金融业务170亿元，比今年略低一点，主要考虑今年基金收入出现爆发性增长基数较大的因素，明年增长可能会少一些；住房金融计划要实现收入11.4亿元；信用卡业务收入15.6亿元；电子银行业务10.7亿元。除了个人金融业务，其他3项业务都要突破25%，否则就要影响全行的增速。这些增速最后还需要报董事会批准以后才能确定。

（二）关于个人金融业务

包括存款、理财产品、银行卡的发展计划。明年个人储蓄存款新增1 200亿元，理财产品销售6 825亿元，其中基金销售6 000亿元，“利得盈”人民币理财产品600亿元，高于今年200亿元；“汇得盈”外币理财产品和今年持平，30亿美元。借记卡发卡新增达到4 000万张，实现消费交易额4 200亿元。

（三）关于住房金融与个人信贷业务

明年在3 500亿元的信贷总规模中，个人类贷款为1 200亿元（包括个人贷款和信用卡），应该说考虑了个人业务快速发展的客观需求。其中个人贷款为1 110亿元（个人住房贷款新增1 030亿元，消费贷款80亿元），住房资金归集计划650亿元，比今年略低一点。住房公积金贷款新增450亿元。维修基金签约客户新增651户。住房金融与个人信贷业务要求实现中间业务收入11.4亿元，任务还是比较重的。

（四）关于信用卡业务

明年计划新增发卡660万张，新增客户600万户；消费交易额1 200亿元；明年贷款余额在今年底90亿元的基础上，还要翻一番，达到180亿元；收入达到21亿元，任务较重，但通过努力还是可能实现的。

（五）关于高端客户业务

明年计划新增高端客户要超过1万人，总数达到4.3万人。在高端客户的金融资产总量中，投资类资产在个人客户金融资产中的占比要达到33%，即存款类资产占比要降到67%，所以明年重点要发行面向高端客户的专属产品“建行财富”100亿元，由此产生的收入为1亿元。同时要加紧开发新产品，包括股权投资、精选投资这样的产品，把客户的存款变成理财产品，满足客户需求，稳定住客户，否则随着市场波动和其他银行的竞争，客户可能很快会流失。谁能给客户带来好的收益和良好的服务，客户就会跟谁走。这是高端客户发展的一个重要原则。

（六）关于电子银行业务

2008年，电子银行交易量与柜面交易量之比要达到45%，网上银行交易量超过62万亿元，网上银行客户增加925万户，实现中间业务收入10.7亿元。与今年相比都有所增加，尤其是网上银行交易量增幅比较大。中间业务收入要在今年底预测4.4亿元的基础上翻一番，发展压力较大。

（七）关于质量效率管理工作

一条主线：以“流程管理规划”的推进落实为主线，服务于全行的整个发展、改革、调整、变化。

八项工作任务：一是要广泛深入地推进业务流程的标准化，开展《业务流程操作手册》的建立、制定和流程的管理。张建国行长来以后对这块业务非常重视，把它作为今明两年要重点推进的八大项目之一。二是及时做好全行流程优化的筛选、审批、组织、实施和管理工作。三是继续做好客户之声的相关工作，尤其是要进一步完善客户之声系统的建设，推动全行相关系统的应用和实践来做好客户工作。四是以内部的流程用户之声，就是员工对于内部的管理、工作、业务的要求和信息反馈，来推动内部管理水平的提高，完善内部机制的互相协调、互相促进。五是新产品创新的流程，尤其是流程的应用，流程的管理。六是神秘人检查，这是这一两年在美国银行的帮助下做的，效果非常不错，对于了解整个业务发展情况包括服务质量，起到了很重要的作用。七是建立“客户接待日”活动。八是培养相关的骨干和业务专才。

五、增加中间业务收入需要采取的措施

我们现在面临的宏观调控形势非常严峻，明年的竞争会更加激烈，增收的任务非常重，要通过加快业务转型，努力创新，提升服务来开拓新的收入来源。

对于明年中间业务的发展目标，总行提出了三点明确要求：一是中间业务收入仍然要保持增速在四大国有商业银行中居第一位；二是市场占比要提高2个百分点；三是要缩小与同业中间业务收入第一名的差距。

这三点要求要通过采取一系列的措施才能得以实现。要完善考核激励机制，紧密结合当前市场变化、客户需求变化情况，调整我们的工作和业务。明年除了基金以外，代理保险的销售也是我们的工作重点。今年由于基金的销售非常火暴，业绩非常好，保险虽然有进步、有变化，但是相对而言，发展和新增的势头不是很理想。要积极开发其他新产品，增加新的平台和支付手段，通过发行银行卡、增加本外币结算来改善收入结构。要做好房改金融业务，加快发展电子银行业务，增加收入。

（一）同业情况比较

今年全口径的中间业务收入，我行的增速是最快的，达到了134.8%，工商银行为105.6%，中国银行为76.1%，农业银行差一些，为62.7%。但是剔除基金的因素，我们的增幅和其他银行相比优势不是很大，我行为48%，中国银行为46.3%，工商银行为43%。但是工商银行的基数比我行大得多，我们面临的竞争局势还是比较严峻的。

基金销售是我行今年的亮点，与工商银行并驾齐驱，业务收入相近。

在理财产品方面，工商银行的收入为7亿元，我行为2亿元，工商银行比我行高。今年我行在理财产品方面起势不错，跟往年相比有很大的进步，但要加大力度，采取相应的措施。

在代理保险方面，工商银行和农业银行始终保持领先优势，高出我行10个百分点。代理保险是我行的传统业务，也做了多年，但始终发展比较缓慢，和同业相比有一定差距。明年要重点关注。

个人人民币结算业务及银行卡业务我行不占优势，尤其是结算业务，市场占比第三，分别落后于农业银行和工商银行。收单业务和农业银行、工商银行相比差距较大。

房改金融中间业务是我们的传统优势业务，无论从业务量还是收入来看，都在同业中遥遥领先。这有历史的因素，也是大家努力工作的结果。

在电子银行业务方面我们现在的主要竞争对手就是工商银行，在四大国有商业银行中工商银行的电子银行业务的收入占比为51.9%，我行为34.8%，下一步要通过增加收入来提高我行电子银行业务的收入占比。

（二）重点采取的措施

1. 继续加大基金及理财产品销售力度，完善考核激励机制。

（1）巩固基金代销市场份额。今年前10个月，我行中间业务收入结构不很平衡，东部、重点发达地区收入增加相对较少，而中部和西部的占比和贡献度相对较高。这与整个资源投入和相关业务量相比不匹配。明年，东部沿海地区特别是一些业务量比较大的分行，要加以关注。明年全行要在基金、理财产品销售方面继续加大工作力度，确保市场份额不能下降，要实现保二争一。具体要采取以下几项措施来实现。

一是要进一步扩大和基金公司的合作范围，增加合作的基金公司，尤其是优质的基金公司，增加代销基金的品种和数量，所有业绩比较好的基金公司都应成为合作的对象；二是加强代理基金品牌的建设，在基金销售过程中我行是深有体会并且受益的，我们合作比较多的博时基金、上投摩根，在基金业都是口碑和品牌比较好的公司，相应给我们带来的银行收入也比较显著，所以在品牌建设方面要加强与优质公司的合作，为客户提供更多更好的产品，同时也增加我们的收入；三是进一步做好基金首发和基金的持续性销售工作，包括宣传、推介工作，由此来增加销售；四是大力推广基金定期定额投资、基金组合营销业务；五是发展基金网上银行、CALLCENTER和手机银行代销业务，提高柜台销售能力。

（2）注重销售好我行的理财产品，培育新的亮点。今年的理财产品从创新、推出方面是不错的，但销售的额度不很理想，尤

其是单只销售的额度和同业相比，有很大的差距。明年要采取以下措施：一是要以信贷信托类“利得盈”人民币理财产品的推出为基础，拓展一些新产品，包括新股申购、股权类投资产品；二是以“汇得盈”结构性理财产品为依托，加大发展 QUANTO 类挂钩型理财产品，不断扩大在外币理财产品上的市场份额；三是还要坚持精品策略，和好的基金管理公司进行深度的合作，代销 QDII 产品。近一段时间由于资本市场波动，QDII 产品的收益不是很理想，但还是要向客户宣传基金产品是一个长期投资的理念，要看长期的收益，不是短线炒作；四是考虑开发一些新产品，比如和新股申购相联系的自动理财账户，平时存款在账户上，一旦有 IPO 的时候参加申购，结束后又自动回到理财账户上，在为客户带来相应收益的同时保持了存款的增长。目前的 CTS 业务使很多储蓄存款变成了基金公司或者证券公司的同业存款，但只是托管在我行，所以要开发一些新的产品能够让存款留在我行的同时，又不影响客户的收益；五是配合监管部门的外管政策，适时推出港股直通车；六是加大专属于高端客户的“建行财富”理财产品的研发和销售力度；七是通过服务，加快财富顾问、委托代理交易业务的发展。财富顾问和委托代理交易要在规范管理、试点成功的基础上发展，要在内控风险、操作风险得到控制的前提下，针对高端客户尤其是顶级客户推出，要尝试推出专门针对额度比较高的特殊个别高端客户的好理财产品；八是要探索全行私人银行业务，我行还没有公开宣称要发展私人银行业务，同业有些行已经推出来了，这项工作我们一直在做，相关的业务还要抓紧。

（3）进一步完善考核激励机制。对于完善考核激励机制，在前不久召开的秋季工作座谈会上，大家讨论得比较多、比较关心。过去实行的买单制，在启动市场、转变观念、抢占业务的过程当中起到了很好的作用。但是单一的这种激励方式还是有它的弊病。它就是过去的计件工资制，不能否认它在发展过程中的作用，但需要完善。在秋季工作座谈会上，郭树清董事长反复强调，买单制有它的局限性，但是仍然要坚持，要进一步完善。按照这一精神，明年这个政策会延续，但是考核的方法、考核的标准会改变。

2. 抓住市场机遇，全面提高柜面代理保险销售规模。这也是这次会上要重点讨论的。今年资本市场起伏比较大，大家比较关注基金销售，对保险这一块不太关注，或者说保险这一块业务只能处于正常发展的势头。明年相信市场会有很大变化，尤其是资本市场的发展可能回归理性，基金销售可能不会像今年这样火暴，为代销保险产品可能会创造一定的机会。明年的保险产品代销可能会是一个新的亮点，所以明年全行在网点开办数上要增加，有条件的网点都要把代理保险业务办起来。另外要积极和优质的保险公司进行合作，推出好的产品，不要全面开花。一线柜台现在本身的压力就很大，保险产品也不能说一点风险都没有，销售的时候也需要向客户作解释，对一些带有投资性质的保险产品，一定要阐明风险而且要揭示充分。要做到这一点，如果合作对象太多、产品太多，很多柜员、销售人员会力不从心，培训的工作量也很大。所以在合作的保险公司和产品上要确定重点，有些产品可能由专一的柜台和人员来销售，才能控制风险、发挥优势，减少代理成本。

再就是保险协议的签署，据了解，目前总分行都有权签，以后要统一起来，原则上要归到总行。分行可以先接触客户，探讨双方合作的方式，最后由总行从战略合作、深度合作的角度来考虑合作的利弊，所以与保险公司合作协议的签字权要上收总行。这也是从建设银行长远利益、从整个战略角度来考虑的。

3. 扩展服务渠道，增加业务收入。

（1）加强自助设备的布局和管理。一是要大力增加自助设备。这两年在董事会的支持下，自助设备的资本金投入和设备投入增加量都是历年来最多、最高的。我们的目标是到 2009 年自助设备总数不低于 4 万台，这在同业中可能也是比较高的。这两年增加的自助设备主要是附行式的，或者是安装在自助银行里面，离行式的相对较少。明年各分行的自助设备，离行式的布放不能低于 50%。自助设备要进到一些方便客户取款、方便客户使用的场所里面去。明年要增加一些小型取款机的采购，这样的取款机在发达国家包括周边一些国家，市场反响不错，既能方便客户，也能增加银行的业务收入。小型机能够进到便利店、超市，甚至车站、码头等人群比较集中的地方。考虑到风险因素，离行式一般不宜安装存取款一体机，因为客户一旦在存款过程中发生问题，可能会追究银行的责任。

二是对自助设备的运行、管理、考核，要制定合理的标准和规定，包括开机率、收入情况等，要通过考核来提高自助设备的运行效率。根据调研发现，现在设备多了，利用率相对低了，在很多大城市里有这种现象，管理上比较松散。总行多次要求有条件的分行要集中管理，要提高开机率和运行效率。希望各分行在增加设备的同时，要提高管理水平和营运效率。对此，总行将研究制定考核管理办法。

三是要重视 ATM 的外卡取现业务。随着 2008 年奥运会的来临，境外人士到中国来观光旅游的越来越多，利用 ATM 取现对收单行的回报是比较高的。目前持外卡到 ATM 上取款还不是很普遍，所以要利用这个机会，升级我行的 ATM，要扩大外卡取现业务，增加收入。

（2）抓住个人小额支付系统开通机遇，强化营销，增加业务收入。小额支付系统跨行通存通兑业务的开通，对于我们来说既是机遇也是挑战。收费是一个因素，但服务更重要。如果以前不是我行的客户到我行办业务，能够感受到良好的服务，对留住客户、争办业务是有好处的。相反，我们的客户到他行办业务，如果感到我行的服务不到位、服务有缺陷，也会流失。所以这一业务的开通既是机遇也是挑战。跨行通存通兑做得好，通过服务能够吸引他行客户来我们这里办业务，是增加业务收入很重要的来源。有些客户不在乎银行收费多少，但在乎银行办业务的效率，在乎银行的服务态度、服务质量。

现在社会上对小额支付系统跨行通存通兑收费意见比较多，各级行在当地会面临不同的压力，包括市场、客户、舆论，甚至来自政府的压力。我想强调的是收费权归总行，收费标准在全行是统一的，各分行不要去擅自调价，也不要去擅自承诺有些不该有的免费。

4. 加快拓展本外币个人结算业务。本币结算是我们的传统业务，近几年增势不是很好。总行对此比较关注，也希望相关业务部门和分行一起配合，把这块抓起来。

需要大家共同关注的是外币结算业务。建设银行是以办理本币业务为基础发展起来的，在办理外币业务方面确实不如中国银行，甚至有些方面也不如工商银行。我在秋季工作座谈会上也呼吁过，作为一家上市银行，作为一家要向现代一流银行迈进的商业银行，很难想象到网点去不能办理外汇业务，不能取外币。所以希望在目前已有 8 000 多个网点开办外币储蓄业务的基础上，增加开办外币结算业务。明年大中城市尤其东部沿海地区的网点，原则上都要能办理外币结算业务。到 2009 年，甚至明年底，全行所有的网点应该都能开办外币存取款业务，至少有 10 000 个以上的网点要能办外币结算业务。据统计，目前还有 40% 的网点办不了外币结算业务，这与作为一家在香港上市的银行形象是不相符的。希望大家关注一下，这也是增加业务收入的一个很重要的方面。

5. 大力发展房改金融业务。公积金业务是我们传统的优势业务，潜力比较大。但这两年各方面对此项业务的关注力度不够，激励力度不够。所以明年还得关注，通过调整相关政策包括激励政策、调整组织结构、建立专门的团队来加强营销，提升服务，增加收入。一是要巩固和维护住房资金管理部门客户源头，拓展新的业务合作领域，发展与客户的长期合作关系；以住房公积金和维修基金作为重点产品，扩大公积金龙卡联名卡等新产品和新服务的覆盖面，提高房改金融产品的渗透率和附加值。二是要以 100 个中心城市作为重点发展区域，加强对重点发展地区的政策资源倾斜力度；确保我行在重点区域的市场主导地位，挖掘其他地区的市场潜力。三是要强化房改金融部门的牵头营销和直接营销职能，加快组建公积金和维修基金等专业营销团队；配置战略性费用，确保房改金融激励费用专款专用；完善部门联动营销机制，以个人贷款中心、零售网点、自助渠道和电子渠道为依托，联动营销和交叉营销，搞好联动营销的考核激励和财务资源分配，挖掘房改金融客户资源和客户价值。四是要完成委托性住房金融业务系统三期项目在全行的推广，加快新个人贷款系统公积金贷款产品的推广应用，研发操作型房改金融客户关系管理系统项目，全面提升房改金融业务科技支撑。

需要再关注的是，今年完成上线的个人贷款 A + P 系统已经成为业务运行的核心系统，系统运行的基本情况是好的，但还存在一些问题。运行中各行经常会提出很多阻碍现在业务发展的相关问题，项目组的同志很努力，都在及时尽可能地解决。希望各分行，尤其是管理该系统的总行运行部门和深圳分行，要加以关注。

据了解，这个系统针对贷后管理、新产品开发、客户营销的很多功能，现在还没有开发出来，只是简单地利用它在做个人贷款的普通业务。下一步对这个系统的维护、升级、深度挖掘利用，是面临的很重要的问题。如果把这个系统作为核心系统应用好了，在今后的业务发展和管理方面，能够起到很重要的作用。

6. 促进信用卡中间业务收入增长。信用卡这几年每年的业务发展都是翻番，包括发卡量、业务收入。明年由于基数大了，目标没有翻番，但是发展的压力还是比较大的，希望各分行还要关注。现在整个同业中的信用卡发卡已经先后进入了5年期，我行今年也进入第5年。广东发展银行、招商银行都比我们发得早，已经宣布进入了盈利期。我们这几年的投入是比较大的，现在还谈不上盈利，但希望在今明两年，至少通过努力能够做到盈亏平衡。下一步还有和美国银行合资合作的问题，只有盈利，合作的前景、估值才可能比较理想。现在要尽快推出相关产品，包括分期付款业务。今年和有关同志到美国银行去考察其信用卡中心，除了传统的信用卡透支业务以外，分期付款是其信用卡业务中很重要的一大块，做得很大，收入非常可观。该产品介于传统的透支业务和传统个人贷款业务之间。所以，信用卡中心和分行相关部门，要加大推介销售的分期付款业务，包括各种各样的住房分期付款、消费分期付款、汽车分期付款。

另外，收单业务管理职责被划归到信用卡中心了，今年的发展增速是30%多。但现在同业竞争很激烈，收单业务发展很快，而整个市场的情况很不乐观。分析现在市场发展的前景，潜力是非常大的，所以下一步还是要积极地创造条件，加大收单业务的拓展。尤其要结合2008年奥运会，改善用卡环境、增加用卡商户、加快发展收单业务是完全有可能的，包括通过政府来推动改善用卡环境，增加合作的商户。对这项业务，主管部门和分行都要考虑，在增加投入包括资本性投入和在激励政策上作一些调整，甚至包括建立一些专门的团队来营销客户。这也是明年增加中间业务收入的一个亮点。

7. 进一步提升电子银行渠道销售能力。电子银行渠道从今年下半年开始，在堵住了安全上的漏洞以后，整个服务及形象在业内都不错，业务量上升的势头也非常好。下一步要加大拓展网上银行、重客系统、电话银行、手机银行、家庭在线、有限电话渠道，提升销售能力，增加收入。现在我们的很多业务都是收费的，收费问题比较敏感，但收费确实是事关每一个客户。在发展业务、扩大收费的同时，一定要注意规范有关的管理。收费一定要事先告知客户，通过服务来赢得客户的理解。前一段时间，因为收费的问题我们接到一些投诉。有时候稍有不慎，客户就会有意见。

8. 加强质量效率管理，促进服务水平提升。一是继续强化神秘人检查。神秘人检查，有总行专门组织团队进行的，也有委托专业机构开展的。检查之后的评价相对来说比较客观，有关方面得到回馈信息以后也觉得能够接受，是实事求是的。下一步要继续做好神秘人检查工作。

二是建立“客户接待日”。在这次会上，质量效率管理部提交了待议文件，很多国外的大公司也都有通行的做法。所谓“客户接待日”就是要求管理部门的首长，定期接待客户，听取客户对服务和产品的意见，对相关部门回馈一些信息。这个接待日的推出，涉及在座的每一位行领导。从总行的分管副行长、分行的副行长到二级分行有管理职能的副行长，每个月要抽出半天的时间来接待客户，直接听取客户的意见。这项活动不增加基层行的负担，不包括一线有经营职能的行，主要是管理行。另外，只负责接待客户，不接待行里员工的投诉，主要集中精力了解客户对建设银行的服务、产品和其他方面业务的意见。当然“客户接待日”不一定是非要在办公室里面等，有预约的可以在办公室或是特殊的场合，没有预约的可以到网点基层，主动去接触客户。

总之，今年前11个月，通过全行员工尤其是个人银行业务板块员工的共同努力，取得了显著的成绩。但下一步面临的形势和挑战非常严峻。在当前国家经济快速发展、个人金融资产迅速增长的同时，客户的金融需求也越来越旺盛，机遇和挑战并存，希望大家能够认清形势，抓住机遇，通过扎实的工作快速推进各项业务的发展，尤其是加快中间业务发展的速度，为全行业务的发展作出我们应有的贡献，给予我们的股东及投资者最好的回报，把建设银行真正建设成国内领先、国际一流的银行。

在珠三角地区协调委员会2007年季度例会上的讲话

(2007年5月30日)

范一飞

同志们:

今天上午，各分行总结汇报了珠三角地区业务联动工作的开展情况，提出了目前联动工作中存在的主要问题以及今年区域联动的主要内容，总行相关部门负责人就各分行提出的问题进行了解答。从大家的发言来看，各分行和总行各部门都在积极推进区域业务联动，也确实通过联动促进了区域内各分行业务的共同发展和综合竞争力的提升。下面，我就珠三角区域业务发展、业务联动工作讲几点意见。

一、珠三角区域业务发展情况

今年以来，珠三角区域分行各项业务保持快速健康发展，各项贷款、中间业务以及利润指标完成情况在三大重点区域中处于领先地位。截至5月20日，珠三角区域6家分行（不包括香港分行）的各项贷款余额为5 090亿元，全行占比16.9%；新增贷款509亿元，全行占比25%；贷款增速11.1%，高于全行平均水平7.26%，居全行三大重点区域贷款增速第一位。一般性存款余额为8 731亿元，全行占比17.9%；新增存款342亿元，增速4.08%，低于全行平均水平5.34%，居三大重点区域第三位。实现中间业务收入14.7亿元，全行占比20%；中间业务收入较去年同期增长63.2%，略高于全行平均水平62.9%，居三大重点区域第一位。实现考核利润60亿元，计划完成率48%，高于全行平均水平45%，居三大重点区域第一位。不良贷款率2.79%，低于全行平均水平2.96%。

境外分行各项业务发展态势良好。香港分行前4个月贷款新增已超过100亿元，今年要再造一个香港分行。建行（亚洲）克服交割、整合过程中的种种问题，今年开局良好，为下一步零售业务发展打下了良好基础。建银国际各项业务发展情况也很不错。

珠三角区域境内外分行的各项业务健康快速发展，为我们今年的联动开了个好头。各分行要充分利用区域业务发展优势和总行支持政策，通过加强联动与合作，全面提高市场份额和综合竞争力。

二、珠三角区域联动工作回顾

自去年6月珠三角地区协调委员会成立以来，珠三角区域联动的成效是显著的，成绩值得肯定。

（一）积极开展境内外联动，有效促进境外分行业务发展

自2006年以来，珠三角区域内保外贷业务的境内外联动取得快速发展，香港分行与深圳、福建等分行联合办理了11笔内保外贷业务，审批金额超过8亿美元，占香港分行与内地分行此类业务量的50%以上。此外，香港分行与境内分行在外保内贷、境外代付、集团授信等方面也开展了广泛的合作。广西、广东、海南、深圳、厦门等分行主动加强与建银国际IPO业务的联动营销。目前，广西壮族自治区分行的南方有色、金河集团、成源冶炼等项目以及广东分行的珠江啤酒项目在IPO业务联动方面取得新进展。

（二）组建区域客户服务团队，开展客户联动营销服务

针对前几次会议上各分行提出的区域联动客户名单，各牵头行均成立了联动营销客户服务团队，积极对客户开展联动营销服务。广东分行牵头组建了珠三角区域分行“商物通”支持团队，推动“商物通”产品联动营销，抢占了珠三角地区优质商业物业信贷市场；针对南方电网的金融需求，区域相关分行共同组建了南方电网服务团队，研究制订了南方电网整体金融服务方案。同时，区域各分行充分利用《中国建设银行珠三角区域跨一级分行集团客户额度授信操作规程》等政策，广泛开展对厦商集团、万利达集团、广州珠江实业集团等区域集团客户的授信，提高了珠三角区域客户服务效率，提升了区域市场竞争力。

（三）组织开展区域产品推介活动

今年4月，福建、厦门分行联合举办“省厦跨区域客户银企座谈会”，邀请30多家跨福建省、厦门市的重要客户参加了座谈会，并向客户重点推介了跨区域集团客户授信以及商用物业抵押贷款、海外融资保函、信托受益凭证等产品，促进了福建省、厦门市分行新产品、新业务的拓展和营销，巩固了我行与优质大中型客户的银企合作关系。

（四）加强公私联动，促进区域公司业务与个人业务的共同发展

区域各分行高度重视公司业务与个人业务的联动发展，积极开展公私联动营销，形成联动营销整体合力，促进公司与个人业务的共同发展。在信用卡发卡联动方面，截至4月底，珠三角区域六家分行新增信用卡发卡57.3万张，计划完成率为42%，远远高于长三角区域（新增发卡35.5万张，计划完成率为21%）和环渤海区域（新增发卡28.7万张，计划完成率为20%）。

三、珠三角区域联动工作要求

（一）要进一步认清形势，加大结构调整力度和金融创新力度

从目前的宏观经济形势来看，通过前一段时间的调控，整个宏观经济向着宏观调控要求的方向转变。但是，我们必须清醒地认识到，目前物价上涨的势头越来越明显，货币信贷超计划投放情况比较明显，银行资金流动性过剩问题突出，通货膨胀压力越来越大，资本市场过热的势头进一步加强，整个国民经济过热的现象依然存在，国家宏观调控有可能进一步趋紧，信贷规模问题将会在今后相当长的一段时间存在。总行各部门、各分行要重点关注由此带来的流动性过剩问题，进一步认清形势，加大结构调整力度和金融创新力度。

首先要进一步加快业务转型，加大客户结构和产品结构的调整力度。要切实做到有进有退，有保有压，新的优质客户要拓展，该退出的老客户要坚决退出，要更加有效地利用现有信贷规模，改善信贷结构，提高资产质量，提升资产盈利和资本回报能力。同时，要加大产品结构调整力度，高风险低收益的产品也要退出。

其次要加大产品创新力度。除进一步推进信托理财、资产证券化等创新业务外，还要重点加强对以下两个产品的研究。一是公司债，这个产品将会是未来几年内国内金融市场成长最快的产品之一。去年召开的全国金融工作会议已明确，公司债将实行公开发行、场内交易，我行要积极争取参与资格，同时要把我们手中优良的客户资源用好，努力把这一潜力业务做大做强。二是对与香港分行联动的内保外贷、外保内贷等业务产品，各境内分行要充分利用好香港分行50亿美元外债指标的额度，以缓解境内分行信贷规模紧张的压力。做好境内外业务联动，重点把握好两点：第一是内部手续要尽可能简化，手续烦琐了，效率就不高；第二是定价要适当增加弹性。香港分行要研究一下，该让利给客户的要让，该让利给境内分行的也要让。境内分行也要考虑到香港分行的经营成本比较高，有些收费也要完全按照国际惯例执行。各一级分行在收费问题上要向客户做好解释工作，特别在当前信贷规模紧张、贷款门槛越来越高的情况下，更要充分发挥价格杠杆的作用。

（二）要加强对重点产品的推进力度

1. 要积极推动小企业业务发展。小企业业务是全行业务发展的战略重点，也是今年对公业务转型的重点。根据全行小企业业务推进计划，今年小企业中心业务发展模式将先在长三角地区及北京、福建、厦门分行做试点。福建分行和厦门分行作为珠三角区域的试点行要加紧研究，加大小企业信贷业务推进力度，优化完善小企业经营模式，确保今年小企业业务目标的顺利完成。其他分行也要高度重视小企业信贷业务，积极探索小企业业务发展。区域各分行要充分利用建行（亚洲）的经验和资源，加大小企业业务境内外联动力度。加强境内外联动力度，共同推动小企业业务发展。

2. 加大收入结构调整力度，积极推进中间业务等新兴业务的发展。今年全行中间业务要实现快速发展，珠三角作为重点区域，各分行一定要高度认识发展中间业务的重要意义，抓住全行整体推动中间业务发展的契机，深入分析区域大型优质客户的中间业务需求，利用我行中长期信贷业务的传统优势，积极巩固和拓展信贷业务带来的国际结算、造价咨询、单位结售汇和各种代理业务等传统中间业务。同时，加大理财、信托、年金等新兴中间业务产品的创新和发展，提高中间业务产品的技术含量和盈利能力，争取在全行率先实现中间业务发展增速超工商银行、增量超中国银行的总体要求。

3. 加大对信用卡业务的营销和推广。珠三角区域总的发卡情况还是不错的，但对公条线发卡情况不够理想。2007 年珠三角区域对公条线新增发卡计划是 49 万张，前 4 个月新增发卡量仅为 16 904张，计划完成率 3.44%，低于全行平均水平，也远远低于长三角（新增 63 357 张，计划完成率 7.16%）和环渤海区域（新增 61 383 张，计划完成率 8.73%）。海南省分行和厦门分行的发卡完成情况较好，计划完成率分别为 13.08% 和 8.26%。信用卡业务是我行今年的战略业务，各一级分行对公业务部门要从全行战略的高度充分认识信用卡营销工作的重要性和紧迫性，利用珠三角区域大量优质对公客户资源和优秀对公客户经理队伍，与信用卡业务部门有效配合，梳理和确定发卡目标客户，制订月度发卡推进实施方案，成立信用卡营销推进团队，采取主动上门营销、团体办卡等多种方式，加大对商务卡、名企卡、联名卡等各类信用卡产品的联动营销推广力度，力争完成全年发卡计划，为我行信用卡业务的快速发展奠定良好基础。

（三）要进一步推进联动信息渠道建设，实现信息资源充分共享

联动信息工作是大家比较关心的问题。要解决这一问题，一方面要建立 IT 系统，另一方面要建立一个经常性的信息联动团队。建议将区域联动信息交换分成两大部分，广东分行为珠三角区域境内信息交换的牵头行，深圳分行为珠三角区域境外信息交换的牵头行，在广东省和深圳市分行分别设立珠三角区域境内信息和境外信息联动团队，负责境内外联动客户日常信息的沟通交流和联动业务的协调，加强区域信息的有效沟通和共享。广东分行和深圳分行要各有侧重，但不能完全分开，还要加强彼此间的信息沟通。同时，信息联动团队要加强调查研究，在调查研究的基础上确定每次珠三角例会的研讨主题和开展形式。要加强对具有区域共性、对全行业务发展具有指导意义的专题研究，为全行业务发展和业务转型提出前瞻性的意见和建议。

（四）要进一步加大联动力度，改进联动方式

下次珠三角联动例会要重点讨论香港分行等境外机构与境内分行的联动问题，要通过联动将境内信贷需求转移到境外，带动香港地区机构业务增长。为确保下次例会的效果，各分行要进一步加强彼此间的沟通与交流，及时总结境内外机构联动中存在的问题，提交会议共同讨论解决。

同志们，希望大家统一思想，齐心协力，切实把联动工作做实做好，推动区域内各分行业务的持续健康发展，全面提高区域分行综合竞争能力和价值创造水平，为全行各项业务发展作出更大贡献。

深化体制改革　夯实管理基础 提高服务能力

——在2007年计财工作会议上的讲话

（2007年3月1日）

庞秀生

同志们：

这次会议的主要任务是，贯彻年初全行工作会议精神，对2006年计划财务工作进行总结，对2007年综合经营计划进行安排，对2007年全行计财工作进行部署。下面我讲几点意见，供大家讨论。

一、2006年工作回顾

2006年是我行在香港成功上市后第一个完整的财务年度。全行计财工作人员在总行管理层的领导下，着力改进和深化管理，努力提高对业务发展的支持服务力度，从财务角度有力地保障了全行战略的贯彻实施。

（一）充分发挥资源配置对战略转型的支持作用，推动了年度各项经营目标的全面实现

在经济资本配置方面，细化了经济资本分配系数，在产品维度的基础上增加了区域、客户和担保维度，信贷类和表外业务类产品的经济资本分配系数由上年的33个增加到62个。调整后的经济资本分配系数更加清晰地体现了全行产品、客户、区域结构的优化要求。经过一年的运行，风险相对较低且为战略重点的产品，通过较低的系数设置获得了必要的支持，当年基本建设贷款和个人贷款增速均达到29%以上；而风险高的产品则通过较高的系数设置得到了适当约束，如流动资金贷款当年增幅仅10%。A级以上客户的公司贷款占比达到83.56%，比年初提高了5.7个百分点。

在财务资源配置方面，集中全行7亿元的人力费用和21亿元的非人力费用，作为战略性专项激励费用配置到全行的重点产品、重点渠道和重点客户上。全年投入29.6亿元资本性支出用于安排营业网点装修改造，14.7亿元用于ATM等自助银行设备，23.5亿元用于计算机等主要生产性运营设备更新及全行战略性科技信息项目建设投入。应该说，去年对战略性业务的财务支持力度是近年来空前的。

（二）合理安排资产总量和结构，进一步探索主动负债管理，全力推动中间业务发展

在贷款管理方面，全行按照国家宏观调控要求，采取多项措施调整信贷投放结构，确保贷款总量新增控制在3 800亿元以内，同时较好地满足了战略性业务和优质客户的信贷需求。

在头寸管理方面，通过增加资金调拨次数、加强备付率考核、优化资金调拨系统等措施，全行备付率进一步下降，人民币日均备付率为2.6%，比上年下降了1.24个百分点，资金使用效率进一步提高。

在负债管理方面，借中国人民银行调整基准利率之机，降低了部分两年期以上单位定期存款基准利率，在国内银行业首次尝试使用利率手段进行主动负债管理，政策实施5个月来，相关单位的定期存款余额减少10.4亿元，降幅为2.8%。严格控制高成本同业存款的增长，同业定期存款占比从年初的29%下降到5%，同业存款加权平均利率较年初下降23个基点。

在中间业务方面，总行建立了季度协调会议制度，加强了中间业务考核力度，各级行加强了组织领导。10个重点产品改革方案中，国际结算、国内保理、保证业务的流程已经完成优化。总行对全行服务业务价格标准及授权进行了第二次梳理，新增服务收费项目154项，调整服务价格标准及授权168项。2006年全行中间业务取得了迅猛发展，实现净收入135亿元，同比增长56.87%，在四大国有商业银行中增速第一；市场份额提升了1.38个百分点，在四大国有商业银行中提升最快。

（三）企业资源计划系统（ERP）财务一期项目和资产负债管理信息系统项目群成功上线，在完善信息基础方面迈出了重要一步

在总行相关部门的密切配合下，ERP一期系统中的总账模块于去年8月在全行成功上线，经费等其他模块也于7月在试点分行成功上线，这标志着困扰我们多年的财务管理信息基础问题开始得到解决。

一是解决了总账和财务报表的数据源问题。ERP总账账务系统建立了与各交易系统的自动接口，能够每日接收交易系统的数据并进行集中的账务处理，在总行层面自动生成总账账务数据和各类财务报表，报表生成速度由过去的1天以上缩短到半天，数据的真实性和准确性也大大提高。

二是通过在会计科目中增加产品、业务条线、责任中心等信息，为精确的成本分摊和多维度盈利分析预留了空间。依托于这种多维度会计科目，ERP财务一期系统还进一步优化了成本分摊过程，实现了自动化和集中化，使分解数据的可用性也有一定提高。

三是实现了经费管理模式的改变。总行本部、山东分行、厦门分行分别进行了经费共享中心的试点，对经费进行集中管理和核算。建立经费共享中心不仅意味着财务处理平台的集中，还支持着财务管理流程的规范和优化。

资产负债管理信息系统项目群一期也于9月成功上线。项目群中部分模块已经正式投入运行，利率等价格监测的时效性、准确性显著提高，贷款定价系统一期已有近2 000名客户经理和价格管理人员登录使用。

（四）持续强化成本控制，成本的产出效率进一步提高

2006年，全行继续着力提高成本管理和控制能力，全年成本收入较上年下降了1个多百分点。

全行的投入产出意识进一步增强。总行对分行的成本安排遵循了投入产出配比的原则，分别按3%～12%的增幅安排各级行基本运营费用，做到“有保有压”。分行成本自我约束的意识和能力也有所增强，出现了部分分行主动将部分费用指标和资本性支出指标退回总行的现象。

集中采购工作继续得到加强。总行完成非IT类采购项目259个，比上年增加了45.5%，采购合同总金额达21.45亿元，比采购预算节约2.91亿元，节约率达到了12%。各分行的集中采购也逐步得到强化，如有的分行对全辖的网络通信费和印刷费进行集中采购，使该费用比上年下降了近20%。年底总行正式组建了集中采购部，探索建设现代企业采购体系。

健全成本控制协调执行机构，完善全行成本控制与重大财务事项审批决策机制。去年总行共审核超授权财务审批事项201个，审核总金额为43.06亿元，建议核减金额为3.77亿元。各一级分行也相继成立了成本控制机构，补充健全了成本控制的议事、协调与决策机制。

（五）推动中心城市行优先发展战略实施，加强全行机构统一规划布局，成功完成美银亚洲并购和交割

总行制定下发了《关于进一步推动中心城市行发展的若干意见》，提出了推进11项集中经营管理的措施。目前，二级中心城市行、直属分行和部分省会城市行已基本完成。总行对计划单列中心城市行扩大了价格和财务管理权限，各分行进一步加大了对中心城市行的资源和政策支持力度。部分中心城市行率先启动了个人银行事业部制的试点。

总行去年制定了《关于营业机构规划指导意见》，并选择在80个中心城市行率先试行。此次机构规划强调以城市为单位，整体规划布局，突出资源导向型的经济功能分区，突出客户分层和服务分类对机构类型的要求。目前半数以上分行已初步完成规划。

2006年我行以97.1亿港元成功地收购了美国银行（亚洲）及其附属公司的全部股权。这是我行首次在境外进行大规模的资本运作，是推动我行海外发展战略的重大举措，使我们得以快速搭建起建设银行在港澳地区的零售业务发展平台，增强了客户服务能力和市场竞争力。

（六）完成了上市后首份年报和中报的编制与披露工作，对提升我行市场形象发挥了积极作用

2005年年报和2006年中报是我行公开上市后向市场和投资者提交的首份答卷，从各方面的反馈看，这份答卷基本是合格的。在披露内容和程序方面完全符合了境内外监管机构的规则要求，满足了投资者和公众信息需求；披露内容较之以往更加翔实、透明，特别是对市场和投资者关注的汇兑损失、净利息收益率（NIM）等问题进行了有针对性的分析解释，在年报和中报公布后，客观、正面的评价和报道成为主流，质疑、负面的评价和报道减少。附录的财务会计报表也完全符合国际财务报告准则的要求。

值得一提的是，作为年报披露基础的财务报告编制工作，上市以来取得了明显的进步。在财务报告编制过程中，部门协作意识和上下级行联动明显增强，财务报告编制及外部审计流程规范。审计调整逐年减少，2005年分行非信贷审计调整153笔，2006年中期为102笔，2006年为61笔。但审计调整的存在以及外部审计师在“2005年管理建议书”中提出的84个问题，说明核算和管理水平还需要不断加强。

（七）完善财务会计制度，强化检查和整改，开展人员培训，持续提高基础性管理水平

一是完善了全行会计制度和财务管理制度。在组织执行财政部新《企业会计准则》的同时，抓住机会，学习国际先进银行经验，制定发布了《中国建设银行会计基本政策》，对我行在会计确认、计量和报告中所采用的基本原则、基础和会计处理方法进行了规范，更好地体现了统一、规范、审慎的要求。我们还制定了减值准备管理办法、所得税核算办法等。

二是在加大财务监督检查力度的同时，健全和完善了财务违规问题的整改机制。2006年财务检查工作的重心就是“抓整改”，先后针对在审计条线开展的全面业务审计、非信贷资产审计和财务专项审计等审计检查中发现的问题进行了全面整改。对检查中发现的财务违规问题，各级行按照总行要求予以逐条登记、逐项督促落实，将整改结果和措施全部报送纪检监察部门及合规部门备案。针对共性问题，总行从制度源头出发，先后下发了以前年度损益调整、权责发生制核算要求、劳务用工费管理等制度规定。为追踪检查整改情况，总行又于年底前组织各分行对本行财务管理情况进行了自查，并直接对8家分行的财务管理状况进行了现场重点检查。

三是进一步加大了计财人员业务培训。2006年，各级分行共举办财务方面的培训班500多次，参加人员15 000多人次。总行利用与战略投资者合作的契机，邀请美国银行、淡马锡的业务专家先后举办了4次培训，在会计管理、绩效管理、信息系统建设、财务组织形式等方面进行了深入的讨论和交流。此外，总行还进一步加强了对专业技术人才的管理，抽调骨干业务人员建立了财务师考试题库，为全行财务师人才的选拔提供了有利条件。

回顾过去一年的工作，我们欣慰地看到全行计财工作在健全机制、夯实基础、改进服务等方面取得了较好的成效，为全行2006年各项经营管理任务的圆满完成作出了自己的贡献。在这里，我谨代表总行管理层，向全行计财工作人员表示衷心的感谢！

在肯定计财工作取得的成绩的同时，我们也要清醒地看到，与国际先进商业银行的管理标准相比，与建设银行的未来发展要求相比，我们还存在不少不容忽视的问题和差距，计财管理的职能定位还需要进一步调整，计财人员的服务意识和专业能力需持续增强，管理手段的先进性和合理性还需要继续提高，信息基础薄弱的状况还没有得到实质性改观，违规风险还未得到完全消除。

这些问题的存在，提示我们计财管理的改革和发展仍然任重道远。

二、2007年综合经营计划安排

2007年综合经营计划的编制工作是按照“三下两上”的要求组织推动的。经过各层级、各部门的反复测算、沟通、平衡，目前已完成“两下一上”。本次会议上将就计划内容和各分行再作一次当面衔接，以充分听取分行的意见和建议。会后将尽快整理，正式下发。下面我就今年计划中的几个问题作重点说明。

（一）关于存贷款政策

在金融市场流动性持续过剩，国家宏观调控政策深入推进的大背景下，总行今年对存贷款业务政策作了精心考虑。总的原则是，服从和服务于宏观调控要求，坚持效益和质量相统一、结构调整和稳定发展相协调、突出战略重点和因地制宜兼顾，努力满足目标客户的合理需求。

要稳定发展存款业务，特别是外汇存款业务。积极推进主动负债管理。

个人类贷款要积极发展、公司类贷款重在调整结构。2007年，全年人民币贷款计划新增3 500亿元，个人类贷款新增1 223亿元，其中个人住房贷款900亿元，个人消费类贷款300亿元，信用卡透支23亿元；支持各分行在总盘子内灵活调剂，增加个人贷款投放。公司类贷款新增2 277亿元，优先保证基础设施贷款，计划新增1 462亿元；适度控制流动资金贷款的增长，全年流动资金贷款计划安排577亿元，其中500亿元专项用于小企业贷款；贴现和转贴现余额压缩200亿元，年底控制在1 400亿元左右，年度中间分行可根据年底控制要求和市场状况安排上浮。

为了缓解贷款需求压力，除了安排好新增贷款投放以外，还要按照“有保有压”的原则利用好回收再贷资源。去年全行公司类贷款回收再贷近1万亿元，今年估计不会小于这个量，这是结构调整的重心。此外，还要做好300亿元的信托理财产品的发行和200亿元的融资租赁业务的开展，并将这些资源优先用于优质客户和重点项目。在投放进度上要注意均衡，全行公司类非贴现贷款原则上要按照上半年60%、下半年40%的比例进行安排，个别地区由于重大项目、重要客户的需求影响可以适当快一些。

适度加大外汇贷款投放。全年外汇贷款计划新增折合人民币64.5亿元。外币贷款计划是指导性的，向总行备案后可增加投放，但不能与人民币贷款计划调剂使用。

要进一步优化贷款的客户结构、行业结构和区域结构。大的方面在全行发展战略中已经明确，今年总行风险部门、相关经营部门会陆续出台信贷政策，请分行认真落实。

（二）关于人民币内部资金计价

今年计划的一项重大政策调整是人民币内部资金计价方式和转移价格水平发生了较大变化。这一变化不仅对分行的财务效益不可避免地产生影响，而且其背后的政策信号将对各行的经营行为也产生深远影响。各行务必要深刻理解这一调整的内涵。

简单地讲，这次计价方式的调整，是将已沿用十多年的内部资金差额管理调整为简化的全额管理。所谓全额，是指按照各行存贷款等资产负债业务的规模、类型和期限等分别计算转移收支，而不再是按照各分行向总行上存或借款的敞口头寸来计算内部资金往来利息。所谓简化，则是指在暂时无法准确根据每笔业务的重定价期限匹配转移价格、严格分离利率风险的情况下，按照大类产品匹配转移价格并计算转移收支。今年底各方面条件基本成熟后，我们将逐步向更加精细的全额计价机制过渡。

资金全额管理是当前国际先进商业银行的通行做法，代表了大型商业银行司库管理的基本方向。招商银行、工商银行去年已经起步，今年可能全部到位。由于信息基础等方面条件的制约，更主要是考虑涉及分行利益的调整，所以我行近年来虽然一直在着手研究这一体系，却没有付诸实施。但当前经营管理中暴露的一些问题，却使我们不得不将这项改革提上日程。一段时期以来，各级行贷款冲动明显增加，几乎所有分行都意识到争取贷款规模是增加盈利的重要渠道，然而从总行层面分析却认为贷款产品的营利性不能过于乐观，产生这一矛盾的一个直接原因是基于资金差额管理的内部资金利率低于市场贷款资金成本。但问题是调整差额资金利率出现两难，上调固然可以遏制贷款，却同时人为地夸大了存款特别是活期存款的收益，会导致基层行集中全力拼存款，影响业务转型。还有一个矛盾是，上下级行转移价格是差额利率，部门间转移价格是基于全额管理的虚拟利率，形成两张皮，影响价值分析和定价判断。

这次调整后的资金价格体系，我们期望它能够灵活而准确地传导出总行的政策导向，并使这一导向尽可能和市场衔接；它能够使各分行、各部门更准确地判断各业务品种的盈利状况，从而合理地摆布各项资产负债总量和结构；而且由于分行和部门使用同一价格体系，其对业务发展导向的判断将更加趋于一致。新的体系肯定需要一个调整完善的过程。总行会以开放的心态持续听取大家的意见，研究新情况，解决新问题。

为了尽可能降低价格体系调整对分行效益的冲击，总行进行了反复测算，应该说目前的资金转移价格调整基本控制在了分行可以承受的范围之内。总行还采取了相应措施平衡对分行的影响。资金转移价格体系调整后，分行政策性剥离资金不再按2.25%计息，而是统一执行相关资产负债业务利率，这有利于各分行的起跑线进一步拉平。总行对部分分行的收入调节系数作了相应调整，主要是对原系数低于1的分行适当调高了系数，缩小了其与中值的差距，部分抵消了全额计价对分行挂钩人力费用的影响。

（三）关于经济资本

经济资本管理政策的调整是今年计划的另一项重大变化。变化重点体现在经济资本计量方法改进以及由此引起的相关政策安排上。

今年信用风险经济资本的计量由系数法过渡到资产变动法。资产变动法通过复杂的数学模型和计量系统，对客户、债项的违约概率和损失水平进行预测及计算，实现对不同对象经济资本占用水平的更为准确的计量，这一方法是目前国际先进商业银行普遍采用的方法。与以往年度的系数法相比，资产变动法着重强调对风险的客观真实计量，而原系数法在计量参数设置时较多地考虑了政策导向因素；资产变动法自下而上、由个量至总量进行经济资本的计量、汇总，而原系数法则是自上而下、由总量至个量进行经济资本的计量、分解。需要说明的是，目前综合经营计划中经济资本计量采用的分配比例是基于存量测算的预计性参数，而年终实际考核时，经济资本将采用风险部门基于系统自下而上、逐个项目计量的实际结果，可能和计划中的系数有一定差异。

采用资产变动法的第一个直接影响是，分行经济资本占用水平普遍较大幅度增长，贷款类经济资本增长的平均幅度在30%左右。我个人感觉总体上这是对我行实际承担的非预期损失在判断上的合理调整。当然，不排除信息基础和技术上的问题，全行上下要多给予理解，共同努力，随着我行风险管理技术的提高和信息基础的改善，计量的准确性会继续提高，在有力支持风险管理和价值管理方面会带来质的变化。为了在客观计量风险的前提下，避免对目前分行的绩效评价和资源配置产生大的冲击，总行在今年的综合经营计划中安排了过渡性的政策，即对2006年底存量信贷资产按新旧经济资本计量方法计算所得经济资本的差额，其对应的资本成本按40%的比例加回分行的经济增加值之中，并据之进行绩效费用挂钩、行长KPI考核和等级行评定。

总行也认真分析了经济资本计量方法变化在产品层面的影响，并采取了相应措施。为引导各分行合理发展外汇业务和表外业务，已将外币贷款和表外业务的期望经济资本回报率从11%调整为8%。在微观层面，资产波动法从机理上更有利于分行进行产品定价和营利性分析。但目前计划预算中使用的大类产品的经济资本分配比例是平均意义的参数，不能将其简单地应用于微观层面。关于微观层面的参数应用，总行风险管理部门正在研究有关指导意见，并正在开发计量工具提供给各级行使用。

（四）关于财务资源配置

资源配置历来是计划安排中的一个焦点。今年资源配置的特点用两句话来概括，就是“战略要支持，政策要平衡”。

“战略要支持”不难理解，近年来总行不断加大对战略业务的资源支持，今年这一力度进一步增大。全行集中49亿元的人力费用，直接用于个人贷款、中间业务、信用卡、网上银行等战略性业务的激励，其中41亿元在经济增加值挂钩费用中安排，8亿元由总行直接补助。值得一提的是，对中间业务配置的人力费用总量接近全部可供分配资源的1/3。另外，集中29亿元的非人力费用，用于战略性业务的市场拓展。资本性支出继续优先保障营业网点装修和转型（37.5亿元）、自助银行设备、POS机及出纳机具等服务渠道建设（14.4亿元），支持信息开发项目等IT科技投入（30亿元）和其他战略性业务发展。

“政策要平衡”则包括两层含义，这两层含义都是今年的政策调整。一层含义是，改变由各部门各自分配战略性费用、分配办法五花八门、有时相互重复甚至矛盾的状况，而采取以各部门意见为基础，计财部门汇总平衡，提出统一的资源分配政策，依据各产品所处的成长周期，分别按照经济增加值、收入或业务量进行挂钩，依程序先后提交资债委和行长办公会审定。今年总行对共30大类、50多小类的产品制订了激励方案。资源事实上仍然用到了各部门的战略性业务上，但分配办法更加系统完整，有机统一。另一层含义是，探索资源配置信号的传导机制，尽可能将信号原汁原味地传导到基层行。今年总行重点选择了部分产品设定计件激励工资方式，希望将总行激励政策直接落实到前端销售人员和团队，加大对价值创造源头的激励。这一做法去年已在个人住房贷款产品上进行了尝试，效果不错，今年扩大到代理保险、销售个人理财产品、百易安、个人高端客户等新增业务上。

三、2007年计财工作重点和要求

2007年计财工作的基本思路是，紧紧围绕全行战略目标，进一步深化管理体制改革，夯实管理基础，切实提高对管理决策和业务发展的支持和服务能力。

（一）统筹谋划落实全年业务目标，推动战略实施

今年综合经营计划虽然在近半年的时间里经过了“三下两上”，但客观地讲，其中大多数时间是总行各部门的测算和协调，真正留给分行的时间不多。这次会后，各分行要把计划吃透落实，还有很多的工作要做。

计划分解绝不是一个简单的分指标的过程，更重要的是以计划为载体谋划落实全年工作任务，执行战略。“任务层层加压，资源层层截留”的计划分解思路和方法已经过时，没有多少价值。各级计财部门要真正把业务部门视为内部客户，工作摆布始于其、终于其，增强服务意识，承担起业务部门的专业支持、战略伙伴的角色，支持和依赖各部门积累人力资本，建设技术能力，抓住可持续的价值增长机会，管理作业成本。这大概就是所谓的银行价值链。而计财职能的增值，在于提高作为内部服务提供者的有效性。财务控制是不可或缺的，但控制只是财务管理流程上的一个点。要组织全行共享财务和非财务信息、内部信息和外部信息；主动支持全行对战略性行动作出正确的价值判断；帮助全行理解政策、理解业务活动的财务意义；不断改进基于价值的评价、考核、激励体系；努力提供高效率低成本的财务操作共享服务。

（二）加快企业资源计划一期系统的推广和优化，稳步推进管理会计工作

基于价值的管理首先要求对投入和行动作出价值判断，而这依赖信息基础、管理会计方法的运用和系统的支持。ERP系统的实施带来了诸多变革，提升了建设银行的财务披露和管控能力，但仅仅是实现了基础性的第一步。即使是第一步，要做到全行范围完整功能的发挥，需要将ERP系统经费与资产模块从试点行推广到全行，并需要有相关源系统的明细数据的充分支持。目前，11家分行已经顺利上线。最迟到今年9月底，要完成全行的推广。能早则早，以支持我行今年第三季度准备内部试行的季度财务报告工作。

与此相关的工作，是今年要借助ERP系统在全行推广建立经费共享中心。各省一级分行要将辖区内经费管理全部集中到二级分行层级；各城市一级分行要将全辖经费管理直接集中到一个共享中心。重要的是要配套优化经费管理流程，使共享服务真正增值。

为了进一步拓展财务应用能力，实现全面的条线、产品、客户、渠道等微观、操作层面的营利性分析，我们还需要加大管理会计的推行力度。从国外银行的实践来看，管理会计的关键一是方法，二是系统，而这两方面我们都很欠缺。方法上，不是缺少基本的理论和模型，而是缺乏如何在银行实务中实施管理会计的经验。今年要尝试在经营管理中选择若干领域，在成本分摊、收入分摊、产品、客户和渠道营利性分析等管理会计方法上实实在在地再进一步。要改进资本投入的价值分析，着眼未来现金流对战略性业务的价值进行的判断。要创造和积累一些简易的流程、模板和案例，供全行学习和运用。系统方面，要在通过学习和实践积累丰富知识的基础上，建设基于数据仓库的财务分析系统，实现知识化。当然前期梳理与管理会计相关的系统数据源、启动需求设计和咨询，是必要的准备和学习过程。

（三）适应变化，更新和完善财务制度、工作手段和管理方法

我行现行的财务管理办法是2002年制定并下发的，2004年曾经修订过一次。时至今日，内外部很多情况都发生了变化，有必要进行一次系统的梳理和完善。在公允价值应用方面，有重点地明确具体的公允价值计量过程和管理要求；在表外业务管理方面，结合我行的业务特点，准确界定表外业务的概念、范围和相关管理要求；在所得税管理方面，重点是采用资产负债表债务法替代原来的应付税款法；在损益管理方面，对执行中的相关办法进行适当的调整和完善，比如要对现行的总行集中计提应付利息和贷款准备金的管理方式进行调整，将相关的会计核算职责返给各分行，同时强化总行在动态监测、数据分析等方面的责任。制度修订中要注意给执行留出合理的灵活性，增加二级分行以上行长和一级分行以上部门负责人的裁量权，同时今后要严格对制度的执行进行检查监督。

要认真审视现行的计财管理工作流程。许多传统但已经过时的内容要淘汰。保留的内容流程要尽可能简洁、统一、规范、标准化、知识化、无纸化，尽可能减少手工操作，减少报表和文件，减少层层制定细则、转发文件。

要完善和深化经济增加值管理，使其更具战略前瞻性，在操作层面上更易理解、分解、执行和考核。要对等级行评定办法和关键绩效指标考核办法进行持续研究和必要的再设计，使其成为支持战略执行的有效工具。

（四）推行全面成本管理，细化落实各项成本管理措施

实施全面成本管理是一项系统工程，也是我行的一项长期战略任务，今年全行要重点做好以下几项工作。

一是借助 ERP 系统财务一期项目在全行的推广上线，以各级行本级预算管理为载体，落实成本主体的成本责任。各级行要深化、细化现有的本级预算管理体系，重点加强本级预算执行的监控考核力度，建立起本级预算执行情况的通报制度。

二是强化投入产出分析，建立后续跟踪评价制度。总行要对现有的成本标准体系进行修订与完善，细化网点投入的财务审核和财务资源配置控制标准，按渠道管理范围、网点类型及不同功能区域，研究制定模块化的控制标准。同时，总行要研究制定全行渠道建设后续跟踪评价管理办法和实施方案，并组织分行对近两年建设的网点进行跟踪评价分析及实施效果后续跟踪。

三是细化费用管理，创新成本管理手段。总行要继续推进费用定额管理，完善、维护已有的费用定额标准，扩大定额管理的覆盖范围，对其他动因明显、适合采取定额管理方式的费用支出项目，如低值易耗品、公杂费等，尽快制定相应定额标准。

四是深化采购管理体制改革，加大集中采购力度。总行采购部已经成立，今年全行采购工作应跨上新的台阶。要实现三个转变：在管理理念上，实现由单纯的控制成本向保障供应、降低风险、创造价值、提高效率的多维目标转变；在职能定位上，实现由采购谈判单项职能向涵盖供应商管理、合同管理的采购全流程管理职能转变；在采购模式上，实现由单项、零星、分散采购向整合全行采购需求、实施战略性采购转变。总行要尽可能地扩大全行性的采购范围，全系统要注意合理控制供应商数量。

五是推进 IT 财务集中管理。结合全行 IT 资源整合和集中模式的转变，今年总行将实现对全行 IT 项目的集中审核管理，分行自行开发的信息项目均要通过总行审核，IT 项目预算随后下达。同时，总行将推动非项目的 IT 预算集中管理，现阶段先集中到一级分行，各级行计财、信息技术等部门要做好配合。

（五）加强研究，坚持创新，提高资产负债管理的全局性和前瞻性

资产负债管理综合性很强，要始终着眼于全局性、前瞻性的问题。资金全额计价、价格管理、利率管理、中心城市行管理等，在全行都牵一发而动全身，我们要尽可能从事务性审批中腾出精力，多从体制层面来研究和解决问题。

资金全额计价是 2007 年的重头戏。各分行计财部门要真正弄懂，解释清，传导好。在对二级分行以下机构推行时，要算好账，有平衡措施，把握节奏和力度，平滑运转。

要减少价格审批，增加价格监测。逐步扩大前台经营部门和基层分支行的自主定价权限，减少价格审批环节，提高市场响应速度。同时总行和一级分行要花大力气创新价格管理方式和方法，做好价格监督和检查工作，使价格管理既灵活高效，又有利于价值创造。

要提高利率的前瞻性研究能力。要加强对市场利率尤其是上海银行间同业拆借利率（Shibor）的研究、学习和应用，结合人民银行利率市场化改革的相关改革要求，探索贴现、同业存款、外资银行借款、信贷资产回购等市场化产品和与市场利率尤其是 Shibor 逐步挂钩的定价机制。

继续推动落实《关于进一步推动中心城市行发展的若干意见》，重点推动“11 大集中事项”的落实。作为中心城市行发展战略的延伸，要加强县支行的研究、分析工作，探索省分行对强县支行新的管理模式。

（六）按照国际一流商业银行的水准，逐步改进我行年报和中报的披露水平，并着手编制和披露季报

与国际优秀公司的年报相比，我们的披露在创造性、明晰度和可读性方面都有不小的差距。2007 年要着力在以下几个方面予以改进：一是以国际标准为标杆，内容要精练但全面，设计印刷要精美但朴素，较大程度上使年报和中报体现出明晰度和感染力，清晰生动地讲述建设银行故事、展现建设银行经营管理亮点、反映企业精神。二是参考香港上市的国际性银行的惯例，增加季报的编制和披露，这对提升我行的市场形象有正面意义，但同时对我们的工作也提出了更高的要求。三是进一步提高财务报告的真实性、完整性和及时性，千方百计减少准则差异。各分行必须认真做好审计调整和管理建议书的整改落实工作，在日常工作中牢固树立按会计准则核算的意识和氛围，严格管理，准确核算，切实提高职业判断能力。四是要建立健全财务报告内部控制体系，以经济事项的初始确认为起点，以控制程序为核心，以关键控制环节为重点，通过动态、持续地评价内部控制的有效性，及时发现内控缺陷，不断提高内控水平，切实维护投资者的利益。今年要在北京、江西和宁波分行试点的基础上，在全行试运行。

（七）加强学习、培训和调研，提高业务素质

转换计财业务职能，不仅仅要求我们在工作态度上由管理转变为服务、在工作方式上由控制转变为互动，更要求我们切实提高对全行管理决策和业务发展的支持与服务能力。计财部门要有能力帮助业务部门发现和把握住能为建设银行创造长远价值的商业机会。这依赖于学习、培训和调研。这不是老生常谈，部分计财岗位终年繁忙，往往容易在这几方面有所忽视。

学习是多方面的，包括管理知识、业务知识，也包括思想方法和工作方法。后者对领导人员更重要。要有不断更新知识的主观愿望，善于倾听和讨论，重视信息与知识的整合共享，在转型环境中成为变革的推动者，并热情鼓励员工创新和探索。

培训工作必须有所加强。在培训的对象上，要分层次合理覆盖，对分行分管计财的行领导、部门负责人和业务骨干，区分不同重点安排不同的培训项目，时间不一定长，但要有时效性和针对性。今年急需培训的新知识、新制度也比较多，资金全额计价、基于资产波动法的经济资本管理、管理会计、新会计准则、ERP 等都需要及时安排培训课程。在座的各位计财部门负责人要首先掌握这些知识和能力，否则工作的组织推动会越来越被动。

调研工作今年也需要摆到很重要的位置上，才能使计财工作始终保持和全行改革发展节奏的合拍。上市以来，我行外部环境和内部改革、发展、创新很快，新情况、新课题层出不穷。要做好计财工作，就必须要抽出时间，多到基层行和前台调查研究，了解情况解决问题。另外一个好的方法是在计财部门内建立对业务部门的服务团队，建立正式的沟通机制，推动信息的交流与反馈。可以探索新的计财管理组织形式，在条件成熟时向部分业务条线派驻财务总监及相关的专业财务人员，为业务发展提供直接的财务服务。

谢谢大家。

在2007年资产保全工作会议上的讲话

(2007年2月8日)

朱小黄

同志们：

很高兴有机会参加保全部门的工作会议。因为去年主抓“双降”工作的关系，我对保全系统和保全工作有了新的认识。资产保全工作和风险管理工作息息相关，这次我从风险管理的角度，专程来向保全系统表达我本人和整个风险管理团队的感谢之意。全行保全系统是一支非常不错的队伍，借此机会，我对大家去年艰苦工作和取得的成果表示感谢和祝贺！

一、保全队伍为实现全行“双降”目标发挥了重要作用

从去年的情况来看，我认为保全队伍具有以下几个特点：一是能打硬仗，并能在关键时刻发挥作用。由于去年初全行做的只是不良贷款率下降的安排，第三季度监管部门要求我行不良贷款“双降”时，我行的情况就变得十分困难。在这种困难情况下，特别是在年末最后二十几天时间内，保全系统加大处置力度，为全行实现不良贷款“双降”目标，发挥了重要作用，可以说，全行不良贷款“双降”目标的完成，很大程度上是依靠这支资产保全队伍。这一点，充分显示了资产保全队伍能打硬仗的能力。也是通过这一点，我对保全队伍有了新的认识。二是有大局观念。去年，资产保全系统以全行工作大局为重，准确地把握了自己的定位和工作重心。保全系统具有很强的大局观念，值得表扬，也需要发扬光大。大局观念很重要，一个部门、一个分行如果缺少大局观念，就失去了灵魂。三是务实、有效率。我开始协调推动“双降”这项工作时，保全部门没有讨价还价，提出的目标任务就坚决完成。6 000万元的激励费用是我主动提出来追加的，总行资产保全部没有讨价还价，而是充分运用这项政策，达到了较好的激励作用。四是通过这几年的运作和建设，保全系统形成了一套成熟的做法，包括理念和运营模式。保全系统成熟地运用已有的工具和渠道，形成了很多成熟的做法。从理念上到方式方法上的成熟完善，不是一日之功，是很不容易的。我希望风险管理系统也能逐步形成一套成熟的套路。

二、2006年的“双降”是在真实的前提下实现的

根据去年初的计算，全行新增不良贷款400亿元，保全处置300亿元，大体上我们有100亿元是需要新释放的。尽管我们提出

了很多实现“双降”的现实困难，但是下半年银监会仍然发出很强的信号，要求我们实现“双降”。

为了保证在真实的情况下实行“双降”，我同有关部门协商，确定了四个基本办法：第一，保全系统加大处置力度。第二，提高审批的效率和力度。不能因为审批的低效率而人为地造成不良贷款。比如该转贷的贷款，由于审批效率的问题，没有实行转贷，进而转为不良贷款。第三，由于更换领导人或总监到位，有些地方将原本不是不良的资产暴露为不良。我提示分行，不能那么做。第四，假按揭从个人贷款转为对公贷款，都要成为不良贷款，但是有一部分实际上经营情况属于正常，不是不良贷款。这一部分贷款可以暂缓到下年初再还原。这些都是实事求是的做法，我们要求分行不能搞虚假信息。

在这个前提下，就境内信贷而言，去年底全行不良贷款额为927亿元。与2005年底的932亿元（审计前）相比，余额下降了几亿元。目前，我们正在跟毕马威协调口径，加上偏离度以后，不良贷款能够控制在940亿元以内。全行不良贷款率为3.26%（境内不良贷款率为3.31%），比上年下降了0.6个百分点。这样，基本上实现了“双降”。我在向银监会汇报的时候提出，我们是在真实的基础上，最终实现了“双降”。其中很有力的一个证明是，年初保全的不良贷款处置任务从280亿元调增到320亿元，真正实现的是384亿元，多出来的这几十亿元确保了我们真实性的实现。所以，去年实现“双降”的含义很不一样，也很不容易。如果去年“双降”没有实现，对建设银行的声誉会有很大的影响。今年我们仍然要面对同样的问题。当然，从管理上我们也要实行一些区别性的做法。比如，在考核上，对小企业贷款、个人类贷款的考核应该和对传统大企业的考核有所区别。风险度比较高的贷款，如果收益能够覆盖风险，那么在考核上应该有所区别。通过和银监会沟通，他们在某种程度上能够接受我们的观点，同时也正在研究这些问题。

三、2007年要继续实现不良贷款“双降”

今年，根据银监会的要求，要继续实现不良贷款“双降”目标。为实现这个目标，我们必须守住不良贷款余额930亿元这个关口，不良贷款率维持现在的水平，即3.3%以下。因此说，今年的形势依然十分严峻，还要拜托各位继续努力。当然，我们也要实事求是。我认为，任务可以低一点，但是工作的目标仍然不能放松。那么，今年应该如何实现不良贷款“双降”目标呢？我想借此机会和大家沟通一下。在这里，我跟大家讲讲去年的情况。根据对不良贷款迁徙的分析，按照去年的测算，从关注类迁徙到不良类的贷款，每年有300亿元。因此，我们必须完成300亿元以上的任务，在真实性的前提下，实现“双降”才是有希望的。

另外，我们也希望将分行的管理纳入一个正常的轨道。比如，近年对不良资产KPI考核指标确定的时候，我跟风险部商量，要有一个趋向公正公平的说法。对于资产优质的分行和资产质量差的分行，要区别对待。大体上，我们划分了几个标准：不良贷款率在2.5%以下的，允许在一定幅度内波动。比如宁波、厦门、苏州、上海等分行资产优良，我们不能用“鞭打快牛”的办法，每年给这些分行下很大的计划任务，加很大的“双降”压力。如果我们下很大的回收指标，这些分行完不成KPI，绩效会受到影响，这样很不公平。对于这些分行，今年允许波动。不良贷款率在2.5%～3%的分行，原则上维持原状，不允许有大的波动。不良贷款率超过3%的分行，必须实现大幅度“双降”。对于这些分行，我们下的任务会比较重。随着政策的调整和EVA指标的考核，不良资产多的分行，最有利的经营策略是压缩不良资产，这是当前的形势。当然，我们希望各级行在这些问题的处理上，包括将来在证券化的处理上，不要搞庸俗的利益观念，算小账，跟总行博弈，特别是算短期账。这些庸俗的利益观会影响整体的大局。从长远来看，这些对于分行经营的改善，甚至是当年的效益都是得不偿失的。

今年如何实现“双降”，从另外一个角度来讲，我认为还要多利用一些新的技术、新的工具。实际上，保全部门已经做了很多突破，运用了很多新的工具。打包出售、证券化、核销、重组等我认为都是应该重点做的。特别是证券化的路子，在社会上已经有了成功的渠道和例子。前几天，我和资产保全部、中金公司一起商讨，如何推进证券化。我们今年如果能够抓紧运作，推出一单几十亿元的不良贷款证券化产品，不但能消化很大一部分不良资产，影响也会很大。不良资产大的分行，应该积极主动地配合总行将资产包的组合搞得更合理，而不要搞小利益。另一个路子是打包出售。如果今年做得好，我们有希望出售部分债权给建银投资，这一部分将会有几十亿元的冲销。

当然，在运用新技术和新方法的过程中，也要防止另外一个倾向，即习惯于传统的手法。当前，保全队伍的作战能力很强，同时也存在习惯于传统手段，不适于运用新的方法、新的手段、新的工具的问题。这一点也是需要防范的，我们还是要接受和习惯新的东西。我们在讨论证券化问题的时候，保全部门的同志提出托管的问题，认为我们自己也能够进行托管。这里面有个观念的问题，一家银行不可能将任何一件事情都做好，社会化本身是不可避免的趋势。我认为，我们的主要精力应该集中在组织一个社会化的过程，而不是扮演社会化过程中的其他角色。聘用中介机构开展证券化，成本通常是销售额的1%。这些支出相对于我们的回收来说，是非常合算的。从长远来看，我们还是要走社会化的路子。每个角色各司其职，只要理清权利和义务就可以了。

四、资产保全系统要提前介入部分关注类贷款

还有一个问题，想借此机会跟大家沟通，即对关注类贷款要真正“关注”。特别是关注类中确定要退出的，我建议保全部门的视线要前移，关注关注类贷款的退出问题。所谓退出就是追收。去年对全国十大不良贷款，我出面同有关部门协商制订方案，并推进实施。今年我想把十大不良贷款和十大关注类贷款作为示范，亲自来抓。也希望各分行的风险总监也要亲自抓，多关注。对要退出的关注类贷款，不提前着手，错过了机会，留下的问题是很麻烦的。等出了问题再处置，保全工作就比较被动了。当然，提前介入的前提是已经确定了要退出的关注类贷款。我已经和公司部门协商，建议这一部分贷款交给保全系统处置。这只是一个想法，我们还要研究。

五、保全系统对于完善风险管理体系，具有至关重要的意义

借此机会，我还想谈谈整个风险管理的一些情况，说说风险管理和资产保全之间的关系。从现在世界活跃银行、先进银行和发达国家的经验来看，管理的坐标就是风险管理。监管部门、中介机构、外部审计、内部审计都是拿风险的标尺来衡量银行的经营管理水平。这是不可回避的事实。一家银行业绩再好，出了案件，也会造成很大的负面影响，这是很现实的问题。也就是我刚才讲的，理念在发生变化。风险是客观存在的，我们应该考虑如何经营好风险。

过去银行在经营发展过程中，经历了一些特殊的发展阶段。比如，我们过去以规模论英雄，事实证明是有很多问题的；我们以效益论英雄，追求短期效益的实现，这样也是不行的。银行的运作仍然存在体制和制度安排上的弊病。现在比较有经验的银行都是以风险管理的标尺作为经营的衡量标准。现在，我们的业务发展中存在一些矛盾。比如，业务发展慢了，有人怀疑我们的审批有问题；业务发展快了，有人照样怀疑我们的审批有问题。这些矛盾和问题，在转换的过程中，是不可避免的。其实，这些问题并不可怕，重要的是我们如何确定风险管理，如何确定整个银行经营管理的脉络，即基本的套路是什么，基本的价值取向是什么，这是一个至关重要的问题。如果这个问题不确定，风险管理就很难做。我们按照巴塞尔协议的要求，已经推出了经济资本管理的一些做法。今年的经济资本要在计量的基础上，真正测算风险有多少，要占用多少经济资本，而不是过去那种规模的概念。将来我们还要做风险限额、风险预警系统，对行业、区域，最终针对每一笔贷款确定风险的界限。这是一套管理方法，同时也是风险管理面临的实际问题。

保全系统对于未来建立完善的风险管理系统而言，是非常重要的一个体系。众所周知，从现代风险管理的角度来看，风险是客观存在的，它不能够消灭，而是需要经营的，即要消化而不是消灭。银行是经营风险的企业，要做到转移风险，消化风险。核销是消化的一个渠道，回收、诉讼、重组，包括证券化等，都是消化风险的基本做法。全行每年新增300亿元不良贷款，我们必须要有消化的办法。加大核销力度很重要，但单靠核销是不够的。对于全行经营来讲，保全是一个重要的支撑，离开了保全，剩下的就是一个不健全的体系，这样是不行的。与此同时，保全本身

就是效益。这一点大家都能够理解，但是真正要把这一点转化成我们的经营策略，也并非易事。就我们目前的情况而言，各分支行的行长的大量精力关注的还是存贷款。刚才罗哲夫副行长在报告中指出，回拨的拨备直接产生效益。实际上还远不止如此。我们现在拨备的能力很强，按照国际会计标准计算的拨备率，已经达到85%以上。按照监管的标准，我们保有的一般拨备额是185亿元。再加上专项拨备，我们按照国际会计准则核定下来的拨备是800多亿元。按照这样的计算，我们的拨备覆盖率实际上已经超过91%，已经远远超过银监会的要求。在拨备充分的情况下，如果我们的资产质量稍有好转，就直接反映为效益。从各分行的具体经营来讲，不良资产余额和不良资产率下降，EVA指标的考核会很快提升，进而整体资产质量会好转。因此，保全系统证明了，风险是可以经营的，也是需要经营的，同时，也是需要花成本、花精力来建立这样一支队伍的。这是风险管理的一个基本要求。

未来我们在整体推进风险管理的过程当中，还有很多地方需要借助保全的方法和渠道，还有更多的工作要与保全系统联手。因此，风险管理系统和风险监控系统，要和保全系统加强联系，加强联动，加强沟通，加强协调。通过这些沟通和协调，通过观念的交换，通过渠道的支持，整个风险管理会更上一个台阶。

在2007年风险管理工作会议上的讲话

（2007年3月21日）

朱小黄

同志们：

经过一天半的会议议程，这次风险管理工作会议就要结束了。这次会议时间安排得比较短，主要是讲求效率，实质性地解决一些问题，从会议的整体安排和进展情况来看都是非常好的，达到了预期效果。下面，我对会议情况作个总结，主要讲三个方面：一是对会议的评价；二是对会议讨论的一些问题再跟大家解释和强调一下；三是讲一讲关于风险条线队伍的建设问题。

一、关于会议的评价

这次会议是在全国金融工作会议和年初全行工作会议之后召开的，大家应该在这个大的工作背景和思想背景下，来定位我们的工作思路和方法。在讨论中大家感觉有这么几点体会。

一是信心足。这次会议总结评价了自2006年风险总监上任和风险条线垂直管理以来总的工作状况和工作成效。总的来说，就我个人来讲是非常满意的。张建国行长、罗哲夫副行长在昨天的讲话中，对我们去年的工作作了全面的肯定。我在跟董事会、其他行领导的日常汇报和沟通中，董事会、董事长、监事长、其他行领导对整个风险管理的工作进程和状态都是高度肯定的，对风险管理工作给予了有力的支持，也寄予了很大的期望。大家也受到了很大的鼓舞，对进一步做好工作充满了信心。过去一年的工作和成效也证明了我们这支队伍是有战斗力的，是能打硬仗的。

二是方向明。这次会议深入地分析了风险管理工作面临的新形势，分析了改革推进中遇到的新情况和新问题，明确了风险管理工作的方向和工作任务。

三是责任大。风险管理在整个银行经营运行中的作用是不可低估的，非常重要的，正因为如此，风险管理的责任也大，要求也高。我们正处在一个体制转换的过程中，处在一个矛盾的交合地带，工作压力很大，在这个过程中会出现一些小的波折和问题，这些都是前进中的矛盾，需要正确对待。值得肯定的是，在这次会议讨论过程中，大家虽然面临着诸多压力和矛盾，但是没有一个发牢骚的，应该以这样的姿态和心态来完成我们的工作。这次会议所提出的工作目标和工作任务，明确具体，求真务实，要求高，责任重，需要脚踏实地，花大力气去完成。

四是会议形式好。这次会议，张建国行长和罗哲夫副行长亲自参加并作了重要讲话，董事会风险委员会部分董事、银监会的领导出席了会议，总行相关部门的负责人也参加了会议，得到了各方的一致支持。在会议讨论和交流中，大家畅所欲言、各抒己见、气氛活跃，通过充分沟通和交流，进一步领会了会议精神，这对于更好地指导和促进今后的各项工作具有积极作用。

总之，这次会议总结了成绩，分析了不足，指明了方向，部署了工作，鼓舞了士气，取得了预期的效果，是一次务实的、重要的会议。

二、关于会议讨论的有关问题

在讨论过程中，大家结合一年来改革推进的实践及体会，提出了一些工作难点、问题和疑惑。在这里，我简单作一个说明。

（一）关于三个“双降”问题

这次会议提出了三个“双降”的工作要求，即实现不良资产额和不良资产率双下降，实现不良贷款额和不良贷款率双下降，实现操作风险案件发生额和案件发生数双下降，这实际上也是贯彻落实全面风险管理的重要内容。最近，张建国行长提出了希望能够促使建设银行脱胎换骨、改进基础管理的8个方面的课题，并要求马上启动，其中全面风险管理与《巴塞尔新资本协议》实施课题由我来牵头，我已经召开了会议，目前正在落实之中。对于风险条线人员来讲，首先要有全面风险管理的理念，要跳出单纯的信贷风险管理的框框。信贷风险管理仍是风险管理的一个重要领域，但作为风险管理的推动者和倡导者，风险管理人员必须要有全面风险管理的理念。对总行来讲，在信用风险、市场风险、操作风险三大风险领域都要采取一些措施；对分行来讲，主要就是三个“双降”的问题。

最近总行正在采取一些措施：在信贷风险管理方面，要强化现有体制、制度、标准等建设，加强对信用风险的控制和防范，加大对信用风险的转移，要研究一些转移的手段和方法，促进业务的战略转型。现在我们整个资产中信贷资产占60%左右，在收入结构上大约有55%是利差收入，从总体的风险结构上讲是有问题的。那么今后怎么办呢？就信贷资产而言，要多运用一些衍生工具，多运用一些转移风险的方法，增加中间业务收入和其他业务收入，把信贷风险转换成其他的风险或者转移给其他愿意接受这个风险的投资人。可以通过证券化或其他一些债券交易、票据交易来解决这些问题。

在操作风险防范方面，过去我们的管理体系有一些问题还比较分散。现在很多的案件是业务流程中发生的不合规问题、违规操作问题，这些问题表现形式是案件，实际上是操作风险。防范操作风险是风险管理人员不可回避的责任。从去年以来，我也在参与案件综合治理工作，并担任案件综合治理领导小组副组长。前段时间，根据银监会的要求，我牵头相关部门做了一个案件防范治理方案，监察室和有关业务部门把前3年的200多个案件作了一些技术性的分析，运用数学的分析方法，分解之后通过帕累托图形把案件结构表现出来，可以清楚地看到发案最多的部门在哪儿，发案最多的区域在哪儿，发案最多的人员是哪些，把案件作细致的技术分析后，有针对性地采取一系列措施，通过这个过程，实现对案件从治标到治本的综合治理。在行领导的挂帅和推动下，现在这个方案已基本成熟，银监会、董事长也对方案进行了充分肯定，待董事会审议通过并报银监会批准后，在全辖落实执行。这个事项表明，首席风险官已经比较深入地介入了案件治理和管理，实际上也就是操作风险的管理工作，这个是我们的责任，不能回避。这次在张建国行长的讲话和工作部署中都已经很明确地讲了这个问题，希望大家要有深刻的理解。

实现三个“双降”，尤其是实现不良资产和不良贷款的“双降”，今年的形势还是比较严峻的。最近，我也亲自参与，对全行前十大不良客户、前十大关注类客户进行了深入分析，采取了一户一策的针对性措施，希望各行也照此办理。第一，要根据实际情况，至少重点抓好十大关注类和不良类客户的管理。第二，要统筹安排，早做准备，做好今年的不良贷款核销工作，要加强与保全部门的沟通，同时更要支持保全部门的工作。第三，今年总行正在想办法在资产证券化问题上寻找出路。其中对不良资产的证券化，我也亲自出面，跟保全部门与中金公司一块儿研究，希望今年能够做50亿~80亿元的不良资产证券化。当然，不良资产包的组合要合理，要能够有现金流、有回报。在这个过程中，也希望各行有大局观念，配合总行做好这件事情。第四，在操作风险的管理方面，除了案件治理外，总行发布了13个关键风险点，希望各行务必要把关键风险点的监控检查工作做实做细。对关键风险点的监控流程可能有复杂的一面，但基本精神是清楚的，希望大家不要纠缠于某一个词汇的表达，纠缠于某一个流程跟哪一个网点合不合适，如果纠缠于这些就失去了管理的目标。做这件事的关键，就是让风险经理这支队伍把我们最不愿意出现的结果看住，去激活业务的内控管理机制，而不是替代业务检查。我已经讲了，信用风险的管理主要不在县级支行，县级支行风险经理的主要职责就是盯住这些事，去看一看，激活管理。那么用什么形式呢？总行规定了些方法和形式上的要求，这是非常必要的。当然，各行可以根据具体情况作适当调整，比如监控检查的频率，但要有根据，要科学管理。希望大家能把这个问题搞明白，既不能复杂化，也不能没有一定程序。

实现三个“双降”要靠各种具体的技术措施，思考和处理问题的方式要有技术性。前段时间，根据张建国行长的批示，由我组织解决挪用资金的问题。对这个问题的解决不能用常规的做法，我们采取的核心措施有三条：第一，禁止某些个人行为，比如购买非福利性彩票、经商等。因为买彩票是一种博弈性质的活动，博弈会带来铤而走险，这类事情必须严令禁止。第二，要跟客户经理、客户、会计三方面对账。第三，监测资金流向，防止挪用客户资金。我讲这件事情的目的是要告诉大家，总行风险管理部门与风险总监要技术性、业务性、专业性地去处理这些问题，不能仅提原则性、口号性的东西，最终不了了之，要提出具体的方法和手段。

（二）关于政策执行力问题

一是总行、分行风险管理部门要根据市场变化，及时对相关政策进行重检和调整。过去我们出了问题，往往一味地指责业务部门，这是不行的，有些过时的政策制度要及时调整，要提高业务效率。当然，业务部门不执行这些政策制度也是不行的。二是各业务条线、各分行要把当地市场、客户变化情况及时反馈给风险管理部门，提出相应的政策调整建议。三是信贷审批不是简单地对申报项目“拿尺子量”，要根据项目的具体情况来做取舍，消化、安排好风险。风险管理就是不确定性管理，企图得到确定性结果再作结论是不行的。对此，审批人要在观念上做好调整，不是把风险标尺降低了，而是善于取舍，善于比较商机、收益与风险的关系。讲执行力，就是在理解问题本质的基础上做事。在信贷审批方面，要继续推进审批体制和方式的改革，坚持推行信贷审批“五项基本原则”。当然，在具体的实施细则上可以调整，在制度安排上要留有通道，如对确实不错的客户，在某个阶段的资产负债率超过我们的标准的，也可以做，但要跟公司部门一起作个判断。

（三）关于重大风险事件报告问题

一是对重大风险事件，在各条线按照规定报告线路各自上报的同时，风险总监要在第一时间上报总行风险监控部。风险部门在报告事件时不要有顾忌，要客观地、实事求是地把事情原貌报告上来，以便于上级行进行判断和决策，不要在流程上绕来绕去，这也是关系到企业文化的问题。二是对风险事件的上报内容，不仅要上报事件的结果，也要分析事件发生的原因、对我行业务可能产生的影响，并提出相应的处置对策和措施。三是要拓宽风险信息的来源渠道，增强信息敏感性。各级行要设置专门的岗位，盯住社会公众媒体、互联网等有关客户的风险信息，及时进行跟踪、分析和研究，提出应对措施。

（四）关于县级支行风险经理的岗位职务设置问题

县级支行的风险经理属于管理岗位序列，平行作业风险经理为专业技术岗位。对这个问题，总行将按照政策的总体安排，通盘考虑，尽快出台文件予以明确。

（五）关于集团客户风险管理问题

总行正在做几件事情：一是根据张建国行长的要求，对去年初以来发放的集团客户贷款进行全面梳理。二是在全面梳理的基础上，进行集团客户基础资料、信息的收集，数据的整理，把数据库建立起来，特别是列出关系树。而且要录入到OCRM客户管理系统里去并实时更新。前段时间，我专门召开协调会并对此项工作进行了布置。三是对集团客户管理部门、风险管理部门的职责关系、业务范围的重新梳理和调整。四是进行集团客户授信方式的调整，包括申报材料的调整。对集团客户必须要进行综合授信，考虑到牵头行的实际管理难度，对全行一定范围内的大的集团客户也可以由总行直接组织进行。

各级行要根据自身特点，研究集团客户风险管理的具体措施，有效防范客户风险。对集团客户已经进行统一授信的，不允许各级行在统一授信额度外再对其成员企业进行单独授信；未进行统一授信的，要抓紧申报。

（六）关于授权管理问题

一是我行“先评价、后授权”的管理办法得到了监管部门的充分肯定，这个基本原则要坚持。二是现行的《授权等级评价办法》，对市场、客户、各级行的风险管理水平等因素考虑得仍不够充分，应该加大对资产质量、市场潜力、管理水平方面的评价权重，使授权等级与区域战略相协调。三是差别授权不能搞“一刀切”，一方面，根据不同授权等级进行差别授权；另一方面，对不同信贷产品的授权在不同区域要有差别。四是随着各级行风险管理水平的提高、经验技术的积累，总体授权权限要适当扩大，以适应市场、客户需要。五是各一级分行对二级分行、市场潜力大的县级支行，要根据实际情况和需要，适当扩大转授权。

从总体上看，现行的授权体制仍然带有一定的治理性和针对性。20世纪八九十年代中国银行业的切肤之痛，造成了我们在某些事情上的矫枉过正。各种权限的上收，一方面排除了各级行在经营运行过程中地方因素的干扰，但同时也带来了效率问题。现在的独立的风险体制设计与层级制的经营体制安排仍有一定的矛盾，垂直化的决策权与层级制的经营责任还有不对称的地方。审批人要理解和把握好分寸，既要守住底线，也不能简单地“量尺子”，不能稍微有一点看不清楚就否定，那分行的业务还怎么干？不能拿国际上先进银行的标准来衡量中国的市场，也不能拿华东、华南的标准来衡量西北、西南的项目。随着管理水平的提高，风险垂直管理后，在保证有效沟通协调的前提下，适当加大放权力度是一种有利的做法，有利于消化体制上的矛盾。今年的授权方案要作相应的调整。但我在这里要提醒大家的是，给分行的授权大了，也意味着风险总监的责任大了，要慎用权力，科学使用权力。

（七）关于经济资本问题

今年开始采用资产变动法对全行经济资本进行客观计量，资产变动法就是把历年的损失率计算出来，相对于简单的系数法，更加逼近于真实。总行已下发参考材料，组织相关培训和答疑。对经济资本计量结果的运用，总行正在起草相关文件，预计3月底4月初下发。各级行应加强学习，加深对新方法的理解，同时做好基础数据管理工作，提高评级覆盖率和准确性。

数据是银行决策的主要依据，我们现在的数据积累还很不够，还有个过程。大家要加强对新的技术手段的研究，加强这方面的培训，需要总行提供培训或技术方面支持的，总行会全力以赴给予支持。

（八）关于改革推进问题

去年我行在国内同业中率先推出了风险垂直改革，并取得了显著成效，改革的方向得到了监管部门的肯定。现在已经推出的各项改革措施，各级行要抓紧到位，不要观望，不要等待，没有做到的要抓紧补课，尽快赶上来。近期总行将组织专项调研，对改革推进情况进行总结和评估，在此基础上来考虑下一步推进或调整的内容。毋庸讳言，我们在改革推进过程中可能还存在一些问题，都需要进行客观的评价，该调整的要调整，该坚持的要坚持。

（九）关于平行作业问题

总行已提出了具体要求，明确了时间安排，要抓紧做到位。要正确处理平行作业风险经理与客户经理、经营主责任人的关系，保证平行作业的质量和效率。在推进平行作业的过程中，要进一步加大贷后管理力度。

对于讨论中提出的其他一些具体问题，风险管理部、风险监控部、信贷审批部要分别进行专门研究，在网站上进行集中解答。

三、关于风险条线队伍建设问题

目前，全行已经初步建立了一支包括风险总监、风险主管、风险经理以及各级风险管理人员在内的专业风险队伍，较好地履行了各项职责，在推进风险管理体制改革、加强政策制度建设、夯实管理基础、提高资产质量以及培育风险文化等方面，做了大量卓有成效的工作，得到了董事会、总行高管层以及监管部门的充分肯定。

最近，总行对各级行风险总监的2006年工作情况进行了考核。考核的总体情况还是不错的，我也跟一些分行的行长进行了沟通，分行总体上对风险总监的工作是满意的。目前风险总监与分行领导人员 KPI 年度考核挂钩的部分还没出来，这次考核的内容是业绩指标和管理指标两部分，满分是 80 分（其中有 10 分的加分项）。考核工作完成后，将会给风险总监一个反馈单，包括考核得分和档次等。

从考核的总体情况看，绝大多数风险总监能够认真贯彻落实总行的总体要求，结合自身工作职责，勤勉敬业，勇于进取，团结协作，廉洁自律，在积极推进所在分行风险管理体制改革、不断夯实管理基础、有效提升风险管理水平等方面取得了较好的成效，普遍得到了分行的较高评价和认可。

——改革推进方面，大多数风险总监能够有效落实总行各项改革措施，积极推动改革各项工作，全行风险管理体制改革进展顺利，并取得了初步成效。

——履职表现方面，大多数风险总监在思想政治素质和政策观念、领导作风、廉洁自律、组织领导协调能力、决策控制能力、业务水平和创新意识、敬业精神、工作实绩等方面得到了总行和所在分行的一致认可。

在昨天会议讨论的时候，有的风险总监提到，风险总监既要敢于说“NO”，又要敢于说“YES”，这是个很重要的问题。说“NO”，就是要守住底线，“NO”掉不能接受的东西；对能接受的风险以及收益能够覆盖风险的项目，也要有说“YES”的勇气和水平。判断越准确，风险就越小，个人风险也越小，糊里糊涂地、简单地去处理，反而更有问题。同时，风险总监还需要跟分行“一把手”、各业务部门保持良好的沟通，在考核过程中也发现个别行的沟通能力不行。沟通也是艺术，是工作的必要工具和手段。另外，同资产保全部门、监察部门也要保持良好的沟通，互相协作，互相支持，做好操作风险管理和不良资产的“双降”工作。

从总体上看，风险总监到位以来做了大量工作，取得了积极的工作成效。但我也想提醒大家的是，个别现象也值得关注。比如说，第一种现象是飘飘然，从原来没有掌握这么全面的管理资源，到成了非常重要的核心地带的人物，有点找不到感觉。第二种现象是惶惶然，自己没底气，对一些事情的判断不清楚，不敢贸然行事，不敢承担责任。这就需要加强学习，尽快进入角色，尽快熟悉业务环境、业务规则，学会驾驭系统，学会驾驭干部，学会驾驭业务流程。第三种现象是茫茫然，摸不着头脑，没有清晰的工作思路，拿不出方法，需要赶快理清思路。第四种现象是昏昏然，亟须学习和掌握整体经营管理的思路和进行正确的职业定位。

当前要加强学习。一是要加深对风险管理的理解。我最近也作了一些关于社会一般风险方面的研究，有些社会学家提出，现在是一个风险社会。什么是风险社会？在自然社会的时候，人跟自然关系的不确定性比较大；到了工业社会，主要风险是污染、爆炸等，因为人的社会活动因素越来越复杂，不确定性越来越大。做风险管理的，一定要明白这个道理，明白了这个道理，就不会做愚蠢的事，不会简单地去处理这些问题。二是要提高业务素质，提高判断能力。三是要提高思想素质，包括思想建设、作风建设和组织纪律建设。四是要提高领导能力。当然，学习需要假以时日、积累经验，要多思考一些问题，多做一些事情，不要怕挑战、怕失败，但越过底线的东西是不能被接受的。要按照总行的要求做，执行总行的规定，推行总行的措施，落实总行的要求。

要继续按照改革方案要求，加强风险人员的配备工作。风险总监要根据各级行实际情况，向分行党委汇报，争取分行支持。同时，对风险经理、审批人数量与业务量的配比关系进行调研，向总行提出建议。

另外，为了表彰风险条线的优秀员工，总行这次评选出 200 名，授予他们“2006 年度中国建设银行优秀风险经理”荣誉称号，并颁发证书和奖金。大家要向这些优秀员工学习，作出更大贡献。

这次会议结束后，大家要把会议精神和基本要求向分行党委及“一把手”进行专门汇报，特别是把今年风险管理工作的总体思路和主要工作部署跟分行工作人员沟通清楚。要继续扎实做好 2007 年风险管理各项既定工作，保证各项任务的完成。

狠抓落实 认真完成好全年审计工作任务

——在2007年审计工作会议上的讲话

(2007年3月8日)

于永顺

同志们：

刚才，谢渡扬监事长充分肯定了去年审计工作取得的成绩，分析了当前审计工作面临的形势，明确了今年审计工作的总体要求。大家一定要深刻领会，认真思考，积极贯彻落实。

根据会议安排，我想就去年的工作情况和今年的工作任务，再讲几点意见，供大家讨论。

一、2006年审计工作回顾

（一）深化体制改革，完善管理机制，巩固和扩大改革成果

2006年，随着总行垂直管理内部审计体制的全面运行，经过总分行及相关部门的协同配合，体制改革配套措施得到进一步落实，审计部门在汇报路线调整、组织机构和人员结构优化、完善管理机制等方面做了大量的工作，总行垂直管理内部审计体制运转顺畅，并呈现以下良好趋势。

一是全局意识增强。各级审计机构在项目计划和日常工作安排方面，严格执行总行统一部署，特别是对于重点审计项目的资源配置，能够从全局出发，服从全行工作需要，及时提供必要的技术和人员支持，供总行统筹安排和调度，集中审计力量用于重点项目。

二是工作独立性得到维护。随着全行垂直管理内部审计体制的建立，各级审计机构及时适应体制变化，独立开展审计项目，加大审计力度，严格执行新报告线路，工作独立性得以维护和提高，特别是上海、武汉等审计分部和江西、广西、湖南、甘肃等总审计室的重要审计发现及时上报总行，得到总行的高度重视。

三是管理集约化水平提高。审计分部与驻地总审计室进行了优化整合，安徽、黑龙江等6个总审计室共撤销了20个审计办事处。针对总行垂直管理的特点，采取措施加强审计业务管理，完善审计系统人员和财务管理制度，落实审计系统激励与约束机制。大部分审计机构能够按照全行业务单元制管理模式，及时调整自身管理思路和模式，梳理和完善原有内部规章制度，细化操作方法，管理模式由以往的相对粗放化逐步向精细化转变。机构层级的精简、管理模式的转变，提高了审计工作的集约化水平，为统筹调配审计资源、降低管理成本和提高审计工作效率提供了有力保证。

四是工作主动性和积极性提高。随着改革的逐步深入，各审计机构从管理理念到工作方式都有了很大的转变，从以往单纯依靠上级分派任务，逐步转向自身积极思考、认真研究、主动开展各类工作，并结合自身特点不断创新工作方式方法；在加强内部管理、提高审计质量、查找重要问题能力、运用先进技术方法、与分行沟通交流等方面，工作的主动性和积极性得以提高，并涌现出以“中国建设银行突出贡献奖”获得者王明珏、“中国建设银行十大杰出青年”陆怡烽为代表的一批先进人物。

（二）突出审计重点，强化质量控制，审计成效显著

2006年，审计部门着重关注规范经营和防范风险的重点地域和产品，以组织实施总行规定的系统性审计项目为突破口，集中优势资源，强化团队交流合作和知识技术共享，充分利用各类先进审计技术方法，强化质量观念，树立精品意识，共组织开展了全面业务审计等15大类系统审计项目，各级审计机构还结合自身情况开展了各类自选审计项目。

据统计，审计系统全年共完成审计项目3 300多项次，提出审计建议16 800多条，建议采纳率71%。针对审计发现的重大问题，审计部编报审计要情9期、审计简报33期。

综合来看，全年审计项目执行效果较好，发现了多起重大风险隐患，审计力度、深度和质量较以往均实现较大进步。审计项目组织和成果较以往相比，发生了一些显著和可喜的变化，主要表现为：

一是审计的领域及深度进一步拓展。全年审计系统在开展了15类系统审计项目的同时，各级审计机构还开展了大量自选审计项目，审计内容涉及中间业务、中小企业现状、重要空白凭证和重要物品管理、教育储蓄、个人外汇存款、保函业务等多项业务。

例如，为进一步发挥审计评价和建设职能，运用“6C”审计评价体系，继续开展有关12个分行的全面业务审计，尝试开展部分中心城市行竞争力审计调查；完成对全部一级分行和二级分行的内部控制年度评价；围绕全行工作重点，加大对信贷和财务等传统业务的审计力度，开展公司类贷款五级分类及新增不良贷款的真实性审计和财务管理审计；加大对新业务领域的审计力度，开展了信用卡、债券投资、资金清算、电子渠道等专项审计。此外，还完成了任期经济责任审计、代理保险业务审计调查、对公委托贷款和利率数据信息质量审计、海外机构年度审计、非信贷资产审计等项目。

二是审计发现的影响力明显增强。全行审计机构充分发挥体制优势，突出审计重点，加大审计力度，深入分析挖掘，揭示了集团客户授信控制弱化、历史遗留的工会自办实体的资金清理不合规、应付工资长期挂账、利用贷记卡套现、票据业务风险隐患和流程不合理等一批具有代表性或普遍性的问题，同时，发现了账外经营银行承兑汇票业务，内部员工串通套取个人存款高息，涉嫌窃取、个人占用和挪用客户资金等重大违规问题，引起了较大反响。

三是运用先进审计技术工具的能力不断提高。在审计项目的开展过程中，利用非现场审计系统等计算机辅助审计工具，提升了项目整体质量，提高了工作效率。尤其是信贷业务审计监测项目，通过建立审计模型，以计算机非现场审计为先导，以函证或现场核实查证跟进的方式实现对信贷业务的动态监测，及时发现了风险隐患，极大地提高了审计覆盖率和工作效率。

四是审计信息的全面性和及时性得到保障。通过拓宽审计信息交流渠道，规范审计信息的报送制度，各级审计机构报告重大问题的数量和及时性有了明显提高。特别是对于规模较大、耗时较长的审计项目，除审计要情和审计简报外，还通过中期报告、简要报告、专题分析报告等形式，及时为董事会和高管层提供参考信息。

一系列重要审计发现和相关审计信息引起了总行领导的高度关注，多次对整改工作作出批示。例如，依据董事会审计委员会的提议，总行领导亲自主持研究制定系统性的审计发现问题整改工作流程，主持现场办公会研究整改和后续清理工作。针对有关审计项目成果，总行党委听取了审计部的专题汇报；在总行领导的推动下，总行细化了审计发现问题整改流程，明确了整改工作的牵头部门，上下联动，大力促进了审计发现问题整改工作的开展。针对审计发现的各类问题，总行相关部门和各一级分行积极与审计部门联系、沟通，就相关问题开展探讨和交流，及时召开问题落实整改工作会议，下发整改通知等，同时注重从源头入手，完善制度，采取各类措施加强自身内部管理。

（三）夯实基础管理，着眼长远考虑，提高审计能力

一是对审计工作进行全面规划。为增强审计工作的主动性和预见性，创造内部审计成功运行的长效机制，总行制定了《中国建设银行2006—2010年审计工作规划》，明确了全行审计工作的发展方向和目标。在规划中，明确提出以审计队伍、审计规范和审计技术三项建设为核心，建立健全科学、规范、有效的内部审计体系，充分履行内部审计作为风险防范第三道防线的职能，努力发挥内部审计在风险管理、内部控制和公司治理中的作用，进一步提升审计工作的价值和作用。

二是加强审计规范建设。

——适应公司治理结构的变化，借鉴国际内部审计实务标准及其最新发展趋势，组织修订了《内部审计准则》，进一步规范审计行为，使内部审计准则体系更趋简洁和务实，能更好地适应建设银行内部审计的发展要求。

——组织开展《内部审计实务操作手册》的编写工作，按照不同的业务种类和主要审计项目类型，为建设银行的常规审计项目建立操作模板，对应地介绍其业务处理、会计核算，提供相应的审计方法，分门别类地为审计人员提供各项审计业务专业化和模块化的操作指引。

——动员全审计系统力量，汇总2003—2005年内外部审计检查发现的问题，按业务单元、内控要素、业务环节对问题类型进行全面梳理，逐一提出对应的审计依据、查证步骤指引和问题词条，从而为审计人员提供了又一项有价值的审计辅助工具，促进了审计工作效率和项目质量的提高。

三是加紧技术改进和创新。在系统范围内推广使用审计计划体系，开展风险评估，确定审计重点，提高审计项目设置的针对性和科学性；提高非现场审计和现场审计的有机结合程度，通过运用非现场审计系统为审计计划、审计方案的制订提供支持，并在项目开展过程中为寻找重要审计发现提供线索；以非现场系统为平台，逐步建立各审计机构对特定主要业务和重要风险事项的全面、系统、连续、动态的审计监测与分析报告制度，目前信贷业务审计监测模块已经建成并投入使用，运行结果良好，负债业务审计监测的模型也已基本完成；制定了新的聘（任）期经济责任审计办法，规定了聘（任）期审计主体、审计客体、评价方法等多项内容，形成了以指标评价基础，定量评价和定性评价相结合的全新的聘（任）期审计评价体系；此外，还完成了《IT审计规范体系建设项目》的前期准备工作，并已经启动内部控制审计评价体系的修订准备工作和审计管理信息系统优化工作。

四是完善和落实审计系统的人员管理和财务管理。根据实际情况，在相关部门的配合下，顺利组织完成了审计系统财务预算编制及相关预算调整工作，研究完善了审计系统薪酬体系，尝试了审计项目费用的专项管理，加强了审计机构财务管理行为自律；将审计机构负责人的日常活动纳入总行管理范围，严格请假审批和日常活动报告制度；组织开展了审计系统管理岗位聘任工作，充实了审计队伍各层级力量。在这一方面，总行人力资源管理部门和计划财务管理部门为我们做了大量深入细致的工作，解决了不少困难，相关管理政策和措施得到了完善和落实，有力地支持了审计改革和业务工作的开展。

五是加强业务培训工作。各级审计机构综合利用各类资源和技术，拓展培训途径，丰富培训内容，提高培训的针对性。为了不断提高审计人员的职业技能，总行制定了《2006—2010年审计人员职业培训规划》，组织了《审计岗位培训教材》的改版编写工作。全系统根据各自的实际情况，采取了短期集中培训、月度培训、网上远程培训、选派骨干参加总分行有关部门的培训等灵活多样的形式，加强培训工作，逐步建立了高效率、多元化的审计培训模式。

据统计，2006年全系统共举办审计业务培训班1 200余次，参加审计业务培训28 400多人次。例如，总行针对审计核心人员、关键技术和审计质量等重点，组织开展了高级审计管理人员境外培训、中高级审计管理人员业务轮训和主审人培训等7期专题培训。值得一提的是，总行集中资源对全系统300余名处级以上中高级审计人员就新修订的内部审计准则进行了轮训，并听取了优秀审计方案、审计报告及项目组织的讲评，培训规模和力度之大，在系统上下引起很大反响。

2006年是审计体制改革成效得到全面显现的一年。针对2006年审计系统各项工作的情况，郭树清董事长专门批示“审计工作卓有成效，望能再接再厉”，谢渡扬监事长也对我们的工作给予了充分的肯定。我们取得的各项工作成果，得益于总行党委、董事会、监事会和高级管理层的高度重视，得益于总行领导和董事会审计委员会的正确领导和精心指导以及有关部门和机构的大力支持配合，同时也是全体审计人员共同努力的结果。

同志们，我们很多审计人员克服了自身和家庭的各种困难，坚持工作在审计一线。在此，我对全体审计人员付出的劳动和艰辛表示衷心的感谢！

二、认真完成好2007年各项审计工作

监事长从外部环境要求、银行内部改革发展需要和我们的自身实际等方面，深入分析了审计工作所面临的形势。我们面临的工作压力和挑战非常直接，而我们自身的困难和不足还不少，差距还不小，除刚才监事长重点提到的，还有一些问题在不同机构、不同层面有所表现，在此不再展开，虽然形式和程度不一，但是值得我们在座各位深入研究，寻找有效的对策。

关于今年的审计工作，总行已经下达了系统审计项目计划，各审计分部和总审计室也上报了自选审计项目计划。监事长已经提出了总体要求，并就资源配置、交流合作、方法手段、制度落实、机构整合、队伍建设等方面进行了重点强调。这些内容对我们做好今年的工作都非常重要，非常切合实际。关键是要狠抓落实，有效执行。

结合监事长的要求，2007年审计工作的总体思路是：围绕全行中心工作目标，从提高审计工作集约化、专业化、规范化和信息化水平入手，改进和创新审计技术及方法，提升审计工作层次、质量和效率，为建设银行的改革发展作出新的更大贡献。

具体来说，我们要下力气重点做好以下几个方面的工作。

（一）强化基础管理，提高审计工作的集约化和精细化水平

一是相关机构要积极稳妥地做好整合工作。今年，相关机构将进一步加大集中管理力度，实施审计办事处的撤并工作，实现人员的集中管理。此项工作一定要统筹考虑，妥善安排，总行相关部门要加强指导，及时帮助有关机构开展工作，结合实际制订方案，认真落实人员调整和固定资产移交等具体事项。相关人员要提高认识，服从大局，正确对待改革带来的变化。有关审计机构要切实做好思想工作，加强沟通，积极争取驻地分行的支持配合，稳妥安排人员，协调解决矛盾和困难。

撤销审计办事处集中到总审计室直接涉及人员的交流，总的进展按总行的总体部署进行，但实践中出现的新情况要求我们进行更进一步的研究和调查。能否建立一种更加有效的机制，审计系统交流人员和驻地分行要达成一种共识，形成顺畅的操作机制。

二是统筹安排审计资源。为实现总体工作目标，各级审计机构在审计项目安排、资源配置、重点业务单元和关键技术研究等方面，应服从总行统一调配，以大局为重，树立全局观，在相关工作的开展上应提供必要的人员支持和技术支持；在安排自身工作时，应充分考虑人员特点和业务水平，对审计资源进行科学、合理地配置和调度，加强项目之间的协调性，避免重复进点，集中优势审计资源攻克重点项目。

同时，要提高资源配置的灵活性和机动性，我们要提高对风险的敏感性和前瞻性，要强化审计风险意识，对于薄弱环节和部位、审计盲区加大力度，对于重大风险事件和风险隐患能够迅速作出反应，对全行中心工作及热点、难点问题等进行跟踪，使审计工作与全行整体经营发展衔接得更为紧密。今年总行在制订全行系统审计项目计划时已考虑了这一点，并要求各审计机构要结合实际，考虑到区域特点，周密计划，合理安排。但从各审计机构上报的自选审计项目计划看，有的机构还体现得不够，只有全面业务审计、内部控制审计评价项目，没有针对性较强的项目，需要适当改进。

三是加强审计系统上下沟通和联系。一方面，总行要帮助各级审计机构解决队伍建设、工作思路、机构整合、审计技术方法等方面遇到的实际困难和问题，有选择性地开展重点审计项目的指导和质量管理工作，认真做好对下的业务指导和服务；另一方面，各审计机构要加强日常与审计部以及业务处室的联系，遇到问题及时反映和沟通，真正实现上下互动、共同进步的联动机制。

四是提高工作规范性。充分发挥自身能动性，按照总行有关管理制度要求，细化各项管理制度，优化内部工作流程。在审计业务操作上，加大审计准则和审计实务手册的推广及执行力度，把规范管理融入整个审计业务流程，及时总结各类审计规范制度

运行的经验和存在的不足，持续提高审计工作的规范性。在人员和财务管理上，严格执行总行各项规章制度，认真履行有关人员进出、聘任、考核、休假等审批手续，增强财务自律能力，杜绝各种铺张浪费和违规违纪事项。

五是注意控制审计成本。日常工作中，要树立审计成本观念，讲究工作策略和方法，做到计划明确，安排周密，良好把握各项工作进度，精简或合并无效工作环节，杜绝各种浪费资源、工作效率低下的现象，力求以最小的资源投入，取得最佳的审计效果。

（二）进一步强化质量控制，提升审计工作价值

在新的形势下，全面提高我们的审计质量和效率的要求，越来越迫切，是我们工作中的重中之重。为此，要着重从以下几个方面强化质量控制工作。

一是准确把握审计重点。在具体审计项目的实施过程中，审计重点选择得正确与否，对于审计项目的成功开展至关重要。各级审计机构应将其作为项目开展上的关键环节，认真考虑，仔细权衡。要提高对各类风险因素的敏感性，认清审计部门作为风险防范第三道防线的职责，集中精力揭示和反映内部控制中的薄弱环节。要重点关注内控和风险管理方面的薄弱点及案件高发的机构单元和业务单元，并在资源配置上给予支持和倾斜，进一步提高审计揭示重大问题和风险隐患的能力。

二是抓好审计质量控制的关键环节。

——要切实做好审前准备工作，把工夫做在审前，知己知彼，做到未入场先有七分胜算。要在充分做好前期资料收集和数据分析的基础上，研究制订审计方案，增强审计方案的指导性和可操作性；审计方案遇到重大调整，必须及时上报相关领导层，履行相关的审批手续，不可先斩后奏。

——要严格审计报告审核机制。各种审计报告都要由审计组派出机构严格审核，认真把关，切实提高审计报告质量。在总行制定的审计部审计报告审议办法的基础上，各级审计机构要制定各自的措施，使各层级审计人员都能有效地承担起相关责任，以确保审计报告准确客观，重点明确，分析深入，规避空、虚、泛等问题。

——要以更客观、审慎的态度对待审计问题定性工作。目前，全行业务更新速度不断加快，业务复杂性不断提高，全体审计人员必须进一步提高工作的严谨性和审慎性，不能仅凭主观臆断和依靠惯性思维作出各类审计评价。审计发现的定性要实事求是，客观公正，并注意与被审计机构的沟通。

三是进一步加强各类审计信息分析加工和报告工作。审计信息是我们的一笔巨大财富，如何利用好是体现审计价值的重要途径。各级审计机构应把握好以下两个方面。第一，提倡报送信息质量与数量并重。除了要及时地报送各类重大审计发现，不姑息迁就或做顺水人情或避重就轻以外，大家一定要从提高自身审计能力入手，加大对各类重大风险事项的敏感度和揭示力度，提高有分量的审计信息的比重。第二，报送的各类信息应体现一定的深度和层次。既包括对性质严重、金额较大的个性问题的揭示，也包括对风险隐患较大、具有一定普遍性的共性问题的分析，更要有提高经营管理绩效和促进改革发展的建议。不局限于问题表面现象的反映，要学会并善于从原因、风险因素、后果等多角度入手，对各类审计信息进行深度挖掘，充分体现审计的附加价值。

（三）加强审计队伍建设，提高整体专业化水平

一是实施专业化建设，提高职业水准。审计人员的专业化发展是审计队伍建设的重要组成部分，是内部审计的关键成功因素之一。审计人员在具备基本职业技能和知识后，从长远角度出发，应该选择一个或多个领域着重进行深入研究，通过不断的自我学习和职业培训，努力成为一个或多个领域的专家型管理人员、专业型项目主审人和特长型审计师。各级审计机构要根据业务分工，加强本机构专业领域的深入研究，要根据审计人员的专业特长和发展潜力，积极引导和鼓励钻研审计业务和项目管理，造就一批业务精通、技术进步的业务带头人，同时注意加强国际业务、IT、非现场检查、法律等紧缺专业的人才引入工作，逐步在全行审计系统形成管理专职化、机构专长化、人员专家化、项目专门化、技术专有化的专业化管理模式。

目前，总行已初步研究起草了《推进内部审计专业化建设的指导意见》，作为本次会议的待议文件，大家要认真学习和思考，积极提出各类意见和建议，形成正式文件后，要结合实际情况大力推进。

二是落实五年培训规划，加大培训力度。长期以来，总行十分关注培训工作。2006 年，我们在培训方面投入的力量、开展的工作、取得的效果等，达到了近几年的最高水平，特别是专门制定了审计人员职业培训5年规划，对全行培训工作进行了整体规范并指明了发展方向。今年总行也针对各层级审计人员，计划安排各类培训班7期，大家要按照要求，积极参加。同时，要高度重视培训组织管理工作，结合自身特点，制定相关措施，分阶段、有重点地落实全行培训规划内容。

三是创建和谐的工作氛围。各审计机构要进一步健全和完善人员考核评价体系及绩效管理办法，形成公平合理、激励约束有效的管理机制，增强审计人员的竞争意识和进取精神。同时，各审计机构要大力加强作风建设，重视思想政治工作。领导干部要加强学习，采取行动认真落实胡锦涛总书记在中纪委第七次全体会议上关于倡导良好风气的讲话精神。日常要对员工给予各方面的积极引导，注意听取员工的意见和建议，关心员工的工作、学习和生活，落实员工休假制度，调动员工工作积极性，增强集体凝聚力，营造团结、和谐、积极的内部工作氛围。刚才谢渡扬监事长在讲话中要求我们审计人员在廉洁自律方面一定要严格执行总行的规章制度，我们要共同努力，坚决做到。

（四）持续开发、改进和完善关键审计技术，不断提高运用能力

银行业务电子化程度不断提高已成为大势所趋，审计工作唯有适应潮流，加强对关键审计技术方法的改进和创新，才能保证与业务部门的同步，审计部门为此开展了大量工作。

目前，总行已经组织启动了内部控制审计评价体系、非现场审计系统、审计管理信息系统等项目的完善和改进工作，并在全系统内进行了推广应用。今年，除了继续加大对上述项目的应用及不断完善外，总行还将完成有关负债业务审计监测体系、财务审计监测体系的研制，审计抽样理论和技术的研究工作以及非现场审计系统数据渠道的拓展工作。同时，配合外部监管机构需求、从我行经营管理实际情况出发的有关IT审计规范体系的建设工作也正在进行中。

尽管我们的审计技术应用工作取得了一定成果，但还有很多方面需要改进，如技术方法应用水平不均衡，现场审计与非现场审计还存在脱节，审计管理信息系统数据质量不高等。这些问题的存在，影响了审计工作整体水平的进一步提升，必须全力和尽快解决。希望大家从以下几个方面加大工作力度。

一是加大非现场审计系统的应用范围和力度。除系统审计项目外，各类自选审计项目的开展也要充分利用非现场审计技术。特别是项目的前期准备阶段，应从提高模型的有效性和准确性入手，通过运行各类模型查找和筛选疑点，确定审计重点，兼顾审计覆盖面，提高审计质量和效率。各级审计机构应将非现场审计技术作为审计人员的基本业务技能，提倡并要求审计人员学习、掌握和熟练运用，减少实际操作中只依靠少数审计人员的现象。在学习和应用的过程中，要注意对各项研究成果的保护。

同时，重视日常审计监测和分析工作。继续开展信贷业务审计监测，逐步将其作为一项常规性审计手段。在负债、财务等业务领域也要引入监测体系，提高审计应对重大风险隐患和严重控制缺陷的职业敏感性与快速反应能力。

二是确保审计管理信息系统数据质量。该系统已完成了在各级审计机构的推广，得到了广泛支持和应用，审计人员能够完成相关数据录入工作，但目前仍存在录入不及时和不准确两大主要问题，造成了部分数据真实性不足、得不到有效利用的现状。尽管只是少数审计机构操作有误，却使全审计系统的工作成果受到影响。各级审计机构要重新检验信息录入工作，有则改之，无则加勉，确保数据完整性、真实性和录入的及时性。总行将会加大检查力度，并将结果与机构年度考核挂钩。

三是提高对各类体系方法的综合运用能力。每类审计方法体系或技术系统都不是孤立存在的，彼此存在着密切的联系，需要互相支持、配合和信息共享。如内部控制审计评价体系，需要非现场审计系统和AMIS信息系统的支持，才能建立标准化、模块化的信息库，减少手工操作，提高评价工作的自动化水平；聘（任）期经济责任审计项目与审计管理信息系统联合，通过对聘（任）期审计模块进行AMIS二期优化工作，形成聘（任）期审计指标计算应用程序。各级审计机构在学习、运用的过程中，要加强对各类技术方法的融会贯通，减少重复工作，全面提高审计效率，扩大审计成果。

同志们，我们要再接再厉，狠抓落实，夯实基础，强化质量，提升能力，认真履行职责，为圆满完成全年审计工作任务共同奋斗！

CHINA 中国建设银行年鉴 2008
CONSTRUCTION BANK ALMANAC

第三部分　改革发展与内部管理

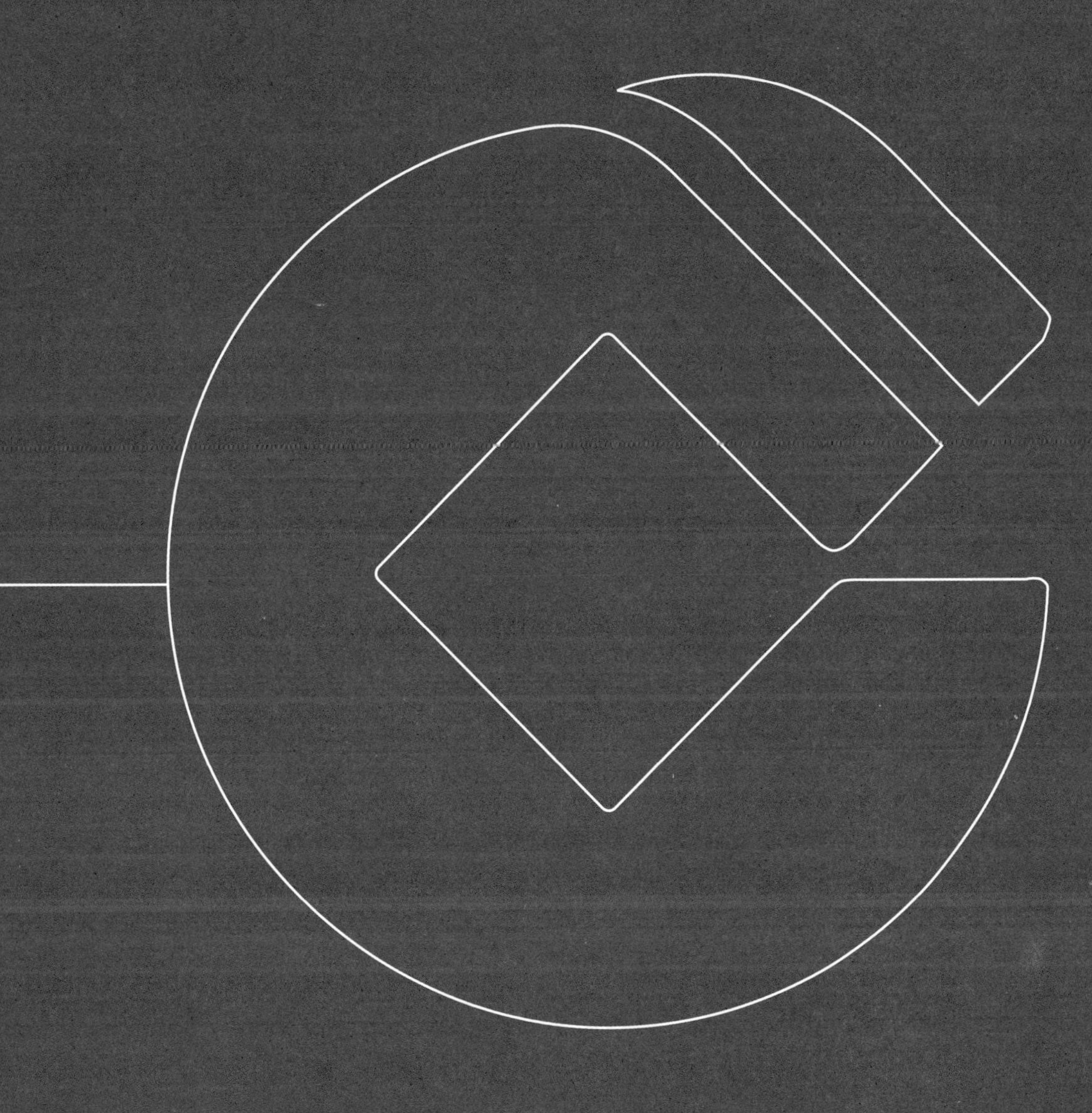

改革创新与业务发展

强化资产负债管理业务

一、在全行系统推行内部资金全额计价模式

全面推行以 FTP 系统为依托的交易层面逐笔转移计价，同时实现全行四级机构计价结果自动入账。这一做法解决了绩效评价体系中的核心参数即资金成本与收益的核算问题，为公正、透明地考核分行、产品、条线的利润奠定了基础，也将大幅提高全行上下对市场价格的敏感性，是提升内部管理能力和前台市场定价能力的重要基础工程。该工程包括总体方案拟定、价格曲线构建、系统开发测试、数据优化、分行和产品的效益调整等诸多方面，具有较高的技术要求与协调难度，在国内同业中还没有先例。

二、积极推进业务转型，中间业务净收入增速在连续两年翻番的基础上再次翻番

通过推进买单制、计划编制实施、关键业绩指标考核、标杆管理、产品分析、经验推广与信息共享等措施，大力促进中间业务发展。2007 年全行实现中间业务净收入 304 亿元，同比增长 127%。增速在四大国有商业银行中列第一，总量跃居同业第二，市场占比为 25.72%，较上年提升 3 个百分点。

三、在存款稳定性下降和中央银行频频推出紧缩措施的情况下，保证了全行支付安全和较低备付率水平

2007 年，资本市场的持续活跃使建设银行资金来源结构发生显著变化，同业存款波动和存款活期化趋势使存款的稳定性大大下降，年内 IPO 新股达 123 只，申购资金频繁大进大出，增加了降低备付率的难度；中央银行连续 10 次上调法定存款准备金率和 6 次发行定向中央银行票据，共冻结建设银行资金约 4 000 亿元。在这种前所未有的严峻形势下，通过加强头寸预测调度、制定应

急预案、均衡安排投资，实现了较低的备付率水平，保证了支付安全。2007年全年，人民币日均头寸1 331亿元，日均备付率2.76%，其中现金备付率0.62%，基本与上年持平。

四、做好全年新增贷款总量控制与结构优化工作

在国家宏观调控对贷款总量控制要求很严的情况下，通过加强市场分析、与监管部门沟通、与各业务条线通力合作，将全年新增贷款总量控制在3 500亿元以内。在总量控制的前提下，进一步突出贷款的结构性调整，战略产品基础设施贷款和个人住房贷款合计新增2 587亿元，占全部新增贷款总量的73.98%。

五、牵头编制了2006年年报、2007年中报和季报，其中2006年年报获美国媒体专业联盟评出的商业银行类年报金奖

定期报告由年报发展到中报、季报，编制难度加大，但质量在提高。在美国媒体专业联盟（LACP）年报评比中，建设银行2006年年报在全球2 500多份年报中脱颖而出，获商业银行类年报金奖。香港管理专业协会（HKMA）在其2007年最佳年报评比报告中特别提到建设银行2006年年报在“遵循会计准则、上市规则、公司条例披露要求以及提供更多自愿披露的内容方面表现了很高的水准”。

通过积极管理、维护与标准普尔、穆迪、惠誉等评级公司的关系，加强与评级分析师的交流与沟通，评级结果与建设银行经营管理实际状况更加吻合。2007年，三大评级公司均调高了对建设银行的评级等级。

六、研究探索出一套先进实用的网点布局规划方法，完成80个中心城市行未来三年的机构布局规划方案

在总结试点分行机构布局规划经验的基础上，借鉴国外银行的相关做法，研究形成了国内同业第一套包括营业机构综合测评、总量测算、布设蓝图、功能定位、调整策略等在内的一揽子规划方法。根据建设银行发展战略，在综合考虑经济金融资源、城市规划和客户类型等因素的基础上，通过大量调研、分析、测算，完成了全行80个中心城市行未来三年的机构布局规划方案。同时积累了丰富的基础数据，使机构总量更趋合理，从根本上打破了按行政区划或主观经验设点的方式，杜绝了网点“肩并肩、脸对脸”的可能。

七、牵头完成《中国建设银行业务发展战略纲要》的修订工作

通过征集与整理各分行、各部门修改建议，组织人员对主要观点进行论证，倾听各方面的意见与建议，积极落实董事会、高管层对战略纲要的修订要求，完成了《中国建设银行业务发展战略纲要》的修订工作，并获董事会审批通过。

八、研究制定和参与实施再融资方案，协助圆满完成A股回归任务

牵头完成再融资方案的设计论证、内部报批及筹备融资办等工作，派员参与实施再融资方案后期A股公开发行工作；组织制定2006年及2007年中期股息分配政策，派息率由35%提高到45%，年度分红由1次调整为2次，为A股顺利回归奠定了基础。2007年9月，建设银行成功发行A股90亿股，筹资580.5亿元。年内完成参股并购、综合化经营项目可行性研究报告26份，为领导决策提供了依据。

九、提出理财产品改进方案，推进产品标准化

在与美国银行的专家合作的基础上，对全行理财产品的现状、症结进行了系统研究分析，提出了具体改进目标、方法与行动方案。该研究成果得到了投资银行部、金融市场部等部门的高度认同和投资理财委员会的肯定。为推进产品标准化，梳理全行产品并形成2007年标准产品分类目录，将2006年95个二级产品进行细分，并确定144个三级产品，将多部门管理的产品细分至单一部门管理，并确定产品专家；同时建立了现有的会计科目及ERPF总账科目与产品的对照关系，为产品管理、创新以及考核奠定了基础。

十、组织IT系统建设，提高资产负债管理能力

在协同信息中心提高利率数据质量的同时，推广应用和优化

2006年开发的ALM系统（资产负债管理信息系统），ALM系统一期被人民银行评价为国内领先技术。完成产品支持服务系统优化升级，运行速度提升5倍，为基层行员工方便、快捷地查询产品信息和反馈意见提供了通道。

会同信息中心完成资本充足率报表自动化系统开发，调整规范资本充足率计算业务规则，提高了资本充足率计算的时效性和准确性。会同信息中心开发中间业务综合管理系统，推动中间业务会计核算的规范化与精细化。

资产负债管理部

执笔：黄　海

审稿：谢瑞平

持续推进深化计划财务管理职能

一、转变财务管理职能，提高对全行业务发展的支持服务力度

建设银行财务管理工作坚定围绕股东价值最大化目标，在原有基础上转变工作思路、更新管理手段，从服务全行发展战略、服务产品和客户的角度开展各项工作。

一是建立了条线专业支持团队，为业务条线提供计划管理和财务决策等方面的直接服务和专业支持，积极改进服务方式、提高服务效率。

二是加强学习业务条线专业知识，研究改进理财中心、呼叫中心等特殊组织形式的绩效考评方法及资源配置模式，对理财产品等重要业务开展盈利性分析，为管理决策提供支持。

三是为适应全行专业化经营的内在要求，对信用卡条线的财务管理模式进行了调整和改进。

四是进一步探索向业务单元和条线派驻财务总监的实施方案，为改进财务管理组织体系奠定了基础。

这一系列措施进一步深入推进了建设银行财务管理职能的转变，即通过实现财务管理重点从事后的控制和监督为主向事前和事中的分析、规划和预测为主的转变，推动财务管理的链条延伸到业务发展和经营决策的全过程，最终将财务管理部门塑造成为全行战略决策的支持者和财务专业化服务的提供者，真正成为业务部门的战略合作伙伴。

二、系统调整综合经营计划管理体系，推动全行战略业务快速发展

按照战略管理的要求，丰富、完善了以综合经营计划为载体的管理工具组合。

一是优化了计划编制流程，确立了“三下两上”的管理模式，提高了计划编制的准确性。

二是根据年度战略实施重点，调整了相应的管理参数，引入产品创新计划，细化了对全行战略目标的分解和落实。

三是进一步完善了绩效评价体系。一方面，在原有的分行关键业绩指标考核基础上设计条线关键业绩指标，增强条线计划的指导职能和经营管理责任；另一方面，改进了等级行评定办法，通过增加战略执行情况、同业竞争情况等体现全行发展战略的指标，更加全面、准确地衡量各分行在全行战略发展格局中的定位。

四是在资源配置方式上，进一步突出了基于价值创造的激励约束机制的建立，统一对战略性业务进行激励费用的配置；落实和完善买单制，使得激励机制到达销售前端和价值创造的源头；建立鼓励联动和交叉营销的责任和利益共担机制，推动了战略业务的发展；完善计划下达方式，对网点建设等周期较长的支出项目进行预安排下达，提高对实际执行变化的反应速度。

三、不断完善财务管理制度，进一步加大财务管理对各项业务的支持力度

首先，修订了全行统一的财务管理制度，出台了新的《中国建设银行财务管理暂行办法》，使得内部经营管理要求与外部政策制度充分衔接的同时，进一步加大了财务管理对各项业务的支持力度，保证了财务制度的先进性、适用性和可操作性。

其次，进一步完善了财务授权管理。对财务管理授权方案进行了调整和完善，调整了部分授权事项，适当扩大了授权权限，增强了可操作性，在加强风险控制的前提下，确保了审批效率和对各业务条线的支持力度，也促进了财务管理水平的提高。

再次，规范了长期股权投资管理。制定出台了《中国建设银行子公司管理暂行办法》，建立了建设银行作为母公司对其子公司的一般管理原则、规范、方法和机制，突出了对子公司总体经营和宏观层面重大事项进行管理的要求，努力实现既要发挥子公司依法合规、自主经营的能动性，又要保障建设银行长期股东权益的管理目标。

最后，研究制定税务管理相关规定。在对经营管理中涉及的主要税种进行研究的基础上，制定下发了《中国建设银行所得税管理指引》和《中国建设银行印花税管理指引》，并在新修订的财务管理办法中增加了税务管理的内容，进一步完善了建设银行税务管理规章体系。同时，在密切关注国家税收政策的变动趋势、积极进行研究的同时，主动做好与相关业务部门的沟通，做好新旧政策的衔接以及提供好专业化服务与支持。

四、稳步推进全面成本管理，构建低成本竞争优势

一是在成本标准建设方面，针对不同网点的类型和功能分区修订了相关财务标准，完善了定额管理，有力地支持了业务转型和渠道建设。

二是在推进成本责任落实方面，全行范围内区分不同类型划分、设置成本责任中心 36 000 个，并拟定责任中心预算编制方案，明确成本开支责任，落实问责制，通过责任中心的建立，将成本管理渗透于各项业务活动之中，将成本控制责任分解落实到每一个层次、部门和岗位，实现成本管理由事后管理转向全过程管理。

三是在成本分解方面，切实改进了成本核算和分摊制度，完善经费共享中心建设，修订经费核算科目，细化成本分解，出台了《中国建设银行营业费用和资产分解指南》，提高了成本分解的准确度、广度和深度。

四是在加强总行本级管理方面，改进了总行本级预算核定方式，建立了重要费用公示制度，提高了预算的监控能力。

五是研究并初步形成《实施全面成本管理工作方案》，明确了全面成本管理的工作方向，细化了全面成本管理可行的实施规划，为全行推行全面成本管理、构建低成本竞争优势奠定了良好基础。

五、全面提升财务管理信息基础和精细化管理水平，为财务分析和决策提供信息支持

2007 年，实现 ERPF 系统的全行推广上线，随着 ERPF 系统的全行运行，总账、经费、资产、分摊模块得到了全面的应用，大大提升了财务信息处理能力、财务事项控制能力和财务风险管理水平。在此基础上，积极开展并完善各条线、产品、分部等多维度盈利性分析工作，包括定期开展季度分析及进行分部报告，完善多维度盈利性分析的报表平台、分析维度及相关数据源，做好绩效报表日常运行维护工作，调查研究并与咨询公司进行沟通等，从而为全面提升财务管理信息基础和精细化管理水平奠定了基础。

六、通过完善管理流程和加大监督检查力度，加强财务规范管理

一是完善管理流程，特别是细化责任落实和追究机制。在修订《中国建设银行财务管理暂行办法》的过程中，在对与财务事项、活动相关的管理制度办法进行更新、完善的同时，也细化了相关的部门职责和操作流程，落实了各项风险控制措施。

此外，在借鉴美国银行经验的基础上，实施了经费共享中心建设方案，截至 2007 年底，全国 38 家分行及总行本部均已按照总行要求共建立了 264 家经费共享中心并投入运行。共享中心的建设，实现了经费核算和支付职能在一定区域内的共享，提高了经费核算的规范化水平，加强了财务集中管控，有利于财务政策

的统一贯彻执行和财务基础管理流程的改善。

二是加大财务监管力度，切实落实审计整改工作。针对财务管理审计中发现的问题，要求分行严肃整改态度，认真学习审计报告，对问题逐条进行分析和研究，提出积极可行的整改意见和措施，严格执行整改落实工作时间表，强化对相关责任人的认定和处理，切实保证审计中所发现财务管理问题的整改工作完全落实到位，为全行规范经营管理行为打下了坚实的基础。此外，还组织全行对财务管理规范性进行自查，并及时整改，以提高全行财务管理的总体规范水平。

七、提高财务报告编制水平，以满足信息使用者的需要

在认真借鉴以往年度外部审计师工作成果的基础上，在编制财务报告过程中采取了很多有针对性的措施。一方面，根据新《企业会计准则》的要求，严格在全行推行权责发生制原则，除了要求分行加强预算管理、合理控制各项成本费用的支出进度之外，还细化和明确了中间业务收入、费用支出等重要财务事项的核算要求，提高了各期损益的真实性和完整性；另一方面，加强了对新企业会计准则的研究和运用，针对金融工具公允价值重估、内退人员相关人力成本支出、债转股改用公允价值计量等准则最新变化，及时调整了相应的财务处理方式，并详细披露了相关信息。通过上述努力，财务报告的编制水平得到一定的提高。

八、加强员工培训和与战略投资者的工作交流

一是进一步加大了员工培训力度。总行先后三次组织财务管理工作人员的培训，根据培训对象的不同层级和不同特点，分别邀请国外银行专家、毕马威的专家、行内专家等进行授课。

二是保持并加强与战略投资者的合作。在与内部相关部门多次沟通的基础上，拟订了2007年与美国银行、富登金融控股公司等战略投资者的合作计划，确定了合作重点。2007年4月，完成了与美国银行专家关于财务管理工作的交流；8月，实现了与富登金融控股公司的银行专家关于财务管理工作的交流。

计划财务部

执笔：解　威　杨立斌

审稿：李云泽

推进会计制度改革

一、积极推进会计和营运管理体制改革

2007年，会计部会同营运管理部主要完成以下工作：一是基本完成现金集中配送体系建设，大中城市行现金集中配送网点覆盖率达到95%、离行式自助设备覆盖率达到66%，现金集中清分、整点的网点覆盖率达58%；二是加强对全行金库建设的计划管理，统一金库方案审批、改造及新建金库验收工作，进一步推动金库集中；三是汇划业务实现了一级分行“一口进、一口出”的集中处理模式，全行外汇汇划实现从总行处理向网点扁平化处理的转变，降低了前台操作难度，提高了汇划效率；四是部分一级分行实现了区域管辖行票据的集中提入、清分、核算，全行系统完成了验证测试，为后续推广奠定了基础；五是建立了以一级分行为主体的集中事后稽核体系，风险预警监测和督促整改的时效性、针对性不断增强，前台违规操作持续减少；六是基本建立以一级分行为主的集中对账模式，开发应用综合对账管理系统，提高了对账处理的电子化和集约化水平，对账单回收率大幅上升。

二、完善会计核算和管理制度

为贯彻执行新的企业会计准则，在学习研究新《企业会计准则》、制定《中国建设银行会计基本政策》等的基础上，2007年

重点加强了会计应用系统与新企业会计准则实施的衔接，通过优化核心业务系统，实现存贷款利息自动计提等基础性功能的改进，确保建设银行自2007年1月1日起全面顺利执行新的企业会计准则。

为支持业务创新，满足经营管理需要，会计部制定了《中国建设银行代客理财产品会计核算规定》、《中国建设银行个人实物黄金买卖业务会计核算规定》等多项会计核算规定；根据内部风险控制及金库集中作业的需要，重新修订《中国建设银行会计检查制度》、《中国建设银行暂收、暂付款类账户管理办法》等管理办法，突出了管理精细化要求，更好地适应了全行会计营运体制改革的要求。

三、优化业务流程和系统

本着“便于客户、便于基层、便于柜员”的原则，会计部门大力开展柜面业务流程和业务系统优化工作，精简、优化操作环节，提高处理效率，节约业务成本，增进客户和柜员操作便利性，不断提高客户及员工满意度。

一是通过推行柜员指纹认证系统，彻底摆脱了传统实物IC卡在领用、保管、注销等多环节的操作和检查管理压力，根除了混卡、丢卡、盗卡等现象；二是通过优化密押编核，取消了实物电子密押器编核押，实现了汇票及国内信用证业务后台集中编核押，简化了柜台操作；三是通过调整复核授权控制体系，取消、合并多项重复业务授权，优化多个核心交易界面，调整、减少交易要素键入，提高了业务处理速度；四是通过优化交易码设置及整合系统交易界面，以核心交易功能和常用交易功能为主线，突出交易处理联动功能，将不同渠道来账业务处理由多个交易合并为单个交易，减少了柜面交易驱动时间；五是通过整合交易单证，减少凭证填制种类，降低了客户填写单证的难度，提高了柜面交易效率。

四、推进财务报告内部控制机制建设

建立有效的财务报告内部控制机制，保证财务报告真实、资产和资金安全，在充分借鉴国际先进的财务报告内部控制建设和评价经验的基础上，按照先试点、后推广的思路，分步骤、有重点地在全行开展财务报告内部控制机制建设试运行工作。试运行工作共抽取79万余笔业务，对全部233个风险点进行了测试。通过建立财务报告内部控制记录、测试、评价、报告、改进制度，形成财务报告内部控制机制建设的有机循环，有效地推动了流程银行建设，逐步形成了谨慎、合规的操作理念。

2007年是建设银行成功回归A股市场后对外公开披露会计信息的第一年，会计部门按时高质量地完成了2007年中期国际财务报告及第三季度财务报告的编制及外部审计工作，满足了境内外报表使用者的需要。根据董事会审计委员会的要求，圆满完成了2006年外部审计师评价、A股IPO项目筹备和2008年外部审计师选聘工作。

五、不断提升财会管理科技水平

一是开发对公柜面人员绩效考核系统，完成审计调查表系统、集中对账管理系统的应用推广，会计应用系统功能得到持续改进和优化，科技管理手段不断丰富；二是完成“调整柜员职责及柜员卡系统设计”项目的优化试点工作，探索了困扰网点多年的一人多号（卡）、柜员临时离岗无法合规交接等问题的解决途径，为基层分行增强风险控制能力、增加柜面服务窗口人员、改进网点岗位配置创造了条件；三是完成CCBS系统灾备项目的分析和确认，完成南方中心灾备项目的桌面演练和模拟演练，为CCBS系统灾备体系建设奠定了基础；四是成功实施ERPF系统海外分行总账合并项目，组织完成了系统功能的持续优化和历史数据平台的开发建设工作，系统的运行效果和效率得到较大改善；五是推广应用现金出纳综合管理系统，实现了现金出纳业务由人控向机控的转变，有效地防范了现金出纳风险。

六、创新结算出纳产品

2007年，会计部继续加大对结算出纳业务的管理力度，加强支付结算手段创新，推动了支付结算业务的发展，结算业务收入大幅提高。通过深入推广全国支票影像交换系统、财税库行横向联网系统及对公通存通兑业务，拓展了支付结算功能，丰富了结算业务产品及代理服务手段；研发集成账户功能，以满足大型集团客户集中财务管理的需要，增强对公人民币支付结算业务竞争力；完成CCBS非标准账号变更工作及支付系统行号与账户管理系统银行机构代码信息的核对工作，为通存通兑、联网核查系统和支付信用信息系统的发展和推广奠定了基础；狠抓对现金备付的管理，减少无效资产占用，通过指标层层分解、为每个金库和网点制定库存限额、实时跟踪指标执行状况、积极改进外币现钞调运模式等手段，多途径降低现金备付率和调运成本。

七、做好人才培养工作

针对基层会计人员急需了解的新《企业会计准则》、基层会计委派主管工作重点、新上线会计应用系统的操作应用、柜面业务流程优化内容及操作技巧等内容进行了重点培训，组织大型培训班15期，培训人员近32万人次；积极开展“柜面业务优质服务年”活动，修订完善《柜面业务应知应会手册》，筹办全行范围的柜面业务知识和技能竞赛活动，不断促进全行柜员综合素质和业务能力的提高。

会计部
执笔：许辞寒
审稿：李尚荣

信息中心运行情况

一、积极推进信息整合与管控项目的建设与运行

由信息中心牵头的信息整合与管控项目是行领导提出的八个重点基础项目之一。2007年，信息中心从三个方面推进此项工作。

（一）统计指标梳理

为解决数据集中到总行后分行报表查询难、报表口径多、相同指标多处加工、数据不一致等难题，统计指标梳理工作重心集中于对企业资源计划财务系统（ERPF系统）、统计管理信息系统（SMIS系统）相关指标的比对、梳理，以及对两个系统报表的整合方面。截至2007年底，初步完成了总账科目与ERPF系统、SMIS系统指标的对照关系梳理工作，初步形成了总账指标体系。

与此同时，开展关键信贷信息的整合应用工作，对信贷管理信息系统（CMIS3.0）数据指标进行整合清理，完成了全行系统小企业数据的组织、传输和报表的编制发布工作，有力地支持了总分行对小企业客户的营销和管理工作。2007年上半年，CMIS3.0在全行推广完成；2007年下半年，为配合信贷风险十二级分类项目群建设工作，提高信贷数据源系统信息采集质量，总行信息中心先后两次与公司业务部、信息技术管理部联合组织开展了对公信贷业务流程管理系统（以下简称CLPM系统）数据核对和清洗补录工作，还与公司业务部合作，启动《对公信贷信息采集规范手册》编写工作。此外，为顺应数据源系统数据全行集中的大趋势，启动新一代信贷管理信息系统（CMISII）项目。

为解决资本充足率报表依赖分支行手工填报带来的数据采集成本高、准确性低、及时性难以保证等问题，2007年3月，信息中心、资产负债管理部在信息技术管理部的大力支持下，正式启动基于企业级数据仓库（EDW）的资本充足率报表系统自动生成工作，通过明确报表数据处理逻辑及指标口径、补充制定相关数据标准、清洗补录系统基础数据、从BLOOMBERG系统中补充计算投资类加权风险资产所需的字段，整合了CLPM系统、SMIS系统、A+P系统、OPICS系统中的数据。2007年10月底，境内分行计算加权风险资产程序已经成功完成，建设银行基本具备了报表自动生成的条件，并通过系统生成了相关报表数据。资本充足率报表数据实现系统自动生成，较好地满足了信息披露和外部监管对数据信息及时性、准确性等的要求。

（二）对公客户信息数据管控方案试点

2007年初，信息中心正式牵头启动与美国银行的战略合作项目——对公客户信息数据管控。该项目借助美国银行在客户数据管理方面的经验，运用六西格玛方法，从分析全行及四家分行主要对公业务系统的数据现状入手，对建设银行对公客户数据管理的组织架构、职责分工、工作流程、质量控制等方面提出了改进建议，设计出《对公客户信息数据管控方案》。经过在上海市分行、山东省分行开展试点，该项目关注的两个关键质量指标即客户数据准确率和客户股权结构完整率得到了预期的改善。

在强化全行数据质量控制意识方面，继续推进关键指标数据质量考核工作。2007年5月发布《中国建设银行关键指标数据质量考核办法（暂行）》（建总发［2007］99号），明确总行相关部门在数据质量考核工作中的职责分工以及关键指标数据质量考核的原则、内容和方式等。9月，各审计分部对38家分行进行关键指标数据质量考核现场检查，同时，由审计部、信息中心牵头，总行相关业务部门派人参加，组成3个督导组，对6家分行进行了现场督导。2007年底，完成关键指标数据质量考核报告，并与审计部联合发布了2007年关键指标数据质量专项审计报告。数据质量考核现场检查取得较好效果，促进了全行对于数据质量的重视以及配套的数据质量监测、控制手段的建立。

（三）总分行层面的基础数据整合工作取得新进展

2007年4月，总行启动数据仓库二期建设，将全行主要的22个系统（如CCBS系统、个人贷款系统、信用卡系统、OPICS系统、ECIF系统、ERPF系统等）中的数据加载到数据仓库中，数据范围涵盖了客户信息、账户信息、交易流水信息、总账信息等内容，初步奠定了监管合规管理、客户关系管理、资产负债管理三大应用群的数据基础，13个应用（如1104监管报表、资产负债管理、客户关系管理、资本充足率报表、中间业务分析等）直接受益于数据仓库的数据支持，同时数据仓库系统还为各相关业务部门提供了部分数据服务。

信息中心于2007年5月开始着手分行数据集市的建设工作。在征求部分分行和总行各业务部门意见并与总行信息技术管理部充分讨论的基础上，9月初形成《分行数据集市业务需求说明书》（修改稿）。9月中旬，信息中心开始履行分行数据集市分析阶段项目立项程序，10月中旬完成立项，开始分析阶段项目工作。在综合各方意见和建议的基础上，2007年底，《分行数据集市业务需求说明书》、《分行数据集市数据要求说明书》（初稿）编写完成。

二、较好完成监管信息报送任务

（一）较好地完成了银监会非现场监管报表报送工作

自2007年起，信息中心开始向银监会报送法人口径和集团口径的非现场监管报表（以下简称1104报表）。建设银行按时、按质完成了各项报表的报送任务，得到了银监会的肯定。同时，为不断提高报表数据的准确性和系统自动生成比例，信息中心牵头组织了相关数据源系统的清洗、补录工作。

（二）认真落实银监会要求的客户风险统计制度

2007年，信息中心进一步加强对报送银监会的客户风险信息质量的检查、核对工作，及时向分行反馈、通报数据质量情况，督促分支机构进行整改。在信息应用方面，每月及时下载银监会披露的相关信息，按照集中管理、分级使用的工作机制，严格规范信息发布和使用范围，提高披露信息的使用效率，并监控分析信息运用情况。

三、配合人民银行开展数据大集中工作

2007年，为适应人民银行数据大集中后由商业银行总行单点报送全辖机构各类数据的要求，总行信息中心牵头开发了统计管理信息系统（SMIS1.0），并作为首批金融统计数据集中工作的试点行，按照人民银行的要求，完成了两次数据接口的测试以及两次数据报送任务。2007年底，根据人民银行的测试情况，对系统进行了升级优化。

四、加强征信系统建设和信息质量管理

根据人民银行工作要求和行内业务需求，总行信息中心牵头启动了企业征信系统优化和个人征信接口系统二期建设工作。其中，企业征信系统于2007年9月完成升级和全行推广，并按照人

民银行的要求，完成历史数据清理、核对和重报工作。个人征信接口系统于同年12月在全行上线运行。同时，信息中心采取多种措施解决数据源系统升级带来的各类征信数据问题，强化日常数据报送管理、客户异议信息处理、信息质量核对和征信数据提供等工作，使建设银行的征信数据上报质量稳步提升。

五、总分行、多部门互动和协作，开展调研分析

2007年，信息中心组织开展了总分行联动调研活动，确定的四个课题（《中间业务产品同业竞争比较研究》、《我行个人客户流失分析》、《中小企业金融产品和服务比较分析》和《我行信息管理工作发展对策研究》）得到30余家分行信息分析人员的积极响应，调研范围覆盖全国，形成的优秀调研报告陆续刊载在2008年初的《信息中心快报》上。同时，信息中心与研究部合作完成了银监会课题《房地产发展状况及我行房地产贷款情况分析报告》。此外，信息中心还与行内业务部门协作编写全行月度经营指标综合分析报告，按月编写宏观经济金融指标分析预测报告，按周编辑同业情报信息等材料。

六、稳步推进企业信息门户建设

总行企业信息门户系统于2007年5月上线，为总行领导、高管层进行了主页定制，为管理类系统的信息释放建立了统一平台，初步达到了用户单点登录、集中获取信息的预期目标。同时，大力推进全行用户统一管理工作，计划利用建设银行UAAP用户平台对全行各类管理信息系统的用户进行统一验证与授权，为信息安全管理提供基础保障。

七、开展管理信息类系统需求管理和数据应用管理工作

信息中心内部设立“需求统筹与管理”任务型团队，负责组织完成全行管理信息系统的需求识别、需求分析以及需求提出和整合，以加强信息中心对全行管理信息系统建设需求进行审核和统筹把关的职责，主动发现制定数据标准的需求，避免系统的重复建设和功能的重复开发，避免由于数据的多重采集和处理而造成数据不一致现象，实现在数据规划、数据质量和数据标准等方面对数据进行主动管理。

管理信息类系统需求管理和数据应用管理工作于2007年被纳入总行创新流程管理体系，以明确部门职责及建立相应的管理流程和制度；同时信息中心制定了“数据要求说明书”模板，对申报的管理信息类系统项目在数据规划、数据标准、数据质量等方面都提出了具体要求。自2007年下半年启动这项工作以来，信息中心共审核处理总行6个部门提交的7个管理信息类业务应用项目的立项申报材料，并与业务部门共同编写了《数据要求说明书》。

信息中心
执笔：李晓杰
审稿：王怀伟

公司业务

一、各项业务指标全面完成任务目标，对全行的贡献度不断提高

1. 对公人民币贷款余额23 518.3亿元，比年初新增2 109.6亿元，完成全年新增计划2 111.47亿元的99.91%。其中，非贴现贷款余额22 474.9亿元，比年初新增2 668.2亿元；票据贴现余额1 043.4亿元，比年初负增长558.6亿元。公司类贷款余额在四大国有商业银行中居第三位，新增占比居第二位。

2. 本外币企业存款余额28 937.2亿元，占全行一般性存款余额的55.56%，比年初新增4 712.4亿元，增幅达19.5%，比上年

多增938亿元，完成全年新增计划的171.98%。其中，活期存款余额21 041.1亿元，比年初新增3 505.2亿元；定期存款余额7 896.1亿元，比年初新增1 207.2亿元。企业存款余额、新增占比在四大国有商业银行中均居第二位。同业存款余额5 191.94亿元，比年初新增3 062.07亿元，同业存款余额及新增额在四大国有商业银行中均居第二位。对公存款大幅增长，为全行业务发展提供了强有力的资金支持。

3. 全年累计实现对公中间业务收入103.94亿元，完成全年新增计划90.49亿元的114.86%，比上年同期增加43.36亿元，增幅达到71.57%，在全行中间业务收入中占比达到31.9%。其中，工程造价咨询业务实现收入6.95亿元，比上年同期增加1.32亿元，增幅达到23.45%。

4. 累计实现对公贷款利息收入1 450亿元，比上年同期增加319亿元，占全行贷款利息收入的77%。公司类非贴现贷款收益率为6.57%，同比提高0.67个百分点；对公存款平均付息率为1.41%，同比提高0.06个百分点；存贷款利差为5.16%，同比提高0.61个百分点。

5. 全行A级以上（含A级）客户公司类非贴现贷款占全行公司类非贴现贷款余额的90.41%，比年初提高3.31个百分点。小企业贷款余额1 569.5亿元，比年初新增565.6亿元，增幅达56.3%，完成全年计划的113.1%。人民币固定资产贷款（基建及技改贷款）余额9 045.2亿元，占全部公司类人民币非贴现贷款余额的40.24%，较上年底提高0.78个百分点；新增1 230.1亿元，占全部公司类非贴现贷款新增额的46.1%。重点区域分行公司类贷款余额13 612.3亿元，占全部公司类贷款余额的57.88%，比年初提高0.07个百分点。

6. 对公不良贷款余额为742.53亿元，比年初下降88.42亿元，不良率比年初下降0.71个百分点，实现了不良贷款额和不良率的“双降”。其中房地产类贷款余额3 118.4亿元，比年初新增146.3亿元，比上年同期少增239.5亿元，不良率为3.76%，比年初下降1.79个百分点。

7. 全行托管资产净值总额达9 282.43亿元，比上年增长249.97%。其中托管证券投资基金资产净值7 216.79亿元，较上年增长275.19%，托管基金市场份额占比居同业第二位；托管合格境外机构投资者（QFII）、合格境内机构投资者（QDII）资产净值565.34亿元，比上年增长329.52%；托管保险资金、社保基金、企业年金等证券类资产规模达到人民币1 350.22亿元，较上年增长126.08%；托管投资委托资产净值150.08亿元。全年累计实收托管费收入10.25亿元，比上年增长390.43%。

2007年10月24日，中国建设银行重要客户对公理财产品推介会（大连）客户座谈分会场。

2007年4月20日，中国建设银行第三届环渤海区域联动工作例会在河北省唐山市召开。

二、贯彻落实宏观调控政策，严格控制信贷总量并把握投放节奏

1. 根据总行信贷总量整体安排，自觉服从宏观调控大局，压缩240亿元对公信贷规模给个人条线，支持个人业务发展。

2. 提出“按季控制，按月监测”的调控方法，既严格控制分行季度信贷总量，又在各月给予分行一定的浮动空间，取得了良好的调控效果，并在全行各项贷款调控中加以运用。

3. 年底适时提出贷款投放前核准，有效控制了低信用等级贷款投放，并确保票据贴现余额保持在1 000亿元以上。

三、深化改革，公司业务战略转型取得实质性进展

1. 抓住国家向商业银行开放租赁业务的机会，向银监会提交《中国建设银行关于成立金融租赁公司的初步可行性研究报告》，成为同业中首家获批筹建金融租赁公司的商业银行，建信金融租赁股份有限公司于2007年12月正式挂牌营业。

2. 企业年金业务取得新突破，在80余家金融机构的激烈竞争中，共有24家机构获得企业年金管理资格，建设银行以总分均为第一的成绩成功获得了企业年金基金受托人和账户管理人两项资格，成为拥有企业年金基金受托人、托管人、账户管理人三项资格的商业银行，在占领企业年金业务市场的竞争中掌握了更大的主动权，为建设银行大力拓展企业年金业务开启了一条更宽广的战略通道。

3. 组织专门团队研究建设银行小企业业务发展模式，完善优化信贷流程。在小企业经营中心建立“信贷工厂”，实行中后台业务集中处理，统一采用标准化、流水线的信贷业务运作模式，并选择北京市、福建省、厦门市等9家分行进行运营模式试点工作。

4. 稳步推进全球资金管理（GTS）业务。9月，在总行成立了GTS领导小组、GTS主机直联工作小组和GTS业务筹备小组。完成了《现金管理业务产品手册》的编写工作，牵头组织推进建设银行与美国银行主机直联项目，参与了对铁道部、中国石油化工集团公司、中化总公司等客户的现金管理项目的营销工作。

5. 组织推进分行公司业务事业部制试点工作。根据宁夏回族自治区分行上报的公司业务事业部制改革方案，协调总行相关部门同意派驻人力、计财、信息技术支持团队到公司事业部，批复宁夏回族自治区分行进行公司业务事业部制进行试点，6月宁夏回族自治区分行公司事业部正式对外挂牌。

6. 积极推进对公经营机制改革。研究下发了《城市分行对公信贷业务经营职能整合指导意见》，跟踪指导北京市分行、河南省分行、湖北省分行、广西壮族自治区分行和宁波市分行5个一级分行对公信贷业务经营职能整合的试点工作。

四、市场营销、业务联动和交叉营销力度加大

1. 实施高层营销，强化总部营销。行领导及部门领导亲自挂帅，直接参与对中国石油化工集团公司、中国石油天然气集团公司、国家电网公司、铁道部等大型行业龙头客户的市场营销，高层营销效果显著。成功与中国航天科技集团公司、中国化工集团公司、中国华润总公司、中国核工业集团公司、中国交通建设集团有限公司、三星电子公司等20家大型集团客户签订了银企战略合作协议。积极营销并组建了国家电网、中国兵器装备集团、中国中信集团公司、卡特彼勒、中国电信集团公司、长虹佳华信息产品有限责任公司、招商局集团等30多家集团客户的资金结算网络。以成功获得三星电子在华企业集团现金管理业务唯一合作银行资格为契机，跨国公司业务取得突破性进展。

2. 深化重点区域业务联动机制建设，有效推动区域业务合作。组织召开了以“加快小企业业务发展”、“加大结构调整，加强金融创新”、“推进中间业务发展”、“境内外业务联动”为主题的长三角区域、珠三角区域业务联动会议，研究制定了重点区域加快发展小企业业务和中间业务、加大结构调整力度、加强境内外联动的具体措施，促进了重点区域战略业务的发展。

3. 加大营销推广力度，促进对公理财业务发展。组织举办了全行对公条线理财产品视频培训，增强对公业务系统管理人员和客户经理对全行对公理财产品的整体认知。联合机构业务部、金融市场部推出建设银行第一期面向对公客户发行的标准化理财产品，全行成功销售对公债券类理财产品16.74亿元。联合集团客户部、机构业务部、金融市场部和投资银行部举办南北两场对公理财推介会，邀请125家大型对公客户参加，树立了建设银行理财产品

的品牌形象，扩大了建设银行理财产品的社会影响力。跟踪调查统计显示，会后共有84家客户对建设银行理财产品提出需求，理财金额328亿元，为下年理财业务发展储备了优质项目和客户。

4. 加大交叉营销力度，推动信用卡业务发展。举办全行公司及机构客户经理信用卡营销视频培训，对全年信用卡发卡工作进行部署；积极主动与相关部门协商，明确信用卡发卡统计标准及激励措施，下拨200万元专项营销费用，充分调动分行和客户经理的积极性。完成信用卡发卡127.2万张，提前超额完成120万张的销售计划。取得中央预算单位公务卡业务代理资格，成功开发中央财政公务卡系统。

5. 顺利承继了工程造价甲级资质，全行共取得36个甲级资质，并申办取得12个甲级资质副本。为总行本级加强财务监管提供咨询服务，接受计划财务部委托，组织完成总行本级33个工程项目的概算、预算、结算审查，总送审额达3.2亿元，为总行节约投资2 315万元。

6. 加强对重点客户年金业务的营销，联合集团客户部、北京市分行及所属支行，三级联动，共同出击，先后对中国石油化工集团公司、中国铝业公司、中国普天、中国网络通信集团公司、中国电信集团公司、中国大唐集团公司等30余家国资委下属大型集团公司成功实施营销。召开了铁路、电网系统企业年金业务专项营销工作会议。派员赴江苏省、浙江省、湖北省、福建省、广西区、宁波市等近20家分行对徐州矿务局、秦山核电站、武汉钢铁（集团）公司、三钢（集团）有限责任公司等50余家客户成功实施营销。

7. 加强机构业务营销。与清华大学签署了战略合作协议，并对清华大学试点经验进行推广，为同类重要客户营销与后续服务提供了全方位、全过程的案例指导和参照模式。中标2007年度第一期中央国库现金管理商业银行定期存款20亿元，与财政客户的合作领域有了新突破。军队武警业务取得较快发展，巩固了市场第二的地位。客户交易结算资金第三方存管业务实现了飞速发展，签约合作券商达105家，占全国券商总数的98%，市场占比居同业第一位。实现代理保险手续费收入9.76亿元，收入增长额达3.31亿元，增幅达51%，收入增长绝对值与增速在四大国有商业银行中均列第一位。标准仓单质押贷款业务也实现了零的突破，贷款余额达130万元。

五、产品创新和管理工作稳步推进

1. 首次对产品创新进行计划管理，制订了《公司委2007年产品创新计划》，后根据全行第三次产品创新领导小组会议精神，调整确定为80项对公产品研发计划，既包括新产品开发，也包括对原有产品和流程的优化。

2. 加大创新力度，加快创新步伐。全年全行共完成76项产品创新，其中公司业务部完成30项产品创新，计划完成率为100%，其中网络银行电子商务“e贷通”系列产品为国内首创，处于市场领先地位，商用物业抵押贷款、“成长之路”、“速贷通”、“融货通”、保证业务内部委托等产品也已具备较强的市场竞争力。加强“百易安”产品宣传和培训，实现手续费收入1 645.43万元。10个产品专家团队继续承担了银团贷款、现金管理、中小企业产品组合、供应链融资、商用物业抵押贷款、理财和融资租赁等复杂产品的开发任务。

3. 组织推进中国银行业协会银团贷款与交易专业委员会相关工作。作为银团贷款与交易专业委员会主任行，建设银行牵头组织中国银团贷款市场上较为活跃的银行，开展了一系列工作，包括制定并组织33家银行签署了《银团贷款合作备忘录》，编写了《银团贷款与交易示范文本之前端文件》、《中长期银团贷款示范合同文本》和《流动资金银团贷款示范合同文本》，牵头起草了《项目贷款使用管理办法》等。

六、加强基础管理，提高内控水平

1. 落实宏观调控政策，加强行业管理。进一步完善准入退出机制，制定煤化工、医药、造纸、煤炭、铜铅锌5个行业的信贷政策，拟定钢铁、水泥、电解铝、焦炭、纺织和汽车6个行业的客户准入名单。根据宏观调控有关文件要求实施客户核准制，截至12月20日，共受理客户信贷审核615笔，涉及贷款投放金额270.65亿元。其中，集团客户授信五项原则审核315笔，纺织、公路行业信贷政策底线审核50笔，名单制管理行业客户准入审核54笔，风险限额及规模控制审核196笔。全年公司业务条线没有一个指令性风险限额管理行业突破风险限额，圆满实现了风险限额管理目标。

2. 组织完成对风险监控部、纪检监察部、审计部、合规部及银监会等内外部检查中发现的问题的整改工作，其中对银监会 2006 年检查发现的问题组织全行公司业务条线进行整改，对总行本级公司业务部职责范围内的问题的整改率达 100%，整个公司业务条线问题整改率达 95%。

3. 根据全行合规、信贷业务大检查要求，提出公司业务范围内的业务检查要点，理顺应遵循的业务制度，并组织部内人员参加检查组，牵头组织北京市分行、河北省分行的信贷业务检查。

4. 贯彻“以客户为中心”的经营理念，牵头成立由相关业务部门参加的项目组，按照六西格玛定、测、析、改、控的方法要求，对对公信贷业务流程进行梳理和优化，提出了流程改进建议方案，完成了《对公信贷业务流程管理程序》等 6 个管理文件和《对公信贷业务额度授信流程操作程序》等 5 个操作程序文件的编写。制定了《中国建设银行跨区域集团客户经理团组管理办法》，率先对 36 个跨区域总行级重点集团客户组建了客户经理团组，制定下发了《中国建设银行集团客户授信额度分配使用操作规程（试行）》，规范了总分行的职责，明确了集团客户授信额度分配的流程和方法。

5. 加强对公信贷业务贷后跟踪管理系统研究，系统地梳理对公信贷业务贷后管理各流程和环节中存在的关键风险控制点，健全和完善贷后管理制度体系，提高贷后管理专业化水平，已完成《对公信贷业务贷后管理整体推进工作方案》。制定下发了《集团客户部所辖客户重大信用风险事项报告规程》，明确了集团业务重大风险事项报告的内容和流程，坚持早预警、早预防，上下联动，有效地防范了集团业务风险。

6. 完善制度建设，陆续修订完善了《中国建设银行商业汇票转贴现操作规程》、《中国建设银行保证业务内部委托操作规程》、《中国建设银行商用物业抵押贷款管理办法》、《中国建设银行人民币单位协定存款管理办法》等十几个规程和办法。

7. 印发《中国建设银行股份有限公司工程造价咨询业务员工行为细则》，以提高工程造价咨询从业人员的职业道德水平，防范职业道德风险。

七、分析形势，加强调研，为领导决策提供客观依据

1. 组织 3 个调研组，对深圳市、新疆区、重庆市等 6 家分行进行对公中间业务专题调研，了解对公中间业务发展中存在的问题和困难，并提出了发展中间业务的政策建议和相关措施。

2. 针对新一轮宏观经济形势的特点，撰写了《宏观调控行业形势分析及下半年政策建议》，提出了公司业务适应宏观经济形势和金融市场发展的策略、措施和建议。

3. 撰写了《当前房地产形势分析及 2007 年我行对公房地产业务发展建议》，分析形势，明确业务发展方向，并及时召开全行对公房地产信贷资产质量专题会议，认真分析和梳理了存量对公房地产不良贷款产生的原因，提出针对性措施，有效地提高了房地产类贷款的资产质量。

4. 针对制造业、服务业、批发零售业贷款增长过快的状况，撰写了《关于我行制造业贷款情况的分析报告》、《关于我行服务业贷款情况的分析报告》和《关于我行批发零售业贷款情况的分析报告》，提出了切实有效的措施，取得了良好效果。

5. 组织对集团客户统一授信模式的研究。根据集团客户授信的流程现状及现有制度、办法，分析现有授信模式，提出了集团客户统一授信的思路和基本模式，并按不同客户分类提出了集团客户统一授信模式建议。

6. 紧跟利率市场化步伐，针对人民银行推行贴现利率与 SHIBOR 关联的新举措，加强研究，结合建设银行实际制定《中国建设银行以 SHIBOR 利率为基准的票据转贴现报价管理暂行办法》，规范票据转贴现报价管理。

八、全面完成系统开发和推广任务，科技对业务发展的支持作用日益明显

1. 完成了 CLPM 系统的全行推广应用工作，实现了多个系统的信息共享和统一的额度管控，同时启动了该系统二期的开发和优化工作。

2. 完成了操作型客户关系管理系统（OCRM 系统）的开发工作，已进入用户测试阶段；完成了保理系统（FS 系统）的开发工作，正在进行推广应用的准备工作；完成了票据系统的部分优化

及其同 CLPM 系统的接口；完成了年金账户管理系统的客户化工作，正在进行推广应用前的准备。

3. 完成了相关系统的整合和流程的部分优化。根据 CLPM 系统的规划要求，完成了 CLPM 系统同 CCBS 系统、内部评级系统（IRB系统）、票据系统、保理系统的接口，实现了信息共享，有效地实现了全行统一的授信额度管控，有效地防范了信贷操作风险。

4. 优化、完善银关通业务系统，推出了 7×24 小时服务和保证金转税、电子保函等多项产品，满足了海关总署和广大进出口客户的需要。

公司业务部

执笔：孙兆东　邓　云

审稿：靳彦民　袁桂军

集团客户业务

一、2007 年集团业务经营情况

贷款结构不断优化。电力、公路、房地产、钢铁、城建为贷款五大主要行业，贷款余额分别为：电力行业 2 129.45 亿元，公路行业 1 554.46 亿元，房地产行业 692.91 亿元，钢铁行业 619.49 亿元，城建行业 499.37 亿元，五大行业贷款余额占全部贷款余额的 57.63%。客户结构不断优化，A 级以上客户贷款占比达到 96.44%，比年初增加 0.74%。在结构优化的同时，贷款总量得到有效控制。

严格执行国家宏观调控政策及建设银行信贷政策。加大对产能过剩行业贷款结构的调整力度，新增贷款主要投放于行业中的龙头企业。加大对房地产业到期贷款的回收力度，房地产行业贷款全年减少 171.65 亿元，减幅达 19.85%，其中房地产开发贷款比年初下降 17.17%，票据融资比年初下降 37.82%。

资产质量优于全行对公贷款整体水平，不良贷款实现“双降”。截至 2007 年底，不良贷款余额（按五级分类口径）91.76 亿元，不良贷款率为 0.96%，比全行对公贷款不良率低 2.07 个百分点。不良贷款比年初减少 26.01 亿元，不良率比年初降低 0.25 个百分点。

二、2007 年集团业务工作主要举措

（一）充分发挥集团客户综合业务平台作用，积极推动集团业务转型

积极探索集团业务转型的新思路。全行集团业务工作以“精细管理，加快转型”为主题，明确要求集团业务条线加大产品创新力度，积极拓展新兴业务和中间业务，大力推进业务转型。集团客户部根据上述要求，加大中间业务产品推介力度，组织召开两次产品推介会，向客户推介建设银行中间业务产品，营销效果显著。

强化交叉销售整体联动性，积极搭建集团客户综合业务平台。加强与投资银行部、公司业务部、信用卡中心、投资托管服务部、国际业务部等产品部门的横向联动，为短期融资券、“利得盈”信托理财、乾图理财、企业年金、国外保函、海外融资担保等中间业务产品搭建良好的平台。全行共承销短期融资券 625.75 亿元，其中承销中国石油化工集团公司、首都机场集团公司、华能国际电力股份有限公司的短期融资券合计 310 亿元，占全行本年度承销总额的 49.54%；全行共发行乾图理财产品 110.7 亿元，其中联通新时空移动通信有限公司、北京市基础设施投资有限公司、上海浦东城市建设投资有限责任公司共发行 40 亿元，占全行本年度全部发行额的 36.13%；全行共发行“利得盈”信托理财产品 320.7 亿元，其中前三大户邯郸钢铁股份有限公司、唐山钢铁股份有限公司、马鞍山钢铁股份有限公司共发行“利得盈”信托理财产品 63.8 亿元，占本年度全部发行额的 19.89%；协助国际业务

部成功为中国水利水电建设集团公司办理出口信贷业务 9 100 万美元；成功为上海航空工业（集团）有限公司办理飞机融资业务 3 296 万美元；联合相关部门为铁道部提供《铁路投融资体制改革营销服务方案》，其中投资银行部开展了对铁路建设项目股权投资方案的设计与研究，信用卡中心开展了龙卡名企卡——铁路龙卡的营销工作并设计铁路客票银行卡支付业务实施方案，投资托管服务部就社保资金投资于铁路托管业务的合作事宜进行前期调研，集团客户部联合公司业务部组织召开了铁路企业年金营销专项座谈会。

（二）强化高层营销和总部营销，市场竞争力不断增强

1. 抢抓历史机遇，积极跟进布局国家重点项目

加大对铁道部的营销力度。建设银行与中国银行一起成为铁道部重大项目建设的两个投资方和融资行；争取到贵阳至广州、湘桂铁路扩能、广州至茂名、南宁至广州等中长期铁路网规划中的 10 个铁路项目的 518 亿元贷款；京沪高速铁路筹备组本部及下属的 4 个指挥部已在建设银行开户；全年共争取到铁道部铁路网项目 35 个，金额 1 771 亿元，项目贷款新增额实现连续三年翻番。

与大唐电信科技产业集团签署“银企战略合作协议”，营销工作取得实质性进展。成功取得环渤海区域乃至全国“十一五”期间最大的单体投资项目首钢京唐钢铁项目银团贷款副牵头行地位，在 338 亿元银团贷款中，建设银行获得 90 亿元的份额，占 26.6%。

2. 整体联动，同业竞争拔得头筹

成为中国水利水电建设集团公司唯一的合作商业银行，成功为其发行的短期融资债券提供担保，并为其高层设计理财方案；在金融同业中率先将中国联通资金结算系统升级为主机直联方式，使用“收支两条线”办理资金结算业务，年底信贷余额 143.347 亿元，新增 73.52 亿元，较上年增长了 105%；向日立、博世、LG 化学、朗盛和阿尔斯通等多家世界著名的跨国公司实施营销并成功搭建资金结算网络；担任福建炼油乙烯项目的财务顾问、银团贷款牵头行、担保代理行，并以 66.78 亿元的贷款份额在各家银行中位居第一；成为三门峡核电一期工程项目的外汇现汇贷款行，承担美元贷款 6 亿元，同时提供人民币贷款 60 亿元，在四家与之合作的银行中，建设银行贷款份额最大；为中国铁路工程总公司及其下属企业组建资金结算网络，全年归集资金近 900 亿元。

3. 勇于并善于竞争，扭转市场劣势

成功开拓中石油集团现金管理服务项目、境外资金汇划业务、境内外汇资金集中项目，中石油股份法人透支账户管理业务以及中石油股份 A 股上市募集资金 138 亿元归集项目等多项重量级业务，打破了银行同业长期独家垄断中石油集团的不利局面，使建设银行与中石油集团的合作上升到一个崭新的层面。为日立（中国）设计并组建现金管理网络，试点运行现金管理项目，使其总公司及各地分公司的账户整体从其他同业银行切换至建设银行，进一步提升了建设银行对大型跨国公司的市场影响力。

4. 强化金融创新，综合服务能力不断提高

积极进行政策性创新，为华能集团收购粤电集团 24% 的股权提供股权融资，成功开展国内第一笔股权融资贷款业务，目前已为华能集团发放 10 年期贷款 40 亿元；积极进行产品创新，为中国南方电网有限责任公司设计利用备抵账户归集资金的模式，2007 年归集资金约 400 亿元；为 LG 化学量身定制票据委托管理系统，填补了国内业界空白。

2007 年 1 月 17 日，中国建设银行与中国华电集团公司在北京举行银企合作暨综合授信协议签字仪式。

（三）多措并举，大力推进集团客户统一授信工作

积极探索集团客户授信差别化工作，为32户特大优质客户争取实施绿色通道，促成了七大电力集团授信模式的突破。完善激励约束机制，全年共配置3 000万元专项费用用于对跨一级分行集团客户统一授信工作的激励，充分调动了牵头行和成员行的积极性。全年完成集团客户统一授信1 427户。其中额度授信方式1 136户，授信额度8 805.36亿元；限额授信方式291户，授信限额合计8 067.64亿元。牵头行完成跨一级分行集团客户授信213户，组织完成一级分行区域内集团客户授信1 214户。

（四）强化重点客户动态管理，不断优化总行级重点客户结构

完成对前八批总行级重点客户的年审，确定将1 023个客户和2 895个集团成员单位继续列为总行级重点客户，对未达到总行级重点客户标准的292个客户和685个集团成员予以否决。组织开展了对福建福清核电有限公司、福建联合石油化工有限公司等11户总行级重点客户的临时认定。

（五）积极完善分行间利益调整措施，充分调动分行联动工作积极性

完善利益补偿机制，调动相关分行的工作积极性。2007年共安排2.7亿元的利益补偿资金，以调动各行的积极性。其中，网络利益补偿费用共计2亿元；中石化加油站上门收款补贴费用0.7亿元，补贴给提供上门收款服务的分支机构。积极推广内部银团业务，充分发挥其利益协调和资源配置功能。共完成首钢京唐钢铁项目等重点项目（客户）的23笔内部银团的准入，涉及25家分行，金额达679.64亿元。

（六）加强基础管理和制度建设，提高集团业务风险防范能力

加强制度建设。修订《中国建设银行内部银团贷款操作规程》，明确部门职责，优化业务流程，提升全行对重点客户和重要项目的联动营销能力；汇编完成《中国建设银行跨一级分行集团客户经理团组客户经理工作指引》，规范对跨一级分行集团客户经理团组中客户经理的管理，提升对跨一级分行集团客户的服务效率；制定《集团客户部客户经理工作指引》，规范集团客户部客户经理的行为准则，对提升服务效率和服务质量起到了积极的推动作用。

梳理集团客户关系树，摸清集团客户内部结构，理清关联关系。全年共清理建立集团客户关系树1 919个，包括成员单位15 034家，其中跨区域集团客户关系树438个，包括成员单位7 777家。这是建设银行历史上首次开展清理集团客户关系树工作，在国内银行业也是第一家，得到了银监会的高度关注与肯定。

加强业务研究与协调，指导分行开展工作。组织召开3G及TD－SCDMA发展前景座谈会、抽水蓄能电站行业研讨会等9次行业研讨会，加强了对行业的研究；组织召开中水集团、中石化、中国铝业等17个集团客户团组座谈会，加强客户营销、服务与管理；组织召开铁路营销服务座谈会等93次营销专题类业务会议，解决业务中出现的新情况、新问题。

加强业务系统建设，着力提高集团业务信息管理水平。完成集团客户信息管理系统项目的立项。系统上线后将实现对CLPM系统中的客户变动进行同步动态维护，实现多维度、多内容的报表统计和灵活查询，实现对单独授信、统一授信的动态跟踪管理。

集团客户部

执笔：董强

审稿：章更生

机构业务

2007年机构业务条线紧紧围绕行领导关于业务转型的要求，从转型中寻求商机，以创新赢得市场，取得了七项主要机构业务指标同业第一名的佳绩。

截至2007年底，机构业务条线实现毛收入217.24亿元，较上年增长45.86%；全口径存贷款利差为5.28%。

2007年机构业务实现部门口径中间业务收入17.94亿元，增长率达56.35%；实现产品口径中间业务收入15.71亿元，增长率达55.56%。两口径增长率分别比全行非基金类中间业务收入增长率高出4.35个百分点和3.56个百分点。

截至2007年底，机构业务全口径存款余额达到14 484.71亿元，在对公存款中的占比提高到42.45%。一般性存款余额超过万亿元，时点余额达到10 158.65亿元，较年初新增1 724.67亿元；结构持续优化，年底活期存款占比达到78.29%，较年初提高0.69个百分点，超计划0.29个百分点；付息率为1.31%，比全行一般性存款平均付息率低0.26个百分点。

同业存款较年初增长2 553.45亿元，付息率为1.45%，较全行一般性存款平均付息率低0.12个百分点，活期存款占比达99.15%，较年初提高2.10个百分点。

截至2007年底，机构业务贷款余额为1 185.40亿元，贷款不良率为2.19%，较全行对公贷款不良率低0.84个百分点；AA级及以上客户贷款余额占比达到70.61%，较年初提高3.61个百分点，比全行公司类贷款该项指标高3.86个百分点。贷款收益率为6.64%，较全行对公非贴现贷款收益率高0.05个百分点。

一、政府机构业务

自银关通业务系统上线以来，不断地对系统功能进行优化、完善和创新，陆续推出了7×24小时服务和保证金转税、电子保函等多项重要产品，以较好的产品功能和服务手段满足了海关总署和广大进出口客户的需求，并在同业市场竞争中取得了一定的优势地位。为推动“百易安”业务的大发展，完成了“百易安”产品宣传片和内部培训光盘的制作，与公关部联合发文要求全行开展“百易安”宣传工作。2007年，全行“百易安”业务实现手续费收入1 645.43万元，同比增加1 255.68万元，增幅达322.18%。

在代理彩票业务方面，重点做好对分行代理业务手续费收入谈判的指导工作，并取得了一定的突破。2007年，代理体彩资金结算338亿元，代理福彩资金结算126亿元，代理彩票资金结算总量合计为464亿元，从1994年至2007年，累计代理国内彩票资金结算达到2 033亿元。

二、事业法人业务

建设银行于2007年4月与清华大学签署了战略合作协议。5月初下发了《关于推广清华试点经验、促进我行金融创新与业务转型的通知》。结合建设银行与清华大学签约后的持续金融服务经验，于2007年底下发了《借鉴我行清华创新试点经验，做好重要客户后续服务的指导意见》，为全行做好重要客户营销与后续服务提供了案例指导和参照模式。2007年，建设银行与复旦大学、上海交通大学等著名高校合作，实现资产业务零的突破；“华西健康龙卡”的设计和运营方案经过与院方的反复沟通也基本确立，借助华西医院的影响力，该卡将辐射整个西南地区；与读者出版集团的发卡事宜也基本落实，带动了建设银行与读者出版集团的整体合作。2007年，对厦门大学、南京大学等区域排头兵客户的营销也取得实质性突破，并进一步拓展了中国农业大学、中央财经大学、北京交通大学、北京航空航天大学、北京联合大学、中科院研究生院等高校和同仁医院、安贞医院等的资产负债业务。

成立了北京大学综合服务团队，在对北京大学的校、企、医、师、生等各类客户群体进行市场调研和需求论证的基础上，与北

2007年4月3日，建设银行与清华大学在清华大学工字厅举行战略合作协议签约仪式。

京大学进行了充分沟通与磋商，并成功承办了北京大学所属医院财务工作座谈会。

三、财政业务

2007年实现代理中央财政资金结算业务收入4 778.99万元，代理地方财政资金结算业务收入5 231.24万元，代收税款业务收入14 752.54万元，代理其他政府机构结算业务收入697.34万元，代收行政事业费业务收入3 653.13万元，代理财政中间业务收入继续保持良好的增长态势。制定了代理中央财政授权支付业务紧急预案，以确保代理中央财政授权支付业务和代理中央财政非税收收入收缴业务的平稳运行。取得中央预算单位公务卡业务代理资格，成功开发出中央财政公务卡系统。积极参与财税库行联网代收税款业务的推广工作，创新了建设银行代理税务部门收缴税款的模式。成功争取到三峡移民后续新增的七项移民专项资金代理权，进一步突出了建设银行在代理中央专项资金方面的实力。中标2007年度第一期中央国库现金管理商业银行定期存款20亿元，与财政客户的合作领域有了新突破，也为建设银行介入地方财政国库现金管理改革探索了新思路。采取组建公务卡业务团队、财政客户服务团队等模式，整合总行、分行、支行三级优势，提升对财政客户的服务质量和对市场的响应速度，提高了客户的满意度。

四、社保业务

截至2007年底，全行社保资金存款余额为1 712.00亿元，比年初增加518.65亿元，增幅为43%，完成年度计划的128.14%，同业市场占比为18.03%；全行社保业务实现中间业务收入742.49万元，同比增加543.99万元，增长率为274.05%，完成全年计划的252.17%。研发同业领先、全行统一的社保业务综合服务系统，主要包括社保基金归集与发放、个人账户做实基金账户管理、定向国债购买和兑付以及管理信息四个子系统。该系统以信息系统为依托，为业务营销提供系统支撑，系统将在全行推广应用，能够有效提高建设银行社保业务市场竞争能力。通过深入摸底调查全行社保业务成本投入及产出的基本情况，完成了社保业务综合效益及未来几年社保业务发展趋势的测算分析报告，为全行进一步统一思想、准确定位社保业务提供了数据支撑和决策依据。

五、军队武警业务

2007年度建设银行军队武警业务取得较快发展。截至年底，全行军警客户存款同业市场占比达到11.99%，较2005年底增加约8个百分点，巩固了市场第二的地位。军警客户基本账户继续以较高速度增长，账户质量明显提高，在重点区域、重点板块、重点客户、重点产品营销方面均取得了突破性进展。

在解放军四总部中，建立了与总后的合作基础，扩大了对总装备部的服务范围，成功对总参管理保障部、总后卫生部以及某重大国防工程项目等一批总部客户和重大项目实施了营销，实现了总部和重大项目基本户的实质性突破。同时，全行协同策应，团队化运作，成功对成都军区装备部、济南军区装备部等一批龙头客户实施了营销，支持了全行对一大批军队重点客户的营销。实现了对三所军医大学及其附属医院板块的突破。

为解放军四总部、七大军区、三大舰队成立了跨区域任务型团队，依靠上下联动和行际、部门间的无缝隙链接，全面提升了服务层次和服务水平。创新推出“八一龙卡”这一金融产品，作为国内首创的专为军队武警部队官兵量身定制的个人金融服务平台和理财联名卡。开发了“第四军医大学数字化校园暨校园一卡通系统”，帮助其推进以管理信息化为核心的数字化校园和数字化医院建设，并以“专线专网、专门保障”的服务模式，为武警总部等重点客户群体成功搭建资金结算网络，支持了部队资金集中支付改革。

面向全国376家军警重点客户，在全行范围内开展了“建设现代生活，服务现代国防”的大型主题营销活动。

2007年，建设银行与海军总医院和中国红十字基金会合作，为“蓝飘带基金”提供首笔捐款和启动资金，用于对海军总医院重症儿童研究治疗中心收治的贫困重症儿童提供医疗费用资助。面向因公牺牲、因公致残以及在一线表现突出且生活困难的军人、武警、公安干警的妻子或母亲实施持续十年的“中国贫困英模母亲”资助计划。

六、银行机构业务

与国家开发银行签署并联合下发了合作备忘录，召开了业务合作推进研讨会。与中国进出口银行协商全面合作协议文本并推动协议签署事宜，进一步推进与进出口银行在非洲地区的业务合作。加强对工行、农行、中行、交行等大型国有控股商业银行的营销活动，完成建设银行A股上市收款行联系工作。完成银行同业客户评级工作。根据业务发展需要对承兑银行的管理制度实行了创新，取消原有的票据贴现、承兑银行名单限制，改为客户准入方式管理，在风险可控的前提下简化了业务流程。完成国内金融机构额度管理系统开发项目的立项工作。进一步做好对国内银行机构客户的额度授信工作，截至2007年底，总授信量达到8 865.21亿元，有效保障了信用业务的健康、有序发展。

七、证券机构业务

2007年，客户交易结算资金第三方存管业务实现了飞速发展，签约合作券商达105家，占全国券商总数的98%，该业务市场占比居同业第一位。直接为建设银行导入具有理财需求的高端对公和个人客户1 688万户，市场占比达33.96%，居市场首位。存管证券客户交易结算资金年底余额为2 740亿元，市场占比达26.15%，并成为全国第一家同步实现A股、B股两个市场客户交易结算资金第三方存管的银行。

八、保险机构业务

2007年，全行共实现代理保险业务手续费收入9.76亿元，收入增长额达3.31亿元，增幅达51%，收入增长绝对值与增速在四大国有商业银行中均名列第一。总行重新明确了代理保险业务的专项激励政策，对寿险、财险业务分别实行15%、10%的奖励政策，同时将保险业务的市场占比列入条线关键业绩指标考核。2007年，建设银行与中国人寿、中国人保、太平洋保险、新华人寿四家保险公司重新签订全面业务合作协议，与中国人寿、中国人保举行了签约仪式。与阳光、民安、中华联合三家财险公司，华夏、幸福两家寿险公司签订了全面业务合作协议，对新签约的保险公司在相关账户的开立、资产托管业务等方面均提出了明确要求。对中国出口信用保险公司授信8亿美元，对中国平安保险（集团）股份有限公司授信87亿元人民币。完成了银保通系统二期立项及网上银行业务需求的编写工作；完成了三大财险公司商业车险、交强险、代征车船使用税系统的开发及上线工作；完成了业务信息管理系统、寿险公司满期给付业务的试运行及上线工作；完成了平安、泰康人寿保险公司投资连结保险的开发及上线工作。

九、其他金融机构代理业务

2007年底，建设银行期货保证金存款余额达到了60.8亿元，市场份额突破35%。开通建设银行银期转账业务的期货公司数量达到了121家，投资者人数突破10万人。标准仓单质押贷款业务也实现了零的突破，贷款余额为130万元。

开办回购型汽车金融零售信贷资产受让业务，2007年，建设银行汽车金融公司客户增至8家，贷款业务余额达到15.3亿元。

截至2007年底，全行财务公司客户同业存款余额291.04亿元，较年初增加10.82亿元。其中，财务公司客户定期存款余额14.73亿元，较年初减少15.13亿元，降幅达51%。财务公司客户活期存款余额276.31亿元，较年初增长25.95亿元，增幅达10%。

全行财务公司回购型信贷资产受让业务发展迅猛，2007年全行累计办理财务公司回购型信贷资产受让业务247亿元，当期利息收入14 866万元，业务规模较上年增长163%。大力推荐财务公司客户购买建设银行发行的理财产品，中油财务公司购买规模达40.7亿元。建设银行紧紧抓住首批财务公司金融债券发行的机会，建设银行积极参与了华能财务公司、武钢财务公司、中核财务公司和华电集团财务公司金融债券的承销和投资工作。2007年4月，在传统代理资金信托业务基础上，建设银行推出龙信通系列产品。

机构业务部

执笔：梅亚星　俞　立　黄小汉　周　欢

审稿：孙玉辉

国际业务

一、2007年外汇业务经营情况

外汇业务效益增长显著。实现外汇净利润15.08亿美元，外汇账面利润在五行中占比17.13%，在五行中排名第三。实现外汇中间业务收入36.05亿元，同比增长42.7%。

国际结算量突破2 000亿美元大关。全年累计完成国际结算量2 853.95亿美元，同比增长49.95%，超出同期全国外贸进出口增幅26.45个百分点。贸易项下国际结算量增幅在五行中排名第一；国际结算量同比增幅、国际结算量及贸易项下国际结算量市场占比新增三项指标在五行中列第二位；国际结算收入在五行中排名保持第三。

结售汇业务市场份额超过农业银行，全年完成代客结售汇业务量1 782.14亿美元，同比增长65.47%。2007年结售汇总量在五行中列第三位，五行占比新增同比提高3.97个百分点，排名第一。

国外保函余额123.25亿美元，较年初增长242.65%。实现国外保函业务收入1.17亿元，同比增长162.97%。国外保函余额及其收入增幅、收入市场占比新增均在五行中列第一位。

外汇一般性存款余额128.86亿美元，保持在五行中排名第三。剔除中央汇金公司大额外汇存款的影响后，比年初减少2.95亿美元。

外汇贷款得到有效控制。年底外汇贷款余额134.76亿美元，较年初增加32.91亿美元，控制在计划目标内。2007年，国际融资业务各类签约总额为6.39亿美元，其中境外筹资转贷款签约项目26个，签约额4.4亿美元，比2006年增长了3.7倍，境外筹资转贷款余额增速保持在四行中排名第二。

代理行网络进一步扩大。截至2007年底，建设银行已经与120个国家和地区的1 280家银行建立了总行级代理行关系，较年初增加114家。新增代理行主要分布在中美洲、亚洲和非洲地区，进一步优化了建设银行代理行网络的布局。

二、2007年国际业务工作主要举措

（一）推动外汇业务管理创新，进一步完善管理职能

落实国际业务协调议事会议制度，创新性地组织召开了首次国际业务协调议事会议，研究外汇业务发展中的重要问题。印发了《关于进一步抓好外汇存贷款业务、加快全行外汇业务发展的通知》（建总函［2007］871号），提出加快外汇存贷款业务发展的具体要求。

切实承担外汇存贷款业务牵头管理职能。先后印发了《关于进一步做好外汇贷款规模控制工作的通知》（建国际［2007］498号）、《关于采取措施进一步加大外汇存款吸收力度的通知》、《关于11月底全行外汇存贷款业务情况的通报》（建国际［2007］593号）和《关于年底前加强外汇存贷款管理的紧急通知》，起草了《关于平衡外汇资金运用结构、促进外汇业务发展的建议》，提出缓解建设银行外汇资金头寸压力的措施，得到行领导和有关部门的高度重视。

（二）积极推出外汇业务新产品

在同业中率先推出“融货通”、直接出口保理、出口信用保险项下买断、船舶出口保理等贸易融资新产品，进一步完善了贸易融资产品体系，树立了建设银行良好的外汇业务品牌形象，被美国《环球金融》杂志评为中国区最佳贸易融资银行。目前正在为“融货通”产品申请专利权。适时推出“海外融资保”产品，同境外融资安排、境外结构性外汇买卖等业务相组合，以满足不同客户的多样化需求。

大力拓展代理中小商业银行外汇清算业务。与南京银行、兴业银行南京市分行、烟台市商业银行等11家国内商业银行签订“代理外汇清算协议”。成功获得人民银行外币支付系统港元结算银行资格，为吸收同业外币存款、缓解建设银行外币头寸紧张的

局面提供了新的途径。

（三）梳理并改进业务流程，完善国际结算和贸易融资业务管理

稳步推进单证处理中心建设，集中处理范围进一步扩大。2007年，单证处理中心先后集中重庆市、三峡、陕西省、贵州省分行及总行集团客户部的跟单业务，纳入集中处理的分行数量已增至7家，集中的跟单业务量占全行跟单业务量的比重达到12.8%，集中率较上年提高2个百分点。同时，着手启动建行亚洲单证业务集中操作的准备工作。

积极推进战略合作项目。5月在单证处理中心正式启动了出口信用证审单流程六西格玛项目。通过设计出口审单新流程，确定了新的出口审单团队架构和功能定位，有效地提升和改进了出口审单的整体工作效率。

贸易融资流程创新取得突破性进展。将贸易融资纳入"速贷通"产品管理，解决了中小企业贸易融资流程烦琐的问题。适时调整信贷转授权方案，实现了对贸易融资产品的差别化管理。

（四）重视内控管理和规章制度建设

强化外汇业务检查。外汇业务信息管理系统（FIMS）实现了外汇业务专项检查的电子化，为建设银行外汇业务专项检查统计工作提供了系统管理和分析平台。印发《关于2007年全行外汇业务专项检查情况的通报》（建总发［2007］275号），督促分行建立外汇业务定期检查制度、强化内控机制和风险管理意识，全行外汇业务合规经营和规范操作的意识得到了明显提高。

进一步强化风险管理。下发《关于加强船舶预付款（退款）保函业务风险管理的通知》、《关于加强外国政府贷款转贷款第三类项目管理的通知》等文件，规范了业务操作；制定《代理行账户管理办法》，进一步明确了代理行账户开立、维护、注销的有关要求；印发了《边境贸易结算银行账户管理暂行规定》，成为建设银行开办边贸业务以来第一个规范边贸结算银行账户管理的制度办法。

继续把好市场准入关。牵头组织对《中国建设银行分支机构外汇业务市场准入管理办法》进行修订，简化部分外汇业务审批流程，进一步细化和明确相关部门的分工和审批要求。2007年分别批复242家和112家分支机构开办、增办外汇业务的申请，对5家不符合条件的分支机构的申请未予批准。

（五）加快系统升级和研发进度

完成国际收支申报项目的开发和上线，并在此基础上开发出外汇业务基础数据整合（FDI）系统，使其成为支持外汇业务发展的管理信息系统和决策支持系统；率先在国内推出e－Trade系统并在全行范围内推广；积极推动e－Trade系统网上汇款功能的开发，为国际业务客户提供更为全面、周到的外汇业务服务；稳步推进新一代贸易融资系统（NTFS）的上线和优化，实现了跟单业务数据全行集中。

（六）积极拓展海外业务

建设银行海外机构坚持以"稳健经营、循序渐进"为指导原则，积极推动资产结构和收入结构的调整，取得了显著的成绩。海内外联动继续深入，境内外机构在清算和结算领域加强业务联动，推动了"双50%"目标的实现。截至年底，海外经营性机构（含建行亚洲和建银国际）资产总额为244.01亿美元，较2006年增长63.6%；实现拨备后税前利润2.53亿美元，较2006年增长55.2%。

海外机构申设工作取得突破性进展。悉尼代表处于11月底正式开业，建设银行境外代表处增至3家，填补了建设银行在澳洲市场的空白；正式向越南国家银行递交在胡志明市设立分行的申请；向中国银监会正式提交将纽约代表处升格为分行和在伦敦设立子银行的申请；正式启动在中东设立经营性机构的有关工作。

（七）履行外事管理职能

认真履行外事管理职能，加强因公外事出访管理，组织召开首次外事工作会议，进一步统一了全行外事工作思路。圆满完成总行各项重大外事活动的安排，较好地完成了建设银行与美国银行、淡马锡之间的战略合作、协作、经验分享及培训项目的翻译工作。

国际业务部
执笔：展　佳
审稿：姜国云

海外业务

一、2007年工作回顾

2007年是《中国建设银行股份有限公司海外发展战略纲要》（以下简称《海外发展战略纲要》）正式实施的第一年。年初海外机构负责人座谈会围绕《海外发展战略纲要》及2006年郑州海外业务座谈会精神，确定了2007年海外业务各项具体工作措施。5月30日，海外业务座谈会就如何落实战略纲要中提出的各项目标，力争把海外业务做大做强进行了深入讨论。张建国行长作了重要讲话，对下一步贯彻落实全行海外发展战略，做大做强海外业务提出了明确要求。这均为未来建设银行海外业务的持续、健康、快速发展奠定了坚实的基础。

一年来，建设银行各海外机构按照“做强亚洲、巩固欧非、突破美澳”的海外业务发展指导思想，继续贯彻年初全行工作会议和海外业务座谈会精神，根据既定的发展方针，调整业务和客户结构，稳步扩大资产规模，强化内部管理和风险控制，在复杂的经济环境和市场变化中积极拓展市场，不断深化境内外业务联动，为未来建设银行海外业务盈利模式转型打下了基础。截至2007年底，建设银行海外经营性机构（含建行亚洲和建银国际）资产总额达244.01亿美元，较2006年增长63.6%；实现拨备后税前利润2.53亿美元，较2006年增长55.2%；资产回报率为1.04%；不良贷款率为0.37%；人均利润18.45万美元。

过去的一年中，总行各职能部门进一步加大了对海外机构的业务指导和检查力度；各海外机构同境内机构积极配合，推出了一系列满足客户需求的联动创新产品，境内外业务联动继续得以深化，境内机构通过海外机构办理的进口开证和汇出汇款业务占比显著提高；总行各有关部门和海内外分支机构切实贯彻海外发展战略，认真做好战略的落实工作，不断做大做强海外业务；完成对在港机构的业务整合工作，使建设银行在港的批发银行、零售及商业银行、投资银行三个业务条线更为清晰，零售业务网络得到统一管理和进一步加强。

二、总行对海外机构的业务管理、指导及支持

2007年，国际业务部积极会同总行各有关部门，进一步建立和完善了针对海外机构的各项管理制度，采取有效措施支持和保障海外业务的顺利开展。

（一）印发并组织落实《海外发展战略纲要》

《海外发展战略纲要》明确了未来建设银行海外业务发展的指导原则、战略目标、各项具体任务及措施，是建设银行海外业务发展及海外机构网络建设的纲领性文件。2007年，建设银行正式印发了《海外发展战略纲要》，国际业务部在此基础上对战略纲要中的各项要求及落实措施逐项进行分解，按季度跟踪总行各部门贯彻落实情况，积极会同有关部门抓好战略的落实工作。

（二）组织召开海外机构负责人座谈会

2007年2月3日，国际业务部组织召开了年度海外机构负责人座谈会。此次会议由国际业务部主持，各海外机构及总行相关部门负责人参加了会议。会议的主要议题是总结2006年海外业务工作，围绕如何贯彻落实《海外发展战略纲要》及2006年郑州海外业务座谈会精神，研究确定2007年海外业务各项具体工作措施。

（三）海外网络建设工作取得积极进展

建设银行于2007年初开始对在港机构进行业务整合，香港分行向建行亚洲转让全部零售银行业务及相关资产负债，分行零售网点同时转移到建行亚洲。建银亚洲向建行亚洲转让其全部业务及相关资产负债，交易完毕后向香港金融管理局申请注销银行牌照。上述整合工作于2007年9月下旬全部完成。建设银行在港业务形成了批发银行、零售及商业银行、投资银行三个业务条线。

通过这次整合，建设银行在港的零售业务网络得到统一管理和进一步加强，建行亚洲在香港地区的分行由此前的14家增加到18家，此外建行亚洲在澳门地区还设有3家分行。

建设银行设立澳大利亚悉尼代表处的申请于2007年3月3日正式获得中国银监会批准，6月14日获得澳大利亚审慎监管局（Australian Prudential Regulation Authority，APRA）批准，并于2007年11月30日正式开业。

设立越南胡志明市分行的申请于2007年4月24日获得中国银监会批准，并于9月14日正式向越南国家银行递交申请。

纽约代表处升格为分行的申请已于2007年11月20日获得中国银监会批准。

在伦敦设立子银行和在中东设立经营性机构的议案于2007年12月20日获董事会审议通过。

（四）海内外业务联动得到全方位、多样化发展

2007年初海外工作座谈会期间，总行有关部门、各海外机构及国内分行就如何进一步做好海内外业务联动工作进行了深入讨论。2007年5月，国际业务部下发了《关于进一步加强境内外业务联动流程有关事项的通知》（建总函［2007］258号），明确了海内外联动的指导思想和总体目标，提出了进一步深化海内外联动的各项具体措施，在此基础上建立了海内外联动联系人制度，进一步理顺了联动工作流程，提高了业务联动效率。总行公司业务部下发了《关于落实粤深港地区业务联动座谈会有关要求的通知》（建总函［2007］69号），从在深圳市分行设立粤深港业务联动办公室、跟踪联动客户和项目进展情况、交流成功案例等几个方面明确了海内外联动的有关要求。总行有关部门也进一步加强了对海内外联动工作的指导和支持，有力地推动了海内外联动的深入开展。同时，各海内外分行认真贯彻总行各项要求，在业务开展、产品创新、客户营销等方面都有所突破，既增加了建设银行的业务收入，又满足了客户需求。

（五）总行对海外机构的业务管理、指导及支持进一步加强

公司业务部充分利用珠三角地区的联动机制，积极开展海内外联动，有效促进了海内外分行业务发展。2007年1月召开粤深港三地分行业务座谈会，5月、11月分别召开两期珠三角地区协调委员会例会，确定重点联动客户和项目，针对目标客户需求，制订金融服务方案，积极开展对目标客户的营销服务；在深圳市分行设立粤深港业务联动办公室，主要负责联动营销、客户服务、日常信息的沟通交流和联动业务协调。

个人金融部自2007年9月1日起，利用95533客户服务热线及部分城市行网点向建行亚洲客户（港澳地区）提供非金融信息咨询服务；积极营销理财卡海外消费业务，通过海外刷卡奖励、海外消费得奥运大奖等方式，促进理财卡海外消费业务发展。

机构业务部进一步做好对重点客户的海外业务营销和推动工作，多次走访国家开发银行、中国进出口银行等重点政策性银行客户，就双方海外业务合作进行需求了解并挖掘合作潜力；会同团队相关成员部门向分行发文要求进一步加强与国内金融机构之间的海外业务合作；积极开展客户调查和市场调研，为海内外联动创新和产品创新提供信息支持。

投资银行部继续牵头组织协调海内外机构的投资银行业务联动工作，充分挖掘国内分行的客户资源及需求，对客户进行初步筛选和分析，向海外机构进行推荐，并与海外机构共同对客户进行营销；统一组织建银国际在青岛市、云南省、河南省、厦门市、黑龙江省等国内分行举办产品推介会；建立了分行推荐项目考核机制，对向建银国际及其他海外分行成功推荐项目的分行进行考核并给予奖励。

人力资源部在前期各一级分行（培训中心）及总行各部门推荐的海外机构内派员工备选人员的基础上，通过择优选拔，建立了海外机构内派员工人才库，为建设银行海外业务的快速发展提供了人才保障；对海外机构相关人员岗位进行了调整和轮换，2007年新增内派员工9名，延期3名；按照行内工作安排，完成了海外机构负责人的轮换和更替工作；了解各海外机构人力资源管理现状，听取其在聘任管理、员工管理、薪酬管理等方面的意见和建议，并制定了相关改进措施。

计划财务部继续会同国际业务部等有关部门，研究制定海外分行经营业绩的综合评价办法，力争全方位评价海外机构经营业绩，并以此建立更加科学合理的激励约束机制，实现全行整体价值最大化。

审计部会同人力资源部、计划财务部、国际业务部、风险管理部、会计部等有关部门，完成了对各海外机构的现场审计工作并形成了相关审计报告，提出了各海外机构在经营管理中存在的主要问题，并要求各海外机构提交了相应的整改措施方案。

风险管理部2007年度积极做好海外分行授权工作，支持海外分行业务发展；初步建立了海外分行风险报告制度，进一步强化了对海外分行风险的动态监控；加强了对海外分行市场风险的管理工作。

风险监控部会同信息中心、风险管理部、国际业务部、会计部等相关部门，多渠道收集海外分行信息，加强非现场监测，针对风险隐患开展了有针对性的现场检查。

信息技术管理部会同会计部实施了海外分行总账合并项目，实现了海外分行总账每日日终自动通过网络上传至总行ERPF系统；完成了对香港分行与总行之间网络线路的升级，使其达到OA系统海外推广和港股直通车系统上线的要求；正式启动OA系统在海外机构的推广工作，预计2008年上半年完成。

会计部结合新的企业会计准则，向部分海外分行提供相关培训；实现了海外分行生产系统与ERPF系统的转换，将海外分行会计系统纳入总行统一管理，为总行相关部门对海外分行的业务实施管理提供了基础数据支持。

营运管理部2007年启动了海外分行外汇清算系统整合工作，完成报文平台开发并进入测试阶段；清算平台开发正在进行中，预计2008年3月可开始测试；完成了新加坡分行SWIFT系统整合到总行系统的工作和建行亚洲SWIFT报文收发从美国银行迁移到总行的工作；继续将外汇汇款向香港分行、法兰克福分行和首尔分行倾斜，积极支持海外分行外汇清算业务发展。

三、各海外机构业务开展情况

（一）香港分行

1. 业务发展概况

2007年底，分行资产余额864亿港元，较年初增长69%，其中，各类贷款余额593亿港元，比2006年增长94%；债券投资余额157.63亿港元，比2006年增长11%。根据管理会计口径，分行全年实现经营收入57 946万港元，比2006年增长61%；分行调整后税前利润达35 722万港元，比2006年增长85%。实现净利息收入49 896万港元，占营业收入的86%；实现佣金、手续费及投资收益等非利息收入7 966万港元，占营业收入的14%。分行全年资产回报率达0.96%，不良贷款率为0.31%，不良资产率为0.32%。

2. 主要经营管理举措

2007年，分行认真贯彻落实总行统一战略部署，克服美国次级债危机、国际金融市场资金紧张带来的种种消极因素，积极面对激烈的同业竞争，锐意开拓，实现了开业以来最大幅度的业务增长。同时，随着零售业务向建行亚洲的转移，分行的经营范围重新回归到批发业务领域。

（1）大力推动海内外业务联动。2007年，分行进一步加强与内地分行的业务联动，主要联动产品包括境内地产项目融资、Pre－IPO融资、内保外贷、外保内贷、海外代付、人民币不交割远期外汇交易、清算、结算及贸易融资等业务。全年共办理内保外贷业务57笔，金额达24亿美元，比2006年增加27笔，金额增长10亿美元；分行审批境内房地产项目5笔，融资金额达3.45亿美元；办理人民币不交割远期外汇交易业务365笔，交易金额达16.8亿美元；办理海外代付业务2.1亿美元，由于政策原因，与2006年相比有所下降。

（2）继续加强与建银国际的业务联动。2007年，分行与建银国际在多个业务领域进行合作，有力地推动了投资银行业务的发展，涉及的客户主要包括中国淀粉、保利协鑫、龙湖地产、山水集团等。

（3）进一步加大新产品开发力度。2007年，面对资金紧张的不利局面，分行果断采取有力措施，新营销和挖掘大量的企业存款，为资产增长任务的完成创造了有利条件。自第三季度起，分行成功向客户营销新的结构性存款产品，截至2007年底已签署了5笔3个月期的存款合约，总金额达29 151万美元，为分行带来约48万港元的利润，存款业务的迅速增长成为香港分行2007年的另一个业务亮点；为开拓非利息业务收入，分行自第四季度起，努力发展各项新产品，如债券自营买卖、外汇期权（FX Option）及不交割期权（NDO）等，为2008年的产品创新奠定了基础。

此外，分行2007年新设了金融机构部，主要负责对金融机构的业务营销，力求发掘更多的非利息收入；并成立了新产品委员会，专门负责新产品开发工作。

（二）新加坡分行

1. 业务发展概况

2007年底，分行资产余额10.38亿新加坡元，比上年增长1.03亿新加坡元，其中各类贷款余额3.54亿新加坡元，债券投资余额5.89亿新加坡元；实现税前利润489万新加坡元；中间业务发展良好，实现手续费净收入278万新加坡元，比上年增长63%；资产质量依然良好，不良资产率为零。

2. 主要经营管理举措

（1）加强信贷业务营销力度。经总行批准，新加坡分行和其他分行以内部银团方式参加了印度尼西亚国家电力公司18亿美元的银团贷款；分行积极营销中国在新加坡上市的企业贷款，作为联合牵头行参加了中国在新加坡上市企业——亚洲药业300万美元的银团贷款；分行进一步加强与当地金融机构的合作，作为参加行参与新加坡房地产公司国浩集团的银团贷款；在以香港分行作为总承包银行的13亿美元迪拜世界（Dubai World）银团贷款项目中承担了1 000万美元；经山东省分行推荐，新加坡分行给予其长期优质客户——鲁洲生物科技（山东）有限公司1 000万美元双边贷款；在北京市分行公司部门的配合下，分行积极对中石化新加坡公司（联合石化新加坡有限公司）实施营销，最终成功为该公司提供了1.75亿美元1年期循环贷款的融资，北京市分行以内保外贷形式向分行提供担保，这是分行迄今为止单笔金额最大的内保外贷业务；分行与大连市分行共同向大连海昌集团实施营销，并以外保内贷的形式安排其国内的人民币融资。

受国家外汇管理局对金融机构外债指标下调的影响，2007年分行以海外代付业务和出口贴现业务为主的贸易融资业务大幅度下滑。分行根据外部环境的变化，及时开发了新的产品，包括进出口“一站式”结构融资结算服务、假远期信用证付款服务等，同时积极与国内分行在贸易融资方面进行营销联动。业务创新及新产品的不断开发带动了贸易融资业务的发展。

（2）密切关注债券投资业务的市场风险。美国次级债危机发生后，全球金融市场的波动和一些机构评级的下调引起了债券价格的波动，导致分行的债券重估价格在账面上呈现下跌态势。分行对此高度重视、积极应对，采取了有效措施，包括跟踪价格曲线的变化，对影响大的债券作定期分析。分行判断此次次级债危机对金融市场的长远影响不容小视，因此一直保持密切关注，加强对相关信息的收集分析，增加业务重检的频率，以便及时作出准确的决策。

（3）不断拓展投资银行业务等中间业务。2007年，分行的投资银行业务取得了良好的进展。作为主理行、承销商和配售商完成了两个项目在新加坡交易所的上市。另外，作为配售商完成了山东鲁洲集团在新加坡证券交易所上市的二次融资。同时，积极与国内分行如山东省分行、黑龙江省分行、天津市分行及上海市分行等联系，以寻找在新加坡上市的潜在企业。

（4）与国内分行及其他海外分行加强联动。2007年，分行继续加强与国内分行及其他海外分行的业务合作，海内外分行的联动，为建设银行客户提供了更加全面的金融服务，有力提高了建设银行的整体市场竞争力。海内外分行分别在共同组织银团贷款、内保外贷、外保内贷、联合营销、相互介绍客户及信息交流等方面进行了不同形式的业务合作。2007年底，新加坡分行又根据国内贷款规模约束、外汇资金紧缺的新情况，积极创新，主要在联合贷款、协助国内企业在新加坡上市、配合国内分行开展客户营销、向国内分行介绍客户、提供咨询服务、加强产品创新方面做了较多工作，与国内分行形成了更好的合力。

（三）法兰克福分行

1. 业务发展概况

2007年底，分行资产余额8.4亿欧元；受债券市值重估损失的影响，2007年分行计提了61.9万欧元债券减值准备，实现税前利润187.7万欧元；全年实现手续费收入148万欧元；资产质量良好，不良资产率为零。

分行全年共通知跟单信用证1 088笔，累计通知金额达4.73亿欧元，分别较上年增长64%和3%；共为总行及国内分行提供欧元清算85 900笔，累计金额达136亿欧元，分别较上年增长52%和36%；继续配合总行管理美元账户，共向总行支付利息945万美元，较上年增长60%。分行还积极发展双边贷款业务和贸易融资业务。2007年顺利对几个大客户实施了营销，发放了双边贷款，总额达1 480万欧元；截至2007年底，分行贸易融资余额较2006年增长了近2倍。

2. 主要经营管理举措

2007 年，分行实现了新旧管理层的顺利交接。新管理层确立了适度调整资产结构、改善盈利结构、重视中间业务、加强风险管理的稳健经营方针，同时加大了对德国中型企业客户的营销力度，努力建立稳定的客户群体，不断推出适应市场需求的新产品和新服务，通过资产结构和配置的优化，逐步改善盈利结构，有效地提升了分行的风险控制水平。

（1）与多家国内分行开展福费廷转卖业务，全年累计叙做 138 笔，金额达 1 779 万欧元，在增加分行中间业务收入的同时，有力地支持了国内分行表内资产转让业务的发展。

（2）随着中国经济的进一步发展，“走出去”的国内企业也日益增加，在德国，中国企业收购当地中型企业以获得核心技术和销售网络的项目逐步增多。法兰克福分行敏锐地发现了这一市场现象，依托建设银行在海内网络、资金和客户群体等方面的优势，积极与海内分行联动，努力拓展中资企业的跨国收购业务。经过与新疆维吾尔自治区分行的联合营销，争取到了为国内风电龙头企业——新疆金风科技股份有限公司在德国的收购提供融资（内保外贷）及其他服务的机会。

（3）开展了针对国内中小银行的客户的融资性保函业务，对中国光大银行的国内重点客户在德国收购机械设备加工公司，以及子公司在当地申请流动资金贷款进行担保，设计出由浙江省分行对光大银行的保函加暗保、法兰克福分行给予融资的方式，既满足了客户的需求，又完全符合德国当地的监管要求。

（4）与福建省分行联动，共同向福州城市商业银行实施营销，实现法兰克福分行代理该行欧元清算业务，并签订了海外代付业务协议。

（5）推出了假远期信用证即期偿付业务。

（6）与多家国内分行签署贸易融资项下资产转让协议，支持国内分行的外汇融资需求，帮助国内分行维护其与重要客户的关系。

（四）约翰内斯堡分行

1. 业务发展概况

2007 年底，分行资产余额 38. 19 亿兰特，实现税前利润4 218 万兰特，资产和利润分别为2006 年底的222% 和233%；不良贷款率为零；资产回报率从2006 年的 1. 17% 增长到 1. 65%；人均利润增长到 168. 74 万兰特，较 2006 年增长 96%。

2. 主要经营管理举措

2007 年，分行资产规模和盈利水平大幅提高，各项主要财务指标均接近当地外资银行同业前列，已真正建立起以双边客户为基础、以贸易融资和公司贷款业务为主的发展模式。分行的特色业务——结构性贸易融资已成为分行资产的重要组成部分，约占总资产的 21%，为分行贡献了约 27% 的营业收入。2007 年，分行继续大力拓展周边市场业务，成功以牵头行身份参与了非洲最大通信运营商 MTN 尼日利亚公司的银团贷款；积极向优质大客户实施营销，逐步建立起包括中钢、华为在内的优质客户群体，并成功向索普集团（Super Group）等当地知名上市公司实施营销。

（1）充分发挥参股子公司兰特亚洲（Rand – Asia）的优势，指导其为全行的非洲战略服务。2005 年经分行建议并由总行批准，由建银国际投资入股南非本地的贸易融资公司 Rand – Asia（持股 33%，由建银国际作为股东，约翰内斯堡分行代为行使股东权利），从合作至今，未发生一笔不良贷款。2007 年，分行重新定位了和 Rand – Asia 的合作方式，主要进行了三个方面的工作：第一，引导 Rand – Asia 更好地为建设银行战略服务。在中非经贸往来快速增长的大背景下，充分发挥 Rand – Asia 的经验和优势，部分非洲国家业务由 Rand – Asia 配合约翰内斯堡分行开展。第二，重新划分收入分成。对有中资背景的客户，分行要求更高的分成比例，通过艰苦的谈判，最终该公司同意了分行的建议方案。第三，更紧密地介入该公司的日常管理。除了参与该公司董事会外，分行还指定专人对其进行定期审计，同时要求市场营销人员和风险管理人员更紧密地与该公司开展合作。

（2）购买办公楼，传播建设银行企业形象。2007 年，总行批复同意分行在当地购买办公楼，这是总行推动非洲战略的基础性工作，使分行成为第一家拥有独立物业的海外分行，对分行乃至全行在非洲的发展都具有深远意义。分行办公楼地处交通要道，地理位置不可复制。购买办公楼有利于树立建设银行在当地的市场形象，传递建设银行在当地有长远发展计划的信息。在 2007 年度三方会议上，南非储备银行专门提及了分行的办公楼购置，认为办公楼地理位置优越，有利于提升银行形象，并对建设银行对南非的信心投票表示感谢。

（3）批准在当地簿记非居民贸易融资业务。经过积极争取，南非储备银行外汇监管局、银行监管部先后同意分行在当地簿记非居民贸易融资业务，这是南非储备银行迄今为止唯一的此类批复，为分行的下一步发展奠定了良好的基础，同时也为分行根据总行要求进行全行离岸簿记试点创造了良好条件。分行今后将在南非当地簿记离岸非居民贸易融资业务，除可支持分行的业务发展需求、有效解决目前发展的瓶颈之外，更重要的是，在总行的指导下，能够为全行的离岸资产簿记、核算、考核等提供实践平台。

（4）拓展优质客户基础，尝试全面金融服务。客户构成可以侧面反映银行的市场形象和服务能力，分行充分利用南非混业经营的政策环境，积极探索向客户提供全面金融服务的经验，成功为 Super Group 提供了结构性融资、一般性融资等服务，并以共同承销行的身份参与了该公司债券的发行，同时借用建银国际的投资银行专业队伍，为该公司提供投资银行服务。

（五）东京分行

1. 业务发展概况

2007 年底，分行资产余额 615.79 亿日元，不良资产为零；在支付总行资金占用费 18 090 万日元的基础上，实现税前利润 15 948万日元，在外部市场出现较大动荡的情况下，取得了较好的经营业绩。

分行全年共收到国内分行的信用证 1 545 笔、海外代付 104 笔，累计金额达 109 亿日元。实现中间业务收入 7 280 万日元，占营业净收入的 10.88%。其中，清算、结算类手续费收入 1 484 万日元，占营业净收入的 2.22%；信贷类手续费收入 4 103 万日元，占营业净收入的 6.13%；其他中间业务收入 1 698 万日元，占营业净收入的 2.54%。

2. 主要经营管理举措

2007 年，分行贷款业务显著增长，并保证了良好的资产质量；贸易融资业务和国际结算业务有了较大的发展；在海内外联动方面做出了多方面探索并取得了一定成绩。分行积极响应总行的号召，主动拜访、联系国内有关分行，而且经常直接联系有业务关系的支行，与国内分支行相互配合进行营销，努力争取扩大中间业务收入。本年度，分行的海外代付业务、信用证通知业务等都有较大的增长。

（六）首尔分行

1. 业务发展概况

2007 年底，分行资产余额 13.23 亿美元。其中，债券投资余额 5.56 亿美元，贷款余额 1.28 亿美元，贸易融资余额 5.56 亿美元。全年实现拨备前利润 864.85 万美元，但由于分行 2007 年发生重大不良事件，补提了特殊准备金 1 306 万美元，拨备后税前利润为 -822.8 万美元。2007 年底不良资产率为 1.62%。

2007 年，分行继续开发了一批像现代钢铁（Hyundai Steel）、鲜京天然气（SK Gas）、STX 商社、三星电子、KP 化学等具有发展潜力的新客户；全年共办理外汇买卖业务 23.68 亿美元；累计办理贸易融资业务 9 605 笔，累计结算金额达 34.73 亿美元，分别较上年增长 33% 和 23%；办理中韩汇款"即时通"业务27 618笔，累计金额达 13.05 亿美元，分别较上年增长 73.7% 和 54.4%。在投资咨询业务方面，分行改变了过去单纯营销国内企业到韩国上市的做法，积极协助韩国银行在中国境内寻求合适的投资对象。2007 年，中间业务收入比上年增长了 117.7%，结算手续费收入和代客外汇买卖收入增长迅速，分别较上年增长了 61.8% 和 27.1%。

2. 主要经营管理举措

2007 年初，在认真总结经验的基础上，分行制定了"适时调整结构，优化客户群体；增加新的业务品种，扩大中间业务产品比重，贸易融资业务稳步增长；加强市场和客户研究与跟踪，加强贷后管理，着力控制市场风险和信贷风险；从秩序和效率两方面入手，进一步强化管理和人员培训，努力建设一支优秀的经营管理队伍"的整体发展战略。全年分行努力调整资产结构，优化客户质量，倾力化解不良资产，进一步完善内部规章，强化风险管理。

（1）大力调整资产结构，优化资产质量。分行 2007 年业务得到快速发展，但也面临着较大的风险隐患。分行积极进行资产结构调整，优化资产质量，努力化解不良资产，取得了显著成效。贸易融资一直是分行业务发展的重点，但随着其快速发展，一些问题也显现出来。2006 年下半年至 2007 年上半年，分行在贸易融资方面陆续出现了一些不良资产，为此从 2007 年下半年起，分行花大力气进行了资产结构调整，加大银团贷款等业务的发展力度，优化资产配置，特别是对存在较大风险隐患的贸易融资业务进行了坚决调整，努力化解存量不良资产，同时避免出现新的不良资产。

（2）优化客户结构和群体，从严客户准入。分行2007年严把客户质量关，对既有客户进行了严格优选，主动退出一些有潜在风险的客户，巩固优质客户，适量地扩展新的客户群体，开发了一批具有发展潜力的新客户。同时，2007年下半年，分行果断终止了对大宇电子、依恋（E－land）、双龙汽车等客户的贸易融资业务授信，停止了一家已授信客户对短期贷款额度的使用。

（3）加强风险控制，强化资产管理。分行在2007年特别是下半年进一步加大了风险调控力度，逐步改变相对注重规模扩张而轻风险控制的业务发展模式，以保证资产质量的优良性和资产的安全性。重点加强了对市场、行业、客户的研究和跟踪，加强对项目的贷前审核，严把准入关，严格贷中和贷后管理，完善监控机制，严格控制市场风险和信贷风险。

（4）加强海内外联动，努力实现"双赢"。分行2007年积极贯彻执行总行关于进一步加强海内外联动的整体战略部署，创造海内外分行共赢的局面，如与山东省分行联动营销LG中国，与大连市分行联动营销STX造船。同时积极向国内分行介绍客户，推动国内分行与韩资企业建立业务联系，如向建设银行山东枣庄市分行介绍了韩国东洋制铁化学有限公司30万吨煤焦油项目，向大连市分行介绍了韩国大洋商船株式会社，向青岛市分行介绍了现代商社等一批优良客户。除介绍客户和业务之外，首尔分行还为国内分行进行韩资企业的资信调查，协助国内分行处理在韩业务纠纷等。

（七）伦敦代表处

1．积极工作，全力以赴投入伦敦子银行筹备工作。从9月中下旬开始，根据行领导要求，在总行有关部门的大力支持下，代表处正式启动了伦敦子银行申设工作，包括聘请中介机构并签署协议、向总行报送代表处预算报告、补充完善子银行营业计划、准备各项申设材料等，确保了申设工作的顺利进行。

2．内外联动，积极配合总分行业务的发展。宣传建设银行、加强市场营销、拜访客户和银行、进行业务联系是代表处今年的几项重要工作。代表处主动拜访客户和银行，做好市场营销工作，一方面起到了宣传建设银行的作用，另一方面建立了业务联系渠道：按照总行集团客户部的要求，配合苏州市分行多次向英国英力士集团公司实施营销；应青岛市分行的要求，收集并提供了英国GREAT WHEEL公司资信和经营方面的情况。

3．积极做好国内外客户的咨询和查询工作，协助总行、分行处理有关国际业务的法律纠纷。2007年，代表处多次协助国内分行和个人以及当地银行和个人对汇款等业务进行查询；并且受理了当地公司和个人大量的业务咨询，内容主要集中在投资中国房地产的政策和银行提供按揭的有关规定，以及在中国设立公司等方面，有效地发挥了连接海内外的桥梁和纽带作用。

4．跟踪英国经济和金融市场发展，及时向总分行提供经济金融信息和专题调研报告。代表处密切关注当地市场及同业动态，全年共向总行报送经济金融信息报告24份，完成了总行布置的调研任务。

5．做好代表处人员换届、离任审计及财务审计工作。代表处按照总行统一部署，一方面较好地完成了离任人员的个人述职、非现场审计工作；另一方面通过律师及时为新任首席代表和副首席代表办理了工作许可证等，完成了人员换届和工作交接。此外，代表处还积极配合总行审计部完成了对代表处2005年度、2006年度和2007年前7个月财务状况的例行检查审计。

（八）纽约代表处

1．继续完善各项管理制度，加强员工培训工作。2007年，代表处根据当地法律法规的要求和业务发展的需要，建立和完善了财务管理、合规操作和员工培训等多方面的内部制度，制定了《中国建设银行纽约代表处内部管理手册》、《中国建设银行纽约代表处保密法和反洗钱法内部操作规程》和《中国建设银行纽约代表处银行保密法培训方案》等多项内部管理制度文件，保证了代表处的合法、有序经营。代表处还积极组织员工进行学习和培训，多次组织各类研讨活动。全年代表处先后派员参加了美联储、联合国代表团、中国银行等机构组织的关于美国保密法、反洗钱法的培训，花旗银行组织的审计培训，AIG组织的保险业培训等。从本年度开始，代表处与美国反洗钱专业公司合作，该公司每年11月对代表处员工进行监管法律法规方面的全面培训，以提高员工在反洗钱法和监管方面的理论水平，同时也满足了美国监管部门的要求。

2. 在总行国际业务部的直接部署下，继续完成设立分行前的各项准备工作。本年度，代表处继续加强与监管部门和同业间的沟通。一方面对监管部门表达了建设银行对美国市场的重视程度，阐明了建设银行在各个方面都已经达到了监管部门的要求；另一方面详细了解了整个申请的流程和要点，为建设银行实现在美国的进一步业务规划取得了宝贵的第一手资料。

3. 认真做好总行各类培训和考察团组的接待工作。2007年，代表处共接待各类团组53批，合计420人次。其中，行领导团组5批、人力资源部青年干部纽约大学培训团组4批、美国银行培训团组42批、其他团组（包括总行通知的行外机构）2批。代表处本着“安全第一，周到细致，保证质量”的原则，认真落实各项规章制度和外事纪律，优化工作流程，提高工作安排能力，确保学习质量，取得了良好的工作效果。

4. 配合美联储完成年度检查工作。2007年11月，美联储派出了检查组对代表处进行全面的现场检查。代表处高度重视，接到检查通知后，立即根据检查的要求和内容进行了认真准备，逐项查对每一项财务支出，做到单账相符；对2006年和2007年所有总行发文、代表处上报总行的所有报告进行了翻译，确保了检查工作的顺利进行。

5. 坚持信息调研工作，继续为总行提供金融信息和报告。2007年，代表处继续认真贯彻总行关于加强海外经济金融信息和专题研究工作的指导方针，坚持对美国经济金融信息进行跟踪和研究。全年完成《美国经济金融信息参考》52期，调研报告4篇，其他各类信息参考18份。

6. 认真做好海内外分行联动工作。按照总行转变职能、强化前台营销的政策，代表处积极发挥窗口作用，将营销工作做到了最前沿。先后协助国内分行向美国斯蒂尔合伙人公司（Steel Partners）和安德森合伙人公司（Anderson Partners）等公司实施了营销，取得了良好的效果。

（九）悉尼代表处

2007年6月14日，建设银行设立澳大利亚悉尼代表处的申请正式获得当地监管机构的批准。代表处积极开展对外联系，向当地中澳客户实施营销，筹备开业前的各项工作，包括房屋租赁、招聘员工、完善规章制度、购置固定资产等，并作为建设银行的海外窗口，了解研究澳大利亚金融市场，维护代理行关系。

11月30日，建设银行第三家海外代表处——澳大利亚悉尼代表处隆重开业，引起了较大的反响。中国驻悉尼大使馆称：建设银行悉尼代表处的开业仪式是进入澳大利亚市场的中资企业中举办得最成功的开业仪式。

国际业务部

执笔：原　玎

审稿：姜国云

投资托管服务业务

一、托管资产规模快速增长

2007年，建设银行托管资产净值达9 282.43亿元，比上年增长249.97%。其中托管证券投资基金资产净值7 216.79亿元，较上年增长275.19%，托管基金市场份额居同业第二位；托管合格境外机构投资者（QFII）、合格境内机构投资者（QDII）资产净值565.34亿元，比上年增长329.52%；托管保险资金、社保基金、企业年金等证券类资产净值为人民币1 350.22亿元，较上年增长126.08%；托管投资委托资产净值150.08亿元。全年累计实收托管费收入为10.25亿元，比上年增长390.43%。

二、托管业务客户营销工作成效显著

（一）积极营销优质基金管理公司客户，努力扩大托管规模

努力扩大合作基金管理公司范围和增加托管基金产品数量。全年共新增托管并主代销华宝兴业等8只新基金；托管了信达澳银、诺德两家新设立中外合资基金管理公司的首只基金；积极与基金管理公司合作完成金鼎、通宝等5只原有托管基金的延期和转型工作，保证了该类基金产品在建设银行的存续。此外，还积极协助相关基金管理公司对原在建设银行托管的规模小、业绩好的基金进行份额拆分，使基金份额显著增长。

（二）进一步推进证券类资产和企业年金托管业务

一是努力争取大型保险集团公司自有保险资产托管业务、保险资产管理公司资产管理产品托管业务以及第三方投资委托托管业务。新的保险公司托管客户不断增加，先后与天津渤海产险公司等4家客户正式签订托管合同，托管品种涵盖了股票资产、各类存款、债券、证券投资基金等。继续深化与平安保险集团的托管合作。

二是快速发展证券公司资产托管业务。通过加强与监管部门的沟通，及时了解政策导向，引导证券公司适时推出集合理财产品等措施，积极扩大证券公司资产托管业务，全年托管证券公司受托财产规模增长近8倍。

三是稳步开展信托资产托管业务。在严格客户准入的原则下，重点选择优质的信托公司合作。全年托管证券类信托资产规模达186.14亿元，较上年增长4倍多。

四是大力开拓企业年金基金托管业务。积极参与已启动年金招标的行业投标工作，成功中标江苏电力等4个客户的年金托管业务，并取得江苏徐矿、秦山核电等11个大型项目的年金托管业务。

（三）投资委托托管业务营销取得新进展

通过行内部门、总分行联动，共同挖掘和广泛培育间接投资于基础设施项目的产业基金、保险资金管理公司等潜在重点托管客户。先后与广东核电新能源基金等5只国家发展改革委审批设立的私募股权投资基金的发起人、管理人等商谈基金托管事宜。同时，成功向平安、中国人寿、泰康、新华、太平洋等多家保险资产管理机构实施了营销，密切跟踪其设立的保险资金间接投资于基础设施项目的投资计划动向。与平安信托签署30亿元投资资产托管协议，成为国内首家获得保险资金间接投资于基础设施建设股权投资计划资产托管业务的银行；与太平洋资产管理有限责任公司签署保险资金投资于上海世博园项目的资产托管协议，实现了保险资金间接投资于基础设施建设债权投资计划资产托管业务的突破。另外，积极营销集合资金信托计划保管业务和资产证券化项目资金保管业务。全年共批复20亿元集合资金信托计划保管业务，与华宝信托有限责任公司签署“2007年第一期工元信贷资产证券化项目资金保管合同”，履行对资产证券化项目的资金监管等保管职责。

（四）QFII、QDII托管客户规模不断扩大

2007年先后赴日本、澳大利亚、新西兰、英国、德国、法国等国家和地区营销QFII客户。向德国商业银行、韩国产业银行等10多家机构提供了托管方案。全年相继取得了美国梅隆资产管理公司和韩国产业银行的QFII托管银行委任。专门成立了QDII托管业务小组，先后向华夏基金管理公司、华宝兴业基金管理公司等多家基金管理公司成功实施了营销，并与上述公司签订了QDII产品合同和托管协议，与国泰基金管理公司等多家公司达成了QDII产品合作意向。其中，华夏基金管理公司的QDII产品已经成功募集300亿元人民币并开始运作。

三、加快托管产品研发，推动托管业务创新

一是与基金管理公司研究设计推出多样化的封闭式基金创新产品。其中，与工银瑞信基金管理公司合作的封闭式基金创新产品获批并成功募集。二是积极开发企业年金托管和投资委托托管等产品。与中国人寿保险股份有限公司、中诚信托有限责任公司、中国人寿资产管理有限公司签署了《企业年金业务合作协议》，并形成了新的“3+1”业务合作模式；敏锐捕捉企业债券发行市场变化和客户需求，协助湖南省分行起草协议文本，参与券商业务谈判，为湖南泰格林纸集团有限责任公司的8亿元、10年期企业债券提供抵押资产监管和偿债专户监管服务，成为国内首家提供此类服务的商业银行。三是在QDII法律文件、系统开发、业务流程等方面完成有关准备工作并取得明显

进展。完成了 QDII 产品法律文件准备工作，及时与摩根大通银行和纽约银行签订了托管和会计核算协议；与系统开发商合作开发、测试了 QDII 财务和估值系统；建立了 QDII 内部业务流程。

四、托管业务基础建设不断巩固，风险控制进一步加强

一是不断完善投资托管业务管理制度。全年先后草拟了《证券类投资资产托管业务管理办法》、《企业年金托管业务管理规定》、《企业年金受托财产托管账户操作规程》等制度。二是不断加大托管业务培训力度。全年先后举办了证券从业人员后续职业教育培训班、养老金托管业务培训班等多个培训班，提高了从业人员的业务技能。三是开展证券类信托财产托管业务经营情况专项检查，发现问题，及时整改，杜绝了有章不循、违章操作行为。四是配合监管部门和毕马威华振会计师事务所，完成了中国保监会托管业务工作小组的内控检查工作和对建设银行 QFII 客户 AMPCI 托管业务的内控审计工作。五是加强了业务授权管理工作。依据批准的授权方案办理了有关授权手续，完成了基金账户开立、债券转托管等各类业务的授权工作，全年发出业务授权 205 份。

五、托管服务业务操作质量不断提高

2007 年，及时准确地完成了 12.93 万亿元的资金清算工作和全部托管资产的会计核算及估值工作。完成了保险托管资产和基金托管资产的核算准则由旧会计准则向新会计准则的切换；配合毕马威等会计师事务所完成了 QFII 账户的财务审计工作，并按时向监管部门报送了财务报告；按时完成了各类托管资产的季度、半年度及年度报告工作；在日常托管服务中，尽职尽责履行托管人职责。

六、管理人投资运作监督工作不断加强

全年认真完成了对基金托管、集合理财、保险资金托管和企业年金托管等托管业务的日常监督工作，按日及时对 63 只基金、40 个资产组合的托管业务执行投资运作监督，对发现的问题及时进行核实、协调，并在规定时间内向有关管理人发出投资运作异常通知 401 则。根据监管部门要求，系统提出了对托管业务综合系统的监督子系统进行了完善。

投资托管服务部

执笔：杨增亮　王云鹏

审稿：李春信

个人金融业务

一、主要成绩

（一）本外币个人存款新增在四大国有商业银行中居第二位

截至 2007 年 12 月 31 日，建设银行本外币个人存款余额 23 271.3亿元，比年初新增1 196.88 亿元。本外币个人存款累计新增额在四大国有商业银行中占 54.43%，同比提高 23.84 个百分点，新增额在四大国有商业银行中居第二位。

（二）基金等投资理财产品实现跨越式发展

1. 全年代销基金 233 只，代销金额达 7 727.51 亿元，增长 7 倍；实现手续费收入 117.45 亿元，较 2006 年增长超过 10 倍，占全行手续费及佣金净收入的 37.51%，代理基金业务成为全行第一大中间业务收入来源。基金业务客户数达到 1 137 万户，较 2006 年增长 10 倍。销售业绩在同业中取得领先地位，代销额及收入在四大国有商业银行中居第二位，全行有 15 家分行的基金销售业绩在当地四大国有商业银行中居第一位。

2. 全年共发行本外币个人理财产品 138 期，募集资金 712 亿元。其中，“利得盈”产品 109 期，募集资金 437.54 亿元；“汇得盈”外币结构产品 19 期，募集资金 27.29 亿美元；QUANTO 产品

8 期，募集资金 31.45 亿元人民币（此处年报将“汇得盈”外币结构产品与 QUANTO 产品合并为“汇得盈”个人外汇结构性产品 27 期）；QDII 产品 2 期，募集资金 40.38 亿元人民币。在人民币加速升值、居民持有本币即可投资代客境外理财产品的情况下，外币存款出现了大幅下降，“汇得盈”产品对缓解外币存款下滑起到了重要作用。

3. 全年个人黄金业务交易量 26 246 千克，交易金额 46.4 亿元。其中，账户金交易量 23 848 千克，交易金额 42.2 亿元，实现手续费收入 617 万元。开户数增长迅速，全年新增账户金开户数 6.7 万户，较年初增长 126%。实物黄金业务全面铺开，交易量节节攀升。全行 70 个城市、36 家一级分行的近 300 个网点已开办实物黄金业务，实物黄金交易量 2 398 千克，交易金额 4.2 亿元，实现手续费收入约为 2 700 万元。实物黄金新品不断推出，年初推出龙鼎金金猪贺岁金条和金猪宝宝金章，年底推出龙鼎金金鼠贺岁金条和运动金鼠金章。

4. 全年承销凭证式国债 259.2 亿元，代理兑付 283.6 亿元，凭证式国债业务手续费收入达 2.46 亿元。销售 2007 年第一期储蓄国债（电子式）产品 8.78 亿元，占全国实际发行总量的 25.85%，高于财政部给建设银行的固定代销比例 22%。柜台销售记账式国债 1.98 亿元，柜台发行手续费总计 14.24 万元。

（三）借记卡业务创历史最好水平

1. 截至 2007 年底，全行借记卡发卡总量达 2.24 亿张，较上年新增 3 741.18 万张，增幅为 20%。推出面向大众客户的综合性借记卡产品“龙卡通”以及专用于网上支付的借记卡产品虚拟卡，推出“宏源龙卡”、“信达龙卡”、“八一龙卡”、“公积金龙卡”、“关爱卡”等一系列全国性联名卡。

2. 全年实现借记卡消费交易额 4 074.16 亿元，增幅达 91.73%；借记卡手续费收入达 37.23 亿元。

3. 银行卡异地交易 4.30 亿笔，交易额达 11 155.26 亿元。其中，系统内异地交易 2.73 亿笔，交易额为 9 073.51 亿元。跨行异地交易 1.57 亿笔，交易额为 2 081.75 亿元。同比分别增长 82.83% 和 129.57%。

4. 5 月 22 日，建设银行在同业中领先将借记卡在自动柜员机上的每卡每日取款限额从 5 000 元上调至 2 万元，并于 10 月起将自动柜员机的单笔取款交易限额逐步从 2 000 元提高到 2 500 元，

2007 年 7 月 9 日，建设银行个人金融部组织的结算通业务研讨会在山西召开。

2007 年 7 月 12 日至 14 日，建设银行零售网点转型座谈会在呼伦贝尔召开，来自全国 19 个一级分行的个人金融部总经理出席了座谈会，总行个人金融部总经理赵富高一行六人参加了会议。

将存取款一体机的单笔取款交易限额从2 000元提高到5 000元。截至年底，全行自动柜员机取现累计交易额为6 696亿元，较上年同期增长57%；取现累计交易量达97 797万笔，较上年同期增长15%；全行自助渠道账务类交易量占柜面账务类交易量的比重达49%。

（四）中间业务收入突破百亿元大关

全行实现个人金融中间业务收入195.36亿元，同比增长187.35%，高出全行中间业务收入平均增幅63.58个百分点；占全行手续费及佣金收入的59.69%，同比提高13.21个百分点。其中，证券代理业务收入增长846.27%，基金代理业务收入突破百亿元大关，成为全行第一大创收产品。

投资理财产品及新颖渠道类产品成为新的亮点，增幅均在100%以上，其中个人理财、个人电子银行业务规模突破了亿元大关，全行个人结售汇收入达到3.17亿元，较上年增长121.38%。

（五）个人VIP客户结构进一步优化，资产规模不断扩大

截至2007年底，建设银行个人VIP客户累计达253.55万人，个人VIP客户AUM值达到8 749.17亿元；已分配到客户经理用户名下维护的VIP客户占VIP客户总量的88.85%。中高端客户开立的投资理财类账户明显增加，客户忠诚度进一步提升。

二、重点工作措施

（一）强化市场营销，推动业务快速发展

1. 实行买单制，加大主动销售力度。2007年，建设银行通过对个人类重点产品实行买单制，加大对基层网点销售人员的业绩导向激励，极大地提升了网点和个人客户经理的主动销售积极性，当年销售的基金、国债、保险及投资理财类产品较上年成倍增长。

2. 抓住旺季，开展重点产品销售。组织开展了“元旦·春节”旺季增存，“五一”、“十一”黄金周及奥运主题的刷卡消费，理财卡行员激励，产品销售竞赛，“个人结购汇，建行送好礼”等营销活动，促进了个人存款、基金、投资理财、个人结售汇、借记卡发卡与消费等业务的快速增长。

3. 以客户需求为导向，提高产品交叉销售率。为深度挖掘个人客户的资源优势，个人业务条线实施分解产品交叉销售任务目标，建立联动机制，在银行卡发卡、自助渠道分流、投资理财类产品销售等方面取得突破。

（二）产品创新提速，抢占多项市场先机

1. 率先在同业中销售非托管基金公司的产品，积极扩大合作代销基金范围，代销43家基金公司的233只基金，分别占全部基金公司及全部基金产品的73%和70%。代理基金品种覆盖股票型、混合型、债券型、货币型、保本型以及指数基金、LOF、ETF等传统类型，同时也有新出现的创新封闭式基金和QDII新品种，涵盖了不同的风险收益特征，充分满足了不同风险偏好客户的投资需求。

2. 不断推出自主创新的理财产品，全年发行本外币理财产品138期，平均每周推出近3期产品。在资本市场收益率持续走高的情况下，细分客户需求，推出“汇得盈”、“利得盈”、QDII、QUANTO等产品，并加大营销力度，实现了个人理财产品销售业绩的成倍增长。2007年，建设银行推出了“利得盈”品牌下第一只封闭式新股申购类（IPO）理财产品以及投资于基金市场的两联式理财产品；每周滚动推出3个月期债券型保本型理财产品，流动性良好，获《理财周报》当年“最佳债券型银行理财产品奖”；推出两种净值型代客境外理财产品，其中，“海盈”1号获搜狐财经频道“最佳银行QDII产品（人民币）奖”，“亚洲创富精选”获《理财周报》当年“十大最佳银行理财产品奖”。

3. 推出面向大众客户的具有综合账户管理及全球使用功能的龙卡通，率先推出专用于网上支付的虚拟卡，开通了借记卡定期存款的全国通存通兑业务。

4. 实现系统内异地个人结算产品系统、价格及品牌整合，优化了异地结算产品功能，使手续简便、价格合理的异地通存通兑成为个人结算的主打产品。

5. 推出个人出入境金融服务中心业务及个人出国留学保函业务，为客户提供综合全面的出入境金融服务；推出非金融信息咨询服务，以满足建设银行VIP客户、建行亚洲港澳客户及异地商旅的需要。

（三）网点转型稳步推进，服务形象及效率提升

1. 全行实现功能转型的零售网点超过5 000家，占全行零售网点数量的39.16%。日均产品销售量是转型前的2.15倍，工作效率提高30%～40%，客户等候时间缩短29%，客户及员工满意度显著提高。

2. 网点建设超计划完成，全行共实施网点整体装修项目

2 865个。理财中心建设计划实现翻番，全行对外营业的理财中心数量达到1 443家。截至2007年底，建设银行已安装运行的自动柜员机23 857台，较上年底新增4 367台，增长22.41%；全行已投入经营的自助银行达到2 729家，较上年新增1 083家，增长65.8%。

（四）系统建设成果显著，有力地支撑了业务发展

一是成功上线理财产品综合支持系统；二是上线新一代自助设备交易平台及控管分析系统（二期）；三是完成OCRM项目群个人业务系统二期项目验收，38家分行全部实现通过OCRM系统为个人客户特别是VIP客户办理签约和资金转账业务；四是在除西藏自治区分行以外的37家分行推广上线个人实物黄金系统；五是开发完成个人境外证券直接投资业务系统（一期）；六是完成网点排队和满意度监测分析系统的开发上线，全行已有1 000多个网点实现联网；七是完成低柜销售整合平台的设计开发和试运行。

个人金融部

执笔：陶　莉　曲华蕊　黄媛媛　秦　黎

审稿：刘　涛

住房金融与个人信贷业务

一、2007年业务发展概况

2007年住房金融与个人信贷业务在市场竞争、风险控制、收益创造等方面的表现赢得了外界机构和媒体的高度评价，建设银行先后荣获《亚洲银行家》（*The Asian Banker*）杂志评选出的“2007年度中国房屋按揭贷款成就奖”和搜狐财经频道评选出的“房贷产品优秀服务奖”，品牌形象和社会形象进一步提升。

（一）个人贷款总量控制和结构优化目标双双实现

1. 个人贷款按计划完成。截至2007年12月末，全行个人贷款余额7 127.43亿元，全年累计发放3 748亿元，比年初新增1 334.04亿元，完成了新增1 335亿元的计划。其中，个人住房类贷款余额6 114.56亿元，累计发放2 768亿元，比年初新增1 277.05亿元（不含已证券化的40亿元贷款）；个人消费类贷款余额1 012.87亿元，累计发放980亿元，比年初新增56.99亿元。

2. 信贷规模向重点产品和客户集中。截至2007年12月末，个人住房贷款新增额占全部个人贷款新增额的比例为95.7%，比上年同期的75.4%增长了约20个百分点，其中下半年占比达到135.7%。个人消费贷款业务有效地贯彻了信贷调控政策，下半年持续负增长达159亿元，贷款投放主要集中于个人中高端客户群体及总行级VIP客户，并以抵押为主要担保方式。

3. 信贷区域结构进一步优化。全行个人贷款新增额的74.36%集中在23家个人贷款不良率低于1%的分行，个人住房贷款新增额的87.08%集中在27家个人住房贷款不良率低于1%的分行，个人消费贷款新增额的124.56%集中在5家个人消费贷款不良率低于1%的分行。

（二）房改金融业务保持同业领先水平，中间业务收入再创新高

1. 住房资金存款平稳增长，住房维修基金存款增长迅速。截至2007年12月末，全行住房资金存款余额2 898.62亿元，比年初新增358.56亿元，其中公积金存款余额2 056.63亿元，比年初新增195.98亿元，市场占比为61.09%，仍继续保持市场领先优势。住房维修基金存款成为2007年住房资金存款增长的主力，本年新增170.41亿元，占全部住房资金存款新增额的47.53%。

2. 住房公积金贷款快速增长。截至2007年12月末，公积金贷款余额2 422.5亿元，比年初新增554.15亿元，完成全年计划（调增后计划）的111.95%；全年共投放公积金贷款66万户，金额为1 096.19亿元，市场占比为50.25%。

3. 与住房资金部门的合作取得新突破。截至2007年底，全行已在137个设区城市拓展了维修基金业务，签约客户总数达2 746个，本年新增签约户数为770个，填补了79个设区城市的业务空白；与64家住房资金中心签订债券结算代理协议；与62家住房资金中心及其分中心签订公积金龙卡发卡合作协议，本年新增56家，已在12个主要城市发卡超过200万张。

4. 中间业务收入再创历史新高。截至2007年底，全年本部门中间业务收入合计达9.29亿元，其中，房改金融业务中间收入为8.22亿元。

2007年，全行住房金融业务条线信用卡计划发卡30万张，实际完成37.9万张。

（三）不良贷款全面“双降”，“假个贷”处置成效显著

截至2007年底，全行个人贷款不良额比年初下降18.74亿元；不良率为1.04%，比年初下降0.56个百分点。有26家分行个人贷款业务实现“双降”，33家分行的贷款不良率下降。

个人住房贷款不良余额比年初下降15.83亿元，不良率为0.84%，比年初下降了0.55个百分点，有29家分行实现了不良贷款“双降”；全行个人消费贷款不良余额比年初下降2.9亿元，不良率为2.24%，比年初下降0.44个百分点，有23家分行实现了不良贷款“双降”。

全行“假个贷”处置工作取得了突破性进展。截至2007年底，全行“假个贷”余额14.64亿元，较4月末下降了24.29亿元。全年共处置“假个贷”28.38亿元，其中，现金回收7.51亿元，还原16.50亿元，核销3.54亿元，其他方式处理0.83亿元。

二、2007年主要工作措施

（一）积极开展客户营销，进一步加强优质客户关系维护

2007年，针对优质重点客户组织开展了一系列主题营销活动，参与了针对清华大学、青岛北海舰队、深圳大运会等大型客户及项目的营销和服务方案制订工作，实现了营销工作从营销产品向营销客户的转变。设计了多种“套餐式”产品，组织开展了以“房金产品套餐”为亮点的季度营销活动；以保障二手房贷款客户资金交易安全为目的，组织开展了“房易安”账户业务新产品宣传和优质中介评选活动。

房改金融业务营销主要包括高层营销、铁路行业公积金营销活动、公积金龙卡营销、以“合作·创新——新服务、新领域、新发展”为主题开展的住房资金管理部门合作签约营销等。

（二）有保有压，把控节奏，优化结构，有效贯彻落实宏观调控要求，全力确保总量控制目标

1. 明确思路，统一认识，加大政策传导力度。根据国家调控要求，明确提出下半年全行个人信贷业务“控制总量、把握节奏、有保有压、健康发展”的工作思路，先后组织召开了三次全行性房金会议，传达总行党委和高管层对信贷调控工作的要求和指示，贯彻总行有保有压的信贷调控政策，引导分行落实和部署各阶段的贷款调控工作。

2. 加强工具运用，不断跟进政策措施。根据政策要求和市场变化，综合运用利率、成数等各种工具，不断调整跟进政策措施，并通过提高个人信用贷款客户准入标准、经办机构准入标准，暂停管理水平相对落后分行的业务等措施逐步将信贷调控政策落实到位。

3. 加大执行力度，确保调控到位。实施严格的计划管理，按月下达计划，按日监测计划执行情况，按旬通报各行调控情况。联合资产负债管理部及时调整了个人贷款激励政策和贷款价格，指导分行实施差别化利率政策。确定专人负责各行计划监测督导工作，一行一策一人地制订调控计划，将非现场实时监控与现场督导相结合，并将管理半径延伸到二级分行，全面督导各行加强个人贷款调控工作。

（三）控制风险，压缩不良贷款，在经济波动中保持并提升个人贷款资产质量

大力压缩不良贷款，全面提升资产质量。与资产保全部联合开展了“严控不良保双降”活动，对2007年全行实现不良贷款“双降”起到了积极作用。在贷款增速整体放缓的情况下，全行个人住房不良贷款和个人消费不良贷款分别实现“双降”，个人不良贷款“双降”目标全面实现。

“假个贷”处置工作取得显著成效。为解决“假个贷”处置难题，组织了以“假个贷”为重点的个人类贷款风险排查，逐行、逐户、逐笔排查“假个贷”；建立了“假个贷”动态跟踪制度；

与总行相关部门联合开展了重点“假个贷”项目攻坚工作；与重点分行共同研究重点“假个贷”项目的处置策略；对重点处置环节指定专人负责跟踪落实；对处置经验及时总结推广。

加强贷款动态监测和分析，严防新的不良贷款发生。利用各种信息渠道，深入挖掘系统数据资源，完善部门监测报表体系，提高对同业市场的监测与分析能力，加强对住房金融业务条线特别是关注类贷款风险指标的动态跟踪和管理。

（四）积极做好问题整改工作，经营管理进一步规范

对审计和风险检查中发现的个贷业务问题实施现场检查，督促分行立即落实整改。同时，查找漏洞，健全规章制度。

年初对全行发出了“防范个人贷款违规流入股市”的风险提示，下发了《关于防范个人贷款违规流入股市的通知》。先后组织了五次贷款清查和风险排查，督促分行全面回收流入资本市场的个贷资金，指导分行加强对贷款资金账户的管理。

全行多次组织清查员工贷款，尤其严查员工违规贷款。10月，审计发现的员工贷款已全部收回。制定下发了《员工贷款管理规定》。

（五）全面推进基础建设，积极构建业务发展长效机制

1. 初步完成个贷中心集中经营模式建设工作。制定并下发了《个人贷款中心验收标准》。除个别分行外，各一级分行和重点二级分行都已按总行验收标准成立了个贷中心，个贷中心建设推广工作取得显著成效，全行个人贷款业务初步由分散经营模式转变为集中经营模式。

2. 个贷新系统全面上线，科技支持力度加大。提前完成了个贷新系统全行上线工作，并同时启动了P系统数据集中和流程分析项目；2007年组织完成了委托性住房金融业务系统三期项目开发工作和操作型房金客户关系管理系统项目立项工作。

住房贷款申请评分卡项目在重庆市分行、苏州市分行、河南省分行成功上线；个人消费额度贷款和个人汽车贷款申请评分卡均已完成模型的开发；贷款卡项目已完成开发，进入测试阶段。

3. 流程优化有所进展。个贷中心流程优化项目完成广东试点并启动全国推广工作。在与美国银行合作并取得良好效果的基础上，借助新个人贷款系统上线的契机，对广东惠州市分行的个贷业务流程进行梳理、优化，对标准操作程序（SOP）、视觉管理工具、质量控制岗、客户联系岗等进行完善，10月份完成了个贷中心流程优化项目在广州以及整个广东省范围内的试点工作，12月份完成了个贷中心流程优化项目全国推广的培训工作。

4. 产品梳理工作稳步推进。2007年9月成立项目团队，对本部门产品制度进行全面梳理，对产品相关功能进行整合，对主要岗位和流程进行梳理和优化。

5. 加快队伍建设，强化业务培训。编写了住房金融与个人信贷业务岗位培训教材、住房金融与个人信贷客户经理培训教材，启动了住房金融与个人信贷业务上岗考试。

2007年采取上岗资格培训、业务培训、新产品培训、境外培训、高校培训等相结合的方式，进一步加大了对从业人员的培训力度。全年举办了面向中高级管理人员、综合营销人员、住房贷款业务骨干、消费贷款业务骨干、房改金融业务骨干等的14期培训班，参训人数达1 123人。

（六）加快产品创新，有效提升市场竞争力和社会形象

开通个人贷款短信通知服务；成立项目组，专门研究解决中低收入群体住房问题的住房金融模式；与阿里巴巴公司合作开展支付宝卖方信贷业务；配合建设部规范中介机构的资金管理，开发出“房易安”资金托管业务；创新发行公积金联名卡。

（七）加大研究分析力度，关注国家宏观经济和市场变化

2007年，本部加强了风险分析与研究工作。考察国外住房金融及个人信贷业务的发展特点和经验，撰写了《德、法、英三国住房金融业务考察报告》和《美国银行个人贷款业务考察报告》。同时重点加强对国家宏观经济运行情况和宏观政策的研究，针对房地产行业的政策性、区域性特征，加强对区域性住房市场开发销售情况、房价走势等方面的跟踪和分析。研究新形势下行业动向和企业经营操作模式的变化，形成了《解决中低收入群体住房问题对策建议》和《关于完善中低收入居民住房保障和金融服务的若干建议》的研究报告。

住房金融与个人信贷部
执笔：赵晓英　赵明慧　蔡军花　丰艳秋
审稿：杨绍萍

高端客户业务

一、业务发展概况

（一）高端客户数量增长迅猛，客户基础日益夯实

截至 2007 年底，建设银行个人高端客户（AUM 值在 300 万元以上，下同）总量达 32 024 人，比年初增长 18 001 人，增长率达 128%。

（二）金融资产总量持续提高，客户贡献度不断提升

截至 2007 年底，建设银行个人高端客户每月日均金融资产总量为 1 113.71 亿元，比年初增长 317.99 亿元，增长率为 40%。

（三）金融资产存放结构继续优化，客户投资意愿日渐增强

按 2007 年底的时点余额统计，建设银行个人高端客户金融资产余额为 1 477.42 亿元。其中，投资类金融资产余额 402.79 亿元，占比为 27.26%，投资类金融资产余额占比月月上升，较年初的 14.14% 提高了 13.12 个百分点。

二、2007 年完成的主要工作

（一）财富管理中心建设提速，一个遍布全国大中城市的高端客户服务网络初步形成

1. 合理制订建设规划，采用多种手段督促建设进度。圆满完成建设银行党委下达的 2007 年在全行建成 80 家财富管理中心的任务，到 2007 年底，80 家财富管理中心全部对外营业。

2. 规范各分行财富管理中心建设的具体事项。制定并下发《关于推进财富管理中心建设的指导意见》和《关于进一步明确财富管理中心经营管理相关问题的通知》，对财富管理中心建设的有关问题予以明确；配合行内相关部门下发《中国建设银行财富管理中心视觉形象建设指引》、《财富管理中心绩效评价与资源配置指导意见》、《关于下发营业网点建设财务标准的通知》，规范财富管理中心建设中的视觉形象、资源配置、装修标准等具体事项。

3. 加强对财富管理中心建设的指导和管理。要求已开业的财富管理中心上报相关资料，初步组建财富管理中心档案库，系统化地对建设银行所有已开业的财富管理中心进行管理。

4. 加快呼叫中心贵宾专线的建设工作。为提升高端客户电子渠道的服务水准，高端客户部多次与电子银行部、信息技术管理部进行沟通，先后完成了业务需求分析及项目论证等多项工作。

5. 参与建设银行网点转型——VIP 项目的相关工作。从方便高端客户日常业务办理角度出发，以利益相关者身份参与网点转型——VIP 项目定义阶段与美国银行的各项会议，及时将需求提交项目组，确保了高端客户部与个人金融部的无缝链接。

（二）丰富了理财产品储备，高端客户的理财需求得到进一步满足

1. 规范建设银行高端客户理财产品销售行为和销售流程。结合银监会风险监管的要求，制定并下发了《中国建设银行高端客户理财产品销售指引（试行）》，对建设银行理财业务从业人员的销售行为和面向高端客户理财产品的销售流程进行了规范。

2. 推出 8 期“建行财富”系列高端客户专属理财产品，产品种类涵盖 IPO、FOF、私募股权和精选股票投资四大类。

3. 结合客户需求推出了 3 期“利得盈”系列理财产品。作为配合清华大学整体营销的方式之一，高端客户部联合个人金融部，面向清华大学客户群定制推出 1 期“利得盈”人民币理财产品；另外，又在 2 期“利得盈”理财产品中针对高端客户进行了差别定价销售。

4. 指导分行推出“建行财富”开放式新股申购型理财产品。先后组织在厦门市分行、苏州市分行、深圳市分行、福建省分行发行“建行财富”开放式新股申购型理财产品，实现了超过 5 000 万元的中间业务收入。

5. 建立高端客户理财产品库。为不断丰富建设银行高端客户理财产品储备，方便财富管理中心客户经理有针对性地开展高端客户的营销工作，高端客户部联合投资银行部、金融市场部，建立了高端客户理财产品库，并进行不定期的更新。

（三）加大业务创新力度，试点推行财富管理核心业务

1. 推出单笔投资顾问业务。制定并下发了《关于开展高端客户单笔投资顾问业务的指导意见》。规范了高端客户大额投资顾问业务的操作流程，丰富了建设银行财富管理业务内涵，提高了高端客户服务品质。

2. 推出委托代理交易业务。2007年在部分分行试点推出了针对高端客户的委托代理交易业务。

3. 尝试开展信托顾问业务。积极建立与信托领域合作商的广泛合作，探索为建设银行高端客户提供信托财产管理与处分的系列化服务。

4. 加强私人银行业务研究。积极收集境内外私人银行业务发展资讯，与监管部门深入沟通私人银行业务的管理要求和相关政策。在部分沿海分行开始对一定标准以上的高端客户进行私人银行服务探索，尝试为客户提供个性化、综合化的全面解决方案。

（四）提升高端客户服务水准，客户关系管理进一步深化

1. 组织开展多项营销活动。在2007年底集中策划了"《财智人生》读者活动"、"了解你的客户"等多项营销活动，由点及面，不断深化高端客户关系管理。

2. 完成高端客户需求调查。联合数字一百市场研究有限公司，对建设银行部分分行及竞争对手银行的高端客户进行了深度调查，并形成了《个人高端客户需求研究报告》。

3. 制定并下发《财富管理中心业务手册》。明确在高端客户服务中采用"双客户经理制"的维护模式，强化了财富管理中心对高端客户的关系管理。

4. 与美国银行共同确定双方合作项目。明确双方在财富管理中心高端客户关系管理流程方面进行战略合作。

5. 不断丰富建设银行互联网站"高端客户俱乐部"内容。完善"高端客户俱乐部"网页界面，重点增加建行财富管理中心建设、"建行财富"系列产品净值公告、金融市场理财资讯等高端客户最为关注的内容。

6. 推出高端客户专享理财杂志。全年推出6期、共计发行18万册的高端客户专享理财杂志——《财智人生》，在宣传财富管理中心、维护高端客户关系等方面发挥了积极作用。

7. 同公共关系与企业文化部共同研究确定了建行财富管理品牌名称——"建行财富"，并对品牌宣传用语、形象广告、推广策略等进行了深层次研究设计。

（五）加强财富管理中心队伍建设，提升财富管理业务从业人员的整体素养

1. 对全行金融理财师建设工作献计献策。年内完成对建设银行金融理财师整体情况的调查，并联合人力资源部共同完成了《关于我行金融理财师队伍建设有关情况的报告》。

2. 组织分行在"上证风云榜"竞赛中创佳绩。在精心策划和组织下，建设银行金融理财师凭借扎实的理论基础和工作中积累的丰富经验，在由中国金融理财标准委员会、上海证券报和中国证券网联合举办的首届"上证风云榜"全国精英理财师大赛全国总决赛中摘得团队组金奖和个人组金奖、铜奖，并获得由大赛组委会颁发的特别组织奖。

3. 创建金融理财师论坛，为分行理财师和客户经理提供了一个业务交流、共享信息的平台。共享各种信息资源，加强了总分行间的业务交流和讨论。

4. 举办6期"每周一课"，对已开业财富管理中心的先进经验做法进行介绍。

（六）强化非金融服务优势项目，不断满足高端客户尊贵化、差异化的服务需求

1. 形成机场嘉宾服务网络，推出机场贵宾服务。形成了覆盖国内36个主要大中城市以及知名旅游景点的机场嘉宾服务网络。同时在北京市分行、广东省分行等6家分行开展机场贵宾服务，努力将机场服务打造成建设银行非金融服务的拳头产品。

2. 稳步推出医疗健康服务。联合第三方合作公司在部分分行所在地区为高端客户试点推出了医疗健康服务，为高端客户提供个性化检查、专家预约、健康评估、专线咨询、全程跟踪等医疗服务。

3. 继续完善异地漫游服务。明确由财富管理中心负责高端客户异地漫游服务工作的联系协调，并安排客户经理全程协助客户进行业务办理。

4. 开发非金融服务业务系统。通过在机场安装无线POS机，有效解决了高端客户的识别问题，并根据客户积分实施差别化服务，建立非金融服务客户收费和异地服务费用分担机制。

（七）做好各项服务工作，为分行业务开展提供有效支持

1. 积极组建专家团队。为财富管理业务的开展提供多领域的专家支持。

2. 配合财富管理中心开业，推出多期“建行财富”投资大讲堂。联合业内的专业投资机构，在部分分行面向高端客户和财富管理中心推出了4期主题各异的“建行财富”投资大讲堂，为高端客户以及金融理财师就宏观经济分析、理财产品解析等方面进行了专业的分析与讲解。

3. 继续完善《高端客户业务信息参考》。每周收集整理中外资银行高端客户业务动态、财富管理业务和私人银行业务策略研究等资料，编辑《高端客户业务信息参考》，下发全行。

4. 制定并下发《关于进一步明确高端客户统计口径的通知》，明确以每月日均金融资产作为划分客户等级的标准，并对高端客户升级和降级的统计口径及处理流程进行了规定。

5. 制定并下发《关于做好高端客户业务风险防范工作的通知》，对涉及客户信息保密、反洗钱、客户风险揭示等方面的工作向全行提出了原则性要求。

（八）完善信息系统建设，对高端客户业务的健康发展提供IT支持

1. 建立高端客户业务数据统计分析框架。在明确高端客户统计口径的基础上，完善、优化高端客户业务统计报表体系，形成了相对固定的高端客户业务数据统计分析框架。

2. 初步完成财富管理服务系统（WMSS）的优化和试点推广工作。初步实现了对财富管理中心管理模式的支持，完善了外部信息的接入能力，优化了理财规划功能，基本实现了对财富管理服务流程的支持。

3. 高端客户理财产品管理系统推广上线。以理财产品销售管理为平台，提供了产品发行、交易管理、收益分配、风险控制、客户识别、统计分析等全面信息技术支持，并通过财富管理中心、理财中心、营业网点、网上银行和95533客户服务中心等渠道，实现了高效安全的产品营销及客户关系管理。

高端客户部
执笔：景　华
审稿：应　红

信用卡业务

一、主要成绩

（一）发卡量快速增长

截至2007年12月31日，全行当年净增信用卡发卡626万张，完成全年计划的104%，比上年增长95%（见图1），累计发卡达到1 260万张。广东省、上海市、北京市、深圳市、江苏省5家分行累计发卡均突破100万张；当年净增发卡前5位的分行分别为广东省分行（66万张）、深圳市分行（54万张）、江苏省分行（51万张）、北京市分行（51万张）和上海市分行（46万张）；当年30家分行完成了发卡计划，发卡计划完成率前5位的分行分别为黑龙江省分行（189%）、新疆维吾尔自治区分行（169%）、山西省分行（162%）、内蒙古自治区分行（156%）和吉林省分行（148%）。

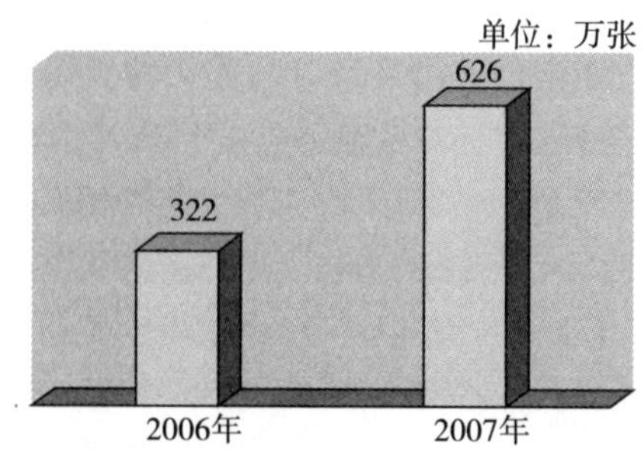

图1　2006年与2007年净增信用卡发卡量比较

（二）消费交易额增势明显

全行实现信用卡消费交易额786亿元，完成全年计划的112%，比上年增长94%（见图2）。在活动卡量翻番增长的情况下，活动卡卡均消费交易额达到1.4万元，与上年持平。当年消费交易额前5位的分行分别为上海市分行（127亿元）、广东省分行（89亿元）、江苏省分行（61亿元）、浙江省分行（59亿元）和深圳市分行（59亿元）。

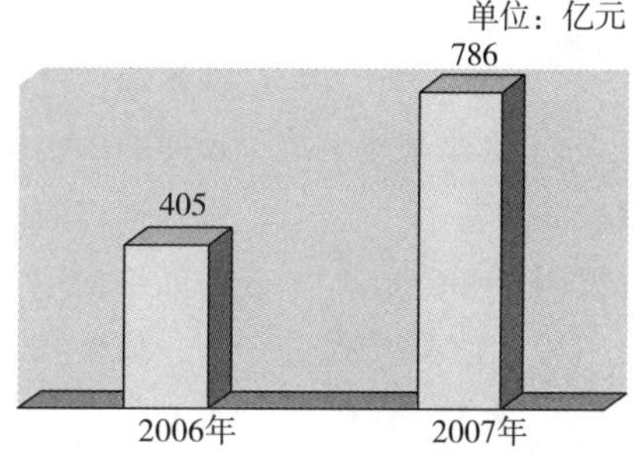

图2　2006年与2007年信用卡消费交易额比较

（三）分期付款和商户收单业务推进较快

全行信用卡分期付款交易额达8.8亿元，是上年全年的5.5倍；共发展分期商户677家，为商场POS分期业务快速发展奠定了基础。当年分期商户新增数排名前5位的分行分别为江苏省分行、上海市分行、广东省分行、浙江省分行、湖南省分行。

全行新增特约商户达2.3万家，完成计划的115%，广东省、江苏省、福建省、四川省、湖北省等分行特约商户新增数量在全行位居前列，深圳市、江苏省、四川省、苏州市、陕西省等分行特约商户户均收单收入较高。在特惠商户方面，浙江省、上海市、福建省、山东省、湖南省等分行特惠商户数量较多、覆盖行业较广，已初步建立了为持卡人提供优先优惠服务的特惠商户网络。

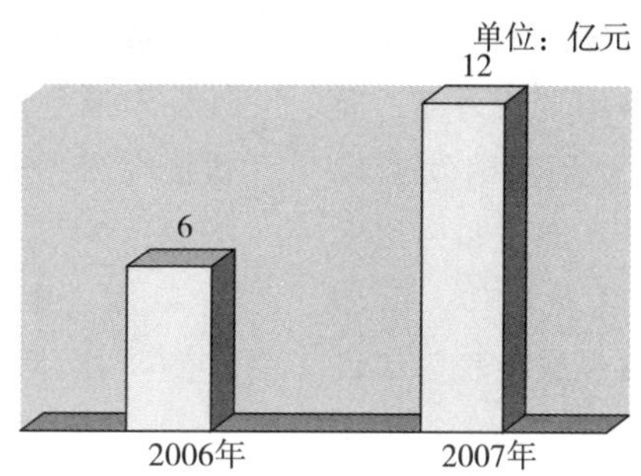

图3　2006年与2007年信用卡业务收入比较

（四）业务收入稳步提高

实现业务收入13.6亿元，其中信用卡业务收入12亿元，比上年增长100%（见图3）。信用卡业务收入中，透支利息、滞纳金等信贷收入占52%，并且透支利息收入占比较上年同期提高5个百分点，呈逐年上升趋势。

（五）资产质量良好

截至2007年底，全行信用卡贷款余额101亿元，完成全年计划的131%，比上年年底增长116%（见图4）。逾期60天以上贷款不良率为1.68%，比上年年底下降0.06个百分点；逾期180天以上贷款不良率为0.85%，比上年年底下降0.03个百分点。

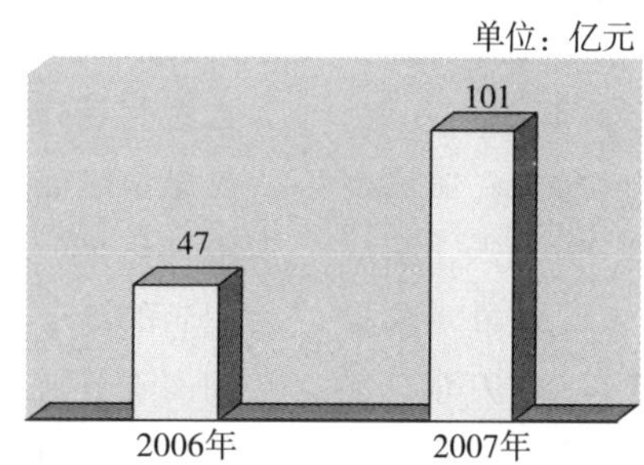

图4　2006年与2007年信用卡贷款余额比较

2007年12月13日，中国建设银行与信达证券在北京举行信达龙卡首发仪式。

二、重要工作举措

（一）发挥全行整体优势，多渠道联动营销成效显著

全行充分发挥网点和公司机构条线联动、直销等营销渠道优势，重点抓住网点转型这一有利时机，加快预审批系统的开发和上线推广，加大对个人住房贷款客户、理财客户等优质个人客户组合捆绑营销信用卡的力度，提高网点营销能力及营销发卡成效；加强个人业务部门和公司机构业务部门的联动协作，以名校、名企、名城、战略联盟项目争办和营销为重点，进一步拓宽发卡渠道；进一步加快重点地区和中心城市信用卡直销队伍建设，积极开展数据卡营销和驻点营销，同时为各业务条线联动发卡提供有力支持；通过多渠道营销并进，联动发卡取得明显成效。2007 年，个人金融业务（含高端）条线发卡 348 万张，完成全年计划的 116%；住房金融业务条线发卡 40 万张，完成全年计划的 133%；公司（含集团）业务条线发卡 129 万张，完成全年计划的 102%；机构业务条线发卡 132 万张，完成全年计划的 102%。

进一步加强全行信用卡营销活动的统一规划、策划与管理，持续推出季度主题营销活动、境外旅游促销活动、重点产品专项营销活动，按照卡片生命周期管理规律持续开展睡眠卡专项激活活动，通过持续、统一的用卡促销促进龙卡信用卡活动率提高及消费额增长，提高客户贡献度。

（二）加快重点产品推广和创新，信用卡产品体系基本建立

特色产品初步形成。名校卡合作高校已达 82 所，累计发卡 61 万张；名城卡争办城市达到 33 个，累计发卡 25 万张；名企卡合作单位已达 88 家，累计发卡 31 万张；深受广大年轻客户群体欢迎的姚明认同信用卡“姚明卡”推出 3 个多月发卡量就达 40 万张；推出面向高端客户的钻石/白金信用卡，6 项国内之最刷新国内高端信用卡权益纪录，受到市场高度关注。

战略联盟合作进一步向纵深方向推进。“东航龙卡”、“大众龙卡”合计发卡近 30 万张；“芒果旅行龙卡”、“艺龙畅行卡”的发行填补了建设银行商旅联名卡的空白，5 个月合计发卡达 16 万张。

重点产品推广进一步加快。汽车卡在 16 家分行实现发卡，累计发卡量达到 37 万张；继续与公司业务部、机构业务部联动，加快推广商务卡；抓住国家应用推广公务卡的契机，公务卡累计发卡量达 34 万张；加大百货联名卡推进力度，百货联名卡合作单位达 45 家，累计发卡超过 110 万张；在国内首家推出面向教育工作者的“教育龙卡”以及面向军队和武警军官的“八一龙卡”。

（三）加快分期付款业务发展，加大商户拓展力度

信用卡分期付款业务已成为信用卡业务发展新的亮点。2007 年，全行抓住市场与客户需求，加快开发和推广具有高成长性、高盈利性的信用卡分期付款业务，初步形成消费分期、邮购分期、商场分期、专项大额分期、现金分期等分期付款产品系列。广东省分行开展汽车分期付款业务试点 1 个月内，市场反映良好，业务风险较低，为该项业务今后的推广积累了宝贵的经验。福建省分行、四川省分行、苏州市分行等分行高度重视，利用节假日加强对商场分期业务的营销宣传，收到了较好的效果，商场分期交易量位居前列。江苏省分行加快重点目标商户营销拓展，加大全国（区域）性集团商户的争办力度，成功将在全国拥有 500 多家门店的苏宁电器营销为建设银行收单商户。在特惠商户发展方面，湖南省分行、重庆市分行等分行的特色餐饮类商户以及浙江省分行、上海市分行、福建省分行等分行的时尚购物类商户拓展特色明显，为持卡人提供了较有吸引力的增值优惠服务，提升了龙卡品牌影响力与持卡客户满意度。

（四）风险控制与业务发展并重，风险管理能力进一步提高

全行加强风险管理与业务拓展的联动，有效平衡信用卡收益与风险。完善授信审批政策体系，适时根据市场发展情况进行调整；强化信用卡发卡审批管理，规范审批流程，进一步提高征信审核质量；应用客户行为评分细分客户群体，实施额度主动调整、卡片升级等策略，提高客户用卡贡献度；健全风险监控体系，进一步提高欺诈风险侦测和防范水平；加强业务内控风险管理，开展信用卡案件防范和操作风险专项检查；加快推进评分卡、欺诈监测、催收管理等多项风险配套系统的开发和投入应用，进一步提高风险管理效率和技术水平。福建省分行以网点转型和信用卡预审批系统上线为契机，全面提升网点主动营销能力，取得了数量与质量并重、市场与风险平衡的双赢效果。湖南省分行进一步加强审批部门与直销团队之间的沟通交流，建立审批反向监督机制，提高发卡和审批效率，确保审批质量。深圳市分行加强征信审核人员防范虚假证件培训，当年成功识别虚假证件719张，成功堵截伪冒申请案件31起，有效地防范了信用卡欺诈风险。山东省分行有效推进市场与风险平行作业，通过共同营销团体客户、制定授信政策、开发柜面营销支持系统等措施实现市场与风险的有效平衡。

（五）加快推进基础设施建设和系统开发，基础运营能力不断提升

加快业务系统开发。不断优化核心业务系统功能，本外币收单一体化项目、进件系统、呼叫中心二期优化项目完成开发测试。优化信用卡批量代收代付功能，为客户提供代缴公用事业费的新平台；开发约定还款账户柜面签约功能，完善个人信用卡美元还款功能。

客户服务运营能力进一步提高。建立信用卡基础运营管理关键绩效指标体系，梳理与优化客户服务业务流程，提高全行基础运营质量。800客户服务电话总量超过4 500万通，比上年增长107%。信用卡电话客户服务坐席规模已达1 200席，客户服务团队人员总量超过1 500人。

加快后台作业基地建设。推进运行中心建设，天津运行中心顺利投产，并承担800客户服务电话总量的40%；正式启动兰州运行中心筹建工作，完成南宁运行中心选址考察工作，上海花木后台基地开工建设，不断提高后台业务处理和保障能力。

（六）推进信用卡业务单元建设，管理体制改革取得进展

总行成立信用卡业务管理委员会，加强全行信用卡业务经营管理重大事项的决策与管理，提高决策效率，加大战略执行力度；明确信用卡中心为总行直属管理机构，授予其经营管理、财务管理、人力资源管理等方面的相应权限；完成信用卡中心组织架构改革，强化了总行对信用卡业务进行规划、产品开发与管理、营销组织和中后台服务支持的职能。

（七）启动与美国银行的信用卡业务合作，组织实施咨询项目

按照建设银行与美国银行签署的《信用卡业务合作谅解备忘录》的要求，成立信用卡顾问委员会，统筹安排与整体协调信用卡业务咨询合作工作。按照借鉴美国银行先进技能与管理经验、快速提高建设银行信用卡业务核心能力的原则，与美国银行信用卡专家咨询团队开展业务交流和讨论，确定业务发展、风险管理、运营、信息分析管理和财务管理五个顾问合作领域，建立业务咨询项目实施与管理组织架构，明确具体咨询项目。首批实施的12个业务咨询项目年内全面启动，反欺诈评估、信用额度主动调整等速赢项目已取得初步成效。

信用卡中心
执笔：朱中南
审稿：赵宇梓

金融市场业务

一、2007年金融市场业务经营情况

2007年，金融市场部及所属业务条线实现经营收入722亿元（扣除专项拨备与一般拨备），完成计划的130%，同比增长47%。按收入构成划分，货币市场收入42亿元，债券投资收益684亿元，中间业务收入31亿元。其中，总行本级在扣除次级债专项拨备和一般拨备后，实现收入590亿元，完成计划的112%，同比增长30%。

（一）本外币投资组合经营规模继续扩大，投资收益水平同比上升

2007年，金融市场部直接经营的本外币资产日均余额折合人民币17 725亿元，时点余额18 219亿元，占全行总资产的28%。按全回报口径计算，本外币投资组合收益率为3.52%，其中，本币投资组合收益率为3.21%，外币投资组合收益率为5.15%。按年报口径计算，本外币投资组合收益率为3.47%，其中，本币投资组合收益率为3.18%，外币投资组合收益率为5.07%。全行债

券投资收益率（含非经营性的信达债、特种国债和中央银行特种票据）约为3.27%，比上年年底提高35个基点。本币投资组合中债券投资余额15 500亿元，一级市场承销债券10 336亿元，其中国债承销市场综合排名第一，二级市场成交2 250亿元；质押式回购成交48 500亿元，信用拆借10 550亿元；黄金自营交易55吨。外币投资组合余额393亿美元，其中，外币资金拆借余额各币种折合约40亿美元，债券投资余额353亿美元。

（二）本外币代客交易业务强劲增长，经营收入和市场份额明显提高

全行代客结售汇与外汇买卖业务量达1 997亿美元，同比增长57%；实现收入22.55亿元，同比增长44%。即期结售汇市场份额达到10.6%，比上年提高1.41个百分点，市场份额排名第三，首次超过农业银行，交易总量与工商银行的差距大大缩小。全行外汇代客交易衍生金融工具业务共计完成交易量111亿美元，比上年增长25%；实现收入36 240万元，比上年增长174%。

（三）本外币代客理财业务迅速发展，品牌效应和影响力不断增强

全年发行理财产品91期，募集资金折合人民币712亿元，实现收入7 528万元（不含“汇得盈”产品）。其中，对私发行理财产品55期，募集资金394亿元；对公发行理财产品36期，募集资金318亿元。建设银行设计的“摩根富林明亚洲创富精选”获《理财周报》“2007年十大最佳银行理财产品奖”，“利得盈”债券类人民币理财产品获《理财周报》“2007年最佳债券型银行理财产品奖”。

二、2007年主要工作举措

（一）分析预测市场走势，适时调整投资交易策略，优化组合管理模式

在本币组合方面，构建定量化资产配置模型，采取“在资产类别上，重点倾向于国债和短期融资券等相对价值品种；在利率上升趋势下继续保持较短均期；抓住新股发行期间利率高企的短暂机会，大力开展持有期交易与大量融出资金并举”的策略。在外币组合方面，针对美国次贷危机所带来的较大冲击，按照高管层要求，采取了调整授权、摸清底线、提高估值频率、跟踪风险变化、制定好应对预案和完善内控机制等措施，以全面强化风险管理，力争将次贷风波引发的损失控制在可承受的底线内。

2007年1月11日，郭树清董事长视察建设银行香港外币交易室。

2007年1月11日，谢渡杨监事长视察建设银行香港外币交易室。

开展专题研究，为前台交易与客户营销提供辅助支持。全年共完成专题研究报告24篇，另有12篇研究文章被专业媒体采用。

（二）积极开展市场营销和产品创新，本外币代客交易全面快速发展

通过采取加强系统开发、灵活调整报价、即远期产品组合搭配、总分行联动营销（共举办九次重点客户推介会）、抓住券商QDII发行带来的资本项下结售汇机遇等措施，代客结售汇与外汇买卖业务取得较好成效。在代客交易衍生金融工具业务方面，通过推出人民币债务风险管理等新产品，为客户提供增值服务，辅之以一对一的客户营销，促进交易收入大幅增加，同时进一步规范业务流程，强化交易风险管理与控制。

（三）加强产品创新，狠抓基础管理，理财业务取得新进展

建立理财产品库，丰富“汇得盈”产品系列，陆续推出与利率、汇率、基金、股票挂钩的产品，同时牵头组织并会同个人金融部等部门，重新规范了理财产品的协议文本。推出“海盈”1号和“亚洲创富精选”等QDII产品；联合建信基金管理公司，率先推出第一只跨市场基金类两联结构产品；推出人民币结构性存款和7天、28天滚动的“利得盈”债券产品，以满足对公客户理财需要。

（四）加强交易风险控制、风险研究和内控建设，进一步提升风险管理能力

重视检查交易录入的及时性、交易价格的公允性和各种强制指标的执行情况，定期对各项资金业务进行市值重估。丰富风险报告内容，调整风险报告路径，进一步完善风险管理与内控体系。组织实施对前台业务的现场检查，配合完成内外部审计工作，督促落实整改措施。积极做好次贷危机的应急处理和风险监控工作，并按照新的职责分工，启动海外分行市场风险管理工作。

（五）完善绩效管理与激励机制，加强基础设施与团队建设

初步建立符合本部门经营特点和业务管理需要的绩效考核管理体系，制定《金融市场部绩效管理暂行办法》和《2007年金融市场部绩效考核方案》并组织实施，会同相关部门优化年终薪酬兑现激励政策。制订本部门岗位设置优化方案，修订团队和岗位职责，并作为试点部门配合人力资源部组织实施新入职计划项目，加强新员工和新入职干部培训。组织完成本部门办公区装修改造工作，改善资金交易基础设施和办公环境。

金融市场部

执笔：梁绮君　安　俊　刘　彦

审稿：陈铁军

投资银行业务

2007年，建设银行投资银行业务实现快速发展。全行投资银行业务条线共实现收入20.2亿元，比上年实际增长104%，完成全年计划的120%。全行实现的各项收入超过24.9亿元，总体收益比上年翻一番以上。

一、主要业务情况

（一）财务顾问业务

2007年，建设银行财务顾问业务实现收入17.79亿元，与上年比增幅达到102%，完成全年计划的141%。与境内合作伙伴营销境内IPO项目157个，已与太平洋造船等9家企业签署了境内IPO财务顾问协议；与建银国际共同营销境外IPO项目40余个，其中中国淀粉项目已在香港成功上市；营销股权投资项目30余个；对A股上市公司积极进行重组；担任中国医保集团、申能集团的财务顾问，协助其在境内开展并购业务；完成福建炼油一体化项目融资财务顾问服务，实现财务顾问业务收入108万美元。

（二）短期融资券业务

2007年，建设银行短期融资券业务承销总量达625.75亿元，市场占比为18.68%，累计承销量和当年承销量都连续三年保持同业第一的水平。

（三）理财产品

全年共发行理财产品151期，发行金额达638.5亿元，是上年发行规模的10倍以上。其中，信贷资产类信托理财产品（包括票据理财产品）发行441.3亿元，与上年比增幅达到812%，完成全年计划的152%，发行量在市场同类产品中居于首位。全行实现服务商管理费收入、销售收入、保函收入等共计3.09亿元，与上年比增幅达到442%，而其中的一对一型的对公“乾图理财”产品从4月份开办以来已经直接销售110.7亿元；基于资本市场的理财产品全部为创新产品，累计发行197.2亿元，相继推出新股申购类、开放式基金类、封闭式基金类、私募股权投资类、股票精选类等多种形式的创新理财产品，在市场上形成了“利得盈”、“建行财富”、“乾图理财”三大理财品牌。

（四）资产证券化项目

建设银行于2007年12月成功推出“建元2007－1”个人住房抵押贷款证券化项目。该项目是国务院批准的第一批证券化试点的组成部分。

二、主要工作举措

（一）加强队伍建设，保障业务顺利进行

围绕项目建设任务型团队，并随时根据业务需要组建临时项目团队，形成了综合业务、财务管理及市场研究、市场开发及本行境内外战略性投融资、债务融资、财务顾问及项目融资、信托理财、财富管理和资产证券化8个团队，更好地促进了产品创新，给投资银行业务发展带来了更大的活力。在条线建设方面，已有19家一级分行成立了投资银行部，为投资银行业务的顺利发展提供了有力保障。

（二）重视机制创新，调动拓展投资银行业务的积极性

设立了根据项目奖励团队和个人的激励机制。在不占用分行年初费用计划的前提下，单独向各一级分行追加补充激励，对成功项目和推荐项目，根据项目情况给予人员工资激励和营销费用奖励。同时，在利益分配上尽可能向分行倾斜；奖励性营销费用向对项目起到突出营销作用的经办投资银行团队倾斜，向对项目成功发挥关键作用的团队核心人员倾斜。这种创新为投资银行业务的发展增添了强大的动力，充分调动了分行拓展投资银行业务的积极性。

（三）加强联动营销，拓展业务，提高竞争力

总行和分行之间、境内分行和建银国际之间、投资银行部与其他部门之间、建设银行与同业机构之间的联动营销成为拓展投资银行业务的核心手段，它们合力出击，明显提高了建设银行的市场竞争力。建设银行通过与其他证券公司、基金公司、信托公司等适度合作，充分发挥了建设银行的优势。

（四）配合宏观调控，缓解信贷压力

对于投资银行业务，建设银行紧跟市场大势，致力于积极研发、试点相关产品和业务，通过金融创新缓解信贷压力，维护客户关系。目前已推出的用于替代信贷规模的产品和业务主要有6种，全年累计为客户融资1 154亿元，大大缓解了信贷压力。其中，短期融资券为客户融资625.75亿元，基于信贷资产的“利得盈”、基于信贷资产的“乾图理财”、基于票据资产的“乾图理财”为客户融资441.05亿元，通过建银国际直接投资和主承销IPO等股权融资方式为企业融资45.6亿元，通过将个人住房抵押贷款资产证券化为建设银行腾出41.6亿元的贷款规模。

（五）积极搭建平台，拓展业务范围

为更好地满足客户多元化的需要，实现多层次的金融创新，由投资银行部主导，经过认真筛选和多轮谈判，建设银行与有关各方签订了关于增资控股一家资质优良的信托公司的框架协议。建设银行收购信托公司的战略规划取得重大实质性进展。收购信托公司可以有效解决开展投资银行业务所需平台的问题，为建设银行开展相关理财业务、基金管理业务等提供便利条件。

（六）加大培训力度，提高业务技能

2007年3月和6月，投资银行部在香港培训中心和常州培训中心分别对各一级分行主管投资银行业务的总（副总）经理和业务骨干举办了两次大型培训，在分行引起了巨大反响。

投资银行部先后推出了一系列关于投资银行业务的学习工具。《财务顾问方案》（模板）包含全面财务顾问方案模板以及IPO财务顾问方案、并购重组财务顾问方案、项目融资财务顾问方案三个单项模板，指导全行开展财务顾问业务；客户版《投资银行业务产品手册》详细介绍了建设银行已有的投资银行产品和已开展的投资银行业务，向客户宣传、推介建设银行投资银行业务品牌和产品；客户经理版《投资银行业务产品手册》面向全行客户经理普及投资银行业务基础知识，介绍建设银行主要投资银行产品，指导分行学习并掌握投资银行业务的标准操作流程；《投资银行业务案例集》详细介绍了建设银行已完成的重点投资银行业务，鼓励分行积极借鉴经典案例，大力发展投资银行业务；《投资银行业务研究》介绍并深入研究了国内外投资银行业务的前沿课题和焦点问题，为投资银行部的产品创新和业务拓展作了充分的理论准备。

（七）重视研究，为业务发展提供有力的理论支持

编写《投资银行业务研究》共7期，对企业短期融资券业务发展情况、主要行业基本情况、商业银行发展产业投资基金、商业银行参与私募股权投资管理等方面进行了专题研究。

投资银行部
执笔：牛　茜
审稿：黄金华

资产保全业务

2007年，资产保全系统超额完成全年工作计划，对持续实现不良贷款“双降”目标起到了关键作用。全年处置各类不良资产512亿元，完成计划的129%。其中，处置不良贷款本金423亿元，超计划处置143亿元，处置额比上年增长10%；不良贷款处置比率达到年初余额的46%，比上年提高5个百分点，不良贷款处置额、处置比率再创历史最高水平。处置非信贷类不良资产90亿元；核销呆账93亿元，是上年的1.9倍；现金回收不良资产326亿元，占处置额的64%；实现不良资产超值回收92亿元，比上年增加21亿元。

一、围绕全年目标任务，大力处置不良资产

参与经营143个亿元以上不良户重点项目。牵头制订并下发了重大不良项目处置方案，以143个亿元以上不良户项目作为总行参与经营的重点，通过参与项目现场调查、方案谈判及诊断，推动一批重大项目的处置工作取得明显进展。历经3年的德隆系企业债务重组工作全部完成；三九集团债务重组工作进入上报国务院审批阶段；全行十大不良户之一北大青鸟集团的不良贷款项目（接收时本金余额11.95亿元）最终确定了处置方案，回收本金1.5亿元并落实还款资金2.7亿港元及5 000万美元。2007年底，143个重大不良项目中有101个的处置工作取得了进展（其中清户及转为正常的有41个），处置本金88.65亿元，占同期全行对公不良贷款本金处置金额（340.36亿元）的26.05%。其中，总行参与经营的91个，共处置不良贷款本金59.13亿元，占143个总处置金额的66.7%。

继续推行重点联系行制度。确定北京市分行、天津市分行、河北省分行、辽宁省分行、山东省分行、山西省分行、湖南省分行、广东省分行、江西省分行、甘肃省分行10个“额大率高”的分行为总行重点联系行。10个重点联系行全年处置不良资产247亿元，全行占比48%；现金回收不良资产142亿元，全行占比44%。

2007年2月8日，中国建设银行资产保全工作会议在武汉召开。

加快重点行业不良贷款处置。集中清理100万元以下的小额不良贷款，采用多种手段加快退出。全年小额不良贷款户数净减少882户，金额净减少2.98亿元，减少了经营资金和系统资源的无效占用。加大房地产业不良贷款处置力度。全年共处置房地产行业不良贷款68.3亿元，客户数较年初净减少278户（不含无本有息户），余额较年初净下降32.05亿元，不良贷款率由年初的5.55%下降到4.26%，下降了1.29个百分点。清理处置无本有息户1 881户，涉及欠息额8.62亿元。

首创重大不良贷款项目专家集中诊断机制。制定并下发《2007年重大公司类不良项目专家诊断工作实施方案》，明确总行牵头成立由总分行资产保全条线专家组成的诊断小组，集中诊断重大公司类不良项目。组织6次涉及24个分行、总金额达86.02亿元的61个公司类不良项目的集中诊断，确保了重大项目处置方案的合理性、可行性，提高了重大项目的专业化处置水平，有效地推动了全行重大项目处置工作的开展。截至2007年底，61个诊断项目中有40个项目的处置工作取得进展（其中清户及转为正常的有10个），共处置不良贷款本金20.05亿元。

正式启动个人类贷款标准化信函催收工作。资产保全部与中国邮政集团公司开展多轮协商谈判并正式签订合作协议。自2008年起，建设银行个人类贷款的催收信函统一由中国邮政集团公司制作并邮递给客户。下发《关于开展个人类贷款账单制作邮递合作有关事宜的通知》（建总函［2007］1045号），统一《中国建设银行个人类贷款对账单》、《中国建设银行个人类贷款逾期催收通知书》和律师函等催收信函的范本，实现催收信函贷款标准化。

整体打包转让原建设银行自办实体债权。经过两年的探索和努力，2007年3月，建设银行与中国建银投资有限责任公司签署债权转让协议，对实体类不良资产实施了整体转让。本次整体转让实体类不良债权本金合计68.41亿元，其中信贷类债权44.13亿元，非信贷类债权24.28亿元，使多年无法处置的不良资产一次性得以消化处置。

二、开办国内商业银行第一个重整资产证券化项目

3月，正式启动第一个重整资产证券化项目。5月，基础资产池构建完毕。6月，确定中介机构并入场开展尽职调查。在随后的两个月内，按照国际惯例和标准完成了资产估值、产品结构设计、信用评级等工作，最终确定基础资产池账面本金余额95.5亿元，涉及建设银行10个一级分行的1 000笔不良贷款，拟发行21.5亿元的AAA级证券及6.15亿元的次级证券。11月14日，银监会以银监复［2007］500号文件正式批复，同意建设银行作为发起机构，中诚信托投资有限责任公司作为受托机构，开办重整资产证券化项目。12月28日，中国人民银行以银市场许准予字［2007］第51号文件同意发行重整资产支持证券。至此，该项目成为国内商业银行第一个获准开办的重整资产证券化项目，开辟了中国银行业批量化、市场化、标准化处置不良资产的先河。截至2007年底，资产池回收现金达6.6亿元，远超出资产估值时的预期。

三、深化资产保全业务单元制改革

2007年是资产保全业务单元制改革的第二年，改革的广度和深度进一步扩大。一是38个一级分行以不同形式集中经营。截至2007年底，北京市分行等12个分行实行了账务划转的集中经营模式，实现不良资产账务、核算和考核的“三集中”；其余分行采取账务不划转的集中经营模式，集中经营的资产达80%以上。二是正式实施资产保全业务模拟考核评价。模拟考核的结果直接与评选先进集体挂钩，激发了保全系统的工作热情。三是利用ERPF系统和SARM系统平台，初步测算出不良资产处置费用率和不良资产现金回收费用率两个关键指标，为实现资产保全条线的成本费用模拟考核奠定了基础。

四、加强债转股资产经营管理工作

适时调整工作思路，从单纯资产处置转变为经营和处置并重。通过积极参与中铝股份、葛洲坝集团、南汽集团等项目的整体改制和重组上市工作，将其政策性股权转为市场经营性股权，股权价值大幅度提升。为加强上市股权的管理并维护良好的客户关系，

争取股权价值最大化，2007 年 8 月，将中国铝业股份有限公司、延边石岘白麓纸业股份有限公司、中国葛洲坝水利水电工程集团公司、陕西建设机械股份有限公司、湖北美尔雅集团有限公司 5 家客户已上市流通的盘活项目移交投资银行部管理。

加强对债转股资产的经营管理，加快对不良债转股资产的处置。资产保全部对截至 2007 年 12 月 10 日的 158 个债转股项目进行全面梳理，对其中 28 个优质项目（转股余额 66.46 亿元）严格规范日常管理和重大事项管理，努力提升股权价值；对其余 130 个经营前景较差、连续多年未分红、持股比例低、股权价值贬损严重的债转股项目，加大处置力度，及时止损。

五、确保 SARM 系统稳定运行

2007 年是 SARM 系统正式运行的第一年。3 月之前，实行手工申报和系统申报双轨并行。自 3 月 1 日起，实行系统申报单轨运行，资产保全部各项业务的日常管理、申报审批和报表生成等均通过系统单一途径完成。强化对 SARM 系统的监控和管理，做好日常运营维护工作。先后组织两次有针对性的系统操作培训；对数据质量较差的分行重点督导，要求其限期整改；停止县级机构使用系统，由二级分行集中进行数据录入和维护，使系统数据的准确性大大提高。积极着手 SARM 系统二期立项工作，并于 2007 年 7 月完成立项审批，年底前已完成数据字典及测试案例编写、需求分析等工作。在 2007 年度中国建设银行金融科技进步奖评选中，SARM 系统（一期）荣获一等奖。

资产保全部
执笔：张立亚
审稿：于妍玲

技术创新与发展

2007 年，信息技术管理部紧紧围绕全行发展战略，着力于 IT 管理改革、科技创新和安全生产营运，各项工作有了长足发展。

一、有序推进 IT 集中管理改革

召开全行 IT 集中管理和资源整合启动视频会，对 IT 集中管理实施工作进行了全面动员和部署。到 6 月末，全行 34 个一级分行已按要求落实 IT 部门内设机构设置和人员调整，38 个一级分行全部实现 IT 需求的集中管理和审核，36 个分行实现了 IT 项目的集中开发，初步实现了一级分行 IT 资源的集中管理和技术服务流程的标准化和规范化。

顺利完成二级分行服务器上收工作。取消全部 378 个二级分行机房，上收各类服务器约2 800台、涉及应用约 2 200 个，对 1 200 余台超期服役的服务器进行替换，实现服务器集中到一级分行的统一合并部署。大力推进一级分行机房、局域网和存储设备的整合以及总推分系统（总行开发，分行应用）的适应性改造，分行基础设施资源利用率大幅提高，有效降低了 IT 运维成本和运行风险。

二、持续提升安全生产水平

将保障安全生产作为首要任务。完善运维管理制度，优化工作流程，在全行推广应用事件流程管理（DCM），完善应急响应机制，提高预警和应急处理能力；组织对全行 78 套主要生产系统进行了检查、风险分析和问题整改工作，对主要网络设施、存储设备和主机设备等运维基础设施进行扩容、升级；优化 12 个贴近市场和客户的核心生产系统，提高了系统的健壮性。全年生产系统可用率基本达 99.9% 以上（除 CTS 为 99.78%），为全行业务的高速发展奠定了坚实基础。

推进灾备中心建设。完成 CCBS 系统上海灾备中心的建设，进行了三次灾备切换演练，验证了灾备系统和应急预案的有效性。加快推进全行统一生产和灾备体系建设，完成生产、灾备中心选址方案，并大力推进土地购置等后续工作。

三、稳步实施科技创新项目

累计建设项目195个（新建115个，续建80个，交付使用75个），同比增长53%，再创历史新高。8个项目获得人民银行2006年度银行科技发展奖，40个项目荣获建设银行2007年度金融科技进步奖，其中特等奖2项，一等奖6项。已有43项专利申请取得了专利申请号，有24项计算机软件著作权提交到中国版权保护中心进行登记。

（一）个人业务系统建设

推出全新版企业网上银行，系统用户同比增长2.5倍，交易量增长5倍，交易金额增长4倍，并荣获2007年中国网上银行年会评选出的“2007中国最佳网上银行奖”等三个奖项；手机银行系统推出国内首创的手机到手机转账、跨行转账、基金投资等多项功能，交易量和交易金额分别同比增长8倍和50倍，在同业中处于领先地位，并荣获2007年中国国际金融（银行）技术暨设备展览会评选出的“金融业务创新奖”；完成了个人贷款系统（A+P）在38家分行的推广应用，形成了包括贷前受理、贷中核算、贷后管理在内的完整的个人贷款服务体系；信用卡系统持续优化，外围催收系统、防欺诈系统、预审批系统相继投产；完成呼叫中心整合项目在全国37家分行（除上海市分行）的推广上线，实施了第二系统（灾备）中心建设和系统扩容，自助交易量和坐席服务量同比成倍增加，并荣获“2007年中国呼叫中心十年成就奖”。

（二）公司业务系统建设

重要客户服务系统在外币现金管理、证券资金银行存管、银关通、财政公务卡业务、延长服务时间、批量代发代扣等领域取得了突破性进展。完成CLPM系统全行推广上线工作，实现了与多个系统的数据交换，并完成了客户评级流程及接口、贸易融资功能优化，保理及审批业务流程优化等重大功能的上线；证券保证金第三方存管业务（CTS）实现后台从重要客户服务系统的剥离，通信机制和硬件设备得到升级优化，系统处理能力从不足5万笔转账业务提高到100万笔；完成新一代贸易融资系统在全部分行的推广，实现全国数据集中管理、单据远程集中处理、自动核算和报文收发；金融期货业务处理系统、企业年金业务处理系统相继建成。

（三）后台业务系统建设

企业资源计划财务系统实现全行上线，完成历史数据平台开发、对日间交易和批量交易的时间窗及功能部署进行架构优化等目标，提高财务管控的有效性和信息披露的及时性；数据仓库应用支持系统（DW&MIS二期）完成12项重要功能释放，全行对基础数据的分析和应用能力不断提高；对公信贷资产风险十二级分类项目完成全行推广，实现业务流程的电子化和风险分类工作程序的统一化及标准化。

（四）基础设施建设

实现信息总线总行系统（EAIH）与分行信息总线（EAIB）的互访，接入系统从27个增加到45个，日交易量从年初的150万笔增长到700万笔。操作数据存储系统（ODSH）成功将UDI、ODS简版整合到新的ODSH架构中，初步解决了全行重要业务系统的数据来源问题。

四、专业能力和服务水平进一步提升

完善科技管理制度体系。完成《供应商管理暂行办法》、《开发中心管理办法》、《软件开发安全需求规范》等20余个管理制度、安全及架构标准和规范的修订、制定，颁布了《信息技术管理部制度汇编（2007版）》，进一步提高了科技管理制度体系的完备性、科学性、适应性。修订、制定了《信息技术项目管理办法》、《总行信息技术项目实施细则》、《信息技术系统上线管理办法》等7个项目管理制度，加强项目计划管理，在开发中心大力推进CMMi标准的实施；借鉴六西格玛方法和工具，对项目实施过程进行持续改进。

加强科技与业务互动。了解、参与并帮助业务部门制订业务发展规划，促进业务需求整合和应用架构优化。启动网点转型、个人理财、港股直通车等多项技术专题研究，提高了科技服务对业务发展的反应速度和前瞻作用。

提高架构控制能力。制订2007—2010年的科技应用规划及网点架构规划、J2EE等重点基础架构规划，补充15项应用架构规范和270余项技术架构规范；加大和拓展架构管理力度和服务范围，将架构管理延伸至项目准备、实施、推广的全流程中；审核并决策120余个项目的架构；对分行服务器上收、CCBS系统优化等影响全行架构的关键项目进行重点支持和架构指导，以保证关键环节的架构控制能力。

加大项目测试力度。建设新的集中测试环境并实现整体搬迁，将大机测试环境迁移至上海灾备中心；加大对CCBS系统、网银系统、证券系统等重要系统的性能测试和上线测试力度，应用先进工具，改进测试方法，提高测试工作效率和投产项目的质量。

加强上线计划管理。制订《信息技术应用系统上线及系统维护计划》，审核70多个群组、246个项目的上线投产集成计划，整合并统一时间安排，将各类软件版本从7 000多个整合为280个，减少了上线切换、运行维护和版本混乱导致的应用故障和系统不可用时间。

提高供应商管理的针对性和有效性。全年共签署单一来源采购合同220份，合同总金额为9.25亿元，完成300余项软件产品及服务的审核、分配工作，保证了项目软硬件设备的及时到位和技术支持服务的快速响应。

强化信息风险防范能力。制定、修订《软件开发安全需求规范》、《一级分行安全技术架构》等8个安全管理制度规范；建设和应用密码安全服务平台、个人信息与桌面安全系统等安全基础设施，完善信息安全制度和技术体系架构；推广应用代码检测技术和工具，组织开展全行信息技术合规性检查并落实问题整改，提高了信息风险防范能力。

加强团队建设和管理。加强开发中心管理，完善开发中心考核办法和方案，提高了中心工作的合规性和效率；加强培训管理，全年举办技术、管理等各类培训班20个，培训1 150人次，有效提高了科技人员的专业技能。

提升科技战略和规划管理能力。借鉴和学习美国银行在项目、预算、战略管理等方面的先进经验，启动“2008—2010年IT规划（国内机构）”、“2008—2010年IT海外规划”和“与美国银行战略合作IT规划项目”；完成建设银行IT组织架构设计，修改全行应用体系架构，有效改进了建设银行科技战略和规划管理能力。

信息技术管理部

执笔：马　龙

审稿：牟乃密

业务运营情况

2007年，营运管理部不断完善营运体系，扎实推进柜面业务前后台分离，学习借鉴国内外先进的营运理念和实践经验，创新营运手段与作业模式，确保了全行业务的稳健运营。

一、完善营运组织架构

全面完成全行营运机构的组建工作。组织架构实现平稳整合，明确划分为运行作业和运行管理两大职能，实现由按系统组织业务运行到按功能模块组织业务运行的转变。原资金交易部所属资金交易后台处理中心划入营运管理部集中管理，资金交易业务初步实现了前台交易、中台监控、后台结算相分离。

二、扎实推进业务处理前后台分离和后台集中

推进票据交换、批量代收代付业务的集中，部分一级分行实现了区域管辖行票据的集中提入、清分、核算。截至2007年底，24家分行的票据交换提入实现了物理集中，26家分行实现了电子数据批量代收代付业务集中。

继续推动电子汇划集中工作。人民币电子汇划业务实现一级分行“一口进，一口出”集中处理，有效提升了电子汇划来账处理效率。在外汇汇划方面，研究制定了《中国建设银行外汇汇划及清算业务后台集中处理方案》，全面启动外汇汇划及清算业务后台集中处理工作。截至2007年11月末，实现全行外汇资金清算、外汇汇入汇款、查询查复业务后台处理全部集中至总行，29家分行外汇汇出汇款业务后台处理集中至总行。业务处理时间由2小时缩短到10～30分钟，汇入款项自动处理率由年初的64%提升到了83%，业务处理人员由200多人缩减到不足50人，在提升客户满意度、增强风险控制能力以及降低前台处理复杂程度等方面均取得了显著效果。

申请港元结算银行资格获得成功；完成新加坡分行SWIFT系统整合工作，提高了交易效率。

资金清算、内部账户管理、国债核算、应计利息计提及核算等基本实现向一级分行集中。分离了网点凭证打码、现金整点、资料打印、手工登记等非交易性事务，减少了柜员事务性工作。

三、加强基础管理，不断提高营运风险防范能力

全年联合或独自组织各类检查十余次，梳理并清除超过实际需要的业务授权，完善流程控制，营运条线人员的合规意识和作业的规范化程度得到了提高。建立营运重大事项报告制度，及时指导并妥善处理了26起营运突发事件，控制和降低了建设银行的信誉损失。研究制定自助设备集中维护、现金集中配送、外汇汇款操作、异常账务处理、业务参数管理、柜面交易监测及重要客户服务系统等业务的操作规程，明确业务流程，规范业务操作。加强岗位管理，排查风险隐患，梳理营运条线不相容岗位152对、风险点236个，逐项研究并落实防范措施，提高风险防控能力。

基本形成以一级分行为主体的集中监测预警体系，风险监控能力明显提升。完成柜面业务实时监测系统的全行上线，填补了建设银行柜面交易业务操作风险实时监测预警的空白。配合事后稽核系统，事中和事后两个维度的操作风险集中监测预警机制基本形成。据统计，监测系统提示风险信息305条，规范违规操作4 974笔，纠正误操作3 026笔，消除风险隐患207个；稽核系统提示风险信息1 712条，规范违规操作9.67万笔，纠正误操作3.95万笔，消除风险隐患768个。

38家分行基本实现以一级、二级分行为主体的对公账户集中对账，实现交易操作与账务核对相分离；总行与一级分行2 010个系统内往来账户实现每日核对，对账效率提高，监督力度加大。

总行本级完成稽核系统、对账系统、指纹系统上线，实现稽核集中和系统内往来自动对账，强化柜员身份刚性约束；完善同业的资金交易合约，加强资金头寸监控；引入软件技术与工具监控资金交易后台业务，逐步实现交易监控从定性判断向定量分析转变，扩大了监控范围，增强了监控的科学性；细化对账流程、暂收暂付核算流程、人民币清算交易流程，弥补了原有流程的缺陷。

四、强化责任意识，提升营运效率和服务保障能力

集中配送体系建设基本完成，成本显著降低，效率明显提升。截至2007年底，38家分行实现现金集中配送，覆盖网点9 738个，占比95%；34家分行推行离行式自助设备集中维护，覆盖2 866台，占比66%；35家分行开始实施现金集中整点，覆盖服务网点5 984个，占比58%；全行配送线路1 880条，金库849座，比年初减少138座；金库人员7 013人，减少3 341人。

取消证券系统分行节点，实现日始、日终操作上移总行处理，缩短批处理时间，取消分行八小时之外业务运行值班，实现系统的365天营业；实现重要客户服务系统与CCBS系统直联，清算数据传递和记账自动处理，提升了业务处理效率。

建立系统故障时的业务应急机制，出台了《营业类系统业务应急预案建设方案》、《支付清算系统危机处置预案》、《资金交易后台业务处理系统故障业务应急处置预案》、《资金交易美元付款应急方案》等应急规定，成功组织近十次全国性业务应急处理，后台业务应急能力显著提升。

改变部分业务纯手工操作模式，在结售汇业务收付款单生成、外汇交易流水核对和外币债券对账方面实现了自动化处理，每月处理时间从96小时变为3.8小时，大幅度提高了业务处理效率；利用腾讯网建立与108家券商的业务交流平台，使每日接入客户电话量减少80%以上，减轻了运行值班的压力。

研发推广营运作业与管理系统，实现业务参数和业务运行问题管理流程的系统控制，提高运维服务水平。组织支付系统新业务的开发和推广，小额跨行通存通兑业务全行推广上线。

五、学习借鉴先进经验，启动后台业务工厂化生产平台建设

借鉴美国银行和国内同业后台建设经验，探索原始凭证影像化技术，在后台实行多岗位、专业化处理的流水线作业模式。完成同城票据交换提入和批量代收代付业务的需求分析，启动后台生产平台建设，完成票据交换提入系统主要功能的开发、测试和业务原型验证，为今后后台业务实现工厂化生产、推动后台业务跨区域集中创造了条件。

六、规范外包管理，谨慎推进营运业务外包

制定并下发了《营运业务外包管理办法》，规范外包业务种类、条件、流程、权限、供应商资质要求、责任划分及包后管理

等，有序推进营运业务外包。2007年，24家分行实行影像信息采集和会计档案整理外包，26家分行实行对账单制作与传递外包，19家分行实行会计资料运送外包，少数分行尝试自助设备维护、后台信息录入和现金整点外包。

七、开展专题研究，加强营运条线自身建设

2007年，总行营运管理部先后组织了多次专题调研活动，在充分听取分行意见的基础上，明确了营运条线自身建设的指导思想，提出了工作要求。制定下发了《营运工作考评办法（试行）》，明确综合管理、作业安全、服务质量与效率等考评内容，探索建立营运业绩评价体系和营运激励约束机制；制定下发了《加强营运风险管理能力建设指导意见》，对营运风险管理能力建设的内容、方法、步骤进行了部署；制定下发了《提升营运效率工作指导意见》，指导全行提升工作质量、缩短交易耗时、降低作业耗费；制定下发了《关于调整稽核作业模式，提升稽核作业效率，增强风险防控能力的实施意见》，提出并推动全行调整稽核作业模式，提高稽核效率与质量，以有效揭示风险。

八、开展业务培训，加强营运队伍建设

组织自助设备维护、集中配送作业、重要客户服务系统操作规程和异常账务调整培训，规范作业管理；组织开展柜面交易监测系统、现金出纳系统、营运作业和管理系统的上线推广和操作培训，保证了系统成功上线和规范操作；聘请外汇、资金、会计领域的专家开展培训，了解国际会计准则，提高外汇清算、资金交易结算等业务操作水平。

营运管理部
执笔：祁 桐
审稿：沈 明

电子银行业务

2007年，电子银行战线广大员工按照行领导提出的“二次创业，要和同业在更高层次展开竞争”的要求，优化产品功能、提升客户服务，各项业务得到了较快发展。2007年底，全行电子银行客户达7 070万户，交易量达189 930万笔，交易额为120万亿元。

一、网上银行

网上银行产品功能进一步优化。个人网上银行丰富了基金服务功能，改进了支付业务流程，增加了个人贷款还款服务、开通了保险产品销售、企业年金等业务；企业网上银行全新改版上线，在实现对公结算和现金管理的基础上，先后开通网上银行公积金服务、网上银行电子对账服务，实现CCBS集团理财服务上网银和企业网上全国代发业务，开放企业网上银行7×24小时服务。

2007年12月26日下午，董事长郭树清在长安兴融中心参观电子银行部员工演示手机银行、网上银行和国际互联网站业务。

二、手机银行

手机银行业务呈现快速发展态势，客户数、交易规模不断增长，服务功能日趋丰富。全年新发展手机银行客户142万户，累计客户数达171万户，实现交易量564万笔、交易额145亿元。形成以手机到手机转账、跨行转账、基金投资、手机股市、手机来账查询为特色的十二大类近百种手机实时在线金融服务。手机银行业务已处于金融同业领先地位。

三、短信金融服务

全行短信客户数2 312万户，比年初增加1 250万户，增长118%；全行发送短信6.6亿条，增长273%。业务收入激增，全年实现业务收入5 907万元，增长453%；进一步丰富了短信金融服务，统一了总行短信平台95533短信服务号码，提高了短信发送能力，开通了基于e-Trade、结算通以及OA系统等的短信服务，并实现了新疆维吾尔自治区、宁夏回族自治区分行短信金融服务的业务集中，初步具备了接入分行业务系统的条件。

四、重要客户服务系统

2007年底，重要客户服务系统服务大客户697户，比上年增加155户；系统交易量达11 152万笔，较上年增加8 494万笔；系统交易额19.74万亿元，较上年增加12.44万亿元；户均交易额达283.17亿元。重要客户服务系统现金管理业务不断创新，先后推出公务卡报销、银关通保证金、银关通电子保函、外币现金管理、本外币批量代发代扣、集团资金托管、周期额度控制等现金管理产品和B股证券保证金存管等多项业务，率先对银关通产品开通7×24小时服务。

五、95533客户服务

95533客户服务业务持续快速发展，业务规模不断扩大。全年受理客户2 771万户，交易量达24 298万笔，实现交易额4 388亿元。一是创新产品，丰富功能。开通电话银行龙卡通账户服务功能，新增理财卡通知存款预约服务，丰富理财卡服务内容，大力推广人工辅助交易。推出VIP差别化服务，开通#001VIP服务专线。优化菜单播报，统一95533语音菜单，提升客户满意度。95533外呼信贷催收、信用卡营销、电子银行产品营销等业务取得显著成效，95533通知提醒、客户回访、客户关怀及问卷调查等业务也逐步在全行展开。二是继续打造集中分布式运营体系。年底，37家一级分行完成呼叫中心整合项目推广工作。尤其是成都中心服务范围不断扩大，先后四次招聘人员超过600人，使总人数达到988人。话务量成倍增长，先后开通速汇通、代缴费用、代开基金账户等各项人工辅助交易服务，人工服务量、人工辅助交易量、自助交易量分别为791万笔、196万笔和3 910万笔。截至年底，成都中心服务的分行数量已达24家，单日最高应答量突破5万通，服务接通率达80%以上。实现外呼客户754.69万户，其中，开展人工外呼49.34万户，发送短信外呼705.35万户。为各行开展电子渠道营销预约、机场VIP客户服务预约、个贷预约等20多项预约工作。三是在建成95533成都中心的基础上，启动北京电子银行中心、兰州95533客户服务中心、武汉95533客户服务中心的建设工作。

六、规划与安全举措

一是完成2008—2010年电子银行业务发展规划。将“二次创业，超常规发展电子银行业务”作为全行电子银行业务中长期规划的主题思想，提出未来几年电子银行业务发展战略和管理体制、人员队伍、营销宣传、安全保障等方面的措施。二是初步构建电子银行安全体系。及时调整安全策略，加强风险提示，推广USB Key和动态口令卡，停止新增文件证书客户，清理高风险商户，调整交易限额，加强业务监控，免费发送短信证书下载验证码，初步摸索建立覆盖事前、事中、事后的较为全面的电子银行安全框架体系。三是完成电子渠道动态口令认证平台建设，支持全行大规模动态口令卡、动态令牌等动态口令产品应用，为动态口令产品快速推广奠定了基础；完成电子渠道一体化服务全行推广工作，丰富完善移动POS签约、网上银行互动签约、个人客户集中签约等签约途径，支持个人贷款账户、公积金账户等多种账户类型，支持总行短信平台签约。

七、对外战略合作

与美国银行的合作项目在四个方面展开：一是推广2006年合作成果，在10家分行推广资源管理和质量评价标准。在全行逐步建立统一的资源管理和质量管理体系，提高95533业务的服务效率和服务质量。

二是提高95533业务对全行业务的支持能力，提高95533业务量。三是引入美国银行在系统建设方面的新技术。四是深入开展培训合作，包括培训师队伍建设、新员工培训、在职培训等方面。

八、品牌建设

继续加大95533品牌宣传力度，积极参加全国优质品牌评选活动，全方位塑造95533品牌。建设银行先后获得“中国最佳客户服务奖”、“中国客户服务突出贡献荣誉大奖”、“2007年中国呼叫中心十年成就奖”、“亚太客户服务行业最佳客户服务大奖”、等奖项，出版《青春因服务而美丽——95533客户服务案例集》，有效提升了95533品牌的社会知名度和认可度。

九、网站建设

2007年电子银行部持续推动网站滚动开发，分别于4月和12月对网站进行了大规模优化设计。4月，建设银行国际互联网站开通“建行工作室”，新建“网上商城”，推出“基金频道”，为客户提供基金比较、分析、购买的“一站式”服务。10月，主协办建设银行“e路通”杯全国大学生网络商务创新应用大赛，建设银行电子银行部马春峰副总经理获得“2007年中国电子金融杰出人物奖”。12月，推出“理财频道”，为建设银行的理财产品打造了网上营销的专用平台，为客户提供更丰富、更人性化的理财服务。截至年底，互联网网站日均页面浏览量达222万次，与上年日均页面浏览量75万次相比增长了196%，单日最高页面浏览量达到487万次，网站的重要作用日益显现。

十、研发中心建设

一是建章立制，确保研发中心高效、有序运作。研发中心先后制定了《电子银行产品研发操作规程（试行）》、《电子银行产品研发业务需求书编写管理规定》等6项共计2.8万字，包含19个流程图、53个附件的项目管理制度，以及《研发中心日常工作管理规定》、《研发中心财务管理办法》等12项共计2.9万字的内部管理制度和工作规范，并在中心内部执行或试行，不断提高项目管理水平和项目研发质量。二是开展项目研发，不断取得丰硕的研发成果。当年，研发中心参与电子渠道研发项目12个，推出521项新增及优化功能，重点提升客户最为关注的理财、安全、24小时服务等方面的功能。个人网银投资理财服务的实用性和易用性明显提升，企业网银开通7×24小时全天候服务，北京市分行、广东省分行等12家分行的呼叫中心顺利整合到总行平台，手机银行推出的手机到手机转账、跨行转账等功能在同业中独树一帜。

电子银行部
执笔：孙曙光
审稿：马春峰

经济金融理论研究

一、围绕全行工作需要，开展重要业务专题和政策研究

研究部抓住经营管理和业务发展中的一些紧迫问题，特别是根据建设银行战略转型需要，分专题进行深入研究，形成了一批具有一定深度的研究报告。

《建设银行行业信贷结构优化建议》和《行业态势识别与建设银行行业信贷状态分析》等四份系列报告，分析了建设银行行业信贷结构存在的问题，提出了行业信贷配置理念和相应的政策建议。之后建设银行有关部门发布了有关行业信贷风险配置管理的文件，首次在中国银行业中实施行业信贷风险配置管理。在美国次级信贷危机发生之前、房地产市场经济还很景气的情况下，关于房地产业及个人房贷的有关系列报告就对房地产业存在的信贷风险提出了明确的警示。

根据建设银行战略转型的要求，2007年研究部对中间业务进行了重点研究，在对银行信用卡等热点问题进行研究分析的基础上，推出了《我国银行卡业务分析》、《建设银行信用卡业务同业比较分析》、《建设银行发展信用卡业务的对策建议》等关于信用卡研究的系列报告。

商业银行结算业务是中间业务中极其重要的业务领域。针对建设银行在结算上与中国银行、工商银行比较还存在一定差距的现状，研究部对结算业务进行了比较分析，形成了《我国主要商业银行结算业务比较分析》、《我国结算业务发展趋势分析》、《建设银行发展结算业务的对策建议》等系列报告。

2007年，研究部根据国内房地产行业的发展变化及商业银行个人住房贷款发展较为迅速的情况，将个人住房金融业务作为调查研究的一项重点内容。通过大量收集、整理和分析相关材料及跟踪研究，最终形成了《我国个人房贷市场趋势分析》、《四大银行个人房贷业务比较》、《建设银行发展个人房贷业务的政策建议》这三期《决策参考》。

二、加强国内外经济金融形势分析预测，为全行经营管理决策提供形势分析报告

2007年，研究部对各季度的经济金融形势进行了分析预测，形成四份形势分析报告，分别提交全行工作会议和分行行长座谈会。研究部关于每季度的形势分析报告得到了行领导、各分行、各部门的肯定，同时也被新浪网、雅虎网、人民网、央视国际、新华网、中央电视台、路透社、《中国证券报》、《第一财经日报》、中央人民广播电台等100多家媒体及网络作为权威报告刊发、转载、转播，累计出现频率达上千次。经总行同意，有关研究报告还在香港的多家媒体刊发及转发。

2007年，研究部进一步拓展研究领域，在继续深入研究国内经济金融形势的同时，不断增强对国际经济金融形势的研究与分析能力，形成了一系列重要研究成果，如《美国次级抵押贷款危机》、《美国次级抵押贷款危机影响》、《美国次级抵押贷款危机警示》等有关国际经济金融形势的研究报告。

三、根据建设银行市场拓展和风险管理要求，努力做好行业与区域资源配置的研究工作

一是结合总行加快对服务业金融服务营销的要求，对服务业中的交通运输、仓储及邮政业，信息传输、计算机服务和软件业，批发和零售业，金融业等15个大行业进行了梳理，撰写了分析报告——《我国服务业发展趋势及建设银行对策研究》，与机构业务部合作完成《我国服务业的现状、发展趋势及金融服务需求研究》，并在此基础上形成了2007年度全行工作会议专项参阅材料。

二是对主要行业的发展态势进行了评估。为全面掌握行业发展态势，对国民经济20个大行业中的农业、采矿业、制造业、电力燃气和水的供应业等进行了行业分析，提出了建设银行针对鼓励类、保持类和限制类行业的信贷政策。三是选择电力、煤炭、汽车、水泥、纺织和房地产等行业进行了重点研究。初步完成了《汽车行业发展与建设银行金融服务对策研究报告》、《我国房地产市场的未来走势分析及对策建议》等。四是对国家宏观调控的重点行业如产能过剩行业、“两高一资”行业、受节能减排和出口退税影响较大的行业进行了重点分析，研究国家宏观政策对我行的影响，并提出对策建议。

在区域研究方面，根据国家区域发展政策、区域经济发展态势，分析了东部、中部、西部，长三角、珠三角和环渤海等区域的经济发展、金融资源和建设银行业务发展情况，找出了建设银行在区域资源配置上的差距，并提出了应对措施。

2007年8月8日，中国建设银行博士后工作站揭牌仪式在北京举行。

四、研究中国商业银行发展趋势，分析同业业务与发展特点

推出了包括中国商业银行的改革、改制上市、风险管理体系建设，股份制商业银行业务战略转型、客户战略转型、经营模式战略转型，以及城市商业银行发展特点、境内外资银行业务经营特点等在内的《中国商业银行发展系列报告》，并陆续以研究报告形式推出。

五、积极为各部门提供工作支援，并参与前台部门共同营销

应风险管理部的要求，参与《巴塞尔新资本协议》推进办公室工作，完成有关分析和报告；根据总行工作安排，与投资银行部共同开展对产业投资基金课题的研究，参与撰写研究报告；应中国银监会的要求，根据总行统一安排，与总行信息中心合作完成向中国银监会提交的《房地产业发展状况及我行房地产贷款的分析报告》；应有关部门要求，积极参与了公司业务部、集团客户部、基金托管部、机构业务部等部门的客户营销活动。

六、积极推进对内对外研讨交流

参加了中印金融发展高层论坛、中外跨国公司CEO圆桌会议、中国投资高层论坛、香港亚洲金融论坛、交银经济学家论坛、世界经济发展对中国经济影响研讨会、亚洲金融危机十周年国际研讨会、2007年国资经营与资本市场互动高层论坛等学术交流活动，提交论文、发表演讲和参与讨论等。在总行有关部门的支持和配合下，举办了“21世纪全球经济挑战”国际研讨会。

七、改进“两刊”工作，提高其内容质量和设计水平

2007年，在内容上，“两刊”围绕建设银行改革与发展的需要，紧密结合经济金融形势和热点问题，通过编发研究报告、开设分行专栏、特别约稿和采访报道等多种形式，及时传达总行党委的战略意图与工作要求，介绍国内外先进的经济金融投资理论，交流实践经验。在选题把握上，《投资研究》注重反映国内外投资和金融等方面的热点和难点问题，理论性较强。设有本期特稿、金融论坛、投资论坛等栏目，编发金融理论界较关注的热点文章，具有一定的理论深度和学术水平。《现代商业银行导刊》紧密配合建设银行改革与发展需要刊登稿件，务实性较强。全年组织了湖南、安徽、云南、青海、新疆等省分行专栏，宣传报道经营管理和业务发展中的先进经验。

八、完成博士后工作站建站等各项工作，招收第一批博士后

组建建设银行博士后工作站是一项全新的工作。研究部通过咨询国家人事部、全国博士后管理委员会和工商银行等有关单位，从2007年开始起草和修改《博士后工作站管理办法》、《中国建设银行博士后工作站组织机构设置方案》、《日常经费管理办法和科研经费管理办法》。签署合作协议、确定课题、招收审评、组织考试、开站揭牌等工作得到了全国博士后管理委员会的积极评价。

研究部
执笔：孙永红
审稿：郭世坤

内部管理与风险控制

办公自动化与基础工作管理

2007 年，行长办公室在保证日常办公事务良好运行的前提下，着重加强办公室工作的基础管理和信息技术应用建设，取得了新的进展。

一、进一步规范公文管理

一是在总分行开展了公文质量和效率测评工作。行长办公室组织对总行本部和各分行的公文处理进行了抽查和测评，分别对有关情况做了通报，同时总结了公文分析案例，挂在网上供员工查询参考。6 月份总行在甘肃召开了公文质量效率座谈会，以现场实例剖析的形式对公文处理工作中存在的问题进行了现场讲解。以上两项工作对于改善全行公文质量和提高办事效率发挥了重要的作用，得到各方面的认可，成效明显。

二是统一全行公文主题词。为充分发挥公文主题词的作用，做好公文的档案管理工作，便于查询、检索和使用，总行根据建设银行业务范围及部门职责划分，编制了“中国建设银行公文主题词表”。这是总行首次编发建设银行自己的主题词表，目前已在办公自动化系统中装载使用，并作为文件分办的标识。

三是对总行本部信息刊物进行了清理和归并。精简整合后，信息刊物由原来的 34 个部门编发的 116 种精简至目前的 31 个部门的 48 种，减少刊物多达 68 种。除了按规定需要抄送外单位或反映全行阶段性重点工作情况的刊物以外，一个部门原则上只保留一种信息刊物。保留下来的信息刊物按照编发内容和发送范围分为工作简报、工作研究、工作动态、参考信息和临时快报五种，实行分类管理，明确了审签程序，一般通过办公自动化系统或邮件系统发布。

二、进一步严格印章管理

2007 年，总行组织了全行性的印章管理工作大检查，对 18 家分行组织了抽查，并对检查情况进行了通报。为交流印章管理经验，9月，总行在青海省召开了印章管理工作座谈会。通过案例剖析和经验交流，促进了对总行印章管理办法的进一步落实。同时，针对检查中存在的问题，总行制定了《中国建设银行印章管理补充规定》，进一步强化了制度约束。

三、研发推广了新的办公自动化系统3.0版

办公自动化系统（OA）2.0版自2004年上线以来，得到了全行用户的广泛支持和认可，目前已覆盖全行所有机构和网点，用户达10万户，成为全行最重要的管理工具之一。为满足不同层次用户的需求，特别是适应建设银行管理体制改革和流程再造的要求，2006年10月，总行开始组织对2.0版进行优化，形成了3.0版。总行于2007年9月上旬开始分批在全行上线推广，截至11月末全部完成，系统运行平稳。办公自动化系统3.0版引入了全新的办公理念，从改进细节入手，切实关心用户的感受，按照简约高效的原则，创新制度和流程，在继承2.0版功能优势的基础上，对其60多项功能进行了优化。

四、档案管理的科技应用水平进一步提高

自2007年以来，全行档案工作紧紧围绕贯彻落实总行《关于推进建设银行档案集中管理的指导意见》和中国银行业监督管理委员会、国家档案局《关于加强银行档案工作的意见》的总体要求，积极探索建立新形势下的档案管理体制，稳步推进档案集中管理工作，加强制度建设和基础管理，加强档案库房建设规划和指导，全面推进档案信息化建设。各项工作都有了良好的开端，为全面提高档案管理水平打下了扎实的基础。

一是中国建设银行档案管理信息系统AMS1.0版成功上线。全行档案信息化建设工作已经启动两年多，经过研发测试，2007年9月1日，中国建设银行档案管理信息系统AMS1.0版正式在全行正式启用。该系统主要面向各级档案管理人员和各级行用户，其功能涵盖了目前建设银行档案管理的各项业务工作。新系统上线后，受到广泛关注和欢迎。

二是档案数字化工作全面完成，数据导入工作陆续展开，以确保档案管理信息系统最大限度地发挥效能。截至9月，全行档案数字化加工工作已全部结束。各一级分行共完成扫描历史档案文件970万页，扫描数据量达1 324G，著录文件条目150余万条。

三是加强制度建设，不断完善档案管理制度体系。为适应档案门类增长、库房建设与管理以及档案信息化建设的需要，2007年总行进一步加强了档案管理制度建设。陆续制定下发了《中国建设银行信用卡业务档案管理规定》、《中国建设银行档案库房管理规定》、《中国建设银行档案库房建设规范》和《中国建设银行档案管理信息系统管理暂行办法》。

四是稳步推进档案库房建设，积极创造档案集中管理条件。2007年全行库房预算2.2亿元，安排了贵州省、福建省、湖南省、辽宁省、河南省等19家分行24个库房的建设，库房建设面积总计10万平方米。尽管如此，预算安排与各分行的需求尚存在较大的差距。

五是为加强新形势下的档案工作，总行于2007年10月25日在厦门召开了全行档案管理工作座谈会，分析当前档案工作面临的新任务、新特点，总结自2007年以来的档案工作，对下一阶段的工作做出部署和安排。

五、落实保密管理制度

2007年，狠抓总行2006年制定的《中国建设银行保密管理办法》、《中国建设银行密码工作管理规定》和《中国建设银行秘密事项范围与定密管理规定》的落实，各分行围绕“一法两规”的落实举办了各种形式的培训。2007年底，按照保密管理办法的要求，有34家分行完成了员工保密协议的签署工作（另有6家分行拟在员工劳动合同到期后一并签署），确保员工履行保密义务。总行在12月份举办了全行保密管理培训班，以进一步促进保密制度的落实、提高员工保密意识。自2007年以来，全行没有发生一起失泄密事件。

六、加强培训，提高办公室管理人员素质

一是于7月11日至13日举办了由各一级分行办公室主要负责人参加的现代办公管理培训班。二是于8月22日举办了由二级分行办公室主要负责人（120人）参加的办公管理实务培训班。以上培

训提高了一级、二级分行办公室管理人员的履岗适岗能力。

七、做好行史编写工作

《辉煌五十年》已完成编纂校对工作，即将付印。《行史》完成上卷和中卷的编写工作，下卷已进入收尾阶段。《大事记》已完成编写工作，即将付印。

八、认真做好筹备重大会议和起草重要文件工作

一年来，先后完成了多次全行性会议和A股上市庆典等重大活动的组织筹备工作，完成了行领导讲话、党委工作总结等重要文件的起草工作。

行长办公室

执笔：路志凌

审稿：陈宝东

风险管理与风险监控

2007年，建设银行着力推进全面风险管理，不断深化风险管理体制改革，在政策制度建设、组合风险管理、风险工具创新、风险监控及预警、完善审批、推进实施《巴塞尔新资本协议》等方面取得了长足进步，资产质量持续向好，风险管理能力不断提高，被《亚洲风险》授予“2007年度中国最佳金融风险管理奖”。截至2007年底，全行境内外机构不良贷款余额823.53亿元，比年初减少103.95亿元；不良贷款率为2.6%，比年初下降0.72个百分点；不良贷款拨备覆盖率为104.41%，比年初上升了22.17个百分点。

一、风险管理体制改革

（一）推进城市行风险条线集中管理，整合基层行管理资源

2007年，总行积极推进风险管理体制改革，探索大集中、总分部或派出人员模式对一级分行所在城市行进行风险条线集中管理，以进一步提高风险管理的效率和有效性。同时，起草了基层机构监督力量整合方案，搭建以委派会计主管、风险经理、纪检监察特派员为主的分工合作、协调配合的监督平台，进一步整合基层机构监督管理资源，有效防范案件和重大违规事件。

（二）推进平行作业，实现风险管理关口前移

2007年4月，大中型公司类客户平行作业在全行全面实施，部分分行开始向小企业和零售业务延伸。自2007年以来，风险管理部对平行作业实施情况进行全面评估和总结，为进一步优化平行作业流程、加强项目评估管理奠定了基础。通过举办三次视频培训，加大平行作业政策的执行力度，推动风险管理逐步有机融入业务流程。

（三）优化风险条线人员绩效考核方案

2007年12月，总行制定了《中国建设银行一级分行风险总监2007年度绩效考核实施方案》和《中国建设银行风险条线人员绩效考核管理指导意见》，对风险总监及风险条线人员的考核内容、考核方式和权重设置进行了调整和优化，明确了风险条线人员的绩效考核应遵循以条线考核为主并与所在机构相结合的基本原则，增强了风险管理的独立性和有效性。

二、信用风险管理

（一）政策制度

一是制定《中国建设银行零售信贷政策》。2007年8月，总行制定下发了《中国建设银行零售信贷政策》，在建设银行历史上首次形成了一套在零售信贷业务经营管理、风险防控、客户服务、产品创新等各项活动中应共同遵循的基本准则，提高了全行零售信贷业务的风险识别、承担和管理能力，有效保障了该业务的快速健康发展。

二是出台信贷结构调整政策。2007年9月，总行制定下发了

《关于进一步加强信贷结构调整的紧急通知》，综合运用行业限额、审批指引、风险底线等风险管理工具，实施主动的信贷结构调整，以贯彻落实国家宏观调控政策，积极防范经济周期波动带来的不利影响，为全行抓住时机做好结构调整工作提供了有力的指导。

三是制定部分行业和保函产品信贷政策底线。2007 年 6 月和 8 月，总行先后制定下发了《关于对公路行业实行信贷政策底线管理有关事项的通知》、《关于对教育行业实行信贷政策底线管理有关事项的通知》、《关于对纺织行业实行信贷政策底线管理有关事项的通知》等行业信贷政策底线，首次明确提出了建设银行与公路、教育、纺织等行业的客户发生授信业务关系时所应遵循的底线。2007 年 12 月，总行制定了保函产品信贷政策底线，对客户准入、风险定价、风险缓释等提出了底线要求，进一步规范了保函业务的发展。行业和产品政策底线的制定，切实保障了客户质量的持续提高和行业、产品结构的逐步优化，风险管理开始从过程管理向边界管理转换。

四是开展审批指引制定和重检工作。2007 年，总行召开 3 次审批指引研讨会，完成了 24 个专题的审批指引研究，并下发全行执行。同时对 2006 年下发的 21 个审批指引逐一进行了重检。截至 2007 年底，建设银行信贷审批指引已基本覆盖全行信贷投放的重点行业、国家重点调控产业和重点产品，对全行贷款余额的覆盖面达到 80% 。

五是完善授信审批五项基本原则。2007 年 10 月，总行制定了《大中型客户授信审批五项基本原则补充规定》，对五项基本原则进行了细化和补充，结合新制定的政策底线，增加了节能减排等环保要求，进一步加大了《大中型客户授信审批五项基本原则》对全行信贷经营管理活动的指导力度。

六是优化审批模式和管理制度。2007 年 4 月，总行制定了《关于调整集团客户授信业务申报和审批方式的通知》，正式推行集团客户授信申报审批授信限额新模式，既有效防范了集团客户整体授信风险，又强化了对单一客户的信用风险管理，在抓好关键风险环节的同时提高了授信效率。9 月，下发了《集团客户授信限额审定工作要点》，对授信限额新模式的操作要点做了进一步细化说明，规范和统一了集团客户授信限额审定工作的原则和标准，将建设银行的风险偏好和信贷政策落到了实处。同时组织对原有公司客户信用等级审定规程进行了全面梳理和修订，并于 12 月制定下发了《公司与机构类客户信用等级审定规程》和《公司与机构类客户信用等级申报材料合规性审查操作规程》，进一步规范了全行客户信用等级审定操作流程，加强了对行业分类准确性的审查，提高了信用评级的严肃性和权威性。

七是完善贷后管理制度。2007 年 11 月，在北京市分行试点经验的基础上，总行制定下发了《中国建设银行对公预警客户跟踪管理操作规程（试行）》，进一步梳理了贷后期间可能出现的预警信号，规范了对预警信号的处理流程，并与业务流程系统紧密结合，将风险管理融入系统流程之中，提高了风险预警和化解能力，加强了贷后管理工作。

八是探索产品风险管理模式。2007 年，总行组建了产品风险管理团队，着手研究产品风险管理政策和模式，拟定了《中国建设银行产品风险提示管理办法》，对各大类产品风险提示的内容、要求以及部门职责分工等做了明确规定，确保向客户充分、清晰、准确地揭示产品风险，提高客户服务水平，防范声誉风险和法律风险。

九是制定授信业务风险监测系统管理制度。2007 年 11 月，总行制定了《中国建设银行授信业务风险监测系统应用与管理暂行办法》，明确了风险监测的职责分工、工作流程和系统参数管理等，为保证授信业务风险监测系统安全、稳定和高效运行，全面、及时、准确地监测报警，持续跟踪授信业务风险管理政策、制度、标准和程序的执行情况奠定了制度基础。

十是加强非信贷资产风险分类管理。根据外部环境变化以及新的《企业会计准则》及《金融企业财务规则》，2007 年 11 月，总行修订了《中国建设银行非信贷资产风险分类实施细则》，对不同类别非信贷资产按照不同额度划分分类审批权限，使非信贷资产风险分类方法与减值准备管理规定衔接一致。同时，为进一步规范非信贷资产减值准备管理，组织相关部门对现行的非信贷资产减值准备计提制度进行了梳理，编撰形成《中国建设银行非信贷资产减值准备手册》（初稿）。

十一是开展赤道原则相关研究，推进赤道原则的实施。2007

年，总行组成了赤道原则实施工作团队，开展了关于赤道原则相关工作的研究，初步筛选出与赤道原则相关的283个国家标准行业小类以及3类信贷产品（基础建设、房地产开发和技术改造），查找出信贷业务基本操作流程中可能涉及赤道原则的相关环节，形成了赤道原则研究报告及影响分析，提出了在建设银行实施赤道原则的措施建议。

（二）工具建设

一是改进经济资本计量管理。2007年初，建设银行首次采用了国际先进的资产变动法计量经济资本，并通过综合经营计划在全行进行了配置。在执行过程中，总行及时了解分行反馈情况，不断优化计量方法。2007年3月，制定下发了《经济资本计量结果应用若干问题指导意见》，科学指导分行合理运用经济资本计量结果开展各项工作。2007年8月，下发了《关于调整经济资本计量相关参数的通知》，使经济资本计量与实际风险结合得更加紧密。同时，探索把海外分行逐步纳入经济资本计量范围。经济资本计量方法的改进和范围的扩大，标志着建设银行信贷资产组合管理水平获得了显著提升。

二是推出行业贷款风险限额管理。2007年7月，总行制定下发了《2007年行业贷款风险限额管理实施方案》，在国内金融同业中首次实施行业贷款风险限额管理，通过对主要行业实施指令性限额和指导性限额相结合的管理方法，主动分散和管理贷款集中性风险，优化贷款行业结构。这不仅是风险管理方法上的创新，更是风险管理理念的一次重大转变。

三是制定新的信贷授权方案。2007年，根据市场变化和管理需要，总行制定完成新的信贷授权方案。新方案从区域、客户、产品等维度落实差别化原则，适当扩大了对优质客户、战略发展客户的授信审批权限，逐步扩大了海外分行业务权限。同时，总行积极和监管机构沟通并向其汇报，在制度上、授权上理顺了建设银行和三家发起人之间的信贷关系。

四是细化信贷资产风险分类管理。2007年9月，全行开始进行十二级试分类工作，及时梳理并解决存在的问题，培训工作和相应的系统开发也按计划推进，为2008年十二级风险分类在全行推广奠定了良好基础，提高了风险管理的精细化水平。

五是优化对公客户信用评级。2007年，对公敞口优化升级项目作为内部评级项目的重要组成部分取得突出进展，诊断阶段工作基本完成，符合建设银行实际的客户违约定义基本确立；事业法人客户评级模型和公司类中型制造业客户评级模型的构造工作基本完成；银行客户评级和行业评级的数据收集、整理、清洗工作及变量的分析工作也已完成。

六是加快零售业务信用评分卡建设。2007年，建设银行在国内金融同业中率先完成了信用卡、个人住房贷款等主要零售业务评分卡的自主研发和上线工作，实现了对相当部分零售信贷业务的自动审批和风险跟踪；顺利开展个人住房抵押贷款、消费贷款与汽车贷款的行为评分卡建设。零售信贷业务评分卡建设的顺利推进对于促进零售业务审批流程的再造，实现零售业务管理向标准化、系统化、自动化的转变具有重要意义。

七是开展压力测试。2007年，建设银行完成了宏观压力测试、房地产贷款和个人住房贷款压力测试等多项压力测试，在2007年12月由银监会组织的国际货币基金组织压力测试交流会议上，建设银行压力测试工作得到了国际货币基金组织专家的充分认可。压力测试结果为高管层提供了解决问题的方案支持，同时培养了一支专业的压力测试技术队伍。建设银行成为国内第一家采用国际通行做法自上而下进行压力测试的银行。

八是运用六西格玛管理工具进行审批流程控制。2007年9月，建设银行运用六西格玛管理工具对总行本级审批流程进行了梳理，制定并实施了相关管理措施，有效降低了审批时的波动性，确保了重点客户的审批效率，为2008年在全行履行限时审批承诺奠定了坚实的基础。

九是加强贷款减值准备管理。2007年，建设银行将次级类公司客户不良贷款减值损失由以前年度的组合评估方式改为逐笔计算方式，进一步完善了减值准备计量方法，更加审慎地计提减值准备，增强了风险抵御能力。

（三）系统建设

一是推进内部评级项目二期建设。2007年2月，内部评级项目二期对公评级子项目中的房地产客户评级项目、小企业内部评级项目、零售敞口PD/LGD/EAD计量系统咨询项目正式立项，开发出了违约概率（PD）、违约损失率（LGD）、违约风险暴露

（EAD）模型，实现了对零售敞口经济资本和监管资本的计量，为产品定价、准备金计提、经济资本管理和绩效考核等工作奠定了基础。

二是开发出授信业务风险监测信息系统。2007 年，建设银行开发完成授信业务风险监测系统，对授信业务流程中的关键风险点实施非现场动态监测分析，并对不符合规定的新增授信业务实现了 T+1 报警或提示，提高了对风险偏好和信贷政策执行情况的实时监控能力，细化了信贷资产风险分类管理，有效地推进了风险控制关口前移。

三是开发出信贷资产风险十二级分类系统。2007 年，研究开发了信贷资产风险十二级分类系统，并于 11 月底之前在全行上线运行。该系统建立在风险计量和信息系统的基础上，增加了定量分析成分，简化了分类流程，对于准确揭示风险、提高分类工作效率具有重要意义。

四是优化非信贷资产风险管理信息系统。2007 年，非信贷资产风险管理信息系统（NARMIS）正式投入使用，并顺利完成了四次数据改造及一次系统优化，确保了系统的正常运行。同时，下发了《非信贷资产管理信息系统管理暂行办法》，明确了各部门、相关岗位的职责和操作权限，进一步理顺了工作关系。该系统被列为人民银行“银行科技进步奖”推荐评选项目之一。

五是推进押品系统建设。2007 年，总行加大押品管理研究力度，完成了《抵质押贷款及押品分析报告》，分析了押品管理中存在的问题，提出了相应政策建议。在此基础上，拟定了《中国建设银行押品评估和监测管理办法》，明确了押品分类标准，制定了抵（质）押物（权）数据分类标准。提交了《中国建设银行押品评估和监测系统可行性研究报告》，初步完成了押品评估和监测系统需求分析项目中的业务需求分析，为进一步加强押品管理奠定了基础。

六是初步实现信贷业务审批电子化。2007 年，CLPM 系统在全行上线，初步实现了对公信贷业务从申报到审批、发放等全流程的电子化。2007 年，各分行陆续应用个贷 A+P 系统组织个人信贷业务的审批。审批电子化的推进，在提高审批效率的同时，能够有效地控制审批中的操作风险，并为实现对授信审批的实时监控创造了技术条件。

（四）风险监控与预警

一是完善重大风险事件管理机制。2007 年，建设银行建立了“双十大”贷款客户风险跟踪和处置工作机制，以及全行大额不良贷款台账、内控名单客户等特定客户和风险事件持续跟踪监测机制，加强了非现场监测分析，加大了对银监会等监管部门的风险提示信息、信访及媒体负面信息等的监测力度，及时发布预警信号，着力降低重大风险事件形成的不良影响。

二是加强对正常类、关注类贷款的风险监控、预警和提示。2007 年，总行制定下发了《关于加强媒体信息监测和内部风险提示的通知》、《关于进一步加强内控名单客户监控管理的通知》，充分利用内外部信息资源，进一步加强对授信客户的风险监测与处置管理，及早采取风险应对措施，防止存量贷款质量恶化。全行客户新暴露不良贷款额和不良贷款生成率持续下降，资产质量稳步向好。

三是行业贷款风险限额监控效果显现。2007 年，建设银行按照行业贷款风险限额管理实施方案，对风险限额的执行情况按旬监测，通过建设银行网站及时发布监测信息，有效地配合了全行信贷结构调整工作。对风险限额出现红色预警行业的新增贷款审批进行实时监控，及时向分行发出报警提示并跟踪监控，增强了全行对信用风险的提示、预警和应变能力。通过总分行、前台、后台联动核查与整改，有效地控制了贷款集中性风险，行业贷款风险限额监控效果显现。

四是加大现场检查工作力度。2007 年，总行重点对包括高耗能、高污染行业在内的 15 个国家重点调控与风险提示行业的信贷准入退出执行情况，“两高”行业贷款风险状况，以及个人类贷款抵押、质押手续的合法性和有效性进行现场检查，并对检查中发现的 298 个问题要求分行落实整改措施，有力地促进了全行信贷结构调整战略目标顺利实现。与此同时，先后对香港、首尔两家分行的风险管理情况进行了现场检查，较为全面地掌握了两家海外分行的风险管理现状，为进一步加强海外分行风险监控工作奠定了基础。

五是加强零售业务风险监控。2007 年，建设银行继续加强“假个贷”的清理处置工作，跟踪并掌握各分行“假个贷”处置进展情况，对个贷风险进行定期分析，研究提出化解措施，并制定《小企业信贷业务风险监控操作规程》，明确了零售信贷业务风险监控的内容、方式和流程，确定了零售业务重大信贷风险事项的标准、报告路线及处置流程，加大了监管力度。

三、市场风险管理

（一）政策制度

一是完善市场风险管理体制。2007年8月，总行制定下发了《中国建设银行市场风险管理方案》，明确了市场风险管理的目标、内容、职责分工、流程和报告体系，同时印发了《关于进一步贯彻落实市场风险管理方案，加强市场风险管理工作的实施意见》，阐述了市场风险管理部门的职责，为加强市场风险管理搭建了切合实际的管理框架。

二是推出市场风险限额管理。2007年，总行加强本级和海外分行交易性市场风险限额管理，根据市场变化下发了《关于调整完善总行本级交易性市场限额方案的通知》和《关于调整海外分行交易性市场风险限额方案的通知》，分机构、产品、类别建立了多层次、多角度的限额体系，进一步优化了市场风险限额体系，提高了交易性市场风险限额管理的水平。

三是积极应对美国次级抵押贷款危机。2007年，针对美国次贷危机，建设银行成立了以行长为组长的专门工作小组，多次召开专题会议研究制定应对措施，迅速调整交易授权及人员分工，加强风险监测与市场跟踪，调整市场风险限额，明确可承担的市场风险底线，研究制定处置和拨备预案，并对信用类债券进行全面分析和排查，有效地防止了风险与损失的进一步扩大，提高了应对突发风险事件的能力。

四是加强债券投资资产风险管理。2007年，建设银行开始按季度对所持美国次级债组合计提减值准备。同时，制定《中国建设银行债券投资减值准备计提暂行办法》，规定对总行本级经营的本外币债券投资按照单笔和组合两种方式计提减值准备，拨备计提更加审慎，风险防范措施得当，较好地化解了风险，提高了对债券投资组合的风险管理能力。

（二）工具建设

制定拨备处置预案，对所持美国次级债组合及其他信用类产品进行全面排查分析，并从2007年中期开始按季度对所持美国次级债组合计提减值准备，同时着手开发债券投资减值准备信息系统。

四、操作风险管理

（一）政策制度

一是制定操作风险管理政策。2007年3月，总行制定下发了《中国建设银行股份有限公司操作风险管理政策》，填补了建设银行操作风险管理政策的空白，有效地强化了操作风险管理。此后，又下发了《关于贯彻落实操作风险管理政策的实施意见》，明确了操作风险管理体系架构和职责分工，统一了操作风险管理流程，明确了下一阶段工作重点。

二是制定了《主要生产系统应急处置指引》。2007年11月，建设银行首次制定下发了《主要生产系统应急处置指引》。该指引旨在建立健全主要生产系统应急处置体系和应急机制，规范处置流程，有效预防、积极应对、及时控制主要生产系统突发事件，最小化突发事件的负面影响及损失，为维护全行正常运营提供了制度保障。

三是加强关键风险点检查。2007年，总行制定下发了《关于监控检查基层机构关键风险点的通知》，建立了全行基层机构关键风险点监控检查制度，梳理确定了基层机构案件发生率高、损失金额较大的主要业务环节的关键风险点，建立健全了风险经理监控检查关键风险点制度和营业录像抽查制度，有效地防止了出现因“管理疲劳”而产生的操作风险和案件。

（二）工具建设

一是加强自评估管理工具建设。在总结部分分行试点经验的基础上，建设银行创建了操作风险与内部控制自我评估工作模式和方法，制定下发了《中国建设银行操作风险与内部控制自我评估操作手册》，为在全行推广自评估工作模式和方法，合理应用操作风险管理工具提供了依据。

二是探索建立操作风险损失数据库。2007年，在前两年损失数据统计的基础上，进一步厘清了损失数据的报送边界和范围，规范了操作风险损失数据信息报送工作。同时，借鉴SAS公司、毕博公司在损失数据分类、系统开发方面的成功经验，确定适合建设银行的损失数据库数据结构，为将自评估、关键风险指标和损失数据这三种工具的工作流程和功能整合为一个系统并实现互相支持、彼此验证做好了前期准备。

三是推进业务持续性管理工作的开展。2007 年，总行对业务持续性管理（BCM）的现状和差距进行了综合分析，初步确定了业务持续性管理的总体目标和步骤，明确总分行各工作团队的职责分工，推动 CCBS 系统上海数据中心灾备项目应急演练，成功验证了建设银行核心业务系统应急响应和灾难恢复体系的有效性和可操作性。

四是研究开发关键风险指标体系。2007 年，总行研究制定了关键风险指标体系构建方案，针对总行相关部门和一级分行提出了不同层级、不同条线的关键风险指标，逐步建立涵盖不同业务条线、不同层级的指标体系，以满足《巴塞尔新资本协议》关于操作风险计量和资本分配的基本要求，为进行操作风险日常监控管理和开发高级计量模型奠定了基础。

五、全面风险管理研究

2007 年，总行成立专门小组，对创建全面风险管理模式展开研究和探索。小组已完成《全面风险管理研究报告》、《全面风险管理差距分析报告》和《2008—2010 年全面风险管理建设纲要》等初稿，提炼出构筑全面风险管理体系的六大基本要素，即风险管理战略、风险管理组织架构、风险管理策略、风险管理绩效评价标准、风险管理技术平台和风险文化；同时形成《建设银行全面风险管理体系和实施路径》。

六、风险偏好研究和拟定工作

风险偏好作为全行风险管理战略的核心，对于贯彻落实发展战略、制定重要政策制度、统筹规划全行业务活动具有统领作用。2007 年，总行成立了以风险管理部为主、相关部门和分行参加的风险偏好拟定小组，正式启动了风险偏好研究与拟定工作。在与外部咨询机构沟通交流、广泛征求总行相关部门和分行意见的基础上，草拟完成了《建设银行风险偏好陈述书》和《建设银行风险偏好研究报告》，为下一步科学形成风险偏好并合理传导奠定了基础。

七、推进《巴塞尔新资本协议》的实施

2007 年，总行成立专门工作团队，启动了实施《巴塞尔新资本协议》整体规划项目。确定聘请普华永道咨询（深圳）有限公司作为外部咨询方，全面启动《巴塞尔新资本协议》整体规划项目；撰写建设银行《巴塞尔新资本协议》实施规划整体报告，形成了《建设银行实施新资本协议总体规划》。

八、风险条线人员队伍和文化建设

（一）人员队伍配备

2007 年，38 家一级分行全部配备了从事贷前平行作业的专职风险经理或评估人员，风险条线人员由风险管理体制改革前 2005 年的 6 108 人增加至 8 886 人，建设银行风险条线队伍建设得到进一步加强。

（二）人员培训

2007 年 2 月，总行制订了《中国建设银行风险条线 2007—2009 年风险管理人员培训规划》，进一步加大对全行各层级风险管理人员的培训力度，牵头举办了面向风险总监、一级分行风险管理部负责人、专职贷款审批人、风险主管、风险经理的一系列培训，全年共举办各类风险管理培训班 43 期，培训各类风险管理人员 7 969 人次，对于提高全行风险条线人员的专业能力起到了积极作用。

对风险条线人员培训方式进行了新的探索。自 2007 年下半年起，总行定期组织一级分行风险管理人员赴总行进行跟岗学习，一方面使学习人员能够深入地了解制定风险管理相关政策的总体思路、背景和政策要求，另一方面也为总行风险管理政策的制定、风险管理技术工具的开发提供了可资借鉴的建议和思路。

风险管理部
执笔：卢　娜　常青林（风险管理部）
熊　波　易　路　耿兰清（授信管理部）
审稿：刘桂峰

审计监督

2007年，建设银行审计部门突出审计重点，加大审计力度，高质量地完成了一批审计项目，揭示了多项重大风险隐患和违规操作问题，取得显著的审计成效，为建设银行的规范经营和加强风险防范发挥了重要的促进作用。与此同时，审计部门狠抓审计队伍、审计技术、审计规范三项建设，审计工作集约化、精细化和规范化水平持续增强，审计队伍的整体素质和专业能力稳步提高，审计工作的质量和效率不断提升。

一、强化监督，防范风险，高质量地完成审计项目

2007年，审计部门围绕建设银行的工作重点，实施了全面业务审计、财务管理审计等24大类系统审计项目和大量自选审计项目。全年共实施审计项目2 300多个，提出审计建议近8 000条，为建设银行强化管理、防范风险作出了积极贡献。

面对审计资源的有限性与审计需求不断增长的矛盾，审计部门科学规划，重点安排审计项目于重大风险隐患和管理薄弱环节中，切实提高了审计项目的针对性。例如，针对建设银行业务转型中基础管理薄弱的环节，组织开展了重要物品及单证管理审计、个人负债业务审计、财务管理审计，对严重违规、涉嫌舞弊的案例及普遍性问题作了单独列示和反映。又如，针对宏观调控形势和全行信贷结构调整，组织开展了房地产贷款业务审计、个人贷款业务审计、集团客户授信审计、一级分行贷款迁徙情况审计，揭示了全行房贷、个贷、集团客户授信及员工贷款管理流程和操作中的控制缺陷，深入剖析了贷款质量迁徙的原因。同时，紧密结合全行风险管理的最新实务，组织开展信贷业务和负债业务监测。按照周期覆盖原则，安排了全面业务审计、海外机构审计、任期经济责任审计、内部控制审计评价等审计项目。

在2007年审计项目执行过程中，一方面，对高风险业务、基础管理薄弱和易发案件的产品及环节进行了重点关注，发现了四起案件；另一方面，揭示了个人贷款、存款、柜面业务、市场风险管理、信息数据质量等方面存在的典型问题和风险隐患。同时，审计部门及时调配审计资源，实施了对员工贷款流程、关联交易、关键指标数据质量等领域的审计。有关审计发现得到了董事会、监事会、高管层的高度重视，总行明令禁止有关违规行为，组织有关专项排查清理活动，有力地支持了全行案件查防工作，有效地促进了审计整改和有关问题的处理。

为提升审计在改进经营、提高效益等方面的促进作用，2007年，审计部门专门安排了世界500强企业在建设银行业务情况审计调查、小企业信贷业务审计调查、专项激励政策审计调查、一线柜员情况审计调查等咨询管理类审计项目。同时，在其他现场审计项目和非现场审计监测中，审计人员开始注重对审计发现问题的成因进行分析，从改革发展、管理机制、业务流程、经营理念和企业文化等方面深入剖析发现的问题。这些工作都取得了良好效果，在深入分析有关领域发展现状的基础上，查找出了改善经营管理的途径与方法，提出了相关建议，实现了审计视角从关注操作层面向关注管理层面的转变。有关审计成果提升了审计工作的质量和层次，获得总行领导和有关部门的好评，体现了审计可以为业务发展直接作出贡献的价值作用，展示了审计工作的新视角和积极探索的创新意识。

天道酬勤，辛勤的劳动换来丰硕的成果。建设银行被评为2005—2007年度全国内部审计先进单位，受到了国家审计署的表彰。

二、深化改革，完善机制，夯实审计工作基础

2007年，审计部门进一步深化改革，深入落实审计机构改革

的各项要求，撤销了9家机构尚存的25个办事处，进一步提高了机构设置集约化水平。此外，根据香港地区业务发展的需要和当地金融监管机构的要求，于2007年底组建香港审计分部。香港审计分部的组建既是完善公司治理结构的需要，也是深化审计体制改革的一项重要举措，是对境外机构和业务监督的一种尝试，对于加强在港机构的内部控制、提高其风险管理水平、促进境外业务健康发展有着重要的意义。

在总结垂直管理机制成功运行经验的基础上，审计部门与总行有关部门共同配合，在机构管理、人员管理、岗位管理、财务管理等方面相继出台和实施了一系列的政策和措施，逐步落实人员交流机制，不断优化人力资源配置，规范内部岗位设置，加强费用薪酬管理，完善考核激励措施，弘扬审计先进事迹，进一步规范和夯实了基础工作，保证了各项工作有章可循、规范有序。

在过去一年里，随着总行对审计机构的管理政策逐步完善，审计机构自身的内部管理体制也逐渐健全，垂直管理形成的内外部关系进一步理顺，条线管理机制日趋成熟，审计管理集约化程度不断提升，审计人员结构进一步优化，审计成本效益理念逐步加强，审计人员的工作主动性得以提升。

三、开拓思路，创新技术，加强审计三项建设

审计工作的发展必须通过审计人才来支撑和引领。2007年，审计部门制定了《中国建设银行推进内部审计专业化建设的指导意见》、《中国建设银行推进审计机构专长化与人员专家化建设的实施方案（试行）》等一系列规划性文件，对专业化建设工作进行了全面的规划、部署，明确了专业化建设的目标、内容、步骤和具体措施。为充分适应审计专业化建设的要求，审计部门积极探索，进行了管理模式和组织架构的重建，逐步改变传统的层级管理模式，建立专业化管理和区域管理相结合，以专业化管理为主、区域管理为辅的矩阵式管理模式，并根据专业分工设置内部处室或团队，将区域管理职责分配到各专业处室或团队，各专业处室内部再按照业务单元细分岗位。目前审计部门已经建立了21个专业化研究团队，确定了研究团队的牵头人，建立了核心人才库和专业审计人才库，各审计分部和总审计室已经明确了专业发展方向。

为了适应审计专业化发展的需要，审计部门深入挖掘资源，积极拓宽渠道，开展了一系列培训工作，强化了审计人员专业能力培养，为内部审计工作的顺利开展提供了有效的人力资源保障。据统计，审计部及各审计分部、总审计室2007年共举办了264期短期业务培训，参训人员达10 744人次；举办了全审计部门视频培训4期，参训人员达8 764人次；举办了各类审前培训505期，参训人员达6 623人次；参加由总行其他部门及驻地分行举办的外部培训及讲座770期，参训人员达12 618人次；审计部门人均参训14.7次，比上年增长24.6%。

如果说人才是事业研究团队的基石，那么创新就是事业发展的动力，规范则是事业研究团队的保障。为此，审计部门在积极加强审计队伍建设的同时，明确提出加强审计规范建设和审计技术建设，从而形成了以三项建设为核心、全面提高审计队伍整体素质和审计部门履职能力的整体发展思路。

2007年，审计部门在广泛调研的基础上，狠抓管理，规范业务流程，完善管理机制。通过梳理各业务单元相关产品及管理活动和各业务单元关键控制点，对抽样技术、重大风险事项标准及综合执行力评价标准进行了专题研究，起草了《一级分行内部控制审计评价项目及内部控制审计评价体系修订工作方案》。通过引入国际业界标准，结合国家、行业和建设银行IT相关制度，最终制定形成了以《中国建设银行信息系统审计准则》、《中国建设银行信息系统审计指南》为主体的IT审计规范体系。通过对审计抽样技术难题的攻关，初步完成了《审计抽样指南》的编写工作。同时，为了实现审计部门内部的知识积累和资源共享，推进审计专业化建设进程，组织筹划并实施了审计知识库系统建设，为审计人员研究、学习搭建了基础环境。为了更加深入、有效地开展IT审计工作，以信息技术软课题项目形式启动了IT审计规范体系建设项目。

先进的审计方法和手段始终是推动内部审计工作发展的强大动力。内部审计必须加强对先进审计技术方法的运用，使之与业务发展保持同步，只有这样才能保证审计质量，提高工作效率，有效实现审计目标。为此，审计部门积极研究探索对新技术、新方法的运用，尤其加强了对计算机辅助审计工具的研究和应用。

一方面，基于操作数据存储系统业务数据交换平台建立了统一的数据渠道，进一步丰富了审计数据来源，提高了数据标准化水平和数据质量，为拓展审计业务领域、进一步拓展审计深度提供了扎实的技术平台；另一方面，在整理、优化信贷业务审计模型的基础上，积极开发负债业务和财务管理审计模型，以提高审计监测的覆盖面。同时，在系统中增加模型批量运行功能，增设了模型运行结果库模块，强化了非现场审计部门对疑点的管理功能。此外，为了满足审计业务发展的新需求，在现有审计管理信息系统应用架构下，进一步对项目管理、项目实施、成本管理、报表统计分析功能进行优化，提高系统运行效率，充分发挥信息资源集中优势，提高了审计项目实施效率和审计工作管理水平。

审计部

执笔：任　鹏　于　洲　王婷婷

审稿：金磐石　赵观甫　冯道海　杨　军

质量效率管理

2007 年，质量效率管理工作立足于流程化管理基础建设，把流程视为产品服务、风险控制和运营管理的承载系统，紧密结合全行业务发展和改革需要，研究制定多项规章制度，开展一系列流程改进和创新活动，为全行业务经营与发展提供了有效的支持和保障。

一、部署推进流程管理规划

下发了《中国建设银行流程管理规划》，明确全行开展流程化管理的目标、原则、主要工作任务和支持保障措施，系统规划和整体部署全行流程化管理工作。专门举办“流程管理规划推进落实培训班”，对 38 家一级分行对口部门负责人以及总行相关部门业务骨干进行了培训。2007 年，总行 14 个部门共提出 63 项流程优化、改进和创新计划，截至年底已完成 18 项，其余各项工作均按计划推进；各业务条线和各分行围绕流程化管理建设，从产品服务流程、业务管理流程、支持保障流程三个方面入手，开展了 375 项流程改进工作，部分工作取得了显著的阶段性成果。

二、有效地开展业务流程操作手册建设

建立业务流程操作手册项目是 2007 年总行八大重点项目之一。质量效率管理部牵头组织并完成“业务流程体系标准化建设”主项目工作，制定下发了《中国建设银行业务流程标准化建设操作规程》、《中国建设银行业务流程操作手册管理规程》和《中国建设银行业务流程标准化建设操作手册》；由总行相关业务部门牵头负责，质量效率管理部提供指导和支持的对公信贷业务流程、信用卡业务流程等八个手册建设子项目也已于年底前全部完成，并将于 2008 年进行试运行和推广。

三、成功创建产品创新流程体系

牵头成立项目组，执行建立产品研发与创新机制项目（2007 年总行八大重点项目之一）中的产品创新流程项目。经过 6 个月的努力，创建了全行统一、规范和高效的产品创新流程体系，包括标准流程、快盈流程及其相应的管控流程，待流程试运行之后将在全行推广。

四、全面开展全行客户之声系统项目 I 代建设

致力于建立用于收集、整理、分析、评估以及在银行内部传递和分享客户之声的全行客户之声系统（以下简称 VOCS）。VOCS 项目I代旨在建立全行客户满意度“晴雨表”中的个人业务客户满意度“晴雨表”，并初步分析建设银行对公业务客户满意度的变化。2007 年，VOCS 项目I代通过对 9 种产品、38 家分行所在市场区域和 5 条渠道等维度的客户满意度进行调查分析，为 2008 年全行客户满意度关键业绩指标考核提供数据支持。VOCS 项目Ⅱ代已完成预定义，将建立对公业务客户满意度“晴雨表”。后续多代规划将逐步完善建

设银行各类目标市场的客户满意度"晴雨表"建设。推动VOCS在全行范围内的应用，制定并下发《产品/渠道服务流程改进和创新的客户之声工作指南》，创建全行客户之声工作的规范化流程；制定《小企业金融服务客户之声调查工作实施意见》，收集分析2007年第一季度相关数据信息，为小企业中心运作模式设计和服务流程优化提供有效支持。形成《中国建设银行全行客户之声系统（VOCS）项目I代研究报告》，对客户满意度、忠诚度、投诉处理和业务特征进行了分析，是建设银行首次在全行范围内实施的客户满意度调查研究。

五、促进提升客户服务质量

制定下发了《中国建设银行"客户接待日"办法》，在总行、一级分行、二级分行层面实施"客户接待日"制度。该项制度为直接了解和有效积累客户需求信息开辟了重要渠道，是帮助客户解决实际问题、提供面对面服务、提高客户满意度的重要措施。

六、规范服务质量监测工作

制定《中国建设银行神秘人调查管理办法》、《中国建设银行内部神秘人管理办法》等制度，逐步完善神秘人调查机制。下发了《关于开展神秘人调查工作的通知》，组织各分行自行开展辖区内的神秘人调查工作，并在此基础上组织编制《神秘人调查报告》，为提升建设银行服务水平提供有力支持。研究、制定全行统一规范的服务质量标准体系，并将组织建设相应的服务质量监测体系。

七、促进内部流程用户协作互动

制定《中国建设银行内部流程用户之声操作规程》，通过内部客观事实和数据来发现产品及服务存在的缺陷，查找问题的根本原因，提出流程改进和创新思路。2007年，在对公信贷业务流程优化项目中，通过设计问卷，对14家分行的共计1 200多人实施了内部流程用户之声调查，收集到的事实和数据为项目实施提供了科学参考和决策依据。

八、协助支持建立案件防控长效机制

与纪检监察部一同对近年来发生的所有案件从11个角度、148个方面进行量化分析，并运用帕累托分析工具对采集到的2 459个基础数据进行分类加工和排序，得出案件风险在地域、层级、渠道、涉案人岗位、业务部位（产品）、业务环节和监督环节七个方面的分布状况，进而查找出全行案件风险的集中区域以及在业务运营和管理中比较突出的案件风险，并制定了科学的、有针对性的行动改进方案，该方案上报银监会后得到了高度评价和认可。

九、自主创新实施流程优化项目

制定下发了《中国建设银行流程优化项目选择及立项管理规程》和《中国建设银行流程优化项目实施管理规程》，以规范全行流程优化项目选择、实施和过程管理；建立流程化管理"试验田"制度，明确北京市、浙江省、湖北省、重庆市、厦门市5家分行为质量效率管理重点联系行；统筹规划，协调资源，协助相关部门实施小企业中心运作模式及金融服务流程优化、现金管理服务运作模式研究、现金管理业务产品手册设计和信用卡流程优化等10个流程优化项目；支持员工之声、数据管控和网上银行3个中美战略协助项目；通过工作指导、方法和技术支持等方式，切实推动各级分行结合实际实施多项流程优化项目。

十、加强质量效率管理能力建设

举办"业务创新与六西格玛质量效率管理专题研究班"，培训高级管理人员48人；针对流程优化项目组成员举办3期"六西格玛绿带培训班"、2期"六西格玛设计培训班"以及多期"六西格玛管理工具培训班"，系统开展针对定、测、析、改、控等各个阶段的技术方法及应用工具的培训，提升运用科学工具解决实际问题的能力；引进和编译《六西格玛设计创新》培训教程，自主开发《六西格玛—流程优化工具箱1.0》和《客户之声工作指南》等培训资料，开发出3个远程电子课件；采购六西格玛分析工具——minitabR15永久网络版统计分析软件；先后认证建设银行第一批29名质量效率管理专家（绿带），逐步建立一支精通业务、能力突出、技术精专的质量效率管理专家队伍，并推动其在各自部门、分行和相应业务领域发挥作用。

质量效率管理部

执笔：季　方

审稿：魏春旗

法律事务

一、以法律风险防范为重心，全面强化法律工作基础建设和管理

（一）推进全行合同文本框架体系建设

2007年9月末，在总分行法律人员的共同努力下，总行制定、修订完成并印发了在质量及操作便利度方面均处于业内领先水平的贷款业务类、信贷业务担保类、保函业务类、人民币额度借款类、透支业务类、贸易融资类以及贸易融资额度类共101份公司类以及个人信贷类、银行卡类共27份个人类新版业务合同文本，上述文本自2007年10月1日起在建设银行全面启用。为保证新文本印发后能够及时应用于业务工作，总行法律事务部一方面组织起草上述合同文本使用手册，分门别类地对合同使用方法、填写规范、风险防范进行逐一说明；另一方面分别针对全行业务人员和全行法律人员举办了各有侧重的相关培训，9月27日至30日，在北京举办全行视频培训，11月14日至16日，在哈尔滨针对全行法律人员举办现场培训，促进了合同文本在全行的有效推广和使用。

（二）进一步健全规章制度体系

全行法律部门以规章制度的审查、梳理、整合为重点，全面深化规章制度管理工作。7月完成对1980年至2006年总行制定的各类规章制度的全面清理工作，下发了《关于公布失效和废止的规章及规范性文件目录的通知》（建总发［2007］150号），确认失效和废止的规章及规范性文件近500种。在总行规章清理结果的基础上，各分行也纷纷对本行制定的规章制度进行全面清理，以保证全行规章制度的有效性和权威性。2月，总行修订下发了《中国建设银行规章制定办法》（建总发［2007］25号），共9章57条，对规章的制定权限、制定程序等方面进行了规定，进一步规范了总分行规章制定流程，增强了规章制定工作的严肃性、科学性。此外，总行还将《中国建设银行工作人员违规行为处理办法》与《中国建设银行领导人员问责办法》整合，草拟了《中国建设银行工作人员违规失职行为处理办法》，于11月30日正式面向全行征求意见。

（三）做好法律性文件审查等工作

全行法律部门对各类法律性文件约17万份进行了合法性审查，比上一年度增长1.3%，涉及金额77 374亿元。其中总行法律事务部对“利得盈”系列理财产品相关协议等1 200多份法律性文件进行了审查，审查量比上一年度增长30%，对总行各部门100多项规章制度草案进行了合法性审查。

二、为提升建设银行核心竞争力提供有力法律支持

（一）大力支持金融创新与研发

根据建设银行发展战略及转型要求，总行将“最大限度地参

2007年5月17日，中国建设银行举行法律工作座谈会。

与业务部门的产品创新及研发”确定为当前法律事务工作的重点。总行及分行（特别是沿海开放地区分行）法律部门几乎都参与了全行所有重要金融创新与研发工作，逐渐成为建设银行价值创造的重要力量。总行法律事务部参与了“票据盈”业务、“建行财富”理财产品业务、网上联贷联保业务、“房易安”资金存款账户业务等40余项业务的创新研发。深圳市、广东省、上海市、福建省等各分行法律部门也积极发挥银行法律顾问和专家的作用，积极参与所在分行产品创新工作。通过全行法律部门的努力，有效地降低了产品创新过程中的法律风险，扫清了产品创新过程中的法律障碍，有力地支持了全行业务健康、快速、可持续发展。

（二）积极推动业务战略转型

全行法律部门围绕全行业务战略转型的要求，大力介入零售银行业务、投资银行业务、小企业金融业务、资产管理业务、金融市场业务等重点业务的发展，提供全方位法律支持。推进与阿里巴巴合作的总分行联动项目、商用物业抵押贷款证券化项目、铁道部资金结算网络项目、中石油现金管理项目等重大项目的顺利实施，并参与金融租赁公司筹备与设立，派专人参与再融资项目。

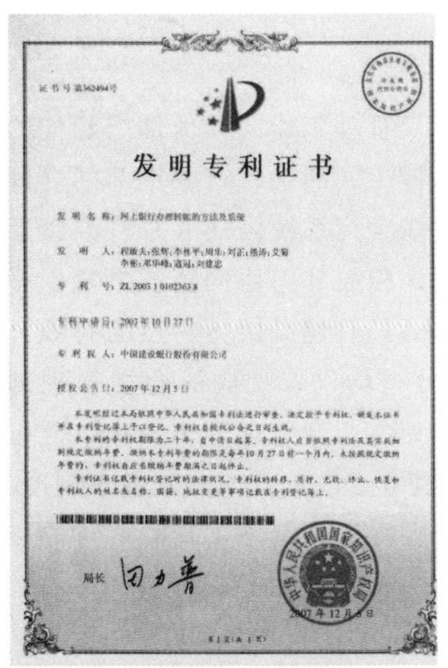
发明专利证书

专利号：ZL 2003 1 0102363.8

专利权人：中国建设银行股份有限公司

授权公告日：2007年12月5日

局长 田力普

2007年12月5日

法律部发明专利证书：网上银行转账方法及系统

（三）知识产权管理工作取得突破

2007年，建设银行全年共新增注册商标11项、版权18项，新增申报专利29项，保持了全行知识产权拥有量逐年攀升的良好态势。7月，总行组织实施首次知识产权奖励，总行机构业务部、个人金融部、住房金融与个人信贷部、信息技术管理部、电子银行部等部门和上海市分行、广西壮族自治区分行、甘肃省分行等分行的相关个人（单位）获得知识产权权利取得奖；总行法律事务部、上海市分行法律事务部、广西壮族自治区分行法律事务部等单位获得知识产权管理奖。建设银行于2003年全面启动知识产权管理工作后向国家知识产权局提出第一个专利申请项目——网上银行办理转账的方法及系统，在2007年12月5日获得商业方法发明专利授权，实现了建设银行商业方法专利零的突破。

三、化解法律纠纷，营造良好的内外部法律环境

（一）加强法律纠纷管理

2007年，全行法律人员办结民事案件共计36 961起，总金额计439.93亿元，通过诉讼挽回损失66.77亿元，所有重大、敏感的法律纠纷都得到妥善、及时处理。总行法律事务部直接参与处理30余件法律纠纷，包括常州培训中心出资不实案、总行与北大青鸟10多亿元借款纠纷案、江西省分行与北大资源1.2亿元否定法人资格案等。11月，印发了《中国建设银行股份有限公司法律纠纷管理办法》（建总发［2007］281号），共13章100条，自2008年1月1日起施行。初步建立了与中建投、信达公司的诉讼工作联动机制，对全行应由中建投承继的纠纷事项、全行剥离债权引发的被诉案件进行了统计。

（二）加强法制宣传培训

总行2月在香港举办“涉外法律实务及金融创新法律问题培训班”，4月在北京举办“物权法视频培训讲座”，6月在北京举办“知识产权战略与实务培训班”、在上海举办“船舶融资业务与法律研讨会”。此外，积极派业务骨干为二级分行行长培训班、产品经理培训班、个人消费信贷业务培训班等全行各类培训班讲授有关法律课程。各一级分行积极开展送法下基层、送法到前台等活动，促进基层行和前台操作人员的法律风险意识逐步提升。

（三）积极参与国家法制建设

全行法律部门积极参与国家立法建设，2007年对《劳动合同法》、《劳动争议调解仲裁法》、《企业所得税法》、《社会保险法》、《民事诉讼法（修正案）》等法律法规草案进行了认真研究，结合金融行业实际，提出有针对性的修改意见和建议，努力促进形成有利于金融业发展的政策法律环境。

四、加强法律条线管理指导与资源整合

（一）加大对系统法律工作的指导力度

2007 年 5 月 17 日至 18 日，全行法律工作座谈会在沈阳召开，会议传达了全行工作会议精神，对 2006 年全行法律工作进行了总结，研究分析了法律工作面临的形势和存在的问题，对下一阶段工作任务进行了安排部署。为加强对全行法律工作的指导，总行于 1 月下发了《关于诉讼仲裁类预计负债相关工作的指导意见》（建法［2007］2 号），9 月下发了《关于个人类被诉案件的指导意见》（建法［2007］35 号），12 月下发了《银行协助有权机关办理查询、冻结、扣划资金及其他事务的指导意见》（建法［2007］47 号），7 月下发了《关于防止在广告宣传等活动中侵犯他人图片版权有关问题的通知》（建总函［2007］660 号），对涉及法律工作的多个方面进行了指导。

（二）整合系统法律资源，建设法律专家团队

为探索建立法律工作统一管理机制，对系统法律服务资源进行整合，总行设立了法律专家库，并于 9 月下发了《关于整合系统法律资源设立法律专家库的意见》（建法［2007］33 号），明确了法律专家人选的基本条件、选聘程序以及法律专家团队的职责等事项。随后，从系统中选出了一批在金融法律领域具有专长的法律人员进入法律专家库，组成法律专家团队，下发了《关于公布第一批中国建设银行法律专家名单的通知》（建法［2007］34 号），上海市分行梁旻、江苏省分行柳洪、福建省分行王晓红、四川省分行田维夷、云南省分行吴昊、深圳市分行乔茜、厦门市分行廖雪芹共 7 人成为首批入库专家。

（三）加强法律工作电子化、信息化建设

全行法律部门继续推进法律工作信息化建设，在云南省分行、湖南省分行、湖北省分行、福建省分行、辽宁省分行、上海市分行的积极参与下，总行积极开展法律工作管理信息系统的二期优化工作，截至 2007 年底已完成系统主要功能的开发工作。

法律事务部
执笔：邱纪成　宁　欣
审稿：严　斌

合规管理

一、合规管理体系进一步完善

2007 年 3 月，总行领导对做好建设银行合规管理工作提出了明确要求，即“解放思想，大胆探索，逐步形成完整的有特色的合规管理体系”。6 月，总行印发了《关于改善和加强我行合规管理体系的通知》（建总发［2007］124 号），明确董事会及其专门委员会、监事会、总行高管层等的合规管理职责，并统一合规风险事项分类标准和报告路线。之后，总行合规部还研究了合规管理工作向其他部门延伸的问题，并在广泛征求部门意见的基础上，明确总行其他部门合规负责人和合规联系人的职责，努力在全行系统内建立总行高管层统管合规，合规部门牵头管理合规，相关部门协同落实合规，一级分行具体管理、执行和报告合规的具有建设银行特点的有效合规管理体系。到年底，38 家一级分行均设置相应的合规管理部门，并在业务流程中进一步明确和充实合规管理岗位。一级分行参照总行做法，也在分行其他部门建立合规负责人和联系人制度，有的分行还向县级支行派驻专职合规特派员或合规（监察）监督员。建设银行合规管理体系得到进一步完善和加强。

二、履行新的落实整改职责

从 2007 年初起，建设银行明确由合规部门承担牵头督促审

计、监管检查中所发现问题的落实整改的职责。合规部门在有关部门和各级分支行的积极协同配合下，较好地完成其工作任务，取得积极成效。据不完全统计，2007年，合规部门共受理牵头落实整改重点项目21项，到年底已完成和基本完成16项；落实中国银监会2006年现场检查所发现问题的整改完成率达到98%；其他已完成整改事项的整改率均比以前年度有明显提高。经追踪审计确认，建设银行2007年内部审计所发现问题的当年整改完成率平均达到95%，比上年提高7.1个百分点。合规部门在牵头落实整改过程中，注重积极主动地提出管理建议，协助业务管理部门健全制度、严格管理、强化监督、有效问责，发挥了积极作用。

三、组织合规综合业务检查

为落实建设银行案件防控及整改方案，在前期由一级分行进行自查、抽查的基础上，总行于2007年8月组织90余人的检查团队，对20家一级分行进行针对信息技术、电子银行、安全保卫、合规监察、部分信贷业务等八项内容的合规综合业务检查。检查结束后，对检查中发现的问题分类整理，提出整改措施和建议，并向全行发出通报。这次检查对促进全行各类操作案件、事故的减少发挥了积极作用。据有关部门统计，2007年全行发生的各类案件数比2006年减少了67.3%。

四、完善合规风险事项分类标准及报告路线

在上年建立合规风险事项报告机制的基础上，2007年，建设银行下发了《关于改善和加强我行合规管理体系的通知》，进一步将合规风险划分为一般、重大和特大三个等级，并量化确定三类合规风险划分标准，采用统一管理、有所区别的报告路线。为更好地掌握全行合规风险事项受到外部检查处罚的总体情况，做到以数据统计为基础进一步提高合规管理工作的针对性和有效性，2007年，总行还统计各分行在外汇管理、会计信息质量、反洗钱、涉税事项等方面受到外部检查处罚的情况，做到有效分析、对应改进，逐步形成各部门分工负责、齐抓共管的机制。

五、进一步重视和加强合规文化建设

2007年，全行在加强合规宣传培训和合规文化建设上又有了新进展，再上了新台阶，全行合规文化建设还得到银监会主要领导的肯定和表扬。一是编写《中国建设银行股份有限公司员工合规手册》，并将于2008年1月印发全行试行。它借鉴了国际先进银行类似手册的内容，同时体现了建设银行自身的管理要求，旨在规范员工职业行为，促进全行合规守法经营。二是广泛开展“合规文化建设年”、“合规管理年”等活动。2007年，各分行举办的合规文化建设活动形式多样。据不完全统计，共有20家一级分行因地制宜地开展了“合规文化建设年”或“合规管理年”活动，向广大员工普及合规风险管理、合规文化教育，取得了良好效果。三是组织全员培训，使“合规管理人人有责”的理念更加深入人心。2007年，由总行组织举办合规管理培训班，直接培训一级分行合规部门负责人和业务骨干200多人次。由一级分行组织的合规培训、转培训间接培训人员数万人次。四是加强理论探索，广泛交流信息，努力扩大建设银行合规文化的影响力。2007年，全行各级合规管理人员在国内多家报刊或媒体发表或发布关于合规管理和合规文化建设的文章或信息达上百篇（条），总行合规部编发《合规管理参考》24期，并通过总行《每日动态》、总行网页和合规部门网页发布和交流合规信息数百条，起到了相互学习和借鉴启发的作用。

六、合规管理取得新成效

（一）反洗钱系统开发取得成果

2007年，全行反洗钱“黑名单”检索系统、可疑交易监测系统先后上线，大额交易报告系统得到完善。三大系统的应用，改善反洗钱数据手工报送工作方式，提高了反洗钱管理技术水平。同时，随着国家《反洗钱法》的出台以及人民银行相关制度的制定，总行及时转发执行上级监管部门的文件规定，并调整、修订、实施反洗钱内控制度。通过对内严格内控建设、对外规范报告和积极配合协查调查，全行反洗钱工作得到监管部门的肯定和表扬。据不完全统计，2007年，全行有宁波市分行、北京市分行、辽宁省分行、黑龙江省分行、江苏省分行、山东省分行、湖北省分行7家一级分行在当地监管部门组织的反洗钱竞赛或评比中获得前三名的好成绩，山西晋城市、陕西安康市、内蒙古包头市等二级分

行在当地人民银行组织的金融机构反洗钱知识竞赛中也获得了优异成绩，受到了监管部门的表扬。2007年，全行有206家分支机构接受了人民银行的反洗钱工作开展情况检查，被处罚分支机构比上年减少83.7%，被处罚款金额比上年减少82.4%。

（二）全行关联交易管理能力进一步提高

在关联交易申报和信息披露系统（一期）投入使用的基础上，2007年8月，总行启动该系统二期工程建设，改进一期系统中存在的问题，优化系统功能；同时注意研究外部监管规定的变化，适时修订《关联交易管理实施办法》。通过系统建设、制度建设以及其他有效的管理措施，全行关联交易管理能力进一步提高。关联交易申报和信息披露系统中的数据显示，当年建设银行全部关联方的授信余额占年底资本净额的比例符合银监会控制标准，全年未发生重大关联交易风险事项。11月，顺利接受了建设银行审计部门对合规部、北京市分行关联交易管理工作的专项审计。

（三）组织授信业务责任认定取得新成效

2007年，全行对新增可疑类或损失类贷款以及监管检查、内外部审计中发现的违规问题等组织开展责任认定和处理工作。为提高授信业务责任认定工作质量，许多分行克服困难，并在责任认定过程中注重通过责任认定揭示风险，以合规提示等方式向所辖机构通报容易出现风险的环节，通过合理设置责任认定宽限期或暂缓处理等方式促进不良贷款回收。据不完全统计，2007年，各行通过上述工作收回不良贷款本息约32.05亿元，为提高全行信贷资产质量、减少风险损失发挥了积极作用。

合规部

执笔：王　华　徐婉霞

审稿：王艳薇

安全保卫

一、安全保卫工作开展情况

（一）开展创建“平安建行”活动

为进一步维护建设银行的安全和稳定，保障改革和各项工作顺利进行，建设银行党委决定，从2007年起，在全行深入开展创建“平安建行”活动。

2007年5月30日，总行下发了建总发［2007］110号文件《关于深入开展创建“平安建行”活动的通知》。8月份在天津召开全行安全保卫工作会议，专项部署创建“平安建行”活动。会后，全行扎实开展创建“平安建行”活动，全行所辖38家分行和哈尔滨培训中心、常州培训中心全部制定创建“平安建行”活动实施方案并组织实施。

截至2007年底，在北京市、河北省、黑龙江省、福建省、安徽省、河南省、厦门市、云南省8家分行，已经有317家分支机构被评定为2007年度创建平安建行工作先进单位、平安分支行和平安网点，其中，先进单位71个，平安分支行100家，平安网点146个。

为贯彻落实总行党委在全行开展创建“平安建行”活动的决定，推进活动深入开展，总行加强了对全行活动的指导和信息交流。2007年，总行安全保卫部和各一级分行在企业网内建立了“平安建行”活动专栏，加大了工作指导和交流力度，取得了较好的成效。

（二）加强内部治安管理，维护全行稳定

坚持以要害部位和重要时段为重点，加强全行的安全保卫和维护稳定工作。2007年组织召开全行关于做好国庆节和党的十七大期间安全保卫和维护稳定工作视频会议；先后下发了《关于做好岁末年初安全保卫工作的通知》、《关于做好“五一”期间安全保卫工作的通知》、《关于做好国庆节和十七大期间安全保卫和维护稳定工作的通知》，转发了《国务院办公厅关于切实做好2007

年国庆节和党的十七大期间安全工作的通知》等一系列明传电报，要求各级行切实做好办公区域、营业场所、金库、计算机房等要害部位的安全保卫工作，有效地维护了重大节日期间、敏感期和重大政治活动期间全行的安全和稳定，为确保“两会”和党的十七大等重要会议的召开和社会稳定作出了贡献。

（三）加强安全生产监督管理，预防安全事故的发生

2007年，针对全行近年来交通事故频发的情况，把交通安全作为一项重要工作来抓，对全行2003年以来发生的51起交通安全事故的状况、发生原因进行了分析，提出加强全行公务车辆管理、防止交通事故发生的建议。在调查分析的基础上，制定下发了《中国建设银行公务车辆安全管理暂行规定》（建总发［2007］285号），这是建设银行第一个专门针对交通安全管理的规章制度。

（四）加强应急管理，妥善处理各类突发事件

2007年，全行发生的外部侵害案件较上年下降80%，群体性事件下降幅度达93.6%，总行本部发生的群体性事件下降了90.4%。一是认真贯彻落实《中国建设银行案件防控及整改方案》，抓好日常案件防控工作。二是协助公安机关做好重大刑事案件的查处工作。针对网银案件高发的情况，安全保卫部、电子银行部与公安部相关局协商建立了案件快速协查联系人制度，将公安部提供的网银犯罪案件新情况、新特点及时通报有关业务主管部门和分行，提高建设银行安全防范水平。三是妥善处置群体性治安事件。根据《中国建设银行预防和处置群体性事件暂行办法》的要求，建设银行积极配合地方政府和公安机关妥善处置个别群体性治安事件。四是制定下发了《中国建设银行自然灾害应急处置预案》（建总发［2007］319号），规范了全行应对洪涝、地震、台风、冰雪、高温等自然灾害和异常气候的应急管理工作。

（五）积极推进安全保卫工作改革

一是继续加强全行守押社会化管理。下发了《关于进一步推进守押社会化和加强安全保卫委托事务管理的通知》，明确提出凡是具备条件的机构，都要将守护、押运和保安工作委托给社会化专业公司。要求各级行和安全保卫部门要加强安全保卫委托事务管理，做好对受托企业和驻行人员的检查、监督和日常管理，提高委托工作的质量和效率。二是充分发挥信息技术在安全保卫方面的作用，提高全行现有监控报警设施设备的作用。要求对全行现有单体化、分散管理的监控报警装备进行系统化、网络化管理，推进全行监控报警联网建设工作。

二、主要做法和措施

（一）完善安全保卫规章制度

2007年，建设银行下发了《中国建设银行监控报警联网建设指导意见》、《中国建设银行公务车辆安全管理暂行规定》、《中国建设银行营业办公场所保安值勤操作规程》（建总发［2007］291号）、《中国建设银行自然灾害应急处置预案》等规章制度，规范全行监控报警联网、公务车辆安全管理、保安值勤、自然灾害应对等方面的工作。当年，已制定包括内部治安保卫管理、安全生产监督管理、突发事件应急处置等主要工作职责在内的安全保卫工作制度34项，全行安全保卫管理规章制度体系基本建立，为做好全行的安全保卫工作奠定了基础。

（二）加强对所辖行的检查和指导

一是根据《中国建设银行安全检查实施办法》的有关规定，分别对有关分行所辖机构的安全保卫工作及维护稳定工作情况进

2007年8月，中国建设银行安全保卫工作会议在天津召开。

行检查。二是有关部门共同组织全行统一的合规、金库安全和现金管理检查，先后对20家分行所辖机构的安全保卫和金库安全管理工作情况进行检查。三是根据建设银行实际，在全行范围内组织开展岁末年初安全大检查。

（三）加强信息交流，协调工作关系

一是建立信息报送渠道，完善了安全保卫统计报表，使报表能够较全面地反映建设银行治安保卫、安全生产和突发事件的基本情况。制定下发了《中国建设银行安全事故报告表》和《中国建设银行群体性事件报告表》，并规定报告路线和方式。二是抓好信息的沟通和交流。2007年编发《安全保卫动态》37期，发表快讯、经验性材料、安保知识等方面稿件248篇，发布“平安建行”专题信息131条。通过信息交流，及时传导中央和总行的方针政策、各地的经验和安全保卫的新情况，指导全行的安全保卫工作。三是加强与中国银监会、中国人民银行、国家公安部、国家安全部、国家安全生产监督管理总局等国家机关之间的协调，积极参加其组织的有关工作和活动，争取得到工作指导和支持。

安全保卫部
执笔：任亚民
审稿：谭光明　厉　飞

集中采购管理

一、保障采购供应

2006年11月29日，总行正式单独设立采购部，负责全行集中采购的管理、组织和实施，实行“供应商管理—采购谈判—合同执行”全流程供应链管理。

2007年，采购部实施的采购项目共664个，金额达62.4亿元；受理并审批分行超授权采购事项共108项，金额达10.3亿元。全年共实施全行性采购项目329个，范围包括全行经营管理所需的各类产品和服务。在全年实施的项目中，全行性项目数量占比达到50%，总金额达46.6亿元、占比高达75%，发挥了采购规模效应，避免了分行二次采购，集中和提升了供应商的供应优势，使建设银行获得了更优质的产品和服务。从全年采购项目执行情况来看，成本控制效果显著，采购总体支出比预算节约9.8亿元，总体节约率达到19%。

二、加强制度建设

（一）起草与修订三项基本采购管理制度

根据《总行采购部组建方案》以及国家相关政策法规和建设银行有关规定，借鉴国际先进采购理念，修订完成了《中国建设银行集中采购管理办法》，起草了《中国建设银行集中采购操作规程》、《中国建设银行供应商管理规程》。目前这三项制度已经通过由风险管理部牵头的相关部门会议的审议，下一步拟提请行长办公会审议后颁布实施。

（二）组织拟定全行2007年采购授权建议方案

采购部拟定了《中国建设银行2007年度采购授权建议方案》。与往年相比，2007年采购授权建议方案主要体现了以下特点：

一是明确了采购授权管理原则。采购授权要有利于全面及时地保障全行机构正常运转和业务发展所需商品的供应。采购授权管理要覆盖全行范围内各级行和各机构的全部采购活动。总行要充分发挥和持续利用采购的集中优势，不断扩大全行性需求商品的集中采购范围。各级行和各部门在授权范围内自行组织的采购要统一按照总行集中采购的操作规程进行。在采购授权时要注重提高采购工作效率，根据实际需要适当减少审批环节，适当给予下级行、采购需求部门和采购需求管理部门一定额度的采购权限；总行采购部将工作重点放在全行性和系统性的采购事项及全行采购管理工作上，根据实际需要，把总行本部的部分零星采购事项授权归口分行管理部门和采购需求部门，由其自行组织采购。

二是明确了采购授权范围。2007年采购授权范围涵盖建设银行各类机构，包括所属分行、海外分行及代表处等。

三是按照权责对等原则慎重考虑各机构采购授权额度。

（三）组织编制《2007年全行性集中采购商品目录》

为充分发挥全行集中采购优势，采购部于2007年加大了全行集中采购力度，编制了《2007年全行性集中采购商品目录》。列入目录的商品由总行集中统一采购，各分行及总行其他机构不得自行采购。全行性商品采购范围进一步扩大，商品质量和售后服务水平进一步提高，采购成本进一步降低。

（四）采购文档的规范化建设

采购部制作了包括采购需求要素、工作说明书（SOW）、谈判邀请函、合同签署审核单、合同文本、供应商推荐信息表、供应商服务调查表等在内的多个类别的格式文件，为进一步规范采购行为、实行内控管理打下了基础。

三、狠抓内控管理

（一）采购流程遵循内控管理要求

采购执行以事项批准、预算落实为前提；预算在30万元以上的单一来源采购事项在采购启动前有单独的报批流程；对常规采购项目制定了包括11个作业环节、6个风险控制点在内的标准流程；采购谈判小组由采购部门、采购需求部门、采购需求管理部门以及其他相关部门成员组成；采购评审标准由采购部门、采购需求管理部门共同拟订，并在采购谈判启动前按程序报批后封存；要求候选供应商于同一时间以密封形式提交最终报价；采购谈判完毕后，由谈判小组全体人员签署谈判备忘录；等等。

（二）职能分工体现岗位制约原则

在部门领导分工和团队设置上前台、后台隔离，形成制衡机制。例如，分管采购谈判的领导不再分管供应商管理和合同签署；供应商管理和项目采购分设不同团队，互不交叉；人员紧缺条件下，重大项目尽量采用双人经办方式；所有采购项目主动接受纪检监察部的监督；采购原始文档完整留存备查；等等。

（三）重大采购事项实行集体决策制度

一是在部门内部，凡涉及重要工作安排、重大和复杂采购项目等事项的，由部务会决策；二是部门之间加强联系沟通，重大项目与采购需求部门、采购需求管理部门、监督部门共同协商决策，采购过程中遇到紧急、疑难事项时及时召集部门联席会商议解决。

（四）严格工作纪律，防范道德风险

一是制定了《采购部工作人员“七遵守八不准”》，明确了采购工作中应当遵守的七项行为准则和必须杜绝的八种与供应商的非正常交往行为。

二是将对采购工作的纪律要求上升到了制度层面，进一步加强了自我约束。在《中国建设银行工作人员违规失职行为处理办法》中涉及采购业务的部分，补充了采购部行为守则“八不准”当中的七项内容；在《轻微违规行为积分标准》中增加了采购业务违规积分标准，并补充了“八不准”当中的一项内容。

三是制定了《采购谈判纪律》、《采购评审纪律》等工作守则，要求采购人员在谈判和评审过程中严格遵守。《采购谈判纪律》要求采购经理按时守纪、尽职尽责、顾全大局、客观公正、严格保密、文明礼貌；《采购评审纪律》规定采购评审必须封闭操作、自律避嫌、要求明确、遵守程序、不徇私情。

四是坚持实行登记制度，要求定期填报“供应商来访登记表”、“采购部供应商推荐登记表”、“采购部工作人员回避申请表”；提倡廉洁自律，推辞不掉的礼品均应主动上交并如实登记。

四、提高工作效率

采购部制定了《提高采购工作效率的19条措施》，归纳起来主要是七个方面的措施：一是采购实行计划管理，为采购工作的有序操作提供最基本的保障；二是在合规的前提下改进采购工作的方式、方法，使采购执行更加符合实际需要；三是根据采购工作特点改进采购流程，明确每个环节的办结时限；四是建立共享机制、AB角机制、督办检查机制、与需求部门的联系沟通机制、工作评价机制五项长效机制，强化部门内部及部门之间的联动与协调；五是推进文件格式化、标准化；六是将实现采购管理信息化和采购监督电子化提上日程，提高专业化水平；七是通过坚持业务培训交流、借鉴国内外先进企业的经验及做法、加强同业交流等多种方式，提高采购队伍素质。

对事关全行改革发展的重大紧急采购事项给予领导力量、人员配置和工作进度上的保证。对高频率、大批量的采购事项推行“框架协议 + 订单”的采购模式，减少重复操作，缩短供应周期，以更好地满足供应时效要求。

五、提高采购专业化程度

在采购管理制度制定过程中，积极引入了供应链管理、专业化采购、战略性寻源等先进采购理念。由部门负责人带队，组织专人先后到 IBM 公司、思科公司、交通银行、中集集团、宝钢等知名企业的采购部门走访取经，以质量可靠和风险可控为原则、以可操作性为前提、以提升效率为目标，对建设银行现有的采购流程进行了梳理和再造。

在“供应商管理—采购谈判—合同执行”全流程采购管理模式的建立上进行了有益探索，为采购部人员配备到位后全面实行采购全流程管理积累了经验、打好了基础。一是基于采购供应链管理理念，针对采购计划、授权、风险、供应商及评委管理、投诉受理等管理要求，对采购制度和流程进行了具有前瞻性的设计。二是针对代表性项目，从采购流程上向前介入到需求整理阶段，开始对候选商进行考察和认定，整理入库了 840 家供应商；向后延伸到供货和售后服务阶段，开始对合同的执行情况进行跟踪、对供应商进行后评价，如对出纳机具供应商进行合同履行审核，并对 21 个出纳机具厂家进行实地考察，等等。

采购部
执笔：杨　鸿　部　倩
审稿：冯春祥　顾万寿

党建工作与队伍建设

班子、队伍建设与教育培训

2007年，人力资源管理遵循党的十七大精神，继续深化总行本部人力资源管理改革，实行总量控制和结构调整，选拔培养优秀人才，推进激励约束机制改革，为建设银行战略转型提供支持保障。

一、认真贯彻落实党的十七大会议精神

一是组织开展党的十七大代表的选举工作。经推荐、考察、公示，差额选举产生了4名党的十七大代表。据统计，在党的十七大代表选举过程中，全行系统基层党组织的参与率达到100%，党员的参与率达到99.3%。

二是组织开展“创一流业绩，迎接十七大”征文活动。推荐到总行的征文共有106篇，共评出一等奖5名、二等奖10名、三等奖20名和组织奖5名，活动中发掘出了许多感人的事迹。

三是党的十七大召开后，及时组织部署全行系统学习贯彻党的十七大精神，要求全行上下全面准确地领会党的十七大精神，真正把思想和行动统一到党的十七大精神上来。

四是落实党员领导干部民主生活会制度，3月至4月，全行系统召开了以加强领导干部作风建设为主题的专题民主生活会；11月至12月，全行系统召开了2007年度党员领导干部民主生活会。

二、加强分行领导班子及干部队伍建设

一是调整、补充一级分行领导班子和领导人员。根据一级分行领导班子建设需要和缺职情况，经考察和党委会会议安排，共对30家一级分行、2个培训中心的领导班子进行了调整补充（含正常退休）。其中，涉及“一把手”调整的有13个单位（辽宁省分行、厦门市分行、山东省分行、海南省分行、甘肃省分行、青

海省分行、上海市分行、广东省分行、深圳市分行、湖北省分行、陕西省分行、四川省分行、三峡分行）。完成分行领导人员职务调整，任免80人次，其中，提拔使用16人，平职调整、交流和系统外调入54人，免职、调离、退休10人。

二是进一步加强干部监督工作，组织各单位对总行管理的领导人员进行了首次集中报告个人有关事项的工作，对高管人员交流、重要岗位人员轮岗、强制休假与离岗审计、近亲属回避制度四项制度的执行情况进行了检查。

三是启动了领导力开发项目（该项目为与美国银行的战略协助项目），建立了中国建设银行管理人员领导力素质模型（高级：一级分行行级和总行部门总经理级），设计开发了新入职协助计划流程，并在总行五个业务部门及北京市分行进行了试点；制定了资金交易员、项目经理、公司业务客户经理、风险经理、二级分行行长的成功要素表，为下一步的项目推广与应用奠定了基础。

三、推进全行人才队伍建设

一是下发了《中国建设银行关于进一步加强核心人才工作的意见》，初步明确了当前重点培养15类业务核心人才的目标，在全行范围内分总行级、分行级、基层级三个层次选拔业务核心人才，目前各分行正在按计划积极推进业务核心人才队伍建设。

二是建立起海外机构人才库人员选拔机制，组织实施面向全行员工的海外机构人才选拔工作，建立了包括相关类别共74人在内的海外人才库。

三是认真做好专业技术人才管理工作。首先，积极推进全行专业技术岗位职务聘任管理工作。2007年，全行共聘任专业技术岗位人员39 234人，比2006年增加7 222人，增幅达22.6%。其次，进一步完善专业技术岗位职务题库建设和应用工作。在原有6个系列专业技术岗位职务题库的基础上新建了风险经理（资产保全方向）题库，并充分利用已建专业技术岗位职务聘任考试题库协助分行开展聘任工作。2007年，共为14家分行专业技术岗位职务聘任考试答辩命题组卷，涉及7个系列，约20 511人参与。

四、进一步调整优化全行员工结构

一是优化员工区域结构，提高金融资源丰富地区人力资源的占比。截至2007年底，长三角、珠三角、环渤海地区分行人员总量已达156 365人，占全行员工总量的45.5%。东北部、中部、西部地区分行人员总量分别为33 719人、76 491人和66 270人，分别占全行员工总量的9.8%、22.3%和19.3%。

二是优化员工岗位结构，释放后台和传统柜面业务中低效或无效占用的人力资源，充实前台客户营销、客户关系维护、客户理财、贷款催收等相关岗位。截至2007年底，建设银行前台人员（公司、个人金融、资金交易、资产保全）达209 630人，占比为61.1%，比上年提高3%；中台人员（资产负债与会计管理、风险管理、内部审计）达43 101人，占比为12.6%，比上年降低2%；后台人员（信息开发与运行、行政管理）达48 744人，占比为14.2%，比上年降低0.2%。

三是积极准备《劳动合同法》的贯彻实施工作。研究制定《中国建设银行劳动合同管理办法》、劳动合同文本和《劳动合同法》实施意见，组织全行范围内的《劳动合同法》培训班，组织分行进行新法实施前的清理、准备工作。

五、不断完善薪酬管理体系

一是统筹完善各类群体的薪酬管理。提高基本工资占比，安排专项工资用于缩小行际间收入差距，将劳务费纳入人力成本管理，对离退休人员统筹外养老金总量进行调增。调整一级分行行级领导年薪收入水平，提高年薪的市场竞争力；实现了各一级分行行级领导的工资集中发放。

二是积极推进总行本部薪酬管理改革。合理构建总行本部各等级员工薪酬收入级差；统一总行本部各等级员工绩效工资分配基数，优化总行本部员工工资发放进度。对总行金融市场部核发行长奖励基金，研究制定以市场化为导向的绩效工资分配方案，起草了《资金交易员工工资调整方案》、《资金交易部绩效考核方案》与《关于考核兑现金融市场部2006年度绩效工资的请示》，考核兑现绩效工资。

三是印发了《中国建设银行建立弹性福利计划指导意见》，在全行初步建立了弹性福利计划，并在本部进行了试点。为员工提供促进健康型、投资未来型、保障收入型和工作生活平衡型等福利项目，员工可以根据自身需要进行选择。

四是制定完善了《中国建设银行企业年金方案》，规范企业年金管理，完成全行企业年金归集、支付的日常管理和会计核算工作，并启动企业年金基金内部投资运营工作，取得了较高的投资收益。

五是印发了《员工股权激励方案》、《员工奖励股份分配办法》等，顺利实施首期员工持股计划。

六、全面开展培训工作

一是继续扩大培训规模。全行共举办各类培训班 7 400 期，培训43.19万人次、116.32万人天，投入培训费用2.71亿元，与2006年相比，分别增加5%、7%、24.39%和2.26%。总行举办各类培训班303期，培训14 278人次，投入培训费用6 214万元，与2006年的157期相比，培训期数增加93%。

二是加强对一线员工的培训。总行举办了246期、11 280人次的业务短训班，培训对象主要为分行业务骨干和一线员工；举办一线员工香港或深港联动培训班21期，培训804名业务骨干；组织开发大堂经理、住房金融与个人信贷和审计等5类岗位培训教材，组织大规模的客户经理、风险经理、大堂经理和网点负责人4类一线关键岗位员工的轮训。

三是组织基层机构负责人轮流培训。组织举办10期、560人次的基层机构负责人培训班；制定下发了《基层机构负责人培训项目指引》，要求各分行大规模组织基层机构负责人培训。

四是推进境外培训。举办香港和深港联动培训班59期，培训2 223人次；在美国纽约城市大学举办4期、84人次的优秀青年管理人员境外培训班；组织11期、22人次的境外分行顶岗实习，涉及国际结算、资金交易、公司业务、审计等业务条线；送5名人员赴新加坡财富管理学院攻读财富管理硕士，并对40名私人银行业务专业人才进行培训。

五是开发研究式培训。对一级分行行级和总行部门级管理人员举办有关公司及机构业务、零售业务和资产负债与计划财务管理等的7期专题研究班，成功举办了首期零售业务和公司业务二级分行行级管理人员专题研究班，将研究式培训成功应用到管理人员的培训中。

六是完善岗位资格培训制度。结合全行业务发展和岗位培训的实际，制定了《中国建设银行岗位资格培训管理办法（试行）》和《中国建设银行岗位培训考试实施细则（试行）》。组织开设了财务会计、信贷管理和大堂经理等6个岗位共8个科目的岗位资格培训考试，全行共有71 273名一线员工参加，合格人员达61 780名，合格率为86.68%。

七是优化培训工作流程。对重点培训项目严格按照需求、供给、实施、评估的闭环流程实施管理，加强培训需求调查分析，编写《培训评估手册》，建立重要培训项目审批和实施流程。对总行设立的303个培训项目从培训内容、方式以及参训人员等方面进行逐一审核，提高了培训质量，减少了重复培训。

七、探索并完善人力资源管理派驻及垂直管理模式

一是分别向信用卡、电子银行、信息技术条线派驻人力资源管理团队，直接服务业务条线及所属机构，从人员规划、招聘、配置、绩效考核、薪酬管理等全方位贴近业务条线，取得了良好的效果。

二是完善审计条线人力资源管理工作。按照精简高效的原则，开展审计条线岗位分析与梳理工作；建立竞争机制，优化审计条线人员结构；制定人员考核实施办法，将审计条线人力资源经理绩效纳入总行人力资源部进行考核，加强绩效管理。

三是探索风险条线人力资源垂直管理模式。进一步明晰风险条线人员的聘任管理、薪酬管理、绩效考核等事项，完善风险条线人员绩效考核体系。

八、强化信息管理，不断做好信息系统优化工作

一是以新系统上线为契机，在信息质量管理工作中努力进行管理方式创新和机制创新。大力推广员工自助功能，做好全行员工基本信息、薪酬信息等信息服务工作。健全按月开展网上确认和信息质量专题检查制度，计划和落实好这两项工作，建立保证信息质量的长效机制。二是根据改革与发展的要求不断做好信息

系统优化工作。完成了总行本部及直属单位信息管理方式优化、弹性福利模块优化等功能优化工作。三是完善与 ERP、UAAP 等相关系统的接口，强化了对全行性重要企业级应用系统的支持，充分发挥人力资源综合处理系统在全行科技规划中界定的“岗位管理、人员管理、用户管理、薪酬管理、权限管理”的重要作用。

人力资源部
执笔：戚蓉蓉
审稿：刘　英

反腐倡廉与案件查防

一、认真开展反腐倡廉教育和监督工作，领导人员廉洁合规从业意识进一步增强

各级行以反腐倡廉、遵法守规为主要内容，通过组织中心组专题学习、座谈会、宣讲会、演讲比赛、讲座、考试、参观监狱、收看警示教育片、编印和学习警示教育手册等形式多样的教育活动，营造了良好的廉洁合规从业氛围。全行党员特别是领导人员认真贯彻执行《中共中央纪委关于严格禁止利用职务上的便利谋取不正当利益的若干规定》，开展自查自纠活动。针对实践中出现的新情况，建设银行党委重申并补充制定了《中国建设银行领导人员廉洁合规从业八项要求》，进一步规范了领导人员从业行为。各级行继续深入推进治理商业贿赂工作，组织开展了不正当交易行为自查自纠“回头看”活动，并对基金销售、同业拆借和代理保险三项业务中可能存在的不正当竞争行为进行了专项清理和排查。

总行加大巡视监督力度，对吉林省分行、浙江省分行、福建省分行、湖北省分行、广东省分行、重庆市分行 6 家分行的领导班子进行了巡视，加强了对被巡视分行领导班子在权力运用、合规经营、内控管理、廉洁从业方面的制约和监督。

各级行坚持和完善领导人员民主生活会、述职述廉、民主测评、诫勉谈话、重大事项报告、任期和离任责任审计、任职及评先资格审核等多项监督制度，取得积极效果。据统计，全年各级行对领导人员谈话 10 376 人次，述职述廉 13 221 人次，共对1 576 名领导人员进行了任期和离任责任审计。

二、深入推进案件查防工作，案件实现四个大幅下降

银监会、建设银行总行领导高度重视案件查防工作，行长张建国主持召开三次案件防控工作视频会议，各业务主管部门积极行动、有效联动，全行上下对做好案件查防工作的认识逐步提高，工作力度加大。各级机构和有关部门以深入推进《中国建设银行案件防控及整改方案》的实施为主线，努力发挥业务管理部门、风险管理部门和合规部门、审计部门、纪检监察部门的梯次防控作用，狠抓上述方案中九大类 108 项措施的贯彻落实，着力构建了以领导高度重视、部门各司其职、条块密切配合、全员广泛参与为基本特征的案件查防体系。在全行共同努力下，2007 年案件总数、涉案总金额、百万元以上案件数、百万元以上案件金额与上年相比均实现大幅下降，降幅远远超过了年初银监会和总行确定的 20% 的目标。

各级行进一步健全案件应急处置机制和工作流程，“三个防止”的办案方针得到有力贯彻；进一步强化案件整改要求，案件重点整治行“一行一策”的全面整改机制和新发案件“一案一整改”的个案整改机制正式确立，案件整改的层次和效果明显提高；员工特别是前台人员识别案件风险的能力进一步提升，全行共成功防范和堵截各类案件 39 起，避免或挽回经济损失 5 295 万元。

三、着力加强员工从业行为管理，员工职业操守建设迈出坚实步伐

针对案件暴露和审计所发现问题中风险比较集中的员工博彩

行为和风险投资行为，总行连续出台了针对性很强的九条禁止性规定，明令禁止员工从事与职业要求相冲突的博彩活动和风险投资活动，组织全行深入开展了针对员工博彩行为和风险投资行为的专项清理和排查，及时发现和消除一些风险隐患，有效地减少了员工挪用、侵占银行资金参与博彩活动或进行风险投资的案件发生。各级分支机构在认真做好总行统一部署的专项排查的基础上，还结合实际，组织开展了其他内容的排查活动，有力地加强了对员工从业行为的监督。

下发了《中国建设银行员工职业操守》，提出了员工从业履职的基本准则和基本要求。围绕该规定，各级行开展了一系列宣传、教育和实践活动，扎实推进职业操守建设。

四、切实加大责任追究力度，进一步完善违规失职惩戒制度

为建立更加合理、完善的违规失职惩戒制度，增强处罚制度的震慑力，总行纪检监察部会同法律事务部对《中国建设银行工作人员违规行为处理办法》、《中国建设银行领导人员问责办法》和《中国建设银行关于违规行为积分管理的暂行办法》等有关违规失职惩戒的规章制度进行了修订、整合。法律事务部牵头起草的《中国建设银行工作人员违规失职行为处理办法》和纪检监察部牵头起草的《中国建设银行轻微违规行为积分管理办法》已经向全行征求意见，拟于 2008 年印发执行。

2007 年，全行共处理违法违纪违规和失职人员 8 976 人次，其中一级分行领导级人员 2 人，二级分行领导级人员 261 人，县级支行领导级人员 1 221 人，网点负责人级人员 1 838 人。被处理人员中，开除 66 人，留用察看 41 人，撤职 50 人，降级 23 人，辞退 46 人，限期调离 11 人，免职 37 人。

五、扎实做好纪检监察信访工作，群众举报的问题得到妥善处理

全行加大信访举报核查力度，核查质量进一步提高。对中央纪委、银监会等上级机关转建设银行查报结果的 10 件以及总行领导批转的 76 件举报信件，均按要求进行了及时核查处理，在规定时间内全部办结。对于 11 件内容具体、反映问题重大、线索清楚、可查性强的信访举报，总行直接组织力量进行了核查。通过认真核查，全行对 56 名确有违规违纪行为的人员给予了党纪政纪处理，对 202 名有苗头性问题的人员进行了诫勉谈话或提醒谈话，对信访核查过程中发现的一些潜藏问题或风险隐患进行了必要的提醒和反馈，使被反映单位和人员能够及时予以改进。

六、努力构建惩治和预防腐败体系，反腐败抓源头工作取得新进展

各级行按照《中国建设银行建立健全惩治和预防腐败体系实施意见》的要求，结合体制机制改革和各项经营管理工作，着力抓好教育、制度、监督、惩治四个环节，促进了全行经营管理水平、员工队伍素质、遵章守纪意识、员工及客户满意度、企业社会形象的提升。一是抓教育基础性工作，形成不想腐败的自律防线。2007 年，全行开展的各种反腐倡廉教育中，县级支行行级以上领导人员作报告 4 131 人次，听报告 216 205 人次；请外部人员作报告 417 场次，受教育 73 614 人次；组织先进报告会 572 场次，参加听讲 103 642 人次；组织服刑人员现身说法 308 场次，接受教育 53 900 人次。二是抓制度建设，形成不能腐败的保障防线。各级行坚持用制度管权、管事、管人，针对不同的业务岗位、品种、流程，及时修订各种规范性文件和规章制度。为了提升规章制度的可遵循性，总行组织全行对 1980 年以来的规章制度进行了全面清理，并顺利启动了业务流程操作手册项目。三是抓监督检查，形成不易腐败的约束防线。全行着力发挥业务管理部门的管理职能和纪检监察、风险管理、审计、合规等部门的监督职能，重点加强对信贷审批、人事任免、财务支出、集中采购、资产处置等领域权力运行的制约和监督。四是抓执规执纪，形成不敢腐败的法纪防线。通过加大惩戒和问责力度，保持了对违法违纪违规和失职行为的高压态势。

七、不断加强纪检监察自身建设，纪检监察队伍履职能力有所提高

各级行进一步完善了纪检监察部门组织机构设置，将一批思想素质好、业务能力强、年轻肯干的同志充实到了纪检监察队伍

中。截至2007年底，全行设有纪检监察机构416个，配备专职纪检监察人员1 935人、兼职纪检监察人员2 374人；有29家一级分行推行了纪检监察派驻制度，共向基层机构派出了纪检监察特派员1 697人。总行组织开发的纪检监察管理系统在2007年7月中旬完成开发，之后在广东省分行和江苏省分行试运行，并在哈尔滨市、常州市和广州市举办了三期共297人的集中培训，拟于2008年1月28日在全行正式上线。

纪检监察部

执笔：刘文锦

公共关系与企业文化建设

一、深入开展建设银行价值理念学习与实践活动，推进全行企业文化建设

一是制定下发了《中国建设银行企业文化要素》和《中国建设银行员工行为规范》，明确了建设银行战略愿景、使命、核心价值观及理念。为指导基层行做好针对上述两个文件的学习实践工作，随后制定并下发了《中国建设银行企业文化要素释义》。各分行针对上述两个文件开展了多种形式的学习培训活动，对于广大员工自觉实践建设银行价值理念起到了促进作用。

二是召开了全行公共关系与企业文化工作会议，抓住全行战略发展重点，进一步明确全行企业文化建设的指导思想、近期与中长期目标、基本任务和主要措施，有力地推动了全行相关工作的开展。

三是积极推进“以客户为中心”的服务文化建设。组织开展了客户满意度和员工满意度测评试点工作，9家分行的员工及9万多名客户参与调查。同时，加强对分行的指导，完善检查、考核及奖惩办法，服务管理的长效机制建设取得进展。

四是修订了《中国建设银行企业文化建设“示范点”管理办法》。聘请专业管理咨询公司，运用PDCA管理控制方法，对24个第二批申报总行级示范点的单位进行实地审核。同时，在山西省分行、湖南省分行开展标杆管理活动，推广“红梅理财中心”和“南大支行”的服务流程，使分行网点整体服务水平得到提升。

二、大力加强新闻宣传工作，为改革与业务发展营造良好舆论氛围

一是配合完成定期业绩发布等宣传工作，展示建设银行上市以来取得的改革和建设成果。在组织策划2006年建设银行上市后第一个完整年度业绩宣传时，首次在香港和北京两地举行同步视频发布会，邀请境内外80余家媒体参加，收到良好的反响。全年先后在境内外媒体刊发宣传稿件14 356篇（次），其中，总行本部发表12 588篇（次），各分行发表1 768篇（次），比上年同期共增长2 400余篇（次）；共安排总行领导重大采访活动25次，总行部门负责人接受采访41次；组织媒体下基层采访活动5批次；起草建设银行改革发展等方面的重点稿件29篇（次），其中，在新华社《国内动态清样》上刊登5篇，较好地提升了建设银行的影响力。

二是围绕中心工作开展营销宣传。全年共组织各类签约仪式、营销活动及总行领导和高管层公关活动62次，邀请媒体580多批次，组织参评国内外各荣誉奖项25次，起到了较好的营销宣传效果。同时，针对银行排队、网上银行安全性、基金理财等金融服务热点问题，围绕建设银行抓网点转型、抓客户服务、抓解决排队问题等方面的举措，策划媒体集中采写、记者亲身体验等报道形式，释疑解惑，引导舆论方向，树立了建设银行良好的品牌服务形象，避免其成为媒体炒作的目标。

三是做好媒体危机公关工作。全年共协调处置各种媒体危机事件56起，尽最大努力将危机事件的负面影响降到最低限度。

四是建立网络评论员队伍。总行三个网评小组从新浪、搜狐、金融论坛等重点网站监测到有关银行业的负面言论近 1 400 条，网评人员跟帖、评论近 900 条，在及时发现网络舆情、为相关部门提供信息服务的同时，主动平息网民情绪，合理解释有关问题，收到了较好效果。

三、持续推进品牌管理和广告营销，不断提升建设银行品牌形象

一是加强制度建设。下发了《关于加强新品牌设立管理的通知》，明确建设银行“以母品牌为主，适当辅之以子品牌”的品牌建设总体思路。结合建设银行股改上市以来内外部环境的变化和建设银行修订后的发展战略，起草了《关于进一步加强品牌管理工作的指导意见》和《中国建设银行品牌管理办法》。北京市分行等针对近年来业务部门广告需求旺盛、广告媒体形式日益增多的新情况，尝试建立了适应建设银行特点的广告管理制度，初步实现了广告资源在不同部门、不同产品间的合理分配。

二是发挥广告对企业形象和业务发展的支持促进作用。配合建设银行支持 2007 年世界夏季特殊奥林匹克运动会、A 股上市等重大事件，总行设计制作了专题公益形象广告和“善建者行”企业形象广告，有效地提升了建设银行的整体形象和社会美誉度。全年共完成 50 余项新产品或促销活动广告的设计和下发，积极支持业务部门开展各项营销活动，较好地实现了广告宣传对于业务发展应有的促进作用。

三是推进网点形象建设。当年完成全行 2 700 个营业网点的视觉形象改造和新建工作。制定下发了财富管理中心和个人出入境金融服务中心的形象建设标准，为构建多层次的服务渠道及相关业务的顺利开展提供了有力保障。2007 年计划建设的 80 家财富管理中心基本建成开业，个人出入境金融服务中心的试点工作也取得了较好的效果。

四、积极履行企业社会责任，展示现代金融企业良好的社会形象

一是开展一系列履行企业社会责任活动。全年先后开展了支持特殊奥林匹克运动会，资助贫困高中生、贫困英模母亲、西藏地区贫困大学生和高中生、白血病重症患儿，建设希望小学，帮助安徽省、重庆市等遭受水灾地区重建，支持“中国村落工程”绿色电脑扶贫行动，赞助延安精神研究会、清华大学、凯恩克劳斯基金会、香港公益金、第十届北京国际音乐节、中国 2010 年上海世界博览会等 14 项公益活动，投入总额达 2.26 亿元人民币。在支持特奥会工作中，组织实施了由 9 家分行的 3 000 多个网点参与的“用行动关爱社会”系列公益活动，并与个人金融部合作推出了建设银行第一个与公益活动联合营销的产品——“关爱卡”。截至 2007 年 10 月，共为特奥会募集客户和员工捐款 79.27 万元，发行 110 717 张“关爱卡”，带动刷卡消费 68 000 次，既达到了营销的目的，又得到了社会的广泛赞誉。在启动“建设未来——中国建设银行资助贫困高中生成长计划”、“中国贫困英模母亲”建设银行资助计划这两个公益项目时，全行员工积极参与，为成长计划捐款1 581万元，超出计划 380 万元。截至 2007 年 12 月，第一笔总计 864 万元的助学金向 463 所学校的 11 520 名学生支付完毕，引起了较强的社会反响。

二是正式向社会发布《2006 年度企业社会责任报告》。这是我国国有控股商业银行第一份企业社会责任报告书，引起社会各界和银行同业的广泛关注，也得到主要监管机构的认可和鼓励。

建设银行履行企业社会责任工作得到了社会各界的充分肯定，先后获得中国扶贫基金会颁发的“第二届中国消除贫困特别贡献奖”、中国红十字会等机构颁发的“2006 最具责任感企业奖”、新华网颁发的“企业社会责任贡献奖”、全国妇联和中国妇女发展基金会授予的“中国妇女慈善企业”称号以及中央党校学习时报社等机构联合颁发的“2007 年度中华社会责任奖”等一系列荣誉，获得香港上市公司公会和浸会大学工商管理学院颁发的“企业社会责任奖”，成为所有在香港上市的中外公司、国内大型商业银行中唯一获此殊荣的企业。

五、认真做好理论政策学习工作，开展一系列活动，充分发挥党委宣传工作的职能作用

一是以党委中心组学习带动全行深入学习贯彻党的理论、路线、方针和政策。以学习贯彻党的十七大精神为重点，组织全行及时学习贯彻党的十七大报告、胡锦涛总书记重要讲话、中央金

融工作会议精神、中央经济工作会议精神以及全行发展战略等，自觉落实科学发展观。总行党委中心组带头学习，以研究班、辅导讲座（视频）、党委（扩大）会等形式开展了20次学习活动，其中举办高层次专题讲座16场。组织开展了总行党委中心组学习需求调查，提高了学习安排和服务的针对性。全年编发学习参考资料12期，发送学习参考书籍49种和《学习活页文选》34期。各级党委中心组学习需求日趋旺盛，以学习促管理、促发展的能力有了明显提升。

二是配合全行中心工作，组织开展了一线员工思想动态调查、"体验真诚 创造感动"建设银行年度感动人物评选表彰等活动，较好地发挥了内振精神、外树形象的作用。其中，"体验真诚 创造感动"建设银行年度感动人物的评选有18万客户和14万员工参与，评选出李春峰、王红梅等10名年度感动人物，从中产生了党的十七大代表和多名全行突出贡献奖获得者。

六、积极做好共青团和青年工作，引导青年建功立业、成长成才

一是组织开展了"青春炫服务，满意在建行"主题活动，全行共有400人参加了总行组织的大区赛和总决赛，有4 000名青年员工参加了分行组织的选拔赛。

二是"青年文明号"创建工作不断创新和规范。有32家单位获得团中央新命名的全国"青年文明号"称号，建设银行获全国级"青年文明号"称号的单位达到216家。

三是共青团的自身建设不断加强。总行个人金融部团支部被团中央授予"全国五四红旗团支部"称号，云南省昆明市城南支行营业部熊鸣霞荣获"全国优秀共青团员"称号。广东省惠州市分行李春峰荣获第十一届"中国青年五四奖章"，新疆维吾尔自治区分行李向党荣获第十七届"中国十大杰出青年"提名奖。这两个奖项的获得在建设银行历史上还是第一次。

公共关系与企业文化部
执笔：杜　媛
审稿：胡昌苗

党校培训工作

一、培训工作概述

2007年，建设银行党校（高级研修院）共举办7期专题研究班、1期现代商业银行经营管理高级研修班、1期领导人员进修班（党校班），指导哈尔滨、常州两个分校各举办2期领导人员进修班，总计培训35 757人天。其中，专题研究班、现代商业银行经营管理高级研修班培训人数为4 653人天，领导人员进修班（含哈尔滨、常州分校）培训人数为31 104人天，2007年成为近年来办班期数较多、效果较好的一年。

二、培训工作亮点

（一）首次成功举办业务专题研究班

2007年，党校（高级研修院）紧紧围绕全行发展战略，服务于年度中心工作，与总行人力资源部、各相关业务部门通力合作，首次成功举办了公司及机构业务、零售业务、资产负债与计划财务管理、风险管理、审计业务、IT体系建设、业务创新与六西格玛质量效率管理7期专题研究班。

专题研究班以建设银行发展战略为导向，以形成专题研究成果为目的，坚持以学员为中心，发挥学员自律、自为的作用，通过调查研究、授课辅导、研究讨论等有效途径和方式，提高了参加培训人员把握全局、解决复杂问题的能力以及业务管理能力和决策水平，达到了预期目标；所形成的成果报告起到了为总行决策层提供参考、为总行相关部门和一级分行经营管理工作提供学习借鉴资料的作用。5月22日，总行党委书记、董事长郭树清在高

级研修院呈送的《关于公司及机构业务专题研究班的情况报告》上做了批示："很好。党委同志、高管人员、董事、监事应尽可能多地参加座谈、交流。请党办（行办）、董办、监办负责同志阅。"5月21日，总行党委副书记、行长张建国做了圈阅。4月17日，总行党委副书记、监事长、党校校长谢渡扬批示："这是今年举办的第一期专题研究班，请树清、建国同志并各位行领导阅示。"总行其他行领导也做了圈阅。

（二）创新学习方式，办好党校领导人员进修班

2007年10月10日至12月23日，建设银行党校及哈尔滨、常州分校举办了第十七期领导人员进修班，231名党员领导干部学员圆满完成学业，取得了中央党校颁发的毕业文凭。通过学习，学员们不仅进一步提高了理论素养，更新了理念，拓宽了视野，研究了问题，探讨了思路，而且加强了党性锻炼，培养了团队精神，还增强了身体素质，取得了丰硕的成果。

1. 突出了对党的十七大精神的深入学习。本期进修班共组织收看中央党校的辅导讲座录像50次，其中安排党的十七大精神的专题学习、马克思主义中国化最新成果的学习辅导20次，作专题报告、讲座、讨论及举办论坛6次（其他为"三基本"、"六当代"等辅导报告）。通过自学报告、专家辅导、专题研讨等多种形式的学习，学员们对党的十七大精神有了比较全面、准确、深刻的理解，为今后深入贯彻落实党的十七大精神及科学发展观奠定了良好的基础。

2. 探索与创新了学习方式。在执行中央党校教学计划的过程中，建设银行党校探索与创新案例式学习、体验式学习、论坛式学习、团队式学习等多种形式，增强了学习效果，为今后党校班教学改革积累了经验。

一是案例式教学。11月30日，建设银行党校举办了一次别开生面的案例教学活动，以"体验真诚，创造感动——2006中国建设银行年度人物"为案例，以"感动·思考·沟通"为主题，以本期进修班学员为主体，特邀建设银行年度感动人物代表与学员一起观看先进事迹专题片，进行面对面的沟通与交流，并邀请中央党校有关部门负责人和专家学者现场观摩、指导、点评。大家在感动中思考，在思考后沟通，在互动中分享，在点评后升华，活动全程井然有序而生动感人，讨论热烈而深入，发言踊跃而精彩。学员们普遍谈到这是思想深处触动最大、印象最深刻、培训效果最显著的一课，既是一次有效的能力训练，又是一次特殊的党日活动。中央党校中央国家机关分校办公室负责人和专家对这次案例教学的创意、组织、点评以及课堂达到的有效互动等给予了较高评价。《中央党校中央国家机关分校工作简报》（2008年第1期）以"有效的能力训练，特殊的党日活动——中国建设银行总行党校举办以'感动·思考·沟通'为主题的案例教学活动"为题目做了详细介绍。

二是举办学员论坛。建设银行党校以学员为主体，成功地举办了一期学员论坛。大家围绕如何贯彻科学发展观和国家宏观调控决策，以及如何促进建设银行业务健康发展这三个热点问题，分别确定了三对不同的正、反方及其主、副辩手。各小组展开了学习竞赛，每个学员都积极参与，利用学到的理论和积累的经验，做了精心而充分的准备，在此基础上，展开了生动、热烈而富有成效的辩论，充分展现了学员们的理论水平、政策水平、业务能力和表达能力，收到了非常好的效果。常州分校选定公司业务、个人业务、支持保障三个主题举办学员论坛。哈尔滨分校学员还积极参加中央党校中央国家机关分校举办的首届学员论坛活动，吴辛位同志代表建设银行党校做了《关于青年干部成长问题之我见》的发言，赢得了好评。

3. 改进了金融特色课的学习。为了增强教学的针对性、实用性，建设银行党校在认真落实中央党校规定课程的同时，对近年来开设金融特色课程的情况做了专题调研，听取了两个分校与部分毕业学员的意见和建议，总结了经验，并针对金融特色课程的内容、师资、数量、效果、时机等方面尚需改进的情况，在入学阶段即对全体学员进行了需求问卷调查。在此基础上，坚持以贯彻科学发展观为主题，围绕总行的发展战略和年度中心工作，结合学员们关注的热点、难点问题以及总行党校和两个分校学员的不同需求，由总行党校统一策划、组织了11次金融特色课。从学员反馈的评估结果看，其内容满足学员需求，培训师的理论素养、专业知识、培训技巧以及工作思路等主要指标均达到优良水平。

高级研修院
执笔：严　莹
审稿：王博之

CHINA 中国建设银行年鉴 CONSTRUCTION BANK ALMANAC 2008

第四部分　境内分行改革与发展

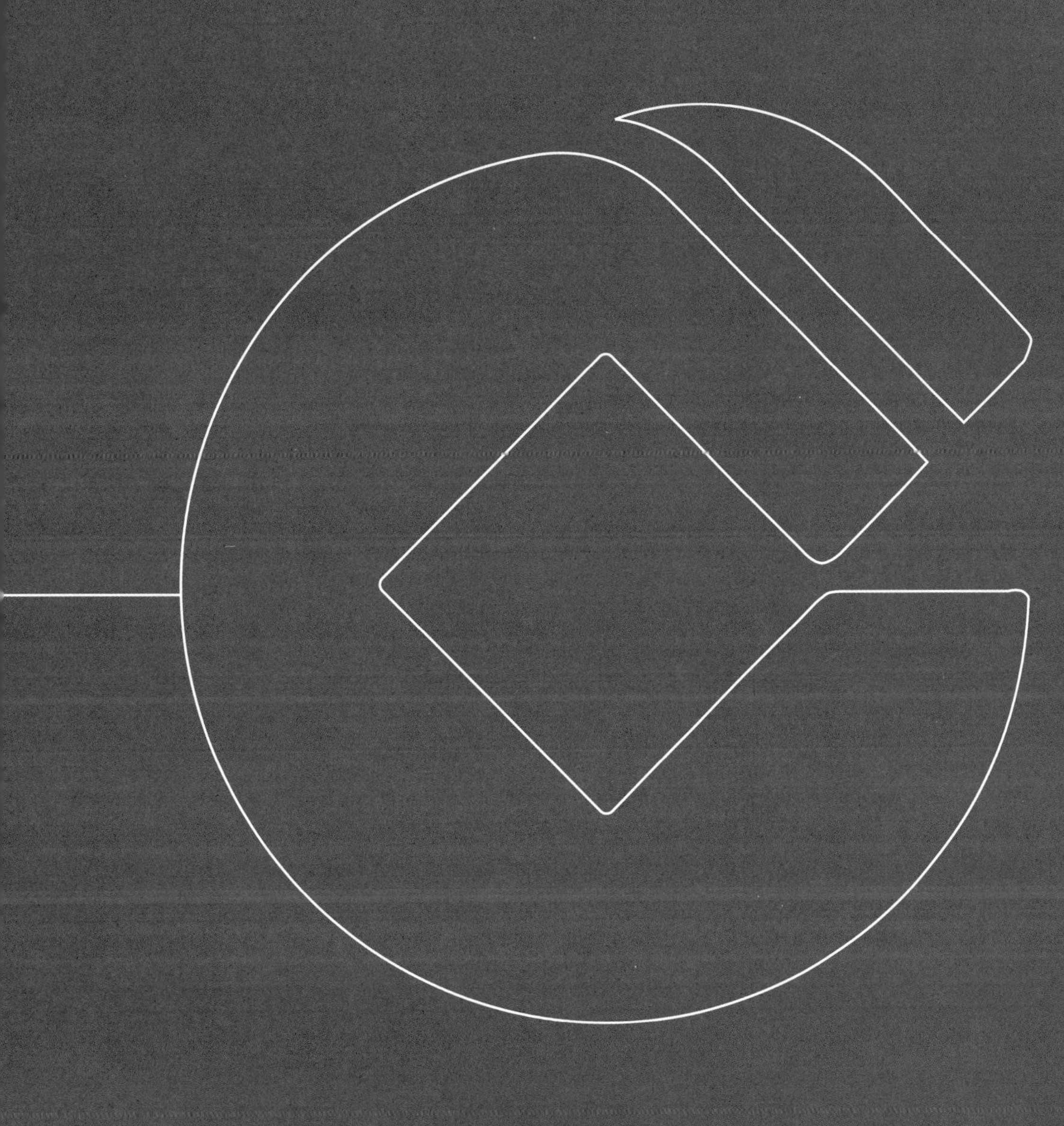

北京市分行

北京市分行行长罗哲夫

业务发展概况

2007 年，北京市分行各项业务实现又好又快发展，公司业务条线与个人业务条线的转型初见成效，以中间业务为重点的战略性业务指标实现突破，不良贷款实现“双降”，各项改革稳步推进。截至年底，北京市分行设分行 1 个、综合性支行 24 个、直管支行 11 个、升格支行 123 个、分理处 3 个、储蓄所 202 个，在岗员工 11 021 人。本外币总资产 5 612. 85 亿元，较上年增加 861. 46 亿元，增幅达 18. 13%；本外币存款余额5 473. 04亿元，较上年增加 777. 65 亿元，增幅达 16. 56%，其中人民币存款余额5 336. 69 亿元，较上年增加 819. 67 亿元，增幅达 18. 15%；本外币贷款余额 2 166. 29 亿元，较上年增加 151. 63 亿元，增幅达7. 53%，其中人民币贷款余额 2 037. 54 亿元，较上年增加 120. 01 亿元，增幅达 6. 26%；五级分类口径不良贷款余额 89. 01 亿元，较上年减少 5. 24 亿元，不良贷款率为4. 11%，较上年下降0. 57 个百分点；全年实现账面利润 74. 10 亿元。

【公司业务】推进对公业务经营重心上移，建立专业化运作模式，发挥任务型团队作用，优化信贷结构，上线对公信贷业务流程管理系统，锁定重点化解和关注贷款项目，促进投资银行及中小企业快速发展。加大中间业务营销及管理力度，开展为期 4 个月的“融智融情，与企业共成长”中间业务营销活动，对公中间业务收入实现较快增长。与北京市基础设施投资有限公司签署 5 个地铁项目的长期借款合同，是中标银行中贷款份额最大和项目最多的银行。截至年底，公司及机构业务条线实现对公主营业务净收入 101 亿元，占全分行主营业务净收入的 72%；本外币对公存款余额 3 495 亿元，较上年新增 564 亿元；本外币（含贴现）对公贷款余额 1 718 亿元，较上年新增 147 亿元，其中非贴现贷款余额 1 652 亿元，较上年新增 180 亿元；实现中间业务净收入 5. 71 亿元，同比增长 50%；现金回收不良贷款 3. 52 亿元。

【个人金融业务】面对市场环境的急剧变化，顺势而为、开拓创新、强化管理、积极营销，以基金等投资理财产品销售为龙头，依靠政策激励、网点转型、渠道改造和队伍建设，大力发展中间业务，促进个人业务转型。截至年底，新增个人存款余额及四项投资理财产品销售量达 616. 68 亿元，其中个人存款新增 17. 74 亿元，基金、理财产品、国债、保险总计销售量达 598. 94

亿元；实现中间业务账面收入8.15亿元，是上年的3.7倍；全年累计代发工资393.29亿元，新增代发工资客户537户；新建财富管理中心3个，总量达4个；共开业52个理财中心，其中贵宾理财中心11个，个人理财中心41个；网点纯新增10个，总量达364个；新装各类自助设备720台，其中离行式165台；198个零售网点实现功能转型，网点销售水平和服务质量得到有效提升。

【机构业务】开展业务竞赛活动，启动“八一工程”，完善任务型营销团队，加大绩效考评力度，采取多层级、多样化营销模式，将中间业务产品纳入直接激励范围，大力发展重点业务。截至年底，机构客户贷款业务实现翻番。与在京的大部分法人券商建立证券保证金第三方独立存管“鑫存管”业务合作关系，大部分在京的证券营业部上线建设银行“鑫存管”系统，使建设银行成为北京地区最大的“鑫存管”业务签约平台。推出23种代理保险业务新产品，调整退出不适应市场需求的9种老产品，实现50.24%的增速。与在京大部分中央预算单位建立较好的合作关系，代理财政集中支付改革工作日益加强，代理中央财政资金结算业务增速达79%。为军警、事业法人客户中的学校及医院提供多种服务，支持国防建设和教育卫生事业的发展。

【国际业务】以市场热点为导向，以北京地区500强企业外汇业务为重点，充分发挥营销团队作用，开展“携手百强”外汇营销活动。客户队伍建设取得较大突破，形成了“以能源行业客户促进进口业务、以工程承包类企业带动出口业务”的发展模式，为业务可持续发展奠定了基础。截至年底，外汇全口径存款余额18.66亿美元；外汇贷款余额17.62亿美元，较上年增长52.57%。全年累计办理国际结算量达176.09亿美元，同比增幅达35.40%。全年实现账面利润1 319万美元。

【住房金融与个人信贷业务】推出针对二手房贷款和个人消费贷款的“三三九”系列服务，重点梳理个人消费类贷款流程与制度。根据国家宏观经济调控政策等诸多政策变化及时调整贷款结构，以一手房贷款业务为发展重点，调节个人商业用房贷款、个人消费贷款的投放节奏。发展个人住房组合贷款，推出同城特约委托收款结算方式。大力支持北京市委托性住房金融业务，做好公积金客户的营销服务。完善个贷标准化催收体系，组建任务型团队，提升个人贷款业务资产质量。截至年底，个人类贷款余额447.8亿元。进一步巩固委托性住房存款、住房公积金存款、住房公积金贷款余额在北京地区同业中的领先地位。

【银行卡业务】陆续推出“红十字龙卡”、“航天龙卡”、“庄胜龙卡”等新信用卡产品，银行卡发卡总量达1 054万张，居北京地区同业第二位。其中，贷记卡累计发卡112万张，发卡总量居北京地区同业第二位，同比增长89%；借记卡累计发卡942万张。银行卡实现消费交易额338亿元，实现中间业务收入3.05亿元。累计发展特约商户8 811家，商户数量居北京地区同业第二位；安装POS机具12 307台，居北京地区同业第二位；MIS直联商户33家，同业排名首位。产品的科技含量不断提高，正在大范围推广MIS直联、无线POS、企业财务转账POS、多用户POS等市场领先产品。

【电子银行业务】进一步加强业务建设和推广，创新产品与服

2007年4月末至8月末，北京市分行开展个人业务单元“四走进——走进社区、走进楼盘、走进高校、走进代发工资单位”营销活动，新增中间业务净收入3.7亿元。图为营销团队走进社区开展活动。

务，在市场规模和分销能力上实现较大提升。完成网上银行、手机银行、电话银行、短信平台等多个系统的升级优化。全力开发和拓展手机银行业务，为客户提供查询、缴费、支付、银证业务、公积金业务等十二大类近百种手机银行服务，推出手机到手机转账、手机股市、基金交易等特色功能，手机银行客户新增近7万户。开展签约送礼、交易积分等系列营销活动，加大对USB Key、动态口令卡等网银安全产品的推广，努力营造安全的电子银行应用环境。截至年底，电子银行客户达248.6万户；电子银行交易量达7 529万笔，同比增长93.39%；交易额80 051.11亿元，同比增长93.37%。其中，个人客户246.3万户，交易量达6 990万笔，交易额1 219.57亿元；单位客户2.3万户，交易量达539万笔，交易额78 831.54亿元。

【中间业务】随着贷款资源向优质客户、优势产品集中，中间业务实现跨越式发展，实现中间业务总收入16.75亿元，同比增加7.99亿元，增幅达91.21%。中间业务收费类收入在北京地区四大国有商业银行中居第二位。银行卡、咨询、代理、交易类业务收入居建设银行各分行前列，支付结算、银行卡、交易、咨询类业务收入额均超过亿元。7家支行中间业务收入超过亿元，33家支行超额完成中间业务收入计划。

【资产质量和风险控制】风险管理持续深化，进一步提高风险管理的精细化水平。制定《2007年关注类贷款管理实施方案》，有效地实现风险控制关口的前移；切实落实《信贷资产质量控制目标责任书》，为完成全年信贷资产质量控制目标奠定了基础；制定《对公预警客户跟踪管理试点方案》和相关试行办法，扩大试点行范围，有效地提升贷后平行作业的效果；加强风险分类集中审定工作，完成信贷资产风险十二级分类的试点工作，风险分类的偏离度持续降低；认真推进对机构关键风险点的监控检查，制定《操作风险管理实施细则》，操作风险管理体系不断完善；积极探索专业化、标准化审批模式，推进个人信贷业务专业化审批进程。加大对重点不良贷款的监测和化解力度，不良资产处置工作创造历史最好水平。全年共处置各类不良资产51.61亿元，其中现金回收26.78亿元；不良资产处置贡献度达32.98亿元，不良资产超值现金回收额达8.21亿元；共处置不良个人贷款17.3亿元。

主要工作举措

强化财务管理基础。上线ERPF系统，全分行经费实现集中核算、集中支付。积极推行全额计价，成功办理建设银行首笔以SHIBOR为基础定价的人民币资金借款业务，迈出了探索利率市场化定价模式的关键一步。加强集中采购管理，平均采购资金节约率达15.9%。强化信息技术对基础管理的支持，开发后台票据处理系统，组建核算中心，实现全分行同城票据提回、电子汇划来账、全国支票影像提入和授权支付业务的集中处理。

完成金库集中改革。初步形成以市分行中心金库为核心的网络化管理架构和集中作业、集中配送模式，共撤并城（郊）区支行金库12个，首次实现65个网点的350个尾箱的社会化寄库。稳步进行组织机构改革，组建集团客户部，成立投资银行部，全面启动管理型支行机构改革。

开展创建“平安建行”和“优质服务年”活动。实现“安全年”，倡导“零缺陷”服务管理。在高质量完成首批41个转型网点定义、测量等各阶段任务，并以高分通过总行验收的基础上，全年共计完成198个零售网点的转型工作；在总行与美国银行的指导下，启动转型二代VIP项目和绩效考核项目的试点工作，网点产品销售能力和客户服务水平不断增强。

完善员工绩效考核体系。落实业务岗派遣制员工、非业务岗派遣制员工薪酬结构调整方案，员工薪酬水平得到提高；组织实施全辖岗位职务人员的聘期考核及重新聘任工作。

执笔：王　晶

审稿：王　军

天津市分行

天津市分行行长曾见泽

业务发展概况

截至2007年底，天津市分行全口径存款余额达到883.2亿元，比年初新增187.93亿元，增幅达27%。其中，一般性存款余额为818.48亿元，比年初新增147.13亿元，增长22%；同业存款余额64.72亿元，全年新增40.8亿元，增幅达171%。全分行各项贷款余额达到800.21亿元，比年初新增117.5亿元，增幅达17%。资产负债业务总量双双突破800亿元，提前一年实现了2006—2008年业务发展规划确定的必保目标。

【个人住房贷款业务】承接上年良好的发展态势，全年实现新增16.58亿元，重新确立了同业市场领先地位。个人贷款业务流程优化、新个人贷款系统上线和个人贷款中心建设等一系列工作的完成，为未来个人贷款业务实现又好又快发展奠定了基础。

【中间业务】全年实现净收入3.92亿元，比上年增加1.8亿元，创历史最高水平。中间业务收入在四大国有商业银行中的占比达到21.15%，比上年提高2.06个百分点。

【国际业务】克服宏观调控的不利影响，继续呈现良好的发展态势，国际结算、结售汇、外汇存贷款及中间业务收入等主要指标均实现较大幅度增长，市场份额稳步提升。

【信用卡业务】全年实现发卡量净新增19.42万张，成为仅次于招商银行的本地区同业第二大双币种信用卡发卡行。实现业务收入1 844.82万元，是上年的2.46倍，其中中间业务收入首次突破千万元大关。

【电子银行业务】在查询、结算、代理业务等方面发挥着越来越大的渠道替代作用，与全分行主要业务的融合度不断提高。新增电子银行客户24.07万户，电子银行交易量与柜面交易量之比达到46.24%，在建设银行各分行中名列前茅。

【资产质量和经营效益】2007年，天津市分行进一步加大大额不良贷款集中经营力度，不良贷款处置效率和效益大幅提升，信贷资产质量明显提高，不良贷款额和不良贷款率持续“双降”。截至年底，全分行不良贷款额为21.75亿元，比年初下降6.71亿元；不良贷款率为2.72%，比年初下降1.45个百分点，创股改上市以来最好水平。“假个贷”治理工作初见成效，“假个贷”余额由年初的11 813万元压缩至3 125万元。业务快速发展和资产质量大幅提升，带动全分行财务效益与盈利能力进一步提高。全年实现拨备前考核利润20.84亿元，同比增幅达31.15%；实现经济增加值6.28亿元，完成总行计划的140.49%。反映全分行盈利能力、投入产出效率的主要财务指标进一步改善，平均资产回报率与净利息收益率分别比上年提高0.15个和2.29个百分点；非利息收入占比达到11.2%，比上年提高3.6个百分点，盈利结构进一步改善。

主要工作举措

传统业务优势得到巩固，资产负债规模快速攀升。2007年，天津市分行紧紧把握滨海新区加速开发开放的历史性机遇，积极向总行申请信贷规模和相关政策支持，加大总行—分行—支行联动营销力度，完成了城市道路管网配套建设、京沪高速、临港工业区等大项目的授信工作，对中交集团、蓝星集团、中国节能投资、首创集团等多个客户实施贷款投放。与此同时，认真执行国家宏观调控政策，严格落实总行行业风险限额管理要求，新增贷款注意向重点区域、重点行业和重点客户倾斜，资产结构得到进一步优化。

在个人银行业务领域，天津市分行继续强化“以客户为中心”的经营理念，积极创新营销服务模式，促进高端客户数量和个人金融资产总量实现较大幅度增长。进一步加强网点布局调整，完成120个零售网点转型工作，使全分行营业网点的市场竞争力得到明显提升，新增所均储蓄额连续两年居地区同业首位。在资本市场异常火暴的情况下，天津市分行个人负债业务仍然实现较快增长，人民币个人存款余额达到316.08亿元，新增额、发展速度等指标在建设银行各分行中的排位显著上升。

战略业务实现超常规发展，业务创新工作深入推进。天津市分行加大业务创新力度，成功为泰达控股承销50亿元短期融资券，为两家优质企业发行8.1亿元“利得盈”信托受益凭证产品；积极开展长期债务担保、委托贷款、房地产信托、科技风险公司基金托管等新兴业务，确保了在投资银行创新产品领域的领先地位。继续巩固和拓展军队及武警、文教卫生等机构客户业务，成功实施地方财政授权支付项目和横向联网远程电子申报纳税项目，着力在资本市场相关的金融机构业务上进行转型和创新，通过证券保证金第三方存管等业务的成功开办，树立了良好的企业形象。

各项改革稳步推进，基础管理进一步加强。2007年，天津市分行各项改革工作取得新的进展。风险管理体制改革进一步深化，授信业务平行作业稳步推进，全面风险管理体系逐步形成。会计管理和营运体制改革稳步推进，业务处理前台、后台分离及后台集中工作取得明显成果，经费共享中心、金库中心、档案中心建设工作顺利实施。用工管理方面，尝试在多渠道引进人才的同时进行人员结构调整，以合理满足业务发展重点区域以及主要业务部门的人员需求。

继续优化领导人员考核机制，初步建立了覆盖各层级、各关键岗位的核心人才队伍。薪酬管理体系日趋改善，“现买单制”激励效果明显，对业务发展起到了明显的促进作用。管理模式改革迈出新的步伐，首批8个基层营业网点在用工、用人、薪酬分配等方面开始进行机制改革试点。通过提高薪点工资，实施补充公积金、物业补贴、医疗补贴等多种举措，员工工资福利待遇有了较为明显的提高，全分行工资总量实际增幅达15.26%，其中支行工资增幅更是高达21.75%。

重视将内外部审计、检查中所发现问题的整改工作作为加强内控管理的常态化、制度化工作来抓，进一步健全完善各类规章制度，加强政策、制度的执行力建设。同时，通过开展职业操守

2007年11月20日，第二届天津银行业与中小企业融资洽谈会在天津市体育中心开幕，天津市分行副行长邱书民出席了开幕式。

教育和“合规文化年”活动，促进全员风险防范意识和守法合规意识的进一步增强。

以开展网点转型工作为契机，从硬件、软件两个方面加强服务质量建设，对全部辖内网点进行神秘人检查，检查结果反映出业务一线对外服务水平较以往有了长足进步，95533客户有效投诉量较上年大幅下降，客户满意度明显提高。

信息技术集中管理工作成效明显，成功完成个人贷款A+P系统等60余个总行推广项目和自建项目的上线运行，信息技术对业务经营管理的支撑作用进一步加强。六西格玛质量效率管理工具的应用呈现普及之势，部分业务流程优化工作取得明显成果。

治理商业贿赂专项工作和案件防控工作扎实推进，“平安建行”建设成效显著，实现全年安全稳定的工作目标，有力地保障了各项业务工作的顺利开展。

执笔：王兴捷

审稿：文远华

河北省分行

河北省分行行长杨毓

业务经营概况

【经营效益】2007年实现考核利润32.1亿元，比上年增盈14.7亿元；实现经济增加值13亿元，比上年增加8.6亿元，均创历史最好水平。

【存款】全口径存款余额2 267.48亿元，比年初增加284.5亿元。

【贷款】各项贷款余额为1 089.23亿元，比年初增加98.09亿元。

【中间业务】实现中间业务净收入14.8亿元，是上年的2.9倍。

【资产质量】不良贷款实现“双降”，年底不良贷款额比年初减少3.6亿元，不良贷款率比年初下降0.74个百分点。

主要工作举措

加快推进业务转型，注重提升市场竞争力。面对宏观调控趋紧、信贷规模受限、客户需求由渐变向突变演化进程加快等形势变化，2007年，河北省分行主动探求业务发展新模式、新思路，积极探索实施业务转型，取得了初步成效。

大力推进零售网点转型工作，通过采取明晰岗位角色、优化柜面操作流程、率先在低柜区开办小额现金业务，以及在各二级分行成立网点服务中心，以强化前台网点服务保障工作等项措施，网点营销服务能力明显增强。2007年，分行个人本外币存款新增90.34亿元，新增管理客户资产总量达到719.1亿元，同比增加458亿元，增幅达175%，其中，代销基金量居全国建设银行系统第三位，比年初提高2个位次，在当地四大国有商业银行中的占比达50.4%。个人高端客户数较年初新增69 475户，其中，AUM300万元以上高端客户新增784户。实现个人中间业务收入11.5亿元，占全部中间业务收入的76%，比上年提高17个百分点。网点转型工作得到了总行的充分肯定，初步达到了客户满意、员工拥护、上级肯定的要求。

积极推进对公信贷业务经营职能整合工作，制定《城市分行对公业务经营资源整合指导意见》，积极主动地指导各分支行加快中小企业业务发展，在衡水市分行、廊坊市分行进行中小企业"信贷工厂"运作模式试点，并根据区域经济特点，积极探索新型产品营销推广方案，全年新增中小企业贷款23.37亿元。加快个人贷款中心建设，初步实现了个人贷款业务的专业化、流程化和标准化，年内自营性个人贷款余额新增26.72亿元，五级分类个人不良贷款率下降1.15个百分点。

围绕客户需求的变化和价值最大化目标，努力调整产品结构，专门成立投资银行部，加快发展"融智增值"型投资银行业务，全年共向总行推荐各类项目32个，实现投资银行业务收入1.06亿元。积极上线证券交易保证金银行独立存管系统，当年累计完成新老客户签约56.28万户，实现中间业务收入1 178万元。强化对目标客户的深度营销，代理信托业务、"龙信"产品业务实现零的突破，成功办理5笔人民币债务管理QUANTO业务，累计完成国际结算业务量47.3亿美元，创历史最好水平。加快电子银行和信用卡等战略性业务的发展，全年新增个人电子银行客户超过100万户，企业电子银行客户新增1.8万户，累计交易量占比达到27%；信用卡发卡量新增17.69万张，消费交易额16.48亿元，账户活动率达54.66%。

积极探索改革创新，注重增强发展动力。河北省分行积极适应客户、市场的新需求和内外部形势发展需要，在防控风险的前提下，将实施业务转型与改进服务相结合，在经营管理等诸多方面进行改革创新。

制定《中国建设银行河北省分行2007—2009年业务发展战略规划纲要》。努力探索实施管理创新，对近百种产品实行买单制，直接将财务资源配置到产品、个人上，在进一步明晰战略导向的同时，激发了广大员工敢于参与市场竞争、敢于拓展优质客户的主动性。积极推进资产保全业务管理体制改革，成立金泉支行，专门负责集中经营处置全省建设银行系统不良资产，有效地提高了不良资产的清收处置效果。扎实做好IT集中改革工作，在内部管理等诸多方面完成了大量阶段性工作。

努力强化信贷管理，注重改善资产质量。严格开展信贷准入工作，完成六个行业信贷审批指引、个人抵押贷款最高限额、小企业信贷审批标准的制定工作，建立顺畅的风险偏好传导机制。加大存量贷款管理力度，认真组织开展信贷资金流向、用途排查，严格监控、禁止客户违反合同约定将贷款用于投机行为。按照客观、真实地揭示风险的原则，认真组织开展资产风险分类工作，上收重点监管客户的风险分类认定审批权，积极做好十二级风险分类推广应用工作，有效地提高了风险管理的准确性和精细化水平。加大对信贷客户的动态管理力度，结合国家在节能减排、出口退税、加息等方面的多项调控政策，通过价格杠杆、标准限制、产品置换等不同手段主动退出一批风险较高、环保措施不强的非优质客户。截至年底，全行A级以上客户贷款余额占比达81.1%，比年初提高3.16个百分点；全年主动退出风险隐患较大

2007年4月9日，中国建设银行与邯钢集团联合举行"邯钢龙卡"发行仪式，这是河北省首次银行与企业联名发行信用卡。

客户 140 户，退出金额 13.8 亿元，有效地确保了结构调整落到实处，使有效的生息资产资源获得最佳使用，促进了信贷资产内在质量的持续提升。加大不良资产处置力度，综合利用催收、减免息、以物抵债、诉讼等多种手段，将不良资产处置责任落实到人，全年处置不良资产 17.7 亿元，实现超值现金回收 3.12 亿元，分别完成总行计划的 111% 和 277.25%，有效缓解了不良贷款反弹压力。积极与地方政府、债转股公司及股东进行沟通谈判，加快非信贷资产处置，全年处置债转股项目 4 个，处置资产 36 817万元，收回现金 23 901 万元，实现超值现金回收16 465万元。

大力夯实基础管理，着力提高风险防控能力。认真贯彻落实“基础管理年”的总体要求，从理念、管理、制度和操作等方面不断提高基础管理和内部控制的科学化、规范化和精细化水平，打造与业务规模和形势发展相适应的基础管理能力。

加强内控管理体制建设，深化会计和营运管理体制改革，积极稳妥地推进前台、后台分离及后台业务集中，完成了全部对私营业网点向个人金融部门的划转，实现了账务、重要空白凭证等多个项目的集中管理。

全面展开大中型公司类客户授信业务平行作业，促进了内部控制水平的提升。强化操作风险控制，落实风险管理职能，向全部零售网点委派柜员主管，加强理财产品销售风险提示，建立健全个人贷款业务质量管理体系，坚持信用卡准入制度，加强网上银行安全建设，操作风险控制能力得以增强。

加强会计核算检查，研究制定《督导检查工作指导意见》，在全省 11 家二级分行组建会计检查督导中心，认真组织开展“防范案件风险、确保资金安全”专项检查和“回头看”活动，有效地提高了风险防范能力。扎实开展创建“平安建行”活动，按照监管部门的相关要求，全面开展案件防控矫治、对缝、补漏、整肃四项行动，对照总行六条禁止性规定，加强对员工行为的排查，加强特殊场所安全隐患排查，加大规章制度执行情况监督检查力度，及时发现问题，堵塞漏洞。

认真落实内外部审计中所发现问题的整改工作，对银监会 2006 年现场检查中所发现问题的整改率达 98%。大力加强营运风险管理，建立营运风险分析例会制度，深入分析营运管理条线关键风险点及风险表现形式，及时制定防范、化解、控制各类风险的具体措施，确保了各业务系统的安全、稳定、高效运行。

执笔：赵亚旗
审稿：王　斌

山西省分行

山西省分行行长高德高

业务发展概况

【利润指标】实现考核税前利润 14.6 亿元，比上年增加 2.9 亿元，完成总行计划的 105%；实现经济增加值 4.99 亿元，比上年增加 1.6 亿元，完成总行计划的 112%。

【资产业务】各项贷款余额为 552 亿元，新增 35.4 亿元，其中，非贴现贷款新增 44.8 亿元，增幅达 10.24%。累计发放个人消费贷款 9.5 亿元，余额为 33.9 亿元，在四大国有商业银行中居首位，其中，个人住房贷款在本地区四大国有商业银行中的占比达 32.5%，高出第二名 5.7 个百分点。

【负债业务】全口径存款时点余额为1 059亿元，较年初新增100亿元，增幅达10.43%。个人存款余额549亿元，全国建设银行系统排名第15位，比年初提前3个位次，改变了在系统多年不变的第18位，同时在当地四大国有商业银行中的排名上升至第三位，改变了长期以来在四大国有商业银行中存量倒数第一的被动局面；新增67.33亿元，全国排名第五位；发展速度为13.97%，全国排名第四位。

【战略性业务】投资银行业务取得了良好开端，为大客户成功发行信托受益凭证7.6亿元，发行短期融资券9亿元。向总行争取到企业年金基金受托人资格后，取得全国建设银行系统内第一单业务，即天脊煤化工企业年金基金受托业务。国际业务新产品、新业务得到有效拓展，结算量和手续费收入增速指标连月稳居建设银行系统第一位，主要外汇业务指标创历史最好水平。实现中间业务净收入5.1亿元，在四大国有商业银行中的占比为25%，同业排名第二位。

【资产质量】不良贷款余额23.35亿元，比年初减少2.22亿元；不良贷款率4.23%，比年初下降0.72个百分点。特别是个人类不良贷款实现两年来首次"双降"，个人贷款不良额较年初下降1.2亿元；不良贷款率为5.17%，下降2.76个百分点。

主要工作举措

坚持结构调整主线，推动信贷业务稳健发展。一是发挥中长期贷款、固定资产贷款业务优势，加大对重点建设项目、基础设施项目的支持力度。AA级以上客户贷款余额占比70%，较上年提高1.5个百分点。二是在信贷规模紧张的情况下，优先保证符合产业政策项目的需求，同时落实国家宏观调控政策要求，压缩不符合产业政策、环保政策客户的信贷规模，有效地提高了资源配置效率。三是加大市场营销力度，储备额稳步增加。年底储备额达770亿元，新增170亿元。

推进网点转型工作，实现个人业务均衡发展。以传统业务为基础，以新兴业务为突破，加快网点转型步伐。在全行范围内开展领导干部大堂经理体验活动，创建山西省分行第一家财富管理中心，搭建服务高端客户的平台。通过多方努力，储蓄存款业务稳中有增，继续保持了良好的发展势头。

加快战略调整步伐，中间业务超常规发展。中间业务整体推动工作继续向纵深推进，尤其是"百日对抗赛"活动开展成效显著，形成了你追我赶、共同发展的良好氛围。2007年，该行中间业务毛收入同比增幅达152%，同业排名第一位；市场占比提高7个百分点，同业排名第二位。与系统内各分行相比，净收入排名第十九位，较上年提高8个位次；净收入增速排名第十位，较上年提高16个位次。

成功办理首笔外汇债务掉期业务，填补了山西省分行外汇衍生产品的空白。主要业务指标创历史最好水平，国际结算量首次突破10亿美元大关，完成计划的210%，同比增幅达163%，国际结算量和国际结算手续费收入增速指标每月稳居全国建设银行系统首位。2007年，占全省进出口总量42%的太钢集团成功落户山西省分行，而且两者之间的业务合作日趋稳定，结算量出现放量增长态势。

信用卡业务以名企卡、名校卡、公务卡、"姚明卡"为主体，通过旺季营销、特色营销、百日营销、专项激活营销等主题活动，发卡量、消费交易额大幅度上升。新增发卡量达64 049张，完成总行计划的162%，同比增长166%；消费交易额40 555万元，完成总行计划的162%，同比增长193%。

电子银行业务各项指标继续保持稳步增长势头。单位电子银行客户新增5 480户，完成总行计划的157%；个人电子银行客户达70万户，比年初新增37万户，完成年计划的176%；电子银行

2007年6月28日，建设银行山西省分行举行第二届"十大优秀青年"颁奖仪式。

交易量与柜面交易量之比平均达到22%，完成总行计划的169%。手机银行营销成果在全国建设银行系统中名列前茅，第一季度旺季营销获总行先锋奖，受到总行领导贺信表彰，全年新增活动客户2.78万户，完成全年计划的239%。

委托性住房存款高速增长，超额完成全年计划，发展速度位居全行系统前列，排名稳步提升。委托性住房存款余额848 142万元，系统排名第12位；委托性住房存款比年初增长168 450万元，系统排名第9位，增长率为24.8%，高于全行增长速度10.7个百分点；发展速度居全国第6位，完成总行年初计划的154%。

加大不良资产攻坚力度，资产质量进一步好转。以不良资产处置为重点，加快呆账核销进度，加大法律诉讼力度，资产保全各项业务指标完成进度显著加快。建立省分行领导重点联系行制度，督办全行重大不良贷款项目，成立专门联合工作小组深入经办行和企业，对项目方案进行论证研究、“会诊把脉”。灵活运用多种处置方式和手段，通过移交、出售等途径，多渠道处置债转股资产，有效推动对公不良贷款处置工作的开展。以“假个贷”处置工作为重点，进一步加快个人类不良贷款处置进度。个人类不良贷款处置首次采用还原、核销、重组等多种处置手段，取得重大突破。不良贷款额和不良贷款率下降幅度、不良贷款处置数额创历史新高。个人类不良贷款余额较年初下降11 984万元，完成总行目标任务的299.6%；不良贷款率较年初下降2.76个百分点。2007年，共处置各类不良资产15亿元，处置不良贷款8.2亿元，完成总行计划的118%。

强化基础管理，提高内控能力和风险防范水平。加快内控制衡制度建设。一是坚持岗位分离制度，对不相容岗位绝不允许混岗、兼岗、串岗，防止单人操作、“一手清”现象。二是坚持岗位轮换和交流制度。凡是基层机构和网点的负责人、会计主管、风险经理、纪检监察特派员，都要组织交流，按照岗位的重要性和风险程度合理确定轮岗交流的期限。继续实施基层机构负责人离岗培训期间派驻人员临时主持工作的管理办法。三是坚持员工行为排查制度。结合“百日排查”活动，在全辖组织员工行为自查、自排等，对异常行为做到早发现、早报告、早制止，把风险隐患消除在萌芽状态。同时，建立会计工作约见谈话制度，视风险隐患程度分层级不定期进行约见，共同分析问题产生的原因，找出解决问题的办法。四是健全操作风险问责制度。继续落实《关于规范员工行为、严防案件风险的十二条规定》，通过“高压线”起到警示、处理、追究作用。加强理念培育，开展建设银行愿景、核心价值观以及风险合规教育活动，逐步建立先进的风险内控文化和合规文化，培养员工自觉遵守法律规范的行为习惯。开展典型案例剖析活动，开展职业道德巡回宣讲，查找、整改经营管理及业务操作流程中的薄弱环节和问题，增强员工遵纪守法意识。

吸取案件教训，全面做好查防工作。2007年，吕梁交城案件引起很大震动，山西省分行引以为戒，全行上下进一步建立健全监督、整改、激励、惩处四位一体的案件防范体系。一是规范各类检查，所有检查均按总行要求纳入“三查一审”范围，有效地解决监督效能低下问题；二是建立科学的纠偏纠错长效机制，把整改工作提升为管理理念，设计细致必要的管理流程，配置必要的管理资源；三是全力加大对违规违纪行为的惩处力度，真正起到警示作用。

弘扬“红梅”精神，培育特色企业文化。经过几年的发展，“红梅理财中心”已成为山西省分行服务个人客户的典范、个人金融业务发展的文化资源和品牌资源。通过弘扬“红梅”精神，深化“以客户为中心”的服务理念。一是注重加强正面引导，积极发现和培养更多的先进典型，对在本职工作岗位上取得突出成绩、为集体赢得荣誉的员工进行表彰奖励。专门设立“突出贡献奖”，对不同条线、岗位当选的优秀员工除给予5万~10万元的重奖，还在短期合同工转中长期合同工、专业技术职务聘任、休假、提拔等方面给予奖励，使每个员工的职业生涯与建设银行的发展紧密结合起来，激发员工勤学习、善思考、求进步的主动性和积极性，创造有利于先进人才成长的环境，用榜样的力量去感召和激励员工。二是压缩中后台和管理机构人员数量，将人员和薪酬资源配置向一线倾斜，努力提高一线员工收入，积极创造条件，打通基层员工晋升通道。三是党群工团积极开展丰富多彩的竞赛活动，将“创建学习型组织，争做知识型员工”思想渗透到业务经营中，进一步丰富企业文化内涵，着力营造积极向上、团结和谐的良好氛围。

执笔：赵建伟

审稿：解陆一

内蒙古自治区分行

内蒙古自治区分行行长李英俊

业务发展概况

【经营效益】2007 年，内蒙古自治区分行实现账面利润 19.73 亿元，同比增加 4.34 亿元，增幅达 28.2%，在全行排名第 16 位，在当地四大国有商业银行中排名第 1 位。实现考核利润 19.74 亿元，同比增加 5.48 亿元，增幅达 38.43%，完成总行计划的 129.98%。实现经济增加值 6.95 亿元，同比增加 2.33 亿元，完成总行计划的 168.84%。存贷利差为 5.58%，比总行计划高出 0.67 个百分点，其中，全部贷款实际收益率为 6.85%，比总行计划高出 0.46 个百分点；全口径存款付息率为 1.27%，比总行计划低 0.08 个百分点。

【资产负债】全口径存款余额 660.48 亿元，在当地四大国有商业银行中占比 22.04%，在全行排名第 28 位；新增 68.53 亿元，在当地四大国有商业银行中占比 22%，在全行排名第 32 位。各项贷款余额 621.5 亿元，在当地四大国有商业银行中占比 28.8%，在全行排名第 19 位；新增 70.74 亿元，增幅达 12.84%，完成总行计划的 101.42%，在当地四大国有商业银行中占比 31.95%，在全行排名第 22 位；各项贷款余额和新增额在当地四大国有商业银行中均排名第 1 位。

【公司业务】公司客户人民币贷款余额（含贴现）为 556.22 亿元，新增 52.84 亿元。全年实现公司类贷款利息收入 36.85 亿元，同比增加 9.09 亿元，占贷款利息收入的 90.83% ，占利息收入的 90.67%。公司客户五级分类口径不良贷款余额为 6.86 亿元，比年初下降 6.99 亿元；不良贷款率为 1.23%，比年初下降 0.09 个百分点。为公司客户开出保函余额 36.3 亿元，开出贷款承诺余额8 700万元，开出银行承兑汇票余额 15.43 亿元，均无一笔垫款发生。

【个人金融业务】个人存款时点余额 296.54 亿元，在当地四大国有商业银行中占比 18.46%，在全行排名第 27 位；新增 26.27 亿元，在当地四大国有商业银行中占比 18.79%，在全行排名第 15 位。基金销售量达 42.23 亿元，完成全年计划的 755.46%。实现国债销售总额 1.34 亿元，在全行排名第 31 位，在当地四大国有商业银行中占比 12.36%。“利得盈”理财产品销售总额达 32.69 亿元，完成计划的 2 179%，在全行排名第 4 位。自营性个人贷款累计发放 21.9 亿元，累计回收 8.46 亿元，余额 36.93 亿元，新增 13.64 亿元，增幅达 58.57%。

【中间业务】全年实现中间业务净收入2.61亿元，增长142.67%。净手续费及佣金收入与经营收入之比由4.37%上升到7.59%，提高了3.22个百分点，市场占比提升了3.83个百分点，完成了在当地四大国有商业银行中增幅第一的年度目标。收入结构进一步改善。

【国际业务】国际结算业务量达18.4亿美元，完成总行计划的842.74%；国际结算业务量（贸易项下）在四大国有商业银行中的占比新增6%，完成总行计划的300%；外汇中间业务收入4 587万元，完成总行计划的110.73%。

【资产质量与风险控制】不良贷款额7.56亿元，比年初减少6.56亿元；不良贷款率为1.22%，比上年下降1.34个百分点；比总行控制计划数减少5.05亿元，计划完成率达166.78%。新发放贷款不良率为0.001%。处置不良贷款8.85亿元，完成总行计划的248.95%。

主要工作举措

推动结构调整，合理配置资源。以内蒙古自治区2007年重点工业项目建设和地区特色优势产业客户为储备营销重点，确定业务转型规划。以主导资产业务为主，调整中间业务拓展方向；把握贷款投向，新增贷款集中投向电力、煤炭、冶金、化工等行业；调整个人信贷结构，以个人住房按揭贷款为发展重点，以呼和浩特、包头、鄂尔多斯三个中心城市行为资源倾斜区域，以地区影响大、未来发展潜力大的优质楼盘和购买普通住房的优质客户为支持对象，限制购买第二套房贷款，暂停消费贷款业务。

推进业务转型，提高创新能力。一是成功设计并发行基于建设银行信贷资产且定向投资于本地区优质客户的“利得盈”信托理财产品43亿元。首次发行经过3个多月的筹划，由本行发起，并与辽宁省分行联手，仅用8天时间，就成功发行4期“利得盈”信托理财产品，为内蒙古伊泰股份有限公司和鄂尔多斯羊绒集团有限责任公司募集资金25亿元。二是成立呼和浩特、鄂尔多斯财富管理中心，为会员客户提供五大类15项金融类和非金融类差别化服务。三是推进网点转型，加强网点建设。2007年，转型网点达69家，安排资本性支出5 752.9万元，对51家营业网点进行装修改造，投入使用自助设备464台、附行式自助银行95家、离行式自助银行7家，投入使用的416台自动柜员机每月盈利62万元。

强化市场营销，加快业务发展。在机构业务方面，成功争办代理中国进出口银行贷款项目2个，金额达2亿元；确定合作意向项目5个，金额达20亿元。通过派驻柜台、网点营销，成为区内2家法人券商主办行。建立重点客户联动营销，大额存款变动及时监控、通报制度，及时掌握重点机构客户的资金流向，提高机构条线发展机构存款的有效性。开展“抢市场，争份额，保计划，促发展，机构业务存款营销竞赛活动”，新增存款32.3亿元。

在个人存款方面，先后组织开展“牵手建设银行，尊享新年祝福”、“抓存款、夺份额，年终会战”等旺季营销活动，第一季度新增个人存款38.24亿元，实现个人中间业务收入5 208.03万元；通过任务分解、指标考核、定期通报、奖惩并济等措施，有效地遏制了存款下滑局面，为实现全年个人存款目标起到了积极的作用。

在电子银行业务方面，开展“建行e路通，优质服务伴您行”第一季度电子银行有奖营销活动，发展活跃客户42 440户，完成全年业务发展计划的37.55%；先后组织开展网上银行安全产品推广、动态口令卡免费赠送推广、教师节免费赠送USB Key等多种

2007年11月23日，建设银行内蒙古自治区分行与中国兵器财务有限责任公司签署框架合作协议。

营销活动，同时利用内蒙古首届金融产品展示会大力宣传“e路通”电子银行产品，在中高端客户中产生了一定影响，取得了良好效果。开展95533客户服务中心外呼营销服务，进行各类业务外呼营销38 021人次。

在信用卡业务方面，贷记卡增量及存量继续保持当地市场领先优势，全行发卡量净新增74 113张，同比增长28%，完成总行任务的155%，发卡存量140 840张。消费额实现5.5亿元，超出总分行计划2.5亿元，年计划完成率为185%。卡均消费3 935元，同比增长1 000元；账户活动率为47.13%，高于总行要求2.13个百分点；商户新增591户，超出总分行计划391户，完成率达295%；商场POS分期付款合作商户9家，(签约)年计划完成率为128%。贷款额保持快速增长，新增贷款5 025万元，新增计划完成率达574%。贷款余额8 365万元，超出总行计划4 365万元。贷款资产质量保持较好水平，截至年底，全分行贷记卡迟缴60天以上贷款余额165万元，不良贷款率为1.97%，低于总行控制要求2.03个百分点。全年实现中间业务收入815.51万元，同比增长158%。全年贷记卡透支利息收入达463.37万元，同比增长254%。

加强风险控制，提升管理能力。实施集中垂直的风险管理体制，在14家二级分行设置风险主管。全面实施授信业务平行作业，全区以平行作业方式完成客户信用等级评价364户，客户信用评级覆盖率达86.28%；对195个额度授信项目出具授信风险评价意见，完成固定资产贷款项目评估66个；申请贷款366亿元，其中，同意贷款项目365个，占比99.73%。整章建制，优化流程，建立风险条线独立考核机制，强化风险跟踪监测的预见性。启动信贷政策重检工作，逐步完善风险管理评价体系，严格把握、切实提高政策制度的执行力。深入研究具有区域特色的行业与客户群体的审批标准。建立风险条线与经营条线沟通交流机制，两者风险偏好的差距逐渐缩小。提高存量贷款授信和评级的覆盖率。建立风险管理联动机制，制定《风险条线与前台经营条线沟通交流例会议事规程（试行)》，加强风险条线与前台经营条线的沟通联系，保证部门间信息互通，有效地解决政策制度执行和具体业务经营过程中的问题与分歧。

加大防查力度，预防案件发生。制定《建设银行内蒙古自治区分行关于落实案件防控及整改的实施方案》，明确今后三年案件防控及整改工作的目标和指导思想，对2004—2006年发生的9起案件进行分析，查找出54个具体问题并进行整改，提出防查案件八项工作措施，并先后三次召开案件防控工作视频会议，安排部署、研究落实案件防控工作。为使上述方案落到实处，全分行开展以“落实监督、落实制度、落实检查、落实整改、落实问责”为主要内容的“五落实”活动，各级行针对案件防控中的薄弱环节和突出问题进行集中整改、完善制度、学习教育和检查督导，推动了各项工作措施的落实。组织开展会计与营运大检查、信贷业务大检查和合规综合大检查。通过“三查”，各级行、各业务条线对存在的问题进行了全面整改。

执笔：王新民　高效利　赵文华

审稿：裴品才

2007年5月26日，中国建设银行北京市分行组织来自直管支行的130余名党员和入党积极分子开展“亲近自然、熔炼团队”主题党日活动。图为他们穿越白河峡谷。

2007年9月25日，中国建设银行北京市分行组织青年志愿者参加在居庸关长城举行的特奥会执法人员火炬跑——中国迎圣火起跑仪式。

2007年4月7日，中国建设银行北京东四支行开展“绿化家园，奉献建行”植树造林主题活动。

2007年9月14日下午，中国建设银行天津市分行研究室举办了分行研究团队第一期培训。

2007年4月21日，中国建设银行河北省分行与中国建设银行北京市分行签署《环渤海区域联动合作备忘录》。

2007年11月9日，中国建设银行河北省分行第一届职工代表大会第二次会议在石家庄市河北会堂隆重召开。

2007年9月8日，中国建设银行山西省分行宿舍大院里举行采摘节活动。

2007年12月7日，中国建设银行山西省分行100余名总经理级干部在一线网点体验做大堂经理。

2007年9月21日，中国建设银行内蒙古自治区分行呼伦南路支行荣获总行级“青年文明号”称号。

2007年10月16日，中国建设银行内蒙古自治区分行纪委书记肖青为包钢支行获得国家级“青年文明号”揭牌。

2007年9月17日至28日，中国建设银行内蒙古自治区分行在呼和浩特举办了新入行员工岗前培训班，参加培训的是2007年新接收的72名大学应届毕业生。图为新员工接受主题为“挑战自我，熔炼团队”的户外拓展训练。

2007年8月，中国建设银行辽宁省分行进行了独家冠名“龙卡通天下”大型话剧《立秋》的大型营销活动。

2007年12月23日，中国建设银行大连市分行举行了“建行之声”2008中国大连新年音乐会，以答谢建设银行VIP客户。

2007年，中国建设银行吉林省分行行长王毅等领导同志向受助学生代表赠送书籍和爱心纪念卡。

2007年，中国建设银行黑龙江省分行举行了首届省分行系统职工运动会。

2007年7月，中国建设银行上海市分行团员参与夏季特殊奥林匹克运动会公益活动。

2007年9月，中国建设银行上海市分行百名志愿者参与夏季特殊奥运会执法人员火炬跑。

2007年夏，中国建设银行上海市分行积极开展社会反假宣传活动。

2007年11月，中国建设银行上海市分行全情投入上海第五届“理财博览会”。

2007年6月9日，中国建设银行江苏省分行组织开展夏季特殊奥运会相关营销宣传活动。

2007年7月27日，中国建设银行江苏省分行与南京中电熊猫信息产业有限公司签署银企合作协议。

2007年9月29日，中国建设银行江苏省分行财富管理中心开业。

2007年5月18日，苏州市残联和中国建设银行苏州市分行联合举办“百名智障儿童迎特奥阳光户外行”暨中国建设银行关爱卡发卡仪式。

2007年5月27日，中国建设银行“用行动关爱社会”——浙江省分行系列公益活动启动暨“关爱卡”发卡仪式在杭州举行。

2007年3月28日，吉利龙卡首发仪式在杭州举行。

2007年5月19日上午，宁波市银行业金融知识普及活动启动仪式暨大型广场咨询活动在天一广场举行。图为中国建设银行宁波市分行工作人员向市民介绍信用卡的申领程序。

2007年5月28日下午，中国建设银行宁波分行与宁波市工商业联合会联合主办的民营企业资本市场运作暨IPO项目推介会在南苑饭店隆重举行。

2007年10月17日，中国建设银行安徽省分行受总行委托向安徽省政府捐赠100万元用于遭受洪水灾害地区的灾后重建。

2007年8月14日，中国建设银行福建省分行组织员工义务献血。

中国建设银行福建省分行经常举办形式多样的文体活动，以此增强员工体质，陶冶员工情操，活跃员工生活，营造和谐的企业文化氛围。图为2007年9月27日在福州举行的中国建设银行福建省分行第五届职工乒乓球锦标赛。

2007年1月6日，中国建设银行厦门市分行、开发中心举行迎新春员工长跑活动。

2007年5月18日上午，中国建设银行厦门市分行举行财富管理中心开业庆典。

2007年11月24日至25日，中国建设银行厦门市分行在总行举办的全国建行柜面业务竞赛中获得多个奖项。朱冠英(左一)获得了个人全能三等奖(第四名)的好成绩。

2007年3月19日，中国建设银行江西省分行“小刘理财”栏目向客户提供咨询。

2007年2月9日晚，中国建设银行山东省分行“唱响2007，共建和谐建行”合唱比赛在分行本部举行。

2007年5月12日，“中国银行业文明规范服务示范单位”揭牌暨中国建设银行山东省分行“文明优质服务月”启动仪式在济南大观园支行隆重举行。

2007年6月10日，中国建设银行山东省分行与山东阳谷祥光铜业银团贷款签约仪式在济南市山东大厦隆重举行。

2007年6月14日至15日，由中国人民银行主办的金融知识展览济南巡展在舜耕会展中心举行。图为中国建设银行山东省分行“何晓工作法”创立者何晓同志向储户讲解反假币知识。

2007年12月20日，“建设未来——中国建设银行山东省分行资助贫困高中生成长计划”启动仪式在济南历城二中隆重举行。

2007年10月27日，中国建设银行河南省分行坚持以客户为中心，开展了形式多样的营销活动。图为该行开展理财课堂进社区活动，员工在为客户介绍手机银行功能。

2007年3月6日，中国建设银行河南省分行针对女性VIP客户举办理财与健康沙龙。

2007年11月10日至11日，中国建设银行湖北省分行主办了2007年度"建行杯"羽毛球邀请赛。

2008年2月18日，中国建设银行湖北省分行客户接待日现场。

2007年11月29日，中国建设银行湖北省分行与浙江企业联合会企业家进行座谈。

2007年3月8日，中国建设银行三峡分行当阳支行举行庆祝妇女节趣味活动。

2007年8月21日，中国建设银行湖南省张家界分行参加了由张家界市银监局组织的在永定区新桥镇开展的“送金融知识下乡”活动。

2007年5月17日，中国建设银行深圳市分行举行产品方案论证会。

2007年5月24日，中国建设银行汇率风险管理高级研讨会在深圳市举行。

2007年3月25日，中国建设银行广西壮族自治区分行与中组部、团中央第七批赴桂博士团共同举办研讨会。

2007年7月30日，中国建设银行海南省分行行长梁福成带队与三亚海军某部官兵共同庆祝“八一”建军节。

2007年8月13日，中国建设银行四川省分行举行系统内首笔商业发票银团融资签字仪式。

2007年3月8日，中国建设银行重庆市分行举办了以“欢乐家庭”才艺展示比赛。

中国建设银行重庆市分行开展了柜面业务知识和“三项技能”（点钞、翻打凭条、汉字录入）的业务培训。图为2007年5月22日晚，中国建设银行重庆市巴南支行邀请了多次参加总、分行比赛的选手来行指导员工点钞技能。

2007年7月4日，中国建设银行贵州省分行直属贵阳京瑞支行举行员工家属座谈会。

2007年5月12日，中国建设银行贵州省分行参加全省银行业“文明服务月”启动大会。

2007年12月15日，中国建设银行贵州省分行举办中国建设银行茅台酒经销商2007年度网上支付突出贡献奖颁奖晚宴。

2007年6月13日，中国建设银行云南省分行参加“送金融知识下乡”活动。

2007年5月，中国建设银行西藏自治区分行拉萨市宇拓路支行获全国级“青年文明号”称号。

2007年9月10日，中国建设银行西藏自治区分行在尼木县举行扶贫捐赠仪式，捐赠金额65万元。

2007年9月4日，中国建设银行青海省分行基金火爆销售的场面。

2007年11月15日，“建设未来——中国建设银行新疆维吾尔自治区分行资助贫困高中生计划”捐赠仪式。

“赢在2007”中国建设银行新疆维吾尔自治区分行职工文艺演出。

2007年5月16日，中国建设银行常州培训中心为青海分行组织素质测评。

2007年11月20日，中国建设银行常州培训中心举办学员论坛，这是该中心对培训方式的一种创新。

辽宁省分行

辽宁省分行行长王军

业务发展概况

2007年，辽宁省分行实现拨备前利润27.49亿元，比上年增加11.48亿元；实现考核利润20.49亿元，比上年增加13.39亿元，在全行排名第17位，比上年提升12位；创造经济增加值6.91亿元，比上年增加7.23亿元，完成总行计划的355%，在全行排名第20位，比上年提升15位。

【公司业务】全口径企业存款时点余额新增91.85亿元，全口径日均企业存款余额新增107.35亿元。各项贷款时点余额为776.79亿元，比年初新增83.17亿元，其中，公司类贷款新增63.93亿元。各项贷款日均余额为746.27亿元，比上年新增47.27亿元，其中，公司类贷款新增19.28亿元。

【个人金融业务】全口径存款时点余额1 655.81亿元，新增211.38亿元，完成总行计划的150%，其中，个人存款新增47.87亿元。全口径日均存款余额1 580亿元，比年初新增194.59亿元，其中，个人存款新增51.57亿元。个人类贷款时点余额新增19.24亿元，个人类贷款日均余额新增27.99亿元。

【中间业务】全口径同业存款时点余额新增71.66亿元，全口径日均同业存款余额新增35.67亿元。实现中间业务收入8.8亿元，同比增幅达151.39%。中间业务收入在系统内排名第12位，在当地四大国有商业银行中占比35.69%，排名第1位。

【国际业务】国际结算量新增13.28亿美元，完成总行计划的120%；结售汇业务量12.12亿美元，完成总行计划的143%。

【资产质量与风险控制】五级分类口径不良贷款余额29.6亿元，比年初下降0.6亿元；不良贷款率为3.81%，比年初下降0.87个百分点，实现了不良贷款“双降”目标。

主要工作举措

明确工作思路，规划发展方向。按照总行战略规划要求，结合辽宁省分行实际，制定2007—2009年发展规划，明确提出三年战略目标：当地最好，主要指标进入建设银行前12名。将“以人为本”作为制定工作措施的出发点和落脚点，按照人均收入增长5 000元的目标倒算综合经营计划。满足员工不断提高的物质生活需求，通过开展员工满意度调查等工作，深入了解和挖掘员工在精神生活和文化生活方面的深层次需求，营造积极向上的企业文化氛围。通过推进计划财务、信息技术、人力资源、基础管理、风险管理、市场营销六大类44个战略规划项目，引领全行各项工作的全面进步。

加大营销力度，全力开拓市场。开展举办“建行杯”羽毛球世界冠军表演赛、独家冠名“龙卡通天下”大型话剧《立秋》等大型营销活动，有力提升了建设银行在辽宁地区的社会影响力。举办两次中小企业贷款集中签约仪式，签约合同总额达2.7亿元，扩大了辽宁省分行中小企业贷款品牌的知名度。企业年金业务取得实质性突破，顺利发行首笔“乾图理财”产品，成功续签《省本级社会保障资金专项服务协议》，代理财政业务继续保持同业领先地位，证券保证金第三方存管业务（CTS）市场占比居同业第一位，开出全国建设银行第一笔中国信保公司担保项下的反担保履约外汇保函。以网点转型推动个人业务营销模式的全面转型，完成180家零售网点的转型工作，突出转型网点的销售功能，个人存款与理财产品销售量均居当地同业首位。全年装修改造网点180家，竣工150家，新建总行级财富管理中心2家、省行级财富管理中心8家、贵宾理财中心30家，有效提升了建设银行的社会形象和服务功能。组建个人业务单元营销团队36个，突出旺季营销抓卖点、产品营销抓重点、联动营销抓资源，全年持续开展各类营销活动，有力地促进了借记卡发卡及基金等理财产品的快速增长。电子银行渠道转移效果明显，电子银行交易量与柜面交易量之比达到37.12%。

强化风险管理，建立风险防范长效机制。推进授权方式改革，改层级授权为对风险经理和审批人授权，建立风险经理、审批人派驻制。推进审批模式改革，改单纯审批贷款项目和客户为审批多维度金融服务方案。实行项目评估省分行集中管理，有效整合资源，提高了专业化服务水平。提早实行十二级分类，以十二级分类结果作为二级分支行绩效总量分配的基础。对信贷项目期限的匹配性进行评估、调整，使信贷期限符合企业现金流规律，以降低风险。加强对总行、省分行风险偏好、风险政策、审批标准等信息的传导，促进前台经营部门对统一风险标准、偏好形成趋同认识，加大了对政策标准的执行力度。

深入推进改革，加强基础管理。积极推进前台、后台分离和后台业务集中，完成总行和一级分行集中项目49项。建立会计集中稽核、金库集中管理和现金集中配送体系。进行IT集中管理与资源整合，建立IT集中管理体系。推进资产保全业务集中管理，沈阳地区各行公司类不良资产已集中，清收处置工作进展顺利。推进后勤集中管理，建立后勤管理委员会，加强对后勤服务工作的系统管理。引入六西格玛质量管理方法，改进柜面业务流程，减轻前台压力。简化信贷审批流程，积极探索自动审批新方式，提高审批效率。加大对中间业务的整体推动力度，推行中间业务“现买单制”。开展以“按章规范操作，整治操作风险”为目标的会计基础管理年系列活动，夯实会计基础，切实防范操作风险。建立全额资金计价管理体系和内部资金价格体系，细化产品价格，突出业务发展的战略导向。推进包括绩效考核系统、客户关系管理系统、产品管理系统在内的管理信息系统项目建设。开展岗位评估与评价，建立以岗位为基础的薪酬体制；对高管人员推行以品绩考核为主要内容的年薪制管理办法，全面评价高管人员的贡献度。积极开展ISO 9000质量管理体系贯标工作，明确各项业务流程与管理活动的质量要求，形成辽宁省分行的质量体系，质量体系进入全面推广和运行阶段。推进客户满意度调查，建立持续跟踪改进制度。严

2007年10月28日，建设银行辽宁省分行行长王军与铁岭市市长张竞强正式签署建设银行辽宁省分行与铁岭市政府银政合作协议。

格把好法律性文件审查关口，事前风险防范进一步加强。落实案件防控及整改方案，强化遵章守纪、合规经营意识，从源头和细节上做好案件防控工作。

执笔：关连山
审稿：陈 利

大连市分行

大连市分行行长杨文升

业务发展概况

2007年，大连市分行全年实现主营业务收入21.32亿元，较上年增长47.11%；实现拨备前利润13.39亿元，较上年增长57.49%；分别完成总行计划的118.18%和128.02%。进一步夯实资产质量，全年计提减值准备金6.37亿元，受此因素影响，全年实现考核利润和经济增加值分别为8.04亿元和1.37亿元，分别完成总行计划的85.2%和44.79%，经济资本回报率为15.37%。

【资产负债业务】全口径存款余额较年初增长113.56亿元，增幅达22.57%，新增额和增幅在本地区四大国有商业银行排名中均居首位。存款地区同业占比29.2%，较年初提高3.37个百分点，总体规模虽仍处第二位，但与第一名的差距已缩小至7亿元以内。其中，对公存款市场占比达到35.55%，领先第二名5.84个百分点；个人存款新增7.13亿元，居第二位。年底各项贷款时点余额378.27亿元，新增51.94亿元，增幅达15.92%，余额、新增额均列本地区四大国有商业银行首位。

【中间业务】收入结构进一步改善，实现中间业务净收入3.92亿元，计划完成率达到148.3%；实现中间业务毛收入4.06亿元，占主营业务收入的比重达到18.33%，地区同业占比达26.77%，位列第二位；同比增长150.62%，同比增幅在建设银行系统排名第九位。

【战略性业务】国际结算量累计达到48.2亿美元，完成总行计划的104.14%；双币种信用卡业务发展态势良好，其中，信用卡消费交易额达到9.15亿元，完成总行计划的91.5%；信用卡新增发卡量71 475张，完成总行计划的102.11%。电子银行客户交易额1 499亿元，完成总行计划的150%，电子银行交易量与柜面交易量之比为44.56%，完成总行计划的135%，在全系统排名第六位。

【资产质量和风险控制】2007年底，全分行不良贷款余额为16.36亿元，比年初净下降0.43亿元；不良贷款率为4.32%，比年初下降0.83个百分点。全年处置抵债资产1 873万元，实现变现资金3 174万元；累计现金回收不良贷款4.73亿元，实现超值现金回收1.17亿元，完成总行计划的306.45%。

主要工作举措

加速各项业务发展，提升核心竞争力。大连市分行积极推进个人银行业务。全年累计销售各类个人银行业务产品148亿元，基金净销售额达106亿元，均位居大连市四大国有商业银行之首；AUM300万元以上高端客户新增234人，增幅达124%；个人资产业务健康发展。全分行个人贷款年底余额为83.57亿元，当年净新增18.3亿元。全年归集公积金存款46.64亿元，占同业市场份额的90.3%；发放个人公积金住房贷款26.89亿元，占同业市场份额的75.15%。

公司业务继续保持优势，机构业务快速发展，客户结构日益优化。与英特尔公司、韩国STX集团等新客户建立了密切的合作关系，与船舶重工等老客户在出口船境外保函、名企卡等业务领域的合作取得突破性进展，加强了与大连机床、中床国际物流集团的租赁业务合作，军队和武警客户营销取得重大突破。公司存款年底余额和新增额均居本地区四大国有商业银行首位，高于同业平均增幅10.5个百分点，在环渤海区域分行中居首位，高于区域行平均增幅27.45个百分点。证券保证金第三方存管业务快速推进，上线证券公司24家，证券保证金账户余额较年初新增33亿元，增幅达629%，居同业首位；“银关通”业务实现零的突破，与35家企业签署“银关通”业务四方协议。对公客户结构进一步优化，A级及以上公司类客户非贴现人民币贷款余额占比达83%，较年初提高12.64个百分点。

在国际业务方面，通过调整客户营销战略和服务定位，加强重点项目和优势产品营销，积极向客户推介远期结售汇、外汇债务风险管理、远期外汇买卖和外汇保函等优势业务产品，全分行累计实现国际结算量48.2亿美元，较上年同期增长30.3%，计划完成率达104.1%，累计办理结售汇业务59.6亿美元，其中，完成远期结售汇25.1亿美元，在系统内居第一位；企业外汇存款余额大幅上升，在当地四大国有商业银行中占比53.6%；境外保函业务发展迅猛，全年开立非融资类境外保函11亿美元，在系统内名列前茅。信用卡业务强化公私联动营销，“大港龙卡”、“人保龙卡”、香港旅游卡、名校卡、大学生卡营销取得明显成效，信用卡发卡量本年净新增71 475张，实现消费交易额9.15亿元，增幅达75%，全年账户活动率达到47.49%。

全年完成营业网点建设项目29个，网点平均存款余额达2.07亿元，较年初提高0.66亿元。全辖自动柜员机日均取款交易量达171笔，台均实现代理手续费收入6.12万元，分列系统内第一位和第二位，自动柜员机代理跨行取款交易量地区同业排名第一位。启动电子渠道迁移试点工作，柜面分流作用明显，电子银行交易量与柜面交易量占比达44.56%，超出总行平均水平8.37个百分点。全分行电子银行交易量达到2 622万笔，相当于57个营业网点的业务量，对网点和柜面的替代作用显著，创造了可观的价值。

积极推进战略转型，打造高品质银行。加快从传统公司业务向个人银行业务的转型，确立个人银行业务的战略性地位，积极开拓以消费理财金融为主的个人业务，加大财务资源向个人业务配置和倾斜的力度。

在人力资源配置上，向个人业务条线队伍转型，着力提高个人业务条线队伍素质，调整人员结构；在激励考核上，出台战略性业务计件激励办法，加大对价值创造源头的激励力度。

2007年10月21日，建设银行大连市分行与大连机床集团签署银企合作协议。

积极推进网点转型，完成70个网点的转型工作，初步实现网点由交易核算主导型向营销服务主导型转变的目标，通过标准化管理和网点负责人的责任目标管理，促进转型网点业务处理流程、员工服务行为、服务环境的标准化，网点销售能力和客户满意度明显提高；加快公司类、机构类业务内部结构转型，加大对直接融资客户，受市场利率及汇率影响较小的行业、客户和产品的营销力度。

在行业结构上，提高对第二、第三产业特别是服务业的关注程度，加大向政府、教育、军队、文化等产业拓展的力度；在产品盈利模式上，积极从传统的利差收入向利差和中间业务收入并重转变，使投资银行业务、造价咨询业务、财务顾问业务、集合投资理财产品业务等有了长足发展。

强化资产质量管理，努力规避贷款风险。积极培养健康的风险文化。全面推行平行作业，突出监管重点；扎实推进风险分类工作，确保资产质量和拨备覆盖水平的提高；关注业务风险，充分运用内部评级系统，加强客户信用评级及风险预警工作，前移监管关口；充分利用银监会发布的大额授信客户风险统计信息，进一步提高大额授信（集团）客户风险的识别、预警和控制能力。着眼于提高审批效率，梳理信贷审批流程，进一步优化对公授信和个人信贷业务审批机制。

加强不良资产的清收处置工作，完善不良资产处置机制，建立重点项目总行、分行、经营单位三级机构清收督办机制，实施重大项目行领导牵头负责制；加大对问题贷款的跟踪监测力度，建立“双十大”问题贷款月分析制度。积极运用法律手段，克服执行难题，成功盘活困扰市分行两年之久的大显集团1.8亿元不良贷款，成为大连市分行有史以来以法律手段处置的金额最大的一笔不良资产。

加强内部风险控制，提高基础管理水平。强化会计管理，推进前台、后台分离。通过调整复核授权控制体系，合并复核、授权等重复控制环节，大幅度提高业务处理效率。加强会计监督管理体系建设，对屡查屡犯业务进行持续跟踪，逐步建立疑点和薄弱环节的持续跟踪检查制度。组织全行挂账事项和特定事项会计处理检查，防范案件风险、确保资金安全检查等专项检查，完成了市分行本级各相关部门重要单证核对、核算整改落实工作。

做好对风险点的检查排查工作。重点开展员工购买彩票和股票等行为排查 、柜面业务互查 、重点时段业务检查、资金清算业务检查、个人贷款业务收费流程与账户管理检查以及对账回单印鉴审核检查，并组织人员深入企业清理核查。通过对员工行为、各类业务进行检查，进一步构筑风险防范的屏障，确保全年安全运营，全年无案件发生。

加强数据质量管理，提高信息管理和技术保障水平。确立日数据监控制度，实施重要系统和指标数据月检查制度；加强对决策数据的采集分析，牵头建立大连四大国有商业银行间的数据交换机制，为经营决策提供了数据支持。强化对系统安全的监控能力和分析能力，保障IT系统稳定运行；加大科技项目建设力度，全年完成总行上线推广项目31项，实现市分行各类开发需求140余项，提升了科技的支撑保障能力。加强安全管理，实现了安全运营。

重视企业文化建设，增强全分行凝聚力。通过学习座谈、邀请专家授课、坚持中心组理论学习等活动，提高各级领导人员和管理干部贯彻落实科学发展观与务实创新的能力。按照中央及总行部署和要求，召开以加强思想作风、学风、工作作风、领导作风和生活作风建设为主题的民主生活会，组织党员干部进行自身作风剖析检查、认真整改。

按照“干部流动、重视人才”的原则，通过全面考核，调整部分管理干部岗位，调动人员积极性。加大业务培训力度，先后举办管理干部、理财规划师、转型网点大堂经理、新入职员工以及各条线产品业务培训300余期，开拓了员工的视野，提高了履岗能力。深入推进企业文化建设，组织健康多彩的群众性文体活动，丰富了员工的业余生活，增强了全分行员工的凝聚力和向心力。

执笔：方宗翰　侯文学

审稿：张喜军

吉林省分行

吉林省分行行长王毅

业务发展概况

【经营效益】实现考核利润12.58亿元，同比增盈5.13亿元；实现经济增加值4.44亿元，同比增加2.61亿元；实现账面利润12.56亿元，同比增盈10.32亿元，继续占据省内四大国有商业银行首位。

【存款】全口径存款余额749.89亿元，新增84.73亿元，增幅达12.74%。其中，个人存款余额403.79亿元，下降1.6亿元；企业存款余额286.65亿元，新增41.44亿元，增幅达16.9%；同业存款余额59.45亿元，新增44.89亿元，增幅达308.31%。全口径存款、企业存款和同业存款新增额占比均居省内四大国有商业银行首位。

【贷款】各项贷款余额397.23亿元，新增49.43亿元，增幅达14.22%。其中，人民币对公贷款余额332.09亿元，新增28.23亿元，增幅达9.29%；个人类贷款余额57.14亿元，新增18.49亿元，增幅达47.84%；外币贷款余额8亿元（折合人民币），新增2.71亿元，增幅达51.23%。个人类贷款在各项贷款余额中占比14.38%，比年初上升3.27个百分点；公司类AA级以上客户贷款余额在公司类贷款余额中占比89.69%，比年初上升5.02个百分点，贷款结构进一步优化。

【中间业务】实现中间业务净收入4.83亿元，新增2.85亿元，增幅达143.9%，完成总行计划的141%，居省内同业第二位。中间业务收入占主营业务收入的比例为18.18%，同比提高5.69个百分点。

【资产质量】不良资产总额8.78亿元，下降4.48亿元；不良资产率为1.12%，下降0.82个百分点；五级分类口径不良贷款余额7.64亿元，下降3亿元；不良贷款率为1.92%，下降1.14个百分点，低于全国建设银行平均水平0.62个百分点，贷款质量为省内四大国有商业银行中最优。

【考核指标】效益指标、风险指标和战略指标全部完成总行计划，其中，不良资产超值现金回收、新增个人高端客户、新增国际结算量等指标超额完成总行核定计划1倍以上。

主要工作举措

完善绩效考评机制，加大考核激励和资源配置力度，全面提升业务发展能力。围绕总行业务转型的战略导向，从纵横两个方向进一步完善以经济增加值为核心的绩效评价体系，推出按增量和当期量分别挂钩考核绩效工资的办法，调整、优化财务资源配置政策，加大对战略性重点业务的资源投入，全年配置战略性和业务拓展及激励费用4 186万元。加强资本性资源配置，规范资本性支出管理，加大对中心城市行的倾斜力度，增加网点装修改造和自助银行设备投入，大力推进网点形象建设。全年资本性支出为2.24亿元，同比增加0.68亿元，增幅达43.6%。其中，装修改造营业网点和购置自助银行设备花费1.5亿元，占全部支出的67%。

积极推进网点转型，加大基金、理财产品等重点产品营销力度。抓住资本市场持续活跃时机，加大对代销基金、个人理财产品营销等的激励力度，实行基金、"利得盈"等理财产品现场推介营销服务新模式，实现基金销售跨越式增长，理财产品销售翻番。全年累计销售基金178亿元，同比增长11.9倍；销售本外币理财产品9.3亿元，是上年的2.4倍。

加快网点转型步伐和加强渠道建设。按计划完成首批73个网点的转型试点工作，购置、装修改造营业网点43个，新增自助银行2家，新增自助设备130台，自助设备总量达513台。自助设备交易量与柜面业务量之比达35%，自助设备台均交易量超过窗口平均业务量，有效地减轻了柜面客户排队压力。

开展"财富之旅"、"成长之旅"等营销活动，建立多层次VIP客户服务体系，累计发展VIP客户43 273人，新增25 826人，其中AUM300万元以上个人高端客户新增186人。

积极营销重点优质客户，大力拓展投资银行业务，加快推进公司业务转型和发展。通过组建任务型团队，加强对跨国公司、世界500强企业、省外名企客户的营销。与省交通厅、吉电股份等集团客户签订了全面合作协议，与国能辽源生物发电有限公司签署《银企合作框架协议》。全年新增结算量5 000万元以上公司类基本账户53户，其中，新增结算量1亿元以上基本账户33户。

着力推进公司业务转型，重点发展投行业务。成功承销吉林森工5亿元短期融资券，在全国建设银行系统内首次实现短期融资券银行担保发行的金融创新。首次牵头承办通钢集团冷轧薄板和热轧深加工生产线银团贷款项目，全年成功参加8笔内外部银团贷款。成功营销吉林省农电有限公司四平城郊分公司企业年金业务，实现年金业务新突破。

积极推进票据贴现经办机构专营化。在省分行和二级分行组建票据中心，在6个贴现重点客户较集中、业务量较大的支行设立贴现经办窗口，实行专业化运作。全年累计办理贴现119亿元，实现收入1.67亿元，同比增加0.69亿元。

进一步推进小企业业务发展。稳步推广"成长之路"信贷产品和小企业商铺抵押贷款业务，小企业非贴现贷款余额3.89亿元，新增1.23亿元。

加快创新产品推广步伐。积极推广应收账款封闭运行贷款和保兑仓融资业务，以满足通钢集团等优质客户上游企业和下游经销商的融资需求。

加强团队营销和产品创新，扎实推进机构业务和代理业务发展。积极落实"八一工程"总体营销计划。成为吉林省武警总队唯一合作银行，吉林省武警总队系统基本结算户新增50户。特种存款余额5.5亿元，新增2.7亿元，市场占比20.9%。

加强联动营销，确保代理业务稳步发展。成功营销省财政厅债务中心一类外国政府转贷款3亿美元和95亿日元新增项目管理

建设银行吉林省分行给予吉林省白城风电项目贷款支持，并提供全方位的综合金融服务。

行业务，代理中国进出口银行大连市分行办理业务 21.1 亿元，首次为一汽财务有限公司办理 1.64 亿元信贷资产转让业务。

证券保证金第三方存管业务取得实质性进展，与东北证券、国泰君安、海通证券等 18 家证券公司签订存管协议，上线客户 31.3 万户，证券公司客户存款余额 54.4 亿元，增加 43.9 亿元，增幅达 418%。

积极转变经营模式，推动住房金融与个人贷款业务快速发展。积极转变经营模式，稳步推进个人贷款中心、个人贷款系统、业务流程再造“三位一体”工程和客户经理队伍建设，加强楼盘营销和对长春市住房公积金管理中心等单位委托性业务的高层营销，加大个人不良贷款压缩力度，标准化催收工作效果显著。年底，个人住房贷款余额 46.9 亿元，新增 17.6 亿元；个人消费贷款余额 10.2 亿元，新增 0.9 亿元，个人贷款余额已跃升至省内同业第二位，其中长春地区个人贷款余额居当地同业首位。委托性存款余额 55.3 亿元，新增 11.2 亿元。委托性存款、公积金存款、公积金贷款三项指标的余额占比、新增占比均居省内同业首位。个人不良贷款余额 6 810 万元，比年初下降5 338万元；不良率为 1.19%，比年初下降 1.95 个百分点。

发挥本外币联动作用和全行整体优势，推动国际业务快速发展。组建任务型团队，大力营销重点客户。营销长春轨道客车股份有限公司泰国地铁项目外汇业务，累计为长春轨道客车股份有限公司、长客进出口公司和庞巴迪公司 3 家客户办理各种外汇业务 2.9 亿美元。累计为一汽大众办理外汇期权交易 2.3 亿欧元、衍生产品重组交易 1.44 亿欧元。

积极营销推广外汇业务新产品。为大成玉米、吉盟腈纶和奇峰化纤 3 家公司办理 9.8 亿元人民币债务 QUANTO 产品，实现该项业务零的突破。相继为吉粮集团、长春轨道客车股份有限公司累计办理 5 706 万美元远期结汇业务，改变了长期依赖进口业务的局面。

调整优化客户结构，扭转依赖大客户发展国际业务的局面，全年新增国际结算量千万美元以上结算户 10 户。外汇贷款余额 10 956万美元，新增 4 179 万美元，增幅达 61.7%；完成国际结算量 27.5 亿美元，同比增长 34%，创历史新高；实现外汇中间业务收入 5 363 万元。

以联名卡为重点，推动信用卡业务快速发展。加大产品创新力度，积极争办联名卡项目。与长春市政府、吉林省教育厅、长春有线电视台、吉林省卫生厅等单位合作，推出“长春名城龙卡”、“吉林教育龙卡”、数字龙卡和卫生龙卡。大力发展商户收单和分期付款业务。全行自有特约商户达 551 户，本年新增 351 户，自有商户累计交易金额达 26 亿元，商户动户率达 85%。积极改善用卡环境，完成全省 POS 系统升级改造，同步推出财务转账 POS 和移动 POS，新投入 POS 515 台，是上年投入的 4.29 倍。

开展各种信用卡促销活动，提高账户活动率，全年新增活动账户31 652 户。龙卡信用卡发卡 18 万张，新增 11 万张，增长 157%；龙卡信用卡消费额达 54 932 万元，同比增加 29 917 万元。

加强电子银行渠道建设，丰富服务功能。完成电子银行一体化签约系统的上线工作，在全行系统内率先开通了移动 POS 一体化和短信签约服务。开通企业网银 7×24 小时服务和体彩、福彩即开票投注站缴费电话银行服务，积极开展 95533 外呼营销，强化服务监督和客户意见反馈职能。年底，电子银行客户达 78.6 万户，新增 22.4 万户；电子银行交易额达 4 580 亿元，同比增长 229%；电子银行交易量与柜面交易量之比为 26.25%，同比提高 11.74 个百分点。

积极回收、转化和处置不良资产，稳步提高资产质量。加大重大不良贷款项目处置力度，成功现金回收长春供热公司、长春应化所、吉林石油天然气公司、吉林天元石油公司和海南昌茂公司不良贷款 11 729 万元。全年处置各类不良资产 57 970 万元，完成总行计划的 164%；现金回收 34 742 万元，实现超值现金回收 7 426万元，完成总行计划的 238%。

强化风险内控管理和基础建设，努力提升服务品质，为业务发展提供有力保障。加强基础管理，提高风险控制能力和合规经营水平。完善风险政策制度和风险管理体系，开展对县级支行、营业网点、基层机构柜员岗位 3 个层次、共 13 类关键风险点的监控检查，检查营业网点 6 100 多次，检查柜员岗位近 3 万人次。

深入贯彻落实总行案件防控工作部署，建立和完善整改工作机制，加大对审计、监管检查中所发现问题的整改力度。

加强会计专项检查、顶岗检查和全面检查，对重要风险点进行重点监控；优化调整会计制度及柜面交易业务操作流程，规范会计核算手续，防范操作风险。加强金库集中作业管理，实现长春城区行和各二级分行所在城市行现金及重要单证集中配送。

加强柜面服务管理和考核，提高全行服务水平。制定下发了对公和个人业务柜面服务系列考评办法，多次通过神秘人暗访和抽看监控录像对营业网点服务质量进行检查。开展客户柜面服务调查问卷、银企联谊会等活动，多渠道了解客户需求，制作和组织学习柜面服务标准录像片和正反两方面多媒体案例，举办演讲比赛和召开柜面服务现场工作会议，介绍、交流先进经验。在总行2007年第三季度神秘人检查中，全行平均得分95.2分，较上年提高41分。

加大对重点案件的督导、管理力度，取得新华书店担保纠纷案再审胜诉，实现预计负债回转840万元。围绕创建“平安建行”活动，加大安全检查监管力度，健全安全防护体系。稳步推进IT集中工作，顺利完成二级分行服务器上收和总分行各项信息技术项目开发推广任务。

加快组织机构调整，深化人力资源管理。调整省分行本部内设机构，成立一级分行信用卡中心，二级分行项目评估中心、票据中心、投资银行部和小企业中心，撤并长春龙信支行，促进相关业务专业化集中管理和经营。切实加强对基层机构负责人、重要岗位员工的监督管理，交流基层机构负责人51人，占应交流面的63%。建立省分行级业务核心人才队伍资料库，进一步加强了核心人力资源的精细化管理。积极开展中高级管理人员领导能力提升、零售业务转型、公司业务团队营销等多业务种类培训，组织培训班518期，参训人员达14 797人次。

执笔：刘　刚　邹　昕

审稿：程超英

黑龙江省分行

黑龙江省分行行长薛峰

业务发展概况

2007年，黑龙江省分行实现考核税前利润14.7亿元，完成总行计划的146%；实现经济增加值5.5亿元，完成总行计划的258%。中间业务净收入7.25亿元，增长226.58%，完成总行计划的158%，市场占比31.26%，提高8.8个百分点，当地同业排名上升到第二位。全口径存款余额1 213.3亿元，新增94.5亿元，增长8.45%。各项贷款余额440亿元，新增28.7亿元，增长6.98%。不良贷款余额20.03亿元，比年初下降1.53亿元，降幅达7.1%；不良贷款率为4.55%，下降0.69个百分点，低于计划0.11个百分点；当年纯新发放贷款不良率为零，资产质量指标均控制在总行计划之内。

【公司业务】贯彻国家宏观调控政策、总行信贷政策及统一风险偏好，整合客户线、产品线，建立任务型营销团队，加大省分行信贷直营力度，调整信贷结构，推动对公贷款的增长。加大对优质客户和行业龙头客户的营销力度，用增量抵消网通集团黑龙江省分公司18亿元大额计划外还款的冲击，促进信贷余额增长。

公司客户贷款余额 319.54 亿元，增长 18.64 亿元，完成总行计划的 114%。公司客户贴现余额 27.75 亿元，增长 3.51 亿元。加大高风险行业退出力度，退出低劣质贷款 4.02 亿元。制定《推进小企业业务发展实施意见》，明晰发展目标、客户范围、市场定位和营销服务流程。通过与省中小企业局等政府部门进行沟通合作并借助其信息优势、参加小企业金融服务产品推介会及银企对接会，主动筛选和营销优质客户。小企业贷款新增 3.39 亿元，完成总行计划的 169%。审价咨询以资产业务为依托，以重点项目为突破，发挥激励杠杆和综合营销的作用，实现了历史同期最好收入水平1 402.07万元，比上年增收 760.31 万元，增长率达 118%。

【个人金融业务】2007 年是黑龙江省分行零售业务转型和丰收之年。为全面加强零售业务发展统筹规划、提高单元化协调运作水平，黑龙江省分行组建个人银行业务委员会，在统筹规划、资源倾斜、完善激励机制等方面采取一系列措施，全面推进联动营销、交叉营销和产品组合营销，抢抓市场机遇，促进了零售业务的快速发展，主要业务指标实现历史性突破。实现个人中间业务收入 55 463 万元，占中间业务收入总额的 81.53%，在省内同业中领先，增速在系统内排名第二位。销售基金和理财产品 282 亿元，代销基金量和销售收入居同业首位。借记卡新增 113 万张，增幅达 31%；信用卡新增 14.57 万张，完成总行计划的 189.2%，同业市场份额跃居第一位。新增个人高端客户 31 161 人，增长 74.23%。

【中间业务】制定《2007 年中间业务发展指导意见》，从组织建设、综合营销、考核激励、产品创新等方面明确推进方略。加大对中间业务发展的资源倾斜力度，配置专项费用4 000 万元。在省分行配备专职人员，在分支行建立管理团队，专司中间业务计划、考核、产品研究等系统性工作，采取例会、调研座谈、产品研究和创新、培训等方式，加强部门联动、行际交流和信息传导，使中间业务由事后分析、资源配置转变到事先谋划、团队引领发展，实现有强烈目标要求和结构规划的主动推进。在大力推广和营销总行推出的中间业务新产品的同时，对系统内外的中间业务产品进行对比分析，加快产品的推广和创新。全分行中间业务收入达到营业收入的 21%，提高 10.5 个百分点，收入占比增长 1 倍。

【国际业务】组织春季营销活动，编制外汇资金产品手册客户版，举办重点客户外汇产品推介会。邀请中国出口信用保险公司哈尔滨办事处参加外汇产品推介会并在哈洽会上与之联合参展。结合外汇资金衍生产品和远期结售汇产品设计“外汇避理通”产品，整合设计“海外代付 + 远期售汇”产品组合，降低了客户购汇成本，创造了增量外汇业务收入。借助中俄互办“国家年”的机遇提升对俄业务的市场份额，与俄罗斯 9 家银行建立 27 个边贸账户，对俄边贸结算量增长 140%，占全部国际结算量的 50.87%，系统内排名由第五位提升到第二位。扩大对俄代理行业务，亚洲太平洋银行和滨海社会商业银行分别在省分行开立美元和人民币账户，并在后者开立卢布账户，这是同俄罗斯银行合作首次在省分行层面开立账户。继续扩大外汇业务办理机构覆盖面，完成 7 家分支机构的市场准入工作。2007 年，全分行实现国际结算量 22.75 亿美元，增幅达 65.14%，完成总行计划的 105.14%。结售汇 20.67 亿美元，增长 211.05%。实现全口径外汇中间业务收入3 941万元，同比增长 51.2%。

【资产质量与风险控制】把握总行统一风险偏好和风险限额管理，开展信用评级和额度授信，对公客户信用评级覆盖率达

2007 年 7 月 18 日，建设银行黑龙江省分行举行“龙卡交通卡”启动仪式。

93.4%，比上年提高41个百分点。加大和加快存量贷款监测的密度和频度，通过质量分析、风险预警和信息发布、重大风险事项监控报告等多种方式监控贷款质量。严格分类标准和迁徙操作程序，缩小风险分类与外审机构认定的偏离度。制定《信贷资产质量差别化管理的指导意见》，根据各行信贷资产质量水平的差异实行分类管理。制定下发了《信贷资产质量考核奖罚实施细则》，从激励与约束入手，抓好存量不良贷款催收盘活和利息回收工作，遏制不良贷款反弹。组成行领导牵头的十大不良贷款清收化解团队，形成管控、催收和处置一体化的工作体系。开展“压不良、促回收、保双降”个人类不良贷款攻坚战。累计处置不良资产11.59亿元，完成总行计划的148%。累计现金回收（含催收利息）5.86亿元，完成总行计划的192%。实现超值现金回收5 018万元，完成总行计划的152%。通过充分调研、现场指导、重大项目诊断、直接参与谈判等形式加大对重点分行的支持力度和对重点项目的处置力度。个人类不良贷款处置以治理“假个贷”为重点，并将其作为不良资产清收考核的重要指标与绩效分配直接挂钩。全年处置“假个贷”10 659万元、不良汽车消费贷款3 335万元。

强化操作风险管理控制，将基层机构关键风险点检查列入案件防控体系，整合充实专兼职关键风险点检查人员，扩大网点检查覆盖面。对2006年143笔操作风险损失进行排查、识别和评估，按损失事件类型、产品种类进行维度分析，对损失金额超过百万元的操作风险事件进行深度剖析并编写了两个典型案例。2007年共发现9笔操作风险损失事件，发现笔数和暴露金额均比2006年大幅下降。开展37家二级分支行2006年度风险管理状况试评价，形成试评价报告并提示风险信息。结合总行上年度风险管理评价结果和风险提示，制定下发了《提升风险管理能力的指导意见》，使各机构在客观认识自身风险管理状况的基础上完善措施，提高风险管理能力。按总行、银监会的要求，印发《操作风险管理指导意见》，明确了管理的目标、原则、基本要求、职责分工、考评和信息披露等事宜。

住房金融业务。委托性住房金融业务继续保持绝对优势。住房资金存款余额156.05亿元，新增24.35亿元，完成总行计划的135.28%，市场占比达85%。公积金贷款余额69.46亿元，新增16.10亿元，市场占比达80%。住房金融业务收入2 141万元，在当地同业排名第一位。与黑龙江省绥化市住房公积金管理中心签署合作协议，公积金联名卡营销取得成效。

电子银行业务。电子银行交易量与柜面交易量之比达22.92%，比上年提高8.82个百分点。电子银行单位客户新增6 766户，增长4.7倍，完成总行计划的281.92%；个人客户新增34.64万户，完成总行计划的138.56%。客户活动率由上年的10.22%提高到19%。电子银行业务收入比上年增长154.67%，完成总行计划的145.15%。

机构业务。积极创新、联动营销，深度挖掘机构客户的综合贡献度，充分发挥其联结对公和对私业务的纽带作用。为全省20家武警单位搭建财务转账POS资金结算网络，开办省社保局中省直机关事业单位养老保险基金和哈尔滨铁路局统筹外养老金发放业务。把握资本市场机遇，加强与证券公司的合作，证券保证金存款市场占比达66%。

主要工作举措

推进机构整合。依托新个人贷款系统，整合哈尔滨个人贷款中心和个人消费贷款中心，由个人贷款分散经营模式变为网点前台受理、中台及后台集中操作的流程式管理模式，并在全分行推广。在省分行本部和哈尔滨市分行、牡丹江市分行建立小企业管理和经营中心，为小企业业务加快发展提供了组织保障。在一级分行组建合规部和信用卡中心。制定哈尔滨城区分支行机构扁平化改革实施方案，为2008年启动改革奠定了基础。全年升格与撤并网点各17个，机构总数由年初的455个下降到438个。

加快网点转型。完成转型网点150个，装修改造网点102个，新增自助设备215台，新建自助银行40处，哈尔滨、大庆两家财富管理中心投入使用。

产品服务创新。新发行的“龙卡交通卡”、“北大荒龙卡”、“红松龙卡”等特色卡发卡量均超过万张，完成公积金龙卡系统开发测试工作。完成理财产品综合支持系统、高端客户理财产品系统的上线，提高一线理财产品销售操作效率。完成外汇结构产品系统的测试和上线推广，提高柜面服务效率并降低业务处理各环节的风险系数。在信托受益凭证、商用物业抵押贷款、IPO、实物黄金买卖、人民币掉期、备用信用证项下贷款、外汇结构性存款、“外汇避理通”等新业务领域实现了零的突破。

加速科技开发。完成总行委托开发的代理地方财政集中支付系统，并支持辽宁省分行、吉林省分行、内蒙古自治区分行、贵州省分行对该系统的上线，实现代理地方财政支付业务从重要客户服务系统中平滑剥离并平稳过渡的目的。紧跟市场业务需求，完成一系列特色业务系统的开发和建设，包括代收太平洋人寿保险保费、代收生命保险保费、代理阳光财险业务、代收哈尔滨地税、代收网通公司话费、代收鹤岗地税等新项目的开发上线，佳木斯和黑河代收电费系统 SOCKET 通信方式的开发改造，代办福彩、体彩项目邮储局代理等项目的适应性改造上线；进行了省直住房公积金龙卡项目的开发上线和综合前置平台子项目代理依兰市罚没款收缴项目的开发测试，首次实现建设银行网上银行财政客户端 Windows 外联平台接口的使用。

注重队伍建设。推出并实施安全保卫部经理工作流程管理，精心策划“黑龙江建行年度人物”评选，成功举办全省建设银行首届职工运动会。完善用人机制，拓宽员工职务晋升渠道，首次突破原有限制在二级分支行层面启动四级专业技术岗位公开竞聘。建立劳务派遣人员择优转聘为短期合同制员工的身份转换机制。在全辖开展“真情体验，提升服务”主题实践活动，组织志愿者以切身体验的方式向一流企业和优秀同行学习，汲取经验，查找差距，取长补短，促进提高金融服务水平和核心竞争力。

执笔：谷源明

审稿：张慧敏

上海市分行

上海市分行行长赵欢

业务发展概况

2007 年，上海市分行各项业务健康协调快速发展，经营效益大幅提升，盈利能力继续增强，业务结构和资产质量继续优化。实现账面利润 79.51 亿元，比上年增加 17.11 亿元，增幅达 27.42%；实现考核利润 83.19 亿元，比上年增加 23.02 亿元，增幅达 38.26%；实现经济增加值 39.03 亿元，比上年增加 13.8 亿元，增幅达 54.7%。账面利润和经济增加值在系统内排名第一位。经济资本回报率为 36.23%，比上年提高 5.1 个百分点；资产回报率为 1.21%，比上年提高 0.19 个百分点；成本收入比为 30.71%，比上年下降 2.89 个百分点；人均考核利润为 87.74 万元，比上年提高 20.81 万元。存贷利差达到 4.57 个百分点，比上年提高 0.81 个百分点。净利息收入比上年增长 25.15 亿元，增幅达 28.89%。本外币各类贷款余额 2 126.64 亿元，比年初新增 153.75亿元。全口径存款余额 5 118.41 亿元，比年初新增 1 317.18亿元。

【公司业务】认真贯彻国家宏观调控政策，严格执行总行信贷政策，控制贷款投放总量，把握投放进度，贷款新增额每月均控制在总行限额内。合理配置贷款资源，认真执行行业风险限额政策，在继续巩固与传统重点客户、重点项目之间合作的同时，抓住上海市经济发展和世博会机遇，优先保证黄浦江越江设施、轨道交通等重点项目、重点客户的信贷需求。对公贷款余额1 666.29亿元，比年初新增120.73亿元。对公非贴现贷款比年初新增237.47亿元。A级以上对公客户贷款占比89.78%，比上年提高4.09个百分点。针对市场变化特点，调整小企业贷款经营政策，增加了“速贷通”小企业贷款限额，完善了贷款定价，小企业贷款比年初新增52.91亿元，贷款结构进一步优化。在“2007年上海银行界小企业金融服务洽谈会”上，建设银行上海市分行荣获“小企业客户优秀服务银行”称号，“速贷通”产品荣登为“小企业金融卓越品牌”。

围绕先进制造业、现代服务业、集团客户、跨国公司和优质民营企业客户，瞄准证券、期货等各类市场，针对事业法人、军队和武警、高校及医院等机构客户，巩固和拓展一批重点客户及重点项目，客户结构进一步优化。同时，在银团贷款、现金管理、企业年金、证券保证金第三方存管、资产托管、代理保险、造价咨询等重点产品的营销上取得了新的突破。年结算量5 000万元以上公司客户基本结算户新增1 344户，年结算量1亿元以上基本结算户新增244户。企业存款余额2 398.64亿元，比年初新增254.91亿元。同业存款余额1 487.48亿元，比年初新增1 075.8亿元，同业存款日均余额新增1 221.24亿元。

【个人金融业务】积极推进零售业务转型，增强零售业务渠道销售能力，加快零售业务的发展。

抓住市场机遇，适应客户需求，不断推出个人理财产品，加大基金、国债销售力度，实现个人存款、基金和理财产品的协调发展。个人存款余额1 232.29亿元。全年销售个人人民币理财产品48.68亿元，其中，销售“利得盈”产品41.98亿元，销售“建行财富”系列产品6.7亿元，销售“汇得盈”产品7.87亿美元，代理销售基金392.9亿元，代理发行国债14亿元，个人黄金交易量2.8亿元。

加快个人高端客户群体和服务体系建设，个人高端客户新增53 305人，总数达到15万人。其中，AUM 300万元以上顶端客户新增973户，总数达到1 740户。个人高端客户日均AUM余额达543.2亿元，人均AUM余额达36万元。努力打造“建行财富”品牌，已开业财富管理中心3家、贵宾理财中心14家。

大力推进网点转型，实现网点转型173个，网点服务和销售能力得到提高。加强网点和渠道建设，优化布局，加大在繁华地段和重点区域的机构设置力度，加大网点装修改造力度，在100个网点安装电子显示屏，树立网点新形象。加大自助银行建设和自助设备投放力度，自助银行总数达到172家，全年新增自助设备301台，累计开通运行1 000台。

个人资产业务止跌回升。调整个人贷款结构，重点保证一手房贷款需求，积极拓展二手房市场，个人住房贷款全年新增33.03亿元。以新一轮委托协议为基础，巩固与市公积金管理中心的合作，公积金系统的升级促进了房改金融服务水平的提高和业务的稳步发展，住房资金存款余额350.54亿元，继续保持房改金融领域的领先地位。

【中间业务】全年实现中间业务收入20.5亿元，比上年增加9.45亿元，增长85.52%。其中，实现公司条线中间业务收入9.5亿元、零售条线中间业务收入10.12亿元。中间业务收入占主营业务收入的比重达到15.19%，比上年提高4.22个百分点。财务顾问、短期融资券、信托受益凭证、理财产品和IPO等业务取得新突破，实现投资银行业务收入9 349万元。

2007年11月2日，建设银行上海市分行签署上海浦东嘉里中心银团贷款项目。

【国际业务】积极创新外汇业务产品，在建设银行内率先推出“速贷通”贸易融资业务，办理系统内首笔货押贸易融资业务，大力推广 e－Trade 网上贸易融资系统，大力发展海外融资担保业务。参与跨国公司跨境外汇资金流动的改革试点工作，完成了首笔境外外汇放款业务。相继推出人民币债务 QUANTO，人民币利率互换，与 SHIBOR 挂钩的人民币衍生产品交易，以及和港股指数、B 股挂钩的个人理财产品等创新产品。首次采用法式税务租赁结构，为上海航空公司引进 2 架波音飞机提供融资。完成国际结算量 379.71 亿美元，增长 37.91%。外汇衍生产品交易量 26.6 亿美元，结售汇业务量 210.98 亿美元。实现外汇中间业务收入 4.54 亿元。外汇账面利润同比增长 84.42%。

【资产质量和风险控制】加大不良资产处置力度，创新处置手段，深化对重大项目的分行集约化处置，探索不良个人贷款处置经营新模式。在前两年取得较好成绩的基础上，不良资产处置和回收工作继续取得较大进展，处置不良资产 18.25 亿元，不良资产现金回收 15.33 亿元，不良资产超值现金回收 3.54 亿元，处置贡献度达 13.35 亿元。不良贷款实现“双降”。五级分类口径不良贷款余额 32.69 亿元，比年初下降 0.2 亿元，不良贷款率为 1.54%，比年初下降 0.13 个百分点；逾期和非应计贷款余额 24.07 亿元，比年初下降 3.5 亿元，逾期和非应计贷款率达 1.13%，比年初下降 0.27 个百分点。

加强全面风险管理，着力提升风险管理效能。针对宏观调控的新形势，加强了信贷结构调整，认真落实行业限额管理和调控要求，注重防范集团客户和关联企业风险，加强信贷风险监控和信贷专项检查，加强对重点行业贷款和大额高风险贷款客户的监管，提高对重大风险事项的快速反应能力，防范部分行业波动的风险，有效地控制了贷款风险。近三年纯新发放贷款不良率为 0.169%，控制在总行计划指标内。

完善操作风险管理的制度、管理框架和管理工具，启动业务持续性管理，完善系统、网上银行和自助设备的安全防范应急预案，加强对各条线与基层的风险监控以及对操作风险的管理和监控，通过员工积极参与，有效地防范了操作风险损失。

开展合规综合检查，完善整改机制，进一步规范领导人员的从业行为，规范员工的业务操作，增强了风险防范意识。以创建“平安建行”活动为契机，全面推行安全保卫目标管理等级考核工作，开展安全检查，认真落实防控措施。按照总行“九项禁止性规定”的要求，开展对业务风险点和员工不良行为的“双排查”工作。开展员工职业操守学习实践活动，落实案件防控责任和措施，全员安全防范意识和风险防范技能明显提高，全行全年没有发生一起案件。

【其他业务】围绕电子银行“二次创业”的目标，加快发展电子银行业务，扩大业务规模。实施 95533 系统扩容，从 240 线扩展至 600 线，接通率达到 99% 以上。企业电子银行客户新增 18 163户。单位电子银行交易额 8.8 万亿元，增长 218%。电子银行交易量与柜面交易量之比达到 42.55%。

围绕实现信用卡业务翻番发展的目标，创新信用卡产品，开展银行卡营销攻坚战，贷记卡新增 45.57 万张，贷记卡消费交易额 131 亿元；借记卡新增 185 万张，借记卡消费额 447 亿元。特约商户新增 1 716 户，总量达到 8 914 户。人民币收单 170.22 亿元，外卡收单 12.22 亿美元。

主要工作举措

积极探索营销和经营模式创新。一是加强建设银行系统整体联动，提升营销服务效果。由海外分行提供资金，市分行提供担保，加强长三角区域联动，组织内部银团，推进现金管理业务。二是大力推进集团客户业务任务型工作团队和事业法人客户业务任务型团队建设。三是积极探索小企业经营中心的业务模式，实施小企业经营中心试点。四是初步建立个人贷款中心新的组织架构和个人贷款新流程，实行了流程化、集约化经营。五是加大对重大客户的分行直接营销力度，实施了支行和营业部对重大客户经营模式改革。

按照风险条线集中化、垂直化管理的要求，继续推进风险管理体制改革。配备了风险主管和风险经理，推进大中型公司类客户信贷业务平行作业，实施了项目评估“集中管理、专职评估、平行作业”的管理体制，进一步推进风险管理资源的集中化。

按照集约化原则，建立银行卡中心，推进 IT 集中管理和资源整合。推进财务集中管理，成立市分行经费共享中心，实施采购的集中上移及市分行经费的集中核算和集中支付。推进经营单位后台管理岗位的集约化，调整后台职能管理部门的设置，控制和精减后台管理人员总量。

继续推进会计和营运管理体制改革、前台与后台业务分离和后台业务集中处理，加强现金集中整点、现金和凭证集中配送、上门服务集中以及核算集中，扩大市分行集中运行和管理的离行式自助网点及设备的范围，减轻了柜员操作压力。

进一步完善以经济增加值为核心的绩效评价和激励约束机制。以柜面员工和操作类岗位为切入点，积极探索，逐步确立以绩效考核为中心、以市场价格为导向、以岗位为基础、以购买制为辅助手段的工资计价体系。同时，不断优化市分行直管人员和本部员工的绩效考核办法。

加强服务文化建设，进一步增强全行干部员工“以客户为中心”的服务理念，开展“文明服务月”活动和“解决客户排队，支援网点服务”的志愿者招募活动。结合网点转型，优化柜面岗位组合和柜面业务流程，提高了柜面服务效率，完善了大堂和柜面服务，客户满意度明显上升。

全分行员工积极参加一系列劳动竞赛活动和献计献策活动，涌现出一批全国金融系统和总行级先进模范，展示了员工队伍的良好形象。广大青年员工立足于岗位成才，在岗位资质学习和各类岗位技能比赛中取得优异成绩，在总行柜面业务竞赛中为市分行争得了荣誉。坚持“以人为本”的理念，注重解决员工尤其是离退休人员生活中遇到的困难和问题，开通员工心理健康咨询热线，开展基层文化建设、体育健身和读书活动，构建了和谐企业氛围。

执笔：尤　飞

审稿：林顺辉

江苏省分行

江苏省分行行长张援朝

业务发展概况

2007年，江苏省分行实现拨备前利润70.47亿元，同比增加24.5亿元，增幅达53.3%；实现考核利润63.87亿元，在系统内排名第五位；实现经济增加值28.06亿元。各项贷款余额2 046亿元，新增288亿元，同比少增37亿元；增长率为16.4%，增幅比上年下降6.3个百分点。新增在系统内居第二位。一般性存款余额2 852亿元，新增368亿元，同比多增13亿元；增幅为14.8%，同比下降1.9%。新增居同业第二位、系统内第三位。

【公司业务】公司类贷款余额1 615亿元，在系统内排名第四位；新增179亿元，在系统内排名第二位，同业排名第二位。企业存款余额1 477亿元，新增300亿元，新增额在系统内排名第三位，比上年上升三位，同业排名第三位。

【个人金融业务】个人贷款余额431亿元，新增109亿元，增长率达34%，新增额在系统内排名第二位，比上年前移两位。其中，个人住房贷款余额366亿元，新增102亿元，新增额在系统内和同业均居第三位。个人存款余额1 375亿元，在系统内居第二位；新增 68 亿元，在系统内居第四位，同业排名第二位。

【中间业务】中间业务实现毛收入 17.41 亿元，同比增长 135.52%，在当地四大国有商业银行中增速排名第一位，在四大国有商业银行中的市场占比为 24.94%，比上年提高 5.15 个百分点，居第二位。在全行系统内排名第四位。

【国际业务】国际结算量 201.9 亿美元，结售汇业务量 111.46 亿美元，对公外汇中间业务收入 2.24 亿元，同比增长率分别为 68.33%、66.76% 和 73.04%。国际结算量在当地四大国有商业银行中的占比提高 2.58 个百分点。外汇一般性存款余额 89 751 万美元，新增 25 389 万美元，增幅达 39.45%。外汇贷款余额 52 375 万美元，规模控制达到总行要求。

【资产质量与风险控制】不良资产 50.94 亿元，比年初减少 9.07 亿元；不良率为 1.65%，下降 0.62 个百分点。其中，不良贷款 38.17 亿元，减少 6.09 亿元；不良贷款率为 1.87%，下降 0.65 个百分点。关注类贷款减少 73.63 亿元，占比下降 5.22 个百分点，系统内排名由第 30 位上升至第 15 位。近三年新发放贷款不良率均低于总行控制要求。处置各类不良资产 32.19 亿元，累计现金回收 18.73 亿元，实现不良资产处置贡献 21.8 亿元。

【其他业务】累计发行信用卡 102.4 万张，全行系统内排名第五位，当地同业排名第二位。新增发卡量达 51.5 万张，同比增长 124.2%，系统内排名第四位，较年初上升两位，当地同业排名从第二位跃居首位。信用卡消费额 61.45 亿元，系统内排名第三位，当地同业排名第一位，同比增加 97.78%。借记卡达1 116.33万张，系统内居第六位，比年初新增 245.36 万张，系统内居第四位。借记卡消费交易额 167.43 亿元，居省内四大国有商业银行第一位，同比增长 97.57 亿元，增幅达 139.67%。电子银行交易量与柜面交易量之比达到 37.86%，系统内排名由年初的第 22 位上升到第 11 位；95533 客服热线完成外呼项目 274 个，成功外呼客户超过 20 万户。

主要工作举措

加快结构调整。按照宏观调控要求，实行“有保有压”、有进有退的信贷策略。一是保重点客户信贷需求。加大存量调整力度，充分发挥票据贴现的流动性特点，全年转出贴现（包括再贴现）55 亿元，退出风险隐患较大的关注类贷款 12.39 亿元，核销不良贷款 7.06 亿元，腾出规模保证重点客户信贷需求。继续加大基本建设贷款投放力度，基本建设贷款新增 103.14 亿元，占全部公司类贷款新增额的 57.7%；加大小企业贷款投放力度，小企业贷款余额 123.98 亿元，其中“速贷通”余额 13.1 亿元，“成长之路”余额 27.56 亿元，小企业贷款余额占公司类贷款余额的比重比上年底提高 2.43 个百分点，小企业贷款客户数新增 1 222 户。二是主动退出、压缩高风险行业贷款。总行明确要求压缩回收的行业贷款减少 5.1 亿元，“两高一剩”行业贷款减少 4.56 亿元。过剩行业、“两高”行业贷款余额占公司类贷款余额的比重分别由年初的 16.61%、11.34% 下降到 14.78%、9.9%。三是拓宽企业融资渠道，大力发展信贷替代产品。全年帮助企业直接融资 56 亿元，其中，为无锡国联和连云港港口集团发行短期融资券 25 亿元，为常州国电等 5 家单位发行信托受益凭证 13.5 亿元，引进建银国际对中惠集团、常州亿晶光电的直接投资 12.5 亿元，为无锡红豆提供 5 亿元企业债担保，是我国民营企业发行债券的第一单，促进了重要客户的关系维护。高信用等级客户贷款比重进一步上升，非贴现贷款 A 级（含）以上对公客户占比为 94.7%，比上年提高

2007 年 8 月 21 日，江苏省分行与连云港港口集团在连云港市举行银企战略合作协议签约仪式。

0.2 个百分点。

加强市场营销。加强高层营销、联动营销，为总行与苏宁电器签订战略合作协议做了前期准备工作，成功组织中电熊猫、连云港港口集团与建设银行签约合作，拓展南京地铁工程、无锡长江饮水工程等一批重点项目和优质客户。公司、个人条线加强联动，开展交叉营销、综合营销、捆绑营销。营销专业化水平进一步提高，在发卡和收单领域尝试委托外包方式；组建6个省分行级和24个市行级营销团队，积极推进“八一工程”。整体营销能力的增强促进了业务领域拓展。牵头组建、参加多个银团贷款项目共计64.2亿元，实现中间业务收入1 557万元，系统内排名提升至第二位；船舶出口金融业务合同金额达36.8亿美元，业务量居系统内首位，预计产生中间业务收入1.7亿元，当年实现收入2 800万元，带来企业存款约30亿元，综合效益明显；成功向徐矿集团、江苏省电力公司、一汽解放无锡柴油机分公司三家企业营销企业年金项目，首次归集徐矿集团企业年金达6.7亿元，是目前全国建设银行系统内单户托管资金最多的一笔项目；全行财政、社保存款余额达350亿元，比年初增长近70亿元；证券保证金第三方存管业务快速发展，取得了东海证券、国联证券主办存管行资格，有52家券商上线业务系统，新增签约客户近43万户。在名校卡、名城卡、公务卡、公积金龙卡、百货联名卡等多个领域取得突破；取得独家办理苏宁电器全国门店和苏果全部店面银行卡集中收单业务的资格，与南京大学、东南大学等一批名校开展业务合作。

推进金融创新。积极推进业务创新、产品创新，在国际业务方面推出“理债宝”、“汇贷宝”和“收付宝”等外汇资金业务新产品，增加收入2 000多万元；在公司业务方面推出项目经济评价及工程资金监管业务，第四季度实现收入近500万元；在全行系统中率先对贷款承诺业务的内涵进行了拓展和延伸，扩大业务收费范围，当年贷款承诺业务实现收入4 393万元。在个人金融业务方面，在省内四大国有商业银行中首家推出新股申购类理财产品，吸收资金超过10亿元。积极推进管理创新，加强定价管理，出台鼓励上浮、激励多浮的政策，前台、中台、后台共同把关，贷款收益率达到6.44%，同比提高0.82个百分点。加强资金成本管理，在全年6次加息的情况下，一般性存款付息率为1.67%，仅比上年增加0.07个百分点。加大了对经济资本、风险限额等先进管理工具的应用力度，对公客户信用评级覆盖率达91.59%，比年初提高16.09个百分点。

提高服务质量。进一步完善高中端客户服务体系，建成4家财富管理中心，新增5家贵宾理财中心和103家个人理财中心。AUM 20万元以上客户新增5.73万户，达12.58万户，其中，AUM 300万元以上高端客户新增956户，达1 656户。加快网点转型，完成406个网点的转型推广，转型后网点客户等候时间小于10分钟的占比达到70.8%，比转型前提高14.6个百分点；网点主要产品日均销售69笔，是转型前的2.15倍。加强自助渠道建设，自助银行和自助设备分别达359家和2 138台，自助设备分流能力由上年的18.22%提高至32.74%。会计及营运管理体制改革取得成效，完成47项后台集中事项，占总行提出的60项后台集中事项的78%，后台集约化处理能力和服务能力不断增强。完成IT基础设施资源整合和二级分行服务器上收工作，提高了资源使用效率；新增企业网上银行、个人网上银行、手机银行等多项服务功能，开发特色业务项目21个，根据市场动态需求完成250多项开发任务，加大了科技对业务发展的支持力度。

强化风险防范。一是强化合规经营，切实防范操作风险。制定出台《操作风险管理实施细则》、《基层机构关键风险点监控检查操作指引》，填补了操作风险制度的空白；推进13个关键风险点监控检查、业务持续性管理、不相容岗位梳理等，初步构建操作风险管理架构，违规违章现象明显减少，屡查屡犯问题得到有效治理。在系统内率先开展合规分行创建活动，以“依法合规经营，依法合规操作”为要求，组织开展业务风险点和员工行为“双排查”、基层机构柜面操作风险重点整治等多项专题活动，取得积极成效。主动接受并积极配合外部监管，反洗钱方面继续保持零处罚记录；加大整改力度，对内外部审计和监管中所发现问题进行系统化统一管理，各类问题的整改率大幅提高，综合整改率达到97.73%。二是积极运用新手段、新途径防范和化解信用风险。完善集团客户、大额授信客户风险管理机制，有针对性地对涉及重大资产重组事项的部分集团客户进行信贷政策重检，动态调整信贷策略；健全大额不良贷款处置工作机制，积极探索上下级行和前中后台整体联动的资产管理机制，处置问题贷款20.9亿元，处置非信贷“陈年旧账”0.11亿元。积极争取与政府合作，降低了华源系企业信贷损失。加强信贷审批制度建设，制定船舶、纺织、机械等5个新行业的审批指引，加强对国家重点调控与提示风险的15个行业的贷款和个人贷款的检查，增强了风险防范的主动性和有效性。

加强内控建设。进一步加强“三基工程”建设，构建案件防范长效机制。制定出台《案件防控及整改实施方案》，加大了对造价咨询业务部位和原建设银行自办经济实体的案件防控力度，加大了对基层机构关键风险点的监控检查力度。开展金库和会计业务非现场检查，对全辖金库和二级分支行的检查面达到100%。加大金库改造力度，撤并金库7座，减少管理人员30多名。加强法律风险识别和防范，排查梳理DCC系统和八大类业务中的法律风险点70多个，制作7类业务防范法律风险的操作手册。开展创建“平安建行”活动，员工的风险、案件防范意识有所提高，全年识别、堵住各类诈骗案件25起，涉及金额4 000多万元。

执笔：肖志平

审稿：邵　斌

苏州市分行

苏州市分行行长林少斌

业务发展概况

截至2007年底，本外币全口径存款、一般性存款双双成功超越千亿元大关，年底余额分别达到1 106.66亿元和1 037.74亿元，分别比年初新增315.28亿元和257.74亿元。全行各项贷款余额达到809.25亿元，比年初新增148.27亿元，其中，当年累计发放个人住房贷款121.22亿元，贷款新增76.99亿元。中间业务实现收入4.47亿元，在四大国有商业银行中的占比提高了2.6个百分点。全年实现税前利润20.71亿元。

【公司业务】整合对公信贷业务经营职能，实现大中型对公客户在一级分行所在辖区内的集中化、规模化经营，同时加强专业化营销团队建设，重点加强对其市场适应能力的培养，包括感悟能力、识别能力、应变能力、把握能力、转换能力、实施能力六个方面。建立小企业经营中心，截至2007年底，分行小企业客户累计达到1 588户，当年新增715户，信贷余额130.69亿元，比年初新增20.69亿元，增幅为19%。对公客户“双增”营销活动累计新增客户9 297户，其中，基本户3 952户，一般结算户4 561户，外币户与资本金户784户；世界500强企业10户，苏州销售百强企业15户，各地市销售百强企业30户，他行优质客户176户。

【个人业务】推行城区网点集中化经营管理模式，分行个人高端客户已达29 156人，其中，黑金级客户444人，白金级客户8 056人，金级客户20 656人。成立贷后管理中心，陆续实施了城区离行式自助设备集中维护、集中配送、现金集中收包清分、票据业务集中处理等中后台业务集中经营工作。自助渠道建设快速推进，分行共有自助银行56家，其中离行式7家，销售型3家，自助设备交易量突破8 000万笔，取款笔数超过2 219万笔，取款金额达到129.4亿元，自助设备交易量与柜面交易量之比超过50%，自助设备对分流柜面业务和促进网点转型的作用突出。

【国际业务】国际结算量达257.83亿美元，同比增幅达41.43%，超过四大国有商业银行国际结算量总量的增幅；外汇资金交易量完成101.28亿美元，同比增幅达54.52%。为了适应市场新变化，研发了“证票通”业务组合，优化了“汇付盈”产品组合功能，推出“随意结”新品，自行设计了“汇理盈”美元、欧元实时报价程序等，全年实现外汇中间业务收入1.09亿元，同比新增49.86%，其中，国际结算业务收入2 677.23万元，外汇资金交易收入8 272.71万元，二者的同比增幅分别为28.65%和58.3%。

【其他业务】分行累计发行信用卡24万张，本年净增发信用卡10.8万张，新增发卡量和发卡总量在当地四大国有商业银行中排名首位。信用卡消费额达14.8亿元，同比增加248%。先后成功发行了“三星龙卡”、“永钢龙卡”。推出了“姚明卡”，充分利用姚明在广大青少年和篮球爱好者中的知名度，面向这些群体推广该卡，“姚明卡”的发行量已超过3 000张。分行信用卡中心直销发卡模式取得佳绩，当年发卡1.34万张。分行电子银行客户数达到97.5万户，比年初增加62.9万户；电子银行交易量与柜面交易量之比达到33.2%，比2006年提高17个百分点，增幅为105%。分行个人类贷款余额239.25亿元，在分行各项贷款中占比29.56%，比年初提高4.69个百分点。本年累计发放贷款146.6亿元，贷款新增74.84亿元。其中：个人住房贷款余额为211.49亿元，本年累计发放121.22亿元，贷款新增76.99亿元，个人贷款新增额居当地同业第一位。

【资产质量】2007年，分行五级分类口径不良贷款余额为10.16亿元，比年初减少0.3亿元。累计处置各类不良资产61 576万元，实现现金回收58 509万元，实现超值现金回收14 664万元，实现不良资产现金回收贡献46 773万元，资产处置和现金回收均创历史最好水平。

主要工作举措

加强风险计量，实施精细化管理。积极开展风险管理评价，及时制定、细化各类风险管理政策和制度；积极推进平行作业工作，建立健全风险条线与前台经营条线沟通交流机制，分行授信业务平行作业平稳有效推进，关键风险在贷前得到有效规避和化解。

切实加强案件防控和合规管理。落实岗位轮换和交流制度，年内各支行已进行岗位轮换和交流540人次；落实好员工不良行为排查制度，分行有3 562人参加了排查，占职工总数的96.5%；加大对尾箱金库管理制度和营业录像专业人员定期抽查制度落实情况的监督检查力度，检查了全行199个网点845名柜员的尾箱，检查面达100%。在江苏省银监局、江苏省公安厅对全省金融系统的安全大抽查中，分行获得了苏州市金融系统第一名。

重视基础建设和制度落实。调整柜面业务操作复核授权控制体系，整合交易单证和系统交易界面，清理压缩前台打印资料等

2007年9月27日下午，苏州市分行参加了在苏州市建园大厦南广场隆重举行的特奥圣火欢迎仪式，表达了建设银行一如既往地积极参加和谐社会建设，热心公益事业、积极回馈社会的企业理念。

多项流程改造项目。同时加强系统改造，实现本票联机编核押、支付密码业务推广实施，全面改造电子验印系统，同城跨行结算费、提出汇兑费自动收费功能上线等工作，大幅度简化了前台操作，全面提高了业务处理速度和服务质量。2007 年先后完成了 18 项后台业务集中事项，初步建立了涵盖对公、对私、中间业务的后台运作体系，大大减轻了营业网点工作压力，释放了前台生产力。全年分行的系统运行状态比较稳定，无故障运行时间达到 99.95%以上，未发生一起系统运行事故。

转变考核机制。把以往的存量考核机制调整为存量结合增量、以增量考核为主的新考核机制，费用安排坚持向基层倾斜、向销售一线倾斜、向重点业务倾斜的“三倾斜”原则，激励机制坚持强化增量业务激励、强化中间业务激励、强化战略业务激励、强化效益贡献激励的“四激励”原则。

产品创新步伐加快。在公司、个人业务条线各成立一个新产品研发推广中心，负责各自条线的产品创新工作。年底，分行还喜获总行公司及机构业务产品创新试点行资格。对公业务方面，清源水务“利得盈”首战告捷，国内保理业务实现零的突破，“乾图理财”产品成功试水，年内“厂商银”、“证票通”、“汇付盈”、国际保理、“随意结”、动产质押与仓单质押等新产品推向市场并获得较好反响。个人业务方面，由分行自行研发的“建行财富”开放式新股申购类理财产品成功吸纳资金 58 亿元，实现中间业务收入 2 000 多万元。

组织全行各级领导人员认真学习总行党委提出的廉洁自律六项要求和分行关于廉洁从业的四十项禁止性规定，同时加强反腐倡廉教育，增强拒腐防变能力。不断完善领导班子议事程序和决策机制，推进领导班子科学决策、民主决策。全年共组织各类培训班 112 期，受训人员达 9 318 人次，完成培训量 16 874 人次。

企业文化建设取得成效。和苏州市残联联合举办“百名智障儿童迎特奥阳光户外行暨建设银行关爱卡发卡仪式”，举行了建设银行关爱卡的揭幕仪式，组建了分行特奥会志愿者队伍，取得了特奥会执法人员火炬跑苏州工业园区建设银行路段的资格。此次特奥会活动精心策划，认真准备，取得了良好的社会反响。分行各级工会充分发挥作用，做好困难职工的帮扶工作。一年中为 10 多名有特殊困难的员工支付补助金近 10 万元，分行、支行领导和工会通过各种形式对 83 名困难职工的家庭进行了走访慰问，发放慰问金共计 163 700 元，还及时对患重大疾病的员工进行救助。

执笔：林　红

审稿：嵇兴龙

浙江省分行

浙江省分行行长余静波

业务发展概况

【经营效益】实现考核利润 84.7 亿元、经济增加值 37.9 亿元，分别居建设银行系统第一位和第二位。实现中间业务净收入 16.8 亿元，其在主营业务收入中的比重达到 12.1%，同比提高了 4.3 个百分点。

【资产负债】全口径存款余额为 2 981 亿元，比年初新增 452 亿元，在四大国有商业银行中排名第一位。各项贷款余额为 2 600 亿元，较年初新增 344 亿元，余额、新增额继续保持建设银行系统第一位的水平。

【资产质量】不良贷款额比年初下降 7.19 亿元，不良贷款率比年初下降 0.51 个百分点。

【战略性业务】实现国际结算量 180.7 亿美元，同比增长 58.5%。贷记卡新增 40.2 万张，同比增长 1.74 倍，汽车卡、名校卡、商务卡累计发行量均居建设银行系统第一位。电子银行交易额达到 26 579 亿元，其交易量与柜面交易量之比达到 34.1%，同比提高了 20.4 个百分点。

主要工作举措

进一步改善客户结构。A 级（含）以上的公司类客户非贴现贷款余额占公司类贷款余额的 90.7%，比年初提高了 3.8 个百分点。大客户、中小企业客户、个人客户贷款余额的比例分别为 34.1%、34.2% 和 31.7%，后两者分别提高了 1.7 个和 2.4 个百分点。中高端客户达 79 万户，新增 19 万户。中高端客户非存款类金融资产比重由年初的 3% 提高到 17%。省内 54 家券商全部上线建设银行证券保证金第三方存管业务系统，上线券商数量和证券公司存款额居同业第一位。

开展“拓展优质客户、提升产品覆盖”活动。优质客户总量当年净新增 2 814 户。优质客户存款、贷款和净利息收入占比分别为 65.7%、79.6% 和 71.3%，比活动开展前的 7 月末分别提高了 4 个、5 个和 3.6 个百分点，产品覆盖面由 7 月末的 3.7 类提高到 4.5 类。

注重优化区域结构。杭州辖区内全口径存款、各项贷款新增额在四大国有商业银行中的占比分别为 33.6% 和 30.2%，分别高于全分行平均水平 0.8 个和 7.3 个百分点。强县支行贡献度稳步提高。强县支行创造的利润占全分行利润的 27.9%，高于费用占比 13.5 个百分点；新增存款额在四大国有商业银行中的占比高达 28.1%，超出余额占比 5.1 个百分点。乐清、诸暨、绍兴三个强县支行新增存款占比在四大国有商业银行中居第一位，萧山、余杭支行中间业务市场占比在四大国有商业银行中居第一位。

推进三大特色业务发展。一是中小企业金融服务进一步深化。全分行已成立 56 个小企业经营中心。累计办理“速贷通”业务 2 783笔，金额达 80 亿元；累计办理“成长之路”业务3 542笔，金额达 104 亿元。二是个人金融业务实现从“做业务”到“做客户”的深刻转变。网点销售能力、个人贷款余额和新增额、理财规划业务收入和理财师数量等指标均列系统第一位。服务渠道进一步完善，全年共投入网点建设和生产型设备费用 4.2 亿元，320 家网点全面完成转型，新设财富管理中心 4 家。三是条线抓产品、块块抓份额，中间业务实现快速发展，全年净收入翻番，增幅为近 5 年最高；市场占比提升到 22.1%，同比增幅在四大国有商业银行中居第一位。

产品服务创新。一是积极探索网络银行业务，创新推出联贷联保、网络“速贷通”、大买家供应商融资业务三项新产品，累计发行 6 758 万元；发行支付宝龙卡 48 万张，累计交易金额达 2.6 亿元。二是全面上线财务顾问、信托理财和资产证券化等投资银行产品，为客户直接融资达 49 亿元。境外 IPO 主承销商和境内 IPO 财务顾问业务实现零的突破。三是首创“银关通”保证金业务系统，新签约客户达 89 户，全年代理海关税费 54 亿元。四是创新推出“电话宝”、“家居银行” 等产品。成功开发网点销售信用卡辅助营销系统，网点发卡量突破 4 万张，列建设银行系统第一位。

基础管理模式创新。创新建立网络银行信贷业务风险池管理机制，实现风险共担。深化授权动态化管理，按季监控，动态调整审批权限。应用六西格玛方法优化审批工作，省分行本级公司类信贷业务审批平均耗时同比缩短 3.7 天。开展财务报告内控建设试运行工作，获总行改革创新奖。

2007 年 4 月 29 日，建设银行浙江省分行与中核集团三门核电有限公司贷款签约仪式在北京举行。

以“前后台分离”为改革核心，切实抓好集中对账、集中稽核、集中金库等工作，全分行平均对账单回收率达到94.3%，压缩金库18座。完成杭州、台州、湖州的社会化押运工作。积极推进平行作业，全分行系统共完成授信业务平行作业2 251笔，涉及金额3 211亿元。成功开发项目评估计算系统软件。

提升科技支撑能力。实施IT集中管理和资源整合，建立全分行IT项目集中开发和业务需求集中管理体系。做好网络基础设施改造工作，切实提高信息系统抗风险能力。推广代理地方财政国库集中支付系统等，开发优质企业客户信息管理系统和战略性计件激励系统，为业务发展提供有力支撑。

强化监控，防范信贷风险。建立上下联动的关注类贷款、不良贷款二十大客户重点监控制度，其中关注类贷款减少12.84亿元，不良贷款减少6.47亿元。建立资产质量差别化管理制度，对“不良双高行”实施一行一策方针，努力提升其资产质量。抓重点风险点，关注类贷款和逾期非应计贷款余额分别下降83.4亿元和11.8亿元。

完善机制，控制操作风险。强化稽核体系建设，搭建风险性稽核的基本框架，实现对前台违规作业的实时预警。加大会计主管岗位轮换和异地交流力度，建立会计基础工作等级管理的长效机制。按照“四个统一”方法，做好基层机构关键风险点监控检查工作。开展业务风险点与员工行为“双排查”，机构、人员覆盖面均达100%。

推进合规建设，开展创建“平安建行”与“合规建设和风险管理年”活动。高度重视对内外部审计、检查中所发现问题的整改，对银监会组织检查中所发现问题的整改率达99%，经审计追踪的问题整改率达96.4%。提供法律支持成果显著，全程跟进重大业务项目和业务创新，及时分析和提示法律风险。深入开展反洗钱工作，对45万笔交易进行了核实确认，核实数量居系统第一位。

执笔：胡小俊
审稿：苏　克

宁波市分行

宁波市分行行长沈义明

业务发展概况

【负债业务】截至2007年底，全口径存款余额579.37亿元，余额在四大国有商业银行中的占比达到23.73%，比年初提高了0.86个百分点；新增75.97亿元，新增额在四大国有商业银行中的占比达到31.62%。同业存款余额达到27.5亿元，比年初新增26亿元。储蓄存款实现正增长，在四大国有商业银行中的占比位居第二。

【资产业务】各项贷款余额582.27亿元，比年初新增81.78亿元，控制在总行核定计划内。

【经营效益】全年实现考核税前利润15.6亿元，同比增加2.7亿元，完成计划的111%；实现经济增加值6.3亿元，完成计划的131%。资产盈利能力和费用效率水平持续提升，资产回报率为1.83%，同比提高0.22个百分点；存贷利差达到4.9%，同比提高0.36个百分点；成本收入比为34.56%，同比下降1.76个百分点。

【资产质量】不良额和不良率继续大幅“双降”，再创近年新低。不良贷款余额为19 696万元，比年初下降8 902万元，降幅达31.13%；不良贷款率为0.34%，比年初下降0.23个百分点，降幅达40.35%。各项资产质量指标均控制在总行计划内。

【中间业务】实现中间业务净收入3.3亿元，同比增长84.83%，比上年多增27.13个百分点；收入结构进一步优化，中间业务收入占主营业务收入的比重达到12.04%，比年初提高4个百分点；市场占比进一步提升，中间业务收入在四大国有商业银行中的占比达到21.27%，同比提高1.09个百分点。

主要工作举措

组织业务和产品创新。市分行积极组织产品创新，新产品应用创造了五项建设银行系统第一、第三项当地同业第一。在宁波同业和建设银行系统内，发放首笔中小企业购船抵押贷款，确立了建设银行在宁波造船行业的主办行地位。在同业中首个牵头组织奉化市三高连接线项目中资银行银团贷款，开辟了交通基础设施建设融资新模式，得到宁波金融主管部门的肯定；率先在同业中办理海域使用权抵押贷款。在系统内首个提供企业IPO财务顾问业务，首个办理优质个人客户联名汽车贷款、小企业与个人联名助业贷款，还首次办理了人民币债券型理财产品业务1.5亿元、国际保理业务548万美元，签署“银关通”协议26份。

科技研发和应用取得新进展。2007年，完成对公信贷业务流程管理系统、全国支票影像交换系统等40余个总行信息技术项目的推广与应用，树立了架构管理和发展的理念，较大程度地集中了原本分散的业务功能，改善了信息孤岛和竖井式系统的状况。结合市分行业务发展和经营管理需要，重点围绕“客户、柜员、管理”主题，完成64个大中型项目的开发和推广任务，为支持市分行地方特色业务的快速健康发展提供了有力保障，创造了全年投产项目数量的历史新高，有效地支持了全行业务转型和内控管理。

发展新兴业务。投资银行业务增长迅猛，成为建设银行系统内首个提供IPO财务顾问业务的分行，先后与13家企业签订IPO财务顾问协议或达成合作意向，发行了“乾图理财”等信托理财产品。实现投资银行业务收入4 569万元，同比增长3.5倍，收入在全国一级城市分行中排名首位。证券保证金第三方存管业务处于同业领先水平，与全市所有19家证券公司合作，签约投资者达10.6万户，存管证券资金余额27.37亿元，日均存款余额14.24亿元。基金代理业务后来居上，销售额同比增长14倍，在四大国有商业银行中居第二位；代销收入7 514万元，同比增长12倍。

巩固战略性业务优势。造价咨询业务实现收入近2 500万元，跃居全市甲级造价咨询企业首位。新增小企业客户131户，小企业客户占全行公司信贷客户的46%。个人银行业务突出高端客户拓展，及时建设分行财富管理中心，新增个人高端客户4 433名，增长38.5%；资产达到100.78亿元，比年初新增28.69亿元。同时加快网点转型进度，投入8 569万元改造45家网点，首批20家通过总行验收，第二批62家通过市分行验收，客户满意度和市场竞争力得到较大提升。国际业务平稳增长，国际结算量达68.38亿美元，同比增长25.5%；结售汇42.38亿美元，同比增长10.68%；办理外汇业务相关新产品4.7亿美元。

营销重点项目。全年营销支持重点项目约70个，占全市重点项目的55%；成功中标市级财政国库集中支付项目，成为全市唯一同时获得360余家预算单位国库集中支付和财政统发工资代理业务的银行；营销“八一工程”客户3家，与6家企事业单位签订银企全面合作协议。团队直销付诸实施，贷记卡累计发卡15.14万张，新增近7万张，同比增长50%。电子银行业务分流作用明显，新增企业客户3 560户、个人客户23.8万户；电子银行交易量与柜面交易量之比达到29.3%，

2007年9月1日，建设银行宁波市分行与解放军113医院签署金融合作协议。

比年初提高14.8个百分点。

严控信贷规模，满足客户需求。严控信贷规模，严格按月下达信贷计划和落实投放进度，及时调整信贷规模。调整优化信贷结构，严格按名单制管理准入客户，按日监测行业限额贷款执行情况。压缩总行控制行业贷款7.5亿元，大幅退出公共设施管理、房地产开发等10个调控行业的贷款37.52亿元；新增名单制管理AA级以上客户贷款10.6亿元，大力支持宁波市百强企业43家，重点支持贷款亿元以上优质客户123家。信贷资源配置进一步优化，优质客户贡献度进一步提升。

市分行在严控信贷规模的同时，也及时解决重点客户信贷需求。加大信托理财业务拓展力度，发行“龙信—融资通”等产品，解决重点客户资金需求9.2亿元，融资额占全年新增贷款的11.25%，极大地拓宽了融资渠道，缓解了信贷规模制约矛盾。

推进集中经营管理体制改革。主动适应集约化经营和单元制管理要求，认真落实中心城市行发展战略，不断推进经营管理体制改革，优化了资源配置，为转型提供了强有力的保障。实施对公经营资源、城区支行风险管理、零售网点、党工团工作四大集中：将169家大中型公司客户集中到分支行本部经营，整合了大客户资源，提升了经营服务层级；按“五统一”原则要求城区21个零售网点集中经营，解决了网点管理分散问题；将城区支行风险管理集中到分行，增强了分行主动管理风险的能力；将城区支行党工团工作集中到分行管理，减少了后台管理层级。

不断深化组织机构改革，加大机构人员调整布局力度，在系统内率先成立投资银行部，及时组建工程造价咨询中心，设立合规部，升格法律事务部，成立网点管理部，加强专业化经营管理。此外，还进行了基层经营机构整合，实施了金库押运社会化改革。

加强风险管理机制建设。制定五个区域信贷审批指引，统一审批风险偏好；推行审批项目实时监控制度、经营与审批事前沟通制度，提高审批质量和效率；建立风险信息快速反应决策处理机制，及时进行风险预警和风险提示；实施大额风险贷款重点监控制度，突出对十大关注类贷款、十大不良贷款客户的现场监管，有效防范化解大额风险暴露的冲击。

强化信贷基础管理，进一步规范和强化贷后管理工作，密切关注信贷资金收紧可能产生的五类风险，积极开展“四看”存量贷款检查，组织以风险提示行业信贷政策执行情况为重点的信贷审批现场检查，加强风险贷款案例编制和分析，有效地克服了基础管理的薄弱环节。

执笔：江式参
审稿：沃立民

安徽省分行

安徽省分行行长白国祥

业务发展概况

截至2007年底，省分行一般性存款余额达到1 076.2亿元，增幅达13.1%。各项贷款余额首次突破600亿元关口，增幅达15.1%。实现考核利润17.94亿元，比上年增加5.76亿元，增幅达47.3%。实现经济增加值7.24亿元，比上年增加3.67亿元，增幅达103%。

【资产业务】2007年底，省分行各项贷款余额为601.2亿元，新增78.9亿元，增幅达15.1%。年底中长期贷款占全部贷款的比重比年初提高6.7个百分点。从产品结构看，基本建设贷款和个人类贷款增长较多，增幅均达到30%。从区域结构看，重点发展区域新增贷款占全分行新增贷款总量的73%。

【负债业务】截至2007年底，省分行全口径存款余额为1 116.3亿元，增幅达15.4%。其中，一般性存款余额为1 076.2亿元，增幅为13.1%，新增占比为25.65%。企业存款余额为531亿元，增幅为19.74%；个人存款余额为545.2亿元，增幅为7.32%；同业存款余额为40.1亿元，在四大国有商业银行中新增占比为23.44%，排名第二位。

【中间业务】全年实现中间业务净收入4.7亿元，增幅达103%，在当地四大国有商业银行中的占比同比增加了2.41个百分点，中间业务收入占主营业务净收入的比重比上年提高了3.86个百分点。

【资产质量】省分行五级分类口径不良贷款余额较年初减少0.55亿元，不良贷款率较年初下降0.37个百分点，实现了不良贷款的“双降”。截至年底，非信贷类不良资产较年初减少2.39亿元，不良率下降0.82个百分点，也实现了非信贷类不良资产的“双降”。

主要工作举措

创新营销方式，服务重点客户和重点项目。组建“双百工程”任务型团队，突出强调与客户高层的对等服务理念，实行专业化经营，为客户提供综合性金融服务。通过上下级行和各部门联动，组织金融产品组合、交叉营销，重点为安徽省内综合贡献度高、影响力大的行业龙头客户和重点企业项目提供服务。构建专业化的小企业业务组织架构和人员队伍，实施标准化的信贷业务流程，引入客户之声系统和品质管理，不仅提供信贷服务，还为小企业提供审价咨询、代发工资、电子银行、银行卡等全面金融服务。各二级分行成立小企业中心，实行专业化、集约化处理，年底信贷客户数量较年初增加了49%，贷款余额更是较年初翻了一番。2007年底，小企业在对公客户中的占比已从年初的39%上升到56%，小企业贷款新增额在公司类贷款新增额中的占比也达到35%。

创新融资渠道，拓宽企业资金来源。成立投资银行部，先后为安徽省高速公路总公司、马钢股份、淮南矿业发行信托受益凭证和提供财务顾问服务。通过多方营销，最终顺利足额完成了发行任务，受到了马钢股份的高度赞扬。马钢信托受益凭证发行后，还先后发行了安徽省高速、淮南矿业集团等信托受益凭证，共为两家企业融资15亿元。截至年底，实现代理保险业务收入3 254万元，增幅为68%，在建设银行系统内排名第11位。柜面代销寿险业务量市场占比同比提高1.7个百分点，在当地四大国有商业银行中的占比同比提高2.6个百分点。截至2007年底，完成省内14家合作券商的建设银行系统上线工作和华安证券、国元证券等9家原银证转账业务合作券商规范客户批量导入工作，累计导入客户近27万户。首次引进了收益率随银行利率浮动的银保新产品——华安金龙收益联动型人身意外伤害及家庭财产综合险，累计代销32 491万元，在当地同业排名第一位。

客户服务能力显著提高。优化网点布局，加快渠道建设。2007年共装修、改造网点97个，建设理财中心15家，极大地改善了对客户服务的硬件环境。积极稳妥地推进网点转型，提升网点服务能力、营销能力、盈利能力。转型后的网点，员工的精神面貌、服务效率和服务质量明显改善，日均产品销售量由转型前的18个增加到39个，客户平均等候时间由504秒缩至369秒。积极探索不同客户群体的差别化服务需求，认真研究制定差别化服务流程，推出对高端客户群体、优质客户群体的特殊服务流程及服务方式。完善相关业务审批授权机制，提高业务经办效率，提升对客户的服务能力。全面推进实施区域、客户、产品和营销服务策略，加大对特定成熟市场的集中营销力度。优化业务流程，提高业务办理效率。深化风险管理体制改革，全面推进和深化平行作业，不断完善操作风险管

建设银行安徽省分行为合肥经济技术开发区污水处理厂提供了全面的金融服务。

理机制，积极探索操作风险管理的工具和方法。针对各分支行的管理能力，业务发展水平，对市场、客户的反应能力和风险控制能力，实行差别化授权，为客户提供高效优质服务。

执笔：凌　林　巫业玲

审稿：田苗根

福建省分行

福建省分行行长陈轼

业务发展概况

截至2007年底，全分行全口径存款余额为1 545.4亿元，当年新增226.4亿元。一般性存款余额为1 434.2亿元，当年新增138.2亿元，其中，企业存款、储蓄存款当年分别新增92.4亿元、45.8亿元。本外币各项贷款余额为1 152.6亿元，当年新增196.9亿元，控制在总行下达的规模之内。存贷款余额、存款新增额均居当地同业首位。全年实现账面利润31.9亿元，居当地同业首位；实现考核利润32.2亿元，较上年增长29.9%；实现经济增加值14.3亿元，较上年增长57.2%；经济资本回报率为29.95%，较上年提高2.64个百分点；资产回报率为1.54%，较上年提高0.28个百分点；成本收入比为38.88%，较上年下降4.24个百分点。

【公司及机构业务】截至2007年底，公司客户基本建设贷款当年新增54.5亿元，占同期公司客户贷款新增额的105.6%。优化事业法人资产业务结构，重点支持全日制高等院校、高等级医院等行业优质客户的贷款需求，总行级重点机构客户贷款当年新增2.7亿元，居全国建设银行系统首位。全面启动"八一工程"，与福建省武警总队、武警某部队等签订全面合作协议，与武警福建省边防总队签订了代发工资协议，省武警总队及下属143家机构落户分行。截至2007年底，军队武警存款余额为6.4亿元，较年初增长384.3%，军队武警存款当地市场占比较年初提高9.5个百分点。

【个人银行业务】推进网点转型，全年共完成网点建设项目101个，通过验收的转型网点有203个。网点转型效果明显，客户平均等候时间比转型前缩短57%，客户满意度明显提升；日均主要产品销售量提高54%，点均存款达1.94亿元，当年新增1 300万元，居当地四大国有商业银行首位；借记卡发卡量累计达1 197万张，卡均存款2 509元。新建3家财富管理中心，新增贵宾理财中心13家、网点个人理财中心35家，有效地改善了VIP客户的服务环境。截至2007年底，AUM 300万元以上的客户达2 207户，比年初新增1 311户。全年累计销售基金258亿元，居当地同业首位。成功上线新个人贷款系统，在全辖设立了8家个人贷款中心，并与个贷A+P系统同时上线运行。截至2007年底，个人贷款余额为392.6亿元，比年初新增103.5亿元。

【中间业务】加大对中间业务的资源配置力度，提高员工营销中间业务产品的积极性，推出紫金矿业信托理财产品、“利得盈”新股申购类理财产品、支付宝龙卡等10多种中间业务新产品，培育了中间业务收入新的增长点。全年实现中间业务收入10.2亿元，同比增长104%，中间业务收入在当地同业中的占比继续保持首位。中间业务收入占主营业务收入的16%，较上年提高5.4个百分点。

【国际业务】重点关注年进出口量500万美元以上企业的收汇情况，并量身定制外汇资金管理产品，促进企业外币存款稳步增长。深入挖掘人民币升值条件下出口商业发票融资、信托收据贷款的避险功能，积极拓展贸易融资业务，并在国外保函特别是船舶保函等产品方面取得新进展。全年累计完成国际结算量97.9亿美元，结售汇71.1亿美元，分别较上年增长28%和46%，贸易结算量在四大国有商业银行中的占比与居当地同业首位的中国银行缩小了6.1个百分点的差距。

【资产质量】处置不良贷款6.2亿元，现金回收不良贷款5.86亿元，实现不良资产超值现金回收1.2亿元，不良资产处置贡献度达4.7亿元。截至2007年底，不良贷款余额为16.5亿元，比年初减少7 506万元；不良贷款率为1.43%，比年初下降0.38个百分点，均控制在总行下达的计划之内。

【其他业务】在当地同业中率先推出联名卡业务，与省内多家知名房地产企业联合发行“和谐社区联名卡”，成功地推出了省内首张数字龙卡和“妈祖平安龙卡”，汽车卡新增发卡量居系统内第三位；信用卡商场分期付款交易额累计达3 343万元，居系统内第一位。将电子对账作为拓展单位电子银行业务的切入点，开展劳动竞赛，取得明显成效。截至2007年底，单位电子银行客户累计达37 127户，当年实现交易525万笔，交易额13 480亿元；个人电子银行客户累计达317万户，当年实现交易4 861万笔，交易额1 659亿元。单位、个人电子银行客户总数比上年底增长96%，当年累计交易额是上年的3倍，均居当地同业首位。

主要工作举措

调整贷款业务结构。控制对产能过剩行业、潜在产能过剩行业、高能耗高污染行业的信贷投放，对新增贷款项目坚持“好中选优”原则，促进信贷资源向优质客户和优势产品集中。紧紧把握建设海峡西岸经济区的有利时机，加大市场营销力度，做好重点项目储备工作，进一步巩固和扩大在“两基一柱”领域的市场占比。

强化客户信用风险管理。推进风险管理体制改革，建立前中后台有效沟通交流机制，促进前、中、后台协作和价值取向统一。全面推广平行作业，将其范围扩展到所有大中型公司类授信客户。落实差异化风险监管，确定资产质量重点联系行、高风险基层行、个人贷款重点联系行和重点监控客户，实行“直通车”式监管。

发挥金融创新对业务发展的促进作用。在组织推动方面，依托产品支持，开展产品创新竞赛活动，调动广大员工参与创新的积极性和主动性。在服务创新方面，在当地同业中率先推行“朝九晚五”工作制，大力推进网点转型，改善服务质量，有效缩短客户等候时间，促进产品销售业绩和服务效能的提高，客户满意度也明显改善。在产品创新方面，推出“建行财富1号”、“和谐社区联名卡”、“妈祖平安龙卡”等一批颇具优势的产品，较好地满足了客户的金融服务需求；顺利完成住房公积金管理二期优化项目和公积金冲还贷等系统的上线、推广工作，进一步巩固了在公积金市场的领先优势。同时，积极推进流程银行建设，通过组建任务型营销团队，推行业务前台与后台分离和现金后台集中整

2007年8月22日，福建省分行与兴业证券股份有限公司在福州西湖大酒店隆重举行战略合作座谈会、战略合作暨联名卡签约仪式。

点，设立经费共享中心和省分行金库中心，整合福州城区运行业务，以及实施后台核算和稽核业务集中等措施，优化工作流程，促进服务水平的进一步提升。

深入推进案件综合防治工作。开展业务风险点排查和重要岗位员工行为排查，加大关键岗位人员交流力度，强化对基层机构关键风险点的监控检查，并及时堵塞漏洞。认真落实问题整改责任制，确保案件专项治理、商业贿赂专项治理和各项业务检查、审计及外部监管部门检查中所发现问题的整改到位。重视提升内控工作的技术含量，实现全行稽核集中，推广应用柜员身份指纹认证等，多管齐下提升操作风险和道德风险防范水平，有力地支持了各项业务的健康发展。深入开展创建“平安建行”活动，努力构建“安全制度完善、安全管理规范、安防设施达标”的安全保卫体系。全面完成押运社会化委托工作，并强化对保安押运公司的考核监督，确保社会化押运工作安全有序运行。

执笔：郭　镔

审稿：刘　峰　黄庆扬

厦门市分行

厦门市分行行长陈万铭

业务发展概况

截至2007年底，全分行全年账面利润首次突破10亿元大关，达到12.43亿元，比2006年增长3.37亿元，稳居同业第一位；实现经济增加值5.25亿元，比2006年增长1.45亿元；经济资本回报率为27.88%，超出计划2.07%。全行员工收入实现平均增长20%的目标。

【资产业务】截至2007年底，全分行各项贷款余额为462.2亿元，比年初新增97.5亿元。其中，个人贷款余额为156.7亿元，比年初新增42.8亿元。个人贷款余额、投放额、新增额均居全市同业第一位。对公贷款余额为305.5亿元，比年初新增54.7亿元，余额保持全市同业第一水平。全年为客户融资196.5亿元，居全市同业首位。年底人民币单位结算账户数达31 207户，在当地四大国有商业银行中的占比为41.38%，比第二名高出16.15个百分点；个人活期存款账户达357万户，其中银行卡账户298万户。

【负债业务】截至2007年底，全分行一般性存款余额为569.2亿元，余额在当地四大国有商业银行中的占比为40%，较年初上升2.8个百分点，比第二名高出14.9个百分点；存款新增额首次突破百亿元大关，达到111.2亿元，新增额在当地四大国有商业银行中的占比达57.5%。其中，储蓄存款余额为250亿元，余额在当地四大国有商业银行中的占比为44.3%；新增39.4亿元，新增额在当地四大国有商业银行中的占比为115.9%。企业存款余额为319.2亿元，余额在当地四大国有商业银行中的占比为37.2%；新增71.8亿元，新增额在当地四大国有商业银行中的占比为45.1%。上述6项指标均居全市同业第一位。

【中间业务】全年实现中间业务收入4.3亿元，年增幅超过

100%，中间业务收入在当地四大国有商业银行中的占比为37.8%，比2006年上升5.3个百分点，比第二名高出15个百分点；中间业务收入占主营业务收入的比重为18%，比2006年上升5.5个百分点。工程咨询业务实现手续费收入2 850万元，比2006年增长45%。全年公积金归集额、余额市场占比分别达86%和87%，稳居本市同业第一位。

【资产质量】不良贷款率为0.35%，不良贷款额为1.61亿元。不良贷款率在当地四大国有商业银行中保持最低水平。

主要工作举措

引导企业直接融资。分行在继续保持企业存款稳存增存的同时，通过创新、拓展筹融资渠道，服务厦门经济跨越式发展。2007年，分行推出短期融资券代理业务，引导厦门的企业从全国银行间债券市场直接融资，全年短期融资券承销量达27亿元，在全市同业中的占比达62.9%，有效地缓解了银行信贷资金规模限制带来的困难局面，拓展了筹融资渠道，提升了服务功能。分行全年本外币授信资金和发行企业债券近600亿元。当年累计投放表内外授信近900亿元。其中，贷款增长率在全国建设银行系统中排名第一位。分行推出搭桥贷款，获得了总行单户最高30亿元的授权，并成为总行商用物业抵押贷款的试点行，进一步满足了优质客户的资金需求。

优化新股申购类理财产品。完成全部56个网点的转型工作，完成16个网点的装修改造工作。2006年分行率先在建设银行系统和厦门同业中推出“利得盈”新股申购类人民币理财产品（IPO），2007年分行对该产品进行优化，引进专家顾问理财机制，进一步强化对该产品风险的控制及提高客户理财收益，同时增加暂停理财服务功能，增强客户理财资金的流动性，推出IPO对公人民币理财产品。IPO理财产品深受个人和公司客户的青睐，综合效益十分显著。截至年底，该产品客户规模达2万多户，理财资金规模达到54亿元，占全市同业同期理财资金总规模的80%以上，实现中间业务收入4 000万元，从其他银行吸纳资金超过10亿元。IPO理财产品累计为客户实现净收益4.6亿元，客户年平均收益率超过18%，创同业理财产品客户收益率最高纪录，被评为“IPO类年度最佳理财产品”。2007年5月，分行在全国首家推出7天短期连环滚动理财产品，进一步丰富了分行理财产品的品种。分行积极为客户推荐基金产品，当年累计销售基金65亿元，为客户创造了超过30亿元的收益。

外汇个性化产品迭出。2007年，分行外汇业务在产品和服务方面不断创新，率先推出了“海外融资宝”与境外衍生产品组合业务，这些业务不仅带来了可观的中间业务收入，还带动远期结售汇、人民币掉期等业务量快速增长。分行成功办理“资本通”避险产品交易，实现了在外币资本金避险业务上的新突破。分行大力推广“人民币质押贷外汇＋远期锁定汇率”组合方案，通过为客户办理人民币质押贷外汇及配套远期售汇业务，既为客户获得增值收益，也缓解了分行增存压力。针对厦门外轮代理有限公司代收代付的外汇和人民币资金，结合其独特的资金流，设计出零成本期权对冲结构性存款、掉期理财等个性化理财创新产品，也取得了良好的综合效益。分行还成功开办首笔网银开证业务。国际保理业务也实现了零的突破。还成功代理厦门市商业银行开出了第一笔信用证，在与国内金融机构进行海外业务合作领域取得实质性突破。截至年底，分行实现结售汇业务量66.71亿美元，与中国银行的差距仅有0.68亿美元；实现国际结算量81.25亿美元，在当地四大国有商业银行中的占比为30.3%，与中国银行的差距缩小了4.66个百分点。

2007年3月22日，建设银行厦门市分行与建发厦门国际马拉松组委会、中国银联联合发行“厦门国际马拉松龙卡”。图为厦门市副市长郭振家和厦门市分行行长陈万铭共同为厦门国际马拉松龙卡发行揭牌。

发展壮大龙卡家族。2007年3月，分行推出了厦门首张名城运动卡——“厦门国际马拉松龙卡”，该卡以厦门国际马拉松赛为主题，融合了运动、健康、和谐等多种时尚元素，发行后获得了广大市民的认同。截至2007年底，该卡发卡量突破2万张，成为分行2007年贡献度最大的信用卡产品。在2007年厦门人最喜爱的理财产品评选中，该卡荣获“年度最具特色理财产品奖”。此外，2007年分行还先后推出香港精彩旅游信用卡、龙卡厦门市公务卡等新卡种，进一步壮大了龙卡家族。截至2007年12月31日，信用卡发卡量新增6.66万张，在当地四大国有商业银行中的占比达37.6%。

完善高端客户差别化服务。2007年，分行成立财富管理中心和“蔡政理财室”，为个人高端客户提供专业的、个性化的服务，并依托财富管理中心，启动个人顶端客户综合对账单服务，为个人顶端客户了解自己金融资产的结构及增值状况提供了便利。金融理财师还定期审视客户金融资产结构配比的合理性，提出调整或组合建议。2007年11月，分行在厦门地区率先启动重要人士服务工程，推出个人重要人士服务系统，加强对重要人士的识别和有效细分，保证高贡献度顶端客户能享受到更周到、更细致的个性化金融服务。

电子银行品牌效应凸显。截至年底，分行电子银行交易量与柜面交易量之比为105%，电子银行日均处理量已相当于160个中等规模网点的业务处理量。分行自助设备网点配比达到点均6.85台，在商场、居民小区等流动人口密集区新增离行式自动柜员机77台。分行自动柜员机跨行取款受理量、跨行转账交易量均居本地之首，其中跨行转账交易量处于建设银行系统内前列。此外，与电子银行渠道建设同步进行的产品开发和营销也初见成效。客户小额存取款、购房还贷、异地卡转账，甚至购买建设银行代理基金等均可通过电子银行渠道方便操作。“e路通”电子银行品牌效应已经凸显。

小企业经营中心揭牌运营。2007年6月，分行以经营机制改革为主线，以流程优化、产品营销为中心，成立了小企业经营中心。小企业经营中心根据小企业金融需求特点，推出了园区企业置业贷款、“7+3”园区生产启动资金贷款、联贷联保、小企业法人账户透支、“速贷通”等产品，力图在资金支持和风险控制方面为中小企业融资找出一条可行的便利通道。据不完全统计，截至年底，全行小企业贷款余额比年初增加14亿元，授信余额成倍增长，客户数比年初增长37%。

提升客户服务质量。在服务方面，启动了以网点柜面、网点理财室、分行财富管理中心“蔡政理财室”等为主体的多层次、多形式的理财网络体系建设，通过组织网点服务升级，使之从侧重内部结算升级转为侧重对客户的产品咨询和售后服务，与客户产生了良好的互动效果。

执笔：陈勇鹏　梁小强

审稿：生柳荣

江西省分行

江西省分行行长段超良

业务发展概况

2007年，实现经济增加值6.73亿元，同比增加8.82亿元；实现拨备前考核利润17.38亿元，同比增加5.51亿元，创历史最好水平，经营效益在同业中领先。经济资本回报率为27.41%，同比提高21.61个百分点；成本收入比为44.49%，同比下降6.43个百分点。截至2007年底，全分行全口径存款余额为830.63亿元，比年初新增130亿元，增幅达18.55%；在当地四大国有商业银行中新增占比36.05%，排名第一位；余额占比为24.88%，比年初提高 1.35 个百分点。各项贷款余额为 527.97 亿元，比年初新增 37.12 亿元。

【对公业务】优质客户营销取得进展，与江西铜业、江铃集团等一批全国 500 强企业签订了全面合作协议，成功取得新余钢铁公司 65 亿元银团贷款的牵头行资格，实现了银团贷款零的突破。年底证券保证金第三方存管业务客户数达到 26 万户，客户数和存管资金量在本省业内同行中遥遥领先，同业存款新增占全省同业的 43.05%。年销售收入 5 000 万元以上基本结算户新增 183 户，完成总行下达计划的 915%。企业存款余额在当地四大国有商业银行中的占比为 30.59%，当年新增在当地四大国有商业银行中的占比为 32.7%，均在当地四大国有商业银行中排名第一位。

【个人金融业务】大力实施网点转型，打造个人理财服务品牌，树立了建设银行良好的品牌形象。建立专业理财服务机构，首家个人理财中心和首家财富管理中心正式开业，成为江西省银行业规模最大的面向高端客户提供贴身理财服务的专业机构。到 2007 年底，个人存款余额为 354.78 亿元，比年初新增 18.82 亿元，增幅达 5.60%，新增个人存款额在当地四大国有商业银行中的占比为 35.77%。个人贷款余额为 132.39 亿元，占全部贷款的比重达到 25.07%，比年初提高 4.91 个百分点；个人贷款余额比年初新增 27.87 亿元，占全部贷款新增额的 75.08%。AUM 超过 300 万元的个人高端客户新增 217 户，完成总行计划的 543%；总分行级 VIP 客户新增 1.44 万户，完成总行计划的 481%。

【中间业务】2007 年，实现中间业务净收入 5.09 亿元，同比增加 2.87 亿元，增幅达 129.28%，增幅在当地四大国有商业银行中排名第一位，高于当地四大国有商业银行平均水平 32.37 个百分点；市场占比为 26.87%，比上年底上升 4 个百分点。中间业务收入占主营业务收入的比重达到 16.36%，比上年底提高 6.39 个百分点。

【国际业务】截至 2007 年底，外汇一般性存款余额为 1.50 亿美元，较年初新增 0.51 亿美元。其中，对公外汇存款余额为 1.26 亿美元，较年初新增 0.69 亿美元。全年完成国际结算量 27.31 亿美元，同比新增 13.02 亿美元，增幅达 91.11%。实现外汇中间业务收入 4 862 万美元，同比增长 122.11%，增幅在系统内排名第一位。

【其他业务】截至 2007 年底，全省信用卡发卡总量突破 10 万张，当年新增 5.71 万张，实现信用卡消费交易额 51 146 万元，新增发卡量和卡均消费交易额均在当地四大国有商业银行中排名第一位。名店卡、名企卡、名校卡累计发卡 3.1 万张，实现消费额近 6 500 万元。电子银行客户数达到 120.63 万户，当年新增 53.6 万户，增长 80%；实现交易量3 057万笔，增长 213.63%；实现交易额 5 724 亿元，增长 247.37%。电子银行交易量与柜面交易量之比达到 31.11%，同比提高 18.64 个百分点。

【资产质量】处置不良资产 15.56 亿元，现金回收不良资产 11.36 亿元。不良贷款余额 20.82 亿元，比年初下降 6.24 亿元；不良贷款率为 3.94%，比年初下降 1.57 个百分点。当年处置“假个贷”1.36 亿元，其中现金回收 3 971 万元，还原 9 477 万元，核销 182 万元。

主要工作举措

推进业务转型，打造特色服务品牌。把推进业务转型作为重中之重的工作，大力拓展理财等新兴业务。在全省首次创办了电视理财节目——《小刘理财》，《理财资讯》栏目从多角度为投资者提供最新理财资讯，《理财看点》栏目由建设银行二十

2007 年 9 月 21 日，在第二届金融理财博览会上，江西省省委书记视察建设银行江西省分行展厅。

多位金融理财师出谋划策，《理财问答》栏目切切实实为老百姓解决理财中遇到的问题，成为具有建设银行特色的金融品牌。个人理财产品销售量、基金销售量、基金代销收入额、个人中间业务收入增幅等指标均在当地四大国有商业银行中排名第一位。全年共销售个人理财产品142.50亿元，其中代销基金125.07亿元。

推进网点转型，深化经营管理体制改革。在全省同业中率先实施了网点转型，全年共转型网点150个，完成总行计划的375%。转型后的网点初步实现了由核算主导型向营销服务型的转变，客户满意度和销售业绩明显提高，带动了全行网点服务水平的提升。实施了二级分行扁平化管理改革。顺利完成了各二级分行组织机构整合、业务分工调整、业务流程优化以及人员岗位调整。各二级分行本部内设部门由14个以上减少到8～9个，各二级分行本部工作人员共减少165人，业务经营部门员工占比达到38.2%，较改革前提高了5个百分点。人力资源配置得到优化，提高了组织管理效率，改革取得明显成效。深化了风险管理体制改革，完善和优化了对公信贷业务、个人信贷业务授信平行作业机制。深化了会计与营运管理体制改革，积极推进前后台业务分离，有效地释放了一线网点的销售潜能。

推进投资银行业务快速发展。组建投资银行部，成立多个投资银行业务项目团队，并邀请总行投资银行部、建银国际专家对全行员工开展了多次投资银行业务培训；制定业务和项目团队激励政策，通过投资银行产品效益对比分析，引导全行转变观念积极开展投资银行业务；以信托受益凭证、股权投资、短期融资券、境外IPO、财富管理为业务重点，在全省组织展开了多层次、多渠道的市场营销活动，对筛选出的目标客户重点进行上门营销，对条件成熟的客户积极向总行推荐。截至2007年底，成功发行了3期共10.2亿元信托受益凭证，成功发行了4期共1.2亿元一对一“乾图理财”产品，成功承销并发行了5亿元短期融资券；在全国系统内已签IPO（含股权投资）合同的9个项目中，江西省分行已签订合同的项目有2个，其中有1个已完成股权投资款的支付。实现投资银行业务收入总额6 510万元，其中，非传统财务顾问业务创造收入1 600万元。

推进国际业务产品创新。办理首笔省内企业船舶出口预付款保函业务，首次办理日元外汇债务风险管理业务，办理人民币债务QUANTO业务，外汇衍生产品收入达1 397万元，占外汇中间业务收入的29%；同时，针对外汇管理信息系统的上线，明确了相关职责，优化了国际收支申报流程，调整了辖区内各分支机构外汇汇出汇款的审核权限，填补了管理真空，有效地杜绝了外汇管理政策风险及国际收支申报人员的操作风险。国际业务快速发展，竞争力不断增强。到2007年底，外汇对公存款余额在当地四大国有商业银行中的占比达到44%，市场占比首次超过中国银行，排名第一位；完成国际结算量的增幅在系统内排名第六位，在当地四大国有商业银行中的占比比年初提高2.33个百分点，两年来基本实现了国际结算量翻两番。

启动创建“平安建行”活动。开展员工行为排查，组织安全生产大检查，全行合规意识、风险意识、责任意识以及对风险案件的防范能力进一步增强。加强全面风险管理，坚持对13个操作风险关键点进行不间断检查，强化基层机构内控管理。高度重视内外部审计检查中发现的问题，落实双向负责制，认真做好问题整改，外部检查问题整改率达到99.74%，内部审计问题整改率达到98.39%，问题金额整改率为95.86%，促进了全行合规经营，会计及营运管理工作得到加强和规范。完成总行财务报告内部控制试点工作，完成ERPF系统的推广，组建经费共享中心，推广指纹认证系统，提高前台风险防范能力，业务营运实现了全年零差错。案件防查和安全保卫工作进一步加强。全年实现安全营运，未发生一起案件和重大责任事故，并成功堵截了一起涉及金额1 000万元的票据诈骗案，堵截了8起利用自助设备和网银诈骗的案件，涉及资金66.08万元，协助抓获犯罪嫌疑人18人，维护了客户资金安全，被省综合治理办公室评为“社会治安综合治理先进单位”。

执笔：陶有珠　肖剑锋　单克强

审稿：易建荣

山东省分行

山东省分行行长彭洪明

业务发展概况

【负债业务】截至2007年底，山东省分行全口径存款余额为2 366.7亿元，比年初新增336.5亿元，创历史新高。

个人金融资产新增额达404.082亿元，居同业第一位；个人存款余额突破1 000亿元大关，比年初新增90亿元，在全国建设银行系统内居第三位；销售基金278亿元，居全省金融同业首位；发行“利得盈”产品14.77亿元，居同业第二位；发行“汇得盈”产品12 557.1万美元，居同业第一位；完成转型的网点达到239个，网点营销能力、客户与员工满意度大幅度提高。

【资产业务】各项贷款余额为1 587.7亿元，比年初新增125.9亿元。其中，对公贷款新增73.9亿元，个人贷款新增52亿元。

【经营效益】实现拨备前考核利润50.56亿元，同比增长37.5%。

【中间业务】实现中间业务收入13.42亿元，同比增幅达114.8%，超出总行核定计划3.65亿元。毛收入总量居当地四大国有商业银行第二位，收入增速列同业第一位，各项业务指标均创历史最好水平。

【国际业务】完成外汇资金交易量85.54亿美元，同比增加28.09亿美元；外汇资金业务实现中间业务收入1.73亿元，同比增加8 333万元，增长93%；国际结算量（贸易项下）在当地四大国有商业银行中的占比达到19.57%，同业排名上升到第三位。

【资产质量】不良贷款余额45.12亿元，比年初下降5.37亿元；不良贷款率为2.84%，比年初下降0.61个百分点；不良贷款拨备覆盖率达到109.6%。

全年处置各类不良资产24.8亿元，其中实现现金回收15.3亿元，分别完成计划的122.7%和131.9%；实现不良资产处置综合贡献15.21亿元，完成全年计划的134.97%。

【机构业务】机构客户存款余额581.6亿元，比年初增长145亿元，其中：机关团体存款市场占比为34%，居当地同业第一位；同业存款市场占比为37.6%，居当地同业第一位；代理保险业务实现超常发展，新增居当地同业首位，在四大国有商业银行中的占比为24%；“鑫存管”业务的市场占比居当地同业首位。

【房地产业务】个人类贷款余额合计为339.6亿元，贷款新增52亿元；公积金贷款余额达到87.93亿元，新增30.2亿元。

【信用卡业务】相继推出了"黄河水城龙卡"、"烟台魅力龙卡"等6种名城卡，并率先推出了国内石油行业首张名企卡——"胜利油田龙卡"。信用卡累计发行68.9万张，其中年内净新增32.9万张，实现信用卡消费额33.4亿元，信用卡贷款不良率为1.85%；借记卡新增发卡286万张，居建设银行系统内前列。

【电子银行业务】当年新增电子银行客户157.7万户，其中个人电子银行客户新增156万户，在建设银行系统内排名第一位；电子银行业务实现收入709万元，完成计划的170.84%。

【渠道管理】全年批复迁址调整57个营业机构、升格10家分理处为支行、撤销8个机构，点均一般性存款提高至2.83亿元，集约化经营水平较年初有所提高；根据新标准装修完工网点占比达50%；安排营业网点门面集中改造工作，提升网点形象。

主要工作举措

发展新产品、特色业务以提高竞争力。省分行积极研发、推广新产品和特色业务，一是对IPO特色理财产品进行了产品设想及开发前的论证和准备工作；二是在相继推出"支付宝龙卡"、省级机关公务用车加油卡等联名卡新卡种后，又提出了龙卡助业卡的设想，并被总行纳入结算卡二期开发计划；三是在国际业务方面，在"融货通"业务的基础上设计了"全程监管融货通"业务，并针对客户需求推出了短期出口信用保险项下的应收账款买断业务，提升了本行外汇业务核心竞争力；四是在机构业务方面，在系统内率先将"百易安"用于贷款资金风险管理领域，在中小企业贷款、房地产开发贷款、土地储备贷款等贷款资金封闭管理上进行了有益的探索；五是充分利用科技手段，率先推出了跨国公司对账直通车服务，在系统内居领先地位；六是在有序推进平行作业的同时自主研发风险经理工作平台，基本实现了信用风险监控的电子化。

公司业务突出营销重点。省分行在控制贷款规模的前提下，继续转变业务增长方式，调整和优化业务结构，突出营销重点，对公业务存款、贷款、中间业务收入等各项业务指标发展良好。

省分行制定了大中型客户双层营销办法，重点拓展和巩固盈利能力强、市场地位高的大型公司客户、大型基础设施建设项目、世界500强跨国企业集团在华企业、中国500强企业和国内绩优上市公司成为顶端客户。

省分行主动调整信贷结构，加大对优质客户的信贷投放，实现AA级及以上信贷客户数量由642户增至812户，其贷款余额由697.18亿元增加到833.73亿元，该余额占对公贷款余额的66.81%，比年初提高7.41个百分点；AA级及以上客户表外业务余额为214.75亿元，占全部表外业务总量的75.03%，比年初提高4.56个百分点。

省分行大力推进"成长之路"和"速贷通"业务，推动中小企业业务稳健运行。截至年底，小企业非贴现贷款余额为62.63亿元，较年初增长23.47亿元，完成总行计划的156.44%。新发展小企业信贷客户736户，其中非贴现贷款客户465户。

省分行的投资银行业务也取得新突破。债券承销业务实现零的突破，信托理财产品实现收入686万元。协助建银国际完成2家企业香港上市，协助3家企业完成直接投资额达1.2亿美元以上，并承办了多家大型企业的年金托管业务。

个人金融业务加强创新。2007年，山东省分行优化个人金融业务流程，加强创新，深化营销，加快转变经营模式和增长方式，个人金融业务规模、质量、结构、效益有机统一，圆满完成各项

2007年10月30日上午，建设银行山东省分行与山东航空公司战略合作签字仪式暨电子客票支付系统上线新闻发布会在山东航空大厦隆重举行。

业务指标。

省分行针对不同目标客户群体及时出台基金、个人外汇、银行卡等业务的营销指引和营销策略，开展针对性营销活动，推动了个人金融业务的持续快速发展。

省分行按照总行最新标准完成了个人出入境金融服务中心建设工作；发行了支付宝龙卡、“国泰君安龙卡”、省级机关公务用车加油卡、“中国功能糖城龙卡”等联名卡新卡种；率先提出了龙卡助业卡产品设想并被总行纳入结算卡二期开发计划；对IPO特色理财产品进行了产品设想及开发前的论证和准备工作；济南、烟台两家财富管理中心率先开业，为高端客户提供专业化、个性化、高质量、深层次的综合理财服务。

国际业务加强合作。与北京市分行组成内部银团，与山东航空股份有限公司签订了银团贷款协议，拓展了飞机融资新领域；先后与烟台市商业银行、潍坊市商业银行、日照市商业银行签署了代理国内商业银行外币清算业务合作协议；推出的跨国公司对账直通车服务，在系统内居于领先地位。

执笔：刘太丽

审稿：张维国

青岛市分行

青岛市分行行长刘铁彦

业务发展概况

【负债业务】2007 年，青岛市分行本外币全口径存款余额为432 亿元，比年初增加 45.4 亿元，增幅达 11.8%。其中，对公存款余额为 218 亿元，同比增加 26 亿元，增幅达 13.5%；储蓄存款余额为 185 亿元，同比增加 5.4 亿元，增幅达 3%；同业存款余额为 29 亿元，同比增加 14 亿元，增幅达 93%。

【资产业务】各项贷款余额为 390 亿元，同比增加 40 亿元，增幅达 11.4%，贷款总量继续居同业首位。其中，对公贷款余额为 267 亿元，同比增加 31 亿元，增幅达 13%；个人贷款余额为123 亿元，同比增加 9 亿元，增幅达 7.9%。

【经营效益】实现拨备前利润 13 亿元，实现税后净利润 3.6 亿元。实现经济增加值 1.05 亿元。实现中间业务净收入 3.54 亿元，同比增加 1.86 亿元，增幅为 111%。

【资产质量】五级分类口径不良贷款余额为 15.9 亿元，比年初下降 0.35 亿元；不良贷款率为 4.08%，比年初下降 0.56 个百分点。

【国际业务】全年完成国际结算业务量 44.9 亿美元，完成总行计划的 101%。办理国际保理业务 1 000 万美元，在建设银行系统内排名第六位。

【房地产信贷业务】个人住房贷款余额突破 100 亿元大关，达104 亿元，同比增加 12 亿元，贷款余额继续居当地同业首位；累计投放个人住房贷款 42 亿元，居当地同业第二位。

【信用卡业务】成功发行“海尔龙卡”等特色产品。2007 年信用卡累计发卡19.6万张，新增发卡10.5万张，消费交易额达10.6亿元，三项指标均居当地同业第二位。

【电子银行业务】电子银行交易金额3 459亿元，是2006年的两倍；电子渠道交易占比达到36%，同比提高19个百分点。

主要工作举措

不断推进产品创新。为海尔集团量身设计建设银行系统内首个公司客户理财产品——“乾图理财”新产品，创下本行单个产品盈利之最，仅第一期产品就创造中间业务收入近千万元，4期累计销售额达20.22亿元；在建设银行系统内率先为海尔集团办理海外应收账款项目管理业务；推出同业领先的“远期结汇 + NDF”组合产品；与青岛颐中房地产有限公司签订了第一笔4亿元人民币、累计8亿元人民币的代客债务管理协议；办理首笔财务公司银行承兑汇票质押回购型信贷资产受让业务，不断拓展新的市场空间和客户群体；积极开发公积金业务产品，在建设银行系统内首家利用人民银行小额支付系统为住房公积金管理中心委托收款，从源头上使青岛市分行公积金业务处于领先优势。

加大营销力度，攻克重点大项目。先后成功营销了小港湾、海湾大桥、招商局码头、(青岛)重质油加工工程技术研究中心有限公司、青岛北海船舶重工有限责任公司等一批青岛地区重点建设项目，进一步密切了与海尔、青岛啤酒、青岛东奥开发建设集团公司等重点客户的合作关系。

改善信贷结构。青岛市分行加大了对优质小企业客户的营销力度，改善了长期以来过度依赖大客户的局面，降低了风险；充分发挥传统产品的优势，将资源向基础设施建设领域倾斜，基建贷款占比上升，贷款余额为48.23亿元，新增26.7亿元，占全行对公类贷款新增的84%，增幅达124%，继续保持市场领先地位；小企业业务取得长足的发展，小企业户数达到469户，新增61户，小企业贷款余额23.7亿元，新增6.6亿元，增幅达38.6%。

大力发展投资银行业务。成立投资银行业务团队，加大对投资银行业务的投入，举办“融资融智、共享辉煌”项目推介会，有针对性地选择目标客户，与客户进行直面交流，推介建设银行投资银行业务。对现有的客户进行认真梳理，选取目标客户，采用“人盯人、人盯户”的营销策略，取得良好的效果。

积极拓展理财产品市场。2007年销售基金总额达100.3亿元，在同业中稳居首位，领先第二名31亿元，打造了青岛市精品基金首选银行形象；不断拓展个人实物黄金、个人外汇业务，制定了一系列相关的政策和制度，促进了新业务的发展。账户金交易金额超过7 000万元，实物黄金销售量达17.7公斤，个人结售汇2 000多万美元，实现收入200多万元，收入同比增长446%。

狠抓旺季营销和主题营销。组织开展“牵手建设银行，尊享新年祝福”和“中秋国庆旺季营销”等营销活动，有效地促进了个人金融业务持续快速发展，个人存款市场位次逐步提升。截至年底，个人本外币存款时点余额为185亿元，按基金、理财产品、国债销售额与存款新增合计口径统计新增113亿元，同业排名第一位。

组建首家财富管理中心。2007年底，组建首家财富管理中心，建立了一支服务高端客户的专业化理财队伍，并逐步建立完善高端业务管理系统平台，组织“建行财富大讲堂”系列活动，不断提升客户关系管理水平，高端理财服务迈上了一个新台阶。黑金级、白金级、黄金级客户增幅分别为126%、130%和106%。

寻找中间业务增长点。青岛市分行抓住市场机遇，积极推行买单制等激励措施，持续开展产品创新，深入挖掘客户需求，不断寻找中间业务增长点，中间业务收入大幅增长；大力营销个人理财产品，个人中间业务收入占比首次突破50%，达到56%；大力发展投资银行业务，推动业务转型。中间业务市场占比达到23%，同比提高3个百分点，同业排名第二位；中间业务净收入在主营业务收入中的占比为17.2%，同比提高7个百分点。

发展机构业务。成功向海军某基地实施了营销，为北海舰队、潜艇学院等总行级军队客户提供个人住房贷款、“八一龙卡”等特色服务方案；争得青岛市唯一法人券商中信万通证券公司证券保证金第三方存管业务的主办存管银行资格，累计存管资金35亿元；财政代理业务优势明显，政府资金项目开户数和财政拨款支付金额均居同业首位。

强化风险控制与优化资产质量。市分行通过制订重点问题贷款化解处置实施方案、继续加强对“双十大”客户和大额(1 000万元以上)不良大户的监测、多次召开专家诊断会和现场调度会、建立分支行之间的联动机制等方式，最大限度地化解信贷风险，实现了不良贷款的“双降”。2007年共处置各类不良资产10.2亿元，完成计划的146%，累计回收现金5.4亿元，完成总行计划的146%；核销呆账资产3.3亿元，完成总行计划的108%；处置实体类不良贷款2.6亿元，一举消化了十余年难以解决的历史包袱。

执笔：谭庆勋

审稿：柴　翔

河南省分行

河南省分行行长许会斌

业务发展概况

【负债业务】截至2007年底，河南省分行一般性存款余额为1 500.58亿元，当年新增131.48亿元，居同业第二位、系统内第十二位。其中，企业存款余额继续保持同业首位，新增额居同业第二位；个人存款新增额居同业第二位、系统内第六位。

【资产业务】各项贷款余额830.81亿元，新增96.31亿元，居当地同业首位。

【经营效益】全行实现账面利润27.92亿元，同比增加15.52亿元，实现账面利润居同业首位；实现经济增加值13.33亿元，同比增加10.34亿元，经济增加值在建设银行系统内排名第12位，比上年提高11个位次。

【中间业务】实现中间业务净收入14.93亿元，同比增加9.84亿元，增幅达193.4%，居同业第一位、建设银行系统内第六位。其中，理财产品销售额突破690亿元，居同业第一位、系统内第二位；代理保险收入6 104万元，居同业第一位、建设银行系统内第五位。

【战略性业务】信用卡新增发卡量20.48万张，完成总行计划的113.8%，累计消费额达16亿元，是上年的2.5倍；电子银行业务实现收入3 175万元，完成全年计划的120%；完成国际结算量33亿美元，结售汇25.6亿美元，均居同业第二位，增速均居同业第一位；企业外汇存款市场占比为31.1%，跃居同业第一位。

【资产质量】不良贷款率为2.59%，比年初下降0.55个百分点，比全国平均水平低0.01个百分点，在当地四大国有商业银行中最低；不良贷款额21.52亿元，比年初降低1.58亿元，完成总行计划的108%。

主要工作举措

狠抓优质大户营销。永煤集团、国家开发银行河南省分行、省武警总队、神火集团、郑州铁路局、华北石油局、联勤33分部、新郑国际机场等20多个优质大户在分行开立基本账户。石武铁路客运专线的子项目黄河公铁大桥项目在分行开立结算户，390亿元固定资产贷款承诺获总行审批通过。2007年对公基本结算账户39 234户，较2006年增加1 200户，其中，100万～1 000万元账户增加483户，1 000万元以上账户增加108户。

围绕存款抓营销。大力推进高质量结算账户和企业年金营销活动，抓好企业工商注册资金存款、新建项目法人保证金存款、全额保证金承兑业务存款、金融同业机构委托代理业务存款，形成对公存款新的增长点，拉动了对公存款的快速增长。

以河南省“十一五”规划项目、国家重点项目、河南省重点建设项目、总行及省分行重点客户为重点，持续开展项目储备工作；按照总行有关要求，对对公授信业务的申报材料、审查流程、审批方式和决策机制进行较大的优化调整，积极组织开展贷款项目评估，开辟重点项目审批绿色通道，实行优先审批、集中审批，有效地提高了对公信贷业务的审批效率；通过联动营销和交叉营销，对公贷款（不含贴现）累计投放达266亿元，其中基本建设贷款累计投放77.8亿元，余额为362.2亿元，新增96.96亿元，占全部对公贷款（不含贴现）新增的112.8%，对列入河南省“十一五”规划及“2007年河南省重点建设项目”中的35个项目审批通过贷款额度140亿元。

探索新型融资手段。联合开展银团贷款，向许亳高速项目共投放银团贷款8.4亿元；与国家开发银行开展资产业务合作，加大对郑东新区基础设施项目的贷款投放力度；为河南高速发行两期“利得盈”信托理财产品10亿元，为永煤集团发行5亿元“乾图理财”产品，为中铁十五局发行2 000万元“乾图理财”产品，向漯河市政府营销“乾图理财”产品3亿元；组建天瑞银团贷款任务型团队，参贷4亿元。

开展主题营销。开展以“建行财富”为主题的品牌营销系列活动，举办“建行财富”活动106场，参加的VIP客户共计2万余人次；组织开展“相约建行，‘猪’福共享”、“五一”黄金周刷卡消费、“金秋银冬、争创先锋”等旺季营销系列活动。基金客户由年初的8.3万人增至2007年底的70万人；账户金交易量全行排名第三位，较上年底前移了12个位次；个人客户新增119万户，个人高端客户数量实现翻番。

打造服务品牌。提出“服务标准更高、服务效率更快、服务能力更强”的目标要求，细化了营业网点服务流程规范，推进标准化服务定型工作。从抓扩容、抓分流、抓优化、抓应急等方面提高服务效率，解决客户排队问题。通过抓建设、抓转型、抓标准、抓检查、抓评比、抓队伍等措施，有效地提升了建设银行服务品牌的影响力和知名度。

支持优质中小企业。通过“速贷通”和“成长之路”两个产品，全力扶持了一大批优秀中小企业，如思念食品、三全食品、新乡卫华起重、森源电气、鑫旺集团、明泰铝业、瑞贝卡发制品等。截至12月末，共有19家二级分行开办了“速贷通”业务，共办理45笔，金额达2.33亿元；“成长之路”业务实现零的突破，办理“成长之路”业务5笔，金额达3 480万元。

个人贷款中心打造服务品牌。加大对个人贷款中心的硬件投入力度，着力把个人贷款中心打造成个人贷款服务品牌的形象展厅。强化了楼盘营销工作，将优质楼盘项目储备作为工作重点长抓不懈，为个人住房贷款业务发展提供可靠的上游资源。在总行住房贷款十项服务措施的基础上，推出了“三下五去二”房贷服务措施，房贷十项新服务全面推向市场；选择个体、私营经济发达区域，采取定向营销的方式，积极切入个人助业贷款领域。

2007年7月18日，建设银行河南省分行与国家开发银行河南省分行签署全面合作协议。

稳妥推进单元制改革试点工作。按照统一市场营销、统一网点建设与环境设置、统一队伍建设、统一支持保障、统一外部经营环境维护的“五统一”要求，启动了洛阳分行对公业务，平顶山和新乡分行个人业务、对公业务的单元制改革试点工作，试点行的客户服务能力、统一管理能力、市场反应能力、专业化经营能力均有了新提升。另外，对审计体制进行了整合，新体制运行平稳。

对县（市）支行重新定位。首次召开全行99家县（市）支行会议，明确了县（市）支行的发展思路、发展目标和管理措施。数量不到全行30%的县区网点贡献了超过全行60%的个人存款新增额，个人中间业务收入同比增长4倍多。

加大产品创新力度。提出“求精扩源、理财兴行”的方针，确立产品创新和理财业务的战略地位。在全行开展“金点子”创意竞赛活动，征集产品创意和建议近300条。发行建设银行系统内首种专门服务于教育行业的“育龙卡”18万张。加强对对公理财重点项目的营销，实现对公理财业务收入635万元。强化了IT项目的应用和开发，推广上线68个项目。

推行从严治行政策。推出了从严治行通报、综合协调监控、重点检查、科技监控、交流轮岗与强制休假五项制度；对金水、漯河、濮阳三行实施了巡视检查，对六家重点整治行开展了整顿治理；召开了四次从严治行万人电视电话会议，通报全行违规案件情况，在全行员工中开展了警示教育，违规案件的高发大发势头得到一定程度的遏制。

执笔：丁新伟　李杰先　毕志民

审稿：石永拴

湖北省分行

湖北省分行行长王江

业务发展概况

截至2007年底，省分行本外币资产总额为1 703.99亿元。本外币全口径存款余额为1 653亿元，当年新增240亿元。各项贷款余额达到823亿元，当年新增86.1亿元。不良贷款余额为18.05亿元，不良率为2.19%。实现中间业务收入9.01亿元，当年新增4.97亿元。实现考核利润24.12亿元。

【公司业务】截至年底，全分行对公存款余额为790亿元，比年初新增190亿元，其中企业存款新增138亿元，当地同业存款新增52亿元，对公存款余额及新增市场份额均居当地同业首位。对公贷款结构逐步优化。对公贷款余额达到646亿元，新增39亿元。A级及以上客户非贴现贷款余额占比87.3%，比年初提高近4个百分点。

【个银业务】全分行个人存款余额为862.9亿元，比年初新增49.6亿元，新增额在建设银行系统内排名第七位；新增占比为52.1%，居当地同业第二位。个人贷款余额达到177亿元，当年新增47.6亿元，个人贷款余额占比达到21.5%，比年初提高近4个百分点。其中，个人住房贷款余额达到152亿元，新增44亿元，占个人贷款新增的92.4%。

【中间业务】全年实现中间业务收入9.01亿元，跃居当地同业第一位；同比增加4.97亿元，增幅为123%；中间业务收入占业务总收入的16.7%，比上年底提高6.42个百分点。基金销售额和短期融资券承销额在当地同业排名第一位，销售基金258亿元，承销短期融资券51亿元。销售寿险8亿元，在当地同业排名第二位。销售理财产品13亿元。信用卡发卡量突破40万张，当年新增发卡量23万张，实现消费交易额19.8亿元。借记卡发卡量达到790万张，当年新增发卡量185万张，实现消费交易额175亿元。电子银行客户数达到173.8万户，实现电子银行交易额4 912亿元，同比增长70%。累计完成国际结算业务量27.1亿美元，同比增长14.4亿美元；累计完成结售汇业务量24.3亿美元，同比增长17.1亿美元。

【资产质量】按五级分类口径，全分行不良贷款余额为18.05亿元，比年初下降8 900万元；不良贷款率为2.19%，比年初下降0.38个百分点。关注类贷款继续下降，全分行关注类贷款余额为99.7亿元，比2006年底减少了7.6亿元，关注类贷款余额占比下降了2.45个百分点。全分行累计处置不良资产12.3亿元，回收现金7亿元，实现超值现金回收2.9亿元，资产保全条线指标完成率在200%以上。

【经营效益】全年实现账面利润22.8亿元，同比增盈8.01亿元，保持在当地同业排名第一位。实现考核利润24.12亿元，同比增盈7.04亿元。实现经济增加值9.13亿元，同比增加4.76亿元，完成总行计划的177%。

主要工作举措

推进中心城市行集中管理体制改革。将武汉城区12家支行整合为5家综合型支行。推进中后台管理集中工作，完成前后台分离事项共36项，实现了集中运行、集中稽核、集中会计凭证保管、集中对账，部分实现了核算集中和金库集中，同时率先对会计凭证实行专业公司外包管理。完善核心目标动态考核体系，强调市场占比；推进产品买单制，收入进一步向一线倾斜。积极推进网点转型，完成转型的网点共计214个，验收网点平均得分达到96.05分。装修网点118个，迁址43个，各类自助设备达到1 328台，较年初新增460台。在180个网点推广弹性排班制，客户平均等候时间从877秒缩短到508秒，等候时间在10分钟以内的客户占比达到80%，较原来提高了42个百分点。2007年5月，建立了信贷业务审批快速通道，对上报快速审批的信贷业务实行优先受理、优先审批，原则上在不超过5个工作日内审批完毕，以满足客户及信贷业务发展的需要。

开展以团队为主的对公营销。2007年，全分行组织开展“五抓一提高”劳动竞赛活动，即“抓开户、抓企业存款、抓贷款投放、抓中间业务收入、抓投资银行业务，提高市场占比”，旨在全面提升对公业务的市场份额及本行在对公业务领域的竞争力。加强武汉基础设施建设项目营销。省分行成立武汉基础设施建设项目营销团队，成功营销了武汉市城市建设投资开发集团有限公司等的多个城市建设融资项目。健全小企业信贷业务经营机构，配备了专职营销和管理人员；建章建制，完善小企业经营制度，制定下发了《中国建设银行湖北省分行小企业额度抵押贷款实施细则（试行）》、《中国建设银行湖北省分行小企业“速贷通”业务管理实施细则（试行）》、《关于进一步加强小企业贷款定价管理的通知》等一系列促进小企业业务发展的规章制度。组织举办了五场现场交易会，共向武汉市400多家重点中小企业推介建设银行产品。

开展多种形式的个人银行营销。开展各种形式的基金业务培训和推广活动200场，全年合作基金公司达43家，代理基金233

2007年5月24日，中国建设银行与武汉市城市建设投资开发集团有限公司等6家企业签署战略合作协议。

只。开展寿险代理产品营销，合作保险公司达到9家，代理产品达到36种，全分行网点出单率从2006年底的53%提高到2007年底的100%，当地同业市场占比（当地全部金融机构）从2006年底的8%提高到2007年底的19%。积极开展借记卡营销。组织开展“新年用龙卡，惊喜三重奏”活动，推动银行卡发卡量和消费交易额的快速增长。抓住元旦、春节等营销旺季，以增存为重点组织开展了“开门红”劳动竞赛活动。2007年第一季度新增个人存款92.87亿元，新增市场占比达到33.9%，在建设银行系统内排名第五位，为全年增存工作奠定了坚实基础，省分行因此而获得总行“个人金融业务旺季营销综合贡献奖”、“个人存款发展先锋奖”等奖项。抓住秋季入学高峰时机，组织开展教育市场主体营销活动，并专门针对出国留学人员开展了“个人结购汇，建行送好礼”主题营销活动。8～10月，实现借记卡消费交易额60亿元，占全年消费交易额的1/3以上；实现个人结售汇交易量1 752万美元，相当于2006年全年的交易量。在全分行范围内组织开展了“金秋银冬，争创先锋”个人产品销售竞赛活动。通过加强督导、加大投入、加强信息沟通，第四季度实现“利得盈”理财产品销售额4.99亿元，占全年销售额的45.4%；11～12月，个人存款增长34.7亿元，占全年个人存款新增额的70%。加强重点客户营销。设计并在全分行范围内推广实施“双客户经理制”营销服务模式，组建建设银行理财师专家团队，为高端客户提供高品质的个人金融理财服务，为一线客户经理提供有力的后台支持。牵头组织高端客户答谢会、建设银行产品推荐会、家庭理财知识讲座、健康知识讲座和视频培训等活动30场，并为富裕客户相对集中的大型企事业单位的高管层及员工举办投资理财、保险税务、教育养老等知识培训讲座25场，有力地提升了建设银行理财服务的品牌形象。以财富管理中心开业为契机，组织了高端客户专题讲座，策划了“中国建设银行湖北省分行2008迎新春答谢客户交响音乐会”，密切了与高端客户的联系。

推动企业文化建设。贯彻“以客户为中心”的理念，大力推进服务文化建设。湖北省分行2007年制定了《推进“以客户为中心”服务文化建设规划》，建立了全员参与共建的服务文化推进机制。湖北省分行在资助贫困中学生“成长计划”中，组织全分行员工捐款511 910元，确定23所学校和450名学生作为资助对象，取得了良好的社会效益。先后开展了“尊师重教资助贫困生”活动、“冬衣暖人心”活动、慈善救助活动、捐款救灾活动等。2007年，省分行被省委、省政府评为“最佳文明单位”，被省精神文明办公室评为“诚信建设荣誉单位”，被中国企业文化研究会评为“企业文化建设先进单位”，被湖北省企业文化促进会评为“十佳服务文化先进单位”。

执笔：胡和清
审稿：张　进

三峡分行

三峡分行行长林帆

业务发展概况

【负债业务】截至2007年12月31日，三峡分行一般性存款余额达159亿元，在当地四大国有商业银行中的占比为36.74%，排名第一位。其中，企业存款新增9.56亿元，完成总行计划的168%；储蓄存款新增0.6亿元。

【资产业务】各项贷款余额达到158亿元，同比增长26亿元，增幅为20%，余额及新增额在当地四大国有商业银行中的占比分别为39%和54%，均居首位。其中，公司类贷款新增15.9亿元，增幅达 14%；个人贷款新增 10.5 亿元，增幅达 62%，分别完成总行计划的 106% 和 175%。

【经营效益】2007 年，全行实现考核利润 36 328 万元，实现经济增加值 9 525 万元，经济资本回报率为 18.4%，成本收入比（国际准则口径）为 47.44%。

【中间业务】全年共实现中间业务收入 1.03 亿元，同比增长 0.42 亿元，增幅达 69%，完成总分行调整后计划的 114.4%。收入总量和新增量在当地四大国有商业银行中的占比分别达 38.1% 和 38.5%，均居同业第一位。

【资产质量】五级分类口径不良贷款余额为 7 234.93 万元，比年初下降 1 345.85 万元；不良贷款率为 0.46%，较年初下降 0.19 个百分点；当年纯新发放贷款不良率为零；不良资产处置贡献度为 1 380 万元，完成总行计划的 127%；处置不良贷款 1 839 万元，完成总行计划的 118%。

【其他业务】本年净新增信用卡发卡量 1.1 万张，完成总行计划的 130%；信用卡消费额为 3.56 亿元，完成总行年计划的 178%。国际业务结算量达 3.46 亿美元，增幅达 63%，完成总行计划的 130%。

单位电子银行客户新增 755 户，完成总行计划的 126%；AUM 300 万元以上个人高端客户新增 37 户，完成总行计划的 617%；电子银行交易量与柜面交易量之比为 21.35%，完成总行计划的 102%；小企业贷款新增 3.56 亿元，完成总行计划的 356%。

主要工作举措

做好结构调整工作，规模控制与业务发展两不误。在总行信贷规模限制的情况下，分行明确了“不超规模、保重点户、限一般户、退调控户”的工作原则，坚持优中选优，将有限的信贷资源向化工、房地产、电力等十类优质行业倾斜，到年底，全行 A 级以上公司信贷客户达到 105 户，比年初增加 30 户，余额占比达 87.59%；十类优质行业信贷余额为 112.21 亿元，占全行对公信贷资源总量的 84.68%，对公信贷业务的行业结构、产品结构和客户结构得到了优化。

整体联动服务三峡工作。为在三峡金融市场的竞争中赢得主动，分行积极促成了总行与三峡总公司的高层互访，2007 年 4 月双方签署了战略合作协议和 30 亿元循环额度贷款合同，为双方今后的合作奠定了坚实的基础。

拓宽增收渠道，实现业务转型。为长江电力提供了 40 亿元短期融资券承销和公司债担保服务。针对财务公司资金运作特点，通过信贷资产回购型受让业务，成功地介入了财务公司财务顾问业务领域；针对区域内客户投资理财需求的增长，积极试点现金管理及增值服务；针对证券市场快速发展的态势，全面加大了证券保证金第三方存管业务拓展力度。2007 年，全行实现投资银行等创新类中间业务收入 2 045.6 万元，占中间业务收入总量的 19.88%。

推进高端客户业务，发掘个银业务新增长点。分行加强高端客户专属服务渠道建设，完善了专职客户经理和绿色通道服务，梳理和规范了各岗位职责分工及工作流程，进一步夯实了工作基础。2007 年，全行新增个人高端客户 3 956 户，增幅达 91.19%，其中黑金级客户（AUM 300 万元以上）增长 37 户，实现比上年翻番。

加大个人理财业务营销宣传力度。通过统一策划设计，强化品牌营销，以理财机构、理财产品、理财师团队、八项贵宾服务为主要内容进行营销推介和宣传，提出了以财富管理为主线，大力拓展代理基金、银行卡等个人理财产品的营销策略。个人理财

2007 年 12 月 26 日，建设银行三峡分行行长林帆为财富管理中心外聘专家颁发聘书。

业务产品销售实现了跨越式增长，全年销售个人投资理财产品达21.51亿元。其中，基金销售20.49亿元，“利得盈”产品销售2 084万元，“汇得盈”产品销售414万元，国债销售5 772万元，黄金交易722万元，理财产品累计销售额居本地同业首位。

大力发展个人资产业务，规模优势进一步扩大。分行以个人贷款A+P系统上线为契机，理顺了个人贷款营销、经办新流程体系，进一步提高了运营效率。全年发放个人贷款14.5亿元，余额新增10.51亿元，完成年度计划的131.4%，个人贷款余额达27.34亿元，总量和新增量市场份额继续排名第一，规模优势进一步扩大。

推进营业网点转型。全年共在岗位设置、网点建设、业务流程等六个方面实施了32项改进措施，并继续推行网点服务规范化标准、统一晨会“八步曲”等，一线员工的精神面貌和服务质量有了显著改观，销售量和客户满意度明显提升。

强化内部控制，注重合规经营。一是强化了经济资本约束，完善了授权授信管理，做好法人转授权的动态调整，调整和优化信贷业务流程，实现了信贷业务发展与风险控制在业务流程中的有机统一。二是进一步做好了信贷风险监测预警工作，通过密切监控产能过剩行业贷款、高污染行业贷款、集团客户关联交易和个人关注类贷款持续增加等风险问题，增强了信贷风险防范能力，切实提升了风险管理的精细化水平。三是切实加强案件防控工作，通过强化防范操作风险的“三道防线”，对重点部位、重要岗位、重点环节、重要物品及现金加强日常管理，全年实现了“不发一案，不误一人”的工作目标。四是全面推行了委派主管会计、纪检特派员（纪检监察员）和风险经理三位一体的内控防范体制，完善了操作风险管理的组织架构。扎实开展“三查一审”工作，加大检查和处罚力度，及时发现和化解了风险隐患，进一步夯实了风险管理的基础。

执笔：朱　俊

审稿：张家才

湖南省分行

湖南省分行行长龚蜀雄

业务发展概况

截至2007年底，全分行实现账面利润31.1亿元，比上年增加5.6亿元，增幅达22%。实现经济增加值13.5亿元，比上年增加5.5亿元，增幅达68.8%。

【负债业务】全口径存款达到1 786.4亿元，当年新增296.8亿元。其中，对公存款797.4亿元，比年初增长143.3亿元；个人存款897亿元，比年初增长105.5亿元；同业存款92亿元，比年初增长48亿元。个人存款余额在当地四大国有商业银行中首次排名第一位，个人存款当年新增额居建设银行系统内第一位。

【资产业务】各项贷款余额达到1 042.9亿元，在落实宏观调控要求的前提下，比年初增加118.9亿元。在湖南省内四大国有商业银行中，分行各项贷款余额占比达到34.41%，新增占比达到38.3%。截至年底，个人贷款余额195亿元，比年初增长73亿元，增幅达59.8%；个人贷款占比由年初的13.31%增加到年底的18.7%，增长了5.39个百分点。小企业贷款快速发展，全年新增小企业客户250户，完成总行计划的217%，小企业贷款新增

11.3亿元。重点客户的信贷余额明显增长，省行级以上客户信贷余额达到388亿元，比年初增加12亿元；AA级以上客户信贷余额达到563亿元，比年初增加109亿元。

【中间业务】实现中间业务收入8.8亿元，较上年同期增幅达62.4%，连续两年增幅超过了50%。代销基金业务全年实现收入1.02亿元，同比增长9倍；托管业务收入同比增长7.6倍。

【国际业务】全年完成国际结算量22.46亿美元，同比增幅64.1%，高于全国建设银行平均水平14.15个百分点。完成结售汇量16.68亿美元，同比增幅达64.96%。华菱集团、中国移动等重点客户的国际结算业务承办率大幅上升，世界500强企业之一的博世汽车部件（长沙）有限公司的国际结算业务承办率达到100%。

【其他业务】信用卡发卡量年内净新增19.4万张，是上年的2.77倍，累计发卡量达到31万张；消费交易量12.91亿元，是上年的2.48倍，发卡量和发卡收入跃居全省同业第一位。企业电子银行签约客户达到2.43万户，比年初新增1.47万户，增长153%；个人电子银行签约客户达到230.79万户，比年初新增97.28万户；实现电子银行交易额13 026亿元，同比增长261%。

【资产质量】按照五级分类标准，2007年底，不良贷款余额为30.6亿元，比年初减少3.6亿元；不良贷款率为2.93%，比年初降低0.77个百分点，实现了不良贷款额、不良贷款率的“双降”。按照期限分类标准，逾期及非应计贷款余额26.1亿元，比年初减少0.11亿元；逾期及非应计率为2.5%，比年初降低0.34个百分点。全年完成不良资产现金回收13.72亿元，超值现金回收3.09亿元。核销不良贷款客户319户，核销呆账贷款2.8亿元。

主要工作举措

产品创新成效显著。国际保理业务、福费廷业务等产品实现了零的突破，海外代付业务、国外保函业务大幅度增长。成功地推出了名校卡、名企卡、数字龙卡、香港旅游卡、“大众龙卡”、百货联名卡、银保联名卡、汽车卡等特色产品，其中，“湖南建工龙卡”、“华菱涟钢龙卡”、“国安数字龙卡”、“友谊阿波罗龙卡”等收到了良好的成效。推出了“通知存款一户通”、出国留学保函、“龙卡通”、龙卡虚拟卡、“结算通”、个人黄金买卖、“支付宝龙卡”等新产品。投资银行业务全面启动，多项业务实现了零的突破，成功办理保函项目融资4.4亿元，发行“利得盈”信托理财产品12.25亿元、“乾图理财”产品1亿元。

深入改革会计营运体制。在核算、结算、稽核等方面实施了57项前后台分离事项，从制度调整、流程优化、科技应用三个方面入手，进一步分解和细化了前后台分离事项，明确了集中处理途径。省分行成立了稽核中心，实现全省稽核扫描、补录集中上收。金库集中运行状况良好，全省已实现现金和重要单证集中配送，实现长沙地区现金集中整点、调缴、配送，尾箱集中运送，实现12家二级分行现金集中整点。

健全完善选人用人机制。通过民主推荐、面试、考察等程序，公开选拔了14名副总经理级领导人员。通过民主推荐、资格审查、笔试和专业答辩等程序，公开选拔了36名四级专业技术人员，填补了二级分支行高级专业技术职务人员的空白。积极探索“能进能出、能上能下”的用人机制，启动了全行班子及领导人员任期考核，严格依据考核结果聘任领导人员。制定《中国建设银行湖南省分行优秀员工交流锻炼暂行办法》，全年全省共交流副总经理级（含）以上领导干

2007年10月9日，湖南省分行行长龚蜀雄一行在常德市力元新材有限责任公司调研。

部52人，长沙地区与其他地区选派交流副总经理级以下年轻干部70名，增强了各分支行领导班子的活力，锻炼了一批优秀的年轻干部。各二级分支行相继完成本部员工双向选择、岗位交流工作，人力资源配置得到优化。

进一步完善激励机制。规范全行的工资分配政策，下发《中国建设银行湖南省分行工资总额和员工工资分配的意见》，逐步完善保证基本、兼顾效率、激励与约束相结合的工资分配机制。

提出"零违规"工作目标。在连续两年"零发案"的基础上，明确提出了"零违规"工作目标，加强精细化管理，全面提升经营管理水平。加大违规积分考核力度，将积分管理渗透到全行内部管理和业务发展的每一个环节和岗位，将积分结果与年度关键业绩指标考核挂钩、与员工的个人绩效挂钩。深入推进治理商业贿赂专项工作，积极落实案件防控及整改方案，进一步强化信贷责任认定及追究措施，加大反洗钱和控制关联交易工作力度，不断巩固多层次、全方位的案件防控体系。

风险管理得到加强。在全国建设银行系统内率先推进信贷资产风险十二级分类模拟工作，提前发现贷款质量存在的问题并及时采取整改措施，增强防范与化解风险的能力。进一步夯实信贷基础，加强信贷管理系统建设，完成了对公信贷业务流程管理系统的上线及推广工作。对二级行信贷管理实施负强化考核，开展信贷管理水平评级工作，提升了信贷管理水平。

重点营销优质客户。全年新增个人VIP客户4.94万户，其中AUM 300万元以上黑金级客户757户，AUM 50万元以上白金级客户1.28万户，AUM 20万元以上金级客户3.58万户。全年新增总行级以上公司类重点客户10户，对省行级重点客户进行了全面清理，重新评定了省行级重点客户121家。与长丰集团、华天集团、泰格林纸集团、中联重科等企业签订战略合作协议，成功营销解放军"535"医院等部队客户。加强财政社保业务合作，代理财政业务总额占湖南省内四大国有商业银行总额的40%以上。

执笔：杨 红 何扬禄

审稿：魏振华

广东省分行

广东省分行行长曾俭华

业务发展概况

2007年，全分行实现账面利润66.62亿元，较2006年翻了一番，在建设银行系统内排名第四位。实现拨备前考核利润80.63亿元，同比增长32.46亿元。创造经济增加值26.39亿元。实现经济资本回报率29.02%，同比增加5.41个百分点。成本收入比为42.07%，同口径同比下降9.74个百分点。

【负债业务】截至2007年底，全口径存款余额为4 936.28亿元，比上年增加610.89亿元，增幅达14.12%，完成总行计划的208.56%，新增居系统内第四位、当地同业第一位。一般性存款余额为4 562.23亿元，比上年增加425.72亿元，增幅达10.29%，完成总行计划的113.85%，新增居系统内第二位、当地同业第一位。企业存款余额为2 151.18亿元，比上年增加424.76亿元，增幅达24.6%，完成总行计划的311.03%，新增居系统内第二位、当地同业第一位；个人存款余额为2 411.05亿元，比上年增加0.96亿元，增幅达0.04%，新增居当地同业第二位；同业存款余额为374.05亿元，比上年增加185.17亿元，增幅达98.04%，完成总行计划的428.53%，新增居系统内第四位、当地同业第一位。

【资产业务】截至2007年底，各项贷款余额为1 906.4亿元，比上年新增237.5亿元，增幅达14.23%，完成总行计划的99.47%，新增居系统内第三位、当地同业第三位。企业贷款余额为1 403.99亿元，比上年新增130.32亿元，增幅达10.23%，完成总行计划的101.22%，新增居系统内第四位、当地同业第三位；个人贷款余额为502.41亿元，比上年新增107.18亿元，增幅达27.12%，完成总行计划的97.44%，新增居系统内第三位、当地同业第三位。五级分类口径不良贷款余额为76.26亿元，比年初下降22.6亿元；不良贷款率为4%，比年初降低1.92个百分点。

【中间业务】全年实现中间业务收入31.09亿元（中间业务净收入29.62亿元），同比增幅达116.5%，居系统内首位。实现国际结算量330亿美元，完成总行计划的104%，同比增长33%，在当地四大国有商业银行中的占比为15.52%。实现结售汇业务量151.6亿美元，完成总行计划的101%，同比增长30%。实现全口径外汇中间业务收入3亿元，同比增长28%；外汇净利润4 223万美元，同比增长4 139万美元。信用卡主要业务指标均居前列。全年累计发卡122万张，当年新增发卡66.5万张，实现银行卡中间业务收入5.7亿元，均居系统首位。电子银行业务快速发展，各项指标同比大幅提高。全年个人电子银行客户新增114.27万户，企业电子银行客户新增2.45万户，电子银行业务量与柜面业务量之比达到34%，较上年上升12个百分点。

主要工作举措

对公与对私并重，加强高层营销。成立了300多个大中型贷款项目任务型团队，建立了相关目标考核机制。省分行领导班子带头营销重要客户，加强银政、银企合作。成功拓展了中国华能集团、南方航空公司、中海壳牌南海石化再融资项目、粤电集团购船项目等一批重点优质客户和重大项目，创造了良好的经济效益。累计销售各类个人理财产品近1 000亿元（含“汇得盈”产品），是上年同期的4倍多，居建设银行系统内首位。为提升个人高端客户服务质量，新建10家财富管理中心、36家贵宾理财中心。信用卡业务紧紧抓住行内理财卡客户、公积金客户等优质客户群体，依靠联动营销、联盟营销、直销三大渠道，重点打造汽车卡、信用卡分期付款、增值服务等产品，全年累计发卡量、当年新增发卡量、银行卡中间业务收入等各项指标均居全国建设银行系统内首位。获建设银行总行授予的2007年度“信用卡发卡超百万奖”、“信用卡最佳收益奖”、“信用卡消费交易贡献奖”、“信用卡公务卡推进奖”、“汽车卡优胜奖”、“信用卡直销发卡奖”、“信用卡商户拓展奖”七项大奖；获得广东银联授予的“银联标准信用卡发卡卓越成就奖”、“银联标准卡产品创新奖”、“银联最佳合作贡献奖”、“银联卡风险管理业绩优秀奖”、“农民工银行卡特色服务杰出贡献奖”；获得万事达国际信用卡组织授予的“2007年龙卡信用卡最佳分行营销奖”，四大国有商业银行中唯有建设银行获此殊荣，也是分行连续第三年获此奖项。

积极推进网点转型，加快渠道建设。省分行全年完成网点转型项目541个，是全国建设银行系统内转型项目最多的分行，并成功打造全国首家转型样板网点——天河直属支行，转型推广效果得到总行、美国银行专家、银监局和新闻媒体的充分肯定。从转型效果看，转型后网点客户等候时间少于10分钟的占比较转型

2007年11月5日，建设银行广东省分行与中国移动广东分公司联合举办新闻发布会，推出“移动充值易”服务。

前提高36个百分点，客户满意度提高36个百分点，日均产品销售量提高70%。广州市天河直属支行还被评为“总行级青年文明号单位”、“总行级企业文化建设示范点”、“广州市文明服务行业银行类示范窗口”、“广东省文明单位”。

深入开展案件防控工作，加强合规建设。牢固树立风险意识，不断强化基础管理工作。十多年来第一次实现“零案件”目标。开展“合规建设年”活动，举办合规知识竞赛和征文活动，在全分行营造“诚信、正直、守法、合规”的合规文化氛围。加大不良资产盘活和处置力度，以重大项目为突破口，以点带面，运用批量化手段处置不良资产。

依靠科技支撑，带动业务创新。制定金融创新激励办法，通过产品创新论坛、产品创新座谈会、产品创意竞赛等多种形式，调动员工参与产品创新的积极性。加强科技部门与业务部门的联动，促使其共同开发特色业务。完成了21个新产品的开发和74个产品的优化，有力地推动了各项业务又好又快地发展，先后推出出口应收账款资金池融资、人民币债务风险管理（QUANTO）、薪酬理财计划和“建行财富”开放式新股申购类理财产品等新产品。同时在广州地区（试点）推出个人外汇汇票业务，填补了市场空白。广州地区第一家离行式自助银行——建设银行广州市农林下路离行式自助银行开业。与建行亚洲合作，成为全国首家代理境内客户开立境外（香港）个人亿万元账户的分行。自助业务发展迅猛，自助账务性交易量同比增长3 086万笔，增长41.2%，自助账务性交易量首次超过柜台账务性交易量，两者之间的比例达到102%，同比提高38个百分点。自助账务性交易量与柜台账务性交易量之比在建设银行系统内排名第四位，在省级分行排名第一位。ATM收单收入1.1亿元，为上年同期的1.6倍。

切实加强企业文化建设，提高队伍的凝聚力和战斗力。一是组织8位年度人物到辖属35家二级分支行进行巡回座谈，使先进典型的事迹和精神得到传递和延续。二是开办员工讲坛，把经过选拔的主讲人的敬业精神、管理经验、营销与服务技巧、业务高招、服务心得和合规体会进行总结推广，以便于广大员工学习和仿效。三是制定《广东省分行基层员工行为规范实施细则》，编写了基层网点负责人、会计主管、客户经理、大堂经理、柜员等五个一线岗位的员工行为规范实施细则和《推进基层行服务文化建设、培养员工良好职业行为习惯工作指引》，以更好地推动对总行下发的《文化要素》和《员工行为规范》的学习与实践，牢固树立“以客户为中心”的经营理念，提升分行的核心竞争力。

执笔：马　俊　石满林

审稿：李锦海

深圳市分行

深圳市分行行长田惠宇

业务发展概况

2007年，深圳市分行经营规模稳步扩大，效益稳步增加，人均业务规模、盈利水平和收入保持建设银行系统内第一的水平。企业存款余额居当地同业第一位，全口径存款、一般性存款、贷款和个人贷款余额居当地同业第二位。

【经营效益】实现拨备前考核利润52亿元，同比增加24亿元，增幅达86%，居当地同业第一位、建设银行系统内第六位；实现经济增加值20.46亿元，同比增加10.06亿元，增幅达97%，居建设银行系统内第六位。

【资产负债业务】本外币一般性存款余额为1 616.1亿元，新增166.7亿元；各类贷款余额为1 214.28亿元，新增206.94亿元。

【中间业务】中间业务收入10.32亿元，同比增加5.1亿元，增幅达98%，居当地同业第二位。

【资产质量】不良贷款额为25.36亿元，不良贷款率为2.09%，分别比年初下降0.05亿元和0.43个百分点，连续五年实现“双降”。

主要工作举措

开展重点项目和大额存款营销。4月份，市分行独家中标深圳市住房维修基金专户；第三季度，市工会费、河堤维护费等账户在深圳市分行开立，民营领军骨干企业互保金贷款项目牵头行也确定由分行担任。在市分行的推动下，总行先后与万科企业股份有限公司、中海地产集团有限公司签订了全面战略合作协议，万科100亿元增发资金全部落户市分行，万科30亿元公司债担保业务也在市分行办理。成功营销南玻集团、大族激光、比亚迪电子等增发或IPO募集资金。在资本金账户营销方面，ITAT公司3.5亿港元资本金账户、华润医药40亿港元资本金账户在市分行开立。积极开展重点项目储备工作，年底储备项目贷款金额150亿元、贸易融资项目贷款金额17亿元。贷款定价能力不断提升，当年市分行人民币对公新发放贷款加权平均利率为6.52%，剔除调息因素后利率为6.04%，比上年提高10个基点。

推进业务和盈利模式转型。对公业务方面，通过贷款信托化、开发贷款替代品、加大银团贷款营销等多种方式，积极疏通转型管道。一是积极营销短期融资券及发债担保业务，推出人民币债务风险管理、信托理财等创新产品，首创“乾图理财—票据盈”产品并通过其募集资金9.82亿元，对公产品创新取得一定突破。二是贷款替代业务取得初步成效，全年完成信托借款保证和信托受益凭证业务54亿元、公司债券偿付保函业务37亿元、信贷资产转让业务2.2亿元，为战略业务转型拓宽了渠道。三是提升贷款分销能力，银团贷款和联合贷款业务取得进展，深圳地铁1号线延长段、2号线、5号线项目以及华润电力、招商国际等重大项目均由市分行牵头组建银团贷款或联合贷款。四是建立信托理财业务团队等20多个任务型团队，内外联动，发展托管、投资银行等非信贷业务，拓展财务顾问、短期融资券、项目融资、债券融资、境内外IPO服务等业务。对私业务方面，开展零售网点转型，做到思想、组织、资源三到位。所有网点均完成上线，首批30个转型网点的日均主要产品销售增长率达到64.91%，转型成果初步显现。证券保证金第三方存管业务累计客户达60万户，保证金余额175亿元，市场占比30%，居当地同业第一位。

通过转型，分行业务结构、收入结构和客户结构进一步优化。负债业务增长速度高于资产业务增长速度，全口径存款比上年增长26.38%，各项贷款比上年增长20.54%，存款增长比贷款增长高出5.84个百分点。储蓄存款新增和理财产品销售额突破200亿元。电子银行交易量与柜面交易量之比达到132.61%，居系统内第一位。从贷款结构看，中长期贷款余额961.29亿元，占比接近80%，新增214.28亿元；小企业贷款在公司类贷款中的占比从1%提高到5%，新增小企业信贷客户占全部新增对公信贷客户的45%。收入结构有所改善，中间业务收入在主营业务收入中的占比为12.7%，比上年提高2.71个百分点。客户结构得到优化：对公结算量5 000万元以上客户新增849户，比年初增加61.2%；个人VIP客户累计达65 875户，其中白金级以上客户占40.5%；国际贸易融资客户新增127户，增幅为169%；小企业信贷客户974户，新增506户，增幅达108.12%。

实行全面风险管理。一是狠抓信用风险管理，关注宏观调控对信贷质量的影响。组织相关业务部门对信贷资产进行压力测试，

2007年6月19日，建设银行深圳市分行与万科公司签署战略合作协议。

组织信贷专项检查，严格项目和客户准入，加强对借款人购房目的的审查，严格防范和控制将贷款用于投资。加强个人贷款基础管理，规范抵押登记、按揭保证金管理和交易资金监管流程，控制信贷风险。加强风险预警和监控，发送客户风险提示函33份。二是扩大委派会计主管的职责范围，加强对公业务、对私业务、银行卡业务、国际结算业务、个人贷款业务、电子银行业务、中间业务等各个方面的检查、管理和监督。明确分行级委派会计主管的行政关系，由分行统一管理。三是夯实制度基础，加大业务检查力度，推进精细化管理。对Weblogic平台、个人贷款A+P系统、新一代贸易融资系统等13个系统的应急流程进行了修改，完善运营系统应急处理预案。梳理和完善现有业务操作制度，优化柜面业务流程。加大各条线业务检查力度，切实落实整改方案，先后组织对会计、信贷、财务、安全保卫、印章管理等进行多次合规检查。初步实现前后台分离和后台集中管理，稳步推进风险外包工作。完善案件防控制度体系，建立健全重大案件快速反应机制，突出对关键时期和重点部位开展案件防控。

推进产品创新。2007年，分行推出银证代收付、“房贷通”、无折或卡存款汇款、个人密码支票等18项个人类创新产品，优化已上线个人类产品12种。个人贷款产品不断推陈出新，推出了“低息供”等多种产品。2007年联名卡新发卡25万张，占新发卡量的70%以上。推出了现金自助存款、短信缴款等一系列服务，有效地缓解了柜台压力。此外，分行还创新推出“新股宝”信托类人民币理财产品，“汇立宝”、“汇兑宝”系列资金产品，短期融资券等高收益产品，并办理首笔“融货通”、商业保险公司授信、黄金租赁、企业年金托管和保险资金基础设施投资资产托管业务等，创新固定贷款还款模式。先进贷款系统（ALS）和“房贷通”产品分别获得当年深圳市金融创新二等奖和三等奖。

推出“建行财富”可循环新股申购类理财产品，第一期归集资金17.2亿元，成功扣划签约账户2 838户，创分行个人理财产品销售新高。针对对公客户推出“乾图理财”系列银行理财产品，办理首笔外币资金互存业务。积极开展资产证券化工作，首个资产证券化项目——“建元2007-1资产证券化项目”成功交割，交易金额29.49亿元。此外，分行还创新推出“交通罚款短信通”便民服务、投资连结保险挂钩产品等。

建立服务持续改进机制，落实全行服务归口管理制度。重点抓“95533”改进工作，接通率由年中的45%升至年底的93.2%，居系统内前列。以星级柜员评选为动力，狠抓柜面服务，全年有11人被评为“青年岗位能手”，7个单位获分行级以上“青年文明号”称号，五星级柜员规模扩大到43人。以“胡晓燕理财工作室”为代表的一批理财室在深圳金融市场崭露头角。

执笔：陈万斌　罗　莹

审稿：张学庆

广西壮族自治区分行

广西壮族自治区分行行长袁明

业务发展概况

【负债业务】截至2007年底，广西壮族自治区分行本外币全口径存款余额为893.4亿元，比年初新增96.9亿元，增长12%。其中，对公存款余额为488亿元，比年初新增91.2亿元，增长23%；个人存款余额为405.4亿元，比年初新增5.7亿元。一般性存款、企业存款和储蓄存款增幅在广西四大国有商业银行中均排名第二位。

【资产业务】各项贷款余额为546.5亿元，比年初新增67.3

亿元，增长14%。其中（不含票据贴现），公司类贷款余额为384.8亿元，比年初新增42.1亿元；个人类贷款余额为152.1亿元，比年初新增29.7亿元。

【经营效益】实现考核利润16.7亿元，比上年增长46%；实现经济增加值6.6亿元，比上年增长94%；资产回报率为1.29%，比上年提高0.27个百分点；经济资本回报率为26.1%，完成总行关键业绩指标的146%；费用利润率为161.2%，比上年提高30.1个百分点；成本收入比为35.2%，比总行计划低2.3个百分点。

【资产质量】全年处置压缩各类不良资产4.6亿元，其中压缩不良贷款本金4.3亿元，处置抵债资产2 372万元。年底不良贷款余额为7.47亿元，比年初减少800万元；不良贷款率为1.37%，比年初下降0.21个百分点，连续七年实现“双降”。信贷成本率为0.55%，比全国建设银行平均水平低0.15个百分点。

【其他业务】实现中间业务净收入4.4亿元，比上年增加2.3亿元，增长110%。贷记卡新增42 286张，同比增长296%；电子银行柜面分流率为35.5%，同比增长75%；办理国际结算业务24.8亿美元，同比增长55%；实现代理证券业务收入1.71亿元，同比增长645%。

主要工作举措

开展产品创新。发行了首笔3.8亿元“利得盈”理财产品——广西投资集团存量信贷资产信托受益凭证，为中间业务增收320万元。推出了代客金融衍生产品人民币债务管理业务，为中间业务增收130万美元。推出了信用卡商务卡和“柳钢名企卡”、“西大名校卡”、“数字龙卡”、“巴黎春天龙卡”等联名卡。在广西区域内率先推出了“龙鼎金”个人实物黄金业务。

开展营销创新。组建“五朵金花”外汇业务营销团队，提高了国际业务及产品的营销效率和水平。开展南宁市各直属行与各二级分行之间的“一助一”营销互帮活动，为全行性的业务交流搭建了平台。开展“牵手高端、提升价值”专题营销活动，巩固和提升了存量优质客户的市场份额。成功营销广西壮族自治区分行第一笔企业发债银行担保业务，为柳州城市建设投资有限公司提供发债担保10亿元，为中间业务增收1 500万元。

开展制度创新。制定《营业网点操作风险控制指引》和《操作风险管理实施细则（试行）》，使得对基层机构的监控检查覆盖面达到了100%。制定《关于优化区分行授信业务审批发文流程的通知》，进一步提高了审批效率。制定《二级行部公司及机构业务条线部门负责人、客户经理任职资格准入、退出和岗位轮换的意见（试行）》，进一步完善了公司及机构业务条线的人员准入退出机制。制定《广西壮族自治区分行单位客户对账工作考核办法》，重点客户对账单回收率达到99.43%，非重点客户对账单回收率达到96.69%，创历史新高。

优化业务流程。建立了以集中运行、核算、对账为核心的后台业务处理中心和以集中稽核系统、柜面业务监测系统为核心的后台集中监督中心，初步实现了前后台业务的分离，使前台登记簿从86种减少到29种，网点每天平均减少打印时间近50分钟，有力地支持了网点转型。

对“储蓄开户凭条”、“储蓄卡申请表”、“开立个人银行结算账户申请书”等五表进行整合，实现五表合一，简化了客户开户手续，并节约了66%的凭证印刷费用。

将客户评级与额度授信审批工作改为同步进行，部分信贷审批能会签的不走会议，能双签的不走会签，做到一般项目的审批不超过5个工作日，实现了待审项目的“零库存”。

制定了《关于进一步提高广西壮族自治区分行公文质量和效率的工作意见》，推广跨级直发、跨行签报等，精简公文处理环

2007年7月6日下午，广西壮族自治区分行到驻桂76143部队开展“送金融理财服务进军营”活动。

节，提高公文处理效率。

开展科技创新。开发网点营销支持系统和柜员劳动量考核统计系统，建立综合营销考核系统，提升前台的营销能力和营销效率，实施买单制和责任制相结合的激励约束机制。开发经济增加值计算程序，实现了对经济增加值的全自动取数和计算，有效地提高了绩效考核工作效率。

调整贷款结构。出台《重点行业营销指引》、《重点客户营销指引》、《重点产品营销指引》、《重点区营销指引》等指导性文件，推进贷款结构调整。贷款投放继续向重点地区、重点行业、重点产品和重点客户倾斜。

严格控制对限制性行业的信贷投放，积极退出低端、劣质客户，压缩一般客户的信贷存量，从严控制高风险贷款投放，提高信贷资产的收益水平。按照收益和风险匹配的原则对贷款项目开展投入产出分析，进一步规范贷款审批，提升贷款定价谈判能力。

注重速度、质量和效益的有机结合，持续健全和完善“经营、审批、风险管理、保全”四位一体、尽职尽责的信贷资产经营管理长效机制，加强部门间的联动，形成合力。

继续实行财务、减值准备和保全政策联动，完善以风险调整后收益和贡献度为评价依据的考核机制，正确处理风险与收益、长期与短期、局部与整体的关系，不良资产压缩成效明显。

突出营销重点。把个人优质客户的拓展作为一项战略性业务来抓，并加大了对发展储蓄存款业务的激励力度。突出抓好重点时段的重点业务。如春节前抓好代发工资、代发奖金，春节期间抓好股市回流资金，春节过后抓好代收学费、校园发卡等。

对公存款方面，加强对存量重点客户的主动营销。针对不同存量重点客户制定专门的营销策略，通过提供优质和增值服务，进一步提升存量重点客户的存款贡献度。

以开立基本结算账户为中心，按照“抓源头、抓项目、抓龙头”的要求开展账户营销工作，加大了对重要业务潜在客户和广西重点建设项目的营销拓展力度，拓展了北部湾国际港务集团、北部湾开发投资有限公司、广西民发集团、广西白龙核电站筹建处等一大批重要客户的基本结算账户，推动了负债业务的快速发展。

发展中间业务。将中间业务与资产负债业务进行有效结合，形成产品间的组合营销，充分发挥产品间的拉动作用，实现由单一产品营销向组合产品营销的转变。

通过多种方式对前台员工、大堂经理、客户经理、网点负责人等进行培训，切实提高其服务技能、服务水平、营销能力和对各类中间业务产品的熟悉程度，形成了全员营销中间业务产品的局面。

采取中间业务买单制和责任制相结合的方式，实行中间业务产品营销计件奖励制度，直接激励营销人员；实行累进式约束机制，对未完成中间业务收入任务的行部进行处罚，做到激励有效、约束到位，依靠制度创新推动中间业务的快速发展。

推进体制改革。推进会计集中管理体制改革，完成南宁经费共享中心的组建，实现了经费与资本性支出业务的集中核算、支付和处理，以及凭证式国债一级分行集中核算。

全面推进和深化平行作业，优化流程，完善配套制度办法。成立广西壮族自治区分行评估中心，逐步实现评估业务的全面集中；实施业务条线风险主管派驻制，前移风险管理关口。

完成个人贷款中心向中后台集约化经营模式的转变，南宁城区个人贷款业务实现了集中审批和集中贷后管理。调整区分行造价技术咨询中心部分分部管理模式，将原柳州、桂林分部划归二级分行管理，业务管理上实行“双线管理、双向考核”，加强区分行与二级分行之间的联动营销，促进了造价咨询业务的整体发展。

完成南宁、柳州、桂林三个中心城市行财富管理中心的建设，为高端个人客户提供了高质量、深层次、专业化、个性化的金融服务平台。调整钦州、防城港、崇左、来宾、贺州的层级管理模式，将这五家原由二级分行管理的支行调整为区分行直接管理，为加快全行业务发展培植了新的增长点。

加强基础管理。全面开展“五严一保”和“柜面优质服务年”活动，在全辖形成了办事有标准、操作有制度、岗位有制衡、过程有监控、工作有检查、事后有考核、违章有处罚的规范管理局面。

加强内外部审计成果的运用和转化，对检查出的问题和管理中的薄弱环节及时落实整改并持续跟踪监控，完善制度，强化管理，不断提高基础管理水平。

加强营业网点操作风险管理，全面梳理营业网点的业务流程和管理工作，识别并揭示每项业务及管理工作中的关键风险点，制定相应控制措施，为各条线人员实施风险管理提供政策指导和帮助。

执笔：杨　茜

审稿：廖　林

海南省分行

海南省分行行长梁福成

业务发展概况

【负债业务】截至2007年底，海南省分行全口径存款余额为329.11亿元，比年初新增67.74亿元，增长25.92%，完成总行计划的365.37%。一般性存款余额为317.43亿元，比年初新增58.48亿元，增长22.58%，完成总行计划的318.47%。其中，企业存款余额为214.15亿元，比年初新增50.34亿元，完成总行计划的491.04%；个人存款余额为103.28亿元，比年初新增8.14亿元，完成总行计划的100.39%。

【资产业务】全行各类贷款余额为115.29亿元，比年初新增10.09亿元，完成总行计划的101.08%。其中，公司类贷款余额为81.22亿元，比年初增加5.26亿元；个人类贷款余额为33.77亿元，比年初增加4.66亿元。

【经营效益】按综合经营计划口径统计，实现利润25 995万元、考核利润24 184万元、净利润13 107万元，分别完成总行计划的309.99%、340.4%和436.43%；实现经济增加值3 470万元，完成总行计划的248.51%；实现贷款利息收入65 814万元，完成总行计划的107.89%。

【中间业务】全年实现中间业务收入11 195万元，比上年同期增加6 464万元，完成总行计划的151.11%。

【资产质量】按五级分类口径统计，本外币不良贷款余额为3.6亿元，比年初下降1.06亿元；不良贷款率为3.12%，比年初下降1.31个百分点。

【国际业务】办理国际结算业务8.3亿美元，比上年增加3.1亿美元，增长60%；办理结售汇业务7.4亿美元，比上年增加1.7亿美元，增长30%。

【造价咨询业务】共完成审价项目626个、评估项目258个，分别累计完成工作量20.71亿元和38.24亿元，实现业务收入1 085.21万元，比上年增长35.99%，完成计划的115.34%。

主要工作举措

加大市场营销力度。大力推进“八一工程”，成功中标武警某部资金集中管理服务项目，吸纳该客户特种存款1.4亿元。抓住证券保证金第三方存管业务转移的有利时机，成功向国泰君安、平安、金元等18家证券公司推广建设银行第三方存管系统，新增签约客户31 235户，增加证券公司存款9.5亿元。制订财政任务型团队营销方案，拓展市（县）代理财政国库支付委托业务。

强化激励措施，合理分配绩效工资和绩效费用，依托科技手段有针对性地开展市场营销。抓住行业龙头，加大对优质客户的信贷投放力度，结合客户需求，推出高端理财产品。加强信贷核准，严格实行信贷准入和退出制度。积极拓展优质中小企业客户，为小企业提供“速贷通”、“成长之路”等新兴业务。

以全省二十强房地产开发企业为目标，加强房地产开发贷款营销，共营销香港新世界、兰海集团、宝安集团等项目35个，累计发放贷款13.09亿元。建立房地产开发贷款和个人住房贷款上下游业务联动营销机制，推出“住房装修循环贷”系列产品。

稳步发展国际业务，加强与省发展改革厅、商务厅等有关部门的沟通与合作，抓住外商投资项目信息源头，积极拓展跨国公司在海南省投资项目的市场份额。积极拓展新兴业务，扩大外汇业务市场份额，成功为海宇锡板办理金额累计287万美元的三笔进口代收项下海外代付业务，实现了海外代付业务零的突破。

加快发展银行卡和电子银行业务，重点以大单位、大公司、代发工资批量客户等为目标，连续开展“消费投资双丰收，轻松理财好生活”、“一点一天一卡”、动态口令卡赠送等特色主题营销宣传活动。新拓展商户363家，实现收单收入479.11万元。贷记卡卡均消费额为16 550元，在建设银行系统内排名第一位；贷记卡活动率为57.65%，在系统内排名第二位。

积极推广“利得盈”、“汇得盈”等个人理财产品，销售“利得盈”产品74期，募集资金4.11亿元；销售“汇得盈”产品14期，募集资金1 202万美元。代销基金233只，销售金额20.48亿元。发展造价咨询业务，圆满完成海军某基地特建项目主体工程的造价咨询业务，实现咨询费收入686万元。

完善经营绩效考评体系。加强对综合经营计划执行情况的管理与监测，进一步完善以经济增加值为核心的经营绩效考评和激励约束机制。制定《经营单位绩效评价办法》，发挥绩效考评的导向作用。强化利率、价格和资金管理，增强主动盈利能力。加强全面成本管理，不断拓展盈利空间。加强集中采购管理，组织实施集中采购项目74个，共节约成本402万元，节约率为6.8%。推广定价管理系统，有效控制利率下浮幅度，提高合理定价水平。

加大不良贷款集中经营力度。将存量公司类不良贷款全部纳入省分行直接经营范围或联合经营范围，加大不良贷款的专业化、集约化经营力度。制定十大不良客户保全预案，灵活运用重组、催收、诉讼或和解等手段进行处置。不良资产现金回收额达1.63亿元，完成总行计划的128%。超值现金回收3 096万元，完成总行核定全年回收计划的212%。实现不良资产现金回收贡献度1.32亿元，完成总行计划的160%。

加强服务渠道建设。稳步推进网点转型工作，完成首批10个网点的转型工作，并通过总行的验收，第二批21个网点的转型工作已通过省分行验收。加大网点建设力度，完成15个营业网点的装修和29个网点的局部改造工作。高标准建设分行财富管理中心和个人贷款中心，实现分区服务、捆绑营销，创建建设银行业务品牌。加大离行式自助银行设备投放力度，共投放自动柜员机64台，新拓展商户363家，新安装特约商户POS机具566台。

2007年10月16日上午，在海口市文华路3号海韵裕都举行海南省分行首家财富管理中心开业典礼。

深化风险管理体制改革。推行大中型公司类客户对公授信业务平行作业，建立“客户经理—风险经理—专职审批人”三位一体的风险与收益平衡机制。加强对贷款客户风险事项的跟踪监控，建立风险经理媒体信息监控制度。加大对疑似“假个贷”项目的催收与追索力度，共处置“假个贷”106笔，金额达1 542.1万元。制定信贷资产风险十二级分类试行工作方案，进一步规范存量公司类客户重新评级工作，降低违约概率，提高风险防范能力。

夯实内部管理基础。对重大或优质项目，在依法合规的前提下，开通“绿色通道”，随报随批。制定房地产开发、港口、医药、食糖等行业的信贷业务审批指引，做好贷款项目回访工作，提高信贷审批效率和质量。

加快科技开发与产品创新步伐，全面梳理信息技术管理条线，加大全行信息技术资源整合力度，积极推进信息技术的集中管理；完成对公信贷业务流程管理系统、个人贷款A+P系统的上线运行，完成电子渠道一体化签约上线工作，成功开发短信平台等系统，为业务发展提供了有力的技术支撑。稳步推进会计与营运管理体制改革，建立单位结算账户集中审核管理制度，实现海口地区营业网点现金的集中清分整点和离行式自助设备的集中维护管理。组织开展一级委派会计主管竞聘交流工作，异地交流面达100%，有效地提高了前台风险防范能力。加大案件防查力度，组织开展员工行为有效排查，加强警示教育。强化公文、档案和保密管理，确保公文质量及运转效率，分行被省档案局授予“海南省档案工作先进集体”称号。认真开展创建“平安建行”活动，举办安全知识和应急处置培训，开展安全专项检查、联合安全检查等，有效消除安全隐患。加大审计纠察力度，把动态化、多层次、全方位的多维审计方法和手段融入审计实务操作中，提高审计工作水平，不断增强全行经营管理和内控管理能力。

执笔：王文生　王晓胄

审稿：赵永林

四川省分行

四川省分行行长曾益

业务发展概况

2007年，省分行以可持续发展为主线，推进战略转型，加快业务发展，加强基础管理，深化各项改革，取得了较好的业绩。全年实现账面利润35.8亿元、考核利润35.6亿元、经济增加值13.1亿元。一般性存款余额为2 279.6亿元，新增252.07亿元。贷款余额为1 194.98亿元，新增120.15亿元。五级分类口径不良贷款余额为28.15亿元，较年初下降0.7亿元；不良贷款率为2.36%，较年初下降0.32个百分点。

【公司业务】对公存款余额为1 189.57亿元，新增247.36亿元，在全省金融机构中余额及新增占比均居首位；对公贷款余额为927.07亿元，新增72.54亿元，年底A级以上客户贷款余额占比达93.58%，较年初上升1个百分点，信贷结构进一步优化。

【个人金融业务】储蓄存款余额为1 090.04亿元，新增4.71亿元，居省内四大国有商业银行第二位；个人住房贷款余额为264.26亿元，新增48.62亿元，余额居省内同业第一位。

【中间业务】中间业务收入11.3亿元，市场占比为30.68%，居当地同业首位，占主营业务收入的14.99%，较年初提高6个百分点。对公中间业务收入2.5亿元，增幅达91%；个人中间业务收入8.76亿元，增幅达147%。

【国际业务】单位外汇存款余额为2.36亿美元，比年初增长0.38亿美元，余额在四大国有商业银行中的占比为38%，保持当地同业领先地位；外汇贷款余额为3.94亿美元，比年初增长1.07亿美元，余额在四大国有商业银行中的占比为19.09%，比年初提高1个百分点；完成国际结算量32.4亿美元，同比增长38%，在四大国有商业银行中的占比为22.77%，比年初提升2.27个百分点。

主要工作举措

制订业务规划，统筹促进业务发展。在公司条线，细分目标市场，梳理客户群体，明晰产品策略，理清营销思路，制订综合化营销方案和差异化服务流程，促进市、州、县分支行统一规划、联动经营，扩大区域市场份额。初步建立包括年度总体规划、业务发展计划和客户营销方案三个层次的规划体系，为业务发展奠定基础。

推进战略转型，促进中间业务发展。一是把中间业务发展成效作为衡量战略转型是否成功的关键性指标，主动调增收入目标，采取有效措施，形成层层推动、人人争先的氛围。二是加大激励约束力度，对中间业务收入单独配置的战略性费用占战略性费用总量的77%，中间业务收入在关键业绩指标中的权重提高到25%，对14个中间业务产品实行“现买单制”，强化激励约束机制对业务发展的牵引作用。三是优化业务管理模式，组建财务顾问、电子银行等9个省分行级产品团队，推行重点产品专业化、团队化运作。创新产品和服务，在当地同业中率先推出人民币利率掉期交易等新业务，对公金融衍生产品交易量和交易收入均居系统内和同业首位。四是大力开展信托理财、短期融资券、IPO等投资银行业务，发行对公信托理财产品34亿元，居全国建设银行系统内第四位。投资银行业务实现收入1.12亿元，增幅达365%。分行成为本地全部五家法人券商证券保证金第三方存管业务的主办银行，抢占新兴市场，收入渠道进一步拓宽。五是深挖传统产品潜力，抓住市场热点，开展综合营销和嵌入式营销，银行卡、代销保险等传统业务的市场份额得到巩固。国际结算量在四大国有商业银行中的占比提高2.27个百分点，稳居同业第二位。基金和人民币理财产品实现销售额321亿元，居同业之首。

促进结构调整，提升资产负债业务竞争力。一是推进信贷结构调整。大力营销水电、能源化工、高速公路、铁路、教育等优势行业，新拓展中航一集团、中信集团、成都传媒集团等优质客户，压缩产能过剩行业、“两高一资”行业和一般制造业贷款，合理把握贷款投放节奏，贷款余额控制在总行下达的计划内。制定贷款定价实施细则，加强客户综合收益测算，在信贷资源紧张的条件下，增强风险定价能力，贷款收益率较年初提高0.63个百分点。AA级以上客户贷款占比较年初提高10.25个百分点，新增占比达到81.53%；从钢铁、水泥、电解铝等宏观调控行业中退出客户共压缩贷款5亿元，信贷结构进一步改善。二是加大存款营销力度，优化负债业务结构。以低成本、稳定性较好的存款为重点，抓行业性、集团性和政府类客户资金归集，加强基本结算户、代发工资户等账户营销，争取到成都军区装备部基本账户，在成都市级社保资金统筹、新建住房物业保修金归集等领域抢占先机。依托网点转型，在系统内率先推出个人产品综合服务系统，销售模式向存款业务和中间业务产品销售协调发展转变，以满足高端

2007年9月4日，四川省分行行长曾益出席“航天龙卡”首发仪式。

客户群体和大众客户群体的差异化需求。加强资金收益测算和产品盈利分析，各级行主动负债意识进一步增强，活期存款占比上升1.42个百分点，存款付息率低于总行计划0.08个百分点。

严把资产质量关，防范和压缩不良贷款。一是稳步推进平行作业，制定对公和个人信贷业务平行作业指引，风险经理介入重要项目前期诊断；加强行业分析研究，将成都城区房地产项目评估职能下移至经办行，提高分支行项目评价能力。二是建立风险条线与经营条线沟通交流机制，梳理信贷审批流程，加强授信方案风险识别与控制，促进前中后台既相互制约又协调配合，风险管理能力进一步提升。三是强化了主动风险管理，对五十大关注类重点客户实行动态监控，加强现场调查，逐户制定政策，缓释贷款风险，关注类贷款余额和占比分别下降90.63亿元和9.07个百分点。四是加大资产保全工作对风险化解的提前介入力度，变不良贷款集中移交为按风险事项实时移交，有效把握处置时机，重点不良贷款项目处置进度加快，不良资产集约化经营能力持续提高。

推进各项改革，优化经营管理体制。一是调整和完善县支行管理模式。通过加强市、州分行对区域市场的统筹规划和牵头营销，强化对县支行的监督管理，增强建设银行在二级城市和县域的整体竞争力和内控管理水平。二是推进财务管理体制改革。顺利完成ERPF系统的上线推广工作，组建财务管理中心，提高财务收支管理水平与核算质量。加强全面成本管理，强化投入产出分析，完善成本控制责任制度，努力形成以前端成本控制为重点的全过程成本控制体系。三是加快网点转型。264个网点完成转型目标，占网点总数的44%，业务处理效率和销售服务能力进一步提升。四是全面推进会计和营运管理体制改革以及IT集中改革。完成46项分离与集中事项，充实后台服务内容，扩大后台服务范围，释放前台资源，提升集中运营的效率和质量。

夯实内控管理基础，提高精细化管理能力。一是强化规章制度执行力。加强数据维护、信用评级等信贷基础工作，避免管理粗放导致实际形成价值漏损。抓好岗位分离与制衡制度、岗位轮换和交流制度、基层会计主管委派制度等六项制度，加强操作风险管理，确保规章制度有效落实。加大案件防查力度，实现全年无案件和严重违纪违规行为的安全营运目标。二是加大了监督检查力度。深入开展各类专项排查、条线检查和综合检查，配合成都审计分部开展内控审计等各类审计，促进了审计整改工作的流程化和常态化，全年内外部审计检查整改完成率达到96.28%。三是强化科技、法律对业务发展的支持保障作用。依托信息技术手段，开发上线柜面业务监测系统等支持保障系统，强化对关键环节的技术监控，提高系统安全运行能力。

深入推进队伍建设和企业文化建设。一是加强班子队伍建设。从转变作风入手，加强党风廉政建设，强化用业绩评价干部、检验工作作风的机制，促进各级领导人员解放思想、转变观念，增强危机意识、责任意识，培养勤奋好学、精耕细作的干部作风，不断提高履职能力。二是加强企业文化建设。以创建企业文化建设示范点和质量效率管理为切入点，开展员工满意度和客户满意度测评，二线服务一线、机关服务基层、全行服务客户的理念进一步增强。

执笔：罗吉林

审稿：万　鸿

重庆市分行

重庆市分行行长黄叔平

业务发展概况

2007年，重庆市分行获得重庆市政府评选的“2007年度金融贡献一等奖”和当地主流媒体评选的“年度最具竞争力银行”、“最佳公司服务银行”、“最佳信用卡创新银行”等多个奖项。

【经营效益】实现考核利润19.51亿元。成本收入比为35.64%，存贷利差为4.86%，资产回报率为1.39%，分别比全国建设银行系统内平均水平低0.28个百分点、高0.15个百分点和高0.25个百分点。

【负债业务】全年全口径存款余额为878.2亿元，新增119.64亿元。其中，企业存款余额为441.04亿元，保持当地同业第一的水平，当年新增81.83亿元；储蓄存款余额为395.69亿元，当年新增14.09亿元；同业存款余额为41.47亿元，当年新增23.72亿元，均居同业第一位。

【资产业务】各项贷款余额为651.93亿元，当年新增97.05亿元。其中，对公贷款余额为483.67亿元，当年新增56.75亿元；个人贷款余额为168.26亿元，当年新增40.30亿元，居市场领先地位。

【中间业务】实现中间业务收入4.55亿元，在四大国有商业银行中的占比为31%，市场排名第二位，同比多增2.52亿元。累计办理票据贴现133.68亿元，比上年增长70.71%，其中直贴64.75亿元，完成计划的143.89%；累计实现贴现利息收入1.41亿元，贴现净利息收入1.06亿元。信用卡累计发卡20.4万张，新增发卡10.05万张，信用卡账户活动率为45.6%；商户新增449户，完成全年任务的200%；信用卡消费交易额8.7亿元、透支额1.37亿元，均保持100%以上的增幅。新增单位电子银行客户4 466户，实现单位电子银行交易额3 010亿元；新增个人电子银行客户70万户，实现个人电子银行交易额66亿元；电子银行交易量占柜面业务交易量的25%。自助设备共计593台，自助设备总量居同业第一位；自助设备交易量占交易总量的比例超过50%。

【国际业务】营销外商在重庆地区直接投资的占比超过30%。国际结算量达21.18亿美元，新增国际结算1亿美元以上的客户2个。结售汇155 653万美元。年底企业外汇存款余额为12 859万美元，新增3 797万美元，保持同业第一的水平；外汇贷款余额为13 759万美元，新增6 732万美元。

【资产质量】不良资产余额为10.3亿元，不良资产率为

1.15%，其中，不良贷款余额为9.26亿元，不良贷款率为1.42%，均实现“双降”；处置不良贷款5.98亿元，超额完成计划。

主要工作举措

加大营销力度，优化客户结构。信贷客户方面：一是着力营销信用等级较好的客户。全年投放的总分行重点客户贷款占全部新增贷款的71.65%。二是突出抓小企业客户。市分行成立了小企业中心，召开27次小企业业务推介会，新增中小客户211户，贷款新增10.64亿元。三是积极拼抢个人贷款市场。市分行成立个人贷款中心，全行集中审批个人贷款，简化审批手续和流程。负债客户方面：一是重视重大项目和重要客户营销。充分发挥重点项目营销工作领导小组的牵头作用，成功地营销了城投半小时年费、地产基础设施建设、开投基础设施、天原化工等重大项目；密切关注中石油炼油厂、德国巴斯夫、“八一工程”客户、证券机构等重要客户；加强海内外和本外币联动营销，成功营销年度单笔最大外商投资资本金、最大外商直接投资项目。二是积极争夺个人中高端客户。新增的60万个人客户中，AUM 5万元以上的中高端客户达到3.57万人；AUM 300万元以上高端客户达到346人，新增189人，完成全年计划的315%。与本地27家券商签订证券保证金第三方存管协议，客户数达到22万户，居市场首位。

加大控制力度，优化行业结构。一是严格控制高污染、高能耗和产能过剩行业贷款，从汽车、纺织、煤炭行业等产能过剩行业中退出贷款6.91亿元，高能耗、高污染行业贷款的新增部分主要投向重庆市大力发展的电力行业和钢铁、水泥、铝冶炼行业的总行级重点客户及AA级以上优质客户。年底受控制行业贷款不良额和不良率实现“双降”，不良率低于公司类贷款平均水平。二是从不得新发放贷款行业、存量贷款尽量退出行业中退出0.26亿元，从贷款总量不得增加行业中退出0.14亿元。根据总行发出的13项风险限额橙色预警行业新发放贷款的风险提示，暂停发放7笔贷款。三是结合区域实际发展重点行业，加大对基础性行业的信贷投放，水利环境和公共设施管理业贷款、电力燃气及自来水生产和供应业贷款占公司类贷款的比例比年初分别提升4.53个和0.28个百分点，交通运输、仓储和邮政业贷款占比较年初下降3.85个百分点。

加大创新力度，优化产品结构。一是以传统业务为依托，强化其对新兴业务的支撑作用，发挥团队联动营销作用，促进公私条线产品互相带动和共同发展。二是为城投公司发行8.78亿元“利得盈”理财产品，为城投公司、高发公司和地产集团共办理10.5亿元“乾图理财”业务，为化医集团、地产集团等企业提供财务顾问服务。三是大力推动基金、理财产品、保险、证券保证金第三方存管等产品的销售。其中代销基金85只，销售额达到94.39亿元，较上年增长13倍，占筹资总额的74.14%，成为当年筹资工作亮点。个人理财产品、国债、保险三项产品实现16.28亿元的销售量，中高端客户理财产品覆盖率为26.11%，比年初提高18.6个百分点。四是创新产品，“择期差额远期套作即期售汇”产品荣获总行外汇资金业务十大产品创新奖，长安铃木存货融资、人民币债务管理、校园卡、世纪龙卡、汽车卡等多种联名卡和新

2007年1月，重庆市分行组织各分支行开展旺季营销街头宣传活动。通过有奖知识问答、业务宣传展板、现场发放资料、现场业务咨询等形式，向客户宣传我行旺季营销活动内容及个人房贷通、银行卡、中间业务、电子银行等业务知识，受到客户的好评。

股申购类理财产品等陆续推向市场并获得良好收益。

加大调整力度，优化盈利结构。一是在信贷资源紧张的条件下，提高贷款价格谈判能力，新发放贷款利率上浮的占17.32%。二是提高负债业务价值创造力，继续实行内部上存资金保护性利率，努力做大做强负债业务，成本较低的公司类存款增长较快。三是提高非利息收入占比，广开收入渠道。

加大激励力度，优化资源配置。一是改进费用配置方式，将绩效费用分为经济增加值挂钩考核和战略性业务激励两部分，提高战略性业务在等级行评定考核和关键业绩指标考核体系中的权重，使费用向中间业务、重点产品等倾斜；加大激励力度，使财务资源继续向基层和业务一线倾斜。二是大力推行买单制，将中间业务等战略性业务的专项费用，根据产品销售和指标完成情况，直接分配到营销团队和个人，充分调动基层和一线员工的营销积极性。三是加大部门对战略性费用的配置权力，鼓励经营部门将资源向重点发展产品倾斜，切实发挥对业务发展的激励作用。四是加大基础设施和设备投入，建立“网点—分行”二层架构的IT集中化管理模式。

加大帮扶力度，促进区域平衡发展。实施以主城区行为中心，促进库区行发展、渝西行振兴的区域发展策略，加大对三峡库区和渝西片区各行的帮助和扶持力度，推动三大区域协调发展。一是明确重点扶持业务，进一步明确三峡库区以发展负债业务和优质资产业务为重点、渝西片区行以发展个人业务和中间业务为重点。通过库区项目对接、高层营销等方式加大支持和帮助力度，并在业绩考核和资源分配等方面予以相应倾斜。二是加强业务指导，分行相关部门派出中小企业业务、理财业务、信用卡、电子银行等方面的客户经理和业务骨干，深入基层行举办业务讲座，有效促进基层行业务发展。三是加大人才交流培训力度，从分行机关和主城区派往库区行和渝西行挂职的直管领导有8人，同时继续实行库区行和渝西行人员到主城区和分行机关挂职和跟班学习的制度，通过加强人才相互交流学习，提升了库区行和渝西行的经营管理能力。

执笔：沈　凌

审稿：宁新民

贵州省分行

贵州省分行行长吴民豪

业务发展概况

2007年，贵州省分行全行实现考核税前利润10.84亿元，实现经济增加值3.57亿元，经济资本回报率为21.24%。实现中间业务净收入3.2亿元，比上年增加1.59亿元，在当地四大国有商业银行中的市场占比为28.65%，居第二位。本外币全口径存款余额为630.79亿元，比年初新增69.96亿元；各项贷款余额为447.91亿元，比年初新增58.08亿元，存贷款新增在四大国有商业银行中均居第二位。

【资产业务】贵州省分行紧紧抓住贵州省大力发展交通、能源基础设施的良好机遇，加大对“两基一柱”行业优质客户和优质项目的营销力度，全年共投放中长期贷款80.34亿元。首先，强化中长期信贷项目的储备工作。对贵广快速铁路、厦蓉高速公路等重点项目的营销初见成效，进一步巩固了在中长期信贷业务领域的传统优势地位。其次，加快信贷结构调整，信贷资源继续保持向重点区域、重点行业、优质客户和重点产品倾斜。贵阳市各行对公贷款余额占省分行余额的67.87%，对公贷款新增44.17亿元，占省分行新增额的93.24%；电力、公路、房地产开发和煤炭四个行业的贷款余额合计占比为68.91%，新增额达39.78亿元，占全部新增额的83.97%；AA级及以上公司类优质客户贷款余额占比为68.96%；重点产品、基本建设贷款等传统优势产品占比继续上升。在个人贷款方面，个人住房贷款较年初新增14.22亿元，创历史最高水平。

【负债业务】贵州省分行一方面主动拓展负债业务，确保对公存款平稳增长，在重点企业、政府机构、券商、武警等客户的营销上取得重大突破：成功揽得大唐贵州发电公司等的基本账户；完成省一级预算单位开立基本账户、零余额账户的预期目标；取得全省8家证券公司的10个营业部的证券保证金第三方托管账户，贵州法人券商客户同业占比达35%；“八一工程”取得重大突破，圆满完成获得全省武警系统承办银行资格的目标；在电力、铁路、公路等重点行业采取由省分行领导牵头的团队营销模式，营销效果显著。另一方面加大人、财、物资源配置支持力度，突出对重点产品的营销和对重点区域的奖励。全年实现存款新增额和理财产品销售额共计86.19亿元，基金、“利得盈”等理财产品销售额大幅度增加，其中销售基金70.52亿元，市场份额居第二位，销售“利得盈”产品2.78亿元；代理寿险业务迅速发展，仅用4个月时间市场占比就从零迅速提高到15%。与此同时，逐步建立分级营销服务体系，贵州省分行财富管理中心和10家理财中心开业，针对个人高端客户、优质客户提供个性化的金融服务，提高客户忠诚度。全行AUM 20万元以上客户达到20 613人，增幅达89.72%；AUM 300万元以上客户达到180人，增幅达137%。在借记卡发卡方面，在做好标准卡发卡工作的同时，加大“国泰君安卡”、支付宝龙卡等联名卡对目标客户的争夺力度，全行新增借记卡发卡量45.35万张，实现刷卡消费交易额28亿元。

【中间业务】一是深入推进以经济增加值为核心的经营绩效考评和激励约束机制，进一步完善资源配置方法，修改完善等级行评定考核办法、关键业绩指标考核评价体系，明确对重点行政县支行考核、完善网络利益补偿的办法。及时调整绩效考核办法和战略业务产品激励单价，大力推广“现买单制”。二是专门成立产品中心，推进产品管理标准化和规范化，牵头组织战略产品营销。三是进一步推进中间业务产品的梳理、推广和收费工作，培育中间业务新的增长点。组织开展中间业务“金点子”活动和产品创新大赛，对活动中产生的“金点子”与营销方案进行整理；制定贵州省分行中间业务明白卡，对中间业务产品从功能、办理流程、收费标准以及产品收益能力等多方面进行全面介绍。四是对中间业务经营情况推行定期通报制度，加强对重点业务的激励和对新增业务的引导。五是深化对公业务转型，取得万江公司托管人资格，为贵州高速公路总公司发行信托受益凭证5亿元，办理贵州高速公路总公司20亿元人民币债务成本管理业务，向南方电网公司、贵州航天电器股份有限公司等多家企业提供了理财服务方案，取得遵义碱厂重组顾问业务资格。

在信用卡方面，进一步完善风险管理，加快产品调整节奏，提高发卡质量与效率。组建贵州省分行信用卡直销团队，充实和培养信用卡专业人员队伍。通过优化完善信用卡预审批制度和流程，提高营销和审批效率。同时，加强了对潜在客户群体的细分，率先与省内百货龙头企业合作推出省内第一张百货联名信用

2007年8月21日，贵州省分行行长吴民豪出席贵州省分行与五大寿险公司全面推进代理保险业务仪式。

卡——“星力龙卡”，实现与百货消费领域的全面合作。全年信用卡发卡量净新增28 192张，信用卡账户活动率提高到48.29%。

电子银行业务保持快速增长，业务规模进一步扩大。全年电子银行客户数达到59.53万户，新增34.3万户，实现交易额1 192亿元，实现中间业务收入1 547万元，电子银行交易量与柜面交易量之比达到26.4%，有效地促进了网点转型。

造价咨询业务重新起步，全年完成造价咨询业务收入500万元。

【国际业务】市场占比和新产品营销能力进一步提高。强化对贸易项下进出口收付汇前10位大客户的营销。一方面加强对贸易项下重点客户的营销，增加重点客户的出口交单和收汇量；另一方面狠抓资本项下款项汇入后的沉淀工作。全年累计完成国际结算量5.66亿美元，增幅达33.52%，其中贸易项下的国际结算量较上年同期增长79%，同业市场排名上升一位。成功营销贵州宏福实业开发有限总公司境外保函业务。

【住房金融业务】围绕“狠抓市场拓展和营销、狠抓基础管理和产品创新、狠抓资产质量和合规经营、狠抓客户经理队伍建设”的发展思路，加大对政府部门、房改资金管理部门、优质房地产开发企业等客户的营销力度，加强上下游产品的联动营销，扩大业务市场份额。抓住当年各级住房公积金管理中心机构改革的契机，与13家住房维修基金管理部门、2家业委会签订委托协议，签订协议数量在全国排名第八位。住房公积金归集、住房资金存款、个人住房公积金贷款、房改金融业务收入等指标的市场占比分别为76%、79%、67%和70%，牢牢占据同业第一的领先位置，同时，个人住房公积金贷款较年初新增10.48亿元，创历史最高水平。

【风险控制与资产质量】风险体制改革向纵深方向开展。一是在体制建设方面，贵州省分行成立了贷前平行作业、贷后管理和操作风险管理团队，负责对信用风险和操作风险进行集中管理。贵阳城区行配备“三位一体”的兼职风险经理，与省分行操作风险管理团队一起，负责城区行操作风险管理和13个关键风险点检查。各行政县支行聘任“三位一体”的兼职风险经理，以加强基层机构操作风险管理。二是全面推开平行作业，2007年累计受理实施平行作业客户313户。三是加强贷后监测，特别是加强对重点联系行和重大不良项目的监测指导。做好潜在风险提示，预测上下迁徙变动趋势。对二级分行风险管理水平实行定期评价制度，对信贷资产质量实行差别化管理。四是建立三个层级的操作风险管理责任体系和操作风险报告制度，设立重大风险事件管理工作领导小组，统一管理全行重大风险事件报告和处置工作，操作风险监控机制得到完善。五是顺利完成操作风险与内部控制自评估试点工作，全面推进各项不相容岗位清理工作，初步摸清各条线不相容岗位的分布情况。随着13个关键风险点检查工作的持续开展，发现问题数逐步减少，有效地杜绝了案件的发生。

2007年底，贵州省分行不良贷款余额为12.79亿元，比年初减少0.88亿元；不良贷款率为2.86%，比年初下降0.65个百分点，实现“双降”目标。累计处置不良资产6.91亿元，实现不良资产现金回收4亿元，实现不良资产超值现金回收1.02亿元。

主要工作举措

推进会计营运体制改革。实现POS商户集中清算，国债款项集中核算，汇票业务横向集中，金库业务集中，稽核业务全省集中，现金和重要单证集中保管、配送，自助设备统一管理七个方面的集中，进一步降低前台柜员的工作强度，提高后台集约化处理能力和风险防范能力。集中稽核模式成功实现从分散扫描、分散稽核向集中稽核、相对集中扫描的转变。

探索网点管理新模式。一是试点建立销售型网点，对个别业务量较大、硬件条件差且暂不能搬迁的网点，实行网点功能转移，网点不再办理传统的柜面现金交易业务，而是转向做好产品推荐和销售工作；二是对综合性网点的柜台和人力资源进行整合，在部分机构试点推行对公、对私窗口部分业务整合，在合理分工、严格内控的前提下允许柜面人员交叉受理对公、对私业务，增加服务窗口，缓解排队现象；三是网点建设取得明显成效，共完成71个网点的改造，超过前三年改造数的总和。

加强合规风险管理。一是建立健全规章制度，推进合规管理体制建设，为推进和加强合规风险管理创造规范、统一、坚实的平台。二是广泛进行多形式、多层次、多渠道的合规文化理念的宣传教育和全行性的大讨论。三是组织全省合规综合管理检查，各二级分行自查面达100%，省分行对二级分行的检查面达50%。

执笔：罗小英　杨军华

审稿：蒋晓树

云南省分行

云南省分行行长潘念宁

业务发展概况

【负债业务】截至2007年12月31日，云南省分行全行本外币全口径存款余额为1 111.11亿元，比年初新增143.48亿元；一般性存款余额为1 078.95亿元，比年初新增115.85亿元，增幅达12%。其中，企业存款余额为648.11亿元，比年初新增102.53亿元，增幅达18.8%；储蓄存款余额为430.84亿元，比年初新增13.32亿元，增幅达3.2%。

【资产业务】各项贷款余额为720.78亿元，比年初新增77.11亿元，增幅达12%。其中，公司类非贴现贷款余额为539.6亿元，比年初新增55.98亿元，增幅达11.58%；个人类贷款余额为170.71亿元，比年初新增21.9亿元，增幅达14.7%。

【经营效益】实现税后利润13.48亿元；实现中间业务收入7.13亿元，增幅达236.7%；实现经济增加值8.17亿元；贷款收益率和贷款利息实收率分别为6.3%和99.18%，经营效益稳步提升。

完成国际结算量14亿美元，同比增加5.9亿美元；新增信用卡发卡量5.36万张，发卡总量14.29万张；电子银行业务新增客户37.4万户，交易额达3 053.8亿元。

【资产质量】五级分类口径不良贷款余额为19.25亿元，不良贷款率为2.67%，比年初下降0.13个百分点，控制在总行计划内。全年共处置不良贷款8.32亿元，现金回收不良资产7.43亿元，核销呆账贷款本金3 767万元。

主要工作举措

强化资金链客户营销。与云南金沙江中游水电开发有限公司、云南国电集团签署银企合作协议，新武钢集团昆明钢铁股份有限公司、昆明新机场的基本账户，云南省财政厅津贴、补贴财政专户成功落户，成功营销云南省武警总队和昆明市城镇居民医疗保险业务等。

调整信贷结构。充分把有限的信贷规模资源用好用活，坚持“有保有压、增量优化、存量调整”的原则，新增贷款向电力、有色、公路等优势行业倾斜，向高信用等级客户、重点客户倾斜，向固定资产贷款等高收益品种倾斜。AA级以上客户贷款余额增加52.3亿元，固定贷款余额新增50.8亿元。全行实现非贴现贷款利息收入33.45亿元，比上年增加6.8亿元，公司类贷款收益率达6.39%，比上年提高0.56个百分点。较好地把握了落实宏观调控政策与用好用足规模以实现自身收益之间的关系。

抓好旺季营销和持续营销。加快基金、“利得盈”等产品销售，截至12月31日，全行累计募集资金总量达291亿元，是上年的3倍；个人类理财产品销售额达277亿元，是上年的9.55倍；实现个人中间业务收入5.34亿元，比上年增加3.92亿元；代理证券基金业务在当地同业排名首位。个人VIP客户数达28 163户，累计发行“乐当家”理财卡9 782张。继续巩固个人住房贷款品牌优势，成功组织新个贷系统上线，梳理流程，完善制度，积极推进个人贷款中心建设，个人贷款业务稳步增长。全分行个人贷款业务继续保持市场领先地位，贷款余额在四大国有商业银行中排名首位；委托性住房金融业务各项指标完成情况良好，住房资金归集保持同业第一水平。

以投资银行业务为突破口，推进对公业务转型。在省分行成立投资银行业务部，加强与总行、建银国际以及中投证券等机构的联动，加大对外营销和推介力度，成功为昆明市城建投资开发有限公司和云南铜业股份有限公司发售7亿元人民币信托理财产品；与华能澜沧江公司签订融资租赁业务合作协议，成为总行租赁公司成立时第一单融资租赁业务；与蒙自矿冶公司签订第一笔IPO财务顾问协议；对公路投资公司办理首笔“乾图理财”业务；发行“龙信7号”及“龙信8号”理财产品；在云南省金融同业中最早开办证券保证金第三方存管业务，存管客户数和存管资金量迅猛增长，截至12月31日，第三方存管客户达18.41万户，客户保证金达47.33亿元。大力发展代理保险业务，全年累计代理保险业务8.41亿元，较上年增加6.75亿元；实现代理保险手续费收入2 364万元，较上年增加1 434万元。

积极发展小企业业务。在二级分行成立小企业经营中心，通过“速贷通”、“成长之路”等产品，积极支持小企业发展。全年累计向小企业投放贷款30.85亿元，较年初新增8.3亿元，完成年度计划的103.88%。

推进网点转型和建设。制订云南省分行零售网点转型推广实施方案，圆满完成189个网点的转型工作；全省2家财富管理中心和5家贵宾理财中心对外开业，初步搭建起基层网点理财室、支行贵宾理财中心、财富管理中心三个层级的高端客户服务渠道体系。加快网点建设，全年组织实施网点装修改造项目54个，新建附行式自助银行38家、离行式自助银行11家。

激励发展中间业务和战略性业务。全分行不断完善考核与激励机制，注重对重点产品的培育，抓住机遇，顺势而为，积极拓展代理基金、财务顾问等新业务，加大交叉营销和组合营销力度，全分行中间业务收入再创历史新高，在云南四大国有商业银行中的占比达30.15%，比上年提高8.68个百分点，增幅在全国建设银行系统内排名第三位。

制定《对公外汇业务发展指导意见》，加强本外币联动营销，在代客外汇债务风险管理、“边贸通”等新产品上取得突破。2007年结售汇业务量突破10亿美元。

继续以双币种信用卡为主打产品，做好“云大龙卡”、“云铜名企卡”的营销工作。加快商户收单业务拓展速度，提高信用卡业务的盈利能力和综合贡献度。

2007年1月25日，建设银行云南省分行与云南省财政厅举行日元贷款大黄磷项目债务风险管理实施协议签字仪式。

强化风险内控管理。省分行成立信贷评估评价中心，对省分行直接经营客户进行客户评价和项目评估。将评级覆盖率列入二级分行关键业绩指标考核体系，充实贷前风险经理队伍，配备平行作业人员 63 人。截至 12 月 31 日，全分行客户信用评级覆盖率为 98.43%，较上年上升 36.49 个百分点，为近年来最好水平。

建立审批进度公开制度，对昆明地区个人信贷业务实行限时审批承诺制度。积极配合信贷结构调整工作，优先安排受理高信用等级客户、总行级重点客户的授信项目；对新受理项目中涉及控制行业、总量控制行业和名单制管理行业的新增贷款严把审批质量关。全年共审批对公类信贷业务 4 921 笔，金额达 971 亿元；审批个人类信贷业务 4 万笔，金额达 69 亿元。

进一步深化资产保全单元制改革，充分发挥资产保全业务经营型团队的优势，将县级支行公司类不良贷款和抵债资产项目上划至二级分行经营管理，加大对个人类贷款标准化自动催收的力度。认真开展“假个贷”清理、处置工作，全年共处置“假个贷”580 笔，金额达 2 859 万元。

加大中后台业务集中力度。积极推进会计和营运管理体制改革，进一步加大中后台业务集中力度，完成昆明地区 ATM 清机、加钞集中管理，昆明地区部分现金集中清分整点，重要空白凭证集中配送等工作。上收全省二级分行邮件、OA 服务器和信息服务站，集中 PDS 和 EPO 安全系统。完成个人贷款 A + P 系统、ERPF 系统等系统的推广上线工作。积极开发证券业务系统三期、数字电视代收费系统、代理省财政系统三期等应用项目。OA 系统 3.0 成功上线，功能不断完善，办公方式更趋先进。

执笔：章　程

审稿：麦仲山

西藏自治区分行

西藏自治区分行行长颜克忠

业务发展概况

2007 年，西藏自治区分行一般性存款日均余额为 150.54 亿元，比上年新增 20.06 亿元，完成总行计划的 114%。其中，企业存款日均余额为 120.99 亿元，新增 14.77 亿元，完成总行计划的 108%；储蓄存款日均余额为 29.55 亿元，新增 5.29 亿元，完成总行计划的 131%。

年底各项贷款余额为 76.59 亿元，比年初新增 7.45 亿元，完成总行计划的 95%。其中，公司类贷款余额为 64 亿元，比年初新增 5.9 亿元，完成总行计划的 101%；个人类贷款余额为 12.59 亿元，比年初新增 1.55 亿元，完成总行计划的 77%。

五级分类口径不良贷款余额为 28 335 万元，比年初增加 431 万元；不良贷款率为 3.67%，比年初下降 0.37 个百分点，比总行计划低 0.2 个百分点。

全分行实现考核利润 18 626 万元，比上年减少 51 万元，完成总行计划的 124%。实现中间业务净收入 2 037.1 万元，比上年新增 731.8 万元，完成总行计划的 120%。

主要工作举措

加强重点客户营销和区域联动营销。区分行组建“八一工程”、水利电力行业、优质矿业、交通行业、社保行业、综合类客户六个客户服务团队，直接参与对重点项目和客户的营销与服务，培育优质公司客户群体。认真贯彻落实国家宏观调控政策和总行信贷政策，按照“有保有压”的原则，积极调整信贷结构，加大对重点项目、重要行业、重点产品和重大优质客户的信贷投放。

一是对巴河雪卡水电站、老虎嘴水电站、旁多水利枢纽、玉龙铜矿、三江流域开发、藏电东送、青藏铁路后续配套工程等重点项目，通过垫贷、固定资产投资贷款、流动资金贷款、周转贷款，以及审价咨询、结算等多项金融服务，积极支持项目建设和竣工投产。二是以重要行业和特色产业为龙头，对政府机构、西藏大学、“三甲”医院、“八一工程”、高争水泥、西藏军区农垦团、那曲物流中心、华能西藏公司、客运公司、酒钢龙泰矿业公司在资金和结算等方面提供全方位支持，促进了西藏产业结构调整和升级，对本区做大做强特色优势产业、培育新经济增长点发挥了积极作用。成功对西藏军区实施了营销并争取到该客户第一笔定期存款5 000万元。武警西藏森林总队、拉日铁路指挥部、自治区公安厅、客运公司等一批优质客户先后落户区分行。三是着力支持中小企业和非公有制经济发展。根据总行下发的《中小企业营销指引》，结合西藏实际，对重点、优质中小客户优先支持，做到早支持、早投放、早受益。通过“速贷通”和“成长之路”等产品，着力培育了一批优质中小企业客户，不仅满足了中小企业客户的金融服务需求，而且提高了西藏自治区分行的金融服务水平。

在抓好公司业务发展的同时，采取有效措施促进个人业务健康发展。开展“牵手建设银行，尊享新年祝福”、“个人结购汇，建行送好礼”、“金秋银冬，争创先锋”等一系列营销竞赛活动，重点营销理财卡、“利得盈”、“龙卡通”、基金、账户金等理财产品，以及重点单位代发工资、证券保证金第三方存管等业务，做好联动营销、捆绑营销借记卡和贷记卡工作，同时完成理财产品系统、企业网上银行全国实时转账系统、收单业务系统、个人贷款新系统等的上线工作，巩固和拓展优质客户群体，提升了个人业务的市场竞争力。

创新业务品种，中间业务收入再创新纪录。区分行全辖所有营业机构均开办了基金等理财产品营销新业务。顺应客户财富增值需求，大力拓展基金、理财产品等总行适时推出的新产品、新业务，通过理财产品系统，对内销售一期“利得盈”产品，对外销售“摩根富林明亚洲创富精选”理财产品，通过证券系统销售基金1.8亿元，获得了较高的中间业务收入。在营销组合上，客户经理注重将资产业务、中间业务、电子银行业务、国际业务、信用卡业务、特约商户业务以及审价咨询业务等捆绑销售，为客户提供一揽子金融服务，促进了资产负债业务特别是中间业务的迅速发展。

强化管理，经营效益大幅提升。坚持以经济增加值为核心的激励与约束机制，坚持以经济资本为核心的风险与效益约束机制。对电子银行业务、网点装修及业务转型、信息项目及战略性业务给予优先安排，提升全分行重点业务、战略性业务的市场竞争能力和持续盈利能力。

完善综合经营计划考核体系，按照“分类定位、突出价值、兼顾效率、战略导向”原则，对考核体系进行调整和完善，基本

2007年7月27日，建设银行西藏自治区分行新员工岗前培训汇报表演。

解决了业务发展中中短期与长期、局部与整体的突出矛盾，调动了各方面的积极性和创造性，促进了各项业务又好又快发展；推进全面成本管理，降低经营成本，进一步规范财务管理，明确成本控制工作流程，使成本控制工作制度化、程序化、科学化，同时加大集中采购力度，扩大集中采购范围，规范采购流程，严肃采购纪律，最大限度地节约费用，降低经营成本。

多策并举，不良资产攻坚战取得实质性成效。加大对重大不良贷款项目的直接经营力度，对潜在不良贷款提前介入；创新拓展并灵活运用直接催收、诉讼、减免息、以物抵债等处置手段，进一步提升了不良资产处置的效率和效果。全分行累计处置不良资产 11 405 万元，完成总行计划的 223%；实现超值现金回收 1 683 万元，完成总行计划的 237%。

不断强化内部管理，基础管理水平稳步提高。全面风险管理体系建设取得阶段性成果。一是垂直管理组织架构初步建立。区分行设立风险总监，分设风险管理和信贷审批机构，二级分行设立风险主管，直管支行设立兼职风险经理，建立起了纵横双线的两维路线报告制度。二是风险管理内容转变。建立和完善包括信用风险、市场风险、操作风险在内的风险管理体系，对各业务品种、各业务流程、各业务部门的风险实施全面有效的风险管理，其内容由以信用风险为主向信用风险、市场风险、操作风险并重转变。三是先进科学的风险管理方法和工具的使用，提升了工作的精细化水平和质量。内部评级系统的采用，平行作业、方案审批的推行，信贷资产十二级分类方法的实施，风险管理关口的前移，都使风险管理的要求融入业务流程中的每一个环节，保障了业务运行质量和工作效率。四是坚持对 13 个关键风险点进行不间断检查，强化了基层机构的内控管理。

网点转型取得阶段性成果。通过制订实施方案、开展技术攻关、上线新系统、业务整合、流程整合、人员培训等项工作，实施前后台分离和后台集中处理，尽量将网点的非即时性业务、非交易性业务、批量业务、数据统计工作等共同的、重复的流程，由前台转移到后台集中处理，优化后台集中处理模式，提高后台作业的标准化程度，使营业网点集中精力做好客户巩固与拓展工作。首批试点的两个网点已完成转型，通过了总行验收。

会计工作进一步规范。稳步推进会计和营运管理体制改革，落实前后台分离事项，推动前后台业务流程、作业模式和运行机制的转变。深入开展“优质服务百日竞赛”和“柜面业务优质服务年”活动，依法合规经营的良好风气在全分行进一步树立。

案件防查和安全保卫工作进一步加强。启动创建“平安建行”活动，切实落实《中国建设银行案件防控及整改方案》，开展员工行为规范教育，进行员工行为排查，组织安全生产大检查，加大对内外部审计检查中所发现问题的督促整改力度，全分行合规意识、风险意识、责任意识以及对风险案件的防范能力进一步增强，确保了全年不发生案件和重大责任事故。

强化员工培训，加强队伍建设。年初，对副总经理级以上中层干部领导班子进行了充实、调整和交流，调整交流面达到 62.2%，中层干部领导班子的年龄、学历结构得到优化。强化员工培训，制定《关于区分行机关工作人员与网点型支行业务人员交流锻炼相关事宜的通知》，选派机关工作人员到一线锻炼。

在继续加大区外培训力度的同时，全年区分行内共举办各类培训班 28 期，参训人员达近 2 000 余人次，为历年之最。为短期劳动合同制用工人员办理基本养老保险，为女员工办理生育保险，真正体现了对员工的关心和爱护，进一步激发了员工爱岗敬业、奉献自我的精神。

执笔：周荣富

审稿：韩文贞

陕西省分行

陕西省分行行长崔滨洲

业务发展概况

2007年，陕西省分行实现考核利润16.64亿元，同比增加4.64亿元，增幅达38.67%；实现拨备前考核利润20.79亿元，同比增加9.24亿元，增幅达80%；实现经济增加值6.21亿元，同比增加3.24亿元，增幅达109.09%；经济资本回报率为23.71%，同比提高4.08个百分点；存贷利差为4.54%，比上年提高0.83个百分点。

全口径存款余额为1 176.8亿元，当年新增133.23亿元，增幅达12.77%。各项贷款余额为562.54亿元，较上年增长62.5亿元，增幅达12.5%。中间业务净收入6.92亿元，同比增加4.51亿元，增幅达187.14%；中间业务净收入与主营业务收入的比率达到17.76%，比上年提高8.26个百分点。不良贷款额同比减少2.91亿元，不良贷款率为3.22%，比年初下降0.99个百分点。

【公司业务】贷款新增62.4亿元，非贴现贷款新增额创历史最高水平，贷款规模控制在总行核定计划之内。对公本外币存款增长近100亿元，新开立账户11 000个、基本结算账户3 560个，时点存款新增67亿元，占全部对公存款新增额的67%。

调整信贷结构，“有保有压”效果明显。AA级（含）以上客户公司类非贴现贷款余额占全分行公司类非贴现贷款余额的80.85%，比年初提高12.57个百分点；煤、电、石油、交通、军工、教育、有色、城建、机械制造等重点行业的新增贷款占到新增贷款投放的102.9%；压缩钢铁、水泥、电解铝等产能过剩行业和限制发展行业贷款3亿元。优质客户与重大项目储备良好，截至年底，已审批未发放贷款项目金额达230.86亿元。

资产证券化、投资银行等新兴业务起步良好。推出“乾图理财”、融资租赁、债券代销、银团贷款、资产委托管理等新型产品与业务。创设并成功发行宝天高速、地方电力集团公司“利得盈”企业债券12亿元。

机构业务稳步增长。机关团体存款、财政存款、社保存款、高校存款、传媒贷款、保险代理收入六项核心指标的市场占比同业排名第一位；“八一工程”拓展获总行嘉奖；证券保证金第三方存管业务进展顺利，与省内全部27家券商营业部签署了合作协议。

推广小企业贷款，全年中小企业客户贷款新增2.29亿元。

【个人银行业务】一是加快网点转型和渠道建设步伐。完成了130个网点的转型，占全省网点总数的36%；面向高端客户的财富管理中心顺利开业；新建14家自助银行，加大自助设备投入，新增自动柜员机 118 台、POS 终端 1 700 台，电子银行交易量与柜面交易量占比达到 33.04%，同比增加 18.88 个百分点。二是提升网点销售能力及个人理财产品销售水平。实现基金、保险、国债、“利得盈”等个人理财产品销量合计 267 亿元。在当地四家国有商业银行中，同比增速、所均销量排名第一位。借记卡当年新增发卡量突破百万张，贷记卡发卡量在四大国有商业银行中名列第一位。三是拓展、延伸客户基础和服务范畴。AUM 300 万元以上顶端客户新增量及其资产新增量在系统内位居前列；可办理外币储蓄和结售汇业务的网点达到 202 个，可购汇网点达到 14 个；成功营销人人乐、国美电器、乐购购物等大型商户，ATM、POS 收单业务继续保持同业领先水平。

【中间业务】中间业务净收入 6.92 亿元，同比增加 4.51 亿元，增幅达 187.14%；在当地四大国有商业银行中的市场占比为 29.79%，同比提升 6.65 个百分点，同业排名升为第二位。衍生金融工具、财务顾问、代理保险、电子银行、收单等业务均取得迅猛增长。代理基金、代客理财、电子银行、代客购买衍生金融工具等投资理财及新型渠道产品成为增长亮点。其中，代理基金成绩显著，竞争优势凸显，实现手续费收入 34 757 万元，收入同比增幅达 1 149.55%，成为第一大中间业务收入来源，占全行中间业务收入的比例高达 48.1%。2007 年全行外债管理业务实现突破，衍生金融产品收入达到 2 287 万元，同比增幅达 690%。电子银行业务实现收入 1 288万元，同比增幅达 691%，市场占比居四大国有商业银行第一位。代理保险业务、收单业务、财务顾问业务实现的收入同比也有较大增幅。代理基金、银行卡及收单、结算、咨询、衍生金融工具、代理保险、结售汇、电子银行八项业务的收入总额占全部中间业务收入的 90.88%。

【国际业务】实现国际结算量 19.36 亿美元，结售汇 13.84 亿美元，同比分别增长 48.7% 和 53.4%。积极跟踪船舶出口、外商投资、银团贷款等项目，拓宽了收入来源。成功营销渭河重化工有限公司 126 亿日元代客外汇债务风险管理业务，实现了代客外债管理业务的零突破。

【资产质量和风险控制】不良贷款率等资产质量关键业绩指标全部控制在总行计划范围之内。不良贷款余额为 18.11 亿元，同比下降 2.92 亿元；不良贷款率为 3.22%，较上年下降 0.99 个百分点。其中，公司类不良贷款 17.16 亿元，比年初减少 2.6 亿元，不良贷款率为 3.68%，比年初下降 0.94 个百分点；个人类不良贷款 9 485 万元，比年初减少 3 175 万元，不良贷款率为 0.99%，比年初下降 0.77 个百分点。不良贷款拨备覆盖率达 113.67%，比 2006 年底上升 37.04 个百分点。一是持续加强信贷风险管理。细化落实了贷款“三查”制度，制定了平行作业实施细则，完善了申报方案集体会诊制度。成立评估评价中心，统一归并分散在公司经营部门和风险部门的评估工作，负责客户评价和项目评估工作。全面推进信贷资产风险十二级分类工作，提升全行风险分类工作的精细化管理水平。二是加大不良资产直接清收力度。在稳步推进资产保全单元制改革的前提下，充分运用各种政策，大力促进不良资产资本重组、债权转让，克难攻坚，成功回收金裕、新力、金花、汉江建材、交大开元等重大项目的不良资产，累计现金回收不良资产 8.04 亿元，超值现金回收 2.82 亿元，实现不良资产处置贡献 4.8 亿元。三是将合规考核作为等级行评定的一项重要考核内容，建立激励约束机制。设立了内外部审计监管检查问题数据库，及时评估各业务条线和分支行的整改落实情况；全程跟踪了 23 项内部审计检查、银监会 5 项检查等重点项目，内

2007 年 10 月 18 日，建设银行陕西省分行财富中心开业。

部审计项目整改率达95.58%，外部监管检查项目整改率达99%；积极履行反洗钱义务，健全和完善了反洗钱机制。

【其他业务】电子银行业务快速发展。电子银行企业客户数本年新增5 870户，电子银行个人客户数本年新增46.3万户，电子银行交易额达4 046亿元，实现电子银行业务收入1 288万元。信用卡累计发卡量、新增发卡量、消费额均有所突破。累计发卡量达119 913张，较年初新增65 331张，是2006年底存量的1.2倍；新增发卡量居同业第一位，账户活动率达44.69%；当年累计消费额达到4.77亿元，为上年同期的2.16倍。

主要工作举措

加大网点改造投入。费用投入向重点地区、资源富裕地区优先倾斜，支持该地区分支行改善硬件设施相对落后的状况；改善网点布局，着力推进大门面和多功能的精品网点的建设。

探索完善经营布局。成立了西安市区经营管理部，强化省分行对西安地区经营资源的统一协调，推进西安城区支行组建若干个营销团队，逐步尝试对公业务的职能整合。

适当调整组织机构。成立投资银行部和评估评价中心，撤销票据中心和信息中心，理顺住房金融业务，将房地产开发贷款划归住房金融与个人信贷业务部管理；新设省分行营业部，将省分行机关原承担的稽核、核算、ATM中心等中台职能统一集中管理。

优化组织业务流程。积极引导推进弹性排班、综合柜员制等措施，缓解因忙闲不均而造成的人员紧缺和网点排队问题。强化了信息技术对业务的支持保障作用，个人贷款A+P系统、新一代贸易融资系统、支票影像系统（CIS）等14个系统顺利上线。整合交易单证和系统交易界面，清理压缩前台打印资料等流程，简化了前台操作，提高了业务处理速度。

加强班子队伍建设。充实二级分支行班子，风险主管进班子。推进对口联系行制度和省分行本部干部担当大堂经理或大堂副理工作。启动核心人才队伍建设，人力资源向基层一线倾斜，二级分支行机关人员减少922人，富余人员流向一线岗位和营销部门。加大培训力度，共举办各类培训班697期，培训32 548人次，年人均培训达4.58次。依法规范用工管理，启动弹性福利计划，弹性福利计划享受人员达8 227人。

注重服务文化和合规文化建设。“上海特奥会火炬接力和零钞捐赠”、“贫困中学生成长计划”和金融知识巡展活动的社会反映良好，全分行职工救灾捐款、助学捐款达44.5万元，履行了建设银行应尽的社会责任。在由全国14家都市媒体举办的“2007年度中国理财总评榜”联合评比中，陕西省分行被评为“陕西最具竞争力的银行”，同时被西安市政府评为“西安最有影响力的金融机构”。

执笔：王亚健
审稿：薛峰光

甘肃省分行

甘肃省分行行长康义

业务发展概况

2007年，甘肃省分行实现拨备前利润10.09亿元，完成总行下达年度计划的155%，在当地工行、农行、中行、建行四大国有商业银行中排名第一位；实现经济增加值2.33亿元，比上年增加2.66亿元，完成总行下达年度计划的206%。存贷利差为4.58%，同比增长1.25个百分点；贷款收益率为6.2%，同比增长1.21个百分点；成本收入比为52.57%，同比下降12.89个百分点。

【资产负债业务】资产负债新增额双双超过百亿元，其中，资产总额达到692.69亿元，较年初新增113.78亿元；负债总额达到691.18亿元，较年初新增108.94亿元。全口径存款余额为679.33亿元，较年初新增104.6亿元，完成总行下达年度计划的142.62%。其中，公司类存款新增90.43亿元，完成总行下达年度计划的229.13%，在当地四大国有商业银行中排名第一位；个人类存款增长3.53亿元。各项贷款余额为334.96亿元，新增39.8亿元。其中，公司类贷款新增38.12亿元，比上年多增24.09亿元；个人类贷款新增1.68亿元，比上年多增3.01亿元。

【中间业务】实现中间业务净收入4.44亿元，完成总行年度计划的175.81%；中间业务收入占比达到20.44%，较上年提高11.5个百分点。人均实现中间业务收入5.9万元，较上年增加4.39万元。中间业务收入较上年增加3.29亿元，增幅达286%，居系统内第一位，在当地四大国有商业银行中的占比达到31.14%，居甘肃省金融同业第一位。

【资产质量】不良贷款余额为17.86亿元，比年初下降9.29亿元；不良贷款率为5.33%，比年初下降3.87个百分点。不良资产处置创历史最好水平，累计处置各类不良资产17.14亿元，完成总行下达年度计划的153%；不良资产现金收回7.59亿元，完成总行下达年度计划的163%，不良资产现金回收率为44%；实现超值现金回收3.94亿元，完成总行下达年度计划的230%。

主要工作举措

改革运行机制，搭建助推业务发展的支撑平台。在资源配置上坚持五个原则，即坚持业务发展与效益并重原则，业绩优先、有效激励原则，战略导向原则，层级配置与条线配置相结合原则，上不封顶、突出重点的价值创造激励原则。一是对各二级分行负责人增加了目标责任考核，省分行本部经营部门实行条线主要业绩指标挂钩考核。二是构建基于产品效益评价的单价工资分配体系和基于工作量的计件工资分配体系，对能够量化和考核的产品、价值环节全部实施了挂价买单，实行单价制的产品达到了173种。这一分配机制的改革，搭建起了助推业务发展的资源驱动平台，既减小了中后台人员向前台转移的阻力，又为员工争创业绩增添了动力，全面促进了全行业务的快速发展。

改革经营机制。一是上移公司机构业务经营重心，在部分二级分支行试点工作取得实效的基础上，将公司机构业务上收到二级分支行及省分行本部集中经营。二是下沉个人银行业务经营重心，将个人客户的服务营销工作全部交由营业网点承担，并通过公开竞聘、择优聘用的方式，选聘专兼职客户经理和大堂经理，全部配备到各个营业网点。三是推动相关业务的专业化经营管理。组建了专门从事国际业务、信用卡业务的两个专业机构，组建了资产保全中心、项目评估中心、金库和守押中心，成立了经费共享中心。

夯实基础，加速发展主要业务。强化市场营销，夯实客户基础，巩固和拓展传统业务。一是加强营销服务团队建设。成立铁路、甘肃大唐、风电行业、企业年金、投资银行等8个营销团队，直接负责牵头省内大型项目的营销工作。二是加强了对重点客户的高层营销。与中国蓝星集团、酒钢集团等7家公司签订了包括项目信贷、资金归集结算、企业年金等在内的涉及各类业务的合作协议，巩固并扩大了重点客户在我行的业务份额。三是加大信贷结构调整力度，新增贷款主要投向高信用等级客户和总分行级重点客户。四是以“八一工程”为营销重点，大力拓展机构客户。组建任务型营销团队61个，通过上下联动、重点营销，有力地促进了机构类传统业务的发展，2007年新增军队武警客户51户。五是强化存款工作基础管理，筛选确定了30个存款跟踪客户和100个存款目标客户，进行了重点营销，取得良好成效。

以传统业务为平台，大力发展转型业务。一是完善了中间业务考核机制，在全行范围内组织开展了中间业务“金点子”活动，突出重点，积极拓展资金结算业务和基金、寿险、国债、账户金等代理业务。二是优化对中高端客户的服务，不断提高中高端客户的综合贡献度。三是大力拓展银行卡业务，组织开展了“牵手建设银行，尊享新年祝福”等多项营销活动，有效地促进了发卡量的快速增长。四是加大POS机具投入，推进收单业务快速发展。2007年新投放POS设备1 226台，商户动户率和设备使用率明显提高，分别达到75.12%和92.47%。五是大力发展投资银行业务和托管业务。组建投资银行团队，加强了省分行与二级分支行之间的联动营销，启动了甘肃薯界、大禹节水中小板上市等20多个投资银行业务重点项目。六是细分市场，加强营销，促进了国际业务的良性发展。国际结算业务量创历史新高，全年累计完成国际结算量13.14亿美元，同比增幅为91.5%。七是电子银行业务以实施网点战略转型为契机，通过完善产品功能、加强渠道建设、强化营销宣传、规范制度管理，实现了健康、快速发展。

加强内部管理，提高管理效率。一是在选准配好“一把手”的前提下，按照每家二级分支行配备一正三副且三名副职分别熟悉会计、公司和个人银行业务的要求，调整和配齐各二级分支行的领导班子，提高班子的整体效能。二是将收入向直接创造效益的岗位倾斜，引导员工转向市场营销和客户服务岗位，全分行共压缩中后台人员902名。三是进一步加强人才队伍建设，在全分行范围内公开选聘312名客户经理和295名大堂经理，确保每一个营业网点至少配备1名客户经理和大堂经理。四是加强员工培训。全年共计完成省分行培训项目53个，举办培训班66期，培训员工总计达4 573人次。

强化风险内控管理，确保各项业务有序运行。一是将风险管理评级和内控评级纳入二级分支行行长和部门总经理的任期责任目标考核中。二是大力加强风险文化建设，通过总结历史教训、剖析典型案例、建立员工合规自查制度、奖罚结合等措施，传播、固化建设银行的风险文化。三是加大政策执行力度，全面落实平行作业机制，对所有网点委派了会计主管或柜员主管，加强了对关键风险点的监控，狠抓了案件防控方案的落实，审计整改率得到了明显提高。四是加强对基层负责人的日常管理，深入落实重要岗位人员交流轮岗和强制休假工作，2007年共交流各类人员1 686人次，对404人实施了强制休假措施。五是认真落实“三查”工作要求，积极配合“一审”工作。由会计部、营运部、个人金融部牵头进行会计与营运风险大检查，由风险管理部牵头进行信贷业务大检查，由合规部牵头进行合规综合大检查。配合审计部门做好“一审”工作，充分运用审计成果，有针对性地开展监督检查和整改工作。六是积极探索新的风险管理办法，如针对尾箱管理中存在的问题，在所有营业网点实行了现金主尾箱制。

狠抓客户服务，提升竞争力。一是加强网点硬件建设。共对近百个营业网点进行了搬迁、装修、改造，全行上线运行的自助设备增加76台，自助设备的业务分流作用逐步显现。二是积极推进网点转型。共完成120个网点的转型任务。网点转型后产品销售量提高了153%，客户等候时间缩短了49%，客户满意度提高了11.39%。三是建立健全了规范化、标准化服务的各项制度，让客户在所有网点都能得到一致的服务体验。四是聘请专业服务咨询机构对网点服务质量进行监测，省分行负责人不定期地对网点服务情况进行暗访，促进营业网点的营销能力、服务水平和工作效率不断提升。

坚持以人为本，调动员工的积极性和创造性。一是完善激励约束机制，努力搭建有利于员工施展才华的机制平台，积极引导员工将个人收入与业务发展结合起来、与个人业绩结合起来。二是关心员工，营造和谐氛围。围绕员工工作中遇到的突出困难和问题，进行针对性解决，使全行员工能够在一个和谐有序、团结向上的环境中一心一意谋发展。三是树立典型，表彰先进，弘扬正气，用典型模范人物的事迹激励广大员工奋发向上。四是致力于改善员工待遇，积极推进民主管理、民主决策，凡涉及员工利益的重大问题都提交职代会讨论，重要规章的建立广泛征求全分行员工的意见，增强员工队伍的主人翁意识。同时，积极抓好维护稳定工作，为全分行发展创造一个和谐、健康、向上的良好工作氛围。

执笔：张　戈

审稿：李　凡

青海省分行

青海省分行行长郭继庄

业务发展概况

2007年，青海省分行全面超额完成了总行下达的各项计划，主要业务指标继续保持省内同业领先地位。

截至2007年12月31日，青海省分行实现账面利润3.68亿元，在当地四大国有商业银行中的占比为55.47%；实现经济增加值1.22亿元，完成全年计划的206.4%；经济资本回报率为20.21%，高出总行计划5.02个百分点；成本收入比为52.27%，控制在总行计划之内。

实现中间业务净收入1.26亿元，同比增长8 192万元，增幅达186%，完成总行计划的140.67%。

本外币一般性存款余额为303.27亿元，比年初新增62.15亿元，余额、新增额在四大国有商业银行中的占比分别为37.26%和40.27%。其中，对公存款较年初新增52.55亿元，余额、新增额在四大国有商业银行中的占比分别为41.36%和40.55%；个人存款较年初新增9.6亿元，余额、新增额在四大国有商业银行中的占比分别为31.58%和38.81%。

各项贷款余额为148.36亿元，较年初增加20.55亿元，余额、新增额在四大国有商业银行中的占比分别为32.47%和46.82%。其中，公司类贷款新增19.03亿元，完成总行下达计划的145.98%；个人类贷款新增1.52亿元，控制在总行下达的计划之内。不良贷款额为2.84亿元，比年初下降390万元；不良贷款率为1.91%，比年初下降0.34个百分点。

【公司业务】一是狠抓客户结算性资金存款，加大对重点客户、重点项目的持续营销力度，成功取得西部矿业13亿元上市募集资金及省投资公司12亿元增资扩股资金的结算权，对公客户存款继续保持高位运行。二是正确处理贯彻国家宏观调控政策和总行信贷政策要求与支持地方经济建设的关系，加大对铁路、石油、电力等优势行业和重点项目的投入力度。全年累计发放公司类贷款152.09亿元，重点地区贷款投放占比达95%，A级以上（含A级）客户贷款余额占比达85%。三是积极创新信贷产品和贷款模式，大力发展法人账户透支、银团贷款等业务，与国家开发银行签署了平安高精铝板带项目5亿元银团贷款协议，累计办理法人账户透支业务44亿元。四是加大新产品推广力度，积极推进公司业务转型，代理承销黄河公司短期融资券1.8亿元，成功营销人民币债券型理财产品8 600万元。五是强化团队营销和高层营销，向盐湖集团、黄河公司、水电四局等优质客户出具意向性贷款承诺70亿元，并成功营销西部矿业、电力公司、水利水电集团等优质大客户的企业年金业务。六是积极做好“速贷通”、“成长之路”产品的宣传和营销工作，全年发放中小企业贷款16.39亿元，较年初新增4.38亿元。

【机构业务】一是加大营销攻势，“八一工程”进展顺利，新增结算量亿元以上机构类客户9户，存款新增23.4亿元。二是积极拓展高等院校和“三甲”医院客户，与青海大学签订战略合作协议，并在青海大学、青海师大成功启动了“校园一卡通”项目。三是深入推进代理财政业务，赢得代理省级财政授权支付业务资格，新增30家预算单位的市级财政非税收业务，并成功营销三家省级试点预算单位的公务卡发卡业务，成为省内代理省级财政业务种类最齐全的银行，市场占比接近50%，比年初上升5个百分点。四是大力拓展“鑫存管”业务，对省内所有证券公司开通证券保证金第三方存管业务，新增个人客户2万户，新增存款5.4亿元，市场占比居同业首位。五是进一步加深银保合作，相继开通中国人寿、平安人寿、人保财险、平安财险银保系统，代理保险业务量市场占比达33%，比计划目标高出14个百分点。六是积极拓展投资银行业务，与洁神集团成功签订了全面业务合作协议和IPO业务合作协议。

【个金业务】一是针对资本市场快速发展的局势，加大代发工资等批量存款的吸收力度，及时遏制储蓄存款分流的势头，个人存款余额跃居省内同业首位。二是大力营销基金、“利得盈”、账户金、“龙鼎金”等理财产品，实现个人中间业务收入9 504万元，同比增加7 230万元。三是积极开拓个人高端客户市场，新增高端客户6 225户，高端客户金融资产占比达25.43%。四是狠抓电子银行营销推广工作，电子银行交易量与柜面交易量之比达16.05%，渠道分流作用日趋明显。五是加速拓展银行卡业务，双币种信用卡发卡量新增6 354张，借记卡发卡量新增12.64万张，信用卡账户活动率高出建设银行平均水平18个百分点，居建设银行系统内首位。积极推广联名卡、联盟卡及移动POS，并在西北五省分行首次推出商场POS分期付款业务，消费交易额同比增长124%。六是进一步加强渠道建设，网点综合竞争力进一步提升，储蓄存款余额单产达到1.05亿元，比年初增加957万元。

【房金业务】一是采取个人贷款业务买单制等措施，创新营销激励方法，加大联动营销力度，自营性个人住房贷款较年初新增1.55亿元，余额和新增额市场占比分别达34.73%和51.23%，稳居同业第一位。二是严格防范个人消费贷款违规流入资本市场，加大“假个贷”排查力度，个人贷款不良率为0.85%。三是进一步加大对住房资金管理中心及其下游单位的营销力度，成功营销公积金管理中心、房管局等一批重点客户，委托性住房存款、贷款余额分别完成计划的187.41%和316.79%，市场占比继续居省内同业第一位。

【中间业务】一是以战略性业务产品计件工资为激励手段，充分调动员工的营销积极性，中间业务收入快速增长，在营业净收入中的占比较去年同期增加7.24个百分点。二是抓住资本市场快速发展的良好机遇，大力营销代理基金业务，实现手续费收入7 139万元，占个人中间业务收入的75%。三是充分利用资金结算网络和重要客户服务系统优势，积极营销对公客户电子银行业务及产品，为174家企业客户开通网上银行企业客户服务系统，增幅达521%。四是积极推广财务顾问业务，实现财务顾问业务收入485万元，完成计划的321%，在建设银行系统内排第十三位。

建设银行青海省分行为洁神装备制造集团生产建设提供了全面的金融服务。

【国际业务】一是积极开展本外币一体化营销，西部矿业1 200万美元外汇业务、亚洲硅业（青海）有限公司2 000多万美元、省投资公司8 000万美元外资投资资本金业务账户等相继落户，并成功取得西宁市商业银行外汇业务代理权，外汇存款市场占比稳居同业首位。二是大力拓展外汇资产业务，成功营销海西州巴音河河道治理工程1 800万美元政府转贷项目，并为桥铝公司解决了1 120万美元的信用证项下对外支付难题，实现了信托收据贷款业务零的突破。

主要工作举措

优化资源配置，价值创造能力明显增强。一是围绕战略转型目标，合理制订综合经营计划，积极实施战略性业务产品计件工资激励办法，加大对中间业务、个人贷款、信用卡、电子银行和外汇等重点业务的倾斜力度，强化动态考核与监控。二是科学规划财务资源配置，加大对网点转型、电子银行、自助渠道建设等生产性费用的投入，营业网点自有率升至59%。三是增强成本控制能力，建立了3个经费共享中心，继续完善集中采购流程，扩大集中采购范围，财务管理进一步规范，节约财务资源570万元。四是加强资金流动性管理，加强定价管理，科学测算分析全辖资金收益状况，保持合理头寸水平。

加强风险监控，资产质量稳步提升。一是加强政策分析、市场调研和客户调查，强化项目评估和审批环节管理，按照“有保有压、区别对待、调整结构”的原则，严格控制对超风险限额红色预警客户的贷款投放。二是深入推行大中型公司类客户授信业务平行作业，并将项目评估纳入平行作业流程中，充分发挥风险经理在贷前、贷中、贷后各环节对风险的控制作用，确保新发放贷款质量。三是高度关注国家宏观调控政策，特别是节能减排政策引发的政策性风险，建立动态观察客户名单制度，强化对“双十大”贷款客户和处于降级边缘贷款项目的监控与管理，及时进行风险预警和退出，信贷风险得到有效控制。四是加大对千万元不良贷款项目的直接经营力度，成功收回同仁铝业不良贷款本息5 240万元、黄河公司欠息3 075万元，资产质量持续提升。

狠抓内部管理，合规经营水平有效提升。一是力促内外部审计、监管、检查中所发现问题的整改工作，全年共追究责任人41人，实施经济处罚17 500元，整改率达97%。二是加大案件防控和风险隐患排查工作力度，查出两起职务犯罪案件和多起违规事件。三是补充完善“轻微违规行为积分标准”106条，并将积分结果与绩效考核、年度考核、评优选先等挂钩，业务差错率由5.99‰下降到2.8‰。四是强化安全生产管理，16家辖属行被当地政府授予“平安单位”称号。五是进一步加强内部规范化建设，修订和完善党委工作规则、等级行评定办法、岗位轮换和强制休假办法等制度，各项基础管理工作日趋完善。

加大改革推进力度，管理体制更具活力。一是扎实推进会计集中管理改革，完成对公、对私业务管理职责的移交以及西宁地区现金集中配送等分离和集中工作，基本实现后台业务集中运行、集中核算、集中稽核，有效提高了前台工作效率。二是继续推进机构扁平化管理改革，对省分行本部、二级分行、直属支行内设机构进行精简调整，进一步强化了管理效能。三是积极推进网点转型，圆满完成39个网点的转型工作，客户排队等候时间明显缩短，客户满意度大幅提升。

加强员工队伍建设。一是加强员工培训，加大优秀人才引进力度，员工结构和专业素质有很大改善。二是加大治理商业贿赂力度，积极开展反不正当交易行为教育，大力宣传建设银行文化要素和员工行为规范，促进全分行工作作风的转变。三是大力开展“文明单位”、“青年文明号”等创建活动，积极参与社会公益事业，受到社会各界的广泛好评，省分行第三次荣获“青海企业50强”称号，一个网点被命名为“全国级青年文明号”，两个网点被命名为“总行级青年文明号”，一名员工获得“2007年中国建设银行突出贡献员工”称号。

执笔：王小娟

审稿：郭继庄

宁夏回族自治区分行

宁夏回族自治区分行行长李秀昆

业务发展概况

2007年，宁夏回族自治区分行实现拨备前利润62 786万元，实现经济增加值1.5亿元，分别完成总行计划的124.36%和379.84%；实现账面利润（人民银行口径）56 786万元，占区内金融机构利润总额的28.3%，占当地四大国有商业银行利润总额的44.91%，稳居当地同业第一位。经济资本回报率和成本收入比分别为14.64%和41.27%，分别完成总行计划的111.63%和109.07%。

【资产负债】全口径存款余额为235.75亿元，比年初新增12.39亿元；一般性存款余额为231.35亿元，余额市场占比为20.02%，居当地同业首位，比年初新增16.46亿元，新增额市场占比居四大国有商业银行第二位。各项贷款余额为197.62亿元，占区内同业贷款总额的21.2%，排名第一位，占四大国有商业银行贷款总额的33.86%；比年初新增34.75亿元，新增额占区内同业新增额的25.07%，排名第一位。

【中间业务】实现中间业务收入11 228万元，首次突破了1亿元，完成总行计划的128.45%，同比增加6 274万元，增幅达126.65%；收入占总营业收入的10.23%，突破10%，较上年同期增加4.4个百分点。银行卡业务、电子银行业务、信用卡业务也得到稳步增长，多元化收益格局初步形成。

【资产质量】不良贷款余额为47 628万元，比年初增加3 745万元；不良贷款率为2.41%，比年初下降0.28个百分点，不良贷款额和不良贷款率均控制在总行计划之内。

【服务水平】连续两年狠抓柜面服务质量，着力打造新的服务品牌，全行服务工作又上新台阶。2007年第一季度，在总行“神秘人”对转型网点的服务检查评比中，宁夏回族自治区分行的得分居建设银行系统内第二名。

【风险内控】财务、风险、会计、保卫、监察、科技等多层次、全方位的内控保障体系进一步完善，有效地防范了各类风险和案件的发生，连续40个月未发生案件或重大责任事故，为各项业务的持续健康发展提供了有力的支持和保障。

主要工作举措

深化体制机制改革，创新经营管理模式。公司事业部于2007年6月25日挂牌成立。改制后，公司事业部直接经营管理银川地区的对公业务，矩阵式管理外市县8家直管行的公司业务，在授权范围内自主经营，是一个相对独立的责任中心和利润中心。在内部机构设置上，完全以客户为中心，按照流程银行的要求，设置集团与大客户、机构业务、小企业中心、国际业务、信贷管理、综合管理六大板块，分行派风险管理团队对事业部在计划预算、资源配置、信贷审批、产品定价等方面进行授权管理。同时，按照客户性质和客户分布状况在每个客户板块中设置相应岗位，实现专业、专注经营。这一改革，为宁夏回族自治区分行构筑流程银行奠定了基础，受到总行领导的赞赏和肯定，引起了系统内兄弟行的高度关注。

在会计和营运管理体制方面，配合事业部改革，调整DCC系统架构，组织全行实施ERPF系统的上线，建立适应事业部体制需要的核心业务处理系统和经费资产核算系统。加快前后台分离，充分释放网点营销渠道作用。推进集中事项，集中程度位居全国建设银行系统前列。在IT集中管理方面，内设综合管理等7个条线，完成了二级分行服务器的物理上收工作，初步实现了宁夏回族自治区分行的IT集中管理模式。在守押社会化改革方面，按照总行守押社会化改革的总体要求，通过撤并、同城集中、同业寄库和社会化改革四种方式，先后撤并金库18座，全面完成守押社会化改革，并走在了全国建设银行系统前列。

把握竞争主动权，完善营销组织体系。提升营销层次，强化由行领导牵头的高层营销。首先，重点营销“两基一柱”行业，紧紧抓住宁东重化工基地建设和太中银铁路建设的机遇，及时投放信贷资金到电力、能源、交通、电信等行业，为客户提供一揽子金融服务。其次，充分发挥事业部优势，完善营销组织体系，形成多轮驱动、齐头并进、联动配合的营销格局。公司事业部成立9个直营团队，由各板块负责人分别担任团队负责人，把负债业务和战略性业务等任务分解到各团队，根据权、责、利相匹配的原则，配置相应的资源，充分调动了各层面员工的积极性。同时，引入名单制管理办法，把所有客户细分为高、中、低端客户，列入直营团队的管理名单，由团队按照客户性质制定不同的营销策略进行营销和维护，一户一策。最后，结合不同时期市场特点，开展针对性营销活动：第一季度重点针对“两节”储源丰富的黄金时机，开展“送产品、送服务、温馨在建行”旺季营销活动；第二季度，开展“保市场、争份额”增存竞赛活动，遏制个人存款下滑的势头并实现恢复性增长；进入第三季度，开展“六比六看”劳动竞赛活动。

推进业务结构转型，发展战略性业务及新兴业务。推进业务结构转型，大力发展低风险、高收益的业务，不断增强在高价值领域和未来市场中的竞争力。一是加快信贷资产结构转型，发展个人住房贷款，促进资产结构由高风险资产向低风险资产转变。二是优化负债结构，引导客户富余资金流向理财产品，缓解流动性过剩压力，提高负债业务整体收益。三是加快客户结构转型，重点发展高收入个人客户，大力支持市场成长性高的优质公司客户和新的机构客户，优质大中小型客户并重的客户结构初步形成。四是加快盈利模式转型，把中间业务纳入指令性指标管理，完善其产品功能，努力开展多种产品组合的个人理财服务，先后与新华人寿等合作开展代理保险业务，推出“百易安”交易资金托管业务、国内应收款保理业务和商业汇票代保管业务，使代理基金业务收入取得迅猛增长，全年收费类净收入突破1亿元，市场占比居当地同业第二位。五是在信贷营销中，改变过去重量轻质的

2007年12月13日，中国建设银行股份有限公司董事长郭树清在宁夏回族自治区分行调研。

增长方式，追求有质量、有效益的信贷市场份额扩充，积极营销优质中小客户。战略转型，使全行战略性业务及新兴业务迅速发展，多元化收益格局初步实现。

转变风险管理体制，构建风险防范长效机制。一是推行客户经理和风险经理平行作业，建立了“一把手”负总责、班子成员协同负责的责任制及不良贷款上升警示和警告机制。二是成立由风险总监担任组长、各业务部门为成员单位的不良贷款压缩任务型团队，选择“十大”不良贷款作为区分行领导压不良包点联系项目，定期召开团队周例会，带动全行“双降”工作逐步深入。三是前移风险防范关口，及时发现征兆，从源头上避免不良贷款“前清后冒”现象。四是转变资产保全工作模式，加大不良资产经营处置力度。通过采用收、诉、盘等多种手段，全年共处置不良资产49 139万元，完成总行计划的420.8%；实现超值现金回收1 378万元，完成总行计划的126%；实现不良资产处置贡献度（KPI指标）34 810万元，完成总行计划的409.4%。各项指标的计划完成率在建设银行系统内名列前茅。

加大基础设施（设备）投入，推广上线新业务。共投放运行ATM 131台。按照中心城市行网点规划要求，共装修改造网点16个。区分行财富管理中心于年内如期开业，为高端客户服务的能力提高。与此同时，成功开办实物黄金买卖业务，开通短信银行、手机银行、电子渠道签约一体化等10多种新服务。对证券业务系统进行优化改造，实现证券资金双向自动转账。先后对个人网银、企业网银、电话银行等进行了27次电子渠道的功能优化测试，解决全行网银运行速度缓慢的瓶颈问题，实现了热电收费等7个代理收费项目从原特色业务平台向新中间业务平台的迁移。

强化综合防控能力，改进合规体系建设。开展违规行为专项治理、会计大检查、案件防范及“双排查”、合规检查等活动。一是组建安全运营任务型团队，按照总行“九项禁止性规定”的要求开展以员工投资行为为重点的行为排查，排查面达到99.6%，并对违规违纪责任人进行了处理。二是组织完成总行、分行两个层级的合规综合检查，涉及案件防控、审计整改、公司业务、个人信贷、个人金融、电子银行、信息技术、安全保卫和合规管理九项内容。三是加强与总行全面业务审计组、宁夏回族自治区分行总审计室的沟通联系，完成2005—2006年上半年资金清算等四项业务审计，确保合规经营。四是梳理不相容岗位，明确各业务条线、直管行、事业部的工作职责，设立监控检查操作风险的兼职岗位，切实防范因管理疲劳而产生的操作风险和案件。五是借助反洗钱可疑交易监测系统，开展“反洗钱宣传月”活动及大规模的反洗钱知识测试。

调整优化人力资源，提升员工队伍素质。一是共竞聘领导人员85名，补充和推荐后备管理人才、业务核心人才114名，领导人员年龄、知识结构进一步优化，领导职数得到有效控制。二是在保证客户经理占比30%的目标要求下，注重将专业技术岗位职务向基层一线和主要盈利机构倾斜，共聘任专业技术岗位职务人员176人。三是采取直接分流、举办业务集中培训等措施，将区分行机关和银川地区“三行一部”共279名机关管理人员转化为事业部经营人员，有效地缓解了网点柜员紧张的压力。四是加强各层级的员工培训，先后选送各级领导人员参加总行举办的各种培训班，或选派人员出境培训学习。自办各类培训班72期，受训人员达4 137人次。共有397人报名参加财务会计、信贷管理、国际业务等6个岗位的考试，其中本岗合格率为84.46%，非本岗合格率为95.83%，均好于往年平均水平。

执笔：杨继红

审稿：李秀昆

新疆维吾尔自治区分行

新疆维吾尔自治区分行行长吴建中

业务发展概况

2007年，新疆维吾尔自治区分行全年实现拨备前利润12.71亿元，完成总行计划的172.81%；实现账面利润10.35亿元，占当地同业利润总额的33.55%，排名第一位；实现经济增加值3.61亿元，超额完成总行计划；成本收入比为48.06%，同比下降6.10个百分点。

全口径存款余额为769.25亿元，新增112.78亿元，新增额首次突破百亿元大关；在当地同业中，存款余额占比为24.03%，排名第二位；新增额占比为36.88%，排名第一位。各项贷款余额达352.71亿元，当年新增25.66亿元，同比多增4.54亿元；贷款余额在当地同业贷款余额中的占比为25.95%，新增额占比为55.03%，均排名第一位；实现贷款利息收入21.89亿元，同比增长21.99%。

全年处置各类不良资产11.67亿元，完成总行计划的140.77%；不良资产现金回收6.17亿元，完成总行计划的271.91%；核销呆账4.33亿元，完成总行计划的279.35%。不良贷款余额为15.33亿元，当年下降6.16亿元，完成总行计划的684.44%；不良贷款率为4.35%，当年下降2.22个百分点，完成总行计划的382.76%。

国际结算量达19.8亿美元，结售汇累计完成36.3亿美元，所占市场份额与当地中国银行、工商银行的差距进一步缩小。全年双币种信用卡累计发卡9.96万张，当年新增6.41万张，双币种信用卡发卡量在当地同业市场排名第一位；购物消费额3.21亿元，是上年的1.68倍。全年新增电子银行客户数10.33万户，同比多增0.95万户；实现电子银行交易额4 728.86亿元，同比多增2 676.78亿元；电子银行交易占比达到22.98%，同比增长10个百分点。

【公司业务】战略转型快速推进，经营效益显著提高。公司类贷款余额达到305.35亿元，新增20.2亿元；在当地同业中，各项贷款余额占比达25.95%，新增额占比达55.03%，余额和新增额均排名第一位。企业存款快速发展，余额达到432.82亿元，新增83.73亿元；在当地同业中，企业存款余额占比达25.13%，新增额占比达27.75%，余额和新增额均排名第二位。对公中间业务高速增长，实现净收入16 369.51万元，完成全年计划的145.6%。固定资产贷款余额占比为29.13%，比年初提高1.94个百分点；A级（含）以上客户非贴现贷款占比为90.46%，比年初提高8.38个百分点。全分行新发放贷款122.68亿元，当年新发放贷款不良率为零。

【个人金融业务】核心竞争力和价值创造力较快提高，个人贷款业务实现了有质量保障的发展。个人存款余额为284.22亿元，在自治区四家国有商业银行中，人民币储蓄存款余额和新增额均排名第三位。全分行借记卡发卡量达471.3万张，比年初新增59.78万张，实现借记卡购物消费交易额29.02亿元。全分行电子账单签约客户总数达到86.4万户，比年初新增25万户，实现收入1 083万元，居建设银行系统内第二位。

网点转型进程加速。中高端客户实现突破性发展。全分行20万元以上客户在本行人均可控资产47.25万元。委托性住房存款余额为89.71亿元，比年初增加7.56亿元；公积金个人住房贷款余额为32.93亿元，比年初新增11.2亿元。全年共投放个人贷款19.88亿元，贷款余额新增5.46亿元，同业排名第二位，个人贷款业务实现正增长，完成全年新增计划的683%，余额控制在总行核定的计划之内；个人贷款不良额1.44亿元，不良贷款率为3.04%，全年共清收不良个人贷款2.94亿元，处置“假个贷”2.08亿元，完成总行核定年底处置计划的107%。

【中间业务】战略转型推进有力，市场竞争优势明显。全分行中间业务净收入6.06亿元，完成总行计划的145.62%，在当地同业占比30.98%，排名第二位；中间业务收入占主营业务收入的比例为23.97%，在建设银行系统内排名第二位，比建设银行平均水平高9.94个百分点。

全年基金销售量达到202.36亿元，点均基金销售量达到1.03亿元，在建设银行系统内排名第四位，在当地同业排名第一位；基金产品创造中间业务收入3.24亿元，收入额是上年的15.43倍，占全分行中间业务收入的51.95%。点均个人金融中间业务收入达233.45万元，在建设银行系统内排名第五位，在当地同业排名第一位，比同业平均点均收入高出116.78万元。

【国际业务】主要指标创历史新纪录。国际结算量较上年同期增长10.5亿美元，KPI指标完成率达158%；结售汇同比增幅达131%，在同业结售汇业务中的占比逐年提高，2007年达到22.97%，其中区分行营业部结售汇业务在乌鲁木齐市同业中的占比已达29.65%，排名第一位；实现中间业务收入6 838万元，完成总行计划的144%；外汇贷款余额为21 596万美元，其中，现汇贷款余额为19 811万美元，在区内主要商业银行中的占比为39%，排名第二位；境外筹资转贷款存量项目7个，余额为1 784.5万美元，在当地同业占比9.08%，排名第三位。

【合规经营和内控管理】进一步完善规章制度，认真贯彻落实案件防范责任制，扎实开展违规行为专项治理、商业贿赂治理、“双排查”和创建“平安建行”等活动。通过层层签订“合规经营承诺书”，大力推进积分管理，营造合规经营氛围，并加大问题整改力度，有效堵塞各种风险隐患。同时，充分运用科技手段，对关键风险点实现由“人控”到“人机并控”的转变。全年全分行实现了“不发生大案要案，把一般性案件降到最低限度”的目标。

此外，“四好”班子建设和民主管理得到进一步加强，李向党与“向党工作站”的社会影响面和辐射面不断扩大；员工培训力度进一步加大。同时，积极推广员工梯次管理系统，为员工发展搭建起公平公正的平台。

2007年7月27日，建设银行“名城卡——魅力库尔勒”龙卡发行仪式在新疆库尔勒市举行。

主要工作举措

坚持科学导向，统筹发展。2007年，区分行提出“始终坚持科学发展，继续加强基础管理，努力提高资产质量，积极推进战略转型”的经营指导思想。通过这一经营指导思想的确立和传导，各分支行、各业务条线开始着力转变不适应、不符合科学发展观的思想理念，着力研究解决制约科学发展的突出问题，并结合业务发展实际，积极推进业务转型，努力改变经营收入过于依赖批发业务、利息收入和传统产品的格局，逐步从根本上解决盈利模式脆弱、发展后劲不足的问题，使全分行工作稳健有序地推进。

坚持战略转型，持续发展。2007年，新疆维吾尔自治区分行全力推进战略转型，力求实现“三个同步”。一是坚持利差业务与非利差业务同步发展，绝不顾此失彼。二是坚持业务转型与结构调整同步进行，在转型过程中不断调整优化客户结构、产品结构、区域结构等。三是坚持网点转型与提升柜面营销服务水平同步，不仅注重网点硬环境的建设，更注重服务水平的提升，不断改进和优化业务流程，创新营销和管理模式，强化网点在个人业务发展上的营销主渠道作用，提升客户满意度和忠诚度。通过推进战略转型，区分行在保持利差业务优势的基础上，逐步夯实了可持续发展的基础。

坚持质量为先，保质发展。在公司业务方面，按照总行按季调控的要求，围绕确保新增质量、提升贷款收益的目标，加大项目储备和商业转化的力度，做好固定资产贷款、流动资金贷款、贴现的统筹调剂工作，用足、用好规模，确保日均贷款额保持在较高水平；同时，强化对存量贷款的管理，积极实施结构调整，提升贷款收益水平，使公司类贷款步入了质量、速度、规模、效益协调发展的道路。在个人类贷款方面，把握上半年暂不实行规模调控的时机，以质量、效率为前提，加快兵团与农户贷款投放速度，与房地产开发贷款配套，积极营销拓展个人住房贷款，从而使个人贷款业务全年保持稳步增长的良好势头。

坚持合规经营，健康发展。2007年，区分行以继续深入抓好“刁娜案件”警示教育为开端，举一反三，查找各类违规现象的根源和症结，在思想认识上筑好防范风险和案件的第一道关口，并针对内外部检查中暴露出的风险问题，加大整改力度，继续采取教育、制度、监督并重的措施，在全分行营造了良好的合规经营氛围。

同时，在业务发展过程中，坚持合规经营、健康发展，特别是在资本市场出现热点、其他机构放松贷款条件的情况下，区分行保持冷静的头脑，不为眼前利益所动，坚决清理各类贷款违规流入股市的问题，并对用途不明的贷款予以回收。

坚持以人为本，和谐发展。坚持以人为本，把企业的整体利益和广大干部员工的个人利益紧密联系起来，立足员工现实需要和长远需求，从多层次、多渠道予以激励，充分肯定员工的价值，为员工提供成长的平台，最大限度地调动员工的积极性和创造性；关爱员工，增强全分行向心力和凝聚力，为改革发展创造和谐氛围。

执笔：孔建新

审稿：张春生

哈尔滨培训中心

哈尔滨培训中心主任吕春光

2007年，哈尔滨培训中心累计办班169期，培训12 627人次，完成培训工作量121 603人天，较2006年增长了10%，较总行10万人天的任务增长了22%。

积极拓展培训市场，培训规模保持稳定增长。

克服总分行培训计划变动大，培训淡季长和长班少、短班多等不利因素，有效发掘和整合培训资源，不断健全培训中心与中央党校分校的联动机制，广开渠道，拓展市场，服务业务，超额完成了全年培训工作任务。

采取了以下措施：一是加强对总行培训项目的落实。在办好总行计划内培训班的同时，加大与总行各部门沟通联系的力度，举办总行计划外培训班20期，占全年完成的总行79期培训班的25.3%，满足了总行业务部门的培训需求，全年实现总行培训工作量70 082人天。二是主动做好对分行的培训服务。在认真做好总行项目的基础上，年初派出专人到西南、华东地区等15家一级分行开展培训调研，加强与二级分行的密切联系，全年共举办分行现场培训班68期，实现培训工作量41 151人天。三是采取多种形式落实培训计划。针对有关分行业务繁忙、员工无法离岗培训的实际，在确保现场培训的基础上，积极选派人员深入各分行开展上门培训，全年共为10家分行举办了22期培训班，实现培训工作量10 370人天。四是积极探索远程培训方式，完成了远程培训平台的搭建，实现对河北省分行的远程在线培训。五是强化培训管理工作，坚持把培训工作量作为绩效考核的重要指标，不断完善项目经理制，理顺管理机制，加强培训日常管理，促进培训项目的有效落实。

努力推进培训核心能力建设，培训质量不断提高。

一是推动培训项目开发和课程建设。继续把培训项目开发和课程建设作为基础，紧密围绕全行业务转型需要，不断突出开发工作的实效性和可操作性，参与开发和自主开发推广二级分行行级管理人员专题研究、基层机构负责人培训、提高公司客户经理风险管理能力远程培训等14个培训项目，其中自主开发7个。另外，还开发实施36门新课程，全部培训课程均实现标准化，并推进精品课程建设，首批推出10门精品课程，完成2项案例课程，为11期培训班制作213份课件。通过抓培训项目和课程开发，推动培训品牌建设，特别是二级分行行级管理人员专题研究班项目，由于采用先进的PBL教学模式，学员反响良好。

二是探索运用现代培训方式组织培训工作。大量运用互动教学、情景模拟、实战演练等新的培训教学方式，强化对案例教学方式的运用。进行案例教学试验，组织案例教学观摩课，把握了案例教学规律，为广泛运用案例教学方法奠定了基础。同时，不断完善培训教学评估与改进机制，采取学员定量评估和学员管理部门定性评估相结合的方式，积极开展现场培训教学评估工作，并对各类培训项目进行跟踪评估，评估率达到100%，培训项目不断得到改进和完善。

三是加强培训师队伍建设。根据培训师实际状况，继续把工作重点放在解决培训师实务能力不足、对前沿业务把握不够和对现代培训理念与方法理解运用不足等问题上，采取措施，提高培训师的综合素质和业务能力。加强实习基地建设，不断强化实践环节，全年共组织50余人次参加总行高级研修院、香港培训中心、总行各条线举办的培训班及其他社会团体组织的各类境内外培训，同时加大业务实习力度，使培训师的培训能力有所提高。

坚持强化管理，管理基础得到不断夯实。

为了适应股份制商业银行经营管理的内在需要，把管理工作作为有序开展培训工作的有力支撑，探索和运用现代企业经营管理理念及机制，推进科学管理，完善管理机制，促进工作效率提高。一是加大完善制度、再造流程的力度，使工作制度和流程覆盖到各个工作环节。共修订和完善各种制度、流程408项，其中培训中心层面的制度、流程95项，部门层面的制度、流程313项，为提高各项工作的运转协调效率提供了制度保障。二是认真抓好

哈尔滨培训中心紧密围绕全行业务发展和员工培训需求，不断丰富培训内容，完善培训方式，培训质量显著提高。自2007年起，培训中心将二级分行行级管理人员的综合性培训调整为专题性业务培训，开办了二级分行行级管理人员零售业务专题研究班，收到了良好的效果。

对制度和流程的执行及落实。完善积分管理办法，加大对各部门工作情况、员工劳动纪律、公文流转、办公环境、用水用电、园区秩序等方面的检查力度，有效地发挥制度和流程在科学管理中的基础作用，促进部门之间协调配合，各项工作得到有效落实。三是继续完善和加强绩效管理，对各部门均核定年度工作绩效指标和经费预算指标，完善年度绩效考核办法，建立项目归口费用管理机制，对培训管理、电子设备、后勤保障等项目费用进行归口管理，并强化集中采购的作用，突出管理工作的计划性和统筹性。四是不断探索适合培训中心的薪酬管理模式，完善薪酬分配制度，努力实现薪酬分配中的责、权、利相对称。

执笔：贺　林

审稿：张学智

常州培训中心

常州培训中心主任江炳钰

科学规划培训任务，大力推进项目研发。

2007 年，常州培训中心完成培训项目 178 期（含党校），比上年增长 41%。完成培训工作量 125 592 人天，比上年增长 15%。总行办班的部门达到 29 个，分行办班区域拓展到 22 家一级分行、16 家二级分行。在培训规模不断扩大的情况下，培训中心科学规划、统筹安排，合理协调好总行及分行的培训。

遵循“先总行、后分行，先偏远行、后附近行，先一级行、后二级行”的原则，不断深化“以学员为中心”的理念，充分利用培训中心现有资源，加强精细化管理，高效优质完成各项培训任务，学员对培训的综合满意度较以前有了显著提高。

2007 年，常州培训中心进一步梳理和完善项目开发流程及标准，将整个开发流程规范为开发方案设计、开发方案论证、实施需求调查、调查结果论证、调查结果分析、需求分析论证、培训体系结构设计、模块设计（课程设计）、测试性培训论证、调整与修改、验收 11 个基本流程，并明确规定每个流程的输入输出（提交件）标准，保障了研发工作的质量。

为了从源头上控制质量，培训中心的培训师学习掌握了 BEI 访谈技术、问卷设计技术、行为萃取技术、回归分析技术等需求调查分析方法和工具。以此为基础，培训师全年走访 13 家分行，访谈 283 个对象，设计各类访谈问卷 26 份，发放问卷调查 676 份，形成 17 份调查分析报告，从中提取有利于改进现有培训项目的信息和新的培训需求信息，使培训项目开发更为科学、合理，更加贴近建设银行实际。

全年通过参与、合作、自主创新等形式，实施二级分行行级领导专题研究、零售网点转型、个人银行业务顾问、住房金融与信贷客户经理、专职审批人（对公）、客户评价平行作业（云南省分行）、个人理财模拟演练、培训效果评估、大堂经理远程培训、员工职业生涯规划（咨询项目）、财务会计人员培训等项目的开发。其中，咨询项目的实施，拓宽了研发新领域，也为培训师进一步提升业务能力提供了十分有效的平台。

加快远程培训项目开发，积极推广远程培训。

2007 年，培训中心在将课件形式归纳为讲授型课件、资料型课件、题库型课件、软件教学课件 、多媒体课件、仿真模拟课件六大类型的基础上，重新整理课件形式，累计完成 1 532 份远程培训课件，同时对各种课件形式的功能、特点、常见应用、常用工具、范例进行分析。进一步加强互动性、友好性、功能性、图形化、适应性、简单化、共享性，有效提升了远程培训的质量。

2007年4月成功推出侧重于对私业务的DCC远程模拟训练系统1.0版本，并针对各分行实际运行环境逐步推出涵盖不同业务的系统版本。近十家一级分行和二级分行914人次使用了该系统，对新行员及时上岗和老柜员提升业务能力起到了一定的作用。

由总行人力资源部组织、个人金融部提供业务支持、培训中心负责具体开发的大堂经理远程培训项目，是全行第一个集真人演练、flash动画等为一体的综合性、交互式远程培训项目，该项目通过评审后，全行范围内已征订课件光盘4万张。同时，网络版课程也已完成开发。

与总行质量效率管理部联合开发远程培训版《六西格玛——绿带培训教程》，教程分概述、定义、测量、分析、改进和控制六个独立的学习单元，该教程上线后，总行、各一级分行及两个培训中心参加学习的员工已达4 948人次。

全球资金管理服务（Global Treasury Management，GTS）是当前各家中外资银行争取客户的重要手段。为提高全行员工GTS业务知识水平，美国银行为中国建设银行制作了GTS广泛培训课件，培训中心与总行公司业务部合作翻译制作中文版《资金管理介绍》，全行共10 226名公司业务及机构业务从业人员参加了该项目的培训，收到较好的培训效果。

为山东省、湖南省、浙江省、河南省等分行的1 132名学员提供公司业务客户经理远程培训，学习总时间为3 822小时。

适度控制考务规模，切实提高人才测评效率。

完成总行2007年度岗位资格考试组织工作，本次考试设有财务会计等6个岗位8个科目，共有75 350人报名参加考试。此外，受分行的委托，组织管理岗位职务竞聘、专业技术岗位职务竞聘、经办岗位职务竞聘、网点负责人选拔、中国金融理财师选拔等考试考务工作，累计组卷164套、命答辩题167道。

年初完成人才测评系统一期开发工作，全年开展素质测评、招聘新员工测评、员工人岗匹配测评、潜能测评等各类测评662人次。启动素质模型数据库建设项目，开展职业生涯规划咨询项目，启动人才测评系统的二期开发工作，进一步提高人才测评的科学性、准确性，提高测评工作的效率。

合理配备设施资源，保障培训工作高质量完成。2007年，培训中心在资源配置上大力向项目研发工作倾斜。加大对中心原有资源的专项改造力度，进一步改进培训的设备和设施，合理调整培训设备设施的结构，保证设备和设施得以充分利用。

结合实际培训需求，加强项目实施的研究创新。通过参与由总行人力资源部主持的培训效果评估项目的开发，加强学习和研究培训评估技术，调整和完善原有的流程、标准及评估指标。从2007年起，除了保留原有的现场评估外，开始尝试对风险经理等培训项目进行学习层评估和行为层评估。通过一系列实际评估活动，目前培训中心已具备对培训效果进行所有四个层次评估的能力。

在基层机构负责人培训项目中大胆创新，引入大辩论的形式；引入训前MBTI测试并利用其结果进行分组，使培训组织更具科学性；在16期党校班中，组建案例教学项目组，举办学员论坛，邀请美国银行、淡马锡咨询公司的专家授课；在云南省分行委托主办的公司客户经理和风险经理联合培训项目中，首次采用双培训师形式；在二级分行行级管理人员培训项目中，根据总行人力资源部的要求，进行专题研究式培训的尝试，引导学员围绕一个专题进行深入的研究和讨论；在新任二级分行行级领导履岗能力培

2007年5月14日，建设银行二级分行行级管理人员培训班开班。

训项目中，组织学员前往外资银行进行实地考察，与外资银行专家面对面交流，拓宽了学员的视野，满足了学员希望了解外资银行业务发展方面的需求。

完善综合管理系统，为培训工作顺利展开奠定基础。2007年，培训中心基本上搭建了包括综合管理系统和业务管理系统在内的能够覆盖培训中心主要工作的管理系统。

综合管理系统，包括以BSC为战略实施工具、反映部门和员工业绩贡献的人力资源管理系统，以成本分析和合理配置财务资源为工作重点的财务核算及分析系统，以降低采购价格和提高采购质量为工作目标的集中采购系统，以有效控制和反映培训物资消耗为目的的仓储系统，等等。

业务管理系统，包括培训需求调研流程和标准、培训项目研究开发流程和标准、培训课程开发设计流程和标准、以ISO 10015为基础的培训实施流程和标准、培训质量现场评估和后评估工作流程和标准等。

执笔：杨雅君

审稿：江炳钰

CHINA 中国建设银行年鉴 2008
CONSTRUCTION BANK ALMANAC

第五部分　规章制度目录

董事会办公室

关于印发《中国建设银行股份有限公司董事会审计委员会非审计服务审查办法》的通知
建总发［2007］67 号

行长办公室

关于印发《中国建设银行信用卡档案管理规定》的通知 建总发［2007］119 号
关于印发《中国建设银行档案库房管理规定》的通知 建总发［2007］179 号
关于印发《中国建设银行档案库房建设规范》的通知 建总发［2007］197 号
关于印发《中国建设银行档案管理信息系统管理暂行办法》的通知 建总发［2007］203 号
关于印发《中国建设银行印章管理补充规定》的通知 建总发［2007］260 号

人力资源部

关于印发《中国建设银行一级分行领导人员 2007 年关键业绩指标（KPI）考核实施方案》的通知
建总发［2007］164 号

资产负债管理部

关于转发《同业拆借管理办法》的通知 建资债［2007］89 号
关于推行《全额资金计价细化方案（试行）》的通知 建总发［2007］255 号
关于转发《中国银行业监督管理委员会关于印发〈商业银行金融创新指引〉的通知》的通知
建总函［2007］8 号

计划财务部

关于《金融企业财务规则》实施后职工福利费支出核算和管理有关问题的通知 建计［2007］5 号
关于印发《中国建设银行等级行评定办法》的通知 建总发［2007］125 号
关于印发《中国建设银行股权投资减值准备管理办法》的通知 建总发［2007］253 号
关于印发《中国建设银行营业费用和资产分解指南》的通知 建总函［2007］156 号
关于 2006 年等级行评定结果的通知 建总函［2007］250 号
关于印发《中国建设银行所得税管理指引》的通知 建总计［2007］10 号
关于印发《中国建设银行印花税管理指引》的通知 建总计［2007］13 号

会计部

关于调整存贷款利息会计核算规定的通知 建会［2007］119 号
关于下发《核心业务系统柜面对公业务横向整合操作规程（试行）》的通知 建会［2007］197 号
关于对中国建设银行个人住房抵押贷款证券化会计核算补充规定的通知 建会［2007］247 号
关于调整内部资金转移定价收支会计核算规定的通知 建会［2007］32 号
关于转发《中国人民银行办公厅关于印发〈人民币银行结算账户管理系统银行机构代码信息管理规定〉的通知》的通知 建会［2007］61 号
关于转发《中国人民银行办公厅关于印发〈人民币银行结算账户管理系统业务处理办法〉的通知》的通知 建会［2007］78 号
关于印发《中国建设银行个人实物黄金买卖业务会计核算规定》的通知 建总发［2007］131 号
关于印发《中国建设银行出纳制度》和《中国建设银行金库特别检查办法》的通知
建总发［2007］181 号

关于印发《中国建设银行暂收、暂付款类账户管理办法》的通知　建总发［2007］202 号
关于印发《中国建设银行全国支票影像交换系统业务管理办法》、《中国建设银行全国支票影像交换系统业务操作规程》的通知　建总发［2007］213 号
关于印发《中国建设银行全国支票影像交换系统业务操作规程（试行）》的通知　建总发［2007］23 号
关于印发《中国建设银行代客理财产品会计核算规定》的通知　建总发［2007］246 号
关于印发《支付密码及人民币对公通存通兑业务有关管理办法》的通知　建总发［2007］24 号
关于印发《中国建设银行 ERPF 系统总账模块运行维护管理暂行办法》的通知　建总发［2007］263 号
关于印发《中国建设银行经费共享中心会计核算基本规定（试行）》的通知　建总发［2007］299 号
关于修订《中国建设银行对账管理办法》的通知　建总发［2007］85 号
转发《中国人民银行关于印发依托小额支付系统办理银行本票业务有关管理规定》的通知　建总函［2007］1157 号
关于转发《中国银监会办公厅关于加强银行金库业务风险管理的通知》的通知　建总函［2007］398 号
关于全行推广全国支票影像交换系统的通知　建总函［2007］399 号
关于转发《财政部关于贯彻实施企业会计准则和审计准则体系有关问题的通知》的通知　建总函［2007］53 号
关于转发《中国人民银行办公厅关于印发〈银行业金融机构联网核查公民身份信息业务处理规定（试行）〉和〈联网核查公民身份信息系统操作规程（试行）〉的通知》的通知　建总函［2007］552 号
关于转发《财政部　国家税务总局　中国人民银行关于印发〈财税库银税收收入电子缴库横向联网实施方案〉的通知》的通知　建总函［2007］614 号
关于转发《财政部　国家税务总局　中国人民银行关于印发〈财税库银税收收入电子缴库横向联网管理暂行办法〉的通知》的通知　建总函［2007］663 号

采购部

关于下发《2007 年全行性集中采购商品目录》的通知　建总函［2007］394 号

信息中心

关于转发《中国人民银行办公厅关于建立企业个人信用信息基础数据库运行监督制度的通知》的通知　建信息［2007］34 号
关于印发《中国建设银行客户信息管理办法（试行）》的通知　建总发［2007］45 号
关于印发《中国建设银行关键指标数据质量考核办法（暂行）》的通知　建总发［2007］99 号

风险管理部

关于印发《经济资本计量结果应用若干问题指导意见》的通知　建风管［2007］11 号
关于印发《中国建设银行 2007 年行业贷款风险限额管理实施方案》的通知　建总发［2007］167 号
关于印发《中国建设银行零售信贷政策》的通知　建总发［2007］196 号
关于印发《中国建设银行“e 贷通”信贷业务风险池管理办法（试行）》的通知　建总发［2007］252 号
关于印发《中国建设银行操作风险与内部控制自我评估工作管理办法（试行）》的通知　建总发［2007］262 号
关于印发《中国建设银行非信贷资产风险分类实施细则》的通知　建总发［2007］276 号
关于印发《主要生产系统应急处置指引》的通知　建总发［2007］284 号
关于印发《中国建设银行对公预警客户跟踪管理操作规程（试行）》的通知　建总发［2007］297 号

关于印发《中国建设银行股份有限公司行长授权管理办法》的通知 建总发［2007］56号
关于印发《中国建设银行股份有限公司操作风险管理政策》的通知 建总发［2007］62号
关于转发中国银监会《节能减排授信工作指导意见》的通知 建总函［2007］1143号
关于转发《中国银监会关于印发〈中国银行业实施新资本协议指导意见〉的通知》的通知 建总函［2007］234号
关于印发《中国建设银行2006年度一级分行风险管理评价方案》的通知 建总函［2007］323号
关于转发《中国银行业监督管理委员会关于印发〈商业银行操作风险管理指引〉的通知》的通知 建总函［2007］487号
关于调整“速贷通”业务转授权权限的通知 建总函［2007］492号

风险监控部

关于印发《中国建设银行运用营业监控录像资料进行业务检查管理规定》的通知 建总发［2007］230号
关于印发《授信业务风险监测系统应用与管理暂行办法》的通知 建总发［2007］282号
关于转发《中国银行业监督管理委员会关于继续深入贯彻国家宏观调控政策切实加强房地产贷款管理的通知》的通知 建总函［2007］161号
关于转发《中国银监会关于印发〈小企业贷款风险分类办法（试行）〉的通知》的通知 建总函［2007］904号

信贷审批部

关于印发《大中型客户授信审批五项基本原则补充规定》的通知 建总发［2007］250号

审计部

关于印发《世界500强企业在我行业务情况审计调查分析报告》的通知 建总函［2007］870号

公司业务部

关于印发《房地产开发贷款项目封闭管理指导意见》的通知 建公［2007］7号
关于印发《中国建设银行商用物业抵押贷款管理办法》的通知 建总发［2007］111号
关于印发《中国建设银行黄金质押信贷业务管理办法》及《中国建设银行黄金质押信贷业务操作规程》的通知 建总发［2007］117号
关于印发《中国建设银行股份有限公司工程造价咨询业务员工行为准则》的通知 建总发［2007］118号
关于印发《中国建设银行保证业务内部委托操作规程》的通知 建总发［2007］155号
关于印发《中国建设银行商业汇票免追索权贴现业务管理办法（试行）》的通知 建总发［2007］157号
关于印发《中国建设银行商业汇票转贴现业务操作规程》的通知 建总发［2007］187号
关于印发《中国建设银行对公信贷业务流程管理系统（CLPM）管理办法（暂行）》和《中国建设银行对公信贷业务流程管理系统（CLPM）操作规程（暂行）》的通知 建总发［2007］194号
关于印发《中国建设银行未入库黄金质押信贷业务管理办法（试行）》的通知 建总发［2007］236号
关于印发《限制性行业非准入类客户贸易融资业务准入标准》的通知 建总发［2007］256号
关于印发《中国建设银行仓单质押授信业务管理办法（试行）》的通知 建总发［2007］267号
关于印发《中国建设银行动产质押授信业务管理办法》的通知 建总发［2007］28号
关于印发《中国建设银行珠三角区域跨一级分行集团客户额度授信操作规程》等文件的通知 建总发［2007］42号

关于印发《中国建设银行商业汇票承兑业务操作规程》的通知 建总发［2007］46号
关于印发《中国建设银行小企业业务发展指导意见》的通知 建总发［2007］47号
关于印发《中国建设银行小企业客户认定办法》的通知 建总发［2007］58号
关于印发《关于加强商业汇票承兑业务管理 做好风险防控工作的指导意见》的通知 建总发［2007］88号
关于印发《中国建设银行法人账户透支业务管理办法（修订版）》的通知（本文发至全行） 建总发［2007］92号
关于印发《中国建设银行"速贷通"业务管理办法（试行）》的通知 建总发［2007］93号
关于转发《国家发展改革委关于高速公路建设有关问题的通知》的通知 建总函［2007］340号

集团客户部（营业部）

关于印发《中国建设银行内部银团贷款操作规程（修订版）》的通知 建总发［2007］242号

机构业务部

关于印发《中国建设银行事业法人客户信贷准入退出管理办法》的通知 建总发［2007］149号
关于印发《中国建设银行证券公司股票质押贷款业务操作规程（试行）》的通知 建总发［2007］175号
关于印发《中国建设银行回购型汽车金融零售信贷资产受让业务操作规程》的通知 建总发［2007］91号

国际业务部

关于印发《中国建设银行直接出口保理暂行管理办法》的通知 建总发［2007］173号
关于印发《中国建设银行国际贸易货押授信业务管理暂行办法》的通知 建总发［2007］2号
关于印发《中国建设银行出口信贷管理办法（试行）》的通知 建总发［2007］307号
关于《中国建设银行船舶出口保理业务管理办法（试行）》报备的函 建总函［2007］1079号
关于转发《国家外汇管理局关于调整银行即期结售汇业务市场准入和退出管理方式的通知》的通知 建总函［2007］401号

个人金融部

关于印发《中国建设银行个人实物黄金买卖业务管理暂行规定（修订版）》的通知 建总发［2007］104号
关于印发《中国建设银行自助渠道交易操作规程》的通知 建总发［2007］140号
关于印发《中国建设银行个人出国（境）留学保函业务管理办法（暂行）》等规章制度的通知 建总发［2007］174号
关于印发《中国建设银行龙卡虚拟卡章程》和《中国建设银行龙卡虚拟卡业务管理办法》的通知 建总发［2007］178号
关于印发《中国建设银行个人出入境金融服务中心管理办法》的通知 建总发［2007］191号
关于印发《中国建设银行理财产品综合支持系统业务管理办法（试行）》和《中国建设银行理财产品业务综合支持系统操作规程（试行）》的通知 建总发［2007］233号
关于印发《中国建设银行个人小额支付系统跨行通存通兑业务实施细则（试行）》的通知 建总发［2007］270号
关于印发结算通业务有关规章制度的通知 建总发［2007］316号
关于印发银行卡人民币存款跨一级分行通存通兑业务有关规章制度的通知 建总发［2007］34号

关于印发《中国建设银行个人综合产品服务系统操作规程（试行）》的通知　建总发［2007］44 号
关于印发《中国建设银行借记卡积分业务管理办法（试行）》的通知　建总发［2007］82 号
关于印发《加强个银业务柜面管理，严格控制操作风险的意见》的通知　建总发［2007］94 号
关于转发《国家外汇管理局关于印发〈个人外汇管理办法实施细则〉的通知》的通知　建总函［2007］43 号
关于转发《国家外汇管理局综合司关于规范银行个人结售汇业务操作的通知》的通知　建总函［2007］455 号
转发国务院关于修改《对储蓄存款利息所得征收个人所得税的实施办法》的决定等文件的通知　建总函［2007］766 号

高端客户部

关于印发《中国建设银行高端客户理财产品管理系统操作规程（试行）》的通知　建总发［2007］105 号
关于印发《关于推进财富管理中心建设的指导意见》的通知　建总发［2007］72 号

住房金融与个人信贷部

关于印发《〈中国建设银行个人住房最高额抵押贷款暂行办法〉补充规定》的通知　建房［2007］111 号
关于印发《中国建设银行“存贷通”个人贷款增值账户业务管理办法》的通知　建总发［2007］103 号
关于印发《中国建设银行个人住房抵押贷款证券化业务管理暂行办法》的通知　建总发［2007］317 号
关于印发《中国建设银行房易安交易资金存款账户业务操作规程（试行）》的通知　建总发［2007］90 号

信用卡中心

关于印发《中国建设银行龙卡信用卡信用额度调整业务管理规定》的通知　建总发［2007］254 号
关于印发《中国建设银行信用卡营销人员行为规范实施细则（试行）》的通知　建总发［2007］308 号
关于调整龙卡信用卡征信审核业务有关规定的通知　建总函［2007］148 号

资产保全部

关于印发《中国建设银行抵债资产减值准备管理办法》的通知　建总发［2007］51 号
关于印发《中国建设银行抵债资产管理实施细则》的通知　建总发［2007］52 号

信息技术管理部

关于印发《中国建设银行总行集中测试环境使用管理暂行规定》的通知　建技管［2007］12 号
关于印发《中国建设银行总行信息技术应用项目测试管理办法（试行）》的通知　建技管［2007］22 号
关于印发《中国建设银行信息技术（产品）分类目录》等技术标准的通知　建技管［2007］25 号
关于印发《中国建设银行软件开发安全需求规范》和《中国建设银行软件开发安全测试规范》的通知　建技管［2007］42 号
关于印发《中国建设银行应用架构规范汇编》和《中国建设银行应用架构规范管理流程》的通知　建技管［2007］57 号
关于印发《中国建设银行信息技术系统上线管理办法》的通知　建总发［2007］147 号
关于印发《中国建设银行总行信息技术项目管理实施细则（试行）》的通知　建总发［2007］153 号

关于印发《中国建设银行信息技术项目管理办法（试行）》的通知 建总发［2007］154 号
关于印发《中国建设银行生产数据使用安全管理规定》的通知 建总发［2007］162 号
关于印发《中国建设银行一级分行 IT 工作考评管理办法（试行）》的通知 建总发［2007］177 号
关于印发《中国建设银行金融科技进步奖励办法》的通知 建总发［2007］189 号
关于印发《中国建设银行一级分行 IT 集中管理指导意见》的通知 建总发［2007］368 号

营运管理部

关于印发《中国建设银行营运工作考评办法（试行）》的通知 建营运［2007］66 号
关于印发《重要客户服务系统异常账务处理办法》的通知 建总发［2007］165 号
关于印发《中国建设银行人民币资金清算系统业务管理办法》和《中国建设银行人民币资金清算系统业务操作规程》的通知 建总发［2007］199 号
关于印发《加强营运风险管理能力建设指导意见》的通知 建总发［2007］200 号
关于印发《中国建设银行重要客户服务系统业务操作规程》的通知 建总发［2007］206 号
关于印发《中国建设银行现金、贵金属、重要单证集中配送操作规程（暂行）》的通知 建总发［2007］241 号
关于印发《中国建设银行营运业务外包管理办法（试行）》的通知 建总发［2007］289 号
关于印发《中国建设银行外汇汇款业务操作规程》的通知 建总发［2007］49 号
关于印发《中国建设银行外汇汇划及清算业务后台集中处理方案》的通知 建总发［2007］70 号
关于印发《中国建设银行核心业务处理系统应用参数管理办法》和《中国建设银行核心业务处理系统业务应用参数管理实施细则》的通知 建总发［2007］84 号
关于印发《中国建设银行离行式自助设备集中维护管理操作规程（试行）》的通知 建总发［2007］87 号
关于印发《中国建设银行柜面业务监测系统管理办法（试行）》和《中国建设银行柜面业务监测系统操作规程（试行）》的通知 建总发［2007］89 号
转发中国人民银行关于印发《银行业金融机构加入、退出支付系统管理办法（试行）》的通知 建总函［2007］1046 号
关于印发《中国建设银行现金集中配送体系建设实施方案》的通知 建总函［2007］155 号
关于转发《中国人民银行办公厅关于印发〈支付管理信息系统数字证书管理办法〉（试行）的通知》的通知 建总函［2007］314 号
关于转发中国人民银行《支付管理信息系统管理办法（试行）》等文件的通知 建总函［2007］382 号
关于转发中国人民银行小额支付系统通存通兑业务制度办法和工程实施计划的通知 建总函［2007］657 号

电子银行部

关于修订《中国建设银行电子银行纠纷和解管理暂行规定》的通知 建总发［2007］192 号

质量效率管理部

关于下发《中国建设银行质量效率管理专家（绿带）资质认证暂行规则》的通知 建质［2007］1 号
关于印发《中国建设银行流程优化项目选择及立项管理规程》的通知 建总发［2007］161 号
关于印发《中国建设银行流程优化项目实施管理规程》的通知 建总发［2007］238 号
关于印发《中国建设银行流程管理规划》的通知 建总发［2007］259 号
关于印发《中国建设银行业务流程标准化建设操作规程》的通知 建总发［2007］269 号

关于印发《中国建设银行业务流程标准化建设操作手册》的通知 建总发［2007］300号
关于印发《中国建设银行内部流程用户之声操作规程》的通知 建总发［2007］302号
关于印发《中国建设银行业务流程操作手册管理暂行规程》的通知 建总发［2007］305号

合规部

关于转发《中国人民银行关于印发〈中国人民银行反洗钱调查实施细则（试行）〉的通知》的通知 建合［2007］18号
关于转发中国人民银行《关于印发〈反洗钱现场检查管理办法（试行）〉的通知》的通知 建合［2007］20号
关于印发《中国建设银行反洗钱黑名单检索系统管理规程（试行）》的通知 建总发［2007］112号
关于印发《中国建设银行小企业授信业务尽职免责办法（试行）》的通知 建总发［2007］122号
关于印发《中国建设银行内外部审计和监管检查发现问题整改工作规程（试行）》的通知 建总发［2007］166号
关于印发《中国建设银行反洗钱可疑交易监测系统管理办法（试行）》的通知 建总发［2007］264号
关于印发《中国建设银行股份有限公司关联方信息收集与确认管理规程（试行）》的通知 建总发［2007］43号
转发中国人民银行关于《金融机构客户身份识别和客户身份资料及交易记录保存管理办法》相关问题的批复的通知 建总函［2007］1035号
关于转发《中国人民银行关于印发〈银行业大额交易和可疑交易报告要素释义〉和〈银行业大额交易和可疑交易报告数据报送接口规范（试行）〉的通知》的通知 建总函［2007］219号
关于转发《金融机构客户身份识别和客户身份资料及交易记录保存管理办法》的通知 建总函［2007］618号
关于转发中国人民银行《反洗钱非现场监管办法（试行）》的通知 建总函［2007］774号
关于转发中国人民银行《银行业反洗钱数据报送检查校验规则（试行）》的通知 建总函［2007］775号

法律事务部

关于印发《中国建设银行规章制定办法》的通知 建总发［2007］25号
关于印发《中国建设银行股份有限公司法律纠纷管理办法》的通知 建总发［2007］281号

纪检监察部

关于印发《中国建设银行领导人员廉洁合规从业八项要求》的通知 建党发［2007］6号
关于认真学习贯彻《中共中央纪委关于严格禁止利用职务上的便利谋取不正当利益的若干规定》的通知 建党发［2007］7号
关于下发《中国建设银行纪检监察部门审理违规问题操作规程（试行）》的通知 建监［2007］10号
关于印发《中国建设银行案件防控及整改方案》的通知 建总发［2007］134号
关于印发《中国建设银行员工职业操守》的通知 建总发［2007］225号
关于转发《中国银监会办公厅关于防范银行业金融机构内部员工挪用资金购买彩票案件的通知》的通知 建总函［2007］239号
关于转发《中国银行业监督管理委员会办公厅关于建设银行山东德州平原支行刁娜挪用盗取银行资金案件情况的通报》的通知 建总函［2007］41号

安全保卫部

关于印发《中国建设银行公务车辆安全管理暂行规定》的通知 建总发［2007］285 号

关于印发《中国建设银行营业办公场所保安值勤操作规程》的通知 建总发［2007］291 号

关于印发《中国建设银行自然灾害应急处置预案》的通知 建总发［2007］319 号

公共关系与企业文化部

关于印发《中国建设银行财富管理中心视觉形象建设指引》的通知 建公关［2007］21 号

关于印发《中国建设银行股份有限公司文化要素及表述语（试行）》和《中国建设银行股份有限公司员工行为规范（试行）》的通知 建总发［2007］171 号

工会

关于下发《柜面业务竞赛实施方案》的通知 建总发［2007］60 号

关于印发《中国建设银行股份有限公司先进典型评选表彰管理（试行）办法》的通知 建总发［2007］9 号

战略协助项目办公室

关于印发《中国建设银行战略投资者经验分享项目管理办法》的通知 建总发［2007］109 号

关于印发《中国建设银行战略协助项目管理办法》的通知 建总发［2007］40 号

CHINA 中国建设银行年鉴 2008
CONSTRUCTION BANK ALMANAC

第六部分　综合统计

中国建设银行股份有限公司合并资产负债表

（单位：人民币百万元）

	2007年12月31日	
	2007年	2006年
资产		
现金及存放中央银行款项	843 724	539 673
存放同业款项	24 108	18 146
贵金属	1 013	537
拆出资金	64 690	30 761
交易性金融资产	29 819	5 616
衍生金融资产	14 632	14 514
买入返售金融资产	137 245	33 371
应收利息	33 900	21 292
发放贷款和垫款	3 183 229	2 795 883
可供出售金融资产	429 455	318 463
持有至到期投资	1 191 035	1 038 713
应收款项债券投资	551 336	546 357
长期股权投资	1 264	346
固定资产	56 421	51 591
无形资产	18 784	19 195
商誉	1 624	1 743
递延所得税资产	35	2 701
其他资产	15 863	9 609
资产总计	6 598 177	5 448 511
负债		
向中央银行借款	6	21
同业及其他金融机构存放款项	516 563	214 515
拆入资金	30 924	25 548
衍生金融负债	7 952	2 715
卖出回购金融资产款	109 541	5 140
吸收存款	5 340 316	4 721 256
发行存款证	9 284	6 957
应付职工薪酬	22 747	16 262
应交税费	33 514	22 071
应付利息	38 902	34 305
预计负债	1 656	1 637
应付债券	39 928	39 917
递延所得税负债	771	25
其他负债	23 792	27 938
负债合计	6 175 896	5 118 307
股东权益		
股本	233 689	224 689
资本公积	106 649	40 865
盈余公积	17 845	11 133
一般风险准备	31 548	10 343
未分配利润	32 164	43 092
外币报表折算差额	-918	-13
归属于本行股东权益合计	420 977	330 109
少数股东权益	1 304	95
股东权益合计	422 281	330 204
负债和股东权益总计	6 598 177	5 448 511

注：本表数据来源于中国建设银行2007年年报。本表是按中国会计准则编制，分项与年报不完全一致。

中国建设银行股份有限公司资产负债表

（单位：人民币百万元）

	2007年12月31日	
	2007年	2006年
资产		
现金及存放中央银行款项	843 456	539 556
存放同业款项	23 807	17 991
贵金属	1 013	537
拆出资金	75 931	25 507
交易性金融资产	23 528	3 454
衍生金融资产	14 296	14 286
买入返售金融资产	137 245	33 371
应收利息	33 903	21 148
发放贷款和垫款	3 152 116	2 767 432
可供出售金融资产	428 080	316 932
持有至到期投资	1 190 425	1 038 275
应收款项债券投资	551 336	546 357
长期股权投资	4 158	800
固定资产	56 236	51 438
无形资产	18 707	19 191
递延所得税资产	33	2 682
其他资产	27 569	18 946
资产总计	6 581 839	5 417 903
负债		
向中央银行借款	6	21
同业及其他金融机构存放款项	521 317	214 636
拆入资金	46 265	25 906
衍生金融负债	7 609	2 522
卖出回购金融资产款	109 541	5 140
吸收存款	5 309 245	4 692 895
发行存款证	8 347	5 957
应付职工薪酬	22 507	16 119
应交税费	33 357	21 988
应付利息	38 870	34 200
预计负债	1 656	1 637
应付债券	39 928	39 917
递延所得税负债	602	25
其他负债	23 072	27 229
负债合计	6 162 322	5 088 192
股东权益		
股本	233 689	224 689
资本公积	106 629	40 843
盈余公积	17 845	11 133
一般风险准备	31 200	10 341
未分配利润	30 190	42 708
外币报表折算差额	－36	－3
股东权益合计	419 517	329 711
负债和股东权益总计	6 581 839	5 417 903

注：数据来源于中国建设银行2007年年报。本表是按中国会计准则编制，分项与年报不完全一致。

中国建设银行股份有限公司合并利润表

（单位：人民币百万元）

项目	2007年12月31日	
	2007年	2006年
一、营业收入	219 459	150 212
利息净收入	192 775	140 368
利息收入	284 823	215 189
利息支出	-92 048	-74 821
手续费及佣金净收入	31 313	13 571
手续费及佣金收入	32 731	14 627
手续费及佣金支出	-1 418	-1 056
投资收益	2 200	1 706
其中：对联营企业的投资收益	21	—
公允价值变动收益	659	349
汇兑损益	-7 820	-6 068
其他业务收入	332	286
二、营业支出	-118 924	-85 408
营业税金及附加	-12 337	-8 977
业务及管理费	-78 825	-57 076
资产减值损失	-27 595	-19 214
其他业务成本	-167	-141
三、营业利润	100 535	64 804
加：营业外收入	1 432	1 382
减：营业外支出	-1 151	-469
四、利润总额	100 816	65 717
减：所得税费用	-31 674	-19 398
五、净利润	69 142	46 319
归属于		
本行股东	69 053	46 322
少数股东	89	-3
六、基本和稀释每股收益（人民币元）	0.30	0.21

注：本表数据来源于中国建设银行2007年年报。本表是按中国会计准则编制，分项与年报不完全一致。

中国建设银行股份有限公司利润表

（单位：人民币百万元）

项目	2007年12月31日	
	2007 年	2006 年
一、营业收入	215 829	149 704
利息净收入	191 819	140 285
利息收入	282 909	215 044
利息支出	-91 090	-74 759
手续费及佣金净收入	30 428	13 413
手续费及佣金收入	31 734	14 473
手续费及佣金支出	-1 306	-1 060
投资收益	1 769	1 695
公允价值变动收益	108	98
汇兑损益	-8 625	-6 070
其他业务收入	330	283
二、营业支出	-117 862	-85 158
营业税金及附加	-12 301	-8 972
业务及管理费	-77 739	-56 834
资产减值损失	-27 655	-19 211
其他业务成本	-167	-141
三、营业利润	97 967	64 546
加：营业外收入	1 446	1 389
减：营业外支出	-1 149	-469
四、利润总额	98 264	65 466
减：所得税费用	-31 147	-19 354
五、净利润	67 117	46 112

注：本表数据来源于中国建设银行2007年年报。本表是按中国会计准则编制，分项与年报不完全一致。

中国建设银行股份有限公司合并现金流量表

（单位：人民币百万元）

项目	2007 年 12 月 31 日	
	2007 年	2006 年
一、经营活动产生的现金流量		
客户存款和同业存放款项净增加额	938 477	777 621
向其他金融机构拆入资金净增加额	7 213	7 935
收取利息、手续费及佣金的现金	302 712	225 187
收到其他与经营活动有关的现金	118 218	65 936
经营活动现金流入小计	1 366 620	1 076 679
客户贷款和垫款净增加额	-418 314	-393 416
存放中央银行和同业款项净增加额	-331 585	-115 617
向中央银行借款净减少额	-15	—
支付利息、手续费及佣金的现金	-86 852	-65 908
支付给职工以及为职工支付的现金	-43 608	-31 235
支付的各项税费	-35 853	-17 611
支付其他与经营活动有关的现金	-156 079	-40 133
经营活动现金流出小计	-1 072 306	-663 920
经营活动产生的现金流量净额	294 314	412 759
二、投资活动产生的现金流量		
收回投资收到的现金	857 744	663 118
取得投资收益收到的现金	343	430
取得子公司及其他营业单位收到的现金净额	1 120	—
处置固定资产、无形资产和其他长期资产收回的现金净额	588	796
投资活动现金流入小计	859 795	664 344
投资支付的现金	-1 128 576	-1 166 100
取得子公司及其他营业单位支付的现金净额	-1 001	-3 905
构建固定资产、无形资产和其他长期资产支付的现金	-12 925	-10 018
投资活动现金流出小计	-1 142 502	-1 180 023
投资活动产生的现金流量净额	-282 707	-515 679
三、筹资活动产生的现金流量		
吸收投资收到的现金	57 119	—
筹资活动现金流入小计	57 119	—
分配股利、利润或偿付利息支付的现金	-53 979	-8 510
筹资活动现金流出小计	-53 979	-8 510
筹资活动产生的现金流量净额	3 140	-8 510
四、汇率变动对现金及现金等价物的影响	-1 728	-1 838
五、现金及现金等价物净增加额（减少额）	13 019	-113 268
加：年初现金及现金等价物余额	167 489	280 757
六、年末现金及现金等价物余额	180 508	167 489

中国建设银行存、贷款主要指标统计表（人民币）

2007 年 12 月　　　　（单位：亿元）

项　　目	本期余额	比年初新增		新增比 2006 年同期（±）
		2007 年	2006 年	
全口径存款	**56 258.04**	**9 282.84**	**7 540.69**	**1 742.15**
一、一般性存款	51 144.59	6 142.66	6 753.55	-610.89
1. 对公存款	28 283.60	4 857.69	3 635.54	1 222.15
活期存款	20 469.57	3 335.77	2 974.57	361.20
定期存款	7 814.03	1 521.92	660.97	860.95
2. 个人存款	22 860.99	1 284.97	3 118.01	-1 833.04
活期存款	9 775.90	1 589.87	1 203.78	386.09
定期存款	13 085.09	-304.90	1 914.23	-2 219.13
二、同业存款	5 113.45	3 140.18	787.14	2 353.04
各项贷款	**30 745.11**	**3 496.55**	**3 825.18**	**-328.63**
一、对公贷款	23 518.96	2 109.34	2 509.52	-400.18
其中：贴现贷款	1 043.43	-558.55	-349.20	-209.35
二、个人类贷款	7 226.15	1 387.21	1 315.66	71.55
其中：个人住房贷款	6 113.50	1 277.50	975.17	302.33

注：1. 个人类贷款包括个人住房贷款、个人消费类贷款和信用卡透支；

2. 个人住房贷款中包括个人商业用房贷款。

中国建设银行存、贷款主要指标统计表（外币）

2007 年 12 月　　　　（单位：亿美元）

项　　目	本期余额	比年初新增		新增比 2006 年同期（±）
		2007 年	2006 年	
全口径存款	**138.40**	**-44.90**	**30.30**	**-75.20**
一、一般性存款	128.87	-34.20	18.72	-52.92
1. 对公存款	89.49	-12.86	20.58	-33.44
活期存款	64.71	13.19	17.70	-4.51
定期存款	24.78	-26.05	2.88	-28.93
2. 个人存款	39.38	-21.34	-1.86	-19.48
活期存款	15.04	-14.73	18.13	-32.86
定期存款	24.34	-6.61	-19.99	13.38
二、同业存款	9.53	-10.70	11.58	-22.28
各项贷款	**134.76**	**32.91**	**-2.05**	**34.96**
一、短期贷款	33.51	10.34	-8.31	18.65
二、中长期贷款	62.44	11.82	6.39	5.43
三、进出口贸易融资	17.20	10.76	0.61	10.15
四、境外筹资转贷款	21.23	0.38	-0.93	1.31
五、各项垫款	0.38	-0.39	0.19	-0.58

中国建设银行个人贷款主要指标统计表（本外币）

2007 年 12 月　　（单位：亿元）

项　目	本期余额	比年初新增		新增比 2006 年同期（±）
		2007 年	2006 年	
个人贷款合计	**7 237.62**	**1 387.26**	**1 312.13**	**75.13**
1. 个人消费贷款	649.06	-49.99	121.06	-171.05
2. 个人助学贷款	14.18	-0.45	1.19	-1.64
3. 个人住房贷款	5 532.35	1 198.09	852.06	346.03
4. 个人商业用房贷款	582.21	78.96	124.19	-45.23
5. 个人买方信贷	8.26	-0.63	-5.17	4.54
6. 个人质押贷款	16.67	-10.49	3.65	-14.14
7. 个人其他贷款	0.47	-0.18	-0.42	0.24
8. 下岗失业人员小额担保贷款	0.19	-0.10	-0.11	0.01
9. 个人助业贷款	332.31	118.21	193.62	-75.41
10. 个人信用卡透支	101.92	53.84	22.06	31.78

中国建设银行各分行存款主要指标统计表（本外币）

2007 年 12 月　　（单位：亿元）

地区	各项存款		其中：对公存款		其中：储蓄存款	
	本期余额	比年初新增	本期余额	比年初新增	本期余额	比年初新增
全国总计	**52 085.86**	**5 811.10**	**28 937.21**	**4 712.43**	**23 148.65**	**1 098.67**
总行本级	918.91	201.02	702.06	47.68	216.85	153.35
长三角	10 886.65	1 243.62	6 570.84	1 092.99	4 315.81	150.63
上海	3 630.93	241.48	2 398.64	254.90	1 232.29	-13.42
江苏	2 852.26	367.59	1 477.01	299.79	1 375.25	67.80
苏州	1 037.74	257.74	676.79	210.77	360.95	46.98
浙江	2 813.86	327.23	1 673.38	283.17	1 140.48	44.05
宁波	551.86	49.58	345.02	44.36	206.84	5.22
珠三角	8 181.71	841.41	4 179.73	775.81	4 001.96	65.59
福建	1 434.24	138.22	596.17	92.42	838.06	45.79
厦门	569.13	110.77	317.91	74.22	251.22	36.55
广东	4 562.24	425.72	2 151.18	424.76	2 411.05	0.96
深圳	1 616.10	166.70	1 114.47	184.41	501.63	-17.71
环渤海	14 251.43	1 611.43	8 276.42	1 222.01	5 975.01	389.44
北京	4 784.78	586.35	3 486.94	568.61	1 297.85	17.74
天津	818.48	147.13	502.40	109.82	316.08	37.31
河北	2 171.43	212.34	962.65	122.00	1 208.78	90.34
山西	1 059.35	100.48	510.09	33.16	549.26	67.33

续表

地区	各项存款		其中：对公存款		其中：储蓄存款	
	本期余额	比年初新增	本期余额	比年初新增	本期余额	比年初新增
内蒙古	636.60	59.11	340.06	32.84	296.54	26.27
辽宁	1 571.71	139.72	723.18	91.85	848.53	47.87
大连	568.58	83.54	316.31	76.41	252.27	7.14
山东	2 237.60	251.33	1 216.91	161.28	1 020.68	90.05
青岛	402.90	31.43	217.88	26.04	185.02	5.39
中部	7 978.18	929.94	3 842.48	647.32	4 135.71	282.64
安徽	1 076.19	124.73	530.98	87.53	545.22	37.20
江西	776.60	87.17	421.82	68.35	354.78	18.82
河南	1 500.58	131.48	615.93	74.32	884.65	57.17
湖北	1 583.94	187.99	721.08	138.43	862.86	49.56
三峡	158.80	10.18	76.29	9.56	82.51	0.63
湖南	1 694.41	248.75	797.41	143.30	897.00	105.45
广西	870.23	81.16	464.82	75.49	405.41	5.67
海南	317.43	58.48	214.15	50.34	103.28	8.14
西部	8 031.39	893.62	4 528.49	848.58	3 502.90	45.04
重庆	836.73	95.92	441.04	81.83	395.69	14.09
四川	2 279.91	250.59	1 187.27	247.36	1 092.64	3.22
贵州	619.58	65.84	373.67	59.14	245.91	6.70
云南	1 078.95	115.85	648.38	102.59	430.57	13.26
西藏	173.10	29.29	139.77	22.67	33.33	6.63
陕西	1 126.32	94.91	607.27	99.87	519.05	-4.96
甘肃	665.07	93.96	367.29	90.43	297.78	3.53
青海	303.34	62.16	195.60	52.56	107.74	9.60
宁夏	231.35	16.46	135.38	8.40	95.97	8.06
新疆	717.04	68.64	432.82	83.73	284.22	-15.09
东北	1 837.62	90.03	837.20	78.03	1 000.41	12.00
吉林	690.44	39.84	286.65	41.44	403.79	-1.60
黑龙江	1 147.18	50.19	550.55	36.59	596.62	13.60

中国建设银行各分行贷款主要指标统计表（本外币）

2007 年 12 月　　（单位：亿元）

地区	各项贷款		其中：对公贷款		其中：个人贷款	
	本期余额	比年初新增	本期余额	比年初新增	本期余额	比年初新增
全国总计	**31 729.39**	**3 685.89**	**24 601.95**	**2 351.85**	**7 127.44**	**1 334.04**
总行本级	295.98	16.45	295.98	16.45	0.00	0.00
长三角	8 163.69	1 015.76	6 074.54	606.53	2 089.15	409.23
上海	2 126.64	153.74	1 666.50	120.57	460.14	33.17
江苏	2 045.77	287.90	1 615.23	178.81	430.54	109.09

续表

地区	各项贷款		其中：对公贷款		其中：个人贷款	
	本期余额	比年初新增	本期余额	比年初新增	本期余额	比年初新增
苏州	809.25	148.27	570.00	73.43	239.25	74.84
浙江	2 599.76	344.07	1 775.04	180.72	824.72	163.35
宁波	582.27	81.78	447.77	53.00	134.50	28.78
珠三角	4 735.51	738.78	3 251.68	406.57	1 483.83	332.21
福建	1 152.62	196.85	760.00	93.38	392.62	103.47
厦门	462.21	97.50	305.52	54.75	156.69	42.75
广东	1 906.40	237.49	1 404.37	130.18	502.03	107.31
深圳	1 214.28	206.94	781.79	128.26	432.49	78.68
环渤海	8 362.59	774.37	6 857.90	617.97	1 504.69	156.40
北京	2 166.29	151.63	1 718.49	146.58	447.80	5.05
天津	800.21	117.50	710.53	101.56	89.68	15.94
河北	1 089.23	98.09	920.66	71.37	168.57	26.72
山西	551.99	35.42	518.04	38.73	33.95	-3.31
内蒙古	621.50	70.74	584.57	57.38	36.93	13.36
辽宁	776.79	83.17	595.08	63.93	181.71	19.24
大连	378.27	51.95	294.70	33.65	83.57	18.30
山东	1 587.65	125.92	1 248.07	73.97	339.58	51.95
青岛	390.66	39.95	267.76	30.80	122.90	9.15
中部	4 646.24	520.83	3 635.90	265.45	1 010.34	255.38
安徽	601.15	78.86	444.29	43.62	156.86	35.24
江西	527.97	37.12	395.58	9.25	132.39	27.87
河南	830.81	96.31	695.37	69.28	135.44	27.03
湖北	823.31	86.10	646.34	38.52	176.97	47.58
三峡	158.67	26.39	131.33	15.88	27.34	10.51
湖南	1 042.88	118.89	847.39	46.11	195.49	72.78
广西	546.45	67.27	394.37	37.56	152.08	29.71
海南	115.00	9.89	81.23	5.23	33.77	4.66
西部	4 688.03	541.57	3 792.96	384.86	895.07	156.71
重庆	651.93	97.05	483.67	56.75	168.26	40.30
四川	1 194.99	118.71	927.08	72.54	267.91	46.17
贵州	447.91	58.08	364.32	47.37	83.59	10.71
云南	720.78	77.11	550.07	55.21	170.71	21.90
西藏	76.60	7.45	64.01	5.90	12.59	1.55
陕西	562.17	62.41	466.11	38.20	96.06	24.21
甘肃	334.96	39.80	312.95	38.12	22.01	1.68
青海	148.36	20.55	139.66	19.03	8.70	1.52
宁夏	197.62	34.75	179.74	31.54	17.88	3.21
新疆	352.71	25.66	305.35	20.20	47.36	5.46
东北	837.35	78.12	693.02	54.01	144.33	24.11
吉林	397.23	49.44	340.13	30.93	57.10	18.51
黑龙江	440.12	28.68	352.89	23.08	87.23	5.60

注：个人贷款中不含个人买方信贷、个人信用卡透支。

中国建设银行各分行国际结算业务量情况统计表

2007 年 12 月

地区	进口业务		出口业务		进出口业务		收入
	笔数（笔）	金额（万美元）	笔数（笔）	金额（万美元）	笔数（笔）	金额（万美元）	（人民币万元）
全国总计	**510 201**	**12 899 881**	**1 495 233**	**15 639 590**	**2 005 434**	**28 539 471**	**86 740**
总行本级	778	502 977	3 601	145 569	4 379	648 546	0
长三角	240 764	4 665 827	658 447	6 218 098	899 211	10 883 925	29 866
上海	103 696	2 026 472	193 526	1 770 659	297 222	3 797 131	8 681
江苏	32 721	700 488	91 647	1 318 503	124 368	2 018 991	5 357
苏州	68 133	1 061 620	61 208	1 515 234	129 341	2 576 854	2 650
浙江	28 143	525 308	259 649	1 281 854	287 792	1 807 162	9 328
宁波	8 071	351 939	52 417	331 848	60 488	683 787	3 850
珠三角	105 062	2 986 030	454 050	4 574 867	559 112	7 560 898	20 019
福建	10 331	326 061	100 343	653 245	110 674	979 306	3 048
厦门	18 073	251 658	78 794	548 866	96 867	800 524	2 925
广东	45 492	1 332 579	174 398	1 970 140	219 890	3 302 719	4 669
深圳	31 166	1 075 732	100 515	1 402 616	131 681	2 478 348	9 377
环渤海	109 638	3 127 525	248 714	2 782 075	358 352	5 909 600	22 489
北京	37 989	1 194 096	51 906	566 861	89 895	1 760 957	3 183
天津	13 094	395 933	8 947	152 869	22 041	548 802	946
河北	5 927	201 191	27 631	271 817	33 558	473 007	2 696
山西	865	98 457	3 280	56 559	4 145	155 015	682
内蒙古	2 649	86 805	3 330	97 385	5 979	184 190	1 392
辽宁	8 828	149 247	21 074	246 254	29 902	395 501	1 246
大连	8 484	195 316	25 119	286 730	33 603	482 046	1 345
山东	21 903	619 481	81 931	841 557	103 834	1 461 038	7 359
青岛	9 899	186 999	25 496	262 044	35 395	449 043	3 639
中部	26 780	733 322	69 950	982 917	96 730	1 716 239	6 448
安徽	2 018	131 484	9 373	117 488	11 391	248 972	837
江西	2 327	121 805	7 835	151 341	10 162	273 146	1 116
河南	4 701	109 947	21 458	223 041	26 159	332 988	1 306
湖北	3 676	116 076	8 254	155 438	11 930	271 514	556
三峡	762	13 371	2 068	21 239	2 830	34 610	141
湖南	4 306	79 785	9 634	144 781	13 940	224 566	1 240
广西	7 535	123 525	9 608	123 911	17 143	247 436	1 063
海南	1 455	37 329	1 720	45 679	3 175	83 008	190
西部	19 841	586 721	41 155	730 592	60 996	1 317 314	6 366
重庆	3 346	131 172	5 222	80 614	8 568	211 786	540
四川	8 193	128 869	8 911	195 570	17 104	324 439	1 597
贵州	638	31 829	1 339	24 774	1 977	56 603	945
云南	1 456	56 652	5 688	83 357	7 144	140 009	894
西藏	0	0	71	1 532	71	1 532	0
陕西	3 059	64 917	5 873	128 663	8 932	193 580	526
甘肃	697	103 422	931	28 034	1 628	131 456	702
青海	255	11 831	390	18 999	645	30 830	165
宁夏	139	3 841	2 503	24 751	2 642	28 592	78
新疆	2 058	54 189	10 227	144 299	12 285	198 488	918
东北	7 338	297 478	19 316	205 471	26 654	502 950	1 552
吉林	3 363	215 966	9 654	59 461	13 017	275 427	619
黑龙江	3 975	81 513	9 662	146 010	13 637	227 523	932

中国建设银行各分行中间业务收入情况统计表（本外币、境内）

2007 年 12 月　　单位：万元，%

地区	中间业务毛收入	其中：手续费及佣金毛收入	手续费及佣金支出	中间业务净收入	其中：手续费及佣金净收入	同比增速（毛收入）
全国总计	**3 202 179.11**	**3 162 998.19**	**128 077.34**	**3 074 101.78**	**3 034 920.85**	**119.48**
总行本级	136 427.64	136 427.64	11 727.16	124 700.48	124 700.48	132.73
长三角	646 103.07	632 776.69	25 952.63	620 150.44	606 824.06	102.27
上海	213 474.74	208 558.94	8 458.26	205 016.48	200 100.68	82.46
江苏	174 074.91	171 231.96	5 400.70	168 674.21	165 831.25	135.55
苏州	48 050.29	45 665.03	3 182.93	44 867.36	42 482.10	87.41
浙江	176 063.49	173 202.99	7 531.45	168 532.05	165 671.54	109.36
宁波	34 439.63	34 117.78	1 379.30	33 060.34	32 738.48	83.22
珠三角	562 779.93	551 432.51	29 200.77	533 579.16	522 231.74	104.30
福建	105 136.23	103 323.50	3 334.99	101 801.24	99 988.51	90.09
厦门	43 103.85	39 916.08	1 954.47	41 149.37	37 961.60	100.13
广东	311 143.90	307 575.58	14 757.23	296 386.67	292 818.35	111.26
深圳	103 395.96	100 617.35	9 154.08	94 241.88	91 463.28	101.43
环渤海	756 020.47	747 580.65	26 666.05	729 354.41	720 914.60	119.76
北京	177 013.44	175 416.79	9 493.19	167 520.25	165 923.60	82.20
天津	41 251.98	41 039.99	2 078.94	39 173.04	38 961.05	96.75
河北	151 683.54	152 733.93	3 450.21	148 233.33	149 283.72	185.80
山西	52 113.45	52 004.72	1 055.58	51 057.87	50 949.14	145.66
内蒙古	27 262.09	27 193.57	794.73	26 467.36	26 398.84	128.89
辽宁	90 728.89	89 441.01	2 641.41	88 087.48	86 799.60	143.90
大连	40 608.07	38 351.97	1 390.00	39 218.08	36 961.98	150.62
山东	138 902.18	135 122.99	4 747.01	134 155.17	130 375.98	104.97
青岛	36 456.83	36 275.68	1 014.99	35 441.84	35 260.70	96.77
中部	498 789.73	495 870.98	15 662.82	483 126.91	480 208.16	116.41
安徽	48 374.03	48 243.67	1 363.10	47 010.93	46 880.56	95.81
江西	52 316.22	51 186.50	1 388.16	50 928.07	49 798.34	117.36
河南	151 702.48	151 338.34	2 080.26	149 622.22	149 258.08	183.02
湖北	90 113.51	88 799.84	2 638.70	87 474.80	86 161.13	125.82
三峡	10 370.71	10 517.42	443.45	9 927.25	10 073.97	65.89
湖南	88 114.30	88 046.70	5 293.11	82 821.20	82 753.60	62.70
广西	45 669.95	45 615.09	1 512.92	44 157.03	44 102.17	103.00
海南	12 128.53	12 123.43	943.12	11 185.41	11 180.30	129.15
西部	478 238.83	475 572.08	16 089.84	462 148.98	459 482.24	157.47
重庆	47 246.95	46 992.25	1 787.82	45 459.13	45 204.43	119.66
四川	116 251.90	115 579.99	3 620.97	112 630.93	111 959.02	129.37
贵州	33 342.58	33 307.01	1 328.13	32 014.45	31 978.89	91.72
云南	73 926.78	73 774.82	2 208.96	71 717.82	71 565.86	204.73
西藏	2 232.36	2 233.69	180.88	2 051.48	2 052.81	53.62
陕西	72 211.78	71 730.95	2 964.07	69 247.71	68 766.88	180.54
甘肃	45 672.32	45 249.58	1 234.60	44 437.72	44 014.97	281.91
青海	13 272.33	13 210.82	558.86	12 713.47	12 651.97	168.99
宁夏	11 619.08	11 617.41	305.86	11 313.22	11 311.55	122.29
新疆	62 462.74	61 875.56	1 899.70	60 563.04	59 975.86	176.51
东北	123 819.45	123 337.63	2 778.05	121 041.40	120 559.58	173.68
吉林	49 628.83	49 271.65	1 115.80	48 513.04	48 155.85	134.14
黑龙江	74 190.61	74 065.98	1 662.25	72 528.36	72 403.72	208.54

中国建设银行各分行借记卡主要指标统计表

2007 年 12 月

地区	发卡总量（万张）	存款余额		交易总额		特约商户（家）	购物消费额（万元）
		余额（万元）	卡均（元）	余额（万元）	卡均（元）		
总计	**22 381**	**61 894 399.08**	**2 765.48**	**919 590 196.69**	**41 087.85**	**140 107**	**40 741 608.73**
长三角	3 970	10 884 858.67	2 741.80	193 499 970.57	48 740.86	42 777	8 070 566.73
上海	812	3 522 266.11	4 337.56	46 126 561.46	56 803.47	8 914	3 228 342.95
江苏	1 116	2 026 107.18	1 814.97	28 617 773.54	25 635.62	5 958	1 674 294.22
苏州	442	1 255 623.85	2 837.76	12 939 917.02	29 244.77	455	472 672.62
浙江	1 365	3 590 757.36	2 630.18	95 020 647.04	69 601.29	20 218	2 324 211.14
宁波	234	490 104.17	2 095.14	10 795 071.51	46 147.63	7 232	371 045.80
珠三角	4 205	13 637 519.44	3 243.08	179 457 459.07	42 676.03	34 882	7 721 570.34
福建	1 215	3 999 489.14	3 290.98	80 831 225.86	66 512.07	2 638	2 135 243.10
厦门	278	1 683 318.80	6 057.02	28 767 894.91	103 514.44	0	870 347.43
广东	2 105	5 765 485.25	2 739.06	42 622 892.31	20 249.25	13 429	3 441 010.39
深圳	607	2 189 226.25	3 606.63	27 235 445.99	44 868.89	18 815	1 274 969.42
环渤海	5 092	13 039 290.32	2 560.58	213 452 367.09	41 916.61	23 129	9 361 545.68
北京	942	3 677 783.65	3 903.94	54 280 456.17	57 618.36	8 811	2 750 178.27
天津	447	567 216.89	1 268.47	11 345 289.93	25 371.50	222	710 687.45
河北	1 067	2 921 395.39	2 737.83	54 164 650.76	50 761.31	4 257	1 871 079.19
山西	354	1 025 902.49	2 895.95	10 976 942.48	30 986.06	523	383 990.98
内蒙古	237	614 156.33	2 596.70	9 530 641.15	40 296.26	1 082	238 113.61
辽宁	785	1 886 638.80	2 403.53	36 207 820.91	46 127.88	1 483	1 318 761.54
大连	178	595 629.63	3 354.92	9 464 098.98	53 307.06	285	393 740.34
山东	915	1 474 088.83	1 611.03	21 781 027.53	23 804.46	5 587	1 312 374.46
青岛	168	276 478.31	1 647.88	5 701 439.18	33 981.92	879	382 619.84
中部	4 729	11 234 622.06	2 375.49	155 551 206.45	32 890.31	14 169	7 798 120.88
安徽	433	841 106.33	1 941.86	9 827 593.63	22 688.91	3 781	574 817.60
江西	465	949 945.56	2 042.67	13 191 190.68	28 365.10	2 703	527 974.94
河南	1 147	2 780 238.50	2 423.33	41 821 779.83	36 452.92	28	2 279 833.12
湖北	790	2 162 195.65	2 735.59	29 601 681.18	37 451.81	452	1 756 235.86
三峡	105	213 273.60	2 025.60	2 907 631.89	27 615.67	1 089	160 982.60
湖南	1 215	2 887 900.14	2 376.81	37 619 647.84	30 961.92	917	1 705 312.70
广西	507	1 143 434.48	2 256.19	17 504 873.10	34 540.11	2 796	552 587.34
海南	66	256 527.80	3 863.10	3 076 808.30	46 334.19	2 403	240 376.72
西部	3 615	11 109 001.95	3 072.68	142 947 914.57	39 538.50	23 292	6 720 887.66
重庆	511	1 360 922.31	2 664.89	18 287 228.50	35 809.14	8 384	829 967.39
四川	1 096	4 163 682.88	3 797.71	53 635 142.97	48 920.78	3 784	3 015 922.92
贵州	287	825 221.08	2 874.23	8 708 884.06	30 332.89	1 882	280 161.91
云南	432	1 399 292.28	3 236.15	17 186 465.56	39 747.26	2 370	942 401.53
西藏	25	132 694.33	5 222.38	982 376.08	38 662.83	260	16 277.32
陕西	436	1 253 398.28	2 873.57	16 649 426.73	38 170.85	1 316	1 004 811.45
甘肃	229	638 724.63	2 789.53	6 407 315.30	27 982.99	2 003	231 271.86
青海	51	224 013.33	4 385.39	2 316 881.97	45 356.40	211	57 034.08
宁夏	76	191 452.90	2 523.52	2 096 862.19	27 638.51	1 065	52 839.22
新疆	471	919 599.93	1 951.02	16 677 331.21	35 382.65	2 017	290 199.98
东北	769	1 989 106.64	2 587.03	34 681 278.94	45 106.44	1 858	1 068 917.44
吉林	359	1 050 719.67	2 930.28	19 695 155.97	54 926.52	533	419 223.63
黑龙江	410	938 386.97	2 287.05	14 986 122.97	36 524.46	1 325	649 693.81

中国建设银行各分行双币种信用卡主要指标统计表

2007 年 12 月

地区	发卡量（张）		消费交易额（万元）		账户活动率		贷款余额（万元）		贷款不良率迟缴 60 天以上（%）	业务收入（万元）
	本年新增	计划完成率（%）	本年新增	计划完成率（%）	账户活动率（%）	计划完成率（%）	本期余额	计划完成率（%）		
总计	**6 262 499**	**104.37**	**7 866 379**	**112.38**	**46.37**	**103.04**	**1 005 131**	**143.55**	**1.68**	**118 655**
长三角	1 522 019	94.42	2 716 675	106.96	46.32	102.93	337 468	136.08	1.54	32 028
上海	455 743	101.28	1 270 168	96.96	47.33	105.19	150 758	125.63	1.13	9 297
江苏	486 165	105.46	614 482	120.49	44.10	98.01	70 078	134.76	1.71	7 335
苏州	108 242	104.08	148 585	135.08	47.27	105.05	22 569	205.18	2.12	2 892
浙江	402 483	78.76	590 892	115.86	47.66	105.91	81 595	148.35	1.92	10 689
宁波	69 386	80.68	92 548	92.55	43.84	97.42	12 469	124.69	2.09	1 814
珠三角	1 550 923	118.94	2 162 963	117.55	49.37	109.71	281 056	151.11	1.82	33 529
福建	308 618	117.35	558 947	129.99	54.80	121.77	78 555	182.68	0.95	6 184
厦门	66 568	104.01	130 240	130.24	55.56	123.46	18 527	185.27	0.86	1 857
广东	636 511	133.44	887 604	110.95	51.59	114.64	94 479	125.97	2.18	13 080
深圳	539 226	107.85	586 172	114.94	42.28	93.95	89 495	154.30	2.40	12 407
环渤海	1 554 110	104.79	1 550 970	109.61	43.59	96.87	193 271	140.05	1.70	20 626
北京	508 597	101.72	531 732	100.33	41.08	91.29	67 426	134.85	1.44	7 832
天津	194 229	101.69	132 438	88.29	38.98	86.62	14 704	113.11	2.13	1 842
河北	176 871	102.83	164 825	109.88	54.66	121.46	19 116	127.44	1.02	1 698
山西	64 049	162.15	40 555	162.22	37.64	83.64	3 970	198.49	1.97	460
内蒙古	74 113	155.70	55 424	184.75	47.13	104.72	8 365	209.13	1.97	925
辽宁	63 963	103.17	93 904	134.15	47.68	105.96	9 523	158.71	2.58	1 338
大连	71 475	102.11	91 484	91.48	47.49	105.54	12 175	121.75	1.74	1 385
山东	295 635	101.59	334 477	128.64	43.05	95.67	44 589	159.25	1.85	3 664
青岛	105 178	95.62	106 131	106.13	40.36	89.69	13 403	134.03	2.04	1 482
中部	812 041	108.96	721 089	123.47	48.45	107.66	96 936	159.17	1.72	9 096
安徽	70 061	103.03	74 128	148.26	51.66	114.79	9 680	193.60	2.24	993
江西	57 053	132.68	51 146	154.99	44.98	99.95	5 357	153.06	3.65	676
河南	197 699	109.83	163 123	108.75	50.09	111.31	22 511	140.69	1.58	1 521
湖北	229 883	101.72	197 800	116.35	45.93	102.08	25 375	140.97	1.64	2 573
三峡	11 010	129.53	35 562	177.81	54.51	121.13	4 437	177.49	1.43	361
湖南	194 154	115.57	129 142	107.62	46.55	103.44	19 999	166.65	1.52	2 035
广西	40 889	113.58	34 330	171.65	57.61	128.03	6 670	289.99	1.35	550
海南	11 292	71.70	35 857	170.75	57.65	128.12	2 906	181.64	0.82	387
西部	578 818	103.06	612 234	111.11	45.83	101.85	82 216	136.34	1.62	10 143
重庆	100 540	100.54	87 281	109.10	45.55	101.22	13 702	152.24	2.08	2 063
四川	197 416	100.72	272 119	108.85	45.79	101.75	34 445	123.02	1.50	3 970
贵州	28 192	104.41	29 244	116.97	48.29	107.31	4 643	132.64	1.81	705
云南	53 644	86.52	92 702	115.88	52.21	116.02	11 142	139.28	1.30	1 417
西藏	1 438	70.15	2 791	139.55	56.87	126.38	393	196.74	0.99	53
陕西	65 331	90.74	47 679	105.95	44.69	99.30	6 481	144.02	1.35	747
甘肃	35 591	98.86	24 137	172.41	38.40	85.33	3 058	278.01	3.55	327
青海	6 354	113.46	10 546	210.93	64.32	142.92	1 287	128.74	0.52	128
宁夏	26 189	113.87	13 598	135.98	36.94	82.10	2 402	240.24	1.99	238
新疆	64 123	168.74	32 137	80.34	42.24	93.86	4 661	116.53	0.94	497
东北	244 588	169.85	102 448	146.35	40.28	89.52	14 184	202.63	2.06	1 627
吉林	98 853	147.54	54 932	156.95	44.71	99.36	7 407	211.63	1.59	878
黑龙江	145 735	189.27	47 515	135.76	36.93	82.06	6 777	193.64	2.57	749

注：1. 业务收入包括双币种信用卡透支利息收入和中间业务收入。

2. 总计业务收入中包括直接体现在总行的双币种信用卡业务收入。

3. 分行业务收入中包括体现在分行的消费回佣收入。

中国建设银行各分行准贷记卡主要指标统计表

2007 年 12 月

地区	发卡总量（张）	消费额（万元）	存款余额（万元）	透支余额（万元）	贷款不良率 迟缴 120 天以上（%）
总计	**1 566 928**	**1 515 537.19**	**1 174 266.79**	**13 932.61**	**52.24**
长三角	1 003 202	915 291.45	651 762.52	2 955.75	15.18
上海	149 003	277 024.38	223 445.64	1 726.91	12.41
江苏	666 629	421 663.01	273 896.80	373.22	17.28
苏州	70 012	29 024.94	27 367.48	58.63	13.10
浙江	103 990	166 338.97	110 427.60	719.78	19.91
宁波	13 568	21 240.15	16 625.00	77.21	24.41
珠三角	123 170	203 088.81	153 117.54	4 182.25	39.94
福建	5 029	3 333.77	3 508.78	111.55	21.12
厦门	11 039	19 326.47	16 111.61	20.38	5.94
广东	105 443	176 544.88	130 960.13	3 824.44	39.46
深圳	1 659	3 883.69	2 537.02	225.88	60.39
环渤海	239 585	263 665.42	177 501.52	5 008.93	88.24
北京	36 367	100 524.99	76 522.65	202.49	21.79
天津	4 142	6 352.35	3 485.76	2.66	62.41
河北	9 078	17 184.40	23 982.95	56.33	28.10
山西	4 578	92 557.90	17 381.84	2 282.74	99.24
内蒙古	36 457	20 669.72	28 125.14	233.80	17.94
辽宁	1 799	1 954.49	3 003.06	195.75	90.75
大连	2 996	3 284.52	4 224.17	3.47	17.00
山东	142 664	17 424.24	20 584.18	458.33	65.65
青岛	1 504	3 712.81	191.77	1 573.36	99.92
中部	90 434	42 439.06	68 763.93	1 065.55	55.64
安徽	4 924	3 229.53	4 433.56	26.27	19.79
江西	27 527	3 076.61	5 899.78	26.83	41.63
河南	3 929	3 382.15	4 563.13	272.44	82.60
湖北	13 149	17 288.02	33 131.84	280.36	34.30
三峡	1 033	924.05	633.30	61.69	33.51
湖南	3 871	3 172.21	6 010.44	44.99	43.17
广西	13 996	7 896.43	11 712.20	342.66	62.63
海南	22 005	3 470.06	2 379.68	10.31	5.82
西部	45 023	54 731.30	58 014.13	204.40	20.14
重庆	1 532	2 627.25	2 829.57	118.79	0.00
四川	16 069	16 937.90	17 912.59	0.97	24.01
贵州	300	18.58	149.74	0.14	71.43
云南	10 339	25 917.88	13 342.78	21.57	11.50
西藏	439	113.45	2 364.06	1.52	63.16
陕西	3 711	960.53	3 366.22	1.17	90.60
甘肃	5 256	1 503.35	5 796.65	33.24	78.49
青海	3 338	2 940.04	5 438.77	10.77	52.09
宁夏	1 121	773.30	2 248.43	9.19	36.34
新疆	2 918	2 939.02	4 565.32	7.04	18.47
东北	65 514	36 321.15	65 107.15	515.73	20.54
吉林	51 936	21 732.44	38 535.02	384.54	13.84
黑龙江	13 578	14 588.71	26 572.13	131.19	40.20

中国建设银行各分行电子银行业务主要指标统计表

2007 年 12 月

地区	客户数		交易额		交易量		人工服务量	
	期末数（万户）	比年初（万户）	期末数（亿元）	比上季（亿元）	期末数（亿元）	比上季（亿元）	期末数（万笔）	比上季（万笔）
总计	**7 069.75**	**2 740.93**	**1 199 433.78**	**543 445.98**	**189 929.76**	**59 326.42**	**5 918.18**	**1 843.47**
总行本级	0.01	0.00	22 111.98	11 073.34	5 417.02	2 573.99	0.00	0.00
总行短信平台	1 335.90	657.59	0.00	0.00	23 741.32	7 676.00	0.00	0.00
卡中心	0.00	0.00	0.00	0.00	4 152.24	1 539.95	1 755.30	633.01
长三角	1 042.80	406.25	449 921.97	201 916.82	30 829.88	9 353.16	823.18	226.53
上海	250.81	99.79	393 670.48	178 827.97	8 977.01	2 265.91	364.82	90.09
江苏	265.73	103.41	19 835.15	7 837.68	7 160.60	2 552.54	188.66	56.15
苏州	95.17	60.50	7 401.66	4 292.33	2 073.28	615.25	49.02	16.10
浙江	367.69	118.36	26 147.15	9 827.58	10 933.07	3 473.61	172.63	50.58
宁波	63.41	24.17	2 867.53	1 131.26	1 685.93	445.85	48.05	13.62
珠三角	1 294.61	179.63	524 867.77	254 601.72	40 622.91	11 798.02	1 024.63	285.60
福建	320.77	157.37	15 141.03	7 324.31	9 889.16	3 247.40	178.35	40.19
厦门	89.87	20.35	6 869.12	2 367.82	3 442.51	918.25	103.18	24.31
广东	734.25	-22.11	23 624.09	10 717.55	18 241.17	5 081.86	437.34	124.48
深圳	149.72	24.03	479 233.52	234 192.05	9 050.08	2 550.51	305.75	96.62
环渤海	1 222.44	562.33	117 091.01	42 697.16	32 469.42	9 624.35	954.04	267.38
北京	248.62	111.16	80 051.11	28 878.73	7 528.92	1 749.26	342.57	77.57
天津	71.06	24.20	5 388.65	2 186.79	1 049.40	333.34	62.58	19.26
河北	220.28	103.09	6 556.32	2 521.34	4 168.68	1 488.88	122.19	50.62
山西	69.72	37.50	1 992.35	811.54	1 760.81	545.43	44.67	14.95
内蒙古	28.55	13.12	3 596.64	1 516.80	746.62	219.90	28.94	9.69
辽宁	171.64	75.20	4 404.23	1 706.04	3 580.06	1 047.15	83.12	25.06
大连	59.14	25.99	1 583.35	559.34	1 930.03	590.33	39.03	15.63
山东	316.47	159.13	10 058.77	3 218.98	10 740.99	3 303.15	194.43	49.13
青岛	36.96	12.94	3 459.58	1 297.61	963.92	346.92	36.51	5.47
中部	1 053.69	463.20	46 483.07	18 053.88	28 935.36	9 766.41	508.90	157.08
安徽	89.24	36.61	3 995.58	1 311.19	2 688.04	713.77	62.74	20.88
江西	120.63	53.88	5 755.49	2 228.94	3 025.49	1 302.99	51.32	16.32
河南	274.07	123.73	9 855.46	3 157.88	7 135.39	2 161.27	95.89	37.32
湖北	173.97	70.01	5 001.76	1 398.08	4 358.54	1 894.11	122.30	33.89
三峡	36.63	22.27	2 174.73	672.60	1 024.27	291.88	16.14	7.52
湖南	250.50	102.95	15 895.30	7 937.33	6 247.85	2 222.77	116.05	27.13
广西	92.46	48.59	3 412.15	1 194.84	4 129.25	1 078.16	32.08	10.03
海南	16.20	5.17	392.61	153.01	326.52	101.46	12.37	4.00
西部	942.09	414.43	30 012.97	11 499.87	20 490.54	5 923.30	713.53	227.32
重庆	151.04	85.51	3 401.34	1 454.72	2 320.70	704.54	121.81	40.15
四川	252.34	103.94	11 053.02	4 494.84	5 213.07	1 553.94	222.92	73.78
贵州	62.04	36.01	1 453.34	519.67	2 160.70	710.17	49.13	13.91
云南	81.27	37.42	3 053.91	945.34	1 935.17	480.42	55.40	16.75
西藏	1.63	1.01	59.90	29.14	49.39	17.05	2.61	0.84
陕西	144.97	45.39	4 183.69	1 394.14	3 508.50	1 080.93	124.27	40.35
甘肃	63.94	38.00	807.72	449.03	1 503.23	349.93	45.83	14.06
青海	17.11	12.20	605.31	207.61	332.21	109.44	8.11	2.63
宁夏	13.90	5.79	545.77	259.47	158.02	53.91	6.86	2.40
新疆	153.84	49.15	4 848.97	1 745.90	3 309.56	862.98	76.59	22.45
东北	178.22	57.50	8 945.02	3 603.19	3 271.07	1 071.23	138.59	46.54
吉林	78.65	22.53	4 583.06	1 962.98	1 431.50	442.43	70.53	22.87
黑龙江	99.57	34.97	4 361.97	1 640.20	1 839.57	628.80	68.06	23.67

注：电子银行交易额含个人网上银行、企业网上银行、call center、重要客户服务系统、手机银行、分行企业银行。

中国建设银行100个中心城市行各项存款综合排名表（本外币）

2007年12月 （单位：亿元）

名次	地区	各项存款		其中：对公存款		其中：储蓄存款	
		本期余额	比年初新增	本期余额	比年初新增	本期余额	比年初新增
	小计	**40 262.63**	**4 481.92**	**23 304.06**	**3 860.84**	**16 958.57**	**621.08**
1	北京	4 784.79	586.35	3 486.94	568.61	1 297.85	17.74
2	上海	3 630.93	241.48	2 398.64	254.90	1 232.29	-13.42
3	广州	1 742.61	105.55	891.28	165.49	851.33	-59.94
4	深圳	1 616.10	166.70	1 114.47	184.41	501.63	-17.71
5	成都	1 422.74	182.99	862.42	186.90	560.32	-3.91
6	苏州	1 037.74	257.74	676.79	210.77	360.95	46.98
7	杭州	849.22	82.85	571.71	77.97	277.51	4.88
8	重庆	836.73	95.92	441.04	81.83	395.69	14.09
9	天津	818.48	147.13	502.40	109.82	316.08	37.31
10	武汉	784.34	100.48	392.96	76.20	391.38	24.28
11	沈阳	729.92	33.27	386.96	16.81	342.96	16.46
12	西安	710.32	68.75	399.18	71.62	311.14	-2.87
13	长沙	660.02	95.51	416.07	73.15	243.95	22.36
14	南京	652.11	61.01	406.64	54.07	245.47	6.95
15	厦门	569.13	110.77	317.91	74.22	251.22	36.55
16	大连	568.58	83.54	316.31	76.41	252.27	7.14
17	济南	553.39	48.98	347.09	34.01	206.30	14.96
18	宁波	551.86	49.58	345.02	44.36	206.84	5.22
19	福州	541.06	39.55	232.70	26.10	308.36	13.44
20	石家庄	527.64	53.89	315.33	43.11	212.31	10.79
21	昆明	506.09	45.50	295.39	44.42	210.70	1.08
22	东莞	503.30	49.41	195.69	37.27	307.61	12.15
23	温州	485.65	53.41	224.15	39.40	261.50	14.01
24	哈尔滨	476.08	8.99	263.40	4.84	212.68	4.14
25	无锡	465.84	53.02	231.28	47.89	234.56	5.13
26	郑州	442.97	43.93	216.39	37.17	226.58	6.75
27	青岛	402.90	31.43	217.88	26.04	185.02	5.39
28	泉州	399.09	44.38	143.58	27.59	255.51	16.80
29	佛山	396.34	62.22	177.85	33.12	218.49	29.09
30	唐山	394.60	51.67	169.77	28.44	224.83	23.22

续表

名次	地区	各项存款		其中：对公存款		其中：储蓄存款	
		本期余额	比年初新增	本期余额	比年初新增	本期余额	比年初新增
31	南宁	390. 33	37. 15	243. 81	38. 58	146. 52	－1. 43
32	常州	387. 79	41. 84	177. 90	29. 14	209. 89	12. 70
33	乌鲁木齐	369. 40	43. 82	219. 62	52. 74	149. 78	－8. 92
34	兰州	342. 79	47. 70	211. 43	49. 38	131. 36	－1. 69
35	长春	342. 40	23. 15	152. 21	20. 40	190. 19	2. 75
36	南通	342. 31	39. 66	144. 79	30. 04	197. 52	9. 62
37	太原	326. 79	29. 12	174. 96	11. 81	151. 83	17. 31
38	南昌	326. 38	27. 03	200. 46	26. 04	125. 92	1. 00
39	贵阳	309. 41	36. 02	204. 03	33. 32	105. 38	2. 69
40	绍兴	295. 36	50. 71	190. 22	46. 89	105. 14	3. 81
41	金华	283. 70	34. 17	151. 20	25. 90	132. 50	8. 27
42	嘉兴	261. 76	18. 98	149. 36	16. 24	112. 40	2. 74
43	中山	253. 62	43. 78	127. 30	35. 66	126. 32	8. 12
44	惠州	250. 24	36. 14	129. 10	33. 10	121. 14	3. 04
45	西宁	235. 87	50. 34	154. 54	42. 70	81. 33	7. 63
46	合肥	235. 77	20. 20	132. 66	10. 25	103. 11	9. 95
47	邯郸	226. 24	3. 92	87. 24	－3. 12	139. 00	7. 04
48	大庆	225. 46	11. 66	112. 53	9. 00	112. 93	2. 66
49	台州	209. 43	20. 56	118. 89	18. 79	90. 54	1. 76
50	海口	209. 35	38. 44	140. 77	33. 47	68. 58	4. 97
51	江门	207. 46	22. 00	82. 98	19. 44	124. 48	2. 56
52	珠海	202. 72	27. 16	108. 16	24. 11	94. 56	3. 05
53	烟台	202. 33	30. 59	117. 54	21. 48	84. 79	9. 11
54	泰州	195. 55	40. 24	99. 89	32. 12	95. 66	8. 12
55	扬州	194. 97	24. 82	94. 78	20. 20	100. 19	4. 62
56	鞍山	189. 82	37. 19	81. 13	31. 10	108. 69	6. 10
57	呼和浩特	183. 00	11. 09	109. 85	3. 36	73. 15	7. 72
58	洛阳	178. 32	19. 39	73. 34	12. 19	104. 98	7. 20
59	淄博	173. 23	27. 66	84. 42	20. 65	88. 81	7. 01
60	潍坊	170. 39	19. 11	75. 27	9. 76	95. 12	9. 35
61	济宁	169. 09	11. 82	90. 55	7. 70	78. 54	4. 11
62	汕头	168. 20	9. 10	67. 23	11. 35	100. 97	－2. 25
63	襄樊	166. 82	11. 18	64. 04	8. 93	102. 78	2. 25
64	徐州	166. 10	21. 93	79. 05	16. 47	87. 05	5. 46
65	三峡	158. 80	10. 18	76. 29	9. 56	82. 51	0. 63

续表

名次	地区	各项存款		其中：对公存款		其中：储蓄存款	
		本期余额	比年初新增	本期余额	比年初新增	本期余额	比年初新增
66	银川	150.95	5.51	91.88	-0.62	59.07	6.13
67	镇江	145.88	18.40	74.30	17.09	71.58	1.31
68	廊坊	144.48	19.94	63.17	12.38	81.31	7.56
69	东营	139.68	6.65	69.63	3.18	70.05	3.47
70	拉萨	135.18	23.88	110.12	18.37	25.06	5.51
71	湛江	134.93	8.98	65.13	8.51	69.80	0.47
72	邢台	129.26	14.72	44.69	8.30	84.57	6.42
73	郴州	126.26	24.12	46.50	12.01	79.76	12.12
74	柳州	125.68	12.89	61.26	14.70	64.42	-1.81
75	漳州	123.43	14.97	55.99	10.85	67.44	4.11
76	盐城	123.29	20.66	65.73	15.69	57.56	4.97
77	衡阳	121.41	23.84	48.10	13.03	73.31	10.82
78	舟山	121.28	30.75	85.39	27.68	35.89	3.08
79	株洲	118.36	10.13	44.16	2.30	74.20	7.83
80	包头	116.23	13.14	54.38	4.47	61.85	8.68
81	湖州	114.82	11.79	63.96	9.44	50.86	2.35
82	秦皇岛	113.35	15.81	52.20	8.38	61.15	7.43
83	晋城	112.70	10.47	64.24	4.43	48.46	6.04
84	丽水	105.00	11.49	60.60	9.86	44.40	1.63
85	威海	101.15	20.24	58.84	17.02	42.31	3.22
86	临沂	100.68	8.61	53.95	2.51	46.73	6.10
87	莆田	100.36	13.78	29.52	8.90	70.84	4.89
88	鄂尔多斯	89.60	9.74	53.08	5.97	36.52	3.77
89	衢州	87.59	12.52	57.91	11.04	29.68	1.48
90	南阳	87.31	11.09	37.44	4.37	49.87	6.71
91	平顶山	87.18	9.09	38.04	3.29	49.14	5.80
92	马鞍山	83.19	11.79	34.55	7.93	48.64	3.86
93	三明	77.72	4.69	39.37	4.49	38.35	0.20
94	淮南	74.97	2.29	29.09	-0.16	45.88	2.46
95	常德	72.65	6.35	25.24	2.70	47.41	3.65
96	黄石	66.65	8.89	29.91	7.31	36.74	1.58
97	芜湖	66.41	10.55	32.41	6.95	34.00	3.60
98	宁德	59.32	8.07	31.43	5.36	27.89	2.71
99	龙岩	55.25	7.93	27.56	4.41	27.69	3.52
100	铜陵	38.66	4.30	19.51	3.01	19.15	1.29

中国建设银行100个中心城市行各项贷款综合排名表（本外币）

2007年12月 （单位：亿元）

名次	地区	各项贷款		其中：公司贷款		其中：个人贷款	
		本期余额	比年初新增	本期余额	比年初新增	本期余额	比年初新增
	小计	**26 237.32**	**3 059.13**	**19 984.77**	**1 909.23**	**6 252.55**	**1 149.90**
1	北京	2 166.29	151.63	1 718.49	146.58	447.80	5.05
2	上海	2 126.64	153.74	1 666.50	120.57	460.14	33.17
3	深圳	1 214.28	206.94	781.79	128.26	432.49	78.68
4	成都	967.53	117.69	745.80	77.07	221.73	40.62
5	杭州	833.37	104.01	591.22	58.83	242.15	45.18
6	广州	817.62	19.74	640.92	-8.78	176.70	28.52
7	苏州	809.25	148.27	570.00	73.43	239.25	74.84
8	天津	800.21	117.50	710.53	101.56	89.68	15.94
9	重庆	651.93	97.05	483.67	56.75	168.26	40.30
10	宁波	582.27	81.78	447.77	53.00	134.50	28.78
11	长沙	540.45	50.98	450.10	18.03	90.35	32.95
12	武汉	529.92	56.23	394.90	25.86	135.02	30.37
13	南京	529.67	45.76	441.47	29.18	88.20	16.58
14	厦门	462.21	97.50	305.52	54.75	156.69	42.75
15	沈阳	442.80	35.19	307.51	22.38	135.29	12.81
16	西安	416.86	51.31	340.05	31.61	76.81	19.70
17	福州	401.95	68.13	229.51	23.95	172.44	44.18
18	青岛	390.66	39.95	267.76	30.80	122.90	9.15
19	昆明	387.55	42.78	280.06	31.49	107.49	11.29
20	温州	384.62	52.35	226.41	27.01	158.21	25.34
21	大连	378.27	51.95	294.70	33.65	83.57	18.30
22	无锡	339.35	50.33	278.12	37.47	61.23	12.86
23	济南	336.12	-18.81	290.02	-22.41	46.10	3.60
24	南宁	314.91	32.12	228.13	15.08	86.78	17.04
25	金华	295.57	36.72	199.65	17.37	95.92	19.35
26	泉州	295.49	54.74	229.77	42.36	65.72	12.38
27	常州	289.78	41.69	217.10	28.42	72.68	13.27
28	贵阳	283.12	49.46	247.27	44.17	35.85	5.29
29	哈尔滨	281.88	15.65	229.20	10.05	52.68	5.60
30	南昌	258.55	24.26	186.63	13.88	71.92	10.38

续表

名次	地区	各项贷款		其中：公司贷款		其中：个人贷款	
		本期余额	比年初新增	本期余额	比年初新增	本期余额	比年初新增
31	郑州	253.14	-56.10	178.98	-68.68	74.16	12.58
32	绍兴	249.46	36.46	180.68	18.49	68.78	17.97
33	长春	243.20	35.27	211.46	20.72	31.74	14.55
34	唐山	241.71	50.86	219.52	49.39	22.19	1.47
35	嘉兴	240.23	25.82	176.90	15.27	63.33	10.55
36	南通	229.99	37.00	181.82	23.70	48.17	13.30
37	石家庄	220.26	-2.00	185.17	-7.25	35.09	5.25
38	太原	209.66	-1.41	192.59	1.42	17.07	-2.83
39	乌鲁木齐	206.15	10.12	177.67	7.80	28.48	2.32
40	合肥	204.11	32.77	128.95	19.63	75.16	13.14
41	佛山	203.99	43.53	161.00	31.16	42.99	12.37
42	台州	192.47	26.21	132.46	18.29	60.01	7.92
43	兰州	179.20	17.57	168.56	16.61	10.64	0.96
44	东莞	178.02	41.19	109.05	21.11	68.97	20.08
45	三峡	158.67	26.39	131.33	15.88	27.34	10.51
46	呼和浩特	156.92	12.40	146.82	8.46	10.10	3.94
47	鄂尔多斯	138.48	24.27	127.22	20.30	11.26	3.97
48	惠州	137.19	53.49	98.48	42.60	38.71	10.89
49	烟台	135.97	8.13	107.28	6.76	28.69	1.37
50	邯郸	133.12	-10.37	122.52	-10.69	10.60	0.32
51	西宁	128.09	16.28	119.91	14.77	8.18	1.51
52	镇江	125.24	19.95	98.34	13.59	26.90	6.36
53	淄博	123.38	13.55	89.51	9.04	33.87	4.51
54	泰州	122.91	20.04	97.46	11.69	25.45	8.35
55	湖州	120.13	17.14	81.41	4.99	38.72	12.15
56	潍坊	116.65	7.98	88.01	2.02	28.64	5.96
57	扬州	113.29	19.17	86.68	10.28	26.61	8.89
58	银川	106.92	19.49	98.29	17.50	8.63	1.99
59	临沂	104.72	16.33	78.40	7.83	26.32	8.50
60	丽水	102.42	19.62	50.54	5.07	51.88	14.55
61	漳州	101.64	19.04	67.24	6.32	34.40	12.72
62	舟山	100.40	20.99	74.82	13.54	25.58	7.45
63	中山	99.83	26.73	54.25	15.38	45.58	11.35
64	威海	98.74	27.48	49.40	14.68	49.34	12.80
65	济宁	95.54	12.51	64.33	7.65	31.21	4.86

续表

名次	地区	各项贷款		其中：公司贷款		其中：个人贷款	
		本期余额	比年初新增	本期余额	比年初新增	本期余额	比年初新增
66	宁德	85.04	13.13	52.07	4.84	32.97	8.29
67	秦皇岛	84.41	9.34	68.17	5.46	16.24	3.88
68	东营	84.22	6.44	74.09	5.93	10.13	0.51
69	盐城	83.46	14.68	67.64	8.85	15.82	5.83
70	海口	82.22	14.20	55.66	11.54	26.56	2.66
71	三明	81.35	9.19	59.54	2.71	21.81	6.48
72	衢州	81.08	4.76	60.93	1.88	20.15	2.88
73	洛阳	79.53	10.40	61.45	7.43	18.08	2.97
74	徐州	79.32	11.10	60.37	5.18	18.95	5.92
75	江门	76.56	0.70	51.92	-0.95	24.64	1.65
76	廊坊	73.56	9.75	44.01	3.15	29.55	6.60
77	珠海	73.30	14.70	29.37	3.11	43.93	11.59
78	平顶山	68.49	27.28	65.37	26.59	3.12	0.69
79	柳州	66.42	6.65	43.33	4.29	23.09	2.36
80	邢台	63.91	4.95	57.19	4.43	6.72	0.52
81	包头	63.49	2.81	58.00	1.10	5.49	1.71
82	株洲	62.35	10.61	34.52	2.49	27.83	8.12
83	莆田	61.22	11.13	40.39	6.64	20.83	4.49
84	淮南	60.80	7.53	58.81	7.06	1.99	0.47
85	湛江	58.25	13.81	53.23	12.40	5.02	1.41
86	襄樊	58.01	-1.54	40.50	-7.69	17.51	6.15
87	拉萨	57.81	5.45	50.87	4.76	6.94	0.69
88	汕头	55.23	2.78	47.04	2.00	8.19	0.78
89	马鞍山	52.49	1.84	46.10	-0.25	6.39	2.09
90	龙岩	51.18	12.14	30.19	3.40	20.99	8.74
91	晋城	50.64	9.36	49.76	9.39	0.88	-0.03
92	芜湖	50.47	9.23	37.27	6.14	13.20	3.09
93	鞍山	46.19	16.58	40.05	17.43	6.14	-0.85
94	衡阳	45.76	3.64	38.57	0.01	7.19	3.63
95	南阳	42.74	11.51	39.34	10.27	3.40	1.24
96	铜陵	38.15	2.77	34.21	1.78	3.94	0.99
97	常德	36.76	5.90	30.41	2.79	6.35	3.11
98	郴州	36.31	9.05	27.18	6.31	9.13	2.74
99	黄石	29.65	0.36	24.80	-1.95	4.85	2.31
100	大庆	15.99	2.36	14.80	3.02	1.19	-0.66

中国建设银行各项存款市场占比表（本外币、分地区）

2007 年 12 月

地区	一般性存款				其中：对公存款				其中：个人存款			
	余额（亿元）	占比（%）	比年初（亿元）	占比（%）	余额（亿元）	占比（%）	比年初（亿元）	占比（%）	余额（亿元）	占比（%）	比年初（亿元）	占比（%）
全国总计	**52 077.03**	**25.15**	**5 810.50**	**30.75**	**29 010.16**	**27.97**	**4 620.33**	**27.66**	**23 066.87**	**22.33**	**1 190.17**	**54.43**
总行本级	919.28	22.22	200.94	13.84	702.33	21.36	47.16	4.16	216.95	25.55	153.78	48.37
长三角	10 884.59	24.42	1 242.97	28.59	6 600.39	26.93	1 070.62	24.87	4 284.20	21.35	172.35	412.22
上海	3 630.24	25.51	240.83	21.75	2 424.06	29.38	244.60	17.38	1 206.18	20.17	-3.77	1.25
江苏	2 851.93	23.86	367.63	29.26	1 479.89	24.99	291.24	27.06	1 372.04	22.75	76.39	42.38
苏州	1 037.27	23.20	257.96	38.87	677.61	24.84	210.04	35.81	359.66	20.64	47.92	62.23
浙江	2 813.30	24.25	326.98	29.02	1 673.53	26.71	280.88	26.90	1 139.77	21.36	46.10	55.76
宁波	551.85	23.77	49.57	25.67	345.30	25.74	43.86	23.01	206.55	21.07	5.71	229.32
珠三角	8 179.69	25.40	842.82	35.94	4 195.53	28.74	745.07	28.40	3 984.16	22.63	97.75	-35.05
福建	1 433.78	31.93	137.97	84.29	597.61	33.31	85.61	43.50	836.17	31.01	52.36	-158.19
厦门	569.13	40.00	111.19	57.54	319.22	37.20	71.83	45.10	249.91	44.25	39.36	115.87
广东	4 560.68	22.34	426.96	40.36	2 159.88	26.03	410.77	31.57	2 400.80	19.81	16.19	-6.66
深圳	1 616.10	27.51	166.70	17.93	1 118.82	30.66	176.86	18.30	497.28	22.35	-10.16	27.73
环渤海	14 250.51	23.72	1 611.42	32.06	8 296.36	26.04	1 195.29	31.31	5 954.15	21.09	416.13	34.43
北京	4 784.81	23.12	586.31	49.87	3 496.37	24.51	557.61	44.24	1 288.44	20.06	28.70	-33.86
天津	818.53	18.90	147.13	24.42	503.65	21.14	109.50	22.37	314.88	16.15	37.63	33.29
河北	2 171.17	25.72	212.25	23.07	964.20	28.98	117.66	24.68	1 206.97	23.59	94.59	21.34
山西	1 059.31	19.88	100.58	17.70	510.00	21.26	33.19	10.97	549.31	18.74	67.39	25.38
内蒙古	636.58	21.71	59.13	18.82	340.02	25.97	32.85	18.36	296.56	18.27	26.28	19.42
辽宁	1 571.33	29.38	139.48	94.51	724.69	37.89	88.10	61.63	846.64	24.65	51.38	1 109.72
大连	568.59	28.56	83.55	75.26	319.20	35.19	71.37	57.93	249.39	23.01	12.18	-99.92
山东	2 237.31	24.43	251.55	24.84	1 220.05	26.99	159.35	22.77	1 017.26	21.93	92.20	29.48
青岛	402.88	21.60	31.44	18.00	218.18	26.13	25.66	17.83	184.70	17.93	5.78	18.77
中部	7 975.58	27.18	928.31	36.52	3 845.37	31.43	637.72	33.35	4 130.21	24.14	290.59	46.13
安徽	1 075.30	23.60	124.07	25.64	530.35	26.69	86.54	27.13	544.95	21.20	37.53	22.76
江西	776.46	24.41	86.93	33.33	422.39	30.59	66.58	32.66	354.07	19.67	20.35	35.71
河南	1 500.38	24.70	131.45	53.65	618.03	27.94	72.87	32.92	882.35	22.85	58.58	247.59
湖北	1 583.51	30.70	187.71	41.59	721.24	34.28	137.55	38.10	862.27	28.24	50.16	55.54
三峡	158.80	36.61	10.19	29.80	76.29	39.92	9.56	31.81	82.51	34.00	0.63	15.22
湖南	1 693.74	33.41	248.49	43.40	797.80	38.63	141.17	39.80	895.94	29.82	107.32	49.27
广西	870.04	24.34	81.11	29.36	464.72	29.03	74.18	31.26	405.32	20.54	6.93	17.81
海南	317.35	24.38	58.36	26.76	214.55	30.89	49.27	26.66	102.80	16.93	9.09	27.34
西部	8 029.78	27.29	893.84	30.06	4 531.52	30.92	845.59	32.04	3 498.26	23.69	48.25	14.45
重庆	836.13	27.70	95.84	25.62	440.89	32.61	81.40	25.35	395.24	23.71	14.44	27.32
四川	2 279.68	28.80	250.65	33.34	1 189.66	34.19	246.16	40.09	1 090.02	24.57	4.49	3.26
贵州	619.46	27.82	66.15	33.67	374.28	30.65	60.15	40.57	245.18	24.38	6.00	12.45
云南	1 078.59	26.49	115.63	30.99	648.23	29.11	101.18	28.13	430.36	23.33	14.45	107.28
西藏	173.09	30.07	29.29	31.14	139.81	32.09	22.63	29.75	33.28	23.78	6.66	37.02
陕西	1 126.28	24.38	95.10	22.69	607.72	27.18	99.26	24.96	518.56	21.76	-4.16	-19.50
甘肃	665.06	27.92	94.05	33.73	367.35	31.50	90.37	36.92	297.71	24.48	3.68	10.82
青海	303.16	37.25	62.06	40.25	195.44	41.34	52.52	40.55	107.72	31.58	9.54	38.67
宁夏	231.27	34.64	16.38	24.69	135.31	39.62	8.36	17.96	95.96	29.42	8.02	40.53
新疆	717.06	22.91	68.69	25.90	432.83	25.13	83.56	27.71	284.23	20.19	-14.87	40.90
东北	1 837.60	25.27	90.20	43.43	838.66	32.39	78.88	28.76	998.94	21.34	11.32	-17.01
吉林	690.49	24.42	39.97	-251.38	287.60	29.60	42.41	128.55	402.89	21.71	-2.44	4.99
黑龙江	1 147.11	25.81	50.23	22.46	551.06	34.06	36.47	15.12	596.05	21.09	13.76	-77.92

注：本表数据来源于人民银行信贷收支月报，与建设银行口径差异为不含“邮政储汇局存款”。

中国建设银行各项贷款市场占比表（本外币、分地区）

2007年12月

地区	各项贷款				其中：对公贷款				其中：个人贷款			
	余额（亿元）	占比（%）	比年初（亿元）	占比（%）	余额（亿元）	占比（%）	比年初（亿元）	占比（%）	余额（亿元）	占比（%）	比年初（亿元）	占比（%）
全国总计	**31 729.47**	**24.66**	**3 685.58**	**25.53**	**24 495.06**	**22.57**	**2 298.56**	**25.24**	**7 234.41**	**28.43**	**1 387.02**	**26.04**
总行本级	296.10	7.49	16.76	-2.52	197.75	5.14	-37.00	4.82	98.35	47.14	53.76	52.91
长三角	8 163.73	24.40	1 015.53	22.97	6 073.87	22.10	606.42	23.22	2 089.86	26.86	409.11	22.60
上海	2 126.72	24.18	153.69	19.30	1 667.43	23.24	120.22	20.30	459.29	25.20	33.47	16.41
江苏	2 045.73	24.38	287.83	23.88	1 606.13	22.10	169.77	24.06	439.60	27.08	118.06	23.62
苏州	809.25	22.20	148.27	27.70	579.00	40.18	581.27	33.23	230.25	23.26	-433.00	35.67
浙江	2 599.76	25.34	343.96	22.87	1 773.55	17.81	-376.52	34.15	826.21	28.39	720.48	27.64
宁波	582.27	24.57	81.78	21.49	447.76	27.16	111.69	16.75	134.51	30.92	-29.91	10.44
珠三角	4 735.63	23.71	738.89	22.79	3 251.40	20.34	406.85	21.07	1 484.23	27.99	332.04	25.34
福建	1 152.75	31.89	196.98	30.64	760.12	46.38	199.57	11.94	392.63	41.41	-2.59	0.25
厦门	462.21	35.10	97.49	32.01	305.52	114.66	294.65	30.35	156.69	40.80	-197.16	29.58
广东	1 906.39	17.91	237.48	18.78	1 403.99	14.13	24.26	-4.54	502.40	20.05	213.22	11.85
深圳	1 214.28	27.61	206.94	20.10	781.77	18.89	-111.63	63.55	432.51	29.53	318.57	26.43
环渤海	8 362.59	26.32	774.25	22.49	6 856.85	30.67	2 135.71	27.82	1 505.74	29.04	-1 361.46	32.16
北京	2 166.25	32.70	151.49	22.59	1 718.04	31.98	146.51	25.66	448.21	33.20	4.98	5.00
天津	800.19	25.46	117.48	24.36	710.52	25.62	101.55	23.93	89.67	20.99	15.93	27.52
河北	1 089.26	24.24	98.12	23.07	920.68	23.63	71.39	27.55	168.58	22.06	26.73	16.08
山西	552.01	22.50	35.44	19.70	517.82	-233.05	799.70	29.55	34.19	22.82	-764.26	30.26
内蒙古	621.53	28.80	70.76	31.94	584.57	522.52	677.16	32.80	36.96	18.18	-606.40	32.91
辽宁	776.80	27.02	83.17	24.60	595.07	30.79	184.22	22.45	181.73	39.57	-101.05	20.94
大连	378.27	28.06	51.95	61.70	294.70	27.18	50.02	76.38	83.57	29.58	1.93	10.30
山东	1 587.62	21.97	125.89	14.98	1 247.85	20.03	74.11	11.89	339.77	28.01	51.78	23.84
青岛	390.66	26.89	39.95	19.89	267.60	22.78	31.03	21.76	123.06	36.58	8.92	15.32
中部	4 646.10	25.35	520.61	28.49	3 629.70	23.14	285.83	24.07	1 016.40	30.62	234.78	36.70
安徽	601.19	20.45	78.95	24.39	443.54	16.15	-41.08	69.44	157.65	27.38	120.03	31.35
江西	528.03	24.99	37.16	17.50	394.06	22.80	14.52	10.96	133.97	28.86	22.64	28.35
河南	830.78	21.82	96.29	39.21	691.71	20.15	86.64	54.25	139.07	30.14	9.65	11.23
湖北	823.28	28.66	86.07	25.77	646.28	25.62	31.79	17.81	177.00	34.98	54.28	34.92
三峡	158.67	37.91	26.38	63.92	131.33	144.24	105.63	33.07	27.34	55.43	-79.25	28.49
湖南	1 042.78	34.41	118.80	38.28	847.30	32.45	45.74	18.85	195.48	40.12	73.06	108.03
广西	546.39	21.26	67.15	19.83	394.27	19.09	37.44	18.38	152.12	23.80	29.71	22.02
海南	114.98	20.02	9.81	45.46	81.21	16.67	5.15	49.92	33.77	34.35	4.66	41.37
西部	4 688.06	26.57	541.63	27.19	3 792.67	25.44	469.41	30.26	895.39	27.56	72.22	16.38
重庆	651.96	29.85	97.11	26.86	483.70	32.55	150.60	27.13	168.26	33.36	-53.49	27.65

续表

地区	各项贷款				其中：对公贷款				其中：个人贷款			
	余额（亿元）	占比（%）	比年初（亿元）	占比（%）	余额（亿元）	占比（%）	比年初（亿元）	占比（%）	余额（亿元）	占比（%）	比年初（亿元）	占比（%）
四川	1 194.96	25.62	118.68	23.56	927.05	21.47	-21.27	24.54	267.91	28.56	139.95	23.70
贵州	447.91	24.55	58.04	28.89	364.31	26.86	123.34	30.21	83.60	32.08	-65.30	31.48
云南	720.79	24.66	77.17	21.23	550.05	20.28	-20.68	-94.27	170.74	30.94	97.85	28.64
西藏	76.60	35.46	7.45	40.03	64.01	-60.10	66.72	24.05	12.59	19.76	-59.27	22.90
陕西	562.17	25.28	62.39	27.50	466.11	23.33	61.76	90.80	96.06	24.97	0.63	0.40
甘肃	334.93	27.66	39.73	28.75	312.64	26.66	24.62	58.22	22.29	16.59	15.11	15.76
青海	148.37	32.47	20.60	46.88	139.67	36.04	26.57	35.42	8.70	22.71	-5.97	19.21
宁夏	197.65	33.85	34.82	39.39	179.77	39.84	37.57	25.42	17.88	24.40	-2.75	4.63
新疆	352.72	25.95	25.64	55.28	305.36	26.95	20.19	47.89	47.36	20.58	5.45	128.97
东北	837.26	23.85	77.91	44.50	692.87	24.46	134.65	39.19	144.39	32.74	-56.74	33.68
吉林	397.19	24.77	49.30	56.38	340.04	24.49	30.79	47.18	57.15	24.08	18.51	83.49
黑龙江	440.07	23.08	28.61	32.65	352.83	24.43	103.86	37.32	87.24	32.04	-75.25	39.47

注：本表数据来源于人民银行信贷收支月报。

第七部分　专题与调查研究

专题与调研报告

关于对苏州市、广东省和贵州省分行经营情况的调研报告

董事　王淑敏　宋逢明

一、三家分行经营情况概述

（一）苏州市分行

苏州经济快速发展，多项指标全国领先，金融生态环境良好，是台商聚集地和电子行业制造商聚集地。截至2006年9月30日，苏州市分行一般性存款余额为752.95亿元，各项贷款余额为660亿元。不良贷款余额为9.9亿元，比年初增长1.8亿元。近三年来年均盈利增长在29%左右，平均存贷款利差在当地四大国有商业银行中保持较高水平。目前苏州市分行的区域战略重点是拓展客户资源，努力提高在当地同业中的市场份额。

（二）广东省分行

广东是传统的外向型经济大省，经济发展活跃，但辖内区域经济发展不平衡，珠江三角洲属于经济发达地区，东、西两翼次之，粤北属于欠发达地区。地区信用环境复杂，广东省分行历史包袱较重。截至2006年9月末，广东省分行一般性存款余额为4 136亿元，各项贷款余额为1 678亿元。不良贷款余额为93亿元，比年初下降6 700万元，不良贷款率高于全行平均水平。资产业务增长较慢，存差扩大，效益受到影响。在个贷方面，广东省分行建立起个贷中心集约化经营模式，个贷A+P系统试点上线，并承担了与美国银行的个贷流程战略合作项目。目前广东省分行正在加快实施中心城市行发展战略，提高金融资源丰富地区的人员占比，进一步向前台业务部门和一线倾斜资源投入，以提高市场份额和市场竞争力。

（三）贵州省分行

贵州省经济发展水平在全国比较落后，但具有丰富的能源、

矿产和旅游资源。在国家西部大开发战略带来的机遇下，全省经济保持持续较快增长。截至2006年11月末，贵州省分行一般性存款余额为541.7亿元，各项贷款余额为389.57亿元，不良贷款余额为11.99亿元，比年初下降0.03亿元。个贷方面，贵州省分行以个贷中心为载体，相继推出“一站式”服务、二手房超市、网上受理、个贷夜市等新举措，实现当年个贷发放额在同业中第一，占比达55%，较年初提高14个百分点。效益指标在系统内保持较高水平，2006年1～9月，实现净利息收益率（NIM）3.36%、存贷款净利差率4.43%，分别高于系统内平均水平0.62个和0.5个百分点。目前贵州省分行在继续加强风险管理和成本效益管理的同时，正积极利用各类资源，努力扩大市场份额，以增强盈利能力。

二、几大特点

（一）增量业绩普遍较好

从资产负债业务的存量市场份额来看，三家分行在当地四大国有商业银行中不占优势，但2006年增量业绩较好。截至9月末，苏州市、广东省和贵州省分行新增存款的市场份额在当地四大国有商业银行中都排名第一位，苏州市分行和贵州省分行新增贷款的市场占比在当地四大国有商业银行中也排第一位。苏州市分行实现个人住房贷款新增额同业占比第一，余额占比提升3.3个百分点。广东省分行个人住房贷款新增额占比在当地同业中的排名从2004年的第四位、2005年的第三位，上升至2006年的第二位，新增额占比从2005年的10.38%上升到2006年的29.87%。贵州省分行实现了个人住房贷款新增额同业第一，占比达50%。存贷款，特别是个人贷款的普遍快速增长，为未来的利润增长奠定了基础。

（二）增长方式明显转变

三家分行在实现传统业务快速增长的同时，也在积极培育新的业务增长点，转变增长方式。如上所述，三家分行都在个人住房贷款市场上取得了突破，同时，也通过加大业务转型力度，提高了中间业务收入。苏州市、广东省和贵州省分行中间业务收入占主营业务收入之比分别为8.15%、12.48%和7.88%，均高于同期全行7.73%的水平。另外，三家分行信用卡发卡量和收入、电子银行业务客户数和交易量均大幅增加。

（三）风险管理水平不断提升

三家分行积极推进风险管理体制改革，风险条线管理的组织架构逐步建立，向二级分行委派了风险主管，正在落实平行作业和风险经理培训等。截至2006年9月末，苏州市、广东省和贵州省三家分行不良贷款率分别为1.5%、5.54%和3.7%，分别比年初下降0.22个、0.62个和0.9个百分点。

（四）新兴业务存在较大发展空间

目前，大企业、大项目“脱媒”趋势明显，对传统信贷业务的需求减少，但对投资银行产品及服务的需求加大，很多业务有进一步拓展的空间。有一些客户还需要能帮助其提高投资收益的资产管理工具及回避外汇风险的衍生工具等。这些市场需求给银行带来了新的业务发展方向和空间。例如，广州地铁公司在建设银行的贷款从40多亿元下降到27亿元，其他资金通过债券融资来满足。部分基层经理们反映，对客户予以开发贷款支持后，住房贷款以及关联的其他消费金融市场大有拓展空间；地方小企业业务需求大，也需要银行服务快速跟上。

（五）机构层次仍然偏多，扁平化改革大有空间

三家分行总部所在城市基本上是三级架构，但所调查的三家二级分行还是三级架构或两级半架构。例如，广东省分行内设有二级分行，综合型支行、网点型支行和单点型支行，分理处及储蓄所。贵州遵义分行下设支行、分理处、储蓄所。各行都在努力实施扁平化改革，但改革空间仍然很大。

（六）分行内部经营模式差异明显

同一分行辖内不同机构在服务标准、营销模式、激励机制、人员素质等方面呈现出很大的差别。例如，广东中山分行与广州城区很多支行相比，在营销模式和激励机制上就非常有新意，表现出较强的市场竞争力。贵州遵义分行和贵阳城区的一些支行在管理模式上也有较大的不同。这种差异，是为了顺应当地特设客户的需求，但更重要的是反映出建设银行在“块块制”下各分支机构的个性色彩，与现代银行业“条线制”所要求的服务和管理一致性原则相去甚远。

（七）市场营销模式比较传统

部分基层行和员工没有彻底转变经营理念，很多营销方式还处在等客上门的阶段，对市场上同业早就在尝试的多种行之有效的营

销组织模式和激励机制了解不多，创新不够。同业代表反映，建设银行在市场上的冲击力似乎欠缺。近几年建设银行的改革项目较多地安排在中后台的审计、风险控制、营业结算等方面，下一步应加强对前台营销模式和营销激励制度的改革和创新。

（八）部分基层行依然存在贷款冲动

贷款冲动表现在强调当地有很多优质信贷项目，抱怨上级行信贷审批效率低下，要求扩大信贷审批权，要求增加经济资本配置等方面。这种冲动一方面反映了基层队伍的市场意识，另一方面也反映了地区经济发展对信贷业务的需求。例如，苏州地区依然蓬勃发展的台商投资需要大量信贷支持，而贵州省的信贷需求则主要体现在后起的基础设施建设方面。对贷款冲动应辩证地看待，在强调风险意识的基础上加以正确引导。

（九）存量资产质量存在向下迁徙压力，房地产开发贷款发放较快

由于历史原因，广东省分行、贵州省分行存量资产质量存在向下迁徙的压力，不良资产减值损失的控制压力仍然较大。苏州市分行、贵州省分行反映调整结构时客户退出难。另外，从房地产开发贷款当年新发放数额来看，2006年广东省分行为96.44亿元，同比翻了一倍多；苏州市分行为40.8亿元，同比增长近60%；贵州省分行为18.23亿元，同比上升34%。综合来看，对资产质量的控制和管理不能有丝毫松懈。

三、调研中反映的问题

（一）流程和制度问题

1. 有些业务流程设计过多强调了管理与控制，影响了操作效率。业务操作手册随着新政策规定出台而层层“补丁式”叠加，过于繁复，基层操作人员难以掌握，影响实际执行效果。

2. 信贷政策和流程应该针对不同地区和不同客户有所区分。例如，西部城市建设和房地产市场刚刚起步，对应信贷政策应该与东部的政策有所区别；信贷流程对老客户和优质客户应该简化。苏州台资企业反映，台商在大陆的投资规模受到限制，一部分投资资金来源只能以负债形式表现，如果银行像对待其他企业一样只关注融资企业自身的财务报表，而忽视其在台母公司的实力，可能会失去合作机会。

3. 有些信贷产品制度过于僵化。例如，“速贷通”产品只有一年期限，无法完全满足客户多样化的资金需求；开发贷款准入政策（A级以上客户）不适合开发企业以项目公司滚动开发的实际特点。

（二）产品和服务问题

1. 基层员工在产品创新中的作用未充分发挥，产品创新的职责、流程和激励机制有待完善。一线员工能够迅速和真实地掌握客户的需求信息，但相关信息从一线反馈到分行和总行的传递链条较长，易造成信息丢失或失真。一线员工收集客户信息后，向谁报告，由谁负责反馈和开发，由谁负责跟踪评价等，都没有很明确的规定。业务条线、总分行在产品管理、创新方面的职责权限的界定也不是很清晰。另外，业绩考核的压力集中在客户经理身上，而产品经理创新的压力和激励不足，影响了产品创新和营销的成功率。

2. 新的业务需求没有新产品给予满足。客户反映建设银行电子银行、外汇现金管理等服务产品跟不上市场需求。例如，遵义钛业指出，建设银行在帮助企业规避汇率风险方面的产品欠缺。二手房市场、二线城市和新城镇住房市场以及中低收入群体住房市场等新兴市场潜力较大，但目前缺乏专门针对这类客户群体的产品。

3. 传统信贷产品需要创新和提升层次。例如，遵义分行优质客户赤天化反映，需要信贷支持时资金不能及时到位，当资金充裕时又不允许提前还贷；中山分行优质客户中顺纸业提出，在中山当地融资较顺利，而其异地分公司在所在地融资困难，另外，还存在建设银行美元贷款利率高于外资银行利率等问题。

（三）总行技术支持问题

1. 一些富有特色的客户需求因缺少系统支持而无法得到满足。如苏州南亚集团提出的全球外汇现金管理需求，中山机构客户提出的定期一本通以及用支票提取定期存款等需求，建设银行暂时还无法满足。如果信息技术不能对这类需求快速响应，会因此而丧失市场机会。

2. DCC系统上线后，反倒需要增加人员才能完成交易，没有达到减少手工操作的目的；总行数据集中后，返还给分行的时间滞后，分行只能再做大量台账以满足其市场分析和管理的需要，因此带来分行的部分重复后台劳动。数据集中后分行如何快速得到数据信息以利于市场营销和管理成为新的问题。

3. 总行的系统在很大程度上停留在满足交易需求的层面上，缺少相应的业务管理与分析功能。

（四）考核激励问题

1. 业务部门与计划财务部两条线上报计划，加剧了矛盾，加大了协调成本。KPI 指标过多，且在分解指标时，对不同指标之间的关系考虑不足，影响了客户经理对客户的综合服务质量。比如，存款和理财产品分别有各自的考核任务指标，当理财产品指标已经完成，而存款余额还与考核任务有一定差距时，客户经理会设法引导有投资理财需求的客户增加存款量。长此以往，肯定会影响建设银行的客户基础。

2. 产品激励标准欠科学。比如，有分行反映营销自营个人贷款配置营销费用，而营销公积金贷款则不配置，导致基层客户经理少办理甚至不办理公积金贷款。如果多项产品激励标准没有按照战略规划进行科学测算和统筹平衡，可能在实践中不利于多项业务的协调发展和良性互动。

3. 分行综合使用各条线营销费用。在总行按业务条线分配营销费用后，分行往往根据自身的营销组织模式，将总行分配的各条线下的营销费用汇总后按分行的激励规则重新分配。作为条线制改革过程中的一种现象，两层分配有其存在的合理性，但却模糊了总行业务条线的战略导向。

（五）人力资源问题

1. 人员结构性过剩。几家分行人均单产在同业中相对落后，反映出人员总量过剩。同时，分支行的中间层管理机关积淀了较多人员，而一线营销人员不足。

2. 专业人才流失和匮乏。苏州、广东两地经济发达，金融机构之间的人才竞争激烈，苏州市、广东省两家分行都面临专业人才流失的问题。专业人才流失主要是被高职位或高薪酬所吸引。比如，苏州市分行国际业务部内设五个科，近年先后有三个科长跳槽，2006 年又有五名员工离开。总行要求分行大力推进对公理财及其他综合经营业务，但分行缺乏相应的专业人才。有些分行只能依赖基金公司等机构推进此类业务，但这样存在客户流失的风险。另外，专业贷后管理人员不足。如昆山分行客户经理每人的个贷客户维护量为 2 000 笔（全行平均每人 600 笔），负担过重。

3. 柜面劳务用工问题。分行柜面工作人员很多是劳务用工，而现在柜面操作系统涉及的工作面较广，技术性较强，劳务用工在岗期间掌握了这些操作技术，但服务期满后受名额所限很难转成正式合同工只能离开，新来工作人员又需要培训和熟悉的过程，从而影响对客户的服务质量和效率。

4. 干部交流频率问题。基层行员工提出，目前干部交流体制有待完善。例如，分行内部干部交流四年一次的周期，员工反映这样容易导致："第一年暴露问题，第二年调整人员，第三年加快发展，第四年调动走人"，这种周期可能不利于银行的可持续平稳健康发展。

5. 人员培训问题。基层反映中后台人员培训较多，而前台人员培训不够；个人业务条线培训较多，公司业务条线培训较少，存在培训资源分配上的结构性问题。

四、有关建议

（一）按流程银行的原则整合现有政策规定

按照流程银行的原则，组织专门团队对现有各类规章制度进行清理和整合，以降低合规运营成本，提高运营效率。

（二）"两洲一海"战略与其他地区发展战略协调推进，在制定政策时更多地考虑区域性差别并辅以适当的灵活安排

比如，中小企业的界定、西部房贷政策，应充分考虑区域特点；西部基础设施建设银行信贷需求才刚兴起，而东部融资已经开始"脱媒"，正是推进投资银行等新兴业务的大好时机，不同类业务在不同地区可以梯次推进。

（三）积极拓展新兴业务

落实业务转型战略，从产品设计、营销组织和激励机制等方面着手，加快投资银行、资产管理、小企业信贷、金融市场业务、国际业务等新兴业务的发展，争取抢占市场先机，在一些新兴业务领域尽快形成特色品牌优势。

（四）深化联动营销，更加积极地拓展住房金融市场

将住房消费信贷定位为关键产品，延伸和联动拓展个人消费、投资创业、小企业经营等新兴领域。重视住房维修基金市场，联动发展房地产开发、个人购房、住房资金、物业管理、社区居民服务等一条龙服务。积极拓展逐渐活跃的二手房市场，挖掘二线城市的住房消费市场潜力，跟进城镇化建设和新农村建设中的住房消费需求。探索政府、银行和个人三方共赢的商业模式。加强对客户信息资源的挖掘利用，主动对客户资源进行归类分析，加强交叉营销。加快个贷中心和房金专业销售团队建设。

（五）提高创新能力，扩展创新范围

认真落实《关于推进建设银行产品创新的指导意见》。在总行内部网建立产品创新的信息平台，激励全行员工踊跃创新，直接将创新信息放到信息平台上，由总行或分行责任部门对信息进行分类整理，并及时反馈和跟进。在重视产品创新的同时，也重视制度创新。在加快推进中后台流程改造的基础上，逐渐推进前台营销组织模式创新。

（六）完善考核激励制度

考核激励体系的完善要与“条线制”改革的步伐相适应，以减少协调和管理成本。精简KPI体系指标数量，注意指标口径与其他考核体系的衔接，保持指标口径的可比性和延续性。考核办法更多强调当地同业占比指标的权重和增量指标的权重，鼓励各级行用于激励的资源向一线倾斜。将消化历史包袱的成绩纳入考核指标，以鼓励管理人员努力解决历史遗留问题。

（七）提升信息技术管理水平

集中和整合IT资源，加强各地IT产品的共享，减少技术建设的重复投入。细分IT工作流程链，将需求端和应用端尽可能交给系统使用部门完成，IT部门集中精力完成系统分析和程序设计，以提高分工专业度。加强系统分析，在保证系统层次结构化的基础上，科学设计各系统间的关联关系，为系统随市场变化升级做好铺垫。技术开发应进一步贴近市场，提高对市场需求信息的收集、分析和响应能力。加大对总行系统管理与分析功能的研发力度，为科学管理提供信息支撑。

（八）强化总行服务职能

按照多数客户对等营销的原则，继续重视总行领导或部门经理会见客户的营销活动。对一些超出分行产品设计和实现能力的客户需求，总行应以快速的响应机制立即组成技术专家团队给予协助。加大分行员工专业技能和新业务培训力度。当客户有异地服务需求时，总行相应部门应负责妥善协调，并给予相应的技术支持。

（九）继续推进组织机构和人力资源改革

稳步推进条线管理，逐步统一服务标准和流程。继续加大机构扁平化改革的力度，减少中间管理层次，减少中间层级机关人员数量，充实市场一线人员。不同地区在人才战略问题上应各有侧重。东南部发达地区现阶段应重点在激励机制、员工职业生涯设计等方面迈出实质性步伐，以解决专业人才流失问题；西部欠发达地区应重点改变员工结构，增加知识型人才比例，并将专业人才更多地配备到市场一线。开展多样化培训以提高员工素质。合理科学配置培训资源，增加对一线人员的培训。因人因地而异设计人才交流制度，分层次建立人才储备制度。

关于人力资源管理工作的调研报告

董事　朱振民　王淑敏

一、人力资源管理状况的总体判断和评价

近年来，上海市分行、湖北省分行、广西壮族自治区分行、深圳市分行按照适度从紧、精简高效和集约经营的原则，实施机构改革，严格控制人员增长，积极采取精减机关人员、分流富余人员、充实一线人员等方式，使人员总量得到有效控制，为集约化经营、效益的改善和竞争力的提高打下了坚实的基础。

（一）人员总量基本得到有效控制

截至2006年底，上海市分行人员总量由2003年底的8 387人

增加到8 990人，净增加603人；自2003年以来，分行本部通过精简机构，仅净增加101人。尽管人员总量增加，但仍控制在规定的范围内。2003—2006年，各项存款余额年均增长18.2%，增幅达54.5%。

截至2007年3月，湖北省分行人员总量由1998年的19 102人减少到12 607人，净减少6 495人，机构数也由1 304个减至592个，净减少712个。各项存款余额从2003年开始年均增长120亿元，增幅达12%。分行管理岗位人员占在岗人数的15%。

截至2006年底，广西壮族自治区分行人员总量由2003年的10 873人减少到6 549人，净减员4 324人，减幅达到40%，用工总量连续七年负增长。机构总数减少62个，减幅达15.6%。各项存款余额、贷款余额、中间业务收入分别比2003年增长25.09%、70.85%和139.13%，利润年均增长28.9%，目前保持在广西同业最好水平。

截至2007年3月，深圳市分行人员总量3 646人，其中正式员工2 557人，与五年前相比，劳务人员增加136人，正式员工减少242人，各项存款、贷款余额已经翻番。分行管理岗位人员占在岗人数的9%。

（二）建立健全了合理的用工机制

几家分行积极进行用工制度改革，基本上建立了长期劳动合同制员工、短期劳动合同制员工、劳务派遣制员工、内部退养员工、购买制员工、服务外包等多种形式并存的灵活的用工形式，使全行人员结构明显得到改善。几家分行大部分都按照总行要求采用了统一的用工形式，如上海市分行、湖北省分行均采用中长期劳动合同制员工和劳务派遣制员工两种用工形式，其中劳务派遣人员分别占人员总量的45.9%和21.35%；深圳市分行、广西壮族自治区分行均采用中长期劳动合同制员工、短期劳动合同制员工和劳务派遣制员工三种用工形式，其中劳务派遣人员分别占人员总量的26.6%和17.2%。深圳市分行、广西壮族自治区分行开始尝试服务外包模式，即将部分简单操作、技术含量低、替代成本低的业务外包，减少用工人员总量。分行根据劳务派遣人员年龄、学历和年度考核评价情况，与相当一部分优秀劳务派遣制员工签订短期劳动合同，并将个别特别优秀的短期劳动合同制员工转为正式工。

（三）初步建立了激励充分的分配制度

各调研行进一步完善了分配制度，加大了对前台、基层业务人员的激励力度，充分调动了客户经理、柜面员工、大堂经理、风险经理等前台业务人员的积极性。如深圳市分行严格体现薪酬与考核的导向性，坚持工资分配向支行网点、前台部门、关外支行、高级管理人才倾斜；对前台业务部门，根据全年业务计划综合完成情况与直接营销力度的不同，分别给予最低2.5%、最高32%的奖励绩效工资；客户经理岗位绩效工资根据营销业绩等各项指标及考核情况分配，个别客户经理的收入甚至比所在二级分行的行级管理人员高。湖北省分行对柜面人员工资按市场价格确定，分基本工资、业务量挂钩工资、直接营销挂钩工资，基本工资按武汉市统一薪点值和员工不同的薪点系数核定，业务量挂钩工资按每笔单价0.45元核定，直接营销挂钩工资按直接营销业务创造的绩效挂钩分配。广西壮族自治区分行对不同区域的薪酬制度采取差别化政策，工资资源向中心城市倾斜，单位薪点工资含量标准比其他区域的机构高出20%。

（四）人员结构得到进一步改善

在机构调整和人员总量控制的基础上，人员结构也得到了较大的改善。从调研分行的情况来看，员工在年龄、学历、专业、岗位等结构方面有了明显的改进，尤其是员工岗位结构调整方面已经得到优化。如深圳市分行年龄小于40岁的员工占比达近80%，具有大学本科及以上学历的占比为42%左右；从岗位结构来看，前台、中台、后台岗位人员的比例为75:4:21；一线客户经理占全行人数的20%。广西壮族自治区分行坚持将人力资源向最能够创造价值的重点客户、重点区域、重点产品、重点业务和关键岗位倾斜，前台、中台、后台岗位人员比例为71:15:14，人员总量向前台、基层、业务倾斜的效果非常明显。湖北省分行坚持人员配置向中心城市行、营业性机构、个人客户经理、大堂经理、风险经理等机构和专业技术岗位倾斜。上海市分行通过充分的内部挖潜，将新设立的业务操作岗位，如扫描补录、上门收款等，提供给那些因技能、业务变化、身体或年龄原因不再适合在经营一线工作的人员。近期已有上百人合理流动至稽核、运行、金库守护押运、集中上门服务、个贷集中催收等部门和岗位。通过这些调整和流动，人员结构得到合理的改善。

（五）员工队伍相对稳定，人员专业素质不断提高

在机构改革和人员分流的基础上，员工队伍结构得到优化，员工相对稳定，凝聚力得到增强。由于效益的持续改善，很多分行的员工收入得到了明显改善和提高，加上建设银行品牌形象和企业文化的渲染及鼓动，分配制度向前台、基层、业务倾斜，正式工和劳动用工的收入差距缩小，基层员工的士气得到鼓舞，员工队伍基本保持稳定，流失现象不明显，甚至出现较明显的回流现象。另外，人员的专业素质也不断提高。如广西柳州分行通过多种形式培养员工的履岗能力，鼓励员工多学业务知识，已制定多种措施鼓励员工持多种证上岗，目前网点有四成的员工具备会计、储蓄上岗证。

二、存在的问题

尽管调研情况表明全行人员总量控制是有效和合理的，但是我们也了解到，个别分行局部的人员结构仍存在不合理、进出机制不顺畅的问题，表现在：

（一）人员需求的区域结构，年龄、知识、专业技能结构，岗位结构等不平衡

1. 区域结构。面对业务扩张带来的人员需求增长问题，发达地区分行与欠发达地区分行的态度明显不同，发达地区分行因人手紧张激发的增人冲动更强烈，而部分欠发达地区分行在增人带来成本增加和效益提升的权衡中明显偏谨慎、保守。尽管人员紧张，但在增人能否增效的问题上，深圳市分行认为在当前大好的业务发展形势下，增加人员完全能够覆盖因人员增加所带来的成本，可以创造更高的价值，因此强烈要求能够扩大人员总量规模；但广西壮族自治区分行认为在现有的业务发展水平下，增人不能有效覆盖新增加的成本，从而不愿意增加人员，但主流业务仍需要增加人员，这与深圳市分行的判断截然相反。

2. 年龄、知识、专业技能结构。一是员工队伍特别是内退人员年龄偏大，学历偏低，知识结构老化，难以重新培训上岗。如广西壮族自治区分行提出目前紧缺的是前台的业务人员，这一岗位要求员工业务精通、操作熟练、能够满足客户对服务质量和速度的要求，而内退人员离开岗位多年，对新业务不了解，其业务素质和身体条件无法承受当前的工作强度和压力，基本上不能从事前台工作。又如湖北省分行本科及以上学历人员占比偏低，35岁以下员工占25.7%，36岁以上员工占74.3%，分行机关45岁以上人员较多，多数从事后台辅助性工作，转岗难度较大，且离退休、内退人员占全行在岗人员的24%，其中分行机关占67%。二是对年龄适中、学历较高、专业技术较熟练的柜台人员，却难以留住，尤其是柜面人员。如深圳市分行一些具有宝贵实践经验的柜面人员流失较多，一些素质较高的大学生把柜员岗位看做轮岗的机会，急于脱离柜台，从而造成现有的柜面人员以劳务人员为主，整体素质偏低，目前前台柜员中劳务人员占柜员总数的一半以上。三是重要岗位难以配备到综合素质较高的人员。如深圳市分行相当部分客户经理是由后勤岗位转岗而来，造成客户经理综合水平低于分行平均水平，难以适应业务转型的需要。

3. 岗位结构。人员结构分布不合理，岗位分布不均衡，存量盘活难度较大，人员流动性差，特别是网点一线人员。如湖北省分行从事一线营销员工的比例一直不足，客户经理数量占公司业务条线、个人业务条线员工数量的比例不足20%；各级行机关、中后台堆积了大量人员。由于激励措施不到位，前台人员工作积极性难以调动。如深圳市分行前台人员更愿意从事对公业务，而不愿意做对私柜员、客户经理、会计主管和理财师；近80%的柜台人员有转岗做客户经理的意愿；目前理财人员大多数是从个人结算岗位转岗而来，理财专业知识掌握较少，即使考上国内认证的理财师，在工资及绩效奖金上也没有任何改变；对公客户经理、95533坐席员、科技人员等前台或后台人员需求也比较大。尽管分行采取转岗、招聘、内部培养等多种措施，但人员紧缺问题仍然在一定程度上制约着分行业务发展。因为人员紧张，分行深圳关外市场的拓展、国际业务的发展明显滞后于当地其他银行。目前从事国际业务的员工不到40人，全行客户经理中熟悉国际业务的人员也不足10人。

（二）人员需求膨胀的问题比较突出

一是业务流程划分过细，造成人员需求大量增加。如成立武汉个贷中心之前，武汉中心城区支行专职从事个贷中后台业务的仅有80余人，个贷审批、录入、会计核算、档案管理等工作由相关部门兼职、兼岗。成立个贷中心后，需要按流程设置岗位，专人专岗，配备了120多人，增加了近40人。广西壮族自治区分行因业务条线改革和网点转型的需要，若按照总行要求（零售网点转型最低配备8人），营业网点对私、对公业务需配备2 624人，个贷中心需配备近70人。深圳市分行若按总行要求（维护VIP客户需按1:100的比例配备理财经理），还需要配备约200个理财经理、100个零售网点转型业务顾问、50个后台业务人员。

二是业务系统过多，各个业务系统之间关联性不强，需输入的要素多，明显增加了前台业务人员的工作量。例如，与公司业务相关的系统有七个，对公客户经理办理一笔授信业务需要录入CLPM、OCRM、DCC、CMIS、内部评级等至少五个系统。支行会计业务相关录入系统也多达七个，柜员办理不同的业务需要在不同的系统界面来回切换，且很多为重复录入，造成工作量增加，工作效率低下，特别是在当前资本市场非常火暴的情况下，更难以支撑。

（三）前台人员长期超负荷工作，压力较大

前台人手紧张，导致不能正点下班，经常延长工作时间。加上业务发展迅速、网点转型、资本市场火暴、客户素质差别大、业务系统烦琐复杂、内外部监管检查严格等原因，柜台人员每天除了要完成正常业务以外，下班后还要用1～2个小时进行对账、结算，并做大量的售后服务工作，有时一天下来根本没有时间休息。

长期超负荷劳动，造成员工心理压力日益增大，员工的身体和精神疲劳问题日益突出，很多员工感觉到生活质量下降，此时薪酬激励的边际作用在递减，甚至有人花钱找人顶替加班。

（四）员工能进能出的流动机制不健全

员工能进能出的渠道不畅通，难以形成正常的常态机制，主要是需要的人进不来，不需要的人出不去或者难以安置。如深圳市分行急需熟悉国际业务的人员，但由于薪酬待遇较低，无法从当地市场招聘急需人才。广西壮族自治区分行在近几年人员总量一直保持负增长的前提下，每年主要靠自然减员来补充年轻大学生。湖北省分行为打开出口渠道，内部安置采用了三种方式，即转岗、待岗、内退，但其在控制人员总量、优化员工队伍结构方面所能发挥的作用很有限。第一，有相当数量的富余人员，由于自身素质原因，难以适应新的需求，甚至经过培训也适应不了需求。第二，受户籍、配偶就业、子女就学、住房、交通等一系列问题的限制，即使在同一城市，内部跨区域安置操作难度也很大。第三，由于经常与在岗员工攀比收入，内部退养方式后遗症比较多，不宜长期操作。

三、存在问题的原因分析

（一）人员总量控制政策过于强调“一刀切”

人员需求在区域结构、岗位结构、年龄结构、专业结构等方面的不平衡，主要是由总行人员总量控制政策造成的。为控制全系统人员总量的增长，总行曾提出“增人不增资，减人不减资”的人员总量控制政策。随着建设银行业务的迅猛发展，各区域的业务发展不均衡，过于强调“一刀切”，不利于业务的发展。特别是地处沿海发达地区及经济发展迅速、金融总量较大、需求旺盛地区的分行，要根据业务发展的需要随时调整相关政策。

（二）业务条线和分行部门互相分割，缺乏统筹规划

在推进机构业务改革的过程中，不同条线、不同部门的业务流程各有不同，其提出的人员需求也有不同的要求和标准。人员需求增量之所以加大，主要原因表现在：一是缺乏统筹规划及全局考虑；二是各自为政，业务流程划分过细，岗位职责重复，使得人员需求在部分条线和部门中明显膨胀。

（三）重要岗位业务的相关政策导向不到位

员工不愿意从事个人客户经理、会计主管、柜员等前台业务，除了工作压力、考核、价值贡献度等因素之外，激励政策不到位也是很重要的原因。这些岗位工作负荷重，风险防范压力大，考核任务重，因此必须在激励政策上有所倾斜和体现，特别是对一线临柜人员的分配制度需要再认真研究。

（四）IT系统管理滞后，影响了业务的发展

IT系统过多、彼此关联性差，业务人员重复录入、来回切换的问题，充分反映出建设银行管理基础薄弱。其主要原因是管理思路混乱，在管理制度设计、产品设计、营销宣传上缺乏统筹规划。各个系统的设计，不是考虑以客户为中心，而是各行其是，各行其道，产品设计复杂，不灵活，不适合目前市场的需要。IT系统管理滞后，同时也制约了人力资源配置的到位。

四、改进人力资源管理的几点建议

（一）加大人力资源政策管理的调控力度

人力资源政策是全行人力资源管理的原则、框架和纲领，多年来建设银行已经有了一套较完整的管理规范体系。随着业务的不断发展及市场的变化，需要在人员结构及总量控制方面不断调整、重新组合，加大调控力度，尤其需要在层级和业务条线两个维度进行细化。对重点区域、重点客户、重点业务和关键岗位在人员总量上应给予适当倾斜，实行差别化管理。

（二）从效益与成本的角度合理调整人员控制总量

在人员总量控制的基础上，适当调整局部效益增减与人员增减的控制比例，对部分效益逐年递增而人员紧张的分行，应适当放松人员总量控制；对部分效益平平而人员逐年增加、增加人员只能减轻工作负荷而不能增加效益的分行，应严格控制人员总量增长。如深圳市分行目前业务发展很快，增加人员完全能够覆盖因人员增加所带来的成本，建议可以考虑适当扩大人员总量规模；而广西壮族自治区分行增人不能有效覆盖新增加的成本，可不扩大人员总量规模。

（三）加快业务信息系统流程整合优化

目前，总行业务信息系统较多，系统之间的关联性不强，不同的系统界面需来回切换，且很多信息需重复录入，明显增加了前台业务人员的工作量，难以应付当前市场客户的需要。应尽快整合业务信息系统，减少系统间不兼容、不关联的问题，尽可能增加前台操作的便利性，以解决因业务系统太多造成人员需求增加、人手紧张、前台人员工作负担加重的问题。

（四）采取多种形式解决调整期间人员紧张问题

一是积极探索多种用工形式，不断释放后台和传统柜面业务中低效或无效占用的人力资源，充实前台客户营销、客户关系维护、客户理财、贷款催收等相关岗位。依托社会专业化服务机构完成业务的办理和开展，如对部分操作简单、技术含量低、替代成本低的业务可实行外包，从而直接减少对用工人数的占用，并将原来从事这些业务的人员调剂到其他紧缺岗位。

二是进一步加大对自助设备的投放，适当增加一线临柜人员数量，逐步优化一线临柜人员结构，在一线网点按客户流量变化配置柜员和进行排班，在定量分析网点客户流量和柜台交易量的基础上，摸索业务量波峰和波谷的变化规律，合理配置各岗位员工，灵活排班。

三是进一步优化业务操作流程和业务管理系统，对部门间交叉、重复的业务进行梳理和整合，使岗位设置、人员配置更精简、高效。同时，加快中后台业务分离，切实减少营业网点柜面业务操作岗位的工作量。

（五）加快内部人力资源市场建设，建立能进能出的流动机制

要建立能进能出的常态流动机制，从目前来讲或者从短时期来看都难以做到，但是应朝此目标逐步推进。首先，要把好人员入口关，对急需的专业岗位人才，要打破行业界限，及时引进；其次，要适当放开出口关，对不适合业务岗位的人员，即年龄偏大、学历偏低、知识结构偏落后的人员，可安排到适当的岗位或及时采取分流措施；最后，打破用工制度，将部分劳务派遣制员工中较优秀的员工，通过考试选拔转为短期合同工。

加强经济金融相对发达地区分行与经济金融欠发达地区分行之间在培训、项目开发等方面的交流与合作，不断提高地市行、县支行人员的素质和业务技能。对于业务发展迅速、人员缺口比较大、外部招聘难度比较大的分行，建议根据不同人员结构情况，制定相关政策办法，在上下级之间、部门之间、条线之间、岗位之间进行人员内部流动。

深圳市分行、广西壮族自治区分行个贷中心发展情况调研报告

董事 王淑敏 朱振民

一、个贷中心建设情况

深圳市分行和广西壮族自治区分行个贷中心在组织架构、岗位设置、经营模式以及物理场所建设等方面基本达到了总行下发的《中国建设银行个人贷款中心作业指导书》和《中国建设银行个人贷款中心建设验收标准》的要求。

深圳市分行于2004年6月在住房金融与个人信贷部下设个贷中心，负责深圳城区个贷业务的中后台集中经营，包括贷款的集中审核、审批、信息录入、签约、抵押登记、放款、催收、档案管理等；同时，在关外的宝安和龙岗设立分中心，负责所辖区域贷款的集中审核、审批、抵押登记、签约、放款，贷后催收和档案管理工作由分行个贷中心负责。按照个贷中心的职责，深圳市分行个贷中心目前共设18个岗位，人员数量（含2个分中心）为102人。通过采取个贷中心集约化经营模式，深圳市分行个人贷款效率明显提升，业务取得较快发展。

广西壮族自治区地处我国西部地区，总体上经济发达程度不高，该区分行个贷业务发展在系统内处于中等水平。广西壮族自治区分行于2007年1月正式在分行住房金融与个人信贷部下设区分行个贷中心，负责南宁地区个贷业务的中后台集中经营，包括贷款的集中审批、签约、抵押登记、放款、档案管理、贷后催收和贷后服务等。区分行所辖14个地（市）二级分行共成立前中后台集中经营（包括贷款的集中调查）的个贷中心11个。目前，广西壮族自治区分行个贷中心设置岗位12个，配备人员42人；柳州分行个贷中心设置岗位14个，配备人员41人。个贷中心成立后，分行业务竞争力大大增强。

在物理场所建设方面，深圳市分行和广西壮族自治区分行个贷中心充分考虑了个贷业务的市场发展环境，中心的选址均在所在城市的主要经济圈；个贷中心的内部环境建设基本满足了总行对中心内部功能分区设置的要求，中心还根据岗位性质的差异进行了合理布局，以保证业务流转的顺畅。

二、推进个贷中心建设的成效

个贷中心的设立，提升了服务效率，提高了服务水平，强化了风险防控能力。同时，利用个贷中心集中进行个贷业务经营也有利于政策的传导，并使政策效果进一步显现，从整体上提高了个贷业务的管理水平。

（一）个贷中心经营模式增强了前台人员的营销力量

个贷中心的成立彻底改变了原来各级机构各自经营的分散局面，通过专业化分工，由个贷中心进行部分业务环节的集中处理，将前台人员从烦琐、复杂、重复性的贷款录入、抵押登记等工作中解放出来从而有充分精力进行业务的营销推介，大大提升了业务竞争力。在业务经营模式转型的带动下，深圳市分行个人信贷业务连续三年高速增长，个人住房贷款新增额在系统内排名第一，个人贷款新增额在当地同业排名第一，不良额和不良率实现“双降”。

（二）流程化的运作提高了服务效率，提升了服务水平

个贷中心成立后，个贷业务按照流水线模式运作，实现了岗位间的合理分工和无缝隙衔接，突出了岗位的专业性和岗位间的协调性，有利于提高个贷业务服务质量，使客户能够享受到专业的、标准的个人贷款服务。个贷中心通过对重要岗位实行限时服务，对业务流程进行周密设计，为缩短贷款周期创造了有利条件，满足了客户对资金时效性的要求，总体上提升了服务水平。个贷中心统一审批标准进行集中审批，固定抵押登记人员与房管部门

建立业务合作关系，集中人力进行贷后管理，优化了人力资源配置，提高了服务效率，也降低了管理成本，进而提升了建设银行的竞争力。

（三）个贷中心的业务环节相互制约，提高了风险防控水平

个贷中心按照业务环节设置相应岗位，除少数岗位可兼岗以外，实行专岗专人，岗位职责明确，各岗位人员各司其职、各负其责，岗位之间环环相扣、相互制约，这对业务操作风险和客户经理道德风险的防范提供了强有力的保障，杜绝了客户经理“一手清”问题的发生。专人专岗不仅有利于提升岗位的专业化程度，更重要的是保证了岗位间的制约作用，有利于规避风险。

（四）树立了我行个贷业务的品牌形象，提升了市场影响力

“要买房、到建行”的营销宣传效应早已深入人心，设立经营个人贷款业务的专业化机构，更加深了客户对我行个贷业务的认识。因此，个贷中心不仅为个贷业务的大发展提供了坚实的组织机构保障，同时也进一步树立了我行个贷业务的品牌形象，总体上提升了建设银行的声誉和影响力。

三、个贷中心建设工作中存在的主要问题

（一）职能不完善

目前各一级分行和部分二级分行设立的个贷中心采取的是中后台集中经营的模式，即只是负责贷款的集中审批、发放和贷后管理，而风险识别、控制的第一道关口——贷款调查仍然分散在各支行、网点进行，虽然其中一些综合型和单点型支行配备了从事个人信贷业务的客户经理，但大多数支行、网点的个人信贷客户经理无论是在数量上还是在业务素质上都无法满足业务需要，难以做到有效识别和控制风险。进一步完善个贷中心职能，打造一支专业化队伍，实现贷款调查的集中，是个贷中心下一步建设中需要进一步解决的问题。

（二）资源配置不到位

一是个贷中心人员配备不足，尤其是专业化团队尚未建立起来，人员的数量和专业素质都无法满足业务发展需要，且不相容岗位仍然存在兼岗现象，这一点在地市二级分行表现尤为突出；二是个贷中心建设过程中必要的场所装修费、计算机等办公设备购置费等资本性支出配备不足，特别是在年初的综合经营计划中只考虑了中心城市行的需求，而没有考虑非中心城市行个贷中心建设所需的资本性支出；三是总行对个人贷款业务发展配置了相应的业务拓展费用，但各行在个贷中心的业务费用分配方面没能充分考虑其直接经营的特点，存在业务拓展费用配备不到位的问题。

（三）激励约束机制不完善

个贷中心组建后，为了充分调动支行、网点业务拓展的积极性，使中心与支行、网点之间形成有机的协作机制，各分行以经济增加值和专项激励费用等为核心要素，根据自身情况制定了利益分配办法。但是目前全行个贷中心建设工作尚在推进过程中，还没有形成统一的激励约束机制，此外，个人信贷业务条线员工的晋升渠道不够通畅，职业生涯发展不明确，优秀的个贷人员还得不到有效的激励，导致员工队伍不稳定，优秀个贷客户经理流失。

（四）风险点控制手段不足

个贷中心的专业化、集约化、流程化操作模式，从机制上可以更好地控制贷款风险，但一些重要风险点的控制如何从形式走向实质，尚需进一步研究探讨。如在调研过程中，经办人员反映对客户提交贷款材料真实性的把握、对借款人贷款偿还能力的分析、对抵押物价值的判断等，需要有相应的手段、工具给予支持。

（五）相关业务管理体制不够顺畅

个贷中心业务实行流程化操作，不良贷款催收处置作为其中的环节应纳入流程，在个贷中心这个平台统一操作。但按照目前我行资产保全管理体制要求，不良贷款需移交资产保全部门经营管理，这不仅会造成个贷中心业务流程的断裂，而且个人贷款不同于公司贷款，逾期超过 6 期即进入不良类，经催收后可能又恢复为正常类，这样就会造成贷款在个贷中心和资产保全部门之间来回频繁交接。同时，由于资产保全部门在机构设置和人员方面的不足，大多数行的资产保全部门并没有真正履行个人不良贷款经营的职责，实际操作仍在个贷经营部门，不良贷款的考核也往往针对经营部门。因此，有必要进一步理顺个人不良贷款的经营管理体制。

（六）信息技术支持手段不足

个贷中心业务实行流程化运作，但目前尚未开发出全行统一

的个人贷款流程管理系统，从而无法实现对各业务环节、岗位操作效率、质量的有效管理，业务办理过程中存在一些不必要的手工操作，如对贷款流转、会计入账等的跟踪，不仅占用了人力，而且极易产生操作失误，不利于业务效率和服务水平的提升。

四、进一步推进个贷中心建设工作的建议

（一）进一步完善个贷中心职能

设立个贷中心，实行贷款的集中经营，可以更好地控制贷款风险。贷款调查是控制风险的第一道关口，也是业务流程中一个非常关键的环节。设立个贷中心后，如果贷款调查仍然分散在各个支行、网点进行，那么集中经营的模式将流于形式，贷款风险也将难以得到有效控制。因此，所有个贷中心都应具备贷款营销、受理和调查职能。在一级分行所在城市，除个贷中心本部以外，可以将贷款调查工作延伸到部分综合型、单点型支行，设立个贷中心分部（或个贷经营中心，或个贷营销中心，对外统称“个贷中心”），与本部一起共同负责贷款营销、受理和调查工作。在二级分行所在城市，贷款调查应全部集中由个贷中心进行，极少数城市范围和业务量较大的二级分行（如江苏、浙江分行辖内的个别二级分行）个贷中心，可以采用上述一级分行个贷中心模式。

（二）加快专业化客户经理队伍建设

住房金融与个人信贷业务的市场特点、专业化特点以及竞争形势，要求必须有一支专业化的销售队伍，承担面向市场开展营销、进行贷款调查和为客户提供专业化服务的职责。虽然目前各一级、二级分行设立的个贷中心基本实现了贷款审批、贷款发放、贷后管理环节的集中经营，但除部分地市二级分行以外，贷款调查仍然分散在各支行、网点进行，而支行、网点客户经理力量普遍不足，尤其缺乏个人信贷专业客户经理，个贷中心目前也大多没有一支专业团队为支行、网点以及外部分销渠道的产品销售提供专业支持，因此贷款调查这一关键环节的风险控制不能得到有效保障。此外，若没有一支专业团队，那么在与开发商、房屋中介、住房资金管理中心、汽车经销商等外部分销渠道的关系建立以及个人住房贷款楼盘的营销等方面，也难以形成强大的竞争力。因此，必须加快专业化客户经理队伍建设，在个贷中心配备与业务量相匹配的专业营销、调查人员，同时在业务量较大的支行、网点等分支机构选拔符合要求的业务人员组成专业销售团队，负责贷款的营销、受理和调查工作，为客户提供专业化服务。部分以住房金融与个人信贷业务经营为特色的支行可以转型成为房金业务的专业经营机构，扩大和充实个人信贷业务人员队伍，真正实现个人信贷业务的专业化、集约化经营。

（三）加大对个贷中心的资源配置力度

在业务发展费用方面，要将个贷中心作为一个经营主体配备费用。在个贷中心建设方面，要安排必要的资本性支出。在个贷中心的人员配备上，要按照岗位要求和人员数量标准，配备与业务规模相匹配的人员，同时对核心岗位的人员要通过上岗考试和定期考核的办法进行选拔。

（四）建立科学有效的激励约束机制

要进一步研究个贷中心的激励考核办法，要明确个贷中心是一个直接经营机构，制定与业务贡献度挂钩的个贷中心人员考核制度以及个贷中心与支行、网点之间的利益分配办法。对中心人员的考核，要根据岗位性质和主要职责制定考核指标和指标权重，包括业务规模指标、贷款质量指标、业务处理效率指标等。对个贷中心与分支行之间的利益分配，在当前的层级设置框架下，要按照“谁营销谁受益”的原则，将营销成功的贷款计入营销者当年的业务计划。对业务激励费用要制定合理的分割比例，协调好多个主体之间的关系，充分调动各方的业务积极性。

（五）完善不良个人贷款的经营管理体制

鉴于目前个人不良贷款催收管理体制方面存在的诸多问题（前面已有论述），我们初步考虑以下两种改进方式：一是将达到司法催收条件的贷款移交资产保全部门，其他个人不良贷款的催收处置由个贷中心负责；二是资产保全部门保留个人损失类不良贷款的处置职责，其他状态的个人不良贷款的催收处置由个贷中心负责。对此，个贷中心应与资产保全部门进一步沟通研究。

（六）进一步规范有关业务制度，加大对业务风险点的监控力度

要加强专业化团队建设，加强贷前调查，落实“面谈”、“面签”，确保贷款的真实性、合规性，提高贷前风险把控能力，从源头上控制风险。要加快制定完善个贷中心业务流程操作手

册（SOP），明确岗位规范要求，减少操作风险。此外，要加强对人员的培训，提高业务人员的综合分析评价能力和风险识别能力。

（七）探索新的用工模式，实行非核心业务环节外包

为尽快解决个贷中心人员配备问题，缓解人力资源不足的矛盾，建议对个贷中心的部分低风险业务环节，如信息录入岗位等，采取聘请劳务用工的方式，但必须对外聘人员严格准入，并定期进行业务培训和考核。

（八）加大对信息技术手段和信息系统的开发与使用

进一步加大信息技术手段在业务流程中的使用，减少业务流程中的手工处理。充分利用战略合作项目对业务发展的提升作用，加快个人贷款评分卡的试点和推广进程。加快开发个人贷款流程管理系统，并根据业务创新和升级不断优化个人贷款流程管理系统功能，提高个贷业务的信息技术含量。

影响建设银行信息技术应用能力提升的七个主要问题及建议

监事　金磐石　董事　张向东

与国际先进银行相比，建设银行对信息技术的应用水平和管理能力仍存在较大差距，在某些方面还落后于国内同业领先者。突出表现为：信息技术战略缺乏前瞻性、整体性和连续性；信息技术组织架构不适应业务发展的要求；信息技术人力资源匮乏且分散，结构不合理，难以形成核心能力；缺乏成本效益观念，项目建设的冲动高涨，争项目、抢资源、重复建设的问题没有得到根本抑制；业务需求质量亟待提高，应用重点不突出，产品的整合与创新不够；基础设施环境已经无法支撑业务的快速增长；信息技术风险防范体系不健全；等等。这些信息技术应用方面存在的问题是系统性、整体性问题，必须从机制和体制上入手加以解决。

第一，长期以来，信息技术在建设银行战略执行中的先导作用尚显不足，定位不够清晰，战略规划缺乏前瞻性、整体性和连续性。必须从IT治理的高度，促进信息技术与业务发展战略的紧密融合，优化决策程序，保持信息技术应用的先进性和可持续发展。

[问题]

信息技术应用在建设银行组织结构调整、经营方式转变和业务发展中的作用毋庸置疑。但是，从信息技术战略和总体战略协调的层面看，信息技术工作被动执行的成分居多，预设性的行动较少，业务战略实施中缺乏相应的信息技术策略安排，业务部门参与信息技术规划制订的过程也往往流于形式，重大应用项目和基础设施建设得不到广泛的认同和理解，导致IT战略规划实施的反复。

从信息技术自身层面看，战略规划缺乏整体性，以往的几次规划多侧重于一些重大项目的建设计划，而全局性、基础性的数据中心、灾备中心、测试环境的规划以及配套的人力资源、财务资源、管理流程变革计划不够完善且未得到有效实施，使得信息技术应用在不同阶段出现不同的“短板”。例如，2003年的科技规划重点解决了建立全行统一的应用架构问题，却忽略了在开发和运营向总行集中后，与之相对应的场地、人力资源配置、管理流程变革等配套措施，这是造成当前总分行人员比例严重失调，数据中心场地和电力等基础设施严重不足、运行不稳定的重要原因之一。

[建议]

IT治理的核心之一就是保持信息技术规划与业务目标相一致，推动业务发展。要做到这一点，就必须强化董事会和高级管理层对信息技术应用的治理力度。应充分认识到，信息技术已不仅是业务运营的支持手段，而且是推动业务转型和产品创新的核心动力；应将信息技术部门定位为业务部门的战略伙伴，并以此作为信息技术组织架构、决策程序、流程调整、绩效考核的基础，加快完善建设银行的IT治理结构。

1. 将信息技术规划、重大IT投资、新技术应用策略等重大事项正式纳入董事会、高级管理层的决策范围，定期对信息技术规划进行审定，确定关注重点，跟踪、检查执行效果。

2. 尽快按照公司章程聘请首席信息官（CIO），依据建设银行的总体发展战略，把控信息技术管理的战略方向，协调解决跨部门的信息技术问题。

3. 提高信息技术战略规划的整体性和前瞻性，制订分年度的信息技术实施计划，定期进行重检和修订。在此过程中，主要业务部门的领导应专职参与，以确保信息技术规划与业务目标相一致，使其切实成为业务战略实施的组成内容。

第二，信息技术组织架构已不能适应业务发展的要求，在战略匹配性、资源配置有效性、业务响应性、运行稳定性、成本经济性、管理规范性六个方面与先进银行相比还具有一定差距。应加快调整组织机构，建立科学的激励考核机制，优化信息技术资源的配置，使信息技术部门的行为自觉地与全行的战略愿景和经营目标相一致，与业务部门一道服务客户。

［问题］

据外部咨询公司的评价，美国银行的信息技术组织架构和资源管控模式在战略匹配性、资源配置有效性、业务响应性、运行稳定性、成本经济性、管理规范性六个方面处于高级与中级之间，而建设银行则处于中级与低级之间。差距具体表现在三个方面：

首先，信息技术的应用和管理应是一个整体，而目前总分行层级制的组织结构，容易导致分行各自为政，总行难以对分散在各分行的信息技术资源进行统筹利用，信息技术政策、标准难以落实，基础设施重复建设、系统重复开发以及运行维护难、流程不统一的顽症长期无法得到有效解决。例如，据信息技术管理部近期的统计，建设银行服务器分别购自五大供应厂商，约有600种设备型号，其上安装有29种操作系统，存储设备、系统软件版本的情况更为复杂。这不但增加了成本，也给信息系统的运行、维护、管理带来了很大难度，加大了风险。另外，长期以来，海外机构的信息技术组织架构、政策、系统建设一直处于自发管理的状态，与总行统一的管理有较大脱节。

其次，信息技术部门与业务部门的关系在制度安排上存在不足，双方难以建立起共同的目标和责任共担机制，信息技术资源使用的效果如何与业务部门考核无关，客户满意度如何也与技术部门考核无关，难以形成合作的氛围，内部协调成本高，服务交付慢，开发出来的产品整合性差，市场竞争力不强。

最后，信息技术部门内部专业化管理能力不足，需求管理、开发、测试、投产和运行维护的界面不够清晰和规范。

［建议］

国际先进银行信息技术组织架构的设计有两个重要的目标：一是信息技术资源的高度集中和共享，决策、调配权都集中于总部；二是强化信息技术对业务的驱动作用，在信息技术部门设立专门服务于业务条线的团队。例如，对应于业务条线，美国银行分别设立了个人与小企业银行、全球财富与投资管理、资本市场与批发银行、集团员工四个IT支持部，每个条线分别由一位CIO牵头（简称CIO条线），统一负责需求管理、开发、测试和服务的交付；平行设立高度共享的网络计算部（NCG），由一名首席技术官（CTO）牵头，负责全球信息技术基础设施架构管理、系统实施和运行。其中，CIO条线的考核、奖励与所服务条线的业绩挂钩，NCG与CIO条线之间则建立一些共同的考核指标，将彼此的目标联系起来。这种组织架构是业务部门和信息技术部门平衡的产物，平衡并实现了业务驱动和资源共享的双重目标。

建议借鉴美国银行经验，在建设银行建立资源高度集中管理和共享、具有支持业务创新能力的服务型信息技术组织。总体方向是：

1. 逐步推行信息技术的统一垂直管理，集中信息技术的管理职能和资源，统一基础设施建设和开发管理，通过规模效应和专业技能培育，提供高质量信息技术服务。同时，平衡好信息技术统一管理和对分行业务快速响应之间的矛盾。

2. 配合业务单元制改革，建立与业务单元相对应的信息技术应用支持团队，整合需求管理、开发、测试和实施资源；建立高度专业化的基础设施管理团队，负责全行基础设施的建设和运行。另外，要加快建立适应海外业务发展的信息技术支持团队。

3. 在优化组织机构的同时，建立科学的绩效考核体系，尽快形成信息技术部门与业务部门之间、信息技术部门内部团队之间的责任共担机制。

第三，信息技术人力资源严重不足、结构失衡，是造成自主研发和运行管理能力差、管理不够精细的主要因素之一。必须加快制订人力资源补充和培养计划，尽快形成一支具有核心技能的，既懂信息技术又深刻理解现代商业银行经营管理的信息技术队伍。

[问题]

建设银行信息技术人力资源总量不足与结构失衡问题并存。就总量而言，2006 年底，全行信息技术部门工作人员总数为 5 914 人，只占全行员工的 1.9%，而国际最佳实践为 6% ~ 12%。美国银行信息技术人员约 2.6 万人，占全部员工的 10% ~ 12%。

就结构而言，一是人员分布不合理。总行、一级分行、二级分行的人员占比分别为 15.56%、30.66% 和 53.78%，总行本部人员过少。同比国内某银行总部信息技术人员占比是建设银行的 3 倍，其 5 个开发中心现有人员 2 100 人，其中测试人员 100 多人，运行中心现有人员 600 多人。二是开发、运行维护、信息安全、管理及行政部门的人员分布不合理。2007 年第一季度末，四者的比例分别为 20.80%、46.65%、5.04% 和 27.51%。层级管理造成管理及行政人员的比例明显偏高，高出国际最佳实践（21.5%）6 个百分点；开发人员比例明显偏低，低于国际最佳实践（39.2%）18 个百分点。三是信息技术人员的知识结构不合理。建设银行开发人员的技能主要集中于存款、贷款、结算和会计核算等传统银行业务上，懂财富管理、资金管理、投资银行、保险等新业务，熟悉风险管理、财务管理的人才短缺。

人力资源问题是造成建设银行信息技术管理粗放、自主研发能力不足、产品质量不高、运行管理专业化程度低的主要原因之一。尽管信息技术人员长期处于高负荷工作状态，但是由于资源缺口过大，只有极个别系统纯粹是由建设银行技术人员设计和开发出来的。近三年来，虽然总行加强了架构管控，重要系统的总体设计工作已经基本由建设银行主导，但一些关键技术和详细设计仍要依靠外部公司。随着业务需求的不断增加，开发任务逐步加重，外部公司开发人员的比例又有所上升，2006 年底建设银行技术人员与外部公司人员之比为 1:0.96，2007 年上半年已经升至 1:1.89。

[建议]

1. 将信息技术人力资源补充计划正式列入全行人力资源规划，近年内逐步将信息技术人员占全行员工的比例调整到 3% ~ 4%。

2. 重点补充总行直管机构人员，逐步使总行直接管理的人员占比达到 60% ~70%；参考国际银行业最佳实践，结合建设银行信息技术发展不同阶段的特点，合理调整信息技术部门内部人员的结构，严格控制管理人员特别是行政人员的比例，充实需求管理、开发、测试、运行和风险管理岗位人员。

3. 按照信息技术人员的特点，搭建职业生涯发展平台，拓宽信息技术专业人员发展通道，为员工提供良好的发展机遇；打破总分行信息技术人员管理的层级架构，实行以任务为导向的专业条线式管理，实现业务部门和技术部门之间、行内行外之间人员的正常流动。

第四，信息技术应用投入的预算管理和成本分摊机制存在较大不足，没有建立普遍认同的信息技术项目优先级衡量标准，争项目、抢资源、重复建设的问题没有得到根本抑制。必须树立成本效益观念，完善预算管理和成本分摊制度及方法，设定可衡量的成本控制目标，加强对信息技术投入产出的考核。

[问题]

首先，建设银行尚没有建立客观的评判信息技术项目优先级的标准，对项目投产后的使用情况及产生的效益也无独立的评估流程，也没有与利益挂钩的奖惩机制，投入产出分析基本流于形式。2006 年总行新立信息技术项目 90 个，以前年度结转项目 83 个，分行正式在总行报备项目 516 个。大多数部门都有项目，有的部门有多个项目，各自强调自己项目的重要性。由于缺乏量化的评价体系，信息技术部门甚至决策层都很难对项目优先级进行判断，导致一般项目与重要项目抢资源，信息技术投入的重点不突出，部分项目完成后，实际产生的效果与可行性分析有很大出入。

其次，建设银行信息技术项目的成本分摊方法尚不完善，没有与部门预算和业绩挂钩，各部门没有形成成本的概念，分摊起不到应有的约束作用。

最后，建设银行的信息技术应用投入预算管理是分散的，总行负责总行本级和全行性项目的投入及日常运行维护费用，分行也有部分资本性支出和开发费用支出权限，全行在信息技术方面究竟花了多少钱，没有一个完整和权威的数据。

国际先进银行都有严格的信息技术成本分摊机制，并与实际预算、经营计划和绩效挂钩。例如，花旗银行、美国银行均对信息技术部门设有 IT 运行成本的控制目标，要求对所有信息技术项目的投资，都必须产生效益且有承担者，最终分摊到产品或产品线，并将分析报告中的预测效益在未来年份的预算和经营计划中予以体现。通过建立量化和严格的成本分摊机制和预算管理模式，促使业务部门能够谨慎地评估信息技术投资收益，自觉地进行项目的优先排序，并对信息技术部门设法降低成本上施加压力。

[建议]

1. 优化信息技术预算管理，实行集中的全口径（总行和分行、固定资产和无形资产、开发和运行维护、内部人员和外部人员等）预算管理，要说得清全行信息技术预算和实际支出。

2. 逐步建立并推行信息技术成本分摊机制，切实加强对信息技术投入产出的分析，并建立正式的、强有力的后评估机制。

第五，信息技术应用的需求质量亟待提高，应用重点不突出，鲜有吸引市场眼球的创新产品。必须加强需求整合，提高产品创新能力，发挥信息技术在流程再造中的关键作用。

[问题]

缺乏需求整合、需求质量差是影响建设银行信息技术应用能力提升的关键因素之一。造成这种情况的原因是多方面的：

从深层次看，业务部门各自为政，各管一段，使信息技术应用需求重叠和真空现象兼而有之，而恰恰需要整合的需求却因相应业务职能分散在不同部门而难以实现。例如，长期以来没有部门牵头负责实施全行统一的抵押品管理系统（目前由风险部牵头进入设计阶段），在这个领域，国内某银行已经领先我们两年；针对柜面业务的实时监控系统最早是由建设银行研发成功的，但由于找不到业务牵头部门推广而落后于其他行。

缺乏鼓励需求整合、部门合作的激励机制和氛围，对于需要多个部门合作完成的复杂项目，大部分业务部门不愿意牵头，因为这将意味着需要承担责任、投入更多的人力以及承担大量的协调工作。

从专业能力看，业务部门和信息技术部门均缺少高素质的业务需求设计人员，建设项目时，通常从分行临时抽调人员，需求质量高低取决于参加项目建设的业务人员的水平，存在偶然性。项目结束后，花很大成本培养起来的业务需求设计人员，往往又回到分行，知识和经验无法积累和传承。

[建议]

1. 提高需求质量和产品创新能力要从组织机构、激励机制、预算约束、人员培养等方面多管齐下。必须强化高级管理层各业务委员会需求整合和项目投资判别的职能，特别是要强化跨业务委员会的需求协调和应用整合职能。

2. 要从制度和流程上确保信息技术部门参与到产品创新和管理创新的过程中。应借鉴美国银行、花旗银行的做法，将信息技术人员派驻到业务部门，与业务人员紧密合作，以加深对业务特别是客户需求的理解。尽快锻炼和培养一批高素质的需求分析专业人才。

第六，数据中心、灾备中心、测试环境等基础设施建设滞后于业务发展的状况十分严峻，基础设施规模和分布不合理，资源短缺与分散重复的问题并存，业务连续性计划达不到监管要求，信息系统运行存在安全隐患。从总体上规划数据中心、灾备中心和测试环境并加快建设步伐，已是当前刻不容缓的重要工作。

[问题]

长期以来，建设银行对数据中心、灾备中心、测试环境等基础设施建设缺乏总体性和前瞻性考虑。总行、一级分行、二级分行层层建机房，大小机房约 377 个。各级行的机房虽然符合国家标准，但多数建设成本较高，安全性差，扩充空间有限。目前，由于二级分行服务器上收到一级分行，因此大部分一级分行的机房又需要扩建。新的企业架构已经将大部分系统集中到总行，主要的基础设施也将随之集中到总行，而总行数据中心建设却严重滞后，目前的场地、电力只能勉强维持，无法支持新系统上线。

正在建设中的灾备中心与南方数据中心位处同一城市，没有达到异地灾备标准，且只能承担CCBS的灾备任务，重要客户服务系统、证券系统等其他主要业务系统没有灾备。

［建议］

基础设施的总体布局对信息技术的组织机构设置、人力资源规划、总分行职能分工有着深远的影响，若不加以科学的规划和控制，则会造成巨大的浪费，并将影响信息技术资源集中管控战略的实施。

建议在充分论证的基础上，尽快评估确定核心业务系统的生产方案，确定灾备中心和测试环境部署策略。

第七，业务运营对信息技术的严重依赖，对信息技术风险管理提出了新的要求，在新环境下，原有的信息安全管理模式必须向企业全面风险管理方式转变。

［问题］

信息技术的广泛应用，在带来巨大商业利益的同时也伴随着巨大的风险，数据集中也意味着IT风险的高度集中。系统故障、程序错误、外部攻击或内部操作失误都可能导致业务的全局性中断，造成直接经济损失或商誉损害。尽管建设银行在信息安全管理方面做了大量的工作，但信息技术风险管理体系仍未形成。一是有效的灾备系统没有建成，特别是没有业务连续性计划；二是没有完整的信息技术风险管理政策；三是电子银行等的监控机制、审计机制有待完善；四是全行信息技术风险防范意识淡薄。

［建议］

在全面风险管理指导思想下，加快建立信息技术风险管理体系，完善信息技术风险管理政策，建立风险评估体系，提高风险监控能力。当前特别要继续加强重要核心系统的风险防范能力，加快制订业务连续性计划。

建设银行团队建设调研报告

监事　刘　进　董事　刘向辉

一、团队建设情况

（一）专业化服务机构建设

2005年通过的发展战略纲要指出，要改善客户销售模式，建设客户服务团队，建立完善的营销服务体系，提高综合营销能力。2007年总行领导进一步提出要结合转变客户服务模式来通盘考虑机构改革问题，以逐步削弱和调整城市管理型支行职能为载体，建立和完善专业化服务机构。总行有关部门对此高度重视，认真组织相关工作，各分行结合实际，积极采取推进措施，在业务管理、营销模式、绩效考核等方面进行探索实践，取得初步成效。

1. 个贷中心。2005年总行提出建设个贷中心的要求。截至2007年5月中旬，全行已成立个贷中心245家，其中，省分行个贷中心28家，大部分为中后台集中模式；二级分行个贷中心217家，多数实现前中后台全流程集中模式，333家地市二级分行中，65%成立了个贷中心。目前总行住房金融与个人信贷部在惠州市分行试点的基础上，正进行中心经营模式、岗位设置、业务流程、视觉管理标准化的推广。

2. 小企业中心。2005年底总行下发了发展小企业信贷业务的实施意见，2007年初又下发指导意见，提出进一步构建专业化、标准化小企业业务经营管理体系的要求。目前，确定在苏州市分行进行业务模式和流程设计的基础上，在北京市分行等九家分行进行试点，并计划逐步推广到其他中心城市行及小企业业务较发达的地区分行。之前，一些分行和二级分支行也成立了服务小企业的团队或中小企业部。

3. 财富管理中心。2005年1月上海市分行建立了建设银行系统内第一家财富管理中心。近两年总行高度重视财富管理中心建设工作，制定下发了《关于推进财富管理中心建设的指导意见》等文件，明确组织架构、建设标准、区域分布、推进目标和时间要求等。2007年总行提出全年建成80家财富管理中心的目标，截至2007年6月末，已建成开业或试营业的财富管理中心有21家，预计年底将如期完成80家的建设计划。

4. 理财中心。建设银行理财中心的建设工作近年来发展迅速。总行在政策层面上逐步明确理财中心的定位、业务范围、服务特点、内部功能区设置、选址要求及人员配备等，并要求面积超过300平方米的网点应辟出30%以上面积建设独立理财中心。截至2006年底，全行已建成理财中心702个，2007年计划新建300个。截至2007年5月末，在建理财中心147个，完成竣工验收21个，已开业44个，合计212个，完成计划的71%。

（二）任务型团队建设

近两年，全行上下越来越多地采用团队模式开展工作，包括直接面向市场和客户的营销团队、市场分析和产品研发团队、服务支撑型团队等。如总行机构业务部2006年初开始对重点地区、重点领域、重点客户进行组建任务型团队实践，2007年进一步扩大运作范围，制订了组建41个总行级任务型团队的计划。公司业务部组建了10个对公产品专家团队，并研究探索GTS服务团队及大客户服务团队模式。各分行也相继组建各类团队，如四川省分行成立了针对重点客户的任务型营销团队和财务顾问业务团队等九个产品团队，厦门市分行成立了公司与机构业务团队等八个任务型团队。

二、团队模式的优势与效果

（一）促进经营管理水平提升

通过个贷中心等专业化服务机构的建立，逐步实现业务规范化、标准化、程序化操作，促进业务经营向集约化、专业化模式转变，提升业务发展能力，增强风险控制力。例如，建设银行与美国银行合作的惠州市分行个贷中心项目，利用现代流程设计与精益生产理论对业务流程进行梳理和改进，较好实现了岗位设置专业化、员工行为标准化和管理条线清晰化的目标，同时，风险控制措施渗透到流程中各关键环节也实现了风险控制的流程化。该中心自运作以来，人均生产能力由原来的日均21笔提高到36笔，产出合格率由12%提高到90%，同时通过简化客户申请材料及签字、加强与客户之间的沟通等措施，有效提高了客户满意度。

（二）促进营销服务拓展和深化

通过建立专业化的服务机构和团队，对现有营业网点进行规划调整，逐步形成差别化服务梯队，有利于挖掘客户潜在需求，深化客户关系，建立精细的客户维护体系。如已建成的一些财富管理中心分析研究客户需求，开展差别化服务，推广专业理财产品，对高端客户跨区域服务，提升了对高端客户的挖掘拓展能力和营销服务能力，促使高端客户群体综合贡献度不断提高。这些中心还为支行理财服务提供支持和帮助，北京市分行有些支行的客户本打算转移资产，但经过财富管理中心的服务，他们最终将大量资金留在建设银行，有些客户还从他行转移资金到建设银行。

（三）促进部门、条线、层级之间整体联动

团队及专业机构服务模式开始打破层级、辖区概念，逐步改变过去以单兵作战为主的做法，整合相关业务环节，整合各方面的人力、物力资源，通过专业分工与协作，以团队组合形式为客户提供服务，促进市场竞争能力的提高。如总行机构业务部组建的任务型团队，改变了层级和条线分割的习惯做法，较好实现了优势和专业互补，取得了成功向清华大学、协和医院实施营销等一系列重大进展。团队工作方式不仅能促使不同专业人员专注于业务流程的不同环节，也有利于建设银行专业性人才的培养。

（四）有助于推动建立新的业务组织体系

专业化的经营模式和团队组合、联动式的服务方式，减少了内部业务流转环节，提高了决策与处理效率，拓宽了前台市场营销和客户服务人员的“触角”，较好地体现了以客户为中心、以市场为导向的经营理念，一定程度上缓解了层级管理体制下的一些矛盾。这些既为业务组织体系的进一步深化改革打下基础，也提供了经验和启示。

三、团队建设中的一些现实问题

（一）专业化服务机构的功能定位、管理模式需进一步研究明确

虽然建设银行近年来对组织架构的一些改革调整对提高市场竞争力和服务效率起到了重要作用，但组织体制改革仍处在探索过程中，未来的变革方向还有待进一步明确。专业化服务机构的功能定位、管理模式也存在不尽清晰之处，如各专业化服务机构是定位为利润中心、准利润中心还是成本中心，业务集中程度和模式怎样把握；随着专业化服务机构的深入推广及管理型支行管理职能的调整与削弱，支行、网点应该怎样定位，如何与专业化服务机构、团队共同构建高效的营销服务体系；等等。对于这些问题，各分行、部门的认识和理解仍不尽相同。

（二）相关工作措施不同步，造成一些矛盾和问题

专业化服务机构的建设没有与现有管理型支行组织改革调整紧密结合起来，管理型支行的组织设置与职能转换相对滞后，也在一定程度上加剧了人员紧张的矛盾。新建专业化服务机构与其他相关机构、部门之间的关系、职责划分、内部服务对接流程等还不太明确。分支行反映，内部信息沟通渠道不够顺畅，上下级行之间、部门之间协调费力耗时。有的分支机构在业务集中或上移过程中，客户细分等相关工作没有跟进做好，出现了客户服务脱节等问题。差别化政策标准的研究制定不够及时，如个贷业务和小企业业务经营管理在一定程度上还在借鉴对公业务的市场营销、风险管理、贷款审批、贷后管理等模式和政策，不能很好地适应其业务特点。

（三）绩效考核与利益分配办法需要继续研究完善

在现有的以层级管理为主的模式下，分支行是利润中心，建立专业化服务机构后，其与支行、网点的利益如何分配，不同专业机构的资本性支出、费用配置、员工薪酬如何合理确定等，是亟须研究解决的问题。总行有关部门近期在财富管理中心的绩效评价和资源配置方面作了探索，下发了指导意见，各分行也尝试制定了一些办法，下一步仍需要继续研究和完善。例如，目前个贷中心、财富管理中心等专业机构基本采取“双边记账，单边收益”的方式，收益在分支行一方，尚未实质性触及专业机构与分支行的利益分配问题。各中心不作为利润核算主体，就无法直接通过经济增加值考核来分配绩效奖励、费用等。大公司客户服务团队多采用跨层级组建方式，本身就较难确定各层级的贡献度，又受制于数据来源、信息系统基础及定价手段等因素，因此目前以产品为基础的考核大部分不能有效落实到客户经理等岗位，也难以激发团队成员积极性。

（四）人力资源配置矛盾比较突出

人员问题是各分行反映比较强烈的问题之一，具体包括以下几个方面：

1. 专业化服务机构人员配备缺口较大。网点的人员配备普遍不足，不少转型网点人员配置无法达到 8 人的最低标准，截至目前还有 52 家财富管理中心人员尚未到位。随着中心建设进度加快，这个问题将变得更加突出。个贷中心人员短缺，尤其是二级行个贷中心普遍存在人员不到位、兼岗混岗等现象，从事楼盘、中介机构营销以及贷款调查评价的专业客户经理亟待补充；小企业经营中心人员只能在 6 人左右水平，且没有专职小企业客户经理，难以满足战略性业务发展的需要。

2. 人员配置不尽合理，市场营销力量较薄弱。据初步了解，北京市分行本部 26 个职能部门共有 1 270 人，24 家综合性支行本部共有 3 114 人，两者之和占全行人数的 41%；全分行市场营销人员占 17.5%，柜面人员占 42%，中后台人员占 40.5%。国际上商业银行一般是直接营销人员和理财人员较多，如汇丰银行，其营销和理财人员约占总人数的 60%，柜台服务人员占 30%，管理人员占 10%。总体上看，建设银行市场营销力量较薄弱。全行具备金融理财师认证资格人员仅有 1 677 名，其中只有 25.52% 的人员在财富管理中心和理财中心工作，其他多数分布在普通网点、个人业务管理部门甚至其他条线，存在人才浪费现象。

3. 客户经理队伍管理有待加强。如何在各类专业机构、部门和层级之间合理配置客户经理，以及如何对客户经理队伍进行管理还需探索研究。目前，建设银行客户经理的管理和配备比较分散，很多支行、网点只有几名甚至一名客户经理，难以形成合力，团队作用发挥不够。每个客户经理都独立拓展客户、市场，有时难免会造成重复营销，在管理上又加大人员需求压力。

（五）基础建设仍存在与改革发展不相适应之处

1. 建设银行产品研发分散在部门和分行，高效率的研发创新和管理机制尚未完全形成。能够提供给客户的产品数量少，发行频率不稳定，缺乏高技术含量产品，都对专业机构的服务水平和盈利能力形成一定制约。服务高端客户的业务还存在不少“短板”，不利于竞争。财富管理中心常规发售的产品大部分都能够在理财中心或者网点销售，差别化产品匮乏，差别化服务更多地停留在给予客户某些优先、优惠等方面。

2. 科技系统的开发应用与实际需求的发展不完全同步，多个业务系统正处于整合优化阶段，一定程度上对业务造成了影响。一是系统间有些信息还不能共享，给客户经理增加了大量重复录入数据的工作，挤占了其营销和维护客户关系的时间；二是客户关系管理系统不够完善，客户信息及业务信息不完备，对客户信息的分析功能欠缺；三是多套产品销售系统并行，不同系列产品使用不同系统，而且不时出现系统不稳定、废单导致客户投诉的现象；四是系统还不能较好地支持对客户经理业绩的考核，难以做到对业绩实时监控和通报。

3. 个贷中心、财富管理中心等专业化服务机构和团队还没有形成统一品牌标识，也没有统一宣传介绍，不利于凸显专业化服务优势，影响客户对建设银行营销和服务的一致性体验，不利于提高客户对建设银行服务的认知度和认同度。

（六）任务型团队的组织运作机制有待完善

在以层级为主的管理格局下，跨部门、跨层级组建团队，需要在部门、层级之间进行大量的协调和磨合。首先，有的团队没有清晰的工作机制，任务与分工不明晰、职责不清，尤其是短期任务型团队在这一点上尤为突出。其次，团队不是常设机构，没有对团队成员工作表现进行合理评价的办法，没有建立相应的激励约束机制，有的团队成员既要执行团队任务，又要继续原岗位工作，容易影响团队工作效果，角色冲突现象难以避免。最后，相关制度建设方面还比较欠缺，对团队成员行为、授权、费用等的管理还需进行规范，对团队考核的内容及方式还需进一步研究。

四、意见与建议

（一）进一步提高对专业机构建设重要性的认识，加强对组织体制改革的系统研究和规划

建设银行近年来实施的分支机构扁平化、单元制试点、专业化经营中心建设等相关改革与调整，对提高全行整体市场竞争力发挥了重要作用。但是从总体上看，业务组织体系还不能完全适应环境变化和经营要求，目标不统一、流程不科学、办事效率不高等问题依然比较突出。专业机构和团队建设中反映出的一些问题、矛盾，实际上反映了组织体制深层次的问题和矛盾，有些在现有组织体制内已经难以完全或很好地解决。为此，要进一步提高对组织体制改革紧迫性的认识，结合正在推进的专业机构建设及其他改革试点工作，组织专门的研究团队加强对建设银行组织体制的系统研究，深入分析其整体状况、功能和效率，分析机构与部门设置的合理性、必要性，找出突出问题和不足。

（二）加强对专业化服务机构建设工作的统筹规划

专业化服务机构建设，涉及不同层级的业务调整、流程优化、利益划分，以及机构、部门、岗位的重新设置等，是一项系统工程，特别是它要与管理型支行职能调整结合起来，在流程改造方面进行总体规划与设计，优化人力资源配置，这些都不是某个部门或条线可以独立完成的，需要各部门和条线间加强协调配合。目前专业机构的建设还只是迈出了一步，下一阶段还应加强组织协调，统一规划，细化实施方案与推进步骤，把专业机构建设与管理型支行职能转变、流程改造、优化人力资源配置等相关工作紧密结合起来，协调推进，确保改革工作的顺利进行和达到预期的目标。各地经济金融环境不同，各行机构扁平化程度不一，不同类别专业机构还应结合实际情况进一步扩大试点，在总结完善的基础上稳步推进，尽量降低改革成本，避免改革走样或形式化。

（三）推进和完善相关工作，促进已建成专业机构的专业优势尽快发挥出来

1. 在前期物理建设、岗位设置、人员配备等基础性工作上，下阶段应将重点放在构建团队服务模式、推进业务创新、规范服务标准、提升服务内涵等方面，以促进专业机构尽快发挥优势，服务于战略转型。

2. 进一步研究明确专业机构的定位，清晰其内部工作流程，明确专业机构与其他机构、部门之间的职责划分，构建分工明确、高效优质的客户营销服务新体系。

3. 加强流程管理机制建设，将专业机构的业务流程、组织流程作为专门研究对象进行持续的研究、评估和管理，使其不断适应市场环境和客户需求的变化，从而持续提升竞争力。

4. 加快总分行层面的改革步伐，重点解决内部服务对接流程不够清晰，部分部门职责重叠、边界模糊等问题，强化总分行的指导、协调、服务功能，提高其服务基层和市场的能力与效率。

（四）重视构建与组织架构改革相适应的考核体系

1. 进一步研究设立专业机构的量化考核目标，完善相关考核办法。同时，设立一些较合理的非财务指标来平衡这些机构的长短期目标，促进考核目标更好地落实到机构和部门，并根据目标进行科学管理。

2. 研究建立多维度考核评价机制，使盈利分析和考核细化到客户、产品和地域以衡量业务活动的基础层面，为实施有效激励约束奠定科学基础。

3. 尝试探索对一些专业机构的员工个人设立目标，以加强员工个人责任感，逐步推进个人负责制，促使业务目标与个人目标更为一致。

4. 研究设计更为直观的基层机构考核指标体系，使支行、网点能够更专注于客户服务和产品销售工作。

5. 完善任务型团队的资源分配与考核办法，在明确工作任务的前提下，将资源配置与团队任务效果适当挂钩，团队成员工作表现以其参加的团队评价为主，逐步实现资源、考核、效益和任务的统一。

（五）科学合理配置人力资源，打造高素质专业机构服务团队

1. 改变在人员配备方面贪高求多的习惯思维，强调在数据分析基础上对人员进行科学配置。惠州个贷中心在人员配备标准上就进行了较好的尝试，通过设计和重组个贷流程，在充分考虑岗位技能要求、业务量、工作效率和强度等要素的基础上，根据较为详尽的数据分析结果，提出中心配备相应素质人员的标准，有效避免了过去喊缺人却说不清到底需要多少人等问题。

2. 人员配置要进一步体现扁平化、市场化和高效率的理念，专业机构建设、支行转型、业务整合要坚持强调重组、精简机构和人员，强调根据岗位、流程的特点和需求，结合人员的素质和特点来配置人员；要从严控制管理岗位的职数，适当放宽对专业技术职数的限制，完善鼓励政策，引导更多的人员充实到前台、中台尤其是一线营销和理财队伍当中。

3. 加强对客户经理队伍的科学管理，对客户经理队伍的现状进行一次全面摸底，以便在管理、使用、储备、培训等方面作出有针对性的制度安排。解决好影响客户经理积极性的收入与贡献相匹配和晋升渠道这两个核心问题。专业化营销服务模式的推进，对员工素质将会提出更高的要求，因此，要采取措施强化业务培训，尤其要重视培养服务高端客户的专业人才，打造高素质的专业团队，以适应竞争和创新的需要。

（六）加强基础和文化建设，为新的业务组织体系提供有力支持

1. 建立高效的产品研发与创新机制，提高对市场需求的反应速度，加快形成与差别化服务要求相适应的多元化产品体系。抓紧建立完善面向市场和客户的信息管理系统，支持一线机构为客户提供快捷高效的服务。统筹考虑品牌建设，通过标准化的硬件建设、统一的视觉标识、规范的服务水准、统一的产品品牌，塑造建设银行专业与高效的服务形象。

2. 营造与团队建设相适应的文化环境，倡导与团队工作相适应的价值观，鼓励注重集体目标、团结协作、参与支持、分享信息和资源等精神，制定团队行为准则，建立开放式交流平台，为团队成员、部门、层级之间提供更多交流融合的机会，通过企业文化来促进团队建设的健康发展。

深圳市分行、广西壮族自治区分行理财业务开展情况调研报告

董事　王淑敏　朱振民

一、理财业务开展基本情况

目前国内理财业务具有市场需求大、客户层次广泛、风险较低、经营收入稳定的特点，几乎所有商业银行都已将发展理财业务作为发展中间业务的突破口。近年来，建设银行深圳市分行、广西壮族自治区分行大力发展理财业务，在加快理财服务渠道建设、充实理财人员专业队伍、尽力为客户提供专业化服务等方面取得了较大的进展，初步搭建了理财业务发展的组织架构，业务发展势头良好，为下一步理财业务快速健康发展创造了有利的条件。

（一）开展理财业务的组织架构已初步建立

目前两家分行主要有四个部门从事理财业务，分行个人金融部负责个人理财产品的营销和管理工作，主要有"利得盈"、"汇得盈"、代销基金、国债等产品；公司业务部主要负责对公理财产品的营销和管理工作，主要有企业财务顾问、资金结算网络等产品；机构业务部负责代理保险、"百易安"理财产品的管理和营销；国际业务部主要开展对公外汇理财业务的营销和管理工作，主要产品有代客外汇资金管理、代客外汇债务风险管理等。同时，分行下属各分支行的理财中心和财富管理中心成为向客户提供理财服务的主要窗口，深圳市分行分别拥有总行级、分行级标准理财中心40家和51家，设立理财窗口的支行有9家。两家分行在从事理财业务的部门均设置了专门的岗位，为理财业务的开展提供了基础保障。

（二）理财产品种类逐渐丰富，理财业务发展势头良好

经过近几年的发展，理财产品形成了代理和自营两大类，代理类主要有代销基金、集合理财计划、集合信托计划、保险、国债等，自营类主要有"利得盈"、"汇得盈"、账户金、实物金等。如广西柳州分行抓住发展机遇，从满足客户投资理财需求出发，整合基金、"汇得盈"、"利得盈"等多种理财产品，梳理出了八个理财产品系列组合，根据不同年龄段、不同收入层次客户的不同需求，向客户推荐不同产品系列组合，提供个性化的一揽子理财服务，不断巩固客户关系，促进理财业务发展。深圳市分行2007年3月提前上线了总行高端客户理财产品管理系统，并利用该系统对外发售了深圳市分行自主研发的第一只理财产品——"新股宝"人民币理财产品，满足了众多客户的理财需求。深圳市分行还不断加大对深港联动代客理财、定制化信托理财等高端特色理财产品的研发力度，以适应不断变化的市场需求。

在这些措施的有力推动下，深圳市分行2007年前4个月理财产品销售额达53.6亿元，与去年同期相比增幅达637%。以代销基金为例，广西壮族自治区分行2007年前4个月实现基金销售额23.52亿元，实现代销手续费收入2 500万元，代销额和手续费收入均超过了2006年全年的总和，业务增长迅速。在个人高端客户拓展上，两家分行均提前超额完成计划。深圳市分行AUM 300万元以上个人客户新增267户，计划完成率为267%；广西壮族自治区分行为56户，计划完成率为140%。

（三）理财业务队伍建设取得了初步进展

这两家分行均已初步建立了理财业务营销队伍并拥有一批高素质的理财专业人员。深圳市分行专职从事理财业务的客户经理达近200人，大专学历以上人员占比为89%，其中取得中国金融理财师（AFP）、国际金融理财师（CFP）资格的有24人，人员素质相对较高。广西壮族自治区分行建立起了223人的专职客户经理队伍，另有见习客户经理和大堂经理226人兼职从事个人客户经理工作，其中取得中国金融理财师、国际金融理财师资格的

有31人。目前两家分行都有部分客户经理具备为客户提供顾问式理财服务的专业水平，可以针对客户个性化的金融需求为其设计相应的理财服务。2007年上半年，两家分行还优选了更多的优秀个人客户经理参加中国金融理财师资格考试，力争建立起一支具备较高专业素质的个人理财专家队伍。

（四）理财业务销售仍以传统渠道为主

建设银行理财产品主要通过网点柜面销售，电子银行销售渠道的建设和推广明显滞后。以基金销售为例，两家分行的基金代销业务依然主要依靠网点柜面操作完成。以深圳为例，招商银行深圳市分行90%的基金销售通过网上银行完成，工商银行深圳市分行网上银行的基金销售量也达到30%，而建设银行深圳市分行网上银行代销率仅有1%。不仅代销基金如此，销售自营理财产品也面临同样的问题。截至2007年6月末，全行共销售理财产品1 137.32亿元，其中自行发行理财产品321.26亿元，销售代销类理财产品816.06亿元。除27.8亿元为“一对一”信托理财产品等通过客户经理销售外，其余均为柜台销售，后者占比达到97.6%。这不仅为柜面带来很大的业务压力，而且给客户带来操作上的不便，不利于产品的持续营销，导致建设银行理财客户尤其是高端客户流失。

二、理财业务中存在的主要问题

（一）理财业务发展战略缺失，管理架构分散，体制、机制尚不到位

目前建设银行还没有制定出统一的理财业务发展战略，缺少发展理财业务的中长期规划。员工对理财业务发展的方向和努力的目标也不太明确。在机构设置上，各一级分行以客户为主线设置前台部门，理财产品的研发、营销和管理基本分散在不同部门。由于不同部门间缺乏横向协调联动机制，前台、中台、后台业务流程还没有完全理顺，业务发展中遇到问题时部门间的沟通、协调成本较高，解决问题的效率低下，因此业务人员面对市场需求很难做到快速反应、积极应对，严重影响了建设银行集中各方面优势资源共同推进理财业务发展。

（二）受考核制度影响，分行开展理财业务的积极性尚未充分调动起来，认识有待进一步提高

分行对于各项业务是否重视取决于业务是否带来经济增加值收益以及是否有明确的指标考核要求。从直接核算结果来看，理财业务所取得的收益不如存贷款业务所取得的收益，所以基层行营销的积极性受到影响。在分支行KPI考核主要业务指标中有个人储蓄存款时点新增、对公存款时点新增等指标，而对公客户购买理财产品或进行专户理财必然会分流分行企业存款，分行从完成任务指标的现实性出发，缺乏开展对公理财业务的积极性。

但开展理财业务能够为客户提供丰富的金融服务体验，优秀的理财服务能够吸引更多的客户到建设银行开办各类业务，开展理财业务应该成为拓展市场的重要手段；在同业大力开展理财业务时，如果建设银行落后，客户会有逐渐流失的风险。从这个意义上看，基层行人员的认识有待进一步提高。

（三）理财业务产品创新性不足，不能充分满足客户综合性服务需求

建设银行理财产品主要以低风险、低收益产品为主，缺乏满足高中风险偏好客户需求、相对收益较高的产品，没有形成产品系列。在产品流动性方面，建设银行理财产品在二级市场上流动性差，尚不能当做抵押品成为申请贷款的担保手段。此外，建设银行个人理财产品与其他银行的产品之间存在较强的同质性，针对客户特别是顶端客户的个性化需求定制的服务还较稀少。这些都影响了客户认购的积极性，反映出建设银行理财类产品市场竞争力较弱。

（四）客户需求传导层次繁多、链条过长

客户需求信息由前台人员通过支行、分行层层传导至客户管理部门后，再传递到产品设计开发部门，在这个过程中，信息要素难免出现缺失、扭曲甚至演变，时效性也大打折扣。一方面，总行产品设计开发部门无法及时获取市场动向和客户需求信息；另一方面，前台销售人员也无法获得及时的和必需的技术支持及需求响应。这类问题影响了建设银行理财产品创新和业务发展。

（五）专业理财人才非常紧缺，培训欠缺

理财业务涉及财务、投资、银行、保险、奢侈消费品等各方面的理论知识和实务操作，对理财经理的个人素质要求相当高。建设银行理财经理大多数是从个人结算岗位转岗而来的，对专业理财知识掌握有限，加上培训无法及时跟上，从而难以满足市场和客户的需求。在向高端客户推介理财产品时，有时甚至会出现无法进行有效沟通的情况。在对公理财方面，通常建设银行客户经理的专业知识水平低于优质企业财务经理的水平，因而导致双方无法在同一层次上进行沟通交流，影响了客户对建设银行理财产品的技术认可和品牌认同，使建设银行客户经理在产品推介过程中处于不利地位。

（六）理财业务软件系统功能不完善、运行不稳定

目前分行用于基金销售管理的是证券业务系统，用于“利得盈”、“汇得盈”销售管理的是理财业务系统，用于保险销售管理的是“银保通”系统。系统间交替操作不仅增加了柜台人员的工作量，延长了客户等待时间，还带来了潜在风险。在资本市场火暴、交易量猛增时，证券业务系统与DCC核心系统进行数据交换时经常有时滞现象，甚至瘫痪，无法正常运行，严重影响客户资金按时到账，造成客户投诉。这不仅影响到建设银行理财产品销售业绩，还有损建设银行的声誉。分行还反映销售基金等理财产品时，所有的数据分析需要大量的人工统计，工作量巨大且效率不高，不利于各分行及时掌握基层行销售理财产品的情况，也占用了前台理财经理大量的时间和精力。因此，很多分行前台人员强烈建议增加证券业务系统销售产品的报表统计功能。另外，与其他商业银行相比，建设银行的网上银行、电话银行、自助设备还不能为客户提供7×24小时的基金、国债等产品的销售服务，费率也没有优惠，使建设银行的竞争实力大打折扣。

三、进一步发展理财业务的建议

（一）统一认识，制定全行理财业务发展战略

理财业务应是建设银行未来战略发展重点之一，卓越的理财业务品牌能够增强建设银行的市场竞争力。理财业务不仅可以留住、培育和吸引优质客户，而且还能提高非利差收入，降低经营风险，有助于实现战略转型。要加大宣传和政策引导力度，使全行上下对此有更加清晰和统一的认识。为了明确理财业务的发展方向和行动步骤，应尽快制定全行理财业务发展战略，明确理财业务发展的目标、管理架构、定位和阶段性工作措施。

（二）理顺理财业务管理架构，提高经营效率

现阶段理财业务多头管理、分散经营的局面不仅体现在广西壮族自治区分行和深圳市分行，也是全行的普遍问题。从管理架构来看，目前总行产品研发和销售职能也是分散在多个部门，存在分工欠科学、职责不清晰、缺乏统筹管理等问题。从业务发展要求看，建议采取前台营销部门（渠道）多元化、中后台部门集约化的模式，对理财业务涉及的部门进行职能重组，尤其是对产品研发部门要加强统筹。

（三）制定明确的激励考核政策，加大激励力度

相对同业而言，现阶段建设银行对理财业务的整体考核力度还偏小。据了解，工商银行广西壮族自治区分行不仅对理财业务实行捆绑考核，其激励标准也高于建设银行。应建立健全理财业务激励考核制度，加大对前台人员营销和中后台人员产品创新的激励力度。研究完善多种产品营销业绩捆绑考核的模式，完善对理财产品的买单制，从而调动各方的积极性、主动性和创造性，在现阶段更好地推动理财业务的发展。

（四）建立专业化的、适应理财业务发展的人力资源管理体系

强化理财业务从业人员选拔、考核、激励和晋升体系建设，建立专业化人力资源管理制度。要加大对理财业务人员的培养和培训力度，逐步建立起与理财业务相适应的专业化队伍。理财业务专业化队伍应包括高层次的研发队伍和高素质的专业销售队伍。通过继续举办AFP、CFP培训等方式，鼓励更多的理财经理取得相应的资格认证，扩大理财师队伍。

（五）建立信息传导机制，提高市场响应能力，加强对分行的产品和信息支持

要尽快建立一套通畅的自下而上的市场需求信息传导和反馈机制，最好明确一条快速反应路线，在总行有关部门与分行前台人员之间架起一座桥梁，一方面保证市场信息快速、准确、充分地传递到总行产品开发设计部门，另一方面也使前台理财经理能充分、正确地理解总行理财产品的内涵，并获得总行在理财信息上的技术支持。在产品创新方面，应尽快集中有限人力资源，形成专业化的产品创新队伍，这支队伍应能与其他部门充分沟通和交流，并能方便借助外部资源。

（六）实施系列化的品牌策略

随着市场竞争的逐步深入，各商业银行为了突出自己的业务和服务特色，陆续推出了自己的品牌，例如，中国银行推出“中银理财”，招商银行推出“金葵花理财”，光大银行推出“阳光理财”。目前建设银行在市场上较有影响力的品牌有“汇得盈”、“利得盈”、“建行财富”、“乾图理财”等，但与其他商业银行相比，品牌之间的联系性不强，缺少一个响当当的能代表建设银行特色的主品牌去与其他商业银行抗衡。

理财品牌主要面对的是广大客户群体，因此，理财品牌要进一步体现个性化、情感化、人文主义的发展趋势，体现建设银行服务的准确定位和文化内涵。随着未来建设银行向理财业务市场的全面进军以及系列化理财产品的不断推出，建议总行尽快打造出一个具有建设银行特色、清晰响亮、财富管理理念突出的理财品牌，并整合现有理财产品名称，结合其各自产品特点作为子品牌形成系列化产品组合，从而真正使建设银行推出的理财产品用得好、记得牢，易于推广。

（七）研发差别化的理财产品组合，提高产品研发效率

目前建设银行个性化的分层次服务已经初步实现，但专门针对高端客户定制的产品较少，高端客户产品与提供给大众客户的产品严重同质化，不利于差别营销的开展。在产品种类设计上应该更加丰富和多样化。

要尽快成立理财专家团队，为各分行理财经理及时提供理财信息，并着重研究面向高端客户和顶端客户的专门产品；形成针对高端客户的产品研发机制，为各分行的业务拓展提供有力支持。

在产品营销推广方面，要强调自上而下推广产品，高端客户部门、资金部门及其他部门需要明确职责分工，合理安排档期，协同组织营销推广产品。要充分借助广告、网上信息等多种方式宣传建设银行理财产品，使客户能够尽快知晓建设银行理财产品系列及其推出计划。

（八）加强风险管理，确保理财业务健康发展

随着理财产品种类和内容日渐丰富，产品风险特征也趋于多样化和复杂化。为了切实保护客户利益，有效控制销售风险，建议总行在产品设计环节就要准确识别并定义理财产品的各类风险点，与产品说明一同下发到分行理财经理手中；在销售环节，理财经理要对客户的风险偏好和风险承受能力作出评估，根据评估结果推荐适合客户的理财产品，同时，应充分阐述理财产品的风险点，做好对客户的风险提示工作，客观、全面地揭示理财产品风险。

（九）加大技术支持力度，进一步优化科技系统

进一步优化完善证券业务系统，提高其稳定性，尽可能减少不同系统间互相切换的人工操作，并增加证券业务系统销售产品的报表统计功能。研究立体化网络营销服务体系，加大对网上银行、电话银行、自助设备等渠道的整合力度，扩展为客户服务的范围，增加服务种类。

电子银行专题调研报告

董事　刘向辉　王永刚

一、建设银行电子银行发展成绩显著

建设银行电子银行尽管起步较晚，但经过全行共同努力，有了长足发展，有些方面在国内同业中处于领先地位，为电子银行进一步发展奠定了坚实的基础。

一是电子银行业务连续多年成倍增长（见表1），初步显现了电子银行作为重要交易和营销渠道的作用和地位。

表1 电子银行发展情况

电子银行发展情况＼年份	2003	2004	2005	2006	2007（上半年）
客户数（百万户）	3.3	15.2	31.4	43.3	56.8
交易量（亿笔）	1.0	1.9	3.5	8.1	7.8
交易额（万亿元）	1.5	4.8	9.4	30.7	31.8

二是构建了电子银行服务体系，某些方面在国内同业中处于领先地位。建设银行已开发建设了个人网银、企业网银、重要客户服务系统、电话银行、手机银行、短信平台和国际互联网站，构建了比较完整的电子银行服务体系。重要客户服务系统成为建设银行拳头产品，近600家集团客户开通服务；近20万企业客户开通企业网银服务，组建对公结算网络2万多个；95533集中分布式客户服务体系在国内同业中处于先进水平。2006年新版个人网银上线后，市场影响力和品牌知名度显著提升。建设银行手机银行是国内同业中唯一一家同时覆盖移动、联通两大运营商的手机银行。

三是初步建立了电子银行组织架构，培养锻炼了一支比较优秀的专业队伍。全行38家分行有34家成立了电子银行部，部分二级分支行设有独立的或与相关部门合署办公的电子银行部门。培育了一支具有较强竞争力的电子银行专业队伍，全行专职电子银行人员2 500人左右，其中95533客户服务中心1 900多人。成立刚一年多的95533成都中心，坐席员达到450名；2006年11月成立的电子银行广州研发中心，首批40多人已投入产品研发。

二、当前电子银行发展中存在的突出问题

（一）管理体制不顺，职责定位不清，电子银行与全行整体业务发展融合度不高

2006年3月以前，总行电子银行部隶属信息委，主要承担系统建设、产品研发和运营维护等中后台职能。2006年，电子银行部由隶属信息委调整到隶属个人委，虽然条线管理上明确电子银行部为前台部门，其职能前移，与个银业务的结合有所加强，但仍未按照前台部门的要求配置市场营销和服务支持队伍，其前台部门职责实际难以落实。

电子银行条线管理也不够明晰。从一级分行看，有的分行电子银行部隶属个人业务条线，有的隶属公司业务条线，有的隶属信息技术条线，有的未设独立部门。二级分支行中有的与科技部门或信用卡部门合署办公，有的在个人金融部或公司业务部下设置专岗，还有少部分在办公室设置专岗。基层网点承担电子银行业务职责的岗位更是五花八门。

（二）资源投入严重不足，与其战略性定位和销售主渠道的地位不相适应

总行早在2003年就提出电子银行是建设银行的一项战略性业务，但资源投入偏少。从2003年到2007年的五年时间里，总行累计配置费用不足3亿元，其中2007年为2.1亿元。电子银行营销宣传力度也不够，缺乏大规模、持续性、有影响力的大型营销活动，市场影响力和品牌知名度明显落后于工商银行和招商银行。

建设银行配置的电子银行产品研发费用严重不足，特别是决定电子银行竞争力的设备扩容、研发测试中心建设、灾备系统建设及风险赔付机制建立等基础性投入基本没有。电子银行研发中心牌子挂了半年多，至今关系还没有理顺，人心涣散，队伍不稳，办公临时借用广东省分行场地，没有独立的研发费用，很难组织战略性、前瞻性研究开发。

（三）队伍建设滞后，专业人员紧缺，是制约电子银行发展的最大瓶颈

近些年电子银行业务规模扩大了几十倍，从单独的网上银行平台发展到网上银行、重要客户服务系统、电话银行、手机银行、短信平台等完整的电子银行服务体系，工作任务增长了数十倍，

但除了总行本部增加少量人员和95533客服中心增加一些短期工或劳务派遣制员工外，各分行电子银行专业人员基本维持在几年前的水平，真正从事电子银行产品研发、业务管理、市场营销、服务支持的人员不足600人。电子银行专业研究开发人员太少，广州开发中心专职负责电子银行项目开发的技术人员仅有40余人。

（四）系统架构、业务流程和制度设计与电子银行这一新的工艺流程不相适应

建设银行电子银行系统大都基于传统网点渠道特点来建设，大部分业务产品在设计时没有充分考虑如何满足在电子渠道部署的要求，业务和产品流程及管理制度也是依据物理网点的特点设计制定的，没有充分考虑电子银行渠道特点。如核心系统很多功能只适合在物理网点渠道开放，要在电子银行渠道部署，必须作二次开发；一些产品虽然部署在电子银行渠道，但业务流程仍沿袭过去物理网点渠道的流程，使得流程复杂，系统不稳定，客户使用起来很不方便；大量产品包括目前比较热销的建设银行自己的理财产品，长时间无法在电子银行渠道部署，造成建设银行电子银行很多重要产品和功能缺失。

如对公结算只考虑在企业周一至周五的营业时间运行，当客户需要电子银行渠道提供7×24小时服务时，改造难度巨大，甚至有关部门对此的认识尚未统一。又如基金业务，2003年网上银行就开发了网上基金业务，但客户每申购认购一只新基金，都要到柜台开户，手续十分烦琐，直到2007年4月问题才解决，但已错过两年基金畅销商机。

（五）产品研发机制和管理方式落后，以“客户为中心”的理念在产品研发中未能真正落实

电子银行产品缺乏科学的产品研发机制，客户、电子银行和科技三个部门，由谁主导产品研发不明确，人员分散管理，职责不清，导致电子银行产品的创新性、前瞻性不够，致使建设银行电子银行产品和服务在激烈的市场竞争中往往不能令人满意。此外，因人员不足，电子银行很多重要产品和系统研发只能采取外包或组织临时团队的方式，项目完成后，人员散去，产品系统的持续完善和升级无人负责，问题不断暴露积累却不能得到及时解决，使得一些项目最初还是业内领先，但因缺乏持续更新升级能力，最后变成落后。

（六）后台产品体系复杂，渠道部署困难，系统稳定性差

一方面，电子银行业务覆盖面广，业务运行流程复杂，运行环节多，客观上影响了系统的稳定性，极易出现交易堵塞和异常情况；另一方面，电子银行和技术服务的流程及机制不完善，当基层行发现异常错误时，无法判断是哪个环节出现问题，也不知道寻求哪个部门的帮助，只能向多个部门反映，逐个环节排除，处理效率低，造成大量客户集中投诉。

（七）电子银行业绩和价值考核，缺乏科学和量化的评价体系

一是在经济增加值考核和贡献度评价中，对电子银行缺少量化指标，部门直接业务收入反映不全面。如基金、外汇、大部分企业网银结算费和重要客户服务系统结算费仅反映在相关业务部门，电子银行部门工作业绩没有相应体现。二是成本节约创造的价值在经济增加值考核中也未能体现。

三、统一思想认识，转变经营模式，实现二次创业和超常规发展

加快建设银行电子银行发展，关键是提高对电子银行重要性的认识，明确电子银行发展战略；核心是推进经营模式由以机构网点为主向机构网点和电子银行并重转变；重点是确定二次创业和超常规发展的目标任务及重大举措。

第一，充分认识加快发展电子银行的重大战略意义。从国内外发展情况看，电子银行成为现代商业银行新的战略性业务和利润增长点，它不只是传统银行业务在电子渠道上的简单移植，而是在基本覆盖公司客户和个人客户所需要的绝大部分传统银行业务的同时，将银行业务与信息技术紧密结合起来，通过电子银行满足客户各种金融服务需求，是具有全新流程的创新型业务。

第二，转变传统经营模式是建设银行发展的当务之急。近年来，建设银行积极推进业务结构和收益结构的调整转型。但是，从经营模式上看，建设银行仍然是以机构网点为主，与国内先进银行相比，电子银行的客户数、交易额都较少（如表2所示）。

建设银行电子银行特别是网银服务能力不足，在基金交易方面更为明显。2007年建设银行上半年代销基金总额3 194亿元，

主要是通过机构网点办理，通过网上银行交易的基金额只有234亿元，占全行基金交易额的7%；而工商银行网上代销基金额仅6月一个月就达574亿元，占该行当月基金交易额的43.6%。

必须清醒地看到，全球已经进入信息时代，现代商业银行的经营模式应是“两个渠道办银行，两个渠道做业务”。在电子银行渠道，同业竞争十分激烈，一些银行已明确提出加快发展电子银行，实现经营模式转型，尽快抢占市场，有的已占得某些先机。如花旗银行快速在广州、珠海、大连建立1 400多人的金融服务软件研发中心就是一个明显例证。建议全行上下要转变思想观念，转变经营模式，依托电子银行渠道开拓市场，营销客户，改善服务，提高效率，降低成本，增加盈利，提高竞争能力，把我行建设成为国际一流的现代商业银行。

第三，电子银行加快发展要明确目标，理清思路。电子银行要实现二次创业和超常规发展，首先，要明确电子银行发展的具体目标，即要把电子银行建设成为交易营销和客户服务的主要渠道，电子银行交易量与柜台交易量之比要由现在的30%提高到2010年的60%，2013年达到100%（目前美国银行为130%）。其次，必须要有新思路、新理念、新举措。一是电子银行部要从产品研发部门向市场营销、客户经营、价值创造部门转变，二是电子银行业务要从机构网点的辅助地位向交易营销服务主渠道转变，三是电子银行产品要从一般支付结算向全面覆盖银行产品转变，四是电子银行队伍要从以单一专业人员队伍为主向金融和信息技术复合型人才队伍转变，五是电子银行宣传要从以一般品牌口号为主向以产品功能特性宣传为主转变。

表2　　2007年上半年工商银行与建设银行个人网银和企业网银对比表

对比项目	工商银行	建设银行	两行之比（工商银行为1）
个人网银客户总数（万户）	3 100	1 500	1:0.48
上半年新增客户数（万户）	740	350	1:0.47
上半年实现交易额（亿元）	15 000	4 300	1:0.29
企业网银客户总数（万户）	80	22	1:0.28
上半年新增客户数（万户）	19	6.6	1:0.35
上半年实现交易额（亿元）	360 000	160 000	1:0.44

资料来源：根据《建设银行报》2007年7月24日第3版资料整理。

四、对加快发展电子银行的重大举措的建议

（一）加强组织领导，理顺管理体制

当前制约电子银行业务发展的深层次原因是电子银行的管理体制不顺。电子银行业务涉及个人、公司等业务部门，又涉及计财、会计等管理部门，还与营运、信息技术等部门密不可分。要使电子银行业务快速发展并迎头赶上同业先进水平，必须理顺电子银行业务管理体制。有两种方案可供选择：

一种方案是维持现行层级管理体制不变，做实电子银行推进委员会。一级分行也要成立相应的电子银行推进委员会，形成各级行“一把手”亲自抓、有关行领导共同抓的电子银行工作机制，做到对私、对公等各项电子银行业务都能快速发展。明确电子银行部是总行电子银行推进委员会的工作机构，是建设、经营、管理、服务电子银行渠道的主管部门，强化电子银行部的前台部门职能，理顺电子银行部与业务部门、科技部门和运营支持部门的关系，界定各自的职责边界。充实电子银行人员队伍。

另一种方案是把电子银行做成一个超大的虚拟交易场所并通过网络在线完成各种交易，不再机械模拟网点的多层设计模式。对电子银行实行事业部制，进行条线垂直管理，做大总行集中营运和管理平台，在总行电子银行部下设6个电子银行中心（包括95533客户服务中心）和1个电子银行研发中心，负责全行电子银行产品的集中研发、集中培训、集中运营、集中服务支持和集中风险监控，尽量减少层级设置。

两种方案各有优劣势。方案一的优势是继续维持现有层级管理模式，不涉及组织架构重新调整，改革力度相对较小，推进难度和阻力较小，易于实施；劣势是与高度集约化的电子银行业务特点不相符，不利于电子银行业务优势的发挥，人力资源分散、市场响应速度慢、标准化程度低等制约电子银行业务发展的深层次问题未能根本解决。方案二的优势是对电子银行条线垂直管理，打破物理网点多层级管理模式，从根本上理顺了电子银行管理体制，较好地界定了电子银行条线与各业务条线的职责边界，理顺了关系，符合电子银行高度集约化、专业化、标准化的特点，有

利于降低电子银行管理成本，节约电子银行人力资源，提高电子银行标准化程度和市场响应速度；劣势是改革力度大，推进难度较大，实施时间较长。

（二）组织制订电子银行发展规划

立即组织有关方面人员，成立电子银行二次创业规划小组。规划应立足专业化、集约化和现代化，富有前瞻性和预见性，体现大思路、大手笔，能满足未来5～10年的发展要求，确保近期超常规发展。

（三）完善研发机制，增强持续创新能力

电子银行产品和系统研发要尽快完善跨部门需求整合机制，以及科学的需求论证和业务验收制度，真正贯彻“以客户为中心、以市场为导向”的理念，严格要求，严格管理，并实行有效的激励约束和奖罚制度。建立强大的、稳定的研究开发团队，对电子银行核心系统和重要产品要真正做到自主研发，摒弃长期实行的重要系统和产品由临时团队开发的模式。要打破部门界线，统一组织相关业务部门、电子银行和科技部门人员，组织实体性的、稳定的、跨部门的研究开发团队，确保核心资源（包括业务资源和技术资源）用在最迫切需要发展的电子银行业务上，共同促进电子银行业务的超常规发展。

（四）加大人力资源投入，建设一支复合型人才队伍

电子银行要实现二次创业和超常规发展目标，在人力资源方面有必要采取一些特殊措施，而不应将其视同一般分支机构，长期要求零增长。近期，可以通过行内人员结构调整，将符合条件的专业人员调整到电子银行部门；同时，应立即着手招聘一批应届大学毕业生和研究生，从人才市场引进一批通晓金融专业和信息技术的复合型人才，充实到电子银行重要管理岗位和重点研发机构中。如增加电子银行研究开发和测试人员，迅速增强研发力量，建立稳定的测试队伍；增加互联网站开发和维护人员；及早在总行组建网上银行安全控制和风险监控团队，确保网银系统不出重大安全事故；等等。

加强电子银行队伍建设，要建立电子银行从业资格认证体系和专业技术职称序列。采取实际措施，鼓励单一专业人员学习新的专业知识，成为复合型人才。公司业务和个人银行业务客户经理，应经过培训，掌握相关电子银行基本知识，并将掌握知识的情况与个人薪酬挂钩。建立电子银行（产品经理）专业职务序列，拓宽职业晋升通道。

（五）加大财务资源投入，强化电子银行基础设施建设

一是抓紧推进6个电子银行中心（含95533客服中心）的建设。积极配置财务资源，确保2009年6个中心全部投产运营。二是建设集中后台处理中心。未来两三年，规划建设集中的、现代化的、综合性的后台处理中心，将电子银行中心、电子银行研发中心集中到后台处理中心办公。三是规划建设电子银行研发基地和测试基地。参照工商银行水平，规划建设一两个较大规模的研发基地和测试基地，有条件时并购1～2家软件公司。四是加大电子银行专项激励费用、市场营销费用、宣传费用等方面的投入。未来几年，要强化电子银行的持续营销功能，策划组织大范围、有影响、有声势的市场营销活动，在宣传费用投入上要提高电子银行的占比；将电子银行品牌和产品宣传作为建设银行宣传重点，以树立建设银行现代商业银行形象；推进网点转型，规划建设3 000个电子银行体验区。

（六）完善电子银行考核体系，建立激励约束机制

一是推行双线考核制，加大考核权重。完善对各分行电子银行交易额、市场占有率等指标的考核，尝试将电子银行客户数、交易额等重要指标在对公、对私板块双向下达、双向考核，加大考核权重；对电子银行创造的收入，电子银行和业务部门双线统计、双向考核，将电子银行交易占比作为达标性指标。二是转变考核思路。认真总结推广一些分行将电子银行成本替代纳入经济增加值考核的成功经验，以全面客观评价电子银行渠道贡献。

（七）强化安全保障措施，加大电子银行推广力度

一是建立电子银行风险赔付金制度。要采取切实可行的措施增强客户使用电子银行的信心。对客户在使用电子银行过程中无过错发生的一定损失，银行先行赔付，以消除客户顾虑。要制定简便快捷的赔付金支用审批程序，确保快速赔付，防止媒体炒作造成不良影响。

二是建立在线交易监控系统平台。组建安全控制和业务监控团队，从技术和业务层面分别对电子银行渠道风险进行跟踪研究和控制，变被动防御为主动预防。

三是积极投放安全产品工具。制定优惠政策，对不同档次客户，用免费、半价或成本价等方式投放安全产品工具。

四是建设电子银行灾备系统。电子银行的特点决定了灾备系统的特殊重要性，必须尽早将其纳入统一规划，统一建设。

五是组建电子银行运营服务团队。在总行成立由业务部门、电子银行部门、科技部门、运营部门等共同组成的跨部门工作团队，共同研究解决大客户反映的问题，在95533客户服务中心设立企业客户专家坐席组，统一受理、答复，解决企业客户和基层分支行的咨询、投诉、建议等。

（八）拓宽发展思路，扩大电子银行产品和服务领域

一是打造建设银行特色“大卖场”，加速建设银行业务“上网”步伐。加快规划建设“网上商城”，打造“网上大卖场”，逐步把“网上商城”建成集营销宣传、交易处理、资讯服务为一体的综合性服务阵地。

二是加强与各类机构的合作，寻找服务商机。大力发展与商旅公司，中介机构，民航、铁路、公路客货运输企业，政府主管部门等外部单位的合作，共享客户资源，挖掘服务商机。

三是积极挖掘国际互联网商机。加强与国内外主流门户网站、搜索引擎巨头、电子商务网站的合作，利用其活跃公私客户，拓展客户群体。

四是加强互联网站建设。尽快充实人员，把建设银行网站建设成为信息丰富、特色鲜明、有吸引力的宣传窗口和营销平台。

关于影响建设银行信用卡业务发展的问题和建议

董事 张向东 监事 金磐石

信用卡业务不仅是银行未来重要的利润来源，而且是维系银行与中高端客户之间联系的纽带，是银行管理风险和营销其他产品的基础。自2003年正式发卡以来，建设银行信用卡业务发展迅速，发卡量增势明显，消费交易额快速增长，不良贷款率保持较低水平，业务发展水平居业界前列。

但是，国内信用卡市场还处在培育成长期，很难用国外成熟市场上的盈利水平和盈利周期来类比国内市场，建设银行信用卡业务的盈利前景短期内也很难有非常乐观的预期。由于信用卡业务对建设银行业务战略转型具有特殊重要意义，因此必须大力发展。

一、业务组织模式

［现状和问题］

目前，建设银行信用卡中心作为总行的直属管理部门，既负责业务经营管理，又是一个后台运营和管理中心，包括客户服务、信用审核、集中发卡及业务策划管理等，分行信用卡中心负责市场营销、征信审核、商户拓展及催收等。分散的层级授权和责任体系，虽然发挥了分支行的积极性，但存在决策质量低、市场响应慢、资源投入和激励机制难以到位等问题，不仅难以满足客户需求，而且建设银行原有的优势和特色也会逐渐丧失，不足以支撑信用卡业务的快速发展，因此需要通过体制机制改革来进一步加快信用卡业务的发展。董事会决策推进信用卡业务单元制改革，即信用卡业务实施集中管理、独立核算，这有利于信用卡业务高速发展。但信用卡业务实行单元制运作后，必须有相应的激励、资源配置和考核等政策及时跟进，否则很难继续调动分支机构的营销积极性，发挥建设银行在客户、网络、品牌上的整体优势，这是单元制改革成功的关键。

［建议］

1. 按照董事会决策，尽快推进信用卡业务单元制改革，集中管理、集中经营，减少管理层级，同时要做好培训和宣传工作。

2. 配合业务单元制改革，建立与单元制模式相适应的人力资源管理、财务管理、风险管理等制度，提高信用卡业务在机制上的灵活性和效率性。

3. 在优化组织机构的同时，建立科学的绩效考核体系，落实拓展客户的责任，尽快形成信用卡中心与分支机构、其他部门之间的联动机制。

二、重点发展战略实施

［现状和问题］

建设银行较早提出实施重点客户、重点产品、重点区域和重点渠道的“四重”信用卡业务发展战略，总体成效较好，但仍需改进。

在部分重点地区的市场竞争力较弱，突出表现为在上海、北京等重中之重城市的竞争力与市场领先者差距明显。截至2006年底，上海地区招商银行累计发卡173万张，建设银行累计发卡74万张，招商银行当年新增66万张，建设银行新增24万张；北京地区招商银行累计发卡159万张，建设银行累计发卡57万张，招商银行当年新增71万张，建设银行新增31万张。2007年仍不理想，截至2007年5月，上海市分行信用卡发卡量还是负增长，北京市分行当地市场占比仅为15%。建设银行在对重点地区和其他地区的信用卡资源配置上有差异，但差异不够明显。

重点渠道方面，网点营销被建设银行定位为主渠道之一，但建设银行网点整体营销优势并没有充分发挥出来。2007年建设银行以网点转型为契机，加大了网点营销发卡力度，前5个月通过网点渠道销售的信用卡还不到50%，这其中还包括了凭个人关系进行的人情营销，真正利用系统信息对客户进行的针对性营销较少。建设银行前台柜员、大堂经理在客户识别、产品推介和营销跟进等方面尚未形成系统、完整的工作规程。

［建议］

1. 制定不同的区域业务发展策略，对于不同地区，在信用卡资源投入、激励政策和营销手段等方面体现出差别。

2. 结合网点转型工作，完善对网点柜员销售信用卡的考核激励政策，挖掘员工的营销能力，提升网点的销售能力。

三、客户服务和产品创新

［现状和问题］

建设银行信用卡客户服务精细化方面尚存在不足。例如，800系统不能提供粤语服务；办卡周期长、手续烦琐；信用卡网上功能与工商银行和招商银行相比还有差距；ATM服务功能不全，如无英文服务界面；差别化服务相对欠缺，部分增值服务内容不统一、标准不一致；等等。后台基础设施的相对落后，也对建设银行信用卡服务质量产生一定影响。

建设银行信用卡产品创新很有特色，名校卡、名企卡、名城卡等很有感召力，但建设银行信用卡业务在细分市场上还有一定不足。例如，针对优质高端个人客户的钻石卡、白金卡等因各种原因迟迟没能推出，对于城市里的时尚白领这一富有潜力的信用卡目标群体缺乏针对性产品等。

［建议］

1. 加强信用卡中后台业务的集约化经营和管理，加快落实除上海、苏州外的运营分中心的规划和建设。

2. 在明确市场定位的基础上，加大产品创新力度，完善现有产品，尽快推出钻石卡、白金卡等高端产品，大力开拓信用卡分期付款等个人消费信贷类产品，进一步扩大战略联名卡的种类和规模。

3. 在条件成熟时，成立信用卡产品研发中心。

四、专业队伍和直销团队建设

［现状和问题］

信用卡人力资源严重不足、结构失衡，成为影响业务发展的制约因素。

人员总量上，2006年底，信用卡中心本部正式员工总数仅为217人；而招商银行信用卡中心本部正式员工达到1 500多人（90%为本科以上学历），直销人员5 000多人，另有科技开发队伍200多人。

人员结构上，总行信用卡中心是在上海市分行个人金融部原龙卡中心基础上组建而成的，操作型人员多，而风险管理、产品和营销管理、客户服务运营管理、系统架构与数据分析等方面的管理人员和业务专家匮乏。资料显示，美国银行信用卡部仅信息分析管理部门（AIM）就拥有250余名专家，且绝大多数具有博士、硕士学位，为业务发展提供了强有力的信息支持；而建设银行目前仅有兼职数据分析人员5～6人。招商银行在信用卡业务开办之初，聘请了由80多人组成的境外专家管理团队，同时，在全国范围内招聘了200多名有经验的业务骨干，依靠这群人的经验和技术，短期内就在营销、服务、风险管理等诸多方面取得了竞争优势。

建设银行信用卡直销团队总体规模较小，尚不足1 000人。从营销量来看，广东省分行直销团队2006年新增发卡量仅占市场总增量的比例约为16%，2007年直销发卡比较好的新疆维吾尔自治区分行直销数量占总增量的比例也仅为30%，尚没有承担起营销发卡的重任。招商银行直销团队人员规模已超过2 500人，承担了60%的发卡营销任务；美国银行直销团队也承担了50%的营销任务。

［建议］

1. 配合单元制改革，实行人力资源的市场化运作，拓宽系统内招聘和社会招聘渠道，加大境外专家引进力度，每年招聘一定数量的应届大学毕业生作为后备力量，形成专业人员梯队。

2. 建立由信用卡中心统一管理的直销团队，人员统一招聘、培训和考核。在人员配备上，可适当选择一部分合适的现有人员充实到信用卡直销团队之中。

五、成本收益核算和激励机制

［现状和问题］

建设银行信用卡业务收入增长速度较快，每年有接近翻番的增长，但由于前期成本投入大，短期内还无法实现盈利。截至2007年第一季度末，信用卡业务收入达到2.43亿元。若仅在分行层面粗略核算（不计总行投入的成本），除上海市、浙江省、深圳市等少数分行有盈利外，其他分行尚无盈利。

目前建设银行信用卡业务成本分摊方法还很不完善，不能按照职能和产品分摊，信用卡中心和其他部门、分行之间的利益分配关系尚不清晰，因此现行的信用卡成本收益核算还很不科学。目前对信用卡业务的激励手段主要包括对分行的KPI考核和对个人发卡实行的买单制。

［建议］

1. 应尽快建立并推行全行收益分配和成本分摊机制，自下而上逐级进行比较精细的信用卡业务成本收益核算。

2. 合理使用信用卡业务的KPI考核政策，正确引导分行资源投向。

六、信息技术

［现状和问题］

在启动信用卡业务之初，为尽早抢占市场，以外购套装软件Cardlink构建了建设银行的信用卡业务系统。设计处理容量仅为单币种300万张，目前发卡量已经大大超出当初的设计处理容量，截至2007年5月，信用卡发卡量已达834万张，考虑到双币种因素，实际系统处理容量超过1 600万张，尽管经过性能优化系统已经可以支持1 500万张发卡量，但相对于信用卡业务的超常规发展而言，系统运行仍然存在风险。

信用卡业务的支撑系统建设已有初步规划，但由于业务部门和技术部门人才短缺，建设过程较慢，一些重要的外围管理系统（申请评分模型、行为计分模型等）还处于建立或立项阶段，信用卡申请全是人工审批，很多工作停留在手工操作阶段，这对发卡效率提高、数据库营销以及风险控制都将产生较大影响。

信息系统的现状制约了精细化管理和高效率运营。基层反映，客户经理在营销客户后，因为看不到客户信息而无法确定下一步的工作；对于客户资源如何为信用卡业务共享和支持联动营销，还没有确切的方案。

［建议］

1. 应持续优化、升级Cardlink系统，确保交易处理安全、高效。

2. 进一步完善及更新信用卡核心交易系统和辅助系统规划，加快实施步伐；对业务发展急需的产品和功能模块，建立快速通道；加快受理信用卡渠道建设，建立专属的“网上商城”和信用卡服务网站，进一步扩展代收代付功能；建立相对完善的信用卡风险度量与控制体系，挖掘愿意使用循环信用又有能力和意愿还款的客户群体。

3. 配合业务单元制进程，组建专门服务于信用卡的应用支持团队，整合需求管理、开发、测试和实施资源，为信用卡业务提供贴身的信息技术服务。

4. 通过与美国银行合作和引进人才，提高需求设计水平。

七、风险管理

［现状和问题］

信用卡属于高风险高收益的业务，信用卡业务能否盈利，除了取决于成本控制因素外，关键取决于风险管理和反欺诈的能力。建设银行信用卡贷款的不良率呈下降态势，前三年逾期60天以上的贷款不良率分别为3.31%、1.98%和1.74%，2007年5月末为1.71%，低于总行确定的4%的警戒线，也在国际信用卡贷款不良率警戒线5%之下。

但是，信用卡风险往往具有一定的滞后性，发卡量的高速增长背后是风险的快速累积。在建设银行要求发卡量成倍增加、加大考核压力的情况下，分支机构就容易出现放松风险控制的倾向，如受理审查偏松、放宽发卡对象的准入条件、对真实性明显不足的资信证明材料不进行必要的核实等。

［建议］

1. 尽快研究确定适合单元制的风险管理体系，建立相对垂直、双向汇报的风险报告路线。

2. 明确市场定位，严格准入制度，完善审核制度和流程，强化信用卡征信审核管理，尽快建立起一整套先进、有效的风险分析工具。

3. 加强商户管理，防范商户欺诈套现等风险；加大自助设备安全控管检查力度，防范操作风险。

个人贷款业务调研报告

监事　刘　进

根据工作计划，监事会调研组调阅了部分风险分析报告、审计报告等资料，对河南省、湖南省、辽宁省和山东省等分行的相关数据进行了分析，对河南省分行及其两家分支机构进行了现场调研。

一、业务发展的基本情况

近年来，建设银行高度重视个人贷款业务对于实现全行战略转型、提升盈利水平的重要作用，采取了一系列促进个人贷款业务发展的措施，个人贷款业务一直保持快速增长的发展势头，业务基础管理水平不断提升，资产质量较好。总体上看，个人贷款业务发展呈现出以下主要特征：

1. 市场份额保持同业先进水平。2006年个人贷款新增1 312亿元，增幅达28.9%，余额5 851亿元。2007年上半年新增956亿元，增幅达16.3%，余额6 806亿元，余额和新增额均列同业第一；下半年贷款发放速度放缓，市场份额有所下降，截至9月末，余额7 145亿元，较年初增长22.1%，在四大国有商业银行中占比29.5%，居第二位。

2. 个人贷款业务占比上升，个人住房类贷款占主导地位。2006年，个人贷款占全部贷款的比例首次突破了20%，9月末，上升到22.54%，个人贷款占比逐步上升进一步优化了我行贷款结构。2007年1月至9月末，个人住房类贷款新增1 110亿元，占全部个人贷款新增额的88%；余额达到5 948亿元，占全部个人贷款余额的84.3%，较年初上升0.8个百分点，市场占比位居同业第一。

3. 资产质量总体较好，但不良额有所波动。2007年9月末，个人贷款不良额90.4亿元，不良率为1.28%，较年初下降0.32个百分点。但与不良率逐步下降的趋势不同，个人贷款不良额近年来有所攀升，2005年增加27亿元，2006年增加17.1亿元，2007年上半年增加4.02亿元。受“假个贷”还原为公司类贷款因素影响，9月末个人贷款不良额较6月末减少10.71亿元。从同业比较看，工商银行个人贷款不良额2006年减少16.1亿元，2007年上半年微增0.32亿元；中国银行个人贷款不良额和不良率持续“双降”，截至2007年7月末，不良额较年初减少0.3亿元。

二、调研分析的一些情况

（一）客户群体结构

调研组利用非现场审计系统对河南省、湖南省、山东省、辽宁省四家分行的个人住房贷款客户情况进行了一些分析，在贷款业务信息（贷款额、不良率等）与客户信息（收入、学历、婚姻状况等）之间建立关联。分析结果表明，缺少对客户群体进行系统的细分与选择，收入偏低、受教育程度一般、已婚无子女的贷款客户占有相当比例，其中，工行、农行、中行、建行家庭月收入2 000元以下客户的贷款（笔数）占比分别为26.4%、13.2%、20.6%和23.5%，受教育程度为高中和大专客户的贷款（笔数）占比分别为50.5%、53.8%、44.9%和46.9%；已婚无子女客户的贷款（笔数）占比分别为26.3%、21%、7%和29.9%。

（二）客户结构与贷款质量的相关性

数据显示，上述收入偏低、受教育程度一般、已婚无子女客户的违约率相对较高，贷款不良率和笔数不良率均明显高于个人住房贷款的整体不良率（见表1）。如湖南省分行家庭月收入2 000元以下客户的不良贷款率和笔数不良率达到3.68%和5.53%，分别是该分行个人住房贷款整体不良率的3.35倍和3.18倍。

表1　个人住房贷款客户群体贷款质量分析　单位：%

项目	整体不良情况		家庭月收入2 000元以下客户		学历为高中、大专客户		已婚无子女客户	
	不良贷款率	笔数不良率	不良贷款率	笔数不良率	不良贷款率	笔数不良率	不良贷款率	笔数不良率
湖南省分行	1.10	1.74	3.68	5.53	1.29	1.83	3.02	3.46
河南省分行	0.67	0.63	0.79	0.76	0.81	0.74	1.83	1.30
山东省分行	1.08	1.49	3.15	3.19	1.35	1.84	0.09	0.13
辽宁省分行	3.03	1.89	3.49	2.38	3.51	2.03	7.18	4.07

据了解，这些客户对利率和物价波动较为敏感，随着连续多次加息效应的逐步显现，物价快速上涨，这些客户的还款压力将越来越大，这些贷款近一个时期内存在逐渐步入违约高风险期的可能。信息中心报表反映，客户还款能力下降已成为目前我行不良贷款产生的主要原因，截至2007年9月末，本年累计新发生的不良个人贷款中，因借款人还款能力、还款意愿下降形成的不良贷款占比达到79.9%，其中，9月份当月该占比达到87.6%。

（三）客户定价

系统数据显示，河南省、湖南省、山东省、辽宁省四家分行贷款客户利率下浮10%或15%的比例，执行下浮利率的客户比例分别为91%、52.2%、80.9%和88.9%，其中家庭月收入低于2 000元的客户执行下浮利率的比例达到94.6%、61.3%、91.5%和91.8%，均高于各分行总体下浮比例。总体上看，我行实行的是相对固定的单一定价模式，没有针对不同客户群体进行差别化定价，低收入客户群体执行下浮利率的比例甚至更高，没有体现收益覆盖风险的原则和要求。在国外先进银行，普遍的情况是低资信等级的客户需要支付高利率或手续费以抵补风险。

（四）贷前调查

从调研情况看，目前分支机构较好地遵循了操作规程要求，但贷前调查评价方法相对单一、简单，对第一还款来源一般是根据单方面接受的客户信息加以主观判断，没有区分不同客户和贷款额度大小等情况，基本履行同样的程序，调查内容也基本相同。对河南省分行238笔贷款客户提供的收入情况的真实性、稳定性和充足性进行再判断检查，发现这些贷款的第一还款来源大多数以借款人所在单位出具的收入证明作为依据，有10%的分析样本可看出可信性不高，90%相对可信①。客户所处行业或职位的收入水平没有参考标准，不同单位出具的收入证明可信度有较大差异，自雇人士、中小企业和私营企业等出具的收入证明可信度较差。

调研中还注意到，分支机构普遍认为只要有房产抵押就足以抵御贷款不能收回的风险，从而放松了对借款人资信的审查和把关。审计部2007年对9家分行进行个人贷款专项审计，发现贷前调查流于形式的有2 826笔，金额达5.74亿元；对全行个人贷款进行审计监测，发现借款人还款能力不符合银监会规定，月还款

① 相对可信的结论是基于我行现行个人住房贷款操作规程要求以及对客户所提供资料进行的逻辑分析和主观判断得出的。

额超过家庭月收入50%或月负债超过家庭月收入55%的贷款金额达5.83亿元，占发现问题贷款金额的27.7%。

三、需要关注的其他问题

（一）企业以个人名义套取个人消费额度贷款

一些企业以个人名义办理虚假的个人消费额度贷款，用于解决经营资金短缺问题，潜藏较大风险，是新发放个人贷款形成不良的重要原因。风险管理部对2006年以来新发放个人贷款不良率较高的几家分支机构（云南曲靖分行新发放个人贷款不良率为1.07%，湖南益阳分行为1.55%）进行分析，发现原因均是个人贷款被企业用于经营。在河南省分行调研了解到，截至2007年9月末，河南漯河分行个人消费额度贷款1.23亿元，不良贷款率为25.98%，不良额比年初增加0.32亿元，主要原因也是部分新发放的个人消费额度贷款资金被企业客户挪用，企业经营不善，无力还款。

大额个人消费额度贷款的风险值得关注。调研组非现场分析结果显示，截至2007年9月末，湖南省分行共有116笔个人消费额度贷款单笔超过150万元，余额2.76亿元，其中已形成不良额3 699万元，不良率达13.40%；形成关注类贷款1 845万元，占比达6.68%。

（二）“假个贷”问题

“假个贷”是不良个人贷款形成的主要原因。2007年9月末，全行因“假个贷”原因形成的不良个人住房贷款为25.3亿元，占比达39.3%。经过治理，我行“假个贷”的高发势头已基本得到了遏制，但全行“假个贷”底数尚未摸清，新发放的“假个贷”或疑似“假个贷”还不同程度存在。风险监控报告显示，截至2006年底，全行发现2005年、2006年新发放“假个贷”额分别为8 554万元和2 145万元，疑似“假个贷”额分别为5.41亿元和5亿元。此外，审计报告反映，部分“假个贷”还原为公司类贷款以后，后期处置进度较为缓慢，如截至2006年底，北京市、辽宁省等5家分行累计个人贷款还原为企业贷款10.7亿元，余额尚有10.4亿元，余额回收率仅为2.66%。

（三）“一人多贷”现象

我行缺少针对个人客户的综合授信管理办法，个人整体授信控制不足，“一人多贷”现象呈上升趋势。截至2006年底，全行单户多笔个人贷款共计14.34万户，余额543亿元，占个人贷款总额的9.57%。其中不乏投资性购房的客户，如审计报告反映，截至2007年8月末，深圳市分行2007年发放的单户3笔以上且贷款余额在200万元以上的个人住房类贷款有2 067笔共计20.2亿元，占个人住房类贷款余额的12.9%；重庆市分行2007年上半年发放“一人一次多笔多套个人房贷”性质的贷款271笔共计8 815万元，经核实，已确认其中193笔共计5 254万元贷款被用于投资性购房，户均购房14套，贷款金额最高者达2 292万元。“一人多贷”客户多以经营收入或投资性收入还贷，其偿债能力缺乏稳定性，信用风险事前防范难度较大，潜在风险较大。

（四）抵押担保

作为第二还款来源的贷款抵押物在管理上不够精细化，缺乏对抵押情况的动态监测管理机制，有的预抵押或抵押实际上没有到位。毕马威管理建议书反映，部分分行逾期一年以上的个人住房贷款有相当一部分没有办理抵押登记手续，逾期未满一年的贷款也有很多未办理抵押登记手续，某些分行对于长期未进行抵押登记的问题缺乏有效的跟进措施。内部审计结果反映，2006年北京市房产部门开始受理预购商品房贷款抵押登记工作，但各支行普遍未办理期房预抵押登记手续；四川成都城区支行2004年发放的个人住房贷款中，历经两年多时间仍有6 278笔共计9.74亿元贷款属于抵押加阶段性担保方式，产权证和他项权证尚未办妥。

四、建议

个人贷款正处于快速发展时期，建议监事会继续关注全行个人贷款业务整体经营发展与风险管理情况，督促董事会、经营层进一步做好相关工作，促进战略性业务实现又好又快发展。

个人贷款业务发展历史相对较短，经验相对缺乏，建议相关部门要从业务发展的现实和特点出发，进一步总结查找管理中存在的不足，有效落实风险管理与防范措施，提高风险控制能力。

1. 进一步强化贷前信用调查环节，除充分利用客户提供的个人信息资料和外部征信体系外，要强调现场核实客户资料和贷款用途，对大额贷款加强现场评估，实施更为严谨的调查程序和防范措施。

2. 注意分析现有的消费贷款结构与规模，关注不同业务品种不良率的分布规律、不同客户群体的违约程度等情况；逐步推进及施行客户细分和管理，建立科学的贷款风险定价机制和标准，有重点地调整客户结构。

3. 尽快建立个人资产业务数据库，实现对客户数据的详细、有效分析；重视对个人资产业务运行态势、风险趋势，客户消费行为特点与变化，不同消费贷款风险点等风险管理内容进行分析与研究，通过专业化、定量化的分析研究工作，提升全行风险识别水平和风险控制能力。

4. 根据全行信贷风险承受能力，结合市场和客户需求变化，合理确定个人贷款的风险限额。在加强风险总量控制的基础上，针对风险特性的不同，分别制定不同产品、不同区域的个人贷款发展政策，实行差别化管理，避免贷款控制政策中的“一刀切”现象，有保有压，促进信贷结构不断优化。

建设银行财富管理中心绩效评价与资源配置

总行计划财务部

为促进建设银行财富管理中心（以下简称财富中心）的建设和发展，明确财富中心绩效评价与资源配置的相关政策，特制定此指导意见。

一、目的

1. 统一建设银行财富中心绩效评价与资源配置模式。在财富中心建设初期，构建建设银行统一的绩效评价与资源配置模式，以积极的管理机制配合个人业务组织架构和经营模式的战略转型需要。

2. 激励财富中心创造价值。通过科学有效的绩效评价与资源配置机制，调动财富中心、客户经理及利益相关机构积极性，共同为 AUM 300 万元人民币以上的个人高端客户（以下简称顶端客户）提供优质服务，打造建设银行财富中心品牌，为建设银行创造更多价值。

二、总体原则

1. 实用性、过渡性与前瞻性相结合。财富中心短期暂以拓展和维护顶端客户为主，长期要向独立营利性机构发展，因此财富中心的绩效评价与资源配置机制建设既要考虑目前实用性，又要考虑组织架构改革的前瞻性；既要立足于目前的组织架构、经营模式、人力资源管理模式和信息系统等基础条件，具有可操作性，同时又要考虑未来建设银行组织架构改革的方向，探索在一级分行内部对新组织形式的绩效评价与资源配置办法，体现一定的前瞻性。

2. 协调相关机构利益。财富中心的业务发展离不开其他机构的支持配合，尤其在现阶段，财富中心与相关机构的利益存在一定程度重叠，必须建立相关利益协调机制，以调动相关机构积极性，促进业务发展。

3. 统一性与灵活性相结合。总行统一全行财富中心绩效评价与资源配置模式，各分行可在总行统一框架范围内根据本行的实际情况细化方案，并制定相应管理参数。

三、前提定位

1. 财富中心短期定位为准利润中心，长期定位为利润中心。目前，财富中心暂不是独立的营业机构，不是收支核算主体，但财富中心有清晰的直接成本，通过为顶端客户提供服务创造价值，符合准利润中心的特征。待将来成为独立营业机构后，按照利润中心进行考核。

2. 给予财富中心起步期保护，以促进财富中心市场培育期业务快速发展。起步期是财富中心从建立到业务发展到一定程度，无须再给予特殊政策的期间，起步期最长期限为财富中心开业起算 2 年，每个财富中心起步期的设定具体由一级分行确定。

3. 建立符合多方利益的客户关系维护方式。为培育市场，共同拓展和维护顶端客户，一级分行要建立好利益协调机制，避免财富中心与相关机构（尤其是向财富中心推荐顶端客户的分支行及财富中心所依附的机构）之间在利益驱动下争夺顶端客户和相关业务的局面。建议短期内对客户关系维护采取以下方式：一是对于原非本行顶端客户（即在他行的 AUM 总量符合建设银行顶端客户标准，但未在建设银行开户或虽在建设银行开户但 AUM 总量未达到进入 OCRM 系统标准的顶端客户），财富中心拓展或相关机构向财富中心推荐后，在财富中心所依附机构开户，相关利益体现在财富中心；二是对于 OCRM 系统中 AUM 达到标准的顶端客户，由客户开户机构积极挖掘，在 OCRM 系统中建立维护关系后向财富中心推荐，推荐后如非客户主动要求，一般不改变客户的账户开户行，不改变原核算归属，相关利益仍体现在原机构；三是对 OCRM 系统中未达到顶端客户标准的高端客户，由客户开户机构建立维护关系，财富中心根据客户开户机构需求在能力范围内提供理财咨询支持，待客户在 OCRM 系统中 AUM 达到标准后再按第二种方式维护。此外，针对为顶端客户提供跨行服务的情况，异地多家财富中心之间的利益补偿机制将待总行研究后建立。

4. 建立对相关机构推荐和维护顶端客户的激励约束机制。相关机构向财富中心推荐顶端客户，可给予推荐奖励。激励机制包括：一是对原非本行顶端客户，相关机构推荐后可先给予推荐机构一部分员工费用奖励，如果客户在财富中心开户并且 AUM 达到标准，再给予另一部分员工费用奖励，一级分行可根据实际情况确定具体标准。二是如果顶端客户同意并将账户转移至财富中心，视同“买断客户”的，一级分行可按该客户不超过三年的效益贡献合计折算的净现值以一定比例确定买断单价；或在账户转移后两年内，对相关收益在推荐机构和财富中心之间实行分成，建议比例为 6:4。约束机制包括：一是在向财富中心推荐客户后，如不改变核算归属，相关机构仍应承担顶端客户的日常维护职责，财富中心根据相关机构需求在能力范围内提供理财咨询支持，相关机构和财富中心均须对顶端客户的流失负责；二是相关机构未向财富中心推荐客户且维护不力导致客户流失的，须承担责任。一级分行应建立相关机构顶端客户流失的监测分析和约束惩罚机制。

5. 一级分行要加强对辖内财富中心的垂直管理。财富中心的绩效评价办法和资源配置办法由一级分行统一制定；财务资源由所在城市行本级直接配置，其中直辖市和省会城市财富中心由一级分行本级配置，非省会城市财富中心由二级分行本级配置。

6. 财富中心的设置方式短期内建议以附行式为主，即财富中心在支付结算业务处理上依附其他营业机构设置。附行式财富中心在目前情况下更有利于相关方的利益协调，有利于促进顶端客户业务发展。从长期看，根据全行组织架构改革的进度及财富中心发育程度，设置方式将逐步转向离行式财富中心，即财富中心作为独立营业机构设置。

7. 财富中心建设建议按照交易型（实用型）而非会所型机构设计内部功能分区。交易型（实用型）财富中心即具有为顶端客户提供个性化解决方案和“一站式”服务功能、注重经济实用性与客户尊贵感受的财富中心。财富中心拓展和维护顶端客户，应以提供理财服务为核心服务内容，以增值服务为辅助手段，要在合理控制成本的基础上，提高资源的投入产出效率。

四、财富中心绩效考核指标体系

（一）指导思想

考核重点要与财富中心发展的不同时期的业务特点相适应，选取最重要、最能反映财富中心业绩的、具有可操作性和核算基础的指标，既要有定量指标，也要有定性指标，指标应简明清晰，数量不宜过多。

（二）考核范围

考核范围包括财富中心作为一个整体的绩效考核指标体系和财富中心内部员工的绩效考核指标体系两个部分。本指导意见以整体考核指标体系设置为主，同时可参照用做对客户经理及其团队的考核。各一级分行应以整体考核指标体系为基础，结合本行实际情况，制定一级分行辖内统一的财富中心客户经理及其团队的绩效考核指标体系。

（三）考核指标体系设计

1. 指标选取

指标包括：顶端客户数量新增、顶端客户日（月）均 AUM 总量新增、顶端客户价值贡献度、顶端客户留存率、顶端客户满意度。

以上为必选指标，一级分行可根据本行财富中心特点另行选取其他定量或定性指标，但核心指标数量不宜超过8个。定量指标建议增加顶端客户资产增值率、中间业务收入和成本控制的考核指标，在中间业务收入中，建议加大对为顶端客户提供理财方案的理财顾问收入的考核力度。由于信息系统原因，如果一级分行不具备数据支撑客户价值贡献度测算的，起步期内可选择毛收入等替代指标，并适当降低权重，但起步期后应作为必选指标。定性指标建议增加相关机构满意度及财富中心人才培养计划完成情况。此外，对双重职能财富中心（即具有经营和管理双重职能的财富中心，区别于仅具有经营职能的单一职能财富中心），一级分行可选取适当指标对其管理职能进行考核。

2. 指标释义

（1）顶端客户数量新增 = 在OCRM系统中由相关机构和财富中心共同维护的顶端客户净新增 × 折算系数 + OCRM系统分配给财富中心的顶端客户净新增 + 原非本行顶端客户净新增 × 倍数系数

相关机构和财富中心共同维护的顶端客户是指相关机构向财富中心推荐并且财富中心同意接受的顶端客户；折算系数是为了将共同维护的顶端客户折算为财富中心的顶端客户数而设置的管理参数，一级分行可在不超过1的范围内确定，如果同一区域内有多个财富中心，一级分行应建立各财富中心与各相关机构的对应关系；倍数系数是为鼓励财富中心从建设银行外部拓展客户而设置的管理参数，一级分行可在不超过2的范围内确定；净新增为时点净新增。

（2）顶端客户日（月）均AUM总量新增 = 本期顶端客户日（月）均AUM总量 - 上期顶端客户日（月）均AUM总量

AUM包括顶端客户在建设银行的存款和通过建设银行购买的各种投资产品等个人金融资产，投资主要包括基金、国债、保险及建设银行发行的投资理财产品等，由一级分行根据信息基础确定指标口径为日均或月均。

（3）顶端客户价值贡献度 = ｛（存款转移收入 - 存款利息支出） + ［贷款利息收入 ×（1 - 营业税税率及附加税税率） - 贷款转移支出 - 贷款余额 × 准备金率］ + 中间业务收入 ×（1 - 营业税税率及附加税税率） - 责任成本｝ ×（1 - 所得税税率） - 经济资本 × 经济资本期望回报率

（4）顶端客户留存率 = 期初顶端客户存量的期末余额/期初顶端客户存量

该指标计划的确定应考虑顶端客户自然流失率的影响，顶端客户自然流失率指由于顶端客户自身因素而非财富中心维护不力造成流失的比例，由一级分行根据辖内实际调查测算后统一确定，超出合理自然流失率所引起的顶端客户留存率下降，在绩效得分中要予以扣分。

（5）顶端客户满意度

该指标应能反映顶端客户对财富中心的整体服务、客户经理的个人服务、体现市场竞争力的理财方案服务等方面的满意程度。在总行统一测评之前，一级分行应在辖内对各财富中心进行测评。

3. 指标计量方法和权重要求

计量时根据各项定量指标的计划完成率和各项定性指标的测评得分，进行权重调整后，得出财富中心绩效得分，并用于与绩效工资挂钩。

单项定量指标计划完成率由一级分行根据业务发展情况和分行财务承受能力设置封顶比例，如果单项定量指标计划完成率不足60%，该单项指标不得分。

各指标权重分值之和为100，其中定量指标分值之和不低于70，客户满意度指标分值不低于20，各具体指标权重分值的设定要因阶段而异，体现出财富中心不同阶段的业务特点和考核导向。在起步期内财富中心价值贡献度相对较低，定量考核指标应以业务量为主；起步期后价值贡献度增大，定量指标考核应以效益指标为主。各行在设计记分规则时，要注意平衡指标得分之间的相互关系，例如，由于拓展新客户导致户均AUM下降引起得分的减少不应超过客户新增引起得分的增加。

4. 计划核定原则

总体原则：一是对财富中心核定的计划不得低于财富中心建设时上报的投入产出分析中所预计的年度业务量增长数据，应具有一定的挑战性；二是顶端客户数量新增指标应在起步期满时累计达到财富中心客户经理人数×50的标准；三是顶端客户日（月）均AUM总量新增指标的增幅应高于财富中心所在城市行全部个人客户AUM总量计划新增率3个百分点以上；顶端客户价值贡献度指标增幅应至少高于所在城市行个人类业务经济增加值计划增长率3个百分点。

5. 指标用途

本考核指标体系用于对财富中心的绩效评价及对财富中心负责人的KPI考核，一级分行辖内的财富中心各考核指标之和适用于对一级分行高端业务部门负责人的KPI考核。

6. 数据来源

以上考核指标中，责任成本数据由一级分行报总行审批后在ERPF系统中为各财富中心设置责任成本中心号来归集，其余数据均来自OCRM系统，基础数据由财富中心录入OCRM系统，财富中心须对录入的基础数据负责，一级分行财富中心主管部门核实后提交计财部门或人力资源部门进行考核。

五、财富中心薪酬分配

（一）指导思想

财富中心的薪酬分配，既要体现服务顶端客户所需技能的相对复杂性，又要符合建设银行的实际情况。财富中心的薪酬分配要引入市场化因素，突出岗位特点，同时严格岗位准入，制定岗位任职资格标准，只有符合标准规定、真正具备为顶端客户服务能力的优秀员工才能选聘到财富中心岗位。财富中心内部员工薪酬分配应以财富中心薪酬分配为基础，由一级分行在辖内统一确定分配原则，既要体现岗位价值，又要考虑业绩导向，突破目前按员工等级分配的方式，优秀客户经理的薪酬水平可高于财富中心负责人的薪酬水平。

（二）薪酬总量和结构

一级分行按以下标准核定各财富中心成立时的初始薪酬总量（本指导意见中的薪酬为工资口径，福利费用由一级分行相应配置）：初始薪酬总量＝人均薪酬×人数×上浮倍数。其中，人均薪酬为财富中心所在城市行个人客户经理人均薪酬；上浮倍数由一级分行参照服务顶端客户的客户经理的市场价格，根据自身财务承受能力在1.2～2.5倍范围内确定，但参照市场价格不能简单等同于市场价格，既要向市场价格靠近，也要考虑国有银行与同业市场相比在工作稳定性上的风险折价因素以及建设银行的品牌效应，可适当低于市场价格；人数包括财富中心负责人、客户经理及市场和产品研究人员，不含财富中心的交易柜员和一般行政人员，交易柜员和一般行政人员的薪酬按现行相关规定执行。

财富中心的初始薪酬总量包括基本薪酬和基准绩效薪酬两部分，一级分行应设置两者的合理比例，建议比例为5:5。起步期内如财富中心绩效计划完成不佳，可给予财富中心基准绩效薪酬70%的保底；起步期后绩效薪酬完全与业绩挂钩，不再保底。

（三）基本薪酬

基本薪酬包括基本工资和岗位工资。基本工资是指基本薪点工资。岗位工资反映服务顶端客户所需要的资质和能力，体现财富中心岗位不同于一般岗位的价值，不同于一般的岗位津贴，不与员工职等挂钩。一级分行在对财富中心设置不同岗位时相应确定该岗位的岗位工资。

（四）绩效薪酬

财富中心绩效考核指标计划完成分值情况与基准绩效薪酬挂钩，一级分行可根据财务承受能力对绩效薪酬总量封顶。一级分行可设置辖内差异化的区域调节系数，以调整各区域不同经济金融资源和顶端客户资源对财富中心绩效工资总量的影响。

短期内，一级分行也可对财富中心的业务联动和特殊产品的销售给予特别奖励。奖励要限制在两个项目以内，主要是奖励需要财富中心主观努力才能创造更多价值的项目，如对财富中心的理财顾问收入在起步期内可按一定比例给予员工费用专项返还，起步期后返还比例要适当降低。此外，财富中心对一级分行的业务联动（如财富中心在拓展维护个人顶端客户过程中促使与个人顶端客户相关的中小企业在建设银行开立基本结算户等）也可给予奖励。

（五）其他福利

根据财富中心服务个人顶端客户的工作特性，可以考虑提供多种形式的其他福利，如高层次业务培训、高规格工作服装以及弹性工作制度等，以补充完善财富中心的薪酬分配方案。

（六）财富中心员工薪酬分配

财富中心负责人和客户经理薪酬分配方案应参照财富中心薪

酬分配方案建立。

省会城市行财富中心负责人的薪酬考核及分配方案应由一级分行人力资源部、财富中心主管部门和财富中心所依附机构的负责人共同核定；二级分行财富中心负责人的薪酬考核及分配方案应由一级分行人力资源部、财富中心主管部门和二级分行负责人共同核定；财富中心内部员工薪酬分配方案由财富中心负责人拟定，报送一级分行人力资源部、财富中心主管部门和所依附机构或二级分行审定。

一级分行应建立对财富中心负责人和客户经理的约束机制，对连续两年未能完成计划、客户满意度低的，要建立淘汰机制。

六、非员工费用配置

（一）指导思想和配置原则

财富中心非员工费用配置指导思想：保证和支持个人顶端客户业务发展，充分发挥非员工费用的效能，提升财富中心价值创造能力。

财富中心非员工费用配置原则：（1）总量控制，即财富中心费用总额由一级分行专项划拨，实行总量控制，各项费用额度务必严格控制在核定的预算范围内。（2）分类配置，即区分双重职能财富中心和单一职能财富中心、拓展新客户和维护老客户，分别执行不同的费用分配标准。（3）动因分析，是指费用分配要根据各项支出的具体动因，在保证财富中心基本运营的前提下，体现价值创造原则，满足顶端客户业务为我行创造长期价值的需要。

（二）非员工费用的分类和分配方法

1. 财富中心非员工费用分为基本运营费用和业务拓展费用

基本运营费用是指用于保证财富中心开门营业正常运转所需要的业务管理费，业务拓展费用是指保证和支持财富中心个人顶端业务可持续发展的相关营销费用。

2. 基本运营费用的内容和分配方法

根据基本运营费用支出项目是否以签订合同为基础并依据合同约定金额支付，可分为合同性费用和非合同性费用。对于合同性费用，根据合同金额据实配置；对于非合同性费用，除房地产折旧费、土地折旧费、土地税金、房屋装修费和摊销及相关办公设备、电子设备和其他设备折旧费据实列支外，其他费用项目可实行定额管理，在分行本级或支行定额费用标准基础上可适当上浮。

3. 业务拓展费用的内容和分配方法

业务拓展费用包括广告宣传费、印刷费、市场拓展费、订阅费、咨询费，可用于维护和拓展客户及金融信息采购等方面。对于双重职能财富中心，还包括与管理活动相关的行政费用，如行政差旅费、会议费、招待费等。

（1）根据财富中心服务客户数量和客户总资产的权重按一定比例分配

业务拓展费用 = 客户数量 × 客户数量费用分配系数 × 权重 a + 客户总资产 × 客户总资产费用分配系数 × 权重 b

其中，权重 a + 权重 b = 100%。建议原则上权重 a = 70%，权重 b = 30%。

（2）费用分配系数区分开拓新客户和维护老客户

业务拓展费用 =（拓展新客户数量 × 客户数量费用分配系数 1 + 维护老客户数量 × 客户数量费用分配系数 2）× 权重 a + 客户总资产 × 客户资产费用分配系数 × 权重 b

其中，拓展新客户数量是指财富中心拓展的原非本行顶端客户净新增数量，维护老客户数量是指 OCRM 系统中由相关机构和财富中心共同维护以及由财富中心单独维护的本行顶端客户数量。

在起步期内，建议客户数量费用分配系数 1 设为 9 000 元/人，客户数量费用分配系数 2 设为5 000元/人，客户资产费用分配系数设为 1‰。分行具体执行时，可结合当地实际情况，在上述标准基础上上下浮动 40% 以内进行调整。

起步期满后，考虑到规模经济效应，分行可根据财富中心实际运行和发展情况适当降低挂钩系数，总行也将适时调整对有关参数水平的指导意见。

（3）业务拓展费用分配区分双重职能财富中心和单一职能财富中心

对负有所在地区或所在城市辖内业务管理和经营双重职能的财富中心，对由其牵头策划和组织辖区内业务管理和发展的相关营销费用，根据其管理辖区内客户数量或客户总资产的一定比例挂钩单独核定。建议挂钩系数原则上为 800 元/人或客户总资产的 0. 2‰。具体执行时，分行可根据当地实际情况，在此标准基础上上下浮动20%以内进行调整，并在费用核算方式上选择下列两种模式之一：

①当所在地区只设有一家双重职能财富中心、没有单一职能财富中心时，由双重职能财富中心根据其牵头策划和组织辖区内营销活动实际支出的各项费用列支该中心当期费用；

②当所在地区既设有双重职能财富中心同时又设有单一职能财富中心时，根据“谁受益，谁承担”原则，由双重职能财富中心和其他单一职能财富中心根据辖区内客户数量或客户总资产占比分摊有关费用。

（三）非员工费用的使用

1. 基本运营费用中按定额管理的费用，在定额内根据有效凭证报销；业务拓展费用在总量额度内的，由财富中心年初制订详细的费用安排方案，报一级分行财富中心主管部门或其所依附机构（二级分行）的负责人审核批准。

2. 使用非员工费用时，需按照有关授权管理规定和集中采购规定，报有权人审批，符合集中采购要求的要进行集中采购。

七、资本性支出配置

（一）指导思想

构建符合我行长期业务发展需要的财富中心。在构建过程中要遵循有效利用现有资源的原则，对构建及投入使用后业务开展的全过程进行全面成本管理，与此同时，对装修及其配套设备等采取适当高配、适应需求的原则。

（二）布局建设基本原则

优先在省会城市行、中心城市行及业务发展较好的地区设置财富中心。财富中心应尽可能与所依附网点设立在一起，以便为今后转型为独立的营业机构做好物业上的准备。财富中心的选址要具备便利的停车条件。

（三）财富中心建设标准

1. 财富中心建设面积标准

财富中心基础面积（装修设计平面图建筑面积）为400～800平方米。随业务发展可适当扩大财富中心面积，扩大面积标准为：服务AUM 300万元以上的个人顶端客户超过200位后，每增加50位可增加面积100平方米，但最大不超过2 000平方米。

2. 内部功能区域划分标准

财富中心建设过程中要为功能区的拓展留有一定余地。

开办时必须设置的功能区：

（1）财富管理区（洽谈区）：为客户提供投资分析咨询、理财规划建议及产品推介服务的区域，具有良好的私密性，是客户经理实现“一对一”或“多对一”服务的场所。

（2）接待等候区：接待引导客户和客户等候服务的区域。

（3）办公区：工作人员进行市场分析、业务研究的日常工作区域，含档案室。

由分行自行选择或长期内可增设的功能区包括业务交易区等，即客户办理银行业务的区域（可设置现金柜台或专用现金设备），设置在较为隐蔽的区域。

（四）财富中心装修标准

1. 装修基本原则

装修基本原则为适当高配、适应需求。原则上标准控制高于一般营业网点，具体按总行营业场所装修控制标准确定。

2. 装修配套设备

生产办公类：现金处理设备、柜面终端、柜员出纳机、安防设备、监控设备、消防设备、PC机、打印机、手提电脑、复印机、传真机、空调设备、办公桌椅等。

客户使用类：宽带上网、信息点接入设备、冰箱、咖啡机、沙发、液晶彩电等。

在设置业务交易区的情况下，可配备现金处理设备、柜面终端、柜员出纳机。

（五）投入产出分析模型构建

1. 构建模型所需测算指标

所需主要测算指标：（1）现金流出指标（包括资本性支出、费用支出）；（2）现金流入指标（包括新增贷款净收入、新增存款净收入、新增中间业务净收入、新增其他业务净收入、固定资产处置净收益、其他收益、折旧和摊销）；（3）税后现金流入量；（4）税后现金流出量；（5）贴现率（投资回报率）；（6）投资回收期；（7）净现值（NPV）。

2. 投入产出分析模型

表1 **营业机构投入产出净现值分析表**

机构名称： 单位：万元

项目		初始投入期	第1年	第2年	第3年	第4年	第5年
现金流出	1. 资本性支出						
	其中：房屋及建筑物购置成本						
	装修投入						
	设备投入						
	2. 费用支出						
	其中：工资及福利费用						
	各项业务管理费用						
税后现金流出量（CO）							
现金流入	1. 新增贷款净收入						
	2. 新增存款净收入						
	3. 新增中间业务净收入						
	4. 新增其他业务净收入						
	5. 固定资产处置净收益						
	6. 其他收益						
	7. 折旧和摊销						
税后现金流入量（CI）							
税后净现金流量（CI－CO）							
各期税后净现金流量贴现值							
累计税后净现金流量贴现值							
净现值（NPV）							

表2 **营业机构投入产出净现值分析附表** 单位：万元，%

标识栏	项 目	第1年	第2年	第3年	第4年	第5年
A	贷款平均余额比基期新增					
B	存款平均余额比基期新增					
C	贷款比上年新增余额					
D	贷款平均利率					
E	贷款平均内部资金转移价格					
F	利息实收率					
G	营业税金及附加计缴比例					
H	贷款减值准备计提比例					
I	存款平均利率					
J	存款平均内部资金转移价格					
K	备付金率					
L	其他资金转移价格					
M	备付金利率					
N	贴现率					

表3 **主要指标表** 单位：万元

标识栏	项目		第1年	第2年	第3年	第4年	第5年
1	顶端客户新增数量	本行内部拓展客户					
		外部拓展客户					
2	顶端客户户均总资产						
3	顶端客户户均存款						
4	顶端客户户均贷款						
5	顶端客户户均中间业务收入						

3. 模型说明

（1）税后现金流出量（CO）：初始投入期数值 = 初始投入期的资本性支出，以后各年（第 n 年）的数值 = 第 n 年的费用支出 ×（1 - 所得税税率）；

（2）新增贷款净收入 = 贷款平均余额比基期新增 ×（贷款平均利率 × 利息实收率 - 贷款平均内部资金转移价格 - 贷款平均利率 × 营业税金及附加计缴比例）- 贷款比上年新增余额 × 贷款减值准备计提比例，即新增贷款净收入 = A ×（D × F - E - D × G）- C × H；

（3）新增存款净收入 = 存款平均余额比基期新增 ×（存款平均内部资金转移价格 - 存款平均利率）+ 存款平均余额比基期新增 × 备付金率 ×（备付金利率 - 其他资金转移价格），即新增存款净收入 = B ×（J - I）+ B × K ×（M - L）；

（4）税后现金流入量（CI）：初始投入期数值一般为零，以后各年（第 n 年）的数值 = 第 n 年现金流入合计数（不包含"折旧和摊销"）×（1 - 所得税税率）+ 第 n 年折旧和摊销 × 所得税税率；

（5）根据测算，贴现率（投资回报率）为 15%；

（6）根据测算，投资回收期最长为 5 ~ 7 年，即 5 ~ 7 年之内财富中心投资建设项目的净现值原则上应大于等于零。

八、附则

1. 一级分行应按本指导意见细化制订辖内统一的绩效评价和资源配置方案，如执行本指导意见确有困难，需上报总行。

2. 总行将根据财富中心发展的实际情况动态调整本指导意见。

关于对山西省分行改革发展情况的调研报告

董事　景学成　王永刚　张向东

为促进中西部分行加快改革和发展，推进发展战略纲要的落实，2006 年 1 月 11 日至 13 日，景学成、王永刚、张向东董事赴山西省分行进行了调研。董事们认真听取了分行领导班子的汇报，并与分行部门负责人就改革发展的热点问题和面临的困难进行了探讨和交流。董事们还选择了晋中分行、南城支行的五个营业网点实地考察业务开展、网点建设和人员精减情况。景学成董事还拜访了山西银监局和人民银行太原中心支行，了解监管部门对山西省分行工作的评价和建议。

从调研情况看，山西省分行立足当地实际，积极抓住国家大力发展能源产业的机遇，强化管理，较好地完成了主要业务指标，获得监管部门的肯定，但也面临信贷政策灵活性不够、财务资源相对紧张、战略性业务发展存在困难等问题，需要努力把战略目标与当地实际相结合，发挥出山西的特色和发展潜力。现将有关情况报告如下。

一、正视历史问题，采取措施，取得初步成绩

2005 年，山西省分行实现拨备前利润 10.9 亿元（数据未经审计，可能会有调整，以下同），经济增加值为 - 2.28 亿元，实现中间业务收入 1.44 亿元，成本收入比为 43.1%，同比下降 0.63 个百分点，新发放贷款潜在损失率为 0.72%，这些指标都完成或接近完成总行下达的任务。但从总体上看，山西省分行资产负债规模偏小，存贷款等主要业务在当地的市场占比处于末位，干部员工的思想观念、管理方法和业务技能与现代化银行的要求均有一定差距，"7·28"案件的发生暴露了一些管理问题，影响了员工的士气。为尽快扭转局面，山西省分行领导班子正视历史问题，采取了一些措施：

（一）在全行倡导"树正气、扬新风、谋发展"的思想

作为发案行，山西省分行是总行确定的全面整治行之一。一

方面，分行领导号召全分行认真总结案件教训，深入开展案件专项治理和全面整治工作，严肃处理违规违纪人员，积极追讨案件损失；另一方面，针对“7·28”案件发生后干部员工迷茫、畏责情绪比较普遍的局面，分行领导班子在先进性教育活动动员大会上明确提出“树正气、扬新风、谋发展”口号，号召全行员工振奋精神，凝聚力量，抓住机遇，加速发展。号召和学习迅速统一了全行员工的思想。在这次董事调研的汇报会上，与会人员都强烈表达了希望山西省分行健康、快速发展的愿望和决心。在具体措施上，分行调整考核办法，使基层员工收入水平普遍提高，较好地调动了基层员工的积极性，稳定了员工队伍。

对此，山西银监局和人民银行太原中心支行给予了肯定和积极的评价，认为在四大国有商业银行中，建设银行的资产质量最好，问题暴露充分，隐患较少，责任人处理到位；建设银行的“7·28”案件促成了对全省金融系统案件的排查，暴露了更多问题，促进了山西省金融系统的稳定发展。

（二）认清发展机遇，立足实际，制定业务发展战略

山西省分行正面临着难得的发展机遇。一是中央支持山西区域经济快速增长。山西省煤炭资源丰富，是国家重要的能源重化工基地，“十五”期间生产总值年均增长12%，高出全国平均增速3.2个百分点，预计未来几年生产总值年均增长速度将超过13%，形成新中国成立以来一个新的经济发展高峰期。山西省政府新近提出的《关于在山西省开展煤炭工业可持续发展政策措施试点的意见》受到了中央的关注，一些针对山西能源发展的倾斜政策将会陆续出台。二是依托国家“中部崛起”战略，山西省将进一步实施产业结构调整。省政府在《山西省国民经济和社会发展第十一个五年规划纲要》中提出要充分利用资源优势，实现山西经济后发崛起，提出建设“双新”（新型能源和新型工业）基地的战略决策，计划在未来五年内投资15 000亿元，大力发展煤炭、电力、不锈钢、装备制造等七大优势产业。这些都为山西省分行的业务拓展提供了广阔空间。

山西省分行结合全省“十一五”规划，提出了顺应地区经济发展走势，并且与当前分行管理能力和管理水平相适应的业务发展战略。一是抓住机遇，大力发展以煤炭、电力、交通运输、冶金化工和城市基础建设为主要投向的、面向大公司的资产业务；二是借助山西省加大招商引资力度、加快投融资体制改革的政策，发挥建设银行的资金和结算优势，发展银团贷款、债券发行、票据融资等业务，提高资金运营水平，加快发展机构业务和中间业务；三是贯彻全行大力发展战略性业务的方针，抓住山西区域经济快速增长、富裕群体不断增加的契机，大力促进个人金融业务超常发展。

在多方沟通和努力下，2006年1月总行与山西省政府签订了涉及1 000亿元信贷支持的银政合作协议，为分行今后的业务开拓作了铺垫。

（三）机构、网点和人员精简初见成效

从2001年开始，山西省分行所辖机构数量由811个精简到目前的351个；经过连续几年对低产、低效网点的整合、撤并，营业网点由811个精简到目前的347个，在四大国有商业银行中数量最少；随着机构的精简、网点的撤并，人员数量也从13 182人减少到10 264人。目前山西省分行贯彻2006年1月召开的建设银行工作会议精神，打算基本稳定机构设置，通过严格管理，适当调整人员。

（四）倡导并实践“以客户为中心”的服务理念，着力于服务标准化建设

作为内陆省份，山西省分行网点建设基础较差，整体服务意识和服务水平与大城市有较大差距，特别是基层县级机构之间服务水平、服务质量差异很大。对此，在硬件上，分行2005年集中财力对28个网点进行了装修改造，加大对自助银行的投入，提升了这些网点的形象和综合竞争能力；在软件上，大力宣传以“红梅理财中心”为榜样，号召全行学习“红梅”经验，着力建设服务标准化流程，提高全行服务质量。董事们考察的网点中，南城支行有两个分理处是很好的案例，依靠优质服务取得了较好成绩。

二、存在的问题和建议

（一）综合排名落后，战略性业务发展困难

与当地四大国有商业银行相比，山西省分行2005年底一般性存款余额746.6亿元，同比新增97.5亿元，余额列第三位，新增额排第四位；各类贷款余额420.5亿元，较年初减少2.95亿元，余额、新增额均列第四位。

目前山西省分行战略性业务还处于初步开展阶段。个人银行业务方面，虽然存款增速超过建设银行平均水平，但同业占比在下降，2005年个人存款余额、新增额同业占比分别为17%和15%，在省内四大国有商业银行中都排在末位；个人消费贷款余额下降3.3亿元，不良率上升为33.7%，比年初增加28.7个百分点，个人住房贷款余额下降1.5亿元，不良率为3.04%，比年初增加1.26个百分点。中间业务方面，2005年中间业务收入1.44亿元，在当地四大国有商业银行中占比18.9%，名列第三位。中小企业服务方面，截至2005年底，中小企业客户数量占到了公司客户数量的70%以上，贷款余额占公司客户贷款余额的29.31%，但不良贷款占公司客户不良贷款的70%以上，不良率达20.7%。

针对上述情况，山西省分行认为推进战略性业务应视区域特点区别对待。为突破发展瓶颈，应首先实施分行结合实际制定的业务发展战略，争取资产业务快速发展。对于总行确定的战略性业务，在当前山西的信用环境和分行的管理水平下，原则是积极准备，在条件成熟、风险可控的前提下稳步发展。

（二）信贷规模尚不能满足需要

在现行的经济资本机制约束下，山西属于高风险地区，加上分行业务规模偏小，造成信贷授权规模小、可用经济资本有限等问题，与在国家能源战略及“中部崛起”的背景下涌现的集团企业、重点客户的需求很不相称，矛盾日益突出。2006年山西省分行贷款需求预计达100亿元，但按照总行初次分配的增量信用风险经济资本和各项贷款经济资本平均分配系数计算，分行全年仅可投放贷款约50亿元，存在较大缺口。同时，区域的能源战略主要引导了以能源型经济为主体的集团型企业、大型企业的快速发展，这些企业效益好，资信等级高，风险小，发展这些客户也有利于发挥建设银行的传统优势，因此建议总行在授信额度、经济资本分配上考虑中部地区分行的比较优势，给予重点支持。

（三）人均财务资源占有量低

在建设银行系统中，近几年山西省分行的人均财务资源占有量一直较平均水平存在较大差距。

2005年山西省分行的人均费用是8.64万元，比38家分行的平均水平低3.73万元，位列倒数第三。其中，人均工资性费用4.38万元，比38家分行的平均水平低2.1万元，也位列倒数第三。与当地其他银行相比，近两年建设银行员工的工资也比较低。在现行的经济增加值考核体系内，如果山西省分行在2006年业务发展速度仅为总行计划的平均速度，则达不到一定的经济增加值总量，按此测算，工资总额甚至无法达到上年工资水平；如果要达到与上年持平的工资总额水平，山西省分行就必须保证实现大大高于全行平均水平的业务增长速度，而这不仅任务艰巨，还使分行员工面临着即使完成高速增长任务，工资也得不到提高的境遇。

山西省分行现有营业网点347个，近三年得到装修的只有85个，占24.5%，有47.5%的网点在五年内没有重新装修，使得网点总体装修水平落后于省内同业两到三年。董事们在对网点进行实地考察时也直观地感受到了我行的网点与同业的差距。

为此，建议总行的激励政策能考虑区域差别，对于像山西省分行这样业务总量不够大，但具有较大潜力，又面临发展机遇的分行，在考核上对艰苦付出获取的增量部分给予肯定，并给予一定的激励，使分行的工资性费用与业务发展同步增长，不断有增量资源支持激励措施实施到位，逐步提高员工的工资、福利，让员工分享发展的成果。

三、董事们的意见

通过会上会下的调研，董事们认为，当前山西省分行要提高士气，树立信心，立足自我，逐步发展。

（一）关于发展战略性业务问题

总行确立的战略性业务在山西省发展遇到一定困难，尤其是中小企业业务，总量小，质量差。山西省分行认为中小企业业务是发展方向，但是山西省的中小企业发展水平还不高，整体资信还较差，风险较大，分行目前的管理水平和管理手段还跟不上，所以原则是积极准备，在认识、机制、流程上主动调整，在条件成熟、风险可控的前提下稳步发展。

对此，董事们认为战略有远近之分，当前山西省分行应紧紧围绕煤炭做文章，但已确立的战略性业务如中小企业业务和个人业务不能等，不能放弃。山西区域经济崛起带给山西省分行的是全面发展机遇，而不能仅仅局限于向大企业增加贷款投放的传统思想，要立即着手研究，培养长期效益增长点。对于银政合作协议支持的项目要做好后续营销和服务工作。

（二）关于考核机制问题

山西省分行反映的信贷规模不足和人均财务资源占有量低的问题，究其原因是执行经济资本分配和经济增加值考核后，受经济资本风险与效益约束机制的制约，如果山西省分行风险管理能力跟不上，不良资产额高，必然导致信贷规模不足；同样，如果分行的经济增加值为负数或很低，说明其没有价值创造能力或价值创造能力很低，当然获取的财务资源就有限；另外，人员数量和结构也对财务资源的分配有很大影响。因此，分行应深入分析原因，有的放矢，加以改进。

当然，山西省分行当前所处的发展阶段有其特点，也面临着难得的机遇，在经济增加值考核上，可以考虑通过对具体方法和参数的调整，体现一定的灵活性，以满足分行对符合国家产业政策和省“十一五”规划的重点项目的信贷投放需求；在经济增加值考核上，可以充分考虑分行发展阶段特点，适当加大对与自身比较增量部分的激励。但山西省分行只有依靠自己，实实在在地求发展，提高管理水平，提升价值创造力，把业务做大、做强、做好，才能从根本上解决信贷规模不足、资产质量较差和员工收入较低等问题。

目前山西省分行领导班子、中层管理人员对发展机遇与前景达成共识，在机遇面前，各级员工有强烈发展愿望，有信心通过自身不懈的努力，再加上总行一定的政策支持，使得经营规模显著扩大，综合经营水平明显改善，员工价值合理体现。

关于零售网点转型试点与推广情况的调研报告

董事　王永刚　刘向辉

2007 年 3 月下旬至 4 月下旬，我们带领总行个人金融部、人力资源部、计划财务部和董事会办公室的人员，赴四川省分行、江苏省分行、辽宁省分行对零售网点转型试点与推广情况进行了调研。其间同 2 家省分行、3 家二级分行、2 家试点基层行进行了座谈，并观察了试点现场，在此基础上作了分析和研究。现将调研结果汇报如下。

一、零售网点转型试点情况

（一）网点转型试点效果

2006 年 3 月，四川成都锦城支行和江苏常州化龙巷支行被总行列为零售网点转型项目试点单位。一年多来，相关方面做了大量工作，经过五个阶段的精细改进工作，网点运行效果良好。主要体现在三个方面：

1. 更新了整体服务场所功能。通过统一服务标识、划分服务区域、健全服务指引、完备服务设施等一系列视觉与体觉改善，使客户充分体验到环境舒适、管理有序、服务充分、交易便捷，使 VIP 客户感受到了尊贵、安全和私密，树立了一流现代银行的品牌形象。

2. 细化了单位营运组织功能。通过重建组织架构、界定岗位职责、调配劳动时间、确立服务规范、塑造网点精神、体现激励机制等一系列劳动改组和行为规范，导向人力资源合理配置、无缝隙管理与标准操作，提高了作业服务效率，客户等候时间明显缩短。

3. 扩增了产品购销交易功能。通过改善场所服务条件、调整单位营运组织功能、提高作业服务效率，一方面扩大了存、汇、兑传统产品的购销交易规模，另一方面增多了各种自营和代理理财新型产品的销售种类和数量。

（二）网点转型试点中的不足

1. 零售网点转型的思想认识应进一步提高。建设银行零售网点转型的实质是为了适应不断增长的客户需求，推动零售网点管理和技术的一系列变革，快速发展零售营运力，分阶段促进个人银行业务整体转型，最终达到提升全行核心竞争力的战略目标。今后需要引导各级行从全行改革和战略转型的高度出发，正确理解网点转型的战略意义，保证做好各项转型工作。

2. 零售网点转型的整体协作需进一步加强。零售网点是建设银行的主要销售渠道和交易平台，也是建设银行服务客户和展示品牌的重要窗口，对其增量、布局、质量、功能的不断调整与改善，是建设银行持续提升自身零售营运力的一项长期战略任务和系统工程。今后业务条线和每个层级的相关中后台部门，都应当以零售网点的改善与营运管理成效为中心，进行有效的整体协作。

3. 零售网点转型的资源配置政策尚需及时跟进。转型项目设计方案形成由网点经理、个人业务顾问或柜员主管、高级柜员和普通柜员组成的梯次劳动组合架构，其配置标准、职务序列、薪酬等级、考核标准、分配办法、职业生涯设计、岗位培训等一揽子人力资源与薪酬政策，以及与全行网点转型相匹配的网点扩增改造规划与财务投入整体政策，均应尽快研究、确立和部署。

4. 零售网点转型的整套设计方案有待协调完成。网点各项业务操作及控制流程优化设计方案尚未完成；网点转型设计标准没有根据推广条件提供差异化方案；网点的一些核算管理职能未能完全向后台转移，如目前系统不支持销售统计，柜员仍需进行大量手工作业；转型网点中，允许开放式柜台的个人业务顾问办理小额现金业务（单笔少于 2 000 元），以拓展多项收费业务，但目前的现金管理制度尚未就此进行修改。这些均需尽快协调完成。

二、零售网点转型推广问题

（一）既定推广计划的有效性值得研究

总行推广零售网点转型计划分三个阶段实施：到 2007 年 9 月末，完成 100 家中心城市行中的 1 000 个网点的转型；到 2007 年底，再完成其 3 000 个网点的转型；到 2008 年底，完成全行其余网点的转型。问题在于：全行不具备转型基本条件的网点如何转型？综合网点如何协调转型？不解决好这些问题，网点将难以转型或转型流于形式。

（二）零售网点转型需要增加大量人员

按现行会计制度要求，零售网点人员已经明显紧张。根据转型项目方案要求，每个对私网点至少拥有 8 人才能达到转型岗位设计标准，但有相当数量的网点人数达不到转型设计标准。个人金融部提供的数据表明，截至 2006 年底，全行 13 629 个网点（单一对私网点 2 509 个，综合性网点 11 120 个）中，对私 8 人以上网点 2 765 个，占 20. 3%；对私 7 人及以下网点 10 864 个，占 79. 7%（具体分布比例见图 1）。如全部网点对私人员达到 8 人设计标准，预计需补充合格人员 31 000 人以上，相当于现有网点对私总人数的 39. 7%。

以下是对四川省分行所辖绵阳、广元、雅安分行，常州分行和辽宁省分行的调查情况，如表 1 所示：

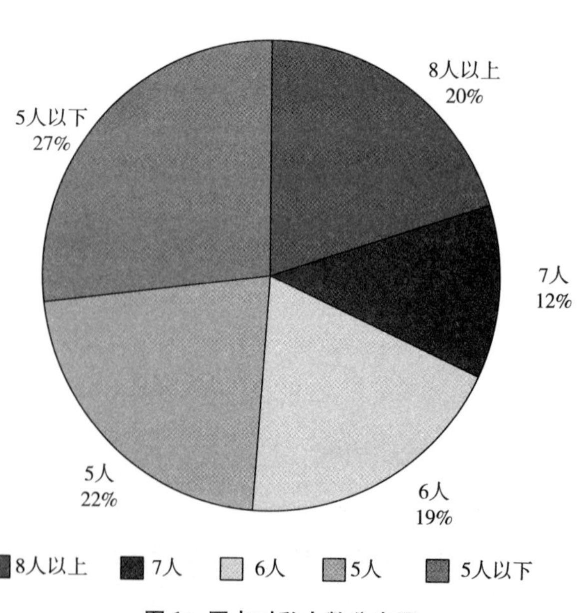

图 1　网点对私人数分布图

表1 四川省分行、绵阳分行、广元分行、雅安分行、常州分行和辽宁省分行对私业务情况一览表

机构名称	对私人数	网点数量	对私人员配备/网点数量								转型需补充对私人员	
			≤5人	占比	6人	占比	7人	占比	≥8人	占比	人数	人员增幅
四川省分行	4 591	611	88	14.4%	191	31.3%	125	20.5%	207	33.8%	771	16.8%
绵阳分行	189	30	11	36.6%	9	30.0%	5	16.7%	5	16.7%	56	29.6%
广元分行	79	12	1	8.3%	7	58.3%	1	8.3%	3	25.0%	18	22.8%
雅安分行	73	8	0	0	0	0	4	50.0%	4	50.0%	4	5.5%
常州分行	683	110	44	40.0%	29	26.4%	21	19.1%	16	14.5%	235	34.4%
辽宁省分行	3 409	511	106	20.7%	88	17.2%	100	19.6%	217	42.5%	594	17.4%

注：绵阳分行、雅安分行、广安分行不含县支行（全省县支行由省分行直管）。

（三）零售网点转型需扩充若干营业面积

根据转型项目设计方案和两个试点单位情况，满足对私营业五个功能区域的大堂营业面积需400平方米以上，但调研发现绝大多数的网点营业面积达不到这个标准（见表2）。

表2 四川省分行、雅安分行、绵阳分行、常州分行和辽宁省分行网点营业面积一览表

单位	网点总量	大堂对私面积／网点数量									
		≤100m²	100m²＜～≤200m²	200m²＜～≤300m²	300m²＜～≤400m²	合计占比	400m²＜～≤500m²	500m²＜～≤600m²	600m²＜～≤700m²	＞700m²	合计占比
四川省分行	611	205	285	74	24	96.2%	17	4	2	0	3.8%
雅安分行	8	4	2	2	0	100%	0	0	0	0	0
绵阳分行	30	12	17	1	0	100%	0	0	0	0	0
常州分行	110	33	58	10	6	97.3%	0	2	0	1	2.7%
辽宁省分行	511	99	170	89	36	77.1%	32	23	19	43	22.9%

注：四川锦城支行、江苏化龙巷支行两个试点网点的大堂对私营业面积分别是467平方米和900平方米。

（四）综合网点转型难点突出

主要表现在：

1. 对私人数达不到转型岗位设定标准。目前综合网点对私业务依靠公私业务兼容的会计兼储蓄员、大堂经理和网点经理支持营运。如划清公私业务操作与管理，实施对私业务转型，需要大量增加对私人员，同时需界定现有大堂经理和网点经理的条线归属与跨条线兼容职责，否则难以转型。例如，常州分行综合网点63个，占网点总数的57.27%；综合网点人数688人，对公318人（含公私兼容132人），对私370人。其中，有51个网点纯对私人数达不到设计的最低8人标准，需增加40%对私人员（148人）。

2. 对私营业面积及现有功能分区设计达不到转型功能设计标准。绝大多数综合网点现有大堂对私分割营业面积，满足不了转型设计的400平方米以上功能区域标准，现有柜台内面积也满足不了达标增人后的要求，转型时必须将其中一种业务迁出另立新网点或撤并到其他容量足够的老网点，否则难以转型。例如，常州分行综合网点中，大堂对私面积超过400平方米的仅占4.76%，400平方米以下的占95.23%（小于100平方米的占28.6%，100～200平方米的占49.2%，200～300平方米的占12.7%，300～400平方米的占4.7%）。

（五）网点转型过程面临人力资源结构的调整

一是零售网点的人员年龄结构不尽合理，年龄偏大问题明显，需要从提高效率和改善形象出发逐步调整。例如，四川雅安分行零售网点对私人员平均年龄为35.66岁。二是用工结构需要调整，长期用工比例偏高，不利于改善年龄结构。例如，对于零售网点的长期用工和短期用工（含劳务）占比，常州分行为60.84%、39.16%，雅安分行为93.02%、6.98%。

三、几点建议

（一）应提高全行对零售网点转型的认识

一是需要提高对转型重要性的认识，把零售网点转型增效作为战略调整的头等大事来抓；二是需要增强对转型紧迫性的认识，

将充分发展零售业务营运力作为提升竞争力的根基来对待；三是需要加深对转型复杂性的认识，将人力和财力资源供需平衡、对私与对公业务同步转型平衡、前中后台分置与协作平衡一并统筹考虑。

（二）尽快确立全行零售网点的转型模式

总行应加大相关部门协作力度，围绕全行网点总量与布局调整战略、存量客户稳定与增量客户竞争策略、对综合网点和单一网点的不同要求、业务竞争的重点区域与非重点区域等，对全行零售网点进行系统评估并清晰确立分类、分级转型模式，即立足全行网点现状、资源配置能力和试点标准推广的可行性，进行零售网点转型的类别方案扩充设计，最终形成一整套对私单一网点和公私兼容综合网点转型的分类、分级转型方案，避免转型“一刀切”。

（三）重新调整全行零售网点转型推进计划

总行应根据确立的分类、分级转型方案，制订分批、分期推进计划。转型计划应具体到每一个网点，突出转型五优先原则：中心城市的网点优先、业务规模大的网点优先、具备物理条件的网点优先、落实了人员的网点优先、对私与对公业务同步转型的网点优先。涉及对私或对公业务撤并、分立的网点，需要有一整套的平稳保证措施。

（四）抓紧完成试点阶段应完成的有关工作

针对零售网点项目二期设计，一是进一步完善转型基本设计方案，同时坚持标准化兼顾差异化原则，应根据单一网点与综合网点的业务规模、场所面积和人数条件等制订梯阶设计方案；二是应同步出台各项配套政策，包括人力资源总量控制与结构调整政策、资本性与收益性支出控制政策、前后台业务划分和衔接政策、信息保障和后勤支持政策等。

（五）加强全行零售网点转型工作信息交流

网点转型作为一项战略工程，应当形成有效的沟通机制，加强部门与部门、总行与分行、管理层与董事会之间的信息交流。其中，董事会及战略委员会应当关注全行零售网点转型工作，管理层应定期向董事会及战略委员会报告全行零售网点转型实施进展情况。

关于收购美银亚洲相关商誉确认及减值测试的报告

总行计划财务部

受银行业内瞩目的并购事件——“建设银行收购美银亚洲”于2006年顺利完成，根据财政部2006年新修订的《企业会计准则》，我行需对收购美银亚洲过程中产生的商誉进行确认，并在2006年底进行相应的减值测试。众所周知，商誉这一重要的资产在企业生存和发展中的作用与日俱增，与之相关的价值评估工作已成为时下理论界和实务界十分重视的问题，本文将当前主流的理论结合我行实务中的操作，对相关商誉问题进行分析阐述。

一、商誉的定义

（一）学术界对商誉定义的主要观点

综观目前学术界对商誉定义的研究，大体有以下一些观点：

1. 好感价值观。该观点认为商誉产生于融洽的商业关系、良好的职工关系和顾客对企业的好感。

2. 超额盈利观。该观点认为商誉是预期未来收益的现值超过正常报酬的部分。

3. 总计价账户观。该观点认为商誉是企业总体价值与单项可辨认资产（单项有形资产和可辨认无形资产）的未来现金净流量贴现值的差额。

4. 无形资源观。该观点认为资产不仅仅代表列示出来的有形资产，企业所拥有的特殊技能和知识、极强的管理能力、良好的社会及企业关系、优秀雇员等价值（通常认为是无形资源）也是商誉的价值。

（二）会计准则对商誉的主要规定

《国际财务报告准则第3号——企业合并》将商誉定义为不能分别辨认并单独确认的资产所形成的未来收益。

我国的新会计准则规定：(1) 商誉是特指企业合并所形成的企业拥有独特优势而具有高于一般获利能力的资产。(2) 在购买日，购买方的合并成本小于确认的各项可辨认资产、负债的公允价值净额的差额，为负商誉，在对取得的被购买方各项可辨认资产、负债的公允价值进行复核后，计入当期损益。(3) 在购买日，购买方的合并成本大于确认的各项可辨认资产、负债的公允价值净额的差额，可以确认为商誉，初始确认后的商誉，应当以其成本扣除累计减值准备后的金额计量。(4) 对因合并形成的商誉，至少在每年年度终了时进行减值测试，对商誉测试的减值部分，应计入当期损益，且期后不能冲回。

二、商誉的评估

由于商誉与企业整体相关，不能单独存在，不能脱离企业可确认的其他各项资产，因此，伴随着企业的整体评估，商誉评估也一起并入企业整体资产评估中，形成企业整体资产价格的一部分。国际上通行的主要资产评估方法通常从收益途径入手，对商誉的评估也沿用此法。

收益途径评估法是根据资产的收益能力，将预期总收益折算成现值确定企业整体价值，扣减可辨认净资产的公允价值后，间接确定商誉价值。在这种思路下，实务界经常采用余值法对并购后产生的商誉予以测评。

余值法，即先评估企业整体资产价值，然后扣除企业全部有形资产和可确认无形资产价值，得到商誉的价值。其计算公式为

$$G = P - Z$$

其中，G 为商誉的评估价值，P 为企业的整体资产评估值，Z 为企业全部有形资产价值和可确认的无形资产价值。

余值法下，按照评估思路的不同，企业价值评估的理论和模型主要有两种：其一，市场比较法，即按同类企业的市场价格进行评估；其二，收益现值法，企业的价值等于企业未来收益流的折现值。对于投资者来说，未来收益流就是自己未来获得的股息。那么企业的内在价值就应该是投资者所能获得的所有股息的现值。用股息贴现模型来计量企业价值的表达式为

$$P = \sum_{i=1}^{\infty} \frac{D_i}{(1+k)^i}$$

其中，P 为企业价值，k 为无风险利率（即折现率），D 为股息，i 为股息派发次数。

三、我行在收购美银亚洲过程中对商誉价值的测算及确认

回顾我行收购美银亚洲估值谈判过程和收购的最终结果可以发现，其间对美银亚洲的价值评估及后续的商誉确认，主要遵循收益途径中的余值法理念，在具体应用时采用收益现值法中的股息贴现模型，在对估值结果进行验证时主要采用了市场比较法，对折现率选取的验证运用了资本资产定价模型。具体说明如下。

（一）估值模型

在对美银亚洲的公允价值进行测算时，采用的是股息贴现模型，模型主要假设条件如下：

1. 香港宏观经济持续向好，名义 GDP 增长预计维持在6%～7%，贷款增速与 GDP 基本同步；优惠利率与 HIBOR 的利差从现在的3.6%～3.7%逐渐稳定在一个长期平均水平，约为3.5%；失业率持续下降，贷款质量继续保持较低水平。

2. 美银亚洲在现有品牌下自身独立发展，业务增速和回报水平与香港一般中型银行相当。

3. 预计美银亚洲未来5年年平均存款增速为4.2%。

4. 净息差在2006年与2007年略有上升后保持基本稳定。

5. 预测期为10年，2006—2010年净利润平均增速为6.2%，拨备前税前利润平均增速为8.6%，平均股本回报为11.6%（不含分得昆士兰保险公司的利润），2011—2015年净利润平均增速为7.3%，2015年后永续增长率为4.58%。

6. 预测期采用的折现率①为9.5%。

① 参照摩根士丹利研究部对香港银行折现率的预测：恒生8.3%，东亚9.3%，中银9.0%，大新9.3%，永亨9.7%，中信11.0%，工银亚洲9.5%，永隆8.5%，平均折现率为9.3%。

综合考虑以上因素后，美银亚洲估值结果（包括协同效应）为68亿～74亿港元，示意性市净率为2.21～2.40倍。考虑将多余资本①视同现金，按1:1支付对价，则估值结果为111.1亿～117.0亿港元，折合示意性市净率为1.51～1.58倍。

（二）结果验证

1. 市场比较法验证

我们运用市场比较法对前述估值结果进行了验证，可比公司相关信息见表1：

表1　　可比公司相关信息　　单位：倍

	收购方	目标公司	市净率（P/B）
1	大众银行	亚洲商业银行	2.50
2	大新银行	BCDM	3.27
3	富邦金融控股	亚洲国际银行	1.59
4	工银亚洲	富通银行	1.52
5	永亨银行	浙江第一银行	2.00
6	中信嘉华	香港华人银行	1.27
7	标准银行	Jandine Fleming Bank HK	0.71
8	新加坡发展银行	道亨银行	3.37
9	东亚银行	第一太平银行	1.49
10	渣打银行	大通曼哈顿香港	4.50
11	工商银行	香港联合银行	1.39
12	新加坡发展银行	广安银行	0.77
平均值			2.03
中值			1.55

香港十家大中型上市银行的平均交易市净率为1.5～2.0倍，考虑30%的控制权溢价后，其收购价值应为2.0～2.6倍，中值为2.3倍，这与估值结果基本吻合。

2. 折现率选取验证

利用资本资产定价模型计算，预期资本回报率=无风险收益率+风险溢价×系统风险系数。截至2006年4月19日，香港10年期政府债券利率为4.63%，摩根士丹利研究部估计的香港的地区风险溢价为5.50%。根据香港银行间0.85的平均系统风险系数，则预期回报率为9.31%，这也从侧面验证了折现率的选择相对准确。

（三）商誉的确认

美银亚洲收购价格合计为97.58亿港元，其具体内容见表2：

表2　　收购价格的具体内容

内容	金额（亿港元）
对价	97.06
印花税、中介费用	0.52
小计	97.58

2006年12月29日美银亚洲净资产价值约80.2亿港元，确认商誉价值为17.38亿港元。

四、商誉的减值测试及相关影响

（一）减值测试

1. 政策规定

我国会计准则规定，对企业合并所形成的商誉，企业每年至少进行一次减值测试。由于商誉难以独立于其他资产为企业单独产生现金流量，所以应当结合与其相关的资产组或资产组组合进行减值测试。会计期末，企业应当将商誉的账面价值按照合理的方法分摊至相关的资产组，分摊时一般应以各资产组或者资产组组合的公允价值为基础，如公允价值难以可靠计量，应当以各资

① 估值时按照同业12.5%的资本充足率调整美银亚洲的核心资本充足率至12.5%，“多余”的核心资本约合43亿港元。

产组或资产组组合的账面价值为基础。然后比较各相关资产组或资产组组合的账面价值与其可收回金额，如资产组或资产组组合的可收回金额低于其账面价值，应按照有关减值的规定处理，确认减值损失，且资产减值一经确认便禁止转回。在国际会计准则中，商誉的减值损失也是不能转回的。

根据我行年报实际披露情况，并与 KPMG 沟通，可将美银亚洲单独视做一个现金产出单元进行整体减值测试。因此，在采用股息贴现模型进行估值并判断是否减值时，当年利润实现情况、市场对宏观经济的预期、市场利率的变化等因素将对测试结果产生重大影响。

2. 减值测试

（1）基本假设

在使用收益现值法进行减值测试时，主要采用股息贴现模型，模型主要假设条件如下：

以 2007 年为假设起始年，香港地区 GDP 增长速度预计维持在 2006 年 6% ~ 7% 的水平，总资产增速与 GDP 增速基本同步，2007—2011 年平均为 6.6%，2012—2016 年平均为 6.5%，生息资产占比基本保持在 2006 年的水平。

净息差保持在 2006 年与 2007 年的水平，其后年度基本保持稳定，非利息收入年度间平均略有增加。

成本收入比因租金上升和 IT 系统更新而在 2006 年和 2007 年略有提升，其后年度稳中有降，2008 年后平均降幅为 1%，总体水平保持在 50% 左右。

信贷资产质量基本保持稳定，准备金增长率略高于贷款增长率。

折现率选取 9%，年度派息比率为 50%，期限选取 10 年，2016 年之后税后利润增长率假设为 5%。

（2）公允价值测算结果

美银亚洲 2006 年底的公允价值 = 股息派息现值 + “多余”的核心资本 + 股价现值

依据上述模型及假设条件，测算出：

①2007—2016 年股息派息现值为 18.9 亿港元。

②按同业 12.5% 的资本充足率调整美银亚洲的核心资本充足率至 12.5%，“多余”的核心资本（2006 年股东权益 - 2006 年表内外加权风险资产 × 12.5%）约为 49.95 亿港元。

③按照股息稳定增长假设，计算 2016 年股价并折现至 2006 年，结果为 44.75 亿港元。

综上，美银亚洲 2006 年底的公允价值约为 110 亿港元，大于收购价 97.58 亿港元，故 2006 年未发生商誉减值。

（3）对测算结果的说明

观察上述测算过程可以发现，影响年度公允价值测算结果的主要因素为股息派息现值、“多余”的核心资本及股价现值。

①“多余”的核心资本相对稳定。

②股息派息现值是以 2007 年利润数据为基础，在保持一定增长率的基础上折现算出来的，因此，2007 年利润实际数的大小会直接影响到股息派息现值的大小。

③股价现值计算公式为：股价现值 = 2016 年股息 × （1 + 增长率）/折现率。同理，分子中 2016 年股息同样受 2007 年利润实际数的影响。

如果 2007 年实际税后利润超过假设数据，股息派息现值和股价现值估值仍偏低，那么测算模型还是相对保守的。

（二）减值的相关影响

1. 对利润的影响

如果未来香港地区经济形势发生重大转变（如市场对未来经济增长预期大幅下降），或美银亚洲由于自身原因当年利润实现情况很不理想，按照股息贴现模型，商誉则有可能发生减值，对商誉计提减值准备后，我行当年利润会受到负面影响，且相关减值准备在今后年度不能转回。

以目前认定的 17.38 亿元商誉计算，假设减值 1.73 亿元（即减值 10%），以 2006 年实现的利润计算，减值影响不及 3‰。

2. 对资本充足率的影响

按照现行商业银行资本充足率管理办法，

$$资本充足率 = \frac{核心资本 + 附属资本可计算价值 - 资本扣除项}{表内外加权风险资产 - 资本扣减项}$$

由于商誉是资本扣除项，如发生减值，在分子中对核心资本（其中的未分配利润部分）和资本扣除项的影响将相互抵消，同时使分母增大，因此，对我行资本充足率将产生微小的负面影响。

2006 年在商誉未发生减值的情况下，我行资本充足率为 12.6091%，假设其他条件不变，如减值 10%（1.73 亿元），则资本充足率下降为 12.6083%，影响点数不及万分之一。

德国商业银行、瑞典商业银行营运管理情况考察报告

总行会计部课题考察组

2007年9月21日至29日，会计部、营运管理部考察组一行七人对德国商业银行（Commerzbank）、瑞典商业银行（Svenska Handelsbanken）营运管理情况进行了学习考察。其间，考察组与德国商业银行、瑞典商业银行相关部门就组织架构、金库中心管理、票据管理、资金交易、风险控制等进行了座谈交流，实地参观了德国商业银行资金交易中心、金库中心及瑞典商业银行的营业网点。现将考察整体情况报告如下。

一、德国商业银行、瑞典商业银行基本概况

（一）德国商业银行

德国商业银行成立于1870年，是德国第二大商业银行，也是欧洲领先的商业银行之一。德国商业银行在德国境内设有820家营业机构，在美洲及亚洲设立了40多家海外分行及代表处，共有近36 000名员工。截至2006年底，德国商业银行总资产为6 083亿欧元，当年营业利润为26.28亿欧元。

德国商业银行主要分为五大条线，包括后台组织管理条线、私人银行和资产管理条线、公司理财和投资银行条线、商业性房地产和财富管理条线以及服务支撑条线（见图1）。

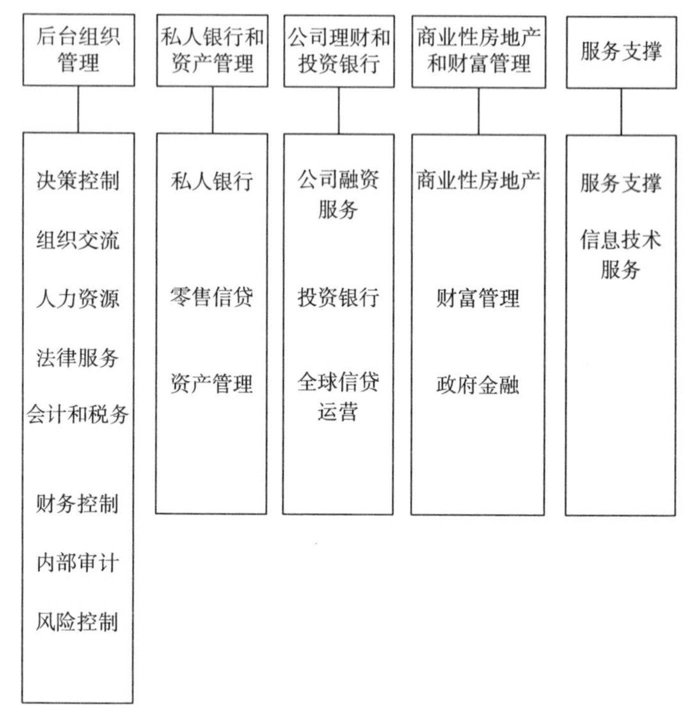

图1　德国商业银行各大条线示意图

私人银行和资产管理条线、公司理财和投资银行条线、商业性房地产和财富管理条线是德国商业银行的三大业务条线：私人银行和资产管理条线主要服务于国内500万名零售客户，提供账户管理（包括一般支付、借记卡和贷记卡业务）、贷款业务、投资业务和养老金管理业务等全方面金融服务；公司理财和投资银行条线主要服务于大型企业和中小企业客户，提供企业融资、企业现金及流动性管理和企业间兼并重组等服务；商业性房地产和财富管理条线，主要向个人及机构提供房地产项目融资、向政府提供金融理财等服务。

德国商业银行实行严格的前后台业务分离，三个主要业务条线负责营销客户，提供全方位的金融服务；后台组织管理条线负责形成战略决策，并对前台业务进行有效的风险控制。德国商业银行形成了“四只眼睛”的风险控制体系，“两只眼睛”是银行内部的风险控制部门，内部风险控制部门直接向董事会负责，另外“两只眼睛”是外部风险监管部门，在内外风险监管部门的配

合监督下，有效降低业务风险。

德国商业银行金库中心是欧洲最大的现金处理中心，2006 年累计接收和运送现金 760 亿欧元。金库中心除向德国商业银行营业网点提供现金接收和运送服务之外，还向欧洲其他商业银行提供现金接收和运送服务。金库中心内部划分为现金保管区、配款区、清分间和交接区，主要负责现金接收和配送的集中清分及整点工作，现金运送由外包的保安公司完成。

金库中心建立了一套严格的现金清点制度，接到现金后，首先通过钞袋的重量判断是否存在短款，然后通过现代化的大型点钞机进行点钞，一次可完成 6 个币种的清点，点钞机具有非常高的真伪识别性能。配送时，根据现金需求按币种集中清点，清点后由专人进行封袋，并在袋口标签上注明币种、金额以及运送目的地。

（二）瑞典商业银行

瑞典商业银行成立于 1871 年，是瑞典第一大商业银行，也是北欧第三大商业银行。20 世纪 90 年代初，瑞典商业银行作出一项战略性决策，即要成为全能型商业银行，并将其经营范围扩展到挪威、芬兰和丹麦。自此，瑞典商业银行将北欧四国发展为自己的本土业务市场，其基础客户群迅速增加。瑞典商业银行在境内设有 459 家营业机构，在丹麦、芬兰、挪威、英国分别设有 38、36、42、26 家营业机构，共有员工 1 万人。截至 2006 年底，瑞典商业银行总资产为17 900亿瑞典克朗，当年营业利润为 172 亿瑞典克朗。

瑞典商业银行是一家上市公司，大约有 86 000 个股东，银行的雇员通过职员分红基金“Oktogonen”成为最大的股东之一。25 年来，从股东的股票收益率角度来讲，瑞典商业银行是瑞典最成功的银行。瑞典商业银行采用一种分散管理经营的方式。最根本的是银行把权利赋予整个网络中的分支机构，各个分支机构的管理人员都有决定重大事情的权利。总部主要对金融、财政大决策有决定权。

瑞典商业银行的财务目标是取得高于同业平均水平的股东回报率，主要通过提高客户满意度及降低营运成本等手段来实现这一目标。

1. 提高客户满意度。瑞典商业银行坚持以客户为中心，客户营销主要由各营业网点负责，在任何一家营业网点均能根据客户需要提供全面的金融服务。瑞典商业银行的运行模式是相对分散的，前台营业网点以营销客户、满足客户需要为主，区域分支机构和业务处理中心提供功能化、专业化的支持（见图 2）。这种模式使得银行更关心客户需求，而不是单纯以产品营销或区域性的市场份额为主要目标。

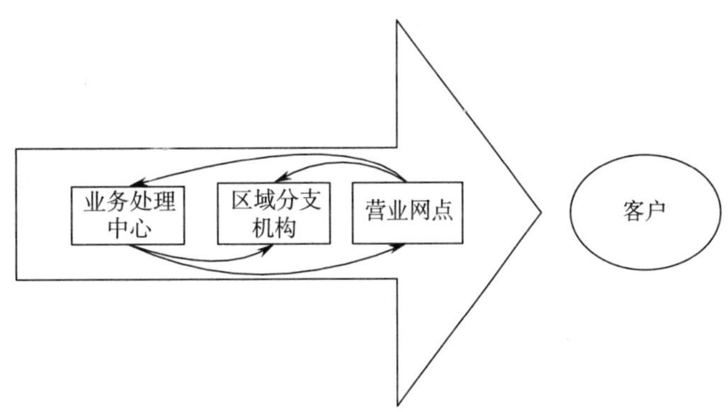

图 2　瑞典商业银行服务模式示意图

员工专业化也是提高客户满意度的重要手段。瑞典商业银行员工在客户营销方面有着非常丰富的经验，特别是在投资理财方面，瑞典商业银行提供一系列的专业培训，有 4 200 名员工完成了投资课程的培训并取得了专业证书，其中有 3 200 人服务于前台。为留住这些专业化人才，瑞典商业银行提供了一系列的保障，特别是推出了收益共享计划，在完成高股东回报的目标后，将每年的特别收益中的一部分分配给每个员工。

2. 降低营运成本。瑞典商业银行通过有效的财务控制系统和集中信贷政策来达到降低营运成本的目标。

有效的财务控制系统为瑞典商业银行制定灵活的预算，大大提高了成本运行效率。2006 年，瑞典商业银行的成本占整个收入的比重为 42%，远远低于其他商业银行 51% 的平均水平。瑞典商业银行在信贷业务方面实行集中信贷政策，关注信贷资产质量，而不是整个信贷资产规模，在过去的 15 年中，不良资产率一直低于 1%，甚至在 2005 年和 2006 年为负值。

瑞典商业银行营业网点在营销客户的过程中引导客户使用网上银行的策略非常成功。在全部客户中，有 45% 的对私客户和 68% 的公司客户使用网上银行系统进行业务操作，大大降低了营业网点运行成本。同时，营业网点现金配送、ATM加钞由当地的中央银行或者外包的保安公司完成，也大大降低了营业网点现金管理成本。

在与客户对账方面，客户可以选择使用定期电子对账方式，而且无须客户进行确认的回执。在发送年度对账单时，则由后台技术部门统一打印纸质对账单，统一发送给客户。

二、德国商业银行、瑞典商业银行营运管理的主要做法和特点

（一）推行后台业务集中处理，实现专业化、流水线作业

积极推行后台业务集中处理，根据业务内容的不同，分别设置不同的后台业务中心集中处理相关业务，并根据业务不同特点，集中到不同层级（总行或区域）。后台业务处理中心为全行业务发展提供了强大的支持保障。

德国商业银行设置了现金处理中心，负责全行外币出入境管理，国内所有营业网点外币现金清分整点和配送，及代理德国其他部分商业银行完成外币调缴任务，取得相应中间业务收入。它在当天下午三点前收到国内网点外币现金配送请求后，能够保证在次日将现金送达全行德国境内任一网点。

德国商业银行设置了资金交易后台处理中心，针对不同种类资金（外汇交易、国债、企业债券等），分别完成交割、核算等后台业务的集中处理和风险控制。

瑞典商业银行通过后台业务处理中心定期生成客户对账资料电子信息，通过电子邮件发送给客户；年底集中打印纸质对账资料，发送给客户完成对账。

后台实行专业化、流水线作业模式。例如，德国商业银行现金配送业务，依托现代化手段，推行工厂化流水作业模式。金库收到现金后，先通过清分机（一次能够同时清分六种不同货币）清分整点现金，然后自动扎把，与上交数量核对一致后交下一道工序进行复点和打捆，最后入库保管。根据各营业网点的现金配送计划，配送现金和现金装袋分别由不同的人操作。德国商业银行资金后台作业推行专业化操作模式，审核、确认、完成支付指令分别由不同的人专门完成，效率较高。

（二）操作风险控制手段严密，控制效果明显

制定完善的业务管理规定，明确业务检查责任，加大内部和外部审计力度，构建完备的操作风险控制体系。例如，瑞典商业银行为防范营业网点操作风险，总行负责制定严密的业务管理规定，区域分支机构负责检查营业网点执行各项规章制度的情况，并对营业网点执行效果负责，总行通过审计手段检查营业网点操作合规性。

制定操作风险控制措施时，关注作业细节，严密交接手续，强化岗位制约，控制效果明显。例如，德国商业银行为了防范现金配送和清分整点操作风险，制定了严密的风险控制措施：一是除使用专门的袋子、锁扣外，还使用由专门的特殊纸张做成的标签，防撕、防水、防伪造，标签上登记现金的金额、重量、接收单位等内容；二是现金配送到目的地后，在监控条件下完成交接，并先称现金袋的重量，迅速初步判断现金是否短缺，如发现不符，立即查找原因；三是清点、封装现金袋、进入现金调缴系统验证相关信息等环节均实行双人操作；四是监控设施完备，现金清分整点和入库操作均在监控条件下进行，清分整点间和库房内的所有现金、贵金属均暴露在监控条件下，没有死角，清分整点间与库房之间有异常情况自动报警装置。

（三）服务体系完备，支持后台业务高效集中处理

后台业务处理中心的有效运作需要强大的信息技术、财务和人力资源支持，资源配置的效率和灵活性决定了后台业务处理中心的效率和适应性。德国商业银行现金处理中心迁址需新建金库，现金处理中心完成金库设计和投入产出计划分析材料报相关部门审定后，便能很快落实相关财务资源，着手建设金库。我们在参观德国商业银行资金交易中心时，相关负责人告诉我们，有专门的信息技术、财务和人力资源部门的人员在一个专门的区域一起办公，为资金交易中心提供支持服务。如果资金交易中心需要增加人员或者费用，这些专门的人员会马上提供相应的支持，分别向人力资源和财务部门汇报，帮助落实人力和财务资源。信息技术人员能够随时提供技术支持，并根据系统运行情况及时提出优化建议，确保系统安全、稳定和高效运行。

（四）应用现代化手段，减少前台柜员工作量，充分发挥前台营销和服务功能

依托系统和自助设备，建立合理赔付机制，推行后台业务集

中处理，从根本上减少前台柜员工作种类和工作内容，充分发挥前台营销和服务功能。例如，德国商业银行在每个营业网点均安装自助设备，客户可以通过自助设备完成存取款和支票业务，大大减少了柜员手工操作工作内容，使得柜员能够将90%的时间用于营销和服务，仅需要将10%的时间用于完成柜面交易操作；同时，建立假币赔付机制，即柜员收到假币后由银行负责赔付，大大减轻和减少了柜员办理现金收付业务的心理压力和操作动作。瑞典商业银行营销客户时成功推荐网上银行，45%的对私客户和68%的公司客户使用网上银行系统进行业务操作，减少了前台工作内容和现金使用量，降低了营运成本；柜面办理业务时，尽量传递电子信息，不传递纸质资料，电子信息由后台进行集中处理，大大减少了柜面工作内容，提高了业务处理效率。

三、经验与启示

通过对德国商业银行和瑞典商业银行的后台处理中心、金库及外币现钞处理中心、营业网点进行实地考察以及和它们的负责人进行面对面的交流，我们认为，两家银行在电子银行建设、前后台分离和后台业务集中以及风险管理等方面的一些先进经验与做法，对我行有如下启示。

（一）大力发展电子银行渠道，有效分流网点柜台客户

这次考察中我们看到，在德国商业银行和瑞典商业银行的网点柜台前，基本上没有客户排队的现象。对此，两家银行各有可供借鉴的做法：德国商业银行在每个营业网点安装两台自助设备，客户可以通过自助设备办理存取款和支票业务，从而大大减少了到柜台办理业务的人数；瑞典商业银行则大力拓展网上银行业务，使得该行45%的对私客户和68%的公司客户均使用网上银行系统办理业务（不含查询业务）。

借鉴德国商业银行和瑞典商业银行的成功经验，加强自助设备和网上银行建设，将是解决目前我行各营业机构柜台窗口客户排长队问题的有效途径。

（二）继续深化前后台分离改革，积极推进区域性后台业务处理中心建设，全面提高服务客户能力

在和瑞典商业银行的专家进行访谈时，他们非常自豪地告诉我们，瑞典商业银行的客户满意度在瑞典同业中排名第一，在北欧各国商业银行中也排前两位；而作为德国第二大商业银行，德国商业银行也同样拥有庞大的优质忠实客户群。这两家银行之所以能获得如此高的客户认同度，我们认为关键有三点：

一是实行前后台业务分离，凡前台能够分离的业务，尽可能分流到后台集中处理。这样，前台人员只需用10%的时间处理交易，90%的时间则可用于维护客户关系。

二是前后台分离职责清晰。前台（营业网点）职能以营销客户、尽可能贴近服务客户、满足客户需要为主，后台（区域分支机构和业务处理中心）则主要负责提供功能化、专业化的支持和保障，前后台完全围绕“以客户为中心”这一宗旨进行职能分离。

三是建立集约化、专业化的区域性后台处理中心，使得为客户提供高质、高效的金融服务有了可靠的基础保障。如德国商业银行通过其票据处理中心（按区域设置），实现了客户从提交支票给网点到资金入账只需2～3个小时；通过该行的现金配送中心，客户在下午4:00前发出支付指令，次日早上8:00就能收到所需的现钞。

在交流学习过程中，我们真切地感受到前后台分离、后台业务集中是落实“以客户为中心”理念的基础性工作。自2006年7月启动前后台分离和后台业务集中改革以来，我行在促进网点转型、提高服务效率、降低营运作业成本、提升客户满意度方面已取得了明显成效，这说明我们的改革方向是正确的，只是目前改革工作整体进度还不够，深度也不够，我们应该推动改革继续深入下去，使前台服务客户的能力充分释放出来。

（三）引进工厂流水线式作业模式和专业化、市场化的运作模式，全面提升后台营运效率与效益

此次考察中我们实地参观了德国商业银行的金库及外币现钞处理中心，该中心除负责德国商业银行全行现金库存管理和外币出入境管理外，还负责国内所有营业网点外币现金清分整点和配送，并为德国50家其他商业银行和欧洲境内180多家国际银行提供外币调缴服务。2006年该中心的配送现金量为760多亿欧元（折算值），平均每天进出现钞2.1亿欧元，每天的人均作业量超过1 000万欧元，其效率远远高于中国国内同业水平。

究其经验，我们总结为三点：工厂流水线作业、专业化操作、市场化运作模式。该行按照现金配送业务处理流程，将金库中心划分为现金交接区、临时保管区、整点清分区、配款区和金库库房，每个区确定相应岗位和人员，在现金接收—整点清分—入库—出库过程中，整个配送业务一环接一环，完全流水线作业，没有任何多余的人员和环节。同时，金库作业人员均有5年以上的从业经验，清点、挑残、辨假、打捆等，对本岗位的操作都十分娴熟。对于现金运送、ATM加钞清机等作业，则外包给市场上的专门公司完成，以发挥它们的专业化和集约化优势。

德国商业银行的这些做法，对我行正在深化的后台业务集中改革，尤其是现金配送中心的建设，起到了很好的借鉴作用。

（四）创新观念，积极探索，全面提升我行风险管理水平

这次考察中，瑞典商业银行独特的风险管理理念和机制给我们留下了极其深刻的印象。考察中我们了解到瑞典商业银行主要是采取发送电子对账信息和通过邮件定期向客户发送电子对账单的方式与客户进行对账，只有在每年年终结计账户利息时，才向客户邮寄纸质对账单，以便于客户申报纳税使用，且除发现有账务不符外，所有对账均无须客户签对账回单确认。访谈时，对于我们提到的中国国内银行要求100%对账单回收率问题，瑞典商业银行的专家表示十分不理解，认为这是一件非常费力而又令客户不满意的事情。他们表示瑞典商业银行有一套完善的风险管理机制，完全可以控制员工的操作风险。一方面，瑞典商业银行有类似于德国商业银行“四只眼睛”的风险控制机制，确保每项业务岗位之间相互制约，避免“一手清”的情况；另一方面，瑞典商业银行通过建立盈利共享机制，使得每位员工都十分珍惜自己现有的工作岗位。所谓“盈利共享”，就是该行拿出10%的股份作为员工共享盈利股，每年这10%股份的红利对所有员工（不分职务高低、岗位差别）平均分配，但不能支取，只有到员工为银行服务满30年时，这部分红利才属于员工个人。

近年来国内银行对风险的监管要求越来越严，监控手段越来越多，投入的人力、财力越来越大，而风险案件、大案要案，特别是银行员工内部作案却是屡查屡犯、屡屡发生，个中原因让人深思。借鉴瑞典商业银行的风险管理理念和机制，转变观念，勇于探索，对全面提高我行的风险管理水平将具有积极意义。

课题组组长：陈　德
课题组成员：胡　忠　卢洪先　邓小敏
陈　勇　管莉莉　伦　欣

矢志向东　不舍昼夜

——建设银行A股上市纪实

总行再融资办公室　李佳音

多少年的励精图治、多少年的改革建设，2007年9月25日，对于满载着光荣、期待和梦想的中国建设银行来说，对于承载着责任、机遇和使命，朝着国际化现代商业银行这一宏伟目标加速前进的金融企业来说，正是成熟与收获的日子。

2007年9月25日，带着全体建行人的希冀，中国建设银行股份有限公司正式在上海证券交易所挂牌上市了。这一刻与1954年10月1日，即中国建设银行成立相隔53年；与2005年10月27日，即中国建设银行H股上市相隔697天。同时，截至建设银行A股上市日，建设银行A股上市创造了多项纪录：A股市场融资规模最大的首次公开发行、A股市场首次公开发行融资规模最大的金融类股票、2007年以来全球第二大首次公开发行、A股市场网上冻结资金最高、A股市场网下冻结资金最高。

回首往昔，1978年，建设银行实现从单一财政职能向银行和财政双重职能的转变；1994年，建设银行分离了政策性业务，从专业银行开始向商业银行转轨；2004年9月17日，建设银行股份有限公司成立，53年的奋斗与耕耘，53年的期许与企盼，当积蓄多年的能量得以充分释放时，她的速度只能用“奇迹”来衡量：建设银行完成A股回归之旅，只用了137天！这是怎样的一次加速！回想当年在香江唱响的《东方之珠》在黄浦江畔闪亮登场之时，多少曾经励志改革、投身其中的人们不禁心潮起伏，久久不能平静。

纪实之一：A股繁荣 酝酿回归

在经历了数年沉闷熊市之后，2005年5月，中国证监会正式启动A股上市公司股权分置改革试点工作。股权分置改革是中国资本市场的一项根本性制度变革，为A股市场的持续繁荣提供了制度保障。A股市场由此掀开了后股改时代的崭新篇章。

对于2006年的国内资本市场，政策层面，国家积极支持大型国有企业回归A股；市场层面，投资者信心大振；资金层面，建设银行已足以承接大盘股票的发行工作；理念层面，“价值投资盛行，期盼蓝筹回归”的理念已树立。建设银行的战略决策者们此时考虑重返A股，正当其时，正应其势。

事实上，早在2003年建设银行设计上市方案之初，便计划“A+H”同步上市。最终虽惜别A股，转战海外，但早日回归祖国、回报国内投资者，是建设银行领导层的诚挚夙愿。对建设银行而言，回归资本市场，有助于充实资本金，提高资本充足率水平，为未来持续发展与综合化经营提供良好支持；有助于拓展融资渠道，搭建起“A+H”的多元化灵活融资平台；有助于回馈国内投资者，树立良好市场形象，进一步提升建设银行在国内的影响力；有助于优化公司治理，股权多元化，促进公司治理结构的进一步完善。

2006年10月，再融资方案研究工作启动，拉开了建设银行回归A股的序幕；2007年3月21日，第46次党委会专题研究了建设银行回归国内资本市场的问题，明确提出要积极稳妥地推进相关具体工作；2007年4月13日，董事会战略委员会就再融资相关事宜进行了专题研究；2007年6月14日，建设银行第二届董事会第二次会议审议并通过了建设银行发行A股的相关决议，包括发行方案、募集资金运用、发行前滚存未分配利润的分配、提请股东大会对董事会关于本次发行进行授权以及决议有效期等；2007年8月23日，建设银行2007年第一次临时股东大会在青岛召开，郭树清董事长主持会议，会议以特别决议案的形式审议并批准建设银行公开发行A股股票并在境内证券交易所上市的具体方案及相关安排，包括本次发行上市方案、本次发行募集资金运用方案、发行前滚存未分配利润的分配政策、关于办理本次发行相关事宜的授权以及决议有效期等。

建设银行的A股筹备工作在春天播种，一定会在秋天收获。其回归A股的决心和示范效应不言而喻，并将随着时间的推移而越来越彰显其重要的历史意义。

纪实之二：闪电行动 备战A股

2007年4月24日，根据建设银行管理层的工作安排，抽调来自总行八个部门的十一位同志集合上阵，全面投入A股发行上市筹备事宜，由张建国行长担任总指挥、庞秀生首席财务官分管的再融资办公室正式成立，对外统称“金龙”项目组。

2007年5月10日，项目启动会召开。张建国行长在启动会上作了动员讲话，宣布再融资工作正式启动，要求全行上下“充分认识再融资的战略意义，高度重视这项工作”，“充分认识再融资工作的复杂性，做好计划和预案，提高执行力”，“做好保密和信息披露工作”。

随着中国国际金融有限公司、中信证券股份有限公司、信达证券股份有限公司三家主承销商，建银国际、中投证券两家财务顾问，通商、富而德两家律师事务所以及审计师KPMG的陆续到位，A股上市的尽职调查工作提上了议事日程。

（一）尽职调查的开展

作为大型商业银行，建设银行拥有38家分行以及数以万计的营业网点，土地房产拥有量远远超过一般A股上市公司。海外上市时被清查一遍的“家底”，时隔两年，又有新的变化，需要再次摸底。加之境内外监管规定的不同，虽然建设银行经历过H股上市，但很多工作仍属第一次。管理层态度坚决，“再难也要上”，2007年5月下旬摸底工作正式启动。经过两个月的不分昼夜、加班加点，收集、核查了满满六大柜文件，走访了总行18个部门50

多人次，提出了30多份尽职调查清单，法律、业务、内控、财务等方面的尽职调查圆满完成，为招股说明书的撰写、律师工作报告的出具、内控鉴证报告的草拟以及按时申报打下良好基础。

（二）招股说明书的撰写

作为第一家海外上市的中国大型商业银行，建设银行香港上市招股书中对行业、业务、财务的精彩描述已成为后来者的参考典范。时隔两年，建设银行的业务运营、行业竞争形势、经营业绩已发生较大变化，在充分遵从监管要求的前提下，建设银行的招股书撰写重点放在积极挖掘建设银行投资亮点、展现建设银行最新风貌上。

对业务运营改革的描述，不在证监会规定的招股书编制框架中，但却是专业投资者高度关注并依此作出投资判断的重要部分，招股书写作人员基于行内近年来的重要政策、文件、管理思路，认真梳理脉络、精练提取；对行业竞争形势的描述，打破建设银行H股招股书的写作思路，与时俱进，客观深刻地描述行业变革，从行业的发展中阐述建设银行确立战略愿景的思路和考虑，展示建设银行在目前的行业竞争环境下面临的机遇与挑战；对业务竞争优势部分的撰写，立足于总结建设银行独特的竞争优势，突出亮点，通过与总行十多个部门业务骨干的深入探讨、推敲，认真学习、领会行领导在历次重要会议上的讲话及其思想，翻阅建设银行三年来上百份文件、总结和新闻报道，一气呵成简练明确的“十一大竞争优势”：广泛优质的客户基础，全面丰富的服务渠道，同业领先的零售业务，优势牢固的批发业务，快速发展的中间业务，专注客户、面向服务的IT平台，经验丰富的管理层及优秀的员工团队，专业高效的财务管理系统，与战略投资者卓有成效的合作，不断完善的风险管理体系，稳步推进的综合经营。两年的改革创新，两年的脚踏实地，建设银行的成就与荣耀有目共睹，亮点交相辉映，成为整份招股书的点睛之处。

（三）与股东、监管机构的充分沟通

了解整个回归历程的人都清楚，建设银行能够成功回归，与汇金公司、中国建投、美国银行、富登金融、宝钢股份、国家电网、长江电力等众多股东和外部有关部门的鼎力支持是分不开的，更与建设银行管理层对回归A股的重视、高屋建瓴的决策、同多方机构的沟通是分不开的。

郭树清董事长与各家股东进行多次会谈；张建国行长几次亲赴证监会汇报；庞秀生首席财务官倾力与银监会沟通；建设银行董事、监事、高级管理人员积极参与上市辅导，认真“备考”；在青岛召开的建设银行临时股东大会和董事会上，建设银行领导们一举完成全套申请材料近百份文件的签署工作……股东权益摊薄、滚存利润分配、员工持股计划、公司章程修订、独立董事选聘等众多待解难题，在谋求和谐共赢的东方智慧的主导下，在建设银行领导们的积极努力下，圆满破解。

2007年6月15日的董事会上，科尔先生代表美国银行向建设银行明确表示，建设银行回归A股，可提高资本充足率水平，夯实发展基础，为股东赢取更为丰厚的回报，使广大投资者分享到建设银行成长的果实，使众多客户体会到建设银行更优质的服务，使建设银行自身的品牌知名度和员工忠诚度也得到提升，对于股东、投资者、客户及银行自身均有利。作为建设银行忠实的合作伙伴，美国银行将充分支持建设银行A股发行工作，放弃反摊薄权利的行使。建设银行A股发行的议案，获得了董事会的全票通过。随后，银监会也出具了首肯的对建设银行运营状况的监管意见书及同意建设银行A股上市接受国内资本市场检验的相关批文。8月27日，全套申请文件正式向证监会申报，标志着建设银行A股上市工作取得了突破性进展，改革前行的激情与创新追逐的步伐，正在催生着一个既与国际接轨又符合国内A股市场要求的新建设银行的日臻成熟。

纪实之三：回归路演　建行亮相

时隔两年，建设银行再一次亮相于一级股本市场。如果说2005年海外上市时，建设银行对投资者讲述的更多是“中国故事”的话，那么此次路演中，管理层更愿意和投资者分享一个完整的“建行故事”。建设银行管理团队高度重视此次国内IPO路演，从预先路演彩排到模拟问答，从路演行程的计划到“一对一”名单的确定，每一个环节都体现出建设银行管理层的全力以赴以及对国内投资者的充分尊重。

（一）直击路演现场

郭树清董事长、张建国行长、罗哲夫副行长、庞秀生首席财务官、朱小黄首席风险官、陈彩虹董事会秘书，连同八名业务部门总经理级人员组成阵容强大的路演团队，建设银行及中介机构联合组成的四十余人的工作团队随队支持。

为了尽可能地增加“一对一”会面场次，确保沟通效果，路演红队、蓝队又各分成两小队，经周密部署、统筹安排，四路人马于9月11日开始了路演之旅。

<table>
<tr><th>日期</th><th colspan="2">红队</th><th colspan="2">蓝队</th></tr>
<tr><td rowspan="6">9月11日</td><td colspan="2">上海</td><td colspan="2">深圳</td></tr>
<tr><td>华宝兴业</td><td>富国基金</td><td>博时基金</td><td>鹏华基金</td></tr>
<tr><td>交银施罗德</td><td>华安基金</td><td>大成基金</td><td>南方基金</td></tr>
<tr><td colspan="2">“一对一”午餐会　平安保险</td><td colspan="2" rowspan="3">一场“一对多”</td></tr>
<tr><td colspan="2">一场“一对多”（基金专场）</td></tr>
<tr><td colspan="2">一场QFII专场电话会</td></tr>
<tr><td rowspan="4">9月12日</td><td colspan="2">上海</td><td colspan="2">广州</td></tr>
<tr><td>太平洋保险</td><td>国泰基金</td><td rowspan="3">广发基金</td><td rowspan="3">易方达基金</td></tr>
<tr><td>海富通/富通</td><td>上投摩根基金</td></tr>
<tr><td colspan="2">一场“一对多”（非基金专场）</td></tr>
<tr><td rowspan="3">9月13日</td><td colspan="2">北京</td><td colspan="2">北京</td></tr>
<tr><td>中国人寿</td><td>嘉实基金</td><td>泰康人寿</td><td>长盛基金</td></tr>
<tr><td colspan="4">一场“一对多”</td></tr>
<tr><td rowspan="3">9月14日</td><td colspan="4">北京</td></tr>
<tr><td colspan="4">一场“一对多”</td></tr>
<tr><td colspan="4">一场网上路演</td></tr>
</table>

北京—上海—北京、北京—深圳—广州—北京，四天之中，建设银行路演团队马不停蹄，从一个推介现场赶赴另一个推介现场，共举办了18场“一对一”会面、1场午餐会、6场团体推介会、1场QFII专场电话会、1场网上路演，会见了47家基金公司、42家证券公司、15家财务公司、13家信托公司、11家保险公司、10家合格境外投资者，全面覆盖经证监会备案、证券业协会公布的六类询价对象，网上路演中，回答了投资者及网友提出的三百多个问题。

每日清晨即起，整装待发；中午简单午饭后，略作休息便出发前往下午的会面现场；晚上回到酒店后立即举行路演电话会议，与另一路演团队交流情况，备战明日。会议结束时常常已近深夜。会后红、蓝两队路演支持团队分头连夜撰写当日路演情况，火速发往北京。总部工作人员第一时间汇总两队情况，高效、优质地编写完成路演工作日报后，旋即发至监管当局。

一路奔波，数程辛苦，满腔诚挚，深入互动。建设银行的真诚努力，换得投资者的充分尊重和热烈掌声。“一对一”现场，基金公司高层尽数出席，与路演团队热烈讨论，畅谈与建设银行的未来合作计划；团体推介现场，全场座无虚席，提问踊跃，掌声不断；QFII专场，路演团队的迅速反应和专业回答赢得基金经理的连声赞叹。

带着从容、自信的微笑，建设银行路演团队优雅地亮相于路演舞台。

（二）发行定价敲定

发行数量，不超过90亿股；发行方式上，采用网下向询价对象询价配售与网上资金申购发行相结合的方式，两种方式的回拨前比例分别为35%（31.5亿股）和65%（58.5亿股），初步询价过程中提交了有效报价的机构投资者可以参加网下配售，在上海证券交易所开立股票账户的自然人、法人及其他投资者可以参与网上申购，同时设立回拨机制。建设银行经过充分的考虑，设计出了上述发行结构。

9月12日，在建设银行管理层路演之时，网下初步询价工作也如火如荼地开始了。两年前海外上市时的定价角力至今令人记忆犹新，今天的国内A股市场，银行股票陆续上市，市场波动逐渐增大，此时的建设银行又能卖出怎样的价格呢？

事实上，投资者的追捧是热烈的。

9月12日至13日，主承销商簿记现场共收到167张初步询价表，其中165张计入统计分析（中金公司管理的社保组合和资产管理计划及中信证券管理的资产管理计划反馈的初步询价表，按规定不得计入初步询价统计分析），询价表分别来自46家证券投资基金管理公司、47家证券公司、21家财务公司、31家信托投资公司、12家保险公司和8家合格境外机构投资者，占证券业协会公布的合格询价对象总数的78.2%。

单位：元/股

建设银行A股发行初步询价统计			
165家询价对象			
	最大/最小值	中值	均值
报价区间上限	9.60	7.02	7.14
报价区间下限	5.40	6.00	6.15
46家证券投资基金管理公司			
	最大/最小值	中值	均值
报价区间上限	9.60	7.20	7.25
报价区间下限	5.50	6.10	6.22
最终发行价格区间	6.15～6.45		

9月13日下午，建设银行价格区间会召开，在听取主承销关于初步询价情况的总结汇报后，经认真讨论、慎重思考，根据预路演及初步询价情况，兼顾并考虑建设银行基本面、H股股价表现，可比公司估值水平及市场情况，会议最终确定A股发行价格区间为6.15～6.45元/股。会后，正式上报该价格区间至中国证监会并获同意。

建设银行的发行定价，体现了对国有股东和二级市场投资者利益的均衡兼顾。一方面，6.45元/股的发行价为价格区间的上限，市净率达3.94倍，不仅超过国际先进银行目前的交易水平，也高于H股市场银行股3.58倍市净率的平均水平；对应2006年的市盈率为32.91倍，接近H股市场银行股交易的平均水平，很好地维护了老股东特别是国有股东的利益；另一方面，A股发行价格较定价日（9月17日）的H股收盘价有2.81%的折扣，对应2007年的预测市盈率为22.7倍，为二级市场交易价格预留了一定空间。

至此，距离国内A股市场，只有一步之遥！

纪实之四：上海挂牌　成功上市

这是一个注定让国人关注的日子。清晨，薄雾笼罩的黄浦江畔，太阳穿透满江的烟霞，把第一抹金色洒在夜泊黄浦等待起锚的轮船上，位于江畔的上海证券交易所此刻“靓装以待”。远远望去，几个硕大的气球高高地飘扬在上海证券交易所门前，写有“热烈祝贺中国建设银行成功上市”的巨型条幅悬挂在气球下，随风招展，好似笑贺建设银行上市。

还不到上午9点，上海证券交易所一楼大厅内已是人声鼎沸，前来祝贺的嘉宾足有上千人，他们不停地向门外张望，期待着今天的主角出场。媒体记者作为其中最为热闹的一支队伍，纷纷抢占媒体区的有利位置，准备用镜头完整记录这一历史时刻。

大厅两侧的电子屏幕上不停地滚动着“热烈祝贺中国建设银行成功上市”的字样，明快的背景音乐与喜庆的场面和谐呼应。

“来了”，一位女士的话音刚落，大厅内便响起热烈的掌声。只见郭树清董事长、张建国行长、谢渡扬监事长、赵林副行长、朱小黄首席风险官等面带微笑，一边招手一边健步走进大厅。上海市常务副市长冯国勤、全国社会保障基金理事会理事长项怀诚、上海证券交易所理事长耿亮、保监会副主席周延礼、证监会主席助理姚刚等嘉宾也相继盛装进入上海证券交易所大厅。来自政府主管部门、股东单位、合作伙伴及中介机构的各路嘉宾济济一堂，共同见证建设银行回归A股的历史时刻。在人头攒动的会场上，在闪光灯的聚焦下，张建国行长代表建设银行与上海证券交易所副总经理周勤业在上市协议书上郑重地签下了各自的名字。

上午 9 点 26 分，郭树清董事长敲响上海证券交易所交易大厅内的铜锣，现场爆发出一片欢呼声，与此同时，交易大厅内的显示屏上立即出现：建设银行，股票代码 601939，开盘价 8.55 元，最高价 8.55 元，最低价 8.55 元，市盈率 31.62 倍，换手率1.82%……这一刻，在场的所有人是激动的；这一刻，大家的欢呼是真诚的；这一刻，投资者的关注是值得的；这一刻，建行人的心底是自豪的。上市首日，建设银行市值超过工商银行，成为 A 股市场第一权重股，同时建设银行也成为全球第三大市值银行。

中国建设银行股份有限公司在国内资本市场的成功登陆，是在时隔不到两年的时间里，建设银行在资本市场上续写的又一个传奇。两年前的 10 月 27 日，建设银行在香港联交所挂牌，成为四大国有商业银行中第一家完成股改目标，实现境外上市的探路先锋，一只代码为“939”的股票从此在国际资本市场上开始了希望之旅。如今，建设银行登陆国内资本市场，精彩的亮相再次聚集了世人的目光，留给记忆，留给世人，留给建设银行的今天和明天。

附：建设银行 A 股上市时间表

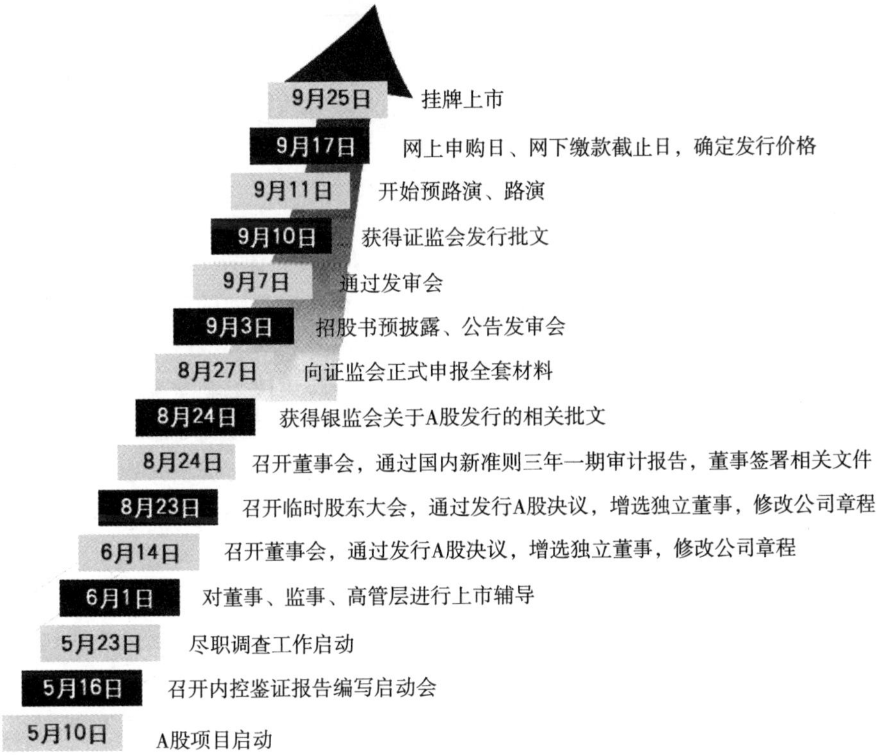

9月25日	挂牌上市
9月17日	网上申购日、网下缴款截止日，确定发行价格
9月11日	开始预路演、路演
9月10日	获得证监会发行批文
9月7日	通过发审会
9月3日	招股书预披露、公告发审会
8月27日	向证监会正式申报全套材料
8月24日	获得银监会关于A股发行的相关批文
8月24日	召开董事会，通过国内新准则三年一期审计报告，董事签署相关文件
8月23日	召开临时股东大会，通过发行A股决议，增选独立董事，修改公司章程
6月14日	召开董事会，通过发行A股决议，增选独立董事，修改公司章程
6月1日	对董事、监事、高管层进行上市辅导
5月23日	尽职调查工作启动
5月16日	召开内控鉴证报告编写启动会
5月10日	A股项目启动

对利率市场化下银行风险管理的探讨

江西省分行课题组

导论：我国在加入世界贸易组织后，加快了利率市场化进程。本文着重讨论利率市场化对银行风险管理的影响，通过对银行现状和问题分析，提出应对利率市场化的对策建议。

一、我国利率市场化改革进程

我国利率市场化改革的总体思路确定为先放开货币市场利率和债券市场利率，再逐步推进存贷款利率的市场化。存贷款利率市场化按照“先外币、后本币；先贷款、后存款；先长期、大额，后短期、小额”的顺序进行。近年来，我国利率市场化改革稳步推进。1996 年以后，先后放开了银行间拆借市场利率、债券市场利率和银行间市场国债和政策性金融债的发行利率；放开了境内外币贷款和大额外币存款利率；试办人民币长期大额协议存款；逐步扩大人民币贷款利率的浮动区间。尤其是 2004 年，利率市场化迈出了重要步伐：1 月 1 日再次扩大了金融机构贷款利率浮动区间；3 月 25 日实行再贷款浮息制度；10 月 29 日放开了商业银行贷款利率上限，城乡信用社贷款利率浮动上限扩大到基准利率的 2.3 倍，实行人民币存款利率下浮制度。自 2005 年以来，继续稳步推进利率市场化改革，促进金融机构提高自我积累、自我发展的能力，提高资产负债管理和贷款风险定价的能力。我国银行 2007 年贷款利率浮动占比情况（见表 1）。

表 1　　我国银行 2007 年贷款利率浮动占比情况　　单位：%

浮动区域	合计	政策性银行	国有银行	股份制银行	区域银行	信用社
下浮	28.07	31.63	35.64	35.20	33.31	2.42
基准利率	27.69	67.12	28.82	35.45	20.39	5.40
上浮	44.24	1.25	35.54	29.35	46.30	92.18

数据来源：中国人民银行。

二、利率市场化对银行风险的影响

利率市场化后，受到结构不匹配、信息不对称、金融市场变化以及不确定性等多方面因素的影响，银行经营风险将呈增加趋势。

（一）利率风险明显增加

首先，当利率变动时，银行利率敏感性资产与利率敏感性负债的价值要发生变化，如果银行的利率敏感性资产与利率敏感性负债不匹配，或者短期存贷利差波动与长期存贷利差波动幅度不一致，那么在利率变动后会对银行的净利差收入产生影响。其次，风险溢价难以补偿。由于信息的不对称产生定价风险，在实际信贷定价中，借款人比银行更了解本身的风险状况，不同借款人违约拖欠的可能性也不同，贷款人是难以作出精确判断的，事实上高风险贷款常常没有得到高收益的补偿。再次，利率市场化必然加强国内利率与境外利率和国际汇率的紧密联系，当通过境内外利率差异影响国际资本流动，进而影响我国利率和汇率时，受国际市场利率波动和汇率波动的敏感程度就大大提高了，加剧了金融市场的不稳定性，增加了金融市场的风险。最后，过去受压抑市场利率的释放反映出决定利率变量的多变性，以及人们预期的不稳定性，由于金融市场的参与者无法准确预测利率的变化，借款人无法预测其贷款成本，而贷款人也无法估算自己的利息收入，这无疑对借款人和贷款人都会产生风险，并增加了市场的交易成本。

（二）客户违约风险增加

从银行与企业之间的信息不对称看，企业经营者直接掌握着自身资产、负债、现金流动情况、生产经营情况、资金运用情况、企业偿债能力和获利能力、企业发展前途和规划等，同时也深谙其中的全部风险信息。而银行作为债权人，对企业本该知悉的信息往往知之较少。加之我国还在经济体制转轨过程中，企业信息披露程度和透明度较低，资金流量隐蔽、流向多变，更增加了银行了解和掌握企业信息的难度。由于企业完全控制着资源和信息，因而银行容易在信贷资金安全性和流动性上遭受风险和损失。从银行与企业之间的风险博弈看，利率市场化的目的之一就是让银行根据风险加成的原则对贷款利率实施合理定价。近年来，我国贷款有效需求不足，主要原因是企业效益不好，在利率管制的条件下银行不能获得风险补偿，银行不愿冒太大的风险。而一旦利率放开，银行就有可能冒着高风险以获得高收益，对于部分本着借了款不愿还想法的企业，势必会利用银行赚取高收益的心理以高利率争取贷款。一方面，企业为获得银行贷款，在作投资决策时会筛选掉风险较低、回报较平稳的项目，结果将提高信贷市场的平均风险，高利率的结果是高风险项目驱逐低风险项目，产生“逆选择”现象；另一方面，银行可能因追求短期收益，提高利率水平，这将刺激冒险者的贷款需求，同时挤出正常利率水平的合格贷款需求者，导致信贷市场的逆向选择，使信贷市场贷款项目整体质量下降，从而提高了贷款的信用风险和客户或项目的违约概率。

（三）风险定价促使利差缩小

国内银行长期处于高速发展的环境中，普遍重视规模扩张而不注意降低经营成本，缺乏风险定价能力，很难根据市场行情和经营对手的信用风险准确界定利率水平，一旦存贷款利率放开，在金融服务水平普遍较低且相差无几的条件下，利率必然会成为商业银行争夺客户最重要的手段。再加上国内市场体系不够成熟，将促使我国商业银行在存款和贷款领域的竞争加剧，特别是大客户有较强的议价能力，[①]如上海宝钢集团 2005 年 8 月向多家金融机构营销存贷款打包方案，迫使各家银行接受存款利率上浮和贷款利率下浮，导致建设银行对宝钢集团的存贷利差一下从 3.1% 骤降至 1.7%。银行客户战略面临着两难的选择，或者高利差而承受高风险，或者低风险而忍受低利差，低风险符合国内银行风险定价能力的现状。因此，利率市场化可能导致存款利率上升，贷款利率下降，资金成本加大，作为商业银行盈利主要来源的实际利差有缩小的趋势，从而导致银行净利息收入减少。从我国现行利率与国际市场比较看，银行存贷款利差偏高（见表 2），预计存贷款利差将可能缩小，如果存贷款利差缩小 1 个百分点，以建设银行 2.8 万亿元贷款为基数，则减少利差收入近 300 亿元，按现有盈利能力计将吞噬大部分利润。

表 2　我国金融资产平均利差的国际比较　单位：%

利差 \ 国家	中国	美国	法国	瑞士	日本	泰国
存贷款利差	3.30	2.77	4.04	1.29	2.0	4.54
存款与政府债券利差[②]	0.5	-0.43	2.82	0.61	1.65	4.27

数据来源：根据国家统计局网站国际统计资料（世界银行）2000 年数据整理；中国为 2003 年数据。

（四）调整银行业务结构

目前，存款利率上限管理，贷款利率下限管理的特色，以及稳定的存贷款利差，决定了我国银行业收入结构以利差收入为主。利率市场化改革的推进，将导致实际利差有缩小的趋势，银行要维持乃至提高盈利水平，依赖增加传统业务风险显然是不适当的，因此，银行必然寻求改善业务结构，选择非利差收入业务以及低风险和分散风险的业务，中间业务和个人银行业务将得到快速增长。比如我国商业银行中间业务收入在总收入中的比重都不足 10%，而国外有的商业银行中间业务收入比重超过 40%，其中花旗银行 2006 年中间业务收入比重达到 55.94%；我国三家商业银行个人贷款比重（见表 3）稳步提高，2006 年，建设银行、民生银行、深圳发展银行个人贷款比重分别达 20.36%、15.3% 和 21.4%，与 2002 年比较分别提高 5.38 个、11.2 个和 17.4 个百分点，但与国外商业银行比较还有较大差距。2006 年汇丰银行和花旗银行个人贷款比重分别达到 54.0% 和 75.5%，分别是我国个人贷款比重最高的深圳发展银行的 2.52 倍和 3.53 倍。合理的业务和贷款结构能够分散补偿贷款风险损失，促进银行资产保值、增值的良性循环，因此，在利率市场化进程中，要大力调整银行业务和资产结构。

表 3　我国商业银行中间业务收入和个人贷款比重及国际比较　单位：%

行别 \ 年份	2006		2004		2002	
	中间业务	个人贷款	中间业务	个人贷款	中间业务	个人贷款
建设银行	8.95	20.36	5.68	18.32	4.30	14.98
民生银行	7.04	15.3	2.59	14.9	1.64	4.1
深圳发展银行	4.30	21.4	3.29	11.9	2.13	4.0
汇丰银行	50.78	54.0	44.45	56.6	41.87	42.3
花旗银行	55.94	75.5	47.74	79.3	46.94	75.4

数据来源：相关银行年报，中间业务收入比重 = 中间业务净收入/净收入总额。

三、我国银行风险管理的现状及问题

由于信息不对称，借款人比贷款人对合同风险状况要清楚得多，对风险控制和把握能力上也更主动和有效，这增加了商业银行风险管理难度。

① 摘自 2005 年 11 月范一飞在建设银行秋季行长座谈会上的讲话。

② 存款与政府债券利差 = 政府债券利率 - 客户存款利率。

（一）利率风险管理能力较低

通过对利率风险管理实证分析能够更好地表明我国商业银行风险管理能力状况。为分析利率敏感性缺口的状况和变化趋势，我们设立利率敏感性缺口比率指标，敏感性缺口比率＝（敏感性资产－敏感性负债）/敏感性负债，当利率敏感性缺口比率大于0，为利率敏感性正缺口；当利率敏感性缺口比率小于0，为利率敏感性负缺口；当利率敏感性缺口比率等于0，表明无缺口。现对4家商业银行利率敏感性缺口比率进行统计（见表4）。1996—1998年，我国利率走势处于下降通道，按照缺口管理理论，银行应当保持利率敏感性负缺口（至少零缺口），但银行12个数据中仅有3个负缺口，其余均为正缺口；而2004—2006年，我国利率走势处于上升通道，银行应当保持利率敏感性正缺口（至少零缺口），但银行11个数据中仅有2个正缺口，其余均为负缺口。这表明这些银行在大多数时候要遭受不同程度的风险损失。从银行敏感性缺口变化趋势看，工商银行和深圳发展银行在1997—1998年利率下降时减小缺口，在2004—2006年利率上升时增大缺口（减小负缺口），表明上述2家银行敏感性缺口管理在降低风险损失；而交通银行在缺口管理中，1996—1998年在减少利率风险损失，但2004—2006年利率风险损失在增加。

我国银行敏感性缺口与利率走势相悖，银行利率风险管理缺乏主动性，这有着资金稀缺性和定价体制的深层次原因。我国银行负债主要由存款组成，在存款利率非市场化环境下，银行吸收作为稀缺资源的存款是比较被动的，公众存款期限受银行因素影响较少，银行对负债结构调节余地很小。我国银行资产主要由贷款组成，当中央银行基准利率调整，多数贷款在一个年度内将根据基准利率重新定价，银行对资产结构调节余地也有限。经过对1996—1998年与2004—2006年进行实证分析，从这两个时期之间的比较看，前者利率水平在相对高位，公众为追求高收益保持了较高的定期存款比重，由于短期计息负债较少，利率敏感性缺口相对较高；相反，后者利率水平在相对低位，公众持币心态不稳而保持较高的活期存款比重，由于短期计息负债较高，利率敏感性缺口相对较低。从上述两个时期的情况看，在利率分别处于下降和上升通道时，存款期限结构主要与实际利率水平紧密相关，公众对预期利率变化并不敏感，因此，银行在风险管理中应当加强利率研究，根据预期积极改善敏感性缺口。比如2004—2006年，工商银行相对交通银行更好地把握了缺口管理与利率走势的协调。

表4　我国商业银行利率敏感性缺口比率　单位：%

年份	1996	1997	1998	2004	2005	2006
工商银行	0.381	1.486	0.595	－0.183	－0.154	－0.110
交通银行	0.207	0.095	－0.111	－0.171	－0.182	－0.215
上海浦发银行	0.272	0.234	0.268	—	0.072	0.073
深圳发展银行	－0.11	0.31	－0.07	－0.186	－0.10	－0.078

数据来源：1998年以前数据由《中国金融年鉴》整理，2004年以后数据由银行公开年报整理。

（二）信贷风险管理能力不高

我国商业银行贷款风险管理明显改善。从国内4家商业银行收益与风险状况（见表5）看，2006年与2002年相比，贷款收益率增长较大，存贷款利差上升0.97～1.33个百分点，但与汇丰银行和花旗银行相比还有差距，2006年平均存贷款利差比它们要低1个百分点；信贷资产质量明显好转，但与国际先进银行相比还有较大差距，工行、建行、深发展2006年不良贷款率分别比汇丰银行高出2.37个、1.69个和6.38个百分点；不良贷款倍数①（设定该指标用于对风险与收益的综合评价）下降到原来的10.2%～48.0%，但2006年平均不良贷款倍数为后者的3.4倍。

按市场利率定价对国内银行信贷风险管理能力提出了很高的要求。一是风险管理前台、中台、后台联动不够好。风险控制源头是前台和客户部门，而风险管理工作责任还主要定位于风险部门，各个风险控制环节之间的部门配合不够，对风险控制关键点没有形成自律、监督和制约的机制。二是风险定价能力不够高。管制利率下，风险没有被合理地定价，不够覆盖其风险溢价，促使银行选择客户以风险低为标准。一方面，“双大”战略盲目竞争大项目和大企业而导致风险集中；另一方面，对中小企业过度“惜贷”，导致流动性过剩问题，大批中小企业由于缺乏风险控制

① 不良贷款倍数＝不良贷款率/存贷款利差。

"硬指标"而处于资金"饥饿状态"。三是风险与收益的平衡能力不够强。目前，银行还普遍存在将风险管理与业务发展对立起来的问题，没有发挥风险管理在业务拓展、经营管理过程中的作用，控制过度和控制不足问题同时存在，在实际工作中，或者重视市场开拓而忽视风险管理，或者片面强调风险控制影响业务发展，造成要么风险管理严重约束业务发展，要么风险溢价收益远不能覆盖风险损失。四是控制不良贷款生成的机制还未形成。国内银行贷款风险明显降低，但不良贷款仍然明显高于国外银行，特别是国有银行不良贷款比率较高，近年来大幅下降主要是由于公开上市前进行了大量不良贷款剥离，不良贷款控制机制还不能认为已经根本改善。五是对风险管理人员素质提出了更高的要求。负责风险管理基础数据维护的前台人员素质参差不齐，特别缺乏精通风险管理理论和风险计量技术专业人才。

表5　　我国商业银行贷款收益与风险状况及国际比较

年份 行别	净利差[①]（%）		存贷款利差（%）		不良贷款率（%）		不良贷款倍数	
	2006	2002	2006	2002	2006	2002	2006	2002
工商银行	2.29	1.72	3.76	1.06	3.97	25.69	1.06	10.40
建设银行	2.69	2.06	4.04	0.81	3.29	16.96	0.81	5.52
民生银行	2.27	1.57	3.63	0.34	1.23	2.04	0.34	0.84
深圳发展银行	2.66	1.96	3.89	2.05	7.98	10.92	2.05	4.27
汇丰银行	2.94	2.27	4.28	0.37	1.6	1.8	0.37	0.54
花旗银行	2.65	4.07	5.00	0.26	1.32	2.48	0.26	0.35

数据来源：根据相关银行年报整理，花旗银行以预计损失率代替不良贷款率。

（三）风险偏好和容忍度缺乏统一性

对于银行而言，风险偏好是其为了追求价值而愿意接受的风险程度，是银行为实现其战略目标和经营目标，根据其资本规模和机构整体风险状况所愿意承受的风险。不同的行业、区域、产品和客户对应着不同水平的风险，银行如何将其用于抵御风险的经济资本分配到不同的行业、区域、产品和客户，并使贷款定价能够覆盖这些不同维度的预计损失，这体现着银行对风险的偏好。风险容忍度是指与目标实现相关的、可接受的变数，银行可以容忍风险损失敞口相对于风险偏好管理目标的偏离程度。风险容忍度可被度量，并且度量同一部门中的相关目标最合适。通过设定风险容忍度，将风险容忍和风险偏好连在一起，使管理部门妥善把握相关目标的相对重要性，以确保实际结果在可接受的范围之内，保障银行能够实现既定的风险偏好管理目标。

表6　　××银行贷款重点控制行业及品种的情况

年份 地区	公司类贷款		房地产贷款占比[②]		钢铁业贷款占比		贴现贷款占比	
	2006（%）	比上年增减（百分点）	2006（%）	比上年增减（百分点）	2006（%）	比上年增减（百分点）	2006（%）	比上年增减（百分点）
全国	100	—	14.33	0.63	3.24	0.37	7.74	-2.55
长三角	25.05	0.59	14.83	-1.51	2.20	-0.05	7.33	-0.81
珠三角	14.80	0.02	19.16	2.99	1.02	0.07	5.44	-3.36
环渤海	24.12	-0.59	14.95	0.14	4.84	0.87	11.11	-2.28
中部	15.09	-0.57	12.45	2.44	4.68	1.14	8.31	-5.15
西部	18.05	0.64	10.65	0.48	2.38	-0.07	4.59	-2.31
东北	2.89	-0.09	12.92	2.43	8.01	0.82	11.75	-1.27

数据来源：××银行内部报表；公司类贷款包括贴现。

① 净利差=利息收入/生息资产-利息支出/付息负债。
② 房地产贷款占比=房地产贷款/公司类贷款。

目前，我国商业银行在风险管理上缺乏统一的风险偏好传导机制。例如，近年来我国房地产价格上涨过快，国家连续出台了对房地产的调控措施；有关部门对产能过剩行业分析，钢铁行业产能过剩排首位。因此，××银行根据国家宏观经济政策和自身经营风险状况，于2006年提出了“有保有压，重在结构调整”的信贷调控政策，控制房地产、产能过剩行业以及贴现贷款的信贷投放。该行董事长在2006年初工作会议上讲话也指出要高度关注产能过剩问题和国家对房地产行业的宏观调控。但从各区域执行该行总部贷款重点控制（见表6）政策看，2006年与2005年比较，6个区域除长三角外房地产贷款占公司类贷款比重普遍上升，最高上升2.99个百分点，全国平均上升0.63个百分点；有4个区域钢铁行业贷款占公司类贷款比重上升，最高上升1.14个百分点，全国平均上升0.37个百分点；仅贴现贷款控制符合总部经营战略要求。从区域战略看，长三角、珠三角和环渤海为贷款优先投放区域，但环渤海区域贷款占全行贷款比重下降0.59个百分点，而西部区域贷款占全行贷款比重上升0.64个百分点，也没有完全贯彻好总部区域战略。这表明贷款决策人和审批人以自己的经验和自己的理解代替银行整体偏好，风险偏好不能很好地传递到各个经营管理层、前台营销、后台审批部门，造成银行战略执行中的混乱和银行内部的摩擦与冲突，增加了交易成本，降低了银行的市场竞争力。并且我国的商业银行也没有建立利率波动的容忍度来统一指导利率风险波动对银行造成的风险。

（四）风险文化建设有待加强

风险管理文化决定着商业银行经营管理过程中的风险管理观念和行为方式，虽然是内部控制体系中的“软因素”，但在风险管理中占有十分重要的地位。存在的问题：一是国内银行缺乏审慎的风险文化。由于我国仍然处于大力改革开放的环境中，开拓性人员容易出成绩并且得到重用，而审慎务实被认为是保守和缺乏魄力，在这样一种观念和文化的熏陶下，粗放经营的理念对风险管理有不良影响。二是道德风险问题不容忽视。从借款人角度看，使用别人的钱更可能用于冒较大的风险，或从事有损于贷款人利益的投资活动；从银行内部看，过去在“贷与不贷”问题上就已经饱受道德风险的困扰，如四大国有银行制造了数以万亿计的不良贷款，而由道德风险形成不良贷款的责任却没有真正得到追究。在利率市场化下，银行不仅要决策“贷与不贷”，而且要制定贷款价格，在银行贷款合理定价能力不高的情况下，当前风险文化的道德观不利于防止“人情利率”、“关系利率”等现象。三是本位主义思想比较严重。风险管理在观念上还没有突破传统的部门和岗位界限，风险意识没有真正融入全行各个部门、每位员工的行为规范和工作习惯之中，员工对自身岗位上存在的风险点认识不足，难以形成防范风险的第一道屏障。

四、我国银行改善风险管理的对策建议

要应对利率市场化，应从我国银行风险管理的实际出发，充分把握利率市场化环境对银行风险管理的影响，重点加强风险管理体制机制、技术手段和风险文化的建设，全面提高风险管理的精细化水平。

（一）加快风险管理体制的改革

风险管理体制和机制的改革要与市场化利率形成机制相适应。一是建立以客户为重点的风险管理模式。客户价值与其风险密切相关，客户风险将造成银行的重大损失，风险管理的重心要转到直接面对客户的风险管理上来。落实好风险经理和客户经理平行作业，在前台、后台实行严格的分离，每笔授信业务均须由风险经理和客户经理共同签字，并形成内部各部门相互协调配合、整体联动的风险监管模式。以法国商业银行为例，该行要求所有的柜面业务和信贷业务都实行“四只眼睛”监控，客户经理和风险经理共同参与对客户的调查，同时，该行风险部门、审计部门和法务部门协同配合，加强日常监督与检查，实时对各类业务操作流程进行合规性检查或开展抽样检查，抽查面达30%，涵盖业务金额达70%以上。二是以专业化提升银行价值创造能力。银行作为经营风险的企业，是通过承担风险并有效管理风险来获得盈利的，强化风险管理机制的专业化是关键。比如在贷款中实施专业化管理，专事对当地企业或特定行业贷款，有利于银行提高经营管理水平，分辨客户风险高低；同时，由于许多大客户利用银行的竞争不断压缩利差空间，而且大客户交易成本低但风险不一定

低，对银行的真实贡献度在不断下降，专业化也有利于银行提高风险定价能力，提高银行在与客户谈判中的主动地位，银行在与客户谈判中把握项目真实贡献度而不是盲目竞争大客户。因此，专业化能达到降低风险损失和交易成本的双重效果。三是提高银行风险精细化管理。要加强前台、中台、后台各个风险环节的过程管理，提高风险管理精细化水平。从内部看，如果风险管理岗位责任不精细化，不能全面覆盖风险隐患点，特别是各风险环节之间存在的缝隙，就不可能避免操作风险和道德风险；从市场看，银行与企业也是买卖双方的关系，始终存在风险和价格的博弈，由于企业对项目风险信息的把握具有明显的优势，银行只有通过精细化管理预警企业经营风险来弥补其劣势。

（二）提高银行抵御风险的能力

西方利率市场化推进经历了长期复杂的过程，由此引发的金融风险使得众多中小银行倒闭，因此，提高风险量化管理技术、加强对利率市场化环境风险的识别、优化银行信贷资产结构，是抵御信贷风险的重要手段。一是银行应对利率市场化要提高风险量化支持能力，从风险控制手段上具备有效技术工具和量化管理的支撑，提高风险计量、判别和控制的能力，不断提升自身的核心竞争能力。二是银行要引入利率敏感性分析和缺口管理技术，通过监测、识别并预测利率的变化走势，大幅度提高利率风险组合分析效率。近年来，一些国内商业银行特别注重提高个人住房贷款增量，他们认为这类贷款的质量通常比较高，但往往忽略了个人住房贷款是利率敏感性资产。在当前利率市场化趋势下，国内商业银行研究建立自己的利率预测和利率风险管理模型已成为了当务之急。三是提高个人贷款业务的比重。个人资产业务应当成为银行业务新的增长点，如 1998 年以来，我国房地产开发投资年增长额保持在固定资产投资增长额的 30% 左右，每年带动 GDP 增长 1 个百分点以上，个人住房贷款客户会与银行维系相当长时期的业务往来，既是银行应尽力争取的中高端客户，也是个人银行业务在长期内比较稳定和宝贵的客户资源。

（三）借鉴国际先进银行的风险管理

国际先进商业银行的风险管理十分鲜明地体现为战略导向和客户导向，始终贯穿全面风险管理和流程控制的理念。一是实现“全过程”和“全方位”的风险管理。“全过程”指银行前台、中台、后台都要参与的动态管理，“全方位”指不仅包括信贷风险而且包括市场风险、操作风险和参股风险等。二是实现“五个转变”。在管理理念上，要由控制风险为主向经营管理风险转变，提升平衡风险与回报的能力；在管理模式上，要由层级管理向集中管理转变，提高全行统一的风险管理政策标准、规章制度的执行力；在管理机制上，要由部门间相互制衡为主向业务流程中各环节相互制衡、各岗位自我约束与协作并重转变，建立现代商业银行内控和运行机制；在管理手段上，由定性为主向定性与定量相结合转变，提高风险管理的专业化、精细化水平；在管理范围上，由信用风险管理为主向各类风险管理并重转变，完善全面风险管理体系。三是创造条件实施《巴塞尔新资本协议》内部评级法。内部评级法是《巴塞尔新资本协议》提出的用于外部监管的资本充足率计算方法，要求商业银行依靠自身数据基础，对交易对手或金融业务的风险水平进行精确计量和等级划分，并以此作为风险决策的参照依据。随着利率市场化推进，国内商业实施 IRB 法，不仅可以在满足《巴塞尔新资本协议》对最低资本要求计算方面得到优惠，而且在信用风险计量、信用风险有效细分与资本配置等方面都更具优越性，能有效量化客户和债项风险，为风险限额管理提供技术支持，既可用于风险预警和预控，也可作为贷款决策的重要依据。

（四）构建良好的风险管理文化

企业文化的形成源于企业理念、精神、方法的沉淀，需要各级管理层的言传身教，特别依赖思想和行动的一致性。如果风险不是银行核心团队的肺腑之言，则各级管理层在实际经营过程中并不会身体力行坚守风险理念，甚至在经营过程中表现出漠视风险的行为，不权衡长远利益与短期利益的利弊而崇尚高风险经营，或者普遍存在的风险隐患和风险损失没有追究责任者，那么就不可能构建良好的风险文化。一是风险文化成为银行“核心价值观”。银行区别其他行业和企业的特征是经营风险，客户和服务都可以归于对风险的经营管理，银行要通过文化和理念的更新，形成系统的风险控制制度和奖惩制度，倡导和强化全员风险意识，引导全行员工树立对风险核心价值观的认同感，从而把风险管理贯穿于银行业务的各个方面和整个流程，树立包括各个部门、各项业务、各种产品的全方位风险管理理念，推行涵盖事前监测、事中管理、事后处置的全过程风险管理行为。二是银行风险文化建设以“诚信”为本。道德风险对银行经营的破坏力巨大，不仅损害银行信誉，而且可能直接造成巨大的风险损失。要强化道德底线的意识，不讲诚信等任何故意或者放任企业利益和信誉受到损害的，都要归入触犯道德底线的行为，必将因此受到严惩；而讲诚信等维护企业利益和信誉的，能够得到良好的回报，从而使员工在每一笔信贷调查、定价、审批中逐步形成诚实守信的习惯和方法。三是国内银行应着重培育审慎的风险管理文化。由于银行价值来源于信用和风险溢价，要通过风险管理文化建设，将个人行为与企业发展、风险管理与业务拓展有机结合起来，以审慎务实的态度来对待每一次信贷审查，以对客户负责、对全行负责、对自己负责的态度，正确审批每一笔业务，在这一文化的熏陶下，建立一支品行端正、作风严谨、技术精湛的风险管理队伍。

课题组组长：段超良

课题组成员：陶有珠　柯丽莉　单克强

工作研究

大型国有上市银行风险管理状况比较分析报告 （摘要）

总行风险管理部 刘桂峰 尚 妍 黄 亮 甘少浩

2007年初，根据工行、中行、建行、交行四家国有上市银行2006年中期报告等资料，我们撰写了大型国有上市商业银行风险管理状况比较分析报告，对截至2006年6月底各行的风险指标以及风险管理机制做了全面对比分析。近期，基于各行公布的2006年年报等最新信息，我们进行了跟进比较。与全面分析角度不同的是，本次分析主要侧重于四家银行2006年底的风险指标情况和过去一年来在风险管理领域推行的新改革和新举措，以及部分主要经营成果和风险状况分析。

一、经营收入与利润情况

2006年，宏观经济稳步快速增长和贷款利率上调等外部因素为国有上市银行提高净利息收入提供了良好条件。同时，各行积极提高了净手续费及佣金收入，加强了成本控制，实现了收入和利润的大幅提升。与同业比较，建行利差水平处于相对领先地位，净手续费及佣金收入增幅居首位，但受所得税政策等因素影响，利润增幅低于其他三家银行。

第一，在生息资产规模快速增长和利差保持高水平的情况下，各行净利息收入普遍增加。建行生息资产增幅和利差水平均在四家银行中列第二位，整体净利息收入增长幅度仅次于交通银行。

第二，各行净手续费和佣金收入金额及占比有所上升，建行净手续费及佣金收入总额上升幅度最大，但在营业收入中的占比仍低于中行、工行。

第三，各行营业利润稳步增长，建行净利润比上年略有下降，但剔除税收优惠因素，净利润实际实现了新增（见表1）。

表 1　　四家银行经营收入及利润情况比较　　单位：百万元,%

	营业收入	净利息收入	平均净利差	净手续费及佣金收入	净手续费及佣金收入占营业收入比例	拨备前营业利润	资产减值准备支出	营业利润	净利润
2006 年数据									
工商银行	181 638	163 118	2.29	16 344	9.00	104 241	32 189	72 052	49 880
中国银行	148 378	121 371	2.28	14 323	9.65	79 647	12 342	67 305	48 264
建设银行	151 593	140 368	2.69	13 571	8.95	84 931	19 214	65 717	46 319
交通银行	43 838	39 803	2.70	2 873	6.55	22 943	5 538	17 405	12 269
2005 年数据									
工商银行	171 620	153 603	2.58	10 546	6.14	90 035	27 014	63 021	38 019
中国银行	125 106	101 008	2.21	9 247	7.39	65 122	11 486	53 636	31 558
建设银行	128 714	116 551	2.70	8 455	6.57	70 622	15 258	55 364	47 096
交通银行	35 153	31 591	2.58	2 109	6.00	17 141	4 298	12 843	9 243

二、资本充足与资本回报情况

总体来看，受益于重组上市工作中获得的资本金补充和股本溢价，各行均保持了较高的资本充足水平，在利润大幅提高的情况下，各行的资本回报水平也高于监管要求。由于建行在 2005 年完成了上市工作，2006 年贷款大幅增长，资本充足率有所下降；而且由于前述税收政策影响，2006 年净利润比上年有所下降，股本回报率也有所下降。

（一）工行、中行上市融资后资本充足率大幅上升，建行资本充足率有所下降。2006 年，建行贷款增长较快，使风险资产大幅增加，从而资本充足率水平降低，2006 年末建行资本充足率为 12.11%，比年初下降 1.48 个百分点。总的来看，目前四家银行资本充足率均达到监管要求，建行资本充足率下降将约束信贷资产进一步扩张。

（二）工行、中行、交行三家银行股本回报率和资产回报率显著上升，建行股本回报率有所下降，但仍高于中行、交行，略低于工行。对比其他三家银行，建行因为不再享有重组税收优惠政策，2006 年净利润较上年有所下降，从而股本回报率下降，资产回报率与年初基本持平。尽管如此，建行股本回报率（15.00%）仍高于中行和交行水平，接近工行水平；资产回报率（0.92%）略低于中行（0.04 个百分点），仍高于工行和交行。预计 2007 年，在工行、中行重组税收优惠政策因素消失后，建行股本回报率将有机会继续保持领先（见表 2）。

表 2　　四家银行资本充足率及资本回报水平比较

	工商银行		中国银行		建设银行		交通银行		监管要求
	2006 年末（%）	比上年增加（百分点）	2006 年末（%）	比上年增加（百分点）	2006 年末（%）	比上年增加（百分点）	2006 年末（%）	比上年增加（百分点）	
资本充足率	14.05	4.16	13.59	3.17	12.11	-1.48	10.83	-0.37	≥8
核心资本充足率	12.23	4.12	11.44	3.36	9.92	-1.16	8.52	-0.26	≥4
平均股本回报率	15.37	—	14.06	1.92	15.00	-2.99	14.15	0.47	≥11
平均总资产回报率	0.71	0.05	0.96	0.26	0.92	0.00	0.78	0.06	≥0.6

注：横线部分表示数据未能获取，下同。

三、信用风险情况

国有银行信用风险主要集中于信贷业务。总体来看，2006 年，工行、中行、建行、交行四家银行贷款新增较快，贷款收益水平逐步提高，不良贷款持续“双降”，信用风险总体情况良好。

（一）贷款新增情况

在主要业务领域中，各行均把个人信贷业务作为重点拓展领域，个人信贷增幅普遍高于公司类贷款增幅，其中，建行个人信贷新增额、增幅在四家银行中最高，2006 年末个人信贷余额已超过工商银行，重回首位。在贴现和境外业务方面，各行发展策略不同，比较其他银行，建行主动压缩贴现规模，实现贴现余额净下降，降幅达 17.90%，从而加快境外业务拓展。在境外分行方面，建行通过并购美银（亚洲）业务和加大境内外业务联动发展力度，境外分行贷款实现大幅增长（105.79%）（见表3）。

表3 **四家银行贷款增幅情况** 单位：百万元，%

行别	全部贷款			
	2006年余额	2005年余额	2006年新增额	增幅
工商银行	3 631 171	3 289 553	341 618	10.38
中国银行	2 432 019	2 235 265	196 754	8.80
建设银行	2 873 609	2 458 398	415 211	16.89
交通银行	927 405	771 374	156 031	20.23
	公司类贷款			
	2006年余额	2005年余额	2006年新增额	增幅
工商银行	2 530 732	2 277 396	253 336	11.12
中国银行	1 331 824	1 224 873	106 951	8.73
建设银行	2 057 961	1 775 791	282 170	15.89
交通银行	685 012	573 367	111 645	19.47
	贴现			
	2006年余额	2005年余额	2006年新增额	增幅
工商银行	412 313	392 717	19 596	4.99
中国银行	214 996	195 311	19 685	10.08
建设银行	159 368	194 122	-34 754	-17.90
交通银行	72 805	60 876	11 929	19.60
	个人类贷款			
	2006年余额	2005年余额	2006年新增额	增幅
工商银行	576 109	515 042	61 067	11.86
中国银行	443 580	379 958	63 622	16.74
建设银行	585 085	453 889	131 196	28.90
交通银行	112 129	89 853	22 276	24.79
	境外分行			
	2006年余额	2005年余额	2006年新增额	增幅
工商银行	112 017	104 398	7 619	7.30
中国银行	441 619	435 123	6 496	1.49
建设银行	71 195	34 596	36 599	105.79
交通银行	54 879	45 444	9 435	20.76

注：交通银行贷款总额中包含了贷款应收利息。

（二）贷款收益情况

各行贷款收益水平均有上升，建行上升幅度最小，但贷款平均收益率仍列四家银行之首。2006年末，建行贷款收益率达到5.57%，居四家银行之首，但贷款收益率上升幅度小于其他三家银行，仅为0.18个百分点（见表4）。

表4 **国有上市银行贷款收益率变动情况比较**

行别	2006年		2005年		变动	
	平均余额（百万元）	收益率（%）	平均余额（百万元）	收益率（%）	余额增加（百万元）	收益率增加（百分点）
工商银行	3 464 384	5.42	3 429 852	5.11	34 532	0.31
中国银行	2 352 262	5.45	2 192 058	5.00	160 204	0.45
中国银行（内地）	1 604 412	5.40	1 443 512	5.40	160 900	0.00
建设银行	2 753 100	5.57	2 357 586	5.39	395 514	0.18
交通银行	818 166	5.54	694 903	5.22	123 263	0.32

（三）贷款总体质量

各行不良贷款额和不良贷款率均实现“双降”，建行不良额下降幅度小于工行、中行两行，但不良率水平仍领先于工行、中行两行，仅次于交行。对比工行、中行两行，建行压缩不良额金额较少，但不良率仍比年初下降0.55个百分点，达到3.29%，继续领先于工行、中行两行。各行不良贷款（减值贷款）拨备覆盖率大幅提升，建行提升幅度及目前拨备覆盖水平在四家银行中列第二位，风险抵补水平改善显著。在个人信贷方面，工行个人类不良贷款实现“双降”，中行和建行个人信贷不良率有所下降，但不良额有所上升，其中建行上升幅度较大。目前，建行拨备覆盖率水平已达到监管要求（80%），仅低于中行。分类结构中关注类占比下降，建行下降幅度低于中行、交行两行，目前关注类占比列各行首位。各行不良贷款中可疑类贷款占比上升，建行增幅列首位。需要注意的是，由于次级类贷款的及时处置和损失类贷款的核销，可疑类贷款成为不良贷款的主要组成部分，其中建行可疑类贷款占比及上升幅度均列四家银行之首（见表5）。

（四）区域、行业信贷资产组合情况

区域情况：从结构分布看，各行信贷投放集中于沿海经济发达地区，建行与工行策略相近，集中投放于“两洲一海”区域（见表6）。

表5　　2006年贷款五级分类结构比较　　单位：百万元，%

	工商银行		中国银行		建设银行		交通银行	
	金额	百分比	金额	百分比	金额	百分比	金额	百分比
正常	3 165 586	87.18	2 135 654	87.81	2 513 322	87.46	807 023	89.93
关注	327 840	9.03	198 145	8.15	265 888	9.25	72 303	8.06
次级	66 756	1.84	39 390	1.62	29 261	1.02	8 358	0.93
可疑	62 036	1.71	44 100	1.81	55 983	1.95	8 787	0.98
损失	8 953	0.25	14 730	0.61	9 155	0.32	889	0.10
贷款总额	3 631 171	100.00	2 432 019	100.00	2 873 609	100.00	897 360	100.00
不良额（率）	137 745	3.79	98 220	4.04	94 399	3.29	18 034	2.01
不良额（率）比上年	-16 672	-0.90	-5 006	-0.58	-70	-0.55	-34	-0.36

表6　　2006年四家银行贷款区域占比情况　　单位：%

行别	长三角或华东	珠三角	环渤海	东北	西部	中部	总行	境外
工商银行	24.98	14.14	17.63	5.46	14.69	12.86	7.14	3.08
建设银行	24.86	13.89	19.13	6.19	16.34	16.14	0.98	2.48
	华北	东北	华东	中南	西部	—	—	境外
中国银行	14.33	5.60	33.69	19.95	8.18	—	—	18.24
交通银行	17.75	6.35	41.24	19.69	8.83	—	—	6.15

从质量情况看，各区域贷款质量整体改善，建行除总行本级及环渤海地区外，各地区不良率普遍下降。

行业情况：从行业分布情况看，建行比例最低，显示分散行业集中度风险情况较好。从变动趋势看，各行逐步压缩不良率偏高行业贷款占比，建行不良率较高的建筑业贷款占比有所下降，但不良率高于平均水平的制造业和房地产行业贷款占比继续上升。建行不良率较高的建筑业贷款占比下降0.14个百分点，但是不良率在5%以上的制造业贷款和房地产行业贷款占比分别比上年上升0.35个百分点和0.21个百分点，值得关注。从质量情况看，制造业、商业和房地产业不良率普遍偏高，建行制造业和房地产行业在全部贷款中占比高（共占29%）、不良率也偏高，需重点关注（见表7）。

表7 2006年四家银行对公贷款主要行业结构比较 单位：百万元，%

行别	行业	贷款余额	占比	不良贷款额	不良率
工商银行	制造业	672 589	19.11	68 334	10.16
	交通及物流	525 048	14.92	6 687	1.27
	发电和供电	343 038	9.75	6 433	1.88
	零售、批发和餐饮	255 142	7.25	25 332	9.93
	房地产开发	230 064	6.54	9 982	4.34
中国银行	制造业	556 032	27.94	34 123	6.14
	商业、服务业	257 853	12.95	22 579	8.76
	运输业	182 398	9.16	8 258	4.53
	能源、采矿和农业	240 314	12.07	6 153	2.56
	房地产	113 589	5.71	10 710	9.43
	公共事业	105 933	5.32	4 523	4.27
建设银行	制造业	510 427	18.21	28 791	5.64
	交通运输、仓储和邮政业	326 715	11.66	4 932	1.51
	电力、燃气及水的生产	318 493	11.36	4 348	1.37
	房地产开发业	302 290	10.79	18 290	6.05
	建筑业	96 580	3.45	3 755	3.89
交通银行	制造业	240 745	25.96	—	—
	交通	93 035	10.03	—	—
	贸易	81 945	8.84	—	—
	服务业	79 630	8.59	—	—
	房地产	65 962	7.11	—	—

四、市场风险与流动性风险情况

（一）利率风险

由于计息资产增幅高于计息负债增幅，各行利率敏感缺口整体增加，建行利率敏感缺口余额和涨幅均低于工行、中行，高于交行。资产和负债期限结构差异造成各行短期利率敏感缺口为负，且负缺口继续加大，由于建行活期存款占客户存款比例较高（55.42%）、增长较快，因而3个月内负缺口有所增大（见表8）。

表8 利率敏感缺口 单位：百万元

行别	报告期（年份）	3个月内	3个月至1年	1~5年	5年以上	非计息	合计
工商银行	2006	-2 331 427	1 658 193	821 675	356 530	不适用	不适用
	2005	-2 005 352	1 119 217	921 221	205 304	不适用	不适用
中国银行	2006	-906 517	591 503	347 020	341 294	39 656	412 956
	2005	-860 891	464 652	402 985	241 871	6 902	255 519
建设银行	2006	-1 536 503	1 149 734	269 811	427 368	19 794	330 204
	2005	-1 142 437	831 770	352 551	222 235	23 558	287 677
交通银行	2006	-565 237	249 291	189 004	213 005	4 432	90 495
	2005	-431 383	210 858	131 984	163 327	8 360	83 146

（二）外汇风险

工行、中行资产负债表内外汇净头寸增加，建行和交行外汇净头寸减少各行都使用表外衍生工具，大幅降低了外汇头寸。中行、建行外汇交易账户期末风险值有所降低。在人民币持续升值的背景下，与工行、中行情况类似，建行与汇金公司所作外汇期权交易形成净收益，与人民银行所作货币掉期形成净损失。建行2006年货币掉期估值净损失为19.87亿元。流动性情况与利率敏感缺口变动情况类似，由于活期存款在存量负债中占比较高、增速较快，各行到期日在3个月内的资产负债表现为短头寸，且短头寸进一步增加。各行到期日在3个月以上的资产负债表现为长头寸，且长头寸也进一步增加。建行整体长头寸和即期偿还的短头寸均有所增加（见表9）。

表9　　不同到期日的资产负债头寸分析　　单位：百万元

行别	报告期（年份）	已逾期	即期偿还	1个月及以下	1~3个月	3个月至1年	1~5年	5年以上	无期限	合计
工商银行	2006	-3 506 414		-178 815		233 158	1 817 219	1 297 356	808 497	471 001
	2005	-2 984 596		-330 899		45 924	1 874 349	968 548	686 550	259 876
中国银行	2006	48 754	-1 889 251	4 183	55 597	41 576	1 070 214	1 081 883	0	412 956
	2005	40 452	-1 637 566	-12 384	-75 143	167 958	968 682	803 520	0	255 519
建设银行	2006	-2 683 153		-152 293		330 001	1 270 537	1 071 001	494 111	330 204
	2005	-2 118 250		-28 807		182 971	1 119 770	762 110	369 883	287 677
交通银行	2006	16 315	-660 631		21 867	230 226	236 423	246 295	0	90 495
	2005	17 018	-543 094		38 595	186 467	184 507	199 653	0	83 146

各行本币流动性比例有下降趋势，外币流动性比率有上升趋势，建行人民币流动性比率降幅列第二位，外币流动性比率增幅列第一位（见表10）。

表10　　2006年四家银行流动性比率比较

	工商银行		中国银行		建设银行		交通银行	
	2006年末（%）	比上年增加（百分点）	2006年末（%）	比上年增加（百分点）	2006年末（%）	比上年增加（百分点）	2006年末（%）	比上年增加（百分点）
流动性比率（人民币）	48.87	-0.02	37.65	-11.27	39.04	-8.38	73.89	10.66
流动性比率（外币）	84.75	1.33	64.14	-23.22	224.55	50.52	140.37	29.63

五、2006年风险管理体系建设主要进展

（一）风险管理指导思想

各行在重组上市后，进一步明确了自身风险管理理念，实施以平衡风险收益和提高风险回报为特征的风险偏好管理。虽然各行风险偏好管理形式有所不同，但本质指导思想进一步趋同。工行以风险偏好作为资本分配依据，并以此平衡风险和收益关系；中行明确提出实行“适中型”风险偏好和相关的管理原则；交行提出以股东风险偏好调整银行风险偏好。比较而言，建行虽未明确披露自身风险偏好，但实际上已通过《风险大纲》梳理了风险管理理念，将风险偏好管理内化于日常经营管理中。通过将“风险收益平衡、共同承担风险目标、控制风险管理边界”等理念内化在政策、制度、措施中，实施全面的风险管理。

（二）风险管理组织体制

2006年，各行继续深化组织体系改革，改革工作均特别强调实现风险管理组织的“集中性和独立性”。为此，各行已经设立或准备设立全面管理风险的首席官，明确和加强了各级风险管理组织的职能。由于采用了“垂直管理”模式，建行在保障风险管理相对“独立性”方面迈出了实质性步伐。建行推进以“垂直管理”和“平行作业”为重点的风险管理体系改革。比较而言，虽然工行、中行、交行也提出集中管理和增强独立性的组织改革概念，但建行在风险管理人员垂直管理方面则迈出了实质性步伐，已形成“首席风险官—风险总监—风险主管—风险经理”一纵到底的风险人员垂直管理体制。在制度安排方面，总行向各一级分行派出风险总监（遵循异地交流的原则），一级分行向二级分行派出风险主管，二级分行再向县级支行派出风险经理，并建立矩阵

式汇报路线，从体制上保证了风险管理的相对独立性。

（三）风险管理机制和工具

在信贷政策方面，2006年，各行进一步完善信贷政策体系，以指导信贷业务的稳健发展和结构优化。相对而言，工行在区域、行业、产品等领域制定了比较明细的政策，中行主要针对热点问题制定针对性信贷资产政策，交行充分应用《信贷手册》指导功能，建行则重点建立起对公业务和零售业务信贷政策全面体系框架，由风险管理部集中管理信贷政策。与其他行相比，比较有特色的是，建行出台了《公司及机构业务信贷管理政策》，《零售信贷政策》也基本完成。在信贷业务流程管理方面，工行、中行、交行重点推进了授信审批的集中和专业化工作，建行在审批体制改革方面起步较早，完成了信贷审批授权体系和专业审批队伍的建设。在其他方面，工行推行12级分类工作，中行、交行加强了风险预警机制，建行通过推进大中型公司类客户信贷业务平行作业和个人贷款中心建设，在信贷业务全流程管理方面取得了长足进步，在同业中保持领先。在个人信贷业务方面，通过实现中台、后台集中批量处理业务，减少及分散经营可能带来的操作风险。在这些方面，建行信贷管理体制的变革与国际先进经验和风险管理发展方向趋于一致。在市场风险管理方面，目前各行均采用国际较为成熟的风险计量和管理技术开展市场风险管理工作，其重点可概括为完善组织、制定政策、开发系统。目前建行也已采用一些国际普遍应用的市场风险计量手段，对交易账户和银行账户分别进行监测、分析和报告，通过限额控制交易风险；但相对而言，由于重新明确组织分工、制定统一政策以及推进系统开发工作都刚起步，因而市场风险管理体制建设进度落后于中行。在操作风险管理方面，2006年，各行普遍重视新工具的引入和应用，并通过加强损失事件统计，为运用操作风险管理工具打好基础。在操作风险管理方面，最新进展包括：一是拟定完成并发布操作风险管理政策，构建操作风险管理总体框架；二是开始进行操作风险自评估试点工作；三是收集和积累操作风险损失数据，研究操作风险分类和损失数据界定，为建立操作风险管理量化工具奠定基础等。由此可见，建行与工行、中行在操作管理方面均积极借鉴了《巴塞尔新资本协议》的要求和国外银行实践经验，引入操作风险管理理念和工具的内容和方式有所接近，但建行率先出台操作风险管理政策，同时在操作风险损失数据收集、积累方面起步较早。

（四）《巴塞尔新资本协议》的实施及相关系统建设

与同业比较，建行内部评级系统投入使用较早，还成立了《巴塞尔新资本协议》和内部评级法推进领导小组，统筹规划并组织本行《巴塞尔新资本协议》实施工作，目前已启动对实施《巴塞尔新资本协议》工作的整体规划和内部评级工程二期工程建设，继续开发零售业务敞口计量并开始各项配套系统和制度的建设工作。

六、结论和政策建议

（一）各行风险管理改革的共性特征

各行完成引入战略投资者、重组改制、上市融资等一系列工作后，主要风险指标均有改善。为建立保障业务稳健发展的长效机制，各行继续深化风险管理改革，改革工作表现出几点一致性：一是均参照了国际活跃银行经验对自身的风险管理体制进行改革，强调风险管理的集中、专业和独立性；二是增强了风险管理的主动性和前瞻性，具体体现在风险管理职能从中台向前台渗透，融入业务流程，以及制定更为及时、灵活的政策指引等方面；三是从重视信贷业务风险转向重视全面风险管理，加强市场风险和操作风险管理能力建设；四是强调引入科学管理体系、工具，特别是推动了实施《巴塞尔新资本协议》的准备工作，以及一系列风险管理技术系统的建设。

（二）建行在风险管理方面的特色和差距

主要特色：一是风险管理集中性较为突出，垂直管理组织体系初步建立。自2006年3月全面推行风险管理体制改革至今，建行已初步建立起垂直管理的组织框架，主要表现在：风险管理机构和人员基本到位，并形成“纵向报告为主、横向报告为辅”的报告路径，风险报告及时性和有效性进一步增强；总行风险部门负责三大风险政策，有利于统一风险偏好等。二是推行审贷分离、专业审批和平行作业工作较早，信用风险指标处于相对领先位置。建行在各行中率先实行审贷分离和专职审批人审批机制，较早地将信贷审批授权上收，加强风险的集中控制；先行推行了信贷业务“平行作业”，派出风险经理，充分体现了风险关口前移。由于积极实践先进管理模式，因而建行在重组改制前不良率水平大幅低于其他国有商业银行，改制后不良率水平仍低于工行、中行，仅高于交行。三是较早地将内部评级系统结果应用于经营工作。与其他三行比较，建行对内部评级系统的建设起步较早，在2006年实现一期工程验收后，已将主要法人客户贷款的评级结果投入实际应用，作为客户信用等级评定、经济资本计量的基础。四是加快了技术升级速度。建行在风险管理方面与美国银行开展了四个合作项目，分布在经济资本、信用卡评分卡、住房抵押贷款评分卡和信用风险度量方面，均是实施《巴塞尔新资本协议》、转变风险管理模式的核心领域，在一定程度上加速了建行风险管理技术的提升步伐。

主要差距：一是贷款风险定价能力有待提高。2006年结构性升息后，建行贷款收益水平上升幅度低于其他行，这从侧面说明建行针对客户结构进行风险定价的能力还有所不足。二是信贷政策执行力有待加强，确保政策落实的手段略显匮乏。目前，建行信贷政策的体系较为完善，但是信贷政策的贯彻执行仍主要依靠文件、会议传达要求、加强审计和检查等来实现，有效的事前或事中控制手段不足。三是市场风险管理体制建设进程亟待加快。从披露信息看，相对于中国银行，建行虽然在2006年对银行账户和交易账户进行划分，并已比较全面地引入和应用各种市场风险分析、管理工具，但缺少统一市场风险管理政策体系，在组织、人员、工具方面也有待进一步加强。四是操作风险管理工具的应用需要加快步伐。建行虽开展并扩大了试点工作，但推广实施的步伐需要进一步加快。五是推进《巴塞尔新资本协议》实施的形势较为迫切。虽然建行较早进行了内部评级工程的开发，但《巴塞尔新资本协议》实施的整体规划工作尚在进行中，由于规划工作较为复杂，因而压力仍然较大。六是支持风险管理技术提升的信息系统建设有所落后，虽然不断优化升级了信贷管理信息系统，开发了对公流程系统、个人信贷系统和押品系统，但数据基础和系统成熟度与内部评级法的要求还存在差距。

（三）有关政策建议

针对建行风险管理领域的特色，建议进一步深化风险管理体制改革，完善风险管理的集中、垂直管理体制；推进公司类客户平行作业和个人贷款经营的流程改造，促使信贷质量持续向好；充分应用战略投资合作平台，创新管理手段，加快内部评级系统开发，以更好地将上述管理特色转变为建行的有效竞争力。

一是充分应用风险计量结果，加强风险定价能力，保持建行利差优势。目前，利差收入还是建行的主要收入，虽然建行利差水平和贷款收益水平相对领先，但2006年建行利差下降、贷款收益率水平上升幅度小于其他三家银行，使建行利差优势有所减弱。为此，应充分应用风险计量结果，加强对客户贷款风险定价的研究，发现和开拓剔除风险成本后效益贡献较大的业务领域，以适应利率市场化的新要求，保持利差水平。同时，加强对利率政策、利率市场风险的研究，建立针对利率政策趋势的业务策略调整机制。

二是丰富信贷政策执行手段，加强政策执行力。可以借鉴同业经验，将信贷政策标准内化于信贷经营流程中，通过申报、核准或者审批环节的约束，确保政策的有效落实。对未能执行政策要求的机构，可考虑采用动态授权调整、限额控制、直接提示、考核评价等方式纠正其经营行为。

三是完善市场风险管理体制，加快市场风险工具的引入和应用。2007年，建行已根据银监会的要求初步明确了行内市场风险管理的职责分工，有利于整合集中管理职能，但在管理机制、手段方面均存在一些薄弱环节，全面的市场风险管理政策尚未确立。为此，需尽快建立专业的市场风险管理队伍，逐步加强市场风险计量、报告、系统建设和政策指引，以应对不断变化的市场风险情况。

四是加快操作风险管理工具的实施、应用。在贯彻落实《操作风险管理政策》、强化“三道防线”作用的同时，可加大操作风险管理工具的推广范围。操作风险与控制自评估可在扩大试点的基础上进一步积累经验，向全行推开。同时，加快关键风险指标（KRI）的研究进度，增进操作风险管理的主动性和前瞻性。

五是集中资源支持《巴塞尔新资本协议》的规划实施，加快信息系统的建设更新。实施《巴塞尔新资本协议》是建行风险管理观念、技术水平实现跨越式提升，并与国际活跃银行管理模式接轨的一个契机，面临实现《巴塞尔新资本协议》的监管要求和自身需要，建议在此方面加大资源投入，以保障整体实施工作进程。

全面构建股改国有商业银行现代财务管理模式的探讨（节选）

湖北省分行课题组

一、加强预算控制，建立以经济资本为核心的财务风险管理体系

经济资本是从风险角度计算的银行资本保有额，是银行用以衡量和防御非预期损失的一种虚拟资本，也是目前国际先进商业银行较为普遍使用的管理参数。风险的积聚若超过了自身的承受能力，其结果可能是“欲速则不达”。因此，推行经济资本预算管理，充分发挥经济资本对风险和效益的评价作用，通过对风险的约束、控制和调整，可实现规模、速度、风险、效益的有机协调。

（一）科学谋划，合理安排经济资本预算

1. 要准确把握合理的经济资本总量。经济资本总量的确定要充分考虑资本充足率的要求和资本积累与筹集计划，要防止因经济资本总量偏低而约束业务发展，同时也要防止为满足加快业务发展的需要而放松对风险的控制，使风险超过资本的承受能力。发挥经济资本对风险和效益的主动约束作用，可将股东对银行价值最大化的回报要求通过经济资本配置落实到分行、业务单元、产品、客户和员工等各层面，把风险和收益的平衡通过资本的配置和回报联系起来。

2. 加大经济资本预算管理力度。推行经济资本预算管理，一方面可对风险资产增加形成约束，将业务发展与风险防范有机结合，根据宏观调控和战略规划指导信贷资源有效配置，促进资产结构和财务收支结构的调整；另一方面可通过强调资本回报对经营管理的约束，明确经济资本占用与经济资本回报的内在关系，引导财务资源有效配置。通过推行经济资本管理，从制度建设和机制运行着手，切实提升商业银行财务管理和风险管理水平，有效控制风险总量，落实宏观调控政策，优化信贷结构调整，促进各项业务健康发展。

3. 不断完善经济资本计量模型。

一是逐步扩大经济资本计量范围。根据《巴塞尔新资本协议》对资本充足率监管的有关内容，从经济资本计量范围看，主要是从信用风险、市场风险、操作风险三种情况进行测算，随着经济资本预算管理的不断推广，应将利率风险、汇率风险和流动性风险等纳入经济资本计量模型，使经济资本分配更加具有科学性和客观性。

二是逐步完善经济资本预算分配方法。目前商业银行普遍以资本回报水平和资产质量作为依据，运用增量配置法分配经济资本额度，但增量配置法对存量业务结构调整不清晰，联动效应不明显。因此，在现阶段采用系数法计量经济资本时，可采取总量配置法分配经济资本额度，与经济资本计量保持相互呼应的关系，加大业务结构调整的力度。

三是逐步完善经济资本的计量方法。商业银行风险评价预警系统是按照内部评级法要求设计的，由于积累有效数据、检验数据的准确性及对该系统设计原理及生成信息的接受程度还不够，因而在现阶段只能采用系数法计量信用风险经济资本；从趋势来看，在风险评级预警系统数据有效积累、准确计量的情况下，对信用风险经济资本的计量将会逐渐由系数法过渡到直接采用风险系统中风险资产的非预期损失数据。

（二）围绕价值最大化目标，运用经济资本合理配置资源

1. 控制风险资产总量增长，促进宏观调控政策落实。通过经

济资本对风险资产总量的约束，引导信贷资源向效益好、风险低的区域或产品倾斜，实现信贷资源的有效配置，使贷款新增总量既符合国家宏观调控总体方向和中央银行货币信贷政策，也体现商业银行经济资本内在约束、主动强化风险控制的经营思路。

2. 树立资本约束观念，强化资本回报对经营管理的约束。一方面建立经济资本预算管理机制，各业务单元开展业务首先必须考虑资本条件的限制，理性参与市场竞争，合理规划业务发展速度和规模；另一方面按照资本基础期望回报要求，引导财务资源向投入少、产出多的地区或产品倾斜，实现财务资源的有效配置。经济资本既是激励，也是约束，既有动力，也有压力。经济资本既意味着资产业务发展的空间，又必须满足基本期望回报要求，通过经济资本与经济资本回报的内在关联，引导财务资源向经济增加值贡献大的行流动，从而建立起以资本为核心的激励约束机制。

3. 引导业务结构调整，提高盈利水平。通过经济资本的计量，传导出一个明确的政策信号，鼓励什么、限制什么，一目了然。从贷款结构看，实现贷款品种的增长和占比与经济资本分配系数负相关；从客户结构看，按照经济资本预算管理参数蕴涵的政策导向，对于不能带来盈利的客户，必须采取主动退出机制；从产品结构看，不断压缩高风险的资产（如不良资产等），大力发展分配经济资本少的中间业务；从区域结构看，实施经济资本区域差异化管理，促进信贷资源在不同区域之间的优化配置，通过改善产品结构、客户结构、收支结构和区域结构，实现商业银行业务结构以价值创造为核心的优化调整。

（三）建立金融产品定价模型，全面推行价格管理

1. 讲究差别化定价的策略。对一般客户要实行规范统一的产品定价，对重点客户要实行个性化的综合定价，如全盘考虑客户的存款、贷款和中间业务，实行一揽子定价策略，保证客户的综合效益贡献为正。

2. 讲究财务定价与市场定价相结合的策略。任何一项谈判都不是盲目的，要报价就必须算账，算账就要根据经济增加值进行评判。在产品定价中，要将财务定价和市场定价有机结合，财务定价决定价格底线和目标价格，市场定价是根据客户的议价能力和业务生命周期确定的高于底线的价格。

3. 讲究产品定价与经营战略相结合的策略。根据消费者的心理对不同的服务制定不同的价格，如对消费者较敏感的产品提供免费或低价服务，通过对客户价值定价提高价格的差异，鼓励低成本渠道的使用，提高价格的实现程度。

4. 讲究价格组合营销的策略。在与客户议价的时候，要尽可能多地推荐金融产品，并提供各种产品的一揽子价格协议和“套餐”服务，对组合内的各种金融产品从综合的利润率出发制定较为优惠的价格，这样不仅能销售更多的产品，而且能占领更多的市场份额。

5. 讲究运用激励机制管理价格的策略。积极探索运用机制进行价格管理，建立贷款利率浮动奖惩制度，对贷款利率上浮的，按增加收入的20%奖励人力费用；对贷款降息的，按减少收入的10%扣减人力费用，通过机制引导、考核约束，不断提高产品定价能力。

（四）以风险控制为突破口，提高财务风险管理水平

1. 运用经济资本与账面资本比较，评价自身资本充足状况，将有限的经济资本在各类风险、各个层面和各种业务之间进行分配，计算各类组合资产的经济资本，衡量各类组合资产的风险收益，对银行的总体风险和各类风险进行总量控制。

2. 运用经济资本对各类组合资产进行动态监测，对存量和增量资产业务及表外业务，分业务、分品种、分机构确定为覆盖风险所必需的经济资本数量，对经济资本指标恶化或有明显不利趋势的组合资产采取措施，通过调整新增资产业务结构，或通过对存量资产出售、证券化或其他信用衍生工具等方法进行积极的处理，力求在可控风险范围内实现收益的最大化。

3. 运用经济资本分析客户信用等级及其在还款期限内的转移概率，计算预期损失及非预期损失，将经济资本值与银行所要求的最低收益率进行比较，衡量这笔业务的风险与收益是否匹配，据此调整贷款定价。

4. 要根据经计量所必需的资本数量，在分支机构、业务品种间，建立健全相应的授信限额管理机制，并通过该机制的运行，将非预期风险损失控制在资本的风险覆盖范围之内。

5. 对前期资本管理工作的结果实施评价、调整，即将预期的经济资本配置目标和实际产生的非预期风险状况进行比较，从而对新的资本配置和经营预算进行调整。

二、实施成本领先战略，建立分产品、分部门、分机构的全面成本管理体系

（一）树立成本领先战略理念，增强市场竞争优势

成本领先战略的核心是企业通过一切可能的方式和手段，在不削减企业利润的前提下，降低企业的成本，成为市场竞争者中成本最低者，并以低成本为竞争手段获取竞争优势。实施成本领先战略，首先要求全行上下每个人都要建立成本管理的理念，都要成为成本管理的主体，将成本管理措施落实到经营管理活动的各个环节。其次要清醒地认识到，与传统单纯意义上的成本控制和成本降低不同，成本领先战略是以不影响商业银行竞争地位提升和整体利润增长为前提的成本降低，是以最小化的成本推动各项业务发展战略的实施。为此，加强对运营成本管理手段的深入研究，通过完善和深入推广集中采购制度、扩大成本定额和支出标准体系、优化业务和管理流程、建立成本管理委员会、加强税务研究、积极做好税务规划、合理降低税务成本等一系列举措，进一步有效提高投入产出效率，不断降低运营成本，提升客户价值和企业价值。

（二）加强成本控制，逐步推行成本精细化管理

1. 细化成本核算单位。从目前经营管理的需求看，对成本信息的需求主要分为六个层次：分支机构、部门、产品、客户、员工和项目。只有将所有的成本支出按经营环节进行全程追踪和计算，将成本细化到每个部门、每个人、每个产品身上，并辅以考核和奖惩措施，才会做到人人对成本支出负责。

2. 严格界定金融产品。在划分产品大类时，应当把握重点，抓大放小，以主要业务品种为基础，同时兼顾产品战略导向；对于纳入银行整体战略的重点业务，尽管当期规模不大，但属于银行今后发展的重点产品（如网上银行相关业务），也应当纳入产品定义的范畴，以便强化对这些产品的跟踪管理。

3. 核定部门经营管理职能。进一步明确各经营管理部门的成本管理职责，建立部门成本核算、分析、考评体系。通过测算分析业务量、成本和效益之间的依存关系，随时掌握成本动因变化，达到控制成本要素、实现预期经济效益的目标，真正使成本管理贯穿于经营全过程、管理各部门，提高整体成本管理效率。

4. 优化成本归集分摊方法。在分摊方法的选择上，首先应确立合理的分摊路径，以确保管理者能够区分成本分摊前后的产品业绩；其次要选择适当的分摊基数，一方面要考虑数据获取的可行性，另一方面也要考虑分摊基数的引导作用，使分摊结果既能保证准确性，也能体现政策取向、传导管理意图。

5. 全方位实施分产品、分部门、分机构的成本分析。实现绩效评价体系的横向推进，在以层级为主的绩效评价机制的基础上，逐步推行涵盖分支行、部门、产品、客户、员工等多维度的绩效评价，逐步完善信息开发项目、网点建设等项目的投入产出分析和评价机制，对价值创造的来源作出快速、准确的判断，以便全方位实施成本分析与业绩评价。在具体实施过程中，主要是通过系统的产品体系设计、科学的内部资金转移价格、合理的成本分摊、客观的风险成本计提，进一步细化管理维度，明晰业绩贡献，切实做到对银行的每一个产品、每一个部门、每一个机构网点的投入与产出的客观、准确、真实。

（三）完善成本控制方法，通过业务流程再造降低成本支出

1. 努力拓展成本管理外延。一是将资金成本、运营成本、风险成本、资本成本纳入成本管理范畴。二是通过对经营管理活动各环节、各要素、各主体投入产出的计算、分析、评价，配置人、财、物、科技等生产力要素资源，将银行所有业务、所有行为、所有环节、所有要素均纳入成本管理范畴。三是改变成本管理方式。变被动认账型管理为主动控制型管理；变即期成本核算管理为先期、远期的预测管理；变注重利息支出、费用支出的管理为既管理显性成本又关注隐性成本，还测算机会成本的全过程成本管理，形成以成本产生各环节管理为基础、经济效益为目标、投入产出比为主要决策依据的全面成本管理体系，促进建行科学决策、高效运行，达到以最小的成本获取最大盈利的经营目的。

2. 建立成本预测分析制度，提高成本管理效率。不断强化成本预测分析，建立成本预测分析系统，提高对经营状况和外部环境的快速反应能力。要对主要价值活动进行分类和识别，然后对

有关价值活动按照实际情况匹配相应的成本、收入和资产，进而分析影响各项价值活动的成本动因。通过成本动因分析，挖掘出从根本上降低成本的途径，根据自身经营需要选择适宜的经营范围，适当调整贷款规模，并对产品多样化程度进行合理调整。

3. 全面实施管理会计，提高成本管理的科学性、合理性。在现行的财务会计管理基础上，运用管理会计方法进行成本管理，如加强对营业网点盈亏平衡的测度、分析，优化网点结构，增加网点产出；对重要客户和主营业务经营效益进行评估，稳固重点客户群体，提高经营效益；开展重大支出项目投入产出分析，合理配置财务资源，提高项目决策的科学性；实行费用定额管理，节约支出，控制成本。通过运用管理会计方法，建立一套以管理会计为基础，以投入产出决策分析系统为核心的科学的成本管理方法，为经营决策提供各种有效数据支持。

三、以价值管理为导向，建立以经济增加值为核心的绩效评价考核体系

（一）引入平衡计分卡和服务—利润链两大理论

借鉴国际先进商业银行的管理思想，在平衡记分卡理论基础上，引入服务—利润链的管理理念，即不仅要从财务、客户、业务经营、学习与创新等方面对商业银行进行全方位评价，而且要研究不同维度之间存在的内部依存关系，揭示各个维度之间存在的投入与产出的因果联系。初步构想将商业银行的绩效体系划分为三个前后相互联系的部分，即内部服务质量效率、经营管理效率和盈利能力效率，同时在绩效评价体系中，对于每个组成部分分别建立相应的投入产出指标，并始终将人的因素贯穿于评价过程的全线，充分体现当代“以人为本”的管理理念。

（二）以价值创造为出发点，全面评价商业银行业绩经营绩效

第一阶段，内部服务质量效率评价。在这个阶段中，员工满意度是唯一的产出变量，用它可以衡量银行内部服务质量的优劣。为了保证员工能够有较高的工作热情和认真负责的工作态度，依据马斯洛的需求层次理论，必须建立一套合理可行的激励机制，即在银行内部服务质量效率模型中，投入变量可以选择工资与福利、办公条件、信任和授权以及职业培训的机会等。

第二阶段，银行经营效益评价。

1. 经营效益评价的产出变量。有两个产出变量，分别是客户价值最大化和银行价值最大化。其中，客户价值最大化是对银行提供的产品和服务价值的认同，是银行产品及服务质量的最终反映，较高的客户价值是形成银行顾客忠诚度和维持并扩大市场占有率的关键。因此，必须树立“以客户为中心”的经营理念，关注客户价值最大化，细分目标客户，依据不同的客户群分别施以“产品优先、运营卓越和密切客户”的价值定位；对于银行价值最大化，应充分考虑效益的增长和资产质量的提高，效益指标应包括利润、经济增加值、经济资本回报率、中间业务增长额；质量指标应包括新发放贷款质量、关注类贷款向上迁徙额、不良资产及不良贷款升级额以及超额回收现金额。

2. 经营效益评价的投入变量。其变量有四个，即客户满意度、经济资本、金融产品的定价策略和金融服务的差异化程度。由于银行是具有服务性质的机构，因而在这四个投入变量中，客户满意度是主要变量，该指标可以通过旧客户续签率、新客户成长率、客户获利率、市场占有率等细化指标衡量。在日益激烈的竞争环境中，通过金融服务的差别化程度来吸引更多的顾客显得尤为重要，它包括实施竞争性的定价策略和创新金融产品本身。

第三阶段，战略规划发展效率评价。紧密结合商业银行战略发展要求，加大对重点产品和重点客户的资源配置力度，提高资源投入产出效率，有效推动商业银行战略实施，提升银行长期价值创造能力。产出变量包括中间业务收入增长额、公司类客户基本结算户新增、优质小型客户新增、个人银行业务贡献增长率、VIP 客户新增等指标；投入变量包括 AA 级以上客户信贷余额占比、个人消费贷款新增、信用卡业务消费额等指标。

（三）兼顾创造长期价值能力，加大对高层经营管理者的业绩考核

为了兼顾对长期价值创造力的促进，商业银行高层经营管理者不仅要关注当年的经营效益，还要关注影响长期盈利能力的要素，建立包括效益、质量、战略三大类指标在内的高层经营管理者关键业绩指标（KPI）考核指标体系，对商业银行高层经营管理者进行业绩考核，并与浮动年薪挂钩，目的在于引入激励机制，既能让绿树成荫，又能够使栽树的人也获得收益。

四、推行财务执行官制度，建立集中高效的财务监督体系

（一）借鉴西方管理理念，引入财务执行官制度

引入财务执行官概念，按国际化视野来创建先进、实效的财务管理系统，实现以全新的财务理念进行财务决策和战略管理；采用财务执行官制度，实行董事会主导、总经理和财务执行官“双轨”运行的格局，可以克服基于信息不对称而产生的“道德风险”、“逆向选择”及“内部人控制”现象，使所有者监督职责得到大大加强，信息不对称现象也会得到改善。

（二）强化内控管理，逐步建立财务执行官的派驻制度

根据银行规模的不同，总行直接向业务单元和一级分行派驻财务执行官，派驻的财务执行官可参与业务经营的全过程，并与业务部门共同承担责任，财务领域的工作由业务部门提出有关要求，派驻团队负责具体实施。对于派驻的财务执行官，其人事、业务及薪酬关系隶属总行，一般由总行任命和考核，其升迁需部分参考当地机构负责人的意见；实行任期制，由总行在全行范围内统一调动和安排工作；薪酬由总行管理，而部分奖金由总行与当地机构负责人协商后决定。

（三）加大监督管理力度，实行财务管理的集中统一

采取财务集中管理模式的主要目标可分为几个层次：

1. 上升经营核算层次，建立“决策分析层—管理控制层—核算操作层”自上而下的全透明财务管理和信息监控网络。在实现财务核算与财务管理的物理集中基础上，实现财务决策的逻辑集中，建立全行统一的战略化财务分析和经营决策体系，增强核心竞争力，通过控制多个财务主体的内部交易过程，保证业务快速发展和财务稳健经营之间的平衡。

2. 进一步明确财务管理的职能定位，切实推行“业务伙伴”的财务管理理念。以业务条线为中心设计组织体系，各业务部门是经营管理中的主体和基本经营单位，实行事业部制的独立核算，享有人、财、物等资源的分配决策权，总行业务部门对分支机构实行条线管理。财务管理部门作为各业务部门的“业务伙伴”，通过抓好内部财务管理，不断促进业务发展，使各部门间互相支持、互相监督、协调并进；通过为全行提供高质量的财务服务，突破能力束缚，实现整体统筹、动态管理，使银行所掌握的有限资源得到最佳配置，使财务状况和经营业绩得以改善。

3. 按照集中集约化的管理原则，实行财务管理部门“垂直管理”和“双线负责制”。一方面，各业务单元和一级分行财务执行官受总部财务执行官垂直管理，实行业务上的专门领导；另一方面，对于日常的财务管理实行双线负责制，各业务单元和一级分行财务执行官既要负责本级机构内部所有的财务管理事务，协助本地机构负责人开展工作，参与本地机构的重要决策，同时又要对总部财务执行官负责，贯彻总行的有关政策，监督本级机构的所有业务活动在可控和可行的范围之内，并实行重大财务事项和重要经营管理活动的逐级汇报制。

课题组组长：崔滨洲　张　进

大刀阔斧　励精图治
开拓零售业务的新局面

河南省分行　许会斌

建设银行确立建设国际一流零售银行的战略目标，把零售业务提升到前所未有的高度。河南省分行要实现总行的这一战略要求，就必须充分认识零售业务的战略地位，紧密结合区域经营特点和自身优劣势，明确零售业务未来几年的发展思路、目标和措施，努力开拓零售业务的新局面。

一、现实和未来都要求把零售业务推向历史性战略地位

（一）零售业务自身特点决定了巨大的发展空间

建设银行和其他几家大型银行一样，零售业务具有以下几个特点：

第一，业务的广泛性。从涉及的范围看，有个人结算、存取款等负债业务，个人住房、消费贷款等资产业务，个人日常生活收支以及投资、消费领域的中间业务等；从币种看，有本外币之分；从数量看，存款和个人贷款各有十几种，还有汇款、兑换等。这些业务还在不断增添新品种。

第二，风险的分散性。零售业务的服务对象具有个体分散、单笔金额有限、业务总量庞大的特点，在同样的经营规模下，零售业务可以更好地分散经营风险。

第三，服务的差异性。零售业务的客户千差万别，它针对的服务对象是个人，个人需求载体不同客户不同，产品不同客户不同，内容不同客户不同，所以服务的差异性显而易见。

第四，政策的相关性。零售业务涉及千家万户，关系到社会稳定和经济繁荣，很复杂也很具体，所以国家在出台相关政策时，往往把保护个人客户权益放在重要的位置，进而对零售业务也给予了多重保护措施，为零售业务营造了一个非常稳定的发展环境。

第五，盈利的稳定性和潜在性。花旗银行零售业务的贡献是40%～50%，美国银行也是这个比例，汇丰银行控股的个人金融服务集团和私人银行集团的利润比例占到45%以上。中国市场同样具有这个潜力。所以零售业务自身的特点决定了它的战略地位和发展空间。

（二）外资银行抢滩中国看重的正是零售业务

中国加入世界贸易组织过渡期结束后，零售银行市场已全面向外资银行开放。过去的几年，花旗银行参股浦发银行、汇丰银行参股交通银行并都致力于信用卡业务的合作，苏格兰皇家银行、淡马锡持股中国银行，美国银行持股建设银行并在零售业务领域开展重点合作，它们看重的都是中国巨大的零售市场。外资银行不仅仅是要竞争高端客户，还要竞争整个零售业务市场。从国内银行的发展战略来看也一样，工商银行提出“打造国内最大的零售银行”，建设银行提出“建设国际一流零售银行”，农业银行在发卡量上目前国内领先，达到2亿多张，中国银行总部的个人业务部门已改称零售业务部，招商银行提出近三年内要把零售业务贡献度提高到50%，交通银行提出个人银行业务利润贡献度要达到20%，这都说明了各大商业银行在紧锣密鼓地渗透零售市场。

（三）经济和金融体制的改革为零售业务发展提供了广阔空间

第一，党的十六大明确提出，在确定发展国有经济的同时，强调发展个体、私营等各种形式的非公有制经济是社会主义市场经济的重要组成部分，这为发展零售业务提供了政策保障和广阔空间。从金融体制的改革看，建设银行作为第一家国有银行股改上市后，其他几家大型商业银行也陆续上市，这些都表明金融体制在发生深刻变化，国有银行已成为社会公众关注的商业银行。

第二，国内经济保持持续增长态势。近几年来我国的GDP平均在以10%增长，河南省2006年达到了14.1%，GDP增速连续几年高于全国平均水平。经济迅猛发展的同时带来了人民生活水平的提高，我国城镇人均可支配收入为17 000～18 000元，农村人均可支配收入达到5 000元以上，都有很大幅度的提高，人们有更多的余钱用于消费和投资理财。河南省正从农业大省向经济强省迈进，在经济、文化、旅游等方面都蕴涵着较大的发展空间。

第三，各家银行都借股改上市之机，推进经营转型，目标都瞄准了个人银行业务。例如，工商银行将上市后的第一年作为“优质服务年”和“改革创新年”，加快完成100家财富管理中心、1 000家贵宾理财中心和2 000家综合理财中心的建设；中国银行在转变增长方式上狠下工夫，进一步调整并优化业务和收入结构、提高创新能力；交通银行计划把针对高端客户的沃德财富中心增加到100个；招商银行将着重深化零售银行管理体系改革，巩固零售业务竞争优势；兴业银行将重点拓展零售业务以及理财业务、财富管理等新兴业务。

第四，银行发展的前景在于大力发展零售业务。一是从存贷款利差看，我国三年期个人贷款利率与三年期的存款利率有约3个百分点的利差。而日本存贷款利差空间只有0.8个百分点。二是个人资产占全部资产的比重，美国银行大致占62%，而建设银行2006年只有21%。三是中间业务收入占比，美国银行2005年

是35.5%，上年在40%左右，而建设银行2005年只有8.6%，农行、中行、工行分别为17.2%、10.7%和9.16%。四是区域经济发展。河南是人力资源大省，也是经济、文化、旅游资源大省。全省有9 700多万人，而河南省分行现在借记卡是800万张，信用卡是10万张。从旅游资源来看，河南省委最近提出一个口号，即“中华文明在河南，中国旅游看‘三南’”（包括河南、云南和海南）。少林寺、白马寺、龙门石窟、焦作云台山都名声远播，国际武术节、牡丹节、菊花节，都是一个个潜力很大的广告，省博物院记载了中原文化发展的历史，中国八大古都河南占了四个。借文化强省的发展机遇，打造一批零售业务品牌和亮点，势在必行。

（四）总行的发展导向表明零售业务事关重大

一是建设银行已实现了个人银行业务三年发展的“123”规划，即存款每年增长10%，贷款20%，中间业务收入30%，说明了总行对于发展个人银行业务的决心。二是建设银行最近在福州召开个人银行业务工作会议，又明确提出了打造国际一流零售银行的战略目标，说明了发展零售业务刻不容缓。三是在近几年的费用配置上，总行的导向也非常明确，个人业务条线都进行了专项配置，增加了幅度。

这充分表明，现实和未来将零售业务历史性地推向了战略地位，这是符合国际国内经济、金融市场发展和建设银行实际的，具有战略性、方向性和重大现实意义。

二、当地同业零售业务核心竞争力比较

河南省分行与当地同业零售业务核心竞争力比较，有强有弱，强多弱少。

一是营销渠道。网点数量建设银行是640多个，农行、工行、中行分别是1 100个、800个和500多个，建行排第三位。点均存款余额建设银行是1.27亿元，排第二位，工商银行排第一位。但是从系统内来看，河南省分行离建设银行的平均水平差2 800万元还有一定差距。

二是自助设备。ATM机建设银行802台，工商银行最多，是810多台；自助银行建设银行99个，工商银行是100多个。自助设备建设银行相对领先。

三是客户拥有量。重点比较四类客户：第一类是个人负债客户，建设银行700万户，排第三位，工行、农行都超过建设银行；VIP客户建设银行10万户，低于工商银行，排第二位。第二类是电子银行客户，招商银行排第一位，工商银行排第二位。第三类是个人贷款客户，建设银行10.8万户，低于工商银行，排第二位。第四类是信用卡客户，建设银行2006年新增6万户，总量达到10万户，尽管在四大银行中排第一位，但在全省同业排第二位。

四是主要产品。其一是存款余额，建设银行800多亿元，排第三位。其二是贷款余额，建设银行是108亿元，排第二位，工商银行是120多亿元。其三是借记卡发卡量，建设银行817万张，农业银行排第一位，是1 000多万张。其四是电子银行业务客户的交易量，建设银行只有工商银行的一半。

五是从员工队伍的素质来比较，建设银行大堂经理在几家银行中是领先的，客户经理900多人，在同业里也是比较好的。

通过上述简要分析，基本的判断是，河南省分行个人业务发展存在“两强、两弱、三少”的特点。“两强”是大堂经理队伍配备强、产品销售能力强。理财产品销售能力领先同业，基金、信托等产品销售在同业一枝独秀，理财卡等产品竞争力强劲。“两弱”是客户基础弱、精细化管理弱。“三少”是业务亮点少、市场份额少、个人业务贡献度少。

三、今后三年河南省分行发展零售银行的主要目标和思路

根据总行提出的“建设国际一流零售银行”的战略目标，河南省分行确定了“16字”工作方针和“1351”的总体思路，围绕“一个目标”、抓好“两个重点”、推动“三个转型”、实现“四个突破”，着力打造零售业务的竞争优势，确保零售业务持续、健康、快速发展，开拓零售业务的新局面。

（一）一个目标

用3年时间，把河南省分行打造成系统内有特色、同业领先的零售银行，并按照国际领先零售银行的标准，提高个人银行业务的收入贡献比例。零售业务收入贡献度力争由2006年的32%提高到2009年的40%，并达到建设银行平均水平以上。

一是个人存款收益。由依靠单一存款向个人资产、负债、中间业务三大业务全面发展。从降低存款资金成本考虑，理财产品销售是促进存款转换、调整业务结构的有效手段。二是个人中间

业务收入。向多个产品发展，要扩大借记卡发卡量，持续提高银行卡和结算业务收入，要下大力气抓好以基金、国债、信托、保险等理财产品的营销，还要把发展电子银行业务、信用卡业务当做未来3年的战略性业务来抓，中间业务收入要实现销售收入超越收费收入。三是个人资产业务。抓住了不仅可以带来稳定的利差收入，还可以带动个人理财、信用卡、代理保险业务等其他零售业务的发展，实现产品的交叉销售，达到丰富客户资源、扩大业务规模和增加附加利润的目的。

（二）两个重点

一是抓好基础管理。首先，要建立网点操作主管委派制度，加强营业网点对私业务的风险控制。要培养和建立起网点委派操作主管队伍，真正把好网点日常操作和内部控制关口，提高网点交易的综合管理能力，有效控制和防范网点风险。其次，个人贷款业务要走专业化的发展道路。要强化个人贷款中心经营模式，通过实现集约化、专业化、流程化，向客户提供更优质的服务。再次，要强化对个人银行业务条线风险的全程控制。要建立基础性资料信息库；要依托IT系统，研究建立网点操作风险预警系统，加强对前台操作风险的实时预警；要配套建立一支专职与兼职相结合的网点业务检查队伍，对零售网点、零售业务、零售产品等开展全过程的业务检查。最后，要进一步明确个人银行风险差错标准，降低案件、重大违规发生率。

二是抓好客户满意度。在同业行风评议中，力争实现同业第一。为此，要做好三方面的工作：第一，固化服务标准，规范服务行为。根据总行“神秘客户”调查事项，进一步完善营业网点服务流程规范和服务工作检查表等有关内容，采取灵活多样的方式来培训和规范员工服务行为，提高员工的操作技能，形成同业首位、系统领先的服务水准。第二，梳理产品流程，完善产品制度体系。优化产品流程的目的是简化前台工作内容，将更多的工作移向中台、后台操作环节，提高客户服务效率。要不断修订、清理现行制度中影响客户服务效率、不利于风险控制的制度，明确业务处理流程中每个岗位的职责和内容，完善产品管理体系，强化薄弱环节管理。第三，丰富客户服务内容，满足客户的多样化需求。不断提升理财卡的品牌形象，突出对个人优质客户的服务，加强VIP俱乐部合作伙伴建设，抓好增值服务、贵宾特色服务，建设分层次、差别化服务渠道，满足客户的多样化需求。

（三）三个转型

一是体制机制转型。第一，加快实施个人银行事业部制改革，推进体制转变。通过建立矩阵式并逐步过渡到单元制的管理架构，支持流程银行目标的实现。要加强个人银行事业部制改革试点的管理和监控，对出现的问题进行及时协调，根据需要对试点方案进行调整和完善。事业部制改革进程和目标：2007年将试点扩大到3~5个二级分行；2008年在省分行层面实施个人银行事业部制改革；2009年完成全分行个人银行事业部制改制工作。第二，加快建立有效的考核激励机制，推行产品购买制。争取用3年时间，把有条件、能够准确计量的产品全部实行“购买制”。通过倾斜财务资源，增加零售业务类指标在全行关键绩效指标（KPI）中的权重，建立起直接通过业务条线考核、直接面对网点及员工个人的业绩考核制度，实现资源配置直接到网点，考核激励直接到个人。员工个人业绩考核的“购买制”，是对网点销售的所有产品进行合理定价，员工的绩效工资与产品销售量直接挂钩，真正体现鼓励销售、有效激励的目标。

二是网点转型。核心是要实现营业网点由“核算主导型”向“营销服务型”的转变。第一，明确网点转型的数量和目标。总行计划用两年时间，在全行推广网点转型成果，到2008年末，实现全行零售网点功能由核算交易主导型向销售服务主导型的转变，实现全行零售网点在中心城市统一服务、统一管理和统一考核。2007年河南省分行要完成100家网点的转型工作；2008年要按照总行的统一部署，完成全部网点的转型工作。第二，推进网点精细化管理，倡导网点“大堂制胜”的服务理念。明确大堂经理职责，突出服务营销职能；完善管理机制，改全员营销为客户经理营销，实现产品销售和业务操作的分离；完善网点服务功能，实现客户分流、业务分离；建立客户经理与VIP客户的对应关系，提高中高端客户维护能力。通过以上深化服务措施，提高网点服务能力，实现网点服务“大堂制胜”的理念和思想。第三，探索试行弹性工作制。选择部分试点网点，探索实行弹性工作制。选取业务量大、柜台设置较多的网点，对网点之间、网点内柜员之间和不同营业时间之间的客户流量和柜台交易量进行定量分析，运用统计模型对网点在营业日内不同时段以及周、月、年的客流量和交易量的历史数据进行测量、分析，根据分析结果提出网点每天的劳动组合，设置弹性服务柜台，灵活排班分流，有效缓解、分流单个柜台的服务压力，减少客户等候时间，提高业务资源利用效率和客户满意度。第四，通过业务流程再造，逐步实现高低柜业务、交易与销售的分离，深化转型成果。包括在明确前台及后台业务分离的基础上，实现单笔业务流程的标准化；实现重点产品交叉销售流程的一体化；按照标准化业务流程模块统一设置岗位；以清晰的岗位职责为前提建立可测量的业务风险控制体系。第五，完善网点功能区域，优化网点形象。注重网点形象建设，使网点形象上档次、出形象、显亮点、有特色，不断为客户提供方便、快捷的服务。

三是营销转型。第一，由单一产品向多产品交叉销售转变。要重视个人业务的多产品交叉营销，依托传统产品，适度引导客户对固定收益产品的单一偏好，开展多种产品的交叉销售，使客户选择建设银行更多的金融产品。第二，由“单兵作战”向部门联动销售转变。要加强公私业务联动营销，实现协同发展：首先要建立联动营销团队、深化营销协作。要以批发类业务为重点，公私客户经理联动，发展群体性客户。其次要加强借记卡、理财卡、信用卡之间的联动营销，加强个人负债业务、个人资产业务之间的联动营销，加强柜台、自助设备渠道的个人银行产品和电子银行产品之间的联动营销，提高电子银行分流比例，促进网点转型。再次是要建立一支以“柜员+大堂经理+理财经理+客户经理+网点负责人”的高素质营销队伍。第三，推进个人存款产品销售向个人投资理财产品销售的转化。一是要认清存款和理财产品的关系。二是个人存款和理财产品必须齐抓共管，不可偏废。三是转变营销方式，调整个人存款结构，加强产品的交叉销售。对于高中端客户，要研究客户需求、分析客户特征，有针对性地推荐理财卡、基金、保险、信用卡、通知存款一户通、个人贷款等多种理财产品，大力提高客户的综合贡献度。

（四）四个突破

第一，实现理财产品销售超越个人存款新增的历史性突破，加快个人中间业务收入结构由收费收入型向销售收入型的转变。理财产品销售在2007年要力争与个人存款新增比例达到1.4∶1。为此，一要提高借记卡发卡量，扩大客户规模，保持传统中间业务收入的稳步增长；二要借助网点转型，进一步提高网点产品销售能力，重点发展基金、国债、信托、保险等新兴理财产品，促进个人中间业务收入的持续增长。

第二，个人资产业务3年余额翻一番，不良率控制在2%以内。个人贷款余额要力争超过工商银行，着力打造省内第一按揭银行。

第三，信用卡业务实现跨越式发展，争取实现市场份额省内同业排第一位，在建设银行内排名进入前十位。

第四，电子银行业务要实现品牌突破。未来3年，电子银行要紧盯客户实施网状布建，建立客户网络群，确保电子银行与传统业务一起实现更高层次的客户服务。

四、发展零售业务的主要措施

一是加强领导，组织落实。第一是思想认识。必须从“一把手”、中高层领导的认识上抓起，真正把全分行的思想和认识统一到总行战略的高度上。第二是组织机构。“一把手”要亲自抓零售业务，尽快成立各二级分行的个人银行委员会。第三是业务规划。抽出精兵强将，集中研究个人条线3年发展规划问题。

二是梳理流程，制度落实。要大力发展个人银行业务，必须对现有的业务、产品、服务、核算、规定和有关的流程进行梳理。要按照这个条线，系统地、有重点地进行梳理。要借鉴六西格玛流程银行的先进思想和工具，实施质量效率管理，建设符合流程银行要求的国际一流零售银行。

三是打造亮点，营销落实。要对产品进行专业化的、有效的包装，善于打造亮点。第一要用优势的资源、环境、手段来营销产品和业务。第二要用优势的产品或业务营销优势的企业和客户。第三要用优势的体制和机制营销产品和服务。第四要用恰当的时机，也就是抓机遇来营销产品和服务。

四是资源倾斜，投入落实。第一是人力资源要倾斜落实。要解决人员多少的问题以及培训投入的问题。现有的客户经理、大堂经理、理财经理要营销信用卡、个人资产业务、电子银行。第二是营销费用要倾斜落实。在零售业务发展初期，需要相对的投入，但是要算好投入产出账。第三是待遇倾斜。研究出台待遇向一线员工倾斜的政策，打开员工职业生涯的发展通道。

五是加强培训，人才落实。要建设国际一流的零售银行，没有人不行，没有人才更不行。发掘和培养人才就要充分利用现在的人员来做培训工作。培训的途径包括集中培训、异地短期培训，选派一些有发展潜力的骨干，到零售业务做得好的地方跟岗学习交流，然后再带着经验回来工作。

五、大力发展零售业务要注意处理好的几个关系

（一）要处理好大力发展零售业务与从严治行、控制风险的关系

一是大力发展零售业务必须以从严治行和防范风险控制为前提。特别是个人资产、电子银行、信用卡这些新的业务增长点，也是一个高风险的业务，忽视风险可能就会出现这样或者那样的问题。

二是大力发展零售业务自身就包括控制风险。控制风险和发展业务是相辅相成的，两个都得要。

三是大力发展零售业务对风险防范提出了很高的要求。个人资产业务、信用卡业务面临着政策风险、操作风险、信用风险和道德风险等，都要严格落实在授权、操作、服务流程等方面的规定。

（二）要正确处理好大力发展零售业务与公司业务的关系

大力发展零售业务既不是不要公司业务，也不是不重视公司业务，而是指零售业务大有潜力可挖，必须与发展公司业务一样重视，特别是要利用公司业务的优势全面发展各项业务。

（三）要处理好大力发展零售业务的改革转型与稳定的关系

第一，大力发展零售业务必须进行体制机制改革的转型。例如，洛阳分行进行了个人银行事业部制改革，实践证明是平稳的，并没有影响到个人业务的发展。只要加强组织管理，严密有关手续和程序，措施得力，改革就会平稳推进。

第二，大力发展零售业务必须进行网点转型。总行从2006年开始已经在四川省和江苏省进行试点，效果明显，河南省分行要按照总行的要求认真规划、有序推进。

第三，大力发展零售业务必须进行营销方式的转型。营销方式包括交叉销售（既有公司业务和零售业务的交叉销售，也有零售业务之间的交叉销售），还包括前台与后台之间以及上级与下级行之间的联动营销。在体制和机制转型之后，在营销上要形成一个有机的链条，使营销转型得到机制保障。

（四）要正确处理好大力发展零售业务与投入产出的关系

第一，大力发展零售业务不是不讲投入产出，但是也不能因为要占用一些成本就不去投入。

第二，大力发展零售业务只能是先投入后产出，或者是边投入边产出，而且要求大家投入少、产出多。

第三，大力发展零售业务就是为了更多地占领市场，所以要正确理解和对待发展零售业务和投入产出的关系。

（五）要正确处理好大力发展零售业务中的质量和效率的关系

一是业务发展要讲合规经营，大力发展零售业务不能急功近利，不能搞粗放式、运动式、突击式经营，不能一哄而起，特别是在信用卡、个人贷款、电子银行等业务上，否则可能不仅规范管理搞不好，还会付出风险的代价。

二是大力发展零售业务不能搞花架子，有名无实，绝不能做表面文章。包括旺季营销，既要轰轰烈烈，又要扎扎实实地推进。在体制和机制改革以后，各种监督和制约要更严、严细、更有效。

三是大力发展零售业务必须既讲质量又讲效率，把基础工作做扎实，有质量地快速发展。

建设银行房地产信贷业务发展现状及信贷对策 （摘编）

总行风险管理部 黄志凌 林朝晖 王 巍

一、全行房地产信贷业务发展状况

（一）房地产信贷投放以及贷款结构

1. 近两年房地产公司类贷款投放平稳增长。2005 年以后，房地产公司类贷款增长较为平稳，2005 年、2006 年增幅分别为 13.54% 和 14.92% （同期全行贷款增幅分别为 10.50%、15.59%）（见表 1）。

2. 个人住房类贷款增长势头强劲。2006 年个人住房类贷款余额新增 922.37 亿元，比上年多增加 492 亿元，增幅为 23.89%，比上年提高 11.34 个百分点（见表 2）。

表 1 **房地产公司类贷款新增情况** 单位：亿元，%

	2002 年末	2003 年末	2004 年末	2005 年末	2006 年末	2007 年第一季度末
贷款余额	1 786.34	2 425.46	2 277.97	2 586.3	2 972.14	3 089.41
全年新发放	1 315.33	1 397.48	1 506.25	1 708.68	1 861.75	—
余额比年初新增	—	639.12	-147.49	308.33	385.83	117.27
增速	—	35.78	-6.08	13.54	14.92	3.95

注：2004 年因剥离出现余额负增长，如还原剥离的 231.45 亿元房建类贷款，增速 3.46%。

表 2 **个人住房类贷款新增情况** 单位：亿元，%

	2002 年末	2003 年末	2004 年末	2005 年末	2006 年末	2007 年第一季度末
贷款余额	2 351.19	2 959.58	3 430.90	3 861.25	4 783.62	5 087.96
比年初新增	—	608.39	471.31	430.36	922.37	304.34
增速	—	25.88	15.92	12.54	23.89	6.36

3. 与国内其他大型上市银行相比，建行房地产贷款规模最大，2006 年余额新增最多。

（1）截至2006 年12 月底，建行房地产贷款规模在工行、中行、建行、交行四大上市银行中列第一位。其中，房地产公司类贷款余额比工行多 671.5 亿元，个人住房贷款余额比工行多 178.1 亿元。

（2）2006 年，建行个人住房贷款余额新增和贷款增速在工行、中行、建行、交行四大上市银行中均列第一位，房地产公司类贷款余额新增列第一位，增速列第三位（见表 3）。

表 3 **2006 年工行、中行、建行、交行四大上市银行房地产贷款新增情况** 单位：亿元，%

		余额新增	贷款增速
建行	公司类房地产贷款	385.83	14.92
	个人住房贷款余额	798.17	22.92
工行	公司类房地产贷款	360.64	18.59
	个人住房贷款余额	325.23	8.61
中行	公司类房地产贷款	171.99	17.84
	个人住房贷款余额	510.05	17.78
交行	公司类房地产贷款	50.49	8.29
	个人住房贷款余额	99.60	12.73

另外，从近年来各主要银行房地产开发贷款与个人住房贷款新增趋势来看，二者关联度逐渐减弱。换而言之，开发贷款投放虽然仍是按揭楼盘储备的重要来源，但是客户服务能力、产品创新能力对个人住房贷款增长的拉动作用越来越显著。

4. 房地产公司类贷款结构不断优化。

（1）住宅类开发贷款占比提高。截至2006年底，全行住宅类房地产贷款余额1 916.6亿元，比年初新增504.8亿元，其中住宅类开发贷款占房地产开发贷款的比重为82.4%，同比提高8.6个百分点。

（2）房地产公司类优质客户贷款余额占比稳步提高。2003年以来，建行AA级（含）以上客户房地产贷款余额占比由2003年的24.71%提高到2007年3月底的39.73%（见表4）。

表4　房地产公司类贷款客户信用等级分布　单位：亿元，%

	客户信用等级	贷款余额	余额占比	不良贷款	不良率
2003年底	AAA	77.35	3.19	0.80	1.03
	AA	521.32	21.52	6.20	1.19
	A	694.51	28.67	25.68	3.70
	A级以下	217.32	8.97	71.61	32.95
	未评级	912.24	37.65	168.97	18.52
	合计	2 422.73	100.00	273.26	11.28
2004年底	AAA	55.26	2.43	0.09	0.15
	AA	644.37	28.29	7.54	1.17
	A	960.81	42.18	27.96	2.91
	A级以下	219.80	9.65	75.89	34.53
	未评级	397.74	17.46	55.63	13.99
	合计	2 277.97	100.00	167.10	7.34
2005年底	AAA	56.67	2.19	1.23	2.18
	AA	814.87	31.51	6.94	0.85
	A	1 169.88	45.23	25.57	2.19
	A级以下	320.94	12.41	81.72	25.46
	未评级	223.94	8.66	49.73	22.21
	合计	2 586.30	100.00	165.20	6.39
2006年底	AAA	96.53	3.25	0	0.00
	AA	1 058.01	35.60	6.91	0.65
	A	1 358.14	45.70	12.88	0.95
	A级以下	314.88	10.59	98.42	31.26
	未评级	144.58	4.86	46.74	32.33
	合计	2 972.14	100.00	164.94	5.55
2007年3月底	AAA	115.31	3.73	0	0.00
	AA	1 112.17	36.00	1.29	0.12
	A	1 435.08	46.45	13.45	0.94
	A级以下	294.58	9.54	95.68	32.48
	未评级	132.27	4.28	40.05	30.28
	合计	3 089.41	100.00	150.47	4.87

（3）短期贷款占比显著下降，期限结构渐趋合理。短期贷款（1年以下）占比从2002年的72.63%下降到2007年3月底的13.67%，中期贷款（1～3年）余额占比则从2002年的24.53%上升到2007年3月底的78.86%，期限结构调整使得贷款期限更好地与房地产项目周期相匹配，同时有利于提高贷款收益（见表5）。

表5 **房地产公司类贷款期限分布** 单位：亿元，%

	贷款期限	贷款余额	余额占比	不良贷款	不良率
2002年底	短期	1 297.41	72.63	282.14	21.75
	中期	438.21	24.53	79.49	18.14
	中长期	35.52	1.99	7.01	19.73
	长期	15.17	0.85	3.23	21.29
	合计	1 786.31	100.00	371.87	20.82
2003年底	短期	1 478.90	61.04	216.40	14.63
	中期	812.25	33.53	53.45	6.58
	中长期	32.94	1.36	1.93	5.87
	长期	98.65	4.07	1.48	1.50
	合计	2 422.73	100.00	273.26	11.28
2004年底	短期	951.56	41.77	121.59	12.78
	中期	1 145.13	50.27	41.09	3.59
	中长期	71.24	3.13	3.55	4.98
	长期	110.03	4.83	0.87	0.79
	合计	2 277.97	100.00	167.10	7.34
2005年底	短期	751.12	29.04	112.13	14.93
	中期	1 620.97	62.67	48.73	3.01
	中长期	80.98	3.13	3.58	4.42
	长期	133.24	5.15	0.76	0.57
	合计	2 586.30	100.00	165.20	6.39
2006年底	短期	486.16	16.36	95.08	19.56
	中期	2 251.58	75.76	56.80	2.52
	中长期	85.94	2.89	7.08	8.24
	长期	148.46	4.99	5.98	4.03
	合计	2 972.14	100.00	164.94	5.55
2007年3月底	短期	422.33	13.67	82.01	19.42
	中期	2 436.42	78.86	55.50	2.28
	中长期	78.83	2.55	6.96	8.83
	长期	151.83	4.91	6.00	3.95
	合计	3 089.41	100.00	150.47	4.87

（二）资产质量情况

1. 房地产公司类贷款资产质量稳步提高。全行房地产公司类贷款从2002年以来不良额、不良率持续“双降”，2006年底不良额为164.94亿元，比2002年减少207亿元；不良率为5.55%，比2002年下降15.27个百分点（见表6）。

表6 **房地产公司类贷款资产质量情况** 单位：亿元，%

	2002年末	2003年末	2004年末	2005年末	2006年末	2007年3月末
不良额合计	371.91	273.29	167.1	165.2	164.94	150.47
不良率	20.82	11.27	7.34	6.39	5.55	4.87

续表

		2002 年末	2003 年末	2004 年末	2005 年末	2006 年末	2007 年 3 月末
房地产开发贷款	不良额	51.54	47.89	51.67	70.27	89.52	86.73
	不良率	42.04	5.07	3.51	3.68	3.85	3.51
土地储备贷款	不良额	0	0	1.93	4.12	4.58	4.61
	不良率	0.00	0.00	0.54	0.88	0.87	0.90
单位购房贷款	不良额	3.49	2.75	5.36	3.14	3.11	2.72
	不良率	46.27	31.24	30.51	12.86	9.81	8.87
房地产业流动资金贷款	不良额	316.87	222.66	108.13	87.67	67.74	56.42
	不良率	19.13	15.13	25.00	47.31	75.88	74.68

2. 个人住房类贷款不良率持续控制在较低水平。除了个人商业用房贷款不良率相对较高外，近年来个人住房贷款和个人再交易住房贷款的不良率都控制在1.5%以下（见表7）。

3. 新发放贷款资产质量持续向好。按照两年内新发放贷款不良率的口径，新发放公私类房地产贷款不良率由2002年的7.03%下降到2006年的1.83%；个人住房贷款新发放贷款不良率由2002年的1.21%稳步下降为2006年的0.14%（见表8、表9）。

表 7　个人住房类贷款情况　单位：亿元，%

		2002 年末	2003 年末	2004 年末	2005 年末	2006 年末	2007 年 3 月末
不良额合计		78.69	99.11	42.06	49.95	67.24	73.08
不良率		3.35	3.35	1.23	1.29	1.41	1.44
个人住房贷款	不良额	64.67	77.21	32.69	36.33	49.26	54.13
	不良率	3.15	3.10	1.15	1.17	1.31	1.36
个人商业用房贷款	不良额	13.09	20.75	7.66	10.80	12.97	13.41
	不良率	5.79	6.55	2.27	2.85	2.58	2.42
个人再交易住房贷款	不良额	0.93	1.15	1.71	2.82	5.02	5.55
	不良率	1.30	0.75	0.66	0.75	0.97	1.01

表 8　新发放贷款质量（对公房地产贷款）　单位：亿元，%

		2002 年末	2003 年末	2004 年末	2005 年末	2006 年末
余额合计		1 471.40	2 223.98	2 133.94	2 217.85	2 646.75
不良额合计		103.37	96.72	93.87	56.68	48.33
比上期		—	-6.65	-2.85	-37.19	-8.35
不良率		7.03	4.35	4.40	2.56	1.83
房地产开发贷款	余额	70.14	913.11	1 447.21	1 717.23	2 086.21
	不良额	6.55	21.46	39.04	40.01	40.35
	不良率	9.34	2.35	2.70	2.33	1.93
土地储备贷款	余额	0.00	0.00	337.67	410.40	508.36
	不良额	0.00	0.00	1.93	2.18	2.96
	不良率	0.00	0.00	0.57	0.53	0.58
房地产业流动资金贷款	余额	1 398.78	1 306.13	338.34	72.52	24.11
	不良额	96.77	75.12	52.82	14.41	4.37
	不良率	6.92	5.75	15.61	19.88	18.13
单位购房贷款	余额	2.48	4.74	10.73	17.71	28.08
	不良额	0.06	0.14	0.07	0.07	0.65
	不良率	2.22	2.94	0.66	0.41	2.31

表 9　　新发放贷款质量（个人住房类贷款）　　单位：亿元，%

		2002 年末	2003 年末	2004 年末	2005 年末	2006 年末
余额合计		1 500.40	1 811.32	2 075.98	2 145.95	2 783.71
不良额合计		18.16	12.67	5.74	4.13	3.78
比上期		—	-5.49	-6.93	-1.61	-0.35
不良率		1.21	0.70	0.28	0.19	0.14
个人住房贷款	余额	1 267.66	1 455.39	1 635.04	1 648.33	2 094.88
	不良额	13.42	7.78	2.94	1.91	1.56
	不良率	1.06	0.53	0.18	0.12	0.07
个人商业用房贷款	余额	169.62	221.13	219.31	204.27	312.71
	不良额	4.24	4.36	1.56	0.83	0.54
	不良率	2.50	1.97	0.71	0.41	0.17
个人再交易用房贷款	余额	63.12	134.80	221.62	293.36	376.12
	不良额	0.49	0.53	1.23	1.39	1.68
	不良率	0.78	0.39	0.56	0.48	0.45

4. 区域资产贷款分析。

（1）房地产公司类贷款。截至 2006 年底，全行房地产公司类贷款平均不良率为 5.55%。不良率高于 10% 的分行有 7 家，其中甘肃分行不良率最高，为 34.62%（见表 10）。

房地产开发贷款不良率高于 10% 的分行有甘肃（18.74%）、山西（18.29%）、大连（14.36%）、新疆（11.84%）、陕西（11.35%）、辽宁（11.32%）；土地储备贷款不良率高于 10% 的分行有宁夏（100.00%）、甘肃（16.85%）、河北（14.59%）。

（2）个人住房类贷款。截至 2006 年底，全行个人住房贷款平均不良率为 1.41%。不良率超过 3% 的分行有 8 家，其中新疆维吾尔自治区分行不良率最高，为 8.99%（见表 11）。

表 10　　房地产公司类贷款不良率高于 10%的分行（截至 2006 年底）

分行	不良率（%）	比上年增加（百分点）	分行	不良率（%）	比上年增加（百分点）
甘肃	34.62	4.45	广东	13.90	-7.25
山西	25.28	-18.60	黑龙江	10.94	-5.03
新疆	18.28	9.95	辽宁	10.13	-4.97
大连	15.21	6.18	—	—	—

表 11　　个人住房贷款不良率高于 3%的分行（截至 2006 年底）　　单位：%

分行	不良率	比上年	分行	不良率	比上年
新疆	8.99	2.74	北京	4.25	1.59
甘肃	7.79	-8.23	黑龙江	3.87	-0.04
山西	4.64	1.60	吉林	3.56	-0.49
宁夏	4.27	2.41	内蒙古	3.03	-0.27

个人住房贷款不良率高于 3% 的分行有新疆（5.76%）、宁夏（5.16%）、甘肃（5.16%）、山西（4.99%）、北京（4.47%）、吉林（4.07%）、黑龙江（3.22%）；个人商业用房贷款不良率高于 6% 的分行有新疆（25.58%）、甘肃（15.80%）、内蒙古（10.30%）、辽宁（8.79%）、海南（7.08%）、黑龙江（6.51%）、四川（6.47%）。

二、房地产价格下跌对信贷资产质量的影响及走势预测

房地产价格下跌对贷款质量的影响主要表现在两个方面：一是对客户违约率（PD）的影响，即房地产价格下跌后，客户（如开发商、经营性物业持有人）经营或者财务状况受到直接或间接的影响，导致违约率上升（不一定是不良率上升）。二是对债项违约损失率（LGD）的影响，即作为押品的房地产价格下跌，押品价值无法覆盖贷款本金以及相关成本，从而导致债项损失率增大。

（一）公司类抵押贷款余额较大，押品价格变动风险需要引起关注

目前在全行公司类贷款中，抵押贷款余额为6 316.77亿元，占全部贷款余额的28.46%（见表12），抵押品以土地、房屋、在建工程等物业为主，房地产价格变动将直接或间接地影响押品价格。

表12　　公司类抵押贷款情况　　单位：亿元，%

年份	贷款余额	抵押贷款余额	抵押贷款占比
2002	14 859.32	3 293.33	22.16
2003	17 288.51	4 092.24	23.67
2004	17 839.56	4 107.63	23.03
2005	19 725.03	5 068.01	25.69
2006	22 194.31	6 316.77	28.46

（二）由于个人住房贷款的特点，房价下跌对贷款风险的影响相对较小

目前建行的个人住房贷款以分期还本付息为主，因而贷款本金余额是逐月下降的。而对应的抵押物（房产）则是要全部清偿贷款以后才能解除抵押，因而理论上只要抵押物贬值幅度低于被担保的贷款本金减少（偿还）幅度，抵押品贬值就不会对贷款风险状况带来实质性影响。

从建设银行近年的情况来看，个人住房类贷款每年回收的本金基本上都接近或超过当年贷款新增余额，存量贷款本金每年下降幅度超过20%。由于新发放的个人住房贷款都对应新的抵押物，因而存量贷款的本金下降20%，对应原来的抵押物基本不变。应该说房产价格一年下跌20%的可能性较小，从总体来看对个人住房贷款风险影响并不显著（见表13）。

表13　　2003—2006年个人住房类贷款年还款额与余额新增额比较　　单位：亿元，%

	2003年末	2004年末	2005年末	2006年末
贷款余额	2 959.58	3 430.9	3 861.25	4 783.62
余额新增	608.39	471.31	430.36	922.37
当年发放	1 112.62	1 181.67	1 196.66	1 818.63
当年回收	504.23	710.36	766.3	896.26
本金下降幅度	21.45	24.00	22.34	23.21

另外，个人住房贷款的借款人因房价下跌“理性违约”的比率总体来看相对公司类贷款要低，借款人只要有偿还月供款能力的，一般不会轻易违约放弃住房。

（三）当前“假按揭”是个人住房贷款资产质量的首要威胁

2006年通过对存量贷款中“假按揭”的清理，暴露不良贷款14.13亿元，占当期全部个人住房贷款不良额的28.68%，该因素导致2006年底个人住房贷款不良额上升了12.93亿元。由于诚信体系还不完善，“假按揭”仍是当前以及今后相当长一段时间内个人住房贷款风险防范的重点。

综合上述影响房价诸因素的分析，我们认为：第一，2007年、2008年如果国家没有重大政策调整，则住房价格出现拐点（价格下跌）的可能性不大，但涨幅将有所回落，商用物业价格可能出现下跌。第二，从中长期来看，影响2009年以后房价走势的不确定因素较多，从总体来看保持名义涨幅（可能低于通货膨胀率）的可能性较大。但是由于住房结构变化，部分区域将出现均价下降。第三，从长期来看，随着“人口红利”消失，有可能出现供求逆转，导致整体房价下跌。

三、信贷对策

基于对房地产市场走势以及对建设银行房地产信贷业务经营管理现状的分析，提出以下建议。

（一）总体思路

适度控制开发贷款增幅，着力调整房地产信贷结构，努力提高贷款综合效益。

（二）有关建议

1. 适度控制房地产开发类贷款增幅。

（1）控制新增速度，用好存量回收再贷资源。随着全国房地产投资的逐步降温以及房价涨幅的回落，房地产行业的总体风险上升，今后几年应适度控制房地产开发类贷款的增长速度。有的分支机构担心控制贷款增幅会制约业务拓展。实际上，由于存量房地产开发贷款规模总量较大，每年可用于正常收回再贷的贷款规模很大，2005 年、2006 年分别是当年贷款余额新增的 4.5 倍、3.8 倍；而且随着技术的不断进步，房地产项目开发周期明显缩短，与项目周期相匹配，开发贷款周转速度也相应加快，存量贷款规模的利用率提高，实际上起到了规模放大的效果。因此，在适度控制房地产开发类贷款新增速度的同时，充分运用好存量收回再贷资源并不会影响市场拓展和业务的可持续发展。

（2）加快研究建立房地产行业风险限额管理机制。要按照风险计量管理要求，结合房地产行业景气分析以及建设银行房地产信贷业务经营管理现状，加强对房地产风险的研究，特别是要从行业和区域交叉维度提高风险限额计量和管理的科学性，合理调控风险敞口，规避房地产市场波动带来的负面影响，并对区域信贷结构调整优化提供量化指引。

2. 着力调整房地产信贷结构。

（1）客户结构。

第一，进一步优化公司客户结构。随着宏观调控措施的落实、房地产市场的逐步规范，以及土地使用成本的提高、信贷的收缩，房地产开发企业两极分化趋势将越来越明显，经营管理水平低、实力弱的房地产企业在宏观调控的大背景下将逐步被淘汰。房地产企业强弱两极分化的格局越来越清晰，以 2006 年底的房地产公司类贷款质量为例，信用等级 A 级以上客户不良率为 0.79%，总行以及分行级重点营销客户不良率为 0.19%，大大低于全部房地产公司类贷款平均不良率水平（5.55%）。

抓住当前房地产景气度尚处于高位的有利时机，适时、主动地调整优化客户结构是当务之急。一是加大主动营销力度，提高优质客户贷款占比，增进客户忠诚度。二是加快退出步伐，严格控制对非目标客户授信。严格转贷标准，实现逐步压缩、退出。另外，对于资信等级较低的客户，切实做好贷款封闭管理，项目完成实现资金回笼后及时回收贷款，避免资金被客户用于项目滚动开发或者挪作他用。

第二，做好对个人客户群的风险区分。近年来由于房市景气、个人住房贷款不良率较低，一些分支机构产生了盲目乐观思想，放松了对借款人资信审查的标准，认为只要有房产抵押贷款就不会有问题，不少分支机构个人住房贷款审批通过率接近 100%，而且贷款不分客户基本上都执行下浮利率。

实际上，押品只是第二还款来源，准确评价和区分客户群才是个人信贷风险管理的关键。就个人住房贷款而言，房价波动只是违约的外因，直接原因还是借款人的还款能力不足。近期美国个人住房次级贷款危机就是很好的例证。次级贷款是提供给高风险、低资信等级客户的贷款。由于此前美国房市景气持续上行，房价上涨，许多经营个人房贷的机构都纷纷降低申请人资信等级门槛，争夺市场份额，这带来了次级贷款的快速增长，以新世纪金融公司为代表的放贷机构从中获得了巨大收益（次级贷款利率要高于普通贷款利率）。但是当房价走势逆转，这些贷款的风险随即大面积爆发，新世纪金融公司濒临破产。美国抵押贷款银行家协会公布的报告显示，2006 年第四季度一般个人抵押贷款的违约率为 2.57%，而次级抵押贷款违约率则攀升到 13.33%。

个人信贷业务是全行的战略重点，2006 年以来个人住房贷款业务的发展创历史新高。根据外部市场环境的变化以及自身业务发展的需要，快速提升对个人客户的风险识别、计量和区分能力，是保障和推动个人信贷业务高质量、跨越式发展的关键。目前，个人住房贷款、信用卡评分卡项目已经列入美国银行战略协作项目，各项工作已经顺利启动，需要加大人力和物力的投入，争取尽快完成研发并上线运行，以快速提升零售业务的风险计量技术水平，为客户选择、产品定价、风险管控等各个环节提供技术支持，保持建设银行在个人住房贷款领域的传统优势。

（2）区域结构。

第一，开发贷款投放重点仍为经济活跃区域，同时注重挖掘二三线城市以及中西部地区的发展潜力。从投资总量看，经济相对发达的长三角、珠三角、环渤海地区房地产投资增幅虽然低于其他区域，但绝对额仍占较高比重，达到全国总量的57.5%，而且这些区域的房地产市场较为成熟和规范，基础配套也相对完善，因而仍是房地产开发贷款投放的重点区域，在信贷资源配置上应继续予以倾斜。

随着投资热点的转移，今后几年要密切关注二三线城市以及中西部地区的房地产市场。现阶段，要立足中心城市，加强对周边城区的辐射和渗透。特别要密切跟进本行既有优质客户投资动向，在客户信息共享、项目推介等方面加强总行与分行之间、不同分行之间的联动协作，发挥建设银行的整体优势，对优质客户的跨区域经营提供优质的金融支持服务。

第二，在商用物业投资过热区域执行审慎的信贷投放政策，严格控制商用物业开发贷款新增规模，降低土地及在建工程抵押率。目前，办公楼、商业营业用房供给已经出现潜在过剩，部分区域办公楼、商业营业用房的投资涨幅和价格涨幅高企，风险值得关注。对于这类投资涨幅和价格涨幅“双高”的区域，应实行审慎的信贷投放政策，控制商用物业开发贷款新增规模，执行严格的项目准入。同时，在这些区域发放的商用物业开发贷款，以项目土地及在建工程作抵押的，除了押品评估要更加保守外，还要根据该区域近年来土地及房屋价格指数情况，相应地降低土地及在建工程抵押率。

第三，在经济发达地区大力拓展个人住房贷款业务，努力提高市场占比。长三角、珠三角、环渤海地区仍是个人住房贷款业务发展的重点区域，要加大资源投入，加快发展速度，进一步提高市场占比。这些区域的特点是市场发育成熟、客户需求多样化、对市场反应敏感，因而需要从客户服务、产品创新等方面进一步挖掘潜力，通过房贷产品种类的细分，提供灵活、个性化的服务，以满足不同社会阶层和客户群体的多样化需求。另外，要以重点城市为中心，跟进城市化进程，做好对周边城区的业务辐射。同时，要关注县域经济发展，在全国百强县（市）等经济活跃地区加大个人住房贷款业务的市场拓展力度。

第四，对于商用物业价格涨幅高的区域，适当控制个人商用物业贷款新增规模，降低贷款抵押率，严格控制商用物业期房按揭。对于近年来办公楼、商业营业用房价格涨幅较高的区域，要适当控制个人商用物业贷款新增规模，实行严格的楼盘准入管理，并根据近年来该区域的商用物业价格指数变化适当降低贷款抵押率。同时，要严格控制这些区域的商用物业期房按揭，提高客户准入标准。

（3）产品结构。

第一，对土地储备贷款实行阶段性收缩，跟踪关注政策动向。土地储备贷款被列入2006年调控范围，由于各地的土地储备运作模式不同，很多地方管理不规范，因而土地储备贷款潜在风险较大，银监会对此多次作出提示。目前，我国土地储备制度改革已经提上日程，全国统一的土地储备管理办法正在加紧研究拟定。因此，在政策尚未明朗之前，应该对土地储备贷款实行阶段性收缩，严格控制土地储备贷款新增。待新的土地储备管理办法出台后，对建行土地储备贷款产品进行系统的重检和规范。

第二，大力拓展二手房抵押贷款市场，做好产品创新和优化。2006年，由于受到房屋交易环节营业税及个人所得税等政策的影响，多数城市二手房成交量出现下滑，价格涨幅增势趋缓。但是，这也从另一方面表明二手房市场更趋理性和规范，炒作和投机比重下降，自住比例上升。预计在政策观望期之后，2007年、2008年两年二手房市场交易量、交易价格都会有较大幅度增长，部分城市二手房交易量将超过新建住房。因此，现阶段要抓住二手房市场调整的有利契机，积极拓展二手房抵押贷款业务，加强与中介机构的合作，拓宽业务渠道。同时，要加强产品创新与组合优化，丰富二手房贷款的服务内涵，抢占市场先机，提高市场份额，树立建行在二手房贷款市场的良好品牌形象。

3. 努力提高贷款收益。

（1）做好客户区分和风险评价，提高差别化定价能力。

第一，开发贷款。目前除了个别实力较强的开发商可以从资本市场等渠道获得融资外，多数房地产开发企业资金来源高度依赖银行，在房地产调控的大背景下，资金来源趋紧，银行的议价能力相应提高。要充分利用定价杠杆提高贷款收益，合理筛选客户。通过对客户的风险评价，综合分析客户整体利润贡献度、价格敏感度等因素，确定差别化的贷款定价，提高综合收益水平。

第二，个人住房贷款。由于外部市场竞争激烈，内部缺乏科学高效的风险计量工具，因而目前个人住房贷款基本上都是按下浮利率低限执行。在国外先进银行，低资信等级的客户要多付出利息或者手续费。提高个人客户的差别化定价能力是提升风险管控能力以及贷款盈利能力的关键。当前，要加快个人住房贷款评分卡研发，并争取尽快投入运用。依托评分卡技术支持，根据客户信用评分进行差别化定价，提高客户区分能力，能够有效降低逆向选择风险，增强贷款盈利能力以及对优质客户的吸引力。

（2）加强房地产公私贷款联动营销，提高综合收益。虽然近年来房地产开发贷款与个人住房贷款的关联因素正在减弱，但是房地产开发贷款支持的项目仍是个人住房贷款储备楼盘的重要来源。因此，当前仍要强化房地产开发贷款和个人住房贷款上下游联动营销和全程管理，提高服务质量和效率，减少优质楼盘资源流失，确保个人住房贷款占比与房地产开发贷款占比相适应，并争取最大份额，提高贷款的综合收益。

走质量效益性发展道路
努力打造现代金融企业[①]

新疆维吾尔自治区分行　吴建中

回顾近年来的改革发展历程，很重要的一点是我们坚持从新疆维吾尔自治区分行实际出发，认真贯彻落实科学发展观，牢固树立符合现代商业银行发展规律的经营管理理念，走质量效益型发展道路，努力构筑现代金融企业建设。在新疆维吾尔自治区分行的发展历史上曾经遭受过“德隆信用危机”的重创，对新疆维吾尔自治区分行的经营活动产生了重大影响，其质量效益问题的教训是惨痛的。2004 年以来，我们一方面正确对待“德隆信用危机”，认真汲取经验教训，缜密研究分析，提出了“用心服务客户，规范信贷经营，平衡风险收益，保持竞争优势，实现价值最大”的信贷理念；另一方面重视研究什么是发展、向什么目标发展、如何实现发展等问题，在指导思想上牢固树立效益、质量、规模、速度之间关系的理念，稳健有序地推进各项业务发展，强化稳健的发展观、真实的效益观、全面的质量观、严格的管理观、科学的创新观等现代商业银行经营管理观念，并对各二级分行区域发展定位进行修订完善，促使全行上下明确发展目标与定位。通过积极研究探索，我们逐步认识到发展要以实现企业价值最大化为目标；要采取集约化经营方式，调整客户结构和业务结构，将资源向中心城市、重点县（市）倾斜才能实现有质量、有效益的发展；要通过推行以客户为中心的营销方式，改革激励约束机制，完善风险管理、内部控制和其他一系列经营管理改革措施才能有效推进发展。

经营观念的转变，把经营发展推进到了一个新的境界，使近年来新疆维吾尔自治区分行的质量效益指标持续定位于当地各家商业银行先进行列。在新疆维吾尔自治区分行的战略愿景[②]总体框架下，根据新疆区域经济金融环境和本行实际情况，因地制宜、实事求是地抓了五项基础性工作。一是积极转变经营理念，及时调整发展思路，通过多种途径努力化解“德隆信用危机”产生的金融风险，取得了显著成效，逐步走出了经营发展的困境。二是抓住关键，坚持以发展为第一要务。在强调质量效益的同时，始终没有削弱追求更好、更快发展的决心和信心。我们把握机遇，择时而动，稳步扩大市场份额和经营成果。我们在结构调整的基

① 已发表在《现代商业银行导刊》（2007 年第 11 期）。

② 新疆维吾尔自治区分行的战略愿景：“在新疆银行业内，盈利能力最强，资产质量最好，竞争能力领先，服务最佳，乌鲁木齐地区市场占比第一。”当地六大国有商业银行是工行、农行、中行、建行、交行、兵团农行。

础上，2005 年提出了“结构调整向业务发展、业务负增长向业务正增长”两个转变的思想，当年实现了恢复性增长，新发放贷款不良率仅为 0.06%，低于建行全国平均水平。目前，新疆维吾尔自治区分行的不良贷款率比当地同业平均水平 17.69% 低 12.4 个百分点；贷款余额和新增额均在当地同业排第一位；中间业务净收入在当地同业占比 34.37%，继续排第一位；双币种信用卡发卡量超过招商银行，居同业第一位；代销基金居全国建行排第十六位，居当地同业第二位；外汇业务与中行、工行差距进一步缩小，当地同业占比 23.55%，排第三位，但在乌鲁木齐地区市场占比首次居同业第一位，达到 32.64%。可以说，新疆维吾尔自治区分行之所以能在当地保持最好的资产质量水平，除了政策性剥离了一部分不良资产外，主要还是靠积极的清收转化和有质量的业务发展所创造的财务资源来消化的。三是突破障碍，坚持以改革为动力。近几年来，我们加大了各个层面和各关键环节的改革攻坚力度。在条线垂直化管理方面，新疆维吾尔自治区分行在全国率先进行了审计、信息技术条线的垂直化管理改革。同时，按照总行风险管理体制改革目标和要求，有效地开展了风险管理体制架构改革，确立了有别于其他商业银行的价值观和风险偏好，确保了全行的经营决策和管理制度发挥作用，有效提高了全行经营风险的能力。在人力资源管理方面，扩大了岗位竞聘范围，提高了收入分配与绩效挂钩的比例，完善了激励机制和约束机制，并率先在区分行营业部进行员工梯次管理改革试点。在推进机构改革和网点转型方面，调整了网点布局，优化了资源配置，提升了网点综合功能，使粗放经营格局得到了根本转变。截至 2007 年 6 月底，新疆维吾尔自治区分行比 2004 年（股改前）净减少 212 个机构，减幅达 51.7%；人均存款 1 150 万元，人均贷款 613 万元，人均利润 12.34 万元，人均集约度指标在当地六大国有商业银行中排第一位。四是着眼于未来，坚持以持续性发展为根本，加快业务战略转型。在经营活动中立足当前，放眼未来，能够认识和把握管理与发展的关系，牢固树立“两个绝不牺牲”意识，推动全行合规管理、稳健发展。加强调研，保持对政策变化和市场变化的前瞻性认识，未雨绸缪，及时调整营销策略和实施战略业务转型。五是坚持以人为本的人才战略。我们始终把抓好班子建设作为队伍建设的关键，坚持建设“四好”班子，以班子带队伍。坚持以人为本，开展大规模、系统化、分层次的全员培训，实施人才战略，注重加强思想政治工作和企业文化建设，积极创建和推广“向党工作站”服务品牌，为改革发展提供了人才保证、智力支持和精神动力。

“十一五”时期既是新疆维吾尔自治区优势资源转换战略实施和新型工业化快速推进以及加快构建社会主义和谐社会的关键时期，也是新疆维吾尔自治区分行改革发展的重要战略机遇期。外部经济转型、国际化竞争、资本约束、金融脱媒、利率市场化、新监管要求和内部股份制改革、经营方式与增长方式转变，使新疆维吾尔自治区分行面临着许多新的挑战和考验。为此，我们应坚持科学发展观，立足新起点、谋求新发展。当前乃至今后几年新疆维吾尔自治区分行贯彻党的十七大精神，以科学发展观指导，推动全行各项工作和努力打造现代金融企业的核心要求及首要任务是：进一步牢固树立符合现代商业银行发展规律的经营管理理念，并以此指导、推动新疆维吾尔自治区分行又好又快发展。

一、坚持价值创造理念，继续把可持续的价值增长作为发展的根本目的

以股东长远利益、员工价值和银行价值的最大化作为我们的追求，并落实到每一笔交易、每一项决策上，以风险调整收益后的资本回报和经济增加值为衡量评判发展水平的核心标准，使发展能够带来不断成长的市场价值。因此，要坚定不移地走质量效益型发展道路，通过制度、管理、技术、产品和服务的全面创新，着重处理好质量、速度、规模、效益之间的关系，全方位、多渠道增强核心竞争力和价值创造力，走出一条资本节约型、价值增长型的可持续发展道路，推动全行各项工作健康、有序地发展。

（一）抓住机遇，力促传统信贷业务快速稳步发展

一方面，抓住新疆基础设施建设大发展机遇，重点抓好固定资产贷款，不断扩大在基础设施、基础产业和支柱产业领域的市场份额，巩固中长期信贷业务的领先地位；另一方面，抓住新疆优势资源转换战略实施和新型工业化快速推进机遇，努力巩固拓展石油、石化、铁路、电力、电信等重点行业客户业务份额；积极实施兵团业务“重点师重点发展、特色师特色发展、其他师一

般发展”的经营思路，加大优质农牧团场营销力度；密切关注进驻新疆的内地大型企业集团客户，成为西部石油管道、中哈石油管道、神华集团、徐矿、中粮集团等多家集团客户在新疆投资企业的主要合作银行；按照“统一思想、公私联动、新产品推出”的思路，加快发展个人信贷业务，个人信贷新增额在当地同业排第一位。

（二）正确理解和把握国家政策要求，加快结构调整和丰富发展方式，优先满足优质客户需求

一是严格执行国家宏观调控政策，加快结构调整步伐，有效防范信贷风险。严禁进入铁合金、铜冶炼、铅锌冶炼、电石等行业，水泥、电解铝、焦炭行业贷款持续下降。二是积极做好个人类贷款的营销和储备工作，进一步提升个人类资产业务的效益贡献度。三是结合国发32号文件，加强市场研究，充分挖掘客户需求，抓好项目储备，优质贷款尽早实现投放。四是严格执行总行信贷规模调控政策，加快不良客户、劣质客户退出步伐，优化信贷资源配置。目前，全行新增贷款投放主要集中在重点行业、优质客户，新发放贷款质量控制良好，信贷结构得以优化，A级客户贷款占比不断提高。五是继续启动和推动新兴业务，不断提高中间业务收入占比。截至2007年10月31日，A级客户贷款占比达到87.08%，较年初提高6.01个百分点，关注类贷款占比为12.15%，较年初下降6.62个百分点。

（三）创新营销服务模式，不断提高营销服务水平

银行业是创新最为活跃的领域之一，创新是求存图强的必由之路。必须把改革与创新结合起来，从体制、机制、业务、产品、管理、技术等方面整体推进，在引进吸收基础上进行再创新，以增强发展活力、提升发展层次。要通过不断改革创新，全面深化流程再造与组织机构改革、风险管理与内部控制体系改革、绩效考评与激励约束机制改革，突破制约竞争发展和稳健经营的体制障碍，真正建设具有长期、可持续、引领市场的竞争力和不断成长的市场价值的商业银行。一是在产品创新方面，要深入研究和及时捕捉客户的需求，并利用现有的产品对客户的金融需求进行不同的组合设计；要不断增强电子产品等品牌产品的功能，使产品进一步贴近市场和客户。二是将120家大中型客户纳入直营范围，提升经营重心，积极开展高层营销和牵头营销；优化申报流程，提高工作效率。三是加强任务型团队建设，推进团队营销模式。除上述直营客户团队外，新疆维吾尔自治区分行先后成立了战略性市场研究团队、信用卡直销团队、新产品和新业务研发推广团队和投资银行团队。任务型团队已成为重点客户、重大项目和产品营销的主力，有力促进了营销水平和服务能力的提高。四是加强公私联动营销和本外币联动营销，提高营销效率。在营销和服务集团客户的过程中，逐步探索建立了“维系当地、巩固存量、营销总部、力争突破、上下联动、兼顾三产，努力实现集团客户贡献最大化”的营销模式，发挥公司、外汇、中间业务及电子渠道的整体优势，积极为集团客户提供综合性、个性化服务方案。在2006年成功发行乌铁龙卡的基础上，2007年又成功发行了龙卡名城卡·魅力库尔勒龙卡，在信用卡领域取得了良好成效。五是继续深化人力资源激励约束机制改革，在各二级分行全面推广员工梯次管理，建立起以岗位为基础、以价值创造为核心、以干部员工上下进出通畅有序为前提、以提升人力资本价值为目标的、激励有力和约束有效的人力资源管理新体制。在条线垂直化改革与管理方面，要处理好业务条线管理与层级管理之间的关系。近年来，根据总行部署，新疆维吾尔自治区分行在层级管理的基础上，探索实施了审计、风险、信息技术条线的垂直管理，对提高经营管理水平发挥了重要作用。目前，公司、个人、会计、营运、监察、法律等业务条线都在尝试加大条线管理力度，期间也引发了一些新的问题和矛盾，需要我们大家认真研究和积极探索，并加以解决，以避免出现业务漏洞和管理真空。在条线经营管理力度加大的同时，各级行切不可放松管理，尤其是对人员的管理。人力资源部门、纪检监察部门和监察特派员等要切实发挥作用，扎扎实实地抓好“双基”管理，为各项业务持续健康发展保驾护航。

二、坚持协调发展理念，继续把提高质量效益作为发展的本质要求

速度快不等于好，规模大不等于强，只有保持速度、规模、质量、效益协调统一发展，才是又好又快的发展。发展既要有适当的增长速度、合理的规模效应、有利的市场地位、保持在主要

业务领域市场领先的份额，更要注重发展的资本约束，提高发展的质量和效益。效益必须是真实的效益，是扣除风险拨备、经营成本和资本补充后的效益。如果没有良好的业务发展，银行价值最大化和员工价值最大化就无从谈起，也会使和谐建行的创建失去基础。风险管理是决定成败的关键因素，质量损耗是最大的效益损耗，推进发展、提升效益的关键是提高风险掌控能力和管理水平。质量管理必须是涵盖信用风险、市场风险、操作风险在内的全面、全程、全员的管理。为适应建行股改后新的经营环境和监管要求，以及贯彻落实科学发展观，我们必须处理好业务发展与风险控制的关系，严格按照建设银行总行制定的风险管理目标和风险偏好，把风险管理工作贯穿于经营决策、资本配置、产品定价、绩效考核等经营管理全过程，全面提升风险掌控能力。

（一）继续处理好管理与发展的关系

在工作实践中，要防止出现市场营销与风险管理的错位。经营部门和客户经理要积极主动地营销，不断扩大经营成果，不能因个别或部分项目被否决就产生畏难和气馁情绪；审批部门和风险经理在坚持标准、严格审批的同时，也不能简单否定项目，而是应当从化解风险的角度，实事求是地分析判断风险，帮助客户经理识别、规避、覆盖风险。

（二）继续强化内管内控，严格合规经营，坚持标本兼治，大力提升风险和案件防控能力

一是以加强警示教育为基础，筑牢各级人员的思想道德防线。二是以制度建设为保证，健全防范案件风险的内控制度防线。三是以经济处罚为手段，构筑防范案件风险的惩治处罚防线。四是以责任与联动为纽带，构筑防范案件风险的工作机制防线。五是继续深入开展违规行为专项治理、案件防范、治理商业贿赂以及“双排查”等活动，堵塞风险隐患。六是大力开展防范信贷资金违规流入股市的排查工作，加大贷后的有效跟踪和检查力度。七是继续加大对检查和审计中发现问题的整改落实工作，争取尽快消除风险隐患。八是在基层行委派会计主管、风险经理和监察特派员，建立“三位一体”的监督机能。九是在全行对私柜面业务实现“人控”和“机控”双重防线。

（三）继续推进和深化风险管理体制改革，狠抓资产质量和风险监控

一是进一步增强风险管理条线履职的独立性和有效性。在区分行和二级分行两个层面，建立保障风险条线独立履职的制度体系。二是稳步推进大中型公司类客户授信业务的平行作业，进一步完善平行作业的操作流程。三是严格市场准入，选准客户，把好入口关。在信贷客户的选择上，严格执行核准制，一方面集中精力抓好盈利能力强、市场地位高的大型公司客户、大型基础设施建设项目和国内绩优上市公司客户，积极培育有发展潜力和广阔前景的高成长中小企业；另一方面按照国家宏观政策的要求，严格执行信贷审批原则，主动退出一些长期有风险、经营活力不足、无发展潜力和前景的行业及企业，把好第一道准入关。四是强化贷后管理，把好风险的识别和控制关。坚持实时风险监控和预警，对重点项目采取风险预案和应对措施；不断完善转授权机制，实行差别化管理，将信贷资源配置向资源环境较好、风控能力较强、资产质量较好的分行倾斜。五是进一步加大不良资产的处置力度。集中全行资源和优势力量，加大重点项目、重点行的直接经营力度；综合运用公开拍卖、协议处置等多种方式，加快存量抵债资产的处置变现；继续做好个人类不良贷款催收工作，重点解决“假个贷”风险隐患。

三、坚持推进战略转型，继续把转变增长方式作为发展的主要途径

金融资源具有稀缺性特征，资本具有逐利性的本质要求。为适应现代商业银行的发展需要，应对竞争国际化、资金脱媒化、利率市场化的挑战，我们必须彻底摆脱传统的粗放经营模式，积极推进业务战略转型，加快转变增长方式，切实解决好资源配置的结构和效率问题，使整体发展建立在资产结构、负债结构、收益结构、客户结构等全面优化的基础上，使局部发展构筑在全局优化和整体可持续发展的格局中。通过优化结构来改善经营效率，提高发展质量。把转变增长方式作为推进发展的主线和关键，突出解决好结构和效率问题，把发展中间业务、个人金融业务、电子银行业务，以及开发潜在市场和新的业务领域作为经营转型的战略重点，培育新的增长点，推进多元化、综合化的发展。

（一）处理好发展利差业务与实施战略转型的关系

随着直接融资市场的迅速发展和利率市场化进程的加快，收

费类业务已经成为新的利润增长点。我分行必须紧紧把握这一机遇，按照股改和发展战略要求，适时调整财务资源配置政策，改进和完善激励约束机制，突出体现对个人银行业务、中间业务和小企业金融业务等战略资源的配置力度，有效促进业务发展和战略推进。但是，强调战略转型并不是放弃或削弱具有传统优势的利差业务。在当前大力推进战略转型时期，全行上下对于如何发展利差业务要保持清醒的认识，既不能顾此失彼，也不能从一个极端走向另外一个极端。要看到利差收入依然是我分行利润的主要来源，也是保持我分行可持续发展的基础，更是保持竞争优势实现战略转型的基石。为应对市场环境的变化和竞争的挑战，我们必须突出中长期信贷特色，强化竞争优势，巩固和扩大市场份额，在“高质量、低风险、高收益”的前提下，继续保持新增市场占比领先，将信贷业务做大做强。同时，也要把握资本市场、个人金融市场等迅速发展的机遇，大力拓展投资银行、电子银行、个人理财、信用卡等战略性业务，实现中间业务的超常规发展，改善我分行收入结构过于单一的局面，为长远、可持续的发展奠定基础。

（二）处理好经济发达地区全面发展与其他地区特色发展的关系

地理位置和区域经济金融环境的差异，决定了我们在业务发展中必须因地制宜，差异化对待。在中心城市及经济相对发达地区，客户资源、金融资源比较丰富，是我分行战略发展的重点，必须把握机遇、加快发展，确保我分行在新疆“主战场”的优势地位和高收益回报。对于经济欠发达地区，由于当地资产业务相对较少，因而相关二级分行要将主要精力投入到推进战略转型之中，大力发展公司类和个人类中间业务，在收费类业务领域构筑我分行的竞争优势，积极拓展业务发展新天地。今年，我分行在资源配置中将根据对各二级分行的业务发展定位，实施差异化的考核与激励。对于中心城市行和经济发达地区行，实施全面考核；对于其他二级分行，则主要以收费类业务发展情况作为考核重点和资源配置依据。以引导全行立足实际、突出特色、稳步发展。

（三）实施主动负债，进一步调整存款结构，控制资金成本，提高资金收益

主观方面：一是实施主动负债的结果。2007 年初我分行经过认真测算分析，发现在全额计价管理下，全辖两年期以上的存款基本上是微利或者亏损，成本较高的存款利润空间将会进一步收窄，因此，我分行根据存款利润贡献度，加大主动负债力度，进一步调整存款结构，主动让出了部分成本较高的存款的市场份额，使得我们的筹资成本有所降低。二是推进战略转型的结果。2007 年上半年在战略转型的经营理念指导下，结合居民理财意识日益增强的契机，大力发展中间业务，积极营销基金和理财产品。客观方面：一是主要受近期证券市场持续升温、房地产价格上涨、部分居民购买房屋等因素影响；二是公司重点客户用款和资金调度等因素加剧了对公存款波动，尤其是受总部经济因素的影响。存款的持续负增长对我分行年度存款计划的完成形成了较大压力，后一阶段，我分行将根据全行负债结构及后期对资金的需求提出进一步的吸存目标，加大主动负债力度，力争实现负债业务的稳步发展。

四、坚持客户优先理念，继续把改善服务作为发展的战略举措

客户需求孕育商机，只有了解客户、理解客户、满足客户需求才能适应市场需要。银行的价值在于客户价值，因此，客户的需要及满意程度是商业银行的安身立命之本和发展壮大之源。改善服务就是打造市场竞争力，就是推动发展、创造价值。我们要会聚最优秀的人才、运用最先进的科技，为所选择的目标客户提供最适合的金融服务，从而使客户的价值提高，使股东价值持续、稳定增长，使员工职业价值得以实现和提升，使所服务的经济区域能从银行的发展中获益。

未来 5 年，新疆维吾尔自治区分行将采取切实可行的措施积极适应市场发展和客户需求的新形势，强化统一的对外营销服务和全方位的商业银行服务，提高对市场的反应能力、速度以及服务效率，形成更为多元化、综合化的客户服务格局，实现对客户价值的延伸服务和深度挖掘。同时，要进一步完善个人金融业务与公司、机构业务联动营销和综合服务机制，充分利用各类产品形成紧密联结上下游客户的服务链。在改善服务方面，要持续、

深入地开展创建“向党工作站”的实践活动，严格标准，强化激励约束，实行动态管理，积极探索和持续打造“向党工作站”的服务品牌，实行一牌多品的策略，不断丰富“向党工作站”的服务品牌内涵，在市场上树立起诚实守信、服务优良、行为规范、追求卓越的现代商业银行形象。在网点转型方面，要下大力气解决网点客户排长队等问题。在实践中，新疆维吾尔自治区分行通过加大前台与后台分离力度、优化业务流程、试点弹性排班，实行“大堂制胜”和网点精神，实施智能排队以及组织神秘人检查等措施，有效地解决了客户排长队的问题。目前，我分行网点在人员不增加的情况下日均业务量上升了14%，产品销售量也有了较大幅度的增长。要积极推动和加快网点服务模式的转型，加快建立由财富管理中心、个人理财中心、一般理财网点和金融便利店等构成的多层次物理网点服务体系，进一步形成物理网点与电子银行相辅相成、有机结合的营销服务网络。还要抓紧完善适应中小企业发展特点的信贷政策和营销服务体系，不断改进对个人客户的金融服务，进一步推动中间业务和新兴业务的跨越式发展，优化产品结构和收益结构。要进一步推动信息技术创新，全面建立起技术架构成熟、运行安全稳定、应用丰富灵活、管理科学高效的信息科技体系，不断提升经营管理平台的先进性，以先进技术实现和提升对客户的增值服务。

信用风险经济资本在一级分行的应用

重庆市分行　赵吉新　王向晖　刘新宇

一、建设银行的经济资本管理

自2001年引入经济资本概念、2004年推出经济资本预算管理以来，建设银行不断强化经济增加值和经济资本两个核心机制，促进长期价值的提升。建设银行经济资本预算管理以账面资本总量及可承受的风险总量为出发点，结合全行发展战略确定年度经济资本增量预算，明确经济资本控制目标，据此安排贷款等风险资产增长计划，并进行分行和总行部门的纵横分解落实，使全行风险资产的扩张始终受到经济资本预算的约束。它把股东对银行价值最大化的回报要求通过经济资本配置落实到分行、业务单元、产品、客户和员工等各层面，把风险和收益的平衡通过资本的配置和回报联系起来。

（一）建设银行现行的经济资本管理模式

1. 经济资本的计量。经济资本的计量方式主要有资产变动法和系数法。目前，建行采用的是系数法。每年年初由计划财务部牵头统一制订全行的经济资本增量分配计划，并按照系数法计量并汇总各业务单元、各产品、各区域的经济资本实际占用情况。

在建设银行的经济资本预算管理办法中，对经济资本的含义根据建设银行的实际管理需要进行了适当扩充。从经济资本计量范围看，包括信用风险、市场风险、操作风险经济资本和资本性占用经济资本四个方面的内容。其中，信用风险经济资本计量的模型基础是以《巴塞尔新资本协议》要求的风险资产乘以相应系数计算确定，系数以《巴塞尔新资本协议》规定的8%的资本充足率为基准分配系数，根据资产风险状况的判断，并结合战略目标和政策导向，确定针对不同产品、区域、客户、风险缓释的经济资本分配系数。下面仅以信贷资产为例，简单说明建行经济资本计量的演变情况。

2. 经济资本的分配。信用风险经济资本采用增量配置法，每年年初由计划财务部牵头统一制订全行的经济资本增量分配计划，按照系数法计量并汇总各业务单元、各产品、各区域的经济资本实际占用情况。信用风险经济资本实行分步配置，包括对分行的初次分配、总行部门的平衡协调分配及战略性分配：首先对分行进行初次分配，分配量占经济资本增量总量的90%以上，经济资本增量额度分配以分行的资本回报水平和资产质量作为主要依据；第二次分配是总行对信用风险经济资本的平衡调整分配，发生在总行对分行上报计划进行审核调整阶段；第三次分配是对战略性信用风险经济资本的分配，在年度任何时间均可进行。

3. 经济资本监控与考核。总行计财部在每季度结束后对分行的经济资本进行监测，并公布监测结果，引导分行加强风险资产总量控制和结构调整，并在年度结束后对经济资本总量控制情况进行考核。总行相关贷款经营部门对分行本业务条线内的产品结构调整情况给予监测，对偏离经营政策导向的分行要求予以纠正。

（二）总行经济资本管理的发展方向

总行经济资本管理模式的变化主要在经济资本计量方式上。据悉，总行2007年的经济资本计量主要采用资产变动法。资产变动法基于风险暴露、客户的违约概率、债项的违约损失率等风险要素来计量每笔资产占用的经济资本，然后自下而上汇总，在考虑资产相关性的基础上，计量出整个资产组合的经济资本。资产变动法以定量分析为主，经济资本的多少与银行的风险偏好直接挂钩，对风险更加敏感，计量结果的准确度较高。资产变动法是国际通行的经济资本计量配置方法。

具体而言，一是存量经济资本的计量采用资产变动法，根据实际的风险数据按照月度进行计算；二是经济资本预算的计量采用推演法，即根据用资产波动法计算出的不同产品和客户的经济资本的历史占用情况，推算出经济资本预算分配系数。

二、重庆市分行应用信用风险经济资本管理的现状和存在的问题

（一）管理的现状

按照总行综合经营计划管理的总体框架，从各级行承担经济资本管理的职能来看，总行和一级分行主要承担预算安排职能，在控制风险资产总量的同时，负责对下级机构的资本回报进行考核；二级分行及其下辖机构则主要承担预算执行职能。

从重庆市分行的实际执行情况来看，经济资本预算由市分行直接统筹安排，未再对下属行进行分解。即每年年初，在总行综合经营计划管理框架下，根据总行初步核定的经济资本增量额度，市分行计划财务部牵头组织各信贷经营部门提出各信贷产品的经济资本占用和贷款投放计划，报总行审定后执行。对各分支行，则由分行计划财务部根据经营部门的贷款新增计划测算各行占用的经济资本，并以此计算各行承担的经济资本成本，从而下达各分支行经济增加值的计划。

在对各分支行的考核上，主要是根据贷款的实际投放情况进行考核。但是，在实际执行中由于信息系统支持不足、基础信息的限制等原因，分行在分部门、行别、产品的经济资本监控和考核中存在一定难度。在计算过程中，各行的信贷产品数据来自于DCC系统，客户信用等级和担保方式数据来自经营部门。但是，据了解，目前各行客户信用等级的贷款余额占比和各担保方式的贷款余额占比采用的是全分行平均值。

（二）存在的问题

经济资本管理体系的构建对整个银行业而言仍然是个全新的课题和巨大的挑战，即使最先进的国外银行也承认其管理体系和模式有待完善。因此，推进经济资本体系的实施是一个长期而持续的过程，从我分行现阶段的执行情况看，还存在着一些不足之处有待进一步完善和改进。

1. 经济资本对优化信贷结构的作用没有充分发挥，经济资本的传导有待加强。按照总行2006年经济资本管理方案，经济资本对信贷资产结构的优化不仅体现在产品类别上，而且体现在客户结构和风险缓释方式上。例如，对房地产开发贷款和流动资金贷款而言，同样的贷款额度，客户信用等级为AAA级、风险缓释方式为全额保证金贷款比客户信用等级为BB级、风险缓释方式为信用方式贷款的经济资本成本要低得多。可以看出，总行鼓励客户信用等级高、安全的风险缓释方式的贷款投放。

而按照目前的测算方式，不同的分支行同一产品下的贷款，若额度相同，则不论客户结构和风险缓释方式有多大差异，测算出的经济资本占用都完全相同，也就是说，在分支行层面，总行的战略导向并没有充分体现。

2. 基层行尚未树立经济资本对风险资产约束的理念。资本约束是管理理性的反映，是对不良经营方式和经营冲动的制约。经济资本的分配所设定的也是各项业务的风险总量边界，只有守住

了这个边界，才能确保经营的安全。正确地运用和驾驭资本约束功能，使得风险管理在银行经营与发展整体背景下发挥安全保障的作用，是重要而理性的战略性思维。但是，从我分行的情况看，部分基层行还停留在“多投放，多受益”的粗放型的思维上。部分基层行依旧认为，要获取高的经济增加值，只有通过多投放贷款并确保贷款不向下迁徙或少提减值准备来实现，而没有意识到，优化结构、降低资本成本同样是获取高经济增加值的一个重要手段。

3. 经济资本分配系数的应用，特别是在微观管理领域的应用还有待提升。总行制定的经济资本分配系数是经济资本宏观管理参数，是大类产品平均经济资本分配系数，适用于宏观层面的预算管理和绩效考核。总行明确提出，对其制定的作为宏观管理参数的经济资本分配系数，分行根据本行的产品风险状况，一方面可细化产品分类，并依据总行对应产品的平均经济资本分配系数进行系数设定；另一方面可在总行基础上下20%的幅度内进行浮动，从而确定本分行的大类产品平均经济资本分配系数。而分行在实际执行中基本上是沿用总行系数。

为确保经济资本分配系数在不同领域、层面和对象的正确运用，总行于2005年下发了《经济资本分配系数运用指导意见》。从我分行的现状看，市分行对信贷经营部门和基层行在微观经营管理领域中（如产品定价、客户盈利性分析和客户经理考核等）灵活调整经济资本分配系数的引导还需要加强，对经济资本分配系数的研究和运用能力也有待进一步提升。

（三）改进的思路及建议

实施经济资本管理体系意味着银行的管理模式将由传统业务驱动型管理模式向风险驱动型管理模式转变，这种转变不仅体现在全员的行为观念上，也直接体现在日常管理活动中。国际银行业通常把资本管理看做一个包括决策系统、信息技术系统、执行系统和监督系统的有机整体，资本管理框架是否完善，决策系统、执行系统和监督系统是否健全和有效运作以及信息技术系统是否先进和有效，决定了商业银行资本管理的效率。

针对建行经济资本管理中存在的问题和发展方向，提出以下意见和建议，供参考。

1. 强化对基层行经济资本的精细化管理，充分体现经济资本对优化结构的导向作用。麦肯锡公司曾谈到这样的观点：经济资本管理是当今国际银行业先进的管理理念和方法，用不用这一方法，比方法用得好不好对经营管理改善的程度要大得多，由不用到采用这个方法将使经营管理产生质的飞跃。

如前所述，经济资本管理的机制主要体现在两个方面：一是强调以经济资本为核心，约束风险资产总量的增加，指导信贷资源的有效配置，促进资产结构调整。二是强调资本回报对经营管理的约束，明确经济资本占用与经济资本回报的内在关系，引导财务资源的有效配置。

在重庆市分行扁平化管理模式下，市分行经营部门的控制能力比较强，利用经济资本增量约束贷款总量的有效增长主要体现在分行层面。对于基层行，应强调资本回报对经营管理的约束，明确经济资本占用与经济资本回报的内在关系，引导信贷结构的优化，主要通过经济增加值的考核来实现。

总行2007年对存量经济资本的计量采用资产变动法，但受技术手段和工具所限，一级分行很难实现。

在具体的操作方式上，首先是确定考核的要素和各要素的经济资本配置系数；其次是根据各行的贷款投放情况，测算经济资本成本，从而得出经济增加值，并依据经济增加值进行绩效考核。

2. 加强经济资本分配系数在产品定价、客户盈利性分析、客户经理考核等微观管理领域的运用。总行对一级分行、一级分行对基层行的经济资本管理，是以机构为主体进行绩效考核的，属于经济资本应用的宏观领域。按照总行《经济资本分配系数运用指导意见》的要求，经济资本分配系数还可广泛地应用于微观管理领域。

微观管理领域的经济资本分配系数是对客户经理进行绩效考核的重要参数。按照总行要求，在对客户经理进行绩效考核时应当注意以下几个方面：一是合理选择经济资本管理参数，准确计量客户经理经办业务应当承担的资本成本。不能用对机构进行绩效考核的平均经济资本分配系数直接用于计量客户经理经营的单笔业务，而是要选取充分考虑产品、区域、客户、行业、风险缓释等多维因素后的微观管理领域的经济资本分配系数计量单笔业务的资本成本。二是计量客户经理绩效时，不仅要准确计算其经营业务的资本成本，还应当正确选择内部转移价格、运营费率、准备金计提比例等多项参数，保证准确计量客户经理的价值创造水平。三是要适当安排对客户经理进行绩效考核的绩效工资挂钩分配系数，使对客户经理的绩效工资考核分配具有市场竞争性，同时使对客户经理个体的绩效工资考核分配与费用总量预算安排保持合理衔接。四是要考虑战略发展，对客户经理经营符合发展战略，而当期价值创造不明显甚至亏损的业务，可以在绩效考核时进行政策性的补助安排。五是应当尽可能地考虑业务之间的效益贡献相关性，并采取可行的方法进行调整，以准确计量客户经理业绩。六是要尝试建立以客户经理为对象的“奖金池”制度，使对客户经理的绩效考核符合长期价值创造导向，将EVA激励约束机制落实到微观管理领域。七是要努力寻求科技和信息支持，增强对客户经理绩效考核的准确性和便捷性。

考虑建设银行扁平化管理的实际情况，建议在微观管理领域同样仅考虑产品、客户、风险缓释三项因素。

3. 强化信息管理，提高经济资本计算结果的准确性。2007年，总行在测算一级分行经济资本占用时采用了资产变动法，即从内部评级系统（IRB）中提取每笔贷款的风险暴露、客户违约概率、债项违约损失率等参数来测算该笔贷款的非预期损失，从而自下而上汇总，在考虑资产相关性的基础上，计算出各一级分行资产组合占用的经济资本。

而内部评级系统中的数据部分来自CMIS系统、DCC系统等其他系统，部分来自外部（行业、区域等），部分由客户经理在内部评级系统中直接录入（客评信息）。也就是说，经办行操作人员在CMIS系统、DCC系统以及内部评级系统录入数据的质量将直接影响对分行经济资本占用测算的准确度。因此，全行上下应强化各类系统数据录入质量的管理，尽量避免因信息录入错误而导致经济资本测算结果的偏离。

4. 继续加强对经济资本管理理念的培育和传播，统一价值理念。经济资本管埋方法运用是一个复杂的系统工程，不可能一步到位，因此，在宏观和微观领域利用经济资本管理的同时，更重要的是要做好经济资本管理机制的大力宣传和引导，促使基层行真正理解经济资本管理的实质、方法，逐步树立收益覆盖风险等先进的风险管理理念，使其积极主动地在营销中不断优选客户、产品，优化结构，真正将经济资本对风险资产的约束作用落实到位。

关注宏观经济对银行业务发展的影响

总行研究部　周小知

随着市场经济的不断发展，宏观经济对银行业务发展和经营效益的影响越来越大。2007年初，银监会提出了“密切关注宏观经济形势，促进大银行稳健发展”的监管要求，对此，我们应有清醒的头脑和深刻的认识。

一、宏观经济增长偏快带来的周期性风险剧增

2006年我国经济增长明显偏快，2007年第一季度又出现了加速增长的趋势。根据国家统计局2007年1月25日公布的数据，2006年国内生产总值20.9万亿元，比上年增长10.7%，创出了1995年以来的新高。这个10.7%的增长速度还是在国家统计局连续两次上调2005年经济增长速度（2006年7月将2005年经济增长率由9.9%调高到10.2%，2007年1月22日再次上调0.2个百分点，达10.4%）的基础上计算出来的；从各省、自治区、直辖市情况看，31个省、自治区、直辖市GDP增长速度都要高于11%，最低为新疆（11%），最高为内蒙古（18%），超过12%的有26个，超过14%的有7个。如果考虑这些因素，我国经济实际增长速度可能与1992年、1993年经济过热时差不多。

2007 年初，各机构普遍预测我国经济会受到世界经济减缓特别是美国经济走低的影响而出现放缓的局面，但是从第一季度的情况看，经济增长不仅没有减缓，反而还有加速的势头，必须引起高度关注。2007 年第一季度，规模以上工业增加值同比增长 18.3%，比上年同期还提高了 1.6 个百分点，比 2006 年全年提高了 1.7 个百分点，接近 2003 年、2004 年的同期水平，在 39 个工业行业中，增速超过 20% 的有 15 个；主要生产资料如钢材、氧化铝、铁合金、十种有色金属增幅都为 26% ~54%，主要能源产品如发电量增长 15.5%，同比提高了 4.4 个百分点；原煤产量增长 15.7%，比 2006 年提高了 3.7 个百分点；汽车增长 22.3%，其中轿车增长 32.1%，货物出口同比增长 27.8%，提高了 1.2 个百分点。这些情况说明工业在加速生产，建设项目在加快开工，各地在大干快上。伴随经济的加快增长，物价也出现了回升的态势，居民消费价格 2007 年 3 月上涨 3.3%，是 2005 年以来的最高涨幅。货币供应量、金融机构货款、企业直接融资、财政收入、企业利润都出现了较快增长的势头。总的来看，2007 年第一季度经济增长速度高达 11.1%，这是一条“高压线”，如不加控制，就会由偏快转向过热。

尽管政府当局表面上认为经济增长总体正常，但实际上已感觉过快。自 2006 年以来，政府频繁出台了紧缩性的货币政策、财税政策、产业政策、外贸政策和土地政策等，但经济增长趋势与中央预期仍有差距，中央领导曾多次指出当前经济发展中存在的主要问题是信贷增长过快、投资增长过快、贸易顺差过多。特别是 2007 年 3 月 18 日中央银行在居民消费价格指数上涨不到 3% 的情况下加息，说明政府已感觉到经济增长已到了必须加以控制的程度。有人将其形容为“没有温度的高烧”。

经济快速增长、社会需求增加、企业融资需求明显扩大为商业银行发展业务提供了机会，但是，如此高的经济增长，远远超过了政府的预期目标，宏观调控肯定会进一步强化，任何一项调控措施都会对银行产生直接或间接的影响。从历史看，20 世纪 90 年代初经济全面过热，四大国有商业银行不良资产率从 1990 年的 10% 上升到 1993 年的 20% 左右。因此，银行要增强对市场和政策的敏感度，准确把握发展趋势，顺势而为，减少风险。

二、投资增长反弹会推动信贷需求增长

2007 年第一季度，全社会固定资产投资增长 23.7%，比 2006 年同期下降了 4 个百分点，有人以此判断我国经济增长可能减缓。事实上，从趋势看，投资不是下降而是上升的，从环比看，2006 年 12 月投资增长仅为 13.8%，2007 年第一季度上升为 23.7%，在明显回升；从惯性看，2006 年城镇投资施工项目近 30 万个，计划总投资 21.7 万亿元，相当一部分要结转到 2007 年；从环境看，2007 年是党的十七大和党委政府换届之年，也是北京奥运会项目建设的最后一年，各地投资积极性很高；从动力看，投资活动在相当程度上是一种市场活动，只要投资回报率高、市场有需求、资金很宽松，投资增长是很难硬性控制的。2006 年，我国规模以上工业企业利润增长高达 31%，私营企业利润增长高达 43.6%，2007 年前两个月规模以上工业企业实现利润同比增长 43.8%，2006 年我国银行业净利润增长率超过 30%。已披露 723 家上市公司 2006 年的平均毛利率为 44.24%，清华大学和北京大学对中国资本回报率的研究表明，我国 2006 年总资本回报率为 17.8% ~20%，已超过日本，接近美国的水平。只要投资回报率高，在资金宽松的情况下，投资是很容易反弹的，投资的高速增长必然带动信贷需求的大幅度增加，如何把有限的信贷资源配置到最高效益项目上是商业银行面临的一个重要问题。

三、谨防经济结构调整中“逃债风”卷土重来

温家宝总理在 2007 年《政府工作报告》中明确提出了 2007 年工作的重点是四个“着力”，其中首要的是着力调整经济结构和转变经济增长方式。国资委也明确提出 2007 年是企业改革年。经济结构调整的主体是国有企业，经济结构调整的途径是资产重组和兼并收购。在 20 世纪 80 年代末、90 年代初，我国也刮过一次企业重组风，其结果是政府扔包袱，企业“金蝉脱壳”、破产逃债，银行遭殃，不良资产大幅度增加。目前，各地已有动作，上市公司资产重组风愈演愈烈，国有企业每年要净减少 3 万多家，中央企业也要从 161 家减少到 80 ~100 家。国有企业是银行的主

要客户群体，银行一定要敏锐观察、见微知著、防微杜渐，不能让悲剧重演。

四、要深入研究产能过剩行业的信贷政策

2005年，国家发展改革委公布了10个产能过剩行业。如何看待产能过剩行业目前存在着较大分歧。有人认为，从国家产业政策看，产能过剩行业存在着较大风险，应适时退出，如果不加深入分析和研究，对产能过剩行业信贷不管三七二十一就大幅度退出，是一种非理性行为，有时甚至会错过机会。事实上，其中有些行业在国民经济中占有较为重要的地位：2006年，钢铁、铝冶炼、铁合金、炼焦、汽车、水泥、煤炭、电力、纺织、铜冶炼10个主要产能过剩行业的增加值占全部规模以上工业企业的比重为26.8%。产能过剩行业利润总额为4 882.8亿元，占规模以上工业企业利润总额的26%，同比增长39.2%，比规模以上工业企业利润增幅高8.2个百分点。2007年1~2月，在39个工业大类中，钢铁行业利润同比增长3.6倍，电力行业增长66.7%，煤炭行业增长57.3%，市场需求强劲，产品价格居高不下。由此可见，这些行业大多数运行良好，行业发展并没有出现显著变化。我们认为，这些行业的风险不在总量而在结构，不在市场而在政策。对高耗能、低技术、政策要求关闭的小企业如100立方米以下的小高炉和15吨以下的小转炉、电解铝自焙槽、水泥湿法窑、单机容量5万千瓦的常规水电机组等应退出，但对这些行业的重点骨干企业要加大扶持力度，不能简单地一退了之。

五、要加大对服务业金融服务需求的开拓力度

过去银行一说抓业务就是搞信贷，由于服务业的特点是机构多、规模小、现金流多、所需贷款少，因而往往被忽视了。事实上，服务业是极具发展潜力的行业，特别是零售银行业务。改革开放以来，我国服务业得到了快速发展，1978—2005年的27年间，我国服务业增加值增长了83倍。当前，我国服务业增加值占GDP比重、服务业对经济增长的贡献率都达40%，有些地区如北京达到了70%，服务业投资占城镇固定资产投资的56%，服务业从业人员达2.3亿，占城镇就业人口的82%，服务业从业人员素质较高，43.5%的服务业就业人员是大专以上水平，而第二产业中有88.5%的就业人员是大专以下水平，服务业从业人员收入较高，其平均工资水平比第二产业高41.7%。但从世界范围看，服务业增加值占GDP比重平均为65%。我国服务业发展还比较滞后，发展潜力巨大。最近国务院已明确提出在市场准入、信贷、价格、财税、土地等方面加大对服务业的支持。银行在服务业中小企业融资、资金结算、现金管理、个人理财、财富管理、银行卡、个人消费信贷、投资顾问、资金托管等方面具有较大发展空间。目前，服务业对银行效益的贡献率还很低，如何有效应对服务业高速发展给银行业带来的机遇，不断拓展银行业新的利润增长点已成为当前面临的一个重大问题。

六、关注对外依存度较高行业的信贷风险

行业对外依存度是以出口交货值占工业总产值的比重来计算的，对外依存度较高，表明该行业受国际市场影响较大。2006年，在39个工业大类行业中，出口依存度超过40%的行业有7个，如通信设备、计算机及其他电子设备制造业、文教体育用品制造业等；出口依存度为10%~26%的有13个，如纺织业、金属制造业等，以上20个行业占全部工业总产值的比重达54.9%，占全部工业出口交货值的比重达87%。近年来，人民币升值，贸易纠纷增加，贸易环境在不断恶化，对外依存度大的行业存在较大风险，应引起高度重视。

七、积极参与非信贷的金融市场的相关业务

目前，从政府意图看，金融机构每年新增贷款的边界在3万亿元左右，而其他金融市场如股票市场、基金市场、债券市场、票据市场、期货市场、保险市场、信托市场、租赁市场、外汇市场等可能会出现爆发式发展。我国“十一五”规划已明确提出“稳步推进金融业综合经营试点”，综合经营已成为商业银行未来发展的重点。从目前来看，尽管银行资金不能直接进入股市，但银行推出了各种各样的理财产品，有的是申购新股，有的是与外汇市场挂钩的结构性产品，特别是银行利用点多面广的销售渠道和网点的优势，在各种债券、基金和理财产品的销售和资金的托管上具有天然优势。工商银行2006年的理财产品总额已超过了其

新增存款总量，银行业务转型迫在眉睫，不能有半点迟疑。随着融资格局的多元化，特别是直接融资和资本市场的快速发展，非信贷的金融市场蕴藏着巨大潜力，商业银行可以大有作为。

八、大力挖掘个人住房信贷业务潜力

住房是居民的基本生活条件，中国有13亿人口，住房市场潜力巨大。从需求看，人口抽样调查表明，按每户3.13人计算，我国城镇大约有1.84亿户，其中绝大部分住的是1998年以前的房改房，随着生活水平的提高，按近年来平均每年每人增加1平方米，即需5.77亿平方米，按每套90平方米算，则需要640万套房；2006年城镇新结婚者约370万对，按60%购买新房算，即需222万套；普通高校和中等职业教育毕业生850万人，按20%的人买房算，即需170万套；当年农村转移劳动力1 200万人，按1%的人买房算，即需12万套；如果每年新建住房的2%被外国人购买，则需要12万套；如果加上转业军人、炒房、拆迁等因素，估计每年对住房的需求为1 000万～1 200万套。如果按保守估算，每年交易600万套，平均每套贷款50万元，每年个人住房贷款潜在需求约3万亿元。而当前全部金融机构住房贷款存量只有2万亿元左右，个人住房贷款的满足度还很低，潜力很大。

高耗能行业信贷风险凸显

总行研究部　周小知

一、高耗能已成为我国经济发展中的突出问题

2006年，我国国民经济呈现了加快增长的态势，在连续两次上调2005年经济增长基数后，国内生产总值仍比上年增长10.7%，创出了1995年以来的新高。经济实际增长速度差不多达到了2003—2004年的水平。国家采取了多种宏观调控措施，如多次上调准备金率和存贷款利率，但2007年第一季度，国内生产总值增长仍达11.1%。随着经济的快速增长，许多专家又在讨论我国经济是否过热的老话题。有人认为，中国经济增长速度无论是纵向与历史比，还是横向与世界各国比，都是明显偏高，已出现明显过热的征兆；但也有人认为，中国目前经济增长速度虽然较高，但是并没有出现1993—1994年经济过热时的商品抢购风潮，物价水平较低，也没有出现2003—2004年煤电油运全面紧张、拉闸限电此起彼伏，工厂机器“开三（天）停四（天）”的“绷紧”的经济运行局面，经济发展好像并没有出现不健康、不稳定因素。在一个发展中国家，经济增长速度快一点似乎并没有什么不好。对于当前的经济形势，我们认为主要问题并不在于增长速度的快慢，而在于质量的好坏。当前，绝大多数商品供大于求，物价水平较低，没有特殊事件的话，不可能出现抢购风潮。由于前几年煤电油运短缺，因而对其进行了大量投资，随着其产能释放，供给明显增加，紧张局面得到缓解。但自2006年中央经济工作会议以来，中央就明确把经济发展的目标由“又快又好”转变为“又好又快”。如果从经济增长质量分析，当前经济运行中最突出的问题就是经济结构落后、能源资源消耗太多，单位GDP能耗比世界平均水平高出好几倍，经济增长所付出的资源和环境代价太高。如果把一国经济发展比做一部前进中的汽车，中国经济就像一部老式拖拉机，使用大量的燃料，开足马力，虽然速度上去了，但浓烟滚滚，走得非常吃力，而且耗费也相当大，从长远来说，这是不可持续的。因此，高能耗、高污染已成为我国经济发展中面临的突出问题。

二、能源是影响我国未来经济发展的重要因素

党的十六大已明确提出：我国国内生产总值2020年比2000年翻两番。对于中国经济是否能够长期保持快速增长的态势，理

论界有不少争议。改革开放28年来，我国平均经济增长速度高达9.6%，是一个世界奇迹。如果21世纪前20年仍保持高速发展，这在世界经济发展历史上是少见的，因为目前世界上还没有一个国家能连续40多年保持经济高速增长，增长时间最长的也只有22年（除中国外），即使20世纪创造世界奇迹的“四小龙”，也是以7%～9%的速度增长20多年。随着城镇化、工业化、国际化和市场化的发展，我国投资和消费都有巨大发展潜力和空间。从推动经济增长的要素看，我国劳动力供给充裕，资本相当宽松，流动性过剩，科技进步发展也较快，说明我国有足够的动力和能量保障经济的持续快速发展。事实上，研究经济增长时大多数人忽略了能源和资源的供给情况，如果把单位GDP能耗下降20%与GDP翻两番的目标联系起来，问题就比较复杂了。1981—2000年的20年间，我们已经实现能源消费总量翻一番、GDP翻两番的目标。“十五”期间，GDP平均增长9.6%，能源消费则平均增长10%，2001年前，我国GDP每增长1%，能源消费大约增长0.5%左右，而2003—2004年，我国GDP每增长1%，能源消费大约要增加1.5%，可以说，“十五”期间经济的高速增长是以巨大的能源消耗为代价的。“十一五”期间，我国已确立科学发展观，把单位GDP能耗下降20%作为约束性指标，而把GDP增长速度变为预期性指标。能源是一个国家经济社会发展的重要物质基础。当前我国粮食有5%依靠进口，但粮食有1年半的储备，能源有10%依靠进口，石油有40%依靠进口，但只有7天的储备。能源对我国经济发展的重要性可想而知。有专家提出要在切实控制能耗指标下确定GDP的增长速度，也就是说，经济增长要建立在能源支撑的有效供给之上，这可能是未来经济发展的一种现实可行的选择。

三、控制高耗能产业势在必行

能源是人类社会生存和发展的基础，能源的承载能力直接制约着经济社会的发展速度。我国各类人均资源占有量不同程度地低于世界人均水平，其中人均水资源为世界平均水平的40%，人均石油资源不到世界平均水平的20%，人均耕地面积为世界平均水平的25%，铜为世界平均水平的25%，铝为世界平均水平的10%。而与此同时，我国也是世界上资源消耗最大的国家之一。我国已成为煤炭、钢铁、铜和水的世界第一消费大国，继美国之后的世界第二石油和电力消费大国。2006年，按现行汇率初步测算，中国GDP总量占世界的比重约5.5%，但重要能源资源消耗占世界的比重却较高，比如，标准煤消耗24.6亿吨，占世界的15%左右；钢消费量为3.88亿吨，占世界的30%；水泥消耗12.4亿吨，占世界的54%。中国不仅是能源消费大国，也是消费效率较低的国家，从生产单位GDP需要消耗的能源看，中国比美国高出4.1倍，比英国高出6.2倍，比日本高出13.3倍，比澳大利亚高出4.7倍。即使与一些发展中国家相比，我国的单位产出能耗也较高。例如，中国比巴西高出4.7倍，比印度高出1.5倍。与国际先进水平比，中国大中型钢铁企业吨钢可比能耗高15%，火电供电煤耗高20%，水泥综合能耗高23.6%。如果不尽快转变经济增长方式，不把过高的资源消耗降下来，中国经济虽然一时可以增长很快，但走不好，也走不远。从国际形势看，近年来，一些别有用心者制造和散布“中国能源威胁论”，说什么中国是国际能源的“掠食者”，中国无限制的能源资源“胃口”是国际原油价格上涨的主要原因。2005年6月，中国海洋石油有限公司宣布以要约价185亿美元收购美国优尼科石油公司，但在美国国会和政府的干预下无功而返。这足以说明世界形势对中国能源供给不确定因素较多，立足内需，控制能耗已刻不容缓。

四、高耗能行业未来发展将会受到严格控制，风险凸显

我国能源消费的基本格局是：煤炭约占69%，石油约占21%，天然气占3%，电力（水电、核电、风电）占7%左右。在能源消费总量中，工业占71%，生活消费占10%，农业占4%。在工业中，电力、钢铁、有色金属、建材、石油加工、化工六大行业能耗占全部工业能耗的70%，用电量占全部工业用电量的64%，从2003年开始，我国经济进入了新一轮增长期，1998年以后，连续五年的增加投资、扩大内需的累积需求突然释放，经济快速增长，能源消费明显增加，其中高耗能产业的快速发展是主要因素。2003—2005年，六大高能耗行业固定资产投资增长为30%～90%（见图1），工业增加值增长速度为15%～30%，产品价格最高

涨幅达19%，企业出口成倍增长，企业效益明显好转，利润增长有时达60%～90%。大多数指标都明显高于整个工业增长水平。可以说，高能耗行业是支撑经济快速发展的重要基础，是经济发展的先行指标，在这一轮经济高速增长中，高能耗行业处于一种较为明显的繁荣时期。

2006年，随着科学发展观的逐步落实和宏观调控的实施，高耗能行业的生产、投资、利润、出口、价格等主要指标都出现了不同程度的下降。尽管经济保持“增长快、效益好、物价低”的良好局面，但节能降耗任务却没有完成预期目标。2007年第一季度，高耗能行业又出现了反弹，电力、钢铁、有色金属、建材、石油加工、化工六大高耗能行业生产增长20.6%，比全部规模以上工业快2.3个百分点，同比加快了6.6个百分点，其中钢铁行业增长27.5%，同比加快了17.6个百分点。粗钢、钢材、铁合金、电解铝、火电、焦炭、电石等主要高耗能产品增长速度为17%～44%。钢铁企业出口交货值增长98.2%，有色企业出口交货值增长29.2%。高耗能行业生产、投资、出口的加快，使能源消耗显著增加，节能减排形势十分严峻，引起了党中央、国务院的高度关注。2006年4月27日，国务院常务会议把节能减排作为当前宏观调控的重点。要实现节能减排的目标，当务之急是要有效控制高能耗行业的过快增长。国务院已明确提出，要提高高耗能行业土地、信贷、环保、安全等市场准入门槛，严格控制新开工项目；继续运用调整出口退税、加征出口关税、削减出口配额、将部分产品列入加工贸易禁止类目录等措施，控制高能耗产品出口，加大差别电价政策实施力度，提高高能耗产品差别电价标准，清理和纠正各地在电价、地价、税费等方面对高能耗产业的优惠政策。同时，要加大淘汰高能耗产业的落后生产能力，适时提高资源性产品价格等，明确提出这是硬任务，要硬落实，并与地方和企业签订责任书，确保任务的完成。从这些措施可以看出，总的来说，一是提高门槛控制新项目；二是提高成本、压缩利润空间；三是行政性淘汰落后能力。可以预见，高能耗企业发展成本将显著增加，出口将减缓，市场需求会得到一定控制，发展速度将减缓，企业效益可能回落，落后产能将淘汰，行业风险明显加大。

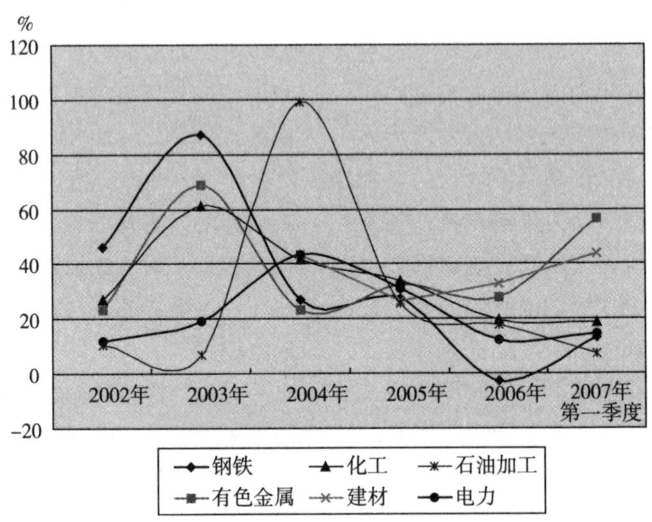

图1　六大高耗能行业投资增长率

五、商业银行应增强对市场和宏观政策的敏感性

经济决定金融，商业银行的任何经营活动都应与国家经济发展格局和方向相一致，与国家发展规划相协调。商业银行的信贷政策应积极主动地与国家产业政策相衔接。当然，商业银行也有自己的发展重点、发展规划、盈利模型，近年来，我国商业银行盈利能力增强、贷款不良率大幅度下降，可以说都与商业银行产业选择与风险偏好有关。但我们要清醒地认识到，在我国目前的经济体制和融资格局的大背景下，政府有强大的能力和多种手段来影响市场，企业也并非一个完全的“独立王国”，企业的行为也在一定程度上受政府政策的影响。我国是一个间接融资占全社会融资达90%的国家，企业无论是短期还是长期资金的需求，都依赖商业银行提供。自2003年以来，高耗能产业的高速发展与银行信贷支持密切相关。2006年底，在我国主要金融机构的中长期贷款中，六大高耗能行业人民币贷款余额达1.7万亿元，占整个工业的81%，其中四大国有商业银行贷款余额达1.1万亿元，也占其全部工业贷款余额的81%。政策性银行、股份制商业银行对高耗能行业贷款也占较大比重。可以说，高耗能行业的发展与商业银行的发展已密切相关。

特别是像钢铁、电力等资金密集型行业，可以说，没有银行的大力支持，它们是发展不起来的。2004年4月的江苏“铁本事件”中，就有6家金融机构向铁本公司及其关联企业提供授信，总额共43.4亿元，已投入的几十亿元形成了不良资产。在当时企业家看来，投资钢铁等行业确实是见效快，常常是一年建厂、二年投产、三年回本。商业银行也因这些项目的高回报率而把它们视为“香饽饽”。“铁本事件”对商业银行的教训有很多，最重要的是对国家产业政策和宏观形势理解不透，反应迟钝。2006年8月，内蒙古新丰电厂被国务院叫停后，经检查核实，新丰电厂等七个违规项目的建设资金主要来源于银行业金融机构各种贷款，有11家金融机构卷入其中，贷款余额超过200亿元。尽管很多银行的直接责任人将原因归入“运气不好”，但事实上，偶然性存在于必然性之中，许多银行只看到项目的财务指标，对国家的宏观形势和调控政策研究不透、敏感性不强。江苏“铁本事件”和内蒙古新丰电厂违规项目，这些虽然都是个案，但带有普遍意义，对商业银行影响相当大，教训足够沉重。华西村老支书吴仁宝总结华西村几十年来快速稳定发展、没有出现波折的主要经验就是理解透彻、预测准中央对经济发展的政策，该快的时候就快，该控制的时候就控制。这位老支书的做法值得我们借鉴，也令我们深思。从主要商业银行的信贷结构看，高耗能信贷占有较大比重，而且还呈上升的趋势，有的银行钢铁、电力两个行业的贷款占其制造业贷款的一半以上。当然，由于市场需求的增加和企业利润的快速增长，很多商业银行都把高耗能企业作为重点支撑对象，从短期来看，也许商业银行的信贷风险并不大，但从长期来看，确实应引起高度注意。高耗能行业不仅隐藏着市场风险，其政策风险也是一个不容忽视的问题。

六、搞好节能减排工作也是商业银行的社会责任

企业是以盈利为目的的商业组织，企业的所有盈利都来自社会，因此，企业对社会发展也有一份应尽的责任。建立资源节约、环境友好的和谐社会，不仅是政府的责任，也是每个企业甚至个人的责任。优秀的企业文化和现代的企业价值观，除了企业价值最大化、股东和员工利益最大化外，还应有为社会作贡献、对社会负责任的观念。当前，我国企业的社会责任主要体现在为社会作贡献上，例如，我国商业银行多年来一贯支持社会公益事业，通过各种方式回馈社会，在扶贫救济、赈灾救助、帮助残疾人和社会弱势群体、赞助文化体育活动等方面作出了重大贡献，产生了良好的社会反响。但是，很多企业在对社会负责上还有一定差距，如企业在环境污染、资源浪费、安全保护等方面还不到位，这些问题已成为我国经济社会发展中的突出问题，商业银行尽管不是生产企业，但可为生产企业提供其发展所需资金。转变经济增长方式、适度控制高耗能产业的发展、减少环境污染和能源消耗、提高经济增长质量不仅是保持国民经济持续发展的要求，也是造福子孙后代的大事，商业银行从道义上对此也是义不容辞的，是一种社会责任。

商业银行业务持续性管理体系的构建及完善

总行风险管理部　刘桂峰

最近，国内银行爆出了好几宗因电脑系统出现故障导致客户业务不能正常办理的事件，有的甚至导致全国性系统瘫痪，给整个银行运行系统的安全有效带来了威胁。这引起了监管部门和社会公众对银行紧急应对和危机处理能力的关注。其实，在现代经济生活中，银行计算机系统因技术故障出现问题只是一个重要方面，其他诸如自然的灾害事件（如台风、洪水、地震、海啸等）和人为的灾难事件（如恐怖袭击、战争等）同样是影响银行安全运营的重要因素。而银行在现代经济中的特殊地位，使其往往一旦出了问题，就会波及整个经济的正常运行，波及百姓的切身问

题（如存款的存取及贷款的归还及支用、与日常生活密切相关的水电费、燃气费的交纳与买售等），甚至影响到整个社会的稳定。因此，构建并完善我国商业银行业务持续性管理体系，提升其对突发或危机事件的应对能力，已成为业内必须关注并着力推进的重大问题。

一、业务持续性管理关系银行体系的稳定与安全，关系社会的和谐与稳定

业务持续性管理（Business Continuty Management，BCM）是一个企业或单位为防止及减少突发事件或灾难性事件给单位的生产运行带来的冲击甚至是致命性打击，事先对自己潜在的风险进行评估分析，确定预案及行动计划，并推进实施的一整套管理机制。目的是提高单位的风险应对能力，减少业务破坏，降低不良影响，保障单位的业务得以持续、不间断地运行。它包括业务影响分析、恢复策略、业务持续性规划（Business Continuty Plan，BCP）、演练程序、危机管理程序等核心内容。

金融作为现代经济的核心，在业务持续性管理方面有着不同于一般企业或单位的更高、更严格的要求。这是因为，作为经营货币的特殊企业，银行的业务持续性管理不仅关系到自身的安全运营及可持续性，而且更多地涉及金融体系、客户（公司及个人）乃至整个社会的稳定运行。

（一）银行社会服务功能的日臻完善，使其在很大程度上担负起社会生活有序运行的责任

在现代社会中，银行服务已渗透到政治、经济以及居民的日常生活中，成为须臾不可离开的东西。如大到代理国库的集中支付，中到提供存贷款服务及代理企事业单位工资的发放，小到居民水电费、燃气费的交付，银行都承担着具体但又极为重要的服务功能。我们不敢想象，若这种服务在某一天出现中断或长时间的停滞，社会会成什么样子，国家机器能否正常运转？企业的经营活动能否正常进行？百姓的生活能否正常有序？更有甚者，这种金融服务的中断或停滞会带来人们心理上的恐慌和不安全感，进而会引发更深层的社会危机。因此，银行必须以高度的社会责任感，加强自身的持续性建设，使自己能够为国家、为企业、为百姓提供优质的、持续且不间断的各类服务。

（二）现代科学技术在银行的普遍应用，使银行必须有效保障其信息技术系统安全运行，为社会提供持续不间断的服务

现代银行资本集中和知识集中的特点，使其对现代科学技术的运用也体现出高度集中的特点。现代化的支付系统、企业和居民的存贷款业务、资本市场交易，都对银行的计算机网络的安全性提出了很高的要求。这些网络系统一旦出现问题引致其服务中断，上述经济活动有可能“停摆”。如在目前股票市场火暴的情况下，若银行的系统出现中断或运行不畅，必将影响到股票交易活动的正常实现，进而带来客户的流失、赔付或法律纠纷事件，从而给银行的业务、财务乃至信誉带来损失。同时，由于银行业务产品的复杂性和计算机网络的连带效应，即使某一局部的某一个系统出现问题而在一个可容忍的时间内难以修复，也会波及其他系统，甚至会引致整个系统的“瘫痪”，给经济生活乃至社会生活带来严重冲击，造成经济损失甚至引发社会问题。因此，银行必须高度重视信息技术系统的安全有效，使其能够为客户提供顺畅的、不间断的服务。

（三）现代社会对信息通畅的要求，使银行必须履行有关重大事件的告知义务

现代经济运行及居民生产生活对银行形成的依赖，以及信息网络给人们带来的获知国内外各类信息的便利，使得银行必须对影响其正常运行的重大信息进行及时披露。尤其是上市公司，更应对广大投资者履行重大风险事件，特别是重大信息系统风险事件的告知义务。这就要求银行必须有一套完善的内部应急机制，有较强的应急处理和危机管理的能力，当突发事件发生甚至灾难性事件到来时能够从容应对、妥善处理，并能够在最短时间内作出新闻发布，向社会、民众、投资者作出解释，以起到稳定、安抚作用。

二、业务持续性管理的原则及国际活跃银行的实践

正是由于银行业务持续性在一国政治、经济乃至在全球政治、经济生活中的作用，国际银行监管组织和国际活跃银行近年来对此给予了充分的关注并进行了积极的实践。

（一）巴塞尔银行监管委员会明确了监管原则及要求

在巴塞尔银行监管委员会早期的文件中，能够通过其对商业

银行资本的监管以强调金融体系安全性体味出其对银行业务持续性管理的关注。在2003年以后陆续出台的文件中，2003年版的《操作风险管理与监管的稳健做法》把业务持续性管理作为其中一个重要原则提出，明确银行应该制订应急和连续性营业方案，以确保在严重的业务中断事件中连续经营并控制住损失。在2006年出版的《核心原则评估方法》中，业务持续性管理作为操作风险管理的一项重要内容被重新强调，而同年出台的业务持续性管理高级原则则更对业务持续性管理的原则进行了系统而详尽的阐述。

业务持续性管理高级原则作为一个国际性的标准和框架，旨在督促各金融机构和金融监管机构不断完善在金融系统发生业务中断时的恢复能力。其核心内容包括：金融机构与金融监管机构需要共同参与业务持续性管理体系的建设，并切实承担相应职责；金融机构，尤其一些在市场中扮演重要角色的金融参与者，其董事会和高管层应将业务持续性管理作为全面风险管理的有效组成部分，并制定相应的政策以明确业务运营中断时的处置程序及恢复的行动方案；金融机构应将可能造成操作中断的所有风险纳入其业务持续性管理的范畴之中，根据自身特点和风险偏好来决定恢复目标和恢复策略；金融机构应详尽制定在中断事件发生时与内部分支机构和外部组织的沟通流程，以有助于管理危机并维持社会信心；考虑到金融体系的全球化，金融机构及金融监管机构还应采用统一的跨国沟通协议，与国外监管机构做好相应沟通；为检验关键业务能力恢复的有效性，金融机构还应该组织周期性的测试演练，以保证业务持续性规划的有效性和持续改进。同时，作为业务持续性管理的重要推动者，金融监管机构必须从维护金融体系的安全性和整体恢复力的层面，把业务持续性管理检查纳入对金融机构评估的框架之中，定期检查评估，敦促金融机构更有效地进行业务持续性管理，并不断完善其体系。

（二）国外金融监管机构予以积极响应并着力推进

对于巴塞尔银行监管委员会有关业务持续性管理的原则及规定，欧美等发达国家的金融监管机构及金融机构予以积极响应，新加坡、韩国、日本、马来西亚、中国香港等国家或地区的金融监管机构也进行了积极探索。如新加坡金融监管当局从该国作为一个与全球网络和机构紧密相连的国际金融中心的角度，在其颁布的业务持续性管理文件中，提出了指导金融机构制定业务应急计划的七项原则；并汲取“9·11”事件的教训，补充了办公场所、关键人员、地理集中、相互依赖等风险防范的内容。中国香港金融管理局在其发布的《操作风险管理手册》中，将业务持续性管理和灾难恢复计划作为重要内容，并在其《监管政策手册》中，把“持续业务运作规划”作为专门的章节来加以阐述，对业务持续性管理的范畴、目标、程序、模式、演练等均作了详细规定。上述监管要求和监管部门的推动对于辖内金融机构建立并不断完善业务持续性管理发挥了重要作用。

（三）国际活跃银行进行了积极实践与探索

据查阅到的有关资料看，花旗集团、美国银行、德意志银行、汇丰银行等国际活跃银行在建立业务持续性管理体系方面均做了积极的探索和实践。如美国银行目前已建立了一整套灾难恢复系统和工作环境的恢复体系，并由专门的团队进行维护和定期组织演练。汇丰银行则根据其分支机构分布区域广、业务模式不同等特点，采取总行制定业务持续性管理模板和相应的指导手册，同时提供多种管理模式供各分支机构根据自身情况进行选择，具体如其灾难恢复时间（RTO）目标根据业务类别、不同地域层级、损失影响程度划分为不同的恢复层级，不同地域的分支机构可根据自身情况调整，但不得低于最低标准。其成熟的经验很值得我们借鉴。

三、我国银行业业务持续性管理的现状与差距

作为操作风险管理的重要组成部分，业务持续性管理近年来也得到了国内监管机构越来越多的关注。国务院信息办和国家质检总局先后制定了《重要信息系统灾难恢复指南》和《信息系统灾难恢复规范》。国务院办公厅前不久又下发了《关于加强基层应急管理工作的意见》。银监会在2007年发布的《商业银行操作风险管理指引》中，也将业务持续性管理的内容列入其中，并提出了明确要求。国内商业银行在此指引下也进行了积极探索，并取得了阶段性成效。

但是，正如前些年银行监管机构和商业银行的注意力主要放

在压缩不良贷款、改进资产质量、重组上市并建立现代公司治理结构一样，银行资源的配置也主要集中于管理信用风险。操作风险，尤其是业务持续性管理在规划、投入、建设与功能释放等方面，与信用风险管理要求和监管机构的要求存在较大差距，与国际活跃银行存在较大差距，更与巴塞尔银行监管委员会的监管原则和标准存在较大差距。

（一）积极探索及成效

1. 我国银行业已着手建立重要信息技术系统的灾难备份系统。据了解，近几年人民银行在建立核心业务处理系统，如资金支付清算系统的灾难备份和应急处理等方面进行了积极引导和大力推动，商业银行也普遍加深了对操作风险，包括对业务持续性管理的认识，并着手政策的制定和工具的开发。如建设银行、工商银行、中国银行、农业银行、交通银行等大型商业银行均已开始推进灾难备份系统的建设。工商银行在2005年就建立了全国金融业规模最大的“千公里级数据中心异地灾难备份恢复系统”，满足了2小时恢复时间目标和2分钟恢复时点目标的设计要求；建设银行也正在推进全国统一的灾难备份中心的建设，该中心将面向南北两大数据中心服务；光大银行、招商银行、深圳发展银行、兴业银行等其他股份制商业银行的灾备建设也取得了积极进展。

2. 积极推进建立重大风险事项的报告制度和内部应急机制。在对重要信息系统进行灾难备份的同时，一些商业银行着手建立业务应急管理和危机管理制度。如建设银行在2001年就建立了重大信贷风险事项报告制度，并在以后年度逐步扩展到重大违规、违纪等各类重大事件，使重大风险事件从发生到报告、决策、处置等各环节都有明确的制度可遵循。同时，建设银行还针对各类突发事件制定了应急预案，包括新闻发布方面的管理规定等。工商银行也形成了一整套信息系统应急管理机制，并定期组织演练。这对于推动业务持续性管理体系的建设无疑有积极意义。

（二）主要差距分析

但总体上看，我国商业银行在业务持续性管理建设方面还处于相对落后的状态。主要表现在以下几方面。

1. 缺乏统一规划。业务持续性管理关系到银行体系的安全，关系到银行能否遵守自己的承诺，为各类客户提供连续的、不间断的服务，这需要投入巨资并获得银行高层的高度重视，在统一的规划、共同的遵循下有序推进。但国内有的银行则缺乏统一的规划，缺乏总体的目标和基本策略。有的是“急用先建”，已建成的灾难备份系统不能覆盖所有的IT系统。有的则是银行内部各个部门根据所使用的信息技术系统和所分管业务分散建立灾难备份系统、应急预案和危机管理制度，缺乏整合层次的大应急体系。这种缺乏统一规划指导下的应急式、分散化的建设模式，无疑降低了起点，耗费了资源，且与银行高度密集型（资本、技术密集）的生产作业方式不符。

2. BCM覆盖面窄，主要集中在IT方面。目前，国内银行的灾难备份主要针对信息技术系统，这与银行的业务发展和产品创新对科技系统的依赖是分不开的。若作为起步，或对重要性原则的遵循，这是无可厚非的，但业务持续性管理不等同于IT的灾难恢复。事实上，当灾难发生时，受到冲击的不仅仅是IT系统，还涉及机构、人员及其他设施，“9·11”即是一个明显例证。

3. 标准化程度差，有的属同城备份，抵御灾害的程度有限。囿于资金投入、技术力量、交通便利等方面的制约，有的银行采取了同城备份的形式，这与《巴塞尔新资本协议》及银行监管机构的要求是有差距的。由于工业化进程带来的大气环境的变化，全球平均气温不断升高，台风、海啸、地震、洪水等自然灾害对一个城市、一个地区的毁坏和打击很可能是大面积甚至致命性的，同城灾难备份不足以抵御这些灾害的袭击，因而不具备灾难备份保护的功能。

4. 实战演练少，不足以验证灾难备份系统的有效性。目前，国内银行已建成的灾难备份系统有的虽也演练，但仅限于一定的范围和层次，IT板块、各业务条线及各分支机构的自行演练多，综合性、全方位的演练少，且没有制度化，这很难适应灾难状况下银行各层级、各岗位的人员在各司其职条件下的协调配合，也很难满足实战状况下包括指挥系统，执行系统，以及技术处理系统和业务处理系统运行的协调有效。

5. 应急管理水平，尤其是应对媒体和安抚公众的能力亟待提高。近年来，国内银行虽然制定了相应的应急管理制度，明确了组织架构及应急处理的基本程序，并区别不同类型的事件制定了相应的应急预案，但交叉、重合的较多，体现浓厚的部门色彩的多，内部信息传递的实效性差，缺乏整合层面的应急管理机制和应急工作预案。分支机构出现的问题往往不能以最快时间报告上来，报告上来后业务部门之间又缺乏有效沟通，容易丧失最好的处置时机。同时，应对媒体的能力弱、速度慢，更多情况下属于被动应付，不能坦诚、主动进行新闻发布或主动告知，因而不能够通过危机事件的处理向公众传播一种坦诚、勇于承担责任的正面信息，使危机事件真正变成了负面事件。

6. 缺乏一支专业的管理团队。国际活跃银行之所以在业务持续性管理方面能够处于领先地位，除了在管理意识、硬件设施等方面优于国内银行以外，关键还在于它们有一支专门的团队自始至终地在跟进业务持续性管理的建设、维护，定期组织演练，培训相关人员，并对发现的问题不断修正和调整，使业务持续性管理系统始终处于最新、最实用的状态。而国内商业银行的持续性管理多为兼职人员担任，既没有足够的专业知识，也没有整块的时间对业务持续性管理体系建设进行持续推动并跟进维护，演练的组织也难以制度化和标准化。这已成为国内银行业务持续性建设一个重要制约因素。

四、完善我国银行业务持续性管理的思路及措施

业务持续性管理是我国商业银行亟待加强的一个领域。银行必须提升到战略层面认识，并推出行之有效的措施。

（一）提升认识，明确思路

银行必须把建立业务持续性管理体系作为维系银行的持续性发展、维护金融体系的安全、维护国家机器正常运转和社会生活正常运行的战略性任务，列入其发展战略，由董事会推动，管理层有效实施起来。董事会应把其作为操作风险管理的一项重要内容，必须定期审核、听取有关推进情况的报告，并对其演练的情况进行关注。高管层则应成立领导小组，明确牵头管理部门及具体负责部门，成立专门团队，并调动有效资源，全力推进该项工程的实施。

（二）充分论证，加强规划

业务持续性管理是一项涵盖内容广、建设周期长、资金投入量巨大的复杂工程，必须统筹规划、科学安排。考虑到该项工程主要是应对“低频高损”事件，银行在确定总体目标时，要充分考虑其业务规模和复杂程度，并对可能遭受的各种情形进行分析论证，继而选择与自身业务总量、结构、产品和 IT 系统以及置信度相适应的模式。银行要清醒地认识到这是一项极其昂贵的工程，而不是越大越好。银行应识别那些对迅速恢复业务至关重要的关键业务程序，根据其重要程度分阶段建设，并注意各阶段之间的衔接和协调。银行还应注意技术系统灾难备份与业务应急预案的衔接配合，并通过应急工作机制将各类应急预案有机连接起来，防止“两张皮”现象。银行更要清晰地界定技术部门、业务部门的职责，使其在各司其职的前提下通力合作。总之，业务持续性管理规划必须明确大的管理流程，以建立反应快速、判断准确、信息传递通畅、控制措施有效的持续性管理体系。

（三）建立覆盖所有 IT 系统、所有业务的持续性管理体系

持续性建设既不可以有侥幸心理，也不可以急功近利，必须把其当成持续推进的系统工程和必须付出的一项资本性成本。由于银行的产品体系日益复杂，支持其运行的 IT 系统繁多，加之有的缺乏统一的规划和系统的整合，给灾难备份系统的建设带来了诸多的困难。如某银行总行和分支机构的信息系统加总起来有 100 多个。可先从影响面最广、一旦灾难发生对银行杀伤力最大的生产性系统入手，然后扩展到对银行的决策支持和报表报送的管理信息系统，再扩展到一旦出问题只是影响到局部的分支机构的系统，同时加强这些系统在应用过程中的业务应急预案的编制，并注意与技术系统应急预案以及应急管理流程（如事件的识别、报告、决策、执行、回馈、投资者沟通与媒体应对等程序）的整合和衔接。同时，持续性管理体系中还必须包括关键人员和办公环境的备份。只有把 IT 系统与业务的应急预案全部囊括在内，并把应急管理机制的程序和内容贯穿其中，业务持续性管理系统才是健全的、可用的。

（四）注重标准化建设

为应对气候、地质性的灾害，异地的概念一定要有，尤其是核心业务系统的灾难备份，一定要考虑这一因素。为在灾难发生时应急预案能顺利派上用场，应急预案（包括技术的、业务的在内）在格式、基本要素上一定要标准化，以达到清晰准确、执行有力。同时，为有利执行，预案一定要注意不要大而化之，要报

告线路清晰，应对措施明确，环环相扣，详尽具体。

（五）加强演练

演练是验证业务持续性管理系统有效性的重要形式。通过演练发现的问题可促进系统的改进和完善，同时演练可锻炼队伍，提升大家的危机意识，并锻炼技术和业务部门的协调和行动能力。牵头部门应至少每年组织一次综合性演练，其他业务部门也应安排自己管辖范围内的各种演练。不论是哪种演练，都要注意技术和业务的衔接和通盘考虑，注意事件处理与同媒体的沟通、信息发布的衔接，注意自下而上报告线路的畅通和自上而下决策指令的执行及横向的沟通和协调，注意每项演练一定要带上分支机构系统的演练。总之，通过演练增进员工对灾难备份系统和业务持续性管理体系的认识和熟练程度，增进实战和行动能力。

（六）增进媒体应对能力

媒体应对一定要内化为每一应急预案的其中环节。当灾难事件发生并得到确认时，或决定要启动灾难备份系统和应急预案时，就要及时确定向媒体和社会公众发布信息的口径，并随着事态的发展不断发布新的消息。要本着善意和实事求是的态度，报告，处理问题的进程，必要时还要作出承诺，以安抚客户焦虑的心态，使他们明白事情的真相，了解事件的处理进程，取得他们的谅解和配合。若这些事情处理得好，银行非但不会失分，反而会因其坦诚赢得公众的信任，使危机转为机会。在这种情况下，那种遮遮掩掩、似是而非、不到万不得已不说话，或者一味为自己辩解的做法都是断不可取的。

（七）抓紧建立一支专业化的团队

一方面，银行要设立专门的职位，以利于业务持续性管理专家或专业人员的成长和培育。兼职的局面要尽快打破，以便其专注地推进持续性管理体系建设、组织演练、改进系统并开展培训。另一方面，要着力通过在岗位上锻炼、培养或者进一步深造等方式，加强持续性管理专家的培养，使其在胜任工作的基础上具有不断再生的创造力。同时，也可通过向社会招聘的形式，引进一些理论功底深厚、参加过一些重大项目建设、具有丰富职场经验的顶尖专家。同时，这个团队要注意融入技术和业务部门持续性建设和演练工作之中，提供技术指导并获取第一手资料和实战经验。

银行业共性技术分析与研究

北京市分行　王新立

银行业共性技术是指在银行业领域内已经或未来可能被普遍应用，其研发成果可共享，并对整个银行业及其企业产生深度影响的一类技术。需要指出的是，由于银行业所具有的特殊性，这里所提到的银行业共性技术不仅包含传统意义上的技术的概念，而且更多的是指在银行领域内普遍应用和产生深刻影响的管理技术和管理模式。

目前，我国关于银行业共性技术的系统分析，以及关于运用共性技术推动我国银行业跨国经营网络建设的研究几乎处于空白，而不少发达国家的银行业却已在这方面有了很多成功的实践。在这里，我们以银行业电子化（基础共性技术）及组织管理、风险管理和流程管理（管理共性技术）为例，收集并整理了国外比较典型的大型跨国银行在共性技术构建方面的成功案例，以求把握和梳理银行业共性技术发展的脉络，运用共性技术推动银行业的快速发展。

一、发达国家银行业共性技术发展与分析

（一）美国银行业共性技术发展

1. 美国花旗银行。花旗银行是当今世界最成功的商业银行之一，它现在已经在全世界 106 个国家和地区设有分支机构，是全球国际化和综合化程度最高的银行，也是规模最大的银行，多年来一直稳坐全球银行业的头把交椅，被誉为“金融界的至尊”，对全球金融业的影响甚至要超过世界上大多数国家的政府。它在银

行业共性技术的构建与发展上值得我们学习和借鉴。

花旗银行在组织结构设置上高度专业化，基本上是矩阵式结构，行政领导为一条线，业务管理为另一条线，每个员工同时面对两个上司，这样的设置使业务管理和行政管理同时达到专业化。在财务体制上主要是引进管理会计理论，对各种财务会计进行成本控制和绩效评估。在风险管理体制上的主要特色是个人信用授权，同时非集权决策，全面强化质量管理，防范由于个人决策失误而形成风险。在业务品种上，主要体现服务的产品化，将服务当做产品来经营。借鉴制造业的产品生产过程，其具体业务又分为前台和后台，前台主要与客户接触，后台主要处理各项具体业务服务，每项业务基本上可以看做像生产车间一样的标准化、程序化生产。在整个体系的运行过程中，主要体现为集中操作，统一标准和要求，充分利用电子信息技术对业务进行集中处理，发挥规模经济效应。

（1）组织管理。花旗银行内部机构设置主要包括两大业务部门：一是环球金融服务部。该部门以全球范围的企业，包括跨国大公司和所在国的大型企业、银行和其他金融机构为服务对象。二是环球消费者金融服务部。该部门以全方位的银行服务满足零售客户的理财需求，具体又分为分行业务部，信用卡中心，私人金融服务部。

（2）风险管理技术。花旗银行风险管理的最高机构为风险管理委员会，负责对涉及整个集团重大风险的检查和管理，委员会成员包括董事长等高层负责人。

花旗银行风险管理主要有三个方面：第一，依靠内、外部专家对全球外部环境进行评估；第二，对集团现有的风险加以评估，尤其重视潜在的重大风险；第三，决定集团所承担的风险级别和相应的调整措施。

花旗银行风险管理的主要手段为：第一，制定管理政策和程序；第二，高层管理人员通过详尽的风险分析和报告制度对风险进行监控；第三，设立独立的风险管理部门；第四，从第一线人员到最高层领导，实行层层负责制；第五，定期的内部审计制度。

（3）信息技术。随着共性技术在银行业跨国经营发展中的作用日益增强，美国银行业对信息技术的战略性投资也越来越大，以增强美国银行业在世界银行业中的竞争力。在这种大背景下，花旗银行率先采用了最新的信息技术成果，制定了数据传输联网的标准，并借鉴全新的加密解密安全系统，率先推出了为所有客户全方位服务的ATM系统，从而拥有了众多的服务网点和数目庞大的客户，增强了对客户的吸引力，进一步开拓了市场，确保了其在世界银行业中的领先地位。

2. 美国银行。这里以美国银行的六西格玛管理①为例，来阐述其对共性技术的应用。

美国银行是全美第二大银行，从2001年成功地引进并在制造产业普遍应用的六西格玛管理方法开始，短短几年时间，便创造了超过20亿美元的价值，并且将顾客满意度提升了25%。

以六西格玛为基础的工具被美国银行广泛地引入，并被迅速运用到整个美国银行的价值链之中，从销售到执行再到服务，一一贯穿，整套定义、度量、分析、改进以及控制的方法论成为美国银行经营方式的基础。

在美国银行实施六西格玛的第一年，电子渠道的缺陷就下降了88%，所有的顾客交付渠道差错率下降了24%。花费超过一天的时间来解决的问题下降56%。六西格玛已经成为美国银行文化的一部分，它改进了美国银行的流程，节约了数千万美元的成本，创造了数十亿美元的价值。

（二）日本银行业共性技术发展

日本银行电子化的应用水平无疑在国际上是领先的。早在1975年，日本安装的电子计算机台数就达33 000台，价值3万亿日元。日本全国经过四次联网，现已形成全国性的六大计算机网络系统，即全国银行数据通信系统、CD/ATM系统、ANSER请求应答系统、CAFIS资信系统、CMS现金管理系统和日银网络系统。

① 20世纪70年代后期，为了应对来自日本公司的竞争，摩托罗拉公司从1980年开始推行以六西格玛（6σ）为核心的“质量振兴计划”，希望以此来提升企业的竞争力，同竞争对手抗衡。六西格玛可称为质量与效率的管理，即以对工作流程的精细化管理为目标，对工作流程的效率进行定量度量，要求缺陷率控制在百万分之三点四以内。六西格玛中的西格玛是统计学中的一个概念，是一种测量每100万次谨慎操作中所犯错误的计量单位，错误的次数越少表明质量越高。六西格玛水平表示99.99966%的合格率，是一个几乎达到极限的标准。

大力发展以计算机网络为支撑的现代化银行信息系统，是日本银行业运用共性技术走在世界前列的重要保证。日本银行电子化的特征主要体现在以下几个方面：

1. 形成家庭银行、企业银行、电话银行等为主要特征的全开放体系。在日本，由于跨地区以至于跨国家范围计算机网络的建设和各种银行专用设备的普遍使用，以及 POS、ATM、家庭银行、企业银行、电话银行等的迅速发展，银行客户可以不受银行营业地点的限制，在银行营业大厅以外的许多地方办理各种银行业务，从而形成了一个融外延银行账户和银行自身于一体的全开放银行体系。

2. 重视标准化工作。日本银行不仅十分重视电子化过程中的标准化工作，而且是标准先行。在日本，银行电子化标准主要由日本银行协会来负责制定、推广和实施。自 20 世纪 60 年代开始银行电子化以来，为了实现银行间交易的自动化和高效化，日本银行协会就制定了如建立支票和票据格式及处理程序的标准，以实现票据清算的自动化、建立金融机构公共代码标准、建立全银系统与其他国内资金转账系统协调工作的标准等多项电子化标准或规范。

3. 重视系统的安全与风险控制。在安全方面，全国性的计算机网络系统（如全银系统、日银系统等）及许多大银行一般都采用双中心和双主机方式处理银行业务，以确保银行计算机系统的可靠运行。如三和银行、富士通银行和三菱银行等都采用“远程现场恢复”（Remote Site Recovery）系统，当主系统中心因地震、火灾等因素而不能运行时，可以迅速切换到备用信息中心重新开始业务工作。另外，系统中的许多重要设备和部件都采用备份制。在风险控制方面，也采取了比较完善的制度和措施。

（三）欧盟地区银行业共性技术发展

1. 英国巴克莱银行。巴克莱银行是英国的四大银行之一，是一家拥有 300 多年历史的老牌银行。它在英国设有 2 100 多家分行，在全球 60 多个国家经营业务。近十几年来，巴克莱银行不断拓展其业务的广度和深度，资产和业务规模不断扩大。2006 年，在全球 1 000 家大银行排名中，巴克莱银行资产飙升 79.9%，成为全球资产第一的银行。它成功的风险管理模式是推动其迅速发展的重要因素。

巴克莱银行的风险管理特点主要体现在以下几个方面：

第一，风险管理职责分工贯穿于整个集团组织内部，分工明确。巴克莱银行风险管理部门中设有专门的风险管理团队负责分类风险的管理，职能团队与业务条线职责界定清晰。董事会、业务条线负责人、风险总监、业务风险主管及其团队、内部审计等各司其职、职责清晰，保证了风险管理的顺畅。

第二，完善风险偏好体系。巴克莱银行风险管理成功的最主要原因就是最近十几年来通过建立风险偏好体系，加强了限额管理，强化了经济资本在集团内部的运用。巴克莱银行确立风险偏好的方法主要是通过未来三年的业务规划来估计收益波动的可能性及实现这些业务规划的资本需求，并将这些与目标资本比率红利等因素进行对比，将这些结果转化为每个主要业务板块规划的风险容量。同时，还建立了规范、统一的风险管理程序，通过指导、评估、控制、报告、管理和分析这五个步骤实现对风险的统一管理。

第三，统一管理信用风险、市场风险和操作风险。对于信用风险的管理，巴克莱银行主要利用五步风险管理程序和基于 COSO 的内部控制体系来进行管理。对于市场风险，巴克莱银行将其分为交易市场风险、资产和负债风险和其他市场风险三大类，然后风险管理人员各司其职，每天都要形成一份巴克莱银行整体市场风险的报告。对于操作风险，巴克莱银行已经建立了集团范围内的操作风险管理体系，并在所有风险识别的重要区域设立了最低控制要求。对操作风险的度量和管理主要包括风险评估、风险事件数据的收集与报告，以及经济资本配置几个方面。[①]

2. 德国德意志银行。德意志银行（Deutsche Bank）是全世界最大的综合性银行之一，该银行成立于 1870 年，目前在全球 74 个国家建立了分支机构，共有员工 65 000 多名。它的企业银行和证券服务、交易银行、资产管理及私人财富管理服务，均在全球市场上首屈一指，其私人和商业银行服务在德国和部分欧洲大陆国家占据了领先地位。

① 黄大海：《巴克莱银行的风险管理及其启示》，载《新金融》，2006（12）。

面对着不断增加的盈利压力，银行要更加重视中间业务收入，也要控制因为提供更全面的服务而带来的成本增长。为了应对这些因素，德意志银行引入外包技术，并通过外部合作提升效率和降低成本。

为了支持这种方式，德意志银行从流程技术入手，探索除独特竞争优势核心流程外的业务外包。将可能成为外包目标的流程分为三个层次：

第一层次，实用流程，包括市场数据传递、语音/数据中心等IT基础设施、网络和计算机服务等。这些流程外包后的服务成本通常基于使用量计算，这使德意志银行各业务单元都能根据预算和市场容量灵活使用外包服务。

第二层次，非核心流程，如薪酬支付、结账单输出、采购、人力资源和会计。这些都适合于采用外包或内部共享服务进行。

第三层次，核心共性流程，如零售支付转账、支票处理、证券结算和ATM运行等。这些可以通过银行所参与的行业组织进行处理。

每一层外包环节都有不同的理念。实用流程的外包是为了将银行的固定成本转化为变动成本。非核心流程的外包是为了在给定的价格下获取定义明确的服务水平。而核心共性流程的外包通常需要银行进行一些投入，德意志银行旨在通过这种方式建立一个监管模型，以控制成本和行业组织的发展方向。

二、国外银行业共性技术发展对我国银行业的启示

随着金融全球化和我国改革开放步伐的加快，我国对外资银行放开的步伐也越来越快，许多国际活跃银行开始大举进军我国金融市场，且程度越来越深，尤其是2006年后，我国银行业为期5年的加入世界贸易组织过渡期结束，外资银行开始享受国民待遇，与我国银行全面竞争。我国银行的市场份额不断受到来自诸多方面的挑战，国内发展空间不断缩小。面对这种日益激烈的银行业国际化竞争，我国的银行业也必须尽快适应这种国际化形势，走出国门，大力开展跨国经营，逐步建立并完善自己的跨国经营网络，提升自身的国际竞争力。这就要求我们多多汲取和借鉴国外先进银行在共性技术应用的成功经验，加大对我国银行业共性技术的研究与应用力度，从而更好地推动我国银行业的发展。

（一）全方位提升我国银行业电子化水平

自20世纪90年代以来，以计算机、通信技术和国际互联网技术为代表的信息化革命，改变了人们对时空的概念，催化着全球银行业全新的经营管理模式的诞生。信息技术作为银行业应用最广的共性技术，使全球商业银行呈现出分销渠道虚拟化和多元化、营销方式个性化和差别化、银行业务综合化与全能化、业务流程电子化、风险管理手段现代化的特点，极大地推动了现代银行业的发展。对比国外先进银行在电子化运用方面的做法，我国银行业的电子化需要着重从以下几个方面进行完善：

1. 加快应用系统的集成与整合。整体规划、统一标准，这是信息技术作为共性技术在银行业内构建并普遍推广与应用的关键。要全面规划银行信息系统的应用体系架构、技术体系架构、新型IT基础架构等，形成一套既能够适应信息技术发展要求、与国际信息技术发展趋势相吻合，又能够适应我国银行业务和管理发展需要，并且能满足业务连续性计划和管理要求的银行业电子化技术体系。同时，还要规范国内商业银行计算机系统的体系标准，着眼于整体效益，制定有关信息技术标准。对于具有全局意义、便于发挥整体优势的业务系统要进行统一设计、开发、推广和维护。

2. 提供多元化电子化服务。虽然网上银行在我国的发展推广速度很快，但与国外银行业的网上银行相比，我国网上银行业务还处于初级阶段。因此，我们应该尽快完善网上银行的相关技术与制度手段，在以网上银行为中心的同时，多元化发展银行的电子化服务，大力拓展我们的服务对象、服务范围和服务功能。如大力发展电子证书、数字证书、电子钥匙和具有非对称密钥算法的IC卡技术；提供企业银行业务和中间业务，如证券交易、在线支付、网上收费等；提供电子商务的网上支付；提供多样化的电子支付手段；与移动通信GSM技术相结合实现移动电子交易；与客户服务（呼叫）中心相结合，实现无缝的客户联系环境等。

3. 银行电子化开发转向外包。在社会分工日益细化以实现资源优化配置的今天，将非核心的业务外包，策略性地选择和委托外部机构来规划、论证、采购、部署、应用、维护、治理金融IT系统，甚至把外部专业服务机构引入金融信息化决策和服务运营中来，日渐成为银行电子化的一种明智选择，如前面案例提到的德国德意志银行。银行通过外包，可以利用高科技公司的先进技术，紧跟信息化潮流，节省自己开发的人力、物力投入，从而可以专注于自己

的核心业务能力，集中精力做好金融产品的开发和营销工作。在当今的信息社会里，信息技术变化越来越快，银行花费大量人力、物力和时间开发的各种信息技术产品周期变短，而大量新的技术产品使商业银行无所适从，于是便产生了外包的必要性。

4. 加大投资与推广力度。从国外银行业电子化的发展可以看出，企业和政府部门对于银行电子化的资金投入与组织力度是很大的，这是共性技术得以在行业内快速发展的重要因素。如花旗银行，每年在信息技术方面的投入多达数亿美元。当前银行业竞争尤其集中反映在信息技术的应用上，因而对于信息技术的投入至关重要。这些大型跨国银行正是依靠对信息技术的投资，保持了业务的不断拓展。

（二）建立科学高效的组织管理模式

花旗银行等国际先进跨国银行的矩阵式组织架构，为我国国有商业银行组织架构的调整提供了很好的借鉴模式。我们必须建立以客户需求为基本导向、以提高效率为根本、以风险控制为核心、以信息技术为支撑的组织架构。

1. 完善与商业银行矩阵式组织框架相关的管理技能和技术支撑。首先，要建立起一个统一的数据库，配备一套完备先进的、包括客户管理系统在内的管理信息系统 MIS，使全行能够充分地共享各种资源。其次，要拥有一支具备较高业务能力的管理队伍，使业务系统的指导能够达到既定的高度。再次，要建立一套科学合理的内部价格体系和考核评价体系，合理记录、分析成本，合理评价员工的工作绩效。最后，要制定能基本覆盖各类客户和各环节管理要求的、标准化的业务操作流程和管理办法，实行规范化管理。

2. 在总行或省级分行建立中心—辐射式结构，逐步集中辖区内的后台、中台业务。我国商业银行应在合理划分银行前台、中台和后台的基础上重新确定各业务单位的职责，以将相同、类似的功能集中。后台通过集中、流程的标准化以及系统的统一来大规模降低成本；中台也应由目前的总行、分行并存，逐步向总行或省级分行集中，由于我国很多省份的规模较大，因而四大国有银行可向其省级分行集中，而股份制银行可向总行集中。支行的管理职能也逐步向二级分行转移，以减少管理层次。

3. 改变目前的战略控制型管理模式，转向战略—计划型。我国商业银行目前是以地区分行为主导的结构，属于战略控制型管理模式，总行仅作为分行战略的控制者，全行战略的实现程度低。因此，应在集中后台、中台的基础上，改变目前由地区分行管理为主的结构，向矩阵式结构转变，加强对零售业务、公司业务、中间业务和风险控制单元的垂直管理，并以垂直管理为主；逐步形成“大总行、小分行”的结构，或率先在省级区域内形成“大省级分行、小二级分行”的模式。

（三）提高我国商业银行的风险管理水平

目前，国际先进银行的风险管理是以全面风险管理为技术核心的，而我国商业银行风险管理产生的时间短、起点低，与国际先进银行相比还有较大差距。我们必须紧跟国际风险管理的发展形势，借鉴国际先进银行在风险管理这一共性技术构建上的一些先进做法，从而推动风险管理水平的提高。

1. 建立科学合理的风险管理组织架构。要逐步建立适合产权和治理结构的风险管理组织架构，建立起相对独立的风险管理单元，并培养和组建专家型风险管理团队，实现对银行整体的风险监控，根据不同的风险类型设置分类管理团队，对不同的风险进行专门的指导和监控。

2. 应用先进的风险管理工具。如建立风险偏好体系、加强风险限额管理、强化经济资本运用。如前所述，巴克莱银行风险管理能取得成功的一个最主要原因就是最近十几年来通过建立风险偏好体系，加强了限额管理，强化了经济资本在集团内部的运用。这也是国际先进银行风险管理成功的普遍经验。

3. 提高风险管理技术水平。内部评级和资产组合管理是风险度量的重要技术。国际先进银行的经验表明，内部评级的准确与否直接关系到风险定价、盈利性分析、资产组合分析与提取准备金、决定经济资本和监管资本等方面的工作；利用资产组合模型度量整个银行资产的未预期损失，利用地区、行业、产品等之间的相关关系进行风险分散，通过证券化、衍生工具等进行资产负

① 丰琳：《渣打银行矩阵式管理对我国商业银行的启示》，载《金融理论与实践》，2006（11）。

债管理，降低银行的风险敞口。树立资产组合管理理念，对资产进行初步的组合管理。同时，积极借鉴国际先进银行在风险管理技术中对于风险管理的计量，探索在风险管理信息系统的基础上，研究、开发易于量化、操作性强的风险控制与管理方法，探索建立信用风险计量模型，并在规范风险管理和操作流程的基础上完成风险管理信息系统与风险计量系统的集成，真正发挥风险监测的预警功能。

（四）发挥主管部门在银行业共性技术供给和扩散中的作用

共性技术的发展离不开国家科技计划体系的有力支撑，但我国银行业共性技术研究与开发仍处于组织缺位和滞后的状况。共性技术的“公共品”特性就决定了政府部门对共性技术的组织作用尤为重要。

第一，银行业的主管部门要成为共性技术的主要组织者和供给者，充分发动和利用行业内各种研究机构和银行企业，有计划、有体系地开展共性技术的研究与开发，引领银行业共性技术的有效供给和扩散。

第二，在共性技术的研究中，既要提高政府部门对银行业共性技术的引导和投入，大力倡导银行企业的竞争合作，又要避免市场和组织的“双重失灵”。

第三，鉴于日益强化的金融监管环境，对银行企业共性技术的研究和创新，监管部门要适当放松监管，营造鼓励银行业发展共性技术的宽松环境。

第四，整合或完善银行研究机构，对银行业共性技术进行有组织的研究和推广，在组织上保证共性技术的发展。

商业银行介入金融租赁业将大有可为

总行机构业务部课题组

依据我国加入世界贸易组织的承诺，从 2006 年开始我国金融业将全面开放，在发达经济体中占有重要地位的金融租赁业随即掀起进军我国市场的浪潮。我国金融租赁市场面临空前的发展动力，对于与金融租赁业息息相关的商业银行来说，从何着手开展金融租赁业务，是能否在这次浪潮中抓住机遇迎接挑战的重要课题。

一、金融租赁概述

金融租赁（Financial Leasing）又称融资租赁，是第二次世界大战后伴随着第三次科技革命产生的，至今已有 60 余年的历史。科技革命带来的技术进步促进了西方发达国家设备的更新换代，使得其固定资本投资规模急剧增大，设备更新速度空前加快。在这种背景下，以融资为核心机能的金融租赁业应运而生。1952 年，第一家金融租赁公司在美国成立，掀开了现代金融租赁业的新篇章。随着行业的发展，租赁形式得到了灵活运用，衍生出多种租赁形式，金融租赁的定义和范畴也在逐渐转变。

根据最新定义，金融租赁是指出租人根据承租人对租赁物和供货人的选择或认可，将其从供货人处取得的租赁物按合同约定出租给承租人占有、使用，向承租人收取租金的交易活动。

在部分发达国家，政府通过运用法律、税收等手段，支撑起其金融租赁业持续迅猛发展的空间。美国就曾在 20 世纪 90 年代创造过金融租赁规模每年增长超过 30% 的神话。

从资金规模来看，自 2000 年以来，金融租赁在美国稳居融资方式的第二位，仅次于银行信贷，在欧洲和日本也有 20% ~25% 的市场份额；从金融租赁在设备购买的市场渗透率（租赁交易总额占固定资产投资总额的比率）来看，目前美国约为 30%，德国约为 18%，日本约为 8%，发达国家平均的市场渗透率为 15% ~30%；从金融租赁对经济增长的贡献来看，美国租赁业务规模与 GDP 之比已超过了 30%。可以说，发达经济体中的金融租赁业已经是其经济运行的重要一环，对其技术革新和经济进步具有举足轻重的作用。从出资背景来看，美国租赁公司中具有厂商背景的占25%，具有银行背景（银行直接或通过其子公司、附属公司从事租赁业务）的占35%，独立的租赁机构占40%。从行业来看，发达经济体中借助金融租赁来融资的行业主要集中在：(1) 航空业。美国租用飞机的航空公司占全部航空公司的比例已达90%左右，现在世界上最大的两家飞机租赁公司总部都设在美国；日本也已成为重要的飞机租赁市场，并且首创了日本杠杆租赁。(2) 信息处理设备。IBM、戴尔和惠普的租赁公司都以租赁大型服务器而闻名，该业务大大促进了公司大型设备的销售，增加了市场占有率。(3) 医疗、冶金、石油石化等几乎所有需要大型生产设备的行业。(4) 进出口类行业。为进出口商提供融资租赁是促进出口的一个重要方式。

二、金融租赁在我国的发展

（一）金融租赁在我国的总体情况和分类

虽然金融租赁在我国已经有20年的发展历史，却和我国总体经济规模不相称：2005年底，中国的租赁业务规模在42.5亿美元左右，排名全球第23位，租赁渗透率仅为1.3%，租赁业务规模与GDP之比约为0.16%，全球排名第50位。中国银监会副主席蔡鄂生在参加银行租赁国际研讨会时称："中国租赁业未来商机无限。"我国金融租赁业的规模如此之小，也是我国独特的以银行贷款为主要融资方式的一个侧面体现。

按照租赁公司所属的监管部门来分，我国主要有两类租赁公司：由银监会监管的金融租赁公司和由商务部监管的普通租赁公司。经银监会批准成立的金融租赁公司共计15家，目前经营比较正常的企业主要有中国外贸金融租赁公司、浙江金融租赁股份有限公司、河北省金融租赁有限公司、江苏金融租赁有限公司等8家金融租赁企业。此类金融租赁公司属于非银行金融机构，行业准入条件和所受到的监督管理比较严格，企业资质水平相对较高。经商务部（前身为外经贸部）审批成立的中外合资租赁公司有70余家，资产合计接近300亿元。此类外资金融租赁公司行业准入条件比较宽松，管理相对不十分规范，所以并非银行开展业务的重点。

目前经营比较正规的几家金融租赁公司，普遍存在单个业务规模不大，但业务覆盖面均比较广的特点。以浙江金融租赁有限公司为例，截至2004年6月，公司累计租赁投放人民币320多亿元，根据国际租赁实践经验，可带动相关投资1 600多亿元，新增产值近3 200亿元。在公司租赁支持的2 300多家企业中，利税超千万元的浙江企业已超过300家，目前租赁业务已从工业制造领域扩展到公交运输、船舶航运、医疗卫生、环保设备、水务产业、公共事业、不动产、电子通信等领域，实现了融资租赁向专业领域和高新技术产业化方面的渗透。仅从当前已涉足的行业而言，我国金融公司面对的市场需求已经非常可观。可见，我国金融租赁公司的发展空间巨大。

（二）我国金融租赁业面临的市场环境和法律环境

随着我国加入世界贸易组织之后金融领域的开放，我国巨大的市场空间开始吸引国际制造业巨头以及金融集团的注意，尤其自2006年以来，以飞机制造为代表的大型设备制造商和以大型银行为背景的金融租赁公司纷纷开始进军我国金融租赁市场。与此同时，我国也开始大力发展直接融资市场，包括股票市场、债券市场、衍生产品市场等，鼓励企业采取银行贷款以外的多种融资方式融资。在这种情况下，金融租赁在我国的发展前景越来越广阔，它将成为一种重要的融资手段而在市场占有一席之地的轮廓已日益清晰。

2007年1月24日，银监会发布了《金融租赁公司管理办法》（以下简称《办法》）的修订版。较之修改前的版本，新《办法》一方面降低了金融租赁公司的准入门槛，将最低资本金从5亿元降低到1亿元，调整了资产集中度比例，承租人租赁资产占总资产的比例从原来的15%增加到30%，增加了金融租赁公司租赁业务的灵活度；另一方面禁止金融租赁公司开展证券投资和信托业务，规范了金融租赁公司的经营范围。新《办法》的实施，为金融租赁的规范、有序发展扫清了障碍，同时也标志着我国金融租赁发展新时代的到来。

（三）金融租赁在我国的市场需求和发展趋势

在目前的市场环境和发展趋势下，我国从生产市场到流通市场都对金融租赁业存在着广泛而大量的需求：

一方面，一些拥有雄厚的资金实力的大集团公司在购进大型生产和运营设备时会选择金融租赁。因为金融租赁给予承租人选择设备类型和厂家的自主权，承租人可掌握设备随时更新的主动权，这在新技术发展迅速的今天有利于降低承租人技术更新、设备无形损耗加剧的风险；金融租赁使承租人无须一次支付巨额资金购买设备，而是按期支付租金，这可以降低承租人在固定设备上的资金投入，把资金投向收益率更高的其他资产，以提高资金的使用率和收益率；金融租赁的标的物通常是技术含量高、价格高昂的设备（如飞机、信息处理设备、医疗设备等），大部分需要进口，由出租人购买则可以避免承租人的利率风险和汇率风险；由于融资租赁有租赁标的物作为担保，因而它的手续要比银行贷款简单。

另一方面，一些中小企业资金实力小，不具备直接在资本市场发行股票和债券融资的条件，申请银行贷款手续烦琐、利率高，在购置设备时会选择金融租赁。

面对如此巨大的市场需求，我国租赁业正在启动。首先，飞机租赁业务已经开始启动。2006年12月，中国银行以9.65亿美元成功收购新加坡飞机租赁企业，开始涉足金融租赁领域。2007年5月，国家发展改革委批准中国南方航空股份有限公司以国际融资租赁方式引进4架波音飞机。2007年6月14日，中国银监会副主席蔡鄂生在参加银行租赁国际研讨会时透露，截至2007年12月，已有5家商业银行试办金融租赁公司获得了国务院批准。中国民航业中的飞机租赁革命即将到来。随即建设银行旗下的建信金融租赁公司挂牌成立，注册资本为45亿元人民币，成为中国最大的金融租赁公司。2007年7月18日，中国一航所属的西飞公司、国际租赁有限责任公司与奥凯航空有限公司在北京人民大会堂共同签署了10架新舟60飞机的订购合同，这是国产新型支线客机新舟60首次以融资租赁的销售模式获得国内订单。其次，大型生产和营运设备租赁正在悄然兴起。2006年6月，河北省金融租赁有限公司为国家电网购置发电机组提供了金融租赁服务；我国西部最大的城市公交公司——重庆市公交公司新置备的客车也通过金融租赁的方式完成采购；我国的医疗器械租赁也初具规模——在我国医疗设备数百亿元的采购数额中，租赁占了10%～15%的比例。

但是，金融租赁在以上行业的市场占有率都在15%以下甚至更低，广阔的市场空间亟待进一步开发，而且也还有一些有租赁需求的行业和企业尚未得到金融租赁公司的服务。例如，石油开采过程中使用的压力机，其设备昂贵，技术水平处在逐步更新中，与飞机有类似之处。此类器械的需求方如中石油确实有租赁设备的需求，然而目前仍没有得到此项服务。

可见，无论是从国外经验预测，还是从国内政策导向分析，抑或是从我国经济发展本身的市场需求透视，金融租赁业的发展趋势都将是加速上升式的。波澜壮阔的中国市场仍然潜藏着巨大的商机，金融租赁业是大有可为的朝阳产业。

三、建行开展金融租赁公司业务的有效切入点

银行与金融租赁公司的合作，国际上普遍采用两种方式：直接参股和银租合作。

银行直接参股（银行直接或通过其子公司、附属公司从事租赁业务）租赁公司，银行可以通过资金优势直接帮助租赁公司获得业务，从中取得股权收益和可观的中间业务收入。银行直接参股的金融租赁公司在美国融资租赁市场已经“三分天下有其一”。在这一点上建行已经先行一步，目前成立了我国最大的金融租赁公司——建信金融租赁公司。

无论银行是否直接参股金融租赁公司，与其他租赁公司建立长期的、相对稳定的银租合作关系也是银行从金融租赁收益中分一杯羹的重要手段。银租合作从本质上为银行增加了一种融资形式，有利于银行更灵活地开展业务、维护重要客户，风险大的资产业务可与金融租赁公司共同承担，获得中间业务收入。在此项业务上，建设银行机构业务部已经与河北省金融租赁公司完成了国家电网融资租赁项目，迈出了建行与金融租赁公司合作的第一步。

在银租合作中，建行可以借助金融租赁公司提供的租赁服务维护重要客户，并通过对金融租赁公司在资产业务、负债业务、中间业务甚至表外业务的全面合作获得可观收益。主要切入点有以下几个：

（一）对重点客户间接授信

当重点客户面临项目巨大、需要融资，但是其在建行的信用额度已满时，建行可与金融租赁公司合作，为金融租赁公司提供授信，为客户提供融资方面的财务顾问服务，由金融租赁公司购

买设备并出租给该客户。这种服务既增加了客户的资本金，又降低了客户的贷款集中度，通常客户满意度很高。这样一来既维护了客户关系，又将原本的资产业务收入巧妙地转化成资产业务收入外加中间业务收入，而且很有可能该项目为客户赢得效益，提高该客户贷款的资产质量级别。

同时，由于金融租赁相对于传统银行的最大优势在于其业务对财务报表的改善，也就是通过租赁过程中折旧和固定资产值的变化对税收的影响来美化企业的财务报表，因而对于有特殊需求的重点客户，可以与金融租赁公司共同制订金融方案为其解决问题。

（二）开展多种中间业务

建行通过银租合作为客户服务，不仅可以增加收入，而且可以改善收入结构。建行在增加资产、负债业务的同时，还可以为金融租赁公司提供应收租赁款转让、差额承兑汇票、保理、财务顾问等中间业务，银行不仅能取得贷款利息，同时也能取得相应的手续费、担保费和财务顾问费等，创造了新的利润增长点，可以大大增加中间业务的比例，改善收入结构。

（三）直接帮助大型设备生产厂商，尤其是国家政策鼓励的高技术出口型大型设备生产厂商建立租赁机构

大市场要“做早”，与此类厂商接触，帮助厂商开展租赁业务，通过银行的资金支持和在市场上的品牌信用，开拓国内或者国外市场，争取日后与其独立的租赁机构长期合作。

此外，面对广阔的市场，建行和金融租赁公司可以在满足现有客户需求的基础上，主动培育市场需求。主动为目前还不了解金融租赁的融资方式、还没有建立金融租赁融资理念的客户提供多方面服务，帮助客户解决实际问题，使客户更加信赖甚至依赖建行，形成长期合作伙伴关系。

四、建设银行针对金融租赁公司业务可进行的金融创新

随着市场竞争的加剧，新的租赁品种不断出现，目前比较具有影响力的金融租赁产品有售后回租、杠杆租赁和转租赁。

售后回租，是指设备拥有方先把设备出售给租赁公司获取业务发展所需要的资金，再把该设备从租赁公司租回按期支付租金。该种方式可以改善承租人（即出售方）的财务状况，盘活其存量资产。银行可以根据回售的资产情况以及未来收益状况将该资产打包进行资产证券化，或者形成信托产品。此项创新对金融租赁公司和承租人都比较有吸引力，同时可以增加银行中间业务收入。

杠杆租赁，是指出租人承担设备成本的20%～40%，剩余部分由银行提供，金融租赁公司把租赁物的所有权、租赁合同的担保收益权等权利转给银行，银行对金融租赁公司无追索权。该种租赁方式一般用于购置成本特别高的飞机、卫星通信设备等。杠杆租赁在美国租赁业占有相当重要的地位。杠杆租赁中银行拥有设备的所有权，风险相对较小，可以获得稳定的租金和手续费。

转租赁，是指金融租赁公司从另一家租赁公司租入设备，然后转租给承租人使用。该种租赁方式一般用于跨国租赁。银行在这种租赁中可以赢得为其代理外汇衍生产品的业务，有可观的中间业务收入。

总之，市场形势瞬息万变，但政策推动金融创新的导向却愈加清晰。随着“十一五”规划中对“完善金融机构规范运作的基本制度，稳步推进金融业综合经营试点”目标的提出，建行作为金融创新和探索综合化经营道路的商业银行的先行者，应该在金融租赁业务方面进行更多有益的探索。

课题组成员：韩　鹏　刘　植等

执笔：韩　鹏

商业银行中小企业信用风险防范的对策研究 （节选）

北京市分行海淀支行 张亚纲 王 纲 冯雪帆 李 晶 冯雁婷

一、加强风险控制，推行科学管理

（一）实行差别化风险管理

1. 完善小企业客户标准评级评价系统。首先根据销售收入和资产状况对小企业进行类型划分，针对不同类型的小企业所具有的不同风险特征进行评价。在评价方法的选择上，将统计模型和打分法相结合，其中尤其要注意指标体系的选择。在现有指标的基础上，可以参照统计分析的结果，适当引入一些更具有参考价值的指标。

2. 严格贷前调查。客户经理岗位人员在做贷前调查时，应减少对企业会计报表等账面信息的过分依赖，将工作重心适当向现场核实和收集企业非财务软信息方面倾斜。重点在于：第一，企业的真实经营、财务状况和经营者的综合素质，同时要重点分析企业的成长性，实地了解企业的生产经营状况。由于小企业经营者对企业有着很强的控制权和影响力，因而要注意考察企业经营者的品质和个人信用情况。第二，严格选择抵押物，客观公正地进行价值评估，抵押物的评估机构必须经一级分行审查批准，合理设定抵押率。

3. 加强贷款定价管理。高风险、高收益是中小企业贷款的特点，因此，贷款定价总体上要遵循收益覆盖风险和成本的市场原则，要对小企业贷款的资金成本、风险成本、营运成本、资本回报要求和目标收益进行综合测算，以确定利率水平。

4. 加强贷中审批环节控制。首先要做好双签审批把关，审核借款人的基本情况、抵押物和担保情况，综合把握企业整体风险；其次要不定期开展审批项目回访工作，及时总结小企业贷款的经验；然后要严格审批后续工作，落实贷款条件，检查贷款发放要件的完备性和合法合规性、审批条件落实的全面性和有效性，双人到场，落实有权签字人签字的真实性等；最后要落实各项抵押登记和公证手续，加强对各项抵押权利凭证的接收与保管工作。

5. 落实贷后管理。在贷款后，要对贷款进行跟踪检查。客户经理和风险管理经理要定期到融资的企业检查其经营状况及贷款的使用情况。通过实地调查，推算和预测该笔贷款是否具有带来盈利的积极意义，并向主管部门反映。对小企业的贷款原则上要求专户管理、全额结算。若企业不按合同使用贷款，将贷款挪作他用，或高风险使用贷款，应立即采取必要的控制措施。同时，还应重点关注抵押物价值的变化和担保人的情况，对于价值减少的情况要求追加抵押物或采取其他措施，对于担保人出现经营情况恶化或者其他导致担保能力下降的情况，要求借款人重新提供担保。

6. 明确小企业不良贷款容忍度。对小企业不良贷款率首先要明确总量指标，变单笔统计为总量统计。可制定当年纯新发放小企业贷款不良率上限和两年内累计纯新发放贷款不良率上限。对于超过上限的小企业经营中心，可停止办理小企业信贷业务或者上收贷款审批权限。

7. 制定小企业贷款风险分类、拨备计提、损失类核销等政策。针对小企业客户风险高的特点，在会计制度和行内政策允许的范围内，严格估算小企业贷款损失程度，合理计提准备金，拓宽不良贷款处置手段，加快存量不良资产的处置进程。

8. 尽快落实小企业授信业务尽职免责办法。对涉及的相关人员，包括小企业业务客户经理、风险管理经理等，落实尽职免责办法，可对符合小企业授信业务责任认定范围内的授信业务进行尽职调查和行为评价。通过责任认定，有充分证据表明小企业授信部门和小企业授信工作人员按照国家有关法律、法规、规章和行内相关管理制度，勤勉尽职地履行了岗位职责，尽职合规，可以免予认定责任。而通过责任认定，发现小企业授信业务工作中存在失职、渎职或违规情节的，要认定相关人员责任并按有关规定进行处理。

（二）转换管理机制

银行为中小企业提供综合性服务，一方面可以扩大银行的盈利来源，另一方面可以提高中小企业的竞争力，从而降低银行放贷风险，增强银行的盈利能力。首先，针对中小企业的融资特点，根据不同中小企业的现金流量状况、支付频率，为其设计特殊的贷款方式及还款方式。国外金融机构为中小企业推出了形式多样的贷款方式，其中许多与消费信贷十分相似，这就满足了中小企业特殊的交易性的资金需求，同时也便于银行进行流动性管理。其次，通过强制融资的中小企业定期储蓄，使贷款量得到等比例缩减。例如，有的金融机构要求中小企业事前参加储蓄计划，定期存入一定现金，并且在贷款清偿前不得退出储蓄计划。这实际上是一种替代性的担保措施，在一定程度上能起到督促还贷的作用，可以减弱银行现金支出的波动性，减小贷款额度，从而降低风险。再次，对于及时归还本息的中小企业给予一定的利息返还作为奖励，这也有助于其他中小企业积极还贷，降低银行对中小企业的贷款风险。最后，通过商业银行之间的融资或者向中央银行再贷款，来实现商业银行的流动性管理。

二、完善担保制度，进行风险分担

（一）银行与担保机构合作市场环境分析

1. 政治法律环境宽松。从历年的政府对担保机构的态度来看，担保机构的政治法律环境日益宽松和规范，政府对中小企业信用担保机构的政策支持力度加大。2006 年，为促进中小企业信用担保机构持续健康发展，国务院办公厅转发了国家发展改革委、财政部、人民银行、税务总局、银监会五部门《关于加强中小企业信用担保体系建设的意见》（以下简称《意见》）（国办发［2006］90 号）。《意见》的出台对于担保业生态环境的建设、担保机构的发展具有重大的意义。《意见》有三点突破：一是明确了安排担保体系建设资金、建立担保基金和再担保机构；二是在税收方面有所突破；三是放宽了对担保机构的收费标准，实现了市场化，有利于担保机构可持续发展。随着担保业的稳定发展，国家在监管和控制方面将日益加强，规范化和标准化的建设将给一批搞出名头并具有一定规模的担保机构带来不可多得的发展机遇。例如，2006 年银监会发布的《关于银行业金融机构与担保机构开展合作风险提示的通知》提出，今后与银行开展合作的担保机构注册资本金应该在 1 亿元人民币以上，并且必须是实缴资本。另外，国家可能放松担保机构区域化开展业务的限制，可能会放宽担保机构的业务范围，出现全国性的担保机构。

2. 社会对担保机构的认同度提升，并进一步积极调整完善服务体系，改善了担保机构发展需要的经营环境。担保业从 1999 年的起步探索阶段，到现在的稳步发展阶段，社会对其所起作用的认识越来越深入，对担保公司的认同度也不断提升。政府机构、合作银行、社会服务机构、中小企业对担保公司的认同度都有了明显的提高。从政府的减免税，尝试与银行的风险分担，共享公共的信用信息查询，房管、土地、车管、工商等部门登记机构调整抵（质）押流程等事件中可以看出，担保机构的经营环境正在日益改善。

3. 就担保机构自身的调整情况而言，政府对担保机构资本金的要求日益提高，并加强了担保机构的日常监管工作。2006 年银监会发布的《关于银行业金融机构与担保机构开展合作风险提示的通知》提出，今后与银行开展合作的担保机构注册资本金应该在 1 亿元人民币以上，并且必须是实缴资本。这一措施的实施，提高了担保行业的准入门槛。

4. 银行对新担保公司的认识还需要一定的时间。从现实的情况来看，担保公司要得到银行的认同需要经过一定的过程，而银行鉴于不要集中额度、分散风险的需要，也会寻找新的、实力比较好的担保公司。

目前，全国由担保公司提供担保的银行贷款金额已达 2 000 亿元，这就意味着，在银行业 20 多万亿元的信贷资产里面，已经有超过 1% 的信贷风险转移到了银行系统之外，即转移给了担保业。尽管担保公司发展至今已经有好几年，但是，担保公司相对银行来讲还是处于弱势地位，其议价能力比较弱。

担保公司的盈利是从被担保人那里收取的担保费收入超过其所承受的风险的那部分。比较好的项目的议价能力比较强，加上银行的业务创新，这些优质的、风险小的企业议价能力非常强，甚至可能会使原有的优质客户流失，客户的议价能力两极分化严重。

5.《物权法》的生效，会促进银行的业务创新，担保业务的替代品会增加。银行产品创新替代品限定了担保机构业务的最高价。伴随着金融市场的变化，越来越多的银行相继推出了针对中小企业的贷款，小企业贷款的门槛大幅降低，产品特色也日益鲜明，有些产品成了担保业务的替代品，有些为银行与担保机构的合作带来了新的契机。

替代品门槛降低、授信增加。针对众多处于起步阶段的小型企业，一些银行已开发出相关产品来满足其小额资金需求，建行的“速贷通”就是针对成长初期的企业提供的信贷产品，只要能提供足额、有效的抵（质）押担保或者由建行认可的担保公司提供的担保，一般即可获得贷款。

（二）对担保机构的信用认定方式

信用担保机制的产生正是基于银行商业化改革以及解决中小企业融资难问题。信用担保机构可以降低银行的信贷管理成本，提高银行信贷资金的安全性，给银行调整信贷结构、盘活信贷资产以及寻求新的利润增长点提供了帮助；同时，担保机构也通过提供担保服务，履行了政府赋予担保机构扶持中小企业的社会责任，两者相得益彰，共同发展。

目前市场上担保机构的发展才刚起步，其与商业银行的磨合、适应以至于达到发达国家的默契程度尚需时日，双方在担保机构的信用认定、风险分担等方面还需在长期业务合作中不断有所突破、逐步完善。

根据信息经济学原理，在中小企业向商业银行申请贷款的过程中，商业银行对中小企业能否履约缺乏足够的信息，造成银行与中小企业之间严重的信息不对称。引入担保机构后，银行首先对担保机构的履约能力进行认可，而担保机构经过评估后认可中小企业的履约能力，可以认为银行与担保机构之间的信息是对称的，担保机构通过自身的甄别能力与企业之间形成信息对称，于是担保机构成为银行与企业之间的信息渠道，使银行与中小企业之间的信贷业务得以顺利开展。从理论的角度来看，采用第三方担保的意义在于完善市场信号机制、修正市场的信息不对称状态、增进市场信用、促进交易顺利进行。

要达到银行与担保机构之间信息的对称，即要完成银行对担保机构信用的认可，这是中小企业担保方式信贷业务开展的前提条件。银行如何认可担保机构的资质，确定担保机构是否具有履约能力是值得研究的。

考察了国外发达国家的信用担保体系，我们不难发现，其运行模式大致可以分为两类：（1）以日本与韩国为代表的担保基金制，政府利用担保基金来确保银行对中小企业的贷款；（2）以欧美国家为代表的政策性担保机构和担保公司制，此类机构和公司以国家信用和公司自身信用为中小企业提供担保服务，推动中小企业信用担保计划。我国的信用担保机构在国家的推动和扶持下，这两年发展迅速。从分类上看大致有以下两种：一是由政府出资设立的或者民营互助的担保基金或事业单位法人构成担保机构的主体；二是政府出资或与其他市场主体股份联合以及企业自办的有限责任公司。对于以担保基金形式运作的担保公司，可要求其在银行开立账户，以存款额确定担保机构提供的担保放大倍数，银行可通过对基金存款的实际控制，确认担保机构的担保资质和能力，实现与担保机构的信息对称。对于法律形式为有限责任公司的、市场化运作的担保机构，银行对其信用的认定还有待进一步探讨。对于政府出资或者政府与市场主体共同出资建立的担保机构，其承担了一部分政府赋予的政策性角色，同时又具有部分商业化经营的性质。对于此类担保公司，一般的操作方法还是要求其将营运资金存入银行实行监控，以确保其信用。

（三）风险共担的理论基础及经验借鉴

对中小企业来说，信用担保的作用在于提升企业的信用等级，为中小企业融资提供服务。从银行的角度来说，这个过程则是风险的控制和分散。在目前的市场条件下，任何市场主体间的合作或责任划分一定是建立在两者利益均衡的基础之上，要求任何一方主体承担全部风险都是有违市场和法律原则的。因此，银行与担保机构风险共担机制的建立有其客观必然性。如果在中小企业信用担保过程中，商业银行将其信贷风险完全转嫁于信用担保机构，拒绝承担任何风险责任，则破坏了双方的利益均衡基础。从另一个角度来说，银行与担保机构风险共担机制的建立，可以防范商业银行的道德风险，强化银行对贷款的中小企业的责任感，与担保机构共同关注中小企业的经营和发展，保证资产的安全性。

随着目前担保机构数量的迅速增长以及准入标准的降低，银行要随时关注政策环境的变化，防止因环境变化而导致担保机构大面积陷入经营不善的局面。

（四）风险共担机制的构建方式

从以上的分析可以看出，商业银行与担保机构的合作在理论上是完全可行的，然而从这几年业务开展的情况来看，中小企业信用担保业务的完成数量并不可观。为了促进和扩大银行与担保机构的合作，应该首先明确几个原则性合作基础的条件。

条件1：合作期内银行贷款本息的安全收回。

条件2：若发生代位偿还情况，担保机构能否按照约定偿还。

条件3：银行与合作担保机构风险分担比例以及信用担保贷款规模。

明确了合作的基本约束条件后，通过成本收益分析，我们可以得到如下的分析。

第一，银行与担保机构签订合作协议后，以第一笔业务开展为初始时间进行计算，假定合作期限的签订是以一年为周期。

一年期满后，银行可对担保机构的财务指标进行核查，若其净资产 $D>0$，则说明担保机构的经营状况没有发生资不抵债的情况；与此同时，银行贷款利息收入也得到了保证，那么银行与协作担保机构在进行合作时客观上不存在违约可能，条件1和条件2都得到了保证。

而若担保机构在经过一定时期的经营后发生了资不抵债的情况，即 $D<0$，此时银行与担保机构对是否履行代偿约定处于博弈状态，由于代偿费用的存在，因而可以知道，担保机构的对策是选择违约，同时，银行也可推测出担保机构会发生违约。即使担保机构在本期选择了履行代偿，银行基于对其下一个周期的经营结果的预测还是会选择中止继续合作。考虑到担保机构往往有政策性支持，如果担保机构在期末能够获得弥补其经营损失的补偿款（如财政支持），则银行对其履约可能性的预测值将会提高，双方合作则可以继续进行。

第二，结合目前的金融市场现状，银行在与协作担保机构合作时主要的控制参数集中于担保比例。理论上说，为了将风险最小化，可以不断调高担保比例直到全额担保。

三、引入联贷联保，分散信用风险

（一）联贷联保业务管理模式创新点

1. 联贷联保业务是针对优质中小企业客户的创新产品。可通过组建企业联合体来实现联贷联保，通过联保起到互相支持、相互监督分散风险的作用，通过横向约束解决信息不对称问题。开办联贷联保业务能够在一定程度上解决优质中小企业抵（质）押物不足的融资难题，促进中小企业信贷业务的快速发展。

2. 联贷联保业务是一项风险管理要求较高的信贷业务。这项业务在客户选择、联合体构成、业务操作、风险控制、内部管理、定价以及法律适用等方面与传统的信贷业务有所不同。信贷业务经营和管理人员要认真研究联贷联保业务操作每一个环节的内容，深入把握风险点，并做好业务培训，风险经理、客户经理及法律部门人员要密切配合，切实加强风险防范工作。

3. 为有效防范贷款风险，要切实做好客户选择工作。在选择客户的过程中应注意三个方面的问题：一是行业的选择原则上以工业企业为主。对于小型企业，只适应于工业类企业，对服务业、批发业和建筑业等暂不开办此项业务。二是联合体的组建要遵循自愿原则，既可以由企业自主结合，也可以由行业协会、中小企业局、开发区管委会等机构牵头组建。三是对于联合体成员的确定，如当地金融生态环境较好、企业信息透明度高，联合体成员可以在3～5家；如当地信用环境一般，联合体成员应在5家（含）以上，联合体成员的业务规模和资金实力不宜悬殊过大。

4. 加强贷款保证金管理。为缩小联合体的整体信用风险敞口，可以要求用贷款额度一定比例的保证金作为质押，原则上保证金总额要覆盖单笔信贷业务风险。

5. 加强联贷联保业务的调查审核和授信工作。开办联贷联保业务的分支机构在受理客户提出的业务申请时，除按照单笔授信业务的有关规定审查和评价客户的资信情况外，还要着重对联合体成员之间是否有股权关系及主要投资者个人之间的关系进行审查，对联合体作总体信用风险分析。

6. 加强联贷联保产品的定价管理。本着“收益覆盖风险和成本、能高不低、客户接受”的原则合理确定贷款利率水平。

（二）联贷联保业务优势分析

联贷联保是较新的一种信贷模式。通常由若干家中小企业自愿组成一个联合体，联合体成员协商借款金额，联合向银行申请授信，联合对贷款提供担保，每名成员均对联合体授信承担连带担保责任，直至联合体贷款本息全部清偿。企业在连带责任的制约下发挥横向监督作用，相互约束，保证贷款安全归还，以企业的互助和合作有效解决中小企业担保难问题。贷款可用于流动资金或固定资产投资，要求用途相对透明、固定，银行易于监控，成员之间易于了解。优势在于以下几个方面：

1. 在联合体组建的过程中，通过企业自身的筛选、甄别，可有效地消除银企信息不对称，有利于银行多方面了解企业信息。

2. 手续简便，可利用企业自有信息和社会资源实现信用提升，不增加企业负担。

3. 成员企业之间相互约束、激励，可降低信贷风险。

4. 相对民间借贷，可降低企业的融资成本。

（三）联贷联保风险控制

联贷联保业务虽然可以在一定程度上解决优质中小企业抵（质）押物不足的融资难题，促进银行中小企业信贷业务的发展，但是，联贷联保业务对风险管理要求较高，需要深入把握风险点，切实加强风险防范工作。

1. 联贷联保业务存在的主要风险。

（1）联合体成员的道德风险。开展联贷联保业务，重点是满足难以提供可靠保证或抵押企业的融资需求，但如果联合体成员间串通一气，即使提供了互相担保，由于信息不对称，也会使银行面临骗贷陷阱。

（2）联合体的系统风险。在实践中，联合体成员通常从同行业的企业、产业链中的上下游企业或在同一区域生产、经营的企业群体这三大类型中产生。对于处于同一行业的企业组成的联合体，如果出现行业性亏损，则联合体将难以归还贷款；对于处于上下游企业，如果出现经济纠纷或某一企业资金链断裂，则直接波及并影响到下游企业的还贷能力；对于同一地区生产或经营的企业，则可能存在着地区自然环境或经营环境恶化等风险问题。

（3）联合体的整体信用贷款风险。对于联贷联保贷款业务，如果每个成员都用足了额度内的贷款，相互由其他成员担保，这时，如果把联合体视为集团客户或一个客户，则联贷联保贷款就是团体的信用担保贷款。按照贷款抵押优于保证的原则，如果有第三方用企业的资产提供了抵押，则具有优先受偿权。因此，联合体的信用贷款风险特性不容忽视。

2. 联贷联保业务的风险防范

（1）加强对联合体成员的审查和把关。一是对联合体数量的把关。申请联贷联保业务的借款人至少要在3家以上，但原则上不宜超过10家。成员太少，起不到保证责任和分散风险的作用，但如果成员太多，则易出现“搭便车”现象，起不到应有的监督、制约作用。二是对联合体成员内在关系的把关。联合体各成员的主要投资者个人或关键管理人员之间是家庭成员的不宜加入联贷联保团体，以防止家族企业内在的、非市场性的利益共同体的形成。同样，存在着股权关系或者同为第三者所拥有、控制的企业也不宜加入，这种情况类似于集团客户，总体信用风险较大。三是对分散行业风险的把关。联合体成员最好分布在不同的行业，有利于分散风险。

（2）加强对基本信贷准入条件的把关。联合体成员应具有基本的信贷准入条件。这些企业应具有较强的核心竞争力，市场占有率高，在本地区行业内生产能力、生产工艺、盈利水平等方面排名靠前，具有较强的技术开发能力、设计能力和较高的信息化应用程度；经营正常、成长性较好、现金流及利润稳定，能够依法纳税；不属于国家限制或淘汰的工艺和业务领域。通过办理联贷联保业务，可以培育一批稳固的、忠诚度高的客户群体。

（3）加强对贷款额度的把关。这里有两个额度的概念：联合体成员的贷款额度和联合体的贷款总额度。联合体贷款总额度根据团体成员各自的承贷能力、正常生产经营周转或临时性资金需要，结合团体的保证能力、保证意向，由团体成员协商决定后提出申请，银行综合考虑成员的资信情况、实际资金需求、行业发展前景等情况后审批确定；联合体成员的贷款额度要控制在测算的风险控制限额之内，在数量上联合体贷款额度为各成员的贷款额度之和，且对中型企业和小型企业都要设定贷款的上限，联贷联保贷款是企业获取贷款的一种方式，但不应是唯一的方式。为体现对联贷联保业务的动态管理，贷款额度有效期应不超过一年，到期后须重新申报审批。

（4）加强对贷款条件的落实把关。经办行落实审批结论，与借款企业签订借款合同，与联合体的其他成员签订保证合同。为简便操作、提高效率，可以与联合体成员统一签订联合体贷款额度合同，同时明确对贷款总额度承担连带保证责任的条款，这样借款人只要签订支用合同即可取得贷款。同时，为强化还贷意识，可以追加联合体企业的法定代表人或实际控制人的个人连带保证责任。

（5）加强对贷款保证金的把关。为缩小单个借款人的风险敞口，可以要求企业缴存保证金，可按贷款额度的一定比例存入银行指定的保证金账户作为质押，若联合体中的任何一个成员发生违约事项，银行可直接扣划保证金账户上的保证金用于归还违约借款人在银行的贷款。保证金的收取能在一定程度上缓解单个企业违约出现不良贷款的直接压力，但实际上减少了企业客户的贷款可用额度，并增加了筹资成本。

（6）加强对贷后管理的把关。一是加强对贷款资金用途的监管。经办行应设立专户，防止资金用于股市和证券投资以及其他权益性投资或国家有关法律、法规和规章禁止的其他投资行为，争取做到贷款封闭管理、专款专用。二是充分发挥联合体成员的相互监督作用，多方面了解联合体成员的经营动态和财务状况变化，对企业经营管理的新动向及时作出反应。三是重点关注行业性风险和区域性风险，加强分析研究，实施贷款额度的动态调整和管理。

四、其他防范风险措施研究

《物权法》的通过将使质押方式更灵活。一些银行已开始尝试将抵（质）押方式变得更加灵活，以拓宽企业的融资渠道，除了商品住宅、商业用房、厂房等不动产抵押物之外，也可用国债、存单、银票等进行质押。广发银行的“动产质押”业务就是一种将原有的授信担保方式进行调整后的产品——企业可以将动产如商品、原材料等存放在银行指定或认可的仓库中作为质押物，在质押物在银行监控下流动的前提下，企业可以据此向银行申请贷款。质押物在质押期内可替换使用，也就是说可用银行认可的新质押物或保证金来置换原质押物，以满足企业存货和资金的正常周转。民生银行的“易押通”也提供了动产质押、股权质押（中小企业以其合法持有的股权凭证作为质押物向银行申请贷款）、标准仓单质押等新方法。光大银行提供的中小企业联保则由多个中小企业共同组成联保体，为其中的成员企业向银行申贷提供共同保证；而混合担保提供了不动产抵押、存货质押、应收账款质押、第三方保证及其他多种措施相结合的担保质押方式。渣打银行推出的“无抵押小额贷款”是银行首次真正采用信用放款的模式来满足中小企业流动资金或一次性大额资金的需求。该银行规定，凡注册地在上海或深圳、营业时间在两年以上、经营稳定的中资企业均可申请。小企业只需要向渣打银行提供营业执照、税务登记证、银行对账单、财务报表等材料，就可以申请该贷款。

表1　　各商业银行中小企业产品担保情况说明

银行	中小企业金融产品	需要担保情况
建设银行	“速贷通”	担保或足额抵（质）押
	“成长之路”	担保或足额抵（质）押
中国银行	“好融通”	需要担保公司介入
工商银行	“小康通”	需要担保
	“营运通”	需要担保
	“置业通”	部分需要担保
农业银行	“贷捷通”	不需要担保足够抵押
交通银行	“展业通”	部分需要担保
招商银行	“助业全”	部分需要担保
兴业银行	“金芝麻”	不需要担保
	“中小企业产品包”	部分需要担保
民生银行	“易保通”、“易押通”、“易票通”	部分需要担保

续表

银行	中小企业金融产品	需要担保情况
光大银行	“中小企业阳光套餐”	部分需要担保
浦东发展银行	“成长型企业金融服务方案”	不需要担保
华夏银行	“中小企业个人经营性贷款”	有时需要担保，一般是足额抵押取得循环额度
深圳发展银行	“创业宝”	部分需要担保
广发银行	“动产质押”	不需要担保
渣打银行	“无抵押小额贷款”	不需要担保真正的信用贷款

从风险限额看集团授信的信用风险控制

中国建设银行第一期风险管理培训班第四小组
上海市分行　齐　红

从银行经营的原则上讲，发展集团客户授信业务、保持授信一定的集中度并无不妥，关键是权衡收益与风险、控制授信额度、加强和规范集团信用风险管理。由于集团客户具有关系复杂、范围不易界定、关联交易隐蔽、转移（传递）风险性强等特征，加之我国公司治理结构不健全，极易导致金融风险，因此，商业银行必须明确集团客户范围，严格区分正常和非正常的关联交易，全面掌握企业关系及变化情况，及时调整和严格控制最高授信额度。

为防范集团客户授信风险，实现信贷资产资源有效配置，2003年中国银监会颁布了《商业银行集团客户授信业务风险管理指引》（以下简称《指引》）。《指引》要求商业银行对集团客户授信遵循适度原则，即商业银行根据客户风险大小和自身风险承担能力，合理确定对集团客户的总体授信额度，防止过度集中风险。并明确将一家商业银行对单一集团客户授信控制总额超过商业银行资本余额15%以上的情形规定为“超过风险承受能力”。

根据《指引》的精神，各商业银行相继出台了相关的最高额度风险控制标准。而以集团净资产为基数，以信用等级为调节因素的最高额度风险控制成为主流，即集团授信风险限额（最高授信额度）＝集团净资产×集团信用评级调节系数。该指标将集团授信最高额度与集团自有资金盈利能力和信用评级状况相结合，首次对集团授信总量进行了量化控制，在防范集团授信信用风险方面发挥了重要的作用。然而随着集团客户交叉持股、偏离主业的大规模兼并扩张以及盲目涉足境内外期货等情况的出现，对集团授信最高风险限额控制应提出更高的要求。

一、目前集团风险限额模型的缺陷

由风险限额（最高授信额度）＝集团净资产×集团信用评级调节系数可见，商业银行集团授信决策应建立在客户净资产规模和信用评级的基础上，即净资产和信用评级是衡量银行是否与集团客户发生信用往来以及授信规模大小的重要尺度。在决定信用等级的诸因素中，客户的偿债能力、财务效益、资金运营效率和发展能力与潜力等几方面的主要财务指标至关重要，在评级中占相当大权重，因此，企业的财务数据是一切的基础。但是，基于集团合并财务数据的集团授信风险限额控制存在以下风险隐患。

（一）集团客户方面

1. 关联交易风险。信用评级是评估债权按时足额归还的可能性。集团客户通过关联交易改变信用评级的基础指标，误导银行对它作出错误的授信决策。其表现形式主要为：

第一，利用关联关系编制不实报表。为顺利通过银行贷款的资信审查，集团往往利用关联交易操纵申请贷款企业的盈利状况，并粉饰财务报表，以掩盖真实情况。在银行不了解集团客户关联性质的情况下，会放大对集团的风险限额。

第二，利用关联交易转移资产。当控股股东分别以金字塔结构或交叉持股方式持有多个子公司的股权时，其在集团内将采取对自己利益最大化而非集团价值最大化的原则进行资源配置。金字塔结构中，控股股东可能将资源从最下级公司转移到上级公司；在交叉持股的集团中，控股股东会将资源从现金流权益低的公司转移到权益比例较高的公司中。对于负债融资在公司的配置也是一样，控股股东往往利用子公司从银行借款，然后再转移到其控制的其他公司或关联方手中；或是通过关联担保，从银行套取资金，间接地实行资产转移。而不论采取何种手段，资产转移的结果都是导致公司信用发生转移，并最终将信用转嫁到各贷款银行，增加银行风险。

第三，利用关联交易进行集团客户盈余管理。关联交易盈余管理的第一步是操纵关联交易膨胀盈利，即通过关联购销、资产转让、资产租赁、托管经营等，将关联方的利益转移至集团客户，以在短期内人为地提高其经营业绩。第二步是操纵关联交易的信息披露。关联方对关联交易信息不知情，或者根据已公开披露的关联交易信息无法判断其交易性质，因而关联方利益集团往往通过不披露关联交易信息或在公开报告中隐瞒真实交易来达到其操纵目的。可见，通过关联交易的盈余管理，可以使集团客户的业绩完全失去客户基础，建立在粉饰过的财务信息基础上的信用评级犹如“皇帝的新衣”般有名无实，而银行据此作出的授信决策无疑潜伏着巨大的信用风险。

2. 或有负债风险。担保作为一种特定的经济行为，其初衷是减少风险，但集团内互保因不考虑对外担保的风险限额反而增加了银行信用风险，使授信额度远远超过实际偿债能力。

3. 行业风险。一般集团授信从收集材料到上报审批少则2～3个月，多则5～6个月。对集团的信用评级往往以上年的年财务报表为基础，实际是集团上年信用等级情况。而用上年的信用等级去预测未来1～2年的集团风险控制显然忽视了行业经济周期风险，不同行业其行业经济周期差异较大。为控制行业周期风险，商业银行已将集团客户授信期限进一步缩短，但不考虑行业特点的授信周期不仅造成基层工作量加重，而且对风险控制也没有起到积极作用。例如，芯片行业必须遵守摩尔定律，较短的行业变化周期就将使其盈利能力一年甚至半年内发生巨大变化，由此导致信用等级急速转化，而用一年前的净资产和信用评级给予未来年度授信使风险控制形同虚设。

4. 集团授信范围和集团法人治理风险。集团客户具有关系复杂、范围不易界定、关联交易隐蔽、转移（传递）风险性强等特征。商业银行授信业务首先应明确集团客户范围，严格区分正常和非正常的关联交易，全面掌握企业关系及变化情况，及时调整和严格控制最高授信额度。

根据《指引》对集团客户的定义，集团客户是指具有如下特征的商业银行企事业法人授信对象：（1）在股权或者经营决策上直接或间接控制其他企事业法人或被其他企事业法人控制的；（2）共同被第三方控制的；（3）主要投资者个人，关键管理人员或与其关系密切的家庭成员（包括三代以内直系亲属和二代以内旁系亲属关系）共同控制或间接控制的；（4）存在其他关联关系，可能不按公允价格原则转移资产和利润，商业银行认为应视同集团客户进行授信管理的。银监会的定义把集团合并报表范围从集团客户授信外延扩大到合并范围以外，使基于合并报表净资产的集团风险控制模型面临挑战。

与此同时，由集团法人治理机制缺乏而导致的“多米诺骨牌效应”是商业银行集团授信的最大风险。随着集团多元化经营、收购合并等步伐的加快，集团现金流量短缺、资金链断裂的情况极易发生。

（二）银行方面

1. 信贷品种差异风险。根据集团授信的含义，集团授信是银行给予集团客户的所有表内、表外业务使用额度的总和。表内、表外业务品种不同，其风险也不同。前述风险限额控制模型是建立在表内业务基础上的，因而难以涵盖表内、表外各授信品种风险差异，在实际操作中往往难以执行。

以表内业务为例，如固定资产项目贷款业务，根据《贷款通则》和行业资本金管理相关规定，商业银行贷款最高不得高于项目总投资的70%（根据行业资本金要求不同一般低于此比例）。以普通工业项目为例，一般要求项目资本金为30%，若全部以注册资本出资，则对新成立的项目公司来说，其净资产仅为项目总投资的30%。在一般情况下，项目公司的信用评级较低或为最低级，由此测算的风险限额无法与70%的贷款相对应。又如表外业务贸易融资和保函。贸易融资企业普遍存在注册资本低、资产规模小的特点，为防范风险，在实际操作中必须根据信用等级不同缴纳一定比例的保证金。根据目前的风险限额控制，由于没有考虑保证金，因而极易超风险限额，保函业务也是如此。

2. 同业授信额度风险。一家银行在考虑自己为该集团增加授信时，若仅考虑自己所增加部分而导致的信贷风险的增加，而忽视其他银行与此同时增加授信所引起的集团客户信用风险的增加，就会出现信贷领域的“公共地”问题。随着银行信贷资产质量下降，过度的信贷对象趋同或行业集中、银行“羊群效应”都会导致银行潜在的信用风险上升。

二、对集团授信风险限额模型的调整建议

（一）集团授信信用风险分析

集团客户信用风险是指集团客户因种种原因，不愿或无力履行合同条件而构成违约，致使商业银行遭受损失的可能性。集团（关联）客户信用风险植根于集团客户致力关联扩张的行为特征及追求产融结合的财务管理模式。因此，集团客户信用风险主要来自两个方面：一是集团外部，主要包括行业政策风险和市场环境风险；二是集团内部，主要包括公司治理、经营方式和信誉等。集团和银行存在信息不对称，加之银行在与集团客户的博弈过程中往往处于被动地位，因而不得不满足客户提出的种种条件，使上述风险加剧。

分析集团（关联）客户的运作特点及由其引发的信用风险的根源，从银行角度探索集团（关联）客户信贷风险的防控措施，提出在完善集团（关联）客户基础信息识别管理的基础上，可强化集团（关联）客户的信贷总量控制。

（二）集团授信的信用风险限额模型构想

针对上述风险限额控制缺陷，结合集团客户形成授信信用风险的内外因素，建议在现有信用风险限额基础上，设定调节系数，不断完善相关的风险控制制度，加强风险防范，最终达到有效降低风险的目的。以下是建议调整后的风险限额计算方法：

集团客户风险限额 = 净资产 × 信用等级调整系数 × 信用风险调整系数

单一商业银行集团客户信用风险限额 = 集团客户风险限额 − 同业授信比例 − 或有负债

信用风险调整系数主要包括授信品种权重系数、行业风险系数、关联交易风险系数和集团公司法人治理风险系数。

1. 授信品种权重系数。为加强信用品种对风险限额的敏感性，我们用此系数调整集团授信风险限额。表内业务可根据业务品种的历史违约率统计数字来测算平均违约情况，设立权重系数。这里特别要强调银行表外业务。银行表外业务是指不列入银行资产负债、不影响其资产负债总额，但影响当期损益的经营活动。由于表外业务可以为银行带来丰厚的收益，因此，随着票据发行便利、互换、期权和远期利率协议这些金融创新“四大发明”的出现，表外业务的重要性与日俱增。

近年来，表外业务收入在银行总收入中的比重越来越大，像美国、日本、英国的商业银行表外业务收入占全部收入的比重均在40%或以上。但由于表外业务存在经营、流动性和市场风险隐患，使其犹如“达摩克利斯之剑”时时悬在商业银行的头上，因为当或有事件发生后，表外业务将转化为表内资产负债的风险。如英国巴林银行倒闭、日本大和银行纽约分部巨额亏损事件等。按照《巴塞尔新资本协议》对表外业务的监管要求，所有表外业务都包括在衡量资本充足率的指标中，而且把表外业务分成八大类，并规定了不同业务转换为表内资产的风险程度指标——信用等级风险系数。通过这个系数可以把各类表外业务折算成表内业务余额，然后根据表内同等性质的项目确定风险程度权数，用这些权数将折算出的金额进行加权汇总，调整集团授信风险限额。

具体系数计算方法如下：

X代表授信品种权重系数，假设集团授信的授信品种为M，系数为0～2，系数将根据授信品种特点和商业银行违约率情况而发生变化，则授信品种权重系数可表示为$\sum X/M$。

2. 行业风险系数。可根据行业分类预警情况和行业经济周期期限来设定行业风险系数，以加强对集团客户行业变化导致的财务状况的敏感性。

在一般情况下，当行业收益水平高于行业平均水平时，收入

规模大、经营现金流充沛的集团客户有能力用超额利润弥补信贷成本，因而其信贷资产质量较好、信用风险较低；相反，一些资源消耗程度较高和产能过剩的行业，其市场需求则持续下降。该行业集团客户将面临较大的市场竞争压力，经营较困难，自身“造血”功能降低，基本靠外部“输血”来保持正常运转，负债率较高、授信风险较大。因此，对不同行业的集团客户应根据行业风险预警情况给予不同的风险限额调整。

行业经济周期变化，对集团客户效益持续性影响较大。因此，应根据经济周期情况设置对应的调节风险系数。

具体系数计算方法如下：

Y 代表行业风险系数，假设集团客户涉及 N 个行业，系数为 0～1，系数将随行业周期和行业预警情况变化，则行业风险系数可表示为∑Y = ∑Y × 第 I 个行业收入占集团收入比。

3. 关联交易系数。集团客户的关联交易可导致信用转移风险，因而商业银行应加大对集团客户授信业务的监管力度，明确集团客户范围，严格区分正常和非正常的关联交易，全面掌握企业关系及变化情况，及时调整和严格控制最高授信额度。

具体系数计算方法如下：

Z 代表关联交易风险系数，系数为 0～1。首先，设定一些衡量关联关系的定性或定量指标，如根据集团关联关系紧密程度可分为密切、一般和无关联关系，根据关联金额占集团交易量情况可进行数量化分解等。

4. 法人治理风险系数。集团性客户是指以资本或契约为纽带，以集团章程为共同行为规范的母公司、子公司、参股公司及其他成员企业或机构共同组成的具有一定规模的企业法人联合体。从集团成员的联结方式看，我国集团客户主要有三种形式：其一，契约式集团客户，即集团客户的各成员通过签订协议，在自愿互利的原则下发挥各方优势，形成集团统一管理权。其二，股权式集团客户，即以资本作为纽带，通过集团母公司对集团成员单位的股权占有来实现对成员企业的统一管理。其三，家族式集团客户。从形成原因上可分为以下几种：第一，行业转轨型，即融经营与管理为一体的政府行业管理部门按国家政策要求分为若干个集团客户；第二，市场发展型，即为提高市场竞争力，以强势企业为基础，通过兼并或重组形成的集团客户；第三，政府推动型，即地方政府以行政手段对辖属企业进行组合。

不论集团客户属于何种类型，都必须拥有健全的法人治理机制。具体包括：健全的现代企业制度、财务制度、决策机制、远期发展战略和重大信息披露制度等。上述制度的建立与否直接影响集团客户授信的安全性。商业银行要对集团客户重大改制、重组、兼并、扩张等保持高度敏锐性，以防止由此导致的集团客户信用风险。

具体系数计算方法如下：

J 代表集团公司法人治理风险系数，系数为 0～1，系数根据法人治理指标变化。

5. 同业授信额度和集团客户或有负债。受同业竞争影响，商业银行之间对于同一集团客户授信的信息是不对称的，这种市场现状极易造成集团客户信用膨胀，进而造成信用风险。因此，一家商业银行在采用以集团客户财务报表为基础的授信风险限额控制时，应考虑同业给予该集团客户的信用额度和该集团客户对外已经承诺的或有负债情况。

三、集团授信风险补偿机制探索

（一）集团授信信用组合管理

对集团授信中具有不同风险回报特征的资产进行有效选择，建立最符合商业银行风险偏好、能带来最大收益的资产组合，是防范集团授信信用风险、实现收益覆盖风险的最佳选择。

20 世纪 50 年代，马柯维茨及其追随者提出了现代资产组合理论，该理论构成了现代金融理论的核心和基石。所谓“不要把所有的鸡蛋放在一个篮子里”、“东边不亮西边亮”的古训，就是避免集中风险和多样化分散风险这些西方组合管理的基本精髓的朴素表达形式。

该理论和其他经济理论一样，是建立在一系列假设基础上的，它认为，众多的投资者在资产市场上的自由投资选择，最终会形成一个完全相同的最优风险资产组合，不同的仅仅是投资者根据各自的风险偏好和财富状况选择各自投资在这个风险组合和无风险组合资产上的比重，即通过对风险资产组合投资和对无风险资产投资的搭配来确定适合于风险偏好和财富状况不同的投资者的最终完全有效投资组合。这一风险资产组合之所以被称之为最优，是因为在所有的风险资产组合中，按照风险收益最大化的原则，这一组合是最优的，而且不论投资者风险偏好和财富状况如何，投资者都会选择这一风险资产组合。按照这一理论建立起来的资产组合，能在保证一定的收益率条件下，将风险控制到最低限度。

根据这一理论，资产组合面临的总体风险可分为系统性风险和非系统性风险，系统性风险是与整个经济体系和市场相关的风险，所有资产都受到它的影响，如通货膨胀、经济危机等。非系统性风险仅和资产自身特性相关，不同资产的这种非系统性风险被认为是彼此独立的。根据统计学中的大数定律，大量的这种彼此独立的风险的集合大大减少了总的非系统性风险。因此，多样化降低了这类风险。然而，系统性风险由于受到整个经济体系的影响，不能通过多样化消除。

从监管要求看，以《巴塞尔新资本协议》为代表的金融监管发展极大地促进了信用组合管理的发展，因为《巴塞尔新资本协议》确立了监管资本反映金融机构经济资本，从而增加了监管资本对金融机构整体风险反映的敏感度和准确性的基本原则，监管资本的计算在方法上也反映了金融机构信用组合管理所采用的方法。信用组合较传统的贷款多样化管理具有更多的管理功能和优越性。一是能准确衡量风险，有利于有效配置资本和业绩衡量；二是能够有效利用信用提升、风险缓释等现代风险管理措施，有利于银行整体风险的动态调整和及时控制；三是可以按照《巴塞尔新资本协议》的要求准确计算监管资本，以获得采用高级风险计量方法带来的降低监管资本的好处；四是有利于解决信息悖论和信用两难问题，妥善处理风险管理与专业优势、客户关系、地域局限等方面的关系。

根据信用组合理论，就是在组合风险分析的基础上，通过多样化分散集团授信风险、保持清偿力和资本充足率、经济资本配置和业绩衡量、信用风险定价、信用风险对冲和监管资本套利等方面实现信用组合最优化，以实现收益覆盖风险。

（二）集团授信风险定价模式

贷款定价的实质是通过对银行所承担的信用风险进行预测和度量，对每笔贷款确定合理的风险价差补偿，该风险价差必须能补偿银行对特定债项的风险承担。

目前国际上比较成熟的贷款定价方法主要有三种模式，即成本加成本定价模式、价格领导定价模式和客户盈利分析模式。这些传统的定价模式在实际应用中尽管有各自的优势，但由于它们主要是基于会计核算手段，因而在对信用风险的度量上存在一定的不足。目前比较前沿的风险定价模型主要包括两类，即结构法模型（Structural Approach）和简化法模型（Reduced－Form Approach）。简化法模型的核心思想是利用固定收益证券的利率期限结构理论对风险债务进行定价。该模型最初是由 Jarrow 和 Turnbull（1995）提出，其后经 Duffie 和 Singleeton（1996）、Jarrow 、Lando 和 Turnbu（1997）、Duffie（1998）以及 M. Onorato 和 E. Altman（2005）等学者不断完善。与结构法模型不同，简化法模型依赖信用等级和历史违约信息推出风险债务定价所需的违约概率，它并不对企业的违约原因进行解释，而是假设企业的违约概率是一个外生的随机过程，这个随机过程决定信用风险的价格。

《巴塞尔新资本协议》在全球实施，作为《巴塞尔新资本协议》核心的内部评级法也将成为银行风险管理和资本监管的主流模式。在内部评级法下，银行贷款的风险特征主要有四个构成因素：借款人违约概率（FD）、债项特定违约损失（LGD）、债项的违约敞口（EAD）、债项的期限（M）。将这些因素组合在一起，银行可以衡量特定债项预期的内在损失，并据此确定信用风险的价差补偿，从而达到贷款定价的目的。

四、建立集团授信信用风险动态监管体系

古时，扁鹊因妙手回春被称为“神医”，但据说他认为医术高明的是他的“胞兄”——总是诉诸预防，让人不得病。任何风险的发生都是有征兆的，商业银行必须建立集团授信信用风险动态监管体系，防患于未然。

由于集团客户授信往往涉及商业银行多家分支机构，完善集团授信信用风险动态监管体系至少包括：第一，机构健全的主办行制度。主办行必须配备专职人员，负责成立集团授信工作小组，以便加强信息沟通，一旦集团客户内出现违约或重大变动，及时作出反应。第二，建立统一的贷后信息监管平台。在目前的操作

系统中，由于缺乏对集团客户的识别功能，集团授信贷后管理基本以手工操作为主，不利于集团授信使用额度等风险监管。因此，必须加强系统开发，同时加大贷后检查的频率和力度，严格按照授信审批条件执行，坚决杜绝授信使用对象与关联企业的不公允资产交易。第三，动态跟踪集团客户财务状况变动情况，定期对集团客户跟踪评价等。

综上所述，经营资金的集中、信贷管理权限的集中、信贷投向的集中是当前银行信贷集中与扩张的基本特点。应该说随着国有商业银行组织结构的战略收缩，不管是经营资金的集中、信贷管理权限的集中，还是信贷投放的集中都是一种市场化的自然反应和风险规避的选择。集团授信风险控制具体表现为关注企业经营活动、了解集团财务状况、预测集团内企业违约或破产的可能。银行通过设定集团授信风险限额来确定授信期限、数量、保证方式，并通过信用风险补偿机制加强集团信用风险控制。

谈合规文化

总行合规部　郦锡文

合规文化的提出源于巴塞尔银行监管委员会 2005 年 4 月发布的《银行与银行内部合规部门》这个文件。国内最早论述合规文化是银监会主席刘明康 2005 年 7 月在西北五省区合规风险管理高级研讨会上的讲话。他在那次会上说：“合规性管理和合规文化建设是银行业实施风险为本的基础和载体。风险为本的风险管理和文化建设是合规性建设的核心和内涵。”“合规性风险管理和合规文化建设，不是监管者要我们做的，而是银行内控能力和机制建设的一件大事。”之后，合规文化建设开始进入各家商业银行关注、讨论、研究的视野。2006 年 5 月，中国建设银行制定了合规政策，将建设银行合规文化主理念表述为：诚信、正直、守法、合规。笔者认为，可将合规文化进一步归纳为如下 10 种文化。

一是合规诚信文化。其关键词是：诚信为本、正直为德、守法为基、合规为则。诚信文化应该是商业银行的第一文化要诀，因为商业银行是一个高负债、高风险的金融企业，其所从事并赖以生存的资金经营和金融服务，都是依靠商业银行的信誉来维系的。不难设想，如果一家银行缺乏诚信，诓骗客户，广大客户一定会远离这家银行，股东也会撤出资本金或另择其他有信誉的合格者来经营。只有待人以诚、敬业守诚、诚实守信，银行才能获得广大客户的信任和钟爱，才有为客户提供融资、服务的本钱和收益。因此，把诚实守信作为商业银行合规文化的第一要诀，既是构建合规文化体系的基点，也是拓展银行生存发展空间的源泉。在与国内外商业银行越来越激烈、越来越广泛的竞争中，即使上市银行暂时不能在资本、资产、盈利等规模上超越国际一流的大牌银行，也应该在诚信服务、优质服务、高效服务、安全服务等方面超越对手，争创一流。

二是合规自律文化。其关键词是：主动遵循、自觉坚持、加强检查、有效监管。中国建设银行合规政策明确提出，合规要从高层做起，合规人人有责。商业银行经营活动中的各种法律、规章、规则、准则等虽然是带有强制性的条规，但它更是带有自律性的行为或执业规范。只要商业银行及其经营者不去挑战、违背、蔑视、对抗这些条规，就可以自由自在、放心大胆地从事自己法定范围的各种业务。反之，如果商业银行及其经营者不去遵循甚至故意违背、抵触这些条规，不论其行为后果如何，都可能受到这些条规的警戒、约束甚至惩罚。我们讲合规要从高层做起，合规人人有责，绝不能把这种合规意识的培育和传播看成是一件受约束、不自由的烦心事，而应该看做是尊重社会公德、尊重法律权威、尊重游戏规则、尊重个人品格的高尚快乐的事、心悦诚服的事。当然，在法规面前，仅仅提倡主动遵循还是远远不够的，毕竟人人都有自觉或不自觉地犯错误、犯糊涂的时候，因此，合规文化的建立和遵循，除了个人自觉坚持、养成习惯、持之以恒外，还要受人监督或有人监督。特别是执行合规监管职责的部门和人员，必须自觉履行自己的职责，既要加强对他人的检查监管，也要接受别人的检查监管。如果没有严格、公正、有效、持续的检查和监管，即使是位高权重、受人景仰的人物，也可能违规出错甚至违法受罚。

二是合规责任文化。其关键词是：合规免责、合规奖励、违规问责、违规处罚。讲到责任文化，虽然说是合规人人有责，但并非合规人人等责。各个层次的责任人的合规责任不应该是等量齐观、一个价码。银行高管层的合规责任应高于、重于、多于中层管理者，中层管理者的合规责任又应该高于、重于、多于一般执行层（或操作层）。如果不区分主次、轻重、大小、先后，出了违规风险或损失后仅就事论事地对操作层或基层人员问责，这样的合规责任体系就是脆弱、失效或者说是虚伪的，就很难保证合规文化的真正建立和巩固，也难以避免各种违规风险的继续发生。因为建立合规责任文化的要义不仅在于对违规当事人的惩戒、处罚，更在于对其他人尤其是合规管理者的教育、警示。中国银监会提出了处理案件“一案四问”的原则（若发生违规风险案件，要一问当事人、二问相关人、三问知情人、四问上级领导人），笔者认为，这个原则是银行业建立合规责任体系的一个新文化、新标准，是有积极、广泛的借鉴及指导意义的，建设银行在建立合规问责制度中，可考虑建立“一事四查”制度，即查现状、查历史、查关联、查内外。

四是合规精细文化。其关键词是：大处着眼、小处着手、见微知著、精益求精。俗话说：千里之堤，溃于蚁穴。在合规风险管理实践中，我们见到了太多因对细节的疏忽或失控而给商业银行带来严重风险和损失的案例，而新的案例还在不断进入公众视野和耳膜。山东德州的刁娜案、河北邯郸的金库盗窃案、山西洪洞的挪用银行资金案、湖北潜江的运钞车失窃案……每一件案子都是因为某一方面的细节管理长期缺失，或有章不循，或徒有形式，让“内鬼”有机可乘、有空可钻，并轻易得手。商业银行建设合规文化和强化风险管理，绝不能搞“假大空”的游戏，也不能搞徒有其表的“花架子”或口号秀，一定要真抓实干，从细节做起、从点滴做起、从自我做起、从现在做起。“勿以善小而不为，勿以恶小而为之”，这样的警句如果能变成每个人的行动，相信银行合规、社会和谐、人民康乐的美好愿景一定能早日实现。

五是合规创新文化。其关键词是：尊重科学、关注风险、大胆创新、提升效益。在一般人看来，似乎强调合规就必然偏于保守，提倡创新就必须破除旧规，其实，这既是对合规的误读，也是对创新的曲解。合规不是墨守成规、因循守旧、不求进取，更不是反对创新、阻碍创新、敌视创新。当然，创新也不是违法乱纪、胡作非为、为所欲为，创新是在尊重科学、遵守法规、关注风险基础上的解放思想、推陈出新、合理扬弃。合规与创新既可以看做是一枚硬币的两面，共同承载着货币的价值，也可以看做是并行不悖的两条铁轨，共同保障列车安全、正点地到达目的地。强调合规不能扼杀创新的思维和行动，而是要用合规保障创新的成功概率和生命力更强盛；提倡创新也不能抛弃合规守法、尊重科学的规律，而是要用新的视角来提升合规的高度和标准，使合规理念与时俱进。社会在变，环境在变，人的思维、文化观念、生活习惯等也都会发生变化，这是亘古不变的客观规律。所以，我们既不能用僵化的思维对以往的法律、规章制度等顶礼膜拜，同时也不能用法盲的眼光对前人用智慧和心血浇灌出来的法规成果等不屑一顾，甚至用无法无天的狂傲态度蔑视、践踏这些成果。总之，只有正确地把握好合规与创新的角度、速度、深度、广度、节奏等，才能保证银行“列车”稳健高速运行，安全性、流动性、效益性相得益彰。

六是合规团队文化。其关键词是：领导带头、上下同心、部门协同、齐抓共管。美国银行的合规管理文化格言中有这样一句话：“Compliance：It's Everybody's Business at Bank of America”（合规是美国银行每一个员工的责任）。在建设合规团队的过程中，我们讲人人都有责，人人应尽责，但首先必须领导带头守职尽责。目前在商业银行中，这样的团队合规文化氛围似乎还没有形成，经常能够看到这样一些现象：有些银行的负责人常常要求属下员工学这学那，合规守法的话也没少说，但他们自己却常常以工作忙、应酬多、身份特殊为借口，既不学习也不遵循。现在银行发生的一些稀奇古怪的案子，多数出在基层，又多数出在一些基层负责人身上，这不能说全是基层负责人的错，也有其上级领导在这方面“其身不正”的影子，或者说对合规抓得不实的过失。可见领导带头合规说起来容易，做起来却并不轻松，实际现状与相关规定相去甚远。另外，还有一种现象也需要给予关注：近年来，一些分支行陆续设立了合规部门，但在建立合规部门后，有些领导认为，凡是与合规有关的事情就全是合规部门的责任了，而其他业务和管理部门也把本应由自己承担、管理的合规职责等本职工作向合规部门推卸、转移，这样就把银行团队合规理解和操作为仅仅是银行合规部门的合规，这实在是偏离了合规风险管理和合规文化建设的真谛。笔者认为，银行合规的责任既不能由银行的管理者独揽，也不能由银行合规部门承包，它必须由全体银行员工共同担当和履行。不言而喻，银行管理层担负着其中最重要、最主导的责任，包括诚信责任、看管责任、领导责任、用人责任等。银行合规部门和其他业务管理部门也有各自的合规责任，包括合规组织、合规执行、合规监控、合规报告、合规建议责任等。银行的各级中层、基层员工，则必须承担合规落实、合规操作、合规举报、合规建议等责任。只有从上至下、从下至上建立起了领导带头、上下同心、部门协同、齐抓共管的合规团队文化，商业银行的合规正气、习惯、文化才能蔚然成风，各种违规思维和歪风邪气才会失去其存在的环境而逐渐消亡。

七是合规价值文化。其关键词是：合规是福、违规是患、合规有价、违规有失。提倡经营合规、生财有道，这是贯彻以人为本，保护银行干部员工终身不犯或少犯错误，永葆自身职业生涯健康纯洁、充满向上活力的“护身符”；而违规违法则是断送银行员工职业生涯、事业前程、家庭幸福的“罪魁祸首”。当我们看到昔日的个别领导、同事或下属，因其自身一时一事的违规、失德、贪欲等而被“双规”、“双开”、“双失”（失去前程，失去家庭）甚至“双进”（进监狱、进刑场）的时候，大家不免会产生某些惋惜和痛心，但法不容情，违规必究。现在许多商业银行都在大讲特讲“以人为本”，这固然是一个好现象，但笔者认为，真心诚意的以人为本，不仅仅是对员工工资、福利、年薪等物质财富的关注和提高，还应该关注和提升其职业前景、人格操守、品德规范等精神财富的积累和成长。用一辈子合规经营的信念和文化留住广大干部员工为银行忠诚、敬业、勤奋地工作，银行就有了持续创造价值的强大生产力，这或许是合规创造价值更值得拓展的一个新的、广阔的空间。

八是合规品牌文化。其关键词是：以法为据、以客为上、以质为先、以牌为重。这里说的“牌”就是银行的品牌。笔者认为，确保银行安全合规经营，本身就是银行的一块金字招牌。时常能够听到这样一种说法：十年树产品，百年树品牌。可见塑造品牌的艰辛与不易。建设银行经过50多年的发展改革，先有“三起两落”，后有两度剥离（不良资产）、两次增资（资本金），再有重组改革上市，前后换了十几任行长，才有了今天的立足世界500强、国内前3强大银行的位置和名分，建设银行的品牌也已有了近千亿元的价值。不难设想，没有几十年的基础、没有国家的呵护、没有员工的奉献和客户的关爱，建设银行很难有今天的辉煌。因此，建设银行的每一个员工都应该珍惜建设银行这个品牌给自己带来的利益、名气、责任、使命和压力等。没有建设银行整体上依法合规经营的昨天，就不可能有建设银行成为股份制改革“领头羊”的今天；同样，没有建设银行上市后继续依法合规经营的今天，也难以看到其更加成就辉煌、跻身国际一流银行的明天。当然，塑造世界一流银行的品牌并不仅仅是有了一个合法合规的形象就一应俱全、一有尽有了，塑造百年品牌要经过百年磨炼，尤其要得到广大客户的认同和信任。因此，以客为上、以质为先，都是塑造银行优良信誉和优秀品牌的基本功和经营之道。现在，经常能够听到一些客户对包括建设银行在内的国内银行的抱怨和诟病，如服务收费价格不合理，办理业务排队时间长，在ATM、网上银行办理业务缺乏安全性，内部员工挪用客户资金让人不放心等，这些都是对银行品牌的玷污和毁损。因此，商业银行一定要建立这样的文化基调和职业规矩：对内部不尊重客户甚至损害客户合法权益的人和事，绝不能轻描淡写、姑息迁就，谁要是砸了银行的牌子，银行就应撤其位、摘其帽、走其人。只有这样，银行合规经营、优质服务、以客为尊、诚信公道的招牌才能有经久不衰的公信力、吸引力和竞争力。

九是合规长效文化。其关键词是：百年大计、系统工程、兴利除弊、与时俱进。银行的合规经营，就其过程来说，只有起点而没有终点；就其标准来说，只有最低标准而无最高标准；就其效果来说，只有更好而没有最好。因此，银行合规经营必须做到锲而不舍、持之以恒、经久不息、精益求精。许多事例表明，一些国有商业银行在过去垄断性比较强的时候能够做到比较合规守法，但在股份制上市和外资银行全面进入国内市场以后，银行业务和服务产品的多元性、复杂性、创新性、风险性、竞争性更趋激烈，加上高薪金、高指标的诱惑和压力实在太大，一些银行或部分员工就在这种诱惑或压力面前有失合规方寸，自乱合规阵脚。作为一个有着几十万名员工的大银行，要确保全员上下、经年累月都持续合规确属不易，但笔者认为，这正是对商业银行管理者的一个挑战和检验。做人不能见利忘义，办银行也不能唯利是图，见利失节、失范、失规。古人说：法乎其上，得乎其中；法乎其中，得乎其下。笔者认为似可加上一句：法乎其下，得乎其无。也就是说，银行要用合规的高境界，即主动、持久、全面、有效合规来要求自己、激励员工。如果仅用低标准要求自己及员工，很可能会一事无成。总之，商业银行应该用合规文化建设的高标准来要求自己、约束自己、激励自己，把合规风险管理作为百年大计和系统工程来抓，分步实施、常抓不懈、年年有成。只有随着时代的进步和内外部环境的发展变化而与时俱进、不断创新，商业银行的生命力和国际竞争力才能永葆常青、恒久强盛。

十是合规和谐文化。其关键词是：民主法治、公平正义、安定有序、人境相宜。合规是和谐的初级阶段，没有合规根本谈不上和谐，犹如农民种地，没有播撒合格的种子，绝对长不出饱满的果实；而和谐是合规的高级阶段，有了饱满的果实，就可以选育出更加合格优良的种子，为生产更高产量、更优品质的果实奠定基础。合规为了和谐，和谐提升合规。商业银行要为建设和谐社会添砖加瓦、锦上添花，必须做到自身经营合规守法有效、与客户和谐共赢、与员工和谐共生、与环境和谐共容、与社会和谐共进。如果商业银行把合规文化建设放到与构建和谐社会远大目标的高度上去重视、去培育，不仅商业银行的社会责任感会油然而生，商业银行的经济效益也会与日俱增。

美国次级抵押贷款危机警示

总行研究部 董积生

随着经济金融全球化不断深入，美国次级抵押贷款（以下简称次贷）危机给全球带来了广泛影响，引发了一系列“多米诺骨牌效应”。所幸的是，在各国中央银行的合力干预下，美国次贷危机尚未产生坍塌效应。虽然我国在次贷危机中损失有限，但不能据此就掉以轻心。随着我国融入世界经济不断加深、金融市场更大力度的对外开放、经济体更广泛地参与国际竞争，美国次贷危机对我国有着深远的警示意义。

一、把握经济周期发展变化

作为宏观指标，GDP增长率比较全面地反映了经济运行发展状况。次贷危机从表象上看，是由美国次级房贷者无法及时还贷而导致支付链条受到破坏而产生的，但从深层次上看，次贷危机的爆发及其产生如此广泛的影响，与市场对美国经济增长前景信心不足及由此带来的连锁反应有着根本的关系。从发展轨迹来看，虽然美国经济增长仍处于较高点位，但下降趋势明显。在经济增长处于下降通道的状况下，任何金融风险都可能产生较严重的后果。由于美国在全球经济增长中的“老大”作用，产生于美国的次贷危机当然不可避免地对全球经济体产生各种或多或少的影响。

美国经济增长的周期性变化与美联储联邦基准利率调整有着

密切关系。2001年1月至2003年6月，美联储连续13次（见图1），或以0.5个百分点的幅度，或以0.25个百分点的幅度，将联邦基准利率由6%下调至1%。短时间快速下调联邦基准利率，使得信贷成本急剧降低，美国投资、消费迅速膨胀，刺激美国经济快速增长攀升。在意识到流动性过剩、风险逐步加大后，美联储随后又以0.25个百分点的幅度连续17次上调联邦基准利率，两年内将联邦基准利率由1%上升至5.25%。作为最重要的货币政策工具之一，利率在一定时期内连续下调，又在另一个时期里连续上调，无疑会给经济造成较大的波动（见图2），并由此带来广泛影响。

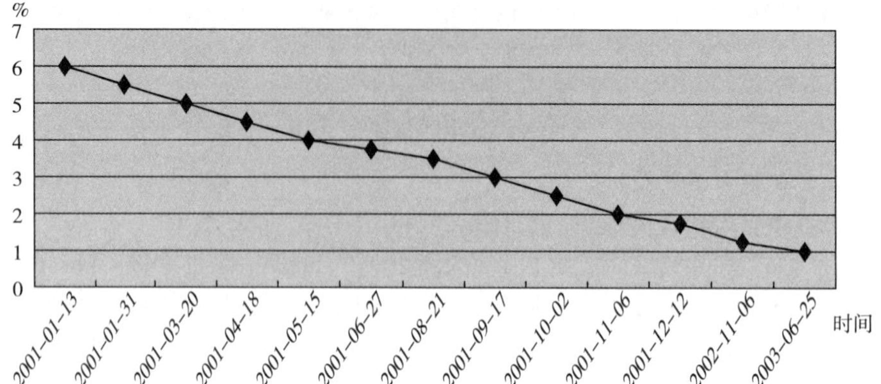

数据来源：FED。

图1 美联储连续13次减息

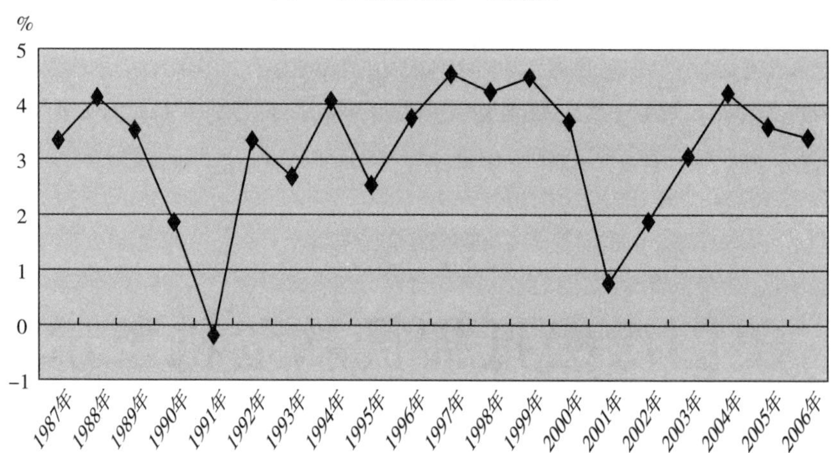

数据来源：中经网。

图2 美国GDP增长率

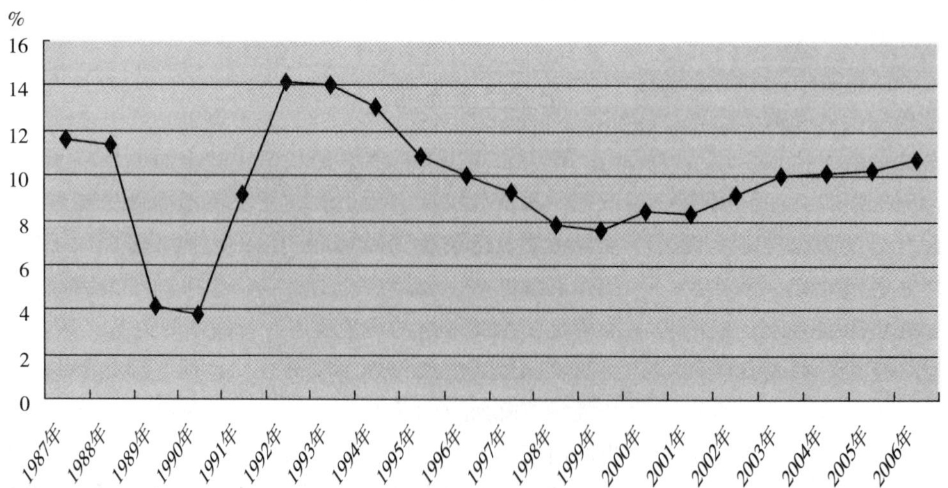

数据来源：国家统计局。

图3 中国GDP增长率

从我国来看，自1999年以来，我国经济增长一直以较高速度稳步攀升（见图3），我国经济的高速增长极大地促进了生产力发展，大大提高了民众生活水准，但与之伴随的是，我国经济运行的风险也在逐步扩大。考虑到经济增长固有的周期性变化、美国次贷危机、美联储联邦基准利率调整对经济发展带来的影响，把握经济增长周期发展变化，采取包括利率适时调整在内的多种货币政策工具，并配以其他相应措施，未雨绸缪，对我国各类经济主体稳健运行并不断发展壮大有着极为重要的意义，对我国金融业特别是银行业来说尤其如此。

二、审慎创新

规避风险，赚取更多利润是金融创新的重要目的，但作为一种客观存在，金融创新并不能消除风险，只是将风险由一种形式转换成另一种形式，由一种载体转嫁到另一种载体上而已。金融创新并不是没有风险，相反，由于不确定性，由金融创新诱发的金融风险有时可能还更大，带来的冲击更严重。美国次贷危机的发生就与金融机构为创造市场需求、追求更多利益，同时又对风险把握不足而不断推出无本金贷款、ARM 贷款等“零首付”、“零文件”次贷产品有很大的关系。这些创新的次贷品种极大地拓展了金融机构的市场，但其高风险特征也埋下了次贷市场的隐患。而事实上，在次贷危机产生以前，几近“完美”的市场运作链条，使谁也不认为这些创新的次贷品种具有如此大的风险。资产证券化市场的创新无疑又将次贷危机的影响由次级房贷市场几乎席卷到经济的各个领域。

尽管如此，并不能就此否认或抑制金融创新。在竞争日趋激烈的今天，金融创新无疑是市场制胜的最重要的利器之一。所要做的是，在进行金融创新时，要对金融创新的正面效应和负面效应有充分的认识和估计，对金融衍生产品的风险和潜在风险要予以更多关注，并不能仅聚焦在金融创新带来的收益上面。当前，我国金融业正处于全面转轨时期，融入国际市场的力度在不断加大，严峻的市场竞争使我国金融创新意识异常强烈。我国在进行金融创新时尤其要考虑到金融创新可能诱发的金融风险，审慎创新对正处于全面转轨的我国金融业稳健发展至关重要。

三、加强房地产贷款管理

次贷危机的诱发与美国房地产市场的萎缩分不开，正是由于美国房地产市场萎缩、房屋价格下降、房屋销售减少，才最终导致了次贷危机的产生。而美国房地产市场的萎缩与美国前期房地产投资炒作过猛、房价虚高及利率调整导致房价泡沫爆裂有直接关系。

“9·11”事件以后，美国为了刺激经济增长，连续13次降低利率，低利率政策使房地产市场受到激励而迅速膨胀，炒房投资盛极一时。2003—2006年，美国平均房价涨幅超过了50%。由于看好房地产市场的发展，美国住房信贷急剧扩张，截至2006年底，美国住房按揭贷款规模达到6.5万亿美元，超过4.3万亿美元的国债规模。但经济形势的变化使美联储从2004年6月到2006年6月又连续17次调高利率，利率调升幅度高达4个百分点。利率调升不仅使对利率敏感的房地产市场开始有反应，房屋价格、开工率和销售均下滑并屡创新低，也使很多贷款者开始无力支付不断增加的贷款本息，导致该市场违约率不断上升。随着美国房地产形势逆转，次级抵押贷款危机也表露出来，并带来连锁反应。

美国次贷危机的诱发无疑对我国房贷管理敲响了警钟。近年来，无论是房地产开发贷款还是个人住房贷款，在我国都呈现出快速发展之势。由于我国房屋价格上涨迅猛，房价收入比远远超过美国、德国、法国、日本等高收入发达国家，且我国房贷大多为浮动利率贷款，因而随着我国利率的调整提升及用地规范等，房地产开发、支付成本必然加大，消费及投资者房贷成本也必将提升。借鉴与吸取美国次贷危机的教训、加强房贷管理，对我国的重要意义不言而喻。

表1　16家商业银行房地产及个人消费贷款状况

单位：亿元,%

	2004年末	2005年末
房地产开发贷款	9 901	10 291
房地产开发不良贷款	1 098	916
房地产开发不良贷款率	11.1	8.9
个人消费贷款	18 486	20 258
个人消费不良贷款	334	518
个人消费不良贷款率	1.8	2.6

注：16家银行为四大国有商业银行和12家股份制商业银行。

数据来源：中国人民银行。

鉴于在分业经营体制下，房地产信贷仍然是商业银行主要盈利业务之一，因此，在房地产信贷风险不断加大的状况下，商业银行要对房地产开发贷款、土地储备贷款、个人住房贷款、商业用房贷款等不同类型贷款的审批标准、操作程序、风险控制、贷后管理等作出明确规定，完善各类房地产贷款风险分类制度，建立动态的风险拨备机制，密切关注房地产业发展周期及房地产市场、客户出现的新变化，及时对房地产行业政策调整及市场变化作出反应。表2，图4～图6显示了与我国房地产相关的数据。

表2　　工行、中行、建行三大银行房地产贷款状况　　单位：亿元

	2005年末	2006年末
房地产开发贷款	4 813.91	5 763.02
个人贷款	13 242.35	15 367.97
个人住房贷款	10 127.23	11 760.66
房地产开发不良贷款	403.19	389.82
个人住房不良贷款	184.42	192.41

数据来源：银行官方网站。

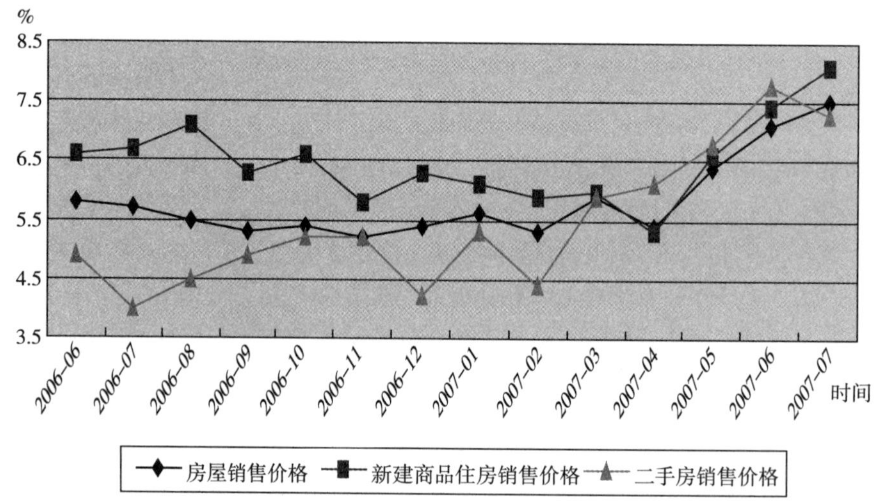

数据来源：国家发展改革委。

图4　70个大中城市房屋销售价格同比增长

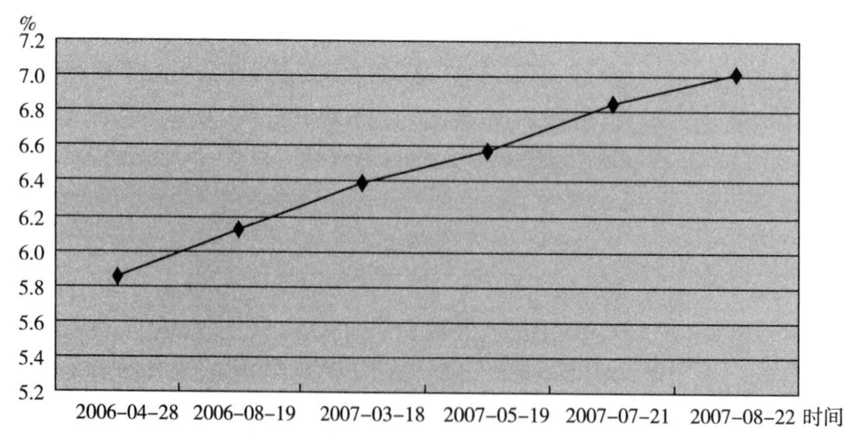

数据来源：中国人民银行。

图5　一年期贷款基准利率调整状况

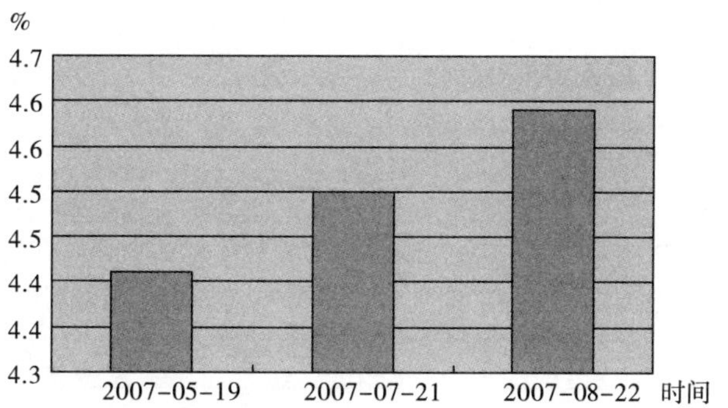

数据来源：中国人民银行。

图6 五年期以下住房公积金利率变化状况

值得注意的是，我国个人住房不良贷款数额已呈攀升之势。国际经验表明，个人住房贷款的风险暴露期通常为3～8年。中央银行近年来连续多次加息，个人住房贷款支付不断增加，这就意味着国内银行个人住房贷款在近一个时期内已逐渐步入违约高风险期。对此，商业银行要及早做好应对准备，将可能扩大的违约风险渐次化解。

四、加快住房抵押贷款证券化

在证券化因素作用下，美国次级房贷危机扩散到广阔的经济其他领域，因此引发了市场对资产证券化的重新思考。其实证券化本身并非美国次贷市场危机的“罪魁祸首”，祸根在于在房地产市场持续繁荣的背景下，放贷机构为了追求高收益，向那些风险很高、还款能力比较差的借款人发放高利率次级抵押贷款。

值得注意的是，美国普遍采用资产证券化等分散信用风险工具，又是此次美国房地产价格下跌没有引发全面房地产金融危机的一个重要原因。如果没有资产证券化，由房地产市场独承全部次贷风险，那么，规模庞大的次级抵押贷款出现危机将会给整个美国房地产市场带来严重危机。考虑到房地产业在美国经济增长中的重要拉动作用，如果不是很高的证券化程度，次贷危机甚至还有可能使美国经济走向萧条。资产证券化降低了次贷危机的程度，这对处于转轨时期的我国银行业来说无疑是重要的启示。

近年来我国银行体系资产与负债期限结构不相匹配的问题不断显露，贷款长期化与存款短期化、贷款流动性降低与存款流动性增强两对矛盾并存，银行“短借长用”矛盾日益突出（见图7、图8）。不仅如此，我国商业银行信贷资产的投向长期以来一直较为集中，由于创新工具的缺乏，商业银行只能被动地持有信贷资产，信贷资产集中使银行体系信贷风险也难以有效分散。面对资本市场的发展、融资脱媒的加剧和信贷风险的集中难释，国内银行要着眼长远，不能因目前流动性还很充足而滞缓资产证券化发展，相反地，要加快住房抵押贷款等资产证券化进程，发行抵押贷款债券，引进抵押贷款投资者，以分散银行风险，减少银行风险积聚。证券化在有效分散银行各种风险的同时，对改善银行流动性、优化银行资产负债匹配结构也会起到重要作用。

五、健全内控建设

由于市场发展不确定、对风险认识不足，同时受“道德风险”意识作祟，在利益的驱使下，美国住房信贷金融机构降低了住房消费者的市场准入标准，让一些无资格贷款或没有偿还能力的消费者进入住房信贷市场，甚至一些美国住房信贷金融机构明知次级房贷者提供的收入信息虚假，但在房地产市场向好预期下，仍然让这部分人获得了次级房贷。更为严重的是，受利益驱使还有一部分住房信贷金融机构不但不认真审核次级房贷者的信息、不向次级房贷者提示相关风险，反而向次级房贷者隐瞒风险，通过“猎杀贷款”方式提供次级房贷。种种宽松的次贷准入埋下了次贷危机的“种子”。这一教训对风险把控明显不足的我国银行业来说，无疑是值得吸取的。

虽然当前我国并没有典型的次级住房抵押贷款市场，但我国

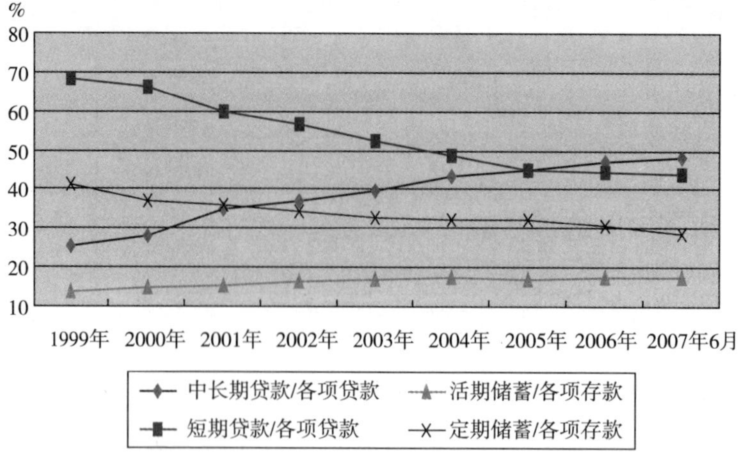

数据来源：中国人民银行。

图7　银行体系资产运用期限长期化与负债期限短期化

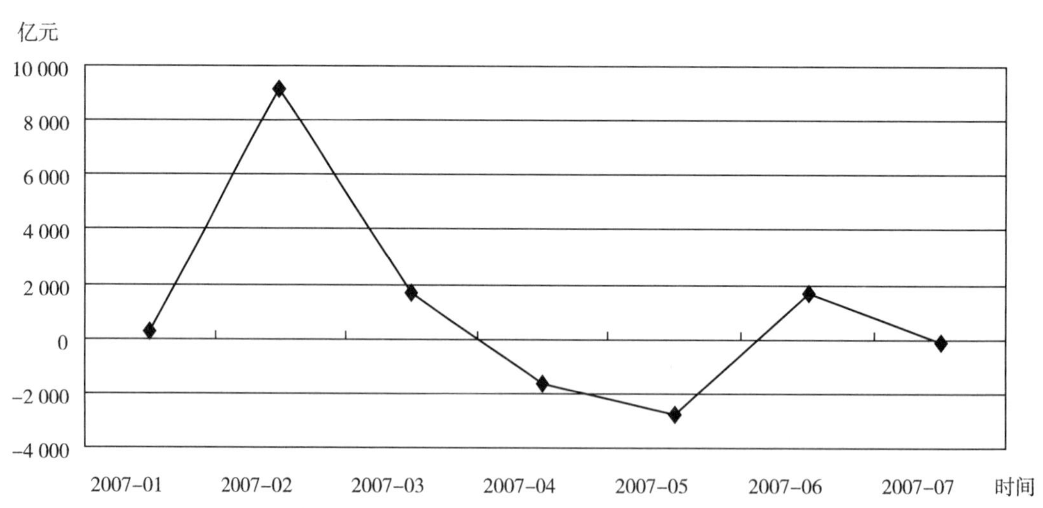

数据来源：中国人民银行。

图8　储蓄存款月增减变化状况

住房按揭贷款同样有风险，同样存在虚假按揭以及由于把关不严使得一些不符合条件的借款人得到贷款的现象。面对住房贷款风险不断加大，我国银行业要强化内控建设，加大对住房贷款的审查力度，建立和完善个人征信系统，改变商业银行信贷人员仅仅凭借款人身份证明、个人收入证明等比较原始的资信材料进行判断和决策，提高对购买第二套及以上住房贷款的首付比例等，不断完善风险管理。

六、专业精细化海外投资

近年来，我国国际收支持续出现双顺差，使我国外汇储备不断增加（见图9），给我国经济带来了大量流动性，对我国经济产生了重大影响。受国内流动性过剩的推动，同时也是为了更好地参与国际竞争，近期我国加快了包括QDII在内的海外投资步伐，海外投资品种不断增多。特别是欲打造成国际一流商业银行的国内银行，更是加快了海外投资力度。但美国次贷危机的爆发并由此给中资金融机构造成损失，加之以前中航油、持有美国黑石公司股份的国家外汇投资公司都出现过投资亏损等，也给我国海外投资敲响了一记警钟，上了生动的一课。

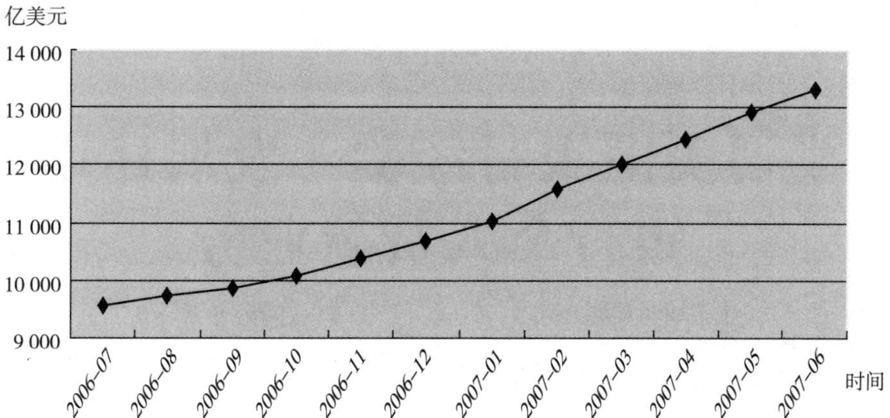

数据来源：中国人民银行。

图9 我国外汇储备增长状况

随着金融创新的演进、监管政策的放松、资本的全球流动，当今国际金融市场更为动荡、风险更为变幻莫测。在风云变幻的全球资本市场，相对于那些在全球股市、债市、汇市、期货市场历练多年的国外老牌投资公司、基金公司来说，我国海外投资经验明显不足。面对可能的各种国际投资陷阱，我国在进行海外投资时，既不能因次贷危机等金融风险而惧怕畏缩不前，也不能因流动性过剩产生的诸多压力而激进。

在进行海外投资时，首先要摸清国际游戏规则，海外投资理念要建立在尊重国际游戏规则基础之上。其次要对各种海外投资品种潜在的风险有比较深刻的认识，不要轻易迷信国际评级机构。次贷危机之所以蔓延开来，与受利益驱使、技术制约等因素影响，穆迪、标准普尔、惠誉等知名评级公司不能客观地对次级抵押贷款证券风险作出评价，使得高风险的次级抵押贷款以证券化方式进入资本市场，让投资者购买本来达不到投资等级的资产有脱不开的关系。因此，我国在进行海外投资时，一定要有自己独立的风险判断，不要人云亦云。最后是要先在相对熟悉的业务地带进行投资尝试，以积累经验、熟悉市场，在没有投资经验之前，要谨慎地对待高收益同时也是高风险投资品种的投资。

七、适时监管

美国次贷危机的产生与美国存款保险制度下的金融机构道德风险、金融监管当局由于对风险认识不足而疏于监管有很大的关系。早在2004年春天，美联储等金融监管部门就已经开始注意到贷款标准的放松，但对此并没有适时采取措施。美联储在一边持续加息的同时，另一边却继续鼓励贷款机构开发并销售可调整利率房贷，而包括次级住房信贷在内的金融机构由于存款保险制度的保障功能，在市场向好预期下，道德风险不断加大，合力作用最终刺激了次贷危机的产生，这无疑也给了我国金融监管当局一个警示。

面对处于转轨期间风险把控水平还很有限的我国银行业，在房地产市场处于快速发展态势、房地产市场风险不断凝聚加大的状况下，加强监管、引导商业银行理性经营就显得尤为重要了。尽管我国目前还未实行存款保险制度，但基于“太大而不能倒闭”、“重要而不能破产”的理念，金融机构在经营中也出现了一定的道德风险因素，这也需要监管部门正确引导。将来我国实行存款保险制度，监管部门尤其要注意抑制金融从业者的道德风险。

学习美国银行经验　发展建设银行个人贷款业务

总行住房金融与个人信贷部课题考察组

总行住房金融与个人信贷业务考察组一行5人于2007年末赴美国进行考察，重点考察美国银行在个人贷款业务方面的经验及做法，考察内容涉及美国银行住房贷款的产品销售、产品定价、风险管理和贷后服务等多个方面。通过考察，我们对美国银行的服务理念、产品定位、产品销售、产品定价、风险管理等诸多方面有了较为全面的了解。同时，美国银行“以客户为中心”的服务理念，集中统一的运营体制，专注于流程和细节、不断提升客户满意度和员工满意度等做法，对我行改善自身经营、提高服务效率、追赶并达到世界一流商业银行水平有着积极的借鉴意义。

一、美国银行个人贷款业务基本情况

目前，美国家庭住房拥有率达69%。美国银行在全美市场连续四年保持最高住房信贷销售纪录。据美国联邦储备局统计，2000—2005年，美国国内住房价值、按揭贷款及住房净值（房屋总值减去住房贷款后的价值）均保持了10%左右的年复合增长率，2005年底分别达到19.8万亿美元、8.7万亿美元和11.1万亿美元。

（一）个人贷款产品分类

美国银行个人贷款业务的核心产品主要有三类：抵押贷款、住房净值贷款和保险。抵押贷款分购房融资和住房重新贷款；住房净值贷款分为住房净值贷款限额和住房净值贷款；保险分为财产和意外事故保险、人寿和健康保险及贷款保护。由于固定利率与浮动利率不同、付款期限不同、付款方式不同，银行可以根据客户需求，将按揭贷款和住房净值贷款两大类产品组合形成若干不同的产品。

抵押贷款按利率是否浮动可分为固定利率贷款和浮动利率贷款，在10~40年内分期偿还。在按利率（利率分布）而不是指数（最普遍的是LIBOR）浮动之前，浮动利率方式下拥有1个月到10年的固定利率期，可以根据市场的特点，瞄准特殊客户群提供“一揽子”服务或独特价值商品。其还款方式包括三种：一是完全分期偿还方式，即贷款在到期日前还清；二是仅付利息，然后转换成完全分期偿还；三是负分期还款，每期还款额可以少于利息，但是在贷款到期之际，不足部分加所欠本金必须全部付清。

住房抵押贷款定价风险主要考虑以下五个因素：贷款与价值，主要是衡量能抵消部分甚至全部取消赎取权费用的房产价值；信用分，这是衡量借款人还贷可能性的第三方模式，使用历史数据来确定该数据如何与违约相关，一般掌握是580~680分；物产占有情况，主要房产、第二处房产和房产投资有不同的违约可能性；贷款目的，新购房贷款和重新贷款（包括从房产中再借贷）有不同的违约可能性；债务与收入，这是判断借款人还款能力的指标，它根据收入衡量偿还债务的百分比。这种方法一般不用于定价，只是作为提供贷款与否的一个因素。

住房净值贷款被消费者视为灵活的金融工具，2006年市场总计为9 500亿美元，随着贷款利率上升，其市场有逐步缩小的趋势。住房净值贷款的主要用途是住房改善、债务整合、大件购买。住房净值贷款业务创新主要有四种：一是利用新型平台，通过现成文件的流线型申请进行快速决策；二是美国银行以低于银行最优利率的价格，如最优利率0.5%～7%等手段，通过主动与消费者交流以促进销售与保留客户；三是采用各种战略发展多渠道的客户销售模式，在互联网上通过电话对客户提供技术帮助，根据收到的外部回应，直接进行信函营销，通过设计奖励计划以实现客户、员工和股东的目标等；四是业务整合的推行，主要是贷款中心与销售部门按地区合并，成立相互协作的领导团队，同时合并贷款审核和业务执行部门，进一步提高交割流程的效率。通过共同业绩指标，即销售及客户满意度来实现问责制。

美国银行住房净值贷款的房屋价值由外部评估公司进行评估，只要贷款成功，即可一次付清佣金。住房净值贷款的额度掌握要依据抵给银行的房屋价值来定，为确保足额抵押，美国银行要求房屋评估公司每3个月评估一次房产。

（二）个人贷款业务的组织架构

消费者房地产业务部是美国银行个人贷款业务的主要经营和管理部门，下设5个部门或团队：按揭贷款、住房净值贷款、房贷销售专家、服务提供和贷后管理。其中，按揭贷款、住房净值贷款部门属于产品制造部门，主要职责是产品研发，具体包括负责编制和更新产品损益表、开发新产品并确定利率和收费标准、与财务部门一起预测盈利情况、与市场营销部（个人业务条线内另一部门）合作、确定相关营销计划、为各销售渠道提供销售支持等。房贷销售专家属于产品分销部门，主要职责是发展客户和进行产品销售，包括专职销售人员、电话和网络销售人员。服务提供和贷后管理是业务操作和服务实现部门，其中服务提供部门负责日常服务提供、贷款审批、落实贷款条件、交割和放款等；贷后管理部门主要负责还款处理和资产保全，提供贷后客户服务，并为客户提供贷后交叉营销，如向按揭贷款客户电话销售信用卡、存款等产品。房贷销售专家分布在全美主要网点，通过电话回答销售人员的问题，截至2007年9月30日，美国银行消费者房地产部共有员工12 674人，其中有4 171名房贷销售专家。

（三）个人贷款的销售渠道

美国银行产品销售根据目标客户的不同，在了解消费者需求的基础上，通过各种销售渠道实现，实行一体化服务。

1. 零售渠道。截至2007年8月，美国银行在12个地区设有145个销售办事处，11名地区主管，11名分区经理，145名销售经理，1 989名房贷业务员。销售办事处设置的原则主要是看商业机会，一般每500个网点设3～4个销售办事处。

2. 电话和网上贷款销售渠道。共设有5个销售地区，两家外包伙伴公司。专职销售人员和电话销售人员属于消费者房地产部，职责是寻找房屋销售商、贷款中介、企业迁址服务机构、团体客户，并进行主动销售。

3. 批发销售渠道。主要负责承接房屋经纪公司和房地产开发公司推荐的客户。对于从事批发销售业务的员工，银行不提供固定办公地点，直接到经纪公司和开发商那里办业务。

4. 银行业务中心。主要是针对大众市场消费者通常喜欢在本地网点办理业务的特点，受理客户住房抵押贷款申请。

5. 高端销售渠道。高端业务部隶属于全球财富及投资管理业务单元，是银行客户经理（理财顾问）向其高端客户提供理财服务的一种渠道，这其中也包括客户住房贷款需求。

从业务量占比来看，零售渠道和批发渠道是主要的分销渠道，放款笔数各占36%和28%，放款金额各占36%和34%；银行业务网点是重要的补充渠道，放款笔数较多，但金额一般不大；电话和网上银行是新型的分销渠道，放款笔数和放款金额均占8%，且呈逐年增长态势。各销售渠道有不同的优势和不足之处，比如，专职销售人员可以主动出击，销售成功率高，有利于在激烈的竞争中获取较多的市场份额，但人力成本很高，而且面临一定员工流失的压力。可以看出，美国银行住房贷款销售特点是：网点分销与专业销售相结合，多种渠道并存，重视交叉销售，以最大限度地吸引不同层次的客户群体，扩大贷款业务量。各分销渠道主要特点见表1。

表 1　　美国银行分销渠道一览

	银行业务中心	零售（房贷业务员）	高端业务部	贷款电子营销	批发
目标客户特征	大众市场消费者，通常喜欢在本地网点办理业务。熟悉银行的品牌。抵押贷款需求不复杂	专门寻找房地产中介、客户或内部银行渠道（BCC、高端业务部门等）介绍来的住房抵押贷款销售机会	财富净值较高的个人，喜欢使用固定的理财顾问。理财需求和目标可能很广泛且较为复杂	喜欢通过电话或互联网进行交易的客户，以及一些特殊的客户群体，例如企业迁址服务机构、亲密关系团体	喜欢通过房贷中介为自己争取最优惠房贷条件的客户
产品服务重点	提供全面的金融服务产品，重点是较简单的住房抵押贷款产品，价格不是购买决策的主要决定因素	提供全面的房贷产品，包括特殊产品。设计交易结构，为客户提供24/7服务，加急放款	一般都是服务水平和定价差异化较复杂的信用及投资产品。客户往往根据品牌和关系的价值做出决策	提供全面的房贷产品，包括特殊产品。根据对渠道的偏好、建议的价值和服务的简易度做出购买决策	提供全面的房贷产品，包括特殊产品。价格和产品是决定购买决策的主要决定因素
长处/待改进之处	长处：品牌，销售成本低	长处：经验，产品种类，服务灵活性	长处：客户关系，品牌	长处：销售成本低，可充分发挥呼叫中心的高效率	长处：品牌，与经纪商关系
	待改进：销售人员能力，员工流失率	待改进：员工流失率，销售成本最高的渠道	待改进：销售人员能力，员工流失率	待改进：与其他渠道整合，共同改进客户服务	待改进：与银行其他部门整合（商业银行业务部门、保险业务部门）

美国银行批发销售的主要特点是不直接与客户打交道，可以在家办公，成本相对较低。总人数有255人，其中有3名地区业务部销售主管、19名地区业务部销售经理、215名客户经理、18名销售支持人员。每一名客户经理负责管理30家经纪商（客户），其批发业务的客户就是美国50个州的6 500多家房屋贷款经纪商，与经纪公司合作即使在没有网点的地区也能争取到客户。如果经纪公司使用10家批发贷款机构，那么客户选择一家经纪公司也就有选择10家贷款机构的机会。经纪公司一般将50%的贷款需求提供给排名第一的批发贷款机构，将20%的贷款需求提供给排名第二的批发贷款机构。

（四）个人贷款审批流程

美国银行的贷款批准率大约是85%，最终真正成交率是60%，它们除了有要做多少笔贷款业务的指标考核以外，还有为什么要批准和为什么不批准的指标考核，要求更快地说“可以”，但一定是好的客户。美国银行实行自动化审批与人工审批相结合的个人贷款审批方式。贷款申请首先在销售点进入自动审批系统，自动审批通过的申请直接交由贷款处理部门处理并放款；对自动化审批无法通过的贷款，除少数明显不符合要求被直接拒绝外，其余的交由审批人进行人工审批。据统计，目前美国银行自动化审批的比例已经达到55%，而且这一比例还有望提高到60%以上。

美国银行之所以能够推行以自动化审批为主的审批模式，与美国个人信用系统健全及IT系统发达的社会背景密切相关。例如，高级贷款系统能够提供住房净值贷款和个人非抵押类贷款从贷款发放到偿还全流程的跟踪技术支持。文件和记录跟踪系统，提供抵押品跟踪、文件查阅及编号的功能。住房贷款和其他贷款分别由两套系统来支持，其中，工作流程工具系统主要为个人贷款审核提供技术支持。在通常情况下，银行可以通过个人信用报告了解到全面而准确的个人信息。目前，美国银行使用的信用报告是由三家信用记录机构出具的，分别为Equifax、TransUnion和Experian的征信机构。

（五）个人贷款业务的考核评价体系

美国银行奉行“业绩导向、持续改进”的经营管理思想，即“改进流程—提高客户满意度—增加交易账户—实现业绩增长”。其考核评价体系主要从客户、员工、股东三个层面来制定关键业绩指标。针对不同岗位人员的工作性质和考核指标，设置不同的薪酬制度，以工作内容并结合市场价格对每个岗位进行定价。例如，对房贷专职销售人员实行计件工资制，而且不设底薪；对银行业务中心人员设置“底薪+业务提成”工资制度；对高级经理人员实行“底薪+奖金+股票奖励”薪酬制度。

二、美国银行个人贷款业务的贷后管理

美国银行的贷后管理机构主要分成七部分：房贷服务、消费者贷款服务、对供应商的管理、业务运营、客户关系管理、贷款风险管理、贷后跟踪及系统维护。所有贷后管理和服务人员共有2 781人。具体包括新贷款文件审核、扫描取得文件影像、资产池认证、抵押品/档案管理、客户服务及保留、付款管理、贷款还清手续及解除留置权、中间托管、投资者服务、违约管理等。其中，个人贷款风险和贷后管理体系主要负责以下工作：

一是每个月对借款人的风险状况进行评估，根据他们的还款情况进行评级。这种及时的跟踪能够及时发现借款人的风险，同时也有利于对每个借款人进行进一步的贷款销售和交叉销售。

二是为保证贷后管理到位及贷后服务到位，市场和客户的风险能及时发现，客户的需求能够得到及时满足，贷后的每一项工作都有专门的机构和人员按标准化的流程操作。对于房价变化较快的地区，美国银行要求评估公司对客户抵押的房产每三个月评估一次，完全做到心中有数。

三是一旦出现客户拖欠还款的情况，贷后管理部门会立即启动催收程序，向拖欠还款的客户发出书面信函，也可能打电话与客户联系。如催收和减损努力无效，则可能取消赎回权。最终为了收回贷款本息余额，美国银行贷后管理部门可以直接出售被止赎的物业或被没收的房地产，及时化解贷款风险。

四是催收细节差别化，催收方式标准化。它们根据客户的违约程度（如是初次违约还是持续违约，或屡次违约）来决定是发送信函提醒，还是打电话或上门催收，对初次违约的客户一般采取发一封信函提醒的方式催收。

五是站在客户的角度，帮助客户解决实际困难，尽量避免客户产生不良信用记录。如对客户暂时性的现金流缺乏，采取利息转本金、减少短期内还款金额或一段时期不还款，待有现金后再还款等方式重组。对于收入明显下降的客户，则采取延长贷款期限、降低利率等方式，帮助客户解决困难。在实际工作中美国银行较多地采取期限、利率、还款金额重组的方法化解欠款。

六是以回收最大化的原则回收不良资产。在美国的法律环境下，需要通过法院才能拍卖抵押物。但是，通过测算，如果与借款人协商直接变卖抵押物能比拍卖回收更多的现金，就采取协议转让的方式，不足还款部分不再向借款人催收。

七是个人贷款业务在全美设6个客户服务中心，负责对借款人进行贷后服务、贷后催收、交叉销售。它们主要通过电话银行、网上银行以及信函对客户提供服务，同时进行个人贷款产品销售，还负责对市场和客户进行调查研究，对所在区域网点和渠道提供业务支持。美国银行在建 Call Centre 时不是建立全行统一综合性的中心，而是各个条线分别建立自己的 Call Center。财富管理、信用卡、个人贷款都分别建立自己的 Call Centre，以期提高专业化服务水平。

三、美国银行个人贷款业务的特点及启示

（一）加快产品创新，提升市场竞争力

美国银行的产品线比较简单，抵押类的贷款主要是个人住房贷款和个人住房净值贷款，但它们的贷款品种非常多，针对不同地区、不同客户群体设计出各种不同的产品。从美国银行贷款结构来看，围绕“房”字的信贷产品占存量贷款的43%（其中住房贷款占34%、商业/多家庭贷款占9%），此数据不包括为解决流动性风险而被打包转售或证券化的住房贷款部分。在考察中我们了解到，即使受次级债危机影响，美国银行仍然坚信住房贷款是未来市场利润的增长点，次级债问题在对其内部风险管理、客户结构调整、市场利率议价等方面提出新挑战的同时，也为该项业务的发展提供了新的机遇。美国银行对每一个新产品的生命周期所产生的效益都有一套完整的监测指标，而我国银行对新产品售后评估往往做得很不充分，以至于不是对产品挖掘不够充分，就是产品准入退出未作出相应的管理。美国银行在这方面的做法对我行应对当前的市场具有很强的借鉴意义。

我行目前个人住房贷款产品线很多，拥有庞大的客户群体，但如何进行准确的目标客户营销，仍是面临的难题，我们必须建立并完善对地区差异、客户群体差异进行分析的能力，对市场和客户信息进行筛选，并根据市场发展状况、行业、专业、收入水平、消费习惯等多种维度对客户进行细分，有针对性地建立差别

化的产品库，加快产品和服务的创新进程。

（二）细分市场客户，加大营销力度

从美国银行的销售渠道可以看出，美国银行的目标市场划分很清楚，如在零售渠道和电子渠道下面专门设立搬迁部，专门针对换房人销售房屋贷款。在营销方面，利用各种客户来源销售贷款，如回头客、客户推荐、产权公司、律师、房地产商、经纪公司等各种客户来源渠道。

我行应在把握住核心风险的前提下，大力拓展中介公司业务渠道，并且把这一渠道作为未来业务的重要来源。积极探索保险业务对我行住房贷款的相关收益，拓宽利润来源，待条件成熟时，逐步尝试建立保险机构。要针对全国的市场统一调配各地的资源，逐步组建并充实条线的专职销售队伍，进一步建立有效的利益机制，通过利益分割来吸引各种渠道的人帮助销售个人住房贷款。

（三）细化客户关系管理，完善贷后管理体系

美国银行高度重视贷款风险管理和逾期贷款催收工作，通过每个月对借款人进行风险评级，每3个月对房产价值进行评估等方式，及时跟踪并发现潜在风险，同时，也有利于对每个借款人进行深入的贷款销售和交叉销售。

目前我行的贷后服务和管理由多个部门和多个条线来管理：不良贷款由保全部牵头管理，欠款的催收由房金部、电子银行部、保全部等多头管理，审计和风险部门也做了很多本应当由业务条线自己内部做的事情。如对每一笔贷款的日常风险监控，对许多操作风险的跟踪监督，每一个部门都不能完全把个人贷款的贷后管理和贷后服务做好，尤其是对客户的深度挖掘做不好。我行应进一步完善贷后服务和管理体系，要在条线内部建立起完善的流程管理和风险监控管理，保证个人贷款风险完全在掌控之中，在任何时候都做到心中有数。最好将个人贷款贷后管理、催收、监测、客户挖掘等职责完整地交由业务部门承担，全流程为客户提供服务，在机构、人员、系统支持等各个方面建立整个贷后管理和服务系统。

（四）加强科技支撑，尝试建立跨区域的贷后管理和服务中心

强大的科技平台，是美国银行个人信贷业务发展的重要支撑。服务平台和个人贷款专用的Call Centre的建立和运行，既可以根据每一个条线客户群体的不同，为客户提供不同的差异化服务，同时也可弥补员工因能力有限而不能掌握所有知识的缺陷。

目前，我行新个人贷款系统已经在全行顺利上线，为全行个人贷款业务的进一步发展提供了强有力的技术支撑，但还需要进一步优化业务流程、完善系统，在A+P系统基础上建立相关的管理系统，如档案管理、抵（质）押品管理、个人贷款中心流程管理、电子审批、文档管理、产品管理、考核等系统，真正实现个人贷款业务的集约化经营，提高工作效率。

此外，各分行已根据个人贷款中心作业指导书的要求，初步完成了个人贷款中心的建设工作，但各行或地区业务不均衡，掌握标准不完全一样，如档案电子化上线，可考虑建立跨区域中心或东西部分行之间结对子，共同提高贷后管理水平。

课题组成员：童学锋　赵晓英　林跃进　唐从松　宏　玮

关于商业银行加强净利差管理的思考

山东省分行　赵寿凤　马洪宝

一、加强净利差管理的必要性及重要意义

稳定的净利差收入是商业银行赖以生存和发展的基石，国际知名商业银行都非常重视净利差的研究与管理。与国际先进银行相比，国内商业银行的资产风险水平仍较高，必须通过持续的盈利来予以弥补，特别是上市后股东对资本回报率提出了更高的要求，日益激烈的市场竞争需要一定水平的成本投入，所有这些都要求商业银行保持较高的盈利水平。而在经济资本约束下，调整资产负债结构、提高净利差收益水平将是商业银行提高盈利能力的现实选择。

（一）保持稳定的净利差对商业银行的集约化经营水平提出了更高的要求

受资本的约束，资产的规模扩张是有限度的，资产业务发展到一定规模后，净利差收入的实现将更多地依赖于净利差的扩大，净利差的扩大不外乎资产收益率的提高、负债成本率的降低以及信贷类资产占比保持合适的比例。因此，调整资产负债结构、增加高收益资产占比、实施主动负债管理成为商业银行资产负债管理的重要内容。在当前情况下，应在以收益弥补风险的前提下更加关注个人贷款和中小企业贷款，以进一步增强商业银行的定价议价能力。

（二）利率市场化将对商业银行净利差管理带来新的机遇和挑战

随着利率市场化的快速推进，人民币超额准备金存款利率下调，货币市场收益率下行，预计贷款利率将完全市场化（贷款利率下限放开），存款利率可小幅上浮（存款利率上限浮动），并最终完全放开。受市场竞争及客户议价能力提高等因素的影响，商业银行传统的利差收入将逐步缩小，整体资金运用收益将降低。因此，在大力发展中间业务的同时，按照价值最大化原则，提高议价能力、强化主动负债、扩大净利差收入，仍将是国内商业银行同业之间、与外资银行之间竞争的必然选择。

（三）重视净利差管理与重视中间业务发展并行不悖

竞争、转型等压力促使国内各家银行将发展中间业务提到前所未有的高度。中间业务是商业银行业务转型以及未来盈利的重点，而存贷款利差是当前各行利润的主要来源，两者都是实现银行价值最大化的有效途径。因此，在重视利差收入的同时，要处理好与中间业务等战略性业务发展的关系，要通过对客户的综合定价，在银企“双赢”中实现传统业务与中间业务的全面、协调发展。

（四）净利差反映商业银行在一定时期内的投入产出效率，是目前商业银行按照经济增加值绝对量进行考核评价、资源配置的重要补充

在目前银行利差政策保护的环境下，各行会很自然地选择创造价值最快捷、有效的存款、贷款方式，在此前提下才会考虑贷款收益率和存款付息率，客观上容忍了通过缩减净利差来做大规模的行为。通过加强净利差指标管理可有效弥补 EVA 等绝对量指标在判断经营效率方面的不足，是商业银行追求近期与远期目标结合、从外延式增长向内涵式增长模式转变、走可持续发展道路、实现股东价值最大化的必然要求，也是商业银行了解自身核心竞争能力、进行同业比较以及股东进行投资决策的重要参考指标。

二、净利差概念及其影响因素

净利息收益率（Net Interest Margin，NIM）是指生息资产的净利息率，即净利息收入占生息资产额的百分比，也称净息差、净利差。NIM 管理是商业银行资产负债管理的一种方法，主要从理论上分析银行的利差及影响利差的因素，从而为银行实施主动负债管理、结构调整，以及降低风险、提高收益创造条件。在实践中，NIM 有三种指标，分别为净利息收益率、净利差、存贷差。因为这三种指标的计量范围、影响因素不同，所以净利息收益率≤净利差≤存贷差。

（一）净利息收益率

净利息收益率=净利息收入/生息资产日均余额=（利息收入-利息支出）/生息资产日均余额。利息收入主要包括贷款利息收入、金融企业往来利息收入、投资收益等；利息支出主要包括存款利息支出、金融企业往来利息支出等。该指标既包含了资产、负债的规模因素，也包含了它们的价格因素，是三个指标中最具综合性和概括力的指标，与资产收益率、高收益资产占比正相关，与付息率、高成本负债占比负相关。其中，高收益资产规模越大、资产价格越高，NIM 就越高；高成本负债规模越大、负债价格越高，NIM 就越小。

净利息收益率指标也具有一定的局限性：一是它强调资产负债业务的均衡发展，不鼓励资产、负债业务的单边优势。对商业银行的分支行而言，吸收的存款全部用于发放贷款时（不考虑非生息资产和无息负债情况）NIM 最高，资金结余越多或借用资金越多，NIM 就越小。二是该指标侧重于分析资产的净生息水平，未考虑非利息收入因素，对银行盈利能力的整体评价不如资产收益率（ROA）以及风险调整后的资本收益率（RAROC）。这也是其他两个 NIM 指标的共同缺陷。

（二）净利差

净利差=生息资产收益率-付息负债付息率。其中，生息资产收益率=生息资产收入/生息资产日均余额，付息负债付息率=付息负债支出/付息负债日均余额。该指标与净利息收益率指标类似，也是收益水平和付息水平的综合反映，在生息资产与付息负债余额相等的情况下，净利差与净利息收益率为同一个指标。目前我行付息负债绝大部分为各项存款，而现金、资本性占用、抵债资产等非生息资产数量较少，付息负债总量与生息资产总量基本相当，此时该指标与净利息收益率指标的最终结果非常接近。从功能来看，该指标可以分别考察收息率和付息率两个子项水平的高低，与净利息收益率指标相比，更利于找出影响商业银行盈利水平的症结所在。

（三）存贷差

存贷差＝各项贷款收益率－存款付息率＝贷款利息收入/各项贷款日均余额－存款利息支出/一般性存款日均余额。存款和贷款是目前绝大部分商业银行资产负债业务当中的主要内容，因此，在当前银行非利息收入占比还较低（我国银行业非利息收入占比平均在10%左右）的情况下，存贷差的大小对银行净利息收入水平以及全部资产收益水平的高低起着至关重要的作用。

存贷差指标有两种计算口径：一是账面实际收益率或付息率，涵盖所有业务量，既包括存量业务，也包括增量业务。存贷差＝贷款实际收益率－存款平均付息率。二是存贷款合同利率，为正常贷款业务和存款业务的合同加权平均利率之差。该指标更能体现客户需求以及市场价格竞争情况，但受到目前信息技术水平限制，该指标的获取存在一定的难度。

三、商业银行加强净利差管理的有关建议

目前国内商业银行经过多年的稳定高速发展，资产和负债已经达到相当规模，而要实现速度、质量、效率的和谐发展，就需要不断深化价值创造理念，做好各方面的结构调整，实现发展模式的彻底转型。

（一）要牢固树立和全面落实成熟的经营理念

要认识到科学的价格管理和资产负债管理创造价值，加强业务综合营销和主动负债管理能力，积极调整资产负债的业务结构、渠道结构和收入结构，主动管理、消化和转移风险，将“质”和“量”有机结合，实现有质量、有效率的稳定健康发展。

（二）规范价格管理，提高议价水平

要转变客户经理的议价观念，强化与客户进行价格谈判的意识。要加强价格谈判队伍的组建，提高对客户的综合服务能力，通过“一揽子”金融服务方案的设计和提供，对客户进行综合性的差别化定价，提高客户对银行的综合贡献度。要强化贷款定价模型的研究应用，积极实施主动负债管理，练好定价内功，根据市场变化，把握客户需求，努力提高贷款收益率，降低存款付息率，做大中间业务收入，围绕银行发展战略和效益目标，实现业务从数量增长向质量增长、效率增长的转变。

（三）运用价格手段，主动调整业务结构、渠道结构和客户结构

一是建立以内部资金转移价格为基础，融合经济资本分配、信用风险管理和费用成本细分的风险收益定价机制。二是强化银行内部价格流转和对资源配置的调控力，运用价格杠杆合理调节银行资源、业务和组织架构，使各因素内部以及相互间匹配整合形成总体竞争优势，确保发展战略的落实。三是建立科学的价格授权、管理和监控体系，建立市场化导向的客观、合理的价格标准，提高价格的市场竞争力。

（四）完善激励约束机制，深入推进绩效评价和量化考核

目前部分商业银行对客户经理等业务人员的业绩考核基本上是以所吸收存款或营销贷款数量为依据，而未考核其营销业务带来的实际收益，容易导致客户经理等业务人员在拓展业务中主要关注业务数量，对其营销产品的成本和定价考虑不多，甚至可能为完成任务而不惜降价营销，容易产生道德风险。因此，商业银行要在各个层面、各个环节深入推进并完善以经营绩效为核心的绩效评价和量化考核机制，引导辖属机构、人员从价格层面创造价值，提升集约化经营能力。

（五）加强基础设施建设，为做好净利差管理提供技术和信息支持

随着利率市场化的不断推进，商业银行必须从战略高度认识净利差管理的重要性和紧迫性，尽快建立包含流动性风险管理、市场风险管理、内部资金转移价格等模块组成的信息管理系统，定期对全行及辖属机构净利差情况进行分析和通报，及时传导有关价格管理政策，提高分析和决策水平。

四、将净利差指标纳入考评体系的思路

（一）NIM指标纳入考评体系的基本原则

商业银行将NIM指标纳入以经营绩效为核心的考评体系，需要

注意处理好以下几个方面的关系：

一是与发展战略的关系。国内商业银行正处于业务转型期，经营核心向经济比较发达、金融资源丰富的城市区域和中心城市行转移。而金融资源丰富的地区也是国内银行以及外资银行竞争的焦点区域，根据市场竞争规律，该区域存贷款利率差将处于缩小态势。以 NIM 作为资源配置或者考核指标，在一定程度上与商业银行业务发展战略有出入，如何协调重点区域、重点客户发展的战略，应当在考核时灵活处理。

二是与经营绩效的关系。经营绩效是个总量指标，是效益的规模，它是衡量商业银行及其分支机构价值最大化的核心指标，其核心地位不能动摇。而 NIM 是个效率指标，反映获取效益的能力，是对经营绩效指标的有效补充。将 NIM 纳入考评体系，不能冲淡、替代经营绩效的考评，宜作为补充指标，处于次要位置，也是与 NIM 指标挂钩分配的资源，不宜占比过大。

三是与中间业务收入的关系。NIM 主要反映商业银行资产负债业务的利差，在存贷款定价能力还相当薄弱的当前甚至未来一段时间内，引导各行加强存贷款定价管理确属必要，但要处理好与发展中间业务的关系，在资源总量配置中，要切分出与 NIM 挂钩、与中间业务挂钩的激励资源，并处理好激励资源在经营绩效、NIM、中间业务三者之间的平衡和协调关系。

（二）NIM 指标的具体选择

NIM 三种指标的考核重点和计算范围各有不同，对商业银行辖属机构的激励程度也不同。

从计算范围看，存贷差包含范围最小，一般指各项贷款收益率和一般性存款付息率之差；净利差范围稍广，扩大到生息资产和付息负债；净利息收益率具有最大的概括力，是贷款收益率、存贷比、存款付息率等指标的综合反映。从考核重点来看，存贷差指向性最强，针对商业银行当前的主要业务——存款和贷款；净利差指向性稍弱，净利息收益率的指向性则最小。

鉴于经营绩效作为核心指标已经涵盖商业银行辖属机构盈利能力的考核，作为附属指标的 NIM，应主要从“价”的角度来激励分支机构重视定价议价能力，提高价格的风险管理水平。在存贷款业务占比高达 70% 以上的当前阶段，从重要性原则出发，商业银行宜选用存贷差作为评价指标（账面实际利息收益率或付息率），主要基于以下因素：

一是目前存款和贷款是商业银行资产负债业务的主要内容，在非利息收入占比较低的情况下，存贷差的大小对银行净利息收入水平及全部资产收益水平的高低将起到重要作用。

二是商业银行目前对于存贷款计结息完全是按照权责发生制原则定期计提，计提频率增加，能反映出当期的经营成效；在数据的取得上，账面实际收益率或付息率应更容易一些，且准确性更高。

三是系统内往来资产及相关收益主要是商业银行辖属机构筹资和资金运用的轧抵，是商业银行内部资金价格的导向力和效果的集中反映，是总分行内部的利益调节。而商业银行要提高定价议价能力，主要是提高与外部市场、外部客户的定价谈判能力，因此，NIM 指标的选择，宜选取外部性价格指标。

四是净利息收益率、净利差指标适宜对商业银行一级法人（总行）的考核分析，它要求定价能力提升的同时，存贷比应达到合理的比例。而对于商业银行辖属分支机构，特别是一些特色机构（存款行、贷款行）而言，即使定价水平相对较高，但其净利息收益率、净利差可能很低。另外，由于以上两项指标均包含金融企业往来净收入，内部资金价格的变化会掩盖或冲淡外部价格的变化，使该项指标的敏感度大大降低，因此，商业银行对分支机构考核宜采用存贷差指标。

（三）将存贷差指标纳入考评体系应注意的问题

1. 存贷差指标中贷款收益率的计算宜应只考虑正常贷款收益率（四级分类口径），并且要剔除不良贷款本息回收因素。因为在正常的经营绩效总量考核中，已经 100% 地考核了贷款风险损失以及非预期损失，不剔除则存在重复考核的情况。

2. 将同业存款付息率纳入 NIM 指标。当前商业银行的外部资金来源主要是一般性存款和同业存款，在国家“双顺差”和外汇占款持续攀升、社会流动性充裕的情况下，同业存款也是商业银行的一项重要资金来源，并且同业存款利率已经完全市场化。为控制高成本同业资金，理应将同业存款付息率纳入存贷差指标。

3. 将贴现（转贴现）业务从 NIM 指标中剔除或分开考核。首先，贴现（转贴现）业务风险相对较低，流动性较好，是银行的资金运用渠道之一和重要的流动性管理工具。贴现（转贴现）业务利差虽然不高，但由于其风险小，并且贴现类贷款名义利率要高于债券投资收益水平和短期拆借利率，因而在当前商业银行流动性充裕的情况下，成为资金运用的有效渠道之一，有利于提高全行整体收益水平。另外，贴现（转贴现）业务一般期限较短（6个月以下），其流动性强，交易额大，交易对象涉及企业客户和同业机构，银行可通过贴现业务改善资产流动性，也可根据资金状况和信贷规模随时向同业机构办理转贴现业务（转入和转出），是调节全行资产流动性的重要管理工具。其次，贴现业务的社会需求量大，是银行维护、拓展客户关系的一种手段。贴现业务因操作手续简便、融资成本低和客户可根据自身需要随时融资等特点受到企业的青睐。对于银行而言，可从票据贴现业务入手提高组合营销、联动营销的水平，拓展业务空间，在为客户提供融资便利的情况下，扩大银行和企业合作的深度，达到双方“共赢”的目的。

另外，贴现规模大小对商业银行分支机构贷款收益率影响较大，含贴现存贷差不能客观地反映各行实际定价水平、议价能力的高低。对某行2006年辖属机构贷款收益率进行对比分析，部分机构贷款收益率（含贴现）低于全行平均水平，排名也比较落后，但剔除贴现因素后贷款收益率发生了较大变化，有的分支机构提高了近1个百分点（见表1）。贴现规模因素使得部分机构定价能力、定价水平评价出现了较大反差。

如果简单地将贴现业务纳入NIM指标进行考核，可能会引导商业银行分支机构通过降低贴现规模来提高存贷差，影响贴现业务调节资产流动性和维护客户关系作用的有效发挥。因此，建议商业银行在对辖属分支机构进行考核时采用剔除贴现的存贷差指标或分为剔除贴现的存贷差和贴现存贷差（付息率按照各行存款平均付息率或全额内部资金计价贴现转移价格）两个指标进行考核。

4. 要兼顾存量和增量。仅考核增量，对NIM较高的分支机构不公平；只考核存量，对提高效率的激励作用不明显。本着效率优先的原则，建议商业银行以考核增量为主，兼顾存量的考核。因为NIM指标体系与商业银行资产负债的期限、结构、价格等因素密切相关，而资产负债的期限、结构的调整及改变不是一蹴而就的，从价格文化理念的传导到实际情况发生深刻变化需要一定的时间和过程，存量加增量的考核能够满足商业银行逐步调整的要求。

表1　　2006年某银行辖属机构贷款收益率对比

机构	贷款收益率（%）（含贴现）	排名	贷款收益率（%）（不含贴现）	排名	收益率变化（百分点）	排名
平均水平	5.53		5.81		0.28	
机构1	4.82	37	5.80	19	0.98	18
机构2	5.35	27	5.87	13	0.52	14
机构3	5.52	23	5.88	12	0.35	11
机构4	5.38	25	5.55	32	0.17	-7
机构5	5.63	15	5.75	23	0.12	-8
机构6	5.65	14	5.73	24	0.09	-10

国内零售银行业务走向市场领先地位的战略思考

广西壮族自治区分行　李思影

一、零售银行业务所面临的挑战

目前，国内商业银行零售业务主要面临两个挑战，一个是来自外资银行的挑战，另一个是来自国内商业银行自身不足所形成的压力。总结起来，主要有以下几个方面。

（一）经营理念方面

受国家经济体制和政策因素的影响，国内商业银行过去主要是服务于国有大中型企业，零售业务长期让位于对公业务，致使零售银行业务比重偏低，经营理念落后。

（二）品牌战略方面

国内零售业务品牌缺乏统一的规划和管理，产品多而零散，未能树立零售银行业务良好的品牌形象。而发达国家商业银行品牌战略明确、清晰，不仅采取全行一致的品牌策略，而且将其零售银行业务与银行整体形象紧密相连，极具品牌竞争力。

（三）产品创新方面

我国零售银行业务产品创新与市场营销未能建立有机、高效的联动机制，产品创新的能力和效率不足，没有明确的创新规划，产品创新的层次不高，产品同质化较为严重，产品系列不完备，产品种类过于单一，无法满足客户日益变化的金融服务需求。而发达国家商业银行的产品创新持久而有特色，既体现了银行业务的专业性，又甩掉了同业的模仿者，产品链条完整，产品定位明确，不同产品有不同的经营策略，并相互配合，形成了整体的产品体系。

（四）客户服务方面

国内零售银行业务服务范围相对较小，服务内容单一，目前仍以传统业务为主，增值服务内容还相对匮乏，服务的差异化和个性化体现不足，服务质量还需进一步提高。而发达国家商业银行与客户关系紧密，客户具有较高的忠诚度，品牌的“忠实追随者”超过九成，使用多个银行产品的客户占比超过一半，客户群体对其所选择的服务品牌具有较高的满意度。

（五）客户资源管理方面

我国商业银行对客户细分不够，对客户潜在的金融需求挖掘不充分，客户满意度、忠诚度和综合贡献度处于较低水平，中高端客户所占比例明显偏小。而发达国家商业银行极为注重客户满意度、忠诚度和综合贡献度的提升，对客户细分明确、清晰，客户结构合理。

（六）风险管理方面

我国商业银行的风险管理与零售银行业务未能很好地结合，个人客户资信的掌控难度较大，个人信息资料不完备，缺乏科学制定个人资信的标准和尺度。而发达国家商业银行将风险管理融入业务流程中，风险部门在零售银行有专门的派出组，将风险控制位置前移，风险分析技术较为先进，风险控制采用价格覆盖风险的方式，能够较好地适应零售银行业务的发展要求。

（七）管理机制方面

国内商业银行前台、后台业务分离刚刚开始，零售业务条线的垂直经营管理体系还未建立，零售业务受到较多方面的制约。而发达国家商业银行大多建立了以条线为主的零售银行业务管理机制，零售银行拥有较为独立的经营决策、资源调配和激励考核等方面的权利，整个银行以业务条线为主的矩阵管理体制将前台与后台分离，形成零售银行前台处理简单、中台及后台高度集中的高效运作机制。

（八）队伍建设方面

国内商业银行一线客户经理严重不足，绩效考核机制、晋升机制不够完善，特别是维护高端客户的专业人才匮乏，客户维护能力和产品销售能力亟待提高。而发达国家商业银行客户关系维护与分层销售团队人员分工细化，柜面人员使用灵活，考核和激励约束机制有效、实用，为零售银行业务的发展提供了富有挑战精神的良好的营销文化。

二、国内零售银行业务走向市场领先地位的战略对策

（一）明确发展定位，推进战略转型，实现零售银行业务的整体规划和协调发展

目前国内多家商业银行正在进行大刀阔斧的战略结构调整和零售银行运营模式改革，吹响了向零售银行转型的号角。然而，实现传统银行向零售银行的战略转变绝非提高零售银行业务的占比就能完成，从我国商业银行的情况来看，还必须重点做好以下方面：

1. 明确国内零售银行业务的发展定位，整体协调推进零售银行转型。由于国内零售银行业务基础较差、品种单一、规模较小，因而在加快发展的过程中不可避免地要投入大量成本，延长盈利周期，甚至要鼓励发展初期并不盈利的零售业务，在这种情况下，片面、单一地强调大力发展零售业务，会很难实现转型的目标。为此，国内商业银行零售业务的发展应定位于引进国际先进的技术和理念，调整零售业务发展架构，加大管理体现、运营机制和经营模式的转型投入，短期内以批发业务的规模和利润为支撑，零售业务与批发业务联动转型，协调发展，3～5 年内使零售银行业务的规模和利润占全行的比重达到 40% 以上，实现零售银行业

务在全行经营发展中的主导地位，真正成为具备较强发展能力和竞争力的零售银行。

2. 明确国内零售银行业务的市场定位，有效地应对外资银行的强势竞争。外资银行零售业务进入我国市场，重点放在中心城市区域、中高端客户群体以及贵宾理财等业务领域，国内零售银行业务在这些领域必须找准市场定位，制定具体、客观的发展战略和应对措施，抢占市场竞争优势，加快发展。

在区域定位上，国内零售银行业务应坚持以中心城市为重点，采取非中心城市与中心城市同步推进的发展战略。中心城市是区域经济发展的龙头，是中外资银行竞争的战略制高点，向中心城市分支行实行战略资源倾斜是国内零售银行业务发展的重中之重。同时，国内商业银行还应高度重视外资银行尚未觊觎的非中心城市的零售银行业务，加快对其中高端客户市场的渗透、拓展和培植，将其作为加快零售银行业务发展的重要基地。

在客户定位上，由于中高端客户能够为零售银行业务带来较大的发展空间和较高的综合收益，因而国内零售银行业务应始终坚持以中高端客户为主，普通客户为辅的发展战略。

在产品定位上，国内商业银行首先应重点发展信用卡、个人贷款、个人理财、代销基金、代理保险、自助银行等零售业务产品，在条件具备的市场领域，要加快产品创新，重点发展外汇理财、财富管理、投资顾问业务，甚至开办私人银行等高技术含量、高附加值业务，使零售银行业务从单一产品营销向综合经营模式转变。其次要按客户级别分层设计零售业务序列，满足不同客户群体的产品和服务需求。如对于高端客户，在节税方面为其设计合理避税的金融资产组合，在投资以及资产运用方面为其提供资信证明、投资理财、代理保险、外汇买卖等组合，并按照其个性化要求设计相应的产品或服务；对于中端客户，则主要提供信用卡、电话银行、银证通、旅游信贷、消费信贷等适合中产阶层的零售业务产品。

3. 明确国内零售银行业务的竞争定位，在国内金融同业中率先达到并保持领先水平。国内商业银行不仅面临着外资银行的竞争，同样也面临着国内金融同业的竞争。由于国内各家商业银行在零售业务发展上起步相当，提供的产品、服务和竞争手段趋同，组织机构、营销渠道、员工队伍并未体现出明显的比较优势，为此，国内商业银行零售业务要想走在金融同业的前列，就应当加强国际上先进零售业务经营理念的传导，加强客户经理、理财师等专业人才队伍素质的培养，加大营业网点的转型和业务流程的优化，加大零售业务在整体业务发展中的战略比重，注重挖掘和培植中高端客户群体，注重推进专业化、差别化服务，注重传统业务与创新业务的结合，注重提升零售业务产品的价值创造和技术水平，整合营销渠道和网点业务资源，使之向服务于中高端客户、服务于投资理财等价值增长型业务倾斜，有重点地建设区域性理财中心品牌，并实现理财中心与网点业务的整体联动，从而赢得相比较于国内金融同业的竞争优势，成为零售银行业务在国内金融同业中的领跑者和代言人。

（二）大力提高零售银行业务的创新能力、服务能力、理财能力、风险管理能力以及在中心城市的市场竞争力

要使国内零售银行业务走向市场领先地位，达到理念领先、品牌领先、服务领先、产品领先、渠道领先的水平，必须从以下方面大力提高国内零售银行业务的综合竞争力。

1. 大力提高国内零售银行业务的创新能力。要明确零售银行业务创新的目标和方向，借鉴国外先进零售银行的成功经验，加大零售业务的服务创新、产品创新和技术创新力度，制订长期持续的零售业务创新规划，成立创新项目小组、新产品委员会等组织架构，为零售业务创新提供功能化平台。要抽调业务骨干和技术专家组建创新团队，加强对相关金融政策的研究和利用，加强对创新业务的技术支持和保障，加强对创新成果、技术及质量的评估和监测，加大对创新工作的激励和约束，为零售业务创新提供良好的内外部资源环境。要构建上下级行整体联动、部门分工协作的科学创新体系，以及高效、专业的创新业务流程，结合业务的发展方向和客户需求加快创新步伐，提高零售银行业务创新效率。

2. 大力提升国内零售银行业务的服务能力。要牢固树立“以客户为中心”的服务理念，使之转化为员工的行为习惯和准则，建立起“上级服务下级、中台及后台服务前台、一级服务客户、全行服务客户”的服务体系。要有效推进差别化服务战略，细分客户群体的有效需求、客户等级及其贡献度，在服务内容、渠道、流程和价格等方面为其提供优质的差异化服务。要加强客户满意度调查，以此作为考核服务质量和成效的基准，完善和改进业务流程和服务管理。由于零售银行业务主要通过物理网点、电子银行以及客户经理等渠道进行营销，因而提升三大渠道的营销服务能力是增强零售银行业务服务竞争力的关键所在。必须进一步明确营销渠道的服务功能定位，加大客户经理队伍、电子银行、Call Center 以及营业网点对零售银行业务的服务营销力度，构建起零售银行业务全方位、多维度的服务体系。

3. 大力提高国内零售银行业务的理财能力。由于分业经营、金融监管等诸多方面因素的影响，目前许多国外理财业务在国内尚未开办。据汇丰、花旗、荷兰、劳埃德四家银行的资料统计，在它们为贵宾客户提供的 32 项理财服务中，仅有 4 项在国内商业银行中已全面提供，有 15 项是部分提供，还有 13 项未提供或不适用。因此，大力发展理财业务，提升国内零售银行业务的理财能力，是国内商业银行走向国际竞争必然面对的重大课题。在现有的基础和条件下，国内商业银行应从以下方面提升和发展零售业务的理财能力：一是要巩固和加强发展理财业务的基础，通过设立理财中心、网上自助理财、客户经理营销推介等方式建立起理财业务发展平台。二是要加强客户理财需求的采集和研究，加快理财新产品、新业务的创新步伐，做到“他无我有、他有我新、他新我优”。三是要把整合现有理财品种和创新相结合，提升理财品种的附加值和适应性，加大营销力度，丰富服务内涵，提升客户满意度，打造独具本行特色的理财品牌。

4. 大力提高国内零售银行业务的风险管理能力。相对批发业务而言，零售银行业务风险集中度相对较低。但随着零售业务的加快发展，许多风险问题也日益暴露。如与房地产泡沫如影随形的个人信贷风险、因个人评级资料掌握不完全所带来的信用风险，以及存在于营销渠道诸多环节的操作风险、道德风险等，都不容忽视。为确保国内零售银行业务的健康发展，增强其风险管理和防范能力势在必行。一方面要加强现代商业银行风险管理理念的传导和灌输，使零售业务从业人员牢固树立风险防范意识；另一方面要进一步建立健全零售业务风险防范机制，如进一步健全规章制度，完善个人征信系统，从前台、中台、后台全程再造操作环节的风险控制流程等。尤其要深入做好零售客户的细分和评级工作，建立完备的管理信息数据库，开通前台、后台风险防范信息快速有效传递的通道，一旦出现风险苗头，立即启动风险预警，及时采取防范措施，将风险扑灭在萌芽状态。再者，要加强研究和把握政策风险，规范操作，确保每一笔零售业务均能做到合规、合法，不留隐患。

5. 大力提高零售银行业务在中心城市行的市场竞争力。从目前的情况来看，在中心城市领域，国内商业银行不仅要与国内金融同业进行竞争，更要面对竞争实力强大的外资银行。为此，国内商业银行以贵宾理财为龙头，以营销渠道能力的整合和提升为手段，以高质量的贵宾理财产品创新为突破口，采取积极有效的措施，加快零售银行业务发展，提升其在中心城市的市场竞争力。一是要加快财富管理中心、贵宾理财中心、个人理财中心建设，培植一流的个人客户经理队伍，增强中心城市分支行对零售业务的营销能力。二是要加大授权权限和资源配置力度，完善考核与激励体系，充分满足中心城市分支行对财务和人力资源的需求，实现竞争资源向中心城市分支行倾斜。三是要加强产品和服务功能整合，加强分支机构、营销渠道的整体联动，使中高端客户在中心城市分支行能够拥有比外资银行更多、更便捷的理财通道，使其走进任何一家国内商业银行网点均能享受到优于外资银行的尊贵、便利、高附加值的“个性化、一站式、全方位”服务。

（三）改革和创新经营管理模式，重视和加大市场营销力度，有效推进零售银行业务的持续快速健康发展

一是实施个人银行业务事业部制改革，推进零售银行业务条线化、矩阵式管理。改革后，零售业务条线将形成单独核算的营销中心、利润中心和责任中心，其市场拓展和营销服务职能更为明确，所掌握的人力、财力、物力等竞争资源更为集中，直接经营和服务客户的能力进一步增强，对加快零售银行业务的发展将起到更大的推动作用。

二是以强化营销职能、提升客户服务质量为核心，优化和重建业务流程，提升零售银行业务经营的标准化水平。首先，要对现有零售银行业务流程进行重新梳理，对其进行客户满意度的定性和定量调查分析，根据客户满意度水平来检测和评估现有零售业务流程，以准确掌握影响客户满意度的关键问题和不足；参照国际上标准化的流程和模式，并结合业务特性和客户需求，对零售银行业务流程进行根本性改进和标准化再造。其次，要在新的业务流程和管理方式下对零售银行业务的改进成效进行测评，监测客户满意度水平变化趋势，为持续优化和改进服务、提高客户满意度提供依据和标准。

三是把握全行整体业务的发展方向，加大零售银行业务产品的创新和营销力度。在负债业务方面，应结合客户不同层次的要求，开发个人支票、旅行支票、多功能银行卡等个性化、多样性、便捷型负债品种，建立贴近客户、灵活高效、综合全面的负债零售业务营销模式。在资产业务方面，应重点开发二手房交易资金委托监管业务、个人创业贷款、个人自动授信以及个人理财产品质押贷款等新产品，满足不同客户的多方面需求。在中间业务方面，应重点开发推广个人信托、个人委托贷款、资产评估咨询、离岸金融业务以及现金管理等高技术含量、高附加值的产品，尤其在理财产品方面，应适时推出委托理财服务、投资专家顾问服务、私人收藏鉴定、私人出行安排、家人金融服务协助等零售业务，拓宽客户投资理财渠道。在服务渠道方面，应进一步完善电子银行业务营销平台，全面推广电子银行外汇买卖、银证通、代理缴费、异地汇划以及电话银行个性化通知服务等业务。同时，要加强零售业务产品与批发业务产品的联动开发，提升零售银行业务的产品竞争力。

四是全面推进零售银行业务网点转型，实施“精品网点”品牌战略。要调整网点布局，改造网点功能，通过全面推进网点转型，实现网点营销职能和核算职能的分离、前台及后台职能分离；减少网点封闭式柜台，增加办理理财及转账业务的开放式柜台，建立低柜台业务交易处理体系，强化以客户为中心的网点营销定位；简化柜面操作手续，推广人性化服务，提升网点服务品位和服务档次。同时，要严格按照统一规范的物理网点形象设计和装修标准，强调时代理念和文化元素，配备一流的设备、一流的人员，提升网点整体形象的品牌定位，确保网点建设向精品化、专业化、集约化方向发展。

五是推行“一对一”营销模式，撬动中高端客户的零售业务需求。“一对一”营销是以客户为中心的现代营销方式，旨在最有效地满足客户需求，巩固和提升客户的忠诚度和贡献度。其优点在于占有客户，即在已有客户的基础上进一步挖掘客户的潜在价值和需求，为客户介绍、组合和营销能满足其需要的产品和服务，巩固和稳定优质客户关系。在零售银行业务中推行“一对一”营销方式，能够更为有效地加强个人客户经理与中高端客户的互动式沟通和交流，通过与客户的互动对话，了解掌握客户的基本情况，识别并牢牢抓住黄金客户，并为其提供“一对一”的个性化服务，从而建立持久、“双赢”的银行—客户关系。

六是加强零售银行业务专业人才队伍建设。首先要配备充足的营业网点大堂经理、个人客户经理，通过培训提高大堂经理、个人客户经理的整体素质，使大堂经理、个人客户经理成为网点前台的多面手、营销核心和指挥棒。其次要大力加强理财业务专门人才的培养。一方面要加大 AFP 及 CFP 的培训力度，重点培养通过国际认证的金融理财师；另一方面要适当引进证券、基金、外汇、黄金、期货、法律、税务等方面的专业研究人员及操作人员，通过理财师培训后培养成为综合业务人才。

（四）竞争与合作——探索与外资银行共谋发展的“共赢”之路

如前所述，外资银行在我国开办零售银行业务既有优势，也有弱点。它们拥有先进的经验、技术和强大的资金实力，可以通过远远优越于国内商业银行的待遇挖掘国内最优秀的专业人才和管理人才，但作为非本土银行，其同时也受到营业网点数量规模、业务经营范围以及政策制度规定等种种因素的限制。为拓宽市场范围和客户发展领域，与国内商业银行建立合作发展的伙伴关系，已列入外资银行战略决策者的关注范围。外资银行在零售银行业务方面具备的诸多优势，尤其是在为高端客户提供的财富管理、私人银行等业务方面，国内商业银行望尘莫及，通过与外资银行的战略合作，充分利用外资银行的经验、技术、资金和产品品牌优势，提升市场竞争力，促进国内相关零售银行业务的发展，也不失为一种现实的选择。因此，在双方共同的利益驱动下，如何去推动和促进中外资银行建立战略合作伙伴关系，共同致力于国内零售银行业务的发展，谋求实现“双赢”目标，确实是非常值得国内外零售银行业界专家人士共同探讨的又一课题。

全面成本管理任重道远，配套基础建设亟须跟进

总行计划财务部

一、关于成本管理

近几年来，尽管我行采取了不少措施来降低成本水平，在成本管理方面取得了一些成绩，但通过调研及日常管理发现，我行的成本管理与国际先进商业银行相比还有较大差距，成本主体和成本责任建设还有待进一步明确；全行可以藉以实现成本降低的制度、方法、环节、流程等还大有潜力可挖，成本降低仍有不小的空间。

（一）分行成本管理现状

1. 指标的控制和约束。分行在成本费用管理上基本实行“一把手”负责制，按照计划和限额规定开支和核算成本，并定期对下级分支行财务资源配置进行监管。例如，四川省分行目前对分支行成本费用开支采取以指标控制为主、资金预拨控制为辅的管理方法，一方面强调费用指标的刚性约束力和严肃性，另一方面通过实拨费用资金的方式，保证分支行成本开支的可控。

2. 推行和完善定额管理。自2002年总行推行三项费用定额以来，分行逐步推行和完善了定额管理，不断扩大定额管理范围。2007年，四川省分行选取了房租费、钞币运送费、水电费、一般交通工具费用、安全防卫费、网络通信费等开支内容固定、动因明确或附着物明确，但边际效益较小、维持基本运营的日常开支实施定额管理，并制定了相应的定额标准。陕西省分行对水电、房租等部分费用项目实施零基预算，每年据实确定费用支出标准，核定费用预算。

3. 加强集中采购力度。按照现代商务采购要求，分行不断完善和推广集中采购制度，优化采购流程和操作规范，扩大集中采购范围，有效地控制了采购成本。2006年，四川省分行实施集中采购项目1 105个，节约采购成本1 195万元，成本节约率达到5.08%。

4. 严格预算和授权管理。四川省分行对部门日常开支费用和购建支出，严格授权审批流程。对超预算事项的开支，需报分管行长或成本管理委员会进行审批。对部门开支进行按季监控，年末对超预算开支部门相应扣减次年核定的部门预算。陕西省分行根据总行授权和分行实际，建立了财务授权审批制度，房租等成本支出项目对下实行零授权管理，每笔支出均报分行审批，严格控制成本支出预算。

（二）分行成本管理存在的问题

一是全面的成本管理理念尚未树立。通过调研发现，分行业务部门在谈及计财管理方面的问题时，更多的是反映费用如何紧张的问题，各部门、员工普遍认为成本管理是别人的事情，与己无关。成本控制主要靠计财部门，其他银行内部管理部门更注重业务规模的扩大和事项的结果，仍然存在为达目的不顾成本的现象，全面成本管理的理念在全行范围内尚未树立。二是成本责任主体不够明确。目前我行的成本管理尚未建立权责清晰的成本责任主体，成本控制责任无法在各个部门、各个层级、各个环节进行分解落实，成本责任主体的缺乏也在一定程度上造成成本管理意识的淡漠。三是成本管理手段比较单一。受现有指标管理方式的影响，我行成本管理手段比较简单，成本控制主要通过集中采购、费用定额及支出标准控制等方式，成本管理和降低涉及的事项范围狭窄，而对于部分弹性较高的费用，如会议费、招待费等，为不“浪费”总行年初下达的指标总量，分行往往年底突击花钱。成本管理手段的单一造成缺乏成本管理意识的分行完全靠指标考核进行成本控制，对全行有效地提高成本效率造成了一定负面影响。四是成本管理缺乏后续跟踪评价。分行计财部门在年初计划分解过程中基本将财务资源配置到各级行、各条线、各部门，之后再由各层级行、各部门制定进一步的配置政策和管理办法。在

调研中发现，目前分行对成本支出仍是以财务资源激励和成本开支的事前审批为主，对成本支出的后续评价和考核缺乏系统的管理，导致个别不计成本大干快上的事项时有发生。

（三）加强分行成本管理的建议

1. 要深入贯彻和树立全面成本管理理念。全面成本管理是一个系统的整体，只有各项业务的经营管理都讲成本，各级行、各部门都坚持成本管理理念，推行全面成本管理，培育和打造低成本竞争优势这一目标才能真正实现。要深入贯彻全面成本管理理念，需要总行、分行协调联动，做好成本理念的宣导，使全行上下、各个层级、各个条线对全面成本管理的理念深刻理解、切实接受，并积极落实于日常经营管理的实际行动中。

2. 要明确成本责任主体，建立成本责任制。建立全面、完整、有效的成本责任制，首先是要梳理成本支出环节，确定明确的成本责任主体；其次是将成本责任主体权责对等；最后是建立严格的成本考核和相应的奖惩制度，这样既能保证科学、合理的财务支出决策，又能调动各部门和各环节成本管理的主观能动性和潜力。

3. 要协调统一全面成本管理与银行发展和价值创造的关系。全面成本管理并不是简单、机械的成本降低，也不是单纯要“勒紧腰带过日子”，而是通过全方位、全过程、全员的成本管理，在成本管理的各个环节达到投入的科学化、产出的最大化，简单地说就是让不该花的钱一分都不要花，该花的钱也要精打细算。通过全面成本管理构建低成本竞争优势，在激烈的市场竞争中取得企业发展的优势，增加银行的价值，是全面成本管理的最终目标。因此，在全面成本管理中，价值创造是衡量哪些钱该花、哪些钱不该花的唯一标准，有利于价值创造的成本要投入，不利于价值创造的成本要坚决退出。

4. 要加强对成本流程的梳理，变被动成本管理为主动成本管理。管理活动和业务活动是成本耗费的源头，通过流程梳理和重整，可减少不必要的管理环节和管理级次，整合业务环节，从而合理有效地利用现有资源，优化配置结构，提高投入产出率。从源头上控制成本的发生，是最有效的成本控制手段。要将成本管理重点前移，即由重点放在事中审批、事后检查转变为将重点放在成本预测、成本决策与成本支出动态监控等前端成本控制流程上，重在成本避免，立足于预防，提高成本管理的前瞻性、科学性。

5. 创新成本管理的手段。总行和各分行可以充分利用 ERP 系统上线后的信息基础优势，完善和建立费用定额和成本管理标准体系，强化价值链和成本动因分析，关注产品、客户与部门的成本分摊和盈利能力，多算成本效益账，创新管理手段，增强成本管理的广义性、多维性和动态性。

二、关于资本性支出

（一）分行在资本性投入安排中存在的主要问题

一是资本性投入的入账时间进度目标难度大。分行反映资本性投入项目一般审批环节多、实施周期较长，投入和实际入账核算时间进度较难掌握。二是网点建设计划的执行和控制的难度大。其中，网点购置受选址、价格、卖方意愿等影响很大，管理中分行实际主动控制能力不强；网点装修中转型项目由于多是局部改造项目，分行严格控制其装修改造投入，单笔支出难以达到资本化条件，一方面购建计划不能安排落实，另一方面占用了分行大量非人力费用资源指标。三是指标类别间结构性存在矛盾。分行认为现行资本性支出管理模式对营业网点装修指标相对较为宽松，业务用车、档案库房建设等生产保障性指标缺口较大。四是计财部门对指标投入进度管理缺乏强有力的管理手段。计财部门作为价值管理部门，负责指标总量控制和平衡，但具体的实物投入分行一般由各条线归口管理部门负责。由于总行对各类别指标均不允许一级分行调剂使用，因而计财部门在进度管理中缺乏主动调控手段，只能采取辅助手段予以督促，难以通过利益机制调动归口管理部门的积极性。

（二）分行在资本性支出方面提出的实际困难

陕西省分行认为该行网点自有率较低，租赁网点每年的房租费用增幅较大，建议每年适当增加网点购置指标，提高网点自有率。

四川省分行已实行车改，但现有 200 辆业务用车中，已使用了 8 年以上的业务用车为 71 辆，占现有业务用车总量的 35%。四川省分行认为其整体车况较差，且地域面积大、山路较多，建议总行分年逐步解决该行业务用车紧张的问题。

网点购置定金问题。两个分行调研中均提出了网点购置需预付定金的问题。现在银行在网点购置过程中，由于选择的网点地理位置较好，一般竞争都比较激烈，且银行审批程序复杂，面临不确定因素较多，因而开发商往往要求预付定金。但我行现有管理模式没有网点购置定金支付渠道和相应的管理办法，从而造成个别项目因审批时间较长而被同业抢购的现象。

（三）资本性支出管理建议

1. 梳理现有财务管理流程。我行目前的层级管理及财权、事权分离管理模式，使分行在财务支出时受到多重约束，审批环节过多容易造成效率低下。以作业成本法为基础，结合我行逐步推行的各项机构和事业部制的改革，重新梳理现有财务管理流程，减少不必要的作业环节，同时适当扩大财务授权，有利于提高全行的运行效率。

2. 提供及时有效的财务制度保障。随着我国经济的快速发展及金融行业竞争的日益加剧，如何快速应对市场需求，及时、有效地提供客户满意的产品和服务已经成为各商业银行竞争的关键。按照制度先行于业务的说法，应对市场发展变化，提供及时、有效的财务制度保障已成为提高银行竞争力不可或缺的手段之一。

3. 加强与业务部门的沟通交流。在尚未实施并建立事业部制管理模式之前，计财部门在财务管理、财务资源配置及核算上还要注重加强与业务部门的沟通交流，从正面加强与业务部门对财务管理理念的宣传沟通，同时以通报等方式加以适度的监督考核。

三、关于网点转型和装修标准

（一）分行网点转型及装修标准存在的问题

通过对部分网点的实地调研发现，分行对网点转型及装修标准的认识还存在一定偏差。一是误将网点转型视为网点整体改造，分支行及业务部门过于强调网点转型中网点环境的改善，而对岗位职责、业务流程、精神面貌等内在转型要求提及较少。此外，个别人员存在网点转型就是将整个网点重新进行装修改造，网点转型就是财务资源投入的误解。二是实际执行过程中不够灵活，个别分行在网点转型场所改造中执行得过于机械，完全通过既定的流程、岗位进行网点功能区域划分及改造，对原有场地的合理运用考虑较少，造成网点一旦转型必然进行整体装修的结果，实际操作缺乏灵活性。三是对拟调整的装修标准认识不够，一方面实际使用面积除实地测量外难以准确获得，另一方面装修预算需待设计方案完全确定后才能核定，增加了项目审批工作量和时间，对执行进度有一定影响。分行提出的问题说明我行在网点管理中的精细化程度还不够，在网点建设审批流程方面存在一定问题，导致分行按照既有模式管理，无法完全理解本次调整网点装修标准的管理意图。

（二）对网点转型和装修标准提出的管理建议

针对以上网点转型和装修标准在分行中存在的问题，提出以下建议：

1. 加强政策的宣导和培训。总行各相关部门应通过政策宣导、培训讲座等方式，进一步加强分行，尤其是实际管理和操作执行人员对总行政策意图的理解和认识，多通过案例展示等方式，进行直接的经验交流，以避免分行照本宣科，产生较大的理解偏差或机械执行。

2. 避免政策变动过于频繁。我行正处于不断地改革探索进程中，改革势必带来新的管理政策和管理思想，但过于频繁的政策变动会导致分行对政策理解的茫然和对政策执行的漠视，同时，不利于分行归纳和总结经验教训，容易造成资源重复投入和无谓的浪费。因此，业务部门在进行网点转型及业务条线等改革过程中，应注意政策出台的稳定性和执行的连贯性，避免政策变动过于频繁。

3. 实行网点建设精细化管理。分行现行网点建设往往更注重地理位置的选择和业务发展的测算，在实际财务投入上缺乏专业的判断和后续评价考核。在今后的网点建设管理中，全行应通过对历史财务投入的经验分析和总结，对网点建设面积、装修投入及装修标准进行精细化的管理，避免因前期预算过粗而造成方案的变更和重复审批。

四、关于档案管理及档案库房建设

（一）分行档案管理存在的问题

自 2007 年起，总行配置专项资源分年逐步解决分行档案集中管理问题。从年初综合经营计划时分行上报的档案库房建设方案及本次调研分行档案管理状况了解到，分行现有档案管理主要存在以下几个问题：一是档案增长速度过快。随着分行业务发展速度的加快和 DCC 系统、会计档案及会计稽核系统等项目的陆续推广实施，分行业务档案数量呈急剧增长的趋势，多家分行反映近一两年的档案增长量已接近或超过过去 10 年的档案总量。二是档案袋不规则占用空间大。目前，分行档案中超过 90% 为会计档案，且按照现有会计档案管理要求，分行不需再逐本装订，只要将需要存档的会计凭证放入密封袋中抽成真空即可。因操作人员不需整理，抽成真空的档案袋呈不规则形状，存放起来占用了较大空间。三是历史档案不及时销毁。我行档案根据管理要求不同，一般存放时间为 10～15 年不等，其中会计档案存放时限要求为 15 年。但分行在实际操作中，因为疏于清理及无人愿意承担责任等原因，达到存放年限的档案无人整理销毁，较大地占用了现有档案存放空间，在一定程度上造成了现有档案库房容量紧张。四是档案查询利用率较低。会计档案及会计稽核系统上线后，分行会计凭证采用电子存档和实物存档并行方式进行管理。每年产生的大量凭证不仅占用了较大的电子存储空间，同时大量实物凭证仍要按规定存放 15 年，分行现有档案库房均呈现不同程度的紧张状态，大部分分行已无多余空间容纳如此大量的档案存放需要。然而，在实际业务操作中，分行反映每年几乎很少查阅历史会计凭证，较低的使用率造成档案库房建设成为一种无谓的资源耗费。

（二）分行档案库房建设及档案管理建议

1. 尽快建立档案库房建设标准。据初步了解，以密集架方式存放会计档案，每 1 平方米建筑面积约相当于存放 1.4 立方米的密集架档案，1 立方米的密集架约存放 500 本会计凭证。如果一家分行一年新增 20 万册会计档案凭证，以密集架方式存放，约需 400 立方米的密集架空间，折算成档案库房建筑面积约为 286 平方米。考虑到以上测算以规则场地及原装订成册方式为前提，如场地不规则或以抽真空方式保存会计档案所占空间与测算占地面积严重偏离，则所需档案库房建筑面积需要适当扩大。

2. 要求分行尽可能利用现有闲置资源。虽然现有会计档案抽成真空后保管形状不规则，占地面积增加，但在档案保管上对温度、湿度的要求有所降低。据了解，某银行在几年前推行会计档案稽核系统、实行会计档案真空密封管理后，其分行租用多个废弃军用窑洞作为会计档案存放场所，在实现会计档案管理存放要求的同时，较大地降低了会计档案存放的成本开支。我行要求档案集中管理，但并未要求必须实物集中，同时结合会计档案查询利用率较低的特点，应通过政策宣导、授权审批等方式，要求分行应尽可能地利用现有闲置资源或其他外部可利用资源，以避免不必要的资源投入。

3. 对密集架等档案库房设备实施全行集中采购。档案管理主要设备，如密集架、空调、除湿机等，不仅需求量大，而且在使用上具有较强的同质性，比较适宜全行进行集中采购。考虑分行档案库房建设需求及实施集中采购所需周期，建议相关业务部门尽快调查分行密集架采购需求，并与采购部联系尽早实施集中采购，以避免各分行分散采购无法形成规模效益。

4. 与相关部门协商，优化现有会计档案管理模式。我行档案管理存在的主要问题其根源在于每年的会计凭证激增，而电子档案与实物档案并行，以及实物档案较低的使用效率，使较高成本支出的档案库房建设在一定程度上违背了投入产出的相关要求。因此，从根本上解决我行档案管理存在的问题，需要相关部门尽快研究优化现行会计档案管理模式，取消部分不具保存价值的实物档案或适当缩短档案存放年限等，以尽可能提高档案管理投入成本的效率。

顺“市”而为 主动出击

云南省分行 潘念宁

一、顺“市”而为，加快转型，全面提升区域市场竞争力

“积极推动战略转型，打造国际一流银行”已经成为新时期建设银行改革发展的新方向和新目标，而实施业务战略转型不仅是向零售业务和中间业务转型，更要强调的是公司业务和零售业务的自身转型，以提升银行的综合化经营水平。对此，云南省分行主要抓好“三个结合”和“三个载体”。

（一）抓好传统业务与投资银行业务的结合，全力推进对公业务转型

在思想观念上，云南省分行正确认识和处理巩固传统优势业务与发展投资银行业务的关系，摒弃了将投资银行业务定位于服务传统业务特别是资产业务发展的传统观念，大力倡导投资银行业务战略地位，明确两者相辅相成的关系，通过策略性的平衡和取舍实现经营的综合效益最大化。在客户策略上，分行积极应对传统存贷款业务盈利空间日渐狭窄，以及客户对金融服务需求高级化、多元化的市场变化，及时锁定高贡献度客户领域，调整客户经营策略。在经营模式上，将大中型客户的经营重心上移，省分行直接负责大型集团客户的营销建设。将中小型客户经营重心下移，在各二级行成立小企业经营中心，对小企业实施差别化授权风险管理，有效地提高了服务效率。同时，在省分行成立投资银行部，全面负责全分行投资银行业务的组织、协调和管理。在产品结构上，积极利用短期融资券、境内外 IPO、“利得盈”、“汇得盈”、QDII 等投资银行产品，尝试探索开展新兴业务。组织召开投资银行业务研讨暨项目推介会，初步梳理出一批具备境内外上市或直接投资的优质潜力客户。

（二）抓好标准化服务与差别化服务的结合，全力打造个人银行业务竞争优势

2007 年，云南省分行坚持以客户为中心，从考核激励、改善服务、网点建设、人员配置四个环节入手，加快零售业务转型步伐。一是修订了个人业务考核办法，以募集资金量作为考核指标，加快基金、“利得盈”等产品的销售。2007 年 10 月底，全分行募集资金总量超出当地工行 50 多亿元，超出当地农行 100 多亿元，居同业首位。二是提升个人高端客户服务水平。将大中型企业高管和中层作为重点发展对象，根据客户不同的风险偏好提供相应的理财产品组合。在省分行设立财富管理中心，提升和强化高端客户管理职责，以个性化、差别化服务发展中高端盈利性个人客户。三是加快零售网点转型和渠道建设步伐，网点客户服务水平整体提高，在总行营业网点“神秘人”检查中，排名上升了 15 位。四是加快零售业务条线人才队伍建设，选拔综合素质较高的人员担任个人业务顾问、个人客户经理和金融理财师。

（三）统一考核管理和整体联动营销相结合，全力推动中间业务发展

按照资产、负债与中间业务并驾齐驱、协调发展的思路，云南省分行全面转变经营观念和管理方式，群策群力狠抓落实。在管理方式上，从各部门分散经营、分散管理向明确牵头部门、统一规划、统一管理、统一考核转变。在资源配置上，从突出重点产品、费用分别配置向实施层级考核与个人表现相结合，对重点产品实行差别挂价购买，对主动营销型产品实施“计件工资制”转变。在营销方式上，从各业务条线“单打独斗”向成立中间业务团队，实施全员综合营销、部门交叉营销、产品系列营销转变。在产品销售上，从过度依赖结算代理、银行卡、造价咨询等传统产品向个人理财、证券承销、资产托管、融资顾问、信托理财等新兴产品快速发展转变，充分发挥建行客户、网点、网络、技术等资源优势，不断增强中间业务的创收能力和整体竞争实力。截

至2007年10月末，全分行中间业务收入突破5.7亿元，同比增速居当地同业首位、全国建行系统第三位。

（四）以外汇、电子银行、信用卡业务为载体，培育新业务增长点

云南省分行认真分析战略性产品对业务转型的重要意义，进一步梳理流程和机制，加强本外币联动营销、电子渠道和物理渠道联动营销、条线和部门联动营销，推动战略性业务快速增长。截至2007年10月末，全分行国际结算量同比增幅为70.54%；成为云南省公务员考试网上报名缴费的唯一合作银行；成功发行名企卡——云铜龙卡，信用卡消费交易额完成全年计划的89.6%；信用卡账户活动率在系统内排名第五位。

二、开拓创新，强化管理，为全面转型提供坚强保障

打造一流的商业银行，除了靠业务转型来实现，更要靠管理思路的调整、组织架构的改革、业务流程的创新、管理模式的改变来保障。为此，云南省分行解放思想、大胆探索，为业务转型提供了有力支持和保障。

第一，在稳妥地推进风险管理体制、会计和营运体制、中心城市行、各业务条线单元制改革的基础上，进一步梳理业务流程和组织架构，大胆探索向流程银行转变的管理模式和经营方式。在省分行成立了信贷评估评价中心，对全辖大中型项目和客户的评估、评价集中平行作业；综合利用资源，在合规部下设立操作风险稽查督导组，专门对部门和条线操作风险进行独立、连续的监督检查。积极探索和理清团队管理与层级管理的关系，制定了《建行云南省分行团队管理办法》和《建行云南省分行经营团队2007年度绩效考核办法》，以适应经营方式和管理模式的转变。

第二，大胆探索，推进产品创新。作为牵头行和代理行，云南省分行成功办理了云南省第一笔外部银团贷款，填补了云南金融业在该项业务上的空白；在西南地区首家与中信信托合作，为云南公路投资公司设计发行了收益率较高的信托理财产品；与云南锡业集团签订了全国建行系统第一单规范性企业年金基金托管合同；成功代理永武高速公路和大朝山水电站的财产保险业务，是建行内首家办理此类业务的分行。

第三，加强合规文化建设，建立高效的工作机制。把合规作为立行之本，不断强化领导人员“合规须从高层做起”的意识，筑牢广大员工“不能为、不愿为、不敢为”的合规经营思想。集中时间和精力，深入开展合规经营自查自纠专项活动，结合历次审计和检查中发现的问题，从计财、会计、风险、房金、个金、法律、审批、电子银行、营运管理、公司业务、机构业务、资产保全12个主要业务条线制订自查方案和自查内容表，大力治理各类有章不循、违章操作现象。将合规经营的基本要求和素质指标加以细化、量化，纳入KPI考核体系进行考核；坚持激励合规、抑制违规原则，使其充分体现在责任认定、领导人员问责、责任追究等工作中。

银行价值最大化的新思考

厦门市分行　陈万铭

银行价值最大化是指通过银行的合理经营，采用最优的财务政策，充分考虑资金的时间价值和风险与报酬的关系，在保证银行长期稳定发展的基础上使银行总价值最大。它不仅考虑所有者的利益追求，而且将其他利益相关者合理的利益要求作为银行价值最大化目标函数的约束条件。

追求银行价值最大化目标应尊重和满足银行各相关利益主体的利益要求，不仅要考虑所有者的利益，也应考虑其他利益主体的利益。强调在银行价值增长中各利益主体的平衡、风险与报酬之间的平衡、员工利益和银行利益的平衡。强调要保障债权人的利益，真正关心客户的利益；讲求信誉，履行社会责任。银行价值最大化应该是在有效保障利益相关者利益前提下的银行所有者

价值的最大化。具体包括以下几层含义：

一是从财务价值和时间价值角度来衡量，银行价值最大化，就是银行所有者价值的最大化，就是要实现在商业银行的整个存续期内，每年的净现金流量按一定的折现率折算后的现值之和达到最大值，即总净现金流现值最大化。它体现了对商业银行稳健、均衡、可持续发展的要求。要实现总净现金流现值的最大化，首先，商业银行的存续期要足够长，力争办成“百年老店”、“千年银行”，而不是寿命不长的银行；其次，不仅要考虑银行近期利润的最大化，更要考虑整个存续期的持续盈利。

二是从社会价值和银行价值关系的角度来衡量，银行价值最大化应以不损害国家利益和社会利益为前提。首先要保障国家和社会的利益，关键是要保证银行安全。它体现了商业银行成为对社会负责任的银行的要求。金融是现代经济的核心，现代商业银行特别是我国四大国有商业银行绝不仅仅是一般的企业，它的生死存亡事关一国的金融安全、经济安全乃至国家安全。因此，商业银行要自觉地把其维护国家安全、经济安全的社会价值摆在第一位，而不能仅仅为了一己之利而损害了国家利益，要努力实现社会价值和银行自身价值的综合最大化。

三是从客户价值和银行价值关系的角度来衡量，银行价值最大化还要以有效保障存款人利益为前提。它体现了商业银行对存款人负责的要求。商业银行要不断为存款人提供优质、超值的金融服务，更基本、更重要的是要确保存款人在商业银行的存款保值、增值。

四是从所有者价值、企业价值和员工价值关系的角度来衡量，银行价值最大化还要以有效保障银行自身利益和员工利益为前提。它体现了商业银行对所有者负责、对银行自身持续发展负责和对员工负责的一致性，三者的利益要相互兼顾，不可偏废。首先要努力实现所有者价值的最大化，其次要努力实现银行留利和员工收入随着商业银行的高质量发展而不断增长，增强银行的发展后劲，激发员工的工作潜力，为银行持续稳健经营、实现价值最大化目标提供发展后劲和长久动力。

加快创新，形成特点，不断拓展业务发展空间

青海省分行 郭继庄

金融创新是推动银行业发展的强大动力。自 2007 年以来，青海省分行认真践行“以客户为中心”的经营理念，进一步强化产品创新、服务创新、流程创新，形成业务特色，建立业务优势，打造核心竞争力。

一、多措并举，加大服务创新力度

优质文明服务是商业银行生存与发展的基础，青海省分行十分重视客户服务工作，把优质服务作为立行之本、强行之路的有效途径和重要手段来抓，积极采取多种有效措施，拓宽服务渠道、丰富服务功能、完善服务流程、提高服务品质。一是拓宽服务渠道。青海省分行不断优化网点布局，加大科技投入力度，加快电子银行和自助渠道建设，2007 年 1～9 月，对 22 家网点进行了装修改造和功能分区，新建自助银行 2 家，新购置自助设备 14 台，自助渠道交易量与柜面交易之比近 50%，有效地促进了渠道分流，提高了服务效率。青海省分行还针对中高端客户，在省分行成立了财富管理中心，建立了以财富管理中心为主体，理财中心、理财专区、理财低柜和理财窗口为补充的中高端客户分销渠道体系，为满足客户标准化、个性化、差别化的金融需求提供了保证和支持。二是丰富服务功能。青海省分行紧紧围绕“提高客户满意度”这个核心，组织开展柜面业务服务大比拼、优质服务年等活动，立足标准化服务，深化差别化服务，加大 95533 服务力度，对 3 个月以上的个人网上银行活跃客户、USB KEY 用户、所有企业网银客户进行了人工外呼，对大众龙卡、个人住房贷款催缴、高端客户关怀等重点开展外呼工

作，获得了客户的普遍好评。三是完善服务流程。为提高服务效率，促进小企业业务发展，青海省分行建立了小企业金融服务工作“六项机制”，在信贷审批部设立了小企业信贷审批小组，专门负责全行小企业信贷业务的审批管理工作，提高了小企业信贷业务的审批效率。青海省分行还加强了网点柜员、大堂经理、客户经理服务流程管理，通过优化业务流程、采取弹性排班、调整网点窗口服务功能等手段，缩短了客户等候时间，使客户排队现象得到明显改善。

二、点面结合，加大产品创新力度

青海省分行以产品营销、功能创新、业务培训为重点，加快金融产品创新，不断丰富产品体系，通过产品创新促进了服务水平的提高。一是打造知名品牌。青海省分行将贷记卡、理财卡、“一户通”、“速汇通”等作为重点产品进行培育，营造品牌形象，创建知名品牌，使这些品牌形象深入人心。同时，加大了“利得盈”、“汇得盈”、“银信通”等产品的营销力度，提高客户认同度，扩大客户覆盖面，促进了各项产品销售量的增长。二是加快新产品推广。青海省分行加强了市场调研和产品需求分析，依托总行自主研发创新产品，对公业务方面，推出了“速贷通”、“成长之路”、“百易安”资金托管业务等产品；个人金融业务方面，推出了账户金、“龙鼎金”个人实物黄金买卖业务等新产品；个人资产业务方面，推出了个人再交易住房贷款、个人住房最高额抵押贷款等新产品；信用卡业务方面，推出了商务卡、公务卡、“八一龙卡”、“大百龙卡”、“大众龙卡”、公积金龙卡联名卡、校园一卡通、信用卡商场POS分期付款业务等，丰富了银行卡的产品种类；电子银行业务方面，推出了企业网上代发代扣业务、网上银行基金代销业务，开通了联通用户银信通服务、WAP手机银行、95533龙卡通服务等；外汇业务方面，推出了远期结售汇、代客外汇买卖、代客外汇资金管理及代客金融衍生工具等新产品，满足了不同客户群体的需求。三是整合现有产品。青海省分行针对部分产品功能使用率较低的实际，对现有产品进行了有效整合，深入挖掘现有产品的功能，推动柜台各项业务的自助签约和一体化签约，进一步完善了电话银行、网上银行、手机银行功能，使其成为日常业务处理和产品分销的重要渠道。

发展零售业务的经营策略

黑龙江省分行　薛　峰

零售业务是未来商业银行的主要收入来源和利润来源。2006年，我行零售业务发展取得了较好成绩。为全面提升零售业务服务水平，黑龙江省分行对其零售业务发展情况进行了深入的调查分析，认为实现战略转型，大力发展零售业务不仅是总行的战略导向，也是分行提高市场竞争力和价值创造力的内在需求。当前发展零售银行业务面临的主要问题，一是机构网点的销售定位不清，二是资源配置不到位，三是客户识别还不够准确，四是风险控制还十分薄弱。

一、创新经营管理模式

一是充分发挥个人银行业务管理委员会的指导和协调作用，明确个人银行业务条线各部门的管理关系、报告路径和职责定位，统一规划个人业务发展策略、共享客户资源、共用营销渠道，集中配置资源，统一协调客户服务。二是坚持“五统一”原则，积极稳妥地为推进个人银行事业部改革创造条件，适时推进改革，逐步建立个人业务矩阵式的管理模式。三是在试点的基础上积极推进网点转型工作，通过业务流程再造，实现营业网点从交易核算型向营销服务型的彻底转变，形成一批具备崭新硬件环境、现代化服务设施和差别化服务水平，管理规范、业绩优良，能够展现较强市场竞争力的骨干零售网点。四是加强营业机构建设的组织和协调，制定统一的建设规划，围绕总体建设目标更为有效地推进全行营业机构的建设和改造工作。

二、创新经营机制

一是深化和完善绩效的考核体系和岗位绩效薪酬分配体系，使绩效工资真正与企业、员工、客户利益挂钩，用有限的资源推动业务的增长。业务增长要跟员工的收入挂钩、跟机构的总体收入挂钩，突出岗位绩效，分配到个人。二是机构网点要针对不同地区客户群体的偏好和需求情况来确定各自的经营定位，并非所有的机构网点都要办理全部业务。

三、加大资源倾斜力度

大力发展零售银行业务，必须辅之以资源的配置，资源的配置要加大力度、配置到位。个人银行业务要下沉，就是说人要沉下去、资源要沉下去、产品销售要沉下去、效益体现要从一线来。在人力资源方面，在尽可能的前提下，将优秀、高素质的人员配置到一线、配置到个人业务岗位，努力提高零售业务队伍的综合素质与经营能力；在财务资源方面，关键是要加大基础性投入的执行力，对重点战略业务配置，包括人力费用在内的专项激励费用，挂钩到产品，兑现到人。

四、提高联动效率

第一是个人银行业务条线和对公业务条线的联动；第二是前台、中台、后台的联动；第三是上下级行的联动；第四是领导与被领导的联动；第五是部门之间的联动。在产品销售及机构网点定位方面，要尽快形成联动机制。

五、提高风险控制能力

要健全对个人银行业务的授权、业务准入、产品收费、价格执行以及业务操作的规范标准和监督检查机制，严格问责制度；对未严格执行合规经营制度以及不良资产持续较高和增长较快的分支机构，要探索实行风险质询制度；对主要由于主观原因造成个人类信贷资产质量呈现恶化趋势的机构，要制定和实施明晰的惩戒与问责措施；对内外部检查发现的问题，要推行整改作业流程制度，落实各整改环节的责任人员和工作标准，认真跟踪整改情况，切实保障整改工作的完成时限和工作质量。

强化基础管理　提高内控水平

山西省分行　高德高

一、从严落实总行风险管理要求，树立风险管理的整体意识、全局意识、责任意识

总行将 2007 年定为风险管理“执行年”，提出按照《巴塞尔新资本协议》引入以资本为核心的全面风险管理体系。对山西省分行而言，强化内控、防范风险是一项长期而艰巨的任务。

为使全辖上下充分认识风险管理与内控建设的重要意义，促进业务又好又快发展，山西省分行决定从案件多发领域入手，从违规高发部位抓起，出台了《关于开展强化风险内控、狠抓制度落实的决定》，开展了一系列以查隐患、防风险、抓落实、促管理为主要内容的“风险内控年、制度落实年”活动，旨在通过调研、分析、检查、督导、纠错、整改等多层面、多角度的措施，培育、构建全员风险文化管理理念。

二、摆问题、找差距，抓制度、重落实，着力提升基层风险内控水平

第一，重视内控制衡制度建设。本着“整体推进、重点突破”的原则，分行重点抓了四项制度建设和落实工作：一是岗位分离制度。对不相容岗位绝不允许混岗、兼岗、串岗，防止单人操作、“一手清”。二是岗位轮换和交流制度。凡基层机构和网点负责人、会计主管、风险经理、纪检监察特派员全部组织交流，按照岗位

的重要性和风险程度合理界定轮岗交流的期限。三是员工行为排查制度。结合“百日排查”活动，在全辖组织员工行为自查、自摆等，对异常行为做到早发现、早报告、早制止，把风险隐患消灭在萌芽状态。四是健全操作风险问责制度。分行制定了《关于规范员工行为、严防案件风险的十二条规定》，通过设立“高压线”，起到警醒、处理、追究作用。

第二，开展正反典型对比教育。分行在全辖开展了建设银行愿景、核心价值观以及风险合规教育活动，逐步建立先进的风险内控文化和合规文化，培养员工自觉遵守法律规范的行为习惯。

第三，监督、整改、激励、惩处四位一体。分行按照“谁主管、谁负责”的原则，将全年工作任务与案件查防工作同布置、同落实、同考核，并逐级分解细化。从加强激励约束、提高监督检查效能入手，一是规范各类检查，所有检查均按照总行要求纳入“三查一审”范围，有效解决监督效能问题；二是强调发现问题固然重要，但纠正问题比发现问题更有价值；三是全面落实倾斜基层行的各项制度，压缩中台、后台和管理机构人员数量，人员和薪酬资源配置向一线倾斜，努力提高一线员工收入，理顺基层员工晋升渠道；四是加大对违规、违纪行为的惩处力度，真正起到警示作用。

三、将全面风险管理理念融入战略愿景与目标，并转化为各级经营管理活动中的自觉行为

自分行开展“风险内控年、制度落实年”活动以来，加强内控和风险防范的管理理念正逐步深入人心，并转变为员工的自觉行为。在开展这项活动的过程中，分行始终将“规范与稳健”放在战略目标的第一位，把风险管理与内控建设工作纳入整体战略发展规划中，提出“抓住能源大省的发展机遇，规范经营，稳健运行，成为区域内质量最好、效益最佳、最具竞争力的银行”。在具体落实中，坚持管理者负责原则、全员参与原则和立足长远原则。逐步建立风险管理与内控建设长效机制，在构建风险文化方面下工夫，用正确的风险理念驾驭业务发展，形成风险管理促进业务发展、业务发展赢得合理回报的良性循环。

加快创新步伐　提升竞争能力

广西壮族自治区分行　袁　明

2006 年，广西壮族自治区分行各项指标创历史新高，为“十一五”期间特别是 2007 年的快速发展奠定了良好的基础和平台。按照发展规划，2007 年，广西壮族自治区分行深入推进“113 工程”，以加快创新步伐、提升竞争力作为全行改革发展的突破口，进一步协调质量、速度和份额三个关系，巩固资产质量、价值创造、队伍建设三个优势，增强电子银行、个人信贷业务、边贸结算三个特色，破解风险防范、中间业务增收、中小企业拓展三个难点，扎实推进业务转型，促进和谐、高效联动，努力开创又好又快发展的新局面。

第一，以客户为中心，加大市场拓展力度，着力提升负债业务的市场份额。

第二，以质量为前提，大力发展资产业务，着力促进信贷资源创造价值最大化。贷款利息仍是当前广西壮族自治区分行创造价值的主要手段。在确保质量的前提下，广西壮族自治区分行通过大力拓展重点行业、重点区域、重点客户、重点产品和优质中小客户、优质个人客户（“四重二优”）的资产业务，并发挥它对关联产品的牵动效应，争取早营销、早投放、早出效益，进一步提高资产业务对广西壮族自治区分行价值创造的贡献度。

第三，以提升营销能力为手段，加大激励约束力度，着力破解中间业务增长难点。中间业务作为广西壮族自治区分行盈利模式转型的重要业务之一，为了实现中间业务收入增长47%以上的目标，广西壮族自治区分行通过定硬任务、硬责任，下硬指标，努力突破中间业务增长难点。

第四，以产品创新为载体，争创战略业务新优势，着力提高战略业务对全行价值创造的贡献度。

第五，以价值创造为核心，优化绩效考核和资源配置机制，着力提高价值创造能力和核心竞争能力。广西壮族自治区分行在继续坚持价值导向基础上，进一步突出质量、份额、效率成本、内控及执行力指标，有的放矢地采取措施，创价值、抢份额、保质量、控成本、强内控，不断提高广西壮族自治区分行的竞争力。

第六，以管理模式优化为契机，推动全行梯次发展，着力培育全行业务新的增长极。

一是坚持“突出重点、兼顾一般、区别情况、分类指导”的原则，整体推动全行向着打造市场首选银行的目标迈进。

二是继续推进全行组织机构的调整、优化和完善，进一步提升全行的运作效率。

第七，以防范操作风险为重点，培育和倡导合规文化，着力抓好内控建设。

第八，以人为本，不断加强党的建设和队伍建设，着力提高党建水平和员工素质。

提高审批决策质量的几点思考

山西省分行　杨利亚

一、建立统一的风险文化

由于风险制衡机制以及前台、中台、后台分离等客观因素，不同岗位、人员之间对于风险的认识和判断往往存在差异甚至矛盾。这种现象不仅造成了政策传导和制度执行的扭曲，而且客观上形成了一定的“内耗”，极大地降低了效率，严重的甚至将影响到业务的健康发展以及内部的和谐统一，削弱团体的协同配合能力。通过风险文化的建设，可以在很大程度上促进前台、中台、后台各个环节风险共识的形成，减少乃至消除认识上的差异、矛盾和隔阂，有助于建立前台、中台、后台的默契，以及相互支持、风险齐抓共管的良好运行机制，提高风险管理效率和效果，促进业务的拓展。

二、提高申报资料质量，提出合理的授信方案

自实行新审批体制以来，全行对申报资料重要性的认识日益提升，申报资料的质量也有了一定程度的提高，但仍然存在许多问题，距离方案审批的要求还有一定差距。一是简单引用企业提供的信息，对企业的分析不深、不透。二是对风险的分析过于宏观、空泛，缺乏针对性。三是风险防控过度依赖担保措施。四是在授信额度的确定上对客户的授信要求大包大揽甚至全额独揽思想仍然存在。

申报资料的问题反映出我行在风险文化的传播、营销理念的更新以及人员素质的提高等方面与现代商业银行的要求还有很大差距，需要下大力气去改进、去提高。

三、充分发挥风险经理“眼睛”的作用

风险经理在工作中必须把握好衡量风险的尺度，在信贷管理中发挥好“眼睛”的作用。一要及时、准确地掌握总行、分行最新的授信政策，引导客户经理在选择客户和编写授信方案时符合全行统一的风险偏好；二要详尽收集企业相关信息，对企业目前的发展状况、未来发展趋势作出客观评价和科学预测，在测算的过程中真实、客观地描述企业，从而为客户经理进行授信方案设计提供可信的依据，以进一步提高我行对客户风险的整体把握能力；三要在对客户经理的授信方案进行风险评价时，综合分析企

业所处的宏观环境和微观环境，概括得出企业会给我行带来何种风险，从而帮助客户经理在此基础上平衡好风险和收益，并对可能发生的风险事项提出防范措施。

四、提高审批人审批决策能力

我行日益复杂的客户群体和信贷需求，对专职审批人的政策水平、业务能力、知识涵养、信息辨析、审批专注力和决策权威性等均提出了更高要求。但是目前有些审批人员还存在“全凭材料说，跟着感觉走，按经验办事”的情况，有些审批意见的客观性、准确性有待商榷，一些高估或低估风险的情况时有发生。

针对上述问题，在审批人的任用、培养和考核等方面，一是要开展多种形式的学习实践；二是细化、强化审批人回访制度；三是针对审批人岗位特点，建立专业化考核指标和激励机制。

商业银行全面风险管理的建议　（节选）

北京市分行　谷　祥

国有商业银行加强内控建设和风险管理是金融改革开放的必然选择。根据实践经验，商业银行实施全面风险管理重点建议包括以下六个方面。

一、授权管理

授权管理是商业银行公司治理结构的重要组成部分，其目的是为了维护商业银行的统一法人体制，健全内部控制体系，保障在有效控制风险的前提下提高经营效率。授权管理的核心要求是资本硬约束，其表现形式是金融机构在统一的风险政策下，依风险配置资本，作好风险预算。任何业务部门或地区所承担的风险必须受到内部配置的资本份额的硬约束。任何业务部门或地区要在与所分配的风险和资本相当的业务规模上开展稳健经营。法人授权及转授权是指商业银行将其合法权力授予分支机构、职能部门及工作人员行使的行为。法人授权分为基本授权（有纵向和横向两种形式）和特别授权两种类别。法人授权遵循的原则是：（1）有限授权原则；（2）区别授权原则；（3）相对稳定、适时调整原则；（4）统一管理、分级负责原则；（5）先评价、后授权原则。法人授权权限的确定依据包括：（1）商业银行发展战略；（2）被授权人授权等级；（3）授权事项的风险程度；（4）法人授权执行效果后评价结果。被授权人在行使被授予的权限时，必须接受商业银行的统一领导，遵守商业银行的各项规章制度，在授权范围内依法合规进行经营管理活动，严禁越权或违规。授权管理的范围包括人权、财权、物权和信贷及其他经营业务等事权的分解和转授，共同对实现商业银行的目标价值最大化负责。

二、预警管理

预警管理是商业银行加强内控与风险管理的重要基础工作，其目的是识别风险因素、评估风险程度，包括风险的可能性及严重程度，通过经济性和可行性分析，确定所需控制的风险和采取的控制措施，设定控制目标和建立内控方案。预警管理的工作程序是：（1）依据业务范围、性质和时限确定工作目标，以保证工作是主动的、事先的；（2）评估现有控制措施环境下的风险后果及可能性，确定风险级别；（3）制定与操作经验和所采取的控制措施能力相适应的对策、建议；（4）为确定资源需求、培训需求和建立运行控制提供相应信息；（5）风险评估预警的结果应形成文件，作为建立和保持内部控制体系中各项决策的基础，并为持续改进商业银行内部控制绩效提供衡量标准。预警管理面对信用风险、市场风险、操作风险及流动性风险，可以采用现代计量技术工具。目前，建设银行推广使用的信用风险评级预警系统就是基本按照《巴塞尔新资本协议》的内部评级法的主要内容，即资产分类、风险要素、相关要求三个方面而设计开发的、模型化的决策支持系统。该系统运用现代信息技术，整合了银行内外大量统计数据，通过构建经济分析、整理统计和金融工程等方面的模型与方法，从行业、区域、产品、客户和债项等多维度对建设银行所面临的信用风险进行了全面、动态、标准化的评级和预警，提供了信用风险评级、风险预警和组合分析等指标，为制定信贷政策、开展信贷经营和风险管理工作发挥了决策支持作用。

三、授信管理

授信管理是商业银行根据统一的信贷政策、识别标准和客户条件评价整体信用风险，对法人客户确定统一的授信控制总量（包括贷款、担保、承兑、开立信用证、贸易融资以及信用卡透支等同一客户表内外的全部本外币信贷业务），以控制风险、提高效率的管理制度。对客户的授信额度由各级行贷款审批会议审核批准，依据信贷业务授权书确定的单户信贷业务总量审批权执行。额度授信分为一般额度授信和公开额度授信。对客户一般授信额度的延续使用期限不得超过三年，每年都要进行年检。期限内公开授信额度的使用只需报上级信贷经营部门核准即可。为适应额度授信管理的需要，商业银行要建立有效、及时、准确的信贷管理信息系统。

1999 年，人民银行发布了《商业银行实施统一授信制度指引》，推动了商业银行向“以市场为导向，以客户为中心”的方向转轨。

2003 年，银监会对商业银行集团客户授信业务发布了风险管理指引，对符合“四个特征”的关联企业集团授信提出了严格要求：（1）授信业务范围包括：贷款、拆借、贸易融资、票据承兑和贴现、透支、保理、担保、贷款承诺、开立信用证等；（2）授信原则是统一、适度和预警；（3）建立集团授信业务风险管理制度组织和措施；（4）单一集团客户授信总额不超过商业银行资本余额的 15%；（5）应在授信协议中约定，及时报告授信人净资产 10% 以上关联交易情况，应在贷款合同中约定，凡有虚假、隐瞒、挪用、套取、有意逃避银行监督或逃废银行债权的，贷款人有权终止和收回贷款等。之后银监会又对商业银行尽职责任及范围提出了明确要求，为商业银行加强授信管理提供了政策依据。

四、定价管理

定价管理是商业银行依据市场状况和授权权限实施业务经营与风险管理的重要内容。定价管理的主要原则是利润最大化原则、扩大市场份额原则、保证经营安全原则和维护银行信誉原则等。定价管理的范围包括利率浮动、贷款价格和收费标准。由于我国市场化程度尚低，商业银行的定价管理工作尚属初级，因而很多制度、组织和方法都需完善。2005 年，中国人民银行已取消了商业银行贷款利率的上浮限制。商业银行的定价管理工作亟须规范和加强。

利率是资金的价格，是衡量利息高低的指标，是国家和中央银行调节市场经济及货币政策的工具。到期收益率是指各债务工具的现值等于其现在价格的折现率，是市场上各种利率的衡量指标。利率风险不仅表现在交易账户中，也表现在银行账户中。目前我国实行的是在中央银行指导利率基础上的浮动利率制度。各商业银行应根据自己的经营管理水平开发科学的利率敏感性分析模型来选择和确定存贷款利率上下浮动的价格标准，同时大力发展中间收费业务，以减少利率风险的困扰。贷款价格主要由贷款利率决定，还包括资金成本、管理成本、风险成本和利润。贷款利差收入仍是商业银行利润的主要来源，因而规范贷款定价管理是当前的工作重点。其他服务收费价格的确定应考虑管理成本、风险成本和利润等方面，应根据自身优势发展中间业务。商业银行在开发新产品时，首先要确定基准价格，再根据市场供需情况、客户类型及风险大小进行调整，不断完善定价管理工作，保证目标价值的实现。

五、质量管理

质量管理是商业银行保持其信誉、竞争实力和持续发展能力的重要基础工作，俗话说：“质量就是生命”。商业银行的质量管理工作是从提高核算质量和服务质量开始的，然后发展到加强资产质量管理，这是根据不同时期风险大小高低的差异决定的。当前，商业银行的资产质量管理已经成为金融改革的重点问题，不能不引起各方面的高度重视。资产质量监测与考核制度一般包括：（1）明确资产质量分类标准及认定程序方法；（2）建立资产质量监测考核指标体系；（3）建立不良贷款跟踪管理制度。根据人民银行要求，对信贷资产管理不仅要监测结果，而且要监测其变化过程和结构变化，做到及时监测、按月分析、按月通报、限时整改。其原则要求是：（1）以五级分类为主，兼顾“一逾两呆”；（2）以降低不良贷款总额为主，兼顾不良贷款率的下降；（3）以质量形态质变为主，兼顾不良贷款结构中量的变化；（4）以新发放贷款为主，兼顾存量结构变化。通过加大现场检查力度、深度和频度，同时重视非现场信息的分析监管，对信贷资产质量要进行公正的甄别考核和奖惩，继续将提高资产质量工作作为全行工作的重中之重。

六、损失管理

损失管理是商业银行在不良资产发生损失时的风险补偿工作。损失管理可包括损失前管理和损失后管理，其内容包括：（1）坏账准备；（2）资产保全；（3）损失补偿。商业银行执行新《金融企业会计制度》，按规定遵照“统一标准、规范程序、分级授权、充分及时”的原则组织提留坏账准备，并按规定使用，这是除资本金管理以外的、真实反映资产状况和经营成果、增强风险处理能力的基本措施。资产保全是针对损失前后特殊资产的经营和处置工作。它包括以下处置方式：正常催收、账户扣收、协议清收、依法清收、以物抵债、债务重组、银政合作、公开拍卖、委托—代理、项目合资合作、处置权转让、资产信托、政策性资产剥离、债权转股权、资产证券化和呆账核销等。损失补偿可分为“风险自留”和“风险转嫁”两种方式。“风险自留”是指商业银行利用自有资本或坏账准备等资金补偿信贷损失及非信贷资产损失；“风险转嫁”是指银行利用担保制度追索担保企业或拍卖抵押品，或者利用贷款再保险制度转嫁损失。商业银行通过自留风险和转嫁风险的合理搭配，可使贷款损失得到最有效的经济补偿，从而保证银行的安全经营。

以上六条建议在建设银行北京市分行的风险管理工作中积极推进。其中，动态授权管理和定期预警管理已有成功经验；质量管理和损失管理已有一定进展，但缺乏一定的必要条件；授信管理和定价管理是经常性工作，也是最难掌握的差别化课题，至今难度很大。

例如，在“信贷业务审批授权等级评价办法”中已有资产质量、盈利能力和审批能力三项因素指标，若从全面风险管理的角度审视，还应补充考虑增加信贷规模和违规记录两项因素指标，以全面评价分支机构的授权等级。我行的预警工作可分为定期全面预警和适时重点预警两种形式。分行每季度发布风险控制信息，内容包括：全行存贷款结构、资产质量、产品（币种）、期限、行业和客户分布情况、各支行机构分布情况、表外业务和非信贷资产情况等。尤其是对各支行的存贷比和风险等级、资产质量变动、区域行业分布、企业客户选择、个人客户分析等风险预警更为重要。

国有商业银行的质量管理由各职能部门分别负责。以信贷质量管理为例，关键在于贷后管理不落实，究其原因是客户经理责任过多、任务过重。国外商业银行的客户经理、产品经理和风险经理分设，各负其责，而我们的信贷客户经理不是单管贷款的。若想提高信贷质量，必须配备专职信贷管理的客户经理，只有动态地监控贷款客户的情况，才能及时发现和防范风险。再说损失管理，目前还是按财政部的规定办理核销呆账，只此一条出路。没有个人贷款呆账核销办法，没有风险补偿出路，也没有风险转嫁制度，商业银行不良资产像一个筐，装下了所有不同原因产生的风险损失。

在市场化进程中，商业银行必须解决的课题就是授信管理和定价管理。当前，授信审批的问题是只有流程制度，没有审批标准。专职审批人凭自己对信贷政策和市场的理解，凭自己对不同行业客户资信评价的经验决定取舍；会议审批少数服从多数，经营主责任人无权参与决策，只负责决策后的管理；不区别产品和客户的差别，都要层层报批。这种“审贷分离”制度能解决质量与效益统一的问题吗？国外商业银行大额、长期融资都找资本市场解决，企业小额、短期融资和个人信贷才是商业银行主业。为此，我们无法借鉴，只有独创。2000年，我行试图建立“信贷审批综合指标试行标准”，提出采用“企业贷款市场坐标积分表”与企业资信等级评价结果结合来判定审批结果。其横向指标有新增新贷类、新增老贷正常类、新增老贷不良类、续贷正常类、续贷不良类；纵向指标按分行审批的八项原则作为衡量标准，综合计分结果，得出审批结论。这种思路是个创新，但至今落实不了。差别化定价管理更是个新课题。商业银行多年按人民银行统一定价标准执行，现在要自主经营、灵活定价就不知所措了。况且，各商业银行在产品同一、市场同一、客户同一的计划色彩下打起了"价格战"，客户炒了银行，破坏了市场信用规则，真是"自相残杀"，必须警惕和制止这种非理性的行为。

以创新求发展 打造高效规范的专业化审批模式

云南省分行 陈 义 马锦林 魏 琳

一、以信贷业务持续健康发展为目标，开创信贷审批工作新局面

一是理念创新。在全分行范围内率先倡导实施"均衡受理，均衡审批"的信贷审批理念，加强受理审批工作的计划性与前瞻性。对各行存量、新增贷款进行梳理分析，摸清符合转贷条件的存量贷款审批量，按照抓早、抓实、抓快的原则，对全年信贷审批工作进行具体安排。对存量到期贷款均衡到月、季、年，分别要求二级分行提前10个工作日、20个工作日和每年10月底前进行申报，这样既均衡了审批工作量，又有效地规避了时点性逾期的问题。通过"均衡受理、均衡审批"，为实现全行信贷业务"均衡投放、均衡收益"的目标创造了条件。

二是流程创新。健全的组织机构是流程创新的基本保障。省分行以流程控制风险为指导，加强信贷审批部内设机构建设，按信贷业务受理地区设置受理第一、第二科，分别负责受理昆明地区和州、市分行的申报业务；增设系统管理科、审批人管理科、信用等级审查科，提升专业化管理力度；通过竞聘选拔对公贷款、个人信贷专职审批人，老、中、青搭配组建梯队型专职贷款审批人队伍。

三是方法创新。根据分行领导提出的"细节决定成败、流程控制风险"的要求，遵循习惯决定行为、行为决定结果的原理，倡导限时受理审批制度，在对公申报项目符合要求的前提下，5个工作日内完成受理审批全流程工作；对总行、分行重点客户开通受理"绿色通道"，实施差别化快速审批。建立待审项目审前行领导审阅制、专职贷款审批人每月预安排及每日审批制，按月提前安排每日参审的贷款审批人，每周将待审项目报分行领导审查同意后安排审批会，每次审批会前将当次审批会议项目报行领导审核通过后实施审批。建立合规审查预审制，设置合规审查预审岗，提高合规审查效率，把好受理审批入门关。建立定点挂钩联系制度，由合规审查人员与所分管的二级分行及经营部门挂钩联系，加强日常挂钩催办工作。大力推行信贷业务视频会议审批方式，实行审批快、成本低、方便高效的异地远程审批。实现信贷审批会议声像一体化，以视频声像资料代替人工整理审批会议记录的纸质材料，提高受理审批自动化水平。在全行范围推广实行个人信贷业务电子化审批模式，降低申报成本，提高服务效率。每周在部门网站公布对公授信业务受理审批进展情况，全面反映受理审批各环节进展时间，增强审批工作透明度。

二、以实行个人信贷业务集中审批制为契机，规范个人信贷业务审批管理

个人信贷业务是建行业务战略转型的重点内容，为推进个人信贷业务的全面发展，云南省分行根据个人信贷业务特点，提出"分散经营、集中管理，节约成本、提高效率"的经营模式，积极实行个人信贷业务集中审批制，将昆明地区个人信贷业务集中到省分行个人信贷中心审批、将县级支行的个人信贷业务集中到二级分行风险管理部审批。

三、以编写区域信贷审批指引为主线，加强审批人政策研究力度

国家宏观政策、产业政策和总分行信贷政策是信贷审批的政策依据，为提升专职贷款审批人对政策制度的把控能力，提升其专业化审批力度，建行云南省分行在全国审批系统中迈出了“两个率先”：一是率先开展区域信贷审批指引研究，2006年在总结经验的基础上，由风险总监、部领导牵头组织专职贷款审批人研究撰写小企业、公路等七个行业的区域信贷审批指引，完成定稿工作并上报总行，获得了总行的肯定和好评，其中，公路行业区域信贷审批指引入选总行区域行业信贷审批指引。二是率先对客户信用等级评定上调、推翻标准进行研究，结合云南省的行业特点和实际，编写了《云南省分行公司类客户信用评级上调、推翻参考意见（试行）》，分行业拟订信用等级上调、推翻标准的定性和定量指标，加强客户信用评级审定的风险控制，客观评价客户，提高评级审定人员对评级标准的把控能力。

四、以强化全辖审批人管理为主题，提升专职贷款审批人专业技能和核心价值

坚持以人为本，打造一支精通信贷业务、思想素质高、综合能力强的信贷审批队伍，是做好信贷审批工作的根本。从强化专职贷款审批人管理的角度出发，云南省分行按照“先考评、后授权”的原则，规范专职贷款审批人准入、退出管理，对审批人资格、履岗能力、平衡收益与风险水平、从业经验等几方面进行综合测评，区分贷种、金额、风险程度高低及审批人的专业技术职级给予差别化的审批权限。同时，积极探索专职贷款审批人管理办法，逐步建立合理的激励考核与约束机制，研究制定《中国建设银行云南省分行专职贷款审批人管理办法（试行）》，有效地提高了贷款审批人工作积极性和主动性，提升了信贷审批人员的核心价值和使命感。

五、以市场发展和客户需求为导向，为经营一线提供优质、高效的信贷审批服务

为了切实将“机关服务基层，二线服务一线，后台服务前台，全行服务客户”的理念落到实处，省分行在严控风险的前提下，将信贷审批管理融入服务中，在服务中强化信贷审批的管理执行力，采取多层次、灵活机动的方式全方位服务信贷营销。领导带队送审上门，深入二级分行调研，与经营部门相关人员座谈交流，传导政策、加强沟通，听取前台意见和建议。完善挂钩联系制、首问负责制、专职贷款审批人调研回访制、信贷审批投诉等机制服务经营前台，保障经营一线的营销需求。建立了有效的风险传导机制，采取专题会、培训会、协调会、审前沟通会等方式，与经营部门建立审批经营沟通平台，在管理上形成审批经营互动。在为经营一线提供信贷审批服务的同时，有效地传导了总行、分行统一的风险偏好和价值取向，受到二级分行、经营部门的一致称赞。

六西格玛管理精髓与建设银行经营理念的比较

海南省分行　关京兰

六西格玛（6σ）管理最早作为一种突破性的质量管理战略于20世纪80年代末在摩托罗拉公司成型并付诸实践，但真正把这一高度有效的质量战略变成管理哲学和实践，从而形成一种企业文化的是在杰克·韦尔奇领导下的通用电气公司。在全球越来越多的公司的加入和推进中，六西格玛管理已不局限于制造性业务流程，更多的情况下它被看做是一种有效的提高服务性业务流程的管理方法和战略。六西格玛管理以关注客户为焦点，基于事实和数据对现有流程进行持续改

进以及创建学习型组织，迎合了包括银行业在内众多行业的变革需要，成为一种全新的管理模式，对提高银行的市场竞争能力具有重要意义。如今全球已经有许多金融机构导入了六西格玛管理，其中包括美国银行、花旗银行、富国银行、汇丰银行、第一银行和摩根大通等。目前六西格玛管理也运用到我国的金融业中，据悉，平安保险已经在上海的全国后援管理中心运用六西格玛管理并迅速取得了成效。

一、六西格玛管理的精髓

六西格玛管理的精髓：(1) 六西格玛管理可称为质量与效率的管理，即以对工作流程的精细化管理为目标，对工作流程的效率进行定量度量，要求缺陷率控制在百万分之三点四以内。(2) 六西格玛管理以客户为中心，真正关注客户，概括起来就是以客户需求为始，以满足客户为终。强调以数据和事实为依据，针对过程采取改进措施，重视预防性管理，强调无边界合作，持续改进和追求质量与效率的管理机制。(3) 六西格玛管理关注企业过程能力，注重提升企业业务流程绩效。把过程视为成功的关键载体，最显著的特征是确信过程是向客户提供具有市场竞争优势产品或服务的途径。强调对数据的收集分析，用统计的方法确定流程要素间的相互关系，通过控制影响流程水平的关键因素来减少流程中的差异。

二、六西格玛管理与建设银行现行经营理念的比较

2006 年初，建设银行基于改进产品质量、服务流程、提高客户满意度、提升核心竞争力的目的，从美国银行引入了六西格玛管理方法，通过流程再造全面提高了企业的管理水平和盈利能力。建行实施六西格玛质量管理战略是由其本质属性以及与六西格玛的完美契合决定的。

（一）六西格玛管理“以客为本”基础原理与建行“以客户为中心”的服务理念相吻合

六西格玛管理是现代企业获得成功的一种重要管理方法，其核心就是要通过减少缺陷和失误、降低经营成本、增加企业利润，以达到提高客户满意度、员工满意度、股东满意度三者的结合。建行提出的“以客户为中心”的服务经营理念，与“以客为本”为基础的六西格玛管理不谋而合。在建设银行战略管理的各个领域或业务、服务流程中实施六西格玛管理，其效果应该是使客户、员工、股东三者都满意，并能体现银行的社会责任和价值，全面提高管理水平和盈利能力。

（二）六西格玛管理完美标准目标与建行“零缺陷”柜员管理目标一致

六西格玛管理中的“六”这个数字实际上是企业努力达到的西格玛的完美程度，这与建行柜员管理中提出的“零缺陷”管理目标一致。或许有人会说，对六西格玛和“零缺陷”都不必过分较真，差不多就行了，然而这里的“差不多”究竟是多少才可以呢？用六西格玛衡量，即使工作中 99% 都没有差错或缺陷，其对应的“西格玛”数值也只有 3.8 个西格玛。如果用一般标准衡量，把 99% 的工作做对了已经很不错了，但用六西格玛来衡量却是不能令人满意的。建行海南省分行充分借鉴全球质量管理大师美国管理思想家菲利普·克劳士比于 20 世纪 60 年代初提出的先进的管理理论——“零缺陷”管理。“零缺陷”的思想主张企业发挥人的主观能动性来进行经营管理，生产者、工作者要努力使自己的产品、业务没有缺点，并向着高质量标准目标而奋斗。

（三）六西格玛管理“人的因素第一”的经营管理驱动力与建行“以人为本”相同

六西格玛管理的最重要的原理之一就是每个人都要起作用，人的力量即角色是关键，这与建行“以人为本”的经营管理驱动力相同。现代商业银行是知识经济产物，作为技术、知识载体的人力资源，是银行最重要的资源，更是市场竞争制胜的关键。银行又是一个特殊的高风险行业，防范和控制风险是生命线。风险防范的根本在于人，在于员工的风险控制能力，在于各个业务环节上员工的履职尽责能力。要依靠以人为本的企业文化打造具有凝聚力的团队，只有有了满意的员工，才能有满意的产品和服务，最终才能有满意的效益。

（四）六西格玛管理与建行合规管理联系十分紧密

六西格玛管理的出发点之一是减少缺陷，建行合规管理的目标之一是减少违规违纪违法问题；六西格玛管理的出发点之二是提高生产率，合规管理的目标也是为了增强银行健康发展的竞争力；六西格玛管理的出发点之三是增加利润，合规管理也有创造价值的作用；六西格玛管理的出发点之四是提高客户满意度，而

合规管理要求好的银行，必然是让客户放心和受客户信赖的银行，等等。建行的合规管理搞好了，一定有助于提高建设银行服务、产品、管理、质量的“西格玛”数量级；而如果建行的服务、产品、管理、质量等均达到了六西格玛的程度，就表明合规管理达到了臻于完美的程度，就可称为“百分百合规”。

构建防范案件风险的长效机制

江西省分行　易建荣

一、商业银行案件风险状况

近年来，我国银行业金融机构案件风险仍然较高，但案件发生呈明显的下降趋势。2005 年，银行业机构共发生案件 1 272 件①，涉案金额 54.1 亿元，比上年略降 0.77 亿元。四大国有商业银行依然是案件的高发区，且发案的数量和涉案金额双上升，发案数量由 389 件上升到 476 件，涉案金额由 11.44 亿元增至 25.31 亿元。2006 年，银行业金融机构各类案件数和百万元以上大案数同比分别下降 15% 和 17%；其中五家国有银行各类案件和百万元以上案件同比分别下降 46% 和 48%。各银行机构涉案金额同比呈下降态势，其中五家国有银行涉案金额同比下降 35%。我国银行机构加大了案件专项治理工作，有效防范、堵截和化解了案件风险。2005 年，银行业金融机构共挽回案件资金损失 16 亿元，全年涉案资金挽回率达 29.7%。2006 年，银行业金融机构累计成功堵截案件包括由于成功堵截而未立案的事件近 550 件，成功防范案件损失金额近 15 亿元，化解案件风险累计挽回损失近 16 亿元。

根据对 A 银行 2004—2006 年立案查处各类案件②情况分析，案件发生主要呈现以下特点：一是从案件发生层级看，基层机构是案件的主要风险点。县级支行及营业网点案件数、涉案金额占比分别达到 84% 和 80.27%。其中，县级支行（含城区网点支行）发生案件占总数的 52%，涉案金额占总金额的 28.02%；营业网点发生案件占总数的 32%，涉案金额占总金额的 52.25%。二是从案件发生主要岗位看，基层机构负责人和前台人员涉案最为突出，涉案人数、涉案金额占比分别达到 78.0% 和 78.1%。其中，柜面业务经办人员（包括对公、对私）涉案占总涉案人数的 37.8%，涉案金额占总金额的 30.5%；客户经理（包括对公、对私）涉案占总涉案人数的 15.3%，涉案金额占总金额的 11.6%；基层机构负责人涉案占总涉案人数的 24.9%，涉案金额占总金额的 36.0%。三是从案件发生业务产品看，存贷款与资金结算业务是案件发生的主要产品，案件数、涉案金额占比分别达到 75.18% 和 84.9%。其中，存款业务案件数、涉案金额占比分别达 41.19% 和 39.6%，贷款业务案件数、涉案金额占比分别达 20.19% 和 11.1%，资金及结算业务案件数、涉案金额占比分别达 13.8% 和 34.2%。

二、商业银行案件风险成因分析

（一）机制和体制问题

据 2005—2007 年上半年银监会统计资料，大型商业银行案件发生数占全部银行案件的 33.3%。一是管理链条过长。目前五大银行共有近 7.5 万个机构，组织层级一般在 5 个层级以上，由于管理链条过长，导致各种案件防控要求传导失真，执行力层层衰减，成为案件多发区域。二是人员配置不合理。比如国有银行员工总量很大，但人员结构“倒挂”，很大一部分人员沉淀在中台、后台和管理部门，而直接承担经营责任、操作风险最为集中的前台经办人员却比较紧张，不少地方捉襟见肘，往往一人身兼数岗，

① 银行业金融机构案件情况数据来源于银监会在相应年度案件工作会议上公开发布的信息。

② A 银行案件情况数据均来源于该行历年度的案件情况通报。

身心疲劳。同时，基层机构费用紧张，员工收入相对较低，客观影响了基层队伍稳定，优秀人才流失情况比较突出。三是用人不当问题。在用人标准上以偏概全，基层行在用人上往往过分考虑干部的营销能力，而忽视干部的管理能力；在干部使用上，对有些领导干部的综合能力和管理水平估计不足，考虑不全；后期跟踪管理不到位，忽视提拔使用后干部综合能力的培养，管理人员综合管理能力难以提高，不能很好地履行管理职责。四是激励考核机制不合理。基层员工缺乏有效的晋升通道，使其对本职工作没有良好的预期，看不到职业发展前景，从而影响了工作主动性和积极性。

（二）违章操作是主要原因

十案九违章。基层机构不按制度和程序操作时有发生，有的制度不落实，或执行不力。从发生案件情况看，除有少数案件纯由外部因素引发外，其余案件均不同程度地存在有章不循、违章操作的问题。一是放任违规，内控管理不力。由于长期在相同环境下程式化操作形成管理疲劳和操作疲劳，因而会自觉或不自觉地简化程序、放松标准，让违规行为通行。比如，在A行吕梁分行张佩川挪用668万元资金案中，存在账户开立无手续、违规出售转账支票、印鉴卡保管混乱、盗用员工柜员卡、记账无凭证、伪造企业存款对账签证单以及丢失账页与凭证等问题。二是缺乏岗位制衡，强调人手不足。许多违规现象是由于缺乏岗位制衡所引起的，应当由几个人办理的业务却让一个人办了。比如，在A行吕梁分行张佩川案件中，张佩川身为会计主管，包办了对柜员岗位调配、业务辅导、业务检查以及关键业务授权，并违反规定同时持有A级柜员卡和普通柜员卡，具体经办柜面业务，形成业务“一手清”。银行基层机构也知道缺乏制衡是违规，但总是强调人手不足，不违规就无法办业务。对防控操作风险来说，岗位制衡制度是一项关键的制度，无论人手如何不够，应该坚定一个信念，即有多少人办多少事。三是特事特办，强调客户需要。在一般正常业务情况下，银行机构会按照操作规程办理，但对于非常规业务，特别是大客户提出的要求，如果有领导或负责人首肯，经办人员会特事特办。例如，在B行哈尔滨“高山案”中，像上市公司东北高速（3.23亿元资金）、黑龙江辰能投资公司（3亿多元资金）、黑龙江社保局（1.8亿元社保资金）这样的大客户，银行就可以私下到企业高息拉存款，也不用走正式账，因此，造成了诈骗金额超过10亿元的特大案件。

（三）监督效能不高

商业银行负责内控监督管理的部门和条线数量多，但边界比较模糊，定位不清晰，职责交叉重复，没有形成梯次监督体系，监督管理效率不高。由于内控监督管理资源分散，不同监督管理部门和条线掌握的信息缺乏有效的共享机制，信息残缺，因而分割现象较为突出，难以形成合力。一是内控监督失效。内控监督制度执行不到位是引发案件的重要原因，有的不认真履行职责，有的对违规经营不抵制，有的对违章操作集体失语，这些问题长期存在一些商业银行机构中。比如A行德州平原支行刁娜挪用盗取银行资金案件，相关管理人员不认真履行职责甚至严重失职，使刁娜越过授权、查库、事后监督检查、库存现金控制和安全管理“五道关口”和至少十二个业务环节的风险控制闸门。二是检查整改不够到位。银行有较为完善的制约监督制度，对各业务条线检查次数多、常规检查多，但深度不够；注重了检查的频率、检查面和时效性，但对发现的问题未能深查细究，没有落实责任机制，对检查和被检查双方都缺乏约束，检查人员责任心稍差就会走过场；各种内外部审计、检查发现问题的整改工作基本上由被检查机构本身来完成，整改重心低，不能抓住问题的关键成因，有些需要整改的内容也因各种主、客观因素而耽搁，以致同类问题屡查屡犯，问题很难得到有效和彻底的整改。三是奖罚不对等。监督管理没有将处罚、免责、奖励并举，对责任人追究不够，只要不出现大的恶性案件，相关问题的责任人就得不到处罚；作案成本低，违法、违规获得暴利的诱惑大于受到惩处的忧虑，对涉案人员没有形成足够的威慑力；对免责人重视不够。

（四）员工素质有待提高

人的问题是银行案件高发的重要原因之一，解决好人的问题是防案工作的关键环节。一是经营思想发生偏差。基层经营机构激励导向过于向业绩指标倾斜，基础管理考核比重很小，且定性成分较多；少数为完成指标任务，不管风险大小，只管做大“蛋糕”；对于案防管理，把出案子归于偶然性，欠缺打基础的思想，而有急功近利的意识，没有认识到案件的发生总是源于管理上的漏洞。二是合规和风险意识淡薄。长期在相同环境下程式化操作，易形成管理疲劳和操作疲劳，从而自觉或不自觉地简化程序、放松标准，让违规行为通行；身边没有发生案件而有麻痹思想，工作嫌麻烦图省事，抱着侥幸心理随意简化操作；盲从领导，无原则地按照领导要求办理业务，既不抵制也不报告。三是业务素质存在差距。对操作难度较大的业务，如承兑贴现业务、国际业务，虽有分工制约，但由于一些员工不能履行职责，只能由熟悉业务的同志全程办理，形成事实上的“一手清”，风险很大；而对于低频率业务，这些业务一年难得发生一次，如企业定期存款业务、各种保证金业务，办完之后常常长时间无人过问，也忽略对账，极易出问题。四是道德风险是银行案件的根子。少数人贪欲失德，以牺牲规章制度的严肃性换取个人私利。从基层机构普通员工、负责人到总行级高官落马，涉及贷款、存款、资金、客服等所有业务条线，以及基建装修和 IT 项目等大额采购环节，出现了大批涉案金额惊人的案件。人治因素多，人情有时大于制度，这很不利于防范道德风险。

（五）业务系统有待改善

在新产品和技术手段的开发与应用方面，当进行城市综合业务网系统改造时，要对具体技术实现方案进行严密的风险论证，加强系统上线前严格的测试，完善系统风险防范和事后风险监督。一是 IT 系统对可疑、异常交易活动的风险预警和实时监控能力比较有限，还无法从技术上阻止违规操作通过。对于网点现金收取业务过量和现金库存过大等异常业务，目前系统还不具备及时预警功能，只能通过事后稽核系统才能发现。例如，在 A 行德州一个案件中，作案人现金库存最高达现金库存限额的 356 倍，营业室库存现金日均是该支行正常现金备付率的近 8 倍（最高近 15 倍），这些重大异常现象没有被发现，使作案人作案得逞。二是在系统功能上存在缺陷，特别是新上业务和产品、新上项目和系统功能，有的业务系统单纯从方便客户的角度出发，忽视了扩大功能后因功能设计缺陷可能诱发员工的道德风险。A 行大连分行某员工盗取储户存款 159 万元的案件，就是利用系统设计上的缺陷，采用虚开存单，用套取的空白存单制成假存单欺骗客户，盗用综合员密码，逃避授权业务监督，从而截留储户存款盗取资金。三是业务系统还没有完全集中。业务需求缺乏有效整合，导致系统重复开发、功能重复、流程不衔接，数据重复采集，共享能力差，基层数据维护压力大，系统之间自动勾对能力有限。仍有一部分中间业务、特色业务系统分散在分行，这些系统也发生了一些案件。四是科技支持业务运行和服务的能力还比较有限，不少风险集中的业务环节还主要依赖手工操作。如开户资料审核、客户身份识别、印鉴审核、账户核对乃至业务监测、监督检查等业务的自动化程度都还不高，这不仅影响了业务处理的效率，还增加了风险环节。

三、建立防范案件风险长效机制的对策

（一）完善管理体制机制，筑牢案件防范的基础

邓小平同志说过，好的制度能够让坏人做好事，坏的制度可以让好人做坏事。因此，要从机制和体制入手，明确告诉银行员工，让他们知道什么是对的什么是错的，什么能做什么不能做；并且制度建设要着眼于实效，具备可操作性，关键在于执行和落实。一是推行扁平化改革，减少管理层级。通过对二级分支行实施扁平化改革，强化业务经营部门的直接经营能力。同时，加快推进后台操作与前台业务分离，实施后台业务集中处理，整合后台部门，建立精干、高效的支持保障体系，促进二级分支行转变职能、提升综合竞争能力。二是梳理业务流程和规章制度。当前商业银行有的业务流程过于烦琐，该简化的没有简化，该控制的没有得到有效控制，在一定程度上制约着业务发展。因此，要加快流程优化和再造工作，梳理关键风险环节和关键风险点，把那些管用的、关键的制度和操作流程提炼出来，印成操作手册发给基层员工，使员工易学易用。同时，结合案件和违规问题暴露出的风险点，对已经不适应业务发展形势和外部环境变化的制度及时进行修订。在开办新业务、推广新产品时，尽快明确相应的岗位职责和操作权限，规范业务操作流程，及时跟进制度建设。三是完善监督机制，筑牢防范案件和操作风险的“三道防线”。业务部门作为操作风险的直接承担者和管理者，是防范操作风险的“第一道防线”，风险、法律、合规等部门作为“第二道防线”，负责协调、指导、评估、监督各部门的操作风险管理活动；审计、纪检监察部门作为“第三道防线”，负责对操作风险进行再监督和

责任追究。“三道防线”通过互相配合、信息共享，可有效地阻击风险和案件隐患。四是完善激励考核机制。要将案件管理作为评价分支机构的一项重要内容，与业务授权、领导班子绩效考核、单位评先评优等措施挂钩，以引导各级机构树立科学的经营理念，准确把握和正确处理业务发展与风险防控、市场营销与基础管理的关系，增强领导人员的案件防控意识和风险管理责任。

（二）加强基层机构管理，提升制度执行力

基层机构作为案件高发区，有章不循、违章操作现象大量存在，商业银行要重点加强基层机构的管理。一是强化基层机构的内控管理。按照德才兼备的原则，选准、配好基层机构和网点负责人，加强对基层机构和网点负责人的日常管理，完善和严格执行不相容岗位制约的规定，落实离岗请假、重大事项报告、岗位交流和轮换、强制休假、行为排查、聘（任）期和离任审计等案件查防措施。二是进一步整合基层机构监督管理资源。搭建以委派会计主管、风险经理和纪检监察特派员为主体的监督平台，委派会计主管主要监督在驻行严格执行各项财务会计规章制度及会计操作规程，风险经理的主要任务是对关键业务风险点进行重点现场检查和非现场监控，纪检监察特派员的主要任务是以员工从业行为监督为主。三者之间要加强合作与协调，实现“三位一体”的监督效能，做到“揭短于事前，纠错于未然”。三是强化问题整改。要充分利用内外部检查和审计成果，建立内外部检查发现问题库，通过对其分析、分类，掌握违规操作到案件的演变过程，找出规律性的问题，及时把握苗头性、倾向性的问题，做到未雨绸缪，真正起到堵塞漏洞、举一反三的作用。

（三）严格落实案件查防责任制，强化问责力度

构建防范案件的长效机制关键是落实责任，强化对责任人特别是领导责任的问责。一是坚持案件查防工作领导负责制。商业银行要强化案件防控领导负责制，实行“一把手”对辖区内和本业务条线案件查防工作承担第一责任，业务条线要切实履行“部门抓条线”的职责，将案件查防工作落实到业务管理的每个环节中，发挥主管部门在本业务条线案件查防工作中的主体作用。二是建立健全案件责任追究法律法规。银行案发的损失往往都由国家承担，作案人定性职务侵占罪量刑过轻，对责任人缺乏有效的惩处机制，对违法人员没有形成足够的威慑力。应修订相关法律，加大案件追究、惩处的力度，尽量减少国家的损失。三是强化问责力度。要加大纪律惩戒力度，凡发生案件和重大违规行为的，要严格按照银监会和内部有关规定，严肃追究领导人员、管理人员和经办人员的责任。其中，对于百万元以上案件，不管案件的破案程度和追赃情况如何，都要按上追两级的要求先追究领导责任，从而对违规行为予以威慑和警示。四是明确道德风险的底线。把故意违规、违章行为归于道德风险底线，最低要受到终身禁止从业的处罚，否则就不可能消除为逐利而违规、违章。银行恶性案件和重大违规经营必然会反弹，最终难以成为具有现代化管理水平的银行。

（四）改进业务系统，提高操作风险管理的科技应用

要增强IT系统对风险的预警和控制的能力，本着把IT系统建设与业务流程改造、案件风险防范相结合的原则，运用信息技术手段加强监督，利用银行经营管理网络平台，开发与经营管理权力运作、资金运用、物资流动等同步的适时监控软件，强化信息监督的渗透性、及时性和有效性，提高IT系统支持业务运行和风险控制的能力，从技术上解决异常业务预警和阻止业务违规操作问题，强化业务操作的实时监控，实行“人控”与“机控”双管齐下，有效地提升防范风险的科技水平。一是加强“技术防线”，弥补现场监督成本高、人手不足、经常性不够等局限性，加强对业务的非现场监控，实现对经营风险的持续监控与预警。二是加强金融电子化，实现业务流程智能化、组织架构网络化、操作手段现代化，使业务流、信息流、资金流、物资流在IT系统中有序流动和集中控制。三是加强流程控制，使计算机系统可以自动拒绝违反程序的业务操作，使违规、违章行为在计算机和网络系统中无法通过。

（五）推进合规文化建设，构筑思想道德防线

银监会主席刘明康曾指出，目前银行案件一个重要表现是合规文化建设不够到位。建立防范案件风险长效机制的前提是建设合规文化，将“合规创造价值、合规人人有责”贯穿于经营管理之中。一是抓规范。做好建章立制工作是合规文化的基础。只有做到合规，银行的每一项业务、每一个产品、每一个流程都要有详细操作规范，做到一项业务一本手册，一个流程一项制度，一个岗位一套职责，使各种权力、各项流程、各个员工都处于严密的制度约束之下，并把执行制度当成一种习惯，合规文化才能真正形成。二是抓教育。利用多种形式、多个渠道组织开展遵章守法教育、合规政策教育、职业道德教育和典型案例教育，引导员工树立“诚信、正直、守法、合规”的理念，让每一位员工都成为合规文化建设的主角，牢固树立规范经营意识、风险意识和责任意识。三是抓示范。员工的合规操作、风险意识主要取决于单位（部门）负责人自身的合规理念和在日常工作中的示范作用。“其身正，不令而行；其身不正，虽令不从”，只有各级领导在经营管理过程中始终把风险内控放在第一位，成为员工遵章守制的模范，合规文化建设才能水到渠成。

（六）加强职业操守建设，打造高素质员工队伍

建设银行总行于近日下发的《员工职业操守》是员工职业行为的准绳。各级机构要加强对《员工职业操守》的学习和培训，教育和引导员工自我约束，从身边做起，从点滴做起，使员工深刻认识到自己对客户、对本职工作负有的职业责任，明确自己职业行为的底线和界限，知道自己可以做什么、应当做什么和不该做什么，预见到自己行为可能带来的后果，自觉做良好职业操守的积极实践者，树立职业荣誉感、使命感和责任感，进一步提高员工的职业素质和职业道德水准。

产品与服务品牌

红梅理财中心

山西省分行

红梅理财中心（中国建设银行临汾大楼分理处）位于山西省临汾市尧都区鼓楼东大街46号，其前身是成立于1989年的临汾大楼储蓄所。2003年4月，因业务发展需要，大楼储蓄所升格为大楼分理处，同时成立了建设银行山西省分行首家个人理财中心。网点共有员工25名，大专以上学历员工达100%。理财中心（大楼分理处）主任王红梅带头转变理念、创新服务，引导员工由传统经营产品、销售产品向经营客户、拓展客户转变，建立了“与市场节奏合拍，与客户需求吻合”的服务体系和一整套规范服务标准，探索出一条中西部欠发达地区个人理财业务的新路子，其“用心服务”的理念和模式被系统内外誉为“红梅现象”，而理财中心也因其特色理财被百姓亲切地称为“红梅理财中心”。

一、品牌效应

红梅理财中心的服务创新与发展，逐步产生了品牌效应。成立时的2003年，大楼分理处实现利润93万元，比上年增长130%。到2006年末，实现利润739.75万元，年均增幅达169.62%，经营效益名列前茅。

截至2006年末，一般性存款余额达到69 585万元，本年新增15 051万元，增长27.6%。其中，个人存款余额62 349万元，比年初新增10 597万元，增长20.48%；企业存款余额为7 236万元，当年新增4 454万元，增长160.10%，成为全省建设银行个人存款余额最高的网点。

贷款余额为383万元，2006年发放个人质押贷款1 147万元，实现贷款利息收入26.1万元。发放的个人质押贷款占临汾分行的77.76%。

银行卡贷记卡新增发卡110张，理财卡新增发卡238张。理财卡发行全省第一。理财卡新增发卡占临汾分行的18.30%。

VIP客户762户，其中总行级客户343户，分行级客户419户，遍及临汾的17个县市。VIP客户的存款余额达41 800万元，占存款余额的67.04%。中高端客户贡献度位居全省建设银行第一。

实现中间业务收入143万元。其中代理证券业务实现收入84.49万元。2006年代理基金认购（申购）7 902.48万元，基金代销量位居全省第一；代售保险159.2万元，位居临汾分行第一；发行国债1 183.86万元，位居全省建设银行第一；代售“利得盈”890万元，代理“账户金”买入31 530克，卖出26 003克。

2006年，大楼分理处荣获全国金融五一劳动奖状、第二届全国金融系统职工职业道德建设“十佳班组”、山西省总工会“五一巾帼奖”、山西省妇女联合会“巾帼文明岗”、建设银行山西省分行个人银行业务“十佳网点”等多项荣誉。

王红梅荣获建设银行总行“突出贡献奖”三等奖、建设银行总行2006年度感动人物，建设银行总行百佳网点负责人。同年她还被山西省金融学会评选为“十佳金融人物”、建行山西省分行“优秀共产党员”等多项殊荣。王红梅因业绩突出被山西省分行破格聘为四级客户经理。

二、服务特色

（一）用心服务

概括为五点：一是用心服务的落脚点。按照不同类型的客户的需求，设置不同的产品组合，最大限度地满足客户需求。二是用心服务的要求。让服务中的每一个片断都成为优质服务的典范。三是用心服务的原则。只有服务内容、服务形式上的差别，绝无服务态度、服务质量上的差距。四是用心服务的内涵。客户细分，服务分层，客户再分流。五是用心服务的核心。真诚地对待每一位客户，用专业的素质赢得客户的信赖。

（二）业务创新

创新服务模式。倡导员工用心服务，细分市场、细分产品、细分客户；提出重点服务中高端客户兼顾普通客户的经营理念，对VIP客户进行差别化、个性化服务，对普通客户实行标准化的服务。

创新理财方法。从销售什么产品、员工推荐什么产品，到顾问式销售，再到为客户创造价值打动和赢得客户。

创新营销模式。从传统的以产品为中心到以客户为中心，从重视产品的推介到重视客户关系管理，再到重视客户的资产管理。

创新工作流程。设立专职大堂经理，保证营业时间至少有2位大堂经理管理大堂，建立大堂经理日志登记制度，收集整理服务案例、分析服务中的不足；开设低柜，负责办理证券业务等非现金业务，以分流柜台压力、提高销售业绩；开设贵宾理财室及贵宾客户“绿色通道”，为中高端客户提供方便、快捷的服务；实行行长坐班制，记录行长工作日志，发现问题及时整改。

三、工作亮点

（一）晨会

晨会由网点经理主持，发展到员工轮流主持、网点经理点评。主持晨会的员工每天准备一个话题，内容贴近工作、学习和生活，既有服务案例分析、产品性能学习，也有营销技艺等。大家畅所欲言，表达观点，见仁见智，在潜移默化中增长见识、转变观念、互帮互学、提高技能、鼓舞士气、增进团结。而晨会中网点经理的点评，则成为晨会的关注焦点。

（二）年度指导谈话

自2005年开始，每到年度末，王红梅与所有员工分别进行年度的员工指导谈话，在肯定员工该年度的成绩和每一点进步的同时，分析员工存在的不足，指出来年努力的方向。指导谈话体现了对员工的尊重和关爱，激发了员工的工作热情，成为员工的“加油站”。

（三）模拟演练

2006年，以临汾分行下发规范化服务教学片为契机，重新梳理了各岗位的服务流程和服务规范，组织员工到同业网点暗访和调研，举办“以客户为中心”、“假如我是客户”服务讨论，开展规范化服务情景模拟演练，使网点整体规范化服务水平进一步提升。

（四）弹性排班

根据客户办理业务的习惯及客流量的时间分布，对正常工作日及双休日进行排班处理，不同的工作日开设不同的柜口。

（五）弹性柜员

适当增设弹性柜员与弹性大堂经理。在客流量较大的营业时间段，安排所有柜口全部开放，并增设弹性柜员，负责做好专职授权、大额登记、大额现金收付的卡把、扎把、打捆等前台柜员服务，以减少客户的排队时间；同时，增设流动大堂，减少后台员工休息时间，增设大堂经理的补位，如在中午休息时间，用现金柜员补充等方法，以保证服务的连续性。

（六）高低柜业务分离

大楼分理处高低柜业务分离得较早，从 2003 年起增设专职的低柜柜员，主要经办证券业务、补登存折业务、代理保险销售业务，以及做好大堂经理补位工作。2006 年，随着证券业务的发展，低柜的销售业绩突出，网点业务功能分区更加明显。

四、工作举措

（一）抢抓营销商机，拓展市场份额

一方面做好传统的零售业务与理财产品的销售。紧紧抓住“元旦、春节、中秋”等重要节假日，早安排、早部署，分阶段突出“旺季增存”、理财卡、基金、借记卡、“财富系列”理财产品等各具主题特色的营销活动。加大基金、“利得盈”、黄金等理财产品的销售力度。挖掘高端客户的潜力，提高综合贡献度。通过举办联谊会、理财沙龙等活动，增进与客户的关系，深度挖掘中高端客户资源潜力，抓住市场份额，有效提高客户贡献度。以高端客户答谢会、基金专题讲座等方式，重点推出基金、理财卡、“龙鼎金”“财富系列”等新产品、新业务，以增强竞争优势，提高市场份额。

另一方面做好电子银行产品销售。每天通报业绩，加强员工的竞争意识，营造竞相签约电子银行的良好氛围。加大客户回访力度，对签约而不会使用的客户上门辅导，真正提高客户利用率。及时做好咨询、引导和分流工作，热情引导客户使用电子银行产品。按照省分行电子银行现买单要求，及时对员工进行考核，多策并举，提高网点分流率，从而减少柜台压力，缩短客户排队时间，提高客户满意度。

（二）坚持差别化服务，发展精高客户

在产品梳理上，根据中高端客户的结构特点，以理财卡、基金为重点，通过财富系列理财产品、“账户金”等高附加值产品推广，细分市场，维护稳定中高端客户关系，丰富延伸对 VIP 客户的差别化服务。

在价值创造和客户关系管理上，坚持“以客户为中心”的经营理念，由重客户关系向重客户资产管理转变。通过重点服务 VIP 客户，以及开展“快乐之旅”、客户联谊会、客户答谢会、基金讲座等多种营销活动，发展精高客户，提高客户的贡献度。

（三）夯实内控管理，增强风险防范

开展多种形式的风险防范教育，加强规章制度、业务流程和按章操作检查，正确处理业务发展与风险控制的关系，杜绝有章不循、违规操作行为，确保各项业务稳健发展。认真落实银监局及上级行部署，指定专人对防范操作风险“十三条”落实情况进行全面检查，对存款及柜台业务、会计结算业务和其他业务涉及的 89 个操作风险环节进行认真、细致的检查，在操作风险方面建立各项业务政策、制度及程序，统一业务标准和操作要求，明确设立操作风险管理岗位，建立岗位轮换与强制休假制度，加强岗位交流、防范风险。加强业务风险点防范和员工行为动态管理，经常分析各种风险，积极研究对策，提高广大员工的风险意识，做到关口前移，预防在先；充分发挥岗位人员的作用，严格操作程序，控制风险，使同类问题不再次出现；加强与员工的沟通，及时了解他们的思想动态，针对性地做好思想工作，控制道德风险；建立长效机制，加大奖罚力度，做到奖惩分明；以人为本，加强思想道德教育、法制观念教育，使员工知法懂法、依法办事。

（四）着力品牌宣传，扩大市场影响

一是通过为客户提供柜面规范服务、用心服务、专业理财等优质服务创建品牌，扩大品牌的影响力；二是通过开展主题营销、专题讲座、理财沙龙等营销活动，维护和巩固客户，增强品牌的持续力；三是借助媒体的宣传，进一步提升品牌辐射面。

（五）注重素质培养，建设和谐团队

加强员工教育培训，着重对客户经理培养敬业精神、业务能力和公关能力，为其分析不足，扬长避短，在尽量安排参加各种学习培训的同时，引导工作实践，使之在营销产品和客户维护中锻炼提高。对员工一方面鼓励利用业余时间取得更高层次的证书；另一方面组织员工参加上级行的业务培训，同时利用每日晨会与周一例会，系统化地组织员工学习网银、贷记卡、信托、基金、财务会计等多项业务知识。在培训中力求丰富培训形式，通过言传身教、现场点评、情景模拟、服务场景回放等互动方式进行“教”和“学”，邀请点钞能手、礼仪专家对员工进行服务理念、服务规范、专项业务、营销技能等各种培训，以提高员工的履岗能力，促进整体技能水平的提升。

以人为本，加强员工的思想道德建设，培养员工爱岗敬业、诚实守信的优良作风。注重新员工入行教育，业务较强的老员工基本上与每一位新员工都结为对子，以老带新，引导新员工成长。尊重员工的民主权利，鼓励员工参与民主决策和管理，组织开展献计献策活动，激发员工主人翁意识。加强员工思想沟通，及时排除思想问题。活跃员工文化生活，让员工在丰富多彩的活动中陶冶情操。

尝试以“项目”为单元的作业方式，建立“利得盈”小组、“账户金”小组、服务流程优化小组等任务型小组，为团队作业搭建平台，增强团队合力。

银海支行业务单元制模式

吉林省分行

一、支行成立发展过程

长春银海支行成立于2004年12月，是建设银行吉林省分行直管的一家专门经营管理长春城区个人银行业务的综合性支行，前身是原吉林省分行营业部个人银行业务部。2007年末，该支行拥有营业网点90个，其中支行专柜12个、分理处专柜6个、网点支行11个、单一网点61个，内设12个职能部门，职工1 018人，个人存款余额185亿元、个人贷款余额3亿元。

银海支行伴随建设银行专业化经营的改革成立与发展。2002年11月1日，长春城区个人银行业务开始推行集中经营，各支行个人银行业务账务、人员、资产等一并移交原省分行营业部个人银行业务部，由该部负责经营管理长春城区所有个人银行业务网点，并对5个外县（市）个人银行业务进行指导和检查，城区支行只承担对公客户的经营与管理，长春城区个人银行业务开始走向专业化经营。

2004年12月，吉林省分行对长春中心城市行进行了整合，取消了原省分行营业部，实现由省分行对长春城区及外县支行的直管。省分行党委经过认真研究、分析与论证，最终决定成立一家专业性综合支行——长春银海支行，接替原营业部个人银行业务部。

二、经营管理成效

业务单元制集中管理模式在整体营销、资源配置、成本节约、规范管理以及信息传导等方面都表现出明显的优势，对促进专业化分工和经营发挥了重要作用。

一方面，集中管理得到省分行政策层面和资源配置上的极大支持，赋予银海支行较大的经营自主权和发展空间，使集中管理的优势充分发挥，促进了支行经营绩效和市场竞争能力的大幅度提升。2005—2007年累计实现经济增加值30 595万元，占全省同期增加值总量的22%。同业市场份额逐年攀升，2006年12月，存款新增市场份额首次超过工行，跃居四大国有商业银行首位，占比达到34.08%，比集中前提高9个百分点。同时，个人中间业务收入和个人消费贷款新增两项市场份额也居当地四大国有商业银行第一位。2007年，在个人存款市场增长乏力的形势下，仍新增个人存款2.6亿元，在四大国有商业银行中唯有建设银行个人存款保持正增长。基金、国债、保险、存款等主要个人金融产品的销售量达到53.51亿元，占当地四大国有商业银行销售总量的43.03%，排名第一位。点均新增存款到2007年连续3年在四大国有商业银行中排名第一位。

另一方面，集中管理使银海支行内部管理水平得到了较大提高。自实行集中管理以来，银海支行未发生一起内部员工案件和责任事故。集中管理还促进了支行两个文明建设的协调发展。2004年，银海支行被长春市委、市政府评为精神文明建设“先进单位”；2005年，被总行评为“案件专项治理工作”先进集体；2006年，被长春市委、市政府评为精神文明建设“优秀单位”，支行党总支部被总行评为全行系统“先进基层党组织”；2007年，被省分行评为“突出贡献单位”。

三、经营管理模式

（一）组织架构

设置综合部、人力资源部、计划财务部、会计部、业务部、个人信贷部、风险管理部、督导部、安全保卫部、自助设备部、服务管理部、营业室12个职能部门，定岗定责，明确各部门、岗位的经营管理责任。支行每季度对各部门按工作表现、一线评价和执行力三项指标进行考核评价，结果与绩效工资挂钩。部门之间通过工作联系单、联系会等方式协调和沟通。

（二）网点人员管理

一是注重所长队伍建设，充分利用集中管理所带来的人力资源配置优势，不唯学历、不论资排辈，先后三次在全行员工中选拔所长，实行竞聘上岗。在任职储蓄所（柜）安排上，尊重本人意见，让所长自主选择任职的储蓄所（柜）。为增强所长履责任和履意识，推行了储蓄所长岗位津贴制，与网点等级挂钩，不同等级享受不同津贴。2005年，首次对部分优秀网点负责人落实了业务经理级待遇。2006年，推出KPI指标考核制，考核结果与任职挂钩，对当年考核排名在后的予以淘汰。2007年，进一步提高了网点负责人绩效工资待遇，将所有网点负责人绩效工资分配系数由1.0调高到1.4，与业务副经理级同薪，极大地调动了网点负责人的工作积极性。二是对网点一般员工推行人性化管理，充分利用集中管理人员统一调配的优势，本着“就家近”原则，结合每名员工的能力、素质调配到相应网点和岗位。创办“周末学堂”，利用员工休息时间进行服务礼仪、服务技巧、操作技能、业务知识、营销技巧等培训，提高员工的服务技能。

（三）绩效考核管理

以价值创造作为分配绩效的主要依据，按贡献大小分配收入的原则，对支行本部各部门的工作表现、一线评价和执行力三项指标进行考核评价，分别挂钩不同系数绩效工资。对营业网点实行等级管理，打破所与所之间平均主义“大锅饭”，按贡献大小分配营业网点的绩效工资，拉开营业网点的分配档次。网点员工绩效工资除与所在的网点绩效考核结果挂钩外，不同岗位采取不同的分配办法：网点负责人按业务经理级系数分配绩效工资；业务主管绩效工资为网点的平均数；柜员按劳动定额分配绩效工资；客户经理按个人考核结果分配绩效工资。在绩效考评基础上，按照省分行产品单项激励标准，对基金、保险、理财产品、信用卡、理财卡、电子银行等重点产品给予单项激励。

（四）服务管理

支行成立专门的服务管理部来负责全行服务工作，采取现场检查和录像检查的方式，对网点服务进行监督检查，为网点和员工建立服务档案，季度通报，年终总评。将服务纳入网点绩效考核，权重高达30%，实行一票否决制，对季度评比成绩突出的网点进行奖励，从制度约束和机制激励两方面提高营业网点人员自觉服务的意识。2006年，支行开展了规范网点服务，组织拍摄了柜面人员服务标准范例录像片，引导员工自觉规范服务行为，为客户营造一致的服务体验，力争在90个营业网点形成统一的服务环境和服务形象，让客户走到建设银行每一家营业网点都能够享受到一致的服务，逐步打造建设银行的服务品牌。

（五）自助设备管理

实行统一清机，统一加钞，保证自助设备安全高效运行。为保证ATM正常运行，组成8个加钞组及时进行加钞和维护，并配备专人进行24小时监控，维护人员及时赶赴现场排除故障和清理维护。设置24小时客户投诉电话，接待客户咨询和投诉。由于统一管理、及时清机维护，自助设备正常运转率一直保持在95%以上。

（六）市场营销管理

一是将营销职能明确到相关部门，分清各自的职责和任务，使市场营销在计划、组织、执行、控制等各个环节都有专职部门负责，确保市场营销顺利进行。二是实行产品线管理，各个产品线有专人负责，专职人员要对其负责的产品线产品、客户、市场等情况进行深入了解和分析，制订营销计划，确保完成营销目标。

三是统一规划各种营销活动，以统一形式，按统一要求，在统一时间对90个营业网点做统一的营销活动，发挥整体营销的规模效应。四是将季度“主题营销”与“临时营销”结合起来。支行充分利用营销资源相对集中的优势，在年初对全年营销活动进行了整体规划，确定出每季度的营销主题，有计划、有系统地开展营销活动。同时根据业务发展需要，适时穿插开展一些“临时营销”，做到“主题营销”和“临时营销”相互配合，发挥多种营销活动相互补充、相互呼应、相互衬托的作用。

（七）渠道建设

将营业网点、自助银行的规划、布局、选址、设计等工作统一到支行计划财务部，由其根据长春市区域经济发展状况、客户分布特点、网点竞争能力、未来市场抢占以及资源配置情况进行统一规划和布局，提升网点的综合能力、辐射能力和竞争能力。在每个理财中心配备2名以上客户经理，为中高端客户提供理财服务；在客户资源丰富、地处繁华路段的两个大型理财中心设立VIP银行，为中高端客户开辟专属服务区域，着力构建中高端客户服务品牌。

（八）风险控制

一是加强员工思想道德教育和约束，筑牢思想道德防线。开展告员工家属一封信活动，预防职务犯罪。二是实行督导员分片负责制。将全部网点分成10个片区，配备10名督导检查员，全方位负责核算管理、安全管理、服务管理和业务推介。网点管理与督导员绩效挂钩，将责任落实到人、落实到位，规避管理风险。三是切实落实规章制度，有针对性地制定防范措施，有效控制风险。建立顶岗检查制度，在会计部专门配备5名顶岗检查员，不定期地对营业网点进行顶岗检查，检查不事先通知，下班前直接到网点进行交接，将网点所有人员都替换下来，通过顶岗检查来防范网点挪用库存现金、假存款风险。实行节假日查库制度，由支行领导、部门负责人到现场查封包，确保节假日期间的资金安全。四是定期实行岗位交流制度，对在同一岗位工作满4年的员工每年组织一次岗位交流，杜绝人情风险。五是将风险防范纳入营业网点绩效考核，奖罚分明。将按章操作、遵章守纪作为一项重要指标纳入考核，实行一票否决制，凡是发生违章、违纪案件的，考核一律为五级。实行责任连带制度，除处理直接责任人外，行长、督导员、相关部门负连带责任，以此督促相关部门加强管理，形成群防群治的局面。

浙江省分行网络银行业务创新

浙江省分行

一、业务创建情况

2007年2月，立足浙江网络经济、区域经济、信用环境实际，建设银行浙江省分行提出了银行金融服务与网络平台服务相结合、把传统金融延伸到网络经济领域的设想，得到了总行的支持。此后，理念与设想逐步提升，从“发展建设银行网络银行业务”的战略高度予以定位，核心内容是抓住互联网时代机遇，利用网络科技手段，创新银行业务发展全新思路，创新大型银行发展中小企业业务全新模式，创新和谐银企关系的全新模板。

总行、监管部门、省分行对此项目给予了充分肯定和支持。总行以《关于在浙江省分行进行网络电子商务信贷业务试点的通知》（建总发［2007］234号）明确该分行为网络银行业务唯一试点分行，并提出了九条要求，浙江省分行也对网络银行创新工作提出了“健康起步，控制风险，积累经验，探索规律”十六字原则。银监会、浙江银监局给予该项目充分的政策倾斜，营造了良好的创新监管环境。

从2007年2月开始，浙江省分行6次进京，5赴厦门，谈判60余次，实地调研200余个客户，网上调研2 000余个客户，调研省内区域市场28个，提出自动化批量、接入和融合3种网络银行发展模式，针对自动化批量模式成功开发联带联保、大买家供应商融资、网络“速贷通”3个创新产品，编写完成21个体系文件，搭建网络银行业务制度框架。

二、经营成果与市场表现

2007年2～11月，完成产品开发和制度设计。同年6月9日，签约仪式网商试点贷款60万元，客户2个。同年11月，启动创新产品市场拓展工作，3个月时间内累计发放贷款17 573万元，客户57户，其中联贷联保4 415万元，联保体12个，客户37户；网络“速贷通”13 030万元，客户17户；大买家供应商68万元，客户1户。

经营资产质量良好，无不良贷款。客户单户平均产品覆盖6类，其中网银高级版覆盖率达100%，传统中小企业业务为4类；中间业务收入占贷款总额比例高达5‰，传统中小企业业务为2.5‰，其收益远高于传统中小企业业务水平。

三、工作成果

（一）理论探索

浙江省分行行长余静波带头开展网络银行业务创新理论研究，研究成果《创新发展网络银行业务的思考与实践》提交总行领导并在《建设银行报》发表。该文章系统地阐述了国内外网络银行业务的发展情况，论证了开展网络银行创新的可行性、必要性和重要性，明确了网络银行的定义、分类和特点，并着重对建设银行发展网络银行的战略和策略选择给出了建议。这是建设银行内首次对网络银行业务进行的全面理论研究。

该项理论研究的突出贡献在于结合了国内网络经济、电子商务发展产生的金融需求，创造性地设计了三种网络银行发展模式，不仅具有重要理论意义，还对创新工作具有重要的现实指导意义。一是基于电子商务平台的自动化批量运营模式，指网络银行从电子商务平台批量获取客户资源，为平台提供个性化服务，为商户提供自动化、批量化服务，在客户资源、信息采集、风险控制环节与平台相互配合，主要面向各类网络平台和网络商户；二是基于信息流、资金流、物流集成平台的接入运营模式，指直接接入、共同构建集成平台，共享集成平台全部信息，在资金流的各环节为交易客户提供服务，主要面向各类电子化交易平台和第三方物流企业；三是基于现有客户产品和利益共享的融合运营模式，指将现有物理模式下的客户和产品共享到网络银行，建立科学、合理的利益共享机制是其关键所在。

（二）产品创新

围绕自动化批量运营模式，针对阿里巴巴平台注册网络商户，该分行开发了3个创新产品。

一是联贷联保。指3家（含）以上借款人，通过网络自愿组成联合体，联合体成员之间协商确定授信额度，联合向建行申请贷款，建行确定联合体授信总额度和各成员额度，每个借款人均对其他所有借款人全部债务提供连带责任担保，建行借此发放一定额度贷款的信贷业务，联贷联保是在网络经济生态环境内借鉴尤努斯孟加拉乡村银行经验的产物，是网络银行的创新代表性产品。

二是网络“速贷通”。是建行中小企业“速贷通”产品的延伸，指建行为满足网络商户小企业快捷、便利的融资要求，对借款人不进行信用评级和一般额度授信，在分析预测第一还款源及网络信用，并要求其提供足额，有效抵（质）押担保的基础上办理的贷款业务。

三是大买家供应商融资业务。“大买家”指经营稳定、财务状况良好、采用集中采购的优质大中型企业，如沃尔玛公司。“大买家供应商”指在网络平台注册，被大买家选择成为供应商，在可预期时间段持有大买家一定数量订单，有能力履行供货合同的网络商户企业。“大买家供应商融资业务”指供应商在正常经营过程中，以其持有的经建行和大买家双方认可的、尚未履行交货义务、相应款项未收妥的购货订单为依据，向我分行申请的信贷业务。

上述产品在制度层面、流程层面、信贷文化层面突破了现有传统银行框架，是一项银行再造工程，浙江银监局在给银监会和浙江省政府的报告中评价这些产品是“革命性突破”。具体来说，有八个方面的重大创新：（1）新的经营模式。引入网络平台分销、聚集、管理功能，引入客户自我约束和相互约束功能，同一客户、同一业务信贷流程由不同机构合作完成。（2）新的客户评价办法。将网络商务信用纳入评价指标体系，创建“e系列”客户评级评价办法。（3）新的审批流程。简化现有审批流程，在CLPM系统中开辟专门审批通道。（4）新的贷后管理模式。引入网络平台参与，以“网络公示”和“终止服务”手段提高违约成本，引入客户参与，以客户互控缓解银行与借款人的信息不对称问题。(5) 新的保全模式。建行与阿里巴巴共建了“风险池”，用于弥补创新业务可能带来的信贷损失。(6) 新的会计科目。专门增设“e贷通”会计科目。(7) 新的客户识别标准。“网络商户”、“注册用户”、“网络信誉”等虚拟经济元素首次成为客户分类、准入标准。(8) 新的操作模式。设计思路为全流程网上、自动、批量操作。

（三）制度创新

编制完成21个体系文件，初步搭建了制度框架，对网络银行业务进行了全方位界定。主要包括：电子商务信贷业务管理办法、三个产品的管理办法和操作规程、电子商务客户“e系列”评级办法、专营机构和经办机构操作规程、转授权方案和审批操作规程、网络银行业务部和专营机构职责、网络银行业务价格管理办法、风险池操作管理办法、与阿里巴巴公司之间系列法律文件、与客户之间系列法律文件等，这些制度均已通过有权部门审批。

四、外界评价

浙江省人民政府副省长茅临生评价“方向十分正确，各方欢迎”。

浙江银监局以《建行与阿里巴巴公司携手推动网银业务革命性变革》向银监会和浙江省政府汇报，称“新模式将引发网银业务的革命性变革”、“另辟蹊径，有效突破小企业融资难‘瓶颈’”、“具有广阔市场前景”、“对培育社会诚信氛围具有深远影响”。

银监会全国银监局长会议和创新监管大会将该项目作为唯一大会案例。

阿里巴巴董事局主席马云表示，建行浙江省分行的团队是最为务实的。

阿里巴巴广大网商纷纷表示，希望尽快在全国范围内推广。

新华社、人民日报、中央电视台等58家媒体给予了关注和报道。

“速贷通”——小企业金融的卓越品牌

上海市分行　蒋菊华

随着我国社会主义市场经济制度的确立，多种经济形式的市场主体相继涌现，中小企业在市场经济结构中逐步成为重要的力量。有资料统计，目前中小企业的工业产值、利税和出口额分别占全国的60%、40%和60%左右，中小企业还提供了85%的城镇就业机会和75%以上的GDP。伴随着资本市场的发展，大型客户直接融资渠道增加、议价能力增强及其商务条件日趋苛刻，使其对银行的综合贡献度大受影响；同时，集团客户的关联交易也对银行控制这类风险带来了挑战。在这种情况下，银行以大型客户为主的商业盈利模式受到了严峻挑战，有必要寻找新的商业盈利模式和盈利空间，这就要求银行在继续做好大客户服务的同时，积极推进中小客户业务的发展。

一、“速贷通”品牌的诞生

上海市分行早在十年前就开始关注、研究小企业融资问题，多年来致力于探索和实践符合小企业经营模式及资金需求特点的金融服务方案。

小企业之所以融资难，主要存在两个“瓶颈”。首先是银行与企业之间信息不对称。如果按照传统信贷技术和方法，银行不但需要投入巨大的人力资源，而且还不能取得银行所要求的足够信息，用于信贷价值和风险判断的依据。其次是企业经营和财务状况一般处于快速发展期，尚未达到成熟期，银行以现有的信贷技术和信贷经营管理队伍，难以及时了解企业的生产和经营状况。

上海市分行通过多轮的政府咨询、客户座谈、客户经理访谈、需求预测和市场观察等，基本的判断为上海具备良好的融资市场条件、具有相当数量的中小客户群体、贷款综合收益率水平高于大客户。基于对市场精准的分析，上海市分行在确定中小企业贷款产品进入市场的条件已经基本成熟后，正式把发展小企业客户作为新的业务增长点，开始坚定不移地发展小企业金融业务。

2005 年 9 月 14 日，上海市分行根据银监会和建设银行总行发展小企业客户的精神，在上海市场上率先推出以柜面化受理、零售化操作为特点，以优质抵（质）押物为担保的“速贷通”小企业贷款。2006 年 2 月，“速贷通”品牌开始在全国市场推广。“速贷通”品牌定位于经营和财务信息不完全被银行掌握的企业，通过信贷技术创新，有效地解决了上述两个“瓶颈”限制。

二、“速贷通”业务的核心竞争力

（一）筛选优质客户，找准小客户业务切入点

小企业客户市场必须细分，要找准重点和竞争的切入点。小客户市场非常庞大，不少企业有经营实力和较好的成长性，但也有些企业经营不善、信誉度不高，个别还存在欺诈行为。因此，发展小企业业务要体现差异化。通过业务制度、运行程序的差异化，在市场中争夺优质小客户。

经过对客户需求的调查，上海市分行选择了一些成长性好、具有一定经营实力的小企业作为“速贷通”目标客户，经过对市场的分析判断，推出了以抵质押业务为主的小客户业务，并进行制度创新，以快取胜，以此作为这项业务开展的切入点。由此，上海市分行将“速贷通”品牌定位于信息不充分、难以对其进行评级授信或信用评级较低的企业。银行在对借款申请人的信息不完全掌握的条件下，主动转变传统的信贷经营理念，积极运用相关的风险识别和控制方法，加强审查抵押物的足额有效性，积极拓展业务，并有效防范风险。

（二）以“速”制胜，“速”而后“通”

“速贷通”的“速”，使其显示出区别于其他小企业业务的独特优势，这也是该产品受到市场好评的关键。“速贷通”强调的就是时效性，而这正适应了小企业融资需求“急、少、频、短”的特点。

“速贷通”的“速”主要体现在两个方面。

一是担保方式。上海市分行在法律法规允许的范围内，探索在动产和权利上设置抵押或质押，采取灵活的担保方式，增加担保物品种，使小企业能够在最短的时间内获得信贷支持。“速贷通”业务主要有特定抵押物担保业务、特定质物担保业务、特定贸易融资业务和特定保证业务。特定抵押物包括借款企业、企业主个人或其他第三方的产权明晰、变现能力强、市场价格相对稳定的抵押物。特定质物包括了建设银行认可的标准仓单，建设银行认可的交易金额大、变现能力强、价格较稳定的动产，以及其他符合建设银行动产质押授信业务管理办法的特定质物等。在进行特定贸易融资业务时，只要贸易双方进出口结算记录良好、贸易背景真实、风险可控，上海市分行就可免除其他担保条件，直接为客户办理特定贸易融资。

二是贷款方式。上海市分行致力于简化手续、减少审批环节、缩短审批时间，尽量实现贷款流程的标准化。首先，“速贷通”申请手续简便，提供网上申请、柜面接待两种受理方式，不设门槛，在落实足额、有效抵（质）押的情况下，可以不进行评级授信，采取高效、快捷的“柜面”式操作。其次，“速贷通”放款快捷，从业务受理到贷款发放均在经办机构本级完成实行限时服务，一般业务在 5 个工作日内完成 。低风险业务在受理后两个工作日内依约放款；非低风险业务在受理后 5 个工作日内通知企业客户是否同意贷款，其中，受理、审查和申报审批应在 3 个工作日内完成［含抵（质）押物价值评估两个工作日］，低信用风险业务在 1 个工作日内完成审批，其余信贷业务应在两个工作日内完成审批。在抵（质）押生效两个工作日内依约放款。

正是“速贷通”的“速”，使得该产品融资渠道通畅，真正实现了“通”。

（三）三大平台系统，高效有力的后台支撑

要达到较快的速度，就必须要有系统支持，在支持上要有一个新的模式。上海市分行重点搭建了三个平台：一是客户征信的平台，设在上海市分行信息中心，其借助于外部资源，通过社会

的企业、个人征信平台与分行多年的客户资源，对网上建立了一个面对全行受理的数据仓库。二是抵押物评估的平台，其借助上海市分行的造价咨询体系，对抵押物进行快速评估，利用上海市分行评估的专业力量，在网上进行运作。三是资金交易的监管平台，运用会计柜面系统对借款客户贷后资金流向与结算账户的异常交易进行非现场监控。目前上海市分行对贷款后异地划款超过贷款金额50%的、同名划转的、一个月内没有交易的、客户交易没有真实背景的以及和贷款用途不一致的情况，通过网络系统纳入客户系统管理，由基层行通过非现场监管系统监控小客户借款之后的用款情况，通过对支行等操作层面的支持，使得业务流程快捷、有效。

（四）加强业务培训，稳步推进小企业业务

为了推进这项新产品，上海市分行对相关层面人员进行了培训：一是对领导、操作人员进行培训（包括基层行领导、审批人、大堂客户经理等）；二是对95533的有关人员进行培训（自网点上开设这项业务后，电话咨询业务量不断增加，目前95533在对公业务的咨询上有了新的突破）。

在推进“速贷通”小企业业务的过程中，上海市分行根据客户咨询的热点，不断进行调整，适时推出一些答疑要点，及时在网站上发布，并下发到每个大堂的客户经理和柜面工作人员。上海市分行通过企业内部网建立了一个客户信息系统网站，“速贷通”产品实现了部分在线操作。

（五）可持续发展，与小企业共成长

为使“速贷通”业务的生命力更强，真正实现品牌产品的可持续发展，上海市分行在2006年对“速贷通”业务的制度流程等进行了升级优化。主要优化政策包括：（1）扩大产品使用范围，产品使用范围包括各类贷款、商业汇票承兑、保证、信用证等表内和表外信贷业务。（2）增加担保方式，新增中投保和AAA级客户提供的保证担保。（3）调整定价原则，贷款根据担保方式的不同实行差别化定价。（4）优化申报手续和材料。（5）变更五级分类标准，分类标准照个人类信贷业务五级分类标准执行。（6）明确贷后管理重点，重点跟踪抵（质）押物和担保人的变化情况。

上海市分行近年来不断降低“速贷通”交易成本。在内部流程上，不做评级和额度授信手续；在外部界面上，界定标准化的“客户—银行”界面，明确客户所需提供的资料和办理的手续；贷款金额提高至2 000万元，期限最长达3年。上海市分行也已将小企业贷款户数和余额新增单列KPI考核指标，并实行了小企业信贷业务买单制，实施了单独的业务考核和倾斜的资源配置。

三、“速贷通”业务发展成效

上海市分行小企业业务驶上了“快车道”，在构建全分行小企业业务发展模式、完善配套相关政策制度、创新小企业特色产品、营销推广等工作方面取得了巨大进步。“速贷通”小企业业务不仅成为上海市分行第一个快速实现大规模商业化经营的公司业务新产品，同时也为上海市大量的优质小企业提供了有力的发展支持。

第一，“速贷通”小企业业务已成为上海市分行第一个快速实现大规模商业化经营的公司业务新产品，初步改变了上海市分行公司贷款客户结构。截至2008年5月底，上海市分行“速贷通”小企业贷款累计发放近5 000笔，约260亿元；“速贷通”客户数占对公贷款客户数的三分之一以上。

第二，“速贷通”小企业业务是收益率最高的公司业务产品。截至2008年5月底，“速贷通”小企业贷款综合收益为同期基准利率上浮20%以上，累计实收贷款利息近15亿元。

第三，“速贷通”小企业贷款质量良好，不良率远低于建设银行小企业贷款平均不良率。“速贷通”小企业业务不良资产处置快速、现金回收率高、贷款损失率低，目前尚未发生贷款损失。

四、“速贷通”树立社会品牌形象

2006年，上海市分行积极推进小企业金融业务发展，重点开发和维护“速贷通”品牌，试点推广“成长之路”小企业信贷业务，提高了产品的市场知晓度；结合上海地区市场的实际情况，调整小企业贷款经营政策，优化改进产品，使“速贷通”的市场适用度进一步提高。在当年底由中国中小企业协会、中国银行业协会和金融时报社联合举办的“中国中小企业融资论坛”上，“速贷通”业务成功地从同业产品中脱颖而出，被评为“最佳小企业融资方案”。

2007年5月，由中国银监会上海监管局、上海市经济委员会、上海市金融服务办公室牵头组织，23家在沪中外资银行、51项小企业金融服务品牌参加的“2007年上海银行界小企业金融服务洽谈会”上，通过企业实名投票，上海市分行荣获“小企业客户优秀服务银行”，“速贷通”荣获“小企业金融卓越品牌”。

2008年4月，在“2008年上海银行界小企业金融服务洽谈会”上，中国银监会纪委书记王华庆、上海市副市长屠光绍视察了由28家银行参加的本次洽谈会，并只到建设银行和中国银行展台内听取了两家银行行长的小企业业务介绍。而就在展会下午，上海市分行相关客户经理已在“2008年上海银行界小企业金融服务洽谈会”接待了100多位有初步意向的客户，登记了建行上海市分行2008年小企业洽谈会合作意向信息表。

五、由“速贷通”起步，探索小企业业务专业化经营管理体制

“速贷通”的推出和市场的认可仅仅是一个起点，上海市分行的中远期目标是要由“速贷通”去发掘和发展优质中小企业客户，由信贷业务来带动优质中小企业客户在建设银行的其他业务发展。而分行也在积极探索以“速贷通”这个开放式品牌下更多产品融入小企业业务体系，在建设银行和中小企业之间寻求更广阔的合作空间。

上海市分行在2006年新推出的“成长之路”小企业信贷业务，进一步提高了上海市分行在小企业金融业务细分市场上的竞争力和盈利能力。对于财务状况正在改善的小企业，可在提供有效担保后，快速获得“速贷通”小企业贷款服务。对于管理规范、发展前景好、成长性强的小企业，可在通过上海市分行提供量身定制的专门评价后，获得“成长之路”信贷服务。

两年来，上海市分行凭借“速贷通”和“成长之路”为主品牌的产品系列，全面铺开了小企业市场的营销和竞争。根据小企业的特点，在产品服务上采取“零售业务批发做”的模式，以贸易链融资和“成长之路”为主要服务品牌，以产业族群地带的小企业，为大中型企业配套的上下游小企业供应商、经销商，以及网上在线交易的小企业为重点，以动产、不动产、贸易融资、保理、结算、理财、财务顾问等为主要产品，为小企业客户提供全面、综合服务。上海市分行已逐步构建出强大的小企业产品销售渠道。在客户关系维护和产品销售渠道上，在重点客户和重点项目经营层级上移的同时，实行小企业业务经营层级下移，目前已形成支行本部、对公网点（路支行）等多渠道营销。上海市分行贵宾理财室不仅仅负责个人业务营销，也负责“速贷通”业务的营销。目前上海市分行直接经营小企业客户的机构逾300家，直接经营小企业客户的客户经理（不含信贷前台管理人员、中台及后台信贷审批和风险管理人员）逾700位。

大力开展小企业金融服务，可促进银行积极调整信贷结构，大力发展多元化金融服务，使银行走持续协调发展的道路。上海市分行正以积极、务实的精神，在结合上海本地市场和客户特点的基础上，推进小企业业务的标准化和规模化经营，稳步探索小企业业务的专业化经营管理体制。发展小企业金融业务已成为上海市分行发展的战略选择和作为商业银行的重要社会责任。

打造“建行财富”新品牌
实践产品创新“三字经”

苏州市分行

资本市场的2007年，注定是历史上不平常的一年。比较2006年的一路上行、阔步前进，2007年几番震荡对投资者的风险教育更具有现实意义。在一片繁花似锦中，“建行财富”开放式新股申购类理财产品异军突起，独放华彩，不但在苏州市分行产品创新史上留下了浓墨重彩的一笔，而且还为建设银行不断推出新产品留下了许多启示和思考。

由建设银行总行和苏州市分行共同研发，在苏州市分行定点销售的“建行财富”开放式新股申购类理财产品，在2007年8月1日设立。运作5个月以来，截至12月31日，募集资金52.16亿元，实现中间业务收入2 096万元，占条线收入的10.69%。为苏州市分行中间业务收入增收拓宽了渠道。月末客户资金回笼，同时可增加储蓄存款余额数，年底苏州市分行储蓄存款新增占比在当地四大国有商业银行中跃居第一位，该产品立下了汗马功劳。

除有形数据以外，该产品募集客户3.6万户，其中70%左右的资金为行外吸收，同时采用差别化定价机制，为大客户提供优惠措施。此举为苏州市分行改善客户结构、增加同业竞争力作出了贡献。目前给客户创造的投资价值5个月已达到1.68亿元，在当地同业市场上独领风骚。

事实证明，可观的中间业务收入的获得和存款市场份额的有效提升，仅仅是短期内可见的效益，最有价值的是通过产品培育一批具有显著金融需求特征的客户群体，为后续精准营销、深度开发、提高客户黏合度打好了基础。

一、产品定位求“准”

近两年来，随着国民经济的发展以及资本市场的复苏，投资者投资需求日益增长。与此同时，伴随着全球范围内金融自由化程度的不断加深，中间业务逐渐成为苏州市分行的核心业务之一。而地处长三角地区，白热化的金融竞争态势同样要求苏州市分行具备与四大国有商业银行的分支机构地位相应的市场份额。客户的理财需求、中间业务收入超常规发展的要求、争夺市场份额的压力，促进了“建行财富”开放式新股申购类理财产品的诞生。

在产品设计之初，由总行投资银行部和高端客户部牵头，召集总行相关部门、部分分行及合作信托公司等，在苏州市召开了“建行财富”开放式新股申购类理财产品现场研讨会。与会专家通过对下半年资本市场形态及市场客户需求的准确预测，精心定位，为该产品成功面市打下了坚实的基础。

“建行财富”开放式新股申购类理财产品的设计思路，是将中间业务收入和存款市场份额双增要求进行有机结合，以低风险稳定收益的投资方向，同时引入开放式概念，具有风险低、收益高、流动性好、信息透明度高等特点，以达到银行与客户“双赢”的目的。由于产品定位准，产品的设计理念领先于同业市场。

二、产品推出求“快”

市场瞬息万变，特别是在理财产品对市场机会的把握上，最能体现“时间就是金钱”。苏州市分行在“建行财富”产品上的成功，很大程度上归功于响应速度快。产品从构思到成立，从设计方案到系统实施，从业务培训到营销宣传，仅仅用了一个月时间。在这么短的时间内完成一个创新产品，是总行倾力支持、苏州市分行全力投入和支行合力参与结出的硕果，充分体现了总行、分行、支行三级之间以及部门之间的团结协作、高效运转。该产品为进一步提升苏州市分行产品的市场竞争能力和服务内涵，实现收入来源的多元化迈出了可喜的一步。

值得一提的是，作为产品支撑的信息系统的开发工作，对此次产品的顺利发售功不可没。为做到尽善尽美，设计方案三易其稿，立足于“以客户为中心”，分别增加了客户差别化优惠费率设计、投资资金可灵活分散合并等功能。为保证开发进度，项目组精心设计了三阶段上线方案，根据产品销售签约、资金募集、资金运作、资金回流、收益分配等运作，功能模块一个接一个地开发测试上线，环环相扣。这种滚动式开发模式在苏州市分行也是首次采用，相对加大了开发风险，在系统版本的有效控制、程序开发质量的把握、业务测试等方面对项目组都是严峻的考验。可喜的是，项目组经受住了这些考验，项目各阶段成功切换上线，各功能模块顺利投入运行，为新产品的快速推出、快速抢占市场，作出了极大的贡献。

三、产品营销求“新”

在“建行财富”开放式新股申购类理财产品的营销中，摒弃了以往为卖产品而卖产品的销售方式，而是始终立足于客户角度，从客户理财需求分析入手，以新理念组织产品卖点。

首先，确认产品在同业中的领先地位和适用群体。通过分析客户属性以及生活行为等要素，确定相应的宣传推广方式和推广过程。首次以全面性的宣传为主，重点网点推介为辅的方式进行宣传；在整个产品生命周期中，将以分析销售数据后的结果为基础，及时调整推广手段，真正做到精确销售的目的。为此，苏州市分行专门推出了“客户推荐计划”活动，进一步扩大了目标客户的范围。此外，在宣传构思中，加入了建设银行储蓄卡、网上银行等多种产品的交叉销售，旨在为客户提供“一揽子”金融服务，为家庭理财提供解决方案。

其次，根据开放式产品特点，结合每期产品运作收益分析进行多层次培训。由于产品长年开放申购，苏州市分行在每期新股申购取得收益后，均形成产品投资分析报告，并结合产品特性，分析产品的实际收益率，对员工进行有针对性的培训，培训面从管理层到经营层，从分管领导到一线员工，从个人条线到对公客户经理，将该产品培训到每位员工。

最后，除传统的媒体宣传渠道、网点销售渠道以外，还采取了目标客户群体精准营销模式。发挥理财师的专业水准，组织“走进社区”、“走进×大学”、“走进×局”、“走进×企业”等专场理财讲座，针对每一个单位客户的共性，营销包括该产品在内的理财服务方案，除了营销个人客户以外，同时有效促进对公客户对理财产品的购买。苏州市分行统一设计讲座基本内容，以各支行为单位，充分发挥 CFP、AFP 等金融理财师的作用，组织活动，取得了良好的效果。

通过“建行财富”开放式新股申购类理财产品的运作，我们获得这样一种深切的感受——产品创新对业务发展带来了巨大推动力。创新是金融业保持蓬勃向上的动力源。在竞争激烈的金融市场环境下，“人无我有，人有我新”是一条重要定律。立足于客户和银行双方的需求，寻找最佳契合点，是银行业界今后乃至更长一段时间内产品设计及业务发展的目标和要求。

CHINA 中国建设银行年鉴 2008
CONSTRUCTION BANK ALMANAC

第八部分　大事记

领导重要活动类

2月7日至8日 行长张建国在甘肃省分行调研，会见了甘肃省副省长冯健身等省委省政府领导、兰州军区司令员李乾元；走访了甘肃省交通厅、甘肃省电力公司等重点客户。

2月26日 董事长郭树清在哈尔滨会见黑龙江省省委书记钱运录，省委副书记、常务副省长栗战书，副省长王利民一行，董事张向东出席。

3月12日至16日 董事长郭树清，行长张建国，副行长赵林、罗哲夫，董事朱振民、景学成、王淑敏、王永刚、刘向辉、张向东到国家行政学院参加学习贯彻全国金融工作会议精神专题研究班。董事长郭树清在研究班结业时作重要讲话；行长张建国在开班仪式上作重要讲话。

4月12日 行长张建国、副行长赵林上午在南京出席建设银行与苏宁电器集团战略合作协议签字仪式。董事长郭树清、行长张建国下午拜访江苏省省委书记李源潮。

4月17日至24日 董事长郭树清带队在迪拜、多哈和伦敦路演，其间在卡塔尔金融中心会见了Peter Levene爵士，并与美国银行董事长刘易斯先生进行了年度会谈，签署了信用卡合作备忘录。行长张建国带队在法兰克福、苏黎世路演，并在法兰克福分行调研。副行长赵林带队分别在新加坡、纽约、波士顿、旧金山路演。

4月18日至25日 行长张建国率团出访德国、瑞士进行年度业绩路演。

4月18日至28日 董事长郭树清率团出访英国、阿联酋、科威特和卡塔尔进行年度业绩路演。

5月24日 董事长郭树清在大连参加中组部举办的“增强国有企业社会责任，促进和谐社会建设”专题研讨班。

6月5日至7日 行长张建国赴俄罗斯出席“第五届IBM全球商业领导人论坛”，并作主旨演讲，之后访问乌克兰。

8月6日 董事长郭树清、行长张建国、监事长谢渡扬、副行长赵林，部分董事、监事和高级管理人员在首都博物馆出席建设银行“交流合作，创新共赢，为客户提供一流金融服务”联谊酒会。

8月9日 董事长郭树清在青海省分行主持召开工作座谈会，董事刘向辉出席；会后拜访了青海省省委书记强卫、省长宋秀岩。

8月25日至29日 董事长郭树清、副行长范一飞率团赴香港进行中期路演。

9月3日 行长张建国到人民大会堂出席中国银行间市场交易商协会成立大会。

9月8日 监事长谢渡扬赴香港参加建设银行“十大杰出青年”和年度感动人物培训班开班仪式并讲话。

9月12日 行长张建国拜会广东省省委书记张德江。

9月13日 董事长郭树清、行长张建国、代理董事会秘书陈彩虹等上午在威斯汀酒店出席建设银行A股发行路演团体推介会。

9月14日 董事长郭树清、行长张建国、代理董事会秘书陈彩虹上午在威斯汀酒店进行建设银行A股发行路演；下午在《中国证券报》演播中心进行建设银行A股发行网上路演。

9月18日 董事长郭树清上午在广西壮族自治区分行调研，董事王勇、张向东陪同；下午会见广西壮族自治区主席陆兵一行。

10 月 15 日至 19 日 董事长郭树清、行长张建国、监事长谢渡扬出席中国共产党第十七次全国代表大会。

10 月 22 日 董事长郭树清参加中国共产党第十七届中央委员会第一次全体会议。

10 月 25 日 董事长郭树清、行长张建国到银监会出席 2007 年第三季度经济金融形势通报分析会。

11 月 5 日 董事长郭树清赴罗马尼亚出席中德住房储蓄银行第二届董事会第二次会议。

11 月 22 日 董事长郭树清，行长张建国，副行长赵林，董事王勇、王淑敏到人民大会堂出席“中国贫困英模母亲”建设银行资助计划启动仪式。

12 月 2 日至 4 日 行长张建国率团赴美国拜访美国银行董事长刘易斯先生及美国银行高管团队。

机构及人事类

1 月 11 日 建总函［2006］1124 号文公布：设立董事会办公室香港办事处。

1 月 10 日 建设银行收购的美国银行（亚洲）有限公司正式更名为中国建设银行（亚洲）股份有限公司，行长张建国、监事长谢渡扬、副行长范一飞出席了更名仪式。

3 月 21 日 建总发［2007］63 号文公布：成立中国建设银行澳大利亚代表处筹备组，王启新任筹备组主要负责人。

4 月 6 日 建党发［2007］4 号文下发《关于印发中国建设银行党委成员和高管人员工作分工及各委员会组成人员调整的通知》。

6 月 4 日 建总发［2007］114 号文下发《关于信用卡业务单元改革有关事宜的通知》，明确信用卡中心为总行直属管理机构，按照业务单元模式管理，在经营管理、财务管理、人力资源管理等方面授予相应管理权限。总行设立信用卡中心管理委员会，对全行信用卡业务的发展战略和经营管理中的重大事项进行决策和管理。

6 月 8 日 建总函［2007］456 号文，向国家人事部报送建设银行 2007 年新世纪百千万人才工程国家级人选的函，推荐刘静芳作为建设银行 2007 年新世纪百千万人才工程国家级人选。

6 月 12 日 建设银行召开第一届职工代表大会第二次会议，选举产生了第二届监事会职工代表监事。

6 月 13 日 在 2006 年股东周年大会上，选举产生了股东代表监事和外部监事，顺利完成监事会换届工作。第二届监事会共有 8 名监事，其中包括谢渡扬、刘进、金磐石三名股东代表监事，程美芬、孙志新、宁黎明三名职工代表监事，郭峰、戴德明两名外部监事。原监事崔建民、陈月明不再连任，同时，增选戴德明担任监事。

6 月 13 日 第二届监事会第一次会议上，选举谢渡扬担任监事长，并选举产生了新一届监事会履职尽职监督委员会委员、财务与内部控制监督委员会委员。按照银行章程的规定，监事长谢渡扬兼任履职尽职监督委员会主席；在第二届财务与内部控制监督委员会第一次会议上，选举戴德明担任委员会主席。

6 月 27 日 建总发［2007］137 号文下发《关于中国建设银行股份有限公司高管层组成人员调整的通知》。

7 月 9 日 建总函［2007］599 号文向全行员工下发《关于实施首期员工股权激励计划的通知》。

建总发［2007］159 号文印发《中国建设银行股份有限公司员工股权激励方案》。建总发［2007］158 号文印发《关于中国建设股份有限公司员工奖励股份分配办法》。

7 月 23 日 审计系统办事处整合工作全部完成，根据深化审计体制改革的要求，2007 年审计系统撤销了 9 家机构尚存的 25 个办事处，审计办事处建制全部撤销，审计机构基本实现集中管理。

8 月 1 日 建总函［2007］695 号文向国家劳动和社会保障部报送中国建设银行股份有限公司企业年金方案备案的函。

8 月 8 日 中国建设银行博士后工作站揭牌仪式在北京建设银行总行大楼举行。参加揭牌仪式的有董事长郭树清、行长张建国、监事长谢渡扬、副行长罗哲夫、首席风险官朱小黄以及部分总行部门负责人及新进站博士后研究人员。全国博士后管委会办公室副主任、中国博士后科学基金会秘书长庄子健，中国人民大学副校长、博士生导师陈雨露，北京大学教授、博士生导师曹凤岐应邀出席揭牌仪式。揭牌仪式由副行长罗哲夫主持，董事长郭树清、行长张建国共同为中国建设银行博士后工作站揭牌。

9 月 25 日 建总函［2007］880 号文印发《关于香港地区协调委员会有关事宜的通知》，副行长范一飞任协调委员会主任。

9 月 28 日 建总发［2007］232 号文公布：郭树清担任中国建设银行股份有限公司董事长、执行董事。张建国担任中国建设银行股份有限公司副董事长、执行董事。（以下以姓氏笔画为序）王永刚担任中国建设银行股份有限公司非执行董事。王勇担任中国建设银行股份有限公司非执行董事。王淑敏担任中国建设银行股份有限公司非执行董事。彼得·列文（Lord Peter Levene）担任中国建设银行股份有限公司独立非执行董事。刘向辉担任中国建设银行股份有限公司非执行董事。张向东担任中国建设银行股份有限公司非执行董事。宋逢明担任中国建设银行股份有限公司独立非执行董事。李晓玲担任中国建设银行股份有限公司非执行董事。伊琳·若诗（Elaine La Roche）担任中国建设银行股份有限公司独立非执行董事。罗哲夫担任中国建设银行股份有限公司执行董事。格里高利·L. 科尔（Gregory L. Curl）担任中国建设银行股份有限公司非执行董事。赵林担任中国建设银行股份有限公司执行董事。谢孝衍担任中国建设银行股份有限公司独立非执行董事。

10 月 15 日 建总发［2007］243 号文公布：陈彩虹担任中国建设银行股份有限公司董事会秘书。

10 月 17 日 建总发［2007］245 号文公布：谢渡扬担任中国建设银行股份有限公司监事长。刘进、金磐石担任中国建设银行股份有限公司监事。程美芬、孙志新、宁黎明担任中国建设银行股份有限公司职工代表监事。郭峰、戴德明担任中国建设银行股份有限公司外部监事。

10 月 22 日 建总发［2007］248 号文公布：设立中国建设银行电子银行北京中心。

11 月 23 日 建总发［2007］290 号文公布：于永顺任中国建设银行股份有限公司首席审计官。

11 月 28 日 建总发［2007］294 号文公布：郭树清担任中国建设银行股份有限公司董事会战略发展委员会主席。王永刚、王勇、王淑敏、彼得·列文（Lord Peter Levene）、刘向辉、张向东、张建国、詹妮·希普利（Jennifer Mary Shipley）、伊琳·若诗（Elaine La Roche）、罗哲夫、格里高利·科尔（Gregory L. Curl）担任中国建设银行股份有限公司董事会战略发展委员会委员。谢孝衍担任中国建设银行股份有限公司董事会审计委员会主席。王淑敏、宋逢明、李晓玲、伊琳·若诗（Elaine La Roche）、格里高利·科尔（Gregory L. Curl）、黄启民担任中国建设银行股份有限公司董事会审计委员会委员。张向东担任中国建设银行股份有限公司董事会风险管理委员会主席。王勇、彼得·列文（Lord Peter Levene）、刘向辉、张建国、宋逢明、罗哲夫、赵林、谢孝衍担任中国建设银行股份有限公司董事会风险管理委员会委员。伊琳·若诗（Elaine La Roche）担任中国建设银行股份有限公司董事会提名与薪酬委员会主席。刘向辉、宋逢明、李晓玲、詹妮·希普利（Jennifer Mary Shipley）、格里高利·科尔（Gregory L. Curl）、谢孝衍担任中国建设银行股份有限公司董事会提名与薪酬委员会委员。宋逢明担任中国建设银行股份有限公司董事会关联交易控制委员会主席。罗哲夫、赵林、黄启民、谢孝衍担任中国建设银行股份有限公司董事会关联交易控制委员会委员。

11月28日 建总发［2007］295号文公布：谢渡扬担任中国建设银行股份有限公司第二届监事会履职尽职监督委员会主席。刘进、金磐石、程美芬、孙志新、郭峰担任中国建设银行股份有限公司第二届监事会履职尽职监督委员会委员。戴德明担任中国建设银行股份有限公司第二届监事会财务与内部控制监督委员会主席。刘进、金磐石、程美芬、宁黎明担任中国建设银行股份有限公司第二届监事会财务与内部控制监督委员会委员。

11月28日 建总发［2007］296号文公布：詹妮·希普利（Jennifer Mary Shipley）、黄启民担任中国建设银行股份有限公司独立非执行董事。

12月12日 建总发［2007］306号文公布：成立信用卡中心兰州运行中心。

12月20日 建总发［2007］309号文公布：设立中国建设银行香港审计分部。

12月20日 中国建设银行股份有限公司第二届董事会第六次会议决议审议通过《关于在伦敦设立子银行和在中东设立经营性机构的议案》。

业 务 类

1月1日 建设银行推出了个人贷款手机短信通服务。

2月1日 建设银行与中国邮政集团公司授权代表举行“建设银行个人类贷款账单制作及邮递服务”采购谈判会议。谈判双方就建设银行个贷账单制作及邮递服务的费用标准、服务范围等内容进行协商谈判，邮政方面表示将积极为建设银行提供完整、便捷的账单制作及邮递“一站式”服务，并承诺在邮递资费方面给予建设银行最大优惠。

2月13日 建设银行与中国人寿保险股份有限公司签署“全面业务合作协议”。行长张建国出席签字仪式并讲话，副行长赵林代表建设银行在协议书上签字。

3月11日至21日 建设银行开展资产保全“两项业务”检查工作。根据《关于开展呆账核销和抵债资产业务专项检查的通知》，全行就2006年批复核销的呆账项目、收取和处置的抵债资产项目，及2006年内外部审计发现以前年度问题的整改情况进行全面自查。

3月14日 建设银行向银监会上报《关于利用资产证券化手段加快处置不良资产的请示》。请示开办不良资产证券化业务，通过资产证券化手段处置不良贷款。

3月15日 建设银行与中国建银投资有限责任公司在北京签署原自办实体“债权转让协议”。该协议约定，建设银行向中国建银投资有限责任公司整体转让原建行自办实体类不良债权本金合计68.41亿元，其中信贷类债权44.13亿元，非信贷类债权24.28亿元。

3月18日 建设银行对公信贷业务流程管理系统（CLPM）完成在全行推广上线。

3月30日 建设银行下发《关于清理系统性其他非信贷和待结案诉讼费的通知》。该通知要求，各行要做好系统性其他非信贷和待结案诉讼费的清理工作。同时明确了系统性其他非信贷和待结案诉讼费的消化处置原则。

3月 建设银行中高端客户理财产品管理系统完成上线。

4月1日 建设银行全面启用SARM系统。停止手工报送资产保全业务统计报表，取消不良资产处置项目的纸质申报，初步实现了不良资产处置标准化、流程化。

4月3日 董事长郭树清，行长张建国，副行长赵林、辛树森出席建设银行与清华大学“战略合作协议”签约仪式。

4月16日 建设银行互联网网站系统（www.ccb.com）成功改版上线。

4月19日 建设银行下发《关于在全行开展个人类贷款风险排查工作的通知》（建总函［2007］309号），部署全行开展以“假个贷”为重点的风险排查，加快整改审计发现问题。

4月28日 行长张建国、副行长赵林上午会见三峡总公司总经理李永安一行，并出席建设银行与三峡总公司战略合作协议签字仪式；下午与三峡分行领导班子座谈，之后出席建设银行与葛洲坝集团公司、安琪酵母股份有限公司、湖北宜化集团有限责任公司、湖北兴发化工集团有限公司银企合作协议签字仪式。

5月11日 行长张建国出席与中国水利水电建设集团公司战略合作协议签字仪式。

5月24日 建设银行发布“中国建设银行2006年企业社会责任报告”，这是建设银行率先在四大国有商业银行中正式对外发布独立编制的企业社会责任报告。

5月24日 根据国家宏观调控要求，建设银行下发《关于做好第二季度个人信贷业务有关工作的通知》（建总函［2007］410号），提出为把握贷款投放节奏，优化贷款结构，加强风险防范，确保业务健康发展的要求。

5月24日 行长张建国到武汉出席建设银行与武汉市城市建设投资开发集团有限公司等6家企业银企合作协议签字仪式。

6月19日 行长张建国在深圳出席深圳市分行与万科房地产公司、深圳市房屋维修基金专户等客户银企合作协议签字仪式。

6月28日 行长张建国、副行长赵林到京城大厦出席建设银行与中信集团公司银企战略合作协议签字仪式。

7月2日 建设银行下发《关于做好下半年个人信贷工作的通知》（建总函［2007］578号），要求全行认真贯彻执行国家宏观调控政策，按照“控制总量、把握节奏、有保有压、健康发展”的原则，以“贷款调控和不良贷款压缩”为重点，切实做好下半年个人信贷业务工作，确保业务持续健康发展。

7月13日 行长张建国、副行长赵林下午在北京信达大厦会见汇丰银行主席郑海泉、执行董事王冬胜一行；之后出席建设银行与汇丰银行紧密合作关系建议书签字仪式。

7月20日 行长张建国、副行长赵林在北京信达大厦出席建设银行与中国海外集团有限公司战略合作协议签字仪式。

7月24日 董事长郭树清、行长张建国、副行长赵林在北京信达大厦出席建设银行与中国人民保险集团公司全面业务合作协议签字仪式。

7月24日 建设银行与中国人民保险集团公司及旗下人保财险、人保资产、人保健康、人保寿险四家子公司在北京正式签署了全面业务合作协议。中国建设银行董事长郭树清、行长张建国、副行长赵林及批发业务总监顾京圃，中国人民保险集团公司总经理吴焰、副总经理丁运洲及四家子公司负责人出席了签字仪式。

7月30日 建设银行与中国人民武装警察部队共同举行了“八一武警龙卡”发行仪式。建设银行行长张建国、副行长赵林、零售业务总监杜亚军，中国人民武装警察部队副司令员梁洪、后勤部部长何映华、政委高均起出席了发卡仪式。

8月3日 建设银行与中国银河证券股份有限公司在北京正式签署了全面业务合作协议，副行长赵林及批发业务总监顾京圃出席了签字仪式。该协议的签署是在客户交易结算资金银行存管业务的基础上，将合作范围拓展到集合资产管理、投资理财产品、银行卡等多个领域，标志着双方的合作进入了一个崭新的阶段。

8月8日 建设银行与中国建银投资有限责任公司联合上报《关于原建行自办实体不良债权转让情况的报告》，建设银行与中国建银投资有限责任公司就实体债权转让的情况正式行文上报国有独资商业银行股份制改革试点工作领导小组办公室备案。

8月8日 建设银行与美国银行共同出资成立建信金融租赁股份有限公司的《发起人协议》签字仪式在北京信达大厦举行。董事长郭树清、行长张建国、副行长赵林及美国银行高管等参加签字仪式。

8月18日 建设银行理财产品综合支持系统成功上线。

8月28日 建设银行向银监会上报《关于开展建元2007－1重整资产证券化业务的请示》。向银监会申请开展重整资产证券化业务，运用资产证券化手段处置建设银行10个一级分行的1 000笔不良贷款，账面本金余额为95.5亿元。

8月30日 建设银行下发《关于暂停个人委托贷款业务相关事项的通知》（建总函［2007］781号），暂停办理个人委托贷款业务，部署做好全行个人委托贷款业务由个人金融部移交至住房金融与个人信贷部的工作和全行个人委托贷款业务清查。

9月11日 建设银行及其他债权人与三九集团签署了债务重组协议。这是在银监会指导下，以债委会形式与企业及战略投资者协商达成一致签署的协议。建设银行重组债权本金48 491.96万元，重组债权保全率为80.18%，高于总体保全率60%的水平。

9月14日 行长张建国在钓鱼台国宾馆芳菲苑出席“中国建设银行姚明VISA信用卡”首发仪式。

9月18日 建设银行企业资源计划财务系统（ERPF）经费、资产、分摊模块比预定计划提前一个月完成了在全行的推广应用，各功能模块运转正常，系统运行稳定。

9月25日 董事长郭树清，行长张建国，监事长谢渡扬，副行长赵林，董事王永刚、王勇、王淑敏，代理董事会秘书陈彩虹等在上海出席建设银行A股发行上市仪式与庆祝酒会。建行A股正式在上海证券交易所挂牌交易当天，开盘价为8.55元，较6.45元的发行价高出32.56%，与大部分机构预测的价格相符，市场表现良好。

9月26日 建设银行全国38家一级分行顺利完成二级分行服务器上收，初步实现了分行IT基础资源整合的前提和基础。

10月25日 行长张建国、副行长赵林在北京信达大厦出席建设银行与韩国SK（中国）有限公司银企合作协议签字仪式。

10月27日 建设银行“e贷通”成功上线投产。

11月14日 建设银行第一单重整资产证券化项目获银监会批准。银监会批复同意建设银行作为发起机构，中诚信托有限责任公司作为受托机构，开办重整资产证券化项目，以建设银行持有的不良贷款账面本息113.5亿元（其中本金95.5亿元）为基础资产发行规模不超过27.65亿元的资产支持证券。

11月14日 建设银行与中国邮政集团公司联合下发《关于开展个人类贷款账单制作邮递合作有关事宜的通知》，确定中国邮政集团公司为建设银行个人类贷款账单制作与邮递服务的全国唯一指定服务机构，要求各一级分行全面启动信函催收工作。

11月18日 建设银行新个人类贷款系统（A＋P）成功切换上线。

11月19日 按照人民银行总体部署，建设银行现代化支付系统跨行通存通兑业务在全国38个分行成功上线。

12月1日 建设银行统一短信服务号码“95533”成功启用。

12月3日 建设银行OA系统3.0版全行的推广上线工作全面完成。

12月13日 建设银行与信达证券在京签订全面业务合作协议，行长张建国、副行长赵林，中国信达资产管理公司总裁田国立、总裁助理兼信达证券董事长高冠江、信达证券总经理张志刚及相关人员出席了签约仪式。据协议约定，双方将在投资银行、资产管理、个人金融理财、证券投资咨询业务等方面开展全面合作。

12月19日 行长张建国、副行长赵林在厦门大学群贤楼参加建设银行与厦门大学“战略合作协议”签字仪式。厦门大学副校长吴世农，建设银行副行长赵林分别代表双方在协议上签字。

12 月 完成了《建设银行实施新资本协议总体规划》，就建设银行实施新资本协议的现状、目标和差距进行了分析，提出了建设银行实施新资本协议的时间表，明确了组织保障、主要风险点及应对方案，为新资本协议的顺利实施奠定了基础。

会 议 类

1 月 22 日 中国建设银行股份有限公司第一届董事会第二十九次会议以书面议案通讯方式召开，会议审议通过了《关于在越南设立分行的议案》。

1 月 23 日 行长张建国在总行 622 会议室主持召开 2006 年第四季度经营形势分析会，副行长赵林、罗哲夫，董事朱振民、景学成、王淑敏、刘向辉、张向东，投资理财总监张龙出席。

2 月 1 日至 2 日 建设银行 2007 年工作会议在北京建银大厦召开。董事长郭树清出席会议并作重要讲话，行长张建国作工作报告并作会议总结，监事长谢渡扬主持会议。副行长赵林、罗哲夫，党委成员以及全体高管人员出席了会议，董事朱振民、景学成、王淑敏、王永刚、刘向辉、张向东，独立董事宋逢明、谢孝衍，监事和中央国家机关有关部门应邀出席会议。

2 月 8 日至 9 日 建设银行资产保全工作会议在武汉召开。副行长罗哲夫在会上作了题为《加快处置 深化改革 精细管理 为改善全行资产质量作出更大贡献》的讲话。首席风险官朱小黄到会并讲话。

2 月 9 日 建设银行召开了保险代理业务工作视频会。副行长赵林出席会议并作了重要讲话，会议由副行长范一飞主持。总行机构业务部、个人金融部、公司业务部、集团客户部、住房金融与个人信贷部、电子银行部、计划财务部及投资托管服务部负责人及相关人员参加了会议。

3 月 1 日至 2 日 行长张建国，董事朱振民、景学成、王淑敏、王永刚在北京明苑会议中心出席了全行计划财务工作会议。会议的主要任务是：贯彻年初全行工作会议精神，安排 2007 年度综合经营计划，部署 2007 年全行计财工作。行长张建国在会议上发表重要讲话，强调要进一步发挥计财工作的战略支持和战略执行作用。

3 月 6 日 审计委员会和风险管理委员会联席会议在北京信达大厦召开。会议由两委员会主席谢孝衍董事和张向东董事共同主持，审计委员会和风险管理委员会委员出席了会议，部分监事、首席财务官、首席风险官、总审计师、投资理财总监、合资格会计师列席了会议。会议听取了《关于内控体系评价工作的汇报》、《关于 EPRF 项目进展的汇报》和《关于落实银监会〈商业银行合规风险管理指引〉改善和加强合规管理体系建设涉及董事会相关事项的建议》，并对 2006 年年报财务报表内容进行了预审。

3 月 8 日 建设银行审计工作会议在长沙召开。会议贯彻落实 2007 年全国金融工作和全行工作会议精神，总结 2006 年审计工作，分析当前审计工作形势，研究和部署 2007 年审计工作。监事长谢渡扬和总审计师于永顺出席会议并作了讲话。

3 月 20 日 建设银行风险管理工作会议在北京召开。行长张建国、副行长罗哲夫、首席风险官朱小黄出席会议并作重要讲话。会议明确 2007 年风险管理工作的总体思路是：认真贯彻落实年初工作会议精神，紧紧围绕全行改革和发展总体战略目标，正确处理风险管理与业务发展的关系，以加强风险基础管理、制度建设和流程优化为重点，以创新风险管理技术、工具和方法为支撑，以实施新资本协议为契机，不断完善风险管理体系，以高质量的风险管理水平促进高质量的业务发展。并提出2007年是风险管理的“执行年”，风险条线要重点抓好包括贯彻落实全行工作会议精神、全力推进全面风险管理等十一项具体工作。

3月20日 董事长郭树清、行长张建国在北京信达大厦出席中国投资学会五届五次常务理事会议。

3月22日至23日 中国建设银行股份有限公司召开公司及机构业务委员会成立后的第一次集中会议。董事长郭树清、行长张建国出席会议并作重要讲话，副行长赵林作工作报告，批发业务总监顾京圃作会议总结，38家分行公司业务主管行长及公司业务部负责人，总行相关部门负责人出席。

3月28日 建设银行修订发展战略纲要座谈会在信达大厦召开，会议由董事长郭树清主持。会议明确了修订发展战略纲要的必要性，对如何修订发展战略纲要展开了广泛的讨论，并提出了许多有针对性的意见和建议。董事长郭树清在会上强调，修订发展战略纲要是董事会上半年的工作重点，并提出以推进专业团队建设、新的组织架构建立、人力资源结构调整及改革作为调研的主题。副行长罗哲夫，董事景学成、王淑敏、刘向辉、张向东，投资理财总监张龙出席了座谈会。

3月30日 建设银行在海南召开促进中德住房储蓄银行发展暨中低收入群体住房金融问题研讨会。会议由董事长郭树清主持，副行长陈佐夫、董事王淑敏和总行各相关部门、天津市分行以及中德住房储蓄银行的有关负责人参加了会议。会议就建设银行如何促进中德住房储蓄银行进一步发展、如何依托政府政策制定中低收入群体住房金融发展战略进行了充分的讨论，并达成了共识。

3月30日 中国建设银行股份有限公司第一届董事会第三十一次会议以书面议案通讯会议方式召开。本次董事会会议经过认真审议，通过如下议案：（1）《关于向清华大学经济管理学院提供捐赠的议案》；（2）《中国建设银行案件防控及整改方案》；（3）《关于设立合资金融租赁公司的议案》

4月13日 中国建设银行股份有限公司第一届董事会第三十二次会议在南京召开。本次董事会会议经过认真审议，通过《中国建设银行股份有限公司第一届董事会2006年度报告》、《中国建设银行股份有限公司2006年年度报告（送审稿）》及国内准则财务报表、《2006年年度业绩公告（送审稿）》等15项议案。

4月16日 中国建设银行2006年度业绩发布会在香港、北京两地举行。董事长郭树清，行长张建国，监事长谢渡扬，副行长赵林、罗哲夫，董事朱振民、景学成、王淑敏，独立董事谢孝衍、伊琳·若诗出席了业绩发布会。在业绩发布会上，董事长郭树清介绍了建设银行的战略与改革情况；行长张建国介绍了建设银行2006年的经营结果，并对具体财务指标进行了分析解释。

4月23日 建设银行在北京信达大厦召开IT集中管理和分行基础设施资源整合（SFB）启动视频会，各一二级分行在分会场参加了会议。副行长罗哲夫到会并作了重要指示。

5月9日 行长张建国在信达大厦主持召开2007年第一季度经营形势分析会，董事朱振民、景学成、王淑敏出席。

5月16日 中国建设银行股份有限公司第一届董事会第三十三次会议以书面议案通信方式召开。审议通过了《关于建设银行赞助2007年世界夏季特殊奥运会的议案》，批准中国建设银行股份有限公司向2007年世界夏季特殊奥运会捐赠200万美元，在2007年内分四次支付完毕。

5月18日 董事长郭树清在北京信达大厦主持召开全行业务发展战略纲要专题座谈会，研究讨论《发展战略纲要修订意见》和《文化要素及表述语》。行长张建国，副行长罗哲夫，董事朱振民、景学成、王淑敏、王永刚出席了会议。

5月30日 召开建设银行海外业务座谈会。行长张建国、副行长赵林、首席风险官朱小黄、批发业务总监顾京圃、总行相关部门负责人以及各海外机构负责人参加了会议。行长张建国作了重要讲话，对下一步贯彻落实全行海外发展战略，做大做强海外业务提出了明确要求。

5月31日 总行党委在北京明苑会议中心召开了中国建设银行党代表会议，会议以差额选举的方式选举产生中国建设银行出席党的十七大代表。党委书记、董事长郭树清，党委副书记、副董事长、行长张建国，党委副书记、监事长谢渡扬，山西省分行临汾分行业务经营部经理兼大楼分理处主任王红梅4位同志为中国建设银行出席中国共产党第十七次全国代表大会代表。

6月1日 董事长郭树清，行长张建国，副行长赵林、罗哲夫在明苑会议中心出席全行工作座谈会。会议总结了全行前五个月的业务经营情况，分析当前经济金融和建设银行经营形势，部署近期工作任务，研究修订《中国建设银行业务发展战略纲要》的有关问题。董事长郭树清作了重要讲话，行长张建国作了经营情况报告。董事朱振民、景学成、王淑敏、王永刚、刘向辉、张向东出席了会议。

6月13日 中国建设银行股份有限公司2006年度股东大会在北京召开。董事长郭树清担任大会主席主持大会。董事、部分监事、高级管理人员及见证律师等列席了会议。会议审议并以投票方式逐项表决通过了《中国建设银行股份有限公司第一届董事会2006年度报告》、《中国建设银行股份有限公司第一届监事会2006年度报告》等14项议案。

6月13日 中国建设银行股份有限公司第二届董事会第一次会议在北京召开。会议审议通过《关于提名郭树清先生、张建国先生担任中国建设银行股份有限公司董事长、副董事长的议案》、《关于提名中国建设银行股份有限公司董事会战略发展委员会委员的议案》、《关于提名中国建设银行股份有限公司董事会审计委员会委员的议案》等6项议案。

6月14日 中国建设银行股份有限公司第二届董事会第二次会议在北京召开。会议审议通过《关于修订〈中国建设银行股份有限公司章程〉的议案》、《关于修订〈中国建设银行股份有限公司股东大会议事规则〉的议案》、《关于修订〈中国建设银行股份有限公司董事会议事规则〉的议案》等14项议案。

6月25日 中德住房储蓄银行业务和产品创新研讨会在河北召开，董事长郭树清主持会议。会议特别邀请天津市政府、人民银行和银监会及其天津派出机构等金融监督部门的代表参加，会议就中德银行发展定位、产品创新思路、扩展负债来源和增资扩股等问题进行了充分的讨论，达成了共识。董事王勇、王淑敏出席。

7月12日 建设银行公共关系与企业文化工作会议在大连召开。副行长辛树森出席会议并作重要讲话，各分行公共关系与企业文化条线负责人参加会议，并就待议材料进行了深入讨论。

7月16日 行长张建国上午在信达大厦主持召开第二季度经营形势分析会，副行长赵林、罗哲夫出席。行长张建国下午在信达大厦主持召开中间业务视频会，副行长赵林出席。

7月31日至8月1日 建设银行国际业务座谈会在杭州召开，这次会议是在建设银行全面实施战略转型、积极推进对公业务结构调整的新形势下召开的。38家一级分行国际业务部总经理、8家境外分行及总行相关部门共80余人参加了会议。批发业务总监顾京圃出席会议并作了重要讲话，围绕如何发挥国际业务在推动全行业务转型与发展中的作用进行了部署。

8月21日 张建国行长主持召开个人信贷业务专题座谈会，会议主题是分析当前面临的形势，研究促进个人信贷业务健康有效发展的对策和措施。

8月23日 中国建设银行股份有限公司2007年第一次临时股东大会在青岛召开。董事长郭树清担任大会主席主持大会。董事、部分监事、部分高级管理人员及见证律师等列席了会议。本次股东大会，以特别决议案审议并批准《本行公开发行A股股票并在境内证券交易所上市》等5项议案；以普通决议案审议并批准以下事项：（1）委任詹妮·希普利女士担任本行独立非执行董事，公司章程修订案经批准生效后，该委任生效；（2）委任黄启民先生担任本行独立非执行董事，公司章程修订案经批准生效后，该委任生效。

8月24日 中国建设银行股份有限公司第二届董事会第三次会议在青岛召开。会议审议通过《关于审议2007年中期报告、中期财务报表和中期业绩公告的议案》、《关于审议中国建设银行股份有限公司2007年审计服务合同相关事宜的议案》、《关于调整中国建设银行股份有限公司2007年度经营计划的议案》等8项议案。

9月3日 中国建设银行与英国Cairncross基金会在北京共同举办了题为“21世纪全球经济挑战”的研讨活动。牛津大学Exeter学院院长Frances Cairncross女士及著名金融学者Hamish McRae先生发表了演讲。董事长郭树清，副行长罗哲夫、陈佐夫，信达资产管理公司总裁田国立，部分董事、行外知名专家以及部分总行部门负责人出席会议，总行相关部门业务骨干共50多人参加了研讨活动。首席经济学家华而诚教授主持会议，董事长郭树清在会议结束时发表了讲话。

9月14日 中国建设银行股份有限公司第二届董事会第四次会议以书面议案会议方式召开。会议审议通过了《关于开展贫困高中生助学计划和贫困母亲救助计划两个公益捐赠项目的议案》。

9月19日 建设银行风险总监座谈会在广西南宁召开。董事长郭树清、首席风险官朱小黄出席会议并作重要讲话。会议指出以实现“六个转换”作为全行风险管理的基本指导思想：（一）要从过程管理向边界管理转换；（二）要从纯粹的风险研究向在市场、业务、流程中的风险研究转换；（三）要从依靠典型事件判断风险向依靠数据分析判断风险转换；（四）要从主要靠对人的控制向主要靠技术的控制转换；（五）要从管理性风险控制向服务性风险管理转换；（六）要从以批发业务为主的风险管理架构向涵盖批发、个人贷款、操作、行为管理的全面风险管理转换。

10月25日 中国建设银行股份有限公司第二届董事会第五次会议在北京召开。会议审议通过《关于审议〈2007年第三季度报告〉的议案》、《关于在港营业楼宇股权投资的议案》、《关于提名陈美嫦女士担任中国建设银行股份有限公司秘书的议案》、《关于修订〈中国建设银行股份有限公司信息披露办法〉的议案》。

11月1日至3日 董事长郭树清，行长张建国，副行长赵林、罗哲夫等在河北香河出席建设银行秋季工作座谈会、职工代表大会，学习贯彻十七大精神报告会。董事王永刚、王勇、刘向辉、张向东、李晓玲，独立董事宋逢明列席秋季工作座谈会。

12月10日 董事长郭树清在北京建银大厦主持会议，传达中央经济工作会议有关精神，行长张建国，副行长赵林、罗哲夫，董事会秘书陈彩虹等出席。

12月20日 中国建设银行股份有限公司第二届董事会第六次会议在厦门以现场会议方式召开。会议审议通过《中国建设银行股份有限公司发展战略纲要》（修订稿）、《中国建设银行股份有限公司2008年度综合经营计划》、《中国建设银行股份有限公司2008年度资本性支出预算》等7项议案。

综 合 类

1月10日 建设银行荣获中国扶贫基金会颁发的年度最高奖项——“2006年扶贫中国行年度贡献奖”。

1月26日 建设银行荣获“2006年最具责任感企业奖”，此项评选活动由中国红十字会总会、国务院侨务办公室、商务部等机构联合主办。

2月 建设银行荣获中国儿童少年基金会“最佳热爱儿童爱心单位”荣誉称号，建设银行此次是继2005年获“爱心公益单位”之后再度获此殊荣。建设银行个人金融部15位员工被授予“最佳爱心大使之星”荣誉称号。

3月 建设银行被银监会评为“全国银行业金融机构小企业贷款工作先进单位”。

5月20日 团中央再次认定建设银行北京市分行东四首都机场支行等184个青年集体为全国青年文

明号，新命名北京市分行长安支行营业部储蓄专柜等32个青年集体为全国青年文明号。

5月22日 建设银行举行“用行动关爱社会”——中国建设银行支持2007年上海特殊奥林匹克运动会系列公益活动启动仪式。行长张建国、副行长陈佐夫，上海市委、特奥组织相关领导以及相关分行领导、总行相关部门负责人等参加了启动仪式。

5月 建设银行OCRM一期项目获得2006年度人民银行“银行科技发展”二等奖。

6月5日 建设银行向香港公益金捐赠720 880港元，用于支持香港青年就业网络建设，为当地青年就业提供帮助，并荣获香港公益金颁发的“公益钻石奖”。

7月5日 建设银行举行“中国建设银行清华讲席教授基金”捐赠协议签字仪式及“从建行股改上市解读中国金融改革”对话活动，董事长郭树清、副行长辛树森、董事宋逢明及相关部门负责人参加。

7月25日 建设银行在英国《银行家》杂志公布的世界银行1 000强排名中，列第十四位。

9月12日 建设银行向中国红十字基金会捐赠100万元作为“蓝飘带基金”的首笔捐款和启动资金，用于对“海军总医院重症儿童研究治疗中心”收治的贫困重症儿童提供医疗费用资助。

9月21日 建设银行与中国教育发展基金会签署协议，共同启动“建设未来——中国建设银行资助贫困高中生成长计划”，董事长郭树清、行长张建国出席启动仪式。建设银行捐赠1.2亿元人民币设立专项基金，专项资助全国特别是中西部地区普通高中家庭经济困难学生。该计划连续实施6年，每年资助13 000多名贫困高中生每人1 500元，总计资助贫困学生近8万人次。

10月12日 建设银行在西藏举行“建设银行、中建投西藏助学基金”的捐赠仪式。建设银行向中国扶贫基金会捐款350万元，用于资助西藏地区贫困大学生和高中生完成学业。

10月20日 在“中国服务感动十年颁奖典礼”上，中国建设银行95533荣获“2007年中国呼叫中心十年成就奖”，该奖项由中国信息化推进联盟客户关系管理专业委员会主办，CCCS客户联络中心标准委员会协办，用于表彰在中国整个呼叫中心行业十年发展历程中做出突出成绩的单位。

10月 建设银行向安徽、重庆水灾地区各捐款100万元，总计200万元，用于帮助灾区重建。

11月2日 建总发［2007］257号文决定：授予帅晋昆等16名同志“中国建设银行突出贡献奖”。

11月2日 在第八届“中国优秀财经证券网站”评选颁奖典礼上，中国建设银行网站（www.ccb.com）荣获银行类综合大奖和“最让用户信赖的银行网站”称号。12月13日，建设银行在2007年中国网上银行年会上被授予“2007年中国最佳网上银行奖”。

11月8日 建设银行向中国青少年发展基金会捐款53万元，用于建设希望小学或为希望小学配备体育器材和图书室，资助开展教师培训等。

11月22日 建设银行与全国妇联共同举办“中国贫困英模母亲”建设银行资助计划启动仪式，全国妇联主席顾秀莲、董事长郭树清、行长张建国、副行长赵林等出席。建设银行向中国妇女发展基金会捐赠5 000万元，专项资助因公牺牲、伤残以及在一线表现突出但家庭经济困难的军人、武警、公安干警的妻子和母亲。

11月 建设银行荣获全国妇联和中国妇女发展基金会颁发的“中国妇女慈善企业”称号。

12月1日 建设银行在《21世纪经济报道》及香港中文大学工商管理学院等共同举办的“亚洲银行竞争力排名”中获得“最佳投资回报奖”，董事长郭树清获得“2007年度银行家大奖”。

12月4日 建设银行荣获香港上市公司公会和浸会大学工商管理学院颁发的“企业社会责任奖”，是在香港上市的中外公司中唯一获此殊荣的企业。

12月6日 建设银行与中国延安精神研究会举行捐赠仪式，向中国延安精神研究会捐款200万元，专项资助“一史两志”（党中央在延安13年的历史和延安1935—1948年的地方志、陕甘宁边区1935—1948年的地方志）资料库建设与相关课题研究。董事长郭树清、监事长谢渡扬、副行长辛树森参加了捐赠仪式。

12月10日 建设银行获得《财资》杂志“中国最佳银行奖”，入围“最佳公司治理企业排名”。

之后，监事长谢渡扬、董事会秘书陈彩虹出席了于2008年初举办的颁奖典礼。

说明：为了方便查阅，《年鉴》大事记条目大致分为领导重要活动类、机构及人事类、业务类、会议类和综合类五个方面，有些类属不太明确的事件，是按其侧重于某些方面分类的。如会议类主要收编的是建设银行内部的重要会议，而行领导参加的外部会议则列在“领导重要活动类”中。行领导参加的有关建设银行业务方面的签字仪式等则归集在“业务类”中。

CHINA 中国建设银行年鉴 2008
CONSTRUCTION BANK ALMANAC

第九部分　附录

2007年中国建设银行董事、监事及高级管理层成员名录

董事

郭树清　董事长兼执行董事

张建国　副董事长、执行董事、行长

赵　林　执行董事、副行长

罗哲夫　执行董事、副行长

王永刚　非执行董事

王　勇　非执行董事（2007.6—　）

王淑敏　非执行董事

刘向辉　非执行董事

张向东　非执行董事

李晓玲　非执行董事（2007.6—　）

格里高利·L. 利尔　非执行董事

彼得·列文爵士　独立非执行董事

宋逢明　独立非执行董事

詹妮·希普利　独立非执行董事（2007.11—　）

伊琳·若诗　独立非执行董事

谢孝衍　独立非执行董事

监事

谢渡扬　监事长

刘　进　监事

金磐石　监事

程美芬　职工代表监事

孙志新　职工代表监事

宁黎明　职工代表监事

郭　峰　外部监事

戴德明　外部监事（2007.6—　）

高级管理层

张建国　副董事长、执行董事、行长

赵　林　执行董事、副行长

罗哲夫　执行董事、副行长

辛树森　副行长

陈佐夫　副行长

范一飞　副行长

庞秀生　首席财务官

朱小黄　首席风险官

于永顺　总审计师

陈彩虹　董事会秘书（2007.8—　）

顾京圃　批发业务总监

杜亚军　零售业务总监

毛裕民　投资理财总监（2007.9—　）

公司秘书

陈美嫦　公司秘书（2007.10—　）

合资格会计师

袁耀良　合资格会计师

2007年中国建设银行各分行班子成员名录

北京市分行

行长：	罗哲夫（兼）
副行长、党委书记：	李卫平
副行长、党委副书记：	章更生
副行长、党委副书记：	方秋月
副行长、党委委员：	秦仁文
副行长、党委委员：	梁　军
副行长、党委委员：	龚　毅
纪委书记、党委委员：	董建恒
工会主任：	梁继生
风险总监：	邓艾兵
行长助理：	郎理英（女）

天津市分行

行长、党委书记：	曾见泽
纪委书记、党委委员：	李　军（女）
副行长、党委委员：	邱书民
副行长、党委委员：	李云泽
副行长、党委委员：	刘步其
副行长、党委委员：	王　斌
风险总监：	詹毅文

河北省分行

行长、党委书记：	杨　毓
副行长、党委副书记：	程双起
副行长、党委委员：	王　斌
副行长、党委委员：	孙福州
副行长、党委委员：	姚仲友
纪委书记、党委委员：	傅永德
副行长、党委委员：	郭英辉（女）
工会主任：	杜彦芳（女）
风险总监：	王东标（2007年9月任）

山西省分行

行长、党委书记：	高德高

副行长、党委副书记： 陈东平（2007 年 4 月任）
副行长、党委委员： 张斌政（2007 年 8 月免，任资深专员）
副行长、党委委员： 李 惠（2007 年 8 月免）
副行长、纪委书记、党委委员： 解陆一
副行长、党委委员： 斛文锋
工会主任： 孟荣华
风险总监： 杨利亚

内蒙古自治区分行

行长、党委书记： 李英俊
副行长、党委副书记： 裴品才
副行长、党委委员： 张 勤
副行长、党委委员： 高升亮
纪委书记、党委委员： 肖 青（女）（2007 年 1 月任）
风险总监： 王志雄

辽宁省分行

行长、党委书记： 石汉祥（2007 年 1 月免）
行长、党委书记： 王 军（2007 年 1 月任）
副行长、党委委员： 马 卓
副行长、党委委员： 张 涛（女）
副行长、纪委书记、党委委员： 陈 利
风险总监： 刘 伟
行长助理： 韩 民
行长助理： 于宁哲

大连市分行

行长、党委书记： 杨文升
副行长、党委副书记： 程超英（女）（2007 年 8 月免）
副行长、党委委员： 林忠治
副行长、党委委员： 冯 涛（2007 年 8 月任党委委员，2007 年 10 月任副行长）
纪委书记、党委委员： 肖 青（女）（2007 年 1 月免）
调研员： 谷大成
风险总监： 李明凯
行长助理： 石新亭
行长助理： 张喜军

吉林省分行

行长、党委书记： 王 毅
副行长、党委委员： 孙平生
纪委书记、党委委员： 陈建华（2007 年 12 月免）
副行长、党委委员： 杨铁军
副行长、党委委员、工会主任： 姚殿英（2007 年 8 月任党委委员，2007 年 9 月任副行长）
副行长、党委委员： 程超英（女）（2007 年 8 月任党委委员，2007 年 9 月任副行长）

风险总监：　尹　君

黑龙江省分行

行长、党委书记：　薛　峰
副行长、党委委员：　于长利
副行长、党委委员：　耿庆军
副行长、党委委员：　姜鸿飞
纪委书记、党委委员：工会主任：　张慧敏（女）（2007 年 7 月兼任纪委书记、党委委员）
风险总监：　董发凯

上海市分行

行长、党委书记：　宁黎明（女）（2007 年 9 月免，调总行）
行长、党委书记：　赵　欢（2007 年 9 月任，2007 年 7 月任主要负责人）
副行长、党委副书记：　忻明宝
副行长、党委副书记：　田惠宇（2007 年 8 月免）
副行长、党委委员：　张益民
副行长、纪委书记、党委委员：　沈芳珍（女）（2007 年 8 月兼任纪委书记）
副行长、党委委员：　张忠德
副行长、党委委员：　金　煜（2007 年 11 月免，调总行）
副行长、党委委员：　蒋志春
工会主任：　盛德龙
巡视员：　张宝根
风险总监：　袁向东（2007 年 8 月免）
风险总监：　徐众华（2007 年 9 月任）

江苏省分行

行长、党委书记：　张援朝
纪委书记、党委委员：　王建国
副行长、党委委员：　夏　平
副行长、党委委员：　樊庆刚
副行长、党委委员：　金扬统
副行长、党委委员：　邵　斌
工会主任：　郏从安
风险总监：　武　莉（女）

苏州市分行

行长、党委书记：　林少斌
副行长、纪委书记、党委委员：　吕伟民
副行长、党委委员：　沈业贵（2007 年 8 月任党委委员，2007 年 9 月任副行长）
副行长、党委委员：　黄松鹤
副行长、党委委员：　徐　挺
工会主任：　凌洪兴（2007 年 7 月免，内退）
风险总监：　陈慧芳（女）

浙江省分行

行长、党委书记：余静波
副行长、党委副书记：苏　克（2007 年 3 月任）
副行长、党委委员：侯建培
副行长、纪委书记、党委委员：张　民（2007 年 10 月兼任副行长）
副行长、党委委员：徐众华（2007 年 8 月免）
副行长、党委委员：劳新江
工会主任：傅春兰（女）
风险总监：尚朝辉

宁波市分行

行长、党委书记：沈义明
副行长、党委委员：张鹏群（2007 年 8 月免，任资深专员）
副行长、党委委员：葛王杰
副行长、党委委员：沈业贵（2007 年 8 月免）
副行长、党委委员：任国正（2007 年 8 月任）
纪委书记、党委委员：郑顺年（2007 年 8 月免，任资深专员）
纪委书记、党委委员：张依娜（女）（2007 年 8 月任）
风险总监：韩风林

安徽省分行

行长、党委书记：白国祥
副行长、党委副书记：李凤霞（女）
副行长、党委委员：范绍杰
副行长、党委委员：王晓昕
纪委书记、党委委员：田苗根
工会主任：徐明堑
风险总监：高　强
行长助理：刘兴华（2007 年 8 月任）

福建省分行

行长、党委书记：陈　轼
副行长、党委副书记：林青山
纪委书记、党委委员：张维禹（2007 年 8 月免，任资深专员）
副行长、党委委员：李文贤
副行长、党委委员：林和发
副行长、党委委员：吴炳康（2007 年 8 月免，任资深专员）
副行长、党委委员：刘　峰（2007 年 8 月任）
纪委书记、党委委员：刘丽华（女）（2007 年 8 月任）
风险总监：张　俊
行长助理：丁保平

厦门市分行

行长、党委书记：彭洪明（2007 年 3 月免）

行长、党委书记：陈万铭（2007 年 3 月任，2007 年 1 月任主要负责人）
纪委书记、党委委员：丁嘉槐（2007 年 8 月免）
副行长、党委委员：刘丽华（女）（2007 年 8 月免）
副行长、党委委员：林顺辉
副行长、党委委员：生柳荣
风险总监：黄惠玲（女）

江西省分行

行长、党委书记：段超良
副行长、党委委员：高根林（2007 年 8 月免，任资深专员）
副行长、党委委员：余惠芳（女）
副行长、党委委员：冯春祥（2007 年 1 月免）
副行长、党委委员：万国平
纪委书记、党委委员：易建荣
工会主任：张长生（2007 年 8 月免，任资深专员）
工会主任：丁嘉槐（2007 年 8 月任）
风险总监：胡敏华
行长助理：彭家彬（2007 年 11 月任）
行长助理：张中科（2007 年 11 月任）

山东省分行

行长、党委书记：王　军（2007 年 1 月免）
行长、党委书记：彭洪明（2007 年 3 月任，2007 年 1 月任主要负责人）
副行长、党委副书记：王　江（2007 年 1 月任党委副书记，2007 年 8 月免）
副行长、党委委员：李文达
副行长、纪委书记：张维国（2007 年 1 月兼任副行长）
副行长、党委委员：刘振奇
副行长、党委委员：路　民（2007 年 1 月任）
工会主任：魏兆新
风险总监：姚启凡
行长助理：李建平

青岛市分行

行长、党委书记：刘铁彦
副行长、党委委员：刘津南（2007 年 8 月免，2007 年 8 月任资深专员）
副行长、党委委员：冯　涛（2007 年 8 月免）
副行长、党委委员：王士清
副行长、党委委员：郭中华（女）
工会主任：林志敏（女）（2007 年 5 月免，退休）
风险总监：隋　岩（女）
资深专家：郭周祥（2007 年 1 月免）
行长助理：刘从正
行长助理：柴　翔（2007 年 5 月任）
行长助理：孙仕荃（2007 年 12 月任）

河南省分行

行长、党委书记：许会斌
纪委书记、党委委员：路建华
副行长、党委委员：张志军
副行长、党委委员：石永拴
风险总监：周鑫泉

湖北省分行

行长、党委书记：崔滨洲（2007 年 9 月免）
行长、党委书记：王　江（2007 年 9 月任，2007 年 7 月任主要负责人）
副行长、党委副书记：康　义（2007 年 4 月免）
副行长、党委副书记：陈汉华（2007 年 11 月任）
副行长、党委委员：刘力耕（2007 年 8 月任）
副行长、党委委员：张　进
副行长、党委委员：林　帆（2007 年 11 月免）
纪委书记、党委委员：王继光
工会主任：卢久生
巡视员：陶恒喜
风险总监：梁德顺

三峡分行

行长、党委书记：陈汉华（2007 年 11 月免）
行长、党委书记：林　帆（2007 年 11 月任）
副行长、党委委员：罗泽民
纪委书记、党委委员：佟晓林
副行长、党委委员：张家材
工会主任：宋文德
风险总监：汪兴全

湖南省分行

行长、党委书记：龚蜀雄
副行长、党委委员：刘力耕（2007 年 8 月免）
副行长、党委委员：陈二尧
副行长、党委委员：魏振华（2007 年 8 月任）
纪委书记、党委委员：廖金华
副行长、党委委员：刘广良
风险总监：李华峰

广东省分行

行长、党委书记：吴建杭（2007 年 9 月免）
行长、党委书记：曾俭华（2007 年 9 月任，2007 年 7 月任主要负责人）
副行长、党委副书记：李锦海
副行长、党委委员：沈奕明

副行长、纪委书记、党委委员：王少先
副行长、党委委员：陈翠芳（女）
副行长、党委委员：岳　鹰
风险总监：靳彦民（2007 年 8 月免）
风险总监：陈建华（2007 年 12 月任）
行长助理：刘　军

深圳市分行

行长、党委书记：曾俭华（2007 年 9 月免）
行长、党委书记：田惠宇（2007 年 9 月任，2007 年 7 月任主要负责人）
副行长、党委副书记：易景安（2007 年 8 月明确总行部门总经理级）
副行长、党委委员：潘　京（2007 年 8 月免）
副行长、纪委书记、党委委员：刘占义
副行长、党委委员：张学庆
风险总监：陈庆辉
行长助理：祝九胜

广西壮族自治区分行

行长、党委书记：袁　明
副行长、党委副书记：陈万铭（2007 年 3 月免）
副行长、党委委员：魏振华（2007 年 8 月免）
副行长、党委委员：廖　林
副行长、纪委书记、党委委员：李思影（2007 年 8 月兼任副行长）
风险总监：喻金龙
行长助理：梁建林
行长助理：黄诚东

海南省分行

行长、党委书记：刘秉升（2007 年 3 月免，退休）
行长、党委书记：梁福成（2007 年 3 月任）
副行长、党委副书记、纪委书记：麦仲山（2007 年 8 月免）
副行长、党委委员：李　泉
副行长、党委委员：赵永林
工会主任：李冬生
风险总监：李忠东
行长助理：李明曦
行长助理：石　滨（女）

四川省分行

行长、党委书记：帅晋昆（2007 年 7 月免）
行长、党委书记：曾　益（2007 年 9 月任，2007 年 7 月任主要负责人）
纪委书记、党委委员：刘锡成（2007 年 5 月免）
副行长、党委委员：李　果
副行长、党委委员：杨丰来

副行长、党委委员： 万 鸿
风险总监： 邹大鹏
行长助理： 王 浩

重庆市分行

行长、党委书记： 黄叔平（女）
副行长、纪委书记、党委委员： 宁新民（2007 年 8 月兼任副行长）
副行长、党委委员： 赵 华（2007 年 8 月免副行长、任资深专员，2007 年 10 月免资深专员，调离建行）
副行长、党委委员： 郑保钢
副行长、党委委员： 涂昭明（2007 年 1 月免，调总行）
副行长、党委委员： 余 江
风险总监： 高永强
行长助理： 文姜元（2007 年 8 月任）
行长助理： 熊 刚（2007 年 8 月任）

贵州省分行

行长、党委书记 吴民豪
纪委书记、党委委员： 董秀玲（女）（2007 年 7 月免，任资深专员）
副行长、党委委员： 张民权
副行长、党委委员、工会主任： 蒋晓树
风险总监： 王黎川
行长助理： 杜 坚
行长助理： 许修智

云南省分行

行长、党委书记： 潘念宁（女）
副行长、党委副书记： 麦仲山（2007 年 8 月任党委副书记、2007 年 9 月任副行长）
副行长、党委委员： 范京云（2007 年 9 月免，任资深专员）
副行长、党委委员： 马亦凌（女）
副行长、党委委员： 何 跃
纪委书记、党委委员： 董晓威
资深专家 帅晋昆（2007 年 9 月任）
风险总监 陈 义

西藏自治区分行

行长、党委书记： 颜克忠
副行长、党委委员： 罗文章
副行长、党委委员： 严仕成
纪委书记、党委委员： 次仁顿珠
副行长、党委委员： 韩文贞
工会主任： 杨培源
巡视员： 罗布桑珠
风险总监： 查克健

陕西省分行

行长、党委书记： 曾　益（2007年9月免）
行长、党委书记： 崔滨洲（2007年9月任，2007年7月任主要负责人）
副行长、党委委员： 高育昌
纪委书记、党委委员： 郭俊峰
副行长、党委委员： 魏承国
副行长、党委委员： 孟鸿康
副行长、党委委员： 刘红旗
风险总监： 曹建平

甘肃省分行

行长、党委书记： 陈东平（2007年4月免）
行长、党委书记： 康　义（2007年4月任，2007年2月任主要负责人）
副行长、党委副书记： 徐香英（女）（2007年7月免，任资深专员）
副行长、党委副书记： 张宜临（2007年2月任党委副书记）
副行长、党委委员： 李　凡
副行长、党委委员： 孙一顺
风险总监： 杨仲元
行长助理： 王文永（2007年1月任）

青海省分行

行长、党委书记： 张柏良（2007年3月免）
行长、党委书记： 郭继庄（2007年3月任）
副行长、党委委员： 陈兴云（2007年7月免，任资深专员，2007年12月免资深专员，退休）
副行长、党委委员： 张　海
副行长、党委委员： 王正录
纪委书记、党委委员： 卜建平
副行长、党委委员： 郑海峰
风险总监： 金大钊

宁夏回族自治区分行

行长、党委书记： 李秀昆
副行长、党委委员： 刘海涛
纪委书记、党委委员： 袁　贵
副行长、党委委员： 徐长宁
风险总监： 饶跃胜（2007年8月免）
风险总监： 李　惠（2007年9月任）

新疆维吾尔自治区分行

行长、党委书记： 吴建中
副行长、党委委员： 艾尔肯·艾则孜
纪委书记、党委委员： 曹式禹（2007年7月免，退休）

副行长、党委委员：　　戴跃明
副行长、党委委员：　　李忠华
副行长、党委委员：　　王雪玲（女）（2007 年 11 月免，调总行）
工会主任：　　刘佩方（女）（2007 年 6 月免，退休）
风险总监：　　田志军
行长助理：　　张春生（2007 年 8 月任）
行长助理：　　杨险峰（2007 年 8 月任）

哈尔滨培训中心

主任、党委书记：　　吕春光
副主任、党委委员：　　刘铁男（2007 年 7 月免，任资深专员）
副主任、党委委员：　　孙耀河
纪委书记、党委委员：　　李　文

常州培训中心

主任、党委书记：　　江炳钰
党委副书记：　　周国栋（2007 年 7 月免，任资深专员）
副主任、纪委书记、党委委员：　　赵余分